I0050545

# ENCYCLOPÉDIE DU DROIT

ou

## RÉPERTOIRE RAISONNÉ

### DE LÉGISLATION ET DE JURISPRUDENCE.

## CET OUVRAGE SE TROUVE ÉGALEMENT :

EN FRANCE,

| | | | |
|---|---|---|---|
| A AGEN, | BERTRAND. | A GRENOBLE, | FERARY. |
| AIX, | AUBAIN. | LYON, | DORIER. |
| ANGERS, | BARASSÉ. | METZ, | WARRION |
| ANGOULÉME, | PEREZ LECLERC. | MARSEILLE, | VEUVE CAMOIN. |
| BESANÇON, | BINTOT. | NANCY, | Mlle GONET. |
| BORDEAUX, | LAWALLE. | POITIERS, | PICHOT. |
| BOURGES, | JUST BERNARD. | RENNES, | MOLLIEX. |
| CAEN, | RUPALLEY. | ROUEN, | FRANÇOIS. |
| COLMAR, | KAEPPELIN. | STRASBOURG, | DÉRIVAUX. |
| DIJON, | LAMARCHE. | TOULOUSE, | LEBON. |

A L'ÉTRANGER,

| | | | |
|---|---|---|---|
| A ATHÈNES, | A. NAST. | A LEIPZIG, | MICHELSEN. |
| BRUXELLES, | PÉRICHON. | NAPLES, | PUZZIELLO. |
| GENÈVE, | DESROGIS. | TURIN, | BOCCA. |
| GÊNES, | A. BEUF. | —— | A. PIC. |
| FLORENCE, | PIATTI. | SAINT-PÉTERSBOURG, | BELIZARD. |

Paris. — Imprimerie de Vᵉ Dondey-Dupré, rue Saint-Louis, 46 au Marais.

# ENCYCLOPÉDIE DU DROIT

OU

## RÉPERTOIRE RAISONNÉ

### DE LÉGISLATION ET DE JURISPRUDENCE,

EN MATIÈRES

### CIVILE, ADMINISTRATIVE, CRIMINELLE ET COMMERCIALE ;

CONTENANT PAR ORDRE ALPHABÉTIQUE :

L'EXPLICATION DE TOUS LES TERMES DE DROIT ET DE PRATIQUE ; — UN TRAITÉ RAISONNÉ
SUR CHAQUE MATIÈRE ; — LA JURISPRUDENCE DES DIVERSES COURS ET DU CONSEIL-D'ÉTAT ;
— UN SOMMAIRE DES LÉGISLATIONS ÉTRANGÈRES ;

PUBLIÉ SOUS LA DIRECTION

## DE MM. SEBIRE ET CARTERET,

Avocats à la Cour royale de Paris.

---

## TOME QUATRIÈME.

---

## PARIS.

VIDECOQ PÈRE ET FILS,     DELAMOTTE ET COSSE,
1, PLACE DU PANTHÉON.     27, PLACE DAUPHINE.

1845.

# ENCYCLOPÉDIE DU DROIT

ou

## RÉPERTOIRE RAISONNÉ

### DE LÉGISLATION ET DE JURISPRUDENCE,

EN MATIÈRES

CIVILE, ADMINISTRATIVE, CRIMINELLE ET COMMERCIALE.

BIBLIOTHÈQUE ROYALE

**CHEMINS VICINAUX** (1). — **1.** De tous les signes extérieurs de la prospérité d'un pays, il n'en est pas de plus manifeste que l'état de ses voies de communication. Partout où les voies publiques sont nombreuses, tracées avec art, entretenues avec soin, on peut être assuré, sans autre enquête, de trouver l'agriculture avancée et riche dans ses produits, l'industrie active et développée, le commerce florissant; partout, au contraire, où les voies publiques sont rares, tracées comme au hasard et mal entretenues, on trouvera l'agriculture arriérée dans ses méthodes et payant à peine les travaux du cultivateur, l'industrie nulle, le commerce languissant. Le développement de la civilisation même, de l'instruction, de la sociabilité, peut être apprécié à la vue des voies publiques d'une contrée; car tout se lie dans notre état social, et la prospérité matérielle ne saurait s'accroître sans amener graduellement avec elle tout ce qui constitue le progrès dans l'ordre moral. Travailler à augmenter la richesse d'un pays, c'est donc préparer, assurer le succès de l'œuvre moralisatrice que tout homme d'état, tout législateur doit avoir en vue, et quel moyen plus certain d'accroître la richesse d'une contrée, que de donner à l'agriculture la possibilité de transporter ses produits à moins de frais, que de favoriser la création d'établissements industriels en diminuant la dépense du transport des matières premières, que d'ouvrir au commerce, par de nouvelles voies de communication, l'accès de contrées jusqu'alors inabordables?

**2.** Des édits, des ordonnances, des arrêts du Conseil qui remontent à près de trois siècles, témoignent de la sollicitude constante de nos rois pour cette partie si importante de l'administration publique. A une époque plus rapprochée de nous, des lois, des décrets, des ordonnances, ont constitué dans son ensemble et réglé dans ses détails le vaste service qui embrasse la création et l'entretien des routes; mais pendant de trop longues années, on parut oublier que les voies publiques du premier ordre ne pouvaient remplir complétement leur destination, si l'on n'améliorait aussi les voies de communication secondaires, si, pour faire arriver leurs produits sur les grandes routes, l'agriculture et l'industrie devaient d'abord leur faire parcourir des chemins de traverse impraticables les trois quarts de l'année. C'est ainsi que, dans un autre ordre d'idées, l'autorité publique avait créé l'université, qu'elle l'avait dotée et de biens immenses et de nombreux priviléges, en laissant l'instruction primaire abandonnée aux soins de magisters de village. Que de siècles se sont écoulés entre l'acte qui donna naissance à *la fille aînée de nos rois*, et la loi du 28 juin 1883

---

(1) Article de M. Herman, ancien préfet, chef de section au ministère de l'intérieur.

qui rend les dépenses de l'instruction primaire obligatoires pour les communes et les départements! que de siècles aussi entre l'édit qui, le premier, réglementa l'établissement des *chemins royaux*, et la loi du 21 mai 1836, qui rend obligatoires les dépenses de construction et d'entretien des *chemins vicinaux!*

3. Nous ne rechercherons pas quel était, avant 1789, l'état de la législation ou de la jurisprudence administrative sur l'entretien des chemins qui servaient à la communication des communes. Les diverses provinces du royaume étaient, quant à leur administration, régies, on le sait, par des lois, des coutumes, souvent très-diverses d'une province à une autre, diversité qui tirait son origine presque toujours du maintien des lois, des coutumes de la province, avant son incorporation au royaume. Ce serait faire de l'histoire, et tel n'est pas le but de cet article; nous nous occuperons donc, et notre tâche sera encore bien longue, nous nous occuperons seulement de la législation des chemins, postérieure à la grande époque qui a fait d'une aggrégation de provinces, un royaume dont toutes les parties devaient obéir à la même loi, aux mêmes règles administratives.

4. Deux périodes bien distinctes peuvent être marquées dans les actes de l'autorité publique qui ont eu pour objet l'entretien des chemins vicinaux. Dans la première, le législateur a paru croire qu'il suffisait de faire appel à l'intelligence et au zèle des administrations locales, et de donner aux populations rurales la possibilité d'aviser elles-mêmes et volontairement à l'un de leurs plus impérieux besoins, celui de communications viables. Dans la seconde, le législateur, reconnaissant l'impuissance pratique des principes qu'il avait posés, transforma en obligation la faculté qu'il avait accordée aux corps municipaux.

5. Ainsi une loi du 6 octobre 1791 déclara *que les chemins reconnus par le directoire de district pour être nécessaires à la communication des paroisses, seraient rendus praticables et entretenus aux dépens des communautés sur le territoire desquelles ils sont établis;* mais, pour l'application de ce principe, le législateur se borna à dire, *qu'il pourrait y avoir, à cet effet, une imposition au marc la livre de la contribution foncière.* Les administrations municipales restaient donc seules juges de la question de savoir s'il y avait lieu d'user de cette faculté. A la vérité, la même loi, dans

son article suivant, donna *aux directoires des départements le droit, sur la réclamation des communautés ou des particuliers, d'ordonner l'amélioration des mauvais chemins;* mais il eût fallu compléter cette disposition en attribuant aussi aux directoires de départements le droit de donner force exécutoire à leurs décisions. La loi du 6 octobre 1791, en ce qui concerne les chemins vicinaux, ne peut donc être regardée que comme une déclaration de principes.

6. Quelques années après, un arrêté du directoire (23 messidor an v) ordonna la recherche et la reconnaissance générale de tous les chemins vicinaux; l'administration centrale était chargée, dans chaque département, de désigner ceux qui, en raison de leur utilité, devaient être conservés, et de prononcer la suppression de ceux reconnus inutiles; mais pour que cette mesure portât quelques fruits, il eût fallu assurer, d'une manière obligatoire, l'entretien des chemins vicinaux conservés. C'est ce que sans doute n'osa pas faire le directoire, et les administrations municipales n'usèrent que bien rarement de la faculté que leur avait donnée la loi du 6 octobre 1791.

7. Le gouvernement impérial fit plus : un décret du 4 thermidor an x, relatif aux dépenses des communes, posa le principe que *les chemins vicinaux sont à la charge des communes;* mais au lieu d'affecter à leur entretien des centimes additionnels comme la législation précédente, il prescrivit aux conseils muncipaux *d'émettre leurs vœux sur le mode le plus convenable pour parvenir à la réparation de ces chemins, et de proposer à cet effet l'organisation qui leur paraîtrait devoir être préférée pour la prestation en nature.* Cette ressource, généralement abandonnée depuis l'abolition de la corvée, était donc indiquée en premier ordre comme moyen d'entretien des chemins vicinaux; mais ce ne fut que deux années plus tard, et par une circulaire du 7 prairial an XIII, que le ministre de l'intérieur posa les bases de l'assiette et de l'emploi de la prestation en nature. A la même époque, la loi du 9 ventôse an XIII, complétait, pour la reconnaissance des limites des chemins vicinaux et la fixation de leur largeur, les mesures indiquées par l'arrêté du directoire du 23 messidor, et ce qui était plus important encore, cette loi transportait aux conseils de préfecture le jugement des anticipations commises sur le sol des chemins vicinaux,

assurant ainsi la répression prompte et sans frais de ces contraventions.

8. Le décret du 4 thermidor an x précité n'avait pas rendu l'emploi de la prestation en nature obligatoire; mais la puissance de l'impulsion administrative suppléait souvent alors, on le sait, au silence de la loi. Aussi, dans le plus grand nombre des départements, cette ressource fut-elle appliquée à l'entretien des chemins et l'usage s'en maintint même après la chute de l'administration impériale; la loi de finances du 15 mai 1818 vint, par l'interprétation donnée à l'une de ses dispositions, mettre obstacle à l'emploi de cette ressource. Il avait été statué, par cette loi, qu'aucune imposition communale ne pourrait être recouvrée si elle n'avait été votée par le conseil municipal avec adjonction des plus imposés, et autorisée par ordonnance du roi. La prestation en nature parut devoir être rangée parmi les impositions extraordinaires des communes; en conséquence, le ministre de l'intérieur, par une circulaire du 22 mai 1818, prescrivit aux préfets de s'abstenir d'approuver aucun rôle de prestation en nature, une ordonnance du roi étant déclarée nécessaire pour rendre légal l'emploi de cette ressource.

9. De ce moment cessa complétement tout travail d'entretien des chemins vicinaux, et ces voies publiques arrivèrent graduellement à un état de dégradation tel, que, dans beaucoup de départements, la culture même des terres devenait impossible, faute de pouvoir y transporter des engrais. L'excès du mal contraignit enfin le gouvernement à revenir sur les prohibitions qu'il avait portées, et la loi du 28 juillet 1824 permit de nouveau l'emploi, pour l'entretien des chemins vicinaux, de prestations en nature qui pouvaient être votées par les conseils municipaux sans l'adjonction des plus imposés, et sous la seule autorisation des préfets. En cas d'insuffisance de deux journées de prestation dont la loi autorisait l'imposition, les conseils municipaux pouvaient, mais avec l'adjonction des plus imposés, voter une contribution extraordinaire au maximum de cinq centimes. Enfin, lorsque les travaux indispensables exigeaient l'application de ressources plus considérables, il était loisible aux conseils municipaux de voter des contributions extraordinaires au delà de cinq centimes, sous la sanction d'une ordonnance royale. Cette loi posait encore quelques principes nouveaux et en réglementait l'application. Ainsi, elle permettait de demander des subventions spéciales aux entreprises industrielles dont les transports dégradaient les chemins vicinaux; elle appelait les propriétés de l'état et de la couronne à contribuer aux dépenses de ces chemins; elle décidait que lorsqu'un chemin vicinal intéressait plusieurs communes, il serait entretenu à frais communs dans des proportions qui seraient réglées par le préfet; enfin elle donnait aux préfets le droit d'autoriser les acquisitions, aliénations et échanges ayant pour objet les chemins vicinaux, lorsque la valeur des terrains ne dépasserait pas trois mille francs.

10. La loi du 28 juillet 1824 apportait donc d'incontestables améliorations à la législation précédente, et tel était le besoin de rendre praticables des chemins si longtemps abandonnés, que pendant les premières années l'application de cette loi se fit avec zèle et produisit d'utiles résultats. Mais bientôt les contribuables, méconnaissant les avantages qu'ils pouvaient attendre de communications plus faciles, ne virent plus, dans la législation nouvelle, que les charges qu'elle leur imposait; ils se plaignaient surtout que la prestation en nature, contribution qui pèse sur l'habitant, dût toujours être recouvrée avant qu'il fût permis d'imposer la propriété par l'assiette de centimes spéciaux, bien que la propriété fût éminemment intéressée au bon état des chemins vicinaux; les faibles résultats obtenus de l'emploi, mal dirigé, des prestations discréditait d'ailleurs ce moyen de travail; enfin l'obligation de faire concourir les plus imposés au vote des centimes spéciaux était, presque partout, un obstacle à ce vote. Les conseils municipaux s'abstinrent donc graduellement de voter la prestation en nature, ce qui entraînait comme conséquence l'impossibilité de voter des impositions en argent, et on s'aperçut alors que la loi du 28 juillet 1824 était entachée du même principe d'impuissance qui avait rendu inefficaces et la loi du 6 oct. 1791, et le décret du 4 thermidor an x. La nouvelle législation, comme les précédentes, avaient donné aux communes *la faculté* de réparer et d'entretenir leurs chemins, elle ne leur en avait pas imposé *l'obligation*; elle avait compté, de la part des contribuables et des administrations locales, sur la saine intelligence de leurs véritables intérêts, et elle avait oublié que bien rarement l'homme des champs sait faire un sacrifice

actuel, quelque faible qu'il soit, en vue d'un avantage à venir, quelque certain qu'il doive paraître; enfin elle avait donné à l'administration supérieure le droit de conseil, mais elle l'avait laissée désarmée contre les refus des conseils municipaux. Bientôt donc, l'entretien des chemins vicinaux fut complétement négligé comme il l'avait été après 1818, et peu d'années suffirent pour rendre de nouveau ces voies de communications complétement impraticables.

11. Il n'était qu'un seul remède possible à un état de choses qui excitait d'universelles réclamations; c'était de transformer une *faculté* en *obligation*, et de contraindre les communes à faire des travaux dont elles seules devaient recueillir les fruits, mais dont elles n'appréciaient pas assez les avantages pour les faire spontanément; il fallait enfin donner à l'administration supérieure, au lieu d'un droit de conseil dont l'expérience de tant d'années avait démontré l'inefficacité, un droit de coërcition qui pouvait seul vaincre la force d'inertie trop souvent opposée par les administrations locales.

C'était chose grave, il faut le reconnaître, qu'une semblable modification à introduire dans notre législation administrative. Depuis l'établissement du gouvernement représentatif en France, un principe qu'on ne saurait trop respecter voulait qu'aucune contribution publique ne fût perçue si elle n'avait été librement votée. Déroger à ce principe, transporter à l'autorité exécutive un droit réservé toujours aux assemblées délibérantes, était devenu d'autant plus difficile, peut-être, que le principe électif introduit depuis 1830 dans les conseils municipaux, semblait avoir donné à ces assemblées une puissance qui commandait, à leur égard, de plus grands ménagements. On comprend donc que le gouvernement ait longtemps hésité à proposer une semblable innovation.

12. Telles sont les circonstances dans lesquelles fut présentée et votée la loi du 21 mai 1836. Signalons à grands traits les nombreuses et importantes améliorations que cette loi a apportées à la législation précédente.

Les ressources applicables au service vicinal ont été accrues d'une manière notable, non-seulement par l'élévation du nombre des journées de prestations imposables chaque année, mais encore par l'autorisation donnée aux conseils généraux d'affecter à ce service le produit de centimes spéciaux départementaux.

Le vote des centimes spéciaux communaux n'est plus subordonné à l'emploi de la prestation en nature, et ces deux ressources peuvent être votées divisément ou concurremment selon les besoins du service; les conseils municipaux ont encore été dégagés, pour le vote, de l'obligation d'appeler le concours des plus imposés.

Le tarif du rachat de la prestation en argent n'est plus laissé à l'arbitraire de chaque conseil municipal; c'est aux conseils généraux des départements qu'est remis le soin de fixer ce tarif, chaque année, sur les propositions des conseils d'arrondissement.

Un nouvel ordre de voies publiques a été créé sous le nom de *chemins vicinaux de grande communication*. Placés à ce titre sous l'autorité du préfet, dotés d'une portion considérables des ressources des communes intéressées à leur entretien et de subventions fournies par les départements, ces chemins sont devenus le complément des routes départementales avec lesquelles ils rivalisent presque partout, soit pour l'étendue de leur parcours, soit pour leur bonne exécution.

Pour assurer le bon emploi des ressources considérables mises à la disposition de l'administration, les préfets ont été autorisés à nommer des agents voyers, hommes spéciaux, dont le concours pouvait seul garantir la bonne exécution des travaux, et suppléer, sous ce rapport, à ce que l'expérience avait démontré ne pouvoir être demandé aux fonctionnaires municipaux. Les agents voyers institués par la loi ont encore pour mission de constater les contraventions et les délits en matière vicinale.

Les droits de l'administration, en matière de reconnaissance, d'élargissement, de redressement et d'ouverture de chemins vicinaux, ont été consacrés et étendus de manière à satisfaire à toutes les nécessités de cette partie du service vicinal.

Les nombreux détails d'exécution de la législation nouvelle ne pouvant être réglés par la loi même, et d'une manière uniforme pour tout le royaume, les préfets ont reçu le droit de faire, chacun dans son département, un réglement général pour assurer cette exécution, et comme garantie contre les écarts possibles du zèle même de quelques administrateurs, l'avis du conseil général et l'approbation du ministre de l'intérieur ont été déclarés nécessaires pour que ces règlements acquissent force exécutoire.

Enfin, l'obligation pour les communes de réparer et d'entretenir les chemins vicinaux n'a plus été inscrite dans la loi, comme déclaration de principe seulement ; cette obligation a été établie d'une manière précise et impérative. En indiquant les ressources au moyen desquelles les communes pourraient pourvoir aux besoins du service, ce n'est plus une simple faculté qui leur a été donnée, c'est une injonction qui leur a été faite, et comme sanction de cette injonction, les préfets ont reçu le droit d'imposer d'office, après mise en demeure des conseils municipaux, ces mêmes ressources en prestations et en centimes spéciaux que les administrations locales auraient dû et auraient négligé ou refusé de voter.

13. La loi du 21 mai 1836 fut d'autant mieux, d'autant plus promptement appréciée, qu'elle n'était pas une loi de théorie ; elle n'était que la consécration de l'expérience acquise ; elle consolidait, elle légalisait l'emploi de moyens déjà mis en pratique dans beaucoup de départements ; elle excita donc, dans la généralité du royaume, dès son apparition, de si vives espérances, elle fit naître un tel concert d'efforts et de sacrifices de la part des populations, qu'on eût pu craindre bientôt une réaction contraire, si cette loi n'avait renfermé en elle-même un principe de vie qui devait assurer la continuité des efforts.

Dans un article consacré à la législation des chemins vicinaux, ce serait s'écarter du but, sans doute, que de rendre compte des faits ; à l'administration appartient ce soin. Qu'il nous soit permis cependant, pour faire apprécier toute l'importance de cette législation et tout ce que le pays peut en attendre, qu'il nous soit permis de dire sommairement ce qui a été obtenu déjà, et nous puiserons ces renseignements dans le dernier rapport publié par le ministre de l'intérieur sur le service vicinal, celui de 1841.

Les ressources créées pendant les cinq années 1837 à 1841 se sont élevées ensemble à plus de 236 millions, dont 109 millions en prestations en nature et 127 millions en argent. Une augmentation constante a eu lieu dans le chiffre de ces ressources, car de 44 millions en 1837, il s'est élevé à plus de 53 millions en 1841.

Sur cette masse de produits, plus de 132 millions avaient été réservés aux chemins vicinaux de petite communication, et si, on ne peut se le dissimuler, cette partie du service laisse encore à désirer dans un grand nombre de départements, il en était déjà au moins la moitié où elle avait été organisée d'une manière satisfaisante et où ces voies publiques recevaient de notables améliorations.

Les chemins vicinaux de grande communication classés jusques et y compris la session de 1841, présentaient un développement d'environ 53,000 kilomètres, et pour apprécier ce chiffre, il suffit de se rappeler que nos routes royales n'ont qu'un parcours de 35,000 kilomètres, et nos routes départementales un parcours de 37,000 kilomètres. Environ 104 millions de ressources avaient été affectées, en cinq années, à la construction de ces lignes vicinales, et, à la fin de 1841, une longueur d'environ 17,000 kilomètres ou près d'un tiers était complétement achevée. Presque partout ces chemins rivalisent avec les routes départementales pour l'exécution et l'entretien, bien que la dépense faite soit généralement fort au-dessous de celle qu'entraîne la construction des routes départementales ; il est des départements où cette différence est de moitié à l'avantage des chemins vicinaux de grande communication. Quant à l'importance de la création de ces voies publiques, il suffit de dire qu'il est tels cantons où jamais les transports ne s'étaient faits qu'à dos de mulet, et qui sont aujourd'hui percés de lignes carrossables, fréquentées, non pas seulement par les transports de l'agriculture, non pas seulement par le roulage, mais sur lesquelles se sont établis des services de messageries et pour lesquelles on sollicite l'établissement de relais de poste. Là même où il n'y a pas eu création de lignes nouvelles, là où l'administration s'est bornée à améliorer les chemins existants, la facilité des transports est devenue telle que le prix en a baissé d'un tiers, souvent même de moitié, et comme pour les matières encombrantes, pour les produits du sol, la dépense du transport au lieu du marché forme une partie considérable de leur valeur, l'économie obtenue a augmenté dans une forte proportion le revenu des propriétés territoriales. Quelques années encore de sacrifices et d'efforts, quelques années de paix extérieure et de calme intérieur, et la face du pays aura changé complétement sous le rapport de ses voies de communication secondaires ; il sera doté partout de chemins vicinaux sans lesquels nos routes, nos canaux, nos chemins de fer ne rempliraient qu'incomplètement leur destination, car pour arriver aux routes, aux canaux, aux chemins de fer, les produits du sol, les produits de nos établissements industriels doivent parcourir d'abord des chemins vicinaux dont l'état d'entretien exerce la plus grande influence sur le prix du transport.

14. C'est donc une place importante qu'occupe dans la législation du pays la branche du service administratif à laquelle est consacré cet article ; le développement que nous devons y donner s'expliquerait par cette seule considération ; mais nous avons à faire remarquer d'ailleurs, que, dans presque toutes les matières administratives, la loi la plus récente maintient les dispositions des lois antérieures qu'elle n'abroge pas formellement. Ce n'est donc pas dans le texte de la seule loi du 21 mai 1836 que nous pouvons trouver l'ensemble des règles applicables au service vicinal, et il sera souvent nécessaire, pour établir ces règles, de conférer entre elles les dispositions non abrogées de la législation précédente. Des interprétations administratives, des décisions données non-seulement par le Conseil d'état, mais même par les cours et tribunaux, là où l'exécution de la loi tombe dans leurs attributions, forment un corps de jurisprudence et de doctrines, dans lequel les administrateurs sont souvent obligés de chercher la règle de leur conduite, dans les cas où le texte des lois peut leur laisser quelques doutes. Nous avons donc dû rechercher et reproduire souvent les ordonnances rendues en Conseil d'état, ainsi que les arrêts les plus importants rendus par la Cour de cassation, en matière vicinale, surtout lorsque ces deux hautes juridictions sont en dissidence.

15. Pour introduire dans notre travail l'ordre et la méthode qui peuvent seuls lui donner une utilité pratique, nous croyons devoir le diviser en quatre chapitres. Dans le premier, nous réunirons toutes les dispositions ayant pour objet la reconnaissance des chemins vicinaux, la fixation de leur direction et de leur largeur, ainsi que la conservation du sol vicinal. Dans le second, nous traiterons de tout ce qui a rapport à la création des ressources applicables au service vicinal et à l'emploi de ces ressources. Dans le troisième, nous rapporterons quelques règles spéciales aux chemins vicinaux de petite communication. Dans le quatrième, nous nous occuperons

de tout ce qui a rapport aux chemins vicinaux de grande communication. Enfin, il nous a paru indispensable de placer à la fin de notre travail, sous forme d'appendice, quelques lignes *sur les chemins qui ne sont pas vicinaux*, ceux auxquels l'administration donne aujourd'hui le nom de *chemins ruraux*, et qui, bien que d'une importance moins grande que les chemins vicinaux, doivent cependant être conservés à la circulation comme voies publiques, tant que leur suppression n'a pas été légalement prononcée.

CHAP. 1er. — *Dispositions relatives à la reconnaissance des chemins vicinaux et à la conservation du sol de ces chemins.*

SECT. 1re. — *Définition.*
SECT. 2. — *Déclaration de vicinalité ou classement.*
§ 1er. — *Compétence.*
§ 2. — *Formes du classement.*
§ 3. — *Considérations qui doivent déterminer le classement.*
§ 4. — *Opposition au classement.*
§ 5. — *Recours contre le classement.*
§ 6. — *Annulation du classement.*
§ 7. — *Recours contre le refus de classement.*
§ 8. — *Fixation de la direction des chemins vicinaux.*
§ 9. — *Fixation de la largeur des chemins vicinaux.*
§ 10. — *Règlement des indemnités de terrains.*
SECT. 3. — *Ouverture de nouveaux chemins.*
§ 1er. — *Compétence.*
§ 2. — *Acquisition et expropriation des terrains.*
§ 3. — *Occupation temporaire des terrains.*
SECT. 4. — *Conservation du sol des chemins vicinaux.*
§ 1er. — *Maintien provisoire du passage.*
§ 2. — *Alignements.*
§ 3. — *Plantations.*
§ 4. — *Fossés.*
SECT. 5. — *Répression des contraventions.*
§ 1er. — *Anticipations.*
§ 2. — *Dégradations.*
§ 3. — *Obstacles à la circulation.*
§ 4. — *Constatation.*
SECT. 6. — *Modifications à l'état des chemins vicinaux.*

Chap. 1er. — Dispositions relatives à la reconnaissance des chemins vicinaux et à la conservation du sol de ces chemins.

### Sect. 1re. — Définition.

16. Les jurisconsultes qui ont écrit sur la matière ont vainement tenté de donner, du mot chemin vicinal, une définition nette et précise; ce qu'ils n'ont pas fait, nous n'essayerons pas de le faire. C'est qu'en effet, une foule de circonstances locales, appréciables dans la pratique, mais insaisissables pour la doctrine, feront que tel chemin public devra être considéré comme vicinal, et que tel autre ne sera pas rangé dans cette catégorie; énumérer ces circonstances, ce serait faire un long chapitre, mais non pas donner une définition. Dans un ordre de voies publiques plus élevé, il serait souvent difficile de dire quelle différence bien réelle distingue la route départementale de la route royale; reconnaissons qu'il serait souvent difficile aussi de dire pourquoi tel chemin a été déclaré vicinal et tel autre ne l'a pas été. Renonçons donc à donner la définition théorique et doctrinale du mot chemin vicinal, et bornons-nous à en donner la définition pratique et légale, en disant, sinon dans les propres termes, au moins dans l'esprit de l'art. 1er de la loi du 28 juillet 1824, « le chemin vicinal est celui qui a été déclaré tel par arrêté du préfet. » Nous verrons dans un des paragraphes suivants quelles sont les principales circonstances qui doivent déterminer le préfet à donner cette déclaration, et quelles sont, par conséquent, les caractères du chemin vicinal.

La législation antérieure à la loi du 21 mai 1836, notamment la loi du 28 juillet 1824, a souvent employé l'appellation de chemin communal dans le même sens que celui donné aujourd'hui au mot chemin vicinal. Nous considérerons donc ces deux expressions comme légalement synonymiques, tout en nous servant toujours de la dernière, consacrée par la législation la plus récente.

### Sect. 2. — Déclaration de vicinalité ou classement.

#### § 1er. — Compétence.

17. A l'autorité souveraine a toujours appartenu le droit de classer les voies de communication les plus importantes; mais l'acte par lequel elle les déclare voies publiques sous le nom de chemins vicinaux, de routes royales, de routes départementales, n'est qu'un acte

administratif. Les décisions à prendre pour le classement des voies secondaires nécessaires aux communications des communes étaient trop nombreuses pour qu'elles ne dussent pas être déléguées, et cette délégation d'un acte purement administratif ne pouvait rationnellement être donnée qu'à l'autorité administrative proprement dite; mais, en cette matière comme en beaucoup d'autres, les vrais principes ont été lents à s'établir, et nous aurons de nombreuses variations à constater dans la jurisprudence, avant d'arriver à l'époque où le classement des chemins vicinaux a été remis, d'une manière absolue, aux préfets. Par le mot de *classement* nous entendons ici *la déclaration de vicinalité.*

18. La loi du 6 oct. 1791, tit. 1er, sect. 6, art. 2, avait dit : « Les chemins reconnus par *le directoire de district* pour être nécessaires à la communication des *paroisses*, etc. ; » elle ne donnait au *directoire de département*, par son art. 3, qu'un droit de contrôle et de surveillance sur l'amélioration de ces chemins.

Ce classement appartenait donc alors à l'autorité d'arrondissement qui tenait la place actuellement occupée par le sous-préfet; l'autorité départementale restait étrangère à cette attribution.

19. Le premier acte du gouvernement qui intervint ensuite sur cette matière, l'arrêté du directoire du 23 messidor an v, enleva aux administrations de district l'attribution qui leur avait été confiée par la loi précitée du 6 oct. 1791. Cet arrêté porte, art. 1er : « que dans chaque département, l'administration centrale fera dresser un état général des chemins de son arrondissement; » art. 2 : « que cette administration constatera l'utilité de chacun des chemins portés sur cet état; » et, art. 3 : « qu'elle désignera ceux qui, à raison de leur utilité, devront être conservés, et prononcera la suppression des autres. » Le classement des chemins vicinaux se trouva donc remis à l'autorité administrative qui tenait alors la place occupée aujourd'hui par les préfets. Rappelons ici que les administrations centrales de département n'exerçaient pas seulement des fonctions administratives proprement dites, mais qu'elles avaient encore, dans leurs attributions, une partie de ce qu'on appelle *le contentieux administratif.*

20. Un nouvelle organisation de l'administration publique fut introduite par la constitution de l'an VIII ; les administrations cen-

trales de département furent supprimées, et leurs fonctions furent partagées entre *les préfets* et *les conseils de préfecture*; mais il était difficile que ce partage d'attributions aussi nombreuses que diverses s'opérât, de prime abord, d'une manière nette et précise. La loi du 28 pluviôse an VIII avait bien posé en principe qu'aux préfets appartenait *l'administration*, et aux conseils de préfecture le *contentieux*; la limite exacte de ces attributions n'en fut pas moins, sur certaines matières, l'objet d'une assez longue hésitation dans la pratique, et nous le trouverons constatée, surtout, en matière de classement des chemins vicinaux.

21. Ce classement appartenait-il à l'administration ? rentrait-il dans le contentieux administratif? l'incertitude sur ce point ne put qu'être augmentée par la rédaction, si vague, de la loi du 9 ventôse an XIII, portant, art. 6, « que *l'administration publique* ferait rechercher et reconnaître les anciennes limites des chemins vicinaux. »

22. Le ministère de l'intérieur regarda d'abord le classement des chemins vicinaux comme matière contentieuse, et appartenant, à ce titre, aux conseils de préfecture. Ainsi, dans une instruction du 7 prairial an XIII, qui, pour l'exécution de la loi du 9 ventôse précédent, prescrivit la recherche et la reconnaissance de tous les chemins des communes, le ministre, après avoir tracé les formes à suivre pour cette recherche, dit : « La délibération du conseil municipal sera soumise au sous-préfet; ce fonctionnaire discutera les points contentieux; il vous donnera un avis motivé d'après lequel *le conseil de préfecture approuvera ou modifiera les vues du conseil municipal,* en fixant invariablement les largeurs des différents chemins. » Le ministère de l'intérieur regardait donc comme abrogée la disposition de l'arrêté du gouvernement du 23 messidor an v, qui attribuait *aux directoires de département* la recherche et le classement des chemins vicinaux, ou bien il pensait qu'en exerçant cette attribution, les directoires de département faisaient un acte de contentieux administratif plutôt qu'un acte de pure administration.

23. Le Conseil d'état, régulateur suprême des juridictions, ne varia pas moins dans la solution de la question de savoir à quelle branche de l'autorité publique appartenait la déclaration de vicinalité des chemins nécessaires aux communications des communes.

Ainsi, un décret du 25 mars 1807 ( Bottu de la Barmondière contre les communes d'Anse et de Pommières ) renvoya aux tribunaux ordinaires à décider si un chemin réclamé par ces communes devait exister, comme l'avaient déclaré le préfet et le conseil de préfecture. « Considérant, est-il dit, que l'administration n'avait point à déterminer la largeur d'un chemin vicinal, ou à fixer ses limites, mais qu'il s'agissait de juger si, comme les communes le soutiennent, il a existé autrefois un chemin de voiture là où la dame de la Barmondière soutient qu'il n'y a jamais eu qu'un simple sentier pour les gens de pied, et que cette contestation présente une question de propriété et de servitude, sur laquelle les tribunaux ont seuls le droit de prononcer. » Il fut statué dans le même sens par le décret du 7 févr. 1809 ( Delpech contre Mérignac ), portant, « qu'au surplus, la question de savoir si le chemin en litige est un chemin vicinal ou une propriété particulière, est évidemment de la compétence de l'autorité judiciaire. » Même décision enfin, par décret du 10 mars 1809 ( commune de Ploumoguer contre Desson ), et par un autre du 18 oct. 1809 ( Doat contre Duerne ), dont les termes sont encore plus explicites. « Considérant, y est-il dit, que l'art. 6 de la loi du 9 ventôse an XIII n'a attribué à l'autorité administrative que le droit de rechercher et de reconnaître les chemins vicinaux sur l'existence desquels il n'existe aucune difficulté, et dont il s'agit seulement de vérifier les anciennes limites et de déterminer la largeur ; que, dès lors, cette disposition n'est point applicable aux chemins dont la nature est contestée et dont un particulier réclame la propriété privée ; que, dans l'espèce, le sieur Doat soutenant [que le chemin dont il s'agit lui appartient et contestant le droit de passage et la servitude que le sieur Duerne a voulu établir sur son fonds, le conseil de préfecture n'était pas compétent pour statuer sur une question de propriété dont la connaissance appartenait aux tribunaux. » Les mêmes principes ont été consacrés par deux décrets des 11 avril 1810 ( Comballot contre Charbonnier et commune de la Guillotière ) ( Dupuis contre Motte ), et par ceux des 16 mai 1810 ( veuve Duquesne contre Legras-Bordecotte ), 7 août 1810 ( Bonnet, Lecointre et autres ), 23 sept. 1810 ( Dauriac contre la commune d'Auxonne ), 9 déc. 1810 ( Robert contre Debrousse ), 19 mai 1811 ( Milliet contre la commune de Paracy ), 18 août 1811 ( Robin contre Hamelin ), 17 avril 1812 ( veuve Deschamps contre la commune de Chirat-l'Église ), 4 août 1812 ( Colonge contre la commune de Quincieux ), 24 août 1812 ( Foucaud contre Bardou ), 18 janv. 1813 ( Juchault-Desjamonières contre la commune du Cellier ), et 18 mars 1813 ( de Colliquet contre la commune de Seigneulles et autres ). Jusque-là, donc, la jurisprudence du conseil d'état n'attribuait à l'autorité administrative le droit de déclarer la vicinalité que des chemins à l'égard desquels il n'existait aucune contestation ; mais dès qu'un particulier se prétendait propriétaire d'un chemin, c'était aux tribunaux à statuer sur la question de propriété, et la décision judiciaire statuait implicitement sur la question de vicinalité.

24. On commença, à cette époque, à reconnaître ce qu'avait de contraire au besoin si puissant des communications cette prédominance absolue de l'intérêt privé sur l'intérêt communal, et ce droit attribué à l'autorité judiciaire de supprimer, par le fait, des chemins dont le maintien pouvait être nécessaire. Dans un décret du 3 janv. 1813 ( commune de Nuisement-sur-Coole contre Damas ), le Conseil d'état posa pour la première fois le principe que, s'il appartient aux tribunaux de prononcer *sur la propriété du terrain* des chemins vicinaux, ainsi que sur la suppression des simples sentiers, il appartient au préfet et aux conseils de préfecture de prononcer *sur l'existence, l'utilité et la suppression des chemins vicinaux.*

Ce fut là le premier jalon de la ligne de démarcation qui devait s'établir, en matière de classement de chemins vicinaux, entre les attributions de l'autorité administrative et celles de l'autorité judiciaire : à la première, la décision sur l'existence, l'utilité et le maintien des chemins, c'est-à-dire la déclaration de vicinalité ; à la seconde, le jugement de la question de propriété, s'il en était soulevé, mais sans que ce jugement pût rétroagir sur la question de vicinalité. C'est le système que plus tard nous verrons se développer pour ne plus varier.

25. Mais en enlevant aux tribunaux toute action sur ce qui était réellement du domaine administratif, le conseil d'état parut hésiter un moment sur l'attribution, soit aux préfets, soit aux conseils de préfecture, du droit de classer les chemins vicinaux. Ainsi, un décret du 15

juin 1812 (Prestrel contre Morainville) reconnut d'abord ce droit aux conseils de préfecture. « Considérant, y est-il dit, 1° que la question se réduit à déterminer si le chemin sur lequel est situé la propriété du sieur Morainville doit être considéré comme chemin rural ou chemin vicinal; 2° qu'aux termes de la loi du 9 ventôse an XIII, toute contestation sur la reconnaissance des chemins vicinaux appartient aux conseils de préfecture : Art. 1er. L'arrêté du préfet de la Seine-Inférieure est annulé comme incompétemment rendu. Art. 2. Les parties sont renvoyées devant le conseil de préfecture pour faire prononcer *sur le classement* du chemin dit la Petite rue. » Un second décret du 2 janv. 1813 ( commune de Nuisement-sur-Coole contre Damas) maintenait des arrêtés du conseil de préfecture de la Marne « en tant qu'ils prononçaient sur le maintien et la suppression des autres chemins vicinaux. »

26. Ces deux décisions ne formèrent cependant pas jurisprudence, et dès le 16 oct. 1813, un autre décret ( de Jaucourt et Cuzin contre Gavet ) déclara que le conseil de préfecture de Seine-et-Marne, en classant au nombre des chemins vicinaux ceux qui étaient l'objet de ces contestations, « avait excédé les bornes de sa compétence, puisque, aux termes de l'art. 6 de la loi du 9 ventôse an XIII, le droit de désigner les chemins vicinaux n'appartient qu'à l'administration publique, c'est-à-dire aux préfets. » Cette jurisprudence n'a plus varié depuis, et nous la trouvons consacrée dans dix décrets ou ordonnances dont la dernière est du 20 nov. 1822 ( Ferras contre les communes de Hachon et de Campuzan).

Les attributions contestées furent, d'ailleurs, irrévocablement fixées par la loi du 28 juillet 1824, qui porte, dans son art. 1er, qu'aux préfets appartient le droit de reconnaître les chemins nécessaires aux communications des communes, en d'autres termes, de déclarer la vicinalité de ces chemins. On ne peut donc trop s'étonner qu'après une disposition législative aussi formelle, le conseil d'état ait eu, plusieurs fois encore, à annuler des décisions de conseils de préfecture portant classement de chemins vicinaux. Nous citerons sur ce point les ordonnances des 17 mars 1825 ( commune de Précigné), 27 août 1828 ( de Montillet), 27 août 1828 (commune d'Aiffres).

27. La loi du 21 mai 1836, la dernière qui ait été rendue sur les chemins vicinaux, n'a

rien innové quant au classement de ces chemins; dans l'état actuel de la législation, c'est donc aux préfets qu'appartient le droit de déclarer la vicinalité des chemins nécessaires aux communications des communes. Nous devons, toutefois, mentionner un cas exceptionnel où le législateur a substitué, pour le classement des chemins vicinaux, l'autorité royale à l'autorité préfectorale; c'est celui où une route ou portion de route royale est abandonnée par le service des ponts-et-chaussées, et où une commune a intérêt à ce que cette voie publique soit conservée à la circulation. La loi du 24 mai 1842 a permis que, dans ce cas, et sur la demande de la commune, cette route ou portion de route royale soit classée comme chemin vicinal, et c'est par ordonnance royale que le classement est prononcé; mais on conçoit que ce n'est là qu'une exception, fondée, sans doute, sur ce que, pour opérer ce classement, il faut aliéner une portion du domaine public, aliénation qui devait être réservée à l'autorité souveraine.

### § 2. — *Formes du classement.*

28. En chargeant les directoires de district de la reconnaissance des chemins nécessaires aux communications ( loi du 6 oct. 1791), en reportant cette attribution aux administrations centrales de département ( arrêté du 23 messidor an V), les législateurs de l'époque s'abstinrent ou omirent d'indiquer les formalités que devait remplir l'autorité administrative, préalablement au classement des chemins, et ils n'exigèrent même pas que les conseils municipaux fussent entendus sur une mesure d'un aussi grand intérêt pour les communes. Le même silence fut gardé sur ce point par la loi du 9 ventôse an XIII, qui prescrivit à l'administration publique de rechercher et reconnaître les anciennes limites des chemins et de fixer leur largeur; mais le ministre chargé d'assurer l'exécution de cette loi (M. de Champagny) comprit qu'il était impossible que les conseils municipaux ne fussent pas consultés sur le classement des chemins vicinaux et la fixation de leur largeur. Il lui parut même que les intérêts privés devaient être mis en demeure de se faire entendre. En effet, la commune, personne civile, n'est pas toujours seule intéressée à ce que tel ou tel chemin soit ou non porté sur le tableau des chemins vicinaux, et des propriétaires, habitants ou forains, peuvent se trouver lésés, soit

par l'omission sur le tableau d'un chemin qui leur serait utile, soit par l'inscription au tableau d'un chemin qu'ils prétendraient leur appartenir à titre privé. Par son instruction du 7 prair. an XIII, le ministre de l'intérieur prescrivit donc au préfet de faire dresser, dans chaque commune, un tableau de tous les chemins qui paraîtraient devoir être classés parmi les chemins vicinaux. Ce tableau dut être déposé à la mairie pendant quinze jours ; chaque propriétaire put venir en prendre connaissance et déposer ses réclamations ou ses oppositions ; le conseil municipal dut ensuite donner son avis sur les unes et sur les autres, et au vu de ces pièces et de l'avis du sous-préfet, les préfets durent prendre leurs arrêtés de classement.

29. La loi du 28 juillet 1824 (art. 1er) vint rendre obligatoire le concours des conseils municipaux qui, ainsi que nous venons de le voir, n'avait été demandé jusqu'alors qu'en vertu d'une instruction ministérielle. La loi du 21 mai 1836 ne s'occupa point du classement des chemins, laissant subsister à cet égard, par conséquent, les prescriptions de la législation précédente. Dans l'instruction qu'il donna pour l'exécution de cette dernière loi, M. le comte de Montalivet, alors ministre de l'intérieur, n'eut donc à prescrire aucune formalité nouvelle pour le classement des chemins vicinaux ; en rappelant celles qui avaient été indiquées dans la circulaire du 7 prair. an XIII, il porta seulement à un mois le délai du dépôt à la mairie du tableau des chemins vicinaux, et il donna le modèle du cadre de ce tableau, afin d'obtenir quelque uniformité dans le travail des différents départements.

30. Enquête, car c'est bien une enquête que l'appel fait à tous les intéressés par le dépôt à la mairie du projet de classement, examen par le conseil municipal du résultat de cette enquête et délibération de ce conseil, avis du sous-préfet, arrêté du préfet déclarant la vicinalité ; telles sont donc les formalités prescrites par la loi ou par les instructions ministérielles pour le classement des chemins vicinaux, et elles paraissent présenter de suffisantes garanties, soit à l'intérêt communal, soit aux intérêts privés.

31. Nous ferons remarquer, d'ailleurs, que si la délibération du conseil municipal est un préalable indispensable, pour que le préfet puisse légalement prononcer le classement d'un chemin au nombre des chemins vicinaux d'une commune, le préfet n'est cependant pas tenu de se conformer au vœu du conseil municipal.

En effet, la loi du 28 juillet 1824, la seule qui ait prescrit d'entendre les conseils municipaux sur le classement des chemins vicinaux, dit que ces chemins doivent être reconnus par arrêté du préfet, *sur* une délibération du conseil municipal, et non pas *conformément* à la délibération du conseil municipal ; elle a prescrit une formalité utile, mais elle n'a pu vouloir, elle n'a pas voulu réduire l'action du préfet à une simple homologation du vote du conseil municipal ; elle a réglé, mais n'a pas voulu détruire, le pouvoir donné à l'administrateur du département par l'arrêté du 23 messidor an V et par la loi du 9 ventôse an XIII ; elle a compris que quelquefois le préfet devrait ne pas s'arrêter devant le vote du conseil municipal, vote dirigé tantôt par un intérêt communal trop étroit, tantôt par des intérêts privés qui ne prédominent que trop souvent dans les délibérations de ces assemblées locales. Ici, on aura proposé le classement d'un chemin qui n'est évidemment utile qu'à une fraction de la commune, à l'exploitation d'un seul domaine, peut-être ; il faut que le préfet puisse refuser de prononcer ce classement, et il le peut, car la loi ne lui prescrit pas de se conformer à la délibération du conseil municipal ; ailleurs, le conseil municipal aura refusé de proposer le classement d'un chemin, peu utile peut-être à la commune dont il ne traversera le territoire qu'à son extrémité, mais qui est d'une indispensable nécessité aux communications de plusieurs communes limitrophes ; il faut que le préfet puisse classer ce chemin malgré l'opposition du conseil municipal ; il le peut, car, encore une fois, il prononce *sur* et non *conformément* à la délibération ; il le doit, car il a pour attribution générale de faire prédominer l'intérêt public sur l'intérêt de localité, il a pour attribution spéciale, en matière de chemins vicinaux (loi du 6 oct. 1791), *de reconnaître les chemins nécessaires à la communication des paroisses*, et ( arrêté du 23 messidor an V) de *constater l'utilité de chaque chemin, et de désigner ceux qui, à raison de leur utilité, doivent être conservés.*

32. C'est dans cet esprit, c'est d'après ces formes protectrices des droits de tous, qu'en exécution de l'instruction ministérielle du 24 juin 1836, le classement des chemins vicinaux a été opéré là où il n'avait pas encore été fait, ou qu'il a été révisé et refait sur d'autres bases dans presque toutes les communes du

royaume. Cette vaste opération a été abordée et dirigée dans presque tous les départements avec cet esprit de suite qui pouvait seul en assurer le succès, avec cette saine appréciation des intérêts généraux ou locaux qui pouvait seule atteindre le but qu'avait eu en vue l'autorité centrale en la prescrivant. Préfets, sous-préfets, maires, conseils municipaux, tous en ont compris l'importance et la nécessité ; en présence de la législation nouvelle, ils ont compris que le classement général des chemins vicinaux n'était plus une mesure d'intérêt purement local, et que, de proche en proche, les intérêts de toutes les communes allaient se trouver liés. Aussi, dans la plupart des départements, l'autorité ne s'est-elle pas bornée à consulter isolément chaque conseil municipal ; le plus souvent, des commissions cantonales ont été formées dans le but de coordonner le travail de classement préparé dans chacune des communes du canton, et de faire, notamment, que tout chemin d'une importance réelle, classé dans une commune, trouvât sa continuation dans la commune voisine. Dans beaucoup de départements, enfin, on a, après le classement, dressé des cartes, soit communales, soit cantonales, sur lesquelles ont été tracés tous les chemins déclarés vicinaux, dans leur véritable direction, avec leur largeur légale, de manière à rendre possible et facile à l'avenir la constatation des anticipations sur le sol vicinal. Pour donner, en terminant ce paragraphe, une idée de l'étendue du travail de classement et de révision des chemins vicinaux ainsi que de son importance, nous dirons que, d'après les derniers documents officiels publiés par le ministère de l'intérieur, le classement opéré ou révisé depuis l'instruction du 24 juin 1836, dans 36,029 communes, a amené la déclaration de vicinalité de 338,529 chemins, ayant ensemble un développement d'environ 639,800 kilomètres.

33. Nous terminerons ce qui a rapport aux formalités relatives au classement des chemins vicinaux, en rapportant une ordonnance qui a statué sur un recours basé sur la non-exécution de ces formalités ; c'est celle du 17 août 1836 (Couderc contre la commune de Saint-Michel), ainsi conçue : « *Sur l'exception tirée de ce que l'utilité publique n'a pas été déclarée dans les formes prescrites par l'art. 2 de la loi du 7 juillet* 1833 ; considérant que le préfet de Tarn-et-Garonne, dans son arrêté du 22 novembre 1831, s'est borné à déclarer la vicinalité, d'après l'ancienne possession du public ; qu'il n'a excipé de l'utilité publique que pour rejeter l'opposition du réclamant qui tendait à déclasser le chemin dont il s'agit ; d'où il suit qu'il n'y avait lieu, dans l'espèce, à suivre les formes prescrites pour les déclarations d'utilité publique qui ne sont applicables que dans le cas où il s'agit de créer un nouveau chemin ou de changer le tracé d'un ancien chemin ; *sur l'exception tirée du non-accomplissement des formalités prescrites pour la reconnaissance et le classement des chemins vicinaux ;* considérant que les seules formalités prescrites par les lois et règlements consistent dans l'avis préalable des conseils municipaux et l'examen des oppositions ; que les publications et affiches, utiles et pratiquées dans certains cas, ne sont pas prescrites d'une manière générale et absolue, et que, dans l'espèce, le jugement de l'opposition n'exigeait pas l'accomplissement préalable de ces formalités ; art 1er : La requête du sieur Couderc est rejetée. » Il a été statué dans le même sens par l'ordonnance du 19 avril 1837 (Asquié). Un particulier ne pourrait, non plus, fonder son recours sur ce qu'il n'aurait pas été appelé au conseil municipal pour y présenter ses moyens ; c'est ce qui résulte de l'ordonnance du 11 janvier 1837 (Josselin contre la commune de Vienne-en-Val), ainsi conçue : Vu l'arrêté du gouvernement du 23 messidor an v, la loi du 9 ventôse an xiii, celle du 18 juillet 1824, l'instruction ministérielle du 7 prairial an xiii ; « *sur le moyen tiré de ce que le sieur Jousselin n'aurait point été appelé dans la séance du conseil municipal ;* considérant que les lois et règlements ci-dessus visés, en exigeant l'avis du conseil municipal pour la reconnaissance et le classement des chemins vicinaux, ne prescrivent point d'appeler aux délibérations dudit conseil les propriétaires opposants ; art. 1er : La requête du sieur Jousselin est rejetée. »

### § 3. — *Considérations qui doivent déterminer le classement.*

34. Nous l'avons dit plus haut, la doctrine énumérerait vainement toutes les circonstances qui paraîtraient constituer le caractère du chemin vicinal ; cette énumération, quelque longue qu'elle fût, serait un guide insuffisant, et dans la pratique, l'administration sait qu'elle ne doit se déterminer que par une seule considération qui domine, qui comprend toutes

les autres, *l'utilité du chemin*, soit pour la commune sur le territoire de laquelle il est situé, soit pour une fraction de cette commune, soit enfin pour les communes limitrophes. C'est là la règle unique donnée par la loi de 1791, par l'arrêté de l'an v, par la loi de 1824. Cette question *d'utilité, de convenance communale*, c'est d'ailleurs au préfet seul qu'il appartient de la résoudre, et le conseil de préfecture excéderait ses pouvoirs en y statuant. C'est ce qu'ont formellement déclaré deux ordonnances royale; l'une, du 1er mai 1822 (commune de Balazé contre Chatelain), porte que « s'il y a motif de remplacer ledit chemin par un chemin passant sur le terrain dit de la Coëfferie, c'est encore au préfet qu'il appartient de déclarer *l'utilité communale*; la seconde ordonnance, du 12 juin 1822 (Boulet contre Limages), est conçue à peu près dans les mêmes termes.

35. Toutefois, nous croyons devoir faire remarquer ici, que la déclaration de vicinalité ne peut jamais s'appliquer qu'à une voie de communication existante et dont le public est actuellement en jouissance, soit que cette jouissance résulte d'un titre communal, soit qu'elle dérive d'un long usage. Ainsi, ce serait, selon nous, abuser du droit de classement, que de déclarer chemin vicinal une avenue, par exemple, qui aurait été construite pour le seul usage d'un propriétaire, qui serait fermée à ses extrémités par des grilles ou des barrières, fût-elle même fréquentée par quelques personnes, par la permission du propriétaire. On ne pourrait non plus, ce nous semble, déclarer chemin vicinal un simple sentier traversant par l'effet de la tolérance du propriétaire, soit une cour de ferme, soit un champ fermé de haies ou de fossés. Ce n'est pas à dire, cependant, que si le besoin des communications l'exigeait on ne dût ouvrir à la circulation et cette avenue et ce sentier privé; mais ce ne serait plus par un simple arrêté de déclaration de vicinalité qu'il faudrait alors procéder; il serait nécessaire de recourir aux formes plus lentes de l'expropriation. Il est facile de concevoir la différence qui doit exister ici dans l'action de l'autorité. Lorsqu'un chemin existe, lorsqu'il est habituellement fréquenté par le public, l'autorité doit maintenir le public en possession du passage, sauf indemnité au propriétaire; il y a urgence. Si, au contraire, le chemin n'est pas actuellement livré au public, s'il s'agit seulement de procurer au public une communication nouvelle, il ne saurait y avoir urgence réelle, et on doit à la propriété privée de lui laisser les moyens de défense qu'elle rencontre dans les formes de l'expropriation.

36. Il est enfin une autre exception que la jurisprudence plutôt que la loi, est venue apporter au droit des préfets dans le classement des chemins vicinaux; c'est la distinction constamment faite par le Conseil d'état entre les rues et les chemins. Ainsi, pour qu'une voie publique puisse être classée parmi les chemins vicinaux, il faut qu'elle soit en rase campagne, et un préfet ne pourrait, sans excéder ses pouvoirs, déclarer chemin vicinal une rue située dans une ville ou un village. Le Conseil d'état, en effet, a depuis plus de vingt ans annulé constamment les décisions des conseils de préfecture qui appliquaient à des rues la législation répressive que les lois ont créé pour les chemins vicinaux. Nous citerons ici l'ordonnance du 11 février 1820 (Caron contre commune de Moyaux), dont les termes ne laissent aucun doute. « Considérant qu'aux termes des règlements sur la voirie urbaine, c'est aux maires, sauf l'appel devant les préfets, qu'il appartient de donner et de faire exécuter les alignements dans les rues des villes, bourgs et villages qui ne sont pas routes royales ou départementales, et que c'est aux tribunaux de police à connaître des contraventions qui pourraient avoir lieu en cette matière; d'où il suit que le conseil de préfecture du département du Calvados était incompétent pour prononcer sur l'usurpation attribuée au sieur Caron. » Le même principe a été confirmé à peu près dans les mêmes termes par une autre ordonnance du 4 septembre 1822 (commune de Lucé contre Nollet), et d'une manière plus nette encore dans celle du 4 juin 1823 (Decaen contre la commune de Saint-Piat): « Considérant qu'il ne s'agit pas de contravention sur un chemin vicinal; que le conseil de préfecture déclare lui-même qu'il s'agit d'une contravention commise dans une rue de la commune; que le conseil de préfecture était incompétent pour statuer. » Mêmes décisions, enfin, par ordonn. des 3 mars 1825 (Cretté), 27 avril 1825 (veuve Blanche contre commune de Trept), 13 juillet 1825 (commune d'Echenoz-la-Meline contre Humbert), 31 janvier 1827 (Conty), 8 avril 1829 (Guillaumont).

La Cour de cassation a adopté la même distinction entre les *rues* et les *chemins*, quant au caractère de ces voies publiques, et par suite quant à la pénalité applicable aux divers actes qui peuvent nuire à ces voies et aux juridictions qui doivent en connaître. Dès le 20 juillet 1809, on trouve (ch. crim.) un arrêt (le ministère publ. contre Mercier) qui établit cette distinction. Le même principe est rappelé dans un autre arrêt ( ch. crim. ) du 2 mai 1811 (le ministère publ. contre Cheret); mais nous croyons devoir rapporter ici celui ( ch. crim.) du 15 février 1828 ( le min. pub. contre Davoust ) qui fait connaître plus nettement le principe adopté par la Cour de cassation. « Vu l'art. 471 , n° 5, du C. pénal; attendu qu'il ne faut pas confondre les *voies publiques* dont les embarras ou dégradations sont prévus et réprimés par l'art. 105 du C., du 3 brumaire an IV, et par l'art. 471, n° 4, du Code pénal, avec les *chemins publics* qui ont appelé l'attention et la sévérité du législateur dans l'art. 40, tit. 2 de la loi rurale du 6 oct. 1791; que par *voie publique* on doit entendre les rues, places et carrefours des villes et villages; que les *chemins publics* sont les communications plus ou moins importantes, suivant la classe à laquelle elles appartiennent, qui conduisent de villes en villes et qui servent dans le territoire des communes, hors de leur enceinte, à l'exploitation des propriétés rurales; que les dégradations, détériorations des *chemins publics* ou l'usurpation sur leur largeur sont punis par l'art. 40 précité de peines qui excèdent la juridiction des tribunaux de police, et rentrent dans les attributions de la juridiction correctionnelle, mais que les tribunaux de police sont seuls investis par l'art. 605 du Code, du 3 brumaire an IV, et par l'art. 471, n^os 4 et 5, du C. pénal, de la connaissance de tout embarras ou dégradation de la *voie publique* ou urbaine, dans l'intérieur des villes ou villages, de quelque nature que soit le fait ou l'entreprise qui cause cet embarras ou cette dégradation, sauf toutefois la concurrence des autorités administratives, dans les cas où les rues, places ou voies publiques seraient la continuation ou le prolongement de grandes routes.

37. Dès que, par une suite de décisions formant jurisprudence par leur uniformité, le Conseil d'état déclarait que la législation répressive applicable aux chemins vicinaux ne pouvait être appliquée aux rues, même des bourgs et villages; dès que la juridiction contentieuse avait établi ainsi une distinc-tion nette et tranchée entre ces deux ordres de voies publiques, le ministère de l'intérieur ne pouvait qu'inviter les préfets à se conformer à cette jurisprudence, et à s'abstenir de comprendre aucune *rue* dans les tableaux de classement des *chemins vicinaux*. C'est ce qui fut dit dans l'instruction du 24 juin 1836,.et cette règle fut sans doute suivie généralement; car, à notre connaissance, le ministre de l'intérieur n'a été appelé qu'une seule fois à annuler un arrêté de préfet qui avait déclaré chemin vicinal une voie publique située dans l'intérieur d'une commune, bordée d'un côté par des habitations contiguës, et de l'autre par la rive d'un fleuve. Cette décision, en date du 3 mai 1839, est motivée sur cette considération, « que les maisons qui bordent cette voie publique ne sont pas éparses ni en rase campagne ; qu'elles font partie de l'agglomération de maisons qui composent la commune; que le quai qui existe est rattaché par plusieurs rues à l'intérieur de la commune; qu'enfin, lorsque celle-ci présentera son plan d'alignement, très-certainement la voie publique en question sera comprise sur ce plan.»

38. Nous savons tout ce que peut présenter de difficulté, dans la pratique, la distinction faite par le Conseil d'état et le ministère, entre des voies de communication qui ne sont le plus souvent que le prolongement les unes des autres ; il doit être souvent très-difficile de dire où se termine la rue d'un village, où commence le chemin vicinal ; cette distinction a eu, d'ailleurs, pour conséquence inévitable, de rendre impossible la réparation des rues des communes par les moyens donnés pour la réparation des chemins vicinaux, en sorte que la voie publique la plus fréquentée se trouve la plus délaissée, quant à son entretien. C'est à l'administration , à l'autorité législative, s'il est besoin, à apporter un remède aux inconvénients qui résultent de la jurisprudence ; nous n'avons pu que la constater. Nous dirons pourtant qu'une exception y a été faite pour les chemins vicinaux de grande communication, ainsi qu'on le verra en son temps.

### § 4. — *Opposition au classement.*

39. Nous avons dit plus haut que le préfet ne serait pas tenu de s'arrêter devant l'opposition que ferait un conseil municipal au classement d'un chemin, si, du reste, il reconnaissait ce classement nécessaire dans l'intérêt

des communications ; mais des oppositions d'un autre ordre peuvent surgir, et l'enquête préalable au classement a eu pour but, il faut le dire, de leur donner la facilité de se produire, pour qu'elles pussent être appréciées et légalement jugées ; ce sont les oppositions formées par des particuliers qui sont ou se prétendent propriétaires du sol de la voie de communication qu'il s'agit de déclarer chemin vicinal. Quelquefois, la propriété de ce sol ne leur est pas, contestée ; ils ont consenti à ce que les habitants usassent du chemin, mais ils ne veulent pas qu'une déclaration de vicinalité vienne transférer la pleine possession à la commune et lui donne la faculté de faire, sur ce chemin, tels travaux qu'elle jugera utiles ; d'autres fois, la propriété du sol est l'objet de contestations entre le particulier et la commune, et, le premier s'oppose à ce qu'une déclaration de vicinalité vienne changer sa position vis-à-vis de la commune.

40. Le préfet doit-il s'arrêter devant ces oppositions ? Lorsque la propriété privée du sol n'est pas contestée, doit-il surseoir au classement jusqu'à ce que la commune ait payé l'indemnité due au propriétaire ? Lorsque la propriété est contestée, le préfet doit-il suspendre la déclaration de vicinalité, jusqu'après le jugement du litige ?

Ces questions, de la plus haute gravité, puisqu'elles touchent au droit sacré de propriété, ont toutes été longuement controversées par les jurisconsultes ; elles ont été longtemps, de la part du Conseil d'état lui-même, l'objet de solutions diverses et contradictoires.

41. Ainsi, en 1808, époque où, comme nous l'avons vu, l'intervention du conseil de préfecture était encore admise en matière de reconnaissance des chemins vicinaux, en 1808, un décret du 21 novembre ( commune de Monleydier contre Chassaigne ) a été rendu en ces termes : « Vu la requête du sieur Chassaigne, qui demande l'annulation d'un arrêté du conseil de préfecture du département de la Dordogne, du 2 janvier 1808, par lequel un local, qu'il dit être entièrement sa propriété privée, a été déclaré chemin public ; art. 1er : L'arrêté du conseil de préfecture du département de la Dordogne, du 2 janvier 1808, est annulé, sauf à la commune de Monleydier, dûment autorisée, à se pourvoir devant les tribunaux. » Même décision par décret du 29 novembre 1808 (Comballot contre la dame Fé-

ras ) ; un troisième, du 7 février 1809 ( Delpech contre Mérignac), est ainsi conçu : «Considérant que la question de savoir si le terrain en litige est un chemin vicinal ou une propriété particulière, est évidemment de la compétence de l'autorité judiciaire ; art. 1er : L'arrêté du conseil de préfecture du département du Lot est annulé. » Dix autres décrets que nous nous abstiendrons de citer ont statué, sinon dans les mêmes termes, au moins dans le même esprit, jusqu'à celui du 24 août 1812 (Foucaud contre Bardou), ainsi conçu : « Vu la requête qui nous a été présentée par le sieur Foucaud, pour qu'il nous plaise annuler deux arrêtés du conseil de préfecture du département de la Charente-Inférieure, qui maintiennent comme chemin vicinal allant de la fontaine de Retoré au village de Gaudins, une portion de terrain dont ledit sieur Foucaud se prétend propriétaire ; considérant que le sieur Foucaud s'étant toujours prétendu propriétaire du terrain sur lequel est établi le chemin de la fontaine de Retoré au village de Gaudins, on ne peut voir ici qu'une question de propriété dont la connaissance appartient aux tribunaux ; art. 1er : Les arrêtés du conseil de préfecture du département de la Charente-Inférieure sont annulés, en ce qu'ils décident une question qui est du ressort de l'ordre judiciaire. »

Lorsque, vers cette époque, il fut décidé par le Conseil d'état, qu'au préfet et non au conseil de préfecture appartenait le droit de déclarer la vicinalité d'un chemin, nous trouvons encore un décret du 20 juillet 1813, ( Chamborre contre commune de Clairmain ) ainsi conçu : « Vu la requête à nous présentée par le sieur Chamborre, tendante à ce qu'il nous plaise annuler, pour cause d'incompétence, trois arrêtés du préfet du département de Saône-et-Loire, approuvés par notre ministre de l'intérieur, lesquels ordonnent la réparation et l'élargissement d'un chemin qu'ils ont déclaré vicinal, tandis que le requérant soutient que la propriété dudit chemin lui appartient ; considérant que la propriété du terrain dont il s'agit étant contestée, il s'élevait dès lors une question de propriété dont la décision appartient exclusivement aux tribunaux ordinaires ; art. 1er : Les arrêtés du préfet du département de Saône-et-Loire sont annulés, et les parties sont renvoyées devant les tribunaux. »

42. Jusqu'alors donc, le Conseil d'état avait

constamment confondu en une seule les deux questions de *déclaration de vicinalité d'un chemin* et de *propriété du sol de ce chemin*; il avait toujours subordonné la première à la seconde, et décidé qu'en cas de contestation sur la propriété du sol, l'autorité administrative ne pouvait classer un chemin parmi les chemins vicinaux, qu'après le jugement de la question de propriété, d'où la conséquence qu'elle ne pouvait déclarer vicinaux que les chemins dont les communes avaient la propriété sans contestation; d'où encore la nécessité pour l'administration de recourir à toutes les formalités de l'expropriation lorsqu'il était besoin de déclarer vicinal un chemin dont le sol appartenait à un particulier.

43. On reconnut enfin tout ce que cette jurisprudence avait de contraire aux intérêts toujours si pressants, toujours si majeurs, de la viabilité; on comprit que, si respect est dû au droit sacré de propriété, il n'y avait plus ici réellement qu'une question de forme; qu'en définitive, le droit de propriété était sauvegardé par le payement de l'indemnité due au propriétaire, si la question de propriété était jugée en sa faveur, et que le public pouvait être maintenu en jouissance du chemin, sous la réserve de l'indemnité à payer ultérieurement, s'il y avait lieu. A la date du 16 octobre 1813, nous trouvons donc un premier décret ( Bonnet-Dumolard ), dont un des considérants est ainsi conçu : « Considérant que l'arrêté d'un préfet qui déclare un chemin vicinal ne fait pas obstacle à ce que la question concernant la propriété du terrain soit soumise aux tribunaux, car tout ce qui résulte de l'arrêté, c'est que le chemin est reconnu nécessaire et doit être maintenu, sauf à indemniser le tiers qui serait judiciairement reconnu propriétaire du terrain. » Bientôt après, le 6 février 1815, une ordonnance du roi (commune de Magné) annula un arrêté du préfet qui avait refusé de statuer sur la vicinalité d'un chemin avant le jugement de la question de propriété. « Considérant, porte cette ordonnance, que l'arrêté d'un préfet qui déclare un chemin vicinal ne fait pas obstacle à à ce que la question concernant la propriété du terrain soit soumise aux tribunaux, à l'effet, dans le cas où le chemin serait reconnu nécessaire, d'indemniser le tiers qui serait jugé propriétaire du terrain; le roi, en son conseil, a annulé l'arrêté du préfet du département des Deux-Sèvres, comme ayant méconnu ses attributions, et envoyé la commune de Magné à procéder devant le préfet pour faire décider si le chemin dont il s'agit est vicinal, sans préjudice du recours aux tribunaux ordinaires pour les contestations qui pourraient s'élever sur la propriété de tout ou partie dudit chemin. » Une seconde ordonnance du 3 juin 1818 ( Deltut contre commune de Fontanes) ne fut pas moins explicite. « Considérant, y est-il dit, que, quel que soit le jugement à intervenir, le maire de la commune de Fontanes demeure fondé à se pourvoir, si bon lui semble, devant le préfet, pour demander que le chemin de Poncès soit classé parmi les chemins vicinaux, sauf une juste et préalable indemnité envers qui de droit, s'il y a lieu. » Ici, l'ordonnance veut que l'indemnité soit *préalable*, et ce mot se retrouve dans une autre ordonnance du 17 juin 1818 ( Delmas contre commune de Saint-Jean-de-Vedas), qui prononçait dans le même sens que la précédente sur le classement avant jugement; mais il est bien évident que le mot de *préalable* ne signifiait pas que l'indemnité serait payée avant le classement, puisque l'indemnité ne pouvait être due, s'il y avait lieu, qu'après le jugement, et que l'ordonnance déclarait que le classement pouvait avoir lieu avant le jugement. Ce mot, d'ailleurs, ne se retrouve plus dans une ordonnance analogue, en date du 24 mars 1819 ( Rémont et autres contre Bertrand et Gadelle ).

Un retour vers l'ancienne jurisprudence du Conseil d'état semble indiqué par une ordonnance du 12 mai 1819 ( Tardy contre commune de Griège ), qui statua que, *pour déclarer vicinal un chemin appartenant à la dame veuve Tardy, il était nécessaire de procéder dans les formes établies par les lois sur l'expropriation pour cause d'utilité publique*; mais une autre ordonnance du 23 novembre 1825 (Robert contre commune de Saint-Martin-sur-Ouane) reconnut de nouveau que la vicinalité pouvait être déclarée nonobstant toute prétention à la propriété du sol. « Considérant, est-il dit, que la déclaration de vicinalité ne fait point obstacle à ce que les questions de propriété soient portées devant les tribunaux; que seulement les droits de propriété se résolveraient, par cette déclaration, en un droit à indemnité, et qu'il appartient aux tribunaux de statuer, tant sur le fond du droit que sur le règlement de ladite indemnité. » Celle du 1er mars 1826 ( Dervaux-Paulée contre commune de Flines) décida que les formes de l'expropriation ne devaient être suivies que pour l'ouverture d'un nouveau chemin, et que, lorsqu'il s'agissait d'un chemin déjà existant, le préfet pouvait déclarer la vicinalité; « Considérant que cette déclaration ne peut, dans aucun cas, faire obstacle à ce que la question de propriété soit portée devant les juges compétents; que seulement, lorsque la vicinalité est irrévocablement déclarée, les droits de propriété, s'ils sont reconnus, *se résolvent en une indemnité.*» Même décision par ordonnance du 7 juin 1826 (Sourzac contre commune de Lariche), portant que l'effet de la déclaration de vicinalité est de « mettre le public immédiatement en jouissance, et de résoudre tous les droits du propriétaire en un droit à une indemnité. » Ce système a été également consacré par deux autres ordonnances des 10 janvier 1827 (Coulon) et 1er juin 1828 (Chalembert). Enfin, une ordonnance du 4 mars 1829 (Cayrey contre commune de Balagnas), porte également, « que la déclaration de vicinalité ne préjuge rien sur les questions de propriété et d'indemnité, mais n'est pas subordonnée au jugement de ces questions; d'où il suit que le ministre de l'intérieur devait statuer sur le mérite de l'arrêté pris par le préfet du département des Hautes-Pyrénées, et non ordonner un sursis à l'exécution de cet arrêté, jusqu'à ce qu'il ait été statué sur la question de propriété du sol dudit chemin. »

44. Depuis cette époque, la jurisprudence du Conseil d'état n'a plus varié sur ce point, et de nombreuses ordonnances que nous nous abstiendrons de citer ont constamment prononcé que la vicinalité des chemins pouvait être déclarée avant le jugement de la question de propriété, *les droits du propriétaire se résolvant en une indemnité.*

45. Les termes mêmes des décisions rendues par le Conseil d'état depuis 1829 jusqu'en 1836 ont été adoptés par le législateur et ont servi de base à l'art. 15 de la loi du 20 mai 1836, ainsi conçu : « Les arrêtés du préfet, portant reconnaissance et fixation de la largeur d'un chemin vicinal, attribuent définitivement au chemin le sol compris dans les limites qu'ils déterminent. — Le droit des propriétaires riverains se résout en une indemnité qui sera réglée à l'amiable, ou par le juge de paix du canton, sur le rapport d'experts nommés conformément à l'art. 17. »

IV.

En présence de ce texte de loi, nulle incertitude, ce nous semble, ne saurait plus subsister sur l'étendue des droits des préfets en matière de classement des chemins, alors même que la propriété du sol est contestée à la commune.

Puisque l'arrêté de classement attribue *définitivement* le sol au chemin, le jugement à intervenir sur la question de propriété, fût-il favorable aux prétentions de l'adversaire de la commune, serait sans effet, quant à l'attribution du sol au chemin, et le droit du propriétaire se résoudrait en une indemnité. Quelle nécessité dès lors d'attendre l'issue du jugement pour prononcer le classement, puisque le jugement ne pourrait jamais empêcher cette déclaration de vicinalité? N'oublions pas, d'ailleurs, qu'il ne s'agit pas ici de *chemins à ouvrir*, cas auquel ne s'applique évidemment pas l'article 15 de la loi du 21 mai 1836; il s'agit de chemins existants, dont le public a déjà l'usage et dont il faut lui assurer la jouissance perpétuelle, moyennant indemnité au propriétaire du sol. Il n'y a donc plus qu'une seule question réellement litigieuse, le règlement de l'indemnité, si le jugement est favorable au propriétaire; mais évidemment aussi, cette question, de pure forme, ne saurait être un obstacle à l'action de l'administration, alors que cette action n'est pas arrêtée par la question de fond, le litige sur la propriété du sol. Par la même raison, le droit de classement peut encore s'exercer librement, au cas où la propriété privée du sol n'est pas contestée par la commune; le droit du propriétaire ainsi reconnu, *se résolvant en une indemnité*, il ne peut faire obstacle au classement.

46. La portée et la valeur de l'article de loi qui nous occupe ont cependant été contestées par quelques jurisconsultes, au nom d'un principe qui a droit au respect de tous. La charte, a-t-on dit, veut que toute expropriation soit précédée d'une juste et *préalable* indemnité; le classement d'un chemin dont le sol n'appartient pas à la commune, ou l'incorporation à ce chemin de parcelles prises sur les propriétés riveraines constituent une véritable expropriation; donc, en admettant que, par l'arrêté de classement, le sol soit en principe attribué au chemin, il ne peut y être incorporé de fait, il ne peut être enlevé à son propriétaire qu'après le payement de l'indemnité.

47. Cette argumentation, toute spécieuse

2

qu'elle puisse paraître, est évidemment inconciliable avec le texte de l'article 15 précité de la loi du 21 mai 1836. A quoi servirait-il, en effet, qu'aux termes de cet article, *le sol fût définitivement attribué au chemin*, s'il ne s'agissait là que d'une attribution *en principe*, et qu'il fallût attendre, pour consommer cette dévolution, que l'indemnité fût payée? N'est-il pas évident, d'ailleurs, que les droits de propriété n'existent plus, puisque le même article porte que *ces droits se résolvent en une indemnité?* Si le droit de propriété est éteint, sur quoi se fonderait celui qui était propriétaire du sol pour le conserver ou le reprendre? Il est donc évident que le législateur a voulu, par cet article, consacrer le système fondé par les décisions du Conseil d'état que nous avons rapportées plus haut, notamment celle du 7 juin 1826 (Sourzac contre commune de Lariche) qui porte, « que l'effet de la déclaration de vicinalité est de mettre le public immédiatement en jouissance, et de résoudre tous les droits du propriétaire du sol en un droit à indemnité. » Le législateur n'a d'ailleurs fait ici que ce qu'il avait fait précédemment dans la loi du 30 mars 1831, relative à l'expropriation des terrains nécessaires aux travaux militaires. Là aussi, dans un intérêt dont l'urgence était incontestable, il a compris qu'il pouvait, sans se mettre en opposition avec l'article 10 de la charte, autoriser la prise de possession des terrains avant le payement *effectif* de l'indemnité; ce qui a été décidé, dans ce cas, pouvait l'être également pour un intérêt toujours pressant aussi, celui du maintien d'une communication existante.

48. Au surplus, les prétentions basées sur les objections que nous avons rapportées plus haut, ont été toujours repoussées, depuis la loi du 21 mai 1836, et par le Conseil d'état, ce qui était tout naturel, puisqu'il ne faisait que confirmer sa précédente jurisprudence, et par la Cour de cassation, qu'on ne saurait accuser de ne pas se montrer soigneuse du maintien des droits sacrés de la propriété.

Ainsi, une ordonnance du 17 août 1836 (Couderc contre la commune de Saint-Michel), porte : « Considérant que la reconnaissance des anciens chemins vicinaux attribuée à l'autorité administrative, par la loi du 9 ventôse an XIII, est indépendante de la question relative à la propriété du sol, qui, lorsque la vicinalité est déclarée, se résout en un droit à indemnité. » Une autre ordonnance du 11 janvier 1837 (Jousselin contre la commune de Vienne-en-Val) est ainsi conçue : « Considérant que la reconnaissance des chemins vicinaux, attribuée à l'autorité administrative par la loi du 9 ventôse an XIII, ne préjuge rien sur les questions de propriété et d'indemnité, et n'est point subordonnée au jugement des tribunaux sur ces questions. » Le même principe est confirmé dans l'ordonnance du 10 mai 1839 ( commune de Saint-Louis de Montferrand), qui déclare, de plus, que les tribunaux ne peuvent suspendre l'exécution des travaux. « Considérant qu'aux termes de l'article 15 de la loi du 21 mai 1836, ledit arrêté a attribué définitivement au chemin le sol compris dans les limites qu'il a déterminées, et que le droit des propriétaires du sol s'est résolu en une indemnité qui devait être réglée à l'amiable ou fixée par le juge de paix du canton, sur le rapport d'experts nommés conformément à l'article 17; qu'il appartenait aux propriétaires riverains qui prétendaient que leur propriété avait été comprise, en tout ou en partie, dans les limites du chemin telles qu'elles étaient déterminées par le préfet, de réclamer les indemnités dues, et, en cas de contestation sur leurs droits de propriété, de porter ladite question devant les tribunaux; mais qu'aux termes de l'article ci-dessus visé, l'autorité judiciaire ne pouvait, sans violer les règles de la séparation des pouvoirs et méconnaître les actes de l'administration, intervenir dans l'exécution de l'arrêté pris par le préfet, et défendre l'exécution desdits travaux ordonnés. » Enfin, une dernière ordonnance du 29 décembre 1840 ( Bataille de Bellegarde contre commune du Mesnil-Jourdain) porte également « que la reconnaissance des chemins vicinaux par l'autorité administrative n'est point subordonnée au jugement des tribunaux sur la question de propriété desdits chemins. »

49. La Cour de cassation, de son côté, n'a pas exprimé en termes moins explicites les conséquences de la nouvelle législation, en ce qui concerne le classement des chemins avant le jugement des questions de propriété et l'incorporation du sol aux chemins vicinaux, avant le payement des indemnités. Un premier arrêt (ch. crim.), du 7 juin 1838 (Ministère public contre Barghon), s'exprime ainsi : « Attendu que la loi sur les chemins vicinaux a distingué entre le cas d'ouverture et de redressement de ces chemins, et celui où il s'agit seulement de fixer et de reconnaître la

largeur que doivent avoir les chemins existants; que dans le premier cas et lorsque la nouvelle direction d'un chemin doit entraîner la dépossession d'une propriété privée, l'article 16 s'en est référé, en les simplifiant, aux formes prescrites par la loi du 7 juillet 1833, sur l'expropriation pour cause d'utilité publique; mais que, dans le second cas, l'art. 15 a eu précisément pour objet d'affranchir de ces formalités l'exécution des mesures prises pour rendre ou donner aux chemins vicinaux la largeur qu'ils doivent avoir; que si ces mesures atteignent une partie de la propriété des riverains, le droit de ceux-ci se résout en une indemnité, *sans que ce droit puisse arrêter ou paralyser* l'élargissement ordonné d'une voie de communication qui doit toujours rester libre ou ouverte pour le public; que l'art. 18 assimilant les propriétaires dont une parcelle de terrain a servi à la confection du chemin, à ceux qui ont été obligés de souffrir une occupation temporaire ou une extraction de matériaux, soumet l'action en indemnité des uns et des autres, à une prescription de deux ans, d'où il suit que cette indemnité, lorsqu'elle est due, ne peut être demandée et réglée dans les formes fixées, qu'ultérieurement aux travaux autorisés par le préfet; attendu en fait, que, par arrêté du préfet de l'Allier, du 4 avril 1837, la largeur du chemin allant du bourg de Marcolles à Basset, et classé sous le nº 4 de la première de ces communes, avait été fixée à six mètres; que cet arrêté avait reçu sa pleine et complète exécution lorsque le sieur Barghon, qui se prétendait propriétaire d'une portion du terrain réuni et incorporé au chemin, a, plus tard et *sous prétexte de reprendre sa propriété*, creusé sur ce chemin un fossé de sept mètres de longueur sur vingt centimètres de largeur; que, soit, comme il le prétend, que l'élargissement du chemin ait été en partie *opéré sur son terrain*, soit, comme le soutient le maire, que la haie arrachée par ses ordres, entre le chemin et la vigne du sieur Barghon, n'ait été qu'un ancien empiétement sur le chemin, question qu'il n'appartenait pas au tribunal de police de décider, il y a eu de la part du prévenu une voie de fait constituant une détérioration *ou usurpation sur la largeur d'un chemin public*, laquelle devait être réprimée, aux termes de l'art. 479, § 11 Code pénal; qu'en jugeant le contraire et en renvoyant le sieur Barghon de la plainte, le tribunal de police a commis un excès de pou

voir, violé ledit article, ainsi que les dispositions ci-dessus citées de la loi du 21 mai 1836; par ces motifs, casse, etc. »

Dans un second arrêt (ch. civ.) du 20 août 1838 (préfet de l'Orne contre de Charencey), la Cour de cassation a également défini d'une manière précise les droits qui résultent pour l'administration, de l'art. 15 de la loi du 21 mai 1836 : « Attendu en effet, porte cet arrêt, qu'il existe dans cette loi une différence très-marquée entre les cas *de reconnaissance* et les cas *d'ouverture ou de redressement* des chemins vicinaux; que dans le cas de simple reconnaissance, ce qui suppose un état primordial auquel le chemin est ramené en vertu d'un droit préexistant, l'article 15 dispose « *que l'arrêté du préfet attribue définitivement au chemin le sol compris dans les limites que cet arrêté détermine,* » en telle sorte que, sans qu'il soit alors besoin de s'adresser aux tribunaux pour faire prononcer l'expropriation, le droit du propriétaire se résout en une indemnité qui, suivant l'art. 17, doit être réglée par trois experts, dont deux sont nommés par l'administration. »

Plus tard, dans un troisième arrêt (ch. civ.), du 8 juillet 1841 (Renaut contre la commune de Velisy), les principes ne sont pas rappelés d'une manière moins claire. « Attendu, en fait, que le terrain dont il s'agit au procès a été compris dans l'état des chemins vicinaux de la commune de Velisy, arrêté le 22 janvier 1834, par le préfet de Seine-et-Oise, et approuvé le 24 septembre 1834 par le ministre de l'intérieur; attendu que le recours formé devant le Conseil d'état contre l'arrêté du préfet et la décision du ministre de l'intérieur par le demandeur en cassation, n'était pas suspensif; attendu que, par exploit du mois d'août 1836, le demandeur a déclaré prendre pour trouble le procès-verbal dressé le 10 du même mois , par le maire de la commune de Velisy et a conclu à ce qu'il fût fait défense de le troubler dans sa possession; attendu que, si la connaissance des questions relatives à la propriété des terrains qui ont été déclarés chemins vicinaux appartient à l'autorité judiciaire, de même que l'appréciation des faits de possession antérieure aux actes administratifs qui ont déclaré la vicinalité, *nulle action en maintenue ou en renvoi en possession ne peut être considérée comme recevable lorsqu'elle est relative à des faits de possession postérieurs au classement administratif des chemins vici-*

naux; attendu, en effet, qu'on ne peut, aux termes de l'art. 2226 du Code civil, prescrire le domaine des choses qui ne sont pas dans le commerce, *et qu'un chemin vicinal, après que le sol en a été mis hors du commerce par le classement, n'est plus susceptible de possession privée*; attendu qu'en jugeant, dans ces circonstances, *que l'action en maintenue possessoire formée par Renaut contre la commune de Velisy n'était pas recevable*, le tribunal civil de Versailles, loin d'avoir méconnu les règles de sa compétence, en a fait, au contraire, une juste application, et s'est en cela exactement conformé à la loi; rejette. »

Enfin, dans un quatrième arrêt (ch. civ.), du 21 février 1842 (Dubois contre Mesnier), la Cour de cassation a encore établi avec la plus grande précision le droit de l'autorité administrative, quant au classement, nonobstant toute question de propriété, et l'obligation, pour les tribunaux, de repousser toute action en réintégrande du sol atteint par l'arrêté de classement. « Attendu que, s'il appartient aux tribunaux de statuer sur toutes les questions de propriété, il appartient à l'autorité administrative de reconnaître l'existence et déterminer la situation et les limites des chemins vicinaux; *attendu que l'effet de l'acte administratif qui déclare un chemin vicinal est de mettre le public en jouissance de ce chemin*; attendu que, s'il s'élève des questions de propriété du sol, ces questions doivent être jugées par les tribunaux, mais que les droits du propriétaire du sol devant, d'après les lois spéciales sur la matière, se résoudre en indemnité, *il en résulte que les tribunaux ne peuvent réintégrer dans la possession d'un terrain déclaré former un chemin vicinal*, sans porter atteinte à l'acte administratif qui a attribué au public la jouissance de ce chemin; attendu que, par un arrêté pris le 25 septembre 1836, qui est énoncé dans le jugement attaqué, le préfet du département d'Ille-et-Vilaine a, en exécution de la loi du 9 ventôse an XIII, déclaré qu'au nombre des chemins vicinaux de Pleurtuit, il en existait un qui conduisait par le sud du bassin appelé le Dick de Créhen à la rivière de Rance, *et que, pour procurer au public la jouissance de ce chemin*, il a ordonné que Dubois serait tenu d'abattre des talus et de combler des fossés qu'il y a fait établir; attendu qu'en maintenant et en réintégrant, en tant que de besoin, Dubois dans l'entière possession des passages

et pâtures au sud et à l'est de l'ancien Dick de Créhen, le tribunal civil de Saint-Malo a porté atteinte à l'acte administratif du 25 septembre 1836, et a formellement violé l'article 13, titre 2, de la loi du 24 août 1790; sans qu'il soit besoin de statuer sur les autres moyens, casse. »

50. Après des déclarations de principe aussi précises, données simultanément par deux corps aussi haut placés que le conseil d'état et la Cour de cassation, pourrait-il rester quelques doutes sur le sens et la portée de l'art. 15 de la loi du 21 mai 1836? Pourrait-il rester quelques doutes sur l'effet de l'arrêté préfectoral qui déclare la vicinalité ou ordonne l'élargissement d'un chemin déjà déclaré vicinal, savoir : attribution immédiate du chemin au public et dépossession immédiate du propriétaire du sol, sauf règlement ultérieur de l'indemnité qui lui est due. Reprenant donc les questions que nous avions posées plus haut, nous n'hésitons pas à dire : lorsque le sol d'un chemin, qui est nécessaire aux communications, est la propriété non contestée d'un particulier, cette circonstance ne fait pas obstacle à ce que le préfet déclare la vicinalité du chemin ; lorsque la propriété du sol est contestée, entre la commune et un particulier, le préfet n'est pas tenu d'attendre le jugement de la question de propriété pour déclarer la vicinalité; dans l'un et l'autre cas, l'arrêté du préfet met immédiatement le public en jouissance du chemin ; le propriétaire n'a plus d'autre droit qu'à une indemnité, et tout obstacle qu'il apporterait à la libre circulation devrait être réprimé comme entreprise sur un chemin vicinal. Ces solutions s'appliquent d'ailleurs aux arrêtés prononçant un simple élargissement.

51. Il n'est qu'un seul cas où, selon nous, le préfet pourrait regarder comme prudent de s'arrêter devant la question de propriété ; c'est celui où la commune à la charge de laquelle devrait retomber le paiement de l'indemnité, serait évidemment hors d'état d'acquitter la dette qui serait créée contre elle. En effet, de ce qu'il n'est pas nécessaire que le payement de l'indemnité soit *préalable*, le droit du propriétaire n'en est pas moins sacré; son droit de propriété a seulement changé de nature; il s'est converti en un droit à indemnité; mais ce serait méconnaître ce droit nouveau, ce serait l'anéantir que refuser ou ajourner indéfiniment le payement de l'in-

demnité. Le législateur a bien pu, dans l'intérêt, toujours urgent, des communications, faire exception au principe général du payement préalable, mais il n'a pas entendu, il n'a pas pu entendre que le paiement serait retardé pendant des années, sans le consentement du propriétaire.

Si donc une commune était hors d'état d'acquitter le prix du sol du chemin dont elle demande le classement; si les ressources actuelles de la commune ne lui en fournissaient pas le moyen, et que celles créées par la loi du 21 mai 1836 fussent également insuffisantes; si enfin la commune était déjà grevée d'un nombre de centimes extraordinaires, tel qu'il ne fût pas possible d'en établir d'autres pour l'acquittement de l'indemnité due, ou même si l'imposition extraordinaire ne devait permettre le paiement qu'en un grand nombre d'années; nous pensons que le préfet ferait sagement de refuser le classement demandé par la commune. Son abstention, dans ce cas, ne serait pas la négation de son droit absolu de classement; ce serait un acte de prudence, comme si, par exemple, il refusait à la commune l'autorisation d'entreprendre une construction qu'elle n'aurait pas le moyen de solder.

Ainsi donc, l'opposition fondée sur la question de propriété du sol, contestée ou non, n'est pas un obstacle à ce que le préfet prononce la vicinalité d'un chemin, si le besoin des communications l'exige. Mais il est un second moyen que les propriétaires font souvent valoir pour s'opposer au classement.

52. Nous avons dit plus haut que, pour qu'un chemin pût être déclaré vicinal, il fallait qu'il existât en nature de chemin; qu'il fallait encore que le public en eût la jouissance, ne fût-ce que par l'effet d'un long usage ; or, c'est cette *publicité* du chemin que les propriétaires intéressés à contredire le classement contestent souvent, à l'appui de leur opposition : voyons à quelle autorité il appartient de juger cette question, et dans quelles formes il doit y être statué.

L'incertitude sur la question d'attribution que nous avons vu régner, pendant un temps assez long, relativement au droit de prononcer le classement, nous la retrouvons pour la déclaration de publicité du chemin.

53. La première décision administrative que nous connaissions sur ce point est le décret du 7 oct. 1807 (Matta contre Malo), portant que la connaissance de la *publicité*

d'un chemin n'appartient pas aux tribunaux, mais au conseil de préfecture. « Considérant, dit le décret, que, d'après les lois des 6 oct. 1791 et 9 ventôse an XIII, à l'administration seule il appartient de reconnaître, conserver et faire entretenir les chemins vicinaux et publics, et que, dans l'espèce particulière, il s'agissait de décider *si le chemin réclamé comme public, l'était effectivement* :—Le jugement du 28 août 1806 est considéré comme non avenu, et les parties sont renvoyées devant le conseil de préfecture. » Un second décret, en date du 10 nov. 1807 (Royer contre Dantan), prononça dans le même sens, en se fondant non-seulement sur les lois des 6 oct. 1791 et 9 ventôse an XIII, mais encore sur ce que « l'arrêté du 23 messidor an V attribue aux administrations de département le droit de constater l'utilité ou l'inutilité des chemins vicinaux. »

54. Bientôt après, une solution contraire fut donnée par le conseil d'état, sur ce même point, et renvoya aux tribunaux le jugement de la question de publicité des chemins. Un décret du 4 juin 1809 (Chabrié contre commune de Villeneuve) est ainsi conçu : « Considérant, en ce qui touche la question de savoir si le chemin de Pontons doit être considéré comme vicinal, ou s'il n'est qu'un passage dont le sieur Chabrié pouvait disposer; que c'est une question de propriété dont les tribunaux seuls sont juges compétents; que la loi du 9 ventôse an XIII attribue à l'autorité administrative le droit de fixer la largeur des chemins vicinaux, *mais ne lui donne pas celui de décider qu'un chemin est vicinal, quand il y a contestation sur la vicinalité.* » Cette nouvelle jurisprudence fut confirmée par un second décret du 18 oct. 1809 (Doat contre Ducrne), qui porte, « que l'art. 6 de la loi du 9 ventôse an XIII n'a attribué à l'autorité administrative que le droit de rechercher et de reconnaître les chemins vicinaux sur l'existence desquels il n'existe aucune difficulté, et dont il s'agit seulement de vérifier les anciennes limites et de déterminer la largeur; que, dès lors, cette disposition n'est point applicable aux chemins dont la nature est contestée. — Art. 1er. L'arrêté du conseil de préfecture est annulé. — Art. 2. Les parties sont renvoyées à se pourvoir devant les tribunaux. » Enfin, un troisième décret du 4 août 1812 (Colonge contre commune de Quincieux) prononça dans le même sens.

**55.** Nous avons vu plus haut comment, sur la compétence en matière de *classement*, le conseil d'état était revenu graduellement à rendre cette attribution à l'autorité administrative, c'est-à-dire aux préfets; ce changement de jurisprudence devait s'étendre à la question préjudicielle de *publicité* du chemin à classer; aussi, une ordonn. du 23 juin 1819 (Chausson-Lassalle contre commune de Gisnay) renvoya au préfet l'examen et le jugement d'une contestation sur la question de savoir si ce chemin était anciennement public. « Considérant, y est-il dit, que, des déclarations faites, les unes présentent ce chemin comme n'ayant aucun caractère de vicinalité, et les autres le soutiennent vicinal et indispensable aux communications; que le sieur Chausson-Lassalle soutient que, si des habitants des communes réclamantes y passaient, c'était de pure tolérance, tandis que la commune présente l'apposition des barrières comme une entreprise récente et une usurpation sur le chemin vicinal; considérant qu'en cet état, avant de statuer sur la nature et la nécessité de ce chemin, il est indispensable de vérifier les faits contredits. — Art. 1er. Il sera, par le préfet de l'Orne, pris tous les renseignements propres à constater si le chemin était anciennement vicinal. — Art. 2. Les parties seront entendues dans leurs dires. — Art. 3. Il sera, du tout, dressé procès-verbal, pour être, sur icelui, statué ce qu'il appartiendra. » Enfin, une autre ordonn. du 11 août 1819 (Martin contre commune de Monthléry) décida que c'était au préfet et non au conseil de préfecture à statuer sur la contestation relative à la vicinalité, c'est-à-dire à la publicité du chemin. « Considérant, dit cette ordonn., que le chemin litigieux a été porté sur l'état des chemins vicinaux, et que, des pièces produites par le sieur Martin, il résulte que le chemin dont il s'agit n'aurait servi qu'accidentellement de passage à travers le champ Luisant; considérant que la question de savoir si ce chemin litigieux est vicinal et doit être maintenu sur l'état des chemins vicinaux, concerne le préfet, sauf recours au ministre de l'intérieur. — Art. 1er. Les arrêtés du conseil de préfecture sont annulés pour cause d'incompétence, sauf aux parties à se pourvoir, si bon leur semble, devant le préfet, sur la question de vicinalité. »

De la législation, éclaircie et assurée par la jurisprudence du conseil d'état, il résulte donc que, lorsqu'un propriétaire opposant au classement d'un chemin conteste que le public ait ou ait eu la jouissance de ce chemin, c'est au préfet à statuer sur cette question, après avoir recueilli, à cet égard, tous les renseignements nécessaires, même au besoin par la voie de l'enquête. En d'autres termes, le préfet ne doit déclarer un chemin *vicinal* qu'après en avoir reconnu et constaté *la publicité;* en fait donc, déclarer qu'un chemin est public, déclarer qu'il doit rester public, déclarer qu'il est vicinal, ce ne sont là qu'une seule et même chose.

## § 5. — *Recours contre le classement.*

**56.** Lorsque le préfet a prononcé sur les oppositions formées contre le classement d'un chemin, et qu'il l'a déclaré vicinal, son arrêté est encore susceptible de recours. Cet arrêté, en effet, n'est qu'un acte administratif, et tous les actes administratifs des préfets peuvent être attaqués près de l'autorité supérieure. Il est presque superflu de dire que ce n'est pas devant le conseil de préfecture que doit être porté le recours contre l'arrêté portant déclaration de vicinalité; il est de principe, en effet, que, sauf quelques cas exceptionnels, en matière d'ateliers insalubres, par exemple, les conseils de préfecture n'ont pas à connaître des arrêtés de préfet. Cependant, comme ce recours irrégulier a été quelquefois exercé, nous croyons devoir annoter une ordonn. qui a rappelé ce principe. Elle est en date du 15 oct. 1826 (Savy), et porte : « Considérant qu'en rejetant l'opposition aux arrêtés du préfet, il (le conseil de préfecture) a justement prononcé que ces arrêtés, déclaratifs de vicinalité, ne pouvaient être déférés qu'à notre ministre de l'intérieur. » Une seconde ordonn. du 16 déc. 1831 (Dionis et consorts contre commune d'Origny-Sainte-Benoîte), a prononcé dans le même sens.

Ce n'est pas non plus devant le roi en son conseil d'état que doit être porté, tout d'abord, le recours contre l'arrêté de déclaration de vicinalité. En effet, cet arrêté est pris dans les limites de la compétence du préfet, et c'est devant le ministre de l'intérieur que doit être porté le recours contre les arrêtés de préfet compétemment rendus; c'est encore là un principe général applicable à tous les arrêtés de préfet; ce n'est que pour cause d'incompétence ou d'excès de pouvoir que le recours peut être porté directement devant le conseil d'état. En matière de déclaration de vicinalité, la nécessité de porter le recours, d'abord, devant l'autorité ministérielle, a été prononcée par le décret du 16 oct. 1813 (Bonnet-Dumolard), ainsi conçu : «Vu la requête à nous présentée par le sieur Bonnet-Dumolard, tendante à ce qu'il nous plaise annuler un arrêté rendu par le préfet du département de l'Isère, qui déclare vicinal le chemin dont il s'agit; considérant que cette décision *ayant été compétemment rendue, et n'ayant pas été attaquée devant notre ministre de l'intérieur*, ne peut, quant à présent, être soumise à notre examen. — Art. 3. La demande en annulation de l'arrêté du préfet qui déclare vicinal le chemin dont il s'agit est rejetée, sauf aux parties intéressées à l'attaquer devant notre ministre de l'intérieur, si elles s'y croient fondées. » Ce principe a été confirmé et maintenu par des ordonnances trop nombreuses pour que nous croyons devoir les citer.

Le ministre de l'intérieur a donc le droit d'annuler l'arrêté de classement, s'il reconnaît que le préfet a erré, soit dans l'appréciation de l'utilité du chemin, soit dans l'appréciation de la question de savoir si le chemin était public. Aucun délai n'est fixé pour l'exercice du recours devant le ministre; la loi est muette sur ce point, non pas seulement en matière vicinale, mais en toute matière administrative, et comme les exceptions sont toujours de droit étroit, il s'ensuit qu'on ne pourrait déclarer non-recevable le recours contre un arrêté administratif d'un préfet, par le motif du temps qui se serait écoulé depuis que cet arrêté a été pris; le droit d'annulation peut donc toujours être exercé par le ministre, et ce droit ne serait pas entravé par la circonstance que l'arrêté du préfet aurait reçu exécution de la part du conseil de préfecture, par la répression d'anticipations, par exemple. C'est ce qu'a décidé une ordonn. du 1er mars 1826 (Dervaux-Paulée contre la commune de Flenis), ainsi conçue : «Considérant que l'exécution, que l'arrêté du préfet avait reçue par la décision du conseil de préfecture, ne pouvait être que provisoire comme l'arrêté qui lui avait servi de base, et qu'ainsi elle ne faisait pas obstacle à ce que le ministre statuât sur le recours contre la déclaration de vicinalité, sauf l'appel devant nous en notre Conseil d'état. »

57. Par une conséquence toute logique, l'exécution donnée à l'arrêté de classement n'anéantit pas le droit de recours au ministre,

de la part du propriétaire intéressé à contester cet arrêté. Ainsi, le recours pourrait être exercé, lors même que déjà le conseil de préfecture aurait statué sur une anticipation commise par le réclamant. C'est ce qui résulte évidemment de l'ordonn. du 25 oct. 1826 (Pauzier), ainsi conçue : «Considérant, d'ailleurs, que cette décision (du conseil de préfecture) ne fait pas obstacle à ce que sieur Pauzier, s'il s'y croit fondé, donne suite à son pourvoi devant notre ministre de l'intérieur, sur la déclaration de vicinalité. » Une seconde ordonnance, dans le même sens, a été rendue le 15 nov. 1826 (veuve Dossaris).

58. D'un autre côté, le recours au ministre contre l'arrêté préfectoral qui déclare la vicinalité n'est pas suspensif, ainsi que le dit l'ordonn. du 1er mars 1826 (Dervaux-Paulée contre la commune de Flenis). « Considérant que la déclaration faite par le préfet ne pouvait être déférée qu'au ministre que la matière concerne; qu'en effet, la dame Dervaux-Paulée s'est déjà pourvue devant notre ministre de l'intérieur; mais que, dans cette matière, un tel recours n'est pas suspensif de sa nature. » Deux autres ordonn., l'une du 15 oct. 1826 (Savy) et l'autre du 25 oct. 1826 (Pauzier), ont statué dans le même sens. Il s'ensuit que l'arrêté portant déclaration de vicinalité doit produire son effet, tant qu'il n'a pas été réformé, et que, nonobstant le recours, le conseil de préfecture doit prononcer la répression des anticipations, ainsi que l'a dit l'ordonn. du 15 nov. 1826 (veuve Dossaris). «Considérant, dit cette ordonn., qu'il est reconnu par la dame veuve Dossaris, que le chemin dont il s'agit a été compris dans l'état des chemins vicinaux de la commune de Bransat, arrêté par le préfet le 26 juillet 1825, que l'opposition formée par elle à cet arrêté ne pouvait ni en suspendre l'exécution ni conséquemment empêcher que le conseil de préfecture ne réprimât la contravention qui lui était reprochée. »

59. Pour terminer ce qui a rapport au recours contre les arrêtés de préfet portant déclaration de vicinalité, nous dirons que pendant assez longtemps les décisions ministérielles prises sur ces arrêtés pouvaient être attaquées devant le roi en son Conseil d'état. C'est ce qui résulte, soit implicitement, soit explicitement, des ordonn. que nous avons citées plus haut; implicitement, en ce qu'elles ont rejeté le recours direct au conseil d'état, par

le motif qu'il ne pouvait être exercé avant que l'arrêté ait été déféré au ministre; explicitement, en ce que plusieurs de ces ordonn., notamment celle du 1er mars 1826, ont renvoyé les réclamants devant le ministre, *sauf l'appel devant nous en notre conseil d'état*. Depuis, la jurisprudence a changé sur ce point, et une ordonn. du 14 nov. 1833 (Turodin) a prononcé en ces termes : « Considérant que la question de savoir s'il y a lieu de supprimer comme inutile un chemin vicinal ne peut nous être déférée par la voie contentieuse, et que la décision (ministérielle) attaquée ne fait pas obstacle à ce que ledit sieur Turodin se présente devant les tribunaux pour y faire statuer sur l'indemnité à laquelle il aurait droit, dans le cas où il serait reconnu propriétaire du sol dudit chemin. — Art. 1er. La requête est rejetée. »

A la vérité, une ordonnance du 7 fév. 1834 (héritiers de Barral contre commune de Saint-Étienne de Crossey) était revenue à l'ancienne jurisprudence en ces termes : « Considérant que les contestations relatives aux déclarations de vicinalité des chemins, émanées des préfets, sont de la compétence de notre ministre du commerce et des travaux publics, et que ses décisions en cette matière sont de nature à nous être déférées en notre Conseil d'état par la voie contentieuse. » Mais le 12 avril 1838, une autre ordonnance (Cholais contre commune de Joussais) a de nouveau rejeté un recours contre une décision ministérielle : « Considérant, y est-il dit, que la question de savoir s'il y a lieu de déclarer ledit chemin comme inutile aux communications de la commune, est une question purement administrative, qui ne peut nous être soumise par la voie contentieuse. » Il a été prononcé dans le même sens par l'ordonnance du 18 juillet 1838 (commune de Vertheuil contre Malvesin), et par celle du 23 déc. 1842 (Barré et consorts contre Hecquet). La jurisprudence, sur ce point, peut donc être être regardée comme fixée.

### § 6. — *Annulation du classement.*

60. Lorsque l'arrêté préfectoral, qui déclarait la vicinalité d'un chemin, est réformé par le ministre, la conséquence de cette annulation est d'annuler également tont ce qui avait été la suite de l'arrêté de classement.

Ainsi, l'arrêté qu'aurait pris un conseil de préfecture, pour réprimer une anticipation sur ce chemin, serait réformé; c'est ce qu'a fait l'ordonnance du 25 avril 1828 (Lemonnier), ainsi conçue : « Vu la loi du 26 février 1805 (9 ventôse an XIII) ; considérant que l'arrêté du conseil de préfecture était fondé sur la déclaration de vicinalité faite par le préfet, mais que cette déclaration de vicinalité a été annulée par une décision de notre ministre de l'intérieur, laquelle décision n'a pas été attaquée ; « Art. 1er. L'arrêté pris par le conseil de préfecture du département de la Seine-Inférieure, le 11 août 1826, est annulé. » Une semblable décision a été portée à peu peu dans les mêmes termes par une autre ordonnance du 14 septembre 1830 (Dreux contre la commune de Pompone). Celle du 9 février 1837 (de Lamberville contre la commune de la Celle-Saint-Cloud) est plus explicite encore ; nous les rapporterons au paragraphe des anticipations.

61. Par analogie, les droits de passage qui auraient été basés uniquement sur l'arrêté de classement tombent avec cet arrêté s'il est annulé, ainsi que l'a dit une ordonnance du 19 juin 1828 (Dervaux-Paulée), ainsi conçue : « Considérant que l'arrêté du conseil de préfecture, dans ses dispositions confirmées par notre ordonnance du 1er mars 1826, ne statue que sur une contravention résultant de l'établissement des barrières, à une époque où le chemin en litige avait été déclaré vicinal par un arrêté du préfet, qui a dû être exécuté aussi longtemps qu'il a existé ; considérant que cet arrêté du préfet a été postérieurement annulé par une décision de notre ministre de l'intérieur, du 15 mai 1827, qui n'est point attaquée ; que, depuis cette décision, la vicinalité, déclarée par le préfet, ne subsistant plus, le droit que la dame Paulée prétend avoir de rétablir les barrières, et le droit de passage que la commune de Flinnes-les-Marchiennes pourrait y opposer, ne présentent plus que des questions de droit commun dont la connaissance appartient aux tribunaux. »

### § 7. — *Recours contre le refus de classement.*

62. Nous n'avons parlé, jusqu'ici, que du recours à exercer contre les arrêtés de préfet, portant déclaration de vicinalité; mais lorsqu'un préfet refuse de classer un chemin parmi les chemins d'une commune, cette commune, ou bien des communes voisines, quelquefois même un seul propriétaire, peuvent avoir intérêt à réclamer contre ce refus; on

conçoit, en effet, que la non-inscription de ce chemin au tableau des chemins vicinaux leur paraisse nuire au besoin des communications.

Nul doute que, dans ce cas, les parties intéressées puissent se pourvoir devant le ministre contre la décision du préfet. Ce recours ne sera exercé en vertu d'aucune des dispositions spéciales de la législation vicinale; il sera exercé en vertu du principe général que l'administration préfectorale n'agit, dans toutes ses parties, que sous le contrôle, la surveillance et la responsabilité ministérielle; que, par conséquent, tous les actes administratifs des préfets sont soumis à la censure du ministre compétent. De même donc que le ministre de l'intérieur peut annuler l'arrêté d'un préfet qui aurait, à tort, déclaré vicinal un chemin auquel le ministre ne reconnaît pas ce caractère; de même aussi, le ministre peut annuler la décision d'un préfet qui refuse de déclarer un chemin vicinal, si le ministre reconnaît que l'intérêt des communications exige que ce chemin soit porté au nombre des chemins vicinaux; il peut lui prescrire de prendre un arrêté portant déclaration de vicinalité.

63. Lorsque le ministre a ainsi fait droit aux réclamations des parties, tout se trouve terminé, car le préfet ne pourrait se pourvoir contre la décision ministérielle; mais si le ministre maintient le refus de classement fait par le préfet, ou si même le ministre décide qu'un chemin doit être déclassé, la décision ministérielle sera-t-elle susceptible de recours par la voie contentieuse? Le Conseil d'état repousse toujours de semblables recours par la fin de non-recevoir que la question est purement administrative. C'est ce qui a été statué par l'ordonnance du 18 juillet 1838 (commune de Vertheuil contre Malvesin), ainsi conçue : « Considérant que, par la décision attaquée, notre ministre de l'intérieur, en annulant l'arrêté du préfet de la Gironde, du 23 sept. 1836, a refusé de classer comme vicinaux des chemins dont le conseil municipal de Vertheuil demandait le classement à ce titre; qu'un tel refus est un acte de pure administration qui ne peut nous être déféré par la voie contentieuse.» Il a été statué sur ce point d'une manière plus explicite encore, par l'ordonnance du 16 juin 1841 (ville de Châteaudun), ainsi conçue : « Considérant que, par la décision attaquée, notre ministre de l'intérieur s'est borné à approuver les deux arrêtés du préfet du

département d'Eure-et-Loir qui ont refusé de classer comme vicinaux les chemins dont il s'agit; que cette décision est un acte purement administratif qui n'est pas de nature à nous être déféré par la voix contentieuse. »

§ 8. — *Fixation de la direction des chemins vicinaux.*

64. La fixation de la direction des chemins est le complément nécessaire soit de la déclaration de vicinalité, lorsqu'il s'agit de chemins existants, soit de l'arrêté qui ordonne le redressement de ces chemins, ou l'ouverture de chemins nouveaux; cette décision complémentaire ne pouvait donc appartenir qu'à l'autorité compétente pour déclarer la vicinalité; c'est ce qui a été promptement reconnu. Dès le 6 janv. 1814, un décret (Arbilleur) décidait « que le préfet du département du Doubs, par son arrêté du 15 fevr. 1813, n'ayant fait que fixer la direction que doit suivre le chemin de communication entre la commune de Saône et celle Nuizey, sauf l'indemnité des propriétaires du terrain sur lequel le nouveau chemin est établi, il s'est, dès lors, renfermé dans ses attributions, et qu'on ne peut lui reprocher aucun excès de pouvoirs. » L'incompétence des conseils de préfecture pour la détermination de la direction des chemins vicinaux a été établie non moins formellement par l'ordonnance du 14 juillet 1819 (Legoix), ainsi conçue : « Considérant que l'arrêté du conseil de préfecture a fixé la direction du chemin, ce qui ne pouvait compétemment être fait que par le préfet : Art. 1er. L'arrêté du conseil de préfecture du département de l'Eure, en date du 10 oct. 1818, est annulé pour cause d'incompétence, dans la disposition qui détermine la direction du chemin dont il s'agit. » Le droit absolu des préfets, en cette matière, a également été reconnu par l'ordonnance du 11 févr. 1820 ( hospice de Joinville) : « Considérant qu'il appartient aux préfets de déterminer la largeur, *la direction*, et l'abornement des chemins vicinaux; » et par celles des 15 août 1821 ( Brulé contre la commune d'Orry-la-Ville ), 7 avril 1824 ( Martin ), 23 nov. 1825 ( Robert contre la commune de Saint-Martin-sur-Ouane ).

65. Le droit du préfet, quant à la fixation de la direction des chemins, n'est d'ailleurs, pas plus qu'en matière de classement, arrêté ou suspendu par la question préjudicielle de propriété du sol qui serait élevée. A la vé-

rité une ordonnance du 23 avril 1818 (Ranson contre la commune de Saint-Augustin) avait paru introduire une règle différente : « Considérant, y est-il dit, que dans l'espèce il n'y avait pas lieu de statuer sur les classifications ou le redressement du chemin de Saint-Augustin à Mattes, mais qu'il s'agissait de constater, par titre ou par enquête, si ledit chemin doit contourner la terre du sieur Ranson, ou s'il doit la traverser diagonalement, et qu'une telle question, soit de servitude, soit de propriété, est du ressort exclusif des tribunaux ; » mais la même ordonnance déclarait que le jugement à intervenir ne paraliserait pas l'action du préfet : « Considérant que, quel que soit le jugement à intervenir, le maire de la commune de Saint-Aignan demeure fondé à se pourvoir, si bon lui semble, devant le préfet, pour être statué sur les améliorations dont le chemin sera jugé susceptible, et sauf une juste et préalable indemnité envers qui de droit, s'il y a lieu. »

Il ne peut donc rester aucun doute sur la compétence du préfet pour fixer la direction des chemins vicinaux. La loi du 21 mai 1836 a, d'ailleurs, confirmé à cet égard la jurisprudence précédente, en reconnaissant aux préfets, par son art. 15, le droit de classer les chemins existants, et par conséquent de maintenir leur direction, et par son art. 16, le droit d'ordonner, soit l'ouverture de nouveaux chemins, soit le redressement des anciens chemins, ce qui emporte nécessairement la fixation de la direction nouvelle.

66. Quant au recours contre les arrêtés du préfet portant fixation de la direction des chemins vicinaux, il s'exerce d'après les mêmes règles que le recours contre les arrêtés de classement, c'est-à-dire, que, comme il s'agit d'arrêtés pris dans les limites de la compétence des préfets, le recours doit être porté devant le ministre de l'intérieur, sauf recours ultérieur devant le conseil d'état. C'est ce qui résulte d'un décret déjà cité, du 6 janv. 1814 (Arbilleur). « Considérant au fond, y est-il dit, « que, si le réquérant croit avoir à se plaindre de la direction donnée au chemin en question, il doit d'abord porter sa réclamation devant notre ministre de l'intérieur, et ensuite à notre conseil d'état. »

§ 9. — *Fixation de la largeur des chemins vicinaux.*

67. La fixation de la largeur des chemins vicinaux, la recherche et la détermination de leurs limites, sont encore une mesure sans laquelle la déclaration de vicinalité serait incomplète ; aussi plusieurs ordonnances ont-elles décidé que cette fixation devait être donnée comme complément de l'arrêté de classement. Nous citerons celle du 11 janv. 1829 (D'Argent), ainsi conçue : « Considérant que, par son arrêté du 5 déc. 1827, le préfet a déclaré la vicinalité des chemins litigieux, sans statuer sur sa direction ni sur sa largeur ; que cependant, aux termes de la loi du 28 févr. 1805 ( 9 ventôse an XIII ), les préfets doivent rechercher et reconnaître les anciennes limites des chemins vicinaux, et fixer, d'après cette reconnaissance, leur largeur, suivant les localités : Art. 1er. Il est sursis à statuer jusqu'à ce que le préfet ait complété sa déclaration de vicinalité. » Mais, de même que pour le classement, la question de compétence a été lente à se préciser sur la fixation de la largeur des chemins vicinaux.

68. Dès l'origine, cependant, il a été reconnu que les tribunaux n'avaient pas à intervenir dans cette mesure. Ainsi, un décret du 16 août 1808 (Daniélou contre Legorrec) porte : « Considérant que, dans l'espèce, il s'agissait de déterminer la largeur du chemin vicinal de Crozon à Camaret ; considérant que, par la loi du 9 ventôse an XIII, l'administration peut seule rechercher et reconnaître les anciennes limites des chemins vicinaux et fixer leur largeur ; Art 2. Le jugement rendu par le tribunal de première instance de Châteaudun est considéré comme non avenu. » L'intervention des tribunaux, au surplus, doit avoir été rare, en ce qui concerne la fixation de la largeur des chemins vicinaux ; car, après le décret précité, ce n'est plus qu'en 1825 que nous trouvons une ordonnance du 22 juin (Ronet), prononçant également l'annulation d'un jugement rendu sur ce point.

69. Mais si l'incompétence des tribunaux a été constamment reconnue, il restait, comme pour la déclaration de vicinalité, à déterminer ce que la loi du 9 ventôse an XIII avait entendu par les mots, *administration publique*, et si la fixation de la largeur et la recherche des limites des chemins vicinaux devaient appartenir aux préfets comme mesure purement administrative, ou aux conseils de préfecture, comme matière contentieuse.

Un premier décret du 23 sept. 1810 (Dauriac contre la commune d'Auxonne) déclare que cette attribution appartenait aux conseils de préfecture; il est ainsi conçu : « Considérant que les conseils de préfecture sont compétents pour décider les contestations sur le plus ou le moins de largeur que les propriétaires riverains doivent laisser aux chemins vicinaux. » La même décision a été portée, d'une manière plus explicite encore, par un second décret du 9 déc. 1810 ( Delaporte contre Barbet ) : « Considérant, y est-il dit, que les contestations qui peuvent s'élever relativement aux limites des chemins vicinaux, ne peuvent être jugées que par les conseils de préfecture; Art. 1er. La décision du conseil de préfecture du département de la Seine-Inférieure, par laquelle il se déclare incompétent, est annulée. Art. 2. L'arrêté du préfet du même département est également annulé, comme incompétemment rendu. Art. 3. Les parties sont renvoyées à se pourvoir devant le conseil de préfecture de la Seine-Inférieure. »

70. Peu après, et à l'époque où nous avons vu la déclaration de vicinalité rendue aux préfets, la fixation de la largeur leur fut attribuée aussi, par un décret du 16 oct. 1813 ( Bonnet-Dumolard ), ainsi conçu : « Considérant qu'aux termes de l'art. 6 de la loi du 9 ventôse an XIII, le droit de fixer la largeur des chemins vicinaux n'appartient qu'à l'administration publique, c'est-à-dire aux préfets, sauf le recours à notre ministre de l'intérieur et ensuite à notre conseil d'état; que, sous le premier rapport, le conseil de préfecture du département de l'Isère a excédé les bornes de sa compétence, en fixant lui-même la largeur du chemin qui fait l'objet de la contestation.»

Le conseil d'état revint cependant un instant à la précédente jurisprudence, et une ordonnance du 30 août 1814 a statué en ces termes : « Considérant qu'aux termes de la loi du 9 ventôse an XIII, les conseils de préfecture sont appelés à reconnaître et fixer la largeur des chemins vicinaux. » Mais, dès le 18 janv. 1815, une autre ordonnance ( Noël contre la commune de Saint-Maurice ) rendait la fixation de la largeur des chemins vicinaux aux préfets, en ces termes : « Considérant que le conseil de préfecture était incompétent, attendu qu'il n'appartenait qu'au préfet de statuer sur la largeur du chemin, ainsi qu'il résulte de l'art. 6 de la loi du 9 ventôse an XIII, et du décret du 16 oct. 1813, rendu dans une espèce semblable. » C'est le décret ( Bonnet-Dumolard ) transcrit plus haut.

Depuis cette époque, la jurisprudence du conseil d'état n'a plus varié sur ce point, et des ordonnances, trop nombreuses pour que nous les citions, ont constamment annulé les décisions de conseils de préfecture fixant la largeur des chemins ou leurs limites, et ont renvoyé cette attribution aux préfets. Ce point de compétence était donc décidé en fait, lorsque l'article 15 de la loi du 21 mai 1836, vint consacrer cette jurisprudence et attribuer définitivement aux préfets la fixation de la largeur des chemins, tout comme la déclaration de leur vicinalité.

71. Mais le droit des préfets, quant à la fixation de la largeur des chemins vicinaux, est-il absolu et illimité? est-il, au contraire, restreint dans certaines bornes qui ne pourraient être dépassées? Pour résoudre cette question, examinons les dispositions législatives qui ont successivement régi la matière.

72. La loi du 6 oct. 1791, dont nous avons fait ressortir le vague de la rédaction en matière de classement des chemins, ne s'est occupée que d'une manière pour ainsi dire incidente de la fixation de la largeur. Dans son art. 3, après avoir chargé le directoire du département d'ordonner, sur les réclamations des communautés, l'amélioration des mauvais chemins, elle ajoute, « et il en déterminera la largeur. » Aucune règle, comme on voit, sur les formes à suivre, aucune limite au droit attribué aux directoires de département.

73. L'arrêté du gouvernement du 23 messidor an V, qui avait cependant pour objet spécial la reconnaissance générale des chemins vicinaux, est resté muet sur la fixation de leur largeur; mais, quelques années après, la loi du 9 ventôse an XIII vint restreindre le droit à peu près absolu que la législation précédente avait laissé à l'administration. L'art. 6 de cette loi est ainsi conçu : « L'administration publique fera rechercher et reconnaître les anciennes limites des chemins vicinaux, et fixera, d'après cette reconnaissance, leur largeur, suivant les localités, *sans pouvoir, cependant, lorsqu'il sera nécessaire de l'augmenter, le porter au-delà de six mètres*, ni faire aucun changement aux chemins vicinaux qui excèdent actuellement cette dimension. »

74. Deux dispositions distinctes sont comprises dans cet article de loi ; 1° la recherche des anciennes limites des chemins, et la fixation de leur largeur d'après ces anciennes limites ;

2° l'élargissement des chemins lorsque les anciennes limites ne donnaient qu'une voie insuffisante pour la facilité de la circulation.

Quant à la fixation de la largeur, *dans les anciennes limites,* aucune difficulté ne pouvait sans doute se présenter. Faisons remarquer, toutefois, qu'en disant qu'il ne serait fait aucun changement aux chemins vicinaux ayant actuellement une largeur de plus de six mètres, le législateur ne pouvait avoir l'intention d'empêcher, à tout jamais, de resserrer dans de justes limites un chemin dont la largeur excéderait évidemment les besoins de la circulation. Lorsque l'arrêté du directoire du 23 messidor an v avait chargé les administrations centrales *de prononcer la suppression des chemins reconnus inutiles,* peut-on penser que les rédacteurs de la loi du 9 ventôse an XIII aient voulu empêcher de rendre à l'agriculture les parcelles du chemin qui dépasseraient la largeur nécessaire à la vicinalité ? Nous ne le croyons pas. Ce qu'ils ont voulu, sans doute, était d'empêcher que les riverains ne se crussent *le droit* de réduire à une largeur de six mètres seulement les chemins qui se trouvaient plus larges; mais il ne nous paraît pas douteux que, même en présence de ce texte de loi, l'administration pouvait autoriser les communes à disposer des terrains vagues qui bordaient les chemins, au-delà de la largeur de six mètres, si cette largeur était reconnue suffisante.

75. Mais, bien plus souvent, les chemins vicinaux étaient trop étroits pour les besoins de la circulation, soit qu'ils eussent été établis primitivement pour l'usage des gens de pied seulement, soit que les riverains eussent successivement anticipé sur leur largeur. Or, si les anticipations ne pouvaient être reconnues et prouvées, ou si les anciennes limites reconnues laissaient trop peu d'espace aux besoins nouveaux de la circulation, il fallait bien que l'administration pût ordonner l'élargissement de ces voies publiques sur les propriétés riveraines, et c'est ce qu'autorisa la loi du 9 ventôse an XIII. Elle ne voulut pas cependant que l'administration pût user de ce droit d'une manière arbitraire, et une largeur de six mètres ayant paru, au législateur, suffisante pour les besoins ordinaires de la vicinalité, il statua que l'administration ne pourrait exiger des propriétaires riverains que le sol nécessaire pour donner aux chemins ce maximum de largeur.

76. Les riverains étaient-ils tenus de livrer ce sol sans indemnité ? avaient-ils le droit d'en demander le prix ? La loi du 9 ventôse an XIII est muette sur ce point. Nous ne pensons pas, cependant, qu'il fût dans l'intention du législateur de porter une telle atteinte au droit de propriété, et bien qu'alors ce droit ne fût pas protégé par la disposition formelle introduite depuis dans l'art. 9 de la Charte, nous ne mettons pas en doute que les propriétaires auxquels on enlevait une parcelle de leur sol, pour l'incorporer à un chemin, ne fussent en droit d'en réclamer la valeur. Ce droit nous paraît avoir été reconnu par de nombreux décrets et ordonnances que nous avons eu occasion de citer plus haut, et qui, sous l'empire de la loi du 9 ventôse an XIII, admettaient l'incorporation aux chemins du sol qui était reconnus nécessaires, mais sauf indemnité après le jugement de la question de propriété. Au surplus, ce point de doctrine est peu important à discuter aujourd'hui, puisqu'il a été fixé depuis par une nouvelle législation.

77. Mais en fixant ainsi à six mètres le maximum de la largeur des chemins vicinaux, la loi du 9 ventôse an XIII faisait-elle obstacle, d'une manière absolue, à ce qu'une plus grande largeur leur fût donnée, si cela était indispensable aux besoins de la circulation, et que les propriétaires riverains consentissent à livrer le sol nécessaire pour opérer cet élargissement ? En cas de refus de ces propriétaires, l'administration était-elle dépourvue de tout moyen de satisfaire à un intérêt général, et lui était-il défendu de recourir, en matière de chemins vicinaux, à l'expropriation pour cause d'utilité publique, qu'il lui était loisible d'invoquer dans tant d'autres cas d'une urgence moins évidente ?

Nous ne pensons pas qu'une interprétation aussi rigoureuse pût être donnée à la disposition législative que nous examinons ici. Nous croyons que, lorsqu'il était nécessaire d'élargir un chemin vicinal, les auteurs de la loi du 9 ventôse an XIII ont voulu que cet élargissement ne pût être prononcé que jusqu'au maximum de six mètres, par le procédé sommaire d'une simple décision administrative ; c'était une garantie donnée à la propriété riveraine, contre la possibilité de l'arbitraire ; mais nous ne saurions admettre que, dans le cas où une largeur plus considérable que celle de six mètres était nécessaire, l'administration fût dépouillée de la faculté de la procurer, en recourant aux formes de l'expropriation ; bien moins encore pensons-nous qu'un accord amiable avec les riverains fût défendu, pour donner aux chemins la largeur nécessaire.

78. C'est le système, au surplus, qui nous paraît avoir été consacré par l'art. 10 de la loi du 28 juillet 1824, portant que « les acquisitions, aliénations et échanges ayant pour objet les chemins vicinaux, seront autorisés par arrêtés des préfets en conseil de préfecture. » Quelles aliénations le préfet eût-il pu autoriser, si, en vertu de la loi du 9 ventôse an XIII, il eût été défendu de vendre les parcelles du sol qui excédaient la largeur nécessaire aux chemins ? Quelle acquisition le préfet eût-il eu à autoriser, s'il ne pouvait ajouter au sol des chemins vicinaux le terrain nécessaire pour leur donner plus que les six mètres qu'il pouvait leur attribuer par un simple arrêté, en vertu de la même disposition ?

79. On devait donc, dès cette époque, nous le croyons, entendre d'une manière moins restreinte les droits de l'administration en matière d'élargissement des chemins vicinaux. Voyons ce qu'a ajouté à ces droits la loi du 21 mai 1836.

L'art. 15 de cette loi est ainsi conçu dans son premier paragraphe : « Les arrêtés du préfet, portant reconnaissance et fixation de la largeur d'un chemin vicinal, attribuent définitivement au chemin le sol compris dans les limites qu'elles déterminent. » Cette disposition, comme on voit, reconnaît formellement au préfet le droit de fixer la largeur des chemins vicinaux, et n'assigne aucune limite comme maximum de largeur ; toutefois, comme elle ne prononce pas non plus l'abrogation de la règle qu'avait donnée, sur ce point, la loi du 9 ventôse an XIII, on aurait pu prétendre que cette règle subsistait toujours, et que le préfet ne pouvait, en fixant la largeur des chemins vicinaux, dépasser le maximum de six mètres ; mais l'art. 21 de la loi précitée du 21 mai 1836 contient, sur la fixation de la largeur des chemins vicinaux, une disposition qui a, implicitement sans doute, mais évidemment, selon nous, rapporté celle de la loi du 9 ventôse an XIII.

Après avoir dit, dans le premier paragraphe de cet article, que chaque préfet ferait, dans l'année qui suivrait la promulgation de la loi, un règlement général pour en assurer l'exécution, le second paragraphe ajoute : « Ce règlement *fixera*, dans chaque département, *le maximum de la largeur des chemins.* » Cette disposition serait un non-sens si elle n'avait pour objet de rapporter celle que contenait, sur le même point, la loi du 9 ventôse an XIII. Si, en effet, le maximum de la largeur des chemins vicinaux avait dû rester fixé à six mètres, comment expliquer que le préfet dût fixer ce maximum ? comment comprendre, surtout, que ce maximum de largeur pût varier dans les différents départements du royaume ? Bien évidemment le législateur de 1836 a compris que les besoins de la circulation avaient changé dans un laps de trente années ; il a compris qu'en améliorant le système général de la vicinalité, qu'en assurant d'une manière efficace et puissante l'amélioration des communications existantes, la création de communications nouvelles, il allait donner au transport des produits agricoles et industriels un développement et une activité auxquels ne suffiraient pas toujours des voies publiques resserrées dans l'étroite limite d'un maximum de six mètres. Le législateur a donc voulu que, dans chaque département, le préfet pût, avec l'avis du conseil général du département, et sous l'approbation du ministre de l'intérieur, fixer le maximum de largeur qui pourrait être donné aux chemins vicinaux ; il a entendu déroger, à cet égard, à la règle qu'avait posée, dans d'autres temps et d'autres circonstances, la loi du 9 ventôse an XIII.

80. C'est l'interprétation que, dans son instruction du 24 juin 1836, le ministre de l'intérieur a donnée aux dispositions combinées des art. 15 et 21 de la loi du 21 mai 1836. Il a recommandé, mais comme conseil, de ne pas dépasser généralement l'ancienne limite de six mètres, mais il a reconnu que cette limite n'était plus obligatoire et qu'elle pouvait être franchie toutes les fois que les besoins de la circulation le réclameraient, notamment pour les chemins vicinaux que la loi nouvelle a appelés *de grande communication.* Cette interprétation a reçu son application immédiate dans tous les départements du royaume, et nulle part, que nous sachions, elle n'a donné lieu à une contestation sérieuse. Dans le même article de leurs règlements où ils fixaient à six mètres le maximum de largeur des chemins vicinaux de petite communication, les préfets se sont généralement réservé le droit de dépasser cette limite, lorsque l'intérêt de la vicinalité l'exigerait ; ils ont, partout, ajouté à la lar-

geur de la voie celle du terrain nécessaire pour l'établissement des fossés; enfin, le maximum de largeur des chemins vicinaux de grande communication a été porté à huit, même à dix mètres, sans aucune difficulté. Quelques réclamations ont pu s'élever sur la nécessité de la largeur attribuée à tel ou tel chemin vicinal, soit de petite, soit de grande communication, mais nulle part, que nous sachions, le droit du préfet, de fixer cette largeur, n'a été contesté, et nous ne connaissons aucune décision du conseil d'état, aucun arrêt de la cour de cassation qui, depuis la loi de 1836, ait élevé le moindre doute sur le pouvoir absolu donné aux préfets, quant à la fixation de la largeur des chemins vicinaux.

81. Nous n'avons pas besoin de dire, d'ailleurs, que les décisions des préfets sur ce point ne préjudicient jamais aux droits des tiers, propriétaires du sol sur lequel doit s'opérer l'augmentation de largeur des chemins vicinaux. Nous ne répéterons pas ici ce que nous avons développé plus haut, relativement au classement des chemins. L'arrêté du préfet incorpore immédiatement au chemin le sol nécessaire à la viabilité, mais le propriétaire de ce sol a droit à une indemnité qui, pour n'être pas préalable, ne lui est pas moins acquise. Nous ajouterons que, si la prise de possession du sol peut avoir lieu avant le payement de l'indemnité, il importe, cependant, que le règlement de cette indemnité précède tous travaux devant avoir pour effet de changer l'état des lieux, et qui pourraient rendre impossible ou au moins très-difficile l'évaluation de l'indemnité.

### § 10. — *Règlement des indemnités de terrain.*

82. Lorsque le sol d'un chemin déclaré vicinal, ou celui des parcelles nécessaires à l'élargissement d'un chemin vicinal, est la propriété d'un tiers, les droits de ce propriétaire, ainsi que nous l'avons vu plus haut, se résolvent en une indemnité. Par quelle autorité et dans quelle forme doit être réglée cette indemnité?

83. La loi du 6 oct. 1791, l'arrêté du gouvernement du 23 messidor an V, et la loi du 9 ventôse an XIII, n'avaient rien dit à cet égard; la loi du 28 juillet 1824, qui accordait aux préfets le droit d'autoriser jusqu'à la valeur de 3,000 fr. les acquisitions relatives aux chemins vicinaux, n'avait pas spécialement en vue le règlement des indemnités dont il s'agit. Tout à cet égard était donc resté sous l'empire du droit commun. Aussi, depuis la promulgation de la loi du 8 mars 1810, sur l'expropriation pour cause d'utilité publique, le conseil d'état renvoyait-il toujours aux tribunaux civils le règlement des indemnités dues aux propriétaires des terrains incorporés à une voie vicinale. Nous nous bornerons à citer l'ordonnance du 3 juin 1818 (Bruley-Deshalières contre la commune de Donnemarie), ainsi conçue : « Considérant que, d'après la loi du 8 mars 1810, les tribunaux sont seuls compétents pour prononcer, tant sur la propriété des terrains faisant partie des chemins vicinaux, que sur l'indemnité et les dommages qui peuvent être dus pour l'expropriation desdits terrains; considérant que, dans l'espèce, la circonstance que la propriété du terrain n'est pas contestée, n'empêche pas le tribunal de prononcer sur l'indemnité et les dommages réclamés par le sieur Bruley-Deshalières; Art. 1er, l'arrêté de conflit pris le 20 mai 1817, par le préfet du département de Seine-et-Marne, est annulé. » Plusieurs autres ordonnances postérieures ont statué dans le même sens.

84. Mais les nombreuses formalités à remplir pour arriver à ce règlement, la lenteur et les frais qu'elles entraînent, étaient aussi nuisibles aux intérêts des propriétaires qu'à ceux des communes, surtout lorsque, et c'est presque toujours le cas, il s'agit d'indemnités d'une très-faible importance. Le législateur a compris la nécessité de simplifier et de rendre à la fois plus prompte et moins dispendieuse la forme de procéder en cette matière; l'art. 15 de la loi du 21 mai 1836 a donc introduit, à cet égard, une règle nouvelle.

85. Deux cas sont prévus par cet article : celui où l'indemnité peut être réglée à l'amiable entre le propriétaire et la commune, et celui où, cet accord ne pouvant avoir lieu, il est nécessaire de recourir à une décision sur le litige.

Dans le premier cas, aucune difficulté ne peut se présenter. L'affaire peut être considérée comme une acquisition ordinaire, et comme l'art. 10 de la loi du 28 juillet 1824 n'a pas été abrogé par la législation nouvelle, le préfet, peut, en conseil de préfecture, autoriser cette acquisition; le ministre de l'intérieur, dans l'instruction du 24 juin 1836, a fait remarquer que le pouvoir du préfet n'était plus limité par le maximum de valeur de 3,000 fr., comme le prescrivait la loi précitée de 1824.

La législation nouvelle donnant aux préfets le droit d'incorporer au sol vicinal tout le terrain qui était reconnu nécessaire, il faut bien, en effet, que le préfet puisse autoriser le payement de la valeur intégrale de ce sol, à quelque somme qu'elle s'élève.

Mais si le propriétaire du sol et la commune ne peuvent s'entendre sur le montant de l'indemnité due, il devient nécessaire de faire prononcer entre les parties, et c'est au juge de paix du canton que l'art. 15 de la loi du 21 mai 1836 confie cette mission. Ce magistrat règle l'indemnité sur le rapport d'experts nommés, l'un par le propriétaire, l'autre par le sous-préfet, dans l'intérêt de la commune. En cas de discord entre les experts, un tiers-expert doit être nommé par le conseil de préfecture.

86. Cette forme de procéder est, comme on voit, simple et peu dispendieuse. Dans la pratique quelques difficultés se sont cependant présentées, pour la solution desquelles il a été nécessaire de recourir à l'autorité supérieure.

Ainsi, un propriétaire mécontent d'être contraint de céder son terrain peut refuser de nommer son expert : dans ce cas, par qui l'expert sera-t-il nommé? Un préfet avait cru pouvoir faire cette nomination d'office, et le ministre de l'intérieur avait partagé cette manière de voir. Le conseil d'état n'a pas admis cette forme de procéder, et une ordonnance du 30 déc. 1841 ( Breton ) a annulé en ces termes une nomination d'expert faite par un préfet. « En ce qui touche la nomination d'expert : Considérant qu'aux termes de l'article précité de la loi du 21 mai 1836, l'indemnité, si elle ne peut être fixée à l'amiable, doit être réglée par le juge de paix, sur le rapport d'experts nommés conformément à l'art. 17 de ladite loi, l'un par le sous-préfet, et l'autre par le propriétaire; que le préfet, en désignant d'office l'expert du sieur Breton, a excédé ses pouvoirs; Art. 1er, la décision de notre ministre de l'intérieur et les arrêtés du préfet sont réformés, en tant qu'ils ont nommé d'office l'expert du sieur Breton. » Cette ordonnance, la seule rendue sur ce point, décide, comme on voit, qu'à l'administration n'appartient pas le droit de suppléer à la nomination que doit faire le propriétaire, et c'est avec raison, car cette nomination doit être faite d'office par le juge de paix. Cette difficulté, au surplus, doit se présenter rarement, et elle ne peut être sérieuse. En effet, par

l'arrêté de classement ou de fixation de largeur d'un chemin vicinal, la commune se trouve mise en possession immédiate de ce sol. La commune n'a donc qu'un intérêt secondaire au règlement de l'indemnité. C'est le propriétaire qui a intérêt à ce règlement; c'est à lui qu'il appartient de former la demande en indemnité; il a donc intérêt à nommer son expert. S'il ne fait pas cette nomination, lui seul peut en souffrir, puisque le règlement de l'indemnité ne pourrait avoir lieu. La commune n'a qu'à attendre, et il est bien présumable que la résistance du propriétaire dépossédé ne serait pas de longue durée, car il saurait que son action, aux termes de l'art. 18 de la même loi, serait prescrite par le laps de deux années.

87. Quelques doutes se sont aussi manifestés sur la nature du discord entre la commune et le propriétaire pour la fixation de l'indemnité. On a demandé si c'était là un litige ordinaire, un procès entre une commune et un particulier, et pour lequel, par conséquent, la commune dût se faire autoriser par le conseil de préfecture; on a demandé si la décision que devait rendre le juge de paix était un véritable jugement, et si elle était susceptible d'appel.

88. Ces questions ont paru au ministre de l'intérieur assez graves pour qu'il crût devoir les soumettre au conseil d'état, et, par un avis en date du 19 mars 1840, le comité de législation les a résolues en ces termes :

« Les membres du conseil d'état composant le comité de législation, qui, sur le renvoi de M. le garde des sceaux, ministre de la justice et des cultes, ont pris connaissance de deux lettres à lui adressées sous la date des 3 et 17 février 1840, par M. le ministre de l'intérieur, à l'effet de connaître son opinion sur les questions suivantes :

» 1° Les communes qui, pour l'exécution de l'art. 15 de la loi du 21 mars 1836, ont à plaider sur la question de l'indemnité due aux propriétaires dépossédés par suite de l'élargissement des chemins vicinaux, ont-elles besoin de l'autorisation préalable du conseil de préfecture?

» 2° Les jugements rendus par les juges de paix, conformément au même art. 15 de la loi du 21 mai 1836, peuvent-ils être attaqués par la voie de l'appel, lorsque l'importance de l'indemnité réclamée excède la compétence qui leur est attribuée en dernier ressort?

» Vu l'art 15 de la loi du 21 mai 1836; les art. 47 et suiv. de la loi du 18 juill. 1837; la loi du 25 mai 1838; vu un jugement du tribunal civil de Marseille, en date du 3 janv. 1840, rendu sur l'appel formé par le sieur Janselme, contre un jugement du juge de paix du quatrième canton de cette ville, ayant pour objet de régler l'indemnité due audit sieur Janselme, à raison de l'expropriation, par suite des travaux d'un chemin vicinal de grande communication, de terrains à lui appartenant; Sur la première question; considérant que la loi du 18 juillet 1837 exige l'autorisation du conseil de préfecture, pour toute action en justice, sans distinction, qu'une commune veut introduire, ou qui est dirigée contre elle; que les communes ayant, dans le cas sur lequel le comité est appelé à délibérer, la faculté de s'entendre à l'amiable avec le propriétaire dépossédé, pour le règlement de l'indemnité, le débat qui, faute d'accord entre les parties, est porté devant le juge de paix, a le caractère d'une action judiciaire;

» Considérant, d'ailleurs, que la nécessité de l'intervention de la tutelle administrative peut donner lieu de reconnaître si les communes refusent de faire droit à des demandes d'indemnités équitables, et permettrait de les empêcher de s'exposer à des frais qu'il importe d'éviter, avec d'autant plus de soin, que les affaires de cette nature sont très-multipliées, et que chacune d'elles n'offre le plus souvent qu'un faible intérêt pécuniaire; qu'en effet, les contestations relatives aux indemnités dues, ou à leur quotité, ont le caractère d'une action judiciaire, tout aussi bien que les contestations sur le droit même de propriété;

» Sur la deuxième question;

» Considérant que le règlement d'indemnité fait par le juge de paix, dans les cas prévus par l'art. 15 de la loi du 21 mai 1836, est un jugement; que si, pour l'exercice de l'attribution spéciale qui lui est conférée par la loi précitée, le juge de paix est obligé de s'éclairer par un rapport d'experts, il n'est pas forcé d'admettre les conclusions de ce rapport, et peut faire usage de tous les autres moyens d'information qu'il est autorisé à employer dans les affaires de sa compétence administrative;

» Considérant que, d'après les principes sur lesquels repose notre organisation judiciaire, l'appel à une juridiction supérieure est de droit commun; qu'il ne peut être interdit,

dans les limites générales établies par la loi, qu'autant qu'il existe, à cet égard, une prohibition expresse; que, dans la matière dont il s'agit, il n'en existe point de semblable;

» Considérant, d'ailleurs, que si, d'après l'art. 16 de la loi du 21 mai 1836, le juge de paix, assisté du jury spécial d'expropriation, statue en dernier ressort sur des demandes en indemnités qui portent ordinairement sur des sommes plus importantes que celles qui sont soumises à l'appréciation des juges de paix, aux termes de l'art. 15, il faut remarquer qu'il ne s'agit pas, dans cet article (16) d'un acte de juridiction du juge de paix, mais d'une décision du jury dont le juge de paix est l'organe, et que, dans notre organisation judiciaire, il n'y a point de tribunal qui soit le supérieur hiérarchique du jury, et auquel l'appel de ses décisions puisse être porté; que l'intervention du jury présente, dans le cas prévu par l'art. 16, des garanties spéciales qui ont paru suffisantes au législateur, et que ce n'est pas une raison pour supprimer ces garanties de droit commun, dans les cas prévus par l'art 15;

» Considérant qu'il est aussi à remarquer que l'art. 17 de la même loi, qui appelle les conseils de préfecture à faire le règlement d'indemnités souvent moins considérables que celles auxquelles peut donner lieu l'art. 15, n'a pas interdit le recours de droit au conseil d'état;

» Sont d'avis :

» Sur la première question, que l'autorisation du conseil de préfecture est nécessaire aux communes pour soutenir les actions engagées devant les juges de paix, aux termes de l'art. 15 de la loi du 21 mai 1836;

» Sur la seconde question, que, dans le silence gardé par la loi sur l'appel des jugements intervenus à l'occasion de ces actions, il n'est pas possible de refuser aux parties l'exercice d'une faculté qui est de droit commun (1). »

89. Cet avis, comme on voit, range le règlement des indemnités, lorsqu'il n'a pas lieu à l'amiable, dans la catégorie des procès ordinaires des communes, et soumet ces litiges à toutes les formes qui doivent être observées dans les procès civils. Il est permis de croire que telle n'avait pas été la pensée du législateur lorsqu'il rédigeait l'article 15 de la loi

_____

(1) V. dans ce sens, Cass., 19 juin 1843. (S.-V. 43. 1. 484).

du 21 mai 1836. En dispensant, par cet article, de recourir aux nombreuses et lentes formalités de l'expropriation, pour la dépossession des terrains nécessaires aux chemins vicinaux existants, le législateur n'avait probablement pas eu en vue de laisser le règlement des indemnités sous l'empire de la procédure ordinaire. Il serait à regretter, dans ce cas, qu'il n'eût pas complété sa pensée ; dans l'état actuel des choses, il appartiendra aux conseils de préfecture, comme l'indique l'avis du comité de législation, d'empêcher les communes de s'engager dans des procès dans lesquels les frais dépasseraient presque toujours la valeur du fond. Nous ferons remarquer, au surplus, que, s'il est à regretter, pour les communes, que le règlement des indemnités de terrain, dans le cas de l'article 15 de la loi, n'ait pas pu être ramené à des formes plus brèves, l'intérêt de la vicinalité ne peut avoir à en souffrir : en effet, l'arrêté du préfet a *définitivement attribué au chemin le sol qui devait en faire partie ;* peu importe à la question vicinale que le règlement des indemnités dues aux propriétaires de ce sol soit un peu plus ou un peu moins rapide.

90. On a demandé, enfin, si les juges de paix, lorsqu'ils remplissent la mission que leur donne l'article 15 de la loi du 21 mai 1836, ont droit à une indemnité, et, dans le cas de l'affirmative, comment cette indemnité devait être réglée. M. le garde des sceaux, consulté à cet égard par M. le ministre de l'intérieur, a été d'avis que, dans ce cas, les juges de paix avaient droit à une indemnité de déplacement qui devait être calculée d'après l'art. 8 du tarif du 16 février 1807.—V. Juge de paix.

91. Lorsque l'indemnité due aux propriétaires des terrains occupés en vertu de l'article 15 de la loi, a été réglée, soit par un accord amiable, soit par une décision du juge de paix devenue définitive, le montant de cette indemnité devient une dette communale exigible ; il constituerait une dépense obligatoire, et si la commune refusait d'y pourvoir, il y aurait lieu de procéder conformément aux règles tracées part l'art. 39 de la loi du 18 juill. 1837 sur l'administration municipale.—V. Communes.

92. Après avoir tracé les règles à suivre pour le règlement et le payement des indemnités, nous devons parler d'un cas qui, dans beaucoup de départements, se présente très-fréquemment, nous pourrions même dire le plus fréquemment ; c'est celui où les propriétaires

IV.

riverains du chemin vicinal à élargir consentent à abandonner gratuitement le terrain nécessaire à cet élargissement. Très-souvent, en effet, le peu d'importance des parcelles à céder, et une saine appréciation de l'avantage que procure une meilleure viabilité, déterminent les propriétaires riverains à ne pas exiger le montant d'indemnités dont ils auraient, en définitive, une portion à acquitter eux-mêmes, puisqu'elles devraient être acquittées par la commune. On a demandé si, dans ce cas, il était nécessaire de faire constater cet abandon par écrit. Nous pensons que cette formalité n'est pas absolument nécessaire, et que son accomplissement pourrait même porter obstacle à la réalisation des concessions gratuites de terrain. Quiconque a eu des relations fréquentes avec les petits propriétaires ruraux, sait qu'on les trouve souvent disposés à abandonner sans indemnité les faibles parcelles de terrain nécessaires pour l'élargissement d'un chemin, et à permettre verbalement l'occupation de ces parcelles, mais que, si leur consentement devait être constaté par écrit, on éprouverait beaucoup de difficulté à l'obtenir. Rappelons-nous que l'incorporation de ces parcelles au sol vicinal se trouve autorisé, de droit, par l'arrêté du préfet ; les propriétaires ne pourraient s'y opposer. Si donc ils voient occuper le sol qui leur appartient et qu'ils s'abstiennent de réclamer l'indemnité à laquelle ils pourraient prétendre, tout n'est-il pas terminé par cet acquiescement tacite ? La loi du 21 mai 1836 paraît même avoir eu en vue ce cas, lorsque, par son art. 18, elle a dit que « l'action en indemnité des propriétaires pour les terrains qui auront servi à la confection des chemins vicinaux, sera prescrite par le laps de deux ans. » Cette prescription ne courrait pas, sans doute, contre le propriétaire qui aurait fait régler son indemnité et qui aurait ainsi un titre contre la commune ; l'article que nous venons de citer ne peut donc avoir pour objet, selon nous, que de confirmer, par la prescription de deux ans, l'abandon verbal et tacite que font beaucoup de propriétaires riverains des chemins à élargir. Nous avons lieu de croire que cette opinion a été émise par le ministre de l'intérieur dans les instructions particulières qu'il a eu à donner sur ce point.

Sect. 3e. — *Ouverture de nouveaux chemins.*

§ 1er. — *Compétence.*

93. Nous avons vu plus haut quels sont les

droits de l'autorité administrative, soit quant à la déclaration de vicinalité des chemins existants, soit quant à l'incorporation aux chemins déclarés vicinaux du terrain nécessaire pour leur donner la largeur que réclament les besoins de la circulation ; nous avons vu combien sont sommaires les formalités prescrites par la loi, dans ces deux cas, pour attribuer au domaine vicinal une fraction de la propriété privée. L'urgence, et, presque toujours, le peu d'importance des parcelles de terrain à occuper, expliquent et justifient l'exception que le législateur a faite ici aux principes généraux en matière d'expropriation ; mais d'autres règles sont tracées, d'autres formalités sont imposées à l'administration, d'autres garanties sont données à la propriété privée, lorsqu'il s'agit, soit de créer et d'ouvrir un nouveau chemin, soit de redresser un ancien chemin, ce qui n'est, au fond, qu'une ouverture de chemin dans des limites moins étendues. Dans ces cas, en effet, ni l'administration ni le public ne peuvent se prévaloir du motif d'urgence qui détermine la déclaration de vicinalité ou l'élargissement d'un chemin. Une voie publique n'existait pas ; des besoins nouveaux font reconnaître la nécessité de la créer ; ces besoins, d'un intérêt général, doivent être satisfaits, mais il importe peu que l'ancien état de choses subsiste quelques semaines, quelques mois de plus ; aussi, l'ouverture des chemins vicinaux et leur redressement a-t-il été laissé, à peu près, sous l'empire du droit commun et des règles applicables à l'expropriation pour cause d'utilité publique.

94. C'est aux préfets qu'a toujours appartenu le droit, sauf recours au ministre de l'intérieur, d'ordonner l'ouverture de nouveaux chemins. Cette attribution ne pouvait, à aucun égard, être revendiquée par les tribunaux ; quant aux conseils de préfecture, ils ont bien rarement prétendu l'exercer, et leurs arrêtés, en cette nature, ont toujours été annulés pour cause d'incompétence. Une ordonn. du 1er nov. 1820 (communes d'Orsy et de Coulanges) est ainsi conçue : « Vu le rapport de notre ministre secrétaire d'état de l'intérieur, tendant à ce qu'il nous plaise annuler, pour cause d'incompétence, un arrêté du 30 mars 1813, par lequel le conseil de préfecture du département de la Nièvre a ordonné l'ouverture d'un chemin vicinal qui sépare les communes d'Orsy et de Coulanges ; vu la loi du 19 ventôse an XIII ;

considérant qu'il n'appartient qu'aux préfets d'ordonner *l'ouverture* d'un chemin vicinal et d'en fixer le classement, la largeur et la direction ; — Art. 1er. L'arrêté du conseil de préfecture du département de la Nièvre, du 30 mars 1813, est annulé pour excès de pouvoir. » Le même principe se trouve confirmé dans une autre ordonnance du 18 juill. 1821 (Rigobert-Friquet et autres contre la commune de Blagnes).

95. Le droit des préfets d'ordonner l'ouverture de nouveaux chemins ne résultait pourtant encore que de la jurisprudence, car la loi du 6 oct. 1791, l'arrêté du gouvernement du 23 messid. an V, et la loi du 9 vent. an XIII, ne s'étaient occupés que des chemins existants. La loi du 28 juillet 1824 vint rendre légale, dans de certaines limites, l'action des préfets, en disant dans son art. 10, 2e § : « Seront aussi autorisés par les préfets, *dans les mêmes formes*, les travaux d'ouverture desdits chemins, qui pourront donner lieu à des expropriations pour cause d'utilité publique, en vertu de la loi du 8 mars 1810, lorsque l'indemnité due aux propriétaires pour les terrains n'excédera pas la même somme de trois mille francs. » Les formes auxquelles cet article se réfère sont relatées au paragraphe précédent, *arrêté du préfet en conseil de préfecture, après délibération des conseils municipaux intéressés, et après enquête* de commodo et incommodo.

96. La loi du 28 juillet 1824, comme celles rendues précédemment, avait en vue principalement, on pourrait presque dire uniquement, l'entretien des chemins vicinaux et leur conservation dans l'état où ils se trouvaient. A cette époque, d'ailleurs, on ne considérait la vicinalité qu'isolément, et comme restreinte au territoire de chaque commune. Il devait donc y avoir, sous l'empire de cette législation, peu d'occasions pour les préfets d'exercer l'attribution qui leur était donnée, quant à l'ouverture de nouveaux chemins ; on sait en effet que, dans presque toutes les communes, le nombre des chemins n'est que trop considérable, et l'administration devait chercher à supprimer et à rendre à l'agriculture les chemins inutiles, bien plus qu'à en ouvrir de nouveaux. Mais la loi du 21 mai 1836, créant un nouveau système de vicinalité, qui devait faire sortir les communes de leur isolement et qui établissait, sous le nom de *chemins vicinaux de grande communication*, un nouvel

ordre de voies publiques d'une importance souvent égale à celle des routes départementales, cette loi devait prévoir que les chemins existants ne pourraient pas toujours, en raison de la défectuosité de leur assiette et de leur tracé, suffire aux besoins d'une circulation plus étendue, et qu'il serait souvent plus avantageux, plus économique même, de les remplacer par une voie nouvelle que de les rectifier et de les améliorer. Le législateur comprit qu'il était nécessaire non-seulement de confirmer entre les mains des préfets le droit d'ordonner l'ouverture de nouveaux chemins, mais encore d'étendre cette attribution et d'en simplifier l'action. C'est ce qui a été fait par le premier paragraphe de l'art. 16 de la loi du 21 mai 1836, ainsi conçu : « Les travaux d'ouverture et de redressement des chemins vicinaux seront autorisés par arrêtés du préfet. »

97. Ici, comme on voit, le pouvoir du préfet n'est plus restreint au cas où la valeur des terrains à occuper pour l'ouverture des chemins ne dépasserait pas trois mille francs, et, par conséquent, le préfet peut ordonner l'ouverture, quelle que soit cette valeur ; ce n'est plus *en conseil de préfecture* que doit être pris l'arrêté du préfet ; l'enquête *de commodo et incommodo* n'est plus exigée, et si le préfet jugeait à propos de remplir cette formalité, ce serait comme moyen d'appréciation des intérêts divers engagés dans la question, ce ne sera plus comme préalable obligé ; enfin, la délibération des conseils municipaux n'est pas même mentionnée dans cet article de loi. Mais, sur ce dernier point, nous pensons que, si le législateur a omis de déclarer cette délibération nécessaire, c'est qu'il se référait à l'ensemble de la législation communale, qui ne permettrait pas qu'il fût statué sur un intérêt communal sans que le conseil municipal fût entendu. Nous ferons remarquer, toutefois, que l'avis négatif du conseil municipal ou même de plusieurs conseils municipaux, ne serait pas un empêchement légal à ce que le préfet ordonnât l'ouverture ou le redressement d'un chemin. Le paragraphe de la loi que nous venons de citer donne à ce magistrat le droit de décider contrairement à l'avis des conseils municipaux, puisque cet avis n'est pas même mentionné au nombre des formalités obligatoires. Il appartient donc au préfet d'apprécier les objections présentées, soit par des communes, soit par des particu-

liers, et de statuer comme lui paraîtra le commander l'intérêt de la vicinalité.

98. Il n'y a donc plus lieu dans aucun cas, aujourd'hui, de recourir à l'autorité royale pour faire autoriser l'ouverture ou le redressement d'un chemin ; l'arrêté du préfet remplace pleinement, à cet égard, l'ordonnance royale nécessaire sous la législation précédente. C'est ce qu'a dit le ministre de l'intérieur dans son instruction du 24 juin 1836, et la Cour de cassation, appelée, à l'occasion de difficultés sur une expropriation pour cause d'utilité publique, à apprécier l'effet de l'arrêté qui devait servir de base à cette expropriation, n'a pas hésité à adopter l'interprétation que le ministre avait donnée à cet article de la loi. C'est ce qui résulte d'un des considérants d'un arrêt du 27 mars 1839 (ch. civ., procureur du roi de Draguignan contre Perreymond.) « La Cour, vu l'art. 16 de la loi du 21 mai 1836 ; attendu qu'il résulte de cet article qu'en matière de chemins vicinaux, l'arrêté du préfet qui ordonne l'ouverture ou le redressement d'un chemin vicinal, tient la place et produit les effets de l'ordonnance du roi ou de la loi qui déclarent l'utilité publique en matière de travaux publics d'un intérêt général. » Cette jurisprudence a sans doute été généralement suivie par les tribunaux, car la Cour de cassation n'a plus été dans le cas de réformer de jugement rendu en sens contraire.

99. Mais, si le préfet peut ordonner *souverainement* l'ouverture d'un nouveau chemin, l'arrêté qu'il prend à cet effet est-il définitif et sans recours possible ? La loi du 21 mai 1836 est muette sur ce point ; mais nous n'hésitons pas à dire que les parties qui se croiraient lésées par cet arrêté, communes ou particuliers, peuvent en demander l'annulation au ministre de l'intérieur. Dans notre système administratif et sous l'empire des principes constitutionnels qui nous régissent, les pouvoirs administratifs des préfets, ainsi que nous l'avons déjà dit, ne s'exercent que sous la surveillance, le contrôle et la responsabilité des ministres, et il n'est pas un seul des actes administratifs de ces fonctionnaires qui ne puisse être attaqué devant le ministre compétent ; or, l'arrêté qui ordonne l'ouverture d'un chemin n'est qu'un simple acte d'administration ; il peut donc être attaqué devant le ministre de l'intérieur, dans les attributions duquel se trouve le service vicinal. Plusieurs recours de cette nature ont été formés déjà, et

le ministre n'a pas hésité à y statuer. Ce serait à tort qu'on porterait ce recours directement au conseil d'état, car il s'agit ici d'un acte fait dans les limites de la compétence des préfets, et on sait que, dans ce cas, il faut toujours que l'arrêté préfectoral soit déféré au ministre, sauf à attaquer la décision ministérielle devant le roi en son conseil d'état, s'il y a lieu. Nous ferons remarquer encore que le recours contre l'arrêté prononçant l'ouverture d'un chemin, n'a pas d'effet suspensif ; c'est là un principe général en matière administrative, et, dans la matière même qui nous occupe, ce principe a été formellement reconnu par un arrêt de la Cour de cassation en date du 27 mars 1839 (ch. civ.), que nous avons eu déjà occasion de citer (procureur du roi de Draguignan contre Perreymond). « Attendu, y est-il dit, que sans qu'il soit besoin d'examiner si un pareil arrêté est susceptible d'être réformé par l'autorité administrative supérieure, le recours dirigé contre cet acte de l'autorité du préfet ne serait point suspensif de sa nature, puisqu'il est de principe que les actes de l'autorité administrative contre lesquels le recours est autorisé par la loi sont exécutoires par provision, à moins qu'il n'ait été sursis à leur exécution par l'autorité compétente ; attendu que la législation spéciale des chemins vicinaux, et notamment la loi du 21 mai 1836, n'ont point dérogé à ce principe, et qu'en jugeant le contraire, le tribunal de Draguignan a formellement violé la loi précitée ; casse. »

### § 2. — *Acquisition et expropriation des terrains.*

100. Lorsque l'arrêté préfectoral ordonnant l'ouverture ou le redressement d'un chemin vicinal, est devenu définitif, soit parce qu'il n'a pas été attaqué, soit parce que, attaqué, il a été maintenu par le ministre, il y a lieu, avant tous travaux d'exécution, de procéder à l'acquisition des terrains que doit occuper la nouvelle voie publique. Ici, en effet, le service vicinal n'est plus sous l'empire des dispositions exceptionnelles relatives à la déclaration de vicinalité et à l'élargissement des chemins existants ; pour l'ouverture ou le redressement d'un chemin, l'arrêté du préfet n'incorpore pas de plein droit au chemin le sol à occuper ; dans ces opérations d'une importance plus grande que celles prévues par l'art. 15 de la loi du 21 mai 1836, le service

vicinal a été laissé sous l'empire du droit commun, et les terrains nécessaires ne peuvent être occupés qu'après le payement de leur valeur, à moins que les propriétaires ne consentent, soit à les abandonner gratuitement, soit à les laisser occuper avant le payement de l'indemnité.

Si les parcelles de terrain que doit occuper le nouveau tracé peuvent être obtenues gratuitement, ce qui arrive très-fréquemment dans un assez grand nombre de départements, nulle difficulté ne peut se présenter. Quant aux formalités à remplir en ce cas, nous répéterons ce que nous avons dit plus haut ; il ne nous paraît pas indispensable que la cession gratuite soit constatée par un acte écrit qu'il serait peut-être difficile d'obtenir des propriétaires.

101. Si les terrains ne peuvent être obtenus gratuitement, la voie de l'acquisition à l'amiable doit être tentée d'abord, et lorsque cet accord peut être obtenu, le préfet y donne son approbation par un arrêté pris en conseil de préfecture, en vertu de l'art. 10 de la loi du 28 juillet 1824, qui n'est pas abrogé. Nous pensons toutefois, en nous appuyant sur l'opinion émise par le ministre de l'intérieur dans son instruction du 24 juin 1836, que l'approbation n'est plus restreinte par la limite de valeur des terrains, fixée dans cet article. En effet, lorsque, par les termes généraux du premier paragraphe de l'art. 16 de la loi du 21 mai 1836, le législateur a donné aux préfets le droit absolu d'autoriser l'ouverture ou le redressement des chemins vicinaux, sans restreindre ce droit dans aucune limite quant à la dépense, souvent considérable, qu'occasionnent les travaux, il n'est pas à penser que le législateur ait voulu ralentir l'action du préfet en l'obligeant, comme précédemment, à recourir à une ordonnance royale, toujours longue à obtenir, pour acquérir des terrains sans lesquels l'ouverture du chemin ne peut être entreprise. Nous sommes donc d'avis qu'en cas d'acquisition à l'amiable, l'approbation de cette acquisition peut être donnée par le préfet, quelle que soit la valeur des terrains.

Si, au contraire, les propriétaires des terrains à occuper refusent de les céder, ou, ce qui revient au même, si la commune n'a pu tomber d'accord avec eux sur la valeur de ces terrains, il y a nécessité de revenir à l'expropriation pour cause d'utilité publique, et pour faire connaître les formes qui doivent être aujourd'hui employées pour arriver à cette mesure, nous devons annoter les variations qu'ont subies la législation et la jurisprudence, quant à l'expropriation appliquée au service vicinal.

102. Sous l'empire de la législation vicinale, soit de 1791, soit de 1824, la longue série des formalités prescrites par les lois relatives à l'expropriation pour cause d'utilité publique devait être scrupuleusement suivie, pour vaincre la résistance du propriétaire de la moindre parcelle de terrains à occuper, soit pour l'ouverture, soit pour le redressement d'un chemin vicinal. La mauvaise volonté ou les prétentions exagérées d'un seul propriétaire suffisaient donc pour retarder, souvent pendant des années, une mesure exigée par l'intérêt si pressant de l'amélioration des communications. Le législateur reconnut la nécessité de simplifier les formes à suivre pour l'occupation des terrains nécessaires au service vicinal, et il rédigea, en ces termes, l'art. 16 de la loi du 21 mai 1836 :

« Art. 16. Les travaux d'ouverture et de redressement des chemins vicinaux seront autorisés par arrêté du préfet. »

» Lorsque, pour l'exécution du présent article, il y aura lieu de recourir à l'expropriation, le jury spécial chargé de régler les indemnités ne sera composé que de quatre jurés. Le tribunal d'arrondissement, en prononçant l'expropriation, désignera, pour présider et diriger le jury, l'un de ses membres, ou le juge de paix du canton. Ce magistrat aura voix délibérative en cas de partage. »

» Le tribunal choisira, sur la liste générale prescrite par l'art. 29 de la loi du 7 juillet 1833, quatre personnes pour former le jury spécial, et trois jurés supplémentaires. L'administration et la partie intéressée auront respectivement le droit d'exercer une récusation péremptoire. »

» Le juge recevra les acquiescements des parties. »

« Son procès-verbal emportera translation définitive de propriété. »

» Le recours en cassation, soit contre le jugement qui prononcera l'expropriation, soit contre la déclaration du jury qui réglera l'indemnité, n'aura lieu que dans les cas prévus et selon les formes déterminées par la loi du 7 juillet 1833. »

103. En traitant, dans son instruction du 24 juin 1836, de l'exécution de cet article de la loi du 21 mai 1836, le ministre de l'intérieur avait émis l'opinion qu'il résumait les seules formalités à remplir désormais, en matière d'expropriation pour le service vicinal, et qu'il n'y avait plus lieu de se reporter, pour cette mesure, aux règles tracées par la loi du 7 juillet 1833. Cette opinion avait été d'abord adoptée par la Cour de cassation, ainsi qu'on le voit dans un arrêt du 25 avril 1838 (ch. civ., préfet des Vosges contre Tollot et autres), ainsi conçu : « Vu l'art. 16 de la loi du 21 mai 1836 ; attendu que cet article n'exige, en fait d'*ouverture* et de *redressement* des chemins vicinaux, d'autre préalable au recours en expropriation qu'un arrêté du préfet qui en autorise les travaux, arrêté qui, dans l'espèce de la cause, s'appliquant à un chemin vicinal de grande communication, rentre dans les dispositions prescrites par l'art. 7 de la même loi ; qu'ainsi, pourvu qu'apparaisse au tribunal un arrêté du préfet rendu en conformité des lois et non attaqué par les parties devant l'autorité administrative supérieure, il est du devoir de l'autorité judiciaire d'y donner effet, sans imposer au demandeur l'obligation d'accomplir des formalités étrangères à la matière des expropriations relatives aux chemins vicinaux, et dont la loi n'exige l'observation que dans les cas généraux d'expropriation pour utilité publique, régis par la loi du 7 juillet 1833 ; et attendu, dans l'espèce, que le tribunal de Neufchâteau, qui, par un premier jugement interlocutoire du 22 janv. 1838, avait ordonné que le procureur du roi produirait les pièces prescrites par l'art. 2 du titre 1er, et par le titre 2 de la loi du 7 juill. 1833, a, par son jugement du 1er fév. suivant, déclaré le procureur du roi, quant à présent, non recevable, faute de les avoir produites ; qu'en cela, ce même tribunal a faussement appliqué l'art. 14 de la loi du 7 juill. 1833, et formellement violé l'art. 16 de celle du 21 mai 1836 ; la Cour donne défaut contre les défaillants non comparants, ni avocat pour eux, et, pour le profit, casse et annule les deux jugements rendus par le tribunal de première instance, séant à Neufchâteau, les 22 janv. et 1er fév. 1838. »

104. Mais la Cour de cassation n'a pas persisté dans l'interprétation qu'elle avait donnée, par l'arrêt qui précède, à la portée des modifications apportées par l'article 16 de la loi

du 21 mai 1836, au système général des formalités de l'expropriation pour cause d'utilité publique. Dès le 20 août 1838, la Cour, par un nouvel arrêt (ch. civ., préfet de l'Orne contre de Charencey), a modifié sa jurisprudence. « Attendu, en effet, y est-il dit, qu'il existe dans cette loi (celle du 21 mai 1836), une différence très-marquée entre les cas de *reconnaissance* et les cas d'*ouverture ou de redressement* des chemins vicinaux; que, *dans le cas de simple reconnaissance*, ce qui suppose un état primordial auquel le chemin est ramené, l'article 15 dispose « *que l'arrêté du préfet attribue définitivement au chemin le sol compris dans les limites que cet arrêté détermine,*» en telle sorte que, sans qu'il soit besoin alors de s'adresser aux tribunaux pour faire prononcer l'expropriation, le droit du propriétaire se résout en une indemnité qui, suivant l'art. 17, doit être réglée par trois experts, dont deux sont nommés par l'administration; qu'au contraire, lorsqu'il s'agit de REDRESSEMENT d'*un chemin déjà existant ou* d'OUVERTURE d'*un chemin nouveau*, si des conventions amiables n'interviennent pas avec les propriétaires, il y a lieu, suivant l'article 16, « de recourir à l'expropriation, » ce qui fait rentrer les parties dans le cercle obligé des formalités prescrites par la loi du 7 juillet 1833, loi fondamentale de la matière, et formant le droit commun sur l'expropriation pour cause d'utilité publique; que les garanties données par cette loi à la propriété doivent alors être rigoureusement maintenues; autrement les propriétaires seraient livrés à l'arbitraire le plus complet, puisque, dans l'absence de tout contredit de leur part, il serait toujours possible de favoriser certaines propriétés, au détriment de certaines autres; que, d'après les termes formels de la disposition finale de l'article 2, titre 1er, de la loi du 7 juillet 1833, lors même qu'une loi ou une ordonnance royale ont constaté et déclaré l'utilité publique des travaux à exécuter, *l'application n'en peut être faite à aucune propriété particulière, qu'après que les parties intéressées ont été mises en état d'y fournir leurs contredits*, selon les règles exprimées au titre 2, et qu'il serait déraisonnable d'attribuer à l'arrêté d'un préfet plus de puissance et d'étendue qu'à une loi ou à une ordonnance royale; attendu que si, en matière d'expropriation pour chemins vicinaux, la loi du 21 mai 1836, dans son article 16, à la différence de celle du 7 juill. 1833,

dans son article 34, réduit à quatre, au lieu de douze, le nombre des membres du jury spécial chargé de régler l'indemnité, elle laisse subsister dans leur intégrité les autres conditions de l'expropriation, par cela seul qu'elle ne les abroge pas, et que d'ailleurs, tout en diminuant les garanties par la réduction du nombre des jurés, elle statue, par la disposition finale de cet article 16, que « le recours en cassation, soit contre le jugement d'expropriation, soit contre la déclaration du jury d'indemnité, aura lieu *dans les cas prévus* et dans les formes déterminées par la loi du 7 juillet 1833; attendu, en dernière analyse, que lorsque la nouvelle direction d'un chemin vicinal doit entraîner la dépossession d'une propriété particulière, l'article 16 s'en est référé, en les simplifiant, aux formes prescrites par la loi du 7 juillet 1833, tandis qu'il résulterait du système contraire, qu'un propriétaire pourrait, sans avoir été mis en état de fournir ses contredits, être exproprié par l'effet d'un simple arrêté du préfet, qui changerait arbitrairement la direction d'un chemin vicinal; d'où il suit que le tribunal de Mortagne, en jugeant que, faute d'accomplissement des formalités prescrites par les articles 8, 9 et 10 de la loi du 7 juillet 1833, il n'y avait lieu, quant à présent, de prononcer l'expropriation sollicitée par le préfet de l'Orne, n'a pas commis un excès de pouvoir, et que, loin d'avoir violé l'article 16 de la loi citée, il en a fait une saine et juste application; sans qu'il soit besoin de statuer sur la fin de non-recevoir; rejette.

Un second arrêt de la Cour de cassation (ch. civ.), en date du 21 août 1838 (préfet des Vosges contre Aptel et Demangeon), a statué à peu près dans les mêmes termes, sur une espèce semblable, ainsi qu'un troisième arrêt (ch. civ.) du 25 mars 1839 (de Saint-Phalle contre préfet de Seine-et-Marne).

105. La jurisprudence de la Cour régulatrice étant fixée par les trois arrêts que nous venons de citer, l'administration a dû s'y conformer, et toutes les fois qu'elle a eu, depuis, à requérir l'expropriation de terrains nécessaires au service vicinal, elle a dû remplir la série entière des formalités exigées par l'article 2 du titre 1er, et par le titre 2 de la loi du 7 juillet 1833; toutefois, l'article 12 de la loi du 3 mai 1841 sur l'expropriation pour cause d'utilité publique, est venu dispenser l'administration de quelques-unes de ces formalités.

Cet article est ainsi conçu : « Les dispositions des articles 8, 9 et 10 ne sont point applicables au cas où l'expropriation serait demandée par une commune, et dans un intérêt purement communal, non plus qu'aux travaux d'ouverture et de redressement des chemins vicinaux. »

« Dans ce cas, le procès-verbal prescrit par l'art. 7 est transmis, avec l'avis du conseil municipal, par le maire au sous-préfet, qui l'adressera au préfet avec ses observations. »

« Le préfet, en conseil de préfecture, sur le vu de ce procès-verbal, et sauf l'approbation de l'autorité supérieure, prononcera comme il est dit en l'article précédent. »

L'art. 8, cité dans celui susrelaté, prescrivait la formation d'une commission au chef-lieu de la sous-préfecture ; les art. 9 et 12 déterminaient la mission qu'elle aurait à remplir ; les dispositions de ces trois articles de la loi du 3 mai 1841 ne doivent plus, en vertu de l'art. 12, être remplies en cas d'expropriation pour le service vicinal.

106. En résumé, et en combinant entre elles les dispositions de la loi du 21 mai 1836, et de celle du 3 mai 1841, on peut établir, ainsi qu'il suit, la série des formalités que l'administration doit remplir, avant de se présenter au tribunal de l'arrondissement pour obtenir le jugement d'expropriation.

1° Enquête dans la commune ou les communes sur le territoire desquelles est situé le chemin vicinal à redresser, ou sera situé le chemin à ouvrir. Cette enquête est celle qui, aux termes de l'art. 3 de la loi du 3 mai 1841, doit précéder la loi ou l'ordonnance autorisant des travaux publics ; elle doit être faite d'après les formes prescrites par l'ordonnance royale du 18 février 1834, si le chemin traverse plusieurs communes, ou d'après celles prescrites par l'ordonnance royale du 23 août 1835, si le chemin est entièrement situé sur une seule commune.

Nous pensons toutefois que l'enquête n'est pas nécessaire lorsqu'il s'agit d'un chemin vicinal de grande communication. En effet, l'art. 7 de la loi du 21 mai 1836 donne aux conseils généraux, sur l'avis des conseils municipaux et d'arrondissement, et sur les propositions du préfet, le droit de classer les chemins vicinaux de grande communication et d'en déterminer la direction. Après les avis exigés par cet article, de quelle nécessité pourrait-il être de s'éclairer encore par la voie de l'en-

quête ? Quelle serait, d'ailleurs, l'utilité de cette enquête, puisque, dans aucun cas, elle ne pourrait infirmer la décision prise par le conseil général du département pour classer le chemin et en déterminer la direction ? Nous ferons remarquer, au surplus, que l'autorité judiciaire n'aurait pas à s'enquérir des formalités qui ont précédé l'émission de l'arrêté du préfet ordonnant l'ouverture ou le redressant d'un chemin, et ne pourrait repousser la demande en expropriation, par le motif que ce premier arrêté n'aurait pas été précédé d'une enquête. C'est, au moins, ce qui nous paraît résulter d'un arrêt de la Cour de cassation, en date du 14 déc. 1842 (ch. des req., (Maillier contre préfet de la Manche) portant, dans l'un de ses considérants, « qu'il n'appartient pas aux tribunaux d'examiner le mérite des actes dont l'accomplissement est confié par la loi à l'administration pour la période antérieure à la déclaration d'utilité publique.» Il s'agissait, dans l'espèce, de la preuve exigée par le tribunal, que l'ordonnance royale déclarative d'utilité publique avait été précédée d'une enquête.

2° Arrêté du préfet ordonnant l'ouverture où le redressement du chemin vicinal (1er paragraphe de l'art. 16 de la loi du 21 mai 1836). Cet arrêté « tient la place et produit les effets de l'ordonnance du roi ou de la loi qui déclare l'utilité publique en matière de travaux publics d'un intérêt général », ainsi que l'a dit la cour de cassation dans son arrêt du 27 mars 1839 (Procureur du roi de Draguignan Perreymond) que nous avons rapporté plus haut (n° 100).

3° Levé, par les agents voyers, du plan parcellaire des terrains ou édifices dont la cession paraît nécessaire pour l'exécution des travaux (art. 4 de la loi du 3 mai 1841).

4° Dépôt du plan parcellaire, pendant huit jours, à la mairie de la commune où les propriétés sont situées (art. 5 de la même loi).

5° Avertissement donné collectivement aux parties intéressées, publié à son de trompe ou de caisse dans la commune, affiché à la porte de l'église et de la maison commune, et inséré dans l'un des journaux de l'arrondissement ou, à défaut, du département (art. 6 de la même loi).

6° Certificat, par le maire, des publications et affiches ci-dessus mentionnées ; ouverture d'un procès-verbal sur lequel sont consignées les déclarations et réclamations des parties, qu'elles sont requises de signer si elles les ont présentées verbalement, ou qui sont annexées au procès-verbal si elles sont transmises au maire par écrit (art. 7 de la même loi).

7° Transmission par le maire au sous-préfet du procès-verbal ci-dessus mentionné, ainsi que de l'avis du conseil municipal; envoi des pièces au préfet, par le sous-préfet, qui y joint ses observations (art. 12 de la même loi).

8° Arrêté motivé du préfet, pris en conseil de préfecture, sur le vu du procès-verbal ci-dessus mentionné, déterminant les propriétés qui doivent être cédées, et indiquant l'époque à laquelle il sera nécessaire d'en prendre possession. Cet arrêté est pris, sauf l'approbation de l'administration supérieure, c'est-à-dire du ministre de l'intérieur; nous ferons remarquer, toutefois, que la représentation de cette approbation n'est pas exigée par tous les tribunaux, et qu'il en est à qui il a paru suffire que l'arrêté n'ait pas été l'objet d'un recours à l'autorité supérieure (art. 11 et 12 de la même loi). V. cass., 22 mai 1843. (S-V. 43. 1. 529.)

9° Transmission au procureur du roi, dans le ressort duquel sont situées les propriétés à exproprier, de l'arrêté ordonnant l'exécution des travaux, ainsi que de toutes les autres pièces constatant l'accomplissement des formalités ci-dessus énumérées (art. 13 de la même loi).

107. Les autres formalités à remplir pour arriver à la prise de possession seront indiquées dans l'article Expropriation pour cause d'utilité publique (V. ce mot). Nous nous bornerons à faire remarquer que c'est à l'administration qu'appartient la charge de faire faire toutes les notifications que comporte la procédure devant le tribunal, ou qui sont la conséquence du jugement d'expropriation; le procureur du roi ne peut être tenu que des actes qui lui sont nominativement attribués par la loi. C'est ce qui résulte d'un avis de M. le garde des sceaux, consulté par le ministre de l'intérieur sur une difficulté de cette nature.

108. Lorsque, enfin, le jugement d'expropriation est rendu, et que le montant des indemnités dues est fixé par le jury, le payement de ces indemnités doit avoir lieu préalablement à l'occupation des terrains, à moins que les propriétaires ne consentent formellement à une prise de possession anticipée; ce payement doit s'effectuer dans les formes et sous les réserves prescrites par la loi du 3 mai 1341; il est naturellement à la charge de la commune ou des communes sur le territoire desquelles le chemin à ouvrir ou à redresser se trouve situé, puisque le sol devient leur propriété.

Malgré l'intention bien prononcée du législateur de simplifier et d'abréger, pour le service vicinal, les formes de l'expropriation, malgré les modifications que les lois des 21 mai 1836 et 3 mai 1841 ont apportées à ces formes, l'administration, comme on voit, doit encore parcourir les phases d'une procédure bien longue avant d'être mise en possession des terrains nécessaires à l'ouverture ou au redressement d'un chemin vicinal. Disons toutefois que le service souffre moins qu'on ne pourrait le croire de cet état de choses. En effet, c'est chose assez rare qu'une expropriation en matière vicinale. Il est un très-grand nombre de départements où, depuis 1836, l'administration n'a pas été contrainte une seule fois de recourir à cette mesure; dans ceux où cette nécessité a été le plus fréquente, c'est à peine si deux ou trois expropriations ont été requises chaque année. La conviction, chaque jour plus profonde, de tous les avantages que le pays retire de l'amélioration des communications vicinales, détermine les propriétaires, presque partout, à céder, sinon gratuitement, au moins à des conditions raisonnables, les terrains nécessaires à cette amélioration; l'administration, de son côté, lorsqu'elle doit acquérir des terrains, s'attache par des offres équitables à obtenir l'adhésion des propriétaires. La loi sur l'expropriation pour cause d'utilité publique n'est donc, dans beaucoup de départements, qu'une arme éventuellement réservée, mais dont on ne fait pas usage.

§ 3. — *Occupation temporaire de terrains.*

109. Pour l'élargissement et le redressement des chemins vicinaux existants, pour l'ouverture de chemins nouveaux, l'administration occupe d'une manière permanente les terrains qui lui sont nécessaires et qu'elle acquiert, soit par conventions amiables, soit par les moyens de contrainte que la loi met à sa disposition; mais ces travaux mettent souvent l'administration dans la nécessité d'occuper

*temporairement* des portions d'une propriété privée, soit pour en extraire les matériaux propres à la confection des chaussées, soit pour y déposer provisoirement les terres provenant des déblais.

110. Pendant longues années, l'administration a éprouvé les plus grandes difficultés pour ces occupations temporaires de terrain. Les travaux des chemins vicinaux n'étaient pas considérés comme travaux publics ; on ne pouvait donc se prévaloir, pour ces travaux, des dispositions des anciens édits et règlements ou des loïs plus récentes qui autorisent de semblables mesures pour les travaux que l'état fait faire. Plusieurs fois, les tentatives faites pour appliquer ces dispositions aux travaux des chemins vicinaux avaient échoué devant des décisions contraires du Conseil d'état. Ainsi, une ordonnance du 28 juillet 1820 (Bastier contre Vitrey) porte : « Considérant que la loi du 28 pluviôse an VIII attribue à l'autorité administrative la connaissance des contestations relatives aux indemnités dues aux particuliers, à raison des terrains pris ou fouillés par ordre des entrepreneurs, pour la confection des chemins, canaux ou autres ouvrages publics, mais que ces dispositions ne sont point applicables aux chemins vicinaux. » Une décision analogue se trouve dans l'un des considérants d'une ordonnance du 4 juin 1823 (Grillon). « Considérant, néanmoins, que cette disposition n'aurait pas dû être appliquée aux dommages faits en 1812, à raison de l'extraction du sable pour l'entretien des chemins de la commune, et qu'en cas de non-conciliation, sur ce point, entre la commune et le sieur Grillon, cette contestation devra être portée devant les tribunaux ordinaires. »

L'administration se trouvait donc sans pouvoir pour l'occupation temporaire de terrains, ou pour l'extraction de matériaux nécessaires aux travaux des chemins vicinaux ; elle devait s'entendre à l'amiable avec les particuliers et subordonner l'intérêt public à toutes les exigences de l'intérêt privé. Les rédacteurs de la loi du 28 juillet 1824 voulurent sans doute porter remède à cet état de choses, lorsqu'ils insérèrent, dans l'article 10, ces mots : « Seront aussi autorisés par les préfets...... et l'extraction des matériaux nécessaires à leur établissement ; » mais cette disposition nouvelle était énoncée en termes trop vagues, il faut le reconnaître, pour qu'elle ne laissât pas l'ad-ministration exposée à de nombreuses difficultés.

111. La loi du 21 mai 1836 est venue enfin appliquer aux travaux des chemins vicinaux les dispositions depuis longtemps applicables aux autres travaux publics, en même temps qu'elle donnait à la propriété privée toutes les garanties propres à empêcher qu'il fût abusé de cette extension des droits de l'administration. L'article 17 de cette loi est ainsi conçu :

« Les extractions de matériaux, les dépôts ou enlèvements de terre, les occupations temporaires de terrains, seront autorisés par arrêté du préfet, lequel désignera les lieux ; cet arrêté sera notifié aux parties intéressées au moins dix jours avant que son exécution puisse être commencée. »

» Si l'indemnité ne peut être fixée à l'amiable, elle sera réglée par le conseil de préfecture, sur le rapport d'experts nommés, l'un par le sous-préfet, et l'autre par le propriétaire. »

« En cas de discord, le tiers expert sera nommé par le conseil de préfecture. »

Les termes de cet article sont trop précis pour avoir besoin d'un long commentaire ; il est quelques points cependant qu'il semble avoir laissés indécis, mais ils trouvent leur solution, soit dans la jurisprudence antérieure relative aux travaux publics, soit dans des décisions plus récentes et qui se rapportent à la législation vicinale même.

112. Ainsi, l'article de loi qui nous occupe ne dit pas si l'arrêté que prend le préfet pour autoriser une extraction de matériaux ou une occupation temporaire de terrain, est susceptible de recours et devant quelle autorité ce recours doit être formé. Il est présumable, cependant, que le législateur n'avait pas l'intention d'excepter cet arrêté de la règle générale pour tous les actes administratifs des préfets, et de le rendre non susceptible de recours. Pour l'extraction de matériaux destinés à des travaux de routes, le recours contre l'arrêté préfectoral autorisant cette extraction doit se porter devant le conseil de préfecture, ainsi que cela résulte de l'ordonnance du 1er juillet 1840 (de Champagné-Giffart) ainsi conçue : « *Sur la compétence* ; considérant qu'aux termes de l'article 4 de la loi du 28 pluviôse an VIII, c'est au conseil de préfecture qu'il appartenait de prononcer sur la réclamation formée par le requérant. » L'art. 17 de la loi du 21 mai 1836 ayant été évidem-

ment dicté par l'intention d'appliquer à l'extraction des matériaux destinés aux travaux des chemins vicinaux, la législation applicable à la même mesure pour le service des travaux de routes, il ne nous paraît pas douteux que l'ordonnance du 1ᵉʳ juillet 1840, que nous venons de rapporter, ne doive être appliquée, le cas échéant.

113. Il n'est pas dit, non plus, si les experts doivent prêter serment et devant quelle autorité sera prêté ce serment; mais l'obligation de prêter serment est imposée généralement à tous les experts dont le rapport doit être la base d'une décision judiciaire ou contentieuse, et il n'y a pas de motif pour en dispenser ceux qui auront à opérer dans le cas dont il s'agit. La nécessité du serment a même été rappelée dans une ordonnance récente, relative à l'appréciation d'une subvention due en vertu de l'article 14 de la loi du 21 mai 1836, par une entreprise industrielle qui avait dégradé un chemin vicinal. Cette ordonnance, en date du 30 juillet 1840 (Detouillon), est ainsi conçue : « *En ce qui touche la régularité de l'expertise* ; considérant qu'il résulte de l'instruction, qu'avant de procéder aux opérations de l'expertise, l'expert n'a pas prêté serment en cette qualité ; que l'omission de cette formalité substantielle est de nature à entraîner la nullité desdites opérations et de l'arrêté attaqué auquel elles ont servi de base.» Il ne nous paraît pas douteux que la même décision ne fût prise s'il s'agissait d'expertises ayant pour objet de fixer l'indemnité due pour terrains occupés ou fouillés. Quant à l'autorité devant laquelle les experts doivent prêter serment, nous pensons qu'on peut prendre pour règle les dispositions d'une ordonnance du 19 mai 1836 (Tramoy contre la commune de Membrey), qui a statué en ces termes, relativement à une expertise administrative faite également pour le service vicinal : « *En ce qui touche la prestation de serment par les experts* ; considérant qu'il s'agissait, dans l'espèce, d'une expertise administrative; que les experts ont prêté serment entre les mains du sous-préfet, et que ce magistrat avait caractère pour recevoir ledit serment. »

114. La loi n'a pas déterminé non plus quelles sont les propriétés qui peuvent être soumises à l'application de l'article 17 précité, et quelles sont celles qui en sont exceptées. L'administration ne peut donc, sur ce point, que se reporter aux règles posées par la lé-

gislation relative aux autres travaux publics, qui excepte de cette servitude les propriétés closes, non-seulement par des murs, mais encore par d'autres clôtures, *suivant l'usage des lieux*. Même parmi les propriétés non closes, l'administration ne peut trop s'attacher à désigner pour les extractions de matériaux ou les occupations temporaires de terrains, celles qui auront le moins à en souffrir, non-seulement par cet esprit d'équité qui règle tous les actes des administrateurs, mais encore parce que moins le dommage sera grand, moins seront élevées les indemnités à payer. Quant à la fixation de ces indemnités, les conseils de préfecture ne peuvent également que baser leurs décisions sur les règles qu'ils ont fréquemment occasion d'appliquer en matière de travaux publics, et que nous ne croyons pas nécessaire de rappeler ici.

115. Enfin, un dernier point sur lequel l'article 17 de la loi du 21 mai 1836 n'a rien statué, c'est la question de savoir si les indemnités pour terrains fouillés ou occupés temporairement, doivent ou non être acquittées préalablement. Sur ce point, nous rappellerons seulement qu'il a été plusieurs fois jugé, pour les cas analogues en matière de travaux publics, qu'il n'était pas nécessaire que l'indemnité fût préalable. On conçoit, en effet, que l'accomplissement de cette condition serait, la plupart du temps, impossible, puisqu'on ne peut apprécier l'étendue d'un dommage que lorsque ce dommage a été causé. Nous pensons donc que la seule obligation de l'administration à cet égard, c'est de faire soigneusement reconnaître et constater l'état de la propriété à occuper, avant le commencement des travaux à faire, afin que l'étendue du dommage puisse être équitablement arbitrée, lorsque les travaux seront terminés.

Sect. 4. — *Conservation du sol des chemins vicinaux.*

§ 1ᵉʳ. — *Maintien provisoire du passage.*

116. Nous devons faire remarquer que si la jurisprudence du conseil d'état a plusieurs fois varié sur la question de savoir si un chemin pouvait être déclaré vicinal, avant le jugement de la question de propriété, elle n'a jamais varié sur le droit, pour l'administration, de maintenir provisoirement la liberté du passage sur le chemin contesté.

117. Ainsi, un décret du 24 mars 1809 (Prousteau contre la commune de Villeroy,) portait : « Considérant que, de l'aveu du sieur Prousteau lui-même, le chemin en litige sert depuis plus de quinze ans au passage des voitures ; que la commune de Villeroy doit conserver cette possession non contestée, jusqu'à ce qu'il ait été statué sur le fond de la contestation par l'autorité compétente. » La même décision a été reproduite dans deux autres décrets, l'un du 4 août 1812 ( Colonge contre la commune de Quincieux ), et l'autre du 24 août 1822 ( Foucaud contre Bardou ).

Un décret du 4 juin 1809 (Chabrié contre la commune de Villeneuve) avait également reconnu que le maire pouvait, par mesure de police, maintenir la liberté du passage : « Considérant que, puisqu'il était constaté que les habitants de la commune de Villeneuve étaient depuis longtemps en possession de l'usage de ce chemin, le maire, comme chargé de la police de la voirie, a pu prendre les mesures nécessaires pour la conservation d'un passage considéré jusqu'alors comme public, et ordonner que le sieur Chabrié serait tenu de rétablir les lieux. » Des décisions analogues se retrouvent dans plusieurs autres décrets et ordonnances de 1811, 1813, 1825 et 1830, que nous nons abstiendrons de citer. Un autre décret du 19 mai 1811 (Milhiet contre la commune de Paracy) décidait que le propriétaire intéressé ne pouvait changer l'état des lieux. « Considérant que, néanmoins, le sieur Milhiet, attendu que la commune de Paracy était en jouissance dudit chemin, n'avait le droit de l'intercepter qu'en vertu d'un jugement, et que le préfet, statuant en matière de simple voirie, pouvait ordonner d'effacer l'œuvre nouvelle et de rétablir le passage jusqu'à là décision des tribunaux sur la question de propriété. »

Le même pouvoir a été reconnu au conseil de préfecture, par un décret du 10 mai 1810 ( Dupuis contre Motte ), ainsi conçu : « Considérant que, si le conseil de préfecture était autorisé à ordonner, dans l'intérêt général, que le chemin restât ouvert provisoirement et jusqu'à ce qu'il intervînt un jugement. » A cette époque, on se le rappelle, les conseils de préfecture étaient encore considérés comme compétents pour la déclaration de vicinalité.

La demande en maintien provisoire du passage pouvait être formée par des habitants d'une commune ; c'est ce qui résulte d'une ordonnance du 18 nov. 1818 (Andréossy contre Langlet et autres ). « Considérant, sur la fin de non-recevoir, que les sieurs Langlet et consorts ont qualité pour demander, par la voie compétente, la destruction des obstacles qui nuisent au libre accès de leurs propriétés. »

118. Lorsque le préfet avait ordonné le maintien provisoire d'un chemin, le recours contre son arrêté ne pouvait être porté que devant le ministre de l'intérieur, ainsi que cela résulte de l'ordonnance du 16 févr. 1825, ainsi conçue : « Considérant que le préfet du département de l'Eure n'a pas excédé les bornes de sa compétence, en ordonnant le rétablissement provisoire dans son ancien état du chemin d'Évreux à Damville, puisque, d'un côté, il a statué sur une question de police administrative, et que de l'autre, il a renvoyé le sieur Presson à se pourvoir, s'il le jugeait convenable, devant les tribunaux compétents, pour faire décider la question de propriété ; que, dès lors, l'arrêté du préfet ne pouvait être attaqué directement devant nous, mais qu'il devait être déféré, d'abord, à notre ministre de l'intérieur. »

119. Enfin, l'autorité judiciaire ne pouvait porter obstacle à l'exécution de l'arrêté ordonnant le maintien provisoire du passage, ainsi que cela résulte de l'ordonnance du 18 juillet 1821 (Peterinck contre la commune de Marquillis ), ainsi conçue : « Considérant que, par décision du 24 juillet 1820, le préfet avait maintenu le public en possession du passage contesté, jusqu'à décision des tribunaux sur la question de propriété ; que, dans cet état de choses, le juge de paix devait s'abstenir de prononcer sur la possession, et renvoyer les parties à se pourvoir, contre la décision du préfet, devant l'autorité administrative supérieure, si elles s'y croyaient fondées : Art. 1er. L'arrêté de conflit pris le 3 nov. 1820, par le préfet du département du Nord, est confirmé ; le jugement du juge de paix sera considéré comme non-avenu. »

L'autorité judiciaire reconnaît d'ailleurs pleinement à l'administration le droit de maintenir provisoirement la liberté du passage sur les chemins contestés. Ainsi, un arrêt de la Cour de cassation (ch. crim.) du 4 avril 1835 ( le minist. publ. contre Morel), porte : « Vu les art. 471, nos 5 et 15, du Code pénal ; 162, 176, 194 et 368 du Code d'instr. crim. ; attendu que le prévenu n'a pas obéi à l'injonction que l'autorité municipale lui a fait légalement notifier, de combler la rigole par lui ouverte, sans autorisation préalable, à travers le chemin vicinal qui conduit de Moulins-la-Marche à Bons-Moulins, d'où il suit qu'en refusant de réprimer cette contravention, le jugement dénoncé a violé ledit art. 471, nos 5 et 15, du Code pénal. » Un second arrêt ( ch. crim. ) du 8 octobre 1836 ( le ministère public contre Hilairet) porte : «Vu l'art. 471, no. 5, du Code pénal; attendu, d'une part, que le chemin dont il s'agit au procès a été classé parmi les chemins vicinaux de la commune de Blanzais, par un arrêté du préfet de la Vienne, du 19 mai dernier; attendu, d'autre part, que la surveillance des chemins vicinaux appartient à l'autorité municipale; qu'ainsi l'arrêté du maire de Blanzais, qui enjoignait au sieur Hilairet de combler dans les vingt-quatre heures les fossés qu'il avait creusés sur ledit chemin, ayant pour objet la liberté du passage sur un chemin vicinal, était un véritable arrêté en matière de petite voirie, pris dans la limite des attributions de l'autorité municipale, et dont l'infraction devait être réprimée par l'autorité judiciaire; que de tels arrêtés sont obligatoires, quand même ils ne constitueraient pas des règlements proprement dits, et ne contiendraient que des injonctions individuelles, ainsi que cela résulte et des dispositions générales de l'art. 46, titre 1er, de la loi du 22 juillet 1791, et de la seconde disposition du no 5 de l'art. 471 du Code pénal. »

120. Nous ne nous sommes arrêtés sur la question du maintien provisoire de la liberté du passage, que pour démontrer qu'à toutes les époques cet intérêt pressant a été protégé. Les règles nouvelles sur le classement des chemins donnent à l'autorité administrative des droits qui ne se bornent plus à une décision provisoire, ainsi que nous l'avons dit plus haut.

### § 2. — *Alignement.*

121. Lorsqu'un chemin a été déclaré vicinal, que sa largeur a été fixée et que ses limites ont été déterminées, l'autorité administrative a pour droit et pour devoir de défendre le sol vicinal de toute anticipation. Il faut avoir habité la campagne pour savoir quelle persistance, lente dans ses effets, mais incessante dans son action, tel riverain d'un chemin apporte à incorporer à son champ quel-

ques faibles parcelles du sol de ce chemin; une bande de terrain de quelques centimètres, anticipée chaque année, lui paraît une conquête, et pour se l'assurer, il n'hésitera pas à déplacer une haie, à creuser un fossé, puis enfin, au bout de quelques années, la moitié et plus de la largeur primitive du chemin aura disparu. L'administration ne peut combattre cette disposition habituelle des riverains que par une vigilance constante, et le moyen le plus efficace qu'elle puisse employer, c'est d'obliger les propriétaires riverains à lui demander alignement pour toutes les œuvres nouvelles qu'ils veulent faire le long des chemins vicinaux, soit constructions, soit plantations ou fossés.

122. Il est douteux que, sous l'empire de la législation antérieure à la loi du 21 mai 1836, cette obligation fût imposée aux riverains des chemins vicinaux par les règlements de voirie. Les lois spéciales aux chemins vicinaux étaient restées complétement muettes sur ce point; d'un autre côté, les édits et arrêts du conseil de 1607, de 1693 et de 1755 ne sont applicables qu'aux grandes routes et aux rues des villes.

A la vérité, il semble résulter de quelques ordonnances royales en matière contentieuse, et d'un arrêt de la cour de cassation, que le conseil d'état et la cour de cassation étaient portés à considérer les règles de la voirie, en matière d'alignement, comme applicables aux chemins vicinaux. Ainsi une ordonnance du 11 juin 1817 (Lhoyez) s'exprime en ces termes : « Considérant que l'alignement de ce chemin ayant été donné par le préfet, les riverains étaient tenus de s'y conformer, sauf à eux à faire valoir leurs droits de propriété, *et à demander alignement* avant de se clore. » Une seconde ordonnance du 3 juin 1818 ( Coudrai contre la commune de Genillé) semble imposer la même obligation aux riverains; elle porte : « Considérant, sur le fond, que nonobstant les trois procès-verbaux de défense signifiés par le garde champêtre, le sieur Coudray a continué et terminé les constructions par lui commencées le long de la voie publique, dans la commune de Genillé, *et qu'il n'a pas justifié de l'alignement qu'il dit avoir obtenu.* » La cour de cassation (ch. crim.), dans un arrêt du 1er février 1833 ( Boudrel), semble avoir reconnu l'obligation, pour les riverains des chemins vicinaux, de demander alignement avant de construire le long de ces chemins. Toutefois, ces décisions ne nous paraissent pas assez explicites pour qu'on puisse en conclure que les édits et règlements relatifs à la voirie urbaine fussent, de droit, applicables à la voirie vicinale. Nous partageons, sur ce point, l'opinion de M. Favard, dans son Répertoire ; de M. Davenne, dans son Traité de la voirie, et de M. Garnier, dans son Traité des chemins.

123. Mais si les riverains des chemins vicinaux n'étaient pas tenus, en vertu des édits de 1607, 1693 et 1755, de demander alignement avant de construire le long de ces voies publiques, il n'est pas douteux que cette obligation pouvait leur être imposée par les maires, comme mesure de police municipale. La loi du 24 août 1790 a donné aux maires le droit de prendre les mesures nécessaires pour assurer la liberté et la sûreté de la circulation dans toutes les voies publiques ; ils ont également le droit de veiller à ce qu'il ne se commette aucune anticipation sur les chemins ; ils peuvent donc légalement prendre un arrêté prescrivant à tout propriétaire riverain des chemins vicinaux, de demander alignement avant d'établir aucune construction ou clôture le long de ces chemins. La cour de cassation a toujours reconnu la légalité de semblables arrêtés.

Mais en admettant même que les propriétaires riverains des chemins vicinaux ne fussent pas *tenus* de demander alignement avant de se clore, ils devaient cependant recourir fréquemment à cette mesure, au moins comme garantie qu'ils ne seraient pas recherchés pour fait d'anticipation sur la voie publique. Il était donc nécessaire qu'ils sussent à quelle autorité ils devaient s'adresser.

124. Diverses décisions du conseil d'état ont fixé la question de compétence, quant à la délivrance des alignements le long des chemins vicinaux. L'autorité judiciaire a été déclarée incompétente, en cette matière, par une ordonnance du 8 mai 1822 ( Routier contre la commune de Pont-de-l'Arche), ainsi conçue : « Vu la loi du 9 ventôse an XIII ; considérant que l'autorité administrative est seule compétente pour donner un alignement sur un chemin vicinal, et que, dans l'espèce, l'alignement qui fait l'objet du litige avait été administrativement donné avant le jugement du tribunal de Louviers du 21 mars 1821 ; considérant que le tribunal de Louviers aurait dû se borner à reconnaître si, par suite de l'alignement donné par l'administration, les

demoiselles Routier devaient abandonner une partie de leur propriété, et, dans ce cas, quelle était la superficie et la valeur de la portion de terrain cédée à la voie publique ; qu'ainsi, il a excédé ses attributions en déterminant les alignements à suivre par les demoiselles Routier. » Une autre ordonnance du 7 mars 1821 ( commune de Canneille contre Delucq) avait également déclaré l'incompétence des conseils de préfecture en ces termes : « Considérant que le conseil de préfecture a excédé ses pouvoirs, en maintenant un alignement donné et révoqué par l'autorité administrative. » La seule attribution reconnue aux conseils de préfecture, en matière d'alignement, était de faire respecter ceux donnés par l'autorité administrative, ainsi que le porte l'ordonnance du 15 déc. 1824 ( Langlois contre la commune de Chévry ) : « Considérant que le conseil de préfecture, par les art. 1 et 2 de son arrêté, n'a fait que déclarer, ainsi qu'il était compétent pour le faire, que l'arrêté du préfet avait été exactement exécuté, et que les alignements réglés par lui n'avaient pas été dépassés. »

125. Des termes de cette dernière ordonnance, il résulte que les préfets étaient reconnus compétents pour donner les alignements le long des chemins vicinaux. Cette attribution avait également été reconnue appartenir aux maires par un décret du 29 janv. 1814 (Huet et consorts contre la commune de la Ferté-sous-Jouarre ) : « Considérant que l'alignement donné par le maire de la Ferté-sous-Jouarre était dans ses attributions. » Une autre ordonnance du 21 mai 1823 ( Greliche ) a également reconnu le droit des maires, sauf recours devant l'autorité supérieure. « En ce qui concerne l'alignement donné au sieur Greliche par l'adjoint de la commune de Fayet; considérant que c'est aux préfets, sauf l'approbation du ministre de l'intérieur, à statuer sur les oppositions et à fixer définitivement ledit alignement. »

126. La législation et la jurisprudence, comme on vient de le voir, offraient donc à l'administration des règles bien peu certaines en matière d'alignement le long des chemins vicinaux. La loi du 21 mai 1836 est venue fixer ces règles, et donner au sol vicinal, sous ce rapport, la protection qu'il ne trouvait pas dans les anciens édits et règlements sur la voirie urbaine.

L'art. 21 de cette loi, en chargeant les préfets de faire, dans chaque département, un règlement général pour assurer l'exécution de la nouvelle législation, porte, entre autres, *que ce règlement statuera sur tout ce qui est relatif aux alignements, aux autorisations de construire le long des chemins vicinaux, aux plantations, aux fossés.* En vertu de cette disposition, conçue en termes si étendus, les préfets, dans leurs règlements généraux sur le service vicinal, ont fait défense à tout propriétaire riverain des chemins vicinaux de faire, le long de ces chemins, aucune construction, clôture, plantation, haie ou fossé, avant d'avoir demandé et obtenu alignement. Ainsi que les y avait invités le ministre de l'intérieur, dans son instruction du 22 juin 1831, les préfets se sont réservé le droit de délivrer eux-mêmes les alignements le long des chemins vicinaux de grande communication; ils ont délégué ce droit aux maires, pour ce qui concerne les chemins vicinaux de petite communication, mais sous la condition que les alignements donnés par les maires seraient vérifiés par les sous-préfets, qui s'assureraient si la largeur légale du chemin se trouvait conservée.

127. Mais le droit donné aux préfets, par la loi du 21 mai 1836, *de statuer sur ce qui a rapport aux alignements,* ne nous paraît cependant pas avoir changé la nature de l'arrêté par lequel ils donnent alignement le long d'un chemin vicinal. Cet arrêté est toujours un simple acte administratif contre lequel les parties intéressées peuvent se pourvoir devant l'autorité supérieure. Si l'alignement a été donné par le maire, c'est d'abord devant le préfet que l'on doit se pourvoir; si l'alignement a été délivré par le préfet, ou que ce magistrat ait seulement maintenu l'arrêté du maire, c'est devant le ministre de l'intérieur que doit être porté le recours. Le pourvoi qui, dans ces circonstances, serait porté directement devant le roi en son conseil d'état contre l'arrêté du préfet, serait déclaré non-recevable, attendu que le préfet aurait statué dans les limites de sa compétence.

128. Par application des mêmes principes généraux, l'arrêté d'alignement donné par le maire ou par le préfet ne saurait préjudicier aux droits des tiers. C'est ce qui avait été déclaré par une ordonnance du 7 mars 1821 (commune de Canneille contre Delucq), ainsi conçue : « Considérant que les alignements demandés par le sieur Delucq avaient pour ob-

jet d'enclore une propriété qui, ensuite, lui a été contestée; considérant que les premiers alignements donnés par le préfet n'ont pu préjudicier aux droits des tiers. » Une autre ordonnance du 8 mai 1822 (Routier contre commune du Pont-de-l'Arche), a également décidé « que la fixation de cet alignement ne faisait pas obstacle à ce que la question de propriété fût portée devant les tribunaux. » Toutefois, la question de propriété soulevée par un riverain ne l'autoriserait pas à en faire une question préjudicielle devant les tribunaux et à soumettre à leur appréciation l'arrêté d'alignement. C'est ce qui résulte d'une ordonnance du 28 juillet 1824 (Delétang), ainsi conçue : « Considérant que, sur la demande du sieur Delétang, l'adjoint du maire de Saint-Symphorien lui a donné un alignement pour construire un mur sur un chemin qui se trouve classé au nombre des chemins vicinaux, par arrêté du préfet d'Indre-et-Loire; que, dans l'espèce et quant à présent, il ne s'agit que de savoir si l'alignement donné par l'autorité municipale doit être maintenu; qu'ainsi il appartient à l'autorité administrative seule de prononcer sur les réclamations relatives à cet alignement; art. 1er. L'arrêté de conflit pris par le préfet d'Indre-et-Loire, le 15 avril 1824, est approuvé. » Enfin, comme pour les autres arrêtés administratifs, le préfet pourrait rapporter un arrêté d'alignement, s'il le reconnaissait contraire à des droits de tiers; c'est ce qu'a décidé une ordonnance du 7 mars 1821 déjà citée (commune de Canneille contre Delucq). « Considérant que les alignements demandés par le sieur Delucq avaient pour objet d'enclore une propriété qui, ensuite, lui a été contestée; considérant que les premiers alignements donnés par le préfet n'ont pu préjudicier aux droits des tiers, et qu'aussitôt que la question de propriété a été élevée, l'administrateur a été fondé à rapporter son premier arrêté. » La loi du 21 mai 1836 ne contient rien de contraire à ces diverses décisions; elles peuvent donc être considérées comme faisant encore la règle de l'administration sur les points qu'elles ont décidés.

129. Les dispositions arrêtées par les préfets en matière d'alignement, dans leurs règlements généraux, nous paraissent devoir donner à l'autorité administrative un moyen efficace de prévenir les anticipations que les propriétaires riverains seraient tentés de com-

mettre, par les œuvres nouvelles qu'ils feraient le long des chemins vicinaux ; mais, si ces propriétaires négligent de se conformer à ces règlements, s'ils font des constructions, des plantations ou des fossés sans avoir demandé alignement, comment devra-t-il être procédé à leur égard ?

Pour résoudre cette question, il faut rechercher la nature des contraventions qui peuvent être commises par les propriétaires riverains qui font une œuvre nouvelle le long d'un chemin vicinal.

Si ces propriétaires ont simplement omis ou négligé de demander alignement, et que, en construisant ou plantant le long du chemin, ils n'aient pas anticipé sur le sol vicinal, il y a seulement contravention au règlement administratif qui ordonnait de demander alignement, et de ne construire ou planter qu'après l'alignement obtenu. Il y aura donc lieu de poursuivre cette contravention devant le tribunal de simple police, mais l'autorité administrative ne devra évidemment requérir, et le tribunal ne prononcera pas la destruction des travaux ou des plantations. En effet, le sol vicinal n'est pas intéressé à cette destruction, puisque aucune anticipation n'a été commise. La simple condamnation à l'amende suffit pour le maintien du principe.

Si, au contraire, en construisant ou plantant sans avoir obtenu alignement, le propriétaire riverain avait anticipé sur le sol vicinal, il y aurait là une double contravention à réprimer ; contravention à l'arrêté administratif qui prescrivait de demander alignement, et elle doit être poursuivie devant le tribunal de simple police ; anticipation sur le sol vicinal, qui doit être poursuivie devant le conseil de préfecture, comme nous le verrons plus bas au paragraphe des anticipations.

Il est inutile, sans doute, de dire que si le riverain avait reçu un alignement et qu'il ne s'y fût pas conformé, il y aurait lieu de procéder contre lui de la même manière. Il est évident, d'ailleurs, que ce cas emporte nécessairement qu'il y a anticipation, car le propriétaire ne peut avoir intérêt à contrevenir à l'arrêté d'alignement que pour s'emparer d'une parcelle du sol vicinal. L'autorité administrative, en effet, n'a pas pu lui donner un alignement qui le contraindrait à construire plus loin que les limites légales du chemin. Cette autorité n'aurait pas pu davantage prescrire à ce propriétaire d'avancer jusqu'à l'extrême limite du chemin, car le sol vicinal n'y est pas intéressé. Ce n'est que dans les villes, et pour la régularité des alignements, qu'une semblable obligation pourrait être imposée, et encore se réduirait-elle à la prescription de se clore le long de la rue ; mais on comprend que le long des chemins vicinaux, et en rase campagne, cette régularité des alignements n'est pas nécessaire, et qu'on ne pourrait, par conséquent, contraindre un propriétaire à avancer ses constructions jusqu'au bord du chemin, s'il préfère rester en arrière.

130. Une dernière question a été soulevée à l'occasion des alignements le long des chemins vicinaux. Il s'agit de savoir si, pour arriver plus tôt à l'incorporation au sol vicinal des parcelles de terrain couvertes par des constructions existantes, l'autorité administrative aurait le droit de défendre aux propriétaires d'y faire des réparations confortatives, comme elle en a le droit en matière de grande voirie ou de voirie urbaine.

Nous n'hésitons pas à penser que le pouvoir de l'administration ne saurait aller jusque-là, dans l'état actuel de la législation.

En effet, la servitude de non-confortation des constructions existantes, l'une des plus exorbitantes qui puissent grever la propriété, cette servitude n'est fondée que sur les édits et ordonnances de décembre 1607, de novembre 1697 et du 27 février 1765 ; mais ces actes n'ont jamais été entendus que comme s'appliquant soit aux *grandes routes*, aujourd'hui les routes royales et départementales, soit aux rues des villes. Les articles 50 et suivants de la loi du 16 septembre 1807 ne s'appliquent également qu'aux alignements dans les villes, c'est-à-dire, dans les communes comptant une population de 2,000 habitants au moins (circulaires du ministre de l'intérieur, des 17 août 1813 et 25 octobre 1837). Ce serait donc seulement par assimilation que l'on prétendrait étendre aux chemins vicinaux la servitude que les actes ci-dessus visés imposent aux propriétés bâties le long des routes et des rues de villes ; mais une servitude ne peut s'imposer par voie d'assimilation ; elle doit être fondée sur un droit positif, et nous ne le trouvons pas ici.

131. On ne pourrait, selon nous, déduire ce droit non plus d'aucun des articles de la loi du 21 mai 1836, relative aux chemins vicinaux. Le seul qui ait donné à l'administration un droit nouveau qui puisse se rapporter à

l'alignement, c'est l'art. 15. Or, quel pouvoir donne cet article à l'administration ? Il permet au préfet d'incorporer immédiatement au sol vicinal, et sans autre forme d'expropriation, le terrain nécessaire à l'élargissement des chemins vicinaux. Que ce terrain soit actuellement occupé par une haie, par des plantations, par des constructions, peu importe; il est attribué définitivement au chemin par l'arrêté du préfet, et tout ce qui le couvre doit disparaître, sauf règlement de l'indemnité; mais ce droit d'occupation immédiate pourrait-il se convertir en un droit de menace d'occupation, si nous pouvons nous exprimer ainsi ? l'administration pourrait-elle dire au propriétaire : « Votre terrain est nécessaire au chemin ; je ne veux pas le prendre maintenant, mais je me réserve le droit de l'incorporer au chemin lorsque les constructions qui le couvrent disparaîtront, afin de n'avoir pas à en payer la valeur, et pour hâter ce moment, je vous défends de faire à ces constructions aucun travail confortatif. » Nous ne pensons pas que le droit de porter une semblable défense pût se déduire d'aucun des termes de l'article 15 précité ; il ne pourrait pas davantage être appuyé sur l'article 16, qui a pour objet principal l'acquisition, par voie d'expropriation pour cause d'utilité publique, des terrains nécessaires à l'ouverture ou au redressement des chemins ; or, l'expropriation doit toujours, comme on sait, être consommée immédiatement, et elle ne permet pas de laisser indéfiniment la propriété sous la menace d'une occupation ultérieure. En un mot, on ne pourrait appuyer la défense de faire des travaux confortatifs sur un projet d'expropriation.

Enfin, l'art. 21 de la loi du 21 mai 1836, qui donne aux préfets le droit de statuer *sur tout ce qui est relatif aux alignements et aux autorisations de construire le long des chemins vicinaux*, ne nous paraîtrait pas non plus pouvoir être invoqué à l'appui de la défense de reconforter les constructions existantes. Une servitude aussi grave veut être appuyée sur un texte positif de loi, et si le législateur eût entendu qu'elle pût, à l'avenir, être étendue aux propriétés bâties le long des chemins vicinaux, il l'eût déclaré en termes explicites. Ce qu'il a voulu, dans cette disposition de l'article 21 précité, c'est de donner à l'administration le droit de défendre le sol vicinal des anticipations que les propriétaires riverains pourraient commettre par des constructions ou des plantations nouvelles. Quant à l'élargissement des chemins, lorsqu'il est reconnu nécessaire, l'article 15 y a pourvu en donnant à l'administration le droit d'incorporation immédiate du sol qui doit être occupé par ces voies publiques.

132. En résumé, lorsque la largeur que doit avoir un chemin vicinal a été fixée par un arrêté du préfet, et qu'une portion du sol attribué au chemin est couverte par une construction, nous reconnaissons que le préfet peut en ordonner la démolition immédiate, sauf indemnité; mais nous ne pensons pas qu'il ait le droit, comme en matière de grande voirie et de voirie urbaine, de s'opposer à ce qu'il soit fait à cette construction toute réparation, même confortative, que le propriétaire voudra y faire. Nous croyons que, si une semblable défense était faite et qu'il y fût contrevenu, les tribunaux devant lesquels on poursuivrait le propriétaire ne verraient pas de contravention dans l'usage qu'il aurait fait de sa propriété, attendu que la défense qui lui avait été faite n'était appuyée sur aucune disposition de loi. En émettant cette opinion, nous ne méconnaissons certes pas ce que pourrait avoir d'avantageux au service vicinal l'application de la servitude de non-reconfortation aux propriétés bâties le long des chemins vicinaux; mais nous ne faisons pas une législation, nous nous bornons à rechercher la véritable portée de la législation existante.

### § 3. — *Plantations.*

133. De toutes les parties du service vicinal, il en est peu pour lesquelles l'administration éprouvât plus le besoin de la protection d'une législation nouvelle, que la plantation le long des chemins vicinaux.

Depuis près de trois siècles, l'autorité législative, dans les formes qu'elle avait à cette époque dans le royaume, avait réglementé la plantation le long des grandes routes, et, en faisant aux riverains une obligation de planter, elle avait déterminé non-seulement la distance qui devait être laissée entre les arbres et le bord de la route, mais encore l'espacement des arbres entre eux. On avait ainsi pourvu à ce que les plantations, utiles comme produit, ne fussent pas pour les routes une cause de dégradation permanente, en empêchant l'assèchement du sol de ces voies publiques.

134. Mais les règles posées à cet égard par les anciens édits ne s'appliquaient qu'à ce qu'on appelait alors les grandes routes. Quant aux chemins des communes, à l'exception de deux ou trois provinces où des arrêts de parlement avaient réglementé également la plantation le long des chemins, il n'avait été rien statué ni sur les droits ni sur les obligations des riverains. La législation postérieure à 1789 n'avait non plus donné aucune règle sur ce point ; l'usage avait donc créé, pour les propriétaires riverains des chemins vicinaux , un quasi-droit de planter, soit des arbres, soit des haies, sur l'extrême limite de leur propriété. Dans quelques départements, les riverains s'étaient même arrogé le droit abusif de planter sur le sol même des chemins, c'est-à-dire sur un terrain qui ne leur appartenait pas. Il est vrai de dire que la rédaction fautive de l'art. 7 de la loi du 9 ventôse an XIII avait paru consacrer ce droit.«A l'avenir, dit cet article, nul ne pourra planter sur le bord des chemins vicinaux, *même dans sa propriété*, sans leur conserver la largeur qui leur aura été fixée en exécution de l'article précédent. » De ces mots, *même dans sa propriété*, on avait conclu, avec quelque apparence de raison, il faut le reconnaître, que les propriétaires riverains avaient le droit de planter *hors de leur propriété*, pourvu qu'ils conservassent au chemin sa largeur légale, que l'article précédent de la même loi fixait en maximum à six mètres. Différentes décisions judiciaires, qu'il est aujourd'hui superflu de rechercher, avaient également confirmé l'usage qui s'était ainsi introduit.

135. De nombreux et graves inconvénients étaient résultés de cet état de choses. Des arbres de haute tige plantés le long d'une route de douze ou quinze mètres de large, et convenablement espacés entre eux, sont pour cette route un objet d'ornement, sans pouvoir nuire à son assèchement ; mais, plantés sur l'extrême limite de chemins qui n'ont quelquefois que trois ou quatre mètres de large, les arbres de haute et basse tige forment bientôt une voûte que les rayons du soleil ne peuvent plus pénétrer ; les haies épaisses qui garnissent souvent l'espace laissé entre les arbres empêchent également l'action du vent ; sous l'influence de ces deux causes, les chemins devenaient et restaient des cloaques, où les matériaux qu'on répandait se perdaient bientôt dans un sol constamment détrempé. Les

haies ont d'ailleurs un autre inconvénient ; elles tendent continuellement à anticiper sur la largeur des chemins, soit par la crue naturelle des rejetons, soit par le soin que mettent les propriétaires à repousser toujours les haies sur les chemins.

136. A défaut de dispositions législatives spéciales, au moyen desquelles elle pût défendre l'intérêt vicinal contre les effets désastreux de la liberté absolue en fait de plantations, l'autorité administrative avait au moins cherché à procurer aux chemins vicinaux la protection que la propriété privée trouve dans les art. 670 à 673 du Code civil, et, dans son instruction sur l'exécution de la loi du 28 juillet 1824, le ministre de l'intérieur s'était référé à ces articles, comme devant servir de règles aux plantations d'arbres et de haies le long des chemins vicinaux. Mais l'autorité judiciaire ne crut pas devoir adopter ce principe, et, dès les premières poursuites dirigées devant les tribunaux, ils décidèrent que les articles précités ne concernaient que le voisinage des propriétés privées entre elles, et que les chemins, propriétés communales ou du domaine public, n'étaient pas sous la protection de ces articles. Le Conseil d'état lui-même adopta cette doctrine dans l'ordonnance du 16 février 1826 (Quesney), ainsi conçue : « Vu les lois des 6 octobre 1791 et 28 février 1805 ( 9 ventôse an XIII ), et le décret réglementaire du 16 décembre 1811 ; en ce qui touche la disposition de l'arrêté du conseil de préfecture, portant que le sieur Quesney sera tenu d'enlever et faire disparaître les haies et peupliers par lui plantés trop près du chemin porté sous le n° 3 du tableau des chemins vicinaux de la commune de Pont-Authou ; considérant qu'il est reconnu, en fait, que lesdites plantations ont eu lieu sur la propriété du sieur Quesney ; considérant que la loi du 28 février 1805 ( 9 ventôse an XIII ) autorise à planter le long des chemins vicinaux sans rien prescrire pour les distances ; d'où il suit que ni les règles du droit commun, ni celles qui sont relatives aux plantations des routes royales ou départementales ne sont applicables ; considérant, d'ailleurs, que le conseil de préfecture ne s'est fondé sur aucun usage ni règlement local de police ou de voirie ; Art. 1ᵉʳ. L'arrêté du conseil de préfecture du département de l'Eure, en date du 4 septembre 1824, est annulé dans la disposition qui ordonne au sieur Quesney d'arracher les plan-

IV.

4

tations par lui faites le long du chemin porté, sous le n° 3, au tableau des chemins vicinaux de la commune de Pont-Authou. »

137. L'autorité judiciaire et l'autorité administrative avaient donc ainsi déclaré que les chemins vicinaux ne trouvaient ni dans les dispositions législatives spéciales, ni dans les règles du droit commun, aucune protection contre l'usage et l'abus du droit de planter le long de ces voies publiques. La nécessité de règles protectrices à cet égard était cependant trop bien sentie, pour que le législateur n'y avisât pas; aussi, dans l'article 21 de la loi du 21 mai 1836, qui charge les préfets de faire, dans chaque département, un règlement pour assurer l'exécution de cette loi, trouvons-nous cette disposition : *Ce règlement statuera en même temps sur tout ce qui est relatif aux plantations, à l'élagage.*

En interprétant, dans son instruction du 24 juin 1836, cette partie de la loi, le ministre de l'intérieur considéra la disposition que nous venons de citer comme ayant créé pour l'administration un droit nouveau. Il lui parut que les préfets avaient désormais le droit de fixer la distance que les propriétaires riverains des chemins vicinaux devraient conserver entre leurs plantations, soit d'arbres, soit de haies, et les bords des chemins; il pensa que ces magistrats pouvaient également déterminer l'espacement des arbres entre eux. Le ministre prescrivit donc aux préfets d'introduire dans leurs arrêtés les dispositions nécessaires pour réglementer les plantations de toute nature le long des chemins; il leur recommandait d'ailleurs, dans cette application d'une législation nouvelle, de concilier, autant que possible, l'intérêt des propriétaires riverains avec celui de la vicinalité. Dans tous les règlements généraux faits par les préfets pour l'exécution de la loi du 21 mai 1836, on trouve donc une série d'articles ayant pour objet, 1° de défendre à tout propriétaire riverain des chemins vicinaux de faire aucune plantation sur le sol de ces chemins; ce droit est réservé aux communes propriétaires du sol, lesquelles ne pourront en user que lorsque l'autorité supérieure aura reconnu et déclaré que la plantation peut se faire sans nuire aux chemins; 2° de défendre à tout propriétaire riverain des chemins vicinaux de faire aucune plantation d'arbres ou de haies sur sa propriété, sans avoir demandé et obtenu l'alignement; 3° de déterminer à quelle distance du bord des fos-

sés ou des limites des chemins, les plantations, soit d'arbres, soit de haies, pourront être faites, et quel espacement devra être observé entre les arbres, d'après leur nature; 4° enfin, de fixer les époques auxquelles l'élagage des arbres et des haies devra se faire. Une disposition transitoire a généralement dit que les plantations faites, antérieurement à la promulgation du règlement, à des distances moindres que celles fixées, pourraient être conservées jusqu'à leur dépérissement, mais qu'elles ne pourraient être renouvelées qu'en observant les distances aujourd'hui prescrites. Au moyen de ces dispositions, le sol vicinal se trouve défendu, d'abord contre l'usage abusif de planter sur le chemin même, ensuite contre les anticipations des riverains au moyen de plantations faites sur l'extrême limite des chemins, enfin contre la dégradation constante de la chaussée, résultat de l'humidité entretenue par des plantations trop rapprochées.

138. Ce n'est pas sans quelques contestations qu'a été reconnu le droit que, dans l'opinion du ministre de l'intérieur, la loi du 21 mai 1836 avait donné aux préfets de réglementer les plantations le long des chemins vicinaux. Des propriétaires, des jurisconsultes mêmes, avaient d'abord prétendu que cette loi n'avait pas innové à la législation existante, et que le seul pouvoir donné aux préfets était celui de veiller à ce que les propriétaires riverains des chemins vicinaux se conformassent, soit à cette législation, soit aux anciens usages consacrés par nos Codes. Contre la fixation de la distance à observer pour les plantations *le long des chemins vicinaux*, on se bornait à peu près à invoquer l'ancien usage, et à prétendre qu'un arrêté de préfet ne pouvait suffire pour détruire les droits nés de cet usage. Contre la défense de planter *sur le sol des chemins vicinaux*, on invoquait la loi du 28 août 1791, qui a attribué aux propriétaires riverains des chemins publics la propriété des arbres existant sur ces chemins, et on prétendait que ces propriétaires tenaient de la même loi le droit de renouveler les plantations qu'elle leur a concédées. On argumentait également du texte de l'article 7 de la loi du 9 ventôse an XIII, que nous avons rapporté plus haut.

139. De semblables prétentions ne pouvaient être admises par l'administration. L'article 21 de la loi du 21 mai 1836, disait le ministre de l'intérieur, a donné aux préfets le

droit de statuer *sur tout ce qui est relatif aux plantations*; contester à ces mots la signification qu'ils ont évidemment eue dans l'intention du législateur, c'est refuser de leur reconnaître aucune portée; soutenir que les préfets ne tiennent de cette disposition que le droit d'appliquer la législation antérieure, c'est dire que la loi nouvelle n'a rien statué. Si les préfets n'ont pas le droit de fixer la distance à observer entre les plantations et le bord des chemins vicinaux, s'ils n'ont pas le droit de déterminer l'espacement entre les arbres, s'ils n'ont pas le droit de défendre de planter sur le sol vicinal qui appartient aux communes, sur quoi donc l'article 21 de la loi du 21 mai 1836 les aurait-elle appelés à statuer? Si les préfets sont obligés de respecter tous les anciens usages, s'ils doivent laisser subsister tous les anciens abus, quelle serait donc la signification de la disposition législative qui leur donne le droit, qui leur impose même l'obligation *de statuer sur tout ce qui est relatif aux plantations?*

140. Quelque convaincu que fût le ministre de l'intérieur qu'il avait sainement interprété la législation nouvelle dans son instruction du 24 juin 1836, il crut cependant devoir, sur ce point spécial, consulter le Conseil d'état, et il soumit à son examen ces deux questions:

1° L'article 21 de la loi du 21 mai 1836 donne-t-il aux préfets le droit de régler la distance du bord des chemins vicinaux à laquelle les particuliers pourront planter sur leurs propriétés, ainsi que l'espacement des arbres entre eux?

2° Ce même article donne-t-il aux préfets le droit de défendre aux propriétaires riverains de planter sur le sol de ces chemins?

Dans un avis délibéré le 9 mai 1838, le conseil d'état a résolu ainsi ces deux questions:

« Considérant que l'art. 21 de la loi du 21 mai 1836 charge les préfets de faire des règlements pour en assurer l'exécution;

» Que ces règlements doivent statuer *sur tout ce qui est relatif aux plantations*;

» Qu'il résulte de ces expressions et du but de sa disposition, considérée dans son ensemble, qu'il appartient aux préfets d'insérer dans les règlements dont il s'agit toutes les dispositions relatives à la plantation des arbres qui sont de nature à assurer la conservation des chemins vicinaux et à en prévenir la dégradation;

» Que la loi ne pouvait prescrire aucune mesure uniforme sur des questions qui varient essentiellement avec les lieux, la nature du sol, le climat, etc.; que, notamment en ce qui concerne les plantations, certaines parties du territoire sont intéressées à ce que les routes soient garanties par les arbres contre les ardeurs du soleil, tandis que, dans d'autres, l'existence de ces arbres est une cause d'humidité et par suite de destruction; que c'est pour concilier les divers besoins de chaque localité que les préfets ont été investis du droit de faire sur ce point tous les règlements nécessaires; que le pouvoir dont ils sont investis à ce titre n'a pas d'autre limite que l'intérêt spécial de chaque localité, et qu'ainsi ils sont autorisés à prescrire toutes les mesures qui leur paraissent convenables, en se conformant du reste aux formalités établies par les dispositions ci-dessus citées;

» Est d'avis que les deux questions ci-dessus énoncées doivent être résolues affirmativement. »

141. L'autorité judiciaire n'a pas reconnu d'une manière moins formelle le droit conféré aux préfets par la législation nouvelle. Un premier arrêt de la cour de cassation (ch. crim.), en date du 20 juillet 1838 (le ministère public contre Bigot et Foucault), a statué en ces termes sur un jugement de simple police, en matière de plantation le long d'un chemin vicinal : « Attendu que le tribunal de simple police de Saint-Omer était saisi par le ministère public d'une contravention à un arrêté du préfet du Pas-de-Calais du 21 déc. 1837, pris en vertu de l'art. 21 de la loi du 21 mai 1836, et portant modification d'un précédent arrêté du 19 avril précédent; attendu que cette contravention, régulièrement constatée à la charge des sieurs Bigot et de Foucault, n'a point été contestée par eux, mais a été au contraire formellement avouée; attendu que, néanmoins, le tribunal s'est déclaré incompétent par le motif que la propriété est engagée dans la cause dont il s'agit; attendu qu'aucune exception de propriété n'a été proposée par les défendeurs; que les exceptions de ce genre ne peuvent être suppléées, et qu'il est impossible de voir la propriété engagée dans une action purement pénale, ayant trait à une plantation illégale d'arbres, sous le rapport de la distance qui devait les séparer, soit les uns des autres, soit du bord de la route; attendu, dès lors, qu'en se déclarant incom-

pétent, le tribunal de simple police de Saint-Omer a faussement interprété l'art. 17 du Code d'instruction criminelle et violé l'art. 161 du même Code, l'art. 471, § 15, du C. pén., et l'art. 21 la loi du 21 mai 1836. — Casse. »

Par un second arrêt en date du 8 février 1840 (le ministère public contre Mahieu-Duante), la cour de cassation (chamb. crim.) a consacré de nouveau les principes posés dans celui qui précède. « Attendu, dit cet arrêt, que la loi du 21 mai 1836 règle seule aujourd'hui la compétence et les attributions de l'administration publique relativement aux chemins vicinaux, puisqu'elle forme un système complet de législation sur cette matière; qu'elle a, dès lors, virtuellement et nécessairement abrogé, selon le principe consacré par l'avis du conseil d'état des 4-8 février 1812, les art. 6 et 7 de la loi du 28 févr. 1805 (9 ventôse an XIII), notamment par son art. 21, qui confère aux préfets le pouvoir de fixer la largeur de ces chemins et les plantations des riverains, sur le bord de ces mêmes chemins. »

142. Le droit conféré aux préfets par la législation nouvelle de règlementer les plantations le long des chemins vicinaux, se trouvant ainsi formellement reconnu par l'autorité administrative et par l'autorité judiciaire dans leurs organes les plus élevés, il ne peut plus être aujourd'hui contesté. Nous pensons, toutefois, que les préfets n'ont reçu, à cet égard, qu'un pouvoir préventif, celui qui leur était nécessaire pour préserver les chemins vicinaux du tort que pourraient leur faire des plantations mal établies; mais nous ne croyons pas que les préfets puissent, en vertu de la loi du 21 mai 1836, ordonner aux riverains de faire des plantations le long de ces chemins, ni même les empêcher de les faire sur leurs propriétés, à une distance du bord du chemin plus grande que celle fixée par le règlement. Dans ces deux cas, en effet, l'intérêt de la vicinalité n'exige pas l'intervention de l'autorité. L'établissement de plantations le long des chemins vicinaux peut, dans certains départements, et en raison du climat, être agréable à ceux qui les parcourent, mais l'entretien d'une bonne viabilité n'y est que bien médiocrement intéressé; une suite de plantations établies sur un même alignement flatte l'œil sans doute, mais l'intérêt vicinal ne saurait être compromis par des plantations très-éloignées du bord des chemins. Sur ces deux points donc, il nous paraît que liberté

entière peut être laissée aux propriétaires riverains, et nous avons lieu de croire que telle est la solution donnée par le ministre de l'intérieur à des questions qui lui avaient été posées.

143. Deux points restent à examiner, la possibilité des recours contre les arrêtés de préfet fixant la distance à observer pour les plantations le long des chemins vicinaux, et la nature des poursuites qui peuvent être exercées contre ceux qui contreviendraient à ces arrêtés.

144. Quant au recours, les règlements faits par les préfets, en vertu de l'art. 21 de la loi du 21 mai 1836, ne sont que des actes administratifs faits dans la limite des attributions de ces magistrats; il paraîtrait donc qu'ils pourraient être attaqués devant le ministre de l'intérieur. Mais il est à remarquer que ce même article de loi ne donne force exécutoire à ces arrêtés réglementaires, qu'autant qu'ils ont été approuvés par le ministre de l'intérieur; les attaquer devant le ministre, c'est donc lui demander non pas d'annuler un arrêté de préfet, mais d'annuler sa propre décision. On peut sans doute dans ce cas, comme dans d'autres analogues, en appeler du ministre au ministre mieux informé, mais ce n'est plus là le recours contre un arrêté de préfet, comme il s'exerce ordinairement. On ne pourrait donc que déférer au conseil d'état la décision ministérielle portant approbation du règlement; mais ce pourvoi n'aurait évidemment de chances de succès que s'il était basé sur une violation de la loi; s'il était motivé seulement sur le tort que ferait aux riverains une distance trop grande prescrite par le règlement, entre les plantations et le bord des chemins, nous pensons que le conseil d'état rejetterait le pourvoi, attendu qu'il s'agirait là d'une question administrative qui rentre dans les attributions du ministre de l'intérieur.

145. Quant aux poursuites à exercer en cas de contravention au règlement sur les plantations le long des chemins vicinaux, il y a lieu de distinguer la nature de la contravention. Si le propriétaire riverain a planté sur le sol même du chemin, il a fait acte de propriété, il a anticipé sur le sol d'un chemin vicinal; il y a donc lieu de le poursuivre comme pour une anticipation ordinaire, c'est-à-dire devant le conseil de préfecture. Si, au contraire, il n'a pas établi ses plantations sur le sol du chemin, qu'il les ait seulement établies plus

près du bord du chemin que ne le lui permettait le règlement, ou bien qu'il n'ait pas espacé ses arbres comme cela était prescrit, il y a là seulement contravention à un arrêté administratif, et cette contravention doit être poursuivie devant le tribunal de simple police. Nous avons vu, par les deux arrêts de la cour de cassation rapportés plus haut, que l'autorité administrative ne peut manquer d'obtenir la répression des contraventions de cette nature.

146. L'élagage des arbres et la tonte des haies sont des mesures qui, dans certains départements, sont également d'un grand intérêt pour l'assèchement des chemins. Le droit des préfets d'ordonner ces mesures et d'en fixer les époques ressort du même art. 21, qui a statué sur les plantations. S'il n'était pas obtempéré aux arrêtés que prennent les préfets, ou les maires d'après leurs instructions, l'administration aurait le droit de faire faire cette opération d'office; les contrevenants seraient ensuite traduits devant le tribunal de simple police, qui, en prononçant l'amende encourue, ne ferait nulle difficulté d'ordonner aussi le paiement des frais de l'élagage opéré d'office.

147. Nous nous abstiendrons d'examiner ici une dernière question que peuvent soulever les règles nouvelles posées par la loi du 21 mai 1836, en ce qui concerne les plantations le long des chemins vicinaux; c'est celle de la propriété des arbres plantés par des particuliers sur le sol des chemins vicinaux, avant la publication des règlements qui défendent ces plantations. D'une part, cette question est d'un intérêt peu étendu, puisque cet usage ne s'était établi que dans un petit nombre de départements; d'autre part, elle est tout entière dans le domaine des tribunaux civils, comme toutes les questions de propriété. Nous ferons remarquer, toutefois, que la propriété des arbres anciennement plantés fût-elle adjugée par les tribunaux aux riverains, il n'en résulterait pas pour eux le droit de les conserver. Si l'intérêt de la viabilité exigeait que ces plantations disparussent, l'autorité administrative pourrait l'ordonner. En effet, elle pourrait, en vertu de l'art. 15 de la loi, arrêter l'incorporation immédiate au chemin vicinal du sol nécessaire à l'élargissement du chemin, alors même que ce sol serait actuellement couvert de constructions, et sauf indemnité au propriétaire; comment n'aurait-elle pas le même droit à l'égard de plantations établies sur un sol dont la propriété n'est pas

contestée au chemin, si ces plantations nuisent au chemin? Tout ce que les propriétaires des arbres, en supposant leur droit de propriété reconnu, pourraient opposer à l'ordre de les enlever, ce serait une demande en indemnité pour le dommage que leur causerait cet ordre : les tribunaux ordinaires prononceraient sur ce litige. A bien plus forte raison, le droit de propriété des arbres existants ne donnerait-il pas aux propriétaires le droit de renouveler les plantations; il y aurait là contravention aux règlements. Tout ce que pourraient faire les propriétaires serait de réclamer une indemnité pour la privation de ce qu'ils considéraient comme un droit, mais quelle que fût, sur la question d'indemnité, la décision des tribunaux civils, ces tribunaux n'autoriseraient certainement pas les particuliers à renouveler leurs plantations. La cour de cassation annulerait indubitablement de semblables décisions, s'il en était rendu.

### § 4. — Fossés.

148. Le droit que l'art. 21 de la loi du 21 mai 1836 a donné aux préfets de réglementer les plantations le long des chemins vicinaux, leur a été conféré par le même article pour ce qui a rapport *aux fossés et à leur curage*. Cette disposition, d'ailleurs, était indispensable, car les fossés sont presque toujours une annexe nécessaire des chemins; dans les terrains bas et humides, ils assainissent la chaussée et en empêchent la détérioration par le séjour des eaux; partout ils sont le meilleur moyen de défense contre la tendance continuelle des riverains à anticiper sur le sol des chemins vicinaux.

Des fossés peuvent être établis le long des chemins vicinaux, soit par les soins de l'administration, soit par les propriétaires riverains; nous allons examiner successivement ce qui résulte de l'un et de l'autre cas.

149. L'administration, comme nous l'avons dit, a un puissant intérêt à ce que des fossés existent le long des chemins vicinaux, et elle n'est plus, comme sous l'ancienne législation, restreinte dans le droit d'en établir par la crainte de diminuer la largeur du chemin, qui alors ne devait pas dépasser six mètres. Les préfets pouvant, aujourd'hui, en vertu de l'art. 15 de la loi du 21 mai 1836, et ainsi que nous l'avons dit plus haut, donner aux chemins vicinaux toute la largeur qui leur est nécessaire, il est évident qu'ils peuvent fixer cette lar-

geur à huit mètres, par exemple, et ordonner que, de chaque côté, il sera ouvert un fossé d'un mètre de largeur. Le sol de ces fossés se trouvant ainsi compris dans le sol vicinal, il est protégé par les mêmes règles, et toute anticipation qui tendrait à rétrécir les fossés serait poursuivie et réprimée, comme s'il s'agissait d'une anticipation sur le sol du chemin même.

150. L'ouverture des fossés, lorsqu'elle est ordonnée par l'administration, fait nécessairement partie des travaux des chemins ; elle doit se faire sur les revenus affectés à ces chemins. Il en est de même du curage, et ce travail ne pourrait être mis à la charge des propriétaires riverains. Aucune disposition de loi ne permettrait de leur imposer cette dépense ; mais il est des contrées où le limon qui se dépose dans les fossés peut être utilisé comme engrais, et l'administration peut, dans ce cas, autoriser les propriétaires riverains à l'enlever, à charge de curer à fond et d'entretenir le fossé dans sa largeur et profondeur. Ce n'est plus ici une obligation imposée, c'est une faculté accordée, et l'usage peut en être réglementé.

151. Lorsque l'administration ne juge pas nécessaire d'ouvrir des fossés le long des chemins vicinaux, les propriétaires riverains ont le droit d'en ouvrir, sur leur terrain, comme moyen de défense et de clôture ; mais les règlements faits par les préfets sur le service vicinal doivent imposer aux riverains l'obligation de demander alignement pour l'établissement de leurs fossés, comme pour toute autre œuvre qui se fait le long des chemins vicinaux. Cette mesure est indispensable pour que l'administration puisse toujours s'assurer qu'en creusant un fossé, le propriétaire riverain n'anticipe pas sur le sol vicinal.

Nous pensons que l'alignement pour l'établissement de fossés par les riverains, doit leur être donné sur l'extrême limite du bord du chemin, et nous ne voyons pas sur quelle disposition de loi on pourrait s'appuyer pour leur prescrire de laisser un espace quelconque entre le sol du chemin et le bord du fossé. A la vérité, une disposition semblable a pu être prise pour les plantations soit d'arbres, soit de haies, le long des chemins vicinaux, ainsi que nous l'avons vu plus haut ; mais, si on avait permis d'établir ces plantations sur le bord même des chemins, les branches des arbres et des haies se fussent nécessairement étendues sur le chemin et eussent gêné la cir-

culation. Aucun motif analogue ne nous paraît pouvoir être assigné pour l'établissement des fossés, et tout ce qu'à notre avis l'administration peut prescrire, c'est que les talus des fossés bordant le chemin soient établis de manière à ne pas amener l'éboulement des terres, et par suite le rétrécissement de la voie publique. Quant au curage des fossés établis par les particuliers, l'autorité administrative pourrait l'ordonner dans l'intérêt de l'assèchement et par mesure de police. C'est ce qui résulte d'un arrêt de la Cour de cassation (ch. crim.), du 24 juillet 1835 (le ministère public contre Chenon ), ainsi conçu : « Attendu que l'arrêté du maire de Blineau, n'ayant pas pour objet de forcer les propriétaires riverains des chemins communaux de creuser sur leurs terrains des fossés destinés à assainir ces mêmes chemins, mais seulement à relever et curer les fossés déjà existants et qui, par leur mauvais état, contribuaient à entretenir la stagnation des eaux sur ces chemins ; que dès lors cet arrêté a été pris sur des objets de sûreté publique confiés à la surveillance de l'autorité municipale par la loi du 24 août 1790 et celle du 22 juil. 1791 ; que cet arrêté, étant d'ailleurs régulier en la forme, avait droit à la sanction des lois pénales, et que les contraventions à ses dispositions étaient passibles de l'application des peines portées en l'art. 471 du Code pénal. »

152. L'administration ne pourrait cependant pas, à notre avis, régler la largeur ni la profondeur que les particuliers doivent donner à leurs fossés, car le service vicinal n'y est pas intéressé. Une mesure peut cependant être prise à cet égard, mais par voie de police, et non plus par application de la législation vicinale. Ainsi il peut arriver que, pour rendre l'entrée sur ses terres absolument impossible, un particulier ouvre le long d'un chemin vicinal un fossé d'une largeur et d'une profondeur telle qu'il en résultât un danger réel pour les hommes et les bestiaux qui parcourraient le chemin. Dans ce cas, le maire de la commune, ou le préfet, s'il s'agit d'un chemin vicinal de grande communication, peuvent évidemment, par mesure de police, prendre un arrêté prescrivant, soit la clôture de ces fossés, soit le placement de barrières qui fassent disparaître le danger. Ce droit de l'administration a été formellement reconnu par un arrêt de la cour de cassation (ch. crim.), en date du 4 janvier 1840 (le ministère public contre Lacoste),

ainsi conçu : « Vu le n° 1er de l'article 3, titre 11, de la loi des 16-24 août 1790 ; l'art. 46, titre 1er, de la loi des 19-22 juillet 1791; l'art. 4 de l'arrêté du 23 févr. 1838, dûment approuvé, par lequel le maire de Malemort a défendu aux propriétaires riverains des chemins vicinaux de creuser des fosses ou fossés d'une certaine profondeur, attenant au bord de ces chemins, pour y faire déposer les eaux, si le côté touchant au sol du chemin *n'est fermé par des pieux ou une claire-voie;* le n° 15 de l'art. 471 du Code pénal, et l'art. 161 du Code d'instruction criminelle; attendu que le procès-verbal dressé, le 29 août dernier, à la charge de Pierre Lacoste, constate que celui-ci a creusé sur sa propriété un fossé *attenant au bord du chemin* du Puch à la route de Brives à Vernesal, afin d'y faire déposer les eaux, et qu'il a refusé de se conformer à l'arrêté précité, en le fermant par des pieux ou une claire-voie; que, néanmoins, le tribunal de simple police de Brives, saisi de la contravention résultant de ce refus, s'est abstenu de la réprimer, sur le motif que la disposition dont il s'agit a été prise par le maire hors du cercle de ses attributions; attendu, en droit, que ce tribunal a expressément méconnu, en statuant ainsi, le pouvoir attribué à l'autorité municipale par le n° 1er de l'art. 3, titre 11, de la loi des 16-24 août 1790, puisque le susdit art. 4 de l'arrêté a pour but d'assurer la sûreté de la voie publique sur le point où le fossé en question peut la compromettre; en conséquence, la Cour, faisant droit au pourvoi, casse et annule le jugement susdaté. »

## Sect. 5. — *Répression des contraventions.*

### § 1er. *Anticipations.*

153. De tous les faits qui peuvent porter dommage à la vicinalité, il n'en est pas de plus fréquents que les anticipations sur le sol des chemins vicinaux, il n'en est pas qui exigent de la part de l'autorité administrative une surveillance plus constante et plus active. La tendance de la plupart des propriétaires riverains à incorporer à leurs champs de faibles parcelles de ces chemins, la persistance avec laquelle ils augmentent graduellement leurs anticipations, s'expliquerait difficilement par la valeur du sol dont ils s'emparent ; mais quelque faible que soit cette valeur, elle suffit pour qu'en peu d'années la largeur d'un chemin se trouve réduite aux dimensions d'un simple sentier, si l'autorité ne réprime constamment cette tendance.

154. A quels tribunaux appartient-il de réprimer les anticipations sur le sol des chemins vicinaux, et de contraindre les riverains à restituer à ces voies publiques le sol qu'ils leur ont enlevé ? Cette question donne lieu, depuis bien des années, à un grave conflit entre les autorités administrative et judiciaire. Nous avons à faire connaître les différentes phases et l'état actuel de ce conflit, et nous le ferons aussi brièvement que possible; mais quelques développements sont indispensables à l'occasion d'un dissentiment aussi profond que celui qui subsiste entre les deux autorités.

155. La loi du 7 sept. 1790, par son article 6, avait attribué aux tribunaux d'arrondissement la police de conservation des chemins publics, et par suite la répression des anticipations sur ces chemins ; celle du 6 oct. 1791, titre 2, article 40, maintint cette attribution aux tribunaux de police correctionnelle, pour la quotité de l'amende dont elle frappait les contrevenants. Cet article est ainsi conçu : « Les cultivateurs ou tous autres qui auront dégradé ou détérioré, de quelque manière que ce soit, des chemins publics, ou *usurpé sur leur largeur*, seront condamnés à la réparation ou à la restitution, et à une amende qui ne pourra être moindre de trois livres, ni excéder vingt-quatre livres. » En vertu de cette disposition, la répression des usurpations sur le sol des chemins vicinaux resta donc, pendant plusieurs années, dans le domaine incontesté des tribunaux, lorsque la loi du 9 ventôse an XIII ( 28 février 1805 ) vint changer ou parut changer la compétence en cette matière.

156. Les cinq premiers articles de cette loi ont pour objet des mesures exclusivement applicables aux routes ; nous n'avons pas à nous en occuper. Les articles 6, 7 et 8 sont ainsi conçus :

« Art. 6. L'administration publique fera rechercher et reconnaître les anciennes limites des chemins vicinaux, et fixera, d'après cette reconnaissance, leur largeur suivant les localités, sans pouvoir cependant, lorsqu'il sera nécessaire de l'augmenter, la porter au-delà de six mètres, ni faire aucun changement aux chemins vicinaux qui excèdent actuellement cette dimension.

» Art. 7. A l'avenir, nul ne pourra planter sur le bord des chemins vicinaux, même dans sa propriété, sans leur conserver la largeur qui leur aura été fixée en exécution de l'article précédent.

» Art. 8. Les poursuites en contravention aux dispositions de la présente loi seront portées devant les conseils de préfecture, sauf le recours au Conseil d'état. »

157. Plus de clarté eût été désirable, il faut le reconnaître, dans la rédaction de ce dernier article de la loi précitée. Il attribue sans doute, d'une manière générale, aux conseils de préfecture la répression de toutes les contraventions aux dispositions de cette loi; mais quelles sont, en matière de chemins vicinaux, les dispositions qui peuvent donner lieu à contravention? L'article 7 porte, à la vérité, défense de planter sur le bord des chemins, *sans leur conserver leur largeur*, et il n'est pas douteux que les plantations faites en contravention à cette défense ne pussent donner lieu à poursuite devant le conseil de préfecture. Ces plantations, il faut l'admettre, constituent une anticipation sur le sol vicinal; il n'est donc pas contestable que la répression des anticipations commises, au moyen de plantations illicites, se trouvaient ainsi placées dans la compétence des conseils de préfecture. En est-il de même des anticipations commises par d'autres moyens? Cela n'apparaît pas d'une manière aussi évidente. L'article 6, en effet, le seul qui traite de la largeur des chemins vicinaux, charge bien l'administration de fixer cette largeur, d'après les anciennes limites, mais elle n'exprime pas la défense aux riverains d'anticiper sur cette largeur; ce n'est donc pas cet article de loi qui, à probablement parler, fait un délit de l'anticipation sur les chemins vicinaux, et c'est toujours, sur ce point, aux lois antérieures qu'il faut se reporter.

158. Quoi qu'il en soit, l'autorité administrative vit, dans l'article 8 de la loi du 9 ventôse an XIII, une attribution générale donnée aux conseils de préfecture pour la répression des anticipations commises sur le sol des chemins vicinaux, de quelque manière que ce fût, et, dans une instruction du 7 prair. an XIII, le ministre de l'intérieur prescrivit de poursuivre devant les conseils de préfecture *les envahissements, empiétements et plantations d'arbres qui tendent à changer la largeur ou la direction que l'administration a fixée*. Le

Conseil d'état admit cette règle, et dès le 24 juillet 1806, un décret (Durrieu contre commune de Geaune) prononça en ces termes sur ce point de compétence : « Vu la loi du 9 ventôse an XIII; considérant que la loi précitée attribue la police de conservation des chemins vicinaux, en ce qui concerne leur direction, leur étendue et leur largeur, à l'autorité administrative, et le contentieux y relatif aux conseils de préfecture, et que, par conséquent, le juge de paix du canton de Geaune n'était pas compétent pour juger l'usurpation dont s'est plaint l'adjoint au maire de ladite commune; Art. 1er : Le jugement du juge de paix du canton de Geaune, du 31 janvier 1806, rendu sur une plainte en usurpation de chemin communal, faite par le sieur Durrieu, propriétaire de la commune de Geaune, est considéré comme non avenu. Art. 2. Le maire de la commune de Geaune se pourvoira, s'il y a lieu, devant le conseil de préfecture du département pour faire prononcer sur l'usurpation reprochée au sieur Durrieu. » Deux autres décrets, l'un du 16 août 1808 (Daniélon contre Legarrec), l'autre du 3 septembre 1808 (Godinot-Dinet), maintinrent également la compétence des conseils de préfecture, et, comme pour mieux l'établir, un décret du 21 décembre 1808 (Lhermite) décida que ces tribunaux administratifs pouvaient prononcer sur un fait d'usurpation, même en présence d'un jugement de juge de paix, qui, à la vérité, n'avait pas reçu d'exécution. Ce décret est ainsi conçu : « Considérant que le jugement rendu par le juge de paix du canton de Saint-Calais est antérieur à la loi de ventôse an XIII, sur laquelle le préfet appuie le conflit, et qui réellement attribue aux conseils de préfecture la connaissance des usurpations sur les chemins vicinaux ; qu'au surplus, dès que ce jugement n'a pas été exécuté, et que le conseil de préfecture de la Sarthe, en vertu de la nouvelle loi, a pris ensuite connaissance de l'affaire, il devient inutile de statuer sur le mérite du jugement sus-énoncé. »

159. Le Conseil d'état parut, bientôt après, hésiter sur la jurisprudence qu'il avait établie. Ainsi, d'un décret du 7 août 1810 (Bonnet, Lecointre et autres), il résulterait que les conseils de préfecture ne sont pas compétents lorsqu'il y avait contestation sur la propriété du sol prétendu usurpé. Ce décret est ainsi conçu : « Considérant qu'il ne s'agissait pas de déterminer la largeur d'un chemin vicinal,

mais de décider s'il existait un chemin public; que, les sieurs Lebret et Bonnet soutenant que la portion de terrain réclamée pour faire ce chemin, étant leur propriété privée, n'avait jamais fait partie de la voie publique, la contestation ne présentait qu'une question de propriété qui ne peut être jugée que par les tribunaux ordinaires; Art. 1er : Le conflit élevé par le préfet de la Seine-Inférieure est annulé. » L'incompétence des conseils de préfecture fut déclarée d'une manière plus formelle et plus générale encore par le décret du 5 mars 1811 (Damas) ainsi conçu : « Vu le jugement interlocutoire rendu, le 24 septembre 1810, par le tribunal correctionnel de l'arrondissement de Châlons, qui se déclare compétent pour connaître de l'usurpation commise par le sieur Damas sur un chemin vicinal dont l'existence avait été précédemment reconnue par l'autorité administrative, conformément à l'article 6 de la loi du 9 ventôse an XIII; considérant que les art. 6 et 7 de la loi du 9 ventôse an XIII n'attribuent à l'autorité administrative que la reconnaissance des anciennes limites des chemins vicinaux, la fixation de leur largeur, suivant les localités; que la largeur du chemin, sur lequel le sieur Damas a exercé la voie de fait qu'on lui impute, ayant été réglée par l'autorité administrative, il ne s'agissait plus que de réprimer un délit en matière de petite voirie; que la connaissance de ces sortes d'affaires est de la compétence des tribunaux; Art. 1er : L'arrêté par lequel le préfet du département de la Marne a élevé le conflit sur le jugement du tribunal correctionnel de Châlons, relatif au délit imputé au sieur Damas, est annulé. »

160. Ces deux décisions étaient d'autant plus remarquables, que le Code pén. de 1810, qui était alors en vigueur, ne contenait aucune disposition répressive des anticipations commises sur les chemins publics, d'où on aurait pu inférer que le législateur s'en était référé, à cet égard, à la loi du 29 floréal an x pour les délits de grande voirie, et à celle du 9 ventôse an XIII pour ceux relatifs aux chemins vicinaux; mais ces deux décrets ne firent pas jurisprudence, car, dès le 6 juin 1811, le Conseil d'état attribua de nouveau aux conseils de préfecture la répression des anticipations sur les chemins vicinaux; ce décret (Soulatre contre commune de Reuilly) est ainsi conçu : « Considérant que, s'agissant, dans l'espèce, de réprimer une anticipation faite sur un chemin

vicinal et qui en rendait l'usage impraticable, le conseil de préfecture était compétent pour en connaître, aux termes de la loi du 29 floréal an x et de la loi du 9 ventôse an XIII. » Une décision semblable fut portée par un autre décret du 7 août 1812 (commune d'Amance contre Crancy), ainsi conçu : « Vu la sentence du juge de paix, qui déclare que la petite partie de terrain que la commune d'Amance prétend faire partie de la voie publique est la propriété particulière du sieur Crancy; considérant que l'existence du chemin vicinal n'est point contesté; que le maire d'Amance prétend que les terrains en litige en font partie; qu'aux termes des lois, la connaissance des anticipations sur la voie publique est réservée à l'administration, et par conséquent, que le conseil de préfecture est compétent pour prononcer sur les contestations dont il s'agit; Art. 1er : La sentence du juge de paix du canton d'Amance, sous la date du 11 nov. 1811, est déclarée nulle et non avenue; le conflit élevé par le préfet de la Haute-Saône est maintenu. Les parties sont renvoyées à se pourvoir devant le conseil de préfecture du même département. «

161. Depuis cette époque, la jurisprudence du Conseil d'état n'a plus varié sur ce point, et des ordonnances trop nombreuses pour que nous les citions, ont constamment maintenu, soit explicitement, soit implicitement, la compétence exclusive des conseils de préfecture pour la répression des anticipations commises sur les chemins vicinaux. La jurisprudence du Conseil d'état est tellement absolue, que dans un cas où l'autorité judiciaire avait été saisie, par l'erreur d'un administrateur, de la connaissance d'une anticipation, la poursuite n'en a pas moins été revendiquée pour le tribunal administratif. C'est ce qu'on voit dans l'ordonnance du 28 février 1828 (Bavoux et Pochet contre commune de Nesles), ainsi conçue : « Considérant, sur l'exception tirée de ce qu'avant l'introduction de l'instance administrative, le sous-préfet de Coulommiers aurait transmis à l'autorité judiciaire des procès-verbaux pour faire poursuivre par elle les sieurs Bavoux et Pochet; qu'en admettant ce fait, une semblable transmission n'a pu porter aucun préjudice à l'action exercée dans l'intérêt de la commune devant le conseil de préfecture, puisque, d'une part, cette action était entièrement indépendante de celles qui pouvaient être portées devant les tribunaux, et

que, d'autre part, il n'appartenait pas au sous-préfet de renoncer aux droits de la commune, lesquels ne pouvaient être exercés que par elle. »

Fréquemment aussi le Conseil d'état a eu à défendre cette attribution des conseils de préfecture contre l'administration elle-même. Ainsi, une ordonnance du 28 novembre 1821 (Grammont contre Aigobert) a annulé, en ces termes, un arrêté de préfet, qui avait statué sur une anticipation. « Considérant sur la compétence, qu'aux termes de l'article 6 de la loi du 9 ventôse an XIII, le préfet était compétent pour reconnaître et déclarer la vicinalité du chemin de Sarrant à la Briche ; mais que, d'après l'article 8 de la même loi, c'était au conseil de préfecture, sauf le recours à notre Conseil d'état, à statuer sur la contravention reprochée au sieur Grammont ; Art. 2 : Il (l'arrêté du préfet du département du Gers) est annulé dans les autres dispositions, et les parties sont renvoyées devant le conseil de préfecture, sur les contraventions en matière de chemins vicinaux. » Une décision semblable a été donnée dans une ordonnance du 20 février 1822 (Dervaux-Paulée contre le ministre de l'intérieur) et dans plusieurs autres que nous nous abstenons de citer, attendu qu'elles ne font que maintenir, dans les mêmes termes, les limites des attributions respectives de l'autorité administrative et des conseils de préfecture en matière d'anticipations sur le sol des chemins vicinaux.

162. Enfin, pour mieux faire ressortir le soin que mettait le Conseil d'état à défendre l'attribution qu'il faisait dériver de l'article 6 de la loi du 9 ventôse an XIII, nous rapporterons une ordonnance prononçant l'annulation d'un arrêté par lequel un conseil de préfecture s'était déclaré incompétent pour réprimer une anticipation ; c'est celle du 18 juin 1823 (commune de Lambezellec), ainsi conçue : « Vu la requête à nous présentée au nom de la commune de Lambezellec, et tendante à l'annulation d'un arrêté du conseil de préfecture du Finistère, du 7 novemb. 1821, par lequel il s'est déclaré incompétent pour prononcer dans une contestation existante entre la commune de Lambezellec et le sieur Bernard, relativement à une anticipation que ladite commune prétend avoir été commise par le sieur Bernard sur le chemin vicinal dit Prat-ar-Raty ; vu l'arrêté du préfet du Finistère, du 29 juillet 1821, lequel reconnaît et classe ledit

chemin parmi les chemins vicinaux de la commune de Lambezellec ; considérant que le préfet a reconnu, après une enquête, que le chemin dit Prat-ar-Raty était public de temps immémorial ; qu'aux termes de la loi du 9 ventôse an XIII, le conseil de préfecture était compétent pour prononcer sur l'anticipation que la commune de Lambezellec prétend avoir été commise sur ledit chemin par le sieur Bernard ; Art 1er : L'arrêté du conseil de préfecture du Finistère, du 7 novembre 1821, est annulé, et les parties sont renvoyées devant ledit conseil de préfecture pour y faire prononcer sur la question d'anticipation dont il s'agit. » Des décisions semblables ont été portées dans les ordonnances des 9 juin 1824 (Dillingham), 25 avril 1828 (ministre de l'intérieur) et 19 août 1829, (commune de Sérignan contre Vincenti). Il a même été statué par une ordonnance du 28 février 1828 (Bavoux et Pochet contre commune de Nesles) que l'action du conseil de préfecture, quant à la répression d'une anticipation, n'était pas éteinte par un jugement correctionnel qui aurait réprimé la dégradation du chemin ; cette ordonnance est ainsi conçue : « Considérant, sur l'exception de la chose jugée, tirée de l'arrêt de notre Cour royale de Paris, rendu le 9 mars 1822, entre notre procureur général et le sieur Bavoux, qu'il résulte du texte de la citation du 5 mars 1822, donnée à la requête de notre procureur général audit sieur Bavoux, que ce dernier n'était cité que pour voir statuer sur les délits à lui imputés ; qu'il résulte du texte dudit arrêt que notredite Cour royale n'a statué que sur l'action correctionnelle et la plainte du ministère public ; qu'en réservant à la commune l'action civile de propriété, ledit arrêt n'a pas jugé l'action administrative résultant de la loi du 27 février 1805 (9 ventôse an XIII), laquelle ne lui était pas soumise et ne pouvait être portée que devant le conseil de préfecture, et dont ladite commune pouvait d'autant moins être dépouillée par ledit arrêt, qu'elle n'y était pas même partie. »

163. Mais la Cour de cassation n'a jamais reconnu la compétence des conseils de préfecture pour la répression des usurpations commises sur le sol des chemins vicinaux, et, dès le 30 janvier 1807, elle rendait (chambre criminelle) un arrêt de doctrine (le ministère public contre Duplessis) ainsi conçu : « Vu l'art. 40 de la loi du 28 sept. 1791, titre 2 ; et attendu

qu'il est déclaré constant en fait, par le jugement attaqué, que le sieur Duplessis, de son
autorité, a fait creuser un fossé sur la largeur
du chemin vicinal allant de la commune de
Saint-Aventin à un port établi sur la rivière
du Cher, et qu'il a fait labourer et couvrir de
terre un autre chemin, tendant de la même
commune à une forêt nationale et à des habitations que couvre cette forêt ;

» Attendu que c'était la simple répression
de ces voies de fait que réclamait le commissaire de police près le tribunal de police du
canton de Tours ;

» Attendu que la loi du 9 ventôse an XIII,
qui donne compétence en certains cas, en matière de voirie, au conseil de préfecture, n'a
aucune disposition qui puisse s'appliquer à de
pareilles voies de fait, cette loi de ventôse an XIII
ne s'occupant que des plantations à faire sur
la largeur des chemins publics, qui intéressent
essentiellement l'administration générale ;

» Que si le sieur Duplessis prétendait que
les chemins sur lesquels il s'est permis des
voies de fait fussent d'une trop grande largeur,
ou qu'ils dussent même être supprimés, il devait solliciter de l'autorité compétente un arrêté favorable, mais non agir par voie de fait
de sa propre autorité ;

» Que, se l'étant permis, il s'est rendu justiciable, par ce fait purement possessoire, des
tribunaux de police établis par la loi pour la
répression de semblables délits ;

» Que dès lors, en renvoyant la connaissance
de cette répression au conseil de préfecture du
département d'Indre-et-Loire, le tribunal de
police du canton de Tours a donné une fausse
interprétation, et faussement appliqué les dispositions de la loi du 9 ventôse an XIII. »

Le Code pénal de 1810 laissa, par la rédaction de l'art. 471, n° 4, subsister l'incertitude
sur la compétence en matière de répression des
anticipations sur les chemins vicinaux ; il n'y
est parlé, en effet, que des dépôts de matériaux et autres embarras de la voie publique.
L'autorité administrative, d'une part, et l'autorité judiciaire, de l'autre, durent donc continuer à appliquer les lois antérieures comme
elles les comprenaient, l'une défendant la
compétence des conseils de préfecture, l'autre
celle des tribunaux ordinaires. Nous croyons
devoir rapporter ici un second arrêt de doctrine, rendu par la Cour de cassation (chambre
criminelle), le 7 avril 1827 (le ministère public contre Choisnard ), et qui est plus ex-

plicite encore que celui du 30 janvier 1807 :
« Vu l'art. 40, titre 2, de la loi du 6 oct. 1791 ;
vu l'art. 1er de la loi du 29 floréal an X ; vu
les art. 6, 7 et 8 de la loi du 9 ventôse an XIII ;

» Attendu qu'aux termes de l'art. 40, titre 2,
de la loi du 6 oct. 1791, *toutes dégradations
et détériorations de chemins publics, ou anticipations sur leur largeur,* sont de la compétence des tribunaux judiciaires, doivent être
poursuivis devant eux, et punis des peines déterminées par cet article ;

» Attendu que la règle générale posée par
cet article a souffert, par des dispositions subséquentes, deux exceptions : l'une, établie en
matière de grande voirie par la loi du 29 floréal an X, portant que toutes contraventions
dans cette matière seront réprimées et poursuivies par voie administrative ; l'autre, par
l'art. 8 de la loi du 9 ventôse an XIII, qui attribue aux conseils de préfecture la connaissance des contraventions aux dispositions de
cette loi ;

» Attendu que les seules dispositions de
cette dernière loi, relatives à la petite voirie,
sont contenues dans l'art. 6, qui charge l'administration publique de faire rechercher et
connaître les anciennes limites des chemins
vicinaux et d'en fixer la largeur, et dans
l'art. 7, qui défend de planter des arbres sur
le bord des chemins vicinaux, sans leur conserver la largeur fixée en exécution de l'article
précédent ;

» Attendu que, de la combinaison de ces trois
articles, il résulte que la compétence des conseils de préfecture est restreinte aux discussions que peut faire naître l'exécution des
règlements des préfets sur la largeur des chemins vicinaux, leur direction et la plantation
des arbres qui les bordent ;

» Attendu que toute juridiction exceptionnelle doit être renfermée dans ses plus étroites
limites ;

» Attendu que, hors les cas précis pour lesquels cette juridiction est établie, il faut se
hâter de rentrer sous l'empire du droit commun ; que ce droit est spécialement reconnu
et établi par l'article 40 du titre 2 de la loi
du 6 oct. 1791, qui attribue au pouvoir judiciaire les connaissances et les poursuites de
toutes contraventions commises sur les chemins publics, par dégradation, détérioration,
ou usurpation sur leur largeur ;

» D'où il suit que le tribunal correctionnel
de Mortagne, en se déclarant compétent pour

connaître de l'action intentée contre Choisnard, pour encombrement d'un chemin public qui ne faisait pas partie de la grande
voirie, et à l'égard duquel rien n'annonce
d'ailleurs qu'il ait été procédé conformément
à l'art. 6 de la loi du 9 ventôse an XIII, a régulièrement procédé, et s'est conformé aux règles
établies par l'article 40, titre 2, de la loi du
6 oct. 1791, et que le tribunal d'Alençon, en
rejetant le déclinatoire proposé par le ministère public, et en confirmant la décision des
premiers juges, *en ce qui concernait une prétendue usurpation sur le chemin public de
Mortagne à Maurés*, a lui-même statué suivant les règles de compétence, et s'est exactement conformé aux lois. » Un autre arrêt rappelant les mêmes principes a été rendu (le
ministère public contre Halliez) le 20 fév. 1829.

164. Un nouvel argument a été fourni à
l'autorité judiciaire par l'addition au Code
pénal, lors de sa révision en 1832, d'une disposition ainsi conçue, art. 479, n° 11 : « Seront punis d'une amende de 11 à 15 francs...
ceux qui auront dégradé ou détérioré de quelque manière que ce soit les chemins publics,
*ou qui auront usurpé sur leur largeur.* » L'autorité judiciaire a vu, dans les derniers mots de
cette disposition du Code pénal, l'abrogation
*formelle* de l'art. 8 de la loi du 9 vent. an XIII,
quant à l'attribution qu'avait donnée cet article
aux conseils de préfecture pour la répression
des anticipations commises sur les chemins vicinaux; elle y a vu la continuation de cette attribution aux tribunaux de simple police.

165. Des doutes peuvent cependant être élevés sur la portée donnée par les tribunaux à
la disposition ajoutée au Code pénal en 1832.
Nous connaissons en France, en effet, trois
catégories distinctes de chemins publics;
1° les routes royales et départementales; 2° les
chemins vicinaux; 3° les chemins qui, sans
avoir été déclarés vicinaux, sont cependant
à l'usage du public. Ces derniers ont pu ne
pas être déclarés vicinaux, tantôt par omission, tantôt et plus souvent, parce que quelque utiles qu'ils soient à une partie de la commune, pour l'exploitation des terres, par
exemple, cette utilité n'est cependant pas assez
étendue pour que leur entretien soit mis à la
charge de la commune, ce qui serait une conséquence nécessaire de la déclaration de vicinalité. La commune a pourtant un intérêt
réel à conserver intact le sol de ces chemins
et à le défendre contre toute anticipation de

la part des riverains; or, la répression de ces
anticipations n'appartenant pas aux conseils
de préfecture, qui ne connaissent, en vertu de
la loi du 9 ventôse an XIII, que de celles
commises sur les *chemins vicinaux*, il fallait
pourvoir à cette répression, en ce qui concerne *les chemins publics non vicinaux*, et
c'est ce qui aurait été fait pour la nouvelle
disposition du Code pénal. On peut ajouter
que, depuis 1832, les conseils de préfecture
ont continué, sans contestation, à connaître
exclusivement, en vertu de la loi du 29 floréal an X, des empiétements commis sur les
routes royales et départementales. Comment
le Code pénal de 1832 aurait-il abrogé l'art. 8
de la loi du 9 ventôse an XIII et non pas la loi
du 29 floréal an X? comment les tribunaux
revendiquent-ils la connaissance des anticipations commises sur les chemins publics appelés
*chemins vicinaux*, et ne revendiquent-ils pas
celles des anticipations commises sur les chemins publics appelés *routes royales et départementales?*

166. Ces considérations, et d'autres encore
peut-être, ont déterminé le Conseil d'état à ne
pas admettre l'interprétation donnée par l'autorité judiciaire à la nouvelle disposition introduite dans l'art. 479 du Code pénal; et de
1832 à 1836, plusieurs ordonnances, que nous
nous abstenons de citer, ont maintenu, comme
auparavant, la compétence exclusive des conseils de préfecture pour la répression des anticipations sur le sol des chemins vicinaux.

167. La préparation d'une législation nouvelle sur les chemins vicinaux eût été une occasion favorable pour faire cesser le conflit subsistant alors entre l'autorité administrative et
l'autorité judiciaire; mais des motifs qui ne
nous sont pas connus déterminèrent le gouvernement à garder le silence sur ce point, et
le projet devenu la loi du 21 mai 1836, tout
en déclarant l'imprescriptibilité des chemins
vicinaux, ne contient aucune disposition sur
la répression des anticipations. Nous devons
cependant relever, dans la discussion de cette
loi, une circonstance qui paraît militer en faveur de la jurisprudence maintenue par le
conseil d'état.

Dans la séance de la chambre des députés
du 7 mars 1836, un membre de cette chambre
proposa un amendement qui avait pour objet
d'attribuer, en termes formels, aux tribunaux
ordinaires, la connaissance exclusive des contraventions et délits de toute espèce qui pour-

raient être commis sur les chemins vicinaux et sur les objets qui en dépendent ; or, il est à croire que l'auteur et les défenseurs de cet amendement pensaient que son adoption était nécessaire pour dépouiller les conseils de préfecture de l'attribution que leur avait donnée la loi du 9 ventôse an XIII. Après une assez longue discussion dans laquelle fut clairement démontré l'avantage qu'il y avait à *laisser* les conseils de préfecture investis de cette attribution, l'amendement fut rejeté. Ne faut-il pas en conclure que la chambre des députés ne crut pas utile d'attribuer aux tribunaux ordinaires la connaissance des usurpations sur les chemins vicinaux, et qu'elle a voulu, au contraire, la laisser aux conseils de préfecture? Les opposants à l'amendement, en effet, ont constamment argumenté de l'existence actuelle de la disposition de la loi du 9 ventôse an XIII qui conférait aux conseils de préfecture la répression des anticipations sur les chemins vicinaux, et du danger de changer cette disposition. La chambre était donc parfaitement éclairée sur l'effet que devait avoir le rejet de l'amendement proposé, et en le repoussant, elle a bien entendu maintenir l'art. 8 de la loi précitée.

Dans la séance du lendemain, 8 mars, un autre membre proposa un amendement qui tendait à partager, entre les conseils de préfecture et les tribunaux ordinaires, la connaissance des diverses espèces de contraventions qui peuvent se commettre sur les chemins *vicinaux et communaux*, comme ils étaient appelés dans le projet de loi alors en discussion. Après quelques explications, l'amendement ne fut pas admis, et cette décision, combinée avec la discussion de la veille, indique évidemment, selon nous, que la chambre des députés ne crut pas nécessaire de confirmer par une loi nouvelle les dispositions de celle du 9 ventôse an XIII, qu'elle regardait comme étant toujours en vigueur.

Enfin, la chambre des pairs regarda tellement ces dispositions comme existantes, et elle eut tellement l'intention qu'elles continuassent à être exécutées, que ce fut là le motif qui la détermina à ne pas admettre la distinction des chemins en *communaux* et *vicinaux*, telle que portait le projet de loi sorti de l'autre chambre. La chambre des pairs craignit que la dénomination de *chemins communaux* ne trouvât pas son application formelle dans la loi du 9 ventôse an XIII, qui ne parle que de

chemins vicinaux, et que, par là, les conseils de préfecture ne se trouvassent dépouillés de la connaissance des anticipations sur les chemins qui devaient être appelés *communaux;* c'est ce qui résulte évidemment de la discussion de l'art. 1er, dans la séance du 28 août 1836.

Sans doute, les discussions qui ont lieu dans les chambres ne forment pas une règle absolue, et lorsqu'une loi est rendue, c'est son texte seul qu'il faut appliquer; mais toujours ces discussions servent de commentaire à la loi, et on y puise d'utiles explications sur les articles qui peuvent laisser quelques doutes : or, il en est peu, à ce qu'il nous paraît, où la discussion ait mieux fait ressortir l'état actuel de la législation.

168. La loi du 21 mai 1836 resta donc muette sur la compétence pour la répression des anticipations ; mais, dans l'instruction qu'il donna le 24 juin 1836 pour l'exécution de cette loi, le ministre de l'intérieur ne pouvait, en ce qui concerne la répression des anticipations, qu'adopter la jurisprudence constante du conseil d'état, et l'opinion émise par la majorité dans les deux chambres. Le ministre posa donc en principe que les conseils de préfecture étaient seuls compétents pour réprimer ces anticipations, et il invita formellement les préfets à veiller à ce que tous les procès-verbaux constatant ces contraventions fussent déférés à ces tribunaux administratifs. Quoi qu'il en soit, les tribunaux de simple police n'en persistèrent pas moins à statuer sur les anticipations qui leur étaient dénoncées occasionnellement, et la cour de cassation maintint leur compétence par un arrêt du 2 mars 1837 (Boullay), dans lequel elle établit que les tribunaux de simple police sont *aujourd'hui* seuls compétents pour réprimer les dégradations et *usurpations* commises sur les chemins vicinaux, et que la juridiction attribuée à cet égard aux conseils de préfecture, par la loi du 9 ventôse an XIII, a été *transportée* aux tribunaux de police par le n° 11 de l'art. 479 du Code pénal modifié. Le conseil d'état, de son côté, continua à maintenir dans ses décisions la compétence exclusive des conseils de préfecture, et un dissentiment complet se trouva ainsi établi entre l'autorité administrative et l'autorité judiciaire sur une attribution qu'il eût été d'autant plus à désirer de voir nettement déterminée, que la loi du 21 mai 1836, en donnant une nouvelle activité à toutes les parties du service vicinal, devait amener la

constatation d'une foule d'anticipations que, jusque-là, on laissait sans répression.

169. En 1838, le conseil d'état donna à sa jurisprudence une interprétation nouvelle, ou plutôt il chercha à concilier les dispositions de la loi du 9 ventôse an XIII et celles du Code pénal de 1832, et, dans une ordonnance du 23 juillet 1838 (Hébrard), il établit que les conseils de préfecture devaient réprimer l'usurpation, c'est-à-dire, faire réintégrer le sol usurpé, et les tribunaux de police punir les contrevenants, c'est-à-dire appliquer l'amende. Le texte de l'ordonnance que nous allons reproduire trace de la manière la plus claire ce nouveau système de répression.

« Louis-Philippe, etc.; sur le rapport du comité de législation et de justice administrative; vu la lettre de notre ministre de l'intérieur, en date du 8 janvier 1838, enregistrée au secrétariat général de notre conseil d'état le 19 avril 1838, laquelle nous a déféré, en notre conseil d'état, le règlement du conflit négatif résultant de la double déclaration d'incompétence rendue par le conseil de préfecture du Lot et le juge de paix du canton de la Bastide (Lot), à l'occasion d'une usurpation de chemins vicinaux imputée aux sieurs Hébrard;

» Vu le jugement du juge de paix du canton de la Bastide, en date du 13 juillet 1837;

» Vu l'arrêté du conseil de préfecture du Lot, du 7 décembre 1837;

» Vu les autres pièces produites;

» Ouï M. Marchand, maître des requêtes, remplissant les fonctions du ministère public;

» Considérant, en fait, que suivant procès-verbal du 24 févr. 1837, les sieurs Hébrard ont construit, sur un chemin public du village de Lagarrouets, un four qui en obstrue le passage;

» Que, par sentence du 13 juillet 1837, le juge de paix du canton de la Bastide, devant lequel ils avaient été traduits en raison de cette contravention, s'est déclaré incompétent pour en connaître, et les a renvoyés devant la juridiction administrative;

» Que le conseil de préfecture du Lot, saisi à son tour aux fins dudit procès-verbal, s'est également déclaré incompétent, par arrêté du 7 décembre 1837;

» Considérant, en droit, que les contraventions aux dispositions de la loi du 9 ventôse an XIII, relatives aux usurpations commises sur les chemins vicinaux, doivent, aux termes de l'art. 8 de la loi, être poursuivis devant les conseils de préfecture;

» Que la compétence établie par cette loi se rattache aux pouvoirs généraux qui appartiennent à l'autorité administrative, chargée d'assurer la libre circulation des citoyens et la viabilité publique;

» Que cette compétence n'a été changée par aucune loi;

» Que l'art. 479 du Code pénal, n° 11, tel qu'il a été modifié par la loi du 28 avril 1832, s'est borné à reproduire la disposition de la loi du 6 oct. 1791, art. 40, sans rapporter la loi du 9 ventôse an XIII, et dans le seul but de placer parmi les contraventions de simple police les infractions prévues par ledit article;

» Que l'art. 479, n° 11, du Code pénal doit se combiner avec la loi du 9 ventôse an XIII, en ce sens que les conseils de préfecture sont chargés de faire cesser les usurpations commises sur les chemins vicinaux, et les juges de police de prononcer les amendes;

» Que cette combinaison attribue à chaque autorité les pouvoirs qui lui appartiennent, en réservant à l'autorité administrative les mesures de conservation de la voie publique, et à l'autorité judiciaire l'application des pénalités;

» Qu'il suit de ce qui précède que, dans l'espèce, c'est à tort que le conseil de préfecture du Lot a refusé de statuer sur les mesures propres à faire cesser l'usurpation imputée aux frères Hébrard, et que le juge de paix du canton de la Bastide a refusé de prononcer, s'il y avait lieu, l'amende par eux encourue;

» Notre conseil d'état entendu;

» Nous avons ordonné et ordonnons ce qui suit:

» Art. 1<sup>er</sup>. L'arrêté du conseil de préfecture du département du Lot, en date du 7 déc. 1837, est annulé dans l'intérêt de la loi, et la sentence du juge de paix du canton de la Bastide, du 13 juillet 1837, est considérée comme non avenue. »

Le conseil a tracé les mêmes règles dans plusieurs ordonnances postérieures, des 2 sept. 1840 (Mahieu-Decante), 26 déc. 1840 (Gruter contre la commune d'Orgeval), 4 sept. 1841 (ministre de l'intérieur contre Maguillat, Clet et Bonnier).

170. Comme doctrine, le système mixte de répression indiqué par le conseil d'état peut, sans doute, paraître une juste combinaison de deux lois qui semblent se contredire; mais il était difficile d'espérer que, dans la pratique,

ce système atteignît le but que le conseil d'état avait en vue, la cessation du conflit existant entre l'autorité administrative et l'autorité judiciaire. Il faut reconnaître, d'abord, que c'est quelque chose d'inusité dans nos formes judiciaires, que ces poursuites distinctes et successives instituées devant deux tribunaux différents, pour un seul et même fait. D'ailleurs, la décision judiciaire ne se trouverait-elle pas ainsi subordonnée à la décision administrative prise, en premier lieu, par le conseil de préfecture, puisque, si ce dernier prononçait qu'il y a anticipation, le tribunal de police se trouverait contraint, sans autre examen, de prononcer la condamnation à l'amende?

**171.** Aussi l'autorité judiciaire n'admet-elle pas le mode de répression indiqué par l'ordonnance ci-dessus relatée du 23 juillet 1838. La cour de cassation persista à établir la compétence exclusive et entière des tribunaux de police, et dans un arrêt (ch. cr.) du 10 septembre 1840 (le ministère public contre Rissel), la cour repoussa même formellement l'application du système de l'ordonnance, « attendu, en droit, y est-il dit, que la loi du 21 mai 1836, qui contient un système complet de législation sur la matière des chemins vicinaux, a virtuellement et nécessairement abrogé les articles 6 et 7 de celle du 9 ventôse an XIII, et, par voie de conséquence, l'article 8 de cette même loi, quant à la compétence qu'il attribuait spécialement à l'autorité administrative relativement aux plantations faites sur ces chemins; que les usurpations qui peuvent y être être commises, *de quelque œuvre* qu'elles résultent, ne constituent donc plus aujourd'hui qu'une contravention au règlement général fait par les préfets, en exécution de l'article 21 de ladite loi de 1836; d'où il suit que les tribunaux de simple police doivent seuls en connaître et les réprimer; que l'action exercée contre les prévenus a été, dès lors, mal à propos portée devant le conseil de préfecture; *que les arrêtés par lesquels ce conseil leur a ordonné de remettre les lieux en l'état où ils étaient, et les a renvoyés devant les tribunaux ordinaires, quant à l'amende qu'ils peuvent avoir encourue, ne sauraient lier le tribunal de simple police, et l'obliger, par cela seul qu'ils ont été produits devant lui, à prononcer la peine portée par la loi.* »

La Cour de cassation s'est exprimée d'une manière plus formelle encore dans un arrêt (ch. crim.) du 26 juin 1841 (Guérard), dont la rédaction, quant au point de compétence, a évidemment eu pour objet de répondre à l'opinion émise par le Conseil d'état dans l'ordre ci-dessus transcrite, du 23 juillet 1838 (Hérard) : « Attendu, dit l'arrêt, que l'article 138 du Code d'instruction criminelle, auquel il n'a pas été dérogé en cela par la loi du 21 mai 1836, attribue compétence au tribunal de simple police pour le jugement de toutes les contraventions; que la loi du 28 avril 1832, en révisant l'article 479, n° 11, du Code pénal, a donné une nouvelle force à cette disposition et implicitement restreint les dispositions de l'article 8 de la loi du 9 ventôse an XIII (28 février 1805) aux contraventions de grande voirie; que cet article 8 n'est point applicable à la voirie municipale; que l'arrêté du préfet de Seine-et-Marne, relatif à la police des chemins vicinaux, *n'a pas pu déroger à l'ordre des juridictions, ni réduire les tribunaux de police à la nécessité de prononcer des peines sur des faits dont la constatation serait dévolue au conseil de préfecture; que l'indépendance des tribunaux en serait altérée et que le principe de la séparation des pouvoirs s'oppose à un tel partage des juridictions.* »

**172.** Le dissentiment entre le Conseil d'état et la Cour de cassation est donc plus profond que jamais sur la compétence en matière d'anticipations sur les chemins vicinaux, et désormais une disposition législative peut seule le faire cesser. Il serait vivement à désirer que cette disposition intervînt promptement, pour faire cesser un conflit qui jette fréquemment dans une fâcheuse incertitude les fonctionnaires chargés de constater les anticipations et d'en poursuivre la répression. Toutefois, comme la jurisprudence du Conseil d'état fait nécessairement la règle de l'autorité administrative et des conseils de préfecture, le ministre de l'intérieur prescrit aux préfets, dans toutes ses instructions, générales ou particulières, de considérer l'art. 8 de la loi du 9 ventôse an XIII comme toujours en vigueur, et de saisir les conseils de préfecture de la répression des anticipations sur les chemins vicinaux, sauf le renvoi aux tribunaux ordinaires pour l'application de l'amende, comme l'a prononcé l'ordonnance du 23 juillet 1838.

Nous allons examiner maintenant quelles règles doivent diriger les conseils de préfecture, dans l'exercice de la juridiction qui leur est dévolue.

**173.** La première condition nécessaire pour que les conseils de préfecture exercent l'attribution que leur donne l'article 8 de la loi du 9 ventôse an XIII, c'est que le chemin sur lequel l'anticipation a été constatée ait été déclaré vicinal. On comprend, en effet, que ces tribunaux administratifs n'ayant à connaître que *par exception* des anticipations sur les chemins publics, leur compétence soit rigoureusement restreinte à la catégorie de chemins pour lesquels elle a été établie, *les chemins vicinaux.* Aussi, le Conseil d'état n'a-t-il jamais hésité à annuler les arrêtés des conseils de préfecture qui avaient statué sur des anticipations commises sur le sol de chemins qui n'avaient pas été déclarés vicinaux. Ainsi, une ordonnance du 3 juin 1818 (Delteil contre commune de Fontanes) a prononcé en ces termes : « Vu l'arrêté du conseil de préfecture du département du Lot, du 30 août 1817, qui condamne le sieur Delteil à rétablir le chemin de Poncès dans son état primitif, et, à défaut de le faire, charge le maire de la commune de Fontanes d'y pourvoir aux frais dudit sieur Delteil ; considérant qu'il n'appartient qu'à l'administration, c'est-à-dire au préfet, de classer les chemins vicinaux ; que le chemin de Poncès n'étant pas rangé dans cette classe, le conseil de préfecture n'était pas autorisé à connaître des contestations relatives audit chemin ; Art. 1er : L'arrêté du conseil de préfecture du département du Lot, du 30 août 1817, est annulé pour cause d'incompétence. » Ce principe est plus clairement exprimé encore dans une autre ordonnance du 17 juin 1818 (Delmas contre commune de Saint-Jean de Vedas). « Considérant qu'il n'est pas justifié par le maire de la commune de Saint-Jean de Vedas que le préfet ait, aux termes de la loi du 9 ventôse an XIII, statué sur la qualification et le classement des chemins vicinaux de cette commune ; considérant que, d'après la même loi, les conseils de préfecture doivent connaître des dégradations et empiétements faits ou prétendus faits sur les chemins reconnus vicinaux, mais que, dans l'espèce, *et à défaut de classement des chemins contentieux*, le conseil de préfecture du département de l'Hérault a été prématurément saisi de la contestation ; Art. 1er : L'arrêté du conseil de préfecture du département de l'Hérault est annulé pour cause d'incompétence et d'excès de pouvoirs. » Un assez grand nombre d'ordonnances que nous nous

abstiendrons de citer ont prononcé dans le même sens, et la jurisprudence du Conseil d'état ne pourrait varier sur ce point, puisqu'il résulte de l'application du texte même de la loi du 9 ventôse an XIII. L'incompétence d'un conseil de préfecture a même été déclarée par ordonnance du 24 octobre 1827 ( Vochelet contre commune de Brionne ), relativement à une anticipation commise sur un embranchement d'un chemin vicinal, lequel embranchement n'avait pas été compris dans le classement. « Vu la loi du 6 octobre 1791 et la loi du 28 février 1805 ( 9 ventôse an XIII ) ; considérant qu'un chemin, partant de l'ancien chemin de Bernay pour aller à Aclou, a été inscrit sous le n° 27, au tableau des chemins et sentiers publics de la ville de Brionne, *et que cette définition n'est pas applicable à l'embranchement contesté*, que ce fait est confirmé par le plan des lieux et le procès-verbal, et que dès lors le conseil de préfecture était incompétent pour connaître de la contestation. »

**174.** Mais si, pour que le conseil de préfecture puisse être saisi de la connaissance d'une anticipation, il est indispensable que le chemin sur lequel elle a été commise ait été préalablement déclaré vicinal, il n'est pas nécessaire, pour établir la compétence du conseil de préfecture, que l'anticipation ait été commise depuis l'arrêté de classement ; ce tribunal serait également compétent pour prononcer sur une anticipation antérieure à cet arrêté. Ainsi, dans l'affaire sur laquelle il a été statué par l'ordonnance déjà citée du 18 juin 1818 (commune de Lambezellec), il résulte des pièces que l'anticipation reprochée au sieur Bernard avait été commise antérieurement à l'arrêté de classement, et c'est cette circonstance qui avait déterminé le conseil de préfecture à se déclarer incompétent ; l'arrêté a cependant été annulé, et les parties renvoyées devant le même conseil pour y faire prononcer sur la question d'anticipation dont il s'agit. Ce principe est établi d'une manière plus explicite dans l'ordonnance du 23 novembre 1832 ( de Contenson), ainsi conçue : « Vu la loi du 9 ventôse an XIII ; considérant que le chemin vicinal de la Condimine a été déclaré vicinal par arrêté du préfet de Saône-et-Loire, *en date du 19 août 1830* ; que cette déclaration ne constitue pas un fait nouveau, mais constate seulement la vicinalité préexistante; que ce n'est que le 25 *octobre suivant* que le conseil de préfecture a prononcé sur l'usurpation constatée par le procès-verbal du garde champêtre de la commune, *en date du* 17 *juillet précédent;* que, dès lors, le conseil de préfecture a agi dans les limites de sa compétence. » Ici, comme on voit, l'anticipation constatée remontait à une époque antérieure au classement. Peu de mots expliqueront cette apparente rétroactivité donnée à la compétence du conseil de préfecture.

175. Toute anticipation sur le sol d'un chemin public, vicinal ou non vicinal, est une contravention, et, dans l'intérêt de la viabilité, elle doit être réprimée. Si l'anticipation avait été constatée avant la déclaration de vicinalité, le contrevenant eût été, en vertu de la loi du 6 octobre 1791, et aujourd'hui en vertu de l'article 479, n° 11, du Code pénal, il eût été, disons-nous, poursuivi devant les tribunaux ordinaires. Mais, de ce que l'anticipation n'aurait pas été constatée avant l'arrêté portant déclaration de vicinalité, il ne peut s'ensuivre que cet arrêté ait éteint la contravention préexistante; il faut, dans l'intérêt de la viabilité, que l'anticipation soit réprimée; seulement, la répression ne peut plus en être poursuivie que devant le conseil de préfecture, puisque, d'après la loi du 9 vent. an XIII et la jurisprudence du Conseil d'état, le conseil de préfecture est seul compétent pour connaître des anticipations sur le sol des chemins vicinaux. Il n'y a donc pas rétroactivité dans la poursuite, puisque l'anticipation constituait une contravention, même commise sur le sol d'un chemin non encore déclaré vicinal; il y a seulement, par le fait de la déclaration de la vicinalité postérieurement à l'anticipation, transport d'un tribunal à un autre de la compétence pour la répression de la contravention.

Il est à remarquer qu'alors même qu'un conseil de préfecture a prononcé la répression d'une anticipation sur un chemin vicinal, si le chemin vient à être déclassé avant l'exécution de l'arrêté du conseil de préfecture, cet arrêté tombe par le fait. C'est une conséquence toute naturelle du principe que l'effet cesse avec la cause. Il a été statué en ce sens par l'ordonnance du 9 février 1837 (de Lamberville contre commune de la Celle-Saint-Cloud) ainsi conçue : « Considérant que le chemin dont il s'agit avait été classé comme chemin vicinal par arrêté du préfet de Seine-et-Oise, du 16 janvier 1828; qu'ainsi, c'est avec raison que le conseil de préfecture a ordonné l'enlève-

**IV.**

ment des bornes plantées en contravention sur ledit chemin, et a condamné le sieur de Lamberville au paiement des frais de la constatation de la contravention ; mais, considérant que depuis, et par arrêté du préfet du 13 novembre 1835, approuvé par le ministre de l'intérieur, le chemin a été déclassé; que, dès lors, les arrêtés attaqués ne peuvent plus recevoir leur exécution dans la disposition qui ordonne l'enlèvement des bornes. »

176. Si la *vicinalité* du chemin est une condition indispensable pour donner ouverture à l'action répressive qui, d'après la jurisprudence du Conseil d'état, continue d'appartenir aux conseils de préfecture en vertu de la loi du 9 ventôse an XIII, cette circonstance, on le comprend, est sans importance pour les tribunaux ordinaires, lorsqu'ils se trouvent saisis, d'une manière ou d'une autre, de l'attribution qu'ils revendiquent en vertu du Code pénal. En effet, qu'un chemin ait été ou non déclaré vicinal, s'il est public, toute anticipation sur le sol de ce chemin est une contravention, et les tribunaux doivent la réprimer. Il est à remarquer, toutefois, que si le chemin avait été déclaré vicinal par arrêté du préfet, cette déclaration établirait pour le tribunal la *publicité* du chemin, et que le contrevenant ne serait pas admis, dans sa défense, à prétendre que l'anticipation n'a pas été commise sur un chemin public ; il pourrait seulement élever, s'il y avait lieu, l'exception de propriété du sol, et nous verrons plus bas quelle serait l'issue de cette question préjudicielle. Si, au contraire, le chemin n'était pas compris au nombre des chemins vicinaux de la commune, le tribunal admettrait le contrevenant à discuter la *publicité* du chemin, puisque ce fait ne résulterait, pour le tribunal, d'aucun acte administratif dont il serait tenu d'admettre l'effet et la valeur. C'est ce qui résulte d'un arrêt de la Cour de cassation (ch. crim.), du 4 janv. 1828 (le min. publ. contre Rémond), ainsi conçu : « Vu l'art. 40, tit. 2, de la loi du 6 oct. 1791; vu l'art. 6 de la loi du 9 ventôse an XIII; attendu que si, aux termes de l'article précité de la loi du 9 ventôse an XIII et des lois précédemment portées en cette matière, il appartient à l'administration publique de rechercher et reconnaître l'existence et les anciennes limites des chemins vicinaux, cette attribution est une conséquence nécessaire des pouvoirs et de la surveillance confiés exclu-

5

sivement à l'administration en tout ce qui intéresse l'existence, l'ouverture, la sûreté et la viabilité des chemins destinés à faciliter les communications et les débouchés qui donnent la vie à l'agriculture et au commerce ; attendu que cette attribution, qui a pour unique objet l'intérêt public et général, ne fait nul obstacle, alors surtout que l'administration n'en réclame pas l'exercice, à ce que les tribunaux répressifs, dans le cas où la *publicité* d'un chemin sur lequel un crime ou délit a été commis forme l'une des circonstances caractéristiques ou aggravantes de l'infraction, prononcent eux-mêmes sur l'existence et la réalité de cette circonstance; que, dans ces cas, les magistrats appelés à juger le mérite de l'action publique, sont juges naturels et compétents de l'exception tendant à faire disparaître l'infraction ou à en écarter la circonstance aggravante de la publicité du lieu ; qu'ainsi qu'un grand criminel, dans le cas prévu par l'art. 383 du Code pénal, lorsqu'il s'agit d'une accusation de vol commis sur *un chemin public*, l'appréciation de la circonstance aggravante de la *publicité* du chemin qui a été le théâtre du vol appartient exclusivement aux jurés et à la Cour d'assises, de même, en matière correctionnelle, l'examen du fait allégué par le prévenu de *non-publicité* du chemin sur lequel le délit a eu lieu est uniquement dévolu aux magistrats chargés de prononcer sur l'action et sur l'exception qui lui est opposée, sans que, dans l'un ou l'autre cas, l'administration publique doive être consultée sur une question purement judiciaire, dont le résultat ne peut être qu'une condamnation ou une absolution que les tribunaux seuls peuvent prononcer ; qu'au surplus, les tribunaux en pareille circonstance peuvent et doivent user de tous les modes d'instruction pour parvenir à la connaissance de la vérité ; que la publicité d'un chemin, en cas d'absence d'une déclaration de l'administration à cet égard, peut être appréciée par des titres, cadastres, rapports d'experts et tous autres éléments de preuves que les tribunaux croient devoir admettre ; attendu, dans l'espèce, que l'exception proposée par Rémond de la non-publicité du chemin sur lequel il reconnaît lui-même l'anticipation ou usurpation qui est l'objet de la prévention devait, comme l'action elle-même intentée par le ministère public, sur la demande et réquisition de l'adjoint au maire de la commune de Cry, être soumise exclusi-

vement à l'investigation et à l'examen du tribunal d'Auxerre ; que d'ailleurs la vicinalité du chemin n'était pas alléguée, et que, s'il appartient aux préfets seuls de déclarer l'existence de cette vicinalité, parce qu'elle est le résultat d'une opération administrative à laquelle concourent les Conseils municipaux par leurs délibérations, et qu'elle repose sur l'appréciation d'actes administratifs, il n'en est pas de même du fait de la publicité, qui peut être prouvé par enquête, par titres, par possession et autres moyens de droit commun ; attendu que ce tribunal devait d'autant moins renvoyer cet examen à l'administration qu'il s'y mêlait des questions de propriété, puisque la provocation de la vindicte publique par l'adjoint au maire avait pour fondement la plainte de propriétaires lésés par l'entreprise du prévenu dans l'intérêt de l'exploitation de leurs propriétés ; attendu enfin que le jugement attaqué pourrait avoir pour résultat de laisser sans solution la question qu'il a renvoyée à la décision de l'administration, puisqu'il ne s'explique pas sur celle des parties qui aurait le droit, l'obligation ou la faculté de provoquer et d'obtenir cette décision dont le retard ou l'absence éterniserait la contestation et arrêterait le cours de la justice, saisie par l'action du ministère public ; d'où il suit que le tribunal d'Auxerre, par le sursis qu'il a prononcé jusqu'à ce qu'il ait été statué par l'administration sur la publicité ou non-publicité du chemin dont il s'agit, a violé les règles de sa juridiction. »

177. Si la déclaration de vicinalité est un préalable nécessaire pour donner ouverture à la compétence des conseils de préfecture, en matière d'anticipation sur les chemins, une autre condition indispensable pour que ces tribunaux puissent exercer l'attribution qui leur est donnée, c'est que le préfet ait fixé la largeur du chemin vicinal. On comprend, en effet, que de la détermination de cette largeur dépend seule la question de savoir s'il y a ou non anticipation sur le sol du chemin. C'est ce qui est clairement établi dans l'ordonnance du 23 juin 1819 (Chapuis contre commune de Mantry), ainsi conçue : « Considérant qu'il s'agit d'une contravention pour cause d'anticipation sur un chemin vicinal ; qu'aux termes de la loi du 9 ventôse an XIII, les conseils de préfecture ne sont compétents pour statuer en matière de contravention sur la largeur des chemins vicinaux, qu'autant

que les préfets ont préalablement recherché, reconnu et fixé la largeur desdits chemins; considérant que, dans l'espèce, le préfet n'a pas déterminé la largeur que doit avoir le chemin dont il s'agit devant la propriété du sieur Chapuis, et qu'ainsi la décision du conseil de préfecture est prématurée; — Art. 1er : Les arrêtés du conseil de préfecture du département du Jura, des 24 avril et 26 mai 1818, sont annulés, sauf à la commune de Mantry à se pourvoir devant le préfet, pour faire déterminer la largeur du chemin en litige. » Plusieurs ordonnances postérieures ont prononcé dans le même sens et à peu près dans les mêmes termes; nous citerons celle du 17 déc. 1823 ( Peydèvre contre commune d'Ardes). « Vu la loi du 28 février 1805 (9 ventôse an XIII), et notamment les articles 5, 6 et 7 ; considérant que la vicinalité du chemin de Brives à Ardes est contestée; considérant que le préfet n'a pas encore fait rechercher et reconnaître, aux termes de la loi du 28 février 1805 ( 9 ventôse an XIII), les anciennes limites des chemins vicinaux du canton d'Ardes; avant faire droit; — Art. 1er : Les parties sont renvoyées devant le préfet du département du Puy-de-Dôme, pour voir procéder, en ce qui concerne le chemin dont il s'agit, à l'exécution des dispositions prescrites par l'art. 6 de la loi du 28 février 1805 (9 ventôse an XIII). » Un assez grand nombre d'ordonnances postérieures, que nous nous abstiendrons de citer, ont statué dans le même sens.

Un conseil de préfecture ne pourrait pas non plus, en réprimant une anticipation, attribuer au chemin une largeur autre que celle fixée par l'arrêté du préfet. C'est ce qui résulte de l'ordonnance du 21 avril 1832 (Ledard et Vidmer), ainsi conçue « : Considérant qu'il n'appartient qu'à l'administration de déterminer la largeur des chemins vicinaux, et que le conseil de préfecture du département du Calvados, en donnant au chemin Haussey une largeur autre que celle qui a été fixée par l'arrêté du préfet, a excédé ses pouvoirs. » Il a été prononcé de même par l'ordonnance du 1er mars 1833 ( de Rogemont).

178. Nous terminerons, sur ce point, en recherchant si les conseils de préfecture sont également compétents pour réprimer les anticipations sur les excédants de largeur des chemins vicinaux, c'est-à-dire sur les terrains contigus à ces voies publiques, en dehors de la largeur fixée. Cette question a été diversement résolue. Ainsi, la compétence de ces conseils n'a pas été admise lorsque le terrain sur lequel l'anticipation avait eu lieu était tout à fait indépendant du chemin, comme dans le cas sur lequel a prononcé l'ordonnance du 6 nov. 1817 ( Lamiraud contre commune de Bréville), ainsi conçue : « Considérant que le terrain vague et communal dit le Pas-de-Recette des Motais, situé le long du chemin de Cognac à Bréville, forme une propriété indépendante dudit chemin, laquelle est susceptible de culture et de clôture, et qu'on ne peut l'assimiler aux excédants de largeur des chemins vicinaux dont il est fait mention dans l'arrêté du préfet du 3 avr. 1812; considérant qu'une partie de cette pièce de terre a été séparée du chemin par un fossé qui laisse audit chemin une largeur plus grande que celle qui a été fixée par ledit arrêté, et que, s'il y a eu usurpation de la part du sieur Lamiraud, cette usurpation aurait eu lieu sur le terrain du Pas-de-Recette des Motais, et non sur le chemin vicinal de Cognac à Bréville; considérant que, dans l'espèce, il s'agit de savoir si le terrain en litige dépend d'une propriété particulière ou d'une propriété communale ; que c'est une question de propriété qui ne peut être jugée que par les tribunaux; — Art. 1er : Les arrêtés du conseil de préfecture du département de la Charente, des 21 déc. 1814 et 23 juillet 1816, sont annulés. » Il a été statué dans le même sens par une seconde ordonnance du 10 janvier 1827 (Coulon), prononçant sur un cas à peu près semblable, et par une autre ordonnance du 16 février 1825 ( Ostalet contre commune d'Ancarville), relativement à une prétendue anticipation qui n'avait pas diminué la largeur du chemin. « Considérant que les conseils de préfecture sont compétents pour statuer dans les cas d'usurpation commise sur les chemins vicinaux, mais que, dans l'espèce, il est reconnu par le conseil de préfecture que le sieur Ostalet, en construisant le mur dont il s'agit, n'a point diminué la largeur du chemin d'Ancarville; considérant qu'en ordonnant la démolition de ce mur, et en condamnant le sieur Ostalet à rendre à la commune le terrain désigné par la lettre D du plan n° 3, lequel est situé en dehors du chemin, le conseil de préfecture a prononcé sur les questions de propriété; que, par conséquent, sous tous les rapports, son arrêté est incompétemment rendu. »

Il a été statué de même par l'ordonnance du 26 déc. 1839 (ministre de l'intérieur), ainsi conçue : « Vu les lois des 9 ventôse an VIII et 21 mai 1836 ; considérant qu'il résulte de l'instruction que le terrain dont il s'agit n'est pas compris dans les limites du chemin vicinal de Fréttemolle à Fourcigny, telles qu'elles ont été fixées par l'arrêté de classement du 5 nov. 1824 ; que, dès lors, le conseil de préfecture de la Somme, en renvoyant, par son arrêté du 17 avril 1837, les parties devant les tribunaux ordinaires, n'a commis aucune violation des lois en matière de chemins vicinaux. »

Au contraire, la compétence du conseil de préfecture a été maintenue lorsque le terrain sur lequel l'anticipation avait été commise était réellement une dépendance du chemin, bien qu'en dehors de la largeur fixée, ainsi qu'on le voit dans l'ordonnance du 16 mai 1827 (Amyot contre commune de Fontaine-la-Soret), ainsi conçue : « Considérant que le chemin dont il s'agit est porté sur le tableau des chemins vicinaux de la commune de Fontaine-la-Soret, sous le n° 12, et que sa largeur a été fixée à 4 mètres 60 centimètres, sauf à maintenir les excédants de largeur qui peuvent s'y trouver ; considérant qu'il résulte de l'instruction de l'affaire qu'en avant de l'ancienne haie du sieur Amyot il existait des arbres isolés sur l'alignement desquels la nouvelle haie a été plantée, d'où il suit que la largeur primitive n'a pas été conservée ; que, dès lors, le conseil de préfecture a justement réprimé ce rétrécissement de la voie publique. »

179. Dans le cas où un tribunal de simple police se trouverait saisi de la répression d'une anticipation sur le sol d'un chemin vicinal, il est à présumer qu'il suivrait, sur le point qui nous occupe, des règles analogues à celles que suivent les conseils de préfecture, c'est-à-dire que, si la largeur du chemin avait été fixée par arrêté du préfet, cette largeur légale servirait de base à la recherche du fait d'anticipation. En effet, la valeur de cet acte administratif ne pourrait être contestée par le tribunal. Si, au contraire, l'arrête portant déclaration de vicinalité ne fixait pas la largeur du chemin, il est présumable que le tribunal, avant de prononcer sur le fait de l'anticipation, renverrait à l'autorité administrative pour cette fixation. C'est ce qui résulte implicitement, mais assez clairement, d'un arrêt de la Cour de cassation (ch. crim.) du 13 nov. 1841 (le minist. public contre Bellonet), ainsi conçu : « Attendu que le sieur Bellonet était poursuivi pour avoir construit, sans aucune autorisation, le long d'un chemin vicinal, un mur qui dans une partie de son étendue ne lui laisse pas toute sa largeur ; que ce fait est prévu et puni de peines de simple police, non-seulement sous le rapport du défaut d'autorisation, mais aussi sous celui de l'usurpation, puisque la loi du 21 mai 1836, formant un système complet de législation sur les chemins vicinaux, a virtuellement abrogé les lois précédentes sur la même matière, notamment les art. 7 et 8 de celle du 9 ventôse an XIII, et par suite, soumis les contraventions relatives à ces chemins aux règles ordinaires de compétence établies par les art. 137 et 138 du Code d'instruction criminelle ; que le prévenu, en soutenant pour sa défense qu'il avait, lors de la construction de son mur, respecté la largeur du chemin fixée par le préfet, n'a point élevé une question préjudicielle qui sortît de la compétence du tribunal de police ; qu'en effet, tout ce qui est attribué exclusivement à l'autorité administrative par la législation en vigueur, c'est le classement des chemins vicinaux et le classement de leur largeur ; mais que, lorsque ces deux points ont été, comme dans l'espèce, réglés par un arrêté du préfet préexistant, lorsque la question de savoir s'il y a eu usurpation *ne dépend point d'une fixation encore à faire* de la largeur qui doit appartenir au chemin, cette question ne porte plus que sur un simple fait matériel que le juge chargé de la réprimer doit vérifier et constater lui-même. »

180. Le moyen de défense que présentent le plus fréquemment les propriétaires riverains des chemins vicinaux poursuivis pour anticipation sur le sol de ces chemins, c'est de prétendre que la parcelle de terrain dont ils se sont emparés est leur propriété. Les conseils de préfecture doivent-ils s'arrêter devant cette exception, et avant de statuer sur le fait d'anticipation, renvoyer la question préjudicielle de propriété devant les tribunaux ordinaires, seuls juges de toutes les questions de propriété ?

181. Cette difficulté a été résolue diversement, à différentes époques, comme nous l'avons vu précédemment pour la question analogue, celle de savoir si un chemin pouvait être déclaré vicinal avant le jugement sur la propriété du sol.

Ainsi, en 1810, époque où la compétence des conseils de préfecture pour la répression des anticipations n'était pas encore complétement reconnue par le Conseil d'état, le sursis était imposé aux tribunaux de police lorsque la question de propriété était soulevée; cette règle est posée dans un décret du 7 août 1810 ( Bonnet, Lecointre et autres ). « Considérant que le tribunal de police aurait dû surseoir à prononcer sur l'action intentée par l'adjoint du maire, comme remplissant les fonctions du ministère public auprès de ce tribunal, jusqu'à ce que la question de propriété eût été jugée ; que ce tribunal n'était compétent que pour prononcer sur le fait de la contravention en matière de petite voirie; — Art. 1er : Le conflit élevé par le préfet de la Seine-Inférieure est annulé. Art. 2. Le jugement du tribunal de police, en ce qu'il prononce sur une question de propriété, est infirmé. Art. 3. Les parties sont renvoyées devant les tribunaux civils, pour faire décider si le terrain réclamé est une propriété particulière. » Une décision analogue a été donnée dans un second décret, du 15 juin 1812 (Vannier et Maubuisson), ainsi conçu : « Vu l'arrêté en date du 30 août 1811, par lequel le préfet de l'Eure a élevé le conflit d'attribution au sujet des poursuites dirigées devant le tribunal de police correctionnelle de Louviers, contre les sieurs Vannier et Maubuisson, à raison des prétendues usurpations par eux commises sur un chemin vicinal, maintenu par décision de l'autorité administrative; vu les jugements interlocutoires rendus les 12 juin, 14 août et 13 novembre 1811, par lesquels ce tribunal, en se reconnaissant compétent pour statuer sur le délit d'usurpation, a néanmoins accordé aux prévenus un délai pour faire prononcer sur la question de propriété par eux alléguée, et attendu le conflit, a sursis à prononcer jusqu'à décision de l'autorité supérieure; considérant que les sieurs Maubuisson et Vannier ont prétendu, tant devant le tribunal correctionnel que devant le préfet, être propriétaires du terrain sur lequel est établi le chemin sus-mentionné; qu'ils ont affirmé que dans aucun temps leur fonds n'a été traversé par un chemin public; qu'il en résulte ainsi une question de propriété qui doit être préalablement jugée par les tribunaux, et que, dans tous les cas, l'autorité administrative serait incompétente pour appliquer les peines résultant du fait d'usurpation prétendue; —

Art. 1er : L'arrêté du 30 août 1811, par lequel le préfet de l'Eure a élevé le conflit d'attribution dans l'affaire des sieurs Vannier et Maubuisson est annulé, et les parties sont renvoyées devant les tribunaux. »

182. Mais plus tard, et lorsque le contentieux des chemins vicinaux eut été mieux étudié, le conseil d'état décida que la répression des anticipations était distincte et indépendante du jugement de la question préjudicielle de propriété du sol, et que le contrevenant pouvait être condamné à restituer le sol, sous la réserve de ses droits à une indemnité, s'il y avait lieu. C'était le corollaire de la jurisprudence adoptée relativement à la déclaration de vicinalité, et d'après laquelle un chemin peut être déclaré vicinal alors même que le sol de ce chemin est une propriété particulière. Ainsi, une ordonnance du 11 juin 1817 (Lhoyez) a prononcé en ces termes : « Vu la requête tendante à ce qu'il nous plaise annuler un arrêté du conseil de préfecture du département de la Seine, du 6 mai 1816, qui a condamné le réclamant à supprimer un fossé et une clôture par lui établie sur le chemin conduisant de la barrière du Mont-Parnasse à la Chaussée du Maine, dans une partie qu'il prétend lui appartenir; considérant que l'arrêté du conseil de préfecture ne préjuge rien sur l'indemnité qui pourrait être due au sieur Lhoyez dans le cas où, par l'effet de l'alignement, il viendrait à être privé d'une portion de terrain de la propriété duquel il justifierait; — Art. 1er : La requête du sieur Lhoyez est rejetée. » Une seconde ordonnance, du 27 août 1817 ( Chesneau-Blancler contre commune de Saint-Hilaire-Saint-Florent ) est plus explicite encore dans sa rédaction. « Considérant que le conseil de préfecture du département de Maine-et-Loire, par son arrêté du 3 juin 1816, n'a statué que sur le fait de l'anticipation commise par ledit sieur Chesneau-Blancler sur le chemin vicinal non contesté de Saint-Florent à Marson, sans rien préjuger à l'égard de la propriété en litige de partie dudit chemin, et que, dès lors, il n'a point excédé les bornes de sa compétence; — Art. 1er : La requête du sieur Chesneau-Blancher est rejetée. »

De ces deux ordonnances, il résulte incontestablement que, lorsque les conseils de préfecture étaient saisis d'une poursuite pour anticipation sur la largeur d'un chemin vicinal, ils devaient prononcer sur cette contravention, nonobstant toute exception préjudicielle de propriété, qui pourrait être soulevée par le contrevenant. Cette jurisprudence a été consacrée par plusieurs ordonnances subséquentes que nous nous abstiendrons de citer, et elle est demeurée invariable.

183. Il peut, au premier coup d'œil, paraître bizarre qu'un particulier puisse être poursuivi et condamné à restituer, comme l'ayant usurpé, un terrain que, peu après peut-être, un tribunal civil va déclarer être la propriété de ce particulier; mais, en se pénétrant de l'esprit de la législation, on voit bientôt disparaître cette apparente contradiction, entre un jugement du conseil de préfecture, qui décide qu'il y a usurpation sur le sol vicinal, et un jugement du tribunal civil, qui prononce que celui qui a saisi le terrain qu'il est déclaré avoir usurpé, en est légitime propriétaire. Rappelons-nous, en effet, que l'arrêté du préfet qui classe un chemin parmi les chemins vicinaux, qui en détermine la largeur, ou qui en ordonne l'élargissement, *attribue définitivement au chemin le sol compris dans les limites de l'arrêté.* Ce principe, écrit dans l'article 15 de la loi du 21 mai 1836, n'a pas été créé par cette loi, ainsi que nous l'avons dit plus haut en traitant du classement; il était mis en pratique, depuis près de vingt années, par l'effet de la jurisprudence du Conseil d'état, et il a été seulement consacré par la législation nouvelle. Lors donc qu'un arrêté portant classement ou élargissement d'un chemin vicinal comprend, dans les limites légales de ce chemin, une parcelle de terrain qui appartient à un particulier, celui-ci se trouve, virtuellement et à l'instant, dessaisi de ce terrain; son droit de propriété sur le sol est éteint; il est remplacé par un droit à indemnité pour la valeur du terrain qu'il doit céder. Par une conséquence toute logique, si ce particulier refuse de livrer le sol dont il est légalement dépossédé, s'il commet une voie de fait pour le ressaisir, ce n'est plus sa propriété qu'il reprend, car il a cessé d'être propriétaire; il s'empare d'un terrain *définitivement attribué au chemin,* tandis qu'il n'avait plus que le droit de se pourvoir en règlement d'indemnité. C'est donc à juste titre que cette voie de fait est qualifiée d'*anticipation* et réprimée comme telle, absolument comme si le contrevenant n'avait jamais été propriétaire de ce sol.

Dès qu'il était reconnu que la question préjudicielle de propriété ne pouvait arrêter les poursuites intentées à l'occasion d'une antici-

cipation, il en résultait naturellement que le contrevenant ne pouvait être admis à les suspendre par une demande au possessoire. C'est ce qu'a déclaré l'ordonnance du 28 fév. 1828 ( Parent et Feuilleret ), ainsi conçue : « Vu la loi du 28 février 1805 ( 9 ventôse an XIII ), la loi du 7 septembre 1795 ( 21 fructidor an III), l'arrêté du 4 novembre 1801 (10 brum. an X), et l'ordonnance royale du 12 déc. 1821 ; considérant que l'ancien chemin qui conduisait, de la route royale n° 39, au domaine de Plaisance, était au nombre des chemins vicinaux de la commune de Nogent-sur-Marne; que le sieur Feuilleret ne produit aucun acte de l'autorité administrative qui l'ait autorisé à établir un nouveau chemin, à supprimer l'ancien et à le réunir à sa propriété; qu'ainsi il appartenait au conseil de préfecture de réprimer l'usurpation des sieurs Feuilleret et Parent, et d'ordonner le rétablissement de l'ancien chemin; que, dès lors, l'appel introduit par le sieur Feuilleret ne tend qu'à reproduire devant les tribunaux des questions compétemment jugées par le conseil de préfecture, dans son arrêté du 11 novembre 1822 ; — Art. 1er : L'arrêté de conflit est confirmé. » Il a été statué dans le même sens par l'ordonnance du 5 septembre 1836 (Lavaud contre commune de Bergerac), ainsi conçu : « *En ce qui touche la compétence;* considérant que les chemins vicinaux reconnus comme tels, étant de leur nature imprescriptibles, ne sont pas susceptibles d'une possession privée et ne peuvent être l'objet d'actions possessoires portées devant les juges de paix ; qu'il appartient exclusivement à l'autorité administrative de maintenir le public en jouissance desdits chemins ; considérant, d'ailleurs, qu'il avait été excipé de l'arrêté du conseil de préfecture devant le tribunal de Bergerac, tant par le préfet dans son déclinatoire que par le maire de la commune dans ses conclusions, et qu'en présence de cet arrêté qui maintenait le public en possession dudit chemin, le tribunal de Bergerac aurait dû s'arrêter et renvoyer les parties à se pourvoir contre ledit arrêté devant l'autorité supérieure. »

184. Mais si l'autorité judiciaire ne peut pas, en admettant une action au possessoire, porter atteinte à la chose jugée par le conseil de préfecture, l'autorité administrative ne pourrait pas, de son côté non plus, revendiquer, par la voie d'une poursuite en antici-

pation, un terrain qu'une décision judiciaire passée en force de chose jugée aurait déclaré être la propriété d'un particulier. C'est ce qu'a déclaré l'ordonnance du 23 janv. 1820 (Vauchel contre commune des Loges), ainsi conçue : « Vu l'arrêté attaqué du conseil de préfecture du département de la Seine-Inférieure, du 7 mars 1818, portant que le sieur Vauchel est tenu de restituer, dans le délai d'un mois, la portion de terrain par lui anticipé, et de rendre aux chemins des Loges à Cuverville, et de Gerville à Etreta, leur ancienne largeur, et qu'à défaut par lui de le faire, le maire est autorisé à placer des ouvriers aux frais dudit sieur Vauchel ; considérant que, par le jugement du juge de paix du canton de Criquetot-lès-Neval, du 17 fructidor an VI, d'après le désistement du maire de la commune des Loges et du commissaire du pouvoir exécutif, le sieur Vauchel a été maintenu en possession du terrain dont il s'agit ; que ledit terrain était dès lors entouré de haies vives, et que le sieur Vauchel en a joui sans interruption depuis l'an VI jusqu'en 1818 ; — Art. 1er : L'arrêté du conseil de préfecture du département de la Seine-Inférieure, du 7 mars 1818, est annulé. Art. 2 : Les héritiers Vauchel resteront en possession du terrain antérieurement concédé à leur auteur. » Il est évident que dans l'espèce à laquelle se rapporte cette ordonnance, c'est à tort que l'autorité administrative avait intenté des poursuites en anticipation, puisque aucun acte administratif n'était venu changer la largeur légale du chemin depuis les décisions judiciaires qui avaient prononcé sur la propriété. Si donc il était reconnu nécessaire d'incorporer au chemin une portion du terrain appartenant au sieur Vauchel, ce n'était pas par la voie d'une poursuite pour anticipation qu'il devait y être procédé, le préfet aurait dû prendre un arrêté ordonnant l'élargissement du chemin, et le sieur Vauchel se fût trouvé contraint de céder ce terrain, sauf son droit à indemnité. C'est ainsi, nous le pensons, qu'il devrait être procédé dans les cas analogues.

185. Sur l'effet de la question préjudicielle de propriété soulevée par les individus prévenus d'anticipations, l'autorité judiciaire a, jusqu'à la promulgation de la loi du 21 mai 1836, professé la même doctrine qu'avait d'abord adoptée le Conseil d'état, savoir, que devant cette question préjudicielle, les tribunaux ré-

pressifs devaient surseoir jusqu'à jugement par les tribunaux civils de la prétention de propriété. Ainsi un arrêt de la Cour de cassation (ch. cr.), du 9 fructidor an X (27 août 1802,) (le ministère public contre Giron) ; porte : « Considérant que le citoyen Louis Giron aîné, traduit devant le tribunal de police du canton de Saint-Gilles, à raison d'une entreprise sur la voie publique, a prétendu que le terrain en question faisait partie de celui qui lui était loué par le citoyen Cahouet, et que le citoyen Cahouet était propriétaire dudit terrain ; que, dès lors, la question de propriété devait d'abord être décidée par les juges compétents avant que le Tribunal de police pût prononcer relativement à la prétendue voie de fait sur le chemin public ; que cependant le tribunal de police, sans égard à l'exception de la propriété, a prononcé sur l'action publique résultant de l'entreprise sur la voie publique ; que, dès lors, le tribunal de police a commis une usurpation de pouvoir. » Plusieurs arrêts consécutifs rendus jusqu'en 1835 ont maintenu la même règle ; nous citerons seulement celui du 20 juin 1828 (le ministère public contre Thorin), duquel il résulte que non-seulement les tribunaux répressifs ne pouvaient condamner les prévenus d'anticipation avant le jugement de la question préjudicielle de propriété, mais même qu'ils ne pouvaient, avant la solution de cette question, les renvoyer de la plainte. Cet arrêt est ainsi conçu, quant au point de jurisprudence dont il s'agit : « Attendu que le tribunal de Versailles a lui-même reconnu que si la possession alléguée par Thorin était reconnue par l'autorité compétente, elle ôterait au fait incriminé tout caractère de contravention, et a, en conséquence, admis la question préjudicielle proposée par Thorin ; que, par suite de ce principe, il devait attendre, avant de prononcer sur la prévention, que la question préjudicielle fût résolue, qu'il fût constaté par la décision à intervenir que le fait incriminé avait ou n'avait pas le caractère de contravention ; que cependant il a évacué de fait l'instance et statué sur la prévention, en déchargeant Thorin des condamnations contre lui prononcées, et en le renvoyant, quant à présent, de la poursuite. »

Il importait cependant que le sursis commandé aux tribunaux répressifs, devant la question préjudicielle de propriété, ne pût pas être indéfiniment prolongé. Aussi ces tribunaux avaient-ils le droit et le devoir de fixer le délai dans lequel les prévenus d'anticipations devaient saisir les juges civils de leurs prétentions. C'est ce qu'établit un arrêt de la Cour de cassation (ch. cr.), du 15 septembre 1826 (le ministère public contre Ganthey), ainsi conçu : « Sur le second moyen pris de ce que le tribunal de Châlons-sur-Saône, en approuvant les motifs et le dispositif de la décision des premiers juges, a déclaré *que ce n'était pas le cas de fixer un délai pour faire prononcer sur la question préjudicielle, parce qu'on ne peut pas forcer le prévenu à suivre une action civile pour sa propriété; que c'est au contraire à celui qui élève des prétentions contraires aux siennes à le faire, s'il s'y croit fondé;* attendu 2° que, s'il n'était fixé un délai au prévenu par la juridiction correctionnelle pour faire statuer sur la question de propriété, ce prévenu, en ne faisant aucune diligence devant la justice civile, s'assurerait le fruit de son usurpation, et que toute contravention ou délit de l'espèce dont il s'agit serait couvert, au gré de ce prévenu, et par le seul fait de son silence ou de son inaction, par une impunité funeste aux propriétés publiques et particulières; d'où il suit que le jugement attaqué a violé les règles de la procédure. » Deux autres arrêts des 27 juillet 1827 (le ministère public contre Germa), et 20 juin 1828 (le ministère public contre Thorin), ont prononcé dans le même sens.

Il avait été également décidé que, lorsque le particulier poursuivi pour anticipation sur un chemin vicinal soulevait la question de propriété, il n'était pas nécessaire que la commune intervînt ou fût mise en cause. C'est ce qui résulte de l'arrêt de la Cour de cassation (ch. crim.), du 20 juin 1828 (le ministère public contre Thorin), ainsi conçu, quant à ce point : « Attendu que cependant il (le tribunal) a évacué de fait l'instance et statué sur la prévention, en déchargeant Thorin des condamnations contre lui prononcées, et en le renvoyant, quant à présent, de la poursuite; qu'il a vainement essayé d'appuyer cette décision sur le fondement *que la commune de Vert-Legrand n'étant pas en cause, il n'y avait lieu d'ordonner contradictoirement avec elle le renvoi à fins civiles, ni de prononcer par voie de sursis;* que le jugement attaqué a créé, dans cette disposition, une fin de non-recevoir contre l'action du ministère public non autorisée par les lois; qu'en effet,

aucune loi n'exige l'intervention ou la présence des communes ou de l'état dans les poursuites dirigées par le ministère public, à raison des délits commis sur les chemins publics, à quelque classe qu'appartiennent ces chemins; qu'il en est des délits de cette nature comme de tous ceux qui, portant atteinte à des propriétés publiques ou particulières, parviennent à la connaissance du ministère public, éveillent son zèle et provoquent son action, indépendamment même des plaintes des parties intéressées; d'où il suit que le jugement attaqué, en créant une pareille fin de non-recevoir, a méconnu les attributions du ministère public et a d'ailleurs violé les règles de la compétence. »

Enfin, et comme conséquence du principe que la poursuite des anticipations appartient à l'action publique sans que les communes soient obligées d'y intervenir, il avait été décidé que c'était au particulier qui soulevait la question de propriété qu'il appartenait de prouver qu'il était propriétaire. C'est ce qu'a établi l'arrêt de la Cour de cassat. (ch. crim.), du 25 sept. 1835 (le ministère public contre Moreau), ainsi conçu : « Vu l'article 182 du Code forestier; attendu que Moreau est prévenu, d'après les procès-verbaux dressés à sa charge les 29 avril 1834 et 17 mai 1835, d'abord, d'avoir *supprimé et labouré en partie un chemin reconnu vicinal depuis un temps immémorial,* et ensuite de l'avoir *usurpé et même intercepté en son entier par cinq fossés faits de distance en distance;* qu'en s'arrêtant devant la question préjudicielle par lui élevée dans le but d'échapper à l'application de l'article ci-dessus rappelé du Code pénal, le tribunal de simple police lui a régulièrement imposé l'obligation de poursuivre la décision, suivant la maxime *reus accipiendo fit actor,* consacrée par l'art. 182 du Code for., et qui régit toutes les matières susceptibles de son application; que néanmoins le jugement dénoncé a sursis à statuer sur l'appel par lui déclaré recevable, *tant que la commune de Longeville-lès-Metz ou le ministère public n'aura pas prouvé qu'elle est propriétaire du chemin dont il s'agit;* en quoi il a faussement appliqué la règle *actori incumbit onus probandi,* et commis une violation expresse dudit article 182. »

186. Telle était la jurisprudence de la Cour de cassation, avant la loi du 21 mai 1836, sur l'effet de la question préjudicielle de pro-

priété, soulevée par les individus prévenus d'anticipation sur les chemins vicinaux. Depuis la promulgation de cette loi, la Cour de cassation a modifié sa jurisprudence et est entrée pleinement dans celle adoptée depuis longtemps par le Conseil d'état, savoir, que l'exception de propriété ne constituait plus dans ce cas une question préjudicielle devant laquelle les tribunaux répressifs dussent s'arrêter. C'est ce qu'a décidé un arrêt (ch. cr.) du 4 août 1836 (le ministère public contre veuve Loriferne), ainsi conçu : « Vu les art. 15 de la loi du 31 mai 1836, et 182 du Code for. ; attendu, en droit, qu'il résulte de la combinaison de ces deux dispositions, 1° que le classement d'un chemin parmi les voies vicinales a pour effet de lui attribuer définitivement le sol compris dans ses limites; 2° que le droit des riverains, lors même qu'ils en seraient ensuite déclarés propriétaires, se résout en une indemnité; 3° *qu'ils ne peuvent pas, dès lors, exciper utilement de leur prétention à sa propriété*, pour échapper aux conséquences des contraventions qu'ils y ont commises; 4° que les tribunaux devant lesquels ces contraventions sont poursuivies *doivent donc les réprimer immédiatement* quand leur existence est certaine, *puisque le jugement de l'exception proposée, fût-il favorable au prévenu, ne saurait avoir pour résultat de l'affranchir de la peine par lui encourue;* et attendu, en fait, que le préfet du département de l'Yonne, par son arrêté du 15 déc. 1834, a rangé le chemin dont il s'agit dans l'espèce, dans la classe des chemins vicinaux de la commune de Tonnerre; qu'il est établi que la veuve Loriferne *l'a fait labourer dans toute sa largeur,* vis-à-vis du champ qui lui appartient, *sur une longueur de 69 mètres, de manière à le bannir;* que l'instance qui se trouve engagée entre elle et la commune, sur la propriété dudit chemin, ne peut, quelle qu'en soit l'issue, rendre licite une telle entreprise; d'où il suit qu'en différant de la réprimer jusqu'à ce que cette instance soit vidée, le jugement dénoncé a commis une violation expresse, tant des règles de la compétence que des articles précités. » Même décision a été rendue par arrêts (ch. cr.) du 29 déc. 1837 (le ministère public contre Leroux), et 23 mai 1841 (le ministère public contre Allain).

Dans un autre arrêt (ch. cr.) du 7 juin 1838 (le ministère public contre Rarghon), que nous avons rapporté plus haut, la Cour de cassation a déclaré que si le particulier ainsi dépossédé « ressaisissait une portion du terrain réuni et incorporé au chemin, *sous prétexte de reprendre sa propriété,* il y aurait de la part du prévenu une voie de fait constituant une détérioration *ou usurpation sur la largeur d'un chemin public,* laquelle devrait être réprimée. » Dans un autre arrêt (ch. civ.) du 6 juillet 1841 (Renaut contre la commune de Velisy), également rapporté plus haut, page 75, la Cour a déclaré « qu'un chemin vicinal, après que le sol en a été mis hors du commerce par le classement, n'est plus susceptible de possession privée, et que l'action en maintenue possessoire formée par un particulier n'est pas recevable. » Enfin, dans un autre arrêt (ch. civ.) du 21 fév. 1842 (Dubois contre Mesnier), la Cour de cassation a déclaré que, lorsqu'un chemin a été classé par l'autorité administrative, « s'il s'élève des questions de propriété du sol, ces questions doivent être jugées par les tribunaux; mais que les droits du propriétaire du sol devant, d'après les lois spéciales sur la matière, se résoudre en indemnité, *il en résulte que les tribunaux ne peuvent réintégrer un particulier dans la possession d'un terrain déclaré former un chemin vicinal.* »

187. Le Conseil d'état et la Cour de cassation sont aujourd'hui donc unanimes sur ce point de jurisprudence, que l'exception préjudicielle de propriété ne peut arrêter les poursuites pour fait d'anticipation sur un chemin vicinal ; mais une juste conséquence de ce principe, c'est que les droits éventuels des particuliers à une indemnité leur soient réservés, s'ils sont ultérieurement reconnus propriétaires du sol qu'ils avaient indûment ressaisi. C'est ce qui résultait implicitement d'un assez grand nombre d'ordonnances, et ce qui a été formellement déclaré dans celle du 25 octobre 1826 (Pauzier), ainsi conçue : « Considérant que cette décision (du conseil de préfecture) ne fait pas obstacle à ce que le sieur Pauzier fasse valoir devant les tribunaux son droit à la propriété du chemin en litige et à l'indemnité qui pourrait lui être due, dans le cas où ce droit de propriété serait judiciairement reconnu. » Plusieurs ordonnances subséquentes ont prononcé dans le même sens et à peu près dans les mêmes termes; ce point de jurisprudence est donc invariablement fixé.

188. Au nombre des moyens de défense que

font valoir les particuliers prévenus d'anticipation sur le sol des chemins vicinaux, se trouve quelquefois la prescription qu'ils prétendent leur être acquise, en vertu des art. 638 et 640 du Code pénal ; mais les conseils de préfecture n'auront pas à s'arrêter devant cette prétention. Déjà une ordonnance du 28 février 1828 ( Bavoux et Pochet contre la commune de Nesles ) avait repoussé en ces termes un semblable moyen de défense : « Considérant, sur la prescription, que les prescriptions établies par l'art. 8 de la section 7 du titre 1er de la loi du 6 oct. 1791, et par les art. 638 et 640 du Code d'instruction criminelle, ne s'appliquent qu'aux actions publiques et civiles qui naissent des délits et des contraventions de police, et non pas à l'action exercée en vertu de la loi du 28 février 1805 ( 9 ventôse an XIII ) pour le maintien de l'acte administratif qui a déterminé la largeur des chemins vicinaux ; que ladite loi du 28 février 1805 ( 9 ventôse an XIII ) n'a pas établi de prescription spéciale pour cette action. » Plus tard, et dans une ordonnance du 16 juill. 1840 (le ministre des travaux publics contre Vidal), le Conseil d'état avait posé le principe « que l'existence de constructions faites sans autorisation le long d'une route royale constituait *une infraction permanente* et que la répression, quel que soit le laps de temps écoulé, peut et doit en être poursuivie, dans l'intérêt toujours subsistant de la grande voirie ; » et, bien qu'il s'agît dans cette ordonnance d'une contravention de grande voirie, il ne pouvait être douteux que ce principe ne fût également applicable à la voirie vicinale. En effet, l'application en a été faite à ce dernier service par l'ordonnance du 4 sept. 1841 (Maguillat) ainsi conçue : « Considérant que l'art. 640 du Code d'inst. crimin., relatif aux actions pénales et aux actions en réparation civile auxquelles les contraventions de police peuvent donner naissance, et dont l'appréciation appartient aux tribunaux, ne fait pas obstacle à ce que les conseils de préfecture saisis par l'autorité administrative, conformément aux dispositions de la loi du 9 ventôse an XIII, de la connaissance desdites usurpations, ordonnent le rétablissement des lieux en l'ancien état ; que, dès lors, le conseil de préfecture du département de l'Isère, en refusant de prononcer la suppression des usurpations qui lui étaient déférées, par le motif que lesdites usurpations, antérieures de plus

d'un an aux poursuites, étaient couvertes par la prescription, a fait une fausse application de l'art. 640 du Code d'instruct. crimin. et a violé la loi du 9 ventôse an XIII. »

Il a même été décidé que l'abandon des procès-verbaux qui ont constaté la contravention, n'empêche pas que l'action administrative ne soit exercée postérieurement, au moyen de procès-verbaux. C'est ce qui résulte de l'ordonnance du 28 févr. 1828 ( Bavoux et Pochet contre la commune de Nesles ) ainsi conçue : Considérant, sur l'exception tirée de ce qu'avant l'instance introduite devant le conseil de préfecture il aurait été dressé et signifié des procès-verbaux, par suite desquels aucune action n'aurait été intentée ; que cette circonstance ne peut motiver une fin de non-recevoir, puisque l'abandon des premiers procès-verbaux n'éteint pas l'action résultante de la loi du 28 février 1805 (9 ventôse an XIII ), et n'empêche pas qu'elle soit introduite depuis, au moyen de nouveaux procès-verbaux. »

189. En résumé, le conseil d'état a donc adopté pour doctrine que, tant que l'anticipation subsiste, elle peut et doit être réprimée, quant à la réintégration du sol, et que la prescription ne s'applique qu'à la pénalité. Ce n'est au surplus que le maintien du principe général de l'imprescriptibilité des voies publiques, principe confirmé pour les chemins vicinaux par l'art. 10 de la loi du 21 mai 1836, mais qui existait et avait été reconnu longtemps auparavant.

190. L'autorité judiciaire, lorsqu'elle s'est trouvée saisie de poursuites relatives à des anticipations, n'a pas d'abord adopté, sur la prescription de ces contraventions, la même doctrine que le conseil d'état. Ainsi, dans un arrêt (ch. crim.) du 10 sept. 1840 (le ministère public contre Rissel), la Cour de cassation a statué sur ce point en ces termes : « Considérant que l'action dont il s'agit se trouve d'ailleurs prescrite, aux termes de l'art. 640 du Code d'instruct. crim., puisque les contraventions qui en sont l'objet furent constatées le 22 sept. 1838, et que les inculpés n'ont été cités devant ce tribunal que le 2 juillet 1840 ; qu'en déclarant donc la prescription acquise en leur faveur, le jugement dénoncé, lequel est régulier en la forme, n'a fait que se conformer à cet article. » Mais depuis, la Cour de cassation a paru apprécier d'une manière différente la question de prescription des anti-

cipations sur les chemins vicinaux. En effet, dans un arrêt (ch. crim.) du 10 avr. 1841 (minist. pub. contre Demonti) se trouvent les considérants suivants : « Sur l'art 640 du C. d'inst. crim. ; attendu que les *chemins vicinaux* sont *seuls* déclarés *imprescriptibles* par la loi du 21 mai 1836 ; qu'il s'agit, dans l'espèce, de trois chemins *qui n'ont pas été classés* en exécution de cette loi ; que le procès-verbal rapporté à la charge des contrevenants constate que l'usurpation qui leur est imputée a été commise depuis environ *trois ans ;* que l'action publique intentée en répression de ce fait se trouvait dès lors prescrite, aux termes de l'art. 640 du Code d'instruct. crim. » Des termes de cet arrêt il résulte, *implicitement* il est vrai, mais assez nettement, que la Cour de cassation reconnaît que la prescription établie par l'art. 640 du Code d'instr. crimin. ne s'applique pas à la répression des anticipations *sur les chemins vicinaux,* puisqu'elle déclare que ces chemins sont *imprescriptibles.* Ce principe a, d'ailleurs, été reconnu d'une manière formelle et *explicite* dans un arrêt plus récent ( ch. civ. ) en date du 6 juillet 1841 (Renaut contre la commune de Velisy), ainsi conçu quant à ce point : « Attendu , en fait, que le terrain dont il s'agit au procès a été compris dans l'état des chemins vicinaux de la commune de Velisy, arrêté le 22 janvier 1834 par le préfet de Seine-et-Oise, et approuvé le 24 janv. 1834 par le ministre de l'intérieur ; attendu que si la connaissance des questions relatives à la propriété des terrains qui ont été déclarés chemins vicinaux appartient à l'autorité judiciaire, de même que l'appréciation des faits de possession antérieurs aux actes administratifs qui ont déclaré la vicinalité, nulle action en maintenue ou en renvoi en possession ne peut être considérée comme recevable, lorsqu'elle est relative à des faits de possession postérieurs au classement administratif des chemins vicinaux ; attendu en effet qu'on ne peut, aux termes de l'art. 2226 du Code civil, prescrire le domaine des choses qui ne sont pas dans le commerce, et qu'un chemin vicinal, après que le sol en a été mis hors du commerce par le classement, *n'est plus susceptible de propriété privée ;* attendu qu'en jugeant dans ces circonstances que l'action en maintenue possessoire, formée par Renaut contre la comde Velisy, n'était point recevable, le tribunal civil de Versailles , loin d'avoir méconnu les règles de sa compétence, en a fait au contraire

une juste application, et s'est en cela exactement conformé à la loi. »

Il y a donc aujourd'hui concordance parfaite entre la jurisprudence du conseil d'état et celle de la cour de cassation , sur ce point que la prescription ne peut être invoquée dans les poursuites en anticipation sur le sol des chemins vicinaux, quant à la restitution du sol au chemin dont il fait partie.

191. Si la compétence des conseils de préfecture est établie par la jurisprudence du Conseil d'état, quant à l'action en restitution du sol anticipé sur les chemins vicinaux, il n'est pas moins bien établi que cette action est purement civile, et que les conseils de préfecture ne peuvent appliquer aucune peine aux contrevenants. A la vérité, une ordonnance du 11 juin 1817 ( Lhoyez) avait paru reconnaître à ces tribunaux administratifs le droit de prononcer des amendes pour le fait d'anticipation sur les chemins vicinaux. « Vu la requête à nous présentée par le sieur Lhoyez, tendante à ce qu'il nous plaise annuler un arrêté du conseil de préfecture du département de la Seine, du 6 mai 1816, qui a condamné le réclamant à supprimer un fossé et une clôture par lui établie sur le chemin conduisant de la barrière du Mont-Parnasse à la Chaussée du Maine, dans une partie qu'il prétend lui appartenir, et à une amende égale à la moitié de sa contribution mobilière, comme ayant contrevenu aux règlements de de la voirie ; considérant que l'entreprise faite par le sieur Lhoyez sur un chemin public constitue un délit de voirie dont le conseil de préfecture était juge compétent ; — Art. 1er : La requête du sieur Lhoyez est rejetée. » Mais cette attribution n'a pas été maintenue aux conseils de préfecture, ainsi que cela résulte de l'ordonnance du 1er mars 1826 ( Dervaux-Paulée contre commune de Flines), ainsi conçue : « Sur l'amende ; considérant que les conseils de préfecture ne sont compétents pour prononcer des amendes qu'en matière de grande voirie, mais que, relativement à la petite voirie, les amendes pour contraventions ne peuvent être prononcées que par les tribunaux. » Il a été statué dans le même sens et à peu près dans les mêmes termes, par l'ordonnance du 15 novembre 1826 (veuve Dossaris ) et par plusieurs autres subséquentes ; enfin, dans l'ordonnance du 23 juillet 1838 (Hébrard), que nous avons rapportée intégralement plus haut, le Conseil d'état a for-

mellement établi qu'à l'autorité judiciaire seule appartient le droit d'appliquer aux anticipateurs l'amende prononcée par l'art. 479, n° 11 du Code pénal.

192. Nous terminerons le paragraphe relatif à la répression des anticipations sur le sol des chemins vicinaux, en rapportant quelques décisions du Conseil d'état sur des points de simple procédure.

La procédure devant les conseils de préfecture n'est, comme on sait, fixée par aucune disposition soit législative soit réglementaire. Rien n'est déterminé, notamment, sur la manière dont ces tribunaux doivent être saisis. Sur ce point, une ordonnance du 28 février 1828 (Bavoux et Pochet contre commune de Nesles) a statué en ces termes : « Considérant, sur l'exception tirée de ce que l'instance n'a été introduite devant le conseil de préfecture que par des procès-verbaux dressés par le garde champêtre sur la réquisition du maire; que le maire avait qualité pour faire constater, dans l'intérêt de la commune, les empiétements qui auraient été pratiqués sur les chemins vicinaux, et pour transmettre les procès-verbaux à l'autorité administrative; que le conseil de préfecture a été régulièrement saisi par la transmission qui lui a été faite des procès-verbaux notifiés avec sommation de remettre les chemins dans leur état primitif. »

193. Il a été décidé par la même ordonnance, que, bien que les procès-verbaux eussent été notifiés au fermier, le conseil de préfecture pouvait prononcer contre le propriétaire, si celui-ci avait déclaré prendre fait et cause pour son fermier : «Considérant, sur l'exception spéciale de nullité, invoquée contre l'arrêté du 17 mars 1825 et tirée de ce que cet arrêté est pris contre le sieur Bavoux, tandis que les procès-verbaux n'avaient été notifiés qu'au sieur Pochet, son fermier; que cet arrêté vise les défenses du sieur Bavoux, en date du 25 décembre 1825 ; que, dans ses défenses, ledit sieur Bavoux, intervenant comme propriétaire, a déclaré que son fermier n'avait agi que par ses ordres et qu'il prenait son fait et cause. »

194. La même ordonnance a statué qu'un contrevenant ne pouvait plus contester la qualité de la commune, lorsqu'il lui avait signifié ses défenses. « Considérant, sur les qualités des parties dans le présent pourvoi, que les requêtes et mémoires présentés par les sieurs Pochet et Bavoux, pour obtenir l'annu-

lation des arrêtés ci-dessus visés du conseil de préfecture de Seine-et-Marne, ont été signifiés en leur nom à la commune de Nesles-la-Gilberde, dans l'intérêt de laquelle avaient été pris lesdits arrêtés relatifs à trois de ces chemins vicinaux, et que les défenses de cette commune ont été présentées, en son nom, par le maire, autorisé par le conseil municipal. »

195. Enfin, la même ordonnance a rappelé le principe déjà posé dans d'autres matières, que les communes peuvent se pourvoir devant le Conseil d'état, sans avoir besoin d'y être autorisées par le conseil de préfecture. On conçoit, en effet, ce qu'il y aurait de bizarre à ce qu'un conseil de préfecture dût examiner s'il y a lieu ou non d'attaquer la décision qu'il vient de prendre. L'ordonnance précitée a statué en ces termes : « Considérant, sur l'exception tirée de ce que ladite commune n'a pas été autorisée à plaider par le conseil de préfecture, que cette autorisation n'est pas nécessaire pour procéder devant nous en notre Conseil d'état. »

### § 2. — Dégradation.

196. La dégradation des chemins vicinaux est une contravention dont la répression a toujours été attribuée aux tribunaux ordinaires, en vertu de l'article 40 du titre 2 de la loi du 28 septembre 1791. Une erreur de compétence sur ce point avait été réformée, dès 1807, par un décret du 18 août (Duplessis) ainsi conçu : « Vu deux procès-verbaux de l'adjoint de la commune de Saint-Avertin, remplissant les fonctions d'officier de police judiciaire, l'un à la date du 2 décembre 1806, qui constate que le sieur Duplessis avait ouvert récemment un fossé sur un chemin tirant de Saint-Avertin à la commune de Larçay; l'autre, à la date du 5 du même mois, constatant que ledit sieur Duplessis avait obstrué et labouré, les jours précédents, un autre chemin servant aux communications des villages de Saint-Avertin, Larçay, Virets et Azay-sur-Cher ; considérant que les articles 6 et 7 de la loi du 9 ventôse an XIII n'attribuent aux conseils de préfecture, en matière de petite voirie, que la connaissance des anciennes limites des chemins vicinaux et la surveillance des plantations d'arbres qui peuvent avoir lieu sur leurs bords; que les poursuites qui ont lieu par devant ces mêmes conseils dans les matières dont ils connaissent, sont purement civiles et ne peuvent empêcher la

répression des délits par-devant les tribunaux qui en sont spécialement chargés ; Art. 1er : L'arrêté du préfet du département d'Indre-et-Loire, du 14 mars 1807, qui revendique par-devant l'autorité administrative la connaissance des délits reprochés au sieur Duplessis, est annulé. » La même règle est rappelée, dans les mêmes termes, dans un second décret du 15 janvier 1809 (Pelletier contre le maire de Vimpelles).

A la vérité, le Conseil d'état a paru, bientôt après, vouloir attribuer aux conseils de préfecture la répression des dégradations, comme celle des anticipations commises sur les chemins vicinaux ; ainsi, un décret du 17 avril 1812 (commune de Caudival contre Rouvairolis) contient la disposition suivante : «Considérant enfin, que les dispositions du susdit arrêté du conseil de préfecture, relatives aux *dégradations* et empiétements faits ou prétendus faits sur les chemins ruraux, doivent être maintenus, attendu que de telles dispositions, étant essentiellement administratives, sont de la compétence des conseils de préfecture. » Une ordonnance du 23 avr. 1818 (commune de Ban-Saint-Martin contre Jacquin) a également dit : « Considérant que, d'après la même loi (9 ventôse an XIII) les conseils de préfecture doivent connaître des dégradations et empiétements faits ou prétendus sur lesdits chemins, mais que, dans l'espèce, il n'y a ni empiétement à réprimer, ni contravention à poursuivre. » Mais ces deux décisions isolées n'ont pas fait jurisprudence. Le Conseil d'état a même reconnu formellement la compétence des tribunaux de police, pour la répression des dégradations commises sur les chemins vicinaux, par une ordonnance du 16 avril 1823 (Laya contre commune de Mons) ainsi conçue : « Considérant que les attributions des conseils de préfecture ont été bornées, par la loi du 9 ventôse an XIII, aux plantations et aux empiétements sur la largeur desdits chemins, et que les autres contraventions sont demeurées, aux termes de l'art. 40 du titre 2 de la loi du 28 sept. 1791, à la connaissance des tribunaux de police. » Une autre ordonnance du 6 septembre 1826 (veuve d'Amonneville) a dit : « Considérant que, dans l'espèce, il ne s'agit que de dégradations et d'embarras momentanés dont la connaissance est dévolue, par la loi du 6 octobre 1791, aux tribunaux ordinaires. » La même règle a été posée dans une ordonnance du 28 février 1828 (Bavoux et Pochet contre commune de Nesles).

C'est donc devant les tribunaux ordinaires que l'administration doit poursuivre la répression des dégradations de toute espèce commises sur les chemins vicinaux, autres que les anticipations et les empêchements absolus à la libre circulation par l'établissement de barrières, fossés transversaux et autres obstacles au passage qui constituent une véritable usurpation du sol vicinal.

197. Nous devons rappeler aussi qu'à la différence de la règle que doivent suivre les conseils de préfecture pour la répression des anticipations, comme nous l'avons vu plus haut, les tribunaux de police saisis d'une contravention pour dégradation d'un chemin vicinal, s'arrêtent toujours devant l'exception de propriété du sol soulevée par le contrevenant ; ils renvoient alors le jugement de la question de propriété aux tribunaux civils, et sursoient à statuer sur la contravention jusqu'après jugement de ces tribunaux. La régularité de cette forme de procéder a été reconnue par un décret du 13 janvier 1813 (Gaudriault contre la commune de Borecq), ainsi conçu : « Vu le jugement rendu le 6 avril 1812 par le tribunal de Parthenay, qui a annulé, sur l'appel, celui du tribunal de simple police du canton d'Airvault, qui avait condamné le sieur Gaudriault à 3 fr. d'amende, comme prévenu d'avoir laissé un tas de fumier sur la voie publique ; vu l'arrêté pris le 9 mai 1812 par le préfet du département des Deux-Sèvres, par lequel il élève le conflit motivé sur ce que le tribunal de Parthenay aurait dépassé sa compétence et décidé la question de propriété qui s'est élevée dans cette affaire ; considérant que le tribunal de Parthenay n'a annulé le jugement de simple police que parce qu'il avait été incompétemment rendu, et que, loin de prononcer sur la question de propriété, il a sursis à prononcer sur le délit jusqu'à ce que cette question ait été décidée par l'autorité compétente : — Article 1er : Le conflit élevé par le préfet du département des Deux-Sèvres relativement à un jugement du tribunal de Parthenay, du 6 avril 1812, est annulé. »

198. Il ne nous paraît pas douteux toutefois que, pour la répression des dégradations commises sur les chemins vicinaux, les tribunaux modifieront leur jurisprudence sur l'effet de la question préjudicielle de propriété,

comme ils l'ont modifiée sur le même point, quant aux anticipations. Puisque la Cour de cassation, dans les arrêts que nous avons rapportés plus haut (n° 186), a reconnu que les *anticipations* sur le sol des chemins vicinaux devaient être réprimées alors même que le prévenu élevait la question de propriété, il y a évidemment même raison de décider que la dégradation de ces chemins doit être réprimée, nonobstant cette question préjudicielle. L'autorité judiciaire ayant admis qu'en vertu de l'art. 15 de la loi du 21 mai 1836, le sol compris dans les limites légales d'un chemin vicinal était définitivement attribué à cette voie publique, et que le particulier qui se prétend propriétaire de ce sol ne peut plus le ressaisir, il est évident que ce particulier commettrait un délit en dégradant le chemin, tout comme en s'emparant du terrain ; et que, pas plus dans un cas que dans l'autre, l'exception de propriété ne constituerait une exception de propriété devant laquelle les tribunaux répressifs dussent s'arrêter.

### § 3. — *Obstacles à la circulation.*

199. Nous avons vu dans les précédents paragraphes comment il doit être procédé pour arriver à la répression, soit des anticipations, soit des dégradations commises sur les chemins vicinaux ; nous avons à dire maintenant quels sont les droits de l'autorité administrative lorsqu'un propriétaire riverain interrompt la circulation sur un chemin vicinal, par l'établissement de barrières, de fossés ou d'autres obstacles permanents.

200. Ce fait constitue évidemment une usurpation du sol vicinal, et nous avons vu que le conseil de préfecture pouvait réprimer cette contravention, c'est-à-dire ordonner l'enlèvement des barrières ou la destruction des fossés, alors même que le contrevenant soulèverait la question de propriété ; force doit être conservée en effet à l'arrêté du préfet qui a déclaré la vicinalité du chemin, sauf le paiement d'une indemnité, si le sol est reconnu la propriété du riverain. La compétence des conseils de préfecture, à cet égard, a été reconnue par l'ordonnance du 8 septembre 1824 (Maturel) ainsi conçue : « Vu la loi du 28 fév. 1805 (9 ventôse an XIII) ; considérant que le préfet du département de l'Isère a déclaré, le 13 mars 1818, que le chemin litigieux était vicinal ; que la loi du 28 février 1805 (9 ventôse an XIII) avait ordonné qu'il

ne serait rien changé à la largeur des chemins vicinaux existants ; que le sieur Maturel a reconnu avoir fait des travaux sur ledit chemin ; qu'ainsi, depuis les déclarations faites par ledit préfet, le conseil de préfecture était compétent pour ordonner provisoirement la destruction des travaux entrepris sur ledit chemin par le sieur Maturel, en le renvoyant devant les tribunaux pour y faire valoir les droits qu'il prétend à la propriété de la partie du chemin en litige. » Une décision semblable a été donnée par une autre ordonnance du 21 déc. 1825 (Roussel). Le droit des conseils de préfecture a encore été reconnu par une autre ordonnance du 28 déc. 1825 (Godard contre la commune de Culestre) portant : « Considérant que, par un arrêté du 21 avril 1824, le conseil de préfecture du département de la Côte-d'Or s'est borné à maintenir, comme il en avait le droit, la commune de Culestre dans l'usage du chemin dit du Château, reconnu et déclaré vicinal par le préfet, et à prescrire, en conséquence, l'enlèvement des barrières au moyen desquelles le sieur Godard en aurait interdit la libre circulation. » Il a été statué dans le même sens par l'ordonnance du 1er mars 1826 (Dervaux-Paulié contre la commune de Flines) dans le considérant qui suit : « Considérant que lesdites barrières placées aux deux extrémités du chemin dit le *Pavé-Madame*, avaient pour objet de réunir le sol dudit chemin à la propriété de la forêt, et que, sous ce rapport, le conseil de préfecture était compétent pour appliquer les dispositions de l'art. 8 de la loi du 28 fév. 1805 (9 ventôse an XIII) relatives aux empiétements et anticipations. »

201. Mais lorsque la circulation sur un chemin vicinal se trouve ainsi interceptée, l'autorité administrative ne doit pas attendre pour la rétablir l'issue de la poursuite devant le conseil de préfecture ; son droit et son devoir est d'ordonner, par mesure de police, l'enlèvement immédiat de ce qui fait obstacle au passage, et de maintenir là liberté de la circulation. Ce droit a été reconnu par plusieurs décisions du Conseil d'état. Nous citerons l'ordonnance du 4 juin 1823 (Langlade contre Martoret) ainsi conçue : « En ce qui concerne la démolition des martillières et le comblement des fossés par ordre du maire d'Aubagne ; considérant que le sieur Langlade a construit et reconstruit ses martillières

et autres ouvrages en dépendant sans autorisation ; que, dès lors, les mesures de police prescrites par l'ordonnance de la mairie d'Aubagne, du 24 août 1819, étaient applicables aux entreprises faites postérieurement à ladite ordonnance. » Une autre ordonnance du 22 fév. 1826 (de Mesnard) a statué dans le même sens. « Vu la loi du 6 octobre 1791 et celle du 28 fév. 1805 (9 ventôse an XIII); considérant que, dans son arrêté du 29 avril 1824, le préfet du département de la Marne s'est borné à confirmer celui qu'il avait pris le 30 août 1823, et par lequel il avait reconnu la vicinalité du chemin dont il s'agit; qu'en ordonnant l'enlèvement des arbres et le comblement des fossés, au moyen desquels ledit chemin aurait été intercepté ou obstrué, il n'a fait que prendre une mesure de police ; d'où il suit que le préfet n'a pas excédé sa compétence, et que, dans cet état, son arrêté ne pouvait être déféré qu'à notre ministre de l'intérieur. » Enfin on trouve une décision analogue dans l'ordonnance déjà citée du 1er mars 1826 (Dervaux-Paulié contre la commune de Flines). « En ce qui concerne l'enlèvement des barrières; considérant qu'après la reconnaissance et déclaration de vicinalité, le préfet a pu, par mesure de police, ordonner, ainsi qu'il l'a fait, l'enlèvement des barrières, »

202, L'autorité judiciaire a reconnu sur ce point les droits de l'administration. Ainsi, un arrêt de la Cour de cassation (ch. crim.) du 7 fév. 1824 (le ministère public contre Contrie) porte: « Vu les lois du 24 août 1790, art. 3, n° 1er, et art. 5 du titre 11; du 22 juillet 1791, titre 1er, art. 46; du 28 pluv. an VIII, art. 13; vu aussi l'art. 471, n° 5, du Code pénal, et l'arrêté du préfet du départem. d'Ille-et-Vilaine, du 24 oct. 1816, concernant les chemins vicinaux; attendu qu'au rang des objets confiés à la vigilance des corps municipaux, la loi du 26 août 1790 a placé au n° 1er, art. 3, titre 2, *tout ce qui intéresse la sûreté et la commodité du passage dans les rues, quais, places et voies publiques*; que, par l'art. 46, tit. 1er, de la loi du 22 juillet 1791, les corps municipaux sont autorisés à faire des arrêtés pour ordonner des mesures locales sur les objets confiés à leur vigilance et à leur autorité, par la susdite loi d'août 1790; que les chemins vicinaux n'étant point dans la classe des grandes routes placées dans les attributions de la grande voirie, tout ce qui concerne la sûreté et la com-

modité du passage dans ces chemins, qui sont évidemment des voies publiques, se rattache au n° 1er, art. 3, titre 2, de la loi du 24 août 1790; que les règlements sur cet objet sont des règlements de petite voirie , faits dans l'exercice légal des fonctions municipales, qu'aux termes de l'art. 471, n° 5, du Code pénal, la négligence ou le refus d'exécuter les règlements ou arrêtés concernant la petite voirie, est puni d'une peine de police. » Cette déclaration générale de principe a reçu son application fréquente dans les cas d'interception de chemins vicinaux, et l'arrêt de la Cour de cassation (ch. crim.) du 4 avril 1835 (le ministère public contre Morel) en est la confirmation. « Vu les art. 471, n°s 5 et 15, du Code pénal, 162, 176, 194 et 368 du Code d'instruction criminelle; attendu, 1° que le prévenu n'a pas obéi à l'injonction que l'autorité municipale lui a fait légalement notifier, de combler la rigole par lui ouverte, sans autorisation préalable, à travers le chemin vicinal qui conduit de Moulins-la-Marche à Bons-Moulins; d'où il suit qu'en refusant de réprimer cette contravention, le jugement dénoncé a expressément violé ledit art. 471, n°s 5 et 15, du Code pénal. » Enfin, un troisième arrêt (ch. crim.) du 8 oct. 1836 (le ministère public contre Hilairet) est encore plus explicite. « Vu l'art. 471, n° 5, du C. pénal; attendu, d'une part, que le chemin dont il s'agit au procès a été classé parmi les chemins vicinaux de la commune de Blonzais, par un arrêté du préfet de la Vienne, du 19 mai dernier; attendu, d'autre part, que la surveillance des chemins vicinaux appartient à l'autorité municipale; qu'ainsi l'arrêté du maire de Blonzais, du 27 mai, qui enjoignait au sieur Hilairet de combler, dans les vingt-quatre heures, les fossés qu'il avait creusés sur ledit chemin, ayant pour objet la liberté du passage sur un chemin vicinal, était un véritable arrêté en matière de petite voirie, pris dans la limite des attributions de l'autorité municipale, et dont l'infraction devait être réprimée par l'autorité judiciaire; que de tels arrêtés sont obligatoires, quand même ils ne constitueraient pas des règlements proprement dits, et ne contiendraient que des injonctions individuelles, ainsi que cela résulte, et des dispositions générales de l'art. 46, titre 1er, de la loi du 22 juill. 1791, et de la seconde disposition du n° 5 de l'art. 471 du Code pénal; et attendu que la Cour royale de Poitiers, sans méconnaître en fait que le sieur Hilairet avait refusé d'exécuter l'arrêté du maire de Blanzais, l'a cependant renvoyé de l'action du ministère public, sur le motif que cet arrêté ne contenait que des injonctions particulières au prévenu; en quoi elle a formellement violé l'art. 471, n° 5, ci-dessus transcrit. »

203. Le droit de l'autorité administrative ne saurait être contesté en présence de ces décisions. Nous ajouterons que, comme les arrêtés que prendrait le préfet, soit pour ordonner l'enlèvement des obstacles à la viabilité, soit pour confirmer les arrêtés des maires, seraient pris dans les limites de sa compétence, ce serait devant le ministre de l'intérieur, et non pas directement devant le Conseil d'état, que les parties intéressées auraient à se pourvoir.

### § 4. — Constatation des contraventions.

204. Les contraventions et délits de toute nature commis sur les chemins vicinaux, soit qu'il s'agisse d'anticipation sur le sol du chemin ou de dégradation de la voie publique, soit qu'il s'agisse d'inobservation des règlements faits par l'autorité administrative, peuvent être constatés par tous les fonctionnaires et agents auxquels la loi a conféré la qualité d'officier de police judiciaire. C'est ce qui résulte implicitement des condamnations que prononcent journellement, soit les conseils de préfecture, soit les tribunaux ordinaires, sur des procès-verbaux rédigés par différents fonctionnaires ou agents. Une ordonnance du 6 déc. 1820 (Boudeville) a même donné sur ce point une solution formelle. « Considérant, y est-il dit, que les adjoints aux maires sont institués par les lois officiers de police judiciaire, et que, dès lors, l'adjoint de la commune de Marcilly avait qualité pour constater la contravention commise par le sieur Boudeville; considérant que ladite contravention a eu lieu sur une communication reconnue vicinale par l'administration. » Le droit des gardes champêtres a été également reconnu par une autre ordonnance du 28 février 1828 (Bavoux et Pochet contre la commune de Nesles) en ces termes: « Considérant, que l'exception tirée de ce que l'instance n'a été introduite devant le conseil de préfecture que par des procès-verbaux dressés par le garde champêtre sur la réquisition du maire; que le maire avait qualité pour faire constater, dans l'intérêt de la commune, les

empiétements qui auraient été pratiqués sur les chemins vicinaux, et pour transmettre les procès-verbaux à l'autorité administrative. »

205. Quelque étendue que fût, en droit, la catégorie des fonctionnaires et agents aptes à rédiger procès-verbal des contraventions et délits commis sur les chemins vicinaux, en fait cependant, les maires, adjoints et gardes champêtres étaient les seuls qui constatassent ces contraventions, et encore une foule de causes venaient-elles entraver leur action. Le législateur a donc cru devoir instituer un ordre d'agents qui, concurremment avec les officiers de police judiciaire, auraient le droit de rédiger procès-verbal de ces contraventions et délits. L'art. 10 de la loi du 21 mai 1836 a en conséquence permis aux préfets de nommer des agents voyers, lesquels « prêteront serment et auront le droit de constater les contraventions et délits, et d'en dresser procès-verbaux. »

206. Les procès-verbaux dressés pour le service vicinal ne sont pas affranchis des formalités prescrites pour les autres actes de même nature; ils doivent donc être présentés au visa pour timbre et à l'enregistrement, en débet, ces frais devant ensuite être payés par le contrevenant s'il est condamné. On a demandé si les procès-verbaux rédigés par les agents voyers devaient être affirmés. Le ministre de l'intérieur, consulté à cet égard, a été d'avis que cette formalité n'était pas nécessaire pour la validité de ces actes. Il a fait remarquer que l'affirmation n'était pas imposée par les lois d'une manière générale pour tous les procès-verbaux; que, dès lors, cette formalité ne devait être remplie que par les agents auxquels elle a été nommément imposée; or, la loi du 21 mai 1836, qui institue les agents voyers, n'a rien prescrit sur ce point. La Cour de cassation a adopté la même opinion. Un premier arrêt (ch. crim.) du 5 janv. 1838 (le ministère public contre Mayens) est ainsi conçu : « Vu l'art. 11 de la loi du 21 mai 1836 sur les chemins vicinaux; vu pareillement les art. 154 et 161 du Code d'instruction criminelle; attendu qu'il résulte, de la combinaison de ces articles, que les procès-verbaux dressés par les agents voyers n'ont pas besoin d'être préalablement affirmés par ces agents pour faire foi en justice, jusqu'à preuve contraire, des contraventions commises aux règlements concernant les chemins vicinaux; d'où il suit qu'en prononçant l'annulation du pro-

cès-verbal dont il s'agit dans l'espèce, par le motif qu'il n'a pas été soumis à la formalité de l'affirmation que l'art. 2 du décret du 18 août 1810 exige, à peine de nullité, en matière de grande voirie, le jugement dénoncé a fait une fausse application de cette article, et commis une violation expresse des dispositions ci-dessus visées. » Un second arrêt (ch. crim.) du 23 fév. 1838 (le ministère public contre Benjamin et Jacob) a prononcé dans le même sens.

207. Nous avons vu, dans le précédent paragraphe, devant quelle autorité doit être poursuivie la répression des contraventions de différente nature qui se commettent sur les chemins vicinaux ; les procès-verbaux qui constatent ces contraventions doivent donc être transmis, selon les cas, soit au préfet, si la poursuite a lieu devant le conseil de préfecture, soit au ministère public, si elle a lieu devant les tribunaux de simple police ou correctionnels. Nous ferons remarquer, toutefois, que, lorsqu'il s'agit d'une anticipation sur le sol d'un chemin, il y a lieu, avant d'envoyer le procès-verbal au préfet, de le notifier au contrevenant avec injonction de restituer le sol usurpé. En effet, là poursuite devant le conseil de préfecture ne peut avoir pour unique objet que d'obtenir cette restitution, puisque le conseil de préfecture ne peut prononcer d'amende; si donc, sur la simple notification du procès-verbal, le contrevenant restitue le sol usurpé, tout est terminé, et la poursuite devant le conseil de préfecture devient sans objet. Il n'en est pas de même des contraventions de nature à être poursuivies devant les tribunaux ordinaires, parce que, outre la réparation du dommage, une pénalité est attachée à ces contraventions. Cette pénalité est encourue dès que la contravention est constatée, et la réparation du dommage, sur la seule notification du procès-verbal, n'affranchirait pas le contrevenant de la pénalité que le tribunal aura à prononcer. L'autorité administrative peut, sans doute, notifier le procès-verbal si elle a intérêt à ce que la dégradation commise soit promptement réparée, mais cette réparation ne la dispenserait pas de déférer la contravention aux tribunaux. Il en est ici comme de tous les faits qualifiés par les lois, crimes, délits ou contraventions, et qui donnent ouverture à une action publique; quand ils ont été reconnus et constatés, il doit nécessairement être donné cours à cette action.

## Sect. 6. *Modification à l'état des chemins vicinaux.*

### § 1er. *Echange de chemins.*

208. L'amélioration de l'assiette des chemins vicinaux peut quelquefois être obtenue par une mesure moins lente et moins hérissée de formalités que l'ouverture ou le redressement; c'est par la voie de l'échange. Souvent une commune et un propriétaire ont un égal intérêt à changer l'assiette d'un chemin ; la commune, pour donner au chemin une meilleure direction ou pour l'établir sur un sol plus ferme; le propriétaire, pour réunir deux enclos que le chemin sépare dans sa direction actuelle. Il peut, dans ce cas, être procédé à un échange entre les parties, la commune abandonnant le chemin actuel, le propriétaire fournissant le sol du chemin nouveau. L'échange a lieu avec ou sans soulte, selon la valeur du sol ou selon les convenances des parties. Il peut, en vertu de l'art. 10 de la loi du 28 juillet 1824, être autorisé par arrêté du préfet en conseil de préfecture, après délibération du conseil municipal et après enquête *de commodo et incommodo*, lorsque la valeur des terrains à échanger n'excède pas 3,000 fr. Il nous paraît toutefois qu'avant de consommer l'échange, le préfet doit préalablement procéder au déclassement de l'ancien chemin, dans les formes indiquées plus haut. En effet, tant qu'un chemin est revêtu du caractère que lui a attribué la déclaration de vicinalité, il n'est pas susceptible d'une propriété privée ; il faut donc lui ôter ce caractère, pour qu'il cesse de faire partie du domaine public vicinal.

L'arrêté qui autorise un échange de chemin ne peut être attaqué par la voie contentieuse, ainsi que cela résulte de l'ordonnance du 10 août 1828 (Rolle) ainsi conçue : « Considérant que l'arrêté par lequel le préfet de la Loire, statuant en conseil de préfecture, aux termes de la loi du 28 juill. 1824, a autorisé un échange de chemin vicinal entre la commune de Savigneux et le sieur Rolle, est un acte administratif qui n'est pas susceptible de nous être déféré par la voie contentieuse. »

Une semblable transaction, si elle est rendue facile par l'intérêt direct des parties qui la concluent, peut cependant soulever, de la part des tiers intéressés, de graves difficultés, qui portent presque toujours sur le besoin qu'ont ces tiers de conserver le passage sur l'ancien chemin pour arriver à leurs propriétés. Nous rapporterons différentes décisions qui ont trait à de semblables difficultés.

209. Un décret du 22 sept. 1812 (Boucher contre Prévigny) est ainsi conçu : « Vu la requête en forme de tierce opposition du sr Boucher, tendante à ce qu'il nous plaise rapporter un décret qui autorise un échange d'un chemin communal, dit au Port-au-Loup ; considérant, quant au dernier moyen du sieur Boucher, qui prétend que ce chemin est le seul qui lui reste pour arriver à un de ses domaines, que c'est une question qui appartient aux tribunaux et doit se résoudre, s'il y a lieu, en indemnité ; — Art. 1er : La requête du sieur Boucher est rejetée. »

Une ordonn. du 24 déc. 1823 (Lange et consorts) a rejeté en ces termes un pourvoi formé contre une ordonnance autorisant l'échange d'un chemin. « Considérant que notre ordonnance du 30 mai 1820 a pour objet une mesure d'administration publique, qui ne peut être attaquée par la voie contentieuse, et que si les requérants se croient lésés dans leurs droits ou leurs propriétés, ils peuvent nous présenter requête pour être procédé, s'il y a lieu, dans les formes prescrites par l'art. 40 du règlement du 22 juill. 1806 ; — Art. 1er : La requête est rejetée. »

Enfin, une ordonnance du 11 nov. 1830 (Brunier-Maréchal) statue ainsi qu'il suit sur une réclamation relative à des droits de vue et de sortie sur un ancien chemin : « Vu la loi du 28 juill. 1824 ; considérant que l'arrêté du 16 oct. 1829, rendu par le préfet en conseil de préfecture, ne renferme, dans son dispositif, que l'approbation d'un échange par lequel la commune d'Écussy cède au sieur Dumod un ancien chemin, dit des Bruyères, contre un nouveau chemin que celui-ci consent à ouvrir sur sa propriété, et ne subordonne cette approbation qu'à des conditions relatives à la solidité du nouveau chemin ; considérant que cet arrêté est un acte de tutelle administrative qui ne peut préjudicier aux droits des tiers ni faire obstacle à ce que le sieur Brunier-Maréchal, étranger audit échange, fasse valoir devant les tribunaux, s'il s'y croit fondé, les droits de sortie et de vue qu'il prétend avoir sur l'ancien chemin des Bruyères, comme limitrophe de son habitation ; — Art. 1er : La requête est rejetée »

### § 2. *Déclassement.*

210. Tant que l'entretien des chemins vicinaux n'avait été considéré que comme une dépense purement facultative, il importait assez peu que le tableau de chaque commune présentât un nombre plus ou moins grand de ces voies de communication ; mais la loi du 21 mai 1836 en ayant rendu l'entretien obligatoire, les communes se sont trouvées intéressées à ne plus laisser le caractère de vicinalité qu'aux chemins d'une utilité réelle ; de là, la nécessité de réviser les classements anciens, et de déclasser les chemins qu'il n'était pas indispensable d'entretenir.

211. La législation est restée complètement muette sur les formalités à remplir pour le déclassement d'un chemin vicinal. Les instructions ministérielles ne pouvaient donc tracer de règles à cet égard que par analogie, et nous croyons devoir reproduire ici celles qu'a données le ministre de l'intérieur dans la circulaire qu'il a publiée le 24 juin 1836, pour l'exécution de la loi du 21 mai de la même année.

« Je n'ai pas besoin de vous dire, M. le préfet, que le déclassement d'un chemin précédemment déclaré vicinal est dans les attributions de la même autorité à laquelle appartient le droit de prononcer le classement. Il ne s'agit, en effet, que de rapporter un acte administratif, et il est de principe général que les préfets peuvent rapporter leurs arrêtés et ceux de leurs prédécesseurs, pris en matière administrative. Il n'y a d'exception à cet égard que lorsque ces arrêtés ont reçu l'approbation ministérielle ou qu'ils ont servi de base à une décision judiciaire passée en force de chose jugée.

» Vous pouvez donc prononcer, par arrêté, le déclassement d'un chemin, qu'il ait été classé par vous ou par l'un de vos prédécesseurs. Toutefois, il est nécessaire, avant de prononcer le déclassement, de remplir une formalité de plus que pour le classement, et vous allez en comprendre la nécessité. Lorsqu'il s'agit d'admettre une communication au rang des chemins vicinaux, une délibération du conseil municipal a suffi pour servir de base à l'arrêté du préfet, parce que le public et les communes voisines ne pouvaient trouver que de l'avantage à être mis en jouissance d'une voie de communication. Lorsque, au contraire, il s'agit de déclasser ce chemin, c'est-à-dire de lui ôter le titre de vicinal, et, par suite, de dispenser la commune de l'obligation de pourvoir à son entretien, le public et les communes voisines peuvent être intéressés à contredire un projet qui tend à les priver d'une voie de communication dont ils jouissaient. Avant donc de prononcer le déclassement d'un chemin vicinal, vous devrez en faire délibérer les conseils municipaux des communes qui peuvent avoir intérêt à la conservation de ce chemin, et, s'il n'y a pas unanimité dans les délibérations, vous ferez ouvrir une enquête dans ces mêmes communes. Vous serez ainsi parfaitement éclairé sur les véritables intérêts des localités et vous prononcerez en parfaite connaissance de cause. Ces formalités entraîneront quelques lenteurs sans doute; mais le déclassement d'un chemin ne peut jamais être une opération urgente, et les explications dans lesquelles je viens d'entrer vous auront fait comprendre qu'en pareille matière l'administration ne doit procéder qu'avec réserve, parce que la commune sur le territoire de laquelle est situé le chemin n'est plus la seule intéressée. »

212. Des considérations diverses peuvent, ce nous semble, déterminer l'administration à prononcer le déclassement d'un chemin vicinal. Quelquefois elle veut seulement exonérer la commune de l'obligation de l'entretenir, mais cependant maintenir en état de chemin une voie publique qu'il peut être utile de conserver pour l'exploitation de certaines propriétés rurales. Dans ce cas, ce chemin passe dans la catégorie des chemins qu'on pourrait appeler ruraux, et qui restent la propriété de la commune, sans qu'elle soit tenue de les entretenir. Dans d'autres cas, au contraire, le déclassement a pour but d'arriver à la suppression du chemin et à l'aliénation du sol pour le rendre à l'agriculture. Nous verrons plus bas dans quelle forme il doit être procédé à cette suite de l'arrêté de déclassement.

### § 3. *Suppression des chemins inutiles.*

213. Reconnaître et consacrer par la déclaration de vicinalité l'existence des chemins utiles aux communications, redresser ceux dont l'assiette est défectueuse, en ouvrir de nouveaux là où le besoin l'exige, ce sont là, sans doute, les mesures auxquelles l'administration doit ses premiers soins; mais il en est un autre que l'intérêt des communes, que l'intérêt de l'agriculture réclame ensuite, c'est la suppression des chemins inutiles, et tout homme qui a habité nos communes rurales

sait combien sont nombreux les chemins qui pourraient être supprimés sans dommage pour les communications. Aussi, dès l'an v, le gouvernement, dans son arrêté du 23 messidor, chargeait-il les administrations centrales des départements de *prononcer la suppression des chemins reconnus inutiles*, et cette mesure a été constamment recommandée à la sollicitude des préfets par toutes les instructions ministérielles données sur le service vicinal. Mais, en donnant à l'administration le droit de supprimer les chemins inutiles, en lui en faisant même l'injonction, l'arrêté du 23 messidor an v s'est abstenu d'indiquer les formes à suivre pour reconnaître si la suppression d'un chemin ne blessera réellement aucun des intérêts qui ont droit d'être respectés; ce n'est donc que dans la jurisprudence administrative que nous pouvons trouver les règles à suivre en cette matière.

Deux cas nous paraissent devoir être distingués tout d'abord en matière de suppression de chemins; celui où le chemin à supprimer a été précédemment déclaré vicinal, et celui où il n'avait pas reçu le caractère de la vicinalité.

214. Si le chemin est compris parmi les chemins vicinaux de la commune, il est évident qu'avant d'en prononcer la suppression, il est indispensable d'en prononcer le déclassement, dans les formes indiquées plus haut. La déclaration de vicinalité, en effet, avait fait entrer le chemin dans le domaine public vicinal; elle en avait attribué l'usage au public; pour le faire sortir du domaine vicinal, pour enlever au public le droit de s'en servir, il faut préalablement lui ôter le caractère de la vicinalité; mais cela ne doit se faire qu'avec les formes nécessaires pour reconnaître si réellement le chemin est inutile aux communications.

215. Lorsque le chemin n'a pas été déclaré vicinal, la suppression nous paraît pouvoir en être ordonnée avec moins de formalités. L'absence de son inscription au tableau des chemins vicinaux de la commune est un premier indice qu'il n'est pas indispensable aux communications. La suppression nous paraît donc pouvoir être prononcée sur la seule proposition du conseil municipal de la commune; nous pensons toutefois qu'il est prudent que le projet de suppression soit publié à l'avance, dans la commune, afin que les tiers intéres-

sés, s'il en était, pussent présenter leurs observations.

216. La question de compétence, quant à la suppression des chemins, a été un moment indécise, comme en matière de classement. Ainsi, un décret du 3 janvier 1813 (commune de Nuisement-sur-Coole contre Damas) semblait reconnaître ce droit aux conseils de préfecture comme aux préfets. « Considérant, y est-il dit, qu'il appartient au préfet et aux conseils de préfecture de prononcer sur l'existence, l'utilité et la suppression des chemins vicinaux ; — Art. 1<sup>er</sup> : Les arrêtés du conseil de préfecture du département de la Somme sont maintenus, en tant qu'ils prononcent sur le maintien et la suppression des autres chemins vicinaux. » Mais, plus tard, une ordonnance du 23 avril 1818 (commune de Bon-Saint-Martin contre Jacquin) a rétabli en ces termes les véritables principes : « Considérant que, aux termes de la loi du 9 ventôse an XIII, c'est à l'administration publique, c'est-à-dire au préfet, de prononcer sur la conservation ou la suppression des chemins et sentiers vicinaux. »

217. L'autorité judiciaire ne peut jamais avoir à intervenir dans la question de suppression d'un chemin lorsqu'il y a été statué par l'autorité administrative ; c'est ce qui a été déclaré par un décret du 19 août 1808 (Monneron contre Bernier), ainsi conçu : « Vu l'arrêté de l'administration centrale de la Charente-Inférieure, du 5 fructidor an VI, qui a autorisé le sieur Monneron à supprimer et fermer un sentier transversal traversant sa propriété, à la charge de rendre ce terrain à l'agriculture ; vu le jugement susdit qui renvoie devant le juge de paix de La Rochelle, pour y faire juger la possession dudit sentier ; considérant que le jugement du tribunal de La Rochelle tend à remettre en question devant le tribunal judiciaire ce qui avait été décidé par l'autorité administrative ; — Art. 1<sup>er</sup> : L'arrêté du préfet de la Charente-Inférieure, du 11 avril 1808 (conflit), est confirmé. Article 2. Le jugement rendu par le tribunal de première instance de La Rochelle, le 15 mars 1808, est déclaré non avenu. »

218. Comme tous les actes administratifs des préfets, l'arrêté qui prononce la suppression d'un chemin peut être attaqué devant l'autorité supérieure ; mais c'est au ministre de l'intérieur qu'il doit être déféré, attendu qu'un tel arrêté est pris dans les limites de la compétence du préfet. Lorsque le ministre

a statué sur le recours, sa décision n'est pas susceptible de recours devant le Conseil d'état. C'est ce qui résulte notamment d'une ordonnance du 27 août 1828 (de Montillet), dont l'un des considérants est ainsi conçu : « Sur le chef du pourvoi relatif à la décision de notre ministre de l'intérieur ; considérant que la question relative à la suppression, comme inutile, du chemin classé comme vicinal, est une question d'utilité publique qui est administrative, et qui ne peut nous être soumise par la voie contentieuse. »

219. Nous ferons remarquer, d'ailleurs, que l'arrêté préfectoral qui supprime un chemin ne prononce que sur la question administrative, et qu'il laisse intactes toutes les questions de propriété ou de servitude que des tiers pourraient élever. Ainsi, un décret déjà cité, du 3 janvier 1813 (commune de Nuisement-sur-Coole contre Damas), porte que « s'il appartient au préfet et aux conseils de préfecture de prononcer sur l'existence, l'utilité et la suppression des chemins vicinaux, il n'appartient qu'aux tribunaux de prononcer sur la propriété du terrain des chemins vicinaux. » Une ordonnance du 10 décembre 1817 a renvoyé aux tribunaux le jugement d'un droit de passage prétendu sur un chemin supprimé : « considérant qu'il s'agit, dans l'espèce, d'une question de servitude dont la connaissance appartient aux tribunaux . » Une ordonnance du 28 octobre 1829 (commune de Saint-Jean d'Assé contre Paillard-Ducleré) relative également à un chemin supprimé, a réservé en ces termes la question de propriété : « Considérant que, dans le cas où la commune de Saint-Jean d'Assé aurait des droits à exercer sur le sol dudit chemin, à titre de propriété ou de servitude, la décision du ministre de l'intérieur du 26 décembre 1827 ne met pas obstacle à ce qu'elle les fasse valoir devant les tribunaux, après s'y être fait autoriser préalablement par le conseil de préfecture. » Enfin, les droits de servitude que des particuliers prétendraient avoir à exercer sur un chemin supprimé ne sont pas compromis par l'arrêté de suppression, ainsi qu'il résulte d'une ordonnance du 21 juin 1826 (André contre Courbec), ainsi conçue : « Considérant qu'il s'agit, dans l'espèce, d'une portion d'un ancien chemin qui a cessé d'être voie publique et qui a été abandonnée au sieur Courbec ; considérant que la question de savoir si le terrain d'une voie publique supprimée reste grevé,

envers les propriétaires limitrophes, des servitudes du genre de celles que la dame André réclame, est du ressort des tribunaux. »

§ 4. — *Aliénation.*

220. Lorqu'un chemin vicinal a été déclassé, que le besoin des communications n'exige pas qu'il soit conservé comme chemin rural, et que, par conséquent, la suppression peut en être prononcée, la mesure la plus utile que puisse prendre l'administration, c'est d'aliéner le sol de ce chemin. On restitue ainsi à l'agriculture des terrains qu'elle rend productifs; on réalise pour la commune des ressources qui ne sont pas toujours sans importance; c'est d'ailleurs le seul moyen d'empêcher que ce sol ne disparaisse graduellement par l'effet des anticipations des riverains. Il est entendu, toutefois, que cette mesure ne peut être prise que lorsque le sol du chemin supprimé est la propriété incontestée de la commune. S'il y avait contestation à cet égard, il faudrait qu'elle fût vidée devant les tribunaux avant qu'il pût être procédé à la vente.

221. Quelques doutes avaient un moment été élevés sur le droit des communes à la propriété du sol de leurs chemins, même dans le cas où cette propriété n'était pas revendiquée par des particuliers. L'administration des domaines avait, à une époque déjà reculée, prétendu que lorsque ces chemins étaient supprimés, le sol devait en faire retour au domaine public, et que ce sol ne pouvait être aliéné qu'au profit de l'état. Cette administration fondait sa prétention sur l'art. 3 de la loi du 1er déc. 1790, relative à la législation domaniale, et ainsi conçu : « Les chemins publics, les rues et les places des villes, les fleuves et rivières navigables, les rivages, lais et relais de la mer, les havres, les rades, etc., et en général toutes les portions du territoire national qui ne sont pas susceptibles d'une propriété privée, sont considérés comme dépendants du domaine public. » L'insertion dans cette énumération des mots *chemins publics, rues et places des villes*, pouvait, en effet, motiver jusqu'à un certain point l'opinion de l'administration des domaines, que le ministre avait adoptée, ainsi que le témoigne une circulaire du 4 germinal an VII.

222. Mais les droits des communes à la propriété du sol de leurs chemins et, par suite, au produit de l'aliénation de ce sol, ont été reconnus bientôt après par un décret du 24

vendémiaire an XI (16 oct. 1802) (commune de Ste-Foy contre Clavel), ainsi conçu : « Considérant que cette loi ( celle ci-dessus visée ) n'est relative qu'aux biens qui composaient et doivent continuer à composer le domaine national; que les chemins publics dont elle parle sont les routes faites et entretenues aux frais de la nation; que celle-ci n'a jamais entendu s'emparer des chemins vicinaux composés de terrains achetés ou échangés par les communes ou fournis gratuitement par les propriétaires pour le service particulier des communes; que les lois des 6 oct. 1791, 16 frimaire an XI et 11 frimaire an VII, qui ont laissé l'entretien des chemins à la charge des communes, sauf le cas où ils deviendraient nécessaires au service public, ne donnent point à croire qu'ils soient des propriétés nationales; considérant qu'un chemin vicinal appartient à la commune; que si des particuliers ou la commune de Ste-Foy croient avoir droit de réclamer, c'est devant le préfet qu'ils doivent se pourvoir, sauf à lui à renvoyer devant les tribunaux, s'il y a des questions de propriété entre particuliers à décider; que si l'arrêté du 7 pluviôse an VIII concède le terrain de l'ancien chemin vicinal comme domaine national, quoiqu'il soit domaine communal par sa nature, cette erreur ne vicie pas le fond de la décision, qui produit les mêmes résultats. »

Cette décision du conseil d'état était trop positive pour que les droits des communes fussent désormais contestés, et l'administration des domaines a cessé depuis lors d'élever aucune prétention à la propriété du sol des chemins vicinaux supprimés. L'aliénation de ce sol a donc pu être faite sans difficulté au profit de la commune sur le territoire de laquelle le chemin était situé.

223. Jusqu'à la promulgation de la loi du 28 juill. 1824, cette aliénation ne pouvait, comme pour toute autre partie du domaine communal, être autorisée que par une ordonnance royale, quelque faible que fût la valeur de la parcelle à aliéner. La lenteur de ce mode de procéder était un obstacle à ces transactions, et le législateur y pourvut en donnant aux préfets, par l'art. 10 de la loi du 28 juill. 1824, le droit d'autoriser les aliénations jusqu'à concurrence d'une valeur de 3,000 fr. L'arrêté du préfet doit être pris *en conseil de préfecture, après délibération des conseils municipaux intéressés et après enquête* de commodo et incommodo.

**224.** La loi du 21 mai 1836 n'a rien innové sur ce point, quant à l'attribution donnée aux préfets en matière d'aliénation du sol d'anciens chemins; mais elle a apporté une sage restriction aux droits des communes, quant au mode d'aliénation. En général, la bande de terrain qui compose un chemin supprimé ne peut être utilisée que par sa réunion aux propriétés riveraines. Souvent cependant de fâcheuses rivalités, trop fréquentes dans les communes rurales, avaient surgi lors de la vente aux enchères du sol d'anciens chemins. Les propriétaires riverains n'avaient pu s'en rendre acquéreurs, et d'autres particuliers venaient ainsi s'implanter au milieu de propriétés qu'il eût été utile de réunir par l'incorporation du sol de l'ancien chemin.

Le législateur a mis un terme à cette conséquence abusive du mode d'aliénation aux enchères, par l'art. 19 de la loi du 21 mai 1836, ainsi conçu : « En cas de changement de direction ou d'abandon d'un chemin vicinal, en tout ou en partie, les propriétaires riverains de la partie de ce chemin qui cessera de servir de voie de communication pourront faire leur soumission de s'en rendre acquéreurs et d'en payer la valeur, qui sera fixée par des experts nommés dans la forme déterminée par l'article 17. » Cette disposition, comme on voit, établit une préférence en faveur des propriétaires riverains, mais un droit de préférence seulement, c'est-à-dire que si ces propriétaires ne voulaient pas acquérir le sol du chemin supprimé, la commune rentrerait dans la faculté de l'aliéner d'après l'ancien mode. Il y a donc lieu de mettre les propriétaires riverains en demeure de présenter leurs soumissions, afin que la commune soit libre de passer outre en cas de refus de leur part. Si les propriétés situées sur les deux rives du chemin supprimé n'appartenaient pas au même particulier, les deux propriétaires auraient incontestablement un droit égal au sol à concéder, et s'ils ne pouvaient s'entendre sur le partage, l'administration, ce nous semble, devrait concéder à chacun la moitié de la largeur du chemin. Cette mesure serait dans le véritable esprit de l'article de loi précité, qui a évidemment eu en vue de prévenir les inconvénients qui peuvent naître de la conservation de droits de servitude sur la voie supprimée. Il importe donc que chacun des deux propriétaires riverains acquière la moitié de la largeur du chemin supprimé. Ce ne serait qu'au refus de l'un d'eux que l'administration devrait, à notre avis, concéder à l'autre la totalité du sol.

**225.** Une question a été soulevée à l'occasion de l'application de l'article de loi précité; c'est celle de savoir s'il confère aux propriétaires riverains d'un chemin supprimé un droit absolu d'acquérir, en ce sens que la commune soit obligée de concéder le sol du chemin supprimé. Consulté sur cette question, le ministre de l'intérieur n'a pas pensé que cet article de loi dût être entendu d'une manière aussi impérative. Il lui a paru que si la commune avait besoin de conserver, dans un intérêt communal quelconque, le sol du chemin supprimé, elle ne pouvait être contrainte de l'aliéner, et que tout ce que la loi avait voulu établir en faveur des propriétaires riverains, c'était *un simple droit de préférence en cas d'aliénation.* Tels sont les principes que le ministre a posés dans une circulaire en date du 26 mars 1838, et il n'est pas à notre connaissance qu'ils aient été sérieusement contestés.

**226.** Nous terminerons en faisant remarquer que l'arrêté par lequel le préfet en conseil de préfecture autorise l'aliénation du sol d'un chemin supprimé est un acte administratif susceptible de recours, mais que ce recours doit être porté d'abord devant le ministre de l'intérieur, comme pour tous les arrêtés pris dans les limites de la compétence des préfets. C'est ce qui résulte d'une ordonnance royale du 28 déc. 1825 (Goulin contre Husson) ainsi conçue : « Vu l'art. 10 de la loi du 28 juill. 1824 ; considérant, dans l'espèce, que l'arrêté du préfet du département de la Moselle, qui, en vertu de l'art. 10 de la loi ci-dessus-visée, a autorisé l'aliénation d'une partie d'un chemin communal, est un acte de son administration qui doit être préalablement déféré à notre ministre de l'intérieur; qu'ainsi le sieur Goulin est non recevable dans son pourvoi. »

### § 5. *Rétablissement d'anciens chemins.*

**227.** Si l'administration peut maintenir la circulation sur les chemins existants, elle peut également ordonner le rétablissement d'anciens chemins indûment supprimés; mais c'est au préfet et non au conseil de préfecture qu'appartiendrait ce droit. C'est ce qui résulte d'une ordonnance royale du 1er mai 1822 (commune de Balazé contre celle de Chatelais), ainsi conçue : « Considérant qu'aux termes de la loi du 9 ventôse an XIII, le préfet était seul compétent pour faire reconnaître et rétablir l'ancien chemin vicinal, et qu'en statuant sur ce point, le conseil de préfecture a excédé les bornes de sa compétence. » Une seconde ordonnance du 12 juin 1822 ( Boutet contre Limages) a prononcé dans le même sens.

228. Mais d'une autre ordonnance du 6 janv. 1830 (Dupeyron), il résulte que le rétablissement d'un ancien chemin ne peut être ordonné que si ce chemin était vicinal. Cette ordonnance est ainsi conçue : « Considérant que l'arrêté du préfet de Tarn-et-Garonne, du 10 déc. 1828, est intervenu sur un procès-verbal constatant un changement de direction opéré par le sieur Dupeyron sur un chemin que la commune de Montaigut soutient être vicinal ; considérant que le tableau des chemins vicinaux de la commune de Montaigut n'a point encore été arrêté par le préfet ; que, dès lors, ce magistrat n'était compétent que pour ordonner une enquête et prendre un arrêté sur la vicinalité du chemin contesté ; qu'il devait se borner, en attendant, à maintenir, provisoirement et par voie de police, le public en jouissance du chemin que le sieur Dupeyron avait fermé par des barrières ; mais qu'il a excédé sa compétence en ordonnant le rétablissement de l'ancien chemin dont la vicinalité n'avait point encore été déclarée et reconnue. »

229. Enfin, si la suppression du chemin datait de longues années, et que le proprié-qui s'en est emparé pût s'appuyer de titres, ce ne serait plus le cas d'ordonner le *rétablissement* du chemin. Si cette voie de communication était indispensable, il serait possible sans doute de la procurer au public ; mais il faudrait procéder pour cela comme pour l'ouverture d'un nouveau chemin. C'est ce qui résulte de l'ordonnance du 8 septemb. 1819 (Fauquez contre la commune d'Echouboulain) ainsi conçue : « Considérant que le chemin vicinal réclamé par la commune d'Echoubou-lain a été compris, sous le nom de *voirie*, par les experts, dans l'estimation de la pièce n° 4, vendue au sieur Fauquez, et que, si ce mot de *voirie* n'a pas été rappelé dans les affiches et dans le procès-verbal d'adjudication, rien ne prouve qu'il ait été retranché à dessein et par suite de réclamations antérieures à la vente ; considérant d'ailleurs que le sieur Fauquez a pris possession de cette voirie, qu'il l'a fait clore, et qu'il en a joui sans trouble en cet état pendant dix-neuf ans, en présence de l'administration du domaine et de la commune d'E-

chouboulain ; considérant que, si la commune est intéressée à rétablir ledit chemin vicinal, rien ne s'oppose à ce qu'elle en provoque l'ouverture, sauf indemnité envers qui de droit. »

Chap. 2. — *Dispositions relatives à la création et à l'emploi des ressources affectées au service vicinal.*

Sect. 1re. — *Caractère obligatoire des dépenses.*

230. Donner à l'autorité administrative le droit de déclarer la vicinalité des chemins nécessaires aux communications des communes, de rechercher les limites et de fixer la largeur de ces voies publiques ; assurer la conservation du sol des chemins vicinaux et la prompte répression des anticipations, en la remettant aux conseils de préfecture, c'était sans doute poser les bases du système vicinal, mais c'était trop peu, si on ne prescrivait en même temps les mesures nécessaires pour l'entretien des chemins vicinaux en bon état de viabilité, et c'est cependant ce dont le législateur ne s'est occupé que bien tard.

231. La loi du 6 oct. 1791 avait bien dit, tit. 1er, sect. 6, art. 2 : « Que les chemins reconnus par le directoire du district pour être nécessaires à la communication des paroisses seraient rendus praticables et entretenus aux dépens des communautés sur le territoire desquelles ils sont établis, et qu'il pourrait y avoir à cet effet une imposition au marc la livre de la contribution foncière. » Mais aucune règle n'avait été tracée pour l'exécution de cette disposition, et les longs orages qui agitèrent la France ne permettaient guères, il faut le reconnaître, que l'autorité s'occupât de l'administration du pays.

232. Lorsque l'ordre fut rétabli, le gouvernement donna un instant son attention à l'amélioration des communications vicinales, et un arrêté du 4 thermidor an x permit de faire usage de la prestation en nature pour la réparation de ces chemins ; mais ce n'était encore qu'une faculté donnée aux communes.

233. La loi du 28 juillet 1824 fut donc la première tentative réelle que fit le gouvernement pour assurer l'entretien des chemins vicinaux, et elle eût pu produire l'effet qu'on en attendait, si les mesures dont elle autorisait l'emploi ne fussent restées, comme précédemment, purement facultatives. **En 1824**

comme en l'an x, comme en 1791, le législateur crut que les administrations municipales, que les administrés eux-mêmes comprendraient leurs vrais intérêts et se détermineraient à faire volontairement des sacrifices dont ils devaient retrouver le prix au centuple. Il fallut douze années d'expérience pour faire reconnaître au gouvernement et au pouvoir législatif combien les idées d'avenir ont peu de puissance sur la plus grande partie de nos populations rurales, et combien peu elles sont disposées à faire spontanément le moindre sacrifice actuel, en vue d'un avantage certain, mais qui ne peut être obtenu au moment même. Il fallut que l'état de dégradation des communications vicinales, dans presque tous les départements, fût arrivé au point d'être un obstacle matériel à la simple exploitation des terres et au transport de leurs produits, pour convaincre le gouvernement et les chambres qu'il fallait donner à l'administration supérieure quelque chose de plus que le droit de conseil et d'exhortation, qu'il fallait l'armer du droit de contraindre les populations rurales à faire ce que leur propre intérêt n'avait pas suffi à obtenir d'elles.

234. C'est dans ce but que fut rendue la loi du 21 mai 1836, et comme elle est, sur beaucoup de points, la reproduction de celle du 28 juillet 1824, nous les considérerons, dans l'examen que nous allons en faire, comme ne formant qu'un même ensemble de législation, tout en faisant ressortir les différences qui existent entre leurs dispositions correspondantes.

235. La loi du 28 juillet 1824 avait fixé à deux le maximum des journées de prestation qu'il serait permis d'imposer pour suppléer à l'insuffisance des revenus ordinaires des communes ; celle du 21 mai 1836 a élevé ce maximum à trois journées. Elle avait exigé que la prestation en nature fût votée avant qu'il fût permis de recourir aux centimes additionnels, et ceux-ci ne pouvaient être établis qu'en cas d'insuffisance des deux journées pour faire face aux besoins du service vicinal. La loi du 21 mai 1836 permet au contraire aux conseils municipaux de voter ou des prestations ou des centimes, à leur choix, ou bien les deux ressources simultanément et concurremment. Enfin, la première des deux lois prescrivait que, pour le vote des centimes, les conseils municipaux fussent assistés des plus imposés, comme cela doit avoir lieu pour toutes les impositions extraordinaires. La dernière dispense les conseils municipaux de l'adjonction des plus imposés, parce qu'elle donne aux centimes spéciaux le caractère d'une imposition ordinaire.

On voit que, sous ces divers rapports, la loi du 21 mai 1836 a apporté à la législation précédente des changements favorables au service vicinal ; mais là ne se bornent pas les modifications qu'elle y a introduites, et la plus efficace, celle qui indique avant tout la différence des deux législations, c'est le caractère obligatoire que la dernière a donné aux dépenses du service vicinal.

236. L'art. 1ᵉʳ de la loi du 21 mai 1836 déclare que : « Les chemins vicinaux légalement reconnus sont à la charge des communes, sauf les dispositions de l'art. 7 ci-après. »

Cette déclaration n'est que la reproduction de celle que contenait l'art. 1ᵉʳ de la loi du 28 juill. 1824 ; mais peut-être est-elle moins précise dans sa rédaction. En disant simplement : *Sont à la charge des communes*, en ne répétant pas les mots qui se trouvent dans cet article : *Sont à la charge des communes sur le territoire desquelles ils sont établis*, le législateur aurait pu laisser quelque incertitude sur cette spécialité d'obligation imposée à chaque commune sur son territoire. L'interprétation donnée par l'administration centrale au premier article de la nouvelle loi a maintenu l'application du principe posé dans la loi de 1824, et aucune difficulté n'a surgi de ce changement de rédaction.

L'article 2 de la loi du 21 mai 1836, reproduisant dans son premier paragraphe les dispositions de l'article correspondant de la loi précédente, déclare « qu'en cas d'insuffisance des revenus ordinaires des communes, il sera pourvu à l'entretien des chemins vicinaux à l'aide, soit de prestations en nature, dont le maximum est fixé à trois journées de travail, soit de centimes spéciaux en addition au principal des quatre contributions directes, et dont le maximum est fixé à cinq. » Mais ce n'est encore ici, comme dans l'ancienne législation, que l'énonciation d'une faculté donnée aux communes d'appliquer à l'entretien des chemins vicinaux, soit leurs revenus ordinaires, soit des ressources spéciales. Pour comprendre la valeur de l'art. 2 de loi du 21 mai 1836 et en connaître la portée, il ne faut pas le considérer isolément ; il faut le rapprocher de l'art. 5 de la même loi portant que :

« si le conseil municipal, mis en demeure, n'a pas voté, dans la session désignée à cet effet, les prestations et centimes nécessaires, ou si la commune n'en a pas fait emploi dans les délais prescrits, le préfet pourra d'office, soit imposer la commune dans les limites du maximum, soit faire exécuter les travaux. »

237. Dans la combinaison de ces deux articles, dans le pouvoir nouveau donné aux préfets, devait se trouver et se trouve en effet l'un des principaux éléments du succès qu'a obtenu la législation nouvelle. Par l'effet de cette disposition, la dépense des chemins vicinaux cessait d'avoir ce caractère purement facultatif que lui avaient laissé toutes les lois précédentes; elle devenait *obligatoire*, et cette obligation trouvait sa sanction dans le droit attribué au préfet de substituer son action à celle des administrations municipales, lorsque celles-ci, méconnaissant leurs véritables intérêts, négligeraient ou refuseraient de créer les ressources nécessaires à l'entretien des chemins vicinaux. Dépourvue de cette sanction quasi-pénale, la loi du 21 mai 1836 fût restée, cela est indubitable, aussi inefficace que celles qui l'avaient précédée, et c'est ce que le législateur a heureusement compris; non pas, certes, qu'il admit d'avance la nécessité de recourir à une application générale du pouvoir coërcitif remis à l'administration supérieure; mais ce pouvoir était le principe salutaire qui devait donner la vie à la législation nouvelle. Nous verrons, lorsque nous nous occuperons plus spécialement de l'art. 5 de la loi, jusqu'à quel point l'administration supérieure a dû en faire usage; nous ne devions ici qu'établir que la dépense des chemins vicinaux fait aujourd'hui partie des dépenses obligatoires des communes.

238. Nous terminerons en faisant remarquer que l'art. 2 de la loi ne parle que de *l'entretien* des chemins vicinaux; mais [que dans la pratique l'administration a assimilé la dépense de la *construction* des chemins à celle de l'entretien. Ce sont en effet des travaux de même nature et auxquels les mêmes principes doivent être appliqués. Cette interprétation était trop rationnelle pour n'être pas généralement admise, et il n'est pas à notre connaissance qu'elle ait soulevé aucune difficulté sérieuse.

239. Nous allons maintenant passer en revue les diverses ressources que le loi du 21 mai 1836 affecte aux dépenses du service vicinal ainsi que les règles qui doivent être suivies pour la création et l'emploi de ces ressources, et, bien qu'il n'entre pas dans le cadre de ce travail de rendre un *compte* de cet emploi, nous croyons qu'il sera utile que nous constations le produit de chacune de ces ressources. On pourra ainsi apprécier quelle est aujourd'hui l'importance de la branche d'administration qui nous occupe.

Section 2. — *Ressources communales.*

§ 1er. — *Revenus des communes.*

240. L'article 2 de la loi du 21 mai 1836 indique en première ligne, ainsi que nous l'avons vu, *les revenus ordinaires des communes* comme affectés à l'entretien des chemins vicinaux, mais ce principe n'y est cependant posé qu'implicitement; ce n'est que par induction que l'on arrive à établir que, puisqu'il n'est permis de recourir aux prestations en nature et aux centimes spéciaux, *qu'en cas d'insuffisance des revenus ordinaires*, les communes *sont tenues* d'entretenir les chemins vicinaux sur leurs revenus ordinaires, lorsque ces revenus peuvent y suffire. Une rédaction plus nette eût été à désirer, selon nous; toutefois, le pouvoir donné à l'administration supérieure par l'ensemble de la nouvelle législation a prévenu les difficultés qui auraient pu surgir.

La possibilité, pour les communes, de pourvoir à l'entretien de leurs chemins vicinaux sur leurs revenus ordinaires, n'est d'ailleurs qu'une rare exception. Plus des quatre cinquièmes des communes du royaume sont obligées de recourir, *annuellement* et d'une manière à peu près habituelle, à des *impositions extraordinaires* pour faire face *à leurs dépenses ordinaires* les plus urgentes. Si nous recherchons quelle est la position des communes, quant aux dépenses des chemins vicinaux, nous trouvons, dans le dernier rapport publié par le ministère de l'intérieur, qu'en 1841, sur les 37,053 communes qui composent le royaume, 31,251 n'avaient pu rien donner sur leurs revenus ordinaires pour l'entretien des chemins vicinaux; que des 5,802 qui se trouvaient dans une situation financière moins défavorable, il en est 673 seulement qui ont pu suffire aux besoins du service vicinal sur leurs revenus ordinaires. En somme, les revenus ordinaires des communes n'entrent que pour environ cinq centièmes dans la masse des ressources appliquées aux dépenses du service vicinal ; toutefois, comme ces ressources sont indiquées dans la loi en première ligne, nous allons examiner quelle application est faite de cette disposition.

241. Ainsi que nous venons de le voir, l'article 2 de la loi du 21 mai 1836 a implicitement divisé les communes, quant au service vicinal, en deux catégories : celles dont les revenus suffisent aux besoins de ce service, et celles dont les revenus ne peuvent y suffire.

Quant à ces dernières, ce n'est plus une simple faculté qui leur est accordée, c'est une obligation qui leur est imposée, et elle trouve sa sanction dans l'art. 5 de la loi du 21 mai 1836, qui permet au préfet d'imposer les communes d'office ; mais aussi, la limite des obligations de ces mêmes communes se trouve clairement fixée par la disposition qui restreint le droit d'imposer d'office, dans le maximum de trois journées de prestations et de cinq centimes spéciaux. Pour les communes de la première catégorie, au contraire, celles dont les revenus peuvent suffire à l'entretien des chemins, la loi s'est bornée à une énonciation de principe, mais sans donner explicitement à l'autorité le droit de coërcition, comme à l'égard des communes de la seconde catégorie, et, par conséquent, sans indiquer la limite de leurs obligations.

De ce silence de la loi, ou plutôt de cette insuffisance dans sa rédaction, sont nées, dès le début, des difficultés graves, qui deviennent moins fréquentes, sans doute, mais qui se présentent encore chaque année.

242. Des administrations municipales dont les revenus pouvaient suffire à toutes leurs dépenses ordinaires et à l'entretien des chemins vicinaux, se sont refusées à comprendre cette dernière dépense au budget communal, ou n'y ont affecté que des crédits évidemment insuffisants. L'autorité supérieure, convaincue que la loi du 21 mai 1836 a rendu l'entretien des chemins *obligatoire pour toutes les communes*, et surtout pour les communes qui pouvaient y subvenir sur leurs revenus ordinaires, usa aussitôt du droit que lui donnent, et cette loi, et l'ensemble de la législation communale ; elle inscrivit d'office, au budget communal, les crédits que les conseils municipaux auraient dû et qu'ils avaient refusé d'y porter.

243. Cette mesure donna lieu à des protestations de la part des communes qu'elle atteignait, et deux moyens différents furent présentés par elles à l'appui de leurs réclamations.

Les unes, et c'était le plus petit nombre, déniaient à l'autorité supérieure, d'une manière absolue, le droit d'inscrire d'office au budget la dépense des chemins vicinaux. Cette dépense, disaient-elles, n'a pas été formellement déclarée obligatoire pour les communes par la loi spéciale du 21 mai 1836 ; elle n'est pas comprise non plus dans l'énumération des dépenses obligatoires des communes, que donne l'article 30 de la loi générale du 18 juillet 1837 ; donc elle ne peut être imposée d'office au budget communal. Les autres ne déniaient pas à l'autorité supérieure le droit d'imputer d'office au budget communal, lorsqu'il y avait des ressources, la dépense d'entretien des chemins, mais elles prétendaient que ces imputations étaient soumises aux mêmes limites que l'imposition d'office des prestations et centimes, c'est-à-dire qu'elles ne pouvaient dépasser l'équivalent de la valeur de trois journées de prestation et de cinq centimes spéciaux.

244. Le ministre de l'intérieur auquel des recours avaient été adressés dans ce sens, ne pouvait admettre ni l'une ni l'autre de ces argumentations. Dans les décisions qu'il eut à prendre pour rejeter ces recours, le ministre se fonda sur les motifs que nous trouvons développés dans sa circulaire du 29 avril 1839.

« Sur le premier point, disait-il, serait-il possible de conclure du silence de la loi que l'autorité supérieure soit laissée dépourvue, vis-à-vis des communes ayant des ressources ordinaires suffisantes, des moyens de coërcition qui lui ont été donnés par loi du 21 mai 1836 à l'égard des communes qui n'ont pas de ressources ordinaires suffisantes, et qui doivent y suppléer par des ressources spéciales ? Une semblable conséquence ne saurait être invoquée sérieusement. Si le législateur n'a pas posé, dans cette loi, les règles applicables aux premières de ces communes, c'est qu'il lui suffisait de déclarer, comme principe, qu'elles devaient considérer les dépenses du service vicinal comme obligatoires ; les règles générales en matière de dépenses communales viennent ensuite suppléer au silence de la loi du 21 mai 1836. C'est donc dans la loi du 18 juillet 1837, sur l'administration municipale, que l'autorité supérieure doit chercher comment il doit être procédé pour contraindre à remplir leurs obligations les communes qui ont des ressources suffisantes. »

Quant à la prétention que, pour ces communes comme pour les autres, la limite de leurs obligations se trouvait déterminée par l'article 5 de la loi du 21 mai 1836, et ne pouvait dépasser l'équivalent de trois journées de prestation et de cinq centimes spéciaux, le ministre faisait remarquer que cette assimilation n'est écrite ni même indiquée dans aucun des articles de la loi du 21 mai 1836 qui, à l'égard des communes ayant des ressources ordinaires suffisantes, s'est bornée à déclarer que la dépense du service vicinal est obligatoire pour elles. Dès lors, cette dépense prend rang avec toutes les autres dépenses déclarées obligatoires par l'article 30 de la loi du 18 juillet 1837 ; il doit y être pourvu par les conseils municipaux concurremment avec ces autres dépenses. Si un conseil municipal méconnaissait ses obligations à cet égard, il y aurait lieu à l'application de l'article 39 de la même loi, comme s'il s'agissait de toute autre espèce de dépense obligatoire. Toutefois, si la situation financière de ces communes ne permettait d'inscrire d'office au budget qu'une partie de la dépense du service vicinal, et qu'il fût nécessaire de recourir pour le reste à d'autres ressources, ce ne serait pas à la contribution extraordinaire prévue par le quatrième paragraphe de l'article 39 précité qu'il faudrait recourir, mais bien aux ressources spéciales, prestations et centimes, indiquées par la loi du 21 mai 1836 comme devant suppléer à l'insuffisance des ressources ordinaires. Dans ce cas particulier, il y aurait donc lieu d'appliquer à la fois l'article 39 de la loi du 18 juillet 1837 pour partie de la dépense, et l'article 5 de la loi du 21 mai 1836 pour la partie de ces dépenses que les ressources ordinaires ne pourraient fournir.»

« Relativement à la limite dans laquelle doivent se renfermer ces inscriptions d'office aux budgets communaux, le même article 39 de la loi du 18 juillet 1837 trace avec clarté la marche à suivre dans toutes les circonstances où il sera nécessaire de recourir à cette mesure. S'il s'agit d'une dépense annuelle et variable, *elle sera inscrite pour sa quotité moyenne pendant les trois dernières années ; s'il s'agit d'une dépense annuelle et fixe de sa nature ou d'une dépense extraordinaire, elle*

*sera inscrite pour sa quotité réelle*. Il résulte de cette disposition que, s'il s'agit d'une dépense *d'entretien* des chemins vicinaux, dépense annuelle et variable, elle doit être fixée, pour l'inscription d'office au budget, *d'après sa quotité moyenne pendant les trois dernières années* ; que si, au contraire, la dépense est nouvelle, comme celle de grosse réparation ou de création des chemins vicinaux, soit de grande, soit de petite communication, elle présente le caractère de dépense extraordinaire et doit être inscrite au budget communal pour sa quotité réelle. »

Quelle que fût d'ailleurs la conviction du ministre en donnant ces solutions, il avait cru devoir, en raison de l'importance de ces questions, les soumettre à l'examen du Conseil d'état, dont l'avis avait été conforme à celui du ministre et se résumait ainsi :

« 1° Les préfets ont le droit d'inscrire d'office au budget des communes les dépenses nécessitées par le service des chemins vicinaux.

» 2° Cette inscription a lieu en vertu de la loi du 18 juillet 1837.

» 3° Il doit y être procédé par le préfet en conseil de préfecture ou par ordonnance du roi, comme le veut l'art. 39 de la même loi.

» 4° Enfin, ce même article 39 a posé la règle à laquelle les préfets doivent se conformer, quant à la fixation de la quotité des dépenses »

En donnant ces instructions aux préfets, le ministre les engageait d'ailleurs, « à n'user qu'avec réserve et dans une juste mesure des pouvoirs que la loi leur attribuait en cette matière. Sans doute, ajoutait-il, la création, la réparation et l'entretien des chemins vicinaux sont au rang des dépenses les plus importantes des communes, de celles dont elles doivent retirer directement et immédiatement le plus d'avantages ; mais il est des limites même pour le bien, et en plaçant les dépenses du service vicinal au premier rang des dépenses obligatoires, il ne serait pas d'une bonne administration de les faire assez prédominer pour paralyser d'autres dépenses utiles aussi. »

245. Ces instructions ont suffi pour faire disparaître les difficultés qui avaient surgi d'abord, lors de la première application de mesures coërcitives aux communes qui, ayant des revenus suffisants, négligeaient ou refusaient d'assurer les dépenses du service vicinal ; à peine un ou deux recours arrivent-

ils aujourd'hui jusqu'au ministre, chaque année, et ils ne portent plus sur le principe de la mesure ; ce principe peut donc être regardé comme généralement admis.

Deux ordonnances récentes ont d'ailleurs pleinement reconnu le droit de l'administration, soit d'apprécier la possibilité pour les communes de pourvoir aux dépenses du service vicinal sur leurs ressources vicinales, soit d'inscrire ces dépenses d'office au budget communal, ou bien de frapper d'office des impositions en prestations et centimes ; elles ont également déclaré que les arrêtés pris à cet effet par les préfets, de même que les décisions confirmatives du ministre, n'étaient pas susceptibles d'être attaqués devant le roi en son conseil d'état.

La première de ces ordonnances, en date du 9 juin 1843 (ville de Vire), est ainsi conçue : « Vu la loi du 21 mai 1836 ; vu la loi du 18 juill. 1837 ; considérant qu'aux termes des art. 1 et 7 de la loi du 21 mai 1836, les chemins vicinaux de grande communication sont à la charge des communes ; qu'aux termes de l'art. 30 de la loi du 18 juill. 1837, sont obligatoires les dépenses mises à la charge des communes par une disposition de loi ; qu'ainsi la part contributive régulièrement mise à la charge de la commune de Vire, pour les frais d'établissement du chemin vicinal de grande communication de Vire à Tessy par Pontfarcy, était une dépense obligatoire ; considérant qu'aux termes des art. 33 et 39 de la loi du 18 juill. 1837, c'est aux préfets qu'il appartient de régler les budgets des communes, et d'y inscrire d'office les allocations nécessaires pour payer les dépenses obligatoires ; qu'ainsi, en inscrivant d'office une dépense obligatoire au budget de la commune de Vire par ses arrêtés des 6 févr. et 18 mars 1841, le préfet du département du Calvados n'a pas excédé les limites de ses pouvoirs ; que, dès lors, lesdits arrêtés sont des actes administratifs qui ne sauraient nous être déférés par la voie contentieuse ; d'où il suit qu'il y a lieu de rejeter le recours dirigé contre la décision de notre ministre de l'intérieur, du 17 août 1841, laquelle s'est bornée à confirmer les arrêtés précités du préfet du département du Calvados. » Bien qu'il s'agisse dans cette ordonnance d'un chemin vicinal de grande communication, les principes qui s'y trouvent posés ne s'en appliquent pas moins à l'ensemble du service vicinal, car ces voies publi-

ques, en suivant cette dénomination, n'en restent pas moins des *chemins vicinaux.*

La seconde ordonnance, également du 9 juin 1843 (ville de Langres), et relative à une imposition d'office, est ainsi conçue : « Vu la loi du 21 mai 1836 ; considérant que le préfet, après avoir reconnu l'insuffisance des ressources votées par le conseil municipal de la ville de Langres pour pourvoir à l'entretien des chemins vicinaux à sa charge en 1841, l'a mis en demeure de satisfaire à cette obligation par le vote d'une imposition en centimes additionnels, dans les limites du maximum fixé par l'art. 2 de la loi du 21 mai 1836 ; que, faute par le conseil municipal d'avoir voté cette imposition, le préfet et le ministre de l'intérieur, après avoir reconnu l'insuffisance des ressources ordinaires de la ville, ont agi dans les limites de leurs pouvoirs, en ordonnant ou maintenant l'imposition d'office. »

246. Nous terminerons en faisant remarquer que le droit d'ouvrir d'office, aux budgets communaux, des crédits sur les revenus des communes, ne peut s'appliquer qu'aux *revenus ordinaires* ; ceux-là seuls, en effet, sont indiqués par l'article 2 de la loi comme gage des obligations des communes. Les ressources extraordinaires des communes peuvent sans doute être affectées à la dépense des chemins vicinaux, mais ce ne peut être que l'effet du vote des conseils municipaux, et non pas l'action coërcitive de l'administration supérieure.

### § 2. — *Prestation en nature.*

247. L'emploi à l'amélioration des voies publiques du *travail obligé et non salarié*, c'est-à-dire de la *prestation en nature*, n'est pas une mesure nouvelle. Sous le nom de *corvée*, elle avait été appliquée dès les premières années du dix-huitième siècle à la construction et à la réparation *des grandes routes* dans beaucoup de provinces, et telle était alors l'organisation administrative du royaume que, pour imposer cette charge aux contribuables, un acte de l'autorité supérieure n'avait pas été nécessaire ; de simples ordonnances d'intendants avaient suffi pour exiger de certaines classes de la population jusqu'à douze journées de travail par année.

Nous ne rechercherons pas quelles étaient les règles appliquées alors, soit à l'assiette, soit à l'emploi de la corvée ; nous nous bornerons à dire que ce mode de travail donna bientôt lieu à d'intolérables abus et à des doléances si nombreuses que l'autorité royale dut intervenir. Un édit de février 1776 supprima d'abord la corvée appliquée aux grandes routes et la remplaça par une contribution en argent, assise sur tous les propriétaires de biens-fonds ; mais l'établissement de ce nouvel impôt éprouva une telle résistance, que, dès le mois d'août 1776, le roi fut obligé de suspendre l'exécution de l'édit de février et de rétablir la corvée. Toutefois une instruction générale adressée à tous les intendants, en octobre 1776, en régularisa l'emploi et y apporta de grands adoucissements ; au lieu, notamment, d'appeler les corvéables sur les routes et de les faire travailler à la journée, on devait répartir le travail en tâches, qui seraient imposées à chaque commune riveraine des routes, en proportion de son importance, et la commune pouvait, à son choix, ou faire exécuter les travaux par les habitants ou les faire faire par adjudication, et en solder le montant au moyen d'une imposition assise sur ces mêmes habitants : c'était, comme on voit, le rachat en argent de la prestation en nature.

248. La corvée fut supprimée en 1789, et par suite cessèrent également les travaux de même nature qui s'exécutaient sur les chemins des communes. On voulut d'abord remplacer ce moyen par une contribution en argent, dont la loi du 6 octobre 1791 permit l'établissement ; mais le poids de cette imposition eût été intolérable, si elle eût dû pourvoir à toutes les dépenses à faire ; aussi, dès que le gouvernement consulaire eut ramené l'ordre en France, un décret du 4 thermidor an x, après avoir rappelé que l'entretien des chemins vicinaux était une charge des communes, prescrivit-il que *les conseils municipaux émettraient leur vœu sur le mode qu'ils jugeront le plus convenable pour parvenir à leur réparation. Ils proposeront à cet effet l'organisation qui leur paraîtrait devoir être préférée pour la prestation en nature.*

Ainsi se trouvait rétabli et sanctionné un mode de travail qui avait pu exciter de justes réclamations lorsqu'on l'avait appliqué aux grandes routes, mais qui n'a rien que d'équitable lorsqu'il a pour objet la réparation des chemins appartenant aux communes. Obliger des communes à construire ou à entretenir une route par cette seule considération qu'elles en sont riveraines, c'est mettre privativement à leur charge une dépense d'intérêt général ; mais, contraindre chaque commune d'entretenir les chemins qui lui sont propres,, obliger l'habitant à entretenir les voies publiques dont il se sert, et qui lui sont indispensables, ce n'est qu'appliquer le principe même de la communauté, de l'aggrégation communale.

249. Le décret du 4 thermidor an x avait seulement posé le principe de la prestation en nature, mais l'application de ce principe devait être l'objet d'un règlement général qui avait été annoncé. En l'absence de ce règlement, une circulaire du ministre de l'intérieur, en date du 7 prairial an xiii, posa les principales bases de l'assiette de la prestation, et rappela notamment que le travail imposé pouvait être racheté en argent. Ce mode de travail fut employé avec plus ou moins de succès jusqu'en 1818. A cette époque, la loi de finances du 15 mai ordonna qu'aucune imposition communale ne pourrait être établie qu'en vertu d'une délibération du conseil municipal auquel seraient adjoints les plus imposés en nombre égal aux membres du conseil ; la délibération de plus être homologuée par une ordonnance du roi. L'administration centrale considéra alors la prestation en nature comme une imposition communale ; elle prescrivit l'accomplissement des mêmes formalités pour son assiette, et, de ce moment, tout emploi de ce mode de travail cessa dans tous les départements. La dégradation absolue des chemins en fut la suite prochaine, et le mal devint bientôt si grand que le gouvernement fut obligé de rendre possible de nouveau l'emploi de la prestation en nature. C'est ce que fit la loi du 28 juill. 1824, dont nous allons suivre l'application en la combinant avec celle du 21 mai 1836.

250. L'article 2 de la loi du 21 mai 1836 permet de suppléer à l'insuffisance des revenus ordinaires des communes pour l'entretien des chemins vicinaux « à l'aide, soit de prestations en nature, dont le maximum est fixé à trois journées, soit de centimes spéciaux en addition au principal des quatre contributions directes, et dont le maximum est fixé à cinq. Le conseil municipal pourra voter l'une ou l'autre de ces ressources, ou toutes les deux concurremment. » Dans l'examen que nous avons à faire des règles applicables à la réalisation et à l'emploi de ces deux moyens,

nous nous occuperons d'abord de la prestation en nature, qui entre annuellement pour environ cinquante-cinq centièmes dans la masse des ressources créées pour le service vicinal.

251. Le principe de la prestation en nature est posé dans l'article que nous venons de citer ; c'est dans l'art. 3 que sont tracées les règles qui doivent servir de base à cette contribution ; cet article est ainsi conçu :

« Art. 3. Tout habitant, chef de famille ou d'établissement, à titre de propriétaire, de régisseur, de fermier ou de colon partiaire, porté au rôle des contributions directes, pourra être appelé à fournir chaque année une prestation de trois jours :

» 1° Pour sa personne et pour chaque individu mâle, valide, âgé de dix-huit ans au moins et de soixante ans au plus, membre ou serviteur de la famille et résidant dans la commune.

» 2° Pour chacune des charrettes ou voitures attelées, et en outre pour chacune des bêtes de somme, de trait, de selle, au service de la famille ou de l'établissement dans la commune. »

252. En comparant cet article avec celui qui y correspond dans la loi du 28 juill. 1824, on n'y trouve, à part l'augmentation d'une journée dans la prestation qui peut être imposée, que quelques changements de rédaction qui ont eu pour objet de mieux préciser les obligations des contribuables, et de lever quelques doutes que pouvait laisser l'ancienne rédaction. Ainsi, dans le paragraphe premier, l'énumération des différents titres auxquels la prestation peut être due est tellement précise qu'il doit rester peu d'incertitude sur son application. Pour en tracer les règles, nous ne croyons pouvoir mieux faire que de reproduire ce qui a été dit à cet égard par le ministre de l'intérieur, dans son instruction du 24 juin 1836.

« L'application de l'article dont nous nous occupons est facile, quelque compliquée que puisse paraître sa rédaction, lorsqu'on a bien saisi l'esprit dans lequel il a été conçu, lorsqu'on a bien compris la distinction à faire entre l'obligation imposée à l'habitant comme habitant, et en vue de sa personne seulement, et l'obligation imposée à tout individu en vue de la famille dont il est le chef, ou de l'établissement agricole ou autre dont il est propriétaire ou gérant, à quelque titre que ce soit. Dans le premier cas, l'obligation est personnelle et directe, en ce sens qu'elle atteint directement le contribuable pour sa personne seule ; dans le second cas, l'obligation est indirecte, en ce sens qu'elle n'est plus imposée au contribuable pour sa personne, mais bien pour les moyens d'exploitation de son établissement, lesquels se composent des membres de sa famille et de ses serviteurs, et encore de ses instruments de travail, tels que charrettes, voitures, bêtes de somme, de trait et de selle.

» Ainsi donc, tout habitant peut être imposé à la prestation en nature, directement et pour sa personne s'il est porté au rôle des contributions directes, mâle, valide et âgé de dix-huit ans au moins et de soixante ans au plus. Dans ce cas, l'habitant est considéré comme individu, et la prestation lui est demandée seulement comme membre de la communauté, intéressé par conséquent à tout ce qui peut contribuer à sa prospérité, notamment au bon état de ses chemins. Voilà l'obligation personnelle, l'obligation directe, résultant de la seule qualité d'habitant de la commune et abstraction faite de toute qualité de propriétaire et de chef de famille ou d'établissement.

« Mais, s'il a une famille, s'il est propriétaire, s'il gère une exploitation agricole comme régisseur, fermier ou colon partiaire, s'il administre un établissement industriel, cet habitant a nécessairement un intérêt plus étendu à la prospérité de la communauté et au bon état des communications ; d'ailleurs, l'exploitation de son établissement, quel qu'il soit, ne peut se faire sans dégrader les chemins de sa commune, et il est juste qu'il contribue à la réparation ordinaire de ces chemins dans la proportion des moyens d'exploitation qui les dégradent. La loi permet donc de lui demander la prestation en nature pour chaque membre ou serviteur de la famille, mâle, valide, âgé de dix-huit ans au moins et de soixante ans au plus, résidant dans la commune, et encore pour chaque charrette ou voiture attelée, pour chaque bête de somme, de trait ou de selle au service de la famille ou de l'établissement dans la commune. Voilà l'obligation, non plus directe et imposée personnellement en vue de la qualité de membre de la communauté, mais indirecte et imposée en vue de la famille et de l'exploitation agricole ou industrielle. A vrai dire, c'est dans ce cas l'exploitation ou l'établissement qui sont imposés à raison de leur importance et de leur intérêt présumé au bon état des chemins et de l'usage qu'ils en font, et c'est le chef de la famille, de l'exploitation agricole ou de l'établissement industriel, qui doit acquitter la contribution assise sur ce qui lui appartient ou sur ce qu'il exploite.

» Il s'ensuit donc évidemment que pour qu'une exploitation agricole ou industrielle puisse être imposée dans tous ses moyens d'action, dans tous ses instruments de travail, il n'est plus nécessaire que le chef de l'exploitation ou de l'établissement soit mâle, valide, âgé de dix-huit à soixante ans, ni même résidant dans la même commune. C'est l'exploitation agricole, c'est l'établissement industriel existant dans la commune, qui doit la prestation, abstraction faite du sexe, de l'âge et de l'état de validité du chef de l'exploitation ou de l'établissement ; ce chef, sans doute, ne sera pas imposé personnellement s'il ne réunit pas les conditions nécessaires pour que sa cote personnelle lui soit demandée, mais il sera, dans tous les cas, tenu d'acquitter la prestation imposée dans les limites de la loi, pour tout ce qui dépend de l'exploitation agricole ou de l'établissement industriel situé dans la commune.

» En résumé :

» 1° La prestation en nature est due pour sa personne par tout habitant de la commune, qu'il soit célibataire ou marié, et quelle que soit sa profession, si d'ailleurs il est porté au rôle des contributions directes, mâle, valide et âgé de dix-huit ans au moins et de soixante au plus ;

« 2° La prestation en nature est due par tout habitant de la commune, qu'il soit célibataire ou marié, s'il est porté au rôle des contributions directes, mâle, valide, âgé de dix-huit ans au moins et de soixante ans au plus, chef de famille ou d'établissement, à titre de propriétaire, de régisseur, de fermier ou de colon partiaire. Dans ce cas, il doit la prestation pour sa personne d'abord, puisqu'il réunit toutes les conditions nécessaires ; il la doit en outre pour chaque individu mâle, valide, âgé de dix-huit ans au moins et de soixante ans au plus, membre ou serviteur de la famille et résidant dans la commune ; il la doit encore pour chaque charrette ou voiture attelée, et pour chaque bête de somme, de trait ou de selle, au service de la famille ou de l'établissement dans la commune ;

» 3° La prestation en nature est due par tout individu, même non porté nominativement au rôle des contributions directes de la commune, même âgé de moins de dix-huit ans et de plus de soixante ans, même invalide, même du sexe féminin, même enfin n'habitant pas la commune, si cet individu est chef d'une famille qui habite la commune, ou si, à titre de propriétaire, de régisseur, de fermier ou de colon partiaire, il est chef d'une exploitation agricole ou d'un établissement situé dans la commune. Dans ce cas, toutefois, il ne devra pas la prestation pour sa personne, puisqu'il n'est pas dans les conditions voulues par la loi, mais il la devra pour tout ce qui, personnes ou choses, dans les limites de la loi, dépend de l'établissement dont il est propriétaire ou qu'il gère à quelque titre que ce soit. »

253. Les règles que nous avons cru devoir extraire textuellement de l'instruction ministérielle parce qu'elles ne nous paraissaient pas susceptibles d'analyse, ont paru aux fonctionnaires chargés de l'assiette de la prestation en nature, assez précises pour qu'ils aient eu bien rarement occasion de consulter sur des difficultés qui ne trouvassent pas leur solution dans ces paragraphes. Nous allons également prendre dans cette instruction, mais par analyse seulement, les explications données par le ministre sur quelques mots de l'article de la loi, qui paraissaient exiger une interprétation.

254. Sur le mot *habitant*, le ministre a fait remarquer que le législateur avait évité d'employer le mot de *domicile*, afin d'éviter tout équivoque entre le domicile de fait ou réel et le domicile légal ou de droit ; il s'est servi à dessein du mot *habitation*, parce que l'habitation est ce qui constitue, en premier ordre, l'intérêt au bon état des chemins et l'obligation de contribuer à leur entretien. Lors donc qu'un propriétaire a plusieurs résidences qu'il habite alternativement, et qu'il s'agit de reconnaître dans laquelle il doit être imposé à la prestation en nature *pour sa personne*, il faut rechercher quelle est celle des résidences où il a son principal établissement et qu'il habite le plus longtemps ; c'est là qu'il devra être imposé. Si, dans chacune de ses résidences, ce propriétaire avait un établissement permanent en domestiques, voitures ou bêtes de somme, de trait et de selle, il devrait être imposé dans chaque commune,

dans les limites de la loi, pour ce qui lui appartient dans cette commune.

255. Cette règle a été confirmée par une ordonnance du 17 août 1837 (Lafontan), ainsi conçue : « Considérant que la cotisation dont le dégrèvement est réclamé a été fixée uniquement en raison du nombre des domestiques, animaux et charrettes qui étaient employés à l'exploitation du domaine de Mesle pendant l'année 1833 ; que, dès lors, encore bien que la demoiselle Dorniac n'ait pas habité la commune de Tayrac pendant le cours de ladite année, elle était, suivant l'article 3 de la loi sus-visée, passible de ladite cotisation, comme propriétaire dudit domaine dont l'exploitation était faite en son nom et à son profit. » Le même principe est confirmé par une autre ordonnance du 11 juin 1838 (Dotezac frères), ainsi conçue : « Considérant que, aux termes de la loi du 21 mai 1836, tout chef d'établissement doit la prestation en nature pour chaque individu attaché à l'exploitation de l'établissement et résidant dans la commune, aussi bien que pour les voitures et chevaux qui en dépendent ; qu'il résulte de l'instruction que les sieurs Dotezac possèdent dans la commune de Bayonne un établissement de messageries dirigé par un préposé résidant dans la commune, et auquel sont attachés deux postillons, dix chevaux et deux voitures ; que, dès lors, c'est avec raison qu'ils ont été imposés au rôle des prestations en nature dans la commune de Bayonne pour lesdites personnes, chevaux et voitures. » Enfin, il a été statué dans le même sens par l'ordonnance du 21 août 1838 (Ramel), ainsi conçue : « Considérant qu'il résulte de l'instruction que le requérant a un établissement dans la commune de Grisolles ; qu'ainsi c'est avec raison qu'il a été porté au rôle des prestations en nature de ladite commune. » Si, au contraire, un propriétaire qui a plusieurs établissements ne tient pas dans chacun de ces établissements d'une manière permanente, les moyens nécessaires à leur exploitation, mais que ses domestiques, ses chevaux et ses voitures passent alternativement de l'un à l'autre, l'instruction ministérielle prescrit de n'imposer ce propriétaire que dans le lieu de son principal établissement. Cette doctrine a été confirmée par l'ordonnance du 21 juillet 1839 (Adam), ainsi conçue : « Vu la loi du 21 mai 1836 ; considérant qu'il résulte de l'instruction, qu'au

1er janvier 1838 l'établissement du sieur Adam était situé dans la commune de Vignol ; qu'à partir de la même époque, le sieur Adam n'avait plus en permanence dans la commune de Flez-Curzy qu'un seul domestique ; qu'ainsi c'est à tort qu'il a été imposé au rôle des prestations de la commune de Flez-Curzy, pour 1838, à raison de seize bœufs et quatre voitures. »

256. Au second paragraphe de l'article qui nous occupe, les mots, *membres de la famille*, ont remplacé ceux de *fils vivant avec lui*, qui se trouvaient dans la législation précédente. A l'occasion de cette modification, le ministre faisait remarquer qu'elle avait eu pour objet d'atteindre, non-seulement les fils, mais encore tous les parents du chef de famille résidant avec lui. Il a été décidé, d'ailleurs, par une ordonnance du 26 novembre 1839 (Dufour), qu'un père ne devait pas la prestation pour un fils qui n'avait pas sa résidence de fait avec lui ; elle est ainsi conçue : « Vu l'article 3 de la loi du 21 mai 1836 ; considérant qu'aux termes de l'article sus-visé de la loi du 21 mai 1836, les chefs de famille ne sont assujettis à fournir de prestations que pour les membres de la famille résidant dans la commune ; qu'il résulte de l'instruction que le sieur Dufour fils, dans le cours de l'année 1838, était étudiant à la faculté de droit de Paris et ne résidait pas dans la commune de la Souterraine : que, dès lors, c'est à tort que le sieur Dufour père a été imposé pour son fils au rôle des prestations de ladite commune. »

257. La substitution du mot de *serviteurs* à celui de *domestiques*, a eu également pour but de permettre d'atteindre tous les individus salariés par le chef de famille ; mais le ministre faisait observer qu'on ne pouvait entendre par serviteurs, que les hommes ayant un salaire annuel et permanent ; que, quant aux ouvriers, laboureurs ou artisans travaillant à la journée ou à la tâche, ils ne pouvaient pas être compris dans la catégorie des serviteurs, ils ne devaient pas être imposés comme attachés à l'établissement pour le compte duquel ils travaillent, sauf à les imposer pour leur propre compte et en qualité d'habitants, s'ils doivent la prestation à ce titre. Cette interprétation a été confirmée par l'ordonnance du 27 août 1840 (Barsalon), ainsi conçue : « Considérant que les individus attachés à l'établissement du sieur Barsalon,

et pour lesquels il a été porté au rôle de la prestation en nature, ne peuvent être considérés comme membres ou serviteurs de la famille, et que, dès lors, il n'y avait lieu à l'application du paragraphe 1ᵉʳ de l'art. 3 de la loi du 21 mai 1836; — Art. 1ᵉʳ : L'arrêté du conseil de préfecture du département de Lot-et-Garonne, du 17 janvier 1839, est annulé. Art. 2. Il est accordé décharge au sieur Barsalon de la prestation en nature à laquelle il a été soumis pour les employés, chefs d'ateliers et maîtres-ouvriers attachés à son établissement.»

258. Quelques explications furent également données par le ministre sur les moyens d'exploitation imposables. Les charrettes et voitures ne peuvent, aux termes de la loi, être imposées que si elles sont *attelées*. Par cette expression, on devait entendre celles qui sont réellement et effectivement employées au service de la famille ou de l'établissement; celles qui ne seraient jamais ou presque jamais employées ne pourraient pas être imposées. Une distinction analogue doit être faite pour les bêtes de somme, de trait ou de selle. Pour être imposables, il faut qu'elles servent au possesseur, ou pour son usage personnel, ou pour celui de sa famille ou de son établissement, soit agricole, soit industriel. Si, au contraire, ces animaux ne sont pas destinés à cet usage, s'ils sont un objet de commerce ou s'ils sont destinés seulement à la consommation ou à la reproduction, ils ne peuvent donner ouverture à l'imposition de la prestation en nature; il en serait de même si, bien que destinés aux travaux de l'exploitation, ils étaient cependant trop jeunes pour y être encore employés.

259. Il est à remarquer d'ailleurs que les contribuables ne peuvent être imposés à la prestation en nature que pour l'espèce d'animaux et de voitures qu'ils possèdent réellement; on ne pourrait, par exemple, exiger d'eux des journées de cheval au lieu de journées de bœufs, s'ils ne possèdent pas de cheval. Ce principe se trouve confirmé implicitement par une ordonnance du 14 déc. 1837 (Davoust de la Touche), annulant un arrêté du conseil de préfecture qui avait condamné le contribuable à remplacer deux journées de charrette par deux journées de cheval. « Vu la requête du sieur Davoust de la Touche, tendant à ce qu'il nous plaise annuler un arrêté du conseil de préfecture du département de la Loire-Inférieure, du 24 juin 1836, qui, sur une réclamation par lui formée aux fins d'obtenir décharge de deux journées de charrette auxquelles il avait été imposé pour l'année 1836 au rôle des prestations en nature de la commune d'Ancenis, l'a condamné à deux journées de cheval; vu le certificat émané des mêmes fonctionnaires par lequel ils attestent que le sieur Davoust de la Touche n'a jamais eu en sa possession dans la commune d'Ancenis ni cheval de trait ni cheval de luxe; vu la loi du 28 juill. 1824; vu la loi du 21 mai 1836; considérant qu'il résulte de l'instruction que le sieur Davoust ne possède pas de cheval dans la commune d'Ancenis; que, dès lors, c'est à tort que le conseil de préfecture l'a imposé, au rôle des prestations en nature de ladite commune, à deux journées de cheval. » D'une autre ordonnance du 17 août 1841 (commune de Jégu contre Thoré), il résulte que les contribuables ne sont tenus de fournir leurs animaux qu'avec l'espèce de harnachement qu'ils ont en leur possession, selon l'usage qu'ils en font habituellement; qu'ainsi ils ne peuvent être requis de fournir un cheval équipé pour le charroi, s'ils n'emploient jamais ce cheval que comme bête de somme. » Vu la loi du 21 mai 1836, considérant que le sieur Thoré n'a été porté au rôle des prestations en nature que pour six journées d'hommes et de cheval; qu'il résulte de l'instruction qu'il a fourni deux hommes et ses deux chevaux pendant les trois jours qui lui avaient été indiqués, et que si l'administration n'a pas fait usage des chevaux mis à sa disposition, ce n'est pas par le fait du sieur Thoré; d'où il suit que sa cotisation au rôle des prestations en nature a été régulièrement acquittée, et que c'est avec raison que le conseil de préfecture l'a déclaré libéré. » Il est bien évident toutefois que la décision n'eût pas été la même si le contribuable avait employé habituellement ses chevaux comme bêtes de trait et qu'il n'eût voulu les fournir qu'avec le harnachement convenable au service de bêtes de somme.

260. Mais si les contribuables ne peuvent être imposés que pour les moyens d'exploitation qu'ils possèdent réellement, ils doivent, d'un autre côté, être imposés pour l'ensemble de ces moyens d'exploitation, hommes, animaux et voitures.

Dans un petit nombre de départements, les conseils municipaux, au lieu de se borner

à voter une, deux ou trois journées de prestation et de laisser à l'administration le soin d'appliquer ce vote à tout ce que la loi atteint, hommes et choses, ces conseils, disons-nous, étaient intervenus dans l'assiette, ou plutôt, dans la répartition de la prestation en nature; ils votaient, par exemple, une journée de travail d'homme et deux ou trois journées de travail de bêtes de trait, ou bien, au contraire, un nombre moins considérable de ces dernières journées que des premières. Pour justifier cette mesure, on alléguait que l'entretien et la réparation des chemins vicinaux n'exigeaient pas partout l'emploi d'une égale proportion de journées de diverses espèces; que, par exemple, dans telle commune, la nature du sol et des travaux à faire rendait nécessaire l'emploi d'un grand nombre de journées d'hommes, tandis que les matériaux se trouvant à pied-d'œuvre, il n'est besoin que d'un petit nombre de journées de transport. Dans d'autres communes, c'est le contraire qui arrive. Si donc, ajoutait-on, le rôle de prestation est établi sur l'ensemble des bases de cette contribution, il arrivera que tantôt des journées de charrois, tantôt des journées d'hommes ne pourront être employées; il faudra forcément les laisser tomber en non-valeur; autant vaut par conséquent ne pas les imposer.

Le ministre de l'intérieur a pensé que cette manière de procéder reposait sur une interprétation erronée de l'art. 3 de la loi du 21 mai 1836, et par une circulaire du 11 avril 1839, il faisait remarquer « qu'en déterminant les bases de cette contribution, le législateur a vu dans ces bases un tout qui constitue d'une manière indivisible les obligations de chaque chef de famille ou d'établissement; en d'autres termes, chaque chef de famille ou d'établissement doit la prestation en nature pour tout ce que la loi déclare imposable, et sans que le conseil municipal ait le droit d'affranchir de la contribution une partie de ce qui en compose les bases. Il en est ici comme des centimes spéciaux, qui doivent porter sur l'ensemble des quatre contributions directes et dont les conseils municipaux ne pourraient voter l'assiette sur telle ou telle de ces quatre contributions. » Le ministre ajoutait que « si le vote, dans des proportions différentes, des différentes espèces de journées de prestation présentait en apparence quelques avantages, il avait

aussi des inconvénients réels. Il ne s'attacherait pas à cette considération, qu'en procédant ainsi, les conseils municipaux pourraient arriver à favoriser telle classe de redevables au détriment de telle autre; qu'ici, par exemple, on ferait peser la charge des prestations principalement sur les journaliers, en ménageant les possesseurs de moyens de transport; qu'ailleurs, le contraire pourrait arriver; il aimait à penser que partout les conseils municipaux ne sont mus que par l'intérêt général, que tous les membres de ces assemblées savent se placer au-dessus des considérations tirées de leurs intérêts privés; mais on ne peut pourtant se dissimuler que ce mode de procéder peut avoir au moins une apparence d'arbitraire que l'administration, dans tous ses degrés, doit soigneusement éviter. On ne peut d'ailleurs se dissimuler que le vote inégal des diverses espèces de journées tend à priver le service vicinal d'une partie des ressources que la loi du 21 mai 1836 y affecte. Aux termes de cette loi, les communes dont les revenus ne suffisent pas à l'entretien des chemins vicinaux, peuvent être tenues de suppléer à cette insuffisance, en votant, pour l'ensemble du service vicinal, des prestations en nature jusqu'au maximum de trois journées. Pour le service spécial des chemins vicinaux de grande communication, le contingent de ces mêmes communes peut être porté jusqu'à deux des trois journées de prestation. Si un conseil municipal ne satisfait pas à cette obligation légale, soit pour les chemins vicinaux de petite communication, soit pour ceux de grande communication, le préfet *peut* et *doit* imposer la commune dans les limites du maximum. Les obligations des communes doivent-elles être considérées comme remplies lorsqu'il n'a été voté qu'une partie des prestations, par exemple, trois journées de main-d'œuvre et une journée de charrois? Le préfet peut-il permettre que notamment le service des chemins vicinaux de grande communication, qui exige une plus grande masse de transports, soit privé d'une partie des ressources que la loi lui assure? Évidemment non. Il se peut que, dans quelques localités placées dans une position particulière, l'obligation d'imposer un même nombre de journées d'hommes et de journées de charrois amène ce résultat; que, ainsi qu'on l'a exposé, quelques journées d'une ou d'autre espèce resteront forcément sans emploi et devront être passées en non-valeurs ; mais c'est là un faible inconvénient, bien au-dessous certainement de ceux qui viennent d'être signalés. »

Par ces diverses considérations, et après avoir pris sur ce point l'avis du comité de l'intérieur, le ministre invitait les préfets à ramener la loi à son exécution régulière, l'indivisibilité du vote de la prestation en nature et son assiette sur l'ensemble des bases de cette contribution.

261. Après avoir posé les principales règles de l'assiette de la prestation en nature, le ministre s'est occupé, dans son instruction, des causes d'exemption, et il faisait remarquer que l'âge et l'invalidité étaient les seules reconnues par la loi. Il ajoutait que, cependant, l'état d'indigence devait aussi exempter de la prestation en nature ; que c'était une conséquence de l'art. 12 de la loi du 21 avril 1832, d'après lequel les indigents sont exempts de toute cotisation ; or, nul ne peut être compris au rôle de la prestation en nature s'il n'est porté au rôle des contributions directes.

262. Sur la question d'invalidité, il a été statué, par ordonnance du 1er août 1834 (Thomas), que pour que l'invalidité fût un motif d'exemption, il fallait que le contribuable fût hors d'état de remplir ses obligations. « Vu la loi du 28 juillet 1824 ; considérant que le sieur Thomas ne justifie pas de l'impossibilité où il prétend être de satisfaire aux obligations qui lui sont imposées en vertu de l'art. 3 de la loi du 28 juillet 1824, ci-dessus visée ; — Art. 1er : La requête du sieur Thomas est rejetée. »

263. Nous terminerons ce qui a rapport à l'assiette de la prestation en nature, en rapportant sommairement les ordonnances qui ont été rendues sur divers cas d'exemption qui ne résultaient pas explicitement des termes de la loi. Nous ferons remarquer que les pourvois en matière de prestation en nature, toujours d'une assez faible importance, n'ont pu commencer à arriver au Conseil d'état que depuis que, par assimilation à ceux relatifs aux contributions directes, ils ont pu être formés sans le ministère d'un avocat aux conseils.

264. Les militaires en activité de service sont naturellement exempts de la prestation en nature, sans qu'il fût besoin que cette exemption fût écrite dans la loi ; mais il a été décidé par une ordonnance du 18 juillet 1838 (Courtois), que cette dispense ne s'étendait pas aux officiers d'état-major et aux officiers sans troupes. « Vu les lois des 21 avril 1832 et 21 mai 1836 ; considérant que, par application de l'art. 14 de la loi du 21 avril 1832, le sieur Courtois, commandant de la place le fort Barraux, a été porté au rôle de la contribution personnelle et mobilière de la commune de Barraux ; considérant que les taxes communales sont établies par voie de centimes additionnels au principal des contributions directes ; considérant que, par l'art. 3 de la loi du 21 mai 1836, tout habitant d'une commune porté au rôle des contributions directes est appelé à fournir une prestation en nature, pour réparation des chemins vicinaux ; que dès lors c'est avec raison que le sieur Courtois a été maintenu aux rôles des impositions communales et des prestations en nature, par suite de sa cotisation à la contribution personnelle et mobilière. »

265. Les maîtres de poste ont été déclarés exempts de la prestation en nature, *pour le nombre de chevaux et de postillons que les règlements les obligent d'avoir.* La première ordonnance sur ce point, en date du 27 juin 1838 (Payart), est ainsi conçue : « Vu la loi du 21 mai 1836 ; *relativement aux chevaux*, considérant que les règlements assujettissent chaque maître de poste à tenir un nombre déterminé de chevaux constamment et exclusivement disponibles pour le service du relais qui n'a lieu que sur la grande route ; que ces chevaux ne pourraient être employés à la prestation en nature, sans compromettre ce service public ; que, dès lors, les maîtres de poste ne peuvent être assujettis à la prestation que pour les chevaux qui excèdent le nombre ainsi fixé par l'administration, comme minimum, pour être affectés au service du relais ; *relativement aux postillons*, considérant que les postillons titulaires ne peuvent être assimilés aux serviteurs du maître de poste, mais qu'il en est autrement des palefreniers et garçons d'écurie ; — Art. 1er : L'arrêté du conseil de préfecture du département de la Marne est annulé. Art. 2. Le requérant ne sera imposé à la prestation qu'en raison, 1° des chevaux excédant le nombre fixé par l'administration, comme minimum, pour le service du relais ; 2° des individus attachés au service de son établissement, en exceptant les postillons titulaires. » Trois autres ordonnances identiques ont été rendues à la même date,

et il a été statué de même, depuis, par celles des 18 juillet 1838 (Esmein) et 25 janvier 1839 (Guyot) ; le principe peut donc être considéré comme fixé.

266. Le même motif de service public a fait prononcer l'exemption de la prestation en nature pour les chevaux que certains employés sont tenus d'avoir. L'ordonnance du 6 nov. 1839 ( Wuillaume) est ainsi conçue : « Vu la loi du 21 mai 1836 ; considérant qu'il résulte des renseignements transmis par notre ministre des finances, que le sieur Wuillaume, contrôleur des contributions indirectes à Nangis, est obligé, pour son service, d'entretenir un cheval; que, dès lors, il ne peut être assujetti à la prestation pour ce cheval, qui est employé à un service public. »

267. Des doutes s'étant élevés sur la question de savoir si les ecclésiastiques pouvaient et devaient être imposés à la prestation , le ministre de l'intérieur, consulté sur ce point, avait répondu ainsi qu'il suit : « La loi du 21 mai 1836 n'a établi, pour l'assiette de la prestation en nature, d'autre exception que celle résultant de l'âge ou de l'invalidité. Quels que soient les motifs de convenance qui peuvent faire désirer que les ecclésiastiques soient exemptés de cet impôt, cette exemption ne peut évidemment pas être réclamée comme un droit. Toutefois, partout où les commissions de répartition jugeront convenable d'affranchir les ecclésiastiques de la prestation en nature, l'administration n'aura, ce semble, aucun motif pour s'opposer à cette dispense. » Le Conseil d'état, qui ne pouvait statuer que sur le droit, a prononcé , par ordonnance du 21 mai 1840 (l'abbé Papin), la radiation d'un ecclésiastique du rôle de la prestation en nature , mais par le motif qu'il n'était pas imposé au rôle de la contribution directe. « Vu la loi du 21 mai 1836, article 3 ; considérant qu'il est établi par l'instruction que le réclamant ne se trouve pas dans les conditions exigées par l'article 3 de la loi du 21 mai 1836, pour être imposable au rôle des prestations en nature ; qu'ainsi, c'est à tort qu'il a été porté et maintenu audit rôle. » On pouvait inférer de cette ordonnance que si l'ecclésiastique eût été porté au rôle des contributions directes, il eût été imposable à la prestation en nature. Il a été effectivement prononcé en ce sens par l'ordonnance du 1er juillet 1840 (l'abbé Vial). « Vu la loi du 21 mai 1836, sur les chemins vicinaux ; considérant qu'il résulte de l'instruction que

le sieur Vial habite la commune de Dré où il est porté au rôle des contributions directes, et qu'il ne se trouve dans aucun des cas d'exemption prévus par la loi du 21 mai 1836; — Art. 1er : La requête du sieur Vial est rejetée. » Plusieurs ordonnances ont statué dans le même sens.

## Conversion de la prestation en argent.

268. La prestation en nature ne peut s'établir que par *journées de travail*, et c'est sur cette base que l'art. 3 de la loi du 21 mai 1836, comme la législation précédente, a réglé les obligations qui pouvaient être imposées aux contribuables; mais la faculté de se libérer, en argent , du travail demandé est inhérente à tout système de prestation. Le législateur ne pouvait donc que confirmer, à cet égard, ce qu'il trouvait établi ; c'est ce qu'il a fait par l'article 4 de la loi précitée, mais en apportant au mode d'évaluation du taux du rachat les changements dont l'expérience avait fait reconnaître la nécessité.

269. L'article 5 de la loi du 28 juillet 1824 avait chargé les conseils municipaux *de fixer le taux de la conversion des prestations en nature*. Cette disposition était en harmonie avec une loi dont l'exécution avait été remise, ou plutôt abandonnée presque entièrement aux soins de la seule autorité municipale ; mais elle n'était pas compatible avec le pouvoir que la loi nouvelle donnait à l'autorité supérieure, le droit de substituer sa propre action à l'inertie ou à la mauvaise volonté des communes. Si, en effet, les conseils municipaux fussent restés saisis de la fixation du taux de rachat de la prestation en nature, ils auraient pu, en établissant pour ce rachat un tarif excessivement bas, anéantir complétement le droit d'imposition d'office confié aux préfets. Ajoutons que chaque conseil municipal ayant le droit de faire un tarif de rachat, il en était résulté des différences considérables et nullement motivées d'une commune à une autre ; ce qui ne pouvait plus se concilier avec la solidarité d'efforts que la loi nouvelle substituait heureusement à l'ancien isolement des communes.

270. Sous tous les rapports donc, le législateur devait remettre à une autorité plus élevée, plus indépendante des influences locales, le droit de fixer le taux de la prestation en nature, et ce soin fut confié, par l'art. 4 de la loi du 21 mai 1836, *aux conseils généraux de département, sur la proposition*

*des conseils d'arrondissement.* C'est annuellement que les conseils généraux doivent arrêter le tarif du rachat, et cette révision était
nécessaire, afin de pouvoir introduire dans ce
tarif les changements dont l'expérience aurait fait reconnaître la nécessité ; mais en
fait, l'action annuelle des conseils généraux
se borne presque toujours à maintenir le tarif
arrêté l'année précédente. Il n'était pas nécessaire, non plus, qu'il n'y eût qu'un seul tarif pour toute l'étendue du département. Dans
les départements où il existe entre certains
cantons des différences notables dans la nature
du sol, de la culture, de l'aisance même, les
conseils généraux ont pu arrêter des tarifs différents, soit pour une certaine étendue de territoire, soit pour certaines catégories de communes, et c'est ce qui a été fait assez souvent.

271. En donnant, dans son instruction du
24 juin 1836 , des indications pour l'exécution
de cette partie de la loi, le ministre n'avait
pas manqué d'appeler l'attention des conseils
généraux sur l'importance de la mission qui
leur était confiée. Les décisions qu'ils avaient
à prendre, faisait-il remarquer, devaient exercer la plus grande influence sur l'exécution
de la loi tout entière, et spécialement de la
section 2 relative aux chemins vicinaux de
grande communication. Tout en reconnaissant
d'ailleurs que la prestation en nature était une
des ressources les plus importantes qui puissent, dans certaines localités, être affectées à
la réparation des chemins vicinaux, le ministre ajoutait que ce moyen d'exécution laissait encore à désirer ; il pensait donc que
partout on obtiendrait plus de travail effectif
avec une somme inférieure à la valeur d'une
journée de travail, qu'on n'en obtiendrait de
la présence d'un prestataire pendant un jour
sur les ateliers. Le ministre émettait donc
l'avis que, sans que les tarifs de conversion
fussent trop inférieurs au taux des journées
de travail, il serait utile qu'ils présentassent
cependant à cet égard assez d'avantage pour
déterminer les contribuables à s'acquitter en
argent. Les communes, ajoutait-il, y gagneraient par la possibilité d'employer des
ouvriers salariés, et elles en obtiendraient à la
fois une plus grande masse de travaux et des
travaux mieux exécutés ; les prestataires y
gagneraient aussi, puisqu'ils pourraient se
libérer au moyen d'un rachat inférieur au
prix réel de leur journée.

272. Lorsque le ministre donnait ces conseils,
on était généralement sous l'impression des
faibles résultats obtenus jusqu'alors par l'emploi de la prestation en nature. On ne s'était
pas rendu compte que l'inefficacité de ce mode
de travail tenait surtout à l'absence de toute direction, de toute surveillance, de tout contrôle ;
on ne pouvait former de prévisions bien exactes
sur les améliorations qu'apporteraient à l'emploi de la prestation en nature, et l'action de
l'autorité supérieure, et surtout l'intervention
incessante d'agents institués par la loi pour
diriger toutes les parties du service vicinal.
Voyons donc ce que six années d'expérience
ont dû apporter de modifications aux idées alors
existantes sur la prestation en nature.

273. Quant aux rachats, il a été reconnu
que l'abaissement du tarif de conversion en
argent n'exerçait que peu d'influence sur
l'option des prestations. Dans le plus grand
nombre des départements, en effet, les populations rurales préféreront toujours s'acquitter
en nature. La plus faible contribution en argent, ne représentât-elle que la moitié de la
valeur de la journée de travail, leur paraîtra
toujours un sacrifice supérieur à celui d'un
travail que l'administration prend généralement le soin de ne leur demander que dans
les moments où les travaux agricoles leur laissent quelques loisirs. C'est ce que l'expérience
a pleinement démontré, car dans quelques
départements où les conseils généraux avaient
abaissé le taux de la conversion, dans le but
d'obtenir un plus grand nombre de rachats,
on a vu avec étonnement que ce nombre n'aug-
mentait presque pas. Les seuls qui profitassent
de l'abaissement du tarif étaient donc les
contribuables les plus aisés, qui se seraient
également libérés en argent, alors même que
le tarif du rachat eût été basé sur la valeur
réelle de la journée de travail. La mesure
prise ne produisait donc pas l'effet voulu, et de
plus elle consacrait une injustice, puisqu'elle
permettait à la classe la plus aisée de la société de se libérer au moyen d'un sacrifice en
argent, inférieur à la valeur réelle du travail
que la classe moins aisée fournissait en nature ; aussi les mêmes conseils généraux se
sont-ils déterminés, après un an ou deux
d'essai, à élever graduellement les tarifs de
conversion en argent, afin de ne pas priver
le service vicinal d'une partie des ressources
qu'il avait droit d'attendre du rachat des journées dans la classe qui préférera toujours se
libérer en argent.

274. Une autre cause a encore déterminé ces conseils généraux, dans un assez grand nombre de départements, à ne plus tenir les tarifs de conversion en argent fort au-dessous de la valeur réelle des journées ; c'est l'amélioration graduelle des résultats obtenus de l'emploi de la prestation en nature. La sursurveillance constante des agents chargés de diriger les travaux, notamment sur les chemins vicinaux de grande communication, et la bonne volonté des prestataires, encouragés par le succès même de leurs efforts, firent bientôt reconnaître que la prestation en nature était un moyen de travail jusqu'alors mal apprécié parce qu'il avait été mal appliqué. Dès qu'il était prouvé que le travail en nature pouvait donner des résultats qui ne restaient pas beaucoup au-dessous de la valeur réelle des journées, il devenait sans objet d'attribuer à ces journées une valeur inférieure pour favoriser les rachats. Cela fut si bien compris, que, dans certains départements, les maires eux-mêmes ont demandé que les tarifs de conversion fussent rehaussés, afin de ne pas trop favoriser le rachat des journées dont le produit en travail leur paraissait préférable.

Il importait donc, on le voit, que ces faits pussent être appréciés par une autorité haut placée, et le législateur a fait une chose éminemment utile au service vicinal en transportant des conseils municipaux aux conseils généraux le droit de fixer le tarif du rachat de la prestation en nature.

275. Une autre modification non moins importante, apportée par l'art. 4 de la loi du 21 mai 1836 à la législation précédente, est l'obligation imposée aux contribuables de faire, dans certains délais, leur option pour l'acquittement de leurs cotes en nature ou en argent, et la déclaration qu'à défaut d'option exprimée dans les délais, la prestation serait de droit exigible en argent.

La loi du 28 juillet 1824, en accordant aux contribuables la faculté de s'acquitter en nature ou en argent, à leur choix, n'avait pas fixé de délai pour cette option ; les contribuables pouvaient donc ne faire connaître leur intention qu'au dernier moment, le jour même où ils étaient requis de se présenter sur les ateliers. L'autorité ignorait ainsi jusque-là si elle aurait réellement des prestataires à faire travailler ou bien si elle aurait quelques fonds à employer, et l'on comprend

tout ce que cette incertitude devait ajouter d'embarras aux difficultés que présentait déjà l'emploi de la prestation en nature. En rendant l'option obligatoire dans un délai fixé, en donnant une sanction pénale à cette obligation, la nouvelle législation a mis l'autorité à portée de connaître à l'avance la nature des ressources, prestation ou argent, qu'elle aurait à faire employer dans l'année ; elle lui a donné la possibilité de préparer des devis réguliers pour les travaux à faire faire à prix d'argent, et d'organiser à l'avance les ateliers en hommes et en charrois, pour l'emploi de la prestation en nature.

Il est à remarquer que la loi dans son art. 4 n'a pas fixé d'une manière explicite le délai dans lequel devait avoir lieu l'option ; elle s'est bornée à dire *dans certains délais* ; mais cette énonciation se trouve complétée dans l'art. 3 de la loi, qui charge les préfets de faire dans chaque département un règlement général pour fixer, entre autres choses, *les délais nécessaires à l'exécution de chaque mesure.* D'après les instructions données par le ministre de l'intérieur, les préfets ont fixé partout à un mois le délai d'option. Nous verrons, lorsque nous nous occuperons de l'emploi de la prestation, ce que la législation laisse encore à désirer, quant à l'option des contribuables, pour l'un ou l'autre mode d'acquittement de leurs cotes.

276. L'article de loi que nous examinons a encore innové, en permettant un mode d'emploi de la prestation en nature qui était pratiqué déjà dans un petit nombre de localités, et dont l'extension paraissait devoir présenter de grands avantages ; c'est la conversion des journées en tâches. Nous nous occuperons de ce moyen de travail lorsque nous parlerons de l'emploi de la prestation en nature.

Nous allons voir maintenant quelles sont les formes employées par l'administration pour établir, au moyen d'états-matrices et de rôles, les obligations à imposer à chaque contribuable.

*Établissement des états-matrices et des rôles.*

277. Pour reconnaître et préciser les obligations qui peuvent être imposées à chaque contribuable, en vertu de l'art. 3 de la loi du 21 mai 1836, la première mesure à prendre par l'administration, c'est le recensement des bases de l'imposition en hommes, en bêtes de trait, de somme ou de selle, et en voitures.

A cet effet, l'instruction du 30 octobre 1824, donnée pour l'exécution de la loi du 28 juillet de la même année, prescrivit la rédaction dans chaque commune d'un état-matrice sur lequel devait être porté, en regard du nom de chaque contribuable, tout ce pourquoi, hommes et choses, il pouvait être imposé à la prestation en nature.

278. Cette mesure a été maintenue et précisée dans ses détails d'exécution par l'instruction ministérielle du 24 juin 1836. Aux termes de cette instruction, il doit être rédigé dans chaque commune un état-matrice conforme à un modèle donné, et qui présente pour chaque article : 1° le nom de l'individu sur lequel la cote est assise : 2° le nom des membres de la famille et des serviteurs qui doivent également donner lieu à imposition ; 3° le nombre des charrettes ou voitures attelées et des bêtes de somme de trait et de selle qui sont au service de la famille ou de l'établissement dans la commune. Cet état-matrice doit être rédigé par une commission composée du maire et des répartiteurs, assistés du receveur municipal. Si les répartiteurs refusaient leur concours pour la formation de l'état-matrice, ils pourraient être suppléés par des commissaires ad hoc que le sous-préfet nommerait sur l'indication du maire. Afin de n'être pas obligé de faire un nouvel état matrice chaque année, le cadre en a été établi de manière à pouvoir servir pour trois années.

279. Lorsque l'état-matrice est rédigé, il est déposé à la mairie pendant un mois, et les contribuables sont prévenus par une publication, faite en la forme accoutumée, qu'ils peuvent, pendant ce délai, venir en prendre connaissance, afin de présenter, s'il y a lieu, leurs réclamations contre le travail. L'instruction fait remarquer d'ailleurs que ces réclamations ne sont pas encore des demandes en dégrèvement, puisqu'il ne s'agit que des bases de l'imposition ; elles ne doivent donc pas être adressées au conseil de préfecture ; elles doivent, à l'expiration du mois, être soumises au conseil municipal, qui les apprécie et rectifie l'état-matrice, s'il y a lieu. Après cette formalité, l'état-matrice est transmis au préfet pour être revêtu de son approbation. Chaque année l'état-matrice doit être révisé, afin d'y apporter les modifications nécessitées par les changements survenus dans les bases de l'imposition, mais le résultat de ces révisions annuelles n'est pas soumis à l'approbation du préfet. Il y a lieu d'y recourir seulement pour la refonte totale des états-matrices, à chaque période de trois années.

280. Peu après la publication de l'instruction ministérielle du 24 juin 1836, il fut reconnu utile de faire concourir les agents de l'administration des contributions directes à l'établissement des états-matrices de la prestation en nature. Il fut donc arrêté, de concert entre les ministres de l'intérieur et des finances, que les contrôleurs des contributions directes seraient adjoints aux commissions de répartition chargées d'établir tous les trois ans et de réviser chaque année les états-matrices ; ces agents remplissent à cet égard les mêmes fonctions que dans les commissions de répartition pour les contributions directes, et cette adjonction ne pouvait qu'assurer une plus exacte application des règles données par la loi pour l'assiette de la prestation en nature.

281. L'état matrice, ainsi établi, forme la base légale du rôle de prestation en nature, qui doit être rédigé en vertu de la délibération du conseil municipal, votant l'emploi de cette ressource. L'instruction du 30 octobre 1824 n'avait rien prescrit quant aux fonctionnaires ou agents qui seraient chargés de la rédaction des rôles ; il s'en était suivi que, dans presque tous les départements, les rôles étaient rédigés soit par les maires, soit par les secrétaires des mairies, et l'expérience avait démontré que ce mode laissait beaucoup à désirer, en raison de la difficulté de trouver dans beaucoup de communes rurales des hommes qui eussent l'habitude d'un travail de cette nature. Lorsqu'il donna des instructions pour l'exécution de la loi du 21 mai 1836, le ministre de l'intérieur avait pensé que les percepteurs-receveurs municipaux seraient plus capables de rédiger les rôles de prestation en nature, et il avait invité les préfets à les en charger ; mais cette mesure parut au ministre des finances pouvoir présenter quelques inconvénients, et bientôt après, il fut arrêté de concert entre les deux ministres que les rôles de prestation en nature seraient rédigés par les directeurs des contributions directes, et c'est ce qui se pratique encore aujourd'hui. Les états-matrices, après rédaction ou révision, sont donc remis aux directeurs des contributions directes, qui font établir les rôles d'après le nombre de journées votées par les conseils municipaux de chaque année, ou imposées d'office par les préfets. Ces rôles, établis sur un modèle

uniforme, présentent pour chaque article, 1° le nombre de journées d'homme dues pour la personne du chef de la famille ou de l'établissement, s'il y a lieu ; 2° le nombre de journées d'hommes dues pour chacun des membres ou des serviteurs de la famille ; 3° le nombre de journées dues par les charrettes et voitures ; 4° le nombre de journées dues pour les bêtes de trait, de somme ou de selle. L'article du rôle présente également, pour chaque espèce de journée, la valeur de ces journées en argent, d'après le taux de conversion précédemment arrêté par le conseil général. Enfin, il est ménagé sur le rôle deux colonnes pour inscrire les déclarations d'option et les dates de la libération des contribuables, soit en argent soit en nature.

282. Lorsque les rôles ont été rédigés par les soins du directeur des contributions directes, ils sont remis au préfet, pour être par lui rendus exécutoires. Ils sont aussitôt renvoyés dans les communes pour être publiés dans la forme suivie pour la publication des rôles des contributions directes. L'instruction ministérielle du 24 juin 1836 avait prescrit de publier les rôles de prestation en nature le 1er janvier; mais il a été reconnu depuis que cette époque ne laissait pas, entre la publication et l'ouverture des travaux de prestation, assez de temps pour que l'administration pût remplir les formalités et prendre les mesures qui doivent précéder ces travaux. Une circulaire du 13 juin 1838, concertée entre les ministres de l'intérieur et des finances, a donc décidé que les rôles de prestation seraient rédigés de manière à pouvoir être publiés dans les premiers jours de novembre.

283. En même temps que le directeur des contributions directes fait rédiger les rôles de prestation, il fait également préparer pour chaque contribuable un avertissement indiquant la date de la délibération qui a voté la prestation, et présentant les détails portés à l'article du rôle pour établir les journées dues et leur valeur en argent. Cet avertissement se termine par l'invitation au contribuable de déclarer, dans le mois de la publication du rôle, s'il entend se libérer en nature ou en argent; mention y est faite également que, conformément à l'art. 4 de la loi du 21 mai 1836, la cote serait de droit exigible en argent si le contribuable n'avait pas déclaré son option dans le délai d'un mois.

Les avertissements sont distribués par les soins des percepteurs-receveurs municipaux au moment de la publication, et, de ce moment, court contre le contribuable le délai de la demande en dégrèvement et celui de l'option.

284. Quant aux demandes en dégrèvement, la loi du 21 mai 1836 ne s'en est pas occupée, mais celle du 28 juillet 1824, qui n'a pas été modifiée sur ce point, avait réglé que *le recouvrement des prestations en nature serait poursuivi comme pour les contributions directes, et que les dégrèvements seraient prononcés sans frais.* Il résulte de ces dispositions que les réclamations des contribuables doivent être présentées dans les trois mois de la publication du rôle, et qu'elles peuvent être formées sur papier libre. Elles sont instruites comme en matière de contributions directes et jugées par le conseil de préfecture, sauf le recours au Conseil d'état, lequel peut être formé sans le ministère d'avocat. Ce recours peut être présenté par le contribuable s'il se croit lésé par la décision du conseil de préfecture; il l'adresse au préfet pour être transmis au secrétariat général du Conseil d'état.

285. Les communes peuvent de leur côté avoir intérêt à appeler des décisions des conseils de préfecture, lorsque ces décisions paraissent avoir accordé des dégrèvements qui n'auraient pas dû l'être; dans ce cas, les maires peuvent se pourvoir contre l'arrêté, et sans ministère d'avocat; ils doivent agir par l'intermédiaire du préfet, qui transmet leur demande. Le ministre des finances avait cru pouvoir intervenir au nom des communes, mais cette intervention n'a pas été admise par le Conseil d'état; c'est ce qui a été décidé par l'ordonn. du 5 février 1841 (le ministre des finances contre Aviat), ainsi conçue : « Vu le rapport à nous présenté par notre ministre des finances, tendant à ce qu'il nous plaise annuler un arrêté du conseil de préfecture de l'Aube, du 28 nov. 1839, qui accorde au sieur Aviat, maître de poste à Arcis, décharge de la prestation en nature à laquelle il avait été imposé pour l'année 1839 ; vu la loi du 21 mai 1836 sur les chemins vicinaux; considérant que la prestation en nature ne constitue aucune perception en faveur du trésor public, d'où il suit que le département des finances est sans intérêt dans cette contestation;—Art. 1er : Il n'y a lieu à statuer sur le pourvoi formé par notre ministre des finances contre l'arrêté ci-dessus visé. » Il a été prononcé dans les mêmes

termes par une seconde ordonnance du 5 mars 1841 ( ministre des finances contre de la Bretèche) par une autre du 21 janv. 1842 (le ministre des finances contre Lamort-Laperelle). Le principe est donc fixé. Il en résulte que le ministre de l'intérieur ni les préfets n'auraient qualité non plus pour demander l'annulation des décisions des conseils de préfecture accordant des dégrèvements en matière de prestation, puisque cette contribution est déclarée être d'intérêt purement communal; les maires seuls ont qualité pour former les recours au Conseil d'état contre ces décisions. C'est au surplus la règle posée, en matière de contributions directes, par diverses ordonnances et notamment par celle du 15 octobre 1826 (Doumergues et autres contre Rivals-Giugla), ainsi conçue : « Vu l'art. 31 de la loi du 20 juin 1799 ( 2 messid. an VII) sur les réclamations en matière de contribution foncière ; vu l'art. 13 de la loi du 17 février 1800 ( 28 pluviôse an VIII); considérant qu'aux termes de l'art. 31 de la loi du 20 juin 1799 ci-dessus visé, le maire seul et, à son défaut, son adjoint, ont qualité pour se pourvoir, dans l'intérêt des habitants, contre des décisions qui dégrèvent un contribuable. » La prestation en nature étant assimilée aux contributions directes pour tout ce qui a rapport au recouvrement, l'ordonnance ci-dessus trouve évidemment là son application.

286. Nous rappellerons ici que les communes n'ont pas besoin d'autorisation pour se pourvoir devant le Conseil d'état contre les décisions des conseils de préfecture ; c'est ce qui a été prononcé par diverses ordonnances, notamment celle du 16 février 1826 ( commune d'Ervy contre Truchy), ainsi conçue : Considérant qu'aucune autorisation n'est nécessaire aux communes pour se pourvoir devant nous , en notre Conseil d'état, contre les arrêtés des conseils de préfecture. » Mais le maire ne pourrait se pourvoir devant le Conseil d'état sans l'autorisation du Conseil municipal ; cette règle est générale pour toutes les actions que s'intentent dans l'intérêt des communes, et elle est évidemment applicable au cas dont nous nous occupons, puisqu'il s'agit d'un intérêt communal.

287. Nous ferons remarquer enfin que les demandes en dégrèvement des cotes de prestations n'ont pas d'effet suspensif, pas plus que celles présentées en matière de contribu-

tions directes. Si donc, avant le jugement de sa réclamation, le contribuable est requis de fournir les journées pour lesquelles il est inscrit au rôle, il est tenu d'obtempérer à la réquisition qui lui est adressée. S'il n'en était pas ainsi, en effet, on comprend que des demandes en dégrèvement seraient très-souvent présentées dans le seul but d'ajourner l'acquittement de la prestation en nature. Si, après avoir fourni ses journées, le contribuable vient à être dégrevé, en tout ou en partie, il a droit d'être remboursé en argent, d'après le taux du tarif de conversion, du nombre de journées qu'il a fournies en trop. Ce remboursement s'opère, soit sur le produit des prestations acquittées en argent, soit même sur les autres ressources communales ; c'est ce qui a été réglé par diverses décisions ministérielles, et il ne pouvait en être autrement. Puisqu'en effet la commune a profité de travaux auxquels elle n'avait pas droit, il est juste qu'elle en rembourse la valeur.

288. Quant à l'option du contribuable de se libérer en nature ou en argent, elle doit être déclarée, dans le mois de la publication des rôles, devant le maire ou son adjoint délégué à cet effet. Elle est consignée sur un registre ad hoc, et qui, à l'expiration du mois, est clôturé par le maire, et transmis au percepteur-receveur municipal. Ce comptable transcrit alors les déclarations sur chaque article du rôle, dans la case préparée à cet effet. Les cotes pour lesquelles aucune déclaration n'a été faite sont, aux termes de l'art. 4 de la loi, exigibles en argent. Lorsque le percepteur-receveur municipal a terminé la transcription des déclarations d'option, il est tenu, d'après les instructions ministérielles, de rédiger un relevé du rôle, présentant, pour chaque contribuable, le nombre de journées de chaque espèce qu'il a déclaré vouloir acquitter en nature. Au pied de ce document, le comptable fait connaître également le montant des cotes qui seront exigibles en argent, soit en vertu de l'option du contribuable, soit par défaut d'option. Cet état ou extrait du rôle est aussitôt transmis au maire, auquel il donne les moyens de préparer l'emploi des ressources dont il aura à disposer, soit en journées de travail, soit en argent. C'est au moyen de cet état que sont préparés, à l'époque de l'ouverture des travaux, les bulletins de convocation des prestataires. Il est des départements où les préfets ont exigé des percepteurs de

leur adresser, non pas une copie textuelle de l'état remis aux maires, mais un résumé de cet état, faisant connaître, d'une part, le nombre de journées de chaque espèce qui doivent être acquittées en nature, et, d'autre part, le montant des cotes qui sont exigibles en argent. Cet état peut être d'une grande utilité aux préfets, non-seulement pour la surveillance qu'ils ont à exercer sur l'emploi de la prestation en général, mais encore pour donner aux agents voyers le moyen de préparer, à l'avance, l'organisation des ateliers de travail sur les chemins vicinaux de grande communication.

289. Nous ne dirons rien du recouvrement des cotes de prestation exigibles en argent, puisque ce recouvrement doit se faire comme en matière de contributions directes, c'est-à-dire par douzième. Les poursuites, lorsqu'il y a lieu d'en exercer, sont les mêmes également. Comme elles peuvent porter fréquemment sur des contribuables peu aisés, le ministre de l'intérieur a recommandé aux préfets, par plusieurs circulaires, d'inviter les comptables à ne jamais les pousser au delà du premier degré sans une autorisation expresse.

*Convocation et libération des prestataires.*

290. Pour ne pas rompre la série des formalités administratives qui se rapportent à la prestation, nous allons dire maintenant comment il est procédé, en vertu des instructions ministérielles, à la convocation des contribuables et à leur libération.

291. Faisons remarquer d'abord que l'époque des travaux de prestation en nature n'est plus laissée, comme sous l'empire de la loi du 28 juillet 1824, à l'arbitraire des maires et des conseils municipaux, qui trop souvent choisissaient, pour ces travaux, une époque peu opportune, notamment les courtes journées de l'hiver. Le service vicinal y perdait, non-seulement par le moindre nombre d'heures employées sur les chemins, mais encore parce que la saison ne permettait pas aux travaux faits de se consolider avant que la température vînt y apporter de nouvelles dégradations. C'est pour éviter cet inconvénient, que la loi du 21 mai 1836, dans son art. 21, a remis aux préfets le droit de fixer *les époques auxquelles les prestations en nature devront être faites.* Pour remplir cette mission d'une manière favorable au service vicinal, et en même temps la moins onéreuse possible aux contribuables, les pré-

fets, dans leurs règlements, ont généralement divisé en deux saisons les travaux de prestation, en indiquant un ou deux mois dans chaque saison ; ils ont choisi, suivant les localités, les époques où les travaux de l'agriculture auraient le moins à souffrir de l'emploi des journées de prestation.

Cette précaution, prescrite par l'instruction du 24 juin 1836, était toute paternelle, mais elle donna bientôt lieu à une fausse interprétation qu'il fallut rectifier. Les contribuables croyaient qu'il leur était loisible de choisir, dans la série des mois indiqués par le préfet, le jour qui leur paraîtrait le plus convenable pour leurs travaux ; quelquefois ils prétendaient ne pouvoir être mis en demeure qu'à l'expiration de l'année. Une circulaire du 19 nov. 1838 condamna ces prétentions ; elle fit remarquer que la prestation en nature n'est pas une contribution volontaire que le prestataire puisse acquitter à l'époque qui lui convient le mieux ; que le travail que la loi permet de demander aux contribuables pour la réparation des chemins vicinaux est une véritable contribution ; que c'est une dette de l'habitant envers la commune, dette exigible, non pas à la volonté du prestataire, mais à la réquisition de l'autorité locale. C'est donc à cette autorité qu'appartient le droit d'indiquer les jours qui seront consacrés aux travaux de prestation, en se renfermant dans les séries de mois déterminées par les préfets.

292. Disons maintenant comment il est procédé par les maires qui sont chargés de la convocation des prestataires.

Nous avons vu que, dans chaque commune, six semaines environ après la publication des rôles, c'est-à-dire vers la fin de décembre, le maire reçoit du percepteur-receveur municipal l'état nominatif des contribuables qui ont opté pour l'acquittement de la prestation en nature, état qui indique le nombre de journées de chaque espèce dues par chacun des prestataires. Le maire a donc pu, bien avant l'époque de l'ouverture des travaux, reconnaître le nombre de journées de chaque espèce qu'il convient d'affecter à chacun des chemins vicinaux à réparer, et répartir les journées par ateliers, composés d'une juste proportion de bras et de moyens de transport.

Quinze jours avant l'époque fixée pour l'ouverture des travaux de prestation, le maire doit faire publier, le dimanche, à l'issue des offices, et afficher à la porte de la maison commune l'avis que les travaux de prestation vont commencer dans la commune. Cette publication doit être répétée le dimanche suivant, et en même temps le maire fait remettre à chaque prestataire un avis portant réquisition de se trouver tel jour, à telle heure, sur tel chemin, pour y faire, en acquittement de sa cote, les travaux qui lui seront indiqués. Ces avis, rédigés sur des formules imprimées, sont signés par le maire, et remis sans frais aux prestataires par l'entremise du garde champêtre.

L'exécution des travaux de prestation doit avoir lieu sous la surveillance du maire, de son adjoint, ou d'un membre du conseil municipal que le maire aurait spécialement délégué à cet effet. Le fonctionnaire chargé de surveiller les travaux doit veiller à ce que les heures qui doivent être employées au travail le soient effectivement, et de la manière la plus utile à la réparation des chemins. Le garde champêtre doit être présent pour exécuter les ordres qu'il recevra du fonctionnaire chargé de la surveillance. L'instruction ministérielle conseille aux maires, dans toutes les communes où la chose est possible, de choisir un piqueur qui serait chargé de la direction matérielle des travaux, et dont le salaire ferait partie des dépenses des chemins vicinaux. Nous ne parlons pas ici de l'intervention des agents voyers; nous y reviendrons un peu plus tard.

Pour que la décharge des prestataires puisse être opérée régulièrement, le fonctionnaire chargé de la surveillance des travaux doit être muni du relevé du rôle dont il a été parlé plus haut. A la fin de chaque journée, il émarge sur ce relevé, en regard du nom de chaque prestataire, le nombre de journées de chaque espèce que ce prestataire a acquittées ou fait acquitter pour son compte; il décharge en même temps l'avis ou réquisition qui avait été envoyé au contribuable. Enfin, lorsque les travaux sont achevés, le relevé du rôle est remis au percepteur-receveur municipal, afin que ce comptable puisse émarger sur le rôle les cotes acquittées en nature; il totalise ensuite ces notes, et en inscrit le montant en un seul article sur son journal à souche; il ne détache pas le bulletin, attendu qu'il n'y a lieu de le remettre à aucune partie versante, mais il le biffe en le laissant tenir à la souche.

293. Au moyen de ces différentes formalités, la libération des prestataires se trouve dûment constatée, et le compte du percepteur-receveur municipal peut être régulièrement rendu. Les rôles de prestation, en effet, figurent en recette et en dépense au budget des communes; le compte d'emploi doit donc en être rendu comme pour les autres recettes communales. En conséquence, le percepteur-receveur municipal doit établir, d'une manière précise, le montant des recouvrements qu'il a dû faire en argent, et le montant de ce qui a dû être exécuté en travaux. Cette justification se fait par la représentation même du relevé du rôle émargé à l'époque des travaux. Les dépenses faites sur le produit des cotes recouvrées en argent sont justifiées par pièces comptables, comme pour les autres travaux communaux. Quant aux cotes acquittées en nature, le comptable en est libéré par la représentation du relevé qu'a émargé le fonctionnaire chargé de la surveillance des travaux.

294. Avant de terminer ce qui a rapport à la libération des prestataires, nous devons dire comment l'administration a pourvu à une lacune évidente dans l'article 4 de la loi du 21 mai 1836.

Cet article, comme nous l'avons vu, impose aux contribuables l'obligation de déclarer, dans les délais prescrits, leur option de s'acquitter en nature ou en argent, et il ajoute que, lorsque la déclaration n'aura pas été faite, *la prestation sera de droit exigible en argent*; mais ni cet article, ni aucun autre dans la loi, n'a prévu le cas où un prestataire, après avoir déclaré vouloir s'acquitter en nature, n'obtempérerait pas à la réquisition de se rendre sur les ateliers, ou bien, après s'y être rendu, n'y travaillerait pas comme il doit le faire.

La loi ne pouvait cependant demeurer sans exécution, et il n'était pas admissible que le prestataire négligent ou récalcitrant ne pût être atteint; c'eût été non-seulement un dommage pour le service vicinal, mais encore une injustice pour les autres contribuables. Dans son instruction du 24 juin 1836, le ministre a donc dit que toutes les fois qu'un contribuable ne se rendrait pas sur l'atelier qui lui aurait été assigné pour y acquitter sa prestation, ou qu'il ne fournirait qu'une partie des journées par lui dues, soit en manquant aux heures ou autrement, sa cote, ou le restant de sa cote, deviendrait exigible en argent; et, pour qu'il n'ignorât pas ce qu'il avait à encourir, l'avis de cette condition devait être écrit sur les réquisitions du travail. Dans ce cas, le maire doit adresser au percepteur-receveur municipal le nom du prestataire récalcitrant ou retardataire, en invitant le comptable à recouvrer la cote en argent, la déclaration d'option étant considérée comme n'ayant pas été faite.

Cette interprétation, ou plutôt, il faut le reconnaître, cette addition aux dispositions de la loi, a été admise partout, tant la nécessité en était reconnue ; et il n'est pas à notre connaissance qu'aucune opposition sérieuse ait été faite au recouvrement en argent de cotes à l'égard desquelles l'option faite était ainsi déclarée périmée. Nous ne doutons pas d'ailleurs que l'autorité qui eût été appelée à statuer sur une semblable opposition, n'eût jugé inadmissible qu'un contribuable fût libéré par une simple déclaration d'option qui, par son fait, ne serait pas suivie de l'acquittement des journées en nature.

Il se pourrait toutefois qu'un empêchement légitime et grave ne permît pas au prestataire d'obtempérer à la réquisition de travail. Dans ce cas, dit l'instruction ministérielle, le maire peut accorder au prestataire un ajournement pour l'acquittement de sa cote en nature; mais ces ajournements ne doivent pas être très-prolongés, afin de ne pas nuire aux travaux; ils ne doivent, dans aucun cas, se prolonger au delà des limites fixées pour la clôture de l'exercice. Toute cote qui, par le fait du prestataire, n'aurait pas été acquittée dans ces limites, devra être définitivement considérée comme exigible en argent, et le percepteur-receveur municipal est tenu d'en effectuer le recouvrement par toutes les voies de droit.

295. Il nous reste à parler d'un mode d'acquittement de la prestation, autorisé par l'art. 4 de la loi ; c'est le travail en tâches. Nous dirons plus tard quels résultats ont été obtenus de ce nouveau système ; nous ne parlerons ici que des formes administratives adoptées pour l'établissement des tâches et pour la libération des prestataires.

C'est aux conseils municipaux que la loi attribue le droit de fixer les bases d'après lesquelles la prestation non rachetée en argent sera convertie en tâches ; par le fait, ces conseils sont donc maîtres de décider si ce mode de travail sera ou non admis, puisqu'en s'abstenant de rédiger les tarifs de conversion en tâches, ils rendent impossible cette conversion. Comme les conseils municipaux auraient pu fixer des bases tellement faibles que les journées converties en tâches n'eussent presque

rien produit, il était nécessaire que ces tarifs fussent soumis à la révision de l'autorité supérieure, et l'instruction ministérielle a dit qu'ils ne seraient exécutoires qu'après l'approbation du préfet.

Dans les communes où les conseils municipaux ont arrêté des conversions en tâches, et lorsque le maire, pour les chemins vicinaux de petite communication, et le préfet, pour les chemins vicinaux de grande communication, ont décidé que ce mode d'emploi serait admis, le prestataire en est prévenu par un bulletin ou réquisition de travail, sur lequel est portée l'indication de l'espèce et de la quotité de travaux qu'il doit faire en acquittement de ses journées. Un délai lui est assigné pour l'accomplissement de ces travaux, qu'il peut faire au moment qui lui est le plus opportun, dans les limites du délai fixé.

Lorsque les travaux sont effectués, l'autorité fait reconnaître si les tâches imposées ont été bien et dûment faites, et il est alors donné au prestataire un certificat de libération comme pour les travaux faits à la journée.

296. Nous terminerons ce qui a rapport à l'acquittement de la prestation en nature, en reproduisant quelques recommandations faites par l'instruction ministérielle, et qui se rattachent à cette partie du service.

La première a pour objet de détruire un usage qui s'était introduit dans quelques localités et qui constituait un véritable abus. Quelquefois les maires, au lieu de faire effectuer les travaux de prestation aux époques prescrites et dans l'année pour laquelle ils avaient été votés, laissaient s'arriérer ces travaux[1], et ensuite, au bout de deux ou trois années, ils requéraient les contribuables d'acquitter les journées arriérées. Le ministre fit remarquer qu'il y avait là violation manifeste de la lettre comme de l'esprit de la loi. En effet, la loi permet de demander à chaque contribuable jusqu'à trois journées de son temps, chaque année, pour travailler à la réparation des chemins vicinaux. En fixant ce maximum, la loi a eu pour intention évidente qu'il ne pût être exigé du contribuable de faire dans une année le sacrifice de plus de trois journées de son temps. Comment, sous le prétexte d'arrérages que le maire aurait irrégulièrement laissés s'accumuler, pourrait-il être permis de demander ensuite à ce contribuable de venir employer, dans la même année, six ou neuf journées, tant pour l'arriéré que pour le courant? Le ministre prescrivait donc de veiller à ce que les cotes de prestation acquittables en nature fussent consommées, sinon dans l'année même pour laquelle elles avaient été votées, au moins dans les délais fixés pour la clôture de l'exercice auquel ces prestations se rattachent. Cette règle a été imposée dans tous les règlements généraux faits par les préfets, en exécution de l'art. 21 de la loi du 21 mai 1836, et la stricte observation en est d'autant plus importante, que les prestataires peuvent se prétendre libérés des journées qui ne leur ont pas été demandées dans les délais voulus. C'est ce qui résulte formellement d'une ordonnance royale du 20 janv. 1843 (Mallat contre la commune de la Couronne), ainsi conçue : « Vu la requête à nous présentée par le sieur Mallat, demeurant à Barbary, commune de la Couronne, département de la Charente, tendant à ce qu'il nous plaise annuler un arrêté du conseil de préfecture du département de la Charente, en date du 10 juillet 1840, lequel a rejeté son opposition au commandement qui lui a été fait pour le recouvrement des prestations des exercices 1837 et 1838 ; vu l'art. 5 de la loi du 28 juillet 1824; vu l'art. 21 de la loi du 21 mai 1836 ; considérant que le règlement général sur les chemins vicinaux du département de la Charente, dressé en exécution de l'art. 21 de la loi du 21 mai 1836, porte, art. 24, *que les prestations acquittables en nature devront toujours être effectuées, sinon dans l'année même pour laquelle elles ont été votées, du moins dans les délais fixés pour la clôture de l'exercice auquel elles se rapportent;* considérant qu'il ne résulte pas des pièces jointes au dossier que le sieur Mallat ait été mis, en temps utile, en demeure de se libérer des prestations relatives aux exercices de 1837 et de 1838 ; — Art. 1er : L'arrêté du conseil de préfecture du département de la Charente sus-visé est annulé. »

297. La seconde recommandation faite par le ministre a pour objet de réserver au service vicinal des ressources que la loi n'a créées qu'en vue de ce service. Le ministre déclarait donc qu'aucune partie des prestations en nature, de même que des autres ressources réalisées à cette destination, ne devait être employée sur des chemins autres que ceux qui ont le caractère voulu par l'art. 1er de la loi du 21 mai 1836, c'est-à-dire qui ont été déclarés vicinaux par arrêté du préfet. Tout emploi,

soit de fonds, soit de prestations sur un chemin non légalement reconnu, pourrait donner lieu contre le fonctionnaire qui l'aurait ordonné, disait le ministre, à une accusation de détournement de fonds, ou au moins à une action en réintégration des ressources illégalement employées. Nous ajouterons qu'un prestataire ne pourrait être légalement contraint de porter ses journées sur un chemin qui ne serait pas vicinal, et que sa résistance à la réquisition qu'il recevrait serait parfaitement légitime, puisque la prestation n'a été créée par la loi qu'en vue des travaux à faire sur les chemins vicinaux. La circonstance même que ces chemins étaient dans un état de viabilité tel que l'emploi de la prestation n'y fût pas nécessaire, ne permettrait pas de faire acquitter la prestation sur une autre voie publique, car les trois journées ne sont une dette des contribuables que pour le service des chemins vicinaux.

*Vote et imposition d'office.*

298. Après avoir dit quelles sont les obligations que les art. 3 et 4 de la loi du 21 mai 1836 permettent d'imposer à chaque contribuable passible de la prestation en nature, nous croyons devoir faire connaître par quelques chiffres dans quelles limites les conseils municipaux votent l'emploi de ces moyens d'entretien des chemins vicinaux ; jusqu'à quelle proportion l'administration supérieure est obligée de suppléer à l'action, quelquefois insuffisante, des conseils municipaux; et enfin, quelle est l'importance des ressources que le service vicinal trouve dans la prestation en nature. Nous puiserons ces détails dans le dernier rapport publié par le ministre de l'intérieur sur l'ensemble de ce service pendant l'année 1841, et nous dirons que, bien que les chiffres que nous allons relever varient d'une année à l'autre, cependant les variations ne sont pas assez considérables pour que ceux donnés pour une année ne puissent pas servir à apprécier l'importance de cette ressource.

299. Le nombre des communes du royaume était, en 1841, de 37,053 ; de ce nombre, 673 avaient pu suffire sur leurs seuls revenus aux dépenses du service vicinal ; il n'y avait donc pas lieu pour celles-ci de recourir à la prestation en nature, et elles restent en dehors de tout ce qui va être dit sur cette partie du service. Ces 673 communes ne sont que les 3/100 environ du nombre total des commu-

nes du royaume, mais leur population est de 5,422,688 habitants, c'est-à-dire les 16/100 environ de la population totale du royaume. Cette différence. entre les deux proportions s'explique par cette circonstance que parmi les communes qui ne recourent pas à la prestation en nature, se trouvent généralement toutes les villes et les communes les plus populeuses.

300. Il existait des états-matrices de la prestation en 1841 dans 36,191 communes, dont la population totale était de 28,118,222 habitants. D'après ces états-matrices, le nombre des hommes qui pouvaient être imposés à la prestation était de 5,596,194; c'est environ les 24/100 de la population des communes; la partie de la population qui est passible de la prestation en nature, c'est-à-dire mâle, valide, et âgée de plus de dix-huit ans et de moins de soixante ans, forme donc environ un cinquième de la population totale. Le nombre des articles des états-matrices, en d'autres termes, le nombre des chefs de famille imposables à la prestation est de 4,418,774; en comparant ce chiffre avec celui des hommes imposables, on voit que dans chaque famille il n'y a de passible de la prestation que 1 homme 27/100, en d'autres termes, 127 hommes pour 100 familles.

301. Quant aux autres bases de prestation, c'est-à-dire les bêtes de somme, de trait et de selle les charrettes et voitures attelées, le résultat des recensements ne peut pas être regardé comme absolument certain, attendu qu'il est quelques départements où les formes de ce recensement s'écartent de celles généralement suivies; toutefois on peut considérer comme très-approximatifs les chiffres publiés dans le rapport que nous analysons : ils constatent l'existence de 2,048,685 chevaux, 240,874 mulets, 297,738 ânes, 2,309,114 bœufs et vaches, 1,694,039 voitures à deux roues et 429,684 voitures à quatre roues.

302. Si on imposait partout la prestation sur ces bases jusqu'au maximum de trois journées, et que l'on traduisît la valeur de ces journées en argent d'après les tarifs d'évaluation de chaque département, la valeur totale de la prestation en nature serait de 38,724,744 fr., et la cote moyenne de chaque chef de famille serait de 8 fr. 76 c., acquittable en argent ou en nature, au choix du contribuable.

303. Voyons maintenant ce que le service vicinal a reçu de la prestation en 1841.

Des 36,191 communes où existaient des états-matrices et qui auraient pu voter la prestation, 28,996, c'est-à-dire 80/100, ont eu spontanément recours à cette ressource.

En recherchant comment les votes de ces 28,996 conseils municipaux se sont répartis entre une et trois journées, on voit que 2,987 n'ont voté qu'une journée, 10,502 en ont voté deux, et 15,507 ont atteint le maximum de trois journées. Le taux moyen des journées votées en 1841 est de 2 et 43/100; trente-six départements étaient au-dessus de cette moyenne, cinquante étaient au-dessous. Peu de variations ont eu lieu depuis la mise à exécution de la loi de 1836 dans la moyenne des journées votées; en 1837, elle avait été de deux journées 50/100; en 1838, de deux journées 35/100; en 1839, de deux journées 37/100, et en 1840, de deux journées 39/100.

Le nombre des communes qui se sont abstenues est, comme on voit, de 7,195; mais, dans ce nombre, 2,032 ont pu pourvoir à l'entretien des chemins vicinaux par d'autres moyens, et n'avaient par conséquent pas besoin de voter de prestation. Il reste donc 5,163 communes qui se sont abstenues sans motifs connus, et qui pouvaient par conséquent être considérées comme n'ayant pas rempli les obligations que la loi leur imposait; mais, pour beaucoup de ces communes, disent les rapports des préfets, il y a eu négligence et non pas mauvais vouloir; le plus souvent même, les conseils municipaux ne se sont abstenus que parce qu'ils ont préféré laisser à l'autorité supérieure le soin d'imposer d'office les journées de prestation qu'elle croirait nécessaire d'exiger, et ce qui le prouve, c'est que nulle part l'imposition d'office n'a donné lieu à la moindre difficulté. En 1841, les préfets n'avaient imposé d'office à la prestation que 4,682 communes qui s'étaient abstenues, et 2,296 ont été atteintes comme n'ayant émis que des votes insuffisants. L'action coërcitive de l'administration supérieure s'est donc étendue sur 6,978 communes; sur ce nombre, 2,082 n'ont été imposées que jusqu'à concurrence d'une journée, 1,788 l'ont été jusqu'à concurrence de deux journées, et 3,108 l'ont été jusqu'au maximum de trois journées; la moyenne des journées de prestation imposées d'office a donc été de 2 et 29/100; elle avait été de 2 journées 30/100 en 1837, de 2 journées 32/100 en 1838, de 2 journées 19/100 en 1839, et de 2 journées 18/100 en 1840. La masse des prestations imposées d'office en 1841 est à la masse des prestations votées, dans la proportion de 19/100, c'est-à-dire de moins d'un quart ; cette proportion, considérable en apparence, ne peut cependant pas, comme nous l'avons dit plus haut, faire conclure que les conseils municipaux soient défavorablement disposés pour ce mode d'entretien des chemins vicinaux ; pour en trouver la véritable cause, il faudrait remonter à l'organisation même des conseils municipaux, telle que l'a faite la loi du 21 mars 1831, ce qui nous écarterait de notre sujet.

En ne formant qu'une seule masse des prestations votées et de celles imposées d'office, on trouve que cette ressource a été employée en 1841 par 35,974 communes, qui forment les 97/100 du nombre total des communes du royaume, et que la moyenne totale des journées est de 2 et 38/100. Les rôles de prestation comprenaient 13,704,540 journées d'hommes, 10,856,531 journées d'animaux et 4,794,040 journées de voitures. La valeur de ces diverses espèces de journées, d'après les tarifs arrêtés par les conseils généraux, est de 29 millions 442,106 fr.

Le nombre des chefs de famille sur lesquels cette contribution a porté en 1841 est de 4,072,770, ce qui donnerait pour la cote moyenne de chacun d'eux 7 fr. 23 c. Cette moyenne est dépassée dans trente-cinq départements ; on est resté au-dessous dans cinquante et un départements. Toutefois, ce serait une erreur grave que de regarder la cote inscrite aux rôles, en argent, comme exprimant la valeur du sacrifice exigé des contribuables par l'imposition de la prestation. Cette cote, en effet, peut être acquittée en nature ou en argent, au choix du contribuable, et comme l'administration s'attache autant que possible à n'ordonner les travaux de prestation qu'aux époques de l'année où les travaux de l'agriculture laissent le plus de loisirs aux cultivateurs, la portion de la prestation qui est acquittée en nature peut à peine être regardée comme une charge. Ce n'est donc que la portion de la cote qui est acquittée en argent qui peut être considérée comme une véritable imposition ; or, les données consignées au rapport que nous analysons établissent que la cote moyenne de la prestation acquittée en argent n'est que de 1 fr. 36 c., soit 19/100 de la cote totale ; trente-cinq départements sont au-dessus de cette moyenne, cinquante et un sont au-dessous. Nous devons dire aussi

que des différences très-considérables se remarquent d'un département à un autre, quant à la proportion des rachats. Ainsi, dans trois départements, la prestation s'acquitte presque intégralement ; dans un, les rachats ne vont pas à 4/100 ; dans trois ensuite ils ne vont pas à 5/100 ; dans trente-cinq départements, au contraire, la prestation se rachète en argent dans la proportion de 20/100, 30/100 et même 50/100. Il serait difficile d'assigner des causes certaines à des différences aussi notables : le degré d'aisance des populations en est sans doute un des principaux éléments, mais les dispositions plus ou moins favorables des habitants pour les travaux de prestation contribuent davantage, nous le pensons, à rendre plus ou moins nombreux les rachats de la prestation.

En résumé, la partie de la prestation qui a dû être acquittée en nature en 1841 présentait, d'après les tarifs de conversion en argent, une valeur de 23,899,084 fr., c'est-à-dire les 81/100 de la masse totale des rôles de prestation, ou les 45/100 de la masse totale des ressources de toute espèce réalisées en 1841. Il est deux départements où la valeur de la prestation acquittée en nature dépasse 700,000 fr. ; il en est six où elle dépasse 600,000 fr. ; il en est huit où elle dépasse 500,000 fr. ; quatorze encore où elle dépasse 400,000 ; enfin trente-six où elle dépasse 200,000 fr.

## § 3. — *Centimes spéciaux communaux.*

304. Aux ressources que fournit au service vicinal la prestation en nature, les conseils municipaux peuvent, aux termes de l'art. 2 de la loi du 21 mai 1836, ajouter le produit de centimes spéciaux jusqu'au maximum de cinq. Ainsi que nous l'avons fait remarquer précédemment, le vote de ces centimes n'est plus subordonné à celui des prestations ; il peut avoir lieu, soit isolément, soit concurremment avec celui de la prestation en nature. Enfin, les conseils municipaux votent les centimes spéciaux sans l'adjonction des plus imposés, que prescrivait l'art. 4 de la loi du 28 juillet 1824 ; c'est une conséquence naturelle du système de la nouvelle législation, qui fait de la dépense des chemins vicinaux une dépense obligatoire des communes.

305. Le recouvrement des centimes spéciaux affectés au service vicinal ne peut donner lieu à aucune difficulté particulière, puis-

que ces centimes sont compris dans les rôles généraux des contributions directes, et que, fussent-ils l'objet de rôles spéciaux, ils seraient recouvrés dans la même forme que ces contributions, aux termes de l'art. 5 de la loi du 28 juillet 1824, qui n'est pas abrogée sur ce point. L'emploi du produit de ces centimes se fait d'après les règles applicables aux autres dépenses communales. Nous ne nous arrêterons donc pas sur cette matière, mais nous croyons utile de consigner ici quelques-uns des renseignements fournis par le ministre de l'intérieur, sur le vote des centimes spéciaux en 1841, dernière année pour laquelle ait été publié le rapport annuel sur le service vicinal.

306. Sur les 37,053 communes, il en est 873, comme nous l'avons vu précédemment, qui pouvaient, sur leurs seuls revenus ordinaires, pourvoir aux dépenses de l'entretien des chemins vicinaux, et qui dès lors n'auraient pu voter de centimes spéciaux; il en reste donc 36,380 qui auraient pu avoir recours à cette ressource. Sur ce nombre, 22,023 ont usé spontanément de cette faculté; c'est environ les 61/100 des communes qui auraient pu en user. Pour la prestation en nature, nous avons vu que les votes spontanés des communes ont été dans les proportions des 80/100 ; il y a donc une préférence pour la prestation en nature.

En recherchant comment les votes des communes se sont répartis entre les limites de 1 à 5 centimes, on voit que 492 communes ont voté 1 c. seulement ; 1,937 ont voté 2 c.; 4,337 ont voté 3 c.; 665 ont voté 4 c.; enfin, 14,622 ont atteint le maximum de 5 c. Il en résulte que le taux moyen des centimes votés est de 4 et 23/100 ; 37 départements sont au-dessus de cette moyenne; 49 sont restés au-dessous. Le produit total des centimes votés a été de 5,357,026 fr. Voyons maintenant ce que les préfets y ont ajouté, en vertu du droit d'imposition d'office qu'ils tiennent de l'art. 5 de la loi du 21 mai 1836.

Nous avons dit que 36,380 communes auraient pu voter des centimes spéciaux, et que 22,023 seulement ont usé de cette faculté; il en est donc 14,357 qui se sont abstenues, mais dans ce nombre il en est 5,577 pour lesquelles il n'y avait pas indispensable nécessité de voter des centimes spéciaux, soit parce qu'elles avaient pourvu au service par d'autres moyens, soit parce que leurs chemins n'exigeaient pas de dépenses cette année. Il n'y a donc en défi-

nitive que 8,780 communes qui se soient abstenues, sans raisons appréciables, de voter des centimes spéciaux. Les préfets auraient pu imposer d'office ces 8,780 communes; ils n'ont usé de ce droit qu'à l'égard de 7,244; toutefois, ils ont dû en outre ajouter aux votes insuffisants de 2,368 communes. Sur le nombre des communes imposées d'office, 472 l'ont été pour 1 c. seulement; 1,610 l'ont été pour 2 c.; 2,750 pour 3 c. 300 pour 4 c.; enfin, 4,480 l'ont été au maximum de 5 c. Le taux moyen des centimes imposés d'office est de 3 et 71/100. Leur produit total a été de 1,685,263 fr.

En ne formant qu'une seule masse du produit des centimes spéciaux votés par les conseils municipaux, et de celui des centimes spéciaux imposés d'office, on trouve que le taux moyen de ces centimes est de 4 et 5/100. Les charges supportées par les communes, en centimes spéciaux, sont donc restées, en 1840, comme pour les prestations en nature, au-dessous du maximum qui pouvait leur être demandé. Le produit total des centimes spéciaux a été de 7,042,289 fr.; il forme environ les 13/100 de la masse des ressources réalisées, pendant la même année, pour les besoins du service vicinal.

### § 4. *Impositions d'office.*

307. Nous avons été conduits, en traitant de chacune des branches des ressources communales, à dire quelle avait été l'extension donnée par les préfets à l'application de l'article 5 de la loi du 21 mai 1836, relatif aux impositions d'office; nous croyons nécessaire de revenir sur ce sujet, et d'exposer quelles sont les règles tracées par la loi et par les instructions ministérielles pour l'exercice du pouvoir coërcitif confié par le législateur à l'administration.

L'article 5 précité est ainsi conçu :

« Si le conseil municipal, mis en demeure, n'a pas voté, dans la session désignée à cet effet, les prestations et centimes nécessaires, ou si la commune n'en a pas fait emploi dans les délais prescrits, le préfet pourra, d'office, soit imposer la commune dans les limites du maximum, soit faire exécuter les travaux.

» Chaque année, le préfet communiquera au conseil général l'état des impositions établies d'office, en vertu du présent article. »

308. En ne mentionnant dans cet article, comme pouvant donner lieu à l'inscription d'office, que les prestations en nature et les

centimes spéciaux, le législateur pourrait paraître, au premier coup d'œil, n'avoir donné à l'administration aucun moyen de surmonter l'inertie des conseils municipaux des communes dont les revenus peuvent suffire aux besoins du service vicinal, et auxquelles, par conséquent, les préfets ne pourraient pas plus imposer des prestations et des centimes, que ces conseils ne pourraient en voter eux-mêmes; mais une semblable omission dans les vues du législateur est inadmissible; c'est ce que nous avons pleinement démontré dans le paragraphe relatif aux ressources tirées des revenus des communes. Nous ne reviendrons donc pas sur ce que nous avons dit à cette occasion, et nous bornerons à considérer ici le droit d'imposition d'office dans son application aux communes dont la situation financière est moins favorable, et qui sont obligées, pour faire face aux besoins du service vicinal, de recourir aux prestations et aux centimes spéciaux.

309. La première condition de toute imposition d'office, et elle n'avait pas besoin d'être écrite dans la loi, c'est qu'elle soit reconnue nécessaire, et cette nécessité se constate différemment, selon qu'il s'agit de chemins de petite ou de grande communication. Pour les premiers, la reconnaissance de l'état de dégradation où ils se trouvent est la base légale de l'obligation à imposer à la commune. Cette reconnaissance peut être provoquée par les plaintes que le préfet reçoit sur le mauvais état des chemins, soit des habitants de la commune, soit même d'habitants des communes voisines qui fréquentent ces chemins; elle peut être ordonnée d'office par le préfet, et c'est ce qui se fait dans tous les départements où les agents voyers sont assez nombreux pour pouvoir donner leurs soins à la petite vicinalité. Pour les chemins vicinaux de grande communication, la reconnaissance actuelle de leur état n'est pas nécessaire; les travaux soit de construction, soit de réparation qu'ils exigent, ont été, dès longtemps avant, l'objet de projets, de devis; et la nécessité pour la commune de concourir à ces travaux résulte de la décision du conseil général, qui l'a appelée à y prendre part.

310. Lorsque le préfet a reconnu la nécessité pour une commune de créer des ressources pour le service vicinal, il doit, aux termes de l'article de loi qui nous occupe, mettre le conseil municipal *en demeure* de remplir ses obli-

IV.

gations; on comprend, en effet, qu'il serait contraire et à la justice et à toutes les formes de l'administration de prendre des mesures coërcitives contre une commune, avant qu'elle ait été appelée à pourvoir volontairement aux dépenses qui sont à sa charge. La mise en demeure s'établit d'une manière différente encore, selon qu'il s'agit de chemins de petite ou de grande communication. Pour les derniers, le conseil municipal est suffisamment mis en demeure par la notification que le préfet fait au maire, avant la session de mai, du contingent que la commune doit fournir pour les travaux des chemins vicinaux de grande communication auxquels elle a été déclarée intéressée. Si le conseil municipal n'obtempère pas à l'invitation qui lui est faite de voter les ressources nécessaires pour pourvoir à ce contingent, le préfet est suffisamment autorisé à user du droit d'imposer d'office le montant de ce contingent. Pour les chemins vicinaux de petite communication, le ministre de l'intérieur a dit, dans son instruction du 24 juin 1836, que la mise en demeure des conseils municipaux ne pouvait pas s'établir par l'invitation générale que les préfets adressent annuellement à ces conseils de s'occuper, dans leur session de mai, des mesures à prendre pour l'entretien des chemins vicinaux. Une mise en demeure, ajoute-t-il, acte grave, puisqu'il peut être suivi de contrainte, ne peut avoir lieu que par une invitation directe et spéciale. En conséquence, les préfets doivent, par un arrêté motivé, inviter le maire à convoquer son conseil municipal dans un délai déterminé, à l'effet de délibérer sur la réparation des chemins vicinaux dont le mauvais état a été constaté.

311. Nous n'avons sans doute pas besoin de faire remarquer que la mise en demeure pour l'une ou pour l'autre catégorie de chemins vicinaux, n'a jamais pour objet le service de l'année courante, mais bien celui de l'année suivante. Dans notre système d'administration communale, les conseils municipaux s'occupent, dans leur session de mai, de l'établissement du budget de l'année suivante; il en est de même des dépenses du service vicinal, qui font partie de celles à inscrire au budget. Si, pour les chemins vicinaux de grande communication, le conseil municipal ne crée pas les ressources nécessaires pour fournir le contingent imposé à la commune; si, pour les chemins vicinaux de petite communication,

8

le conseil municipal n'obtempère pas à l'invitation contenue dans l'arrêté spécial de mise en demeure; si enfin, dans l'un et l'autre cas, le conseil municipal ne votait que des ressources insuffisantes, le préfet aurait alors pour droit et pour devoir de suppléer à l'action du conseil municipal et d'imposer la commune d'office.

312. L'imposition d'office doit, aux termes de la loi, se renfermer dans les limites du maximum, tel qu'il est établi par l'art. 2, c'est-à-dire trois journées de prestation et cinq centimes spéciaux. C'est là, comme nous l'avons dit, la limite extrême des obligations des communes qui ne peuvent, sur leurs ressources ordinaires, faire face aux dépenses du service vicinal. Si donc un conseil municipal avait déjà voté une portion des trois journées de prestation et des cinq centimes spéciaux que la loi fixe comme maximum, l'imposition d'office que le préfet aurait à frapper ne pourrait s'élever qu'à la quotité de journées et de centimes qui forment le complément des trois journées et des cinq centimes.

On comprend, du reste, qu'il n'est pas toujours nécessaire que l'imposition d'office atteigne les limites du maximum. Il est des cas où, soit le contingent de la commune dans la dépense des chemins vicinaux de grande communication, soit les besoins des chemins vicinaux de petite communication, n'exigent pas l'emploi de la totalité des ressources imposables. Dans ce cas, évidemment, le préfet ne doit pas dépasser, dans l'imposition d'office, la limite des besoins. Il a donc alors à examiner sur quelle nature de ressources, prestations ou centimes, il fera porter l'imposition d'office.

313. Pour guider les préfets dans ce choix, le ministre de l'intérieur leur a donné, dans son instruction du 24 juin 1836, des conseils que nous croyons devoir reproduire. Il serait plus facile, dit le ministre, de n'imposer que des centimes, dans le cas où leur produit suffirait aux travaux à faire; mais, si l'imposition d'office ne portait que sur des centimes spéciaux, il se pourrait que, par la disposition de la propriété dans la commune, ses habitants fussent presque entièrement exonérés de la charge qui doit porter sur eux, au moins en partie, et que cette charge fût reportée presque entièrement sur les propriétaires forains. La résistance qu'aurait apportée le conseil municipal à l'accomplissement d'une obligation légale triompherait dans cette hypothèse, en

ce sens, que les membres du conseil, comme les autres habitants, auraient évité la charge personnelle résultant des prestations en nature, et que la charge résultant des centimes spéciaux pourrait se trouver peser sur d'autres que les habitants de la commune. L'article 5 de la loi du 21 mai 1836 se trouverait donc éludé dans son texte et encore plus dans son esprit. Au contraire, en imposant la commune en prestations et en centimes, jusqu'à due concurrence, les charges se trouveront équitablement réparties entre l'habitant et la propriété, comme le veut la loi, et le refus du conseil municipal n'aura pas eu l'effet qu'il en attendait. C'est d'après ce système que le ministre conseille d'établir les impositions d'office, et c'est ainsi, en effet, qu'il est généralement procédé.

314. Lorsque le préfet est fixé sur le nombre de journées de prestations et de centimes spéciaux qui doivent être imposés d'office sur la commune, il prend un arrêté portant que telle commune est imposée à tant de journées de prestation et tant de centimes; il notifie cet arrêté au maire, pour que la commune n'en ignore, et il en adresse une expédition au directeur des contributions directes, qui est chargé de son exécution en ce qui concerne la rédaction des rôles. Quant aux centimes spéciaux, ils doivent être compris au rôle général de la commune pour l'année suivante, et à cet effet, le préfet doit prendre son arrêté avant la rédaction de ce rôle. Ce ne serait que dans des cas extraordinaires qu'il pourrait y avoir lieu de rédiger un rôle spécial; cette mesure doit être évitée, autant que possible, pour toute espèce d'imposition communale, en raison des frais qu'elle entraîne. Quant aux journées de prestations, si elles ne sont imposées que par addition à celles déjà votées par le conseil municipal, elles doivent être comprises dans le rôle à rédiger; si, au contraire, aucune journée n'avait été votée, il y aurait nécessité de rédiger un rôle pour le nombre de journées imposées d'office par le préfet.

315. Un cas s'est présenté, qui a rendu difficile l'imposition d'office de la prestation en nature; il s'est présenté rarement, à la vérité, mais il nous paraît cependant nécessaire de faire connaître comment l'administration y a pourvu.

Dans une commune qui devait être imposée d'office à la prestation en nature, il n'existait pas d'état-matrice, et les commissaires répartiteurs, le maire et le conseil municipal refusèrent leur concours pour la rédaction de ce document. La loi ne pouvait cependant rester sans exécution; et sur le compte qui lui fut rendu de cette circonstance, le ministre de l'intérieur décida que l'état-matrice des prestations serait rédigé d'office. A cet effet, le contrôleur des contributions directes fut chargé d'opérer, de concert avec le percepteur-receveur-municipal, sur les documents administratifs qu'ils pourraient se procurer. Ainsi le tableau de recensement de la population devait leur fournir la liste nominative des chefs de famille, et le nombre des membres et serviteurs de chaque famille. Le rôle des contributions directes devait faire connaître les individus qui étaient imposables à la prestation comme contribuables. Quant aux autres bases de l'imposition, en animaux et charrettes, le percepteur pouvait connaître assez la force de chaque exploitation rurale pour que cette partie de l'état-matrice ne s'écartât pas trop de la vérité. Quelques erreurs étaient inévitables sans doute, mais elles seraient rectifiées par les demandes en dégrèvement; et d'ailleurs, les contribuables ne devraient attribuer ces erreurs qu'au refus des fonctionnaires municipaux de remplir leur mission. La forme de procéder prescrite par le ministre a eu le résultat qu'elle devait avoir; mais nous devons répéter qu'elle n'a été rendue nécessaire que par un nombre de communes infiniment restreint; la nécessité d'y recourir serait aujourd'hui d'autant plus rare, que presque toutes les communes du royaume, ainsi que nous l'avons vu précédemment, sont actuellement pourvues d'états-matrices de la prestation en nature.

316. Quand le directeur des contributions directes a rédigé, en vertu de l'arrêté du préfet, le rôle de prestation en nature, ce rôle doit être envoyé dans la commune pour y être publié dans la forme ordinaire, et servir ensuite, comme nous l'avons dit au paragraphe de la prestation, à la convocation des prestataires.

317. Presque toujours, la mise à exécution des rôles de prestation rédigés d'office éprouve aussi peu de difficulté que celle des rôles rédigés en vertu du vote du conseil municipal. Dans un petit nombre de circonstances, cependant, l'administration supérieure a éprouvé une résistance fâcheuse. Le maire refusait d'abord de publier le rôle et de faire distri-buer les avertissements, ce qui rendait l'option des contribuables impossible; il refusait plus tard de convoquer les prestataires. Pour surmonter cette résistance, le préfet a dû recourir au pouvoir que lui donne l'art. 15 de la loi du 18 juillet 1837 sur l'administration municipale, et faire remplir par un délégué les formalités que le maire refusait de remplir. Le percepteur-receveur-municipal a pu être délégué par le préfet pour publier le rôle, faire distribuer les avertissements et recevoir les déclarations d'option; un agent-voyer a pu être délégué pour convoquer les prestataires, diriger leurs travaux, et leur délivrer les certificats de libération; enfin, les cotes des prestataires qui ne se sont pas rendus sur les ateliers ont été déclarées exigibles en argent, et recouvrées par les voies de droit. On voit donc que, dans aucun cas, le préfet n'est dépourvu des moyens d'assurer l'exécution de l'art. 5 de la loi du 21 mai 1836; mais répétons encore que ce n'est que bien rarement que les préfets sont obligés de recourir à ces formes rigoureuses.

318. Mais l'absence de vote des prestations et centimes nécessaires n'était pas la seule circonstance à laquelle il fût nécessaire d'aviser; souvent on avait vu, sous la législation précédente, un conseil municipal voter des journées de prestations, et le rôle dressé rester sans exécution. Le vote restait ainsi purement nominal, et les journées n'étaient pas employées: quelquefois même les centimes votés restaient également sans emploi, et on finissait, au bout de quelques années, par leur donner une destination autre que celle pour laquelle ils avaient été votés. C'est pour porter remède à ces abus que le législateur a dit, dans l'art. 5 de la loi du 21 mai 1836, *que le préfet pourra d'office faire exécuter les travaux.*

Les préfets, comme nous l'avons vu, ont désigné dans leurs règlements généraux sur le service vicinal, les mois pendant lesquels devaient se faire les travaux de prestation. Lorsque, par les comptes que doivent lui rendre les sous-préfets, le préfet apprend qu'une commune est en retard d'exécuter ces travaux, il doit, par une invitation spéciale, mettre le maire en demeure de les faire exécuter. S'il n'est pas obtempéré à cette invitation, le préfet prend un arrêté pour ordonner que les travaux de prestation se feront dans tel délai; il charge en même temps un agent-voyer de rédiger et faire distribuer les bulletins de convocation, et enfin de surveiller les travaux et de délivrer les certificats de libération. Si les prestataires ne se rendent pas sur les ateliers au jour indiqué, leur cote est déclarée exigible en argent et recouvrée par les voies de droit. L'administration supérieure peut donc toujours empêcher qu'un rôle de prestation voté reste sans emploi ; il est bien rare, d'ailleurs, qu'elle soit obligée de remplir, pour en amener l'exécution, les formalités que nous venons d'indiquer ; presque toujours une simple invitation adressée au maire suffit pour le déterminer à faire faire les travaux.

319. Quant à l'emploi du produit des centimes spéciaux, le préfet pourrait aussi ordonner d'office l'exécution des travaux, si cette exécution était trop tardive ; mais le retard est dans ce cas beaucoup plus rare que pour l'emploi des prestations. Faire faire des travaux à prix d'argent est toujours chose facile, et il n'y a aucun motif pour que l'administration municipale laisse sans emploi les ressources en argent destinées à l'amélioration des chemins vicinaux, surtout lorsque les instructions données par le préfet ont bien fait comprendre que ces ressources ne peuvent, sous aucun prétexte, recevoir une destination autre que celle pour laquelle elles ont été votées.

320. En résumé, l'exécution de l'art. 5 de la loi du 21 mai 1836, que l'on avait d'abord pu craindre de trouver difficile dans beaucoup de cas, impossible même dans quelques-uns, a été rendue facile dans tous par les instructions données pour assurer cette exécution. La nécessité d'y recourir devient au surplus, comme nous l'avons déjà dit, de plus en plus rare.

§ 5. *Impositions extraordinaires.*

321. L'art. 6 de la loi du 28 juillet 1824 portait que « si des travaux indispensables exigent qu'il soit ajouté par des contributions extraordinaires au produit des prestations, il y sera pourvu, conformément aux lois, par des ordonnances royales. » Cette faculté n'a pas été retirée aux communes par la loi du 21 mai 1836, et chaque année des impositions extraordinaires viennent ajouter quelques ressources à celles que fournissent au service vicinal les centimes spéciaux et les prestations. Elles ne sont cependant que d'une importance comparative assez faible. Ainsi en 1841, 1,075 communes seulement, appartenant à 55 départements, ont voté des impositions extraordinaires, dont le produit s'est élevé à 800,578 fr. ; ce produit forme environ les 2/100 de la masse générale des ressources.

Sect. 3. — *Ressources éventuelles.*

§ 1er. — *Ressources diverses.*

322. Aux ressources communales et départementales que nous venons d'énumérer viennent se joindre chaque année quelques produits de diverses origines, que nous réunirons en un seul article sous le titre de ressources éventuelles.

1° Des souscriptions volontaires sont, chaque année, réalisées dans un certain nombre de départements par des propriétaires intéressés à la construction ou à l'amélioration de certains chemins, et elles ne sont pas sans importance : ainsi, en 1841, les souscriptions volontaires réalisées dans cinquante-quatre départements se sont élevées à 564,823 fr.

2° Les propriétés de l'état productives de revenus et les propriétés de la couronne doivent, aux termes de l'art. 33 de la loi du 21 mai 1836, contribuer aux dépenses des chemins vicinaux dans les mêmes proportions que les propriétés privées ; elles sont, en conséquence, imposées aux rôles des communes de leur situation, en raison du nombre des centimes spéciaux, communaux et départementaux affectés au service vicinal. D'après les renseignements recueillis en 1841, l'état possède des propriétés productives de revenus dans soixante-dix départements ; elles sont réparties dans 1,804 communes, ont été imposées dans 1,788, et le montant des cotes s'est élevé à 106,542 fr. La couronne a des propriétés dans huit départements seulement ; elles sont situées dans 245 communes, ont été imposées dans toutes, et le montant des cotes a été de 11,178 fr. Les cotisations des propriétés de l'état et de la couronne ont donc donné au service vicinal, en 1841, une somme de 147,720 fr.

3° Enfin, aux termes de l'art. 14 de la loi du 21 mai 1836, des subventions spéciales peuvent être demandées à certaines exploitations ou entreprises industrielles pour raison des dégradations extraordinaires qu'elles occasionnent aux chemins vicinaux. Nous allons exposer dans un paragraphe spécial quelles sont les règles propres à l'application de cet article de la loi ; nous nous bornerons à dire ici que ces subventions n'ont produit en 1841 que 132,182 fr.

L'ensemble des ressources éventuelles réalisées en 1841 s'est donc élevé à 844,725 fr. ; c'est environ 2/100 de la masse générale des ressources.

### § 2. — *Subventions industrielles.*

323. L'entretien des chemins vicinaux est une charge commune, et chacun doit y contribuer dans la mesure de l'usage qu'il fait ou qu'il est censé faire du chemin, mesure qui, ainsi que nous l'avons vu plus haut, est exprimée par l'importance des moyens d'exploitation de chaque habitant. Mais si un particulier fait d'un chemin vicinal un usage qui dépasse de beaucoup la fréquentation habituelle de simples exploitations rurales ; si, par l'exploitation d'une usine, d'un établissement industriel, d'une carrière, d'une forêt, il fatigue et dégrade ce chemin outre mesure ; si, par cette dégradation extraordinaire de la voie publique, il augmente constamment la dépense d'entretien qui est à la charge de la communauté, il paraît juste qu'il soit appelé à contribuer à l'entretien du chemin dans une proportion plus forte que les autres habitants de la commune. Nous appellerons cette contribution spéciale *subvention industrielle.*

324. Cette règle n'a pénétré que bien tard dans notre législation vicinale, sans doute parce qu'elle paraissait contraire au principe général que l'usage des voies publiques appartient à tous, qu'il est libre pour tous ; aussi trouvons-nous encore, à la date du 14 janvier 1824, une ordonnance (ministre de l'intérieur contre la ville de Marseille) qui réprouvait une semblable contribution ; elle est ainsi conçue : « Considérant que les chemins publics dont il s'agit sont entretenus par la ville de Marseille, et qu'ainsi ce sont de véritables chemins publics ; considérant qu'aucune loi ne permet d'astreindre les voituriers qui parcourent les chemins publics à réparer le dommage fait à ces chemins par la simple fréquentation ; qu'on ne peut imposer l'obligation de réparer les dommages causés auxdits chemins, que lorsque les détériorations proviennent d'entreprises illicites ; que l'obligation de réparer un chemin public proportionnellement à l'usage qu'on aurait fait dudit chemin, constituerait un véritable impôt qui ne peut être établi que par la loi ; qu'ainsi, le conseil de préfecture a fait une fausse application des règlements en

condamnant les sieurs Venture et Diény à la réparation des chemins que leurs voituriers ont parcourus. »

325. Mais bientôt après, la loi du 28 juillet 1824 admettait le principe d'une contribution spéciale à imposer pour détérioration des chemins vicinaux, par le simple fait d'une fréquentation plus active. L'art. 7 de cette loi est ainsi conçu :

« Art. 7. Toutes les fois qu'un chemin sera habituellement ou temporairement dégradé par des exploitations de mines, de carrières, de forêts, ou de toute autre entreprise industrielle, il pourra y avoir lieu à obliger les entrepreneurs ou propriétaires à des subventions particulières, lesquelles seront, sur la demande des communes, réglées par les conseils de préfecture, d'après des expertises contradictoires. »

326. Comme les dispositions de cet article ont été reproduites, bien qu'avec quelques modifications, dans l'art. 14 de la loi du 21 mai 1836, et que ce que nous aurions à dire sur le premier devrait être en partie répété à l'occasion du second, nous croyons devoir rapporter le texte de l'art. 14 de la dernière loi, et nous borner à examiner comment l'administration fait exécuter les dispositions de la législation actuellement en vigueur.

« Art. 14. Toutes les fois qu'un chemin vicinal, entretenu à l'état de viabilité par une commune, sera habituellement ou temporairement dégradé par des exploitations de mines, de carrières, de forêts, ou de toute entreprise industrielle appartenant à des particuliers, à la couronne ou à l'état, il pourra y avoir lieu à imposer aux entrepreneurs ou propriétaires, suivant que l'exploitation ou les transports auront eu lieu pour les uns ou pour les autres, des subventions spéciales dont la quotité sera proportionnée à la dégradation extraordinaire qui devra être attribuée aux exploitations.

» Ces subventions pourront, au choix des subventionnaires, être acquittées en argent ou en prestation en nature, et seront exclusivement affectées à ceux des chemins qui y auront donné lieu.

» Elles seront réglées annuellement, sur la demande des communes, par les conseils de préfecture, après des expertises contradictoires, et recouvrées comme en matière de contributions directes.

» Les experts seront nommés suivant le mode déterminé par l'art. 17 ci-après.

» Ces subventions pourront aussi être déterminées par abonnement; elles seront réglées dans ce cas par le préfet, en conseil de préfecture. »

327. En comparant ces deux articles des lois de 1824 et de 1836, on trouve dans leur rédaction d'assez notables différences. Quelques-unes des modifications introduites dans le dernier ont eu pour but de donner aux subventionnaires des garanties dont on pouvait avoir reconnu la nécessité; d'autres ont eu pour objet de mieux assurer les droits des communes; mais nous croyons qu'en somme une expérience de six années a démontré que les difficultés d'exécution de cette partie du service vicinal avaient été considérablement augmentées par les nouvelles dispositions. On peut même dire que ces difficultés se sont trouvées telles, que dans beaucoup de départements on a renoncé aux ressources que semblait offrir l'art. 14 de la loi du 21 mai 1836. On voit en effet dans le rapport publié par le ministre de l'intérieur, sur le service vicinal de 1841, que ce n'est que dans 263 communes appartenant à 40 départements que des subventions industrielles ont été imposées dans le cours de cette année, et que la valeur totale ne s'en est élevée qu'à 92,610 fr. De si faibles résultats, comparés au nombre immense d'établissements qui eussent pu être imposés, disent assez quels obstacles présente l'application de cette partie de la loi; nous allons les indiquer en passant en revue les instructions que le ministre de l'intérieur a données pour son exécution.

328. Pour qu'une commune puisse réclamer une subvention d'un établissement industriel, l'article de la loi que nous examinons exige que le chemin en vue duquel elle est demandée soit vicinal : ce n'était là qu'une condition toute naturelle, puisque la loi tout entière ne s'applique qu'aux chemins vicinaux.

Ce point a été jugé par l'ordonnance du 3 mai 1837 (commune de Saint-Maurice-les-Charencey contre Duval), ainsi conçue : « Vu la requête du maire de la commune de Saint-Maurice-les-Charencey (Orne), agissant dans l'intérêt de ladite commune, tendante à ce qu'il nous plaise annuler un arrêté du conseil de préfecture du département de l'Orne, du 12 mars 1835, lequel a déclaré qu'il n'y avait lieu, quant à présent, d'obliger le sieur Duval, maître de forges, à contribuer à la réparation des chemins de la commune dégradés par l'ex-

ploitation de ses usines; évoquant, ordonner que le sieur Duval sera tenu de payer l'indemnité arbitrée par l'expert de la commune ou tel autre qui sera jugé convenable, avec dépens; vu la loi du 28 juillet 1824; considérant qu'il n'a point été procédé à la reconnaissance ni au classement des chemins de la commune de Saint-Maurice-les-Charencey; que l'on ne peut dès lors faire application à ces chemins des lois et règlements relatifs aux chemins vicinaux reconnus et classés; que la loi du 28 juillet 1824 n'a statué qu'à l'égard de ces derniers; art. 1er : La requête de la commune de Saint-Maurice-les-Charencey est rejetée. »

Le mot de chemins comprend d'ailleurs les ponts qui en font partie. C'est ce qui résulte de l'ordonnance du 20 juillet 1832 (ville de Troyes contre Chaumet et autres), ainsi conçue : « En ce qui touche les ponts de Brulé et de Saint-Quentin; considérant qu'ils sont situés sur les chemins ci-dessus énoncés, et que dès lors leur entretien est soumis aux mêmes règles. » Plus récemment encore, une ordonnance du 26 août 1842 (commune de Lescheroux) a condamné l'administration des forêts à fournir une subvention pour réparation de ponts situés sur des chemins vicinaux. Il est aujourd'hui hors de toute contestation que les ponts font partie des chemins qu'ils desservent.

L'art. 14 veut aussi que le chemin *soit entretenu à l'état de viabilité*, et cette dernière disposition, qui ne se trouvait pas dans la loi du 28 juillet 1824, a été écrite, nous le pensons, pour prévenir le retour de quelques exigences locales qui constituaient certainement un abus. Ainsi, telle commune laissait un chemin sans réparation pendant des années, puis elle venait demander une subvention à un propriétaire d'établissement industriel qui fréquentait ce chemin, mais qui souffrait le premier de l'état de dégradation où il était, et qui se trouvait quelquefois condamné à le réparer entièrement à ses frais. La condition préalable de l'entretien du chemin à l'état de viabilité est donc parfaitement juste en principe; mais dans la pratique, elle est l'une de celles qui ont le plus entravé l'action des communes. La loi n'a pas dit, en effet, comment il sera constaté qu'un chemin est entretenu. Toutefois, le ministre a pensé que cette constatation devait être faite contradictoirement entre le maire de la commune d'une part, et les subventionnaires ou leurs mandataires d'autre part. En traçant cette marche, le ministre a été déterminé par cette considération, que le règlement des subventions étant attribué au conseil de préfecture, il était nécessaire de suivre, dans la marche de ces affaires, les formes rigoureuses d'une procédure au contentieux. Lorsque les deux parties reconnaissent que le chemin était entretenu à l'état de viabilité, il doit en être dressé procès-verbal ; si au contraire il y a dissentiment, et c'est ce qui arrive presque toujours, il doit être procédé à une expertise par deux experts nommés dans la forme voulue, c'est-à-dire l'un par le sous-préfet, l'autre par le subventionnaire. En cas de discord entre les deux experts, il y a lieu à faire nommer un tiers experts par le conseil de préfecture. Ces formalités doivent être remplies au commencement de *chaque année* pour les établissements permanents, et cela était indispensable puisque les subventions doivent être réglées *annuellement*; elles doivent être remplies au commencement de l'exploitation, s'il s'agit d'un établissement temporaire. Une ordonnance du 10 déc. 1840 (héritiers Coster) a annulé, en ces termes, un arrêté rendu sans l'accomplissement des formalités préalables : « Vu la requête à nous présentée par les héritiers Coster, propriétaires de la forge de Thanimont, tendant à ce qu'il nous plaise annuler un arrêté du conseil de préfecture des Vosges, rendu en matière de contributions directes relatives aux chemins vicinaux de la commune de Haut-Mongey; vu les art. 3 et 14 de la loi du 21 mai 1836 ; considérant qu'il résulte de l'instruction que la forge de Thanimont ni aucune de ses dépendances ne sont situées sur le territoire de la commune de Haut-Mongey; qu'ainsi les dispositions de l'art. 3 de la loi du 21 mai 1836, qui exige une instruction préalable et une décision spéciale pour que des subventions puissent être exigées d'un établissement industriel, n'ont point été remplies; art. 1er : L'arrêté du conseil de préfecture du département des Vosges, du 19 sept. 1839, est annulé. »

329. On comprend tout ce qu'a présenté de difficultés aux maires de communes rurales, peu habitués aux affaires contentieuses, la série de formalités qui doit amener la constatation préalable de l'état de viabilité des chemins pour lesquels ils réclamaient des subventions industrielles. Cependant nous ne voyons pas comment cette constatation pouvait se faire autrement, à moins d'en laisser le soin à l'autorité municipale agissant seule, et alors que devenait la garantie que le législateur avait voulu donner aux subventionnaires, et qui lui avait paru manquer à la précédente législation?

330. Mais si l'équité commandait que la commune entretînt à l'état de viabilité le chemin pour lequel elle demandait une subvention, nous devons dire que, dans plus d'un cas, le bon entretien même d'un chemin a fait obstacle au succès de la demande, en ce sens que le chemin ne présentant pas de dégradation extraordinaire, on ne pouvait plus prouver que l'établissement industriel était dans le cas d'être appelé à réparer une dégradation dont la trace avait disparu. La condition ajoutée par la loi de 1836 à celle de 1824 a donc placé les communes dans cette alternative, ou de voir repousser leurs demandes de subventions, par le motif que le chemin ne serait pas entretenu dans un état suffisant de viabilité, ou bien, si le chemin est constamment entretenu en bon état, de ne pouvoir faire constater des dégradations extraordinaires dont la trace a disparu par le fait même de l'entretien.

331. Nous ne nous arrêterons pas sur la distinction que la loi fait entre les dégradations habituelles et les dégradations temporaires. En nommant ces dernières, le législateur a voulu permettre aux communes d'atteindre les exploitations presque accidentelles, comme celle d'une coupe de bois qui ne se renouvelle qu'à un intervalle de plusieurs années, celle d'une carrière où l'on ne tirerait de la pierre que pendant quelques semaines, et autres semblables. Nous ferons seulement remarquer que dans la pratique les exploitations temporaires échappent presque toujours à toute demande de subventions; ceux qui les font ne se croient pas obligés d'aller au-devant de la demande, et la plupart du temps elles sont terminées avant que le maire ait appris qu'elles ont eu lieu, avant surtout qu'il ait pu faire remplir les nombreuses formalités qui sont nécessaires pour assurer le succès de la demande.

332. La nomenclature des établissements imposables est la même dans les articles correspondants des deux lois; mais dans celle de 1836 elle a été complétée dans son énonciation par ces mots, *appartenant à des particuliers, à des établissements publics, à la couronne ou à l'état.* L'addition de cette dernière énon-

ciation a eu pour but sans doute de mettre fin à la prétention de l'administration forestière que l'exploitation des forêts de l'état ne pouvait donner ouverture à des subventions envers les communes dont les chemins étaient dégradés par cette exploitation. Déjà, sous l'empire de la loi du 28 juillet 1824, cette prétention avait été condamnée par l'ordonnance du 21 oct. 1835 ( min. des fin. contre la commune de Wuisse ), ainsi conçue : « Vu la loi du 28 juillet 1824 ; considérant que, dans l'espèce, il ne s'agissait pas d'une contribution établie sur tous les habitants de la commune de Wuisse, et à laquelle l'état aurait dû concourir, conformément à l'art. 8 de la loi, dans la proportion de la contribution foncière dont la partie de la forêt de Bride située sur le territoire de la commune de Wuisse serait passible, mais d'une subvention réclamée par le conseil municipal de Wuisse, pour la réparation des chemins vicinaux dégradés par l'exploitation de la forêt de Bride, et que dès lors c'est avec raison que le conseil de préfecture a appliqué, dans l'espèce, l'art. 7 de la loi; *en ce qui touche la question de savoir si c'est à l'administration des forêts ou aux adjudicataires de coupes de bois que la commune de Wuisse doit demander l'exécution de l'arrêté du conseil de préfecture;* considérant que le droit ouvert aux communes par l'art. 7 de la loi du 28 juillet 1824 doit être exercé par elles contre les propriétaires des forêts dont l'exploitation dégrade les chemins vicinaux, sauf, s'il y a lieu, le recours de ces propriétaires contre les adjudicataires des coupes de bois, et qu'ainsi c'est avec raison que la commune de Wuisse s'est adressée à l'administration forestière pour demander l'exécution de l'arrêté du conseil de préfecture de la Meurthe.» Il a été statué de même, et d'une manière plus explicite, par l'ordonnance du 19 nov. 1837 (commune de Fontenay-le-Comte contre le min. des finances) ainsi conçue : « Vu les lois du 28 juill. 1824 et du 21 mai 1836 ; *en ce qui touche les conclusions de la requête de la commune de Fontenay-le-Comte;* considérant que l'art. 7 de la loi du 28 juill. 1824, aux termes duquel les propriétaires des forêts dont l'exploitation dégrade habituellement ou temporairement un chemin vicinal, peuvent être obligés à des subventions particulières, s'applique, par sa disposition générale, aux forêts qui font partie du domaine de l'état ou de

la couronne, comme aux forêts des communes et des particuliers ; que, dès lors, le conseil de préfecture, appelé par ledit article à régler les subventions dont il s'agit, était compétent pour fixer le montant de celle qui, dans l'espèce, pouvait être mise à la charge de l'état à raison de l'exploitation de Vouvant et de la Mocquetières. » L'administration des forêts a cessé de contester le principe de la subvention; ses réclamations n'ont plus pour objet que la quotité de la subvention qui lui est imposée.

333. Une nature d'exploitation qui a également donné lieu à de fréquentes discussions, c'est celle occasionnée par les entreprises pour construction ou entretien des routes royales ou départementales. Le transport, par les chemins vicinaux, des matériaux destinés à ces travaux est pour ces chemins, dans la plupart des cas, une cause non pas seulement de dégradations, mais même de destruction complète, soit par la fréquence du passage des voitures, soit par l'énormité des chargements. Cependant, sous l'empire de la loi de 1824, les communes avaient été déboutées de toute demande de subvention contre les entrepreneurs de travaux publics. Une première ordonnance, du 24 avril 1837 ( min. des trav. publ. contre la commune de Nonant), a statué en ces termes : « Vu la loi du 28 juill. 1824 ; considérant que si, d'après l'art. 7 de la loi du 28 juillet 1824, toutes les fois qu'un chemin vicinal est dégradé par des exploitations de mines, de carrières, de forêts ou de toute autre entreprise industrielle, il peut y avoir lieu à obliger les entrepreneurs ou propriétaires à des subventions particulières, ledit article ne saurait être appliqué au cas où les dégradations sont commises par des voitures conduites pour l'entretien et la réparation d'une route royale ; que, dès lors, c'est encore à tort que le conseil de préfecture a condamné les entrepreneurs Marie et Deschamps à payer à la commune de Nonant une subvention de 433 fr., sauf le recours desdits entrepreneurs contre l'administration des ponts et chaussées . » Une seconde ordonnance du 19 déc. 1838 ( Guémy et Dervys ) a prononcé dans le même sens et d'une manière plus explicite encore : « Considérant que l'art. 7 de la loi du 28 juil. 1824 n'assujettit à des subventions particulières, pour la réparation des chemins vicinaux, que les propriétaires ou entrepreneurs qui dégradent lesdits chemins par leurs exploitations de

mines, de carrières, de forêts ou de toute autre entreprise industrielle, et que l'exécution de travaux publics effectués par des entrepreneurs agissant au lieu et place de l'état, ne saurait être considérée comme une entreprise particulière. »

334. Mais la nouvelle rédaction de l'art. 14 de la loi du 21 mai 1836 donne aux communes, selon nous, le droit d'atteindre les entrepreneurs de travaux publics, puisqu'elle permet d'appeler à fournir des subventions toute entreprise industrielle appartenant à des particuliers, à la couronne ou à l'état. De deux choses l'une, en effet : ou bien les entrepreneurs de travaux publics doivent être considérés comme exploitant une entreprise industrielle ordinaire, et dans ce cas, ils sont atteints par la loi ; ou bien ils agissent, comme l'a dit l'ordonnance précitée du 19 déc. 1838, *au lieu et place de l'état*, et dans ce cas, ils peuvent encore être imposés.

Une contestation de cette nature, la première née sous l'empire de la loi du 21 mai 1836, a été récemment jugée par l'ordonnance du 9 janvier 1843 ( Aubelle et autres contre la commune de Rochecorbon), ainsi conçue : « Vu la requête à nous présentée au nom des sieurs René Aubelle, Philibert Maylin et Marchand, *entrepreneurs de travaux publics*, demeurant à Tours, et tendant à ce qu'il nous plaise annuler deux arrêtés du conseil de préfecture d'Indre-et-Loire, des 18 fév. et 10 avril 1840 ; vu lesdits arrêtés, dont le premier a condamné les sieurs Aubelle, Maylin et Marchand à deux subventions, l'une de 2,776 fr. 07 c., l'autre de 2,208 fr. 80 c., au profit de la commune de Rochecorbon, et le second a déclaré non recevable l'opposition des sieurs Aubelle et de ses co-intéressés ; *en ce qui touche l'annulation des arrêtés attaqués* ; considérant qu'aux termes de l'art. 14 de la loi du 21 mai 1836, toutes les fois qu'un chemin vicinal, entretenu à l'état de viabilité par une commune, sera habituellement ou temporairement dégradé par des exploitations de carrières appartenant à des particuliers ou à l'état, il pourra y avoir lieu à imposer aux entrepreneurs des subventions spéciales dont la quotité sera proportionnée à la dégradation extraordinaire qui devra être attribuée aux exploitations; considérant qu'il n'est pas contesté que les sieurs Aubelle, Maylin et Marchand ont causé des dégradations extraordinaires

aux chemins vicinaux de la commune de Rochecorbon, dans laquelle ils exploitent des carrières *en qualité d'entrepreneurs des travaux des digues submersibles de la Loire; en ce qui touche la nullité de l'expertise* ; considérant qu'il n'est pas constaté que les experts qui ont procédé à l'évaluation des dommages causés par les sieurs Aubelle, Maylin et Marchand, aient prêté serment préalablement à leurs opérations; que, dès lors, il y a lieu de procéder à une expertise nouvelle; — Art. 1er : Les arrêtés ci-dessus visés du conseil de préfecture d'Indre-et-Loire sont maintenus, en tant qu'ils ont déclaré que les sieurs Aubelle, Maylin et Marchand devaient être soumis à une subvention spéciale pour les dégradations extraordinaires qu'ils ont causées aux chemins vicinaux de la commune de Rochecorbon. Art. 2 : Les parties sont renvoyées devant le conseil de préfecture d'Indre-et-Loire, pour être procédé à une expertise nouvelle, conformément aux art. 14 et 17 de la loi du 21 mai 1836. Art. 3 : Le surplus des conclusions des sieurs Aubelle et consorts est rejeté. « Cette ordonnance, comme on voit, reconnaît pleinement que les entrepreneurs de travaux publics peuvent, comme tous les autres, être astreints au payement de subventions spéciales ; c'est une conséquence logique de la rédaction de l'art. 14 de la loi du 21 mai 1836.

335. Nous terminerons ce qui a rapport à la nomenclature des établissements imposables, en faisant remarquer que, pour qu'une commune ait droit de réclamer une subvention, il n'est pas nécessaire que l'établissement industriel soit situé sur le territoire même de cette commune. On conçoit, en effet, qu'une exploitation d'usines ou de carrières qui se fait sur le territoire de la commune A, puisse dégrader les chemins de la commune B, que cette exploitation fréquente. Il est donc juste que la commune B puisse demander une subvention pour cette dégradation. Ce droit a été reconnu une première fois par l'ordonnance du 28 oct. 1831 (Ladrey), ainsi conçue : « Vu la loi du 28 juillet 1824, et notamment l'art. 7; considérant qu'il résulte évidemment de l'art. 7 de la loi du 28 juillet 1824, ci-dessus visé, que les subventions particulières que les communes peuvent exiger des propriétaires ou entrepreneurs d'établissements industriels, qui dégradent habituellement ou temporairement les chemins pour l'exploitation de leurs usines, s'appliquent indistinctement aux éta-

blissements qui ont leur siège dans lesdites communes, et à ceux qui sont situés sur un autre territoire.» La même décision a été donnée, relativement à une exploitation de forêt, par l'ordonnance du 29 juin 1832 (Buser contre commune de la Pooté), ainsi conçue : «Considérant que l'art. 7 de la loi du 28 juillet 1824, en assujettissant les propriétaires de forêts, selon les circonstances, à des subventions envers les communes dont ils dégradent les chemins, n'a pas restreint cette obligation aux propriétaires de forêts situées dans l'enclave des communes où se trouvent lesdits chemins.» Ce système a été consacré par plusieurs ordonnances subséquentes, notamment celle du 16 janv. 1836 (ministre des finances contre commune de Villers-les-Nancy), relative à l'exploitation d'une forêt royale, et celle du 14 juillet 1837 (Puton contre commune de Mesnil-en-Xantois), relative à une houillère. En donnant des instructions sur ce point, le ministre de l'intérieur a fait remarquer toutefois, «que si les communes pouvaient incontestablement appeler à fournir des subventions des établissements situés hors de leur territoire, il y aurait cependant extension excessive du principe de la loi à prétendre suivre les exploitations dans toute l'étendue de la ligne que parcourent leurs transports; qu'à mesure que ces transports s'éloignent du siège de l'exploitation, ils occasionnent des dégradations, dont la proportion est toujours décroissante, comparée aux autres causes de dégradation, et que bientôt elles seraient impossibles à apprécier; que c'était ce que les conseils de préfecture ne perdraient sans doute pas de vue, toutes les fois qu'ils auraient à prononcer sur des demandes d'indemnité formées par des communes contre des exploitations dont le siège est dans une commune éloignée; qu'enfin, c'était ici une question d'équité, plus encore que de droit rigoureux.»

336. Un exploitant ne serait pas admis à repousser la demande de subvention par le motif que la commune possède des ressources suffisantes pour pourvoir à l'entretien de ses chemins. C'est ce qui résulte de l'ordonnance du 25 août 1835 (Wautier contre commune de Villers-sire-Nivelle), ainsi conçue : «Vu la loi du 28 juillet 1824; considérant qu'en accordant aux communes, dont les chemins seraient dégradés habituellement ou temporairement par des exploitations de mines, carrières, forêts, ou toute autre entreprise indus-

trielle, le droit de faire taxer les propriétaires ou entrepreneurs de ces établissements à des subventions particulières pour les réparations desdits chemins, la loi du 28 juillet 1824 n'a pas restreint ce droit au cas où les ressources desdites communes seraient épuisées.»

337. Après avoir énuméré les établissements auxquels des subventions peuvent être imposées, l'art. 14 fait, entre les propriétaires et les entrepreneurs de ces établissements, une distinction qui ne se trouvait pas dans la loi de 1824. Aux termes de cet article, il y a lieu d'imposer les entrepreneurs ou les propriétaires, «suivant que les transports auront lieu pour les uns ou pour les autres.» L'art. 7 de la loi du 28 juillet 1824 paraissait avoir laissé aux communes l'option de s'adresser, soit aux propriétaires des établissements, soit aux exploitants, et ce droit leur avait été reconnu par l'ordonnance du 28 août 1827 (de Béthune-Charost), ainsi conçue : «Vu l'art. 7 de la loi du 28 juillet 1824; considérant que, des termes de cet article, il résulte que son application peut être requise par les communes, soit contre les exploitants, soit contre les propriétaires des forêts, sauf entre ceux-ci tel recours que de droit.» Il pouvait être fâcheux, sans doute, pour les propriétaires d'établissements industriels d'être quelquefois contraints de faire l'avance des subventions dues, sauf à exercer leur recours contre les exploitants; mais il est certain que la modification introduite dans cette partie de l'art. 14 a eu pour effet d'augmenter les difficultés que les communes avaient à surmonter. Fort souvent en effet les exploitations de mines, de carrières, sont tellement passagères, que les exploitants ne peuvent que difficilement être actionnés en temps utile. Aussi, le ministre de l'intérieur, dans son instruction du 24 juin 1836, a-t-il cherché à atténuer, autant que possible, le résultat de la disposition qui nous occupe. Il a fait remarquer «que lorsqu'une mine ou une carrière, par exemple, sans être exploitée directement par son propriétaire, était livrée à l'exploitation d'un grand nombre d'individus qui venaient successivement y prendre des matériaux, ce n'étaient pas là des entrepreneurs auxquels la commune fût contrainte de s'adresser; qu'il fallait considérer cette exploitation comme faite pour le compte du propriétaire, et que c'était à ce dernier que la commune devait s'adresser; qu'il en était de même lorsqu'une forêt, quel

qu'en soit le propriétaire, était exploitée par voie d'adjudication et par lots ; qu'enfin , il pensait que les conseils de préfecture entendraient l'article de loi dans ce sens, lorsqu'ils auraient à statuer sur des cas analogues. » L'administration des forêts a admis cette interprétation, et jusqu'à présent elle n'a pas repoussé les demandes des communes par la fin de non-recevoir qu'elles doivent s'adresser aux exploitants. Cet exemple aura peut-être entraîné l'adhésion des propriétaires de forêts; mais nous avons lieu de croire que, dans beaucoup de cas, les communes ont été rebutées par la difficulté d'obtenir des autres exploitants les subventions qu'ils devraient.

338. La quotité des subventions, dit enfin le même paragraphe de l'art. 14 de la loi du 21 mai 1836 , « sera proportionnée à la dégradation extraordinaire qui devra être attribuée aux exploitations. » Cette disposition est encore une addition faite à la législation précédente. Elle est juste en principe , car on ne peut sans doute exiger de subventions spéciales pour raison de dégradations qui proviendraient de la fréquentation ordinaire des chemins. Ces dégradations se réparent au moyen des ressources ordinaires auxquelles les propriétaires d'établissements industriels concourent, comme tous les autres habitants, par la prestation et les centimes spéciaux. Il est donc équitable de ne les obliger à fournir des ressources extraordinaires, des subventions spéciales, que pour réparer les dégradations extraordinaires que causent leurs transports. Mais on comprend combien, dans la pratique, il est difficile d'apprécier quelle est la proportion pour laquelle un établissement industriel a contribué à dégrader un chemin , fréquenté d'ailleurs par un grand nombre de voitures. Aussi est-il bien rare que les experts des deux parties tombent d'accord, et de là, la nécessité de recourir à la formalité d'une tierce expertise que, fort souvent, la commune abandonne, de guerre lasse.

339. Le troisième paragraphe de l'art. 14 , en maintenant aux conseils de préfecture le règlement des subventions que leur avait attribué la loi du 28 juil. 1824, a encore introduit une condition nouvelle en décidant que ces subventions seraient réglées annuellement , c'est-à-dire qu'on fixerait, chaque année, la subvention due en raison des dégradations faites dans l'année. Cette disposition était une conséquence logique de la condition

imposée par le paragraphe précédent, savoir, que la quotité des subventions serait proportionnée aux dégradations. En effet, dès que l'importance de ces dégradations devait servir de base aux décisions des conseils de préfecture, il fallait qu'il intervînt une décision nouvelle chaque année, car les dégradations constatées une année ne pouvaient rien faire préjuger sur les dégradations qui auraient lieu l'année suivante. Le Conseil d'état a maintenu rigoureusement cette règle, même sous l'empire de la loi du 28 juillet 1824, qui ne prescrivait pas textuellement le règlement annuel. Ainsi, une ordonnance du 25 août 1835 ( Wautier contre commune de Villers-sur-Nivelle ) a annulé, en ces termes, un arrêté de conseil de préfecture qui avait réglé des subventions pour plusieurs années : « Considérant que l'art. 7 de la loi du 28 juil. 1824 a pour objet d'assujettir les propriétaires d'usines à contribuer par des subventions particulières à la réparation des chemins vicinaux qu'ils ont dégradés par l'exploitation de leurs entreprises, mais que les dispositions de cet article n'autorisent pas les conseils de préfecture, dans la prévision de dégradations éventuelles, dont l'importance et les causes sont variables de leur nature, à déterminer pour l'avenir la proportion pour laquelle lesdits propriétaires devront concourir avec la commune au paiement des dépenses; que, dès lors, c'est à tort que le conseil de préfecture du département du Nord a mis à la charge du sieur Wautier le paiement d'une subvention fixe et annuelle. » Il a été prononcé dans les mêmes termes par l'ordonnance du 21 octob. 1835 (ministre des finances contre la commune de Wuisse ) et par celle du 19 nov. 1837 (commune de Fontenay-le-Comte contre le ministre des finances); à plus forte raison , de semblables arrêtés seraient-ils annulés sous l'empire de la loi du 21 mai 1836, qui veut que le règlement des subventions soit annuel. Une ordonnance du 18 déc. 1840 (Maudet contre la commune des Iffs) a même annulé un règlement de subvention fait pour des années antérieures ; « Vu les lois des 28 juill. 1824 et 21 mai 1836; considérant que l'art. 14 de la loi du 21 mai 1836 porte que les subventions spéciales à imposer aux entrepreneurs ou propriétaires , à raison des dégradations des chemins vicinaux qui devraient être attribuées à leurs exploitations et transports, sont réglées annuellement sur la demande des communes par les conseils de préfecture ; considérant que pour se conformer audit article, en statuant sur la demande formée en 1837 par la commune des Iffs, à l'effet d'imposer au sieur Maudet une subvention à raison des dégradations causées par l'exploitation de ses bois pendant les années 1835, 1836 et 1837, le conseil de préfecture, au lieu de déterminer la subvention à imposer d'après le dommage causé pendant les trois années susénoncées, aurait dû se borner à régler ladite subvention pour la dernière année, à laquelle se rapportait ladite demande ; qu'ainsi la décision attaquée a contrevenu aux dispositions de la loi précitée. »

La disposition que nous venons d'examiner peut, nous le répétons, être parfaitement logique, mais elle a notablement aggravé la position des communes en les contraignant à recommencer chaque année la longue procédure nécessaire pour arriver au règlement des subventions.

340. Une conséquence toute naturelle du principe de l'appréciation annuelle des dégradations, c'est qu'un établissement dispensé à une certaine époque peut ultérieurement être appelé à contribuer. Cela avait déjà été décidé, sous l'empire de la loi du 28 juillet 1824, par une ordonnance du 30 mai 1834 (Sibend de St-Ferreol), ainsi conçue : Vu la loi du 28 juillet 1824 : en ce qui touche la violation de l'autorité de la chose jugée ; considérant que l'établissement des bains du sieur de Saint-Ferréol a pris une extension considérable, et que l'arrêté du conseil de préfecture, du 1er nov. 1835, qui l'exemptait de toute subvention particulière, s'appliquait à un état de choses qui n'existe plus aujourd'hui »

341. D'après le même paragraphe, les conseils de préfecture ne peuvent régler la quotité des subventions que sur des expertises contradictoires, ayant pour but de déterminer l'importance des dégradations extraordinaires à attribuer à l'établissement industriel auquel une subvention est demandée. Un conseil de préfecture commettrait un excès de pouvoir s'il réglait une subvention industrielle sans que l'expertise voulue par la loi ait eu lieu, et aucun acte ne peut remplacer cette expertise ; c'est ce qui résulte de l'ordonnance du 21 avr. 1830 (Michel et autres contre la commune de Reynel), ainsi conçue : « Vu la loi du 28 juill. 1824 ; considérant qu'aux termes de l'art. 7 de la loi précitée, toutes les fois qu'un chemin est habituellement ou temporairement dégradé par des exploitations de mines, de carrières, de forêts ou de toute autre entreprise industrielle, les entrepreneurs ou propriétaires peuvent être obligés à des subventions particulières, lesquelles doivent, sur la demande des communes, être réglées par les conseils de préfecture, d'après des expertises contradictoires ; considérant que l'expertise contradictoire prescrite par la loi n'a point eu lieu dans l'espèce, et que l'enquête administrative, faite par ordre du préfet avant que le conseil de préfecture ait été saisi de la contestation, n'a pu la remplacer ; art. 1er : L'arrêté du conseil de préfecture du département de la Haute-Marne est annulé. » Même des expertises ordonnées par le préfet avant que le conseil de préfecture ait été saisi, ne pourraient servir de base à la décision du conseil ; c'est ce qui résulte de l'ordonnance du 22 févr. 1833 (de Vandeul) ainsi conçue : « Vu la loi du 28 juillet 1824 ; considérant que les opérations auxquelles se sont livrés les experts désignés par le préfet avant que le conseil de préfecture ait été saisi de la contestation, ne constituent qu'une enquête administrative qui ne saurait remplacer l'expertise contradictoire prescrite par la loi. » Par une autre ordonnance du 20 juillet 1832 (la ville de Troyes contre Chaumet et autres), il a été décidé qu'un arrêté de préfet qui, antérieurement à la loi du 28 juillet 1824, avait fixé la proportion dans laquelle des usiniers contribueraient à l'entretien d'un chemin, ne faisait pas obstacle à l'expertise contradictoire ; « considérant que la loi du 28 juillet 1824 a attribué aux conseils de préfecture le règlement des subventions auxquelles les propriétaires d'usines peuvent être assujettis pour la réparation des chemins qu'ils dégradent ; que, dès lors, l'arrêté du préfet de l'Aube, du 29 juin 1826, ne pouvait faire obstacle à ce que le conseil de préfecture statuât sur les contestations. » D'après la même ordonnance, le conseil de préfecture ne peut chercher dans les titres des usiniers une base pour la quotité des subventions ; « considérant que ledit conseil a excédé ses pouvoirs en se livrant à l'examen des titres anciens concernant les moulins de Brulé, titres que les tribunaux seuls pouvaient apprécier. »

342. L'art. 7 de la loi du 28 juill. 1824 n'avait pas statué sur le mode de nomination des experts ; mais, par cela seul que les exper-

tises devaient être *contradictoires*, il devait être entendu qu'un des experts serait en effet nommé par le subventionnaire. C'est en effet ce qu'a décidé l'ordonnance du 22 fév. 1833 (de Vandeul) dans un cas où les deux experts avaient été désignés par l'autorité administrative: « Considérant que l'arrêté du 15 déc. 1827 n'a pas suffisamment mis les propriétaires d'usines en demeure de s'entendre sur le choix de l'expert qui, conjointement avec celui de la commune, devait faire entre tous les intéressés la répartition du montant des dépenses, et que, dès lors, l'expert désigné par cet arrêté pour opérer au nom des absents, n'a pu valablement les représenter. » La loi du 21 mai 1836 a réglé définitivement ce point, en disant que les experts seront nommés, l'un par le sous-préfet et l'autre par le propriétaire, et qu'en cas de discord, le tiers expert serait nommé par le conseil de préfecture. Le législateur n'a pas prévu le cas où, pour paralyser l'action de la loi, le propriétaire ou l'exploitant de l'établissement refuserait de nommer son expert, ou, sans s'y refuser, y mettrait un retard qui rendrait l'expertise impossible. Comme il n'était cependant pas possible que la loi demeurât sans exécution, une ordonnance du 19 mai 1835 (Tramoy contre la commune de Membray) a statué sur ce cas en ces termes: « Vu l'art. 7 de la loi du 28 juil. 1824, en ce qui touche la demande en nullité de l'expertise; considérant qu'il résulte des aveux du sieur Tramoy lui-même que l'arrêté du 12 juin 1829, par lequel une expertise contradictoire était ordonnée, lui a été notifié avec réquisition de choisir son expert; que ce n'est que le 6 mai de l'année suivante que le préfet, à son défaut, lui en a nommé un d'office, et qu'ainsi il avait été suffisamment mis en demeure. »

343. La loi du 21 mai 1836, pas plus que celle du 28 juillet 1824, n'a pas dit que les experts dussent prêter serment, mais cette formalité a été déclarée indispensable par diverses ordonnances. Celle du 23 août 1836 (Duval contre la commune de Logeard) a prononcé sur ce point en ces termes: « Vu la loi du 28 juillet 1824; considérant qu'il résulte de l'instruction qu'avant de procéder à la tierce-expertise ci-dessus visée, du 20 sept. 1833, les experts n'ont point prêté serment; que l'omission de cette formalité substantielle est de nature à entraîner la nullité de ladite expertise et de l'arrêté attaqué, auquel elle a servi

de base. » Il a été statué de même et dans les mêmes termes par l'ordonnance du 14 février 1839 (barᵒ de Feuchères contre la commune de Montlignon) et par celle du 30 juill. 1840 (Détouillon). Quant à l'autorité devant laquelle le serment doit être prêté, il a été statué en ces termes par l'ordonnance du 19 mai 1835 (Tramoy contre la commune de Membray); « Vu l'art. 7 de la loi du 28 juill. 1824; *en ce qui touche la prestation du serment par les experts*; considérant qu'il s'agissait dans l'espèce d'une expertise administrative; que les experts ont prêté serment entre les mains du sous-préfet, et que ce magistrat avait caractère pour recevoir ledit serment. »

344. La mission qu'ont à remplir les experts présente, on ne peut se le dissimuler, les plus graves difficultés. Sous l'empire de la loi du 28 juil. 1824, qui n'exigeait pas positivement que la quotité des subventions *fût proportionnée aux dégradations*, il était possible aux experts de prendre pour base de leur opération la plus ou moins grande fréquentation; c'est ce qui résulte d'une ordonnance du 16 janv. 1828 (Busois et Gougeon contre la commune d'Ircé), ainsi conçue: « Considérant que les experts ont, d'un commun accord, pris pour base de leur estimation le nombre respectif des voitures appartenant aux communes, à l'administration forestière et aux usiniers qui parcourent les chemins réparés, en ayant égard aux chargements. » Nous doutons qu'une expertise faite sur cette même base, ou sur toute autre analogue, pût être admise aujourd'hui en présence de la disposition de l'art. 14 de la loi de 21 mai 1836, qui veut *que la quotité des subventions soit proportionnée à la dégradation extraordinaire qui devra être attribuée aux exploitations*. Ce n'est plus sur la fréquence des transports que les experts peuvent baser leur estimation, c'est sur l'état de dégradation du chemin et sur la proportion de ces dégradations qu'on peut attribuer à chaque exploitation. On conçoit tout ce qu'une semblable estimation a de délicat; aussi, en réalité, l'expertise ne peut-elle être qu'une appréciation d'équité, et c'est ce qui doit rendre plus fréquent, soit la nécessité de l'intervention d'un tiers expert, soit le recours au Conseil d'état. Le conseil de préfecture n'est d'ailleurs pas lié par le rapport des experts; cette règle est générale pour toutes les expertises, soit judiciaires, soit administratives; elle a été confirmée dans l'es-

pèce par l'ordonnance du 16 janv. 1828 (Brisois et Gougeon contre la comm<sup>e</sup> d'Ircé) portant que « le conseil de préfecture, en adoptant les mêmes bases, a pu en tirer des conséquences différentes. »

345. Lorsqu'après l'accomplissement de toutes ces formalités préliminaires, le conseil de préfecture a enfin prononcé et déterminé la quotité de la subvention, sa décision est un acte du contentieux administratif, soumis par conséquent, dans son exécution, à toutes les formes de la procédure des affaires contentieuses. Ainsi, à moins que les parties, c'est-à-dire la commune et le subventionnaire, ne se déclarent réciproquement qu'ils donnent leur assentiment à la décision du conseil de préfecture et consentent à l'exécuter; si, au contraire, l'une des parties, ou toutes les deux, entendent contester cette décision, il est indispensable, pour faire courir les délais du pourvoi, que l'arrêté soit régulièrement notifié par la partie qui veut en appeler à la partie adverse. Une simple notification administrative faite par le maire de la commune ne suffirait pas, ainsi que cela résulte de l'ordonnance du 25 nov. 1831 (Ferriot et Thoureau contre la commune de Selongey), ainsi conçue : « Vu le décret règlementaire du 22 juillet 1806 et la loi du 28 juillet 1824 ; en ce qui touche la fin de non-recevoir; considérant qu'il s'agissait dans l'espèce d'une contestation entre commune et particuliers, et que dès lors la notification administrative des deux arrêtés en question n'était pas suffisante pour faire courir le délai du recours établi par le règlement. » La notification par ministère d'huissier est également nécessaire vis-à-vis de la commune, ainsi que l'a déclaré une autre ordonnance du 20 juillet 1832 (ville de Troyes contre Chaumet et autres), ainsi conçue : « Vu le décret règlementaire du 22 juillet 1806 ; vu la loi du 28 juillet 1824 ; en ce qui touche les fins de non-recevoir; considérant qu'il n'est pas justifié que l'arrêté du 22 août 1827 ait été signifié à la ville de Troyes par ses adversaires, et que, si celui du 11 mars 1829 lui a été signifié le 12 mai, ladite ville était encore recevable à se pourvoir contre cet arrêté le 13 août, jour de l'expiration du délai. »

346. Quand la décision du conseil de préfecture est devenue définitive, soit par l'acquiescement des parties, soit par le jugement du Conseil d'état sur le recours, la subvention imposée est recouvrable, aux termes de la loi, « comme en matière de contributions directes. » Mais, par une modification à la loi de 1824, celle de 1836 donne aux subventionnaires le droit de s'acquitter, à leur choix, en argent ou en prestations en nature. Cette disposition, favorable aux subventionnaires, ne paraît pas présenter de graves inconvénients pour les communes; seulement, il était nécessaire de suppléer au silence de la loi sur le délai dans lequel les subventionnaires doivent déclarer leur option. Le ministre de l'intérieur, dans son instruction du 24 juin 1836, a pensé qu'il convenait que ce délai fût fixé à quinze jours, à partir de la notification de la décision définitive. Si, dans ce délai, les subventionnaires n'avaient pas déclaré leur option de s'acquitter en prestations en nature, ils seraient censés vouloir s'acquitter en argent, et contraints de le faire : c'est une assimilation toute rationnelle à ce que la loi a déterminé dans son art. 4 pour l'acquittement de la prestation en nature imposée aux autres contribuables. Si du reste les subventionnaires optent pour la prestation, ils sont naturellement soumis aux règles adoptées dans la commune pour l'emploi de cette ressource, soit en journées soit en tâches. En un mot, et comme l'a exprimé le ministre dans l'instruction précitée, le subventionnaire deviendrait un prestataire, et il serait agi en tout, à son égard, comme à l'égard de ceux-ci.

347. Enfin, pour l'emploi des subventions, la loi de 1836 a déterminé « qu'elles seront exclusivement affectées à ceux des chemins qui y auront donné lieu. » Cette disposition manquait à la loi de 1824, et la justice commandait de l'introduire dans la législation nouvelle, car il y avait abus véritable à faire contribuer un propriétaire d'établissement comme ayant dégradé un chemin, et d'employer la subvention sur un chemin que ne fréquentaient pas les transports du subventionnaire.

348. La longue série de formalités que nous venons d'énumérer peut cependant être évitée, lorsque les parties s'entendent pour déterminer la quotité des subventions par voie d'abonnement, qui est dans ce cas réglé par le préfet en conseil de préfecture; mais il est rare que l'administration puisse profiter de la facilité que lui donne la disposition finale de l'art. 14. En effet, ce qui est le plus souvent contesté par les propriétaires d'établissements industriels,

c'est le principe de la subvention, c'est l'obligation de s'y soumettre, et c'est cependant ce qui est indispensable pour arriver à formuler *un abonnement*, c'est-à-dire une convention amiable entre les parties. Aussi voyons-nous que dans les 373 communes où des établissements industriels ont été appelés à fournir des subventions en 1841, il n'en est que 135 où ces subventions aient pu être réglées par voie d'abonnement. La nécessité d'un accord préalable entre les parties pour qu'un *abonnement* soit arrêté, se trouve formellement établie par l'ordonnance du 28 fév. 1843 (ministre des finances contre la commune de Torcy-le-Grand), ainsi conçue : « Vu le rapport à nous présenté par notre ministre des finances, tendant à ce qu'il nous plaise annuler, pour excès de pouvoir, un arrêté du préfet de la Seine-Inférieure, en date du 3 avril 1840, lequel a fixé, par abonnement, à la somme de 722 fr. 87 c. pour chacune des années 1839, 1840 et suivantes, la subvention de l'état pour la réparation de deux chemins vicinaux de la commune de Torcy-le-Grand, à raison de dégradations causées auxdits chemins par l'exploitation des bois de la forêt d'Euwy; considérant que, conformément à l'art. 14 de la loi du 21 mai 1836, il appartient au conseil de préfecture de régler les subventions qui peuvent être dues aux communes par les propriétaires ou exploiteurs de mines, carrières ou forêts, pour dégradations causées aux chemins vicinaux, lorsque ces chemins sont entretenus à l'état de viabilité; que ces subventions peuvent être, *du consentement des propriétaires ou exploitants* des mines, carrières ou forêts, converties en un abonnement dont le montant est déterminé par le préfet en conseil de préfecture; que, dans l'espèce, l'administration supérieure des forêts n'avait pas consenti à l'abonnement; que dès lors le préfet de la Seine-Inférieure a excédé ses pouvoirs. »

349. En résumé, l'art. 14 de la loi du 21 mai 1836 contient la déclaration d'un principe parfaitement juste, l'obligation pour les propriétaires ou exploitants d'établissements industriels, qui dégradent les chemins plus que tous les autres habitants, de contribuer plus que ceux-ci à l'entretien de ces chemins. Cet article a donné aux communes l'espérance qu'elles ne verraient pas leurs chemins constamment détruits, et les sacrifices de tous constamment perdus par l'effet de transports qui se font au profit d'un seul. Mais cette es-

pérance, il faut le reconnaître, a été rendue illusoire par le grand nombre de conditions que la loi a attachées à l'exercice du droit des communes, par la presque impossibilité pour des maires de communes rurales de remplir une foule de formalités qui exigent des connaissances spéciales, et, par-dessus tout, une persistance que l'on ne peut attendre de fonctionnaires qui ne peuvent abandonner leurs affaires pour faire celles de la commune. Si donc la loi sur les chemins vicinaux venait à être révisée, nous pensons que cet article serait l'un de ceux qui auraient le plus besoin d'être modifiés, si le législateur veut qu'il ne reste pas une lettre morte.

## Sect. 4.    *Ressources départementales.*

350. Déjà, sous l'empire de la loi du 28 juillet 1824, un certain nombre de conseils généraux étaient dans l'usage de consacrer à l'amélioration des chemins vicinaux quelques fonds prélevés sur le produit des centimes facultatifs départementaux ; ces subventions étaient réparties, à titre d'encouragement, entre les communes qui faisaient le plus d'efforts pour la réparation de leurs chemins ; souvent même elles étaient attribuées spécialement à certaines lignes de chemins, dont l'importance n'était pas restreinte dans les limites communales.

351. La loi du 21 mai 1836 est venue régulariser et étendre cette intervention des conseils généraux, en leur permettant, par son art. 8, non-seulement d'accorder au service vicinal des subventions prises sur le produit des centimes facultatifs, mais encore d'imposer, pour accroître ces subventions, des centimes spéciaux, dont le maximum est fixé chaque année par la loi des finances. Jusqu'à présent, le maximum des centimes spéciaux départementaux a été fixé annuellement à cinq ; il est présumable que ce taux restera longtemps le même.

352. Nous devons faire remarquer ici, en ce qui concerne les prélèvements sur le produit des centimes facultatifs, que la bonne volonté des conseils généraux se trouve entravée, non-seulement par les nombreuses et urgentes dépenses auxquelles ils doivent faire face sur ce produit, mais encore par l'effet d'une disposition introduite dans l'art. 17 de la loi du 10 mai 1838, sur l'administration départementale. Aux termes de cet article, les départements peuvent recevoir, pour certains

travaux d'arts d'intérêt départemental, des secours sur une portion du fonds commun réservée à cet effet, et connue sous le nom de *second fonds commun*; mais pour avoir droit à ces secours, il faut que les départements aient employé le produit total de leurs centimes facultatifs *à des dépenses autres que des dépenses spéciales*. La dépense du service vicinal étant naturellement rangée dans la catégorie des dépenses spéciales, puisque ce service a des ressources qui lui sont propres, il s'ensuit que les conseils généraux ne peuvent plus y rien affecter sur le produit de leurs centimes facultatifs, toutes les fois qu'ils demandent à participer au second fonds commun, et c'est le cas le plus fréquent; aussi les allocations sur les centimes facultatifs départementaux, en faveur du service vicinal, deviennent-elles plus rares chaque année.

353. Nous allons dire ce que ce service a reçu en 1841, sur les ressources que l'art. 8 de la loi du 21 mai 1836 permit aux conseils généraux de département d'y affecter.

Ce n'est que dans cinq départements qu'il a pu être opéré, en faveur du service vicinal, quelques prélèvements sur le produit des centimes facultatifs, et ces prélèvements ne se sont élevés, en total, qu'à 59,411 fr.; ils ont constamment décru depuis l'application de la disposition de la loi du 10 mai 1838, que nous avons fait connaître; cette ressource peut donc être considérée comme nulle. Celles que fournissent les centimes spéciaux, au con-

traire, s'accroissent chaque année, l'importance et l'utilité des travaux auxquels elles sont destinées étant de plus en plus appréciées.

Tous les départements ont voté des centimes spéciaux en 1841 : un seul s'est borné à voter 1 centime; 2 ont voté 2 c.; 1 a voté 2 c. et 25/100; 4 ont voté 2 c. et 50/100; 1 a voté 2 c. 70/100; 6 ont voté 3 c.; 1 a voté 3 c. et 30/100; 1 a voté 3 c. et 40/100; 1 a voté 3 c. et 50/100; 9 ont voté 4 c.; enfin, 59 départements ont atteint le maximum de 5 centimes. Le taux moyen des centimes votés par les conseils généraux est de 4 c. et 39/100, et leur produit s'est élevé à 10,177,831 fr.

En dehors des centimes facultatifs et des centimes spéciaux, 6 départements ont pu, en 1841, affecter au service vicinal des fonds provenant d'emprunts et d'impositions extraordinaires autorisés par des lois spéciales; ces allocations se sont élevées à 379,565 fr.

L'ensemble des ressources créées en 1841 par les conseils généraux, pour le service vicinal, est donc de 10,616,807 fr.; il forme environ les 20/100 de la masse générale des ressources.

### Sect. 5. — *Ensemble des ressources.*

354. Nous avons fait connaître, en nous occupant de chacune des ressources applicables au service vicinal, ce qu'elles avaient produit en 1841; nous ne croyons pouvoir mieux faire pour en présenter l'ensemble, que de reproduire le tableau général consigné dans le rapport donné par le ministère de l'intérieur.

| | | | |
|---|---|---|---|
| 1° Prélèvements sur les revenus des communes | Ordinaires | 2,856,539 f. | 4,599,046 f. |
| | Extraordinaires | 1,742,507 | |
| 2° Prestation en nature | Fournie en nature | 23,899,084 f. | 29,432,106 |
| | Acquittée en argent | 5,533,022 | |
| 3° Centimes spéciaux communaux | | 7,042,289 f. | 7,842,867 |
| 4° Impositions extraordinaires communales | | 800,578 | |
| 5° Ressources éventuelles | Cotisations des propriétés de l'État et de la Couronne | 147,720 f. | 844,725 |
| | Subventions industrielles | 132,182 | |
| | Souscriptions volontaires | 564,823 | |
| 6° Fonds départementaux | Centimes facultatifs | 59,411 | 10,616,807 |
| | Centimes spéciaux départem. | 10,177,831 | |
| | Emprunts et impos. extraord. | 379,565 | |
| | Total | | 53,335,551 f. |

Chacune des ressources que nous venons d'énumérer entre dans la masse générale dans les proportions suivantes :

| | | | |
|---|---|---|---|
| 1° Revenus communaux | Ordinaires | 5/100 | 8/100 |
| | Extraordinaires | 3/100 | |
| 2° Prestation en nature | Fournie en nature | 45/100 | 55/100 |
| | Acquittée en argent | 10/100 | |

3° Centimes spéciaux communaux........................................ 13/100
4° Impositions extraordinaires communales............................... 2/100
5° Ressources éventuelles............................................... 2/100

6° Fonds départementaux........ { Centimes facultatifs............ 1/100 } 20/100
                    { Centim. spéciaux départementaux. 18/100 }
                    { Emprunts et impositions extraord. 1/100 }

Les ressources destinées au service vicinal se subdivisent en trois grandes masses de dépenses, savoir : 1° les travaux d'amélioration et d'entretien des chemins vicinaux de petite communication ; 2° les travaux de création et d'entretien des chemins vicinaux de grande communication ; 3° les traitements et indemnités affectés au personnel chargé de diriger l'emploi des ressources. Cette répartition s'est opérée en 1840, ainsi qu'il suit :

1° Les chemins vicinaux de petite { En prestat. fournies en nature 17,446,115 f. }
communication ont reçu....... { En argent................ 10,122,769 } 27,568,884 f.

2° Les chemins vicinaux de grande { En prestat. fournies en nature 6,452,969 }
communication ont reçu...... { En argent................ 17,293,655 } 23,746,624

3° Le personnel a reçu................................................. 2,030,043

Total.................. 53,345,551 f.

Cette répartition des ressources se trouve être dans les proportions suivantes :

1° Les chemins vicinaux de petite { En prestations fournies en nature. 33/100 }
communication ont reçu....... { En argent.................... 19/100 } 52/100

2° Les chemins vicinaux de grande { En prestations fournies en nature. 12/100 }
communication ont reçu...... { En argent.................... 32/100 } 44/100

3° Le personnel a reçu................................................. 4/100

## Sect. 6. *Emploi des ressources.*

### § 1er. *Prestation en nature.*

355. Les chiffres que nous avons donnés dans un précédent paragraphe peuvent faire apprécier tout ce que présente d'importance le bon emploi de la prestation acquittée en nature ; mais ce n'est pas dans la valeur de 23,899,084 fr. portée aux rôles que nous devons chercher la véritable mesure de cette importance, car ce n'est pas en argent qu'est appliquée cette somme, c'est en journées de travail. Le nombre de ces journées est donc la seule base d'appréciation du moyen d'action donné à l'administration ; or, en admettant, ce qui est présumable, que la proportion des rachats, qui est de 19/100, porte à peu près également sur les différentes espèces de journées, on trouve que l'administration a pu dépenser en 1841, pour le service vicinal, de 11,100,678 journées d'hommes, de 8,793,911 journées d'animaux, et de 4,283,173 journées de voitures. On comprend quel puissant moyen d'action donne à l'administration l'emploi annuel d'une telle masse de journées de travail, et combien il importe que cet emploi soit fait d'une manière réelle et efficace. Amener le travail des prestations à produire ce que produirait le travail salarié, c'est là le but que l'administration doit avoir en vue. Nous allons dire ce qui a été fait pour atteindre ce but, quels sont les résultats obtenus, et quelles sont les difficultés qui entravent encore le bon emploi de la prestation en nature.

356. En principe, les maires ont le droit et le devoir de diriger et de surveiller l'emploi de la prestation en nature, comme tous les autres travaux communaux ; mais, en fait, il faut reconnaître qu'un bien petit nombre de ces fonctionnaires peuvent remplir d'une manière suffisante l'obligation qui leur est imposée. Forcés pour la plupart de consacrer leur temps et leurs soins à leurs propres affaires, à leurs occupations personnelles, il leur est bien difficile d'en distraire le temps nécessaire pour venir diriger les travaux de prestation. Ils le pourraient même, que bien rarement leur direction s'exercerait utilement, car la construction, la réparation des chemins exigent des connaissances spéciales que bien peu de maires peuvent avoir, et, on le sait, des travaux mal faits sont souvent plus nuisibles à la viabilité que ne le serait l'absence de tous travaux. C'était donc trop demander aux maires que de les charger de diriger personnellement les travaux des prestataires, et

IV.

c'est ce que le législateur a compris en permettant par l'art. 11 de la loi de nommer des agents-voyers, chargés, entre autres missions, de diriger les travaux de toute espèce sur les chemins vicinaux. L'emploi de la prestation en nature n'est pas la moindre partie de leurs obligations.

357. Ce fut d'abord en vue des chemins vicinaux de grande communication seulement que les préfets, d'accord avec les conseils généraux, instituèrent des agents-voyers. Ces chemins, qu'à raison de leur importance la loi a placés *sous l'autorité des préfets*, absorbèrent pendant les deux ou trois premières années tous les soins de l'administration; mais, dès l'origine, les maires se trouvèrent dispensés de la tâche pénible d'y diriger les travaux de prestation. Nous dirons plus tard comment s'exerce la mission des agents-voyers sur les chemins vicinaux de grande communication; nous nous bornerons ici à parler de l'emploi de la prestation sur les chemins vicinaux de petite communication, qui sont restés, comme dans l'ancienne législation, sous l'autorité et la direction des maires.

En se reportant au dernier rapport publié par le ministre de l'intérieur, on voit qu'en 1841 la prestation fournie en nature pour les chemins vicinaux de petite communication avait une valeur de 17,446,115 fr.; cette valeur était représentée par 9,682,457 journées d'hommes, 7,419,578 journées d'animaux, et 3,284,019 journées de charrois. Laissées à la seule direction des maires, ces immenses ressources ne produisaient, il faut le reconnaître, que de bien faibles résultats; nous en avons dit les principales causes. Nous ajouterons que telle était quelquefois l'inertie des fonctionnaires municipaux, que les journées de prestation restaient réellement sans emploi, et que des certificats de libération étaient délivrés aux prestataires pour des travaux qui n'avaient pas été exécutés.

358. De semblables abus, une semblable déperdition de ressources ne pouvaient être longtemps tolérés par l'administration supérieure; et, d'après les instructions données par le ministre de l'intérieur, les préfets se sont occupés, partout où les ressources locales le permettaient, d'organiser un service d'agents-voyers, spécialement chargés de diriger les travaux de réparation et d'entretien des chemins vicinaux de petite communication. Ces agents sont nommés par le préfet, comme le

veut la loi; la quotité de leur traitement est fixée par le conseil général; mais, comme ils sont institués dans l'intérêt de travaux purement communaux, leur traitement, du moins pour une forte partie, est laissé à la charge des ressources applicables aux travaux des chemins vicinaux de petite communication. Ce prélèvement n'a rien que de parfaitement légal, car la loi, en permettant la création d'agents-voyers, a dit que *leur traitement serait prélevé sur les fonds affectés aux travaux*. Il est donc tout à fait rationnel que chacune des deux branches du service salarie, sur les fonds qui lui sont propres, les agents qui y sont spécialement attachés. Ce complément du personnel vicinal a été organisé dans quarante et quelques départements, et nous ne doutons pas que ce système ne s'étende chaque année. On comprendra partout que c'est une mauvaise économie que de laisser perdre plusieurs centaines de mille francs en prestations mal employées, pour épargner quelques milliers de francs que coûterait le traitement d'agents-voyers. Les maires ne sont d'ailleurs pas moins intéressés que le service même à cette institution d'un service spécial d'agents-voyers, puisqu'ils sont ainsi exonérés de la tâche si pénible, et souvent impossible pour eux, de diriger les travaux de prestation.

359. Dans les départements où des agents-voyers sont attachés au service des chemins vicinaux de petite communication, chacun d'eux a dans sa circonscription un certain nombre de communes. Avant l'ouverture des travaux, il parcourt ces communes successivement, et, d'après un itinéraire arrêté par le préfet ou le sous-préfet, il reconnaît, de concert avec le maire, l'état des chemins vicinaux, afin de déterminer ceux sur lesquels des travaux devront être faits dans le cours de la campagne; il prend connaissance du relevé des rôles de prestation, ainsi que du montant des ressources en argent, et, sur ces bases, prépare l'organisation des ateliers de prestataires, tant en journées d'hommes qu'en journées de charrois. Ce travail préliminaire terminé dans toutes les communes de sa circonscription, et l'époque des travaux arrivée, les prestataires sont convoqués par les maires; dans quelques départements même, cette convocation est faite par les agents-voyers qui remplissent les bulletins signés par le maire. A l'ouverture des travaux et conformément à

son itinéraire, l'agent-voyer se rend de nouveau dans chaque commune pour y prendre, sous l'autorité du maire, la direction des travaux de prestation. Il partage les prestataires en ateliers qu'il fait conduire par des piqueurs ou par quelques ouvriers salariés, plus habitués aux travaux de cette espèce; il surveille les travaux sur toute la ligne où ils s'étendent; il délivre aux prestataires les certificats de libération lorsqu'ils ont fourni les journées qu'ils devaient, ou il signale au maire, pour être astreints au payement en argent, les prestataires retardataires ou négligents. Lorsque les journées de prestation sont consommées dans une commune, il passe dans une autre, jusqu'à ce que les travaux soient terminés dans toute sa circonscription. Il en rend alors compte au sous-préfet ou au préfet, qui peuvent, s'ils le jugent utile, faire reconnaître par un agent-voyer supérieur si les travaux ont été bien et dûment exécutés.

360. Dans ce système, comme on voit, les maires sont exonérés de tout ce que la direction et la surveillance des travaux de prestation avaient pour eux de difficile et de pénible, et ils n'y prennent plus que la part qui convient à leur autorité. Ainsi, c'est d'accord avec eux et sous leur influence, que se désignent les chemins à réparer; c'est par eux, ou en leur nom, que se fait la convocation des prestataires; c'est sous leur contrôle que l'agent-voyer dirige les travaux; mais ils n'ont plus à assister à ces travaux que pour aplanir les difficultés administratives qui pourraient surgir, et c'est sur l'agent-voyer que retombent la surveillance matérielle et les mesures coercitives à prendre contre les prestataires qui ne remplissent pas leurs obligations. Aussi, les avantages de l'institution d'agents-voyers pour le service des chemins vicinaux de petite communication ont été bien promptement appréciés par les maires, qui se montrent partout empressés d'appuyer l'action de ces utiles auxiliaires de leur autorité.

361. Ce moyen est le seul, il faut le reconnaître, qui permette d'obtenir de la prestation en nature les résultats qu'on doit en attendre. De tous les rapports des préfets, il résulte que partout où l'emploi de la prestation est laissé sous la seule direction des maires, les travaux se font mal; les prestataires travaillent mollement; les certificats de libération se délivrent avec une facilité blâmable; et lorsqu'en définitive les journées portées au rôle ont été con-

sommées, les résultats obtenus ne peuvent souvent pas être évalués à plus de la moitié, du quart même, de la valeur de ces journées. Quelquefois aussi les travaux sont dirigés d'une manière si peu intelligente, que la viabilité des chemins y perd plutôt qu'elle n'y gagne.

Dans les départements, au contraire, où des hommes spéciaux sont chargés de diriger les travaux de prestation, l'emploi de la prestation gagne graduellement jusqu'à approcher du travail salarié. Les journées sont utilement employées, et ne se perdent plus en fausses manœuvres; les prestataires sont astreints à remplir leurs obligations; les travaux dirigés avec intelligence améliorent réellement les chemins où ils se font. Il est des départements enfin où la prestation produit des résultats tels, que les maires ont demandé que le tarif de conversion en argent fût élevé, parce qu'ils ne le trouvaient plus en rapport avec le produit des journées employées, et qu'il ne leur paraissait pas équitable que quelques contribuables pussent se rédimer en argent pour une somme fort inférieure à la valeur des travaux effectués par d'autres.

362. On ne peut donc trop le répéter, et six années d'expérience l'ont démontré, la prestation en nature est un bon moyen de réparation et d'entretien des chemins vicinaux; partout où elle est bien dirigée par des hommes spéciaux capables de remplir leur mission, elle produit des résultats, sinon égaux à ceux que donnerait le travail salarié, du moins en approchant de plus en plus. Si dans un certain nombre de départements la prestation laisse encore beaucoup à désirer dans son emploi, si elle n'y donne que des résultats insignifiants et même mauvais, c'est parce que la direction en est laissée à des fonctionnaires qui n'ont ni le temps, ni les connaissances techniques, ni la fermeté et l'indépendance nécessaires pour diriger les prestataires. Et les résultats que donnerait un travail salarié ne seraient-ils pas les mêmes, si les ouvriers étaient envoyés sur les ateliers sans chefs, sans contrôle, sans direction? Il dépend donc de l'administration, il dépend des préfets, des conseils généraux, de faire produire à la prestation tout ce qu'on peut obtenir; il suffit de remettre la direction de son emploi à des agents capables, et la dépense de leur traitement sera, en définitive, une immense économie.

363. Ce que nous avons dit du bon emploi

de la prestation sur une partie des chemins vicinaux de petite communication s'applique, à plus forte raison, aux travaux des chemins de grande communication. Ces derniers sont placés par la loi sous l'autorité des préfets, dont les agents-voyers sont les délégués. Ces agents ont donc, de droit, la direction des travaux de prestation sur ces chemins. D'après les instructions qu'ils reçoivent du préfet, ils préparent l'organisation des ateliers, indiquent aux maires les jours où les travaux se feront, ainsi que le nombre de journées de différentes espèces qui devront être fournies chaque jour, dans la limite des obligations de la commune; ils dirigent les travaux des prestataires, et délivrent ou refusent les certificats de libération. Sur les chemins vicinaux de grande communication donc, on peut regarder l'emploi de la prestation en nature comme se faisant généralement d'une manière de plus en plus satisfaisante; s'il est encore quelques exceptions dans un petit nombre de départements, il faut les attribuer moins à des obstacles inhérents à la prestation, qu'à quelque vice dans l'organisation des travaux, ou bien encore à la difficulté de composer un personnel capable.

364. Nous avons à parler maintenant d'un mode d'emploi de la prestation qui, d'après les avantages qu'il présente, aurait paru devoir être adopté généralement, mais que des difficultés d'application entravent encore; c'est la conversion des journées en tâches, autorisée en ces termes par l'art. 4 de la loi du 21 mai 1836. « La prestation non rachetée en argent pourra être convertie en tâches, d'après les bases et évaluations de travaux préalablement fixées par le conseil municipal. »

Dans ce système, le prestataire dont les journées sont converties en tâches, n'est plus astreint à abandonner, à jour fixe, les travaux de son exploitation pour aller travailler sur les chemins; un délai de quinze jours, d'un mois, peut lui être accordé pour exécuter la tâche représentant ses journées. L'autorité n'a plus à exercer non plus la pénible et fastidieuse surveillance des travaux de prestation en journées; elle n'a plus, à l'expiration du délai fixé, qu'à reconnaître si les tâches ont été bien et dûment effectuées. Il y a donc, on le voit, avantage pour tous, et pourtant l'emploi de la prestation en tâches de travail n'a pas pris l'extension qu'elle paraissait devoir prendre. La cause en est, en partie, dans la difficulté que présente souvent le règlement équitable des tâches à imposer, mais plus encore dans la rédaction trop peu précise de la disposition que nous venons de citer, et dans l'insuffisance des règles qu'elle a posées pour l'application de ce système.

365. C'est aux conseils municipaux, comme on l'a vu, que la loi a laissé le soin de *fixer les bases et évaluations de travaux* qui doivent servir à la conversion des journées en tâches; mais elle n'a pas rendu obligatoire la rédaction de ce tarif de conversion, de sorte que, lorsque les conseils municipaux s'abstiennent, l'autorité supérieure est sans moyen de les obliger à les rédiger. Dans ces communes, par conséquent, la prestation ne peut être convertie en tâches.

366. Divers motifs ont porté le plus grand nombre des conseils municipaux à s'abstenir ou même à refuser de voter la conversion en tâches. Les uns comprenant mal la mesure et, n'en appréciant pas les avantages, ont craint de rendre la charge de la prestation plus pesante; ils ne voyaient dans la conversion du travail par journées en travail à la tâche, qu'un moyen donné à l'autorité supérieure d'exiger plus rigoureusement un emploi efficace du temps, et ils se sont laissé entièrement préoccuper par cette seule considération. Dans d'autres communes, un grand nombre aussi a été arrêté par la difficulté réelle d'établir des tarifs équitables, difficulté d'autant plus grande que les membres des conseils municipaux ont rarement les connaissances nécessaires pour apprécier des travaux de cette nature. En résumé, ce n'est que dans un assez petit nombre de départements que la conversion des journées en tâches a pris quelque extension.

Sur un autre point encore, la loi est restée insuffisante. En effet, on a vu des conseils municipaux voter des tarifs de conversion tellement bas, que leur admission eût été extrêmement défavorable au service vicinal, et eût fortement amoindri le produit des prestations. Dans ce cas, les préfets ont pu refuser de laisser exécuter ces tarifs, en vertu du principe général que toute délibération d'un conseil municipal a besoin d'approbation pour être exécutoire; mais ils n'ont pu obliger les conseils municipaux à rédiger un autre tarif, en sorte que, dans ces communes, la prestation est demeurée exigible en journées.

Enfin, en disant : *la prestation non rachetée en argent pourra être convertie en tâches,* la loi a laissé douteux le point de savoir si c'est là une simple faculté laissée au prestataire, ou bien si l'autorité peut rendre obligatoire pour lui la conversion en tâches des journées qu'il ne rachète pas. A la vérité, les instructions ministérielles ont bien dit que, lorsque le conseil municipal avait arrêté les bases de la conversion en tâches, et par conséquent approuvé cette conversion en principe, il appartenait au maire, pour les chemins vicinaux de petite communication, et au préfet, pour les chemins vicinaux de grande communication, de décider que la conversion aurait lieu ; mais il faut reconnaître qu'en l'absence d'un texte formel dans la loi, on pourrait être embarrassé pour rendre cette décision exécutoire.

La loi a donc évidemment besoin d'être complétée et rendue plus précise dans la disposition qui a pour objet la conversion du travail à la journée en travail à la tâche, et ce ne sera qu'alors que les prestataires, comme le service vicinal, trouveront dans cette mesure les avantages qu'elle promet.

367. Toutefois, comme nous l'avons dit, il est un certain nombre de départements où, même dans l'état insuffisant de la législation sur ce point, la conversion en tâches a été adoptée avec succès et avantage par beaucoup de communes. Dans d'autres localités, en assez grand nombre aussi, le travail se fait en tâches, notamment sur les chemins vicinaux de grande communication, sans que les conseils municipaux aient arrêté officiellement des tarifs de conversion. La transformation des journées en tâches s'opère alors par conventions amiables entre les prestataires et les agents-voyers. Ces exemples suffisent pour démontrer que le travail en tâches devra prendre une grande extension lorsque la loi en aura régularisé l'application.

368. Pour terminer ce qui a rapport à la prestation en nature, il nous reste à signaler quelques autres dispositions de la loi, sur lesquelles elle paraîtrait avoir également besoin d'être révisée.

En imposant aux contribuables l'obligation de faire connaître, dans un certain délai, s'ils ont l'intention de se libérer en nature ou en argent, et en déclarant qu'à défaut d'option dans le délai prescrit, la prestation sera, de droit, exigible en argent, le législateur a pu croire qu'il apportait un remède suffisant aux inconvénients qui résultaient, pour l'emploi de la prestation, de la faculté illimitée d'option laissée aux contribuables par la loi de 1824. L'expérience a démontré que cette disposition de la loi du 21 mai 1836 est encore insuffisante. Ainsi, dans un très-grand nombre de communes, on voit tous ou presque tous les prestataires déclarer qu'ils optent pour la libération en nature ; puis, quand arrive le moment des travaux et qu'ils reçoivent l'ordre de se rendre sur les ateliers, ils s'abstiennent d'y paraître. Leur cote à la vérité est alors déclarée exigible en argent, mais ce n'est là qu'une insuffisante compensation aux inconvénients qui résultent de cette manœuvre. En effet, à la vue des premières déclarations d'option, les maires et les agents-voyers ont préparé l'organisation des ateliers ; ils ont compté avoir à employer un certain nombre de journées de différentes espèces ; ils ont convoqué à jour fixe les chefs d'ateliers et les ouvriers en nombre nécessaire pour diriger les travaux ; puis, au moment de mettre la main à l'œuvre, la moitié, les trois quarts des prestataires manquent à l'appel ; les ateliers se trouvent désorganisés ; les dépenses en ouvriers auxiliaires sont à peu près perdues, et il faut renvoyer les travaux à une autre époque pour préparer leur exécution à prix d'argent.

369. Le fait que nous venons de signaler a pris dans certaines localités une assez grande extension, et il porte au service vicinal un préjudice assez notable pour que presque tous les conseils généraux de département et les préfets demandent chaque année que cet abus soit réprimé. En optant pour la libération en nature, quoiqu'ils n'aient pas l'intention de s'acquitter de cette manière, les contribuables ont en vue, d'abord, le désir de retarder le moment où ils devront s'acquitter en argent, puis l'espérance que le rôle de prestation ne sera pas mis à exécution. Lorsque cette espérance est détruite par la réquisition de se rendre aux ateliers, ils en sont quittes pour avoir à payer en argent la cote qu'ils ne fournissent pas en nature. L'autorité est sans moyens d'empêcher ces déclarations d'option mensongères ; aussi beaucoup de conseils généraux demandent-ils qu'elles soient frappées d'une pénalité, et que le contribuable qui, après avoir opté pour l'acquittement en nature, ne se rendra pas sur les ateliers, sans motifs légitimes, soit astreint, non plus simplement au payement de sa cote en argent, mais à payer le double de cette cote. Cette mesure

paraît en effet le seul moyen de prévenir les fâcheux effets que produit dans beaucoup de localités l'habitude des déclarations fautives.

370. La faculté d'opter a encore besoin d'être régularisée sur un autre point. Dans un assez grand nombre de communes, les cultivateurs imposés à la fois pour un certain nombre de journées d'hommes et de journées de charrois, déclarent l'intention d'acquitter les journées d'hommes en argent, et les journées de charrois, en nature. La loi ne donne pas à l'autorité la possibilité de s'opposer à ces déclarations scindées, et il en résulte cet inconvénient, qu'au moment des travaux, on a sur les ateliers beaucoup de moyens de transports et pas assez d'hommes pour ramasser les matériaux, charger et décharger les voitures. On est donc forcé de laisser sans emploi ou de renvoyer un nombre souvent considérable de ces voitures ; les cotes se trouvent acquittées, puisque le contribuable a obtempéré à la réquisition, et cependant il n'a réellement pas fourni le travail de ses animaux. Il y a là une perte évidente pour le service, et pour la prévenir, il paraîtrait nécessaire que la loi disposât que les déclarations d'option seront indivisibles, c'est-à-dire que le contribuable doit déclarer, pour la totalité de sa cote, s'il entend l'acquitter en nature ou en argent.

371. Dans beaucoup de contrées, il existe une grande disproportion entre le nombre d'hommes et le nombre de moyens de transport qui peuvent être employés aux travaux de prestation. Partout, notamment où les matériaux sont abondants et à pied d'œuvre, la majeure partie des voitures reste forcément sans emploi, puisqu'on n'a pas de transports à faire. Il faut en conséquence laisser tomber des journées de charrois en non-valeurs, car on ne peut contraindre le contribuable à fournir que les journées pour lesquelles il est porté au rôle. De cet état de choses, il ne résulte pas seulement une réduction notable sur le montant des ressources que paraissait présenter le rôle de prestations, il en résulte encore une injustice réelle. En effet, le prestataire peu aisé qui n'est imposé que pour des journées d'hommes, acquitte sa cote intégralement parce que les bras peuvent toujours être employés ; au contraire, le prestataire aisé, le propriétaire imposé pour des journées de charrois, est dispensé d'acquitter la plus forte portion de sa cote, parce que ses voitures ne trouvent pas à être employées. Il paraîtrait

donc nécessaire que la loi permît la transformation obligée, soit en argent, soit au moins en journées d'hommes, des journées de voitures qui ne peuvent être utilisées. Il est contraire à la justice que le cultivateur dont les transports dégradent le plus les chemins puisse échapper à l'obligation de les réparer en proportion de ses moyens de transport, obligation que le législateur avait certainement voulu lui imposer.

Ce que nous avons dit plus haut sur l'importance des ressources qu'offre l'emploi de la prestation en nature, fait comprendre combien il est à désirer que la législation soit complétée sur les points que nous venons d'indiquer.

### § 2. — *Travaux à prix d'argent.*

372. Nous avons vu plus haut de quelle manière se fait l'emploi d'une portion considérable des ressources du service vicinal, la prestation fournie en nature qui en constitue à peu près les 45/100 ; nous avons à dire maintenant quelles sont les règles applicables à l'emploi des ressources en argent, qui, prélèvement fait des dépenses du personnel, forment à peu près les 51/100 de la masse.

Les ressources en argent attribuées au service des chemins vicinaux de petite communication en 1841, se sont élevées à 10,122,769 fr., qui forment à peu près les 36/100 de ce que reçoit cette branche du service ; mais cette somme, inégalement répartie entre 37,000 communes, ne donne à la plupart d'entre elles que des allocations bien faibles. Afin de ne pas trop gêner l'action de l'autorité municipale, le ministre, dans son instruction du 24 juin 1836, a conseillé aux préfets de dispenser de la forme des adjudications l'emploi des sommes qui ne dépasseraient pas 200 ou 300 fr. ; il a pensé qu'on trouverait difficilement des adjudicataires pour l'emploi de sommes aussi faibles ; la plupart du temps même, il pourrait être nécessaire d'affecter ces sommes à favoriser le bon emploi de la prestation par l'adjonction aux prestataires de chefs d'ateliers et d'ouvriers salariés. Quant aux sommes supérieures à 300 fr., le ministre a décidé que l'emploi devrait toujours en être fait au moyen d'adjudications ; mais comme il pourrait être difficile de faire des adjudications partielles par commune, il a conseillé de réunir dans une seule adjudication tous les travaux à faire dans un arrondissement, les travaux de chaque commune formant un lot distinct; cette adjudication doit se faire à la sous-préfecture, en présence du maire, d'un conseiller municipal et du receveur municipal de chaque commune; elle doit être soumise à l'approbation du préfet. Ces formes, comme on voit, sont une dérogation aux règles ordinaires en matière de travaux communaux, puisque, d'après ces règles, l'adjudication s'en fait par le maire; mais les préfets pouvaient légalement imposer des formes particulières pour l'adjudication des travaux des chemins vicinaux, puisque l'art. 21 de la loi du 21 mai 1836 les charge, entre autres, *de statuer sur tout ce qui est relatif aux adjudications et à leur forme.* Ce mode, qui a été prescrit par tous les règlements généraux qu'ont rédigés les préfets, présente un double avantage: d'abord une plus grande masse de travaux à adjuger à la fois attire une plus grande concurrence, et donne par conséquent plus de chances de rabais; ensuite il y a économie dans les frais d'affiches et autres. D'ailleurs, dans des cas exceptionnels et lorsque les travaux d'une seule commune présentent quelque importance, le préfet peut toujours autoriser le maire à procéder lui-même à l'adjudication.

Quant aux travaux à faire à prix d'argent sur les chemins vicinaux de grande communication, nous nous en occuperons dans le chapitre consacré spécialement à ces chemins.

373. Il nous reste à dire maintenant quelles sont les règles applicables aux contestations qui s'élèvent à l'occasion des travaux sur les chemins vicinaux en général, et à quelle autorité il appartient de statuer sur ces contestations.

La loi du 28 pluviôse an VIII, art. 4, a attribué aux conseils de préfecture le contentieux des travaux publics, c'est-à-dire le jugement des contestations entre l'administration et les entrepreneurs, sur le sens et l'exécution des clauses de leurs marchés, ainsi que celui des contestations entre les entrepreneurs et les particuliers pour torts et dommages causés aux propriétés de ces derniers par le fait de ces travaux; mais la jurisprudence a longtemps varié sur la question de savoir si les travaux faits pour le compte des communes et les travaux des chemins vicinaux sont de ce nombre, si, disons-nous, ils rentraient ou non dans la compétence des conseils de préfecture.

374. Un décret du 30 janv. 1809 (Laforcade

contre Lateulère) avait statué dans le sens de cette compétence. «Considérant que l'autorité administrative est seule compétente pour statuer sur les contestations qui peuvent naître à raison de la recherche et de la réparation de chemins vicinaux; considérant que le sieur Lateulère n'a pu changer la compétence établie à cet égard par les lois, en consentant à faire juger la contestation par des arbitres; art. 1er: Le conflit élevé par le préfet du département du Gers est confirmé; en conséquence, la sentence arbitrale du 3 fév. 1808 est regardée comme non avenue.» Mais cette décision n'a pas fait jurisprudence, et un grand nombre de décrets et d'ordonnances que nous ne citerons pas, parce qu'ils ne sont pas spéciaux au service vicinal, ont déclaré que les contestations relatives aux travaux communaux rentraient dans les attributions des tribunaux ordinaires. Nous nous bornerons à rapporter les décisions rendues en vue de travaux vicinaux, en les plaçant par ordre chronologique, afin de faire apprécier les variations successives de la jurisprudence.

375. Une ordonnance du 18 avril 1816 (Rérolle contre commune de Moulins-en-Gilbert), rendue sur une contestation entre une commune et un particulier, a statué en ces termes: «Vu la requête tendante à l'annulation d'un arrêté du conseil de préfecture de la Nièvre, homologatif de l'arrêté du sous-préfet de Château-Chinon, portant qu'il n'y a pas lieu à délibérer sur la pétition du requérant, par laquelle il concluait à ce que la commune de Moulins-en-Gilbert fût tenue de faire les travaux nécessaires pour empêcher l'écroulement d'un mur qui était la propriété du requérant, et qui se trouve contigu et parallèle au chemin vicinal allant à Luzy; considérant qu'il s'agit dans l'espèce d'une question de dommages-intérêts, dont la connaissance appartient aux tribunaux.» Des décisions analogues ont été données par les deux ordonnances du 1er sept. 1819 (Piquegny contre commune de Lamarque), et du 29 déc. 1819 (Pernety).

Une ordonnance du 16 janvier 1822 (Hongre contre Delayen) a renvoyé aux tribunaux la connaissance d'une contestation relative au paiement de matériaux extraits pour la réparation d'un chemin vicinal: «Vu les lois du 28 pluviôse an VIII et 9 ventôse an XIII; considérant qu'il ne s'agit dans l'espèce que du paiement des matériaux employés à la réparation d'un chemin vicinal, et que les contestations auxquelles peuvent donner lieu ces sortes d'affaires ne sont, par aucune loi, attribuées à l'autorité administrative. »

Une ordonnance du 31 juillet 1822 (Pugol contre Maurette-Timbor et Lafon) a statué en ces termes sur une contestation relative à des dommages causés à des particuliers. « Considérant qu'aux termes de l'art. 4 de la loi du 28 pluviôse an VIII, les conseils de préfecture sont compétents pour statuer sur les réclamations qui pourraient s'élever par suite de travaux publics et en matière de grande voirie; mais que les difficultés relatives aux contestations occasionnées par les réparations faites sur des chemins communaux ne sont pas comprises dans l'exception portée par la loi; que ces réparations ne peuvent être considérées comme des travaux publics, et ne dépendent pas de la grande voirie; que les sieurs Maurette-Timbor et Lafon étaient uniquement chargés de la reconstruction d'un chemin vicinal; que par conséquent ils sont justiciables des tribunaux ordinaires.»

376. Une année après, une ordonnance du 13 juillet 1825 (Bourguignon contre commune de Conges) admit, pour la première fois, la compétence du conseil de préfecture, à l'occasion des travaux d'un pont situé sur un chemin vicinal. « Sur la compétence; considérant qu'il s'agit d'un pont destiné à la communication de plusieurs communes, et dont l'adjudication a été faite dans les formes prescrites pour les travaux publics; art. 1ᵉʳ : La requête du sieur Bourguignon est rejetée. Art. 2 : L'arrêté du conseil de préfecture du département du Jura est confirmé. »

377. Cette ordonnance, toutefois, était motivée bien moins sur la nature des travaux que sur les formes de l'adjudication, et une autre du 2 avril 1828 (Saint-Didier contre commune de Lamure) a renvoyé aux tribunaux une demande en réparation de dommages : « En ce qui concerne les dommages causés à la propriété du sieur Saint-Didier par suite de l'élargissement dudit chemin vicinal; considérant que les contestations relatives aux réparations des chemins vicinaux ne sont pas comprises dans l'exception d'attribution qui confère aux conseils de préfecture la connaissance des questions de grande voirie, et que dès lors c'était aux tribunaux à prononcer sur la demande en dommage formée par le sieur Saint-Didier. »

Une ordonnance du 18 février 1829 (commune d'Amayé), rendue entre une commune et des entrepreneurs, a statué en ces termes : « Vu les lois des 6 sept. 1790, 17 fév. 1803 (28 pluviôse an VIII), et l'arrêté du gouvernement du 25 oct. 1802 (3 brumaire an XI); vu les ordonnances royales des 16 janvier, 17 avril, 31 juillet et 4 sept. 1822; considérant qu'il s'agit dans l'espèce d'un marché passé entre une commune et deux entrepreneurs pour la réparation d'un chemin vicinal sur le territoire de ladite commune, et que les contestations auxquelles peuvent donner lieu ces sortes d'affaires sont du ressort des tribunaux. »

Une ordonnance du 31 déc. 1831 (Bernard et Lavèmes contre commune de Beaumont-le-Roger) a renvoyé aux tribunaux une contestation relative aux travaux d'un pont, mais qui n'avaient pas été adjugés dans la forme des adjudications de travaux publics. « Sur la compétence; considérant que les devis et cahiers des charges des travaux du pont de l'Épinay ont été rédigés par ordre de l'administration municipale; que l'adjudication a eu lieu par-devant le maire; que les travaux ont été dirigés et surveillés par un architecte à ce désigné; que le prix des travaux devait être entièrement acquitté sur les revenus de la commune, et que le pont était d'ailleurs établi sur une voie communale, d'où il suit que ladite adjudication ne constituait, par sa nature, qu'un marché ordinaire, dont l'exécution était soumise à la juridiction des tribunaux, et que les parties n'ont pu, par une convention privée contenue dans l'art. 9 de l'acte du 26 juin, déroger à l'ordre des juridictions; art. 1ᵉʳ : L'arrêté du conseil de préfecture du département de l'Eure est annulé pour cause d'incompétence. Art. 2 : La cause et les parties sont renvoyées devant les tribunaux ordinaires. »

378. Mais plus récemment, le Conseil d'état a revendiqué pour la juridiction administrative la connaissance des contestations relatives aux travaux des chemins vicinaux projetés et adjugés dans la forme des travaux publics; une ordonnance du 9 novemb. 1836 (François contre les communes de Premery et de Champlemy) est ainsi conçue : « *En ce qui touche la compétence*; considérant que les travaux de construction de la route vicinale de Premery à Champlemy ont été faits dans un but d'utilité publique; que les plans et devis de ces travaux exécutés aux frais du dé-

partement ont été approuvés par l'ingénieur en chef et par le préfet, en présence duquel il a été procédé à l'adjudication ; que des fonds ont été accordés par le département pour l'exécution de la susdite route, et que dès lors, aux termes de l'art. 4 de la loi du 28 pluviôse an VIII, les contestations auxquelles l'exécution et la réception desdits travaux peuvent donner lieu sont de la compétence administrative. »

Une autre ordonnance du 11 août 1841 ( le préfet du Loiret contre Gaëtan ) a reconnu la compétence du conseil de préfecture dans une contestation entre l'administration et l'entrepreneur des travaux d'un chemin vicinal de grande communication. Cette ordonnance est ainsi conçue : « Vu la requête et le mémoire à nous présentés par le préfet du département du Loiret, tendant à ce qu'il nous plaise annuler un arrêté du conseil de préfecture du département du Loiret, par lequel ledit conseil a réglé le reliquat dû au sieur Gaëtan, entrepreneur des travaux de construction du chemin vicinal de grande communication nº 28 ; vu les lois des 28 pluviôse an VIII, 21 mai 1836 et 10 mai 1838 ; considérant que les arrêts par défaut rendus par les conseils de préfecture sont susceptibles d'opposition et peuvent nous être déférés directement ; que, dans l'espèce, le conseil de préfecture n'a visé aucune défense de l'administration ; que c'est dès lors par défaut contre elle que ledit conseil de préfecture a prononcé sur les réclamations du sieur Gaëtan, et qu'ainsi le recours à nous présenté par le préfet du Loiret n'est pas recevable ; art. 1ᵉʳ : La requête du préfet du Loiret est rejetée. Art. 2 : Le sieur Gaëtan est renvoyé devant l'administration, et, en cas de contestation, devant le conseil de préfecture, pour faire, s'il y a lieu, rectifier dans son décompte l'erreur matérielle qui y aurait été commise. »

Les travaux d'un pont sur un chemin vicinal ont également été déclarés *travaux publics* par l'ordonnance du 17 août 1841 ( Thinnet contre la commune de Ruffey), ainsi conçue : « Considérant que le sieur Thinnet réclame le payement de travaux faits pour la construction d'un pont sur la Seille, aux frais de la commune de Ruffey, département du Jura ; que cet ouvrage d'art constitue un travail d'utilité publique, et que d'ailleurs il a été adjugé par le préfet avec publicité et concurrence ; qu'ainsi c'est au conseil de préfecture du département qu'il appartient de statuer sur les

contestations qui peuvent s'élever à cet égard entre l'entrepreneur et la commune. »

379. Quoique ces trois dernières ordonnance soient les seules qui aient prononcé en faveur de la compétence administrative, on n'en doit pas moins les considérer comme destinées à faire jurisprudence. D'une part, elles ne sont contredites par aucune décision rendue en sens contraire depuis 1836 ; d'autre part, elles sont en concordance avec la jurisprudence adoptée par le Conseil d'état depuis quelques années, en matière de travaux communaux. Des ordonnances récentes ont déclaré *travaux publics* les constructions d'une église, d'une halle, d'une salle de spectacle, d'un hôtel de ville ; le même caractère ne serait certainement pas refusé aux travaux des chemins vicinaux qui ne se font pas dans l'intérêt individuel d'une commune, mais bien dans l'intérêt général de la viabilité.

380. L'autorité judiciaire elle-même a adopté cette jurisprudence, ainsi que cela résulte d'un arrêt de la Cour de cassation ( ch. crim. ) du 27 août 1839 ( Brame contre les communes de Moucheaux, Humeries et autres ) ainsi conçu : « Vu l'art. 2 du tit. 13 de la loi des 16-24 août 1790, la loi du 16 fructidor an III, et l'art. 4 de celle du 28 pluviôse an VIII ; attendu que si Brame, soit en première instance, soit en appel, n'a pas excipé de l'incompétence de l'autorité judiciaire ; si même devant la cour royale il a conclu à la confirmation du jugement qui avait statué au fond sur l'action des communes, l'incompétence dont il s'agit étant d'ordre public peut être proposée en tout état de cause, et même pour la première fois devant la Cour de cassation ; attendu que l'action des communes avait pour objet de faire déclarer Brame responsable du mauvais état de la route vicinale de Lille à Douai par Phalampin, et de faire constater préalablement s'il s'était conformé aux clauses de son marché et s'il l'avait exécuté convenablement ; attendu que les travaux de cette route avaient un but d'utilité publique, et ne se rattachaient pas uniquement aux besoins d'une propriété ; qu'ils intéressaient plusieurs communes et même le département du Nord, qui a supporté une partie notable des dépenses auxquelles ces travaux ont donné lieu ; que les plans et devis dressés par les ingénieurs du département avaient été approuvés par le ministre de l'intérieur ; que la confection et l'entretien de la

route dont il s'agit ont été l'objet d'une adjudication passée par le préfet du département du Nord avec toutes les formes prescrites pour l'adjudication des travaux publics; que l'exécution devait en être et en a été surveillée par les ingénieurs des ponts et chaussées, délégués à cet 'effet par l'autorité supérieure; qu'ainsi Brame, adjudicataire de ces travaux, était à cet égard entrepreneur de travaux publics; que dès lors, aux termes de l'art. 4 de la loi du 28 pluviôse an VIII, les difficultés qui s'élevaient sur le sens ou l'exécution des clauses du marché relatif à ces travaux étaient de la compétence administrative; attendu d'ailleurs que Brame soutenait qu'il était affranchi de toute responsabilité par l'expiration du délai de garantie déterminé dans le devis, et dérogatoire selon lui au droit commun; que cette exception avait été accueillie par le jugement de première instance dont Brame avait demandé la confirmation sur les motifs y énoncés; qu'il y avait donc lieu d'interpréter le devis, les actes indiqués comme actes de réception provisoire ou définitive, et les autres actes auxquels se référait ce devis; qu'une pareille interprétation n'était pas dans le domaine des tribunaux; qu'ainsi, en retenant la connaissance de l'action des communes, la cour royale de Douai a méconnu le principe de la séparation des pouvoirs judiciaire et administratif consacré par l'art. 13 du tit. 2 de la loi des 16-14 août 1790, et a expressément violé la loi du 16 fructidor an III et l'art. 4 de celle du 28 pluviôse an VIII; sans qu'il soit besoin de statuer sur les autres moyens, la Cour casse et annule. »

381. D'après cette concordance entre la jurisprudence du Conseil d'état et celle de la Cour de cassation, il est à penser que dorénavant la compétence en matière de travaux, et notamment pour ceux des chemins vicinaux, sera déterminée, non plus en considération de la question de savoir si les fonds qui y sont applicables sortent d'une caisse communale ou d'une caisse publique, mais bien en considération de l'intérêt public que peuvent avoir ces travaux. Nous ferons remarquer d'ailleurs que, quelque intérêt que puisse avoir l'administration à faire reconnaître et à maintenir la compétence des conseils de préfecture en matière de travaux communaux, notamment de ceux des chemins vicinaux, les administrateurs doivent s'abstenir d'insérer dans les cahiers des charges une clause

qu'on y rencontre quelquefois, et qui porte que les contestations qui surviendront seront jugées par le conseil de préfecture, Les juridictions, on le sait, sont d'ordre public, et on ne peut y déroger par des conventions particulières. Si donc les travaux dont il s'agit sont de ceux qui rentrent dans la juridiction des conseils de préfecture, il est sans objet de le déclarer dans le cahier des charges. Si, au contraire, ces travaux sont de ceux pour lesquels les contestations ne seraient pas de la compétence des conseils de préfecture, cette compétence ne pourrait être établie par un article du cahier des charges. C'est, au surplus, ce qu'a rappelé le ministre de l'intérieur dans une circulaire du 9 juin 1838.

### § 3. — *Personnel.*

382. Après avoir donné à l'administration la possibilité de créer, pour la construction et l'entretien des chemins vicinaux, des ressources dont le chiffre annuel devait dépasser cinquante millions, le législateur devait aussi lui donner le bon et utile emploi de ces ressources; ce ne pouvait être que par l'organisation d'un personnel capable et nombreux. On en avait senti le besoin avant la loi du 21 mai 1836, dans les départements où l'administration faisait des efforts pour suppléer à l'insuffisance de la législation existante. Ainsi, dans quelques localités, les fonds départementaux et communaux destinés à l'amélioration des chemins appelés *routes non classées*, étaient employés sous la direction des ingénieurs des ponts et chaussées; plus souvent encore, le préfet faisait diriger cet emploi par des agents qu'il nommait et salariait pour ce service spécial, mais dont la mission, n'étant pas émanée de la loi, manquait de l'autorité et du caractère que la loi seule peut conférer.

Le législateur y a pourvu par l'art. 11 de la loi du 21 mai 1836, ainsi conçu :

« Le préfet pourra nommer des agents-voyers. Leur traitement sera fixé par le conseil général. Ce traitement sera prélevé sur les fonds affectés aux travaux. Les agents-voyers prêteront serment; ils auront le droit de constater les contraventions et délits et d'en dresser des procès-verbaux. »

383. Comme dans plusieurs autres dispositions de la loi, nous retrouvons ici la nécessité d'un accord préalable du préfet et du

conseil général, pour l'exercice des attributions qui leur sont respectivement dévolues. Le préfet nomme les agents-voyers, et c'est à ce magistrat seul que pouvait appartenir ce droit ; mais une restriction implicite y est aussitôt apportée par la mission donnée au conseil général de fixer le traitement de ces agents. L'organisation de cette partie du service dépend donc, nous le répétons, du bon accord du préfet et du conseil général, et cet accord est d'autant plus facile à établir qu'il s'agit d'une mesure dont l'utilité, la nécessité sont facilement appréciées. En réservant au conseil général, d'ailleurs, la sanction effective de l'organisation du personnel par la fixation des traitements, le législateur a eu en vue, sans doute, non pas de défendre l'administration de l'entraînement qu'on lui suppose quelquefois à augmenter le nombre des emplois, mais de la mettre à l'abri de tout reproche sur ce point de la part des administrés. Le législateur s'est montré prudent, et en effet, si, en vertu de leur seul pouvoir et sans le concours des conseils généraux, les préfets eussent organisé, pour le service des chemins vicinaux, un personnel qui se compose aujourd'hui de plus de quinze cents agents et dont les traitements s'élèvent à plus de 1,900,000, il est présumable qu'on eût reproché à cette vaste organisation d'enlever aux travaux, en faveur du personnel, une aussi forte masse de ressources. L'intervention des conseils généraux dans la fixation des traitements a démontré aux localités, au contraire, que rien n'était fait à cet égard que ce qui était nécessaire, et il est plus d'un département où le cadre des agents-voyers emporte, en traitement, plus de 40,000 fr. par an, sans que la moindre observation soit faite sur cette organisation. Si donc, dans un bien petit nombre de départements, quelques difficultés ont pu naître de l'attribution donné aux conseils généraux par l'article de loi dont nous nous occupons, nous pensons qu'en général l'organisation du personnel y a trouvé des facilités plus grandes que si les préfets eussent été maîtres de fixer les traitements des agents-voyers. Il est évident toutefois que si le conseil général intervient indirectement dans l'organisation du personnel, il dépasserait la limite de ses attributions en y intervenant directement, en décidant, par exemple, qu'il y aura tel nombre d'agents-voyers, en fixant leurs résidences et détermi-

nant leurs attributions. Ce sont là des questions d'exécution qui ne peuvent appartenir qu'au préfet ; il ne peut être responsable de la marche du service que s'il conserve une action pleine et entière sur le choix et l'organisation du personnel.

384. Comme il importait cependant que ce choix ne pût porter que sur des hommes présentant des garanties spéciales d'aptitude et d'instruction, le ministre de l'intérieur, par une circulaire du 11 oct. 1836, a invité les préfets à ne nommer les agents voyers qu'après un examen subi devant une commission formée au chef-lieu de chaque département, examen dans lequel ils auront à justifier qu'ils possèdent les connaissances nécessaires pour remplir leur mission, et qui sont indiquées dans la circulaire. Il a pu être assez difficile, d'abord, de rencontrer, en assez grand nombre dans tous les départements, des hommes complétement aptes à remplir les fonctions que la loi venait de créer, et il a dû être nécessaire de donner à ces agents le temps de compléter les connaissances qu'on exigeait ; mais cette difficulté a disparu graduellement, lorsqu'on a vu que les fonctions d'agent-voyer ouvraient une carrière assurée, suffisamment rétribuée, et qui même donnait, dans presque tous les départements, droit à une retraite. Des candidats se sont présentés en grand nombre, après avoir fait des études spéciales, et les hommes capables ne manquent plus aux emplois. Ainsi on trouve aujourd'hui dans leurs rangs, soit comme agents-voyers en chef, soit comme agents-voyers d'arrondissement, six anciens élèves de l'École polytechnique, deux anciens officiers d'armes spéciales, huit ingénieurs civils, quarante-neuf anciens architectes, cent quatre anciens géomètres du cadastre, quatorze élèves de l'école centrale des arts et manufactures, et soixante-deux anciens conducteurs des ponts et chaussées.

385. Les agents-voyers doivent, aux termes de la loi, prêter serment avant d'entrer en fonctions. La loi n'a pas dit devant quelle autorité le serment devait être prêté, mais le ministre de l'intérieur a pensé qu'il convenait que ce fût devant le tribunal de l'arrondissement dans lequel les fonctions seraient exercées. Il s'est fondé sur ce que ces agents n'auraient pas à rédiger des procès-verbaux sur les seules contraventions qui sont de la compétence des conseils de préfecture, c'est-

à-dire les anticipations sur le sol des chemins vicinaux; la loi les charge, en effet, de constater toutes contraventions et délits relatifs au service vicinal, et, par conséquent, des faits justiciables des tribunaux ordinaires,

386. Sur l'affirmation des procès-verbaux dressés par les agents-voyers, nous nous référons à ce que nous avons dit plus haut, n° 206. Quant à la valeur de ces procès-verbaux, il ne pouvait être douteux qu'ils ne feraient foi que jusqu'à preuve contraire; le droit de rédiger des procès-verbaux faisant foi jusqu'à inscription de faux, n'est donné par la loi que par exception, à certains fonctionnaires et dans certains cas. Il suffit donc que cette prérogative ne soit pas nommément accordée aux agents-voyers pour qu'ils ne puissent en jouir. Enfin, des termes mêmes de l'institution des agents-voyers, il résulte évidemment qu'ils n'ont qualité pour rédiger des procès-verbaux que sur les contraventions et délits commis *sur les chemins vicinaux, et en matière de chemins vicinaux*. Si quelques doutes avaient pu exister à cet égard, ils seraient dissipés par un arrêt de la Cour de cassation (ch. crim., veuve Jeannain), en date du 23 janvier 1841, ainsi conçu : « Attendu que le procès-verbal dressé à la charge de la veuve Jeannin, le 14 juillet dernier, ne pouvait faire foi par lui-même, jusqu'à preuve contraire, de la contravention qu'elle aurait commise sur *la place* de la commune d'Uckange, en y construisant, sans autorisation du maire, un mur de fosse à fumier, puisqu'il est l'ouvrage d'un *agent-voyer*, que l'art. 11 de la loi du 21 mai 1836 charge seulement de surveiller la réparation, et de veiller à la conservation des chemins vicinaux. »

387. Après avoir dit quelles sont les bases d'organisation du personnel posées par la loi, nous allons voir quelle application en a été faite par l'administration, et nous prendrons ces renseignements dans le dernier rapport publié par le ministre de l'intérieur sur le service vicinal en 1840.

Nous avons vu plus haut qu'avant la loi de 1836, les ingénieurs des ponts et chaussées avaient été chargés, dans quelques départements, de diriger l'emploi des fonds que les conseils généraux affectaient dès lors à l'amélioration de quelques chemins vicinaux importants. Il ne pouvait y avoir que de l'avantage à ce que cette mission continuât de leur être confiée, là où ils pourraient continuer à la remplir avec l'extension qu'y donnait la loi nouvelle. La nomination d'agents-voyers, en effet, était facultative pour les préfets, et rien dans la loi ne s'opposait à ce que le service vicinal fût dirigé par les ingénieurs des ponts et chaussées, lorsque leurs obligations spéciales le leur permettaient. C'est ce qu'a dit le ministre de l'intérieur dans son instruction du 24 juin 1836; mais ce n'est que dans un petit nombre de départements que l'administration a pu profiter, pour le service vicinal, du concours des ingénieurs des ponts et chaussées. Ils y intervenaient dans seize départements en 1837; ils n'y intervenaient plus que dans treize départements en 1841, et encore leur action était limitée, dans dix départements, aux seuls chemins vicinaux de grande communication.

388. Différentes causes paraissent avoir contribué à empêcher que le service vicinal fût remis, sur une plus grande échelle, aux ingénieurs des ponts et chaussées, dont le concours eût, à bien des égards, présenté tant de garanties. Le plus souvent, les travaux spéciaux dont ils sont chargés absorbaient tout leur temps, et ils n'auraient pu en distraire celui que devait exiger la direction du nouveau service; il fallait d'ailleurs, dans des vues d'économie et en raison des différences dans la destination des nouvelles voies publiques, consentir à modifier, pour leur tracé, pour leur construction, les règles précises que le corps des ponts et chaussées suit constamment pour la construction des routes; il fallait enfin s'astreindre à la tâche minutieuse et souvent difficile de diriger l'emploi de la prestation en nature, qui forme, comme on l'a vu plus haut, les quarante-cinq centièmes des ressources vicinales. Cette dernière considération, surtout, a dû engager beaucoup d'ingénieurs des ponts et chaussées à s'abstenir de se charger de la direction du service vicinal, et la preuve en est que, dans dix des treize départements où ils y interviennent, il a fallu organiser un service spécial d'agents-voyers pour les chemins vicinaux de petite communication.

389. Ce ne fut d'abord qu'en vue des travaux des grandes lignes vicinales que les préfets usèrent de la faculté que leur donnait l'art. 11 de la loi du 21 mai 1836; mais, ce premier besoin satisfait, on comprit qu'il était impossible de laisser se perdre, ou au

moins s'employer d'une manière défectueuse, la masse considérable de ressources affectées aux chemins vicinaux de petite communication. On étendit donc graduellement l'organisation du personnel jusqu'à ces dernières voies publiques, tantôt en prélevant les traitements sur les fonds départementaux, mais plus souvent en imposant cette dépense, en tout ou en partie, sur les fonds communaux réservés aux travaux des chemins vicinaux de petite communication. Dans soixante départements déjà, les deux branches du service vicinal se trouvent ainsi dirigées par des hommes spéciaux, et cette amélioration s'étendra chaque année, au fur et à mesure que les vrais intérêts des localités seront mieux compris.

390. L'organisation le plus généralement adoptée est celle-ci : Un agent-voyer en chef centralise et dirige tout le service vicinal du département sous les ordres du préfet ; un agent-voyer, dans chaque arrondissement, fait exécuter les ordres qu'il reçoit de l'agent-voyer en chef ; enfin des agents-voyers cantonnaux, placés sous les ordres des agents-voyers d'arrondissement et du sous-préfet, dirigent spécialement les travaux des chemins vicinaux de petite communication.

Dans les soixante-treize départements où le service vicinal, est entre les mains d'agents-voyers, il n'en est plus que treize où il n'ait pas été institué d'agent-voyer en chef, et les avantages de la centralisation du service sont trop évidents pour que cette exception ne disparaisse pas promptement. On comprend, en effet, que, quelle que soit la sollicitude qu'accorde le préfet au service des chemins vicinaux, il est impossible qu'il surveille personnellement tous les détails de ce service ; il lui est donc indispensable d'être secondé par un agent qui l'éclaire par ses rapports et prépare ses décisions.

391. Le personnel des agents-voyers se composait, en 1841, de 61 agents-voyers en chef, 394 agents-voyers d'arrondissement, et 1,094 agents-voyers d'un ordre secondaire ; ensemble 1,559 agents. Nous devons faire remarquer que, parmi ceux de la dernière catégorie, il en est beaucoup qui ne sont réellement, par leurs fonctions, que des conducteurs ou même des piqueurs, mais auxquels on a cru devoir donner le titre d'agent-voyer, afin qu'ils fussent aptes à rédiger des procès-verbaux.

392. Il nous reste à faire connaître les dépenses qu'entraîne le personnel considérable qui prend part à la direction du service vicinal.

Dans les treize départements où les ingénieurs des ponts et chaussées interviennent dans ce service, ils ont reçu, en 1841, des indemnités qui se sont élevées à 97,416 fr. Quant aux agents-voyers, l'ensemble de leurs traitements s'est monté à 1,932,627 fr., dont 1,797,987 fr. ont été prélevés sur les fonds votés par les conseils généraux, et 134,640 fr. sur les fonds communaux spécialement affectés aux travaux des chemins vicinaux de petite communication, attendu que les agents-voyers auxquels est attribuée cette somme sont exclusivement chargés des travaux de ces chemins. La masse totale de la dépense du personnel, tant pour les indemnités des ingénieurs que pour les traitements des agents-voyers, s'est donc élevée à 2,030,043 fr., et en rapprochant cette somme de la masse des ressources dont ces agents ont dirigé l'emploi, on trouve qu'elle est dans la proportion de 4 1/2 p. %, ce qui doit être considéré comme un taux très-modéré, si on le compare à d'autres services analogues, et si l'on se rappelle surtout que les prestations en nature, dont la direction exige une plus grande surveillance, entre pour plus d'un tiers dans les ressources employées.

CHAP. 3. — *Dispositions spéciales aux chemins vicinaux de petite communication.*

SECT. 1re. — *Chemins vicinaux de petite communication.*

393. La loi du 21 mai 1836 a, sinon explicitement, du moins implicitement, divisé les chemins vicinaux en deux catégories ; elle a désigné les uns sous le nom de chemins vicinaux de grande communication, et a tracé dans sa section 2 les règles qui leur sont spéciales ; elle a laissé aux autres la dénomination primitive de chemins vicinaux, et c'est pour éviter toute ambiguïté que dans le langage administratif on a ajouté aussi à cette dénomination les mots *de petite communication.*

394. Nous avons rapporté dans notre premier chapitre toutes les dispositions de la législation ou de la jurisprudence, qui ont pour objet la reconnaissance des chemins vicinaux, ainsi que la conservation de leur sol. Dans notre second chapitre, nous avons réuni toutes

les règles relatives, soit à la création des ressources applicables à l'entretien des chemins vicinaux, soit à l'emploi de ces ressources. Tout ce que renferment ces deux chapitres s'applique à l'ensemble des chemins vicinaux, et par conséquent aux chemins vicinaux de petite communication. Ce serait faire un double emploi que de revenir sur ce que nous avons dit, et nous nous bornons ici à rechercher ce que la législation actuelle permet d'apporter d'améliorations à l'état des chemins vicinaux de petite communication.

395. D'après le dernier rapport publié par le ministre de l'intérieur sur le service vicinal, les chemins vicinaux de petite communication légalement reconnus étaient au nombre de 338,529, ayant ensemble un parcours total de 963,862 kilomètres, ce qui donnerait, en moyenne, pour chaque commune 9 chemins, présentant ensemble un développement d'environ 17 kilomètres ; mais si, de ces moyennes générales, on passait à l'examen de ce qui a été constaté dans chaque département, on y remarquerait des différences si considérables, qu'il est difficile de les expliquer par le seul besoin des communications. Ainsi, il est tel département où, en moyenne, chaque commune n'a fait classer que quatre ou cinq chemins d'un développement d'environ 8 ou 9 kilomètres, tandis que dans d'autres départements chaque commune a fait classer, en moyenne, jusqu'à 36 chemins vicinaux, ayant ensemble environ 40 kilomètres de parcours. Sans doute, les différences que présentent les diverses contrées de la France, sous le rapport du sol et surtout du mode de culture, doivent apporter de grandes différences aussi dans le nombre des voies de communication ; mais nous pensons, avec tous les hommes qui se sont occupés de cette matière, que, dans presque tous les départements, le nombre des chemins vicinaux est beaucoup au-dessus de ce que réclamaient les besoins réels des communications secondaires. Dans l'état actuel des choses, le sol qu'occupent les chemins vicinaux peut être estimé à environ 369,000 hectares ; c'est approximativement 1/141 de la superficie totale du royaume, et il serait certainement possible de rendre à l'agriculture une portion notable du sol occupé par les chemins vicinaux ; aussi les instructions données par le ministre de l'intérieur ont-elles souvent invité les préfets à réduire, autant que possible, le nombre de ces chemins.

396. Cette mesure ne serait pas moins impérieusement commandée par le besoin de proportionner les dépenses aux ressources.

Par l'effet des dispositions de la nouvelle législation, relatives aux chemins vicinaux de grande communication, une portion considérable des ressources créées est exclusivement affectée à cette catégorie de chemins. Cette portion peut, pour certaines communes, s'élever jusqu'aux 2/3 des ressources ; en fait, les chemins vicinaux de petite communication n'ont reçu, en 1841, que les 51/100 de la masse des ressources. Il faut remarquer d'ailleurs que les prestations fournies en nature forment environ les 64/100 des ressources applicables à ces chemins, et nous avons vu plus haut combien l'emploi de la prestation en nature laissait encore à désirer là où, comme sur une grande partie des chemins vicinaux de petite communication, cet emploi se fait sous la seule direction des maires.

397. Les ressources affectées, en 1841, aux chemins vicinaux de petite communication se sont élevées à une valeur de 27,568,884 fr., dont 17,446,115 fr. en prestation en nature, et 10,122,769 fr. en argent. Si du rapprochement de ces chiffres nous formons une moyenne de ce qui a pu être affecté à chaque kilomètre de ces chemins, nous trouvons que cette moyenne n'est que de 47 fr., dont 30 fr. en journées de prestation et 17 fr. en argent. Or, on ne saurait évaluer à moins de 80 fr. par kilomètre la somme qu'il faudrait affecter annuellement, en moyenne, à l'entretien des chemins vicinaux de petite communication. On voit donc que, généralement, les ressources de cette branche du service sont bien au-dessous des besoins. Il est à remarquer toutefois qu'en descendant de cette moyenne générale à une appréciation semblable pour chaque département, on trouve des différences énormes. Ainsi, il est plusieurs départements où la moyenne de ce qui peut être affecté à chaque kilomètre de chemin vicinal de petite communication est de près de 200 fr., tandis que dans d'autres elle n'est que de 7 fr. On conçoit donc que dans les uns on peut non pas seulement entretenir, mais encore réparer, améliorer les voies de communication, tandis que dans les autres on ne peut presque rien faire. Cet état de choses est fâcheux sans doute, mais il faut reconnaître qu'il est à peu près sans remède, car la législation peut bien permettre de créer des ressources, mais elle

ne peut faire que ces ressources soient partout d'un produit égal.

398. L'insuffisance des ressources n'est d'ailleurs pas le seul obstacle qu'éprouve l'administration supérieure lorsqu'elle cherche à faire pénétrer jusqu'aux derniers rameaux du service vicinal l'action de la loi du 21 mai 1836; bien plus souvent encore elle est entravée par l'insuffisance de ses moyens d'action et de surveillance. Dans un grand nombre de départements, les agents-voyers ne peuvent s'occuper que des travaux des chemins vicinaux de grande communication, et ils ne peuvent donner aucune partie de leurs soins à diriger la réparation des chemins vicinaux de petite communication. Ces voies publiques, d'ailleurs, ont été laissées sous l'autorité des maires, qui, ainsi que nous l'avons dit précédemment, n'ont que bien rarement le temps, les connaissances spéciales, et surtout la force de volonté et l'indépendance d'action nécessaires pour diriger de semblables travaux, ceux de prestation surtout, qui les mettent en contact direct avec leurs administrés. Deux choses sont donc indispensables pour que les faibles ressources applicables aux chemins vicinaux de petite communication reçoivent partout un utile emploi; c'est que les travaux soient dirigés par des hommes spéciaux, et cela se peut par la seule volonté des préfets et des conseils généraux, puisque l'on peut organiser partout, comme on l'a fait déjà dans un certain nombre de départements, des agents-voyers attachés spécialement à cette branche du service; il faut ensuite que l'administration supérieure puisse exercer, à l'égard des chemins vicinaux de petite communication, une action plus forte que celle qui lui est aujourd'hui attribuée; cela ne peut se faire que par une modification à la législation.

399. Malgré les obstacles que nous venons de signaler, le service des chemins vicinaux de petite communication est en voie de progrès dans un assez grand nombre de départements, et le dernier rapport publié par le ministre de l'intérieur signale plus de trente départements où les améliorations obtenues sont remarquables; il est à penser que le nombre en augmentera chaque année. Dans l'état d'insuffisance des ressources applicables à cette branche du service, ce que l'administration supérieure doit faire, ce qu'elle fait autant que cela dépend d'elle, c'est d'engager les administrations locales à ne pas disséminer ces ressources sur tous les chemins, ce qui ne permet d'en améliorer aucun, mais au contraire, de porter les efforts de la commune sur les chemins les plus utiles. Malheureusement la voie du conseil est la seule qui puisse être ici employée, et trop souvent elle échoue contre les intérêts privés qui se combattent au sein des conseils municipaux. Le législateur a voulu au moins que ces intérêts ne pussent pas prévaloir entièrement lorsque leur fâcheuse action eût pu s'étendre au delà des limites de la commune, et il y a pourvu par l'art. 6 de la loi du 21 mai 1836, relatif aux chemins vicinaux de petite communication qui intéressent plusieurs communes. Nous allons examiner comment peut être faite l'application de cet article.

### Sect. 2. — Chemins vicinaux d'intérêt commun.

400. L'entretien des chemins vicinaux est à la charge des communes sur le territoire desquelles ils sont situés; tel est le principe général qui résultait implicitement de la législation antérieure à 1824, et qui a été formellement consacré par l'art. 1er de la loi du 28 juillet 1824. Mais un chemin vicinal n'est pas toujours utile uniquement à la commune dont il traverse le territoire. D'autres communes le fréquentent et le dégradent par leurs transports; quelquefois même la commune dont le territoire est traversé par un chemin est celle qui en a le moins besoin, soit parce que cette voie de communication ne fait qu'effleurer son territoire, soit parce qu'elle se dirige vers un lieu où cette commune n'a pas l'habitude de porter ses produits. Dans ce cas, assez fréquent, on conçoit qu'il était injuste qu'une commune fût chargée seule de l'entretien, souvent fort onéreux, d'un chemin dont elle se servait peu, par le seul motif qu'il était situé sur son territoire; l'équité commandait que les communes qui avaient le plus d'intérêt à la bonne viabilité de ce chemin, et qui le dégradaient le plus, pussent être appelées à contribuer à son entretien.

401. Ce principe d'équité, l'administration a dû sans doute l'appliquer quelquefois avant même qu'il fût écrit dans la loi, parce qu'il est des choses d'une justice trop évidente pour n'être pas admises sans contestation, et que d'ailleurs, pendant bien des années, l'administration a participé de la puissance de vo-

lonté qu'avait le gouvernement qui la diri-geait. Lorsque cette volonté cessa de suffire à l'action administrative, on reconnut la né-cessité d'introduire dans la législation une dis-position obligatoire sur l'entretien des che-mins vicinaux d'intérêt commun, et on in-scrivit dans la loi du 28 juillet 1824 un article ainsi conçu :

« Art. 9. Lorsqu'un même chemin intéresse plusieurs communes, et en cas de discord entre elles sur les proportions de cet intérêt et des charges à supporter, ou en cas de refus de subvenir auxdites charges, le préfet pro-nonce, en conseil de préfecture, sur la déli-bération des conseils municipaux, assistés des plus imposés ainsi qu'il est dit à l'art. 5. »

402. L'intention du législateur était évi-dente. Il voulait que l'administration supé-rieure fût armée du pouvoir nécessaire pour faire cesser de fâcheux conflits entre deux communes ayant un même intérêt et, par conséquent, l'obligation de contribuer aux mêmes charges; mais cet article est resté à peu près une lettre morte entre les mains de l'administration, parce que, comme la plupart des dispositions de la loi du 28 juillet 1824, il était dépourvu de sanction. Ainsi le préfet pouvait bien appeler les conseils municipaux des différentes communes intéressées en com-mun à l'entretien d'un chemin à délibérer sur la part que chacune d'elles devait prendre dans cette charge; il pouvait bien, en cas de discord entre elles ou en cas de refus, pro-noncer en conseil de préfecture, et déclarer que telle commune contribuerait à l'entre-tien pour un quart, telle autre pour un tiers; mais là se bornait son pouvoir, car la loi du 28 juillet 1824, pas plus que les précédentes, ne donnait au préfet le droit d'imposer d'of-fice les communes qui se refuseraient à ac-quitter la part de dépenses mises à leur charge. Sans doute, lorsque ces communes avaient dans leurs ressources ordinaires le moyen de subvenir à la dépense mise à leur charge, le préfet pouvait inscrire d'office leur quote-part au budget communal; mais c'est là, on le sait, un cas extrêmement rare, puisque plus des neuf dixièmes des com-munes sont dépourvues de ressources. L'en-tretien des chemins vicinaux ne pouvait donc se faire qu'au moyen de prestations en nature et de centimes extraordinaires, et, comme nous l'avons dit, la loi du 28 juillet 1824 ne donnait pas au préfet le droit d'imposer d'of-

fice les communes qui refusaient de s'impo-ser ces charges.

403. La loi du 21 mai 1836 est venue, sur ce point comme sur beaucoup d'autres, relever l'administration de la fâcheuse impuissance dans laquelle elle avait été laissée jusqu'alors. L'article 6 de cette loi est ainsi conçu :

« Art. 6. Lorsqu'un chemin vicinal intéresse plusieurs communes, le préfet, sur l'avis des conseils municipaux, désignera les communes qui devront concourir à sa construction ou à son entretien, et fixera la proportion dans laquelle chacune d'elles y contribuera. »

404. Faisons d'abord remarquer les diffé-rences de rédaction que présentent cet article et l'article 9 de la loi du 23 juillet 1824.

En premier lieu, le préfet n'est plus obligé d'attendre pour intervenir qu'il y ait *discord* déclaré entre les communes; son action est le principe général sur la matière, et l'initia-tive lui appartient; il doit entendre les con-seils municipaux, mais ces conseils ne sont plus astreints à s'adjoindre les plus imposés, adjonction que la prudence conseille et que la loi commande, lorsqu'il s'agit de dépenses extraordinaires et facultatives, mais qui est sans objet lorsqu'il s'agit de dépenses ordi-naires et obligatoires; le préfet n'est plus as-treint à prononcer *en conseil de préfecture*; enfin, ce ne sont plus les seules dépenses d'entretien qui peuvent être réparties entre les communes intéressées, ce sont même les dépenses *de construction*, et il le fallait pour que l'administration ne fût pas sans force dans les cas, rares sans doute, mais qui se présentent quelquefois, où il faut remplacer un chemin mal tracé par une voie nouvelle.

405. Mais ce qui constitue la différence principale entre cet article et celui qu'il rem-place, c'est qu'il n'est plus dépourvu de sanc-tion, c'est qu'il participe du pouvoir coerci-tif si heureusement confié à l'administration supérieure. Ainsi, lorsque le préfet, sur l'a-vis des conseils municipaux, a fixé la propor-tion dans laquelle les différentes communes doivent contribuer à l'entretien d'un chemin d'intérêt commun, si ces communes, ou l'une d'elles, refusaient de pourvoir à l'acquitte-ment de leur quote-part, le préfet pourrait les contraindre. La commune récalcitrante a-t-elle dans ses revenus ordinaires le moyen de pour-voir à cette dépense, le préfet a le droit de l'inscrire d'office au budget ou d'en provo-quer l'inscription par ordonnance du roi,

selon les cas, ainsi que nous l'avons exposé plus haut, car il s'agit d'une dépense obligatoire; la commune n'a-t-elle pas de ressources ordinaires suffisantes et est-elle obligée de recourir à la prestation en nature et aux centimes spéciaux, le préfet peut, sur le refus du conseil municipal, imposer la commune d'office, en vertu de l'art. 5 de la loi, car il s'agit de l'entretien ou de la construction d'un chemin vicinal. Il est entendu toutefois que cette imposition d'office ne peut, dans aucun cas, dépasser les limites du maximum posé par la loi. Ainsi, le préfet ne pourrait exiger des communes de pourvoir à la dépense d'un chemin d'intérêt commun, si déjà elles votaient et employaient pour d'autres chemins vicinaux le maximum de leurs prestations et de leurs centimes. Le principe qui domine toutes les règles sur la dépense des chemins vicinaux, le principe qui est écrit à côté du droit de coërcition donné au préfet, c'est que, pour l'ensemble du service vicinal, chemins vicinaux de petite communication, chemins vicinaux d'intérêt commun, chemins vicinaux de grande communication, on ne peut, aux communes qui n'ont pas de revenus ordinaires suffisants, demander de fournir à ce service plus que les trois journées de prestation et les cinq centimes spéciaux déterminés comme maximum dans l'art. 2 de la loi du 21 mai 1836.

406. Nous terminerons sur ce point en disant que les arrêtés des préfets pour l'application de l'art. 6 de la loi précitée, étant pris dans la limite de leur compétence, ne peuvent être attaqués que devant le ministre de l'intérieur. Ce principe avait été rappelé dans une ordonnance du 22 oct. 1830 ( commune de Montlebon ) ainsi conçue : « considérant que les arrêtés pris par les préfets en conseil de préfecture, en vertu de l'art. 9 de la loi du 28 juillet 1824, ne peuvent être attaqués directement devant nous par la voie contentieuse. » Bien qu'il s'agisse, dans cette ordonnance, d'un acte fait sous l'empire de la législation précédente, il y a évidemment même raison de décider, quant aux arrêtés pris en exécution de l'art. 6 de la loi du 21 mai 1836.

407. L'art. 6 de la loi du 21 mai 1836 donne donc aux préfets le pouvoir nécessaire pour que l'application de ses dispositions puisse être faite d'une manière efficace; mais si ce pouvoir est étendu, l'administration doit y voir un motif de plus pour n'en user que lorsque l'intérêt du service vicinal le commande. C'est ce que le ministre de l'intérieur a dit aux préfets, à l'occasion de cet article de la loi, dans son instruction du 24 juin 1836. Il fait remarquer « qu'il est bien peu de chemins qui ne servent qu'à la seule commune sur le territoire de laquelle ils sont situés ; que presque tous servent aussi, plus ou moins, aux communes environnantes ; que si donc on devait toujours les appeler à concourir à la réparation de ces chemins parce qu'elles s'en servent quelquefois, tous les chemins de chaque commune devraient bientôt être entretenus au moyen du concours de deux ou trois communes voisines, et réciproquement ; que, pour appliquer la disposition nouvelle, il ne suffit pas qu'une commune se serve quelquefois d'un chemin situé sur le territoire d'une autre commune ; qu'il faut que ce chemin soit pour elle un moyen habituel et indispensable de communication, et qu'elle le dégrade assez pour qu'il soit juste de l'appeler à contribuer à son entretien. »

408. Cette interprétation de la loi, tout en restreignant son application aux cas où elle doit réellement avoir lieu, a cependant laissé à l'action des préfets assez de liberté pour que dans un certain nombre de départements on ait tiré un utile parti de cet article. Dans plusieurs, on a fait un choix des chemins vicinaux les plus importants après ceux de grande communication, et on en a fait un supplément à ceux de cette dernière catégorie, sous le nom de chemins d'intérêt commun. Les efforts des communes se sont ainsi trouvés associés, d'isolés qu'ils étaient. L'administration, en faisant centraliser les ressources dans l'une des caisses communales de l'agglomération, a pu se réserver la direction de travaux qui n'appartenaient plus de droit à aucun des maires en particulier : en un mot, on a appliqué à ces chemins les règles principales créées par la loi pour les chemins vicinaux de grande communication, et cette mesure a été généralement sanctionnée par l'assentiment des localités intéressées.

409. Quelques préfets, en petit nombre à la vérité, ont pensé que l'attribution qui leur avait été conférée par l'art. 6 de la loi du 21 mai 1836, avait été modifiée par les art. 6 et 41 de la loi du 10 mai 1838 sur l'administration départementale, qui appellent les conseils d'arrondissement et de département

à donner leur avis sur les difficultés élevées relativement à la répartition de la dépense des travaux intéressant plusieurs communes. Ces magistrats pensaient qu'ils ne pouvaient plus aujourd'hui désigner les communes qui devraient concourir à la dépense d'un chemin vicinal d'intérêt commun, sans avoir préalablement pris l'avis des conseils d'arrondissement et de département. C'était une erreur que le ministre de l'intérieur a relevée toutes les fois qu'elle est venue à sa connaissance. Il a rappelé qu'il est de principe que les lois générales ne dérogent pas aux lois spéciales, à moins que cette dérogation ne soit formellement exprimée ; que la loi du 21 mai 1836 est une loi spéciale aux chemins vicinaux ; que celle du 10 mai 1838 est une loi générale, et que les art. 6 et 41 de cette dernière n'expriment aucune dérogation à ce qui avait été réglé par la législation sur les chemins vicinaux ; que les travaux d'intérêt commun sur lesquels les conseils d'arrondissement et de département sont appelés à délibérer, sont autres que ceux des chemins vicinaux, notamment les constructions ou réparations d'églises, de presbytères, de maisons d'école. On comprend d'ailleurs tout ce que le service vicinal éprouverait d'entraves si, à chaque réclamation que ferait surgir l'application de l'art. 6 de la loi du 21 mai 1836, le préfet était obligé de surseoir et d'attendre, souvent plusieurs mois, la réunion annuelle des conseils généraux. C'est aux chemins vicinaux de grande communication qu'est réservée l'intervention de ces assemblées, ainsi que nous allons le voir dans le chapitre suivant.

### Chap. 4. — Dispositions spéciales aux chemins vicinaux de grande communication.

### Sect. 1re. — Mesures relatives au classement.

#### § 1er. — Définition.

410. La loi du 21 mai 1836 a créé la dénomination de chemins vicinaux de grande communication, mais elle n'a pas créé le système de ces voies publiques ; elle n'a fait que consacrer ce qui se pratiquait déjà dans un certain nombre de départements ; elle n'a fait que régulariser à cet égard l'action de l'administration, que préciser les ressources qui pouvaient être affectées à ces chemins. L'un des principaux défauts de la législation précédente, c'était l'isolement dans lequel elle avait laissé les communes, quant à l'amélioration des che-

mins vicinaux ; telle commune, par exemple, mettait en bon état de viabilité un chemin qui lui était nécessaire pour se rendre au marché voisin, et, à l'extrémité de son territoire, ce même chemin était laissé, par la commune limitrophe, dans un état complet de dégradation. On avait compris depuis longtemps ce qu'avait de fâcheux un semblable état de choses, et dans un assez grand nombre de départements on avait cherché à suppléer à l'insuffisance de la législation ; on avait, pour y parvenir, étendu, dépassé peut-être l'application de l'art. 9 de la loi du 28 juillet 1824, relatif aux chemins vicinaux intéressant plusieurs communes. Ainsi, dix, douze communes avaient-elles intérêt à l'amélioration d'une ligne de chemins vicinaux situés sur leurs territoires, et qui devait les mettre en communication avec le chef-lieu du canton, avec un lieu de marché, avec une route royale ou départementale, ou avec un port sur une rivière, le préfet appelait ces communes à mettre en commun les ressources qu'elles pouvaient consacrer à l'amélioration de cette ligne ; elles étaient aidées, encouragées dans leurs efforts par des subventions que le conseil général autorisait le préfet à accorder sur les fonds départementaux, et bientôt se trouvait établie une voie de communication qui offrait à ces communes de nouveaux, d'importants débouchés. Dans 50 départements déjà, ce système avait été adopté avant la loi du 21 mai 1836, et les chemins vicinaux de grande communication y existaient en fait sous les noms divers de chemins cantonaux, chemins d'arrondissements routes non classées.

411. Pour consolider ce que l'administration avait fait, pour étendre les bienfaits de ce système à tous les départements du royaume, le législateur n'eut qu'à convertir en règles les enseignements de la pratique ; il n'eut qu'à dire à quelle autorité appartiendrait le choix des lignes vicinales qu'il convenait d'élever au rang de chemins vicinaux de grande communication, qu'à donner la désignation des communes qui devraient concourir à la dépense de ces lignes et régler la répartition des subventions ; pour compléter le système enfin, il n'eut qu'à déclarer applicable aux chemins vicinaux de grande communication l'action coërcitive donnée à l'administration. C'est ce qu'a fait le législateur par le titre 2 de la loi du 21 mai 1836, dont nous allons développer les dispositions.

412. Faisons remarquer, d'abord, que la dénomination de chemin vicinal de grande communication ne fait pas perdre aux voies publiques qui la reçoivent le caractère légal de chemin vicinal qu'elles avaient préalablement reçu. C'est ce qu'a dit le ministre de l'intérieur dans un paragraphe de son instruction du 24 juin 1836, que nous croyons devoir reproduire ici, parce que d'autres termes pourraient n'avoir pas la même précision. « Ils restent chemins vicinaux, » est-il dit dans ce paragraphe ; « ils en conservent tous les privilèges ; ils sont imprescriptibles; la répression des usurpations reste dévolue à la juridiction des conseils de préfecture ; le sol de ces chemins continue d'appartenir aux communes; les communes demeurent chargées de pourvoir à leur entretien, au moins en partie. Les fonds départementaux qu'il est permis d'y affecter viennent à la décharge des communes, non pas comme dépenses départementales directes, mais seulement comme secours, comme subvention. Les travaux qui se font sur ces chemins sont donc des travaux communaux et non point des travaux départementaux; seulement, il a paru nécessaire de placer ces travaux sous l'autorité immédiate et directe du préfet, parce qu'ils sont faits en vue d'un intérêt plus étendu que le simple intérêt d'une seule commune, et qu'il était indispensable de confier à une autorité centrale l'exécution de mesures qui embrassent plusieurs communes. »

§ 2. — *Classement.*

413. « Les chemins vicinaux, » dit le premier paragraphe de l'art. 7 de la loi du 21 mai 1836, « peuvent, selon leur importance, être déclarés chemins vicinaux de grande communication par le conseil général, sur l'avis des conseils municipaux, des conseils d'arrondissement, et sur la proposition du préfet. »

En donnant aux conseils généraux de département, et non pas à l'autorité administrative, le droit de *classer* les chemins vicinaux de grande communication, la législation a procédé, on a pu le remarquer, dans un ordre inverse de ce qui a été réglé, par une autre loi, pour les routes départementales. Pour ces dernières, en effet, le conseil général *propose* le classement ; c'est le roi, comme administrateur suprême, qui *prononce* ce classement. Cette inversion dans les attributions, en matière de voies publiques,

n'est cependant qu'apparente; car la désignation des chemins vicinaux de grande communication ne fait point passer ces voies publiques dans une classe autre que celle dont elles faisaient partie, et ne les soustrait pas à la législation sous laquelle elles se trouvaient, comme cela a lieu lorsqu'un chemin est déclaré route départementale. Le conseil général est seulement appelé à désigner les chemins vicinaux qui, en raison de leur importance, peuvent recevoir des subventions sur les fonds départementaux; il était rationnel qu'il fût chargé de cette désignation.

414. La décision du conseil général doit d'ailleurs être précédée de formalités propres à donner la garantie qu'elle sera conforme aux intérêts des localités. Ainsi, la loi veut que toutes les communes intéressées aient été entendues sur le projet de classement par l'organe de leurs conseils municipaux. Les conseils d'arrondissement doivent également donner leur avis ; enfin, sur le vu de ces diverses délibérations, l'initiative de la proposition du classement appartient au préfet. La loi ne soumet la délibération du conseil général à aucune approbation préalable ; elle est donc exécutoire de plein droit, et ne pourrait même être attaquée devant le ministre de l'intérieur, à qui le droit de révision n'a pas été attribué ; mais, si le conseil général classait un chemin vicinal de grande communication sans que toutes ces formes eussent été observées, sa délibération pourrait être annulée pour violation de la loi. Cette disposition n'a pas été écrite, à la vérité, dans la loi du 21 mai 1836, mais elle est l'application du principe que toute décision administrative peut être déférée au roi en son Conseil d'état, pour excès de pouvoir ou violation de la loi.

415. Une première application de ce principe avait été faite implicitement par l'ordonnance du 3 mai 1839 (commune de Montgaroult), ainsi conçue : « Vu la loi du 21 mai 1836, celle du 10 mai 1838; *en ce qui touche la déclaration de grande vicinalité du chemin n° 15,* considérant que la délibération du conseil général du département de l'Orne, qui a déclaré chemin de grande communication le chemin d'Argentan à Condé-sur-Noireau, a été prise dans la limite de ses pouvoirs et après l'accomplissement des formalités prescrites par l'art. 7 de la loi du 21 mai 1836; et qu'au fond elle ne peut être attaquée de-

vant nous, en notre Conseil d'état, par la voie contentieuse. » Une seconde ordonnance du 19 février 1840 (ville de Saint-Étienne) a reconnu le principe d'une manière plus formelle; elle est ainsi conçue : «Vu le décret des 7-14 octobre 1790; vu l'art. 7 de la loi du 21 mai 1836; *en ce qui touche la délibération du conseil général de la Loire;* considérant que l'art. 7 de la loi ci-dessus visée a prescrit, comme condition nécessaire, que les chemins vicinaux ne pourraient être déclarés de grande communication par les conseils généraux, que sur l'avis des conseils municipaux, des conseils d'arrondissement, et sur la proposition des préfets; que, sur les mêmes avis et propositions les conseils généraux doivent déterminer la direction de chaque chemin vicinal de grande communication, et désigner les communes qui doivent contribuer à sa construction ou à son entretien, et que lesdits conseils généraux ne peuvent, sans excéder leurs pouvoirs, prononcer le classement des chemins lorsque les formalités ci-dessus rappelées n'ont point été observées; considérant que, dans l'espèce, il résulte de l'instruction que le conseil municipal de la ville de Saint-Étienne n'a pas été appelé à donner son avis, soit sur le projet d'établissement, soit sur la direction du chemin vicinal de grande communication de Saint-Étienne à Saint-Just, soit enfin sur le concours des communes qui doivent contribuer à sa construction ou à son entretien. — Art. 1er. La délibération du conseil général du département de la Loire, du 27 avril 1836, est annulée. »

416. Ces deux ordonnances sont les seules qui aient été rendues sur la matière; mais plusieurs fois des communes, sans se pourvoir devant le Conseil d'état, ont signalé au ministre de l'intérieur l'omission de quelques-unes des formalités substantielles du classement d'un chemin vicinal de grande communication. Dans ces cas, le ministre a invité le préfet à surseoir à toute mesure d'exécution de la délibération du conseil général, à remplir, en ce qui concerne l'administration, les formalités qui avaient été omises, et à provoquer une nouvelle délibération du conseil général à la plus prochaine session. Cette marche était la seule, en effet, qui pût être tracée dans ces circonstances, car, d'un côté, le ministre n'aurait pas eu qualité pour se pourvoir en annulation de la délibération, au nom des communes qui négligeaient de re-

courir à ce moyen; d'un autre côté, l'administration ne devait pas compromettre sa responsabilité en donnant force exécutoire à une délibération qui manquait notoirement des conditions qui pouvaient seules la rendre légale.

417. En donnant aux préfets des instructions sur le classement des chemins vicinaux de grande communication, le ministre de l'intérieur a plusieurs fois invité ces magistrats à restreindre dans de justes limites leurs propositions de classement. Il a fait remarquer que l'adoption d'un trop grand nombre de lignes vicinales entraînerait une dissémination de ressources qui nuirait aux travaux. Rien ne motivait, rien ne rendait nécessaire le classement simultané de tous les chemins vicinaux de grande communication, et il paraissait préférable de n'en classer d'abord qu'un certain nombre, en rapport avec les fonds de subvention qui pourraient y être affectés, sauf à opérer de nouveaux classements au fur et à mesure de l'achèvement des lignes entreprises les premières.

418. Ces conseils furent entendus dans un certain nombre de départements, et on n'y opéra de classements que dans les proportions des ressources; quelquefois même, le préfet n'en proposa que sur l'engagement des communes de fournir, dans un certain nombre d'années, les ressources nécessaires aux travaux. Mais, dans un grand nombre d'autres départements, il fut difficile de résister à l'entraînement des localités, qui semblaient croire que le seul classement d'un chemin vicinal de grande communication allait leur donner à l'instant les moyens de construire cette ligne. Dès la première session dans laquelle les conseils généraux eurent à s'occuper de cette mesure, celle de 1836, ils classèrent 1568 chemins vicinaux de grande communication ayant ensemble un parcours de 34,932 kilom. (1). Depuis, de nouveaux classements ont été prononcés chaque année, et après la session des conseils généraux de 1841, le nombre des

_____

(1) Nous devons faire remarquer que tous les chiffres relatifs aux chemins vicinaux de grande communication ne s'appliquent qu'à quatre-vingt-cinq départements, celui de l'Indre-et-Loire n'en ayant classé aucun, parce que l'achèvement de ses routes départementales absorbait toutes ses ressources.

grandes lignes vicinales classées était de 2,485, et leur parcours de 52,975 kilomètres.

419. Différentes considérations ont déterminé un classement aussi étendu. Dans quelques départements, on a cru utile de déterminer, dès le premier moment, le réseau entier des chemins vicinaux de grande communication, afin que les différents cantons pussent connaître immédiatement ce qu'ils avaient à attendre de la nouvelle législation ; là, le classement n'était, pour la plupart des lignes, qu'une déclaration de principes. Dans d'autres départements, le classement n'avait pour objet que de placer certaines lignes sous l'autorité du préfet, qui pouvait alors diriger l'emploi des ressources communales, et il était arrêté, de concert entre le préfet et le conseil général, qu'aucune subvention départementale ne serait attribuée à ces lignes qu'après l'achèvement de celles qui avaient été classées les premières. Ailleurs enfin, on avait en vue de ne pas laisser perdre les ressources qu'on pouvait demander aux communes, et qui, sans le classement, eussent été employées, souvent sans avantage réel, sur les chemins vicinaux de petite communication.

Il est à remarquer, d'ailleurs, qu'un classement trop étendu de chemins vicinaux de grande communication ne présente pas, au même degré, les inconvénients qu'aurait un classement trop étendu de routes départetales. Pour celles-ci, en effet, les fonds que le département peut affecter à leur construction ont des limites restreintes, et dès lors, il y a un désavantage réel à partager ces ressources entre un grand nombre de routes. Pour les chemins vicinaux de grande communication, au contraire, la décision qui les classe crée virtuellement, en dehors des fonds départementaux, une forte partie des ressources qui leur sont applicables ; ce sont les contingents des communes qui s'élèvent généralement de la moitié aux deux tiers de la dépense.

420. Quoi qu'il en soit, il faut reconnaître que, dans plus d'un département, il y a eu exagération dans le classement des grandes lignes vicinales, car il en est où, de la comparaison des ressources avec les dépenses, il résulte que les chemins classés ne seront achevés que dans vingt ans et plus. Il est donc à regretter, selon nous, que la loi ait laissé aux conseils généraux un droit illimité de classement, et qu'elle n'ait pas donné à l'administration centrale la faculté de s'opposer à un entraî-

nement dont les préfets et les conseils généraux ne pouvaient pas toujours se défendre.

421. Sur un autre point encore, une fâcheuse lacune est à regretter dans la loi, en matière de classement ; souvent un chemin vicinal de grande communication ne s'étend pas sur le territoire du seul département où il prend naissance, et il doit, pour avoir toute son utilité, se réunir à une autre ligne située sur le département limitrophe. Le ministre, dans son instruction du 24 juin 1836, a bien prescrit aux préfets de se concerter entre eux dans ce cas, et, s'ils ne pouvaient se mettre d'accord, de lui en référer avant de soumettre leurs propositions aux conseils généraux. Mais cet avis a été plus d'une fois perdu de vue ; des conflits se sont élevés entre les conseils généraux sans qu'une autorité supérieure tînt de la loi le droit de les faire cesser, et, dans plus d'une circonstance, des dépenses considérables ont été faites, presque en pure perte, sur un chemin qui, à la limite du département, se trouvait sans issue. Il paraît donc indispensable que la loi soit modifiée à cet égard.

### § 3. — Déclassement.

422. La loi du 21 mai 1836, après avoir tracé les formes du classement des chemins vicinaux de grande communication, a omis de parler du déclassement de ces chemins, et cependant cette mesure pouvait être nécessaire dans certains départements, où une trop grande extension avait été donnée à la désignation des lignes vicinales. Des circonstances locales pouvaient rendre cette mesure nécessaire également dans d'autres départements. Ainsi, les dépenses à faire pour la construction, trop légèrement évaluées d'abord, pouvaient se trouver, en définitive, hors de toute proportion avec les ressources que pourraient fournir les communes attachées à la ligne, ce qui laisserait retomber une charge trop considérable sur les fonds départementaux ; ailleurs, un classement n'avait été prononcé que sur des promesses de concours faites par des communes et des particuliers, et la réalisation de ces promesses ne pouvant être obtenue, il devenait nécessaire de déclasser la ligne, ne fût-ce que pour prouver que de semblables engagements devaient toujours être sérieux.

423. Dans le silence de la loi sur les formes du déclassement, le ministre pensa qu'il y avait lieu de suivre celles qui avaient été adoptées pour le classement. Il prescrivit donc,

dans son instruction, de consulter sur cette mesure les conseils municipaux des communes intéressées, ainsi que les conseils d'arrondissement; et ce n'était qu'après avoir pesé ces avis que le préfet devait proposer le déclassement au conseil général. Un certain nombre de chemins vicinaux de grande communication ont été déclassés déjà dans plusieurs départements, et cette mesure n'a été l'objet d'aucun recours; la légalité n'en est donc pas contestée.

### § 4. — *Direction et tracé.*

424. La fixation de la direction que doit suivre une voie publique est le complément du classement, et cette fixation devait, pour les chemins vicinaux de grande communication, être dévolue aux conseils généraux comme annexe de l'attribution du classement; ce ne devait pas être d'ailleurs la partie la moins difficile de leur mission. Ici, en effet, s'ouvre la lutte des intérêts privés; chaque commune, chaque hameau placé à proximité de la direction qui peut être adoptée, insiste pour que la ligne traverse non-seulement le territoire, mais même le groupe de maisons qui constitue le village. Les débats sont toujours fort animés, parce qu'en effet c'est toujours un très-grand avantage que de posséder un nouveau moyen de communication. Le législateur a donc voulu que tous les intérêts fussent mûrement pesés, et, en donnant aux conseils généraux le droit de *déterminer la direction de chaque chemin vicinal de grande communication*, il a voulu qu'il ne fût prononcé à cet égard qu'avec les mêmes garanties que pour le classement, c'est-à-dire l'avis des conseils municipaux et d'arrondissement et la proposition du préfet.

425. Il restait à préciser la valeur des mots un peu vagues, il faut le reconnaître, dont s'était servi le législateur, *déterminer la direction*. La plupart du temps, le classement d'un chemin vicinal de grande communication précède l'étude de la ligne par les hommes de l'art, étude longue et difficile, et qui ne doit pas être entreprise au hasard de perdre un temps susceptible d'être utilement employé. Il était donc évident que, dans la plupart des cas, le conseil général ne pourrait déterminer la direction d'une grande ligne vicinale que par la fixation de ses points extrêmes, et tout au plus des principaux points de passage. Quant aux détails du parcours de la ligne, ils ne

pouvaient être fixés qu'après l'étude du tracé sur le terrain; c'était là un détail d'exécution qui rentrait dans le domaine de l'administration. C'est ainsi, en effet, que le ministre a expliqué cette partie de la loi dans son instruction du 24 juin 1336, et cette interprétation n'a donné lieu, que nous sachions, à aucune difficulté sérieuse.

426. Quelques doutes ont été élevés sur la question de savoir si, pour la fixation de la direction d'un chemin vicinal de grande communication, l'initiative du préfet était, comme pour le classement, tellement absolue que le conseil général ne pût adopter une direction autre que celle proposée par le préfet.

En fait et dans la pratique, la solution de cette question a peu d'importance, car, dans tout ce qui a rapport au service vicinal surtout, les intérêts de l'administration ne peuvent être autres que ceux des localités que représentent les membres du conseil général, et le plus parfait accord ne peut manquer de régner entre le préfet qui propose et le conseil général qui statue; mais, pour résoudre la question comme principe, il faut, nous le pensons, examiner l'étendue et les effets de la dissidence qui pourrait se manifester.

Le préfet, par exemple, a proposé le classement d'une ligne allant de tel point à tel point; le conseil général ne pourrait évidemment classer un chemin allant de l'un de ces points à un autre que celui désigné par le préfet, car il s'agirait d'un chemin autre que celui proposé; d'ailleurs les communes n'auraient pas été consultées, pas plus que le conseil d'arrondissement sur cette nouvelle direction, et la décision du conseil général se trouverait ainsi viciée. Mais si le conseil général maintient la ligne vicinale entre les deux points extrêmes proposés par le préfet, et qu'il modifie seulement la direction en ce qu'il la fera passer par telle commune, par tel village, plutôt que par tel autre, nous pensons que le conseil général n'aura pas outrepassé ses pouvoirs; nous supposons ici, toutefois, que les communes que pourrait affecter cette modification dans le tracé auront été entendues, car rien ne peut se faire légalement sans ce préalable.

427. Le ministre a également conseillé aux préfets de s'attacher autant que possible à suivre, pour la direction des lignes vicinales, les chemins vicinaux déjà existants, afin d'évi-

ter la dépense quelquefois considérable du terrain à acquérir pour un nouveau tracé. Ce conseil n'a pu, dans la pratique, être suivi que dans un certain nombre de départements. Dans beaucoup d'autres, le tracé actuel des chemins vicinaux était tellement vicieux, coupé de courbes si brusques et de rampes si rapides, qu'il était impossible de le conserver, lorsqu'il s'agissait d'établir une voie publique sur laquelle la circulation devait devenir plus active. Souvent aussi les chemins vicinaux actuels étaient tellement encaissés par l'effet d'une longue dégradation, qu'il devait en coûter plus pour les réparer que pour les établir sur un nouveau terrain. Aussi, d'après les renseignements recueillis et publiés par le ministère de l'intérieur, le parcours des chemins vicinaux de grande communication dont il a fallu changer l'assiette, est à peu près des 3/5 du développement total de ces lignes.

428. Quant à la fixation de la largeur des chemins vicinaux de grande communication, c'est aux préfets que la loi en a laissé le soin. Ce n'est que l'application à ces chemins de l'attribution donnée à ces magistrats, comme nous avons vu plus haut, par l'art. 15 de la loi; les chemins vicinaux de grande communication n'étant en principe que des chemins vicinaux, il n'y avait pas de motif pour déroger à la règle tracée pour la fixation de la largeur et la détermination des limites. Dans des vues d'économie, le ministre de l'intérieur a conseillé aux préfets de ne pas dépasser la largeur de huit mètres, non compris les fossés; c'est en général celle que les préfets ont fixée dans leurs règlements.

429. Dans beaucoup de départements, les terrains qui ont dû être ainsi occupés pour l'élargissement et même pour la rectification ou le redressement des grandes lignes vicinales, ont été obtenus gratuitement, soit que les propriétaires en aient fait l'abandon, soit qu'on ait pu opérer l'échange des parties de chemins qui étaient délaissées par la nouvelle direction. Ce résultat, d'une très-grande importance, est dû le plus souvent au bon esprit des populations et à la saine appréciation de leurs véritables intérêts; il avait été préparé d'ailleurs par le principe qu'avait posé le ministre de l'intérieur dans son instruction du 24 juin 1836, savoir : que si quelques indemnités étaient à payer, ce serait aux communes à y pourvoir, et que jamais les fonds départe-

mentaux ne devaient être appliqués à l'achat des terrains. Ce principe était la conséquence de celui que le sol des chemins vicinaux de grande communication restait la propriété des communes sur le territoire desquelles ils sont situés, comme s'il s'agissait de chemins vicinaux de petite communication. Ce n'est que dans quelques cas exceptionnels que le ministre a autorisé une dérogation à cette règle, lorsque notamment la commune était absolument sans moyens de pourvoir à cette dépense, et que, faute de pouvoir solder le prix des terrains, l'établissement des chemins serait impossible.

430. Pour terminer ce qui a rapport à la direction des chemins vicinaux de grande communication, nous ferons remarquer que, pour la fixer, l'administration doit souvent s'écarter des règles usitées relativement aux voies publiques d'un ordre plus élevé. Pour les routes royales, par exemple, on a en vue le plus souvent les points extrêmes de la ligne, et le besoin de favoriser une circulation rapide détermine ordinairement le choix de la direction la plus courte, sans qu'il soit toujours possible de prendre en considération les intérêts des localités intermédiaires. Les chemins vicinaux de grande communication, au contraire, étant principalement destinés aux besoins de l'agriculture et du petit roulage, l'administration s'attache moins à abréger les distances qu'à vivifier le plus grand nombre possible de localités intermédiaires. Il arrive donc fréquemment qu'au lieu de chercher la ligne la plus courte entre les points extrêmes, l'administration se détermine à infléchir la direction du chemin, pour qu'il puisse ouvrir des débouchés à des localités que la ligne directe eût laissées de côté.

Sect. 2. — *Mesures relatives à la création des ressources.*

§ 1er. — *Désignation des communes intéressées.*

431. Les fonds départementaux, ainsi que nous l'avons dit plus haut, ne doivent contribuer que comme subvention à la dépense des chemins vicinaux de grande communication; c'est aux communes qu'incombe la majeure partie de cette dépense, et l'art. 7 de la loi du 21 mai 1836 confie encore au conseil général la désignation des communes qui doivent y contribuer. Cette désignation est d'ailleurs

subordonnée à l'accomplissement des formalités que nous avons vu prescrites pour le classement des grandes lignes vicinales.

432. Aucune règle n'a été et ne pouvait en effet être tracée par la loi pour le choix qu'avait à faire le conseil général; mais, de ce silence même de la loi, il résulte incontestablement que les communes dont le territoire est traversé par un chemin vicinal de grande communication, ne sont pas les seules qui puissent être appelées à concourir à la dépense de ce chemin. S'il n'en était pas ainsi, en effet, il eût été inutile que le conseil général fût chargé de la *désignation des communes*, car bien évidemment les communes sur le territoire desquelles un chemin est situé doivent, par cela seul, être appelées à contribuer à son entretien ; il faut donc bien que la désignation à faire par le conseil général puisse porter sur des communes autres que celles traversées. Cela est d'ailleurs parfaitement équitable, car, ainsi que l'a fait remarquer le ministre de l'intérieur dans son instruction du 24 juin 1836, « un chemin vicinal de grande communication doit servir de débouché non-seulement aux communes qu'il traverse, mais encore à des communes situées à droite et à gauche, quelquefois même à une assez grande distance, mais qui peuvent pousser des embranchements sur cette ligne principale. » Quelques contestations se sont élevées sur cette interprétation de la loi, mais aucune n'a été suivie jusqu'au Conseil d'état, où elles eussent certainement échoué.

C'est donc la seule appréciation de l'avantage que peut trouver telle ou telle commune à l'amélioration d'un chemin vicinal de grande communication, qui doit guider le préfet dans ses propositions, et le conseil général dans ses décisions, sur la désignation des communes qui doivent contribuer à la dépense. C'est ce qui a été compris partout, car sur 20,187 communes qui, d'après le dernier rapport du ministre de l'intérieur, avaient été appelées à concourir à la construction ou à l'entretien des grandes lignes vicinales, il en est 6,592, c'est-à-dire près d'un tiers, dont le territoire n'est pas traversé par ces lignes. Ajoutons que la désignation des communes ne peut pas se faire d'une manière générale pour tout le département. Chaque chemin vicinal de grande communication forme une spécialité de dépenses comme d'intérêts ; l'association des communes doit donc être grou-

pée par ligne. Il va sans dire, du reste, qu'il est des communes qui peuvent être déclarées intéressées à plusieurs lignes, si elles les fréquentent; mais, dans ce cas même, leurs obligations à l'égard de chaque ligne sont établies d'une manière distincte ; ces obligations ne peuvent d'ailleurs, dans leur ensemble, dépasser les limites posées par la loi.

433. Quelque soin que mettent l'administration et le conseil général dans le choix des communes intéressées, des erreurs peuvent être commises et reconnues. Il appartient alors au préfet de les signaler au conseil général, et à cette assemblée de les réparer, soit qu'il s'agisse de l'inscription de nouvelles communes sur la liste de celles intéressées, soit qu'il s'agisse d'éliminer de cette liste quelques communes, qui ne peuvent réellement tirer aucun avantage de la ligne vicinale à laquelle elles avaient été attachées. Dans ce dernier cas toutefois, il faut évidemment, avant que la radiation soit prononcée, que toutes les communes faisant partie de l'association aient été entendues ; l'élimination d'une commune, en effet, tend à augmenter la dépense à la charge de chacune des autres; celles-ci doivent donc être admises à contredire les demandes en radiation.

434. On a demandé, relativement à la désignation des communes intéressées, jusqu'à quel point le conseil général était lié par le droit d'initiative du préfet, et si, par exemple, le conseil pouvait désigner, comme devant contribuer à la dépense, des communes qui ne se trouveraient pas comprises dans la proposition faite par le préfet. Pour résoudre cette question, il faut se reporter aux formalités que la loi prescrit pour arriver à la désignation des communes, et à ce qui se pratique à cet égard.

Le préfet qui a en vue le classement d'un chemin vicinal de grande communication consulte, comme le veut la loi, les communes qu'il croit intéressées à l'établissement de cette ligne, et généralement il donne une grande extension à ce premier degré d'instruction, afin de n'omettre aucune des communes qui pourraient être appelées à contribuer. Lorsque ensuite, et après avoir pris l'avis du conseil d'arrondissement, le préfet propose au conseil général de désigner telles et telles communes, le conseil peut évidemment écarter quelques-unes des communes comprises dans la proposition du préfet; il peut également, ce nous semble, se servir des éléments de l'instruction qui a été faite pour y choisir quelques-unes des communes que le préfet n'a pas formellement proposées. Sans cela, en effet, la *proposition* du préfet se trouverait convertie en *décision*. Il faut cependant que les communes que le conseil général croirait devoir ajouter à celles proposées, fussent du nombre de celles qui ont été consultées. Si elles ne l'avaient pas été, le conseil général ne pourrait qu'inviter le préfet à les entendre, et il serait statué à la session suivante.

### § 2. — *Fixation des contingents des communes.*

435. Le conseil général, comme nous venons de le voir, désigne les communes qui doivent contribuer à la dépense de chaque chemin vicinal de grande communication; mais toutes les communes associées à une même ligne n'en tirent pas un égal avantage, et leur degré d'intérêt peut varier, soit en raison de la longueur du parcours de la ligne sur leur territoire, si elle le traverse, soit en raison de leur distance de cette ligne, si leur territoire n'est pas traversé, soit enfin en raison de l'importance des débouchés que leur ouvre cette voie de communication. Le degré d'intérêt des différentes communes peut même varier, d'année en année, par l'effet de diverses circonstances. Il n'eût pas été juste que toutes les communes associées à une ligne vicinale contribuassent aux dépenses, également et pour une quotité toujours la même; c'est ce que le législateur a prévu, en disant dans le troisième paragraphe de l'art. 8 de la loi du 21 mai 1836, qu'il y avait lieu de *déterminer annuellement les proportions dans lesquelles chaque commune doit concourir à l'entretien de la ligne vicinale dont elle dépend.* De ces termes de la loi, ressort évidemment la double conséquence que les contingents des différentes communes attachées à une même ligne vicinale peuvent n'être pas égaux, car le législateur ne se serait pas servi du mot de *proportion*; et enfin que ces contingents peuvent varier d'une année à l'autre.

436. C'est le préfet que la loi charge de fixer annuellement le contingent des communes, et le conseil général ne doit intervenir ni directement ni indirectement dans cette attribution. Cette règle a paru assez importante à maintenir pour que, dans une circonstance

où elle avait été perdue de vue, le ministre de l'intérieur ait cru devoir provoquer l'annulation de la délibération irrégulièrement prise par un conseil général. Cette ordonnance, rendue à la date du 26 avril 1839, est ainsi conçue : « Louis-Philippe, etc,. sur le rapport de notre ministre secrétaire d'état au département de l'intérieur; vu la délibération prise par le conseil général du département du Jura, dans sa séance du 1er sept. 1838, et ainsi conçue :

*Le conseil général adopte les résolutions suivantes : 1° Les communes contribueront proportionnellement et solidairement aux frais de confection des lignes et au payement des indemnités de terrains ; 2° Dans le règlement de l'indemnité, les communaux occupés ne pourront être pris en déduction de la part contributive de la commune à qui appartiennent ces propriétés ; 3° Quant aux subventions particulières par concession de terrains, elles viendront en déduction du contingent de la commune, à moins que le concédant n'ait exprimé le contraire ;*

« L'art. 7 de la loi du 21 mai 1836 ; l'art. 14 du 22 juin 1833, ainsi conçu : *Tout acte ou toute délibération d'un conseil général relatifs à des objets qui ne sont pas légalement compris dans ses attributions, sont nuls et de nul effet; la nullité en sera prononcée par ordonnance du roi ;*

» Considérant que, dans les résolutions ci-dessus visées, le conseil général du département du Jura a réglementé les charges que devaient supporter les communes pour les chemins vicinaux de grande communication, tandis que la fixation de ces charges est placée par la loi dans les attributions du préfet;

Nous avons ordonné et ordonnons ce qui suit :

Art. 1er. La délibération ci-dessus visée du conseil général du département du Jura est et demeure annulée. »

437. La mission donnée au préfet est d'autant plus délicate que la loi n'a fixé et ne pouvait fixer aucune base à la décision qu'il doit prendre. C'est donc, comme l'a dit le ministre dans ses instructions, le seul intérêt des communes qui doit guider les préfets dans la répartition des dépenses de chaque ligne vicinale. Sans doute les ressources des communes peuvent, jusqu'à un certain point, être prises en considération ; mais il ne serait cependant pas juste, on le comprend facilement, de

demander beaucoup à une commune, par le motif qu'elle est dans une bonne situation financière, tandis qu'une autre commune, beaucoup plus intéressée à l'établissement et à l'entretien du chemin, ne serait imposée qu'à un faible contingent, parce qu'elle aurait peu de ressources. C'est donc sur une appréciation d'intérêts que le préfet doit baser ses décisions ; son droit à cet égard n'est cependant pas illimité, et des bornes y ont été mises par le quatrième paragraphe de l'art. 8 de la loi du 21 mai 1836, ainsi conçu : « Les communes acquitteront la portion des dépenses mises à leur charge, au moyen de leurs revenus ordinaires et, en cas d'insuffisance, au moyen de deux journées de prestation sur les trois autorisées par l'art. 2, et des deux tiers des centimes votés par le conseil municipal, en vertu du même article. »

438. Ici, comme on voit, se trouve reproduite la division des communes en deux catégories, selon qu'elles peuvent ou ne peuvent pas pourvoir aux dépenses du service vicinal sur leurs revenus ordinaires. C'est la répétition de ce qu'a statué à cet égard l'art. 2 de la loi, et nous ne reviendrons pas sur ce que nous avons dit plus haut sur la limite des obligations imposées aux communes de l'une et de l'autre catégorie. Nous nous bornerons à rappeler que, pour les communes dont les revenus peuvent faire face à la dépense, les limites du maximum des journées et des centimes ne sont pas obligatoires ; ce principe s'applique aux contingents exigibles pour les chemins vicinaux de grande communication.

Lors donc qu'une commune peut acquitter sur ses revenus ordinaires les contingents qu'il y aurait lieu de lui demander, le préfet n'est pas tenu de restreindre ce contingent dans la limite de la valeur de deux journées de prestation et des deux tiers de cinq centimes. C'est l'application à cette partie du service vicinal du principe que nous avons développé plus haut, au chap. 2, paragr. 2. Lorsque, au contraire, il s'agit de fixer le contingent des communes dont les revenus ordinaires ne suffisent pas à la dépense, et qui sont obligées d'y suppléer par le vote de journées de prestation et de centimes spéciaux, le contingent à exiger de ces communes ne peut, dans aucun cas et sous aucun prétexte, dépasser deux journées de prestation et les deux tiers de cinq centimes, soit trois centimes et un tiers. Si ces communes négligeaient ou refusaient

de voter leur contingent dans ces limites, le préfet pourrait y suppléer en établissant une imposition d'office, car l'art. 9 de la loi a dit que les dispositions de l'art. 5 étaient applicables aux chemins vicinaux de grande communication. Mais l'imposition d'office devrait être restreinte dans les limites posées par l'art 8. Nous ajouterons que les contingents, qu'ils aient été votés par les conseils municipaux ou imposés d'office par le préfet, ne peuvent, sous aucun prétexte, être détournés de la ligne vicinale dont dépendent les communes qui les ont fournis, chaque ligne formant une spécialité qui a seule droit aux ressources qui lui sont propres.

439. Disons maintenant comment il est procédé, d'après les instructions données par le ministre de l'intérieur, à la fixation annuelle des contingents des communes dans les dépenses des chemins vicinaux de grande communication.

Tous les ans, avant l'époque de la session que tiennent les conseils municipaux au mois de mai, le préfet se fait rendre compte, par les agents-voyers, du montant des dépenses de construction ou d'entretien qui sont à faire sur chaque chemin vicinal de grande communication pendant le cours de l'année suivante. Par les recherches préalables qu'il a faites sur le degré d'intérêt que chaque commune attachée à la ligne peut avoir à la construction ou à l'entretien de cette ligne, le préfet doit avoir assis son opinion sur la proportion dans laquelle chaque commune doit être appelée à contribuer à la dépense. Il répartit alors la dépense à faire entre les communes, dans les proportions qu'il a fixées. Si cette fixation ne dépasse pas ce que les communes peuvent fournir sur leurs revenus ordinaires, ou si, pour les communes dont les revenus sont insuffisants, la fixation ne dépasse pas le montant de la valeur de deux journées de prestation et de trois centimes et un tiers, le contingent peut légalement demeurer tel qu'il a été fixé. Si, au contraire, le contingent provisoirement établi se trouvait dépasser, pour quelques communes, les limites légales assignées par la loi, il y aurait nécessité de le réduire, et par suite de réduire aussi l'importance des travaux à faire dans le cours de l'exercice auquel se rapportent les ressources à réaliser.

440. Lorsque le contingent de la commune est définitivement fixé, le préfet le fait con-

naître au maire avant la session du conseil municipal, afin que le conseil puisse voter les ressources nécessaires pour fournir ce contingent. Le conseil municipal peut, aux termes de la loi, acquitter les dépenses mises à la charge de la commune, au moyen des revenus ordinaires, s'ils suffisent; si ces revenus sont insuffisants, il peut se libérer au moyen du vote de deux journées de prestation, si ce vote est nécessaire, ou du vote de centimes spéciaux jusqu'à concurrence de trois centimes et un tiers, si cette quotité est nécessaire, ou enfin par l'une et l'autre de ces deux ressources, s'il y a nécessité d'y recourir. Dans le cas où le conseil municipal refuserait de voter les ressources nécessaires, le préfet pourrait y suppléer par une imposition d'office, dans les limites que nous venons de faire connaître. Il ne serait pas nécessaire qu'il fît précéder l'établissement de l'imposition d'office d'une nouvelle mise en demeure, cette formalité se trouvant suffisamment remplie par la notification faite au conseil municipal du contingent mis à la charge de la commune.

441. Les décisions que prennent les préfets pour fixer les contingents des communes sont susceptibles de recours comme tous les actes administratifs, et c'est devant le ministre de l'intérieur que ce recours doit être porté. Il s'agit en effet de décisions prises dans la limite des attributions des préfets, et, comme nous l'avons fait remarquer précédemment, on ne peut se pourvoir directement devant le roi en son conseil d'état contre les arrêtés de préfets que pour cause d'incompétence ou d'excès de pouvoirs. Quant au recours contre les décisions ministérielles qui auraient approuvé les arrêtés de préfets portant fixation de contingents communaux, il serait rejeté, attendu qu'il s'agit d'une décision sur une matière administrative qui n'est pas de nature à être attaquée par la voie contentieuse; c'est ainsi qu'il a été prononcé par ordonnance du 9 juin 1843 (ville de Vire), ainsi conçue : «Vu la loi du 21 mai 1836; vu la loi du 18 juillet 1837; considérant qu'aux termes des art. 1 et 7 de la loi du 21 mai 1836, les chemins vicinaux de grande communication sont à la charge des communes; qu'aux termes de l'art. 30 de la loi du 18 juillet 1837, sont obligatoires les dépenses mises à la charge des communes par une disposition de lois; qu'ainsi la part contributive régulièrement mise à la charge de la commune de Vire, pour les frais d'éta-

blissement du chemin vicinal de grande communication de Vire à Tissy par Pontfarcy, était une dépense obligatoire; considérant qu'aux termes des art. 38 et 39 de la loi du 18 juillet 1837, c'est aux préfets qu'il appartient de régler définitivement les budgets des communes, et d'y inscrire d'office les allocations nécessaires pour payer les dépenses obligatoires; qu'ainsi, en inscrivant d'office une dépense obligatoire au budget de la commune de Vire par ses arrêtés des 6 fév. et 18 mars 1841, le préfet du département du Calvados n'a pas excédé les limites de ses pouvoirs; que, dès lors, lesdits arrêtés sont des actes administratifs qui ne sauraient nous être déférés par la voie contentieuse; d'où il suit qu'il y a lieu de rejeter le recours dirigé contre la décision de notre ministre de l'intérieur du 17 août 1841, laquelle s'est bornée à confirmer les arrêtés précités du préfet du département du Calvados; — Art. 1er. La requête de la commune de Vire est rejetée. »

442. Nous terminerons ce qui a rapport aux contingents communaux en faisant connaître, d'après le dernier rapport publié par le ministre de l'intérieur, quelle est l'importance des charges que le service des chemins vicinaux de grande communication a fait peser sur les communes en 1841.

Sur les 37,053 communes qui composent le royaume, 20,157, c'est-à-dire plus de la moitié, ont été déclarées intéressées à un ou plusieurs chemins vicinaux de grande communication; mais, par suite de la marche des travaux, 18,985 seulement ont été appelées en 1841 à fournir effectivement leurs contingents. Ces communes ont fourni, savoir: en prestations en nature, une valeur, d'après les tarifs de conversion, de 6,452,969 fr., et en argent, provenant d'allocations sur les revenus ordinaires, de centimes spéciaux et de prestations rachetées, 8,293,698 fr.; le total des contingents communaux s'est donc élevé à 14,746,667 f.; c'est environ les 35/100 de ce que les communes réalisent pour l'ensemble du service vicinal. Il est à remarquer, toutefois, que la prestation fournie en nature entre dans les contingents communaux applicables aux chemins vicinaux de grande communication pour une proportion beaucoup moins considérable; en effet, ces contingents emportent environ les 47/100 des ressources communales en argent, tandis qu'ils n'enlèvent qu'environ les 27/100 des prestations fournies en nature.

### § 3. — Offres de concours.

**443.** Les avantages que présente l'établissement d'un chemin vicinal de grande communication sont souvent assez évidents et assez bien compris pour que le concours des communes dans les dépenses de construction et d'entretien ne se bornent pas au vote des contingents qui peuvent leur être légalement demandés. Quelquefois, des communes offrent d'appliquer à la ligne qui les intéresse la portion de leurs journées de prestation et de leurs centimes spéciaux qui était restée affectée à leurs chemins vicinaux de petite communication, et elles le peuvent évidemment lorsque ces chemins n'exigent pas de réparations actuelles; plus souvent encore, elles offrent, pour hâter la construction de la ligne vicinale, soit le produit de centimes extraordinaires, soit des allocations sur des ressources extraordinaires, telles que coupes de bois, ventes de terrains communaux, etc. Enfin, il arrive aussi que des particuliers dont les propriétés doivent augmenter de valeur par la création d'un nouveau moyen de communication, offrent de concourir à la dépense par forme de souscription volontaire.

**444.** C'est au préfet que l'art. 7 de la loi du 21 mai 1836 donne le droit de statuer sur ces offres, et cela devait être, car il y eût eu de graves inconvénients à ajourner jusqu'à la session du conseil général l'acceptation d'offres qu'il importe souvent de faire réaliser à l'instant même. Ce n'est d'ailleurs pas une chose de pure forme que la décision à prendre sur ces offres de concours, car fort souvent elles ne sont faites que sous certaines conditions ayant pour objet, soit de hâter l'époque de l'achèvement des travaux, soit d'obtenir quelques modifications dans le tracé, ou même dans la direction de la ligne. Le préfet doit donc, avant d'accepter les offres qui lui sont faites, examiner si les conditions auxquelles elles sont subordonnées peuvent être admises. Quant au tracé, ou à la direction notamment, il doit s'assurer si l'intérêt général de la communication n'est pas opposé aux intérêts privés qui ont déterminé les offres. Si même la direction de la ligne devait être changée, il n'appartiendrait plus au préfet d'accepter les conditions et par conséquent les offres, car il n'aurait pas le droit de modifier la décision préalablement prise par le conseil général pour déterminer la direction du chemin vicinal de grande communication; il faudrait dans ce cas en référer au conseil général. On voit donc que très-souvent l'acceptation des offres de concours doit donner lieu à un examen approfondi, avant qu'il puisse y être statué.

**445.** Lorsqu'il est reconnu que ces offres peuvent être acceptées, il importe que la réalisation en soit assurée. Il serait fâcheux, en effet, que, sur une offre de concours trop facilement admise, l'administration fît entreprendre des travaux qu'elle n'aurait pas ensuite le moyen de solder, si les engagements pris envers elle n'étaient pas remplis. Le ministre a donc recommandé, dans son instruction du 24 juin 1836, que les offres des communes fussent toujours constatées par des délibérations des conseils municipaux auxquelles le préfet donne la sanction de son approbation, pour qu'elles ne puissent être légèrement rapportées; si d'ailleurs il s'agissait d'impositions extraordinaires, elles devraient être votées avec le concours des plus imposés, et soumises à l'homologation royale. Les offres, dans ce dernier cas, ne sont donc définitivement acceptées que lorsque l'ordonnance est rendue. Quant aux offres faites par des particuliers ou associations de particuliers, le montant doit en être versé dans une caisse publique aussitôt après l'acceptation, ou au moins le préfet doit faire souscrire des engagements valables, dont l'exécution puisse être poursuivie au besoin. Ce dernier moyen ne doit même être admis qu'avec réserve, car la rentrée des souscriptions ne peut être poursuivie que par la voie civile, et il est toujours fâcheux d'être obligé de recourir à cette voie, lente et dispendieuse.

**446.** Il est quelques départements où un grand nombre de chemins vicinaux de grande communication n'ont été classés qu'en vue et sous la condition de la réalisation de semblables offres de concours. L'ouverture d'une ligne vicinale peut, par exemple, offrir de grands avantages à un certain nombre de communes, et elles en demandent le classement; le préfet leur annonce qu'il ne proposera le classement au conseil général que si les communes et les particuliers intéressés s'engagent à concourir à la dépense pour la moitié, souvent même pour les deux tiers. Lorsque l'accomplissement de cette condition est assuré, le préfet fait remplir les formalités préalables au classement, et il le propose au conseil général. On comprend tout ce que ce système a d'avantageux pour le service vicinal et ce qu'il présente de facilité à l'administration. Il faut reconnaître toutefois qu'il n'est praticable, d'une manière générale, que dans les départements où les communes sont riches, et où il règne assez d'aisance pour que les particuliers puissent faire des sacrifices actuels, en vue d'un avantage à venir.

447. Il arrive quelquefois que le projet de classement d'un chemin vicinal de grande communication fait naître une lutte d'intérêts opposés entre les communes, les unes demandant qu'il suive telle direction, et les autres telle autre direction. Ces luttes se résolvent souvent en offres de concours que les communes élèvent autant qu'elles le peuvent, afin de déterminer la préférence de l'administration. Il est tout naturel que, pour le choix de la direction à adopter, le préfet et le conseil général prennent en considération l'importance des offres de concours faites de part et d'autre; nous croyons toutefois que ce motif ne doit pas être le seul qui détermine le choix de l'administration. Les chemins vicinaux de grande communication, en effet, ne doivent pas être établis uniquement en vue des intérêts de telle commune, ou de telle association de communes; ils sont souvent projetés par des considérations d'intérêt général, qui ne permettraient pas que leur direction fût changée pour profiter de quelques offres de concours plus considérables. Nous ajouterons qu'en s'attachant trop à l'importance des offres pour déterminer la direction des lignes vicinales, l'administration pourrait sacrifier les intérêts de localités qui n'auraient pas la possibilité de lutter avec telles autres, et qui ont cependant d'autant plus de droits à être appuyées qu'elles sont plus dépourvues de ressources. Le système de la concurrence dans les offres de concours a donc des avantages, mais il ne doit pas être poussé trop loin si on ne veut être entraîné au delà des bornes de la justice.

448. Il nous reste à parler d'un mode particulier d'offres de concours à l'égard duquel l'administration a éprouvé quelque hésitation dans la marche à suivre.

Pour hâter l'achèvement d'une ligne vicinale, des particuliers offrent de faire l'avance des fonds nécessaires; quelquefois même, ils renoncent à toute demande d'intérêts pour ces avances, et ils se bornent à stipuler qu'ils seront remboursés dans tel nombre d'années.

Ces offres sont certainement avantageuses, surtout lorsque les particuliers n'exigent pas l'intérêt de leurs fonds; mais une difficulté grave s'est présentée quant à la garantie du remboursement. Le préfet ne peut en effet garantir ce remboursement sur le fonds des subventions départementales, car le vote de ces subventions est facultatif pour le conseil général, et ce vote ne peut être lié à l'avance par l'engagement qu'aurait pris le préfet. Le conseil général lui-même ne pourrait garantir le remboursement d'une semblable dette sur le produit des centimes spéciaux qu'il vote annuellement, car ce vote est encore subordonné à l'autorisation que doit donner chaque année la loi des finances. Les centimes spéciaux départementaux ne forment donc, pour le service vicinal, qu'une ressource éventuelle; et si son allocation permanente est grandement présumable, elle n'est cependant pas assez certaine pour servir de gage à un emprunt, puisque la seule volonté du conseil général ne suffit pas pour réaliser cette ressource. Les préfets ne pourraient pas valablement non plus stipuler au nom des communes, et donner les ressources communales pour gage du prêt proposé; ces ressources, d'ailleurs, seraient souvent insuffisantes.

449. Il importait de lever ces difficultés de forme, qui pourraient priver l'administration de l'avantage des offres qui lui étaient faites. Les principes sur lesquels est basé le système des chemins vicinaux de grande communication ont guidé le ministre de l'intérieur dans les instructions qu'il avait à donner. En effet, puisque ces chemins ne changent pas de caractère par la nouvelle dénomination qu'ils reçoivent, puisqu'ils restent chemins vicinaux, et que, comme tels, les travaux qui s'y font sont des travaux communaux et non pas des travaux départementaux; puisque, enfin, les dépenses à y faire sont à la charge des communes, et non à celle du département qui n'y intervient que par forme de subvention ou de secours, le ministre de l'intérieur, après avoir pris l'avis du Conseil d'état, a pensé que les offres d'avances de fonds faites par des particuliers pour les travaux des chemins vicinaux de grande communication, devaient être considérées comme faites aux communes attachées à la ligne vicinale, et qu'elles devaient être acceptées par ces communes ou par l'une d'elles, qui en garantirait le remboursement comme pour tout autre emprunt communal. Cette ga-

rantie ne serait d'ailleurs que nominale, dans la plupart des cas; rien n'empêcherait en effet que, chaque année, le préfet affectât au remboursement de la créance les subventions qu'il pourrait donner à cette ligne sur les centimes spéciaux départementaux que le conseil général serait probablement autorisé à voter, et que, probablement aussi, il voterait. Le préfet pourrait également affecter au remboursement de l'emprunt la portion des contingents communaux de cette ligne, qui seraient annuellement imposés.

Il est plusieurs départements déjà, où l'application de ce système a donné à l'administration la possibilité de terminer rapidement les travaux de construction de plusieurs lignes vicinales importantes.

### § 4. — Subventions départementales.

450. Nous avons dit plus haut que, plusieurs années avant la promulgation de la loi du 21 mai 1836, un assez grand nombre de conseils généraux étaient dans l'usage d'affecter des fonds à l'amélioration des chemins vicinaux les plus importants, ceux qui ont reçu le nom de *chemins vicinaux de grande communication*. L'art. 8 de la loi précitée a sanctionné cet usage en permettant que des subventions fussent affectées à ce service, soit sur le produit des centimes facultatifs ordinaires, soit sur le produit de centimes spéciaux qui pourraient être votés dans les limites annuellement fixées par les lois de finances. Nous ne reviendrons pas sur ce que nous avons dit du vote de ces ressources, et nous ne nous occuperons ici que de la répartition des subventions.

451. Faisons remarquer, d'abord, que ce n'est pas *aux communes* que doivent être accordées ces subventions. La loi dit que « *les chemins vicinaux de grande communication* pourront recevoir des subventions sur les fonds départementaux.* » C'est donc à l'ensemble de la ligne vicinale, considérée comme une spécialité, que doivent être accordées les subventions.

452. La répartition des subventions départementales entre les lignes vicinales a été placée par la loi dans les attributions du préfet, qui doit faire cette répartition, *en ayant égard aux ressources, aux sacrifices et aux besoins des communes.* L'administration seule, en effet, pouvait être chargée de cette répartition, dont les éléments, essentiellement variables, n'auraient pas toujours

pu être réunis pour la session du conseil général; souvent d'ailleurs, il y a lieu de modifier, en cours d'exécution des travaux, un premier projet de répartition, en raison de circonstances qui n'avaient pu être prévues. Il fallait donc que l'action du préfet fût libre à cet égard. Le vœu de la loi n'avait pas été tout d'abord parfaitement compris, et quelques conseils généraux, en votant les fonds qu'ils croyaient devoir affecter au service des chemins vicinaux de grande communication, avaient fixé la quotité de ce qui pourrait être accordé à chaque ligne vicinale; mais le ministre de l'intérieur n'a pas manqué de s'opposer à ce qu'il regardait, avec raison, comme un empiétement sur les attributions du préfet, et, dans le règlement des budgets départementaux, il a fait disparaître la spécialité des crédits par ligne qu'avaient proposée les conseils généraux; il a même, dans une circulaire spéciale du 18 février 1839, rappelé quelle est, en matière de chemins vicinaux de grande communication, la limite des attributions respectives des préfets et des conseils généraux.

453. Nous aurions peu de choses à dire sur les considérations qui doivent guider le préfet dans la répartition des subventions entre les diverses lignes vicinales. Ainsi que l'a exprimé le ministre de l'intérieur dans son instruction du 24 juin 1836, « les bases de cette répartition se trouvent dans les termes mêmes de la loi, *en ayant égard aux ressources, aux sacrifices et aux besoins des communes.* Rien ne pourrait être ajouté à ces mots pour en faire comprendre l'esprit et la portée. Il s'agit ici non-seulement d'une appréciation tirée de chiffres, il s'agit encore d'une appréciation morale de la bonne volonté, du zèle et des efforts des communes. » Il va sans dire que l'importance plus ou moins grande de chaque ligne vicinale doit être également une circonstance déterminante dans la répartition des subventions.

454. Enfin, comme l'affectation de subventions départementales aux chemins vicinaux de grande communication est purement facultative, il n'est pas indispensable que toutes les lignes y participent à la fois. Il est même plusieurs départements où, d'accord entre le préfet et le conseil général, il a été décidé qu'un certain nombre seulement de lignes vicinales auraient part, d'abord, à ces subventions, et que les autres n'y participeraient

qu'après l'achèvement des premières. C'est un moyen de prévenir le fâcheux effet de la trop grande dissémination des fonds départementaux.

### § 5. — *Centralisation des ressources.*

455. L'art. 9 de la loi du 21 mai 1836 a placé les chemins vicinaux de grande communication *sous l'autorité des préfets*; à ces magistrats seuls appartient donc le droit de diriger, d'ordonner l'emploi des ressources de toute nature applicables à chaque ligne. Il fallait que les ressources fournies par les communes fussent constamment à la disposition des préfets, sans qu'il fût nécessaire de recourir à l'intervention des maires pour le mandatement des dépenses. Il devenait ainsi indispensable que la portion de ces ressources qui serait fournie en argent, fût centralisée dans une caisse sur laquelle les préfets pussent exercer directement leur autorité et leur action.

456. Le ministre de l'intérieur avait pensé que cette centralisation pourrait facilement être opérée dans les mains du receveur général du département, qui encaisserait les contingents communaux en argent, en ouvrant un crédit spécial à chaque ligne vicinale; il avait donc tracé cette règle dans son instruction du 24 juin 1836, et il avait ajouté que le préfet devrait en agir de même à l'égard des subventions départementales applicables à chaque ligne. Mais ce mode de centralisation a paru présenter quelques inconvénients sous le rapport de la comptabilité. On a pensé que l'emploi de ressources aussi considérables que celles qui pouvaient être affectées aux chemins vicinaux de grande communication, devait être soumis au contrôle institué pour les autres branches de dépenses publiques, et cette opinion peut être justifiée par l'importance du chiffre des ressources annuelles. Ce chiffre dépasse en effet vingt millions par an, et en 1841, il s'est composé ainsi qu'il suit :

| | | | |
|---|---|---|---|
| Prestations fournies en nature................ | 6,452,969 | | |
| Argent. { Communes.................. | 8,924,108 } | 17,293,655 } | 23,746,624 f. |
| { Départements.............. | 8,369,547 } | | |

Il a donc été réglé, d'accord entre les ministres de l'intérieur et des finances, que les ressources communales en argent affectées aux chemins vicinaux de grande communication seraient rattachées *pour ordre* à la comptabilité départementale. Ces ressources sont inscrites en recette et en dépense aux budgets départementaux, par appréciation et en un seul article; comme il ne s'agit d'ailleurs que d'une mesure d'ordre, les conseils généraux n'ont point à délibérer sur l'emploi de ces ressources communales, les attributions du préfet restant entières à cet égard. Il est entendu également que ce système de centralisation ne change rien à l'affectation spéciale à chaque ligne des ressources communales propres à cette ligne. Quant à la disponibilité des fonds, elle est soumise aux mêmes règles que pour les fonds départementaux, c'est-à-dire que le préfet ne peut mandater les dépenses que lorsqu'il a reçu du ministre des ordonnances de délégation. Les formes de la comptabilité départementale sont également appliquées aux fonds non employés dans le cours de l'exercice auquel ils appartiennent.

457. La comptabilité du service des chemins vicinaux de grande communication a gagné sans doute à l'application de ces règles

nouvelles, mais on ne peut se dissimuler que la rapidité des travaux peut quelquefois en éprouver des obstacles. La nécessité, pour solder des entrepreneurs ou des travaux en régie, d'attendre des ordonnances de délégation, qui ne se délivrent qu'à des époques fixes, peut gêner le service; il en est de même des règles relatives au report des fonds non employés dans le cours de l'exercice, et les administrations municipales ont souvent témoigné le regret que des travaux ne pussent se faire, quoique les ressources fussent réalisées depuis plusieurs mois. C'est là un inconvénient inséparable, peut-être, de nos formes de comptabilité publique, qui présentent d'ailleurs des garanties propres à en balancer les inconvénients.

### Sect. 3. — *Mesures relatives aux travaux.*

### § 1er. — *Emploi des ressources.*

458. Les ressources applicables aux chemins vicinaux de grande communication sont de deux espèces : les prestations en nature, qui y entrent pour environ 27/100, et les ressources en argent, tant communales que départementales, qui y entrent pour environ 73/100.

Nous avons peu de choses à dire ici sur l'emploi des prestations en nature, et nous ne pouvons que nous référer, en grande partie, à ce que nous avons dit sur ce sujet dans notre chapitre 2. Nous ajouterons seulement que, sur les grandes lignes vicinales, l'emploi de la prestation, dirigé exclusivement par les agents-voyers, gagne chaque jour dans ses résultats. Il est déjà plusieurs départements où la journée de prestation approche en travaux de ceux qu'on pourrait obtenir d'ouvriers salariés ; il en est un plus grand nombre, où la valeur du travail obtenu est supérieure à l'évaluation qu'y donne le tarif de conversion ; il y a donc, dans ce cas, avantage à employer les journées en nature.

459. Le système de la conversion en tâches s'étend graduellement. Généralement c'est en fournitures et transports de matériaux que sont établies les tâches, parce que c'est en effet la manière dont il est le plus facile de constater leur accomplissement. Dans un petit nombre de départements, on a même transformé les tâches individuelles des prestataires en tâches communales. L'agent-voyer, sous l'autorité du préfet, indique au maire l'étendue et la nature des travaux représentant la valeur du contingent assigné à la commune en prestations, et il en prépare et en dirige l'application. Quand les travaux sont terminés, l'agent-voyer en fait la reconnaissance, et s'il en résulte que tous les travaux sont effectués, la commune est libérée ; s'il y a déficit dans la masse des travaux, le maire est invité à faire compléter les travaux ou à en faire verser la valeur en argent. On comprend, d'ailleurs, que ce système ne peut être appliqué que par un accord volontaire, car quelque facilité qu'il offre à l'administration supérieure et à l'administration municipale, il ne trouverait peut-être pas sa sanction obligatoire dans les termes de la loi, qui ont fait de la prestation en nature une obligation personnelle et non pas une obligation communale. En principe donc, lorsque l'administration municipale a mis à la disposition du préfet le nombre de prestataires nécessaires pour acquitter les deux journées que la commune peut être tenue de fournir, la commune se trouve libérée, sans qu'on puisse lui imputer le défaut d'activité et de zèle des prestataires. C'est au préfet, par l'entremise des agents-voyers, à veiller à ce que les prestataires accomplissent effectivement les obligations personnelles que la loi leur impose, sauf à ce que le certificat de libération leur soit refusé, s'il y a lieu, et par suite leur cote ou portion de cote exigée en argent.

460. Nous ferons remarquer d'ailleurs que le préfet n'est pas astreint à faire employer la prestation en nature sur le territoire même de la commune à laquelle appartiennent les prestataires ; cette limitation, que rien ne commande dans la loi, serait tout à fait contraire à l'esprit du système des chemins vicinaux de grande communication. Puisque, comme nous l'avons dit plus haut, le conseil général peut déclarer intéressées à une ligne vicinale des communes dont le territoire n'est pas traversé par cette ligne, il faut bien que les prestataires de cette commune puissent être appelés à porter leurs journées hors du territoire communal. On comprend toutefois qu'il y a des limites nécessaires à cette faculté d'appeler les prestataires à sortir de leur commune ; c'est la considération de la distance qu'ils auraient à parcourir pour se rendre sur les ateliers. En effet, le temps employé à aller et venir doit nécessairement être compté au prestataire comme s'il était employé aux travaux ; or, si plusieurs heures devaient être ainsi distraites de la journée à fournir, il y aurait perte évidente pour le service. Aussi, dans la pratique l'administration favorise-t-elle, par quelques concessions la conversion en argent des journées de prestation qu'une commune devrait fournir hors de son territoire, et fort souvent les prestataires préfèrent racheter leur travail en argent.

461. Quant à l'emploi des ressources en argent, quelle que soit leur origine, le ministre de l'intérieur a prescrit aux préfets, dans son instruction du 24 juin 1836, de se rapprocher autant que possible des formes usitées pour les travaux des ponts et chaussées. Il a fortement déconseillé l'emploi par voie de régie, qui est une source d'abus souvent impossibles à réprimer ; ce moyen ne peut être admis, en général, que pour les ouvriers salariés qu'il est nécessaire d'adjoindre aux ateliers de prestataires. Les agents-voyers doivent donc rédiger des projets, plans et devis, qui sont soumis à l'approbation du préfet et qui donnent lieu à des adjudications publiques, dans les formes de celles qui ont lieu pour les travaux des routes. Lorsque l'adjudication se fait au chef-lieu du département,

le ministre a prescrit d'y appeler, outre le conseil de préfecture et l'agent-voyer en chef, deux membres du conseil général, dont l'assistance paraît convenable en raison de l'influence que le conseil général exerce sur le service des chemins vicinaux de grande communication. Si l'adjudication se fait dans un chef-lieu de sous-préfecture, le sous-préfet doit être assisté d'un membre du conseil général, d'un membre du conseil d'arrondissement et de l'agent-voyer; l'adjudication doit dans ce cas être soumise à l'approbation du préfet, sous l'autorité duquel, seul, est placé tout ce qui a rapport au service des lignes vicinales.

Les travaux faits sont reçus par les agents-voyers d'arrondissement, sous le contrôle de l'agent-voyer en chef, là où il en existe, et sous l'approbation du préfet.

462. Faisons remarquer, en terminant, qu'aucune limite n'a été posée jusqu'à présent au droit des préfets d'ordonner et de diriger les travaux qui se font à prix d'argent sur les chemins vicinaux de grande communication, et cependant ces travaux ont souvent une valeur considérable, puisqu'il est tels départements où les ressources en argent, applicables à cette partie du service, dépassent quatre et cinq cent mille francs. On a pensé sans doute que la loi, en disant dans son art. 16 « que les travaux d'ouverture et de redressement des chemins vicinaux seront autorisés par arrêté des préfets, » avait affranchi les préfets du contrôle établi par d'autres lois pour les travaux communaux, les travaux départementaux et ceux même des routes départementales. Ainsi, pour ces dernières, aucun projet ne peut être exécuté sans avoir été examiné par le conseil des ponts et chaussées, et approuvé par le ministre des travaux publics; quant aux travaux des communes, ils doivent, aux termes de l'art. 45 de la loi du 18 juillet 1837, être soumis à l'approbation du ministre de l'intérieur lorsqu'ils excèdent une dépense de trente mille francs; la même règle a été appliquée par l'art. 32 de la loi du 10 mai 1838, pour les travaux départementaux dont la valeur dépasse cinquante mille francs. Or, les travaux qui se font sur une seule ligne vicinale de grande communication excèdent souvent ces chiffres, et cependant ils ne sont soumis à aucun contrôle de la part de l'administration centrale. Peut-être cette partie de la loi serait-elle modifiée, si

IV.

le gouvernement se déterminait à en revoir quelques articles, car, lorsqu'on a cru devoir astreindre la réalisation des ressources aux règles rigoureuses de la comptabilité publique, est-il logique de laisser employer annuellement plus de vingt millions sans aucun des moyens de contrôle imposés aux travaux départementaux et communaux, sans même que le ministre de l'intérieur ait la faculté d'envoyer un inspecteur reconnaître la marche du service vicinal dans tel ou tel département?

### § 2. — Action des préfets.

463. Nous avons vu, dans les paragraphes précédents, quelle était la part d'autorité dévolue aux préfets sur les chemins vicinaux de grande communication, par l'art. 9 de la loi du 21 mai 1836, soit en ce qui concerne la réalisation des ressources qui y sont affectées, soit en ce qui concerne l'emploi de ces ressources. Il nous reste à parler de quelques autres attributions que la jurisprudence du Conseil d'état et de la Cour de cassation a successivement reconnues appartenir aux préfets, par application du même article de la loi du 21 mai 1836.

464. Lorsque, dans notre chapitre 1er, nous nous sommes occupé du classement des chemins vicinaux de petite communication et des alignements sur ces chemins, nous avons fait remarquer que le Conseil d'état et la Cour de cassation faisaient toujours distinction entre les chemins et les rues des bourgs et villages, et qu'ils considéraient les voies publiques de cette dernière catégorie comme faisant partie de la voirie urbaine, et non pas de la voirie vicinale. Il résultait implicitement de cette distinction que si les préfets pouvaient, en vertu de l'article 21 de la loi du 21 mai 1836, *statuer sur tout ce qui est relatif aux alignements et aux autorisations de construire le long des chemins*, et s'ils pouvaient, par conséquent, se réserver le droit de donner eux-mêmes et directement les alignements le long des chemins vicinaux de grande communication, ce droit n'avait d'application que pour la partie de ces voies publiques située en rase campagne, mais qu'il s'arrêtait à la limite de l'agglomération de maisons qui forment un village. Il en résultait encore que la viabilité des rues des villages ne pouvait être entretenue au moyen des ressources créées par

11

la loi du 21 mai 1836, car ces ressources étaient créées pour l'entretien des *chemins vicinaux*, et non des voies publiques faisant partie de la voirie urbaine. On conçoit tout ce que ces règles avaient de fâcheux pour le service des chemins vicinaux de grande communication, puisque chaque village que traversaient ces chemins formait ainsi une véritable lacune, soit quant à l'entretien, soit quant aux alignements.

De nombreuses réclamations ayant surgi à cet égard, et toutes ayant pour objet de faire reconnaître que le système des chemins vicinaux de grande communication établi par la législation nouvelle, devait nécessairement faire modifier les règles précédemment posées, le ministre de l'intérieur crut devoir consulter sur ce point le Conseil d'état, qui a répondu par un avis en date du 25 janvier 1837, ainsi conçu :

« Le Conseil d'état, qui a entendu le rapport du comité de l'intérieur sur la question de savoir s'il y a lieu de considérer les rues des villages comme faisant partie des chemins vicinaux dont ils sont la prolongation,

» Vu la loi des 16-24 août 1790 sur les attributions conférées aux corps municipaux ;

» Les art. 6, 7 et 8 de la loi du 9 ventôse an XIII ;

» Les lois des 28 juillet 1824 et 21 mai 1836 sur les chemins vicinaux ;

» Considérant que par la loi de 1836 il n'a pas été apporté de changement aux anciens règlements de voirie concernant les simples chemins vicinaux, mais qu'il n'en est pas de même à l'égard des nouvelles lignes vicinales classées sous le nom de *chemins vicinaux de grande communication*, lesquelles, aux termes de la sect. 2 de la loi du 21 mai 1836, sont régies par des dispositions qui leur sont propres ;

» Qu'à la différence des chemins vicinaux, les lignes de grande communication offrent un intérêt à la fois départemental et communal ;

» Qu'en effet, d'après l'art. 7 de ladite loi, ces sortes de lignes vicinales ne peuvent être déclarées *chemins vicinaux de grande communication* que par le conseil général du département, qui en détermine la direction et désigne les communes qui doivent contribuer à leur construction et à leur entretien ; que le préfet en fixe la largeur et les limites, et

détermine annuellement la proportion dans laquelle chaque commune doit concourir à l'entretien de la ligne vicinale dont elle dépend ;

» Qu'aux termes de l'art. 8, ces chemins vicinaux reçoivent des subventions sur les fonds départementaux ;

» Qu'aux termes de l'art. 9, les chemins vicinaux de grande communication sont placés sous l'autorité du préfet ;

» Considérant qu'il résulte de ces dispositions que, par la loi de 1836, l'action départementale et préfectorale a été substituée à l'action purement municipale, en ce qui concerne les chemins vicinaux de grande communication, *sans exception des rues qui en font partie* ;

» Que, s'il en était autrement, il pourrait se trouver, sur ces grandes lignes vicinales, autant de lacunes qu'il s'y trouverait de communes intermédiaires, puisque les intérêts particuliers de chacune d'elles ne tendent pas toujours au but commun ; que, souvent même, ces intérêts sont opposés entre eux, ou contraires à l'intérêt départemental ;

» Que, pour ce motif, l'esprit et le texte de la loi de 1836 ont eu pour but de placer l'action dans les mains du préfet, pour neutraliser la résistance d'un intérêt municipal mal entendu ;

» Considérant que les anciennes dispositions des lois et règlements antérieurs ne sont pas applicables à des lignes vicinales qui n'avaient pas encore l'importance et le caractère départemental, que la loi de 1836 s'est proposé de leur donner ;

» Est d'avis :

» Que les rues qui sont la prolongation des chemins vicinaux de grande communication, dans la traverse des communes, doivent être considérées comme faisant partie intégrante desdits chemins, et être soumises aux règles qui leur sont applicables. »

Cet avis, adopté par le ministre de l'intérieur, fait règle aujourd'hui pour la partie du service des chemins vicinaux de grande communication à laquelle il s'applique, et il n'est pas à notre connaissance que son application ait donné lieu à aucune difficulté. A la vérité, le Conseil d'état n'a pas été appelé, depuis cet avis, à prononcer par la voie contentieuse sur des anticipations commises sur une *rue* faisant traverse d'un chemin vicinal de grande communication, anticipations qui, aux termes de l'avis précité, rentreraient dans la compétence des conseils de préfecture, et non dans celle des tribunaux ordinaires, comme en matière de voirie urbaine. Dans tous les cas, cet avis aura toujours eu, pour le service des grandes lignes vicinales, l'avantage de permettre l'application, à l'amélioration des traverses des villages, des ressources applicables aux travaux des chemins vicinaux de grande communication.

465. Les actions de diverses natures à intenter ou à défendre, dans l'intérêt des grandes lignes vicinales, ont été également reconnues appartenir aux préfets. Ainsi, dans une circonstance où il s'agissait de poursuivre la réalisation d'une offre de concours faite par un particulier, le conseil général avait cru devoir autoriser le préfet à exercer la poursuite, ce qui tendait à faire supposer que l'autorisation du conseil général était nécessaire et aurait pu être refusée. Pour ne pas laisser établir un précédent contraire aux principes, le ministre crut devoir provoquer l'annulation de la délibération du conseil général, et cette annulation fut prononcée par une ordonnance royale du 9 septembre 1838, insérée au *Bulletin des Lois*, et ainsi conçue :

« Louis-Philippe, etc. ; sur le rapport de notre ministre secrétaire d'état au département de l'intérieur ;

» Vu l'art. 14 de la loi du 22 juin 1833, les art. 4, 6 et 36 de la loi du 10 mai 1838, et les art. 7 et 9 de la loi du 21 mai 1836 ;

» La délibération prise par le conseil général du département de l'Indre, dans sa séance du 26 août dernier, et par laquelle le conseil autorise le préfet du département à faire les poursuites nécessaires pour obtenir l'exécution des engagements pris par feu le baron de Villeneuve, de fournir des terrains et une somme de 4,000 francs pour concourir à la construction d'un chemin vicinal de grande communication, offre faite en vertu de l'art. 7 de la loi du 21 mai 1836 ;

» Considérant qu'il n'était pas dans les attributions du conseil général de donner au préfet l'autorisation dont il s'agit ;

» Nous avons ordonné et ordonnons ce qui suit :

» Art. 1er. La délibération ci-dessus visée du conseil général du département de l'Indre est et demeure annulée. »

466. Pour prévenir le retour de semblables erreurs, le ministre de l'intérieur a tracé, dans une circulaire du 18 février 1839, la marche qui devait être suivie par les préfets, lorsqu'il y aurait lieu de soutenir des actions dans l'intérêt d'un chemin vicinal de grande communication. « Aucun des termes de la loi du 21 mai 1836, dit le ministre, aucun des corrollaires qu'on peut en déduire, ne permet de considérer les chemins vicinaux de grande communication comme placés au rang des *propriétés départementales* ; dès lors, il est évident que le conseil général n'a pas à intervenir dans les *actions* auxquelles donneront lieu les litiges ayant ces chemins pour objet. Ce serait à tort que vous appelleriez le conseil général à autoriser ces actions, ou même à en déclarer l'opportunité, car le conseil général n'a à intervenir que dans les actions à intenter ou à soutenir au nom du département, et les chemins vicinaux de grande communication, je le répète, ne sont pas la propriété des départements. Les litiges que font naître les intérêts des chemins vicinaux de grande communication donnent donc ouverture à des actions purement communales. On comprend, toutefois, que ces actions ne puissent pas être suivies par les maires ; en effet, il y a ici une agrégation de communes ayant un intérêt commun à l'établissement ou à l'entretien d'un chemin vicinal de grande communication, et, par conséquent, un intérêt commun dans les actions à exercer à l'occasion de ces chemins. D'un autre côté, les chemins vicinaux de grande communication sont placés, par l'art. 9 de la loi du 21 mai 1836, sous l'autorité du préfet. Par l'effet de cette attribution, le préfet centralise, pour ces contestations, les pouvoirs qui, selon les règles habituelles, appartiendraient à chacun des maires des communes intéressées à la ligne vicinale. Comme, cependant, l'intervention du préfet ne saurait relever les communes de l'état de minorité dans lequel elles se trouvent pour toutes les actions qui doivent être exercées dans leur intérêt, et comme, attendu cet état de minorité, les actions des communes ne peuvent être exercées qu'après l'autorisation du conseil de préfecture, le préfet doit se faire autoriser par ce conseil toutes les fois qu'il a à exercer, devant l'autorité judiciaire, une action née de difficultés survenues à l'occasion des intérêts communaux collectifs, qui ont pour objet un chemin vicinal de grande communication.

» Je n'ai sans doute pas besoin de faire remarquer, ajoute le ministre, que ce que je viens de dire ne s'applique pas à la répression des usurpations sur le sol de ces chemins. Il ne s'agit ici que d'une contravention ; elle ne donne pas lieu à une action civile ; elle est constatée par les fonctionnaires ou agents ayant droit d'en verbaliser ; elle doit être, comme pour les chemins vicinaux de petite communication, portée devant le conseil de préfecture, en vertu de l'art. 8 de la loi du 9 ventôse an XIII. Il se pourrait, à la vérité, que de cette poursuite il résultât ensuite une action civile, car la répression de la contravention constatée est tout à fait indépendante de la question de propriété que soulèverait le particulier contre lequel il aurait été rédigé procès-verbal. Conformément à la jurisprudence constante du Conseil d'état, le conseil de préfecture statuerait sur la contravention, et s'il la reconnaissait constante, il ordonnerait la réintégration du sol enlevé au chemin. Ce jugement n'ôterait pas à la partie la faculté de faire reconnaître, par les tribunaux ordinaires, son droit de propriété, lequel se résoudrait alors en une indemnité ; mais cette action ne serait plus du nombre de celles qui devraient être soutenues par le préfet dans un intérêt collectif : elle serait soutenue par le maire de la commune sur le territoire de laquelle le chemin est situé, puisque chaque commune reste propriétaire, sur son territoire, du sol des chemins vicinaux de grande communication. Il n'y a lieu, en un mot, à l'exercice de l'action du préfet que pour les intérêts collectifs des chemins, ceux qui ne pourraient être exercés en particulier par chacun des maires des communes intéressées.»

467. Dans une autre circonstance, où il s'agissait de contestations avec un entrepreneur des travaux d'un chemin vicinal de grande communication, une ordonnance royale du 11 août 1841 (le préfet du Loiret contre Gaëtan) a reconnu implicitement que l'action pouvait être soutenue par le préfet, au nom du département, après avis des communes intéressées ; cette ordonnance est ainsi conçue : « Vu la requête sommaire et le mémoire ampliatif à nous présentés par le préfet du département du Loiret, agissant d'urgence, aux termes de l'art. 36 de la loi du 10 mai 1838, dans l'intérêt dudit département, et plus spécialement dans l'intérêt des communes de Lorris et Beauchamp ; ladite requête et ledit mémoire tendant à ce qu'il nous plaise annuler un arrêté du conseil de préfecture du département du Loiret, en date du 31 décembre 1838, par lequel ledit conseil a réglé à la somme de 2,769 f. 58 c. le reliquat dû au sieur Gaëtan, entrepreneur des travaux de construction du chemin vicinal de grande communication n° 28 de Pithiviers à Gien ; *en ce qui touche le recours du préfet du département du Loiret* ; considérant que les arrêtés par défaut rendus par les conseils de préfecture sont susceptibles d'opposition et ne peuvent nous être déférés directement ; que, dans l'espèce, le conseil de préfecture du département du Loiret n'a visé aucune défense de l'administration ; que c'est, dès lors, par défaut contre elle que ledit conseil a prononcé sur les réclamations du sieur Gaëtan, et qu'ainsi, le recours à nous présenté par le préfet du département du Loiret n'est pas recevable. » Le rejet de la requête présentée par le préfet n'est pas motivé, comme on voit, sur le défaut de qualité de ce magistrat, mais seulement sur cette circonstance que l'arrêté du conseil de préfecture, contre lequel il s'était pourvu, était susceptible d'opposition comme n'ayant pas été rendu contradictoirement.

468. Enfin, en matière d'expropriation des terrains nécessaires pour l'ouverture ou le redressement des chemins vicinaux, bien que cette expropriation ne soit poursuivie que dans l'intérêt des communes, bien que le prix des terrains doive être soldé par les communes, cependant les tribunaux et la Cour de cassation ont toujours, depuis la loi du 21 mai 1836, admis le préfet à poursuivre l'expropriation.

On peut donc dire que le préfet a qualité pour exercer généralement toutes les actions qui ont pour objet les intérêts collectifs groupés sur les chemins vicinaux de grande communication.

APPENDICE. — *Des chemins ruraux.*

469. Après avoir traité de tout ce qui a rapport aux chemins vicinaux, il nous paraît indispensable de dire quelques mots *des chemins qui ne sont pas vicinaux*, de ceux dont l'administration nous paraît avoir bien indiqué le caractère en leur donnant le nom de *chemins ruraux.*

Les chemins ruraux sont des voies publiques, car nul n'en revendique la propriété à titre privé ; il en est en grand nombre , sans doute, qui pourraient être supprimés sans inconvénient, et dont le sol pourrait être rendu à l'agriculture : mais il en est beaucoup aussi dont la conservation est indispensable, parce qu'ils donnent accès à une fontaine publique, à un abreuvoir, à un paturage communal, ou qu'ils sont nécessaires à l'exploitation de différents cantons de terres arables. Cette catégorie de voies publiques est, d'ailleurs, devenue beaucoup plus considérable depuis que l'obligation, pour les communes, d'entretenir les chemins vicinaux a déterminé l'administration à reviser les classements anciennement faits. Il est telle commune, en effet, où le relevé général des chemins publics en présentait deux cents, et où cependant quinze ou vingt seulement ont été déclarés chemins vicinaux. Les autres se trouvent ainsi virtuellement rangés dans la classe des chemins ruraux.

470. L'autorité administrative ne pourrait rester étrangère au régime de voies publiques aussi nombreuses ; elle doit surveiller et protéger cette partie de la propriété communale, et dans une circulaire du 16 novembre 1839, basée sur un avis du Conseil d'état, le ministre de l'intérieur a retracé les principales règles applicables à la reconnaissance et à la conservation des chemins ruraux.

En exécution de cette circulaire, il a dû être formé, dans chaque commune du royaume, un état général de tous les chemins ruraux appartenant à la commune, sans en excepter même les simples sentiers. Cet état a dû être déposé pendant un mois à la mairie ; avis de ce dépôt a été donné par la voie ordinaire des publications, afin que tous les intéressés pussent venir en prendre connaissance et réclamer, soit contre les omissions qu'ils remarqueraient, soit contre l'inscription au tableau de chemins dont ils prétendraient avoir la propriété à titre privé. A l'expiration du délai de dépôt, le tableau et les réclamations auxquelles il aurait donné lieu ont dû être soumis au conseil municipal, qui a donné son avis sur la nécessité ou l'utilité de chacun des chemins ruraux portés au tableau, et sur la possibilité d'en supprimer une partie pour en vendre le sol au profit de la commune. Si des particuliers ont élevé des réclamations tendantes à établir leurs droits à la propriété de quelques-uns des chemins portés sur le tableau, le conseil municipal examine ces réclamations ; il les admet, s'il les regarde comme

fondés ; dans le cas, au contraire, où il les croirait mal fondées, et où il lui paraîtrait y avoir lieu de soutenir les prétentions de la commune à la propriété du sol de ces chemins, le conseil municipal demanderait l'autorisation de défendre contre le réclamant, et il serait sursis sur l'inscription du chemin au tableau jusqu'à l'issue du procès qui s'engagerait. Il y a ici une notable différence avec la manière dont il est procédé en matière de chemins vicinaux. Pour le classement de ceux-ci, en effet, comme nous l'avons vu précédemment, le préfet n'a pas à s'arrêter devant les exceptions de propriété, puisqu'aux termes de l'art. 15 de la loi du 21 mai 1836, l'arrêté de classement transfère la propriété du sol du chemin à la commune, sauf indemnité au propriétaire, s'il y a lieu ; mais cette loi n'ayant statué que pour les chemins vicinaux, il s'ensuit que les contestations sur la propriété des chemins ruraux doivent être vidées avant que ces chemins puissent être définitivement déclarés voies publiques.

471. Il est inutile, sans doute, de dire que c'est devant les tribunaux civils que doivent être portées les contestations relatives à la propriété du sol des chemins ruraux ; il est de principe, en effet, que ces tribunaux sont seuls compétents sur toutes les questions de propriété. Mais la jurisprudence a varié sur la question de savoir si, pendant le litige, l'autorité administrative avait, comme pour les chemins vicinaux, le droit de maintenir provisoirement le public en jouissance du passage sur le chemin rural, dont la propriété était contestée à la commune. Un décret du 18 août 1811 (Robin contre Hamelin) avait reconnu ce droit à l'administration ; il est ainsi conçu : « Vu la requête du sieur Louis Robin, tendante à ce qu'il nous plaise annuler un arrêté du conseil de préfecture de l'Indre, du 21 septembre 1807, lequel maintient, comme chemin appartenant au public, un passage à travers les prés des Porchons, appartenant à la pupille dudit sieur Robin ; considérant qu'il s'agit de savoir si les prés des Porchons sont ou non grevés d'un droit de passage pour le service des forges et du public ; que le sieur Robin prétend qu'il n'existe sur lesdits prés aucune servitude de cette espèce fondée en titre ou sur la prescription, et que cette question de servitude est entièrement du ressort des tribunaux ; que néanmoins l'autorité administrative pouvait et devait maintenir le

passage provisoirement et jusqu'à la décision des tribunaux. Art. 1ᵉʳ : L'arrêté du conseil de préfecture du département de l'Indre, en date du 21 sept. 1807, est maintenu quant à la jouissance provisoire du droit de passage sur les prés des Porchons. » Une ordonnance du 27 mai 1816 (Lantin contre la commune de Bey) a adopté un système contraire; elle est ainsi conçue : « Vu la requête tendante à l'annulation d'un arrêté du préfet du département de Saône-et-Loire, par lequel il a décidé que ledit sieur Lantin ferait combler le fossé qu'il a fait ouvrir à l'entrée d'un chemin en litige entre lui et la commune de Bey; considérant que le requérant affirme que le chemin susmentionné est établi sur sa propriété, et qu'il ne doit pas cette servitude; considérant qu'il résulte de cette contestation une question de propriété, qui est du ressort des tribunaux. Art. 1ᵉʳ : L'arrêté du département de Saône-et-Loire, du 22 avril 1815, est annulé, et les parties sont renvoyées devant les tribunaux ordinaires. » Il a été statué dans le même sens par une autre ordonnance du 18 mai 1818 (Morlé contre Zermicelle), et nous n'en connaissons aucune dans un sens contraire. Il nous paraît donc suffisamment établi que, lorsque la propriété d'un chemin rural est contestée entre la commune et un particulier, l'autorité administrative n'a pas le droit de maintenir provisoirement le passage; il ne peut, en effet, y avoir un grand dommage pour le public dans l'interruption du passage; car si le chemin eût été d'une grande utilité, il eût été indubitablement porté sur le tableau des chemins vicinaux.

472. Les chemins ruraux sont souvent très-étroits, et on a demandé si l'autorité avait le droit de les faire élargir.

Si les propriétaires riverains consentent à cet élargissement, il ne peut sans doute y avoir aucune difficulté; mais s'ils ne consentent pas à céder les parcelles de terrains nécessaires, nous ne pensons pas qu'on puisse les y contraindre. On ne pourrait procéder, en effet, en vertu de la loi du 21 mai 1836, qui n'est applicable qu'aux chemins vicinaux; il faudrait donc recourir à la loi du 3 mai 1841 sur l'expropriation pour cause d'utilité publique; mais comment pourrait-on invoquer l'*utilité publique*, relativement à un chemin qui n'a pas été jugé d'une utilité communale assez grande pour qu'il fût déclaré vicinal ?

Si les chemins ruraux ne peuvent être élar-gis que par accord amiable avec les propriétaires riverains, ils doivent au moins être maintenus dans leur largeur actuelle, et il est du devoir de l'autorité administrative de provoquer la répression des anticipations commises sur le sol de ces chemins. Ce n'est pas devant le conseil de préfecture que cette répression doit être poursuivie : des ordonnances nombreuses, que nous avons citées plus haut, établissent positivement que ces conseils ne sont compétents que relativement aux anticipations commises *sur les chemins vicinaux*. C'est donc aux tribunaux de simple police que doivent être déférés les procès-verbaux, constatant des anticipations sur le sol des chemins vicinaux, et ces tribunaux ne manqueront pas de faire application du parag. 11 de l'art. 479 du Code pénal, qui condamne à une amende de 11 à 15 fr. *ceux qui auront usurpé sur la largeur des chemins publics.*

473. Les dégradations commises sur les chemins ruraux, enlèvement de pierres, de terre, de gazon, tout ce qui tend enfin à nuire à la commodité du passage, doivent également être poursuivies devant les mêmes tribunaux, par application du même article du Code pénal.

474. Nous devons faire remarquer ici que les agents-voyers n'auraient pas qualité pour constater les anticipations ou autres contraventions commises sur le sol des chemins ruraux. Ces agents n'ont été institués, par la loi du 21 mai 1836, qu'en vue des chemins vicinaux, et nous avons vu plus haut la Cour de cassation, par un arrêt du 23 janvier 1841, refuser d'admettre un procès-verbal d'agent-voyer rédigé en matière de voirie urbaine, *attendu que l'art. 11 de la loi du 21 mai 1836 les charge seulement de surveiller la réparation et la conservation des chemins vicinaux.* Il ne nous paraît donc pas douteux que les tribunaux refuseraient également qualité aux agents-voyers pour constater les contraventions relatives aux chemins ruraux; les procès-verbaux sur ces derniers faits doivent donc être rédigés par les maires, adjoints ou gardes champêtres.

475. Les maires doivent également défendre la liberté du passage sur les chemins ruraux cont reun autre genre d'obstacles; c'est celui résultant de l'anticipation des haies et des arbres plantés le long de ces chemins. Le droit et le devoir des maires, à cet égard, ne sauraient être douteux, car il résulte des dispositions de la loi des 16-21 août 1790, qui autorise ces fonc-

tionnaires à prendre les mesures nécessaires *pour assurer la sûreté et la commodité du passage sur les voies publiques*. A la vérité, les maires ne pourraient pas régler la distance du bord des chemins ruraux à laquelle les haies et les arbres doivent être plantés, ainsi que cela peut être fait pour les chemins vicinaux, en vertu de la loi du 21 mai 1836 ; mais si d'anciens règlements ou même des usages existaient sur cette matière, les maires auraient le droit de les faire exécuter. Dans tous les cas, si les racines des plantations faites le long des chemins ruraux anticipent sur le sol de ces chemins, de manière à gêner la circulation, ou même à restreindre graduellement la largeur de ces voies publiques, les maires peuvent et doivent prendre un arrêté pour ordonner le recépage de ces racines; de même, si le branchage des haies ou des arbres, en s'avançant au-dessus des chemins ruraux, fait obstacle au libre passage des voitures, les maires doivent en ordonner l'élagage. Le refus d'obtempérer à ces arrêtés serait constaté par procès-verbal, et déféré au tribunal de simple police.

476. Après avoir donné ces indications sur la conservation et la police des chemins ruraux, le ministre de l'intérieur, dans la circulaire que nous analysons, examine la question de l'entretien de la viabilité de ces voies publiques, et cet examen le conduit à une solution presque entièrement négative. En effet, les ressources créées par la loi du 21 mai 1836, prestations en nature et centimes spéciaux, sont exclusivement affectées à la réparation et à l'entretien des chemins vicinaux, et aucune partie de ces ressources ne pourrait être détournée de cette destination pour être employée sur des chemins autres que les chemins vicinaux. Il n'est qu'un seul cas où l'administration municipale pourrait faire quelque chose pour l'entretien des chemins ruraux ; c'est celui où une commune peut entretenir ses chemins vicinaux sur ses seuls revenus, sans avoir recours aux prestations ni aux centimes spéciaux, et où, toutes les dépenses obligatoires assurées, le conseil municipal voudrait affecter quelques fonds à l'entretien des chemins ruraux ; mais ce cas sera bien rare, puisque, ainsi que nous l'avons vu précédemment, il n'y a pas neuf cents communes en France qui puissent assurer, sur leurs seuls revenus, l'entretien des chemins vicinaux. Presque partout les communes sont donc dans l'impossibilité de rien faire pour la réparation des chemins ruraux. Cela est fâcheux, sans doute; mais nous ferons remarquer, à cet égard, que si un chemin rural venait à acquérir assez d'importance pour que son entretien à l'état de viabilité constante fût indispensable, ou seulement utile aux intérêts de la commune, on pourrait, en remplissant les formalités voulues, le porter dans la catégorie des chemins vicinaux; ce qui permettrait alors de pourvoir à son entretien sur les ressources créées par la loi du 21 mai 1836.

477. On a demandé si, au moins, l'administration n'aurait pas le droit de mettre l'entretien des chemins ruraux à la charge des sections de communes, ou plutôt des propriétaires auxquels ces chemins sont nécessaires pour l'exploitation de leurs terres ou le transport de leurs récoltes. L'absence de toute disposition légale sur laquelle s'appuierait cette obligation, ainsi que le fait remarquer la circulaire ministérielle, sert de réponse à cette question. La loi du 21 mai 1836 a mis la réparation et l'entretien des chemins vicinaux à la charge des communes, et a voulu qu'en cas d'insuffisance des revenus communaux, cette charge fût imposée directement aux citoyens, au moyen de prestations en nature et de centimes spéciaux jusqu'à un maximum fixé ; mais il n'existe aucune loi qui permette d'imposer aux citoyens, d'une manière obligatoire, l'entretien et la réparation des chemins non déclarés vicinaux, c'est-à-dire des chemins ruraux. Il est à désirer, sans doute, que les particuliers, qui ont intérêt au bon état de ces chemins, se déterminent volontairement à améliorer ces voies publiques, en s'entendant entre eux à cet effet; mais l'autorité ne peut intervenir, ni pour prescrire l'entretien, ni même pour rédiger ou rendre exécutoires les rôles des contributions volontaires, en nature ou en argent, que les propriétaires intéressés consentiraient à s'imposer.

En résumé, comme on voit, l'action de l'autorité administrative, en ce qui concerne les chemins ruraux, n'est à peu près que préventive, c'est-à-dire qu'elle a pour objet de les défendre contre les anticipations et les dégradations, et de faire disparaître les obstacles qui seraient de nature à gêner *la sûreté et la commodité du passage sur ces voies publiques*.

HERMAN.

**CHEMIN VICOMTIER.** C'était, dit le Camus d'Houlouve (*Commentaire sur la coutume de Boulonnais,* tit. 8, sect. 2), un chemin de traverse qui dépendait du seigneur du lieu où il était situé. Ce seigneur avait le droit d'y planter des arbres et d'en disposer en toute propriété. La coutume de Boulonnais en fixait la largeur à trente pieds.

**CHEMIN VOISINAL.** Les chemins *voisinaux* devaient avoir huit pieds de large (*coutumes de Tours,* art, 59 ; et *de Loudun,* chap. V, art. 1).

Le Proust, sur la coutume de Loudun, fait observer qu'on appelait chemins voisinaux les traverses pour aller aux lieux voisins, pour la commodité des habitants des bourgs et des villages. L'entretien de ces chemins devait être surveillé non par le seigneur péager, comme celui des chemins péagers, mais par les juges ordinaires du lieu (*coutume de Tours.* art. 84).

**CHEMINÉE.** La cheminée est l'endroit où l'on fait du feu.

1. Il importe d'expliquer les différentes dénominations des parties d'une cheminée. On appelle *contre-cœur* la partie du mur qui forme le fond de la cheminée, et qui est ordinairement couverte d'une plaque de fer fondu. L'*âtre,* est la place sur laquelle repose le combustible ; on la recouvre le plus souvent de briques ou carreaux de terre ; à droite et à gauche, s'élèvent les *jambages* qui déterminent la largeur de la cheminée. L'ouverture est masquée dans sa partie supérieure par une saillie, que l'on nomme le *manteau,* et qui sert porter une tablette en bois, pierre ou marbre. La face antérieure du manteau et celle des jambages sont également revêtues en bois, pierre ou marbre, et cette superficie porte le nom de *chambranle.* Le *tuyau* est le conduit qui s'élève du contre-cœur jusqu'au dessus des combles. Le *corps du tuyau,* c'est la partie qui règne du manteau à la toiture ; au-dessus s'élève la *tête du tuyau.* (V. Desgodets, *Lois des bâtiments,* annoté par Goupy ; le même, annoté par Lepage ; Fournel, *Traité du voisinage*).

2. La construction des cheminées est soumise à certaines règles établies par les usages locaux et les règlements administratifs, auxquels le Code civil (art. 674) a conservé force de lois.

3. La coutume de Paris (art. 189) et d'autres coutumes exigeaient l'établissement d'un contre-mur pour servir de contre-cœur, afin de l'adosser au mur de séparation, qu'il fût mitoyen ou non. Ce contre-mur doit avoir six pouces d'épaisseur, et former le fond de la cheminée. Il arrive jusqu'à la hauteur du manteau en diminuant d'épaisseur, de manière à cesser sans faire retraite. Cette obligation est imposée même à celui qui possède en entier le mur auquel il adosse une cheminée, parce que cette mesure est commandée par l'intérêt général, et pour éviter les incendies. Les architectes doivent répondre pendant dix ans de l'établissement de ce contre-mur, conformément à ces règles. Postérieurement, on a posé comme contre-mur des plaques de fer fondu, qui paraissent un meilleur préservatif qu'une maçonnerie en briques.

Desgodets veut qu'on laisse un pouce de distance entre la plaque de fonte et le mur, pour les petites cheminées ; deux pouces, pour les grandes, comme celles des cuisines. On peut remplir cet espace avec du plâtre et du poussier.

4. Quand le mur appartient au voisin, il faut acquérir la mitoyenneté avant de pouvoir y adosser une cheminée.

5. On appelait autrefois *encastrement* d'une cheminée, l'établissement du tuyau de la cheminée dans l'épaisseur du mur. La coutume de Paris prohibait l'encastrement ; celles d'Auxerre, du Berri, de Sedan, de Melun, de Montargis, le permettaient. La coutume d'Orléans l'autorisait aussi, à la condition que le mur fût suffisant pour porter et soutenir la cheminée.

L'art. 662 du Code civil s'oppose à toutes constructions dans l'épaisseur du mur mitoyen sans le consentement du propriétaire voisin. Mais ce consentement ne suffirait pas pour une cheminée ; l'encastrement est aujourd'hui généralement interdit, comme capable de détériorer le mur, et, par suite, de favoriser les sinistres.

6. Cependant, celui qui est propriétaire du mur de séparation tout entier peut y encastrer ses cheminées. Mais, si le voisin profite du bénéfice de l'art. 661 du Code civil et acquiert la mitoyenneté, il aura le droit d'exiger que les cheminées encastrées soient supprimées.

7. Lorsque l'encastrement a été établi par le père de famille, propriétaire des deux maisons contiguës, l'événement du partage ne donne pas aux copartageants le droit de récla-

mer la suppression d'un état de choses qui résulte de la destination de l'auteur commun, destination à laquelle chaque héritier est censé avoir adhéré en concourant au partage.

8. La saillie qui forme le manteau est bâtie sur un châssis dont les branches sont scellées dans le mur, afin de lui donner assez de solidité pour supporter la tablette. Le châssis ne peut être en bois, de crainte du feu ; il est ordinairement en fer.

9. Le règlement de police du 21 janvier 1672 défend d'adosser une cheminée à un pan de bois. On coupe le pan de bois dans toute la hauteur de l'étage où on veut faire la cheminée, et dans une largeur à droite et à gauche de six pouces au delà de la largeur de la cheminée. La portion coupée est remplacée par un mur en moellons ou en briques, contre lequel on construit le contre-mur ; on appuie le tuyau sur le contre-mur, qu'on élève autant que le pan de bois à garantir. Goupy dit que cette précaution est insuffisante. Il serait préférable de couper le pan de bois dans toute la hauteur de la maison sur la largeur que nous avons indiquée, et de remplir le vide en maçonnerie.

Le même règlement défend de faire passer aucune pièce de bois dans un tuyau, même en la recouvrant de maçonnerie. Si le tuyau passe à travers une pièce de bois, celle-ci doit être recouverte de six pouces de maçonnerie. Il est bon encore qu'il existe un espace vide entre le tuyau et le bois ainsi recouvert.

10. Il n'y a pas de dimension prescrite pour la largeur du tuyau ; il suffit qu'un homme puisse y pénétrer.

11. Une prohibition très-importante du même règlement de 1672, consiste à interdire l'établissement de l'âtre au-dessus d'une poutre ou de toute autre pièce de bois, quelque épaisseur de maçonnerie qu'il puisse exister entre deux. Il importe donc de faire une enchevêtrure à la charpente au-dessous de l'âtre ; ce vide, appelé *treillis* de la cheminée, est rempli de plâtre, et doit s'étendre depuis le contre-mur jusqu'à deux ou trois pieds en avant.

12. Le propriétaire d'une maison plus basse que la maison contiguë est obligé d'élever ses cheminées aussi haut que celles de son voisin, si elles appuient sur un mur qui n'est mitoyen que jusqu'à la hauteur de la maison la plus basse, et il doit payer la moitié de la valeur du mur contre lequel les cheminées sont adossées, non-seulement dans la largeur occupée par le tuyau, mais encore un pied au delà de chaque côté. (Merlin, *Répertoire*, v° Cheminée.) Et en élevant ainsi ses cheminées, on peut, selon Desgodets et Goupy, fermer les vues de coutume de son voisin dans les endroits des murs où doivent passer les tuyaux. Mais Desgodets cite un arrêt du parlement de Paris, du 29 mars 1610, qui autorise un procédé contraire, et décide que le propriétaire de la maison plus basse ne peut être forcé qu'à élever sa cheminée de six pieds au-dessus du faîte, et à la reculer de six pieds des fenêtres du voisin. Cette seconde décision paraît plus conforme à l'équité.

13. L'art. 1754 du Code civil range au nombre des réparations locatives celles à faire aux âtres, contre-cœurs, chambranles et tablettes des cheminées. Il faut y ajouter le ramonage, qui, dans l'usage, est à la charge des locataires. Si, faute de ramonage, le tuyau s'engorgeait et crevait, ou si le feu prenait, le locataire serait responsable des suites de sa négligence. (C. civ. 1382 et suiv.)

14. La construction des cheminées est protégée par la garantie décennale imposée aux architectes et entrepreneurs. (C. civ. 1792.)

15. Une loi du 28 septembre 1791 avait prescrit aux officiers municipaux (art. 9, tit. 11) de faire au moins une fois par an la visite des fours et cheminées. Cette loi est tombée en désuétude.

**CHEMINÉE** (DROIT DE). — 1. — C'était un des droits féodaux qui ont été abolis par la loi des 15-28 mars 1790 (art. 9 du titre 2) et par les art. 5 et suivants de la loi des 25-28 août 1790.

La nature de cet impôt féodal se trouve expliquée dans la discussion de la loi, à l'Assemblée constituante (*Journal des Débats et des Décrets*, séance du lundi 1er mars 1790).

« M. de Bieuzat fait remarquer qu'il se perçoit dans plusieurs justices un droit de *feu*, qui n'est pas réduit au nombre des fouages, mais qui se paye en raison du nombre des cheminées qui peuvent se trouver dans une même maison, quoique occupée par une seule famille ; il demande, en conséquence, qu'il soit nommément fait mention du *droit de fumée* ou du *droit de cheminée* qui lui a paru plus expressif. »

**CHEMINÉES** (TAXE DES). La loi somptuaire du 25 juillet 1793 (7 thermidor an III) avait établi un impôt sur les cheminées dont la perception est déterminée par les art. 5, 6 et 7 de cette loi.

« Art. 5. Indépendamment de la contribution personnelle , il sera payé des taxes somptuaires ainsi qu'il suit : les cheminées autres que celles de la cuisine et du four, seront taxées : 1° dans les villes de cinquante mille âmes et au-dessus, à 5 livres pour la première, 10 livres pour la seconde, 15 livres pour chacune des autres; 2° dans les villes au-dessous de cinquante mille âmes jusqu'à quinze mille, la taxe sera de moitié de celle ci-dessus ; 3° dans les communes au-dessous de quinze mille, du quart. Le calcul des cheminées pour la taxation sera fait par chaque ménage. — Art. 6. Nulle cheminée ne jouira de l'exception, quoiqu'on n'y fasse pas habituellement de feu, à moins qu'elle ne soit fermée dans l'intérieur et scellée en maçonnerie. — Art. 7. Les poêles payeront la moitié des taxes ci-dessus, dans les mêmes proportions, eu égard à la population. »

Cet impôt ne produisit pas l'effet financier qu'on en espérait, et fut bientôt abandonné par les agents du fisc.

**CHEMISE ROUGE.** — V. Peines.

**CHENILLE.** — V. Animaux , n° 46. V. aussi Échenillage.

**CHEPTEL (BAIL A) (1).** — 1. — Le mot *cheptel* vient d'un mot de basse latinité, *capitale*, soit que, selon Ducange, on considère cette dernière expression comme synonyme de meubles et spécialement de troupeau, soit qu'avec Coquille on l'applique, par extension, à la première estimation que le bailleur et le preneur faisaient du bétail. Quoi qu'il en soit, le cheptel s'entendre d'une agrégation d'animaux, d'un corps de troupeau destiné à se reproduire, à exister comme troupeau, et la loi française, à l'exemple des législations qui l'ont précédée, envisage les bêtes prises à cheptel, non pas *ut singula capita*, mais *ut universitas*, et à titre de capital estimé et devant être rendu en cette qualité (1. 70, § 3, ff. *de usufr.*; — Instit. *de Legat..*, § 18, 1. 2; — Cout. de Berry, tit. 17; — Troplong, *Traité du louage*, t. 3, n° 1054.)

ART. 1er. — *Législation ancienne. — Carac-*

*tères, formes et conditions du bail à cheptel sous le Code civil.*

ART. 2. — *Du cheptel simple.*

ART. 3. — *Du cheptel à moitié.*

ART. 4. — *Du cheptel donné au fermier ou au colon partiaire.*

SECT. 1re. — *Du cheptel donné au fermier (cheptel de fer).*

SECT. 2. — *Du cheptel donné au colon partiaire.*

ART. 5. — *Du contrat improprement appelé cheptel.*

——

ART. 1er. — *Législation ancienne. — Caractères, formes et conditions du bail à cheptel sous le Code civil.*

2. On connaît le culte des Romains pour l'agriculture ; ils ne devaient donc pas ignorer un mode d'exploitation si utile tout à la fois à l'amélioration du sol et des races d'animaux attachés à sa culture. Le cheptel, sans avoir à Rome une dénomination bien précise, y était cependant réglé par divers textes de loi, notamment par les lois 8, au C. *de Pactis;* l. 13, § 1, ff. *de Præscrip. verbis;* l. 52, § 2, ff. *Pro socio.*

3. En France, le bail à cheptel a été aussi pratiqué en tout temps. Dans certaines provinces, il s'était introduit plus tard que dans d'autres, bien plus propres à la nourriture des bestiaux ; et si, dans les premières, il empruntait aux usages seuls ses règles et ses conditions d'existence, il avait trouvé place dans les coutumes qui régissaient les secondes. Ainsi, les coutumes du Bourbonnais, de Bergerac s'occupaient du cheptel; celles de Berri et du Nivernais surtout lui avaient consacré des dispositions d'autant plus étendues, que la nature du sol rendait le bail plus fréquent dans ces contrées, dont les bestiaux, selon les expressions de Lathaumassière, étaient devenus le principal *négoce, trafic et richesse.*

4. Les rédacteurs du Code civil ont compris l'importance de ce contrat, et ils en ont réglé la forme et les conditions par de nombreuses dispositions, qui forment le chap. 4, titre 8, du livre 3 du Code civil.

5. L'art. 1800 du Code civil définit le cheptel : « Un contrat par lequel l'une des parties donne à l'autre un fonds de bétail pour le garder, le nourrir et le soigner, sous les conditions convenues entre elles. »

Cette définition, pour être exacte et com-

---

(1) Article revu par M. Duvergier, avocat à la Cour royale de Paris , continuateur de Toullier.

plète, devrait nécessairement indiquer le but que se propose l'un des contractants, en confiant ainsi des bestiaux à l'autre; il faudrait déterminer dans quel cercle doivent se renfermer les conventions des parties, et dire enfin quels sont les bestiaux qui peuvent être l'objet du contrat.

D'abord, c'est toujours dans la vue de partager les bénéfices produits par les animaux, que le bail à cheptel a lieu. Ainsi, il est permis aux parties de faire entre elles la répartition des bénéfices comme elles le jugent convenable, sauf certaines restrictions dont il sera bientôt parlé; mais si par leurs conventions elles faisaient cesser toute participation de l'une d'elles aux profits produits par les bestiaux, elles dénatureraient le contrat, ce ne serait plus un bail à cheptel (1).

En second lieu, et par une conséquence nécessaire de ce qui précède, tous les animaux qui sont susceptibles de donner des bénéfices pour l'agriculture ou pour le commerce, peuvent être donnés à cheptel, et même il n'y a que ceux-là qui puissent l'être (art. 1802).

On présenterait donc une idée assez juste du bail à cheptel, en disant que c'est un contrat par lequel l'une des parties donne à l'autre des animaux, susceptibles de produire du profit, pour les garder, les nourrir, les soigner, dans la vue de partager les bénéfices suivant leurs conventions.

6. C'est toujours dans le but de faire un bénéfice sur le produit des animaux que le bail à cheptel a lieu. Mais quelle est la nature du contrat? quels sont les éléments qui le dominent? Est-ce un bail à ferme? est-ce un louage d'ouvrage? Y retrouve-t-on les caractères du contrat aléatoire, comme on y découvre ceux du contrat de société?

7. Par son but, le bail à cheptel se rapproche beaucoup du contrat de société; il constitue même une société véritable, lorsque chacune des parties fournit la moitié des bestiaux. Il tient aussi du louage des choses, puisqu'il renferme l'obligation de faire jouir

l'un des contractants d'un fonds de bétail qui appartient à l'autre. Enfin, on y retrouve le louage d'ouvrage, le preneur étant tenu de donner ses soins aux animaux qui lui sont confiés (*rapp.* de M. Mouricault. V. Locré, t. 14, pag. 446; — Pothier, *des cheptels,* nos 2, 3 et 4; — *Confér. ecclés. sur l'usure,* t. 2, pag. 417 et suiv.)

Dans cette réunion d'éléments empruntés à divers contrats, ceux qui appartiennent à la société sont les plus apparents, ils semblent dominer tous les autres. La participation à des bénéfices produits par la chose de l'une des parties et l'industrie de l'autre, est en effet, comme nous l'avons indiqué, la fin qu'elles se proposent; aussi M. Mouricault (*rapp. au trib.*, Locré, t. 14, pag. 447) dit expressément qu'il se forme entre le bailleur et le preneur une espèce de société, et que quelques auteurs considèrent ce contrat comme un contrat de société (1); mais il s'empresse de montrer les différences qui distinguent les deux espèces de conventions, qu'un examen superficiel ferait confondre. « Il est évident, dit-il, que l'association n'est ici qu'un contrat accessoire; que le contrat principal est un bail, celui par lequel le preneur promet et se fait payer ses soins; que le troupeau n'entre point dans la société; que le preneur en reste propriétaire; qu'enfin l'association au profit et à la perte n'est qu'un supplément au prix du bail. C'est aussi sous ce point de vue que les coutumes de Berri, de Bourbonnais, du Nivernais et de Bergerac (2) ont considéré ce contrat. » On retrouve la même distinction dans Coquille. « Le bail à cheptel, selon lui, n'est pas pure de société, mais tient de contrat non nommé approchant de location. » (Sur l'art. 1, tit. 21, *cout. du Nivernais.*) Dans un autre endroit,

---

(1) Même dans le cheptel de fer, quoi qu'en dise M. Troplong (*du Louage*, nos 1055), le bailleur participe aux bénéfices, au moins d'une manière indirecte, puisque les fumiers et le travail des animaux sont exclusivement employés à la culture de la ferme, et que d'ailleurs le prix du bail est calculé d'après l'avantage que procurent au preneur les animaux qui garnissent l'héritage.

(1) Pothier a placé son Traité des *cheptels* à la suite du Traité de la *société*, et Cujas, *ad leg. de transcrip. verb. lib.* 19, *t.* 5, dit que le cheptel lui paraît être une société. *Videtur contracta societas, nisi appareat contrarium.*

(2) Ces coutumes étaient les seules qui eussent des dispositions relatives aux *croîts* et cheptel de *bestes;* mais l'usage des baux à cheptel s'était introduit dans les autres provinces où les coutumes n'en parlaient pas. V. les coutumes de Nivernais, tit. 21; de Berri, tit. 17; de Bourbonnais, tit. 35; de Bretagne, art. 236 et 421; de Bergerac, articles 114, 115, 116, 117; de Labour, tit. 8, art. 1; Lesole, tit. 21.

il ajoute ( 84e question sur la coutume ) : « Et ce qu'on dit que tel contrat de bail à cheptel est contrat de société (l. 8, C. *de pactis*), s'entend que la société est contractée entre le bailleur et le preneur seulement pour le croist et profit, et non pour le cheptel; aussi le mot de *cheptel*, qui est tiré du vulgaire latin *capitale*, montre que le tout ne va pas par même règle, et que le cheptel demeure en une autre nature que le croist et le profit. » Ainsi, le bail à cheptel est un contrat à part, dans lequel, à côté des éléments du louage, se trouvent ceux de la société, et les citations qui précèdent montrent clairement comment ils sont combinés.

8. M. Troplong (n° 1063) n'admet pas cette combinaison d'éléments appartenant à différents contrats ; c'est, à son avis, à la société que se rattache le bail à cheptel. Pour justifier ce système absolu , il dit qu'on peut considérer comme la mise sociale du preneur les soins qu'il doit donner au troupeau, et que les dispositions de l'art. 1833 peuvent recevoir ici leur application ; il ajoute que, pour utiliser son travail et ses soins , le preneur peut prendre la voie de la société ; qu'enfin ici, comme dans le cas de l'art. 1851 C. civ., la jouissance seule de la chose, c'est-à-dire du troupeau, peut être mise en société ; tout cela est vrai ; il faut en conclure, avec M. Duvergier, que la société est l'élément dominant dans le cheptel, mais non qu'elle est l'élément unique; on ne doit donc pas faire dépendre toutes les solutions d'une idée trop exclusive. La vérité est que le bail à cheptel offre un mélange de divers contrats , dans lesquels on remarque principalement le louage et la société ; il faut soigneusement distinguer ce qui appartient au louage et ce qui est emprunté à la société, mais l'un ne l'emporte pas sur l'autre à ce point qu'il faille subordonner à l'influence du premier les décisions de toutes les questions que présente la matière.

9. Les conséquences auxquelles conduit le système absolu de M. Troplong en révèlent les inconvénients et ne permettent pas de l'adopter. Par quel motif, en effet, le savant magistrat s'est-il déterminé a soutenir (n° 1186) que la mort du preneur amène de plein droit la dissolution du cheptel ? C'est évidemment parce qu'il a pensé que l'art. 1865 , qui déclare que la société est dissoute par la mort de l'un des deux associés, était la règle qu'on devait suivre. Cette opinion , qui est certaine-

ment erronée, même en se plaçant au point de vue de M. Troplong, n'est rappelée ici que pour montrer à quels résultats conduit l'application des principes qui régissent la société au bail à cheptel.

Il ne serait pas difficile, au surplus, de trouver dans les textes mêmes la condamnation du système que nous combattons. Comment allier, par exemple, la disposition de l'art. 1851 qui met aux risques de l'associé qui en est propriétaire les choses qui ne se consomment pas par l'usage, et dont la jouissance seulement a été mise en société , avec l'art. 1810, qui, dans le cas de perte partielle du cheptel simple, met la moitié de cette perte à la charge du preneur non propriétaire du troupeau? Peut-on signaler une différence plus tranchée, et, quels que soient les motifs de la dérogation aux principes de la société , la dérogation existe ; elle est importante ; elle touche à l'essence même de la société ; cela suffit.

Il est au surplus très-vraisemblable que cette opposition entre les deux dispositions a frappé M. Troplong , et qu'elle n'a pas été sans influence sur les critiques qu'il dirige (n° 1108) contre cette partie de l'art. 1810 , qu'il accuse de manquer de logique et de portée économique.

Enfin pourquoi, si tout cheptel (excepté le cheptel de fer) était une société, l'art. 1818 eût-il expressément déclaré pour une des variétés de ce contrat (le cheptel simple) qu'il avait les caractères d'une société? Cette disposition révèle clairement la pensée du législateur. Le cheptel n'est point à ses yeux une société ; il peut l'être, il l'est en effet lorsque chacun des contractants fournit sa moitié du troupeau.

10. Qu'importe après cela que les rédacteurs du Code civil aient fait, ainsi que le dit M. Troplong ( n° 1058), un chapitre à part du bail à cheptel; qu'ils aient paru comprendre , lors du projet primitif du Code, que le cheptel ne pouvait entrer dans le contrat de louage que dans *un sens très-étendu* ; qu'importe que Pothier ait placé son titre des cheptels après celui de la société ? il n'en est pas moins vrai que le projet définitif du Code a embrassé le cheptel dans le louage, comme Pothier lui-même, et M. Troplong le reconnaît, n'accorde aucune prédominance aux principes de la société sur le cheptel simple. En résumé, le contrat de cheptel concorde à un

point de vue général et participe de différents contrats ; il faut donc par un sage éclectisme emprunter aux principes qui les régissent la solution des difficultés que peut présenter la matière. (Duvergier, Contin. de Toullier, t. 4, n° 387.)

11. L'art. 1802 dit qu'on peut donner à cheptel toute espèce d'animaux susceptibles de croît ou de profit pour l'agriculture ou le commerce. Ainsi, aujourd'hui, on ne peut, comme sous l'ancien droit, prohiber le cheptel de porcs, en le déclarant usuraire à cause des chances trop grandes de perte qu'il offrirait pour le preneur.

Lathaumassière (sur Berry, t. 17) rapporte, à l'appui de la prohibition, une sentence du présidial de Bourges. Il admet cependant qu'un cheptel de porcs puisse avoir lieu lorsque les chances de perte du preneur sont balancées par le bailleur ; et dans le cas, par exemple, où ce dernier s'engage à fournir une partie de la nourriture. Pothier ( n° 22 et 23 ) admettait aussi ces distinctions ; mais, nous le répétons, elles ne sont plus possibles en présence de l'art. 1802. (Duranton, t. 17, n° 268.—Duvergier, du Louage, t. 4, n° 388 ; ——Troplong, Échange et louage, t. 3, n° 1067 ; —— Delvincourt, t. 3, notes, p. 205.)

12. Cependant, quelque généraux que soient les termes de cet article, ils ne comprennent point les animaux des ménageries. L'idée de cheptel ne saurait être séparée de celle d'exploitation du sol. Le cheptel donne naissance à une industrie, à un commerce, pour employer le mot de l'art. 1802, qui n'a rien de commun avec celui qui spécule sur la curiosité publique. Or, qui pourrait croire que cette dernière sorte de spéculation est entrée dans les vues du législateur ? Personne assurément. Le commerce des animaux destinés à l'agriculture importe à l'amélioration du sol et des races ; partant, il a un but d'utilité générale et réelle ; tandis que le commerce qui consiste à donner des animaux en spectacle n'enrichit pas le sol, et n'a pas pour but l'éducation des races nécessaires à la culture. Quelle que soit la part qu'il faille faire à la liberté des conventions, on ne peut croire qu'elle aille jusqu'à autoriser le bail à cheptel d'animaux de ménagerie ; ils ne pourront même être mis en société, si les parties le jugent convenable.

A ces raisons, puisées dans la nature même du contrat et dans les idées générales qui le

dominent, on peut ajouter l'argument que le texte de l'art. 1811 fournit à M. Troplong (n° 1068).

13. S'il était nécessaire, après ce que nous venons de dire, d'énumérer les diverses espèces d'animaux propres au cheptel, nous indiquerions, avec M. Troplong (n° 1066), les bêtes à laine, les chèvres, les bêtes *aumailles*, *Manualia*. (v. Ducange), c'est-à-dire les bœufs, les vaches, chevaux et juments.

14. Quoique les parties aient la liberté de régler, ainsi qu'on l'a déjà dit, la répartition des produits des bestiaux donnés à cheptel, cependant, certaines conventions qui imposeraient aux preneurs des charges trop lourdes, ont été et ont dû être prohibées (art. 1811, 1819 et 1828 C. civ.). Le législateur a pensé que l'ordre public était intéressé à ce que des gens que la misère et l'ignorance rendaient faciles à accepter toutes sortes de conditions, fussent relevés des engagements qui seraient au-dessus de leurs moyens. (V. ce que dit à ce sujet M. Duvergier, n° 389 ; M. Say, dans son Cours d'économie politique, t. II, p. 74.) Au surplus, l'effet de ces prohibitions, comme nous le dirons bientôt, n'est point de rendre nul, pour le tout, le bail dans lequel se trouve la stipulation prohibée, c'est sur la stipulation seule que porte la nullité. (M. Delvincourt, t. III, notes, p. 205.)

15. La loi n'exige expressément aucune forme spéciale pour la validité du contrat. Les parties peuvent contracter, par acte public, par acte sous-seing privé, même verbalement, comme l'enseigne Pothier (n° 6), et comme cela résulte aussi de la discussion de la loi au tribunat. (Fenet, t. XIV, p. 344, art. 1714.) Le bail à cheptel peut donc être prouvé comme tous les autres contrats, et la preuve testimoniale doit être admise lorsqu'il ne s'agit pas d'une valeur supérieure à 150 fr. La doctrine de Pothier, qui dit qu'un acte est nécessaire lorsqu'en cas de saisie contre le preneur, le bailleur veut prouver à un créancier que le cheptel est sa propriété, n'est par conséquent admissible que dans le cas où la valeur du cheptel dépasserait 150 f. (Cass. 2 déc. 1828. D. P. 29. 1. 48.—V. *infrà*, n° 47 et suiv.).

16. On distingue trois espèces de cheptel : le cheptel simple ou ordinaire, le cheptel à moitié, le cheptel donné au fermier ou au colon partiaire ; enfin nous parlerons d'une espèce

de contrat par lequel on confie aussi la garde de certains animaux, et auquel on donne improprement le nom de bail à cheptel, quoiqu'il n'en ait pas réellement les caractères.

Les dispositions de la loi dont nous allons présenter les développements sont la règle des rapports établis entre les bailleurs et les chepteliers, à moins qu'ils n'y aient dérogé par des conventions expresses et licites.

### Art. 2. — *Du cheptel simple.*

17. Le bail à cheptel simple est un contrat par lequel l'une des parties donne à l'autre des bestiaux à garder, à nourrir, à soigner, à la condition que le preneur profitera seul des laitages, du fumier et du travail des animaux, qu'il profitera aussi de la moitié de la laine et de la moitié du croît, et qu'enfin il supportera la moitié de la perte (art. 1804 et 1811 C. civ.).

18. Une estimation du cheptel doit être faite au moment du bail (1), mais la propriété des animaux n'est transmise au preneur ni pour le tout, ni même pour la moitié par cette estimation ; le cheptel ne devient point non plus la propriété commune des parties ; le bailleur en reste propriétaire exclusif, il en confie seulement la garde au preneur. C'est là ce qui distingue le bail à cheptel de la société. L'estimation est destinée à être comparée avec celle qui se fera à l'expiration du bail, afin de déterminer la perte ou le profit à répartir entre les parties. « L'estimation qui se fait lors du bail, dit Coquille, ne fait pas que ce soit vente et achat, comme communément se dit, *quod æstimatio facit venditionem* (l. 10, ff., *de Jure dot.*), car le bailleur demeure propriétaire de son cheptel, et l'estimation du bétail, lors du bail, se fait à deux fins : l'une, pour connaître de quelle somme le preneur sera tenu, s'il fait faute au traitement du bétail ; l'autre, pour connaître à quelle somme montera le croît et profit, afin qu'après le cheptel payé, le profit soit party par moitié. » (Coquille, art. 1, tit. 221 *de la Coutume*.)

19. Le preneur doit à la conservation du cheptel tous les soins d'un bon père de famille (art. 1806). La Coutume de Nivernais dit qu'il

le prend pour le nourrir, traiter et gouverner *comme il fait ou devrait faire le sien propre.* Sur quoi Coquille fait judicieusement la remarque suivante : « Si c'était simple société, le preneur ne sera tenu, sinon de telle diligence et de tel soin qu'il a accoutumé d'employer à ses propres affaires (l. 72, ff. *pro socio*) ; et, dit la loi, qu'on doit s'imputer à soi-même d'avoir choisi un compagnon peu diligent. Mais la Coutume, par ces mots, *devrait faire*, semble désirer une diligence exacte dont la raison est, parce que le preneur prend profit et salaire pour la garde et pour le soin. »

20. Ainsi, le preneur est tenu de la faute même très-légère. Cette opinion, qui se déduirait au besoin de la doctrine de M. Toullier sur la responsabilité des fautes, est d'ailleurs, comme on le voit, puisée dans la nature spéciale des obligations imposées au cheptelier. (Duvergier, t. 4, nos 393, 394.)

Il nous semble, d'ailleurs, que des expressions que nous venons d'emprunter à Coquille, résulte pour le cheptelier l'obligation des soins les plus assidus et de la surveillance la plus active. M. Troplong (no 1080) ne l'entend pas ainsi. Il ne veut pas que le code admette les superlatifs ; il rejette par conséquent la faute très-légère, et il combat l'opinion de M. Toullier, comme il l'avait combattue dans son commentaire sur le titre de la vente (no 361 et suiv.). Mais les rédacteurs du Code avaient les expressions de Coquille sous les yeux ; ils les ont traduites par les mots de *bon père de famille*, dont la portée nous parait être trop restreinte par M. Troplong.

21. Il va de suite que la responsabilité du cheptelier s'étend aux fautes de ses pâtres et de ses domestiques. Les principes consacrés par les art. 1797 et 1384 trouvent ici leur application. Telle est aussi l'opinion de Pothier (no 35) et de M. Troplong (no 1081).

22. Mais il n'est point tenu du cas fortuit, il ne doit pas l'être, puisqu'il n'est point propriétaire. Il ne devient responsable que lorsque le cas fortuit a été précédé de quelque faute de sa part, sans laquelle la perte ne serait point arrivée (art. 1807).

23. C'est, au surplus, au preneur qui est détenteur du cheptel, et qui doit le rendre lorsque le bail est fini, à prouver le cas fortuit auquel il attribue la perte. Telle est l'obligation imposée par les principes ordinaires à tout débiteur d'un corps certain. (C. civ. art.

---

(1) Il ne faut pas entendre toutefois que l'estimation soit absolument indispensable. — V. observations de la section de législation du tribunat. — M. Locré, t. 14, p. 403. — V. aussi Troplong, no 1076.

1302). Il ne faudrait rien moins qu'une dérogation expresse pour en affranchir le preneur; loin de là, l'art. 1808, confirmant la règle générale, met expressément à sa charge la preuve du cas fortuit qu'il allègue.

24. Il ajoute « que le bailleur est tenu de prouver la faute qu'il impute au preneur. » Cette seconde disposition est, comme la première, conforme au droit commun. Le preneur est dégagé de la responsabilité lorsqu'il a démontré que la perte résulte d'un événement de force majeure. Si, dans cet état, le bailleur veut le faire déclarer responsable, par le motif que le cas fortuit a été précédé d'une faute, cette faute qu'il allègue, il doit la prouver; les commentateurs des Coutumes de Nivernais, de Berri et de Bourbonnais, attestent que telle était la doctrine suivie autrefois. (Coquille, sur le tit. 21; Lathaumassière, sur le tit. 17; Aurons des Pommiers, sur le tit. 35. — V. aussi *Conférences ecclésiast. sur l'usure*, t. 2, p. 442). Pothier le reconnaît, mais il dit « à avoir été informé par des magistrats très-éclairés de la province de Berri, que l'usage de la province était que, si le bailleur n'était pas en état de faire la preuve de la faute et de la négligence du preneur, les bêtes devaient être présumées mortes par maladie ou autre accident allégué par le preneur, lequel, en conséquence, devait être déchargé de les représenter, en représentant leurs peaux. » Il ajoute : « Cette présomption est fondée sur ce que le cas de maladie est le cas le plus ordinaire de la perte des bestiaux, et que les preneurs ayant intérêt à la conservation des bêtes, par rapport à la part qu'ils ont dans le profit et dans la perte du cheptel, le cas de négligence des preneurs doit être un cas très-rare. (Poth. *des cheptels*, n° 52.) Cette opinion était reproduite dans l'ancien Répertoire de jurisprudence; mais M. Merlin montre qu'elle ne doit pas être suivie; pour cela il se borne à dire que la question est prévue par l'art. 1808 du Code civil, et il le transcrit.

M. Duranton présente une distinction. Il pense que, lorsqu'il n'y aura pas de traces de mort violente, on devra supposer que les bêtes sont mortes de maladie, que par conséquent ce sera au bailleur à prouver que la mort a été causée par la faute ou la négligence du preneur (t. 17, n° 272).

Il faut convenir que souvent, en effet, la représentation des animaux morts sans traces de violences exercées sur eux sera une justi-

fication suffisante qu'ils ont succombé à une maladie, et dispensera le preneur de toute preuve; mais on ne doit point décider cela d'une manière absolue, et lier les tribunaux par une présomption légale. Si le cas fortuit ne leur paraît pas assez clairement établi, ils pourront exiger un complément de preuves, d'autant plus facile à faire que les gens de l'art appelés à l'examen des animaux morts, reconnaîtront presque toujours à des signes certains la maladie à laquelle ils ont succombé.

25. Nous croyons avec M. Duvergier (n° 398), contrairement à l'avis de M. Troplong (n° 1092), que le preneur qui prouverait que les bêtes lui ont été volées, devrait prouver qu'il avait pris toutes les précautions d'un bon père de famille. M. Troplong nous paraît avoir oublié que le vol simple, sans violence et sans effraction, n'est pas considéré comme un cas fortuit. Assurément la position du cheptelier mérite beaucoup de bienveillance, mais cette bienveillance ne saurait aller jusqu'à rendre le bailleur victime d'une faute qu'il lui sera presque toujours impossible de prouver dans le cas de vol simple et sans effraction.

26. Les mêmes considérations nous déterminent à croire que lorsque des bestiaux auront été dévorés par les loups, le preneur sera tenu de démontrer qu'ils étaient convenablement gardés. (M. Durant, t. 17, n° 272.)

27. Au surplus, alors même que le preneur est déchargé de la responsabilité par la nature de l'événement qui a causé la perte, il doit rendre compte des peaux des bêtes, c'est-à-dire qu'il doit les rendre au bailleur, ou justifier que les bêtes étant mortes d'une maladie contagieuse, elles ont été enfouies par mesure de police sans être dépouillées. Si elles ont été ou dévorées par des animaux carnassiers, ou volées, évidemment le preneur ne peut être tenu de donner les peaux (Treilhard, Fenet, t. 14, p. 254. — Proudhon, t. 2, n° 1090, *usufr.*; — Duranton, n° 273, t. 17; — Duvergier, n° 400; — Troplong, n° 1093; — V. aussi l'art. 616 du C. civ.)

28. Lorsque la preuve du cas fortuit est faite, le preneur semble devoir être affranchi de toute responsabilité. Puisque le fonds du cheptel reste la propriété du bailleur, on paraît autorisé à conclure que c'est sur lui seul que doit retomber la perte totale ou partielle. (*Conférences ecclésiastiques de Paris sur l'usure*, t. 2, p. 47 et suiv.).

Pothier ( n°ˢ 7 et suiv. ) soutient au contraire que, d'après les coutumes et les juris-consultes qui en ont expliqué le sens, le preneur doit supporter la moitié de la perte arrivée par cas fortuit, soit que le cheptel ait péri en entier, soit qu'il n'ait péri qu'en partie. A l'argument puisé dans la maxime *res perit domino*, voici sa réponse : « Cette maxime souffre des exceptions ; il serait trop long de les rapporter toutes ; il suffit de rapporter celle qui sert à la solution de la question présente, qui est que le propriétaire d'une chose peut, licitement et sans blesser la justice, se décharger du risque de la chose et charger de ce risque une autre personne, en payant à cette personne le prix du risque dont il la charge. C'est ce qui arrive dans le cas du contrat d'assurance par lequel les propriétaires d'un navire et les propriétaires des marchandises qui en composent la cargaison, chargent les assureurs des risques que doivent courir leurs vaisseaux ou leurs marchandises pendant le cours d'une navigation, en donnant à ces assureurs une certaine somme pour le prix du risque dont ils se chargent. Pareillement, dans notre contrat de cheptel, le bailleur peut, par ce contrat, sans blesser la justice, se décharger pour moitié du risque de son cheptel et en charger le preneur pour cette moitié, en lui accordant, pour le prix de ce risque dont il le charge, la moitié dans le profit des laines, croît et amélioration des bêtes, qui ne lui serait pas due sans cela, étant d'ailleurs suffisamment payé de ce qu'il fournit pour le cheptel par le profit des laitages, graisses et labeurs qu'on lui laisse. »

En se reportant aux coutumes et aux commentaires dont elles ont été l'objet, on s'aperçoit que ce n'est ni l'opinion émise par l'auteur des conférences, ni celle de Pothier, qui s'y trouve consacrée. Coquille, sur l'art. 4, titre 31, de la coutume de Nivernais, établit que la perte totale est pour le compte du bailleur seul ; mais que la perte partielle est supportée également par le bailleur et le preneur. Il applique donc dans un cas la règle *res perit domino*, il la repousse dans l'autre, et, pour justifier cette distinction, il dit : « que si le total du bétail ne périt pas, mais seulement quelques chefs, en ce cas, la perte se peut dire être commune, en tant que le preneur doit patienter et nourrir ce qui reste du bétail jusqu'à ce que le croît et le profit puissent parfournir le cheptel ; même ne fût-il demeuré qu'une bête femelle, par la raison de la loi *Vetus* avec les suivantes, ff. *De usu fructu.* »

Le Code civil a consacré par une disposition formelle la doctrine de Coquille (art. 1810).

Il est singulier, il faut en convenir, que la perte partielle soit supportée en commun et que la perte totale reste à la charge du bailleur seul. Les raisons de Coquille, reproduites à peu près par M. Mouricault, dans son rapport au tribunat, ne répondent pas péremptoirement au reproche d'inconséquence qu'on peut adresser à cette disposition. Il nous semble que le meilleur moyen pour la justifier, c'est de dire, en empruntant, avec quelque modification, le raisonnement de Pothier, qu'il y a une convention tacite et valable par laquelle les risques du cheptel sont laissés à la charge du bailleur, en cas de perte totale, et mis pour moitié à la charge du preneur, lorsque la perte n'est que partielle.

29. Nous avons expliqué pourquoi le législateur a cru devoir s'interposer, dans certains cas, entre les contractants ; pourquoi, prenant parti pour le faible contre le fort, pour celui que presse le besoin de pourvoir à sa subsistance contre celui qui se livre à une spéculation (M. Jaubert. Locré, t. 14, p. 463). Il a défendu, comme les défendaient les coutumes, certaines spéculations trop défavorables au premier. Il faut dire en quoi consistent les prohibitions, et quel est leur effet.

30. On ne peut stipuler que le preneur supportera la perte totale du cheptel, quoique arrivée par cas fortuit et sans sa faute, ou qu'il aura dans la perte une part plus grande que dans le profit, ou que le bailleur prélèvera, à la fin du bail, quelque chose de plus que le cheptel qu'il a fourni (art. 1811).

31. Cette prohibition est entièrement en faveur du preneur ; elle n'établit pas une règle qui puisse être invoquée par le bailleur comme on a le droit de l'invoquer contre lui : en conséquence, elle ne fait point obstacle à ce que la part de ce dernier dans la perte ne soit plus grande que dans le profit.

32. S'il est stipulé que le bailleur supportera, par exemple, les deux tiers dans la perte, et qu'il aura aussi les deux tiers dans le profit, l'égalité proportionnelle n'est point blessée ; le preneur, réduit au tiers des bénéfices, ne nous paraît pas autorisé à se plaindre, puisqu'il n'a que le tiers des pertes à supporter. Cependant plusieurs jurisconsultes pensent que l'on ne peut jamais, même en réduisant au-dessous de la moitié la part de la perte

pour le preneur, le priver de la moitié du bénéfice. M. Delvincourt dit (t. 3, notes, p. 206) que cela s'induit des dispositions de la coutume du Nivernais, notamment de l'art. 15, et que Pothier (*Traité du Cheptel*, n° 25) professe aussi cette opinion. Il ajoute que, si cette règle n'était pas établie, on pourrait aller jusqu'à refuser au preneur toute participation au gain, en ne lui faisant rien supporter sur la perte. (V. Duranton, t. 17, n° 276.) Ni la coutume, ni Pothier, ne s'expriment en termes formels sur cette question, et la raison que donne M. Delvincourt ne nous semble pas très-concluante. Sans doute, si, abusant de la faculté de stipuler de telle ou de telle manière, on va jusqu'à dénaturer le contrat, il ne sera plus possible de dire qu'il existe; mais, tant qu'une part quelconque est laissée au preneur, le bail à cheptel conserve son caractère. Seulement on doit examiner si la clause qui réduit les droits du preneur à moins de moitié est licite. Nous ne voyons pas, nous le répétons, dans l'ancienne législation, encore moins dans la nouvelle, de texte exprès qui la frappe de prohibition; nous croyons donc bien difficile de la proscrire.

En résumé, les termes de l'art. 1811 sont formels. Ils disposent expressément en faveur du seul preneur, et pour le protéger contre les conditions trop dures que le désir de posséder et administrer un capital lui pourrait faire souscrire. Quant au bailleur, suffisamment protégé par sa position et par son capital, il n'avait nul droit à une protection particulière et spéciale, à une dérogation en sa faveur au principe de la liberté des conventions. Ajoutons qu'une pareille protection, au lieu de lui servir, tournerait plutôt contre lui; on comprend très-bien, en effet, que le bailleur puisse souvent avoir intérêt à prendre à sa charge la plus grande partie des risques, et se contenter en même temps d'une part inférieure à la moitié dans les bénéfices pour se procurer un cheptelier dont l'industrie, la vigilance lui serait connue, et qui, en outre, présenterait des garanties de responsabilité pécuniaire que l'on trouve rarement dans la classe des chepteliers.

33. Les voies détournées par lesquelles on arriverait à attribuer au bailleur plus dans les bénéfices que dans les pertes, ne doivent pas être moins sévèrement réprimées que les moyens directs et les conventions patentes.

IV.

Ainsi, il faudrait déclarer nulle la clause par laquelle le preneur se serait obligé à délaisser au bailleur sa part dans la toison à un prix inférieur à la valeur ordinaire. D'abord, il y aurait là, pour le bailleur, avantage indépendant de sa contribution aux pertes, et c'est assez pour vicier la stipulation. D'ailleurs, on voit que, dans le cheptel donné au colon partiaire, elle est formellement autorisée (art. 1828); ce qui montre bien qu'elle ne paraissait pas licite au législateur, selon les règles ordinaires.

34. Il en serait autrement pour la stipulation qui obligerait, durant le cours du bail, le preneur à céder au bailleur, et ce dernier à prendre sa part dans les toisons pour le prix qu'elles avaient au moment du contrat. Le caractère aléatoire de cette convention et l'avantage qui peut, le cas échéant, en résulter pour le preneur comme pour le bailleur, nous font penser qu'elle devrait être maintenue, quelle que fût la variation survenue plus tard dans le prix des laines. (V. aussi un arrêt du 21 août 1716, rapporté par Denizart, v° Cheptel.)

35. La défense faite au bailleur de stipuler qu'il prélèvera, à la fin du bail, quelque chose de plus que le cheptel qu'il a fourni, est encore une conséquence du principe qu'il doit y avoir, pour chacun, part semblable dans le profit et dans la perte. Il n'est donc pas permis de dire que le bailleur, après avoir retiré son cheptel, prendra un certain nombre de bêtes avant le partage, ou qu'il aura le choix dans les bêtes à partager, ou enfin qu'il pourra, à son gré, prélever le montant de l'estimation ou le même nombre de bêtes qui composaient originairement le cheptel, sans faire raison au preneur de l'augmentation de valeur qu'elles auraient acquise. (Pothier, n° 27.)

36. Mais serait-il licite pour le bailleur de se réserver une portion quelconque des laitages, des fumiers et du travail des bêtes?

Dans l'ancien droit, cette convention aurait été proscrite. (V. Coutume de Nivernais, art. 4 et 15, tit. 21, et Pothier, n° 26.) Mais nous ne pensons pas que le Code ait maintenu cette prohibition.

On doit, en effet, interpréter dans ce sens la disposition de l'art. 1811. Cet article, après avoir dit qu'on ne peut stipuler pour le preneur une part plus grande dans les pertes que dans les bénéfices, après avoir déclaré que toute convention ainsi viciée d'inégalité

12

est nulle, ajoute : Le preneur profite seul des laitages, du fumier et du travail des animaux donnés à cheptel. » Cette partie de la disposition n'a pas la forme prohibitive du premier alinéa ; elle est d'ailleurs placée après la déclaration expresse de nullité que renferme le second, et paraît par conséquent échapper à son influence. Aussi, quoiqu'on puisse objecter que le législateur a probablement voulu maintenir le principe des coutumes ; que l'art. 1811 n'a été fait que pour imposer des limites à la liberté des contractants ; que leur volonté doit par conséquent céder à la sienne; quoiqu'on puisse dire que l'autorisation, accordée par l'art. 1828 dans le cheptel donné au colon partiaire, de stipuler la moitié du laitage pour le bailleur, vient confirmer la prohibition pour le cas de cheptel simple ; cependant il est impossible de ne pas reconnaître la pensée du législeur dans le soin qu'il met à prononcer la nullité pour la première partie de l'article, tandis que, dans la seconde, il se borne à dire que le preneur a droit aux laitages et aux fumiers. On ne saurait donc croire qu'il ait voulu attacher la même sanction à l'une et l'autre disposition.

Au surplus, sa pensée nous paraît clairement manifestée par l'économie de la section 3, consacrée au cheptel à moitié. D'abord, et dans l'art. 1818, il donne la définition de cette espèce particulière de cheptel ; puis, dans les art. 1819 et 1820, il exprime que toutes les règles du cheptel simple lui sont applicables, sauf certaines restrictions. Or, ces restrictions, quelles sont-elles? « Le preneur, dit l'art. 1819, profite seul des laitages, du fumier et du travail des bêtes ; il n'a droit qu'à la moitié des laines et du croît ; toute convention contraire est nulle. » Évidemment la modification ne résulte pas de ce que le preneur a droit au laitage en entier et à la moitié de la laine et croît ; car c'est là précisément la règle établie dans l'art. 1811. La différence consiste uniquement en ce que, dans le cheptel à moitié, toute convention qui donne au bailleur une partie des laitages ou plus de la moitié de la laine ou du croît est nulle. Donc une semblable stipulation n'est pas prohibée dans le cheptel simple. On conçoit très-bien, d'ailleurs, que cette distinction ait paru juste. Le preneur, qui a fourni la moitié des bêtes, a certainement à la jouissance exclusive des laitages, des fumiers et du travail des animaux, et à la

moitié du croît et des laines, un titre que n'a point celui qui a tout reçu du bailleur. Cependant, il faut le dire, l'art. 1828 fait renaître le doute ; il permet, dans le cheptel donné au colon partiaire, de stipuler que le bailleur aura la moitié du laitage. A quoi bon cette permission, si elle ne consacre point une dérogation aux règles et aux principes du cheptel simple?

37. Les mêmes raisons nous font penser que dans le cheptel simple la convention des parties peut assigner au preneur une part moindre que moitié dans la laine et dans le croît. L'art. 1811 dit seulement : « La laine et le croît se partagent, » et rien n'indique que cette disposition soit, plutôt que celle qui la précède, placée au-dessus de la faculté de dérogation conventionnelle.

38. Nous venons d'énumérer les prohibitions imposées par la loi ; nous avons vu que l'article 1811 frappe de nullité les infractions à ses dispositions ; il nous reste à apprécier la portée de cette nullité.

39. L'art. 1811 déclare nulle la convention qui viole les prescriptions de la loi ; mais il ne dit pas que cette nullité entraîne celle du contrat tout entier. Celui-ci subsiste pour le surplus de son contenu. La clause nulle, en effet, n'est pas tellement liée au contrat qu'elle doive affecter son essence et le vicier dans son entier. Il n'y aurait donc pas nécessité pour le preneur de réclamer la résiliation du contrat ; nous croyons même que ce moyen extrême devrait lui être refusé, comme inutile et sans avantage pour lui : car le preneur trouve dans la loi elle-même une convention réglée d'avance, et destinée à remplacer celle dont la nullité est prononcée. La stipulation contraire aux dispositions de l'art. 1811 une fois annulée, l'article 1803 reparaît, et les règles qu'il établit doivent être substituées à la convention des parties, qui est regardée comme non avenue. Ce point de vue a probablement échappé à M. Duranton, qui pense (n° 279) que le preneur pourrait demander la résiliation du contrat; mais M. Duvergier et M. Troplong pensent que le Code a voulu s'écarter de la coutume de Berry, qui déclarait le contrat de *bestes à cheptel, nul comme illicite* (Troplong, n° 1137).

Dans le cas d'une stipulation qui accorderait au preneur les deux tiers des bénéfices en lui faisant supporter les trois quarts de la perte, le bailleur pourrait-il, à la fin du bail, s'opposer à l'exécution de la clause favorable au preneur, sur le fondement que la stipulation sur les pertes étant nulle, la stipulation sur les profits doit l'être aussi? Pourrait-il dès lors exiger que le partage eût lieu sur les bases adoptées par la loi, à défaut de conventions?

Une considération nous paraît suffire à la solution de cette difficulté; c'est que les prohibitions de l'art. 1811 sont établies dans l'intérêt exclusif du preneur, et que lui seul peut proposer les nullités. A la fin du bail, il y aura profit ou perte; s'il y a perte, le preneur pourra refuser d'en supporter les trois quarts, et il pourra, en se fondant sur l'art. 1811, dire au bailleur : la clause qui m'impose cette part dans les pertes est nulle; je ne dois supporter que la moitié des pertes, car tel est le vœu de la loi quand il n'y a pas de convention. A ce langage, le bailleur n'aura rien à répondre.

Admettons, au contraire, que le cheptel ait prospéré et qu'il y ait du bénéfice à partager, le preneur exigera que la stipulation soit exécutée. Si le bailleur veut s'y opposer par ce motif, que la clause relative aux pertes étant nulle, celle relative aux bénéfices doit l'être aussi, cette prétention sera repoussée.

Il suffira, pour cela, de lui dire qu'il s'arroge un droit que la loi ne donne qu'au preneur, le droit d'invoquer les nullités contenues au contrat.

40. A l'expiration du cheptel, le preneur pourra donc résister à l'exécution de la clause qui l'obligerait à supporter une portion des pertes supérieure à celle qu'il aurait eue dans les profits; et cependant, s'il y a des bénéfices à partager, il prendra la portion déterminée par la convention.

Que si l'on trouvait exorbitante cette faveur accordée au preneur, nous répondrions que le point de vue sous lequel le législateur a considéré la personne du preneur justifie le droit exclusif dont nous venons d'examiner les conséquences. Il est bien vrai, nous le reconnaissons, que le cheptelier gardera le silence quand le contrat lui sera avantageux, et qu'il le rompra dans le cas contraire; mais cette considération n'est pas suffisante pour balancer les dangers du système opposé. Aux yeux du législateur, le cheptelier est presque un incapable; la sollicitude de la loi à son égard est telle, qu'elle va jusqu'à le présumer victime de la fraude; voilà pourquoi à lui seul est attribué le droit de proposer les nullités. C'est ainsi que les mineurs et les femmes mariées forcent celui avec qui ils ont contracté à exécuter la convention dont il leur est permis de demander la nullité. Aussi, les résultats produits par ces droits, attribués au preneur dans le cheptel, n'ont rien d'extraordinaire; ils ne doivent pas plus étonner que les résultats produits par les cas analogues dont nous venons de parler, ils sont la conséquence des règles ordinaires du droit sur les engagements contractés entre capables et incapables (M. Duranton, n° 279). M. Delvincourt semble penser que la nullité peut être proposée par toutes les parties. (V. t. 3, note, pag. 205.)

41. Le fonds du cheptel reste la propriété du bailleur, mais il doit être laissé entre les mains du preneur pendant le temps fixé. D'un autre côté, le croît est destiné à être partagé, en sorte qu'aucune des parties n'a de droit exclusif ni sur le fonds, ni sur le croît; c'est pourquoi l'art. 1812 déclare que le preneur ne peut disposer d'aucune bête du troupeau, soit du fonds, soit du croît, sans le consentement du bailleur, qui ne peut lui-même en disposer sans le consentement du preneur.

42. Cette prohibition existait dans les coutumes; celle de Berry (art. 7) prononçait même une peine contre les preneurs qui l'enfreignaient. «Ils sont amendables en justice et à discrétion d'icelle, disait la coutume, et sont aussi tenus aux maîtres en tous dommages-intérêts. »

43. Le Code civil ne prononce pas de peine, mais le Code pénal y supplée par les dispositions de l'art. 408, qui punissent l'abus de confiance.

Cette doctrine ne doit être admise que depuis les modifications apportées au Code pénal en 1832. Antérieurement, le contraire avait été jugé par un arrêt de la Cour de cassation du 5 oct. 1820. (D. A. 1. 65; S.-V. 21. 1. 20.) Le Code pénal de 1810 punissait le détournement *d'objets remis à titre de dépôt* ou *pour un travail salarié*; or, le cheptel ne rentrait pas dans cette classification. Mais lors de la révision de 1832, l'art. 408 a été étendu *aux objets remis à titre de louage*; dès lors, il n'a plus été possible d'éluder les conséquences de ses dispositions, puisqu'on sait que la propriété du troupeau réside toujours sur la tête du bailleur, et que l'association ne porte que sur la jouissance; aussi la Cour de cassation, par un arrêt à la date du 25 janv. 1838 (S.-V. 38. 1. 246; D. P. 38. 1. 441), a-t-elle décidé que le fait par le preneur d'un bail à cheptel d'avoir détourné à son profit, au préjudice et à l'insu du bailleur, les animaux remis à sa garde, constitue un véritable abus de confiance dans le sens de l'art. 408 du Code pénal. (V. aussi Troplong, n° 1139.)

44. Mais quelle peine encourrait le bailleur s'il disposait de certaines bêtes du troupeau sans le consentement du preneur ?

L'art. 408 du Code pénal n'étant pas applicable au propriétaire des objets détournés, mais bien au locataire du cheptel, il ne pourrait être invoqué contre lui ; ce dernier reste donc sous l'empire du droit commun, et, à ce titre, il est seulement soumis, envers le preneur, à des dommages-intérêts proportionnés au préjudice qu'il lui aura fait éprouver.

45. Lorsque les deux volontés dont le concours est nécessaire sont en opposition, celle des parties qui croira utile à l'intérêt commun de disposer d'une ou de plusieurs bêtes, devra s'adresser aux tribunaux, qui prononceront et sur l'opportunité des aliénations, et sur les dommages-intérêts qui seraient réclamés à raison de la perte causée par le refus. Le temps qui s'écoule nécessairement avant la décision des juges peut faire manquer une bonne occasion de vendre, et, dans ce cas, une indemnité est due par l'auteur de la résistance. (Duvergier, n° 413.)

M. Troplong (n° 1140) ne partage pas cet avis, et il le combat d'abord par une assimilation qui ne nous semble pas juste. Il compare le cheptelier au locataire de maison à qui le propriétaire interdit la faculté de sous-louer sans son consentement. Qui n'aperçoit, au premier aspect, la différence qui sépare l'exploitation d'un cheptel de la location d'une maison ? Le locataire est maître d'accepter ou de refuser la condition qui lui est imposée par le propriétaire, et il sait bien, s'il l'accepte, qu'aucun événement imprévu, né de son bail, ne viendra modifier sa position au point de rendre une sous-location indispensable pour lui. Mais en est-il de même pour le bail à cheptel ? Durant son cours, ne peut-il pas surgir une foule d'accidents qui rendent nécessaire l'aliénation d'une partie du troupeau ? Le dépérissement de certaines bêtes par des causes fortuites, le danger de les garder ou l'avantage de les vendre peuvent survenir, de telle sorte que l'un ou l'autre parti produira ou un grand bénéfice ou une perte considérable. Ces circonstances, qui se présentent dans une exploitation semblable, et qu'on est sûr de ne jamais rencontrer dans l'exemple choisi par

M. Troplong, démontrent qu'il n'y a pas d'analogie véritable entre les deux cas.

M. Troplong tire un autre argument de ce que, dans le projet primitif du Code, on aurait retranché une disposition qui autorisait le cheptelier à se pourvoir en dommages-intérêts contre le bailleur qui se serait refusé à une vente avantageuse. Cet argument aurait une grande force si le motif de la suppression de la disposition avait été l'intention manifestée clairement par le législateur d'enlever à l'une des parties l'action dont il s'agit. Mais si le retranchement a eu lieu, c'est précisément pour faire disparaître une superfétation, et uniquement pour ne pas accorder une autorisation qui résulte du droit commun, qui, par conséquent, n'avait pas besoin d'être reproduite par un texte formel. Quant au dernier motif tiré par M. Troplong de la Coutume de Berry (art. 7), qui défendait au preneur de vendre les bêtes du cheptel, *si ce n'est du vouloir et consentement exprès du bailleur*, nous ne voyons pas ce qu'il apporte de force à l'opinion de cet auteur. L'article 1812 de notre code est tout aussi explicite, et cependant il est sans influence dans la discussion actuelle, *car elle s'agite en dehors de son texte*. Les termes de la Coutume de Berry, comme ceux de l'article 1812, *régissent les cas d'aliénation* opérée spontanément par l'une des parties, et abstraction faite de toute action intentée devant les tribunaux, tandis qu'il est ici question de savoir si cette action est recevable. Le texte cité ne prouve donc rien. M. Troplong nous paraît d'ailleurs diminuer un peu trop l'importance que peut avoir une action de cette nature. Si quelquefois les bêtes qu'il faudra vendre sont peu nombreuses et de petite valeur, le cas contraire peut se présenter, et nous ne voyons pas en vérité pourquoi il serait permis à l'une des parties de compromettre, par un refus inintelligent, le sort d'une exploitation d'où dépend souvent l'existence de l'autre. Notre opinion est partagée par M. Duranton (n° 283). (V. aussi Pothier, *des Cheptels*, n° 36.)

46. Si le preneur, malgré la défense qui lui est faite de disposer, sans le consentement du bailleur, d'une partie du cheptel, a vendu une ou plusieurs bêtes, celui qui les a acquises de bonne foi n'est point exposé à la revendication de la part du bailleur. Les dispositions claires et précises des art. 2279 et 2280 du Code civil le protègent. Il peut invoquer

la maxime que, en fait de meubles, la possession vaut titre, et soutenir que, quelque blâmable que soit moralement l'action du preneur, elle ne constitue pas un vol dans l'acception rigoureuse et légale du mot ; qu'ainsi la chose qu'il a achetée n'était ni perdue ni volée, et par conséquent point sujette à revendication (1). (V. Chose perdue ou volée.)

Les Coutumes de Berry (tit. 17, art. 10) et de Nivernais (tit. 21, art. 16), nous devons le dire, contenaient des règles opposées ; elles donnaient au bailleur le droit de reprendre les bêtes vendues entre les mains de l'acheteur. Coquille (sur l'art. 16, tit. 21) pensait cependant que le bailleur devait rembourser le prix lorsque les bêtes avaient été vendues en foire. Pothier ne croyait pas que la distinction faite par Coquille dût être suivie ; seulement il admettait que, dans les coutumes qui ne contenaient pas de disposition expresse, on refusât l'action en revendication au bailleur lorsque la vente avait été faite en justice. (Poth, n° 48.) Ces opinions diverses se conçoivent sous l'empire d'une jurisprudence qui, à la vérité, adoptait le principe qu'en fait de meubles la possession vaut titre, mais qui n'en avait pas établi le sens avec netteté, et qui n'en avait pas développé toutes les conséquences. Le Code civil a posé la règle et présenté ses corollaires avec trop de précision, pour que les hésitations des anciens jurisconsultes puissent se reproduire. Tout se réduit maintenant à cette idée simple : y a-t-il vol du cheptel de la part du preneur qui le vend sans le concours du bailleur ? La solution négative de cette question ne permet pas d'accorder l'action en revendication au bailleur. (Troplong, n° 1103 et suiv.)

47. Puisque ni le bailleur, ni le preneur, n'a le droit de disposer seul du cheptel, les créanciers personnels de l'un d'eux ne peuvent

s'en emparer au détriment de l'autre. D'abord, cela est évident pour les créanciers du preneur ; car le cheptel, on le sait, reste la propriété du bailleur, et il serait absurde de prétendre qu'il doit servir à payer les créanciers du preneur.

48. Quant aux créanciers du bailleur, la solution est plus difficile. Précisément parce que c'est le bailleur qui est le propriétaire du cheptel, il semble incontestable que ce cheptel soit le gage de ses créanciers, comme tous ses autres biens.

Sans doute, tout créancier a droit de faire saisir et vendre les biens de son débiteur ; mais, pour cela, il faut que ces biens soient libres et disponibles entre les mains de ce dernier. Si des tiers ont acquis sur eux des droits légitimes, les créanciers trouvent dans ces droits légalement formés une limite à l'exercice de ceux qui leur appartiennent. C'est ainsi qu'ils sont obligés de respecter le bail d'un immeuble, lorsque ce bail a acquis date certaine avant le commandement tendant à saisie (Code de proc. art. 684).

L'analogie est parfaite ; le preneur du cheptel a, sur les animaux qui le composent, un droit de même nature que celui du fermier ou du locataire sur le fonds rural ou sur la maison qui est l'objet de son bail. Puisque des créanciers même ayant inscription sur l'héritage ou la maison ne peuvent, au mépris du bail, les faire saisir et vendre, également les créanciers du bailleur d'un cheptel n'ont pas le droit de dépouiller le preneur.

49. Mais est-il nécessaire, pour que le bail à cheptel soit un obstacle à l'action des créanciers, qu'il ait acquis date certaine avant le commencement des poursuites ? Nous ne le pensons pas ; le preneur aura le droit de dire aux tiers, suivant l'ingénieuse observation de M. Duranton : Ou reconnaissez l'existence du bail, ou je vous oppose la maxime : *en fait de meubles, la possession vaut titre.*

Pothier enseigne précisément le contraire. « Le bailleur, dit-il (n° 68), demeurant propriétaire du cheptel de fer qu'il a donné par estimation à son fermier, Lathaumassière, liv. 4, chap. 20 de ses Décisions, en conclut que les créanciers du bailleur peuvent le saisir et faire vendre par exécution, sans que le fermier puisse l'empêcher ; sauf à lui son recours pour ses dommages-intérêts contre le bailleur. Il dit que c'est la jurisprudence du présidial de Bourges, et il en rapporte plu-

---

(1) La section de législation du tribunat avait proposé un article ainsi conçu : « Si le preneur vend des bêtes du cheptel sans le consentement du bailleur, celui-ci peut revendiquer des mains de l'acheteur ou autre tiers possesseur, pourvu que le cheptel soit prouvé par acte authentique, ou ayant une date certaine avant la vente. Cette revendication a lieu sans restitution de prix, à moins que les bestiaux n'aient été vendus dans une foire ou dans un marché. » On voit que cette proposition n'a pas eu de suite. (M. Locré, t. 14, pag. 403.)

sieurs sentences. L'auteur des notes sur les Décisions de Lathaumassière dit que la jurisprudence du présidial de Moulins est opposée, et qu'on y juge que le fermier est fondé à s'opposer à la saisie du cheptel faite par les créanciers du bailleur, et d'en demander la main-levée, sauf auxdits créanciers à saisir et arrêter les fermes. Pour attester cette jurisprudence, il cite Auroux des Pommiers, commentateur de la Coutume de Bourbonnais. Je n'ai rien trouvé de cela dans le commentaire d'Auroux sur le titre des cheptels. Quoi qu'il en soit, la jurisprudence du présidial de Bourges me paraît plus conforme aux principes de droit. Le bail à ferme ne donnant au fermier qu'une simple créance personnelle contre le bailleur, pour qu'il soit tenu de le faire jouir de la chose qu'il lui a louée, et ne lui donnant aucun droit réel dans cette chose, il s'ensuit que le fermier n'a qu'une créance personnelle contre le bailleur pour le faire jouir du cheptel, et qu'il n'a aucun droit réel dans le cheptel qui puisse servir de fondement à l'opposition à la saisie qui en est faite par les créanciers du bailleur à qui le cheptel appartient. »

« Il est très-certain que ce fermier ne pourrait empêcher les créanciers du bailleur de saisir réellement et de vendre la métairie qu'il tient à ferme ; par la même raison, il ne peut les empêcher de saisir et de vendre les bestiaux, puisque les bestiaux, comme la métairie, appartiennent au bailleur, et que le fermier n'a aucun droit réel dans les bestiaux, comme il n'en a point dans la métairie. »

L'art. 684 (C. proc.) que nous avons cité renverse la base du système de Pothier, puisqu'il défend précisément aux créanciers du bailleur de troubler le fermier de la métairie. Ainsi, soit qu'il s'agisse d'un cheptel de fer, soit qu'il s'agisse d'un cheptel simple, le preneur doit être maintenu dans sa jouissance.

Voici la seule différence qu'on doit admettre entre l'un et l'autre. S'il s'agit d'un cheptel de fer, le bail de bestiaux n'étant que l'accessoire du bail de la ferme, il ne pourrait lui survivre. Si donc le bail de la ferme est annulé par défaut de date certaine antérieure au commandement, le bail à cheptel ne sera pas maintenu. Mais s'il est question d'un bail à cheptel simple, comme nous l'avons déjà démontré, la certitude d'une date antérieure aux poursuites ne sera pas absolument nécessaire.

50. D'après ce qui précède, on voit que la limite opposée à l'exercice des droits des créanciers du bailleur a pour but unique le maintien du droit du preneur ; par conséquent, tous les actes qui ne sont point incompatibles avec la jouissance de celui-ci doivent être autorisés. Les créanciers pourront donc saisir et même faire vendre le cheptel, à la charge par l'adjudicataire de maintenir le bail. (Rousseau de Lacombe, v° Bail à cheptel, sect. 1re, n° 14.)

51. Un édit du mois d'octobre 1713 prescrivait au preneur certaines formalités pour mettre les bestiaux composant le cheptel à l'abri de l'action que le fisc pouvait avoir contre le bailleur ; il exigeait notamment que le bail fût passé devant notaire. M. Merlin rapporte les termes mêmes de cet édit, et il dit qu'aucune de ses dispositions ne se retrouve dans les lois qui régissent actuellement les contributions publiques. Puis il ajoute que les autorités chargées de statuer sur la perception des différents impôts, ne pourraient aujourd'hui avoir aucun égard aux baux sous seing privé et non enregistrés. (Répert., v° Cheptel, § 1er, n° 3.) Nous croyons que c'est une erreur, et que, comme tout autre créancier, le fisc devrait respecter les baux à cheptel manifestés par la mise en possession du preneur. Il n'y a point de loi qui lui confère le privilége sous ce rapport.

52. Les animaux donnés à cheptel à un fermier par un autre que le propriétaire de la ferme sont soumis, comme tout ce qui garnit la ferme, au privilége du bailleur, à moins qu'avant leur introduction, le bail à cheptel n'ait été notifié au propriétaire de la ferme (1). Lorsque, moyennant une précaution aussi simple, le propriétaire des animaux peut conserver son droit intact, toute négligence de sa part est inexcusable. D'ailleurs, on comprend la faveur qui est due au propriétaire de la ferme qui a dû compter, pour assurer le payement des fermages, sur tous les bestiaux que son fermier a placés dans le fonds.

53. Il semblerait que rien ne peut remplacer cette notification, et qu'à son défaut, le propriétaire de la ferme est toujours censé ignorer que les bestiaux qui la garnissent n'appartiennent pas à son fermier. Nous

(1) Art. 1813. Il faut que la signification précède l'introduction, arrêt de la Cour de cass., du 9 août 1815 (S.-V. 20. 1. 469; D. A. 9. 950).

croyons cependant que notre article est plutôt démonstratif que limitatif, et nous ne comprendrions pas qu'on fît fléchir les principes d'équité et de bonne foi devant la rigueur des formes. Qu'a voulu le législateur? Garantir le propriétaire de la ferme contre des fraudes possibles, et le préserver des résultats d'une erreur qu'il n'aurait pas été le maître d'éviter. Mais le vœu de la loi est rempli si, d'une manière ou d'une autre, le propriétaire a connu la situation de son fermier et lui a consenti le bail, sachant bien que les bestiaux qu'il devait introduire dans la ferme n'étaient pas sa propriété. Alors la notification est suppléée par cette connaissance, le but est atteint. Le propriétaire ne sera donc pas admis à s'autoriser, pour exercer son privilège, de l'absence de la formalité prescrite par l'art. 1813, pourvu qu'on puisse prouver contre lui qu'il a eu connaissance du cheptel au moment qu'il a consenti le bail de la ferme, ou bien au moment de l'introduction du troupeau, si elle a eu lieu postérieurement au bail.

Il n'y aurait pas, d'ailleurs, de motif suffisant pour refuser d'appliquer au cas de cheptel la jurisprudence qui, dans deux arrêts, l'un de la cour de Poitiers, l'autre de la cour de Paris, a repoussé le privilège du propriétaire, dans tous les cas où il résultait de circonstances graves que ce propriétaire savait que les meubles introduits chez lui n'étaient pas la propriété de son locataire. (Poitiers, 30 juin 1825; S.-V. 25. 2. 432; D. P. 26. 2. 57. — Paris, 2 mars 1829; S.-V. 29. 2. 213; D. P. 29. 2. 128. — Troplong, n° 1161.)

Enfin cette doctrine vient de recevoir une consécration toute récente par un arrêt émané de la chambre des requêtes de la Cour de cassation, à la date du 7 mars 1843 (S.-V. 43. 1. 285; J. P. 1843. 1. 443). La Cour, en rejetant le pourvoi du sieur Hébert contre un arrêt de la cour royale de Limoges, rendu au profit des époux Biré, a jugé, sur les conclusions conformes de M. l'avocat général Delangle, « qu'il peut être établi par la preuve testimoniale, s'il y a un commencement de preuve par écrit, que le propriétaire d'un domaine rural dans lequel son fermier avait pris à cheptel des bestiaux appartenant à un tiers, connaissait cette circonstance; et ce fait, une fois constaté, de l'aveu même du propriétaire, il a pu être décidé que la notification prescrite par l'art. 1813 du Code civil n'était pas nécessaire pour lui apprendre,

ce qu'il savait déjà, que le cheptel n'était point la propriété de son fermier, et ne pouvait ainsi être affecté à son privilège. » La Cour de cassation ne considère donc pas la notification prescrite par l'art. 1813 comme une formalité absolument indispensable.

54. L'art. 1813 ne s'applique pas seulement au propriétaire de la ferme; il oblige aussi ceux qui le représentent auprès de celui qui tient la ferme, comme le fermier principal ou l'usufruitier. Il s'applique aussi au colon partiaire, le mot *fermier* devant être pris *lato sensu*. (Durant., n° 284; Troplong, n° 1162.)

55. Le privilège du propriétaire de la ferme sur les meubles de son fermier prend sa source dans le bail; il est destiné à garantir l'exécution des obligations qui en naissent; d'où il suit que ce privilège ne saurait aller au delà de ces obligations. Si donc le propriétaire de la ferme faisait saisir le cheptel pour une cause étrangère au bail, le bailleur du troupeau se trouverait en présence d'un créancier ordinaire, et pourrait employer les moyens que lui offre l'art. 608 du Code de procédure civile pour établir sa propriété sur le troupeau, sans qu'on pût lui opposer le défaut d'observation de l'art. 1813. (Duranton, n° 284; Tropl. n° 1163.)

56. Pour prévenir les fraudes au détriment du bailleur, il est défendu au preneur de tondre sans le prévenir. Sous l'ancienne législation, la prohibition était sanctionnée par des peines pécuniaires (V. *Lettr. pat. enreg. au parlem.* le 16 sept. 1739; *Rép. de jurisp.*, v° Cheptel, § 1, n° 9.) Il est évident que ces dispositions pénales n'ont pas survécu à la publication du Code civil et de la loi du 30 ventôse an XII. Ainsi, les infractions du preneur, en ce cas, autorisent seulement le bailleur à demander contre lui des dommages-intérêts, ou même, et selon les circonstances, la résiliation du bail (art. 1816).

57. Le cheptel finit à l'époque déterminée par la convention. S'il n'y a point de terme fixé, il dure trois ans (art. 1815).

Ainsi, jamais il ne peut y avoir d'incertitude sur la durée du contrat; elle est indiquée, ou par la volonté des parties, ou par l'autorité de la loi. Jamais, par conséquent, il n'y a lieu à donner congé. On a vu, en effet, que le congé est un moyen de faire cesser des rapports qui ne doivent pas durer toujours, et dont cependant ni la loi ni la convention n'indiquent la durée.

58. La clause par laquelle le bailleur se réserverait le droit d'exiger le partage quand bon lui semblerait, et qui dénierait pareille faculté au preneur, serait-elle valable? Lathaumassière atteste que de son temps cette clause était insérée dans tous les baux à cheptel; mais Coquille et Pothier enseignent qu'elle devait être réputée nulle. On lit dans Coquille ( sur Nivernais, t. 21, art. 9, quest. 83 ) : « Puisque ce contrat ( le bail à cheptel ) est de société, afin qu'elle ne semble léonine et contenir inégalité, semblerait être raisonnable que si le bailleur a retenu la faculté d'exiger quand bon lui semblera le partage, que le preneur ait semblable choix .» (V. Poth., n° 54.) Nous ne pensons pas que l'opinion de ces auteurs doive être suivie sous l'empire du Code civil. L'art. 1811, en effet, énumère les stipulations qui ne peuvent être insérées dans le bail à cheptel; or, dans cette énumération des clauses illicites, ne se trouve point la clause dont s'agit.

Mais il faut remarquer que si le partage était demandé dans un moment intempestif par le bailleur, et dans le but de s'approprier à lui seul le profit que les associés s'étaient promis de retirer en commun, la demande en partage ne devrait pas être accueillie. C'est ce qu'enseigne M. Troplong ( *Traité du contrat d'échange et de louage*, t. 3 , p. 380, n° 1174-1175), qui se fonde principalement sur les art. 1869 et 1870.

59. Si, à l'expiration du temps stipulé dans le bail, ou, à défaut de stipulation, à l'expiration des trois ans, le preneur reste et est laissé en jouissance du cheptel, il s'opère une tacite reconduction. D'après l'art 1er, tit. 17 de la coutume de Berry, la tacite reconduction avait lieu si, à l'expiration du bail, il s'écoulait quinze jours sans que le partage eût été demandé. La durée du nouveau bail était fixée à un an.

Le Code n'a point reproduit ces dispositions, en sorte que les tribunaux auront à apprécier, d'après les circonstances, s'il y a eu volonté réciproque de former un nouveau bail. Ils devront cependant accorder aux anciens usages qui se seraient maintenus jusqu'à notre temps l'influence qui leur est due.

60. Mais quelle sera la durée du nouveau bail qui résultera de la reconduction ?

On lit, dans le Cours de droit civil de M. Zachariæ, que cette question « doit principalement se décider d'après les usages locaux.»

(Arg., art. 1135 , t. 3 , p. 52.) M. Duranton est d'avis que le nouveau bail doit avoir une durée égale à celle du bail primitif. (T. 17 , n° 286.) C'est ce qui résulterait suivant cet auteur « de l'intention probable des parties. » MM. Duvergier (t. 2 , n° 424) et Troplong (t. 3, n° 1180) sont d'avis que la reconduction doit être fixée au terme légal de trois ans.

Nous n'hésitons pas à nous prononcer pour cette dernière opinion; « elle se soutient en effet, dit M. Troplong, à l'aide d'un argument puissant tiré de l'art. 1738, qui porte : « Si, à l'expiration des baux écrits, le preneur reste et est laissé en possession, il s'opère un nouveau bail dont l'effet est réglé par l'article relatif aux locations faites sans écrit. » Or, en matière de cheptel, l'article relatif aux conventions sans écrit est l'art. 1815, qui fixe la durée du cheptel à trois ans. Le nouveau bail produit par la tacite volonté des parties doit donc se prolonger pendant la durée de trois années. »

61. Ni la mort du preneur, ni celle du bailleur, ne met fin au bail. Les rapports qui existent entre les parties ne sont point assez intimes ; la considération des personnes n'a pas eu sur les consentements respectifs une influence assez grande pour que les obligations réciproques ne puissent passer aux héritiers. Pothier, quoiqu'il considère le bail à cheptel comme une société, reconnaît néanmoins qu'il n'est pas dissous par la mort de l'un des contractants. ( Poth., n° 3.)

62. M. Troplong ( *de la Société*, n° 1186) a émis une opinion contraire qu'il appuie sur les art. 1865 et 1795 du Code civil. A ceux qui font du cheptel une société, il dit avec l'art. 1865, qu'à l'exemple de la société qui est dissoute par la mort d'un des associés, ce contrat est résolu par la mort du preneur; à ceux qui y voient principalement un louage d'industrie, il présente la même solution en vertu de l'art. 1795, qui dispose que le contrat de louage d'ouvrage est dissous par la mort de l'ouvrier, de l'architecte ou de l'entrepreneur. Il est certain qu'à ces deux points de vue, l'opinion de M. Troplong est fondée; mais cette opinion est pour nous une nouvelle preuve du danger qu'offre une assimilation systématique et exclusive entre deux contrats qui, en réalité, ne sont pas identiques.

En effet, les motifs qui font que deux individus se réunissent en société pour une exploitation commerciale quelconque, sont-ils les mêmes que ceux qui rapprochent le bailleur du preneur dans le cheptel ? Des relations antérieures servant de garantie à la probité, à la capacité des associés, ne sont-elles pas toujours le mobile de leur réunion ? N'est-il pas vrai, au contraire, que la différence de position entre le preneur et le bailleur les a presque toujours tenus étrangers l'un à l'autre ? Sous un autre aspect, ne peut-on pas dire que, les relations sociales étant basées sur la probité et sur l'aptitude des associés, il y aurait eu un immense inconvénient à transmettre héréditairement ces relations à une veuve ou à des fils qui pouvaient être incapables de les maintenir ? Et les mêmes inconvénients sont-ils à craindre dans le cheptel, dans le cheptel exploité sous les yeux de la famille, par les enfants du preneur eux-mêmes, lesquels, après sa mort, n'auront qu'à continuer les faciles traditions dont ils auront depuis longtemps l'expérience ? Nous ne croyons donc pas qu'on prenne un associé comme on prend un cheptelier ; nous ne croyons pas surtout que la dissolution de la société entraîne pour la famille de l'associé décédé les mêmes inconvénients qui frapperaient celle du preneur, si, à sa mort, le bail était résolu. N'oublions pas que le cheptel est presque toujours l'existence de la famille ; qu'il pourra arriver que la mort du preneur survienne après des pertes qui auront épuisé ses ressources, et que cette existence est ruinée, si, avec le troupeau, le bailleur enlève les moyens de la relever. N'oublions pas que si on n'admet point de différence entre les associés, si la loi ne suppose pas entre eux de fort et de faible, il n'en est pas de même à l'égard du cheptel, et que, dans le doute, la loi n'hésite pas à se montrer favorable au preneur. Aussi voyons-nous Pothier déroger complétement sur cette question aux principes de la société et enseigner la doctrine que nous soutenons. Quant à M. Troplong, il déroge aussi à ces principes, mais ce n'est que vis-à-vis du bailleur. Il reconnaît que sa mort ne résout pas le bail. Puisque cet auteur portait atteinte à son principe au moment où il le proclamait, pourquoi restreint-il l'exception à une seule des parties ?

Cette contradiction dans l'application de l'art. 1865 ne prouve-t-elle pas suffisamment que cet article se refuse à servir le système de M. Troplong ? L'art. 1865 est trop général pour se prêter à la distinction à laquelle M. Troplong se soumet.

63. L'application de l'art. 1795 ne nous paraît pas plus heureuse.

Tout le monde comprend que si une œuvre d'art a fait la base d'un traité entre un artiste et un tiers, ce traité tombe par la mort de l'artiste. Le motif déterminant pour le maître a été l'aptitude spéciale de l'ouvrier, aptitude toute personnelle et que la loi ne pouvait supposer dans tous les membres de la famille de l'ouvrier. Mais en est-il de même pour le cheptelier ? et peut-on, sans forcer le sens des mots, l'assimiler à *l'ouvrier*, et *l'architecte* à *l'entrepreneur*, dont parle l'article 1795 ?

64. Préoccupé des principes de la société, M. Troplong n'a peut-être pas suffisamment tenu compte de l'influence que l'art. 1742 doit avoir sur la question qui nous occupe. Cet article pose en principe général que le contrat de louage n'est résolu ni par la mort du bailleur, ni par celle du preneur. Il faudrait donc, selon nous, que le cheptel s'éloignât du louage ordinaire, plus encore qu'il ne s'éloigne de la société et du louage d'industrie, pour que le principe de l'art. 1742 ne lui fût pas applicable. Or, en présence des différences que nous venons de signaler entre les règles qui doivent gouverner le cheptel et les principes posés par les art. 1865 et 1795, il est difficile de ne pas reconnaître l'influence de l'art. 1742, alors surtout qu'il va plus loin dans ses conséquences que nous n'allons nous-mêmes, en maintenant le bail dans la famille du preneur décédé. L'art. 1742, en effet, s'applique à des objets autrement importants que ne l'est un bail à cheptel ; au bail d'une usine, par exemple, d'une propriété rurale nécessitant une exploitation difficile et compliquée. Et cependant, dans ce cas, la mort du preneur ne résout pas le bail, la loi ne fait aucune acception de sa personne, tandis qu'elle le ferait dans l'exploitation du cheptel ! Nous ne pensons pas qu'il en puisse être ainsi, et nous craindrions, en adoptant une telle opinion, de prêter à la loi une inconséquence dans laquelle elle n'est pas tombée.

65. Au cas d'infraction par le preneur à ses engagements, le bailleur peut demander la résolution du contrat ou des dommages-intérêts, et même, selon les circonstances, simultanément les deux choses (art. 1816). Le preneur aura-t-il le même droit ? L'art. 1816 ne le lui donne pas formellement, mais il le

tient des principes généraux, et notamment de l'article 1184, etc.

66. A la fin du bail, ou lors de sa résolution, le cheptel doit se partager.

Les coutumes de Berry, de Nivernais et de Bourbonnais avaient établi un mode de partage qui, avec une apparence d'équité, présentait de grands inconvénients.

Elles autorisaient l'une des parties à donner au cheptel une estimation, et l'autre partie avait la faculté ou de retenir le cheptel au prix de l'estimation, ou de l'abandonner moyennant même somme; elle devait opter dans la huitaine. Si c'était le bailleur qui conservait le cheptel, il prélevait le montant de l'estimation faite au commencement du bail, et payait au preneur la moitié du surplus. Si le cheptel restait au preneur, celui-ci payait au bailleur, d'abord, le montant de l'estimation originaire, plus la moitié de la différence entre cette première estimation et celle qui était faite au moment du partage.

«Cette manière de partager est très-bonne, dit Pothier (n° 55), lorsque les parties sont l'une et l'autre bien en argent comptant; mais comme il arrive très-souvent que l'une des parties en est dépourvue, elle a un très-grand inconvénient, et elle donne un grand avantage à celui qui a de l'argent sur la partie qui en est dépourvue. Car celui qui a de l'argent, en faisant une estimation du cheptel, quoique beaucoup au-dessus du juste prix, forcera l'autre partie qui ne pourra le prendre, n'ayant pas d'argent pour le payer, à le lui laisser pour ce prix inique; c'est pourquoi cette manière de procéder au partage du cheptel, prescrite par les coutumes, ne me paraît pas devoir être adoptée hors de leur territoire.»

Auroux des Pommiers atteste aussi que, quoique ce mode de partage fût formellement établi par l'art. 553 de la coutume de Bourbonnais (V. son Commentaire sur cet article), il n'était point suivi surtout pour les cheptels de métairie. «On est aujourd'hui dans l'usage, dit-il, lorsqu'on veut partager le cheptel à la fin du bail, de faire faire, par des experts dont les parties conviennent, une nouvelle estimation de chacune des bêtes qui composent le cheptel; ensuite le bailleur prélève autant de bêtes de chaque espèce qu'il en a fourni pour composer le cheptel. Si, par la nouvelle estimation, les bêtes se trouvent valoir plus qu'elles ne valaient lorsqu'elles ont été laissées à bail, le bailleur doit faire compte au pre-

neur de la moitié de cette augmentation de valeur. Si au contraire ces bêtes se trouvent valoir moins que quand le preneur les a reçues, celui-ci doit faire raison au bailleur de la moitié de cette diminution de valeur, et le surplus, qui est le croît du cheptel, se divise en deux portions égales, dont une pour le bailleur et l'autre pour le preneur. Lorsque le nombre des bêtes d'une espèce quelconque se trouve moindre qu'il n'était en commençant le bail, le preneur doit payer, conformément à l'estimation faite au moment où le bail a été passé, la moitié du prix de celles qui se trouvent manquer. (Un arrêt du parlement de Paris, en date du 20 août 1716, a confirmé cet usage; il a été rendu entre Auroux des Pommiers lui-même et les nommés Aubergens, fermiers de la terre des Pommiers. Auroux le rapporte à la fin de son commentaire, et le Répertoire de jurisprudence le reproduit, v° Cheptel, § 1, n° 13.

Le Code civil n'a adopté aucun des procédés que nous venons d'indiquer; il leur en a substitué un aussi équitable qu'il est simple dans l'exécution. «A la fin du bail, ou lors de sa résolution, dit l'art. 1817, il se fait une nouvelle estimation du cheptel.

» Le bailleur peut prélever des bêtes de chaque espèce jusqu'à concurrence de la première estimation : l'excédant se partage.

» S'il n'existe pas assez de bêtes pour remplir la première estimation, le bailleur prend ce qui reste, et les parties se font raison de la perte. »

On voit tout de suite que ce mode n'est point celui que le texte des coutumes avait introduit, et que Pothier a critiqué à si bon droit.

Mais on pourrait ne pas bien distinguer en quoi le système du Code diffère de l'usage attesté par Auroux des Pommiers. M. Merlin a même cru qu'ils se confondaient. (Répert., v° Cheptel, § 1, n° 13 in fine.) L'article 1817 se borne à donner au bailleur le droit de prélever une quantité suffisante de bêtes de chaque espèce, pour former, au prix déterminé par la seconde estimation, la somme totale à laquelle avait été fixée la valeur du cheptel lors du commencement du bail. L'usage consacré par l'ancienne jurisprudence accordait au bailleur un droit plus étendu; il lui permettait de prendre autant de bêtes de chaque espèce qu'il en avait fournies, en sorte que ce prélèvement ne terminait pas l'opération. Il fallait voir si, d'après l'estimation faite au moment du partage, le nombre des bêtes que prenait ainsi le bailleur formait une somme supérieure ou inférieure à la valeur originaire du cheptel ; et, selon le résultat de cet examen, il devait restituer une certaine somme, ou en recevoir une du preneur. Maintenant on va plus vite et plus simplement au but ; on ne s'occupe pas de savoir quel nombre de bêtes avait fourni le bailleur ; on examine combien valait le cheptel qu'il a donné, et on lui permet de reprendre en bêtes de chaque espèce de quoi composer, d'après la nouvelle estimation, une somme égale.

67. Les lois en date des 15 germinal, 26 floréal, 1er therm. an III, et 2 therm. an VI (V. la collect. des Lois de Duvergier à leur date), ont réglé le mode de partage et d'estimation des cheptels ; mais elles n'avaient pour objet que les cheptels qui, ayant commencé avant l'introduction du papier-monnaie, avaient expiré pendant le cours forcé de ce papier, ou ceux qui ayant commencé depuis sa création avaient expiré après sa suppression. Elles ont donc perdu aujourd'hui toute autorité.

### Art. 3. — Du cheptel à moitié.

68. Le cheptel à moitié est une véritable société ; le bailleur fournit pour sa mise la moitié des bestiaux ; le preneur en donne une pareille quantité, il met de plus dans la société ses soins et son industrie (art. 1818).

69. Par suite de cette inégalité dans les mises, les associés doivent avoir des parts inégales dans les bénéfices. En effet, le preneur prend d'abord, comme le bailleur, la moitié de la laine et du croît ; en outre, il profite seul des laitages, du fumier et des travaux des bêtes. Toute convention qui porterait atteinte à cette répartition des bénéfices serait d'une iniquité évidente ; c'est pourquoi l'article 1819 dit formellement qu'elle est nulle.

70. Toutefois le même article reconnaît que, si le bailleur est propriétaire de la métairie dont le preneur est fermier ou colon partiaire, on pourra stipuler qu'une portion des laitages sera donnée au bailleur. L'équité ne s'oppose pas alors absolument à une pareille convention. Les bestiaux trouvent leur nourriture et leur logement sur la ferme, le preneur ne fournit que ses soins pour la garde du cheptel commun ; on peut donc lui ôter une partie de ses avantages. Les fumiers et le travail des animaux étant employés à la culture des terres au revenu desquelles le preneur et le bailleur ont également droit, chacun des associés participe à cette espèce de bénéfices. Au surplus, les intérêts réciproques sont censés avoir été calculés lorsque les parties ont déterminé le prix du bail ; leur convention doit donc être maintenue.

71. Dans le cheptel simple, les bestiaux restant la propriété du bailleur, il est naturel que ce soit lui qui supporte la perte totale ; mais dans le cheptel à moitié, où le fonds est la propriété commune, la perte, soit totale, soit partielle, doit nécesairement être supportée par moitié.

72. Il est également évident qu'à la fin du bail ou lors de sa résolution, le preneur a le droit de retirer sa mise, comme le bailleur la sienne. En conséquence, chacun peut reprendre des bêtes de chaque espèce, jusqu'à concurrence de l'estimation qui a été faite de la mise au commencement du bail. On applique ainsi, autant que possible, le mode indiqué par la loi pour le partage du cheptel simple.

73. Sauf ces exceptions, toutes les règles du cheptel simple s'appliquent au cheptel à moitié.

### Art. 4. — Du cheptel donné au fermier ou au colon partiaire.

74. Lorsqu'un héritage sur lequel sont placés des bestiaux est donné à bail, les obligations du preneur sont déterminées par des règles spéciales. Celles qui régissent le cheptel simple ne sont point applicables, quoique ce soit le bailleur qui fournisse tous les animaux. Ces règles varient d'ailleurs, selon qu'il s'agit d'un bail à ferme ordinaire ou d'un bail partiaire. Elles seront exposées dans deux sections distinctes.

### Sect. 1re. — Du cheptel donné au fermier (cheptel de fer).

75. Le fermier qui prend à bail un héritage avec les bestiaux qui le garnissent, contracte l'engagement de laisser, à l'expiration du bail, des bestiaux d'une valeur égale au prix de l'estimation de ceux qu'il reçoit. Il s'oblige à supporter la perte même totale, et quoiqu'elle soit causée par cas fortuit ; il est tenu d'employer tous les fumiers à l'exploitation du fonds ; mais il a droit à tous les profits pendant la durée du bail.

Tels sont les rapports qui, en l'absence de toute convention, lient le preneur et le bailleur, relativement aux animaux placés sur l'héritage. Ce cheptel se nomme *cheptel de fer* ou *bêtes de fer*, parce qu'il ne peut disparaître et qu'il doit nécessairement se retrouver sur la métairie, à la fin du bail, parce qu'il est *comme enchaîné à la ferme*, disait M. Mouricault (V. Locré, t. 14, p. 450).

76. Il diffère essentiellement des contrats dont nous venons de parler. En effet, le cheptel simple et le cheptel à moitié établissent, comme on l'a vu, entre le preneur et le bailleur des rapports d'associé à associé ; dans le cheptel de fer, au contraire, il n'y a aucune société, aucune association d'intérêts ; de plus, il ne peut être contracté qu'entre propriétaire et fermier, sauf ce qui est dit au n° 87. En vertu de ce contrat, le fermier doit rendre, quoi qu'il arrive, un fonds égal en valeur à celui qu'il a reçu, même au cas de perte totale causée par cas fortuit ; le fumier n'est point dans ses profits personnels ; il doit être employé dans la métairie, tandis que, dans le cheptel simple, jamais la perte totale par cas fortuit n'est à la charge du preneur, et le fumier lui appartient exclusivement.

A la vérité et d'un autre côté, tous les profits, c'est-à-dire la laine, le croît, les laitages, appartiennent au preneur du cheptel de fer ; à lui seul appartient la plus-value donnée au troupeau, tandis que le preneur, dans le cheptel simple, partage la laine et le croît, et n'a que moitié de l'excédant que donne le cheptel à la fin du bail.

77. Cette combinaison peut offrir quelquefois de grands avantages au preneur d'un cheptel de fer ; mais elle peut entraîner, dans d'autres circonstances, des pertes graves, auxquelles la loi n'a pas voulu que les preneurs d'un cheptel simple fussent exposés. La raison sur laquelle est fondée la protection particulière accordée à ces derniers a été plus haut indiquée n° 14. Au surplus, dans le cheptel de fer, il est libre aux contractants de modifier les règles établies par le Code, et le preneur peut être assujetti à des chances encore plus défavorables que celles que la loi lui impose. L'art. 1823 dit formellement que tous les profits appartiennent au preneur, s'il n'y a convention contraire. Ainsi, le texte ne repousse point, il autorise même des stipulations par lesquelles une portion du croît, du laitage, du travail des animaux et de l'excédant qui se trouvera à la fin du bail, serait accordée au bailleur.

78. On a pensé que la liberté des conventions s'étend à ce point qu'elles devraient être respectées, alors qu'elles attribueraient au bailleur une portion plus grande dans les bénéfices que dans les pertes, et même une part dans les profits, sans qu'aucune portion de la perte fût mise à sa charge.

Contre cette opinion, on invoque d'abord l'art. 1811, qui ne permet pas de stipuler que le preneur aura dans la perte une part plus grande que dans le profit, et ensuite l'art. 1855, au titre de la société, qui déclare nulle la convention par laquelle l'un des associés est affranchi de toute contribution aux pertes.

Mais ni l'une ni l'autre de ces dispositions n'est ici applicable. L'art. 1811, limitatif de la liberté des conventions, est fait pour le cheptel simple dans lequel le preneur est l'objet d'une sollicitude toute spéciale ; il n'est pas reproduit dans la section consacrée au cheptel de fer, et par conséquent il ne peut être invoqué par le preneur de cette espèce de cheptel. L'art. 1855 régit les sociétés ; or, le cheptel de fer n'est pas une société ; le bail dont il est un accessoire, une dépendance, une condition, peut, soit à raison du prix de fermage, soit à raison des autres stipulations qu'il contient, offrir au fermier de tels avantages qu'il n'y ait aucune injustice dans la clause qui donne au bailleur une part dans les bénéfices, sans lui imposer une part dans les pertes. (Duranton, n° 289.)

79. De même, si les parties dérogeant aux règles ordinaires du cheptel de fer, étaient convenues, soit que le preneur ne supportera qu'une partie de la perte, l'autre partie devant rester à la charge du bailleur, soit au contraire que le bailleur aura une part dans les bénéfices et que la perte tout entière sera supportée par le preneur, ces conventions devraient être exécutées. On ne devra pas supposer que, par cela seul qu'une portion des profits lui est allouée, il doit nécessairement supporter dans les pertes une part correspondante, ni, réciproquement, que, parce qu'on a mis à sa charge une partie des pertes, une partie proportionnelle des bénéfices lui appartient de droit. « Le bailleur, dit très-bien M. Duranton (t. 17, n° 299), en stipulant une part des profits, sans déclarer vouloir aussi se charger d'une partie de la perte, a témoigné par là qu'il ne voulait déroger au droit commun de ce cheptel que pour son propre avantage, et la même chose peut se dire du fer-

fermier qui, en mettant une part de la perte à la décharge du bailleur, ne lui a néanmoins accordé aucune part dans le profit. »

80. L'estimation du cheptel faite au commencement du bail n'en transporte point la propriété au fermier; c'est le bailleur qui en reste propriétaire; le fermier peut seulement revendre à son profit les croîts, sauf ce qui est nécessaire pour remplacer les chefs qui sont morts, ou les bêtes qu'il faut vendre parce qu'elles sont trop vieilles. (Pothier, n° 69.)

81. Ce que nous avons dit en traitant du cheptel simple sur le droit de suite du bailleur, au cas de vente par le preneur d'une ou plusieurs bêtes du fonds (V. sup. nᵒˢ 46 et suiv.), sur les droits qu'ont les créanciers du bailleur de saisir le cheptel, est également vrai lorsqu'il s'agit du cheptel de fer. (V. sup. nᵒˢ 48 et suiv.)

82. Du principe consacré par l'art. 1822, que le bailleur reste propriétaire du cheptel nonobstant l'estimation contenue au bail, il suit que les créanciers du preneur ne peuvent saisir le troupeau. Mais, si le cheptel avait été beaucoup augmenté par ce dernier, nous pensons que les créanciers pourraient saisir la plus-value par lui donnée au troupeau. Cette plus-value, en effet, est la propriété de leur débiteur. « Le surplus du cheptel, dit Pothier (n° 68), est un profit qui appartient au fermier. » C'est ce qu'a décidé la Cour de cassation par un arrêt du 8 décembre 1806 (S.-V. 7. 1. 52; D. A. 9. 952), rejetant un pourvoi dirigé contre un arrêt de la Cour royale de Bourges, qui consacrait la doctrine que nous soutenons.

Cette jurisprudence concilie avec beaucoup de sagesse les droits respectifs du bailleur et du preneur; elle ne porte point atteinte au principe que la propriété du cheptel reste sur la tête du premier. Pour qu'elle l'eût violé, il faudrait qu'elle eût décidé que tout le cheptel est saisissable par les créanciers du preneur; mais en ne permettant la saisie que pour ce qui excède le fonds originaire, elle laisse intacte la propriété du bailleur. Il faut remarquer d'ailleurs cette circonstance importante que, dans l'espèce sur laquelle ont prononcé la cour de Bourges et la Cour de cassation, le propriétaire avait des sûretés suffisantes pour lui garantir, à la fin du bail, la représentation d'un cheptel égal en valeur à celui qu'il avait fourni. Sans cette garantie, vraisemblablement la décision eût été différente. (Mer-

lin, Rép.., vᵒ cheptel, § 1, n° 5; — Duvergier, t. 2, n° 445; — Troplong, n° 1328.)

83. Cette doctrine est aussi applicable au cas où le fermier aurait vendu en foire les agneaux formant le croît d'un troupeau donné à cheptel. Le 6 mai 1835, la Cour de cassation a jugé qu'ils ne pouvaient être revendiqués par le propriétaire, si rien ne constatait que le fonds du cheptel eût été diminué. (S.-V. 36. 1. 667; D. P. 35. 1. 241.)

84. A la fin du bail, ou lors de sa résolution, il se fait une nouvelle estimation du cheptel, et le fermier doit laisser le nombre de bêtes nécessaire, d'après cette nouvelle estimation, pour former la valeur qui a été donnée au cheptel par la première. Il est donc possible que le fermier soit obligé de laisser un nombre de bêtes supérieur à celui qu'il a reçu, si elles ont une valeur moindre; et qu'au contraire, il se libère avec un nombre d'animaux inférieur à celui qui existait au commencement du bail, si les animaux ont augmenté de prix. L'excédant calculé d'après ces bases lui appartient. S'il y a déficit, il doit le payer.

C'est dans ce sens qu'il faut comprendre un arrêt rendu, le 26 janvier 1828, par la cour de Bourges (S.-V. 29. 2. 253; D. P. 33, 2. 127), duquel il résulte que le fermier ne peut dénaturer le cheptel d'une manière dommageable pour le propriétaire, et substituer aux bestiaux garnissant la ferme d'autres bestiaux qui lui sont étrangers, quoique de même espèce.

85. Mais il ne peut, dans aucun cas, retenir le cheptel en payant l'estimation originaire. On sait que ce cheptel ne peut jamais être séparé de la ferme; que c'est de là qu'il tire son nom. (V. sup. n° 75; — Pothier, n° 67; — Troplong, nᵒˢ 1241, 1242.)

86. Le propriétaire n'aurait pas le droit, comme dans le cheptel simple et le cheptel à moitié, de prélever, à la fin du bail, sur le cheptel existant, des bestiaux jusqu'à concurrence de la première estimation. La seule obligation du fermier, c'est de rendre un troupeau d'égale valeur à celui qu'il a reçu, et s'il ne peut offrir des bêtes de la plus mauvaise qualité, il n'est pas tenu non plus à en fournir de la première; il y a lieu d'appliquer ici les règles du payement de l'obligation indéterminée. (Art. 1022 C. civ.) Cette difficulté s'est présentée devant la Cour de Bourges, qui l'a résolue dans le sens que nous venons d'indiquer, par son arrêt du 31 mars 1840. (D. P. 41. 2. 83.)

Le même arrêt décide que le propriétaire est tenu de reprendre au fermier des pailles et engrais en quantité équivalente à ceux que celui-ci a reçus sur l'estimation à son entrée en jouissance. A l'égard de l'excédant, l'art. 1778 C. civ. donne au propriétaire la *faculté* de le retenir, mais ne lui en impose pas l'obligation.

87. Le cheptel de fer peut également avoir lieu entre un preneur principal et un sous-fermier. Si le preneur principal en sous-louant tout ou partie d'une métairie non garnie de bestiaux par le bailleur, y place des bêtes qui lui appartiennent, ce seront les règles du cheptel de fer qui devront être appliquées entre lui et le sous-fermier. (M. Duranton, t. 17, n° 301.)

88. Le fermier, dans le cheptel de fer, étant tenu de rendre, à la fin du bail, des bestiaux d'une valeur égale au prix de l'estimation de ceux qu'il a reçus à son entrée en jouissance ( art 1821 ), il en résulte que cette estimation est d'une absolue nécessité : qu'elle est, pour nous servir des termes énergiques de M. Troplong, « un élément substantiel » du contrat. L'art. 1822, en disant que l'estimation met la chose aux risques du preneur, ne laisse sur cette nécessité absolue aucun doute, car ce qui caractérise le cheptel de fer, c'est l'obligation pour le preneur de supporter toutes les chances, toute la perte ; dès lors, s'il n'y a point eu estimation, il n'y a pas lieu à appliquer les règles du cheptel de fer, c'est un contrat mixte qui existe entre le preneur et le bailleur, une espèce de *commodat*; par suite, si le troupeau venait à périr, la perte serait supportée tout entière par le bailleur, en vertu de ce principe de droit, *res perit domino.*

89. Le cheptel de fer n'est toujours que l'accessoire d'un bail principal, et il est stipulé à l'effet de procurer au preneur des moyens de culture plus avantageux et des engrais pour ses terres ; dès lors, en l'absence d'une époque déterminée pour sa durée, il n'y a pas lieu d'appliquer les règles du cheptel simple ou du cheptel à moitié, qui assurent à ces baux une durée de trois ans ; mais il faut décider qu'il ne finira qu'avec le bail principal dont il est l'accessoire, *accessorium sequitur principale.* L'art. 1829 fournit un argument d'analogie ; il dispose que le cheptel donné au colon partiaire finit avec le bail à métairie ; il est évident qu'il y a pour le cas

qui nous occupe même raison de décider, *ubi eadem ratio dicendi , ibi idem jus.*

SECT. 2. — *Du cheptel donné au colon partiaire.*

90. M. Mouricault, dans son rapport au Tribunat, voulant caractériser le cheptel donné au colon partiaire, disait « qu'il est un véritable cheptel simple ; que cependant, en considération de ce que le bailleur fournit le logement et la nourriture, il est susceptible de certaines clauses interdites aux baux de ce genre qui sont donnés à d'autres. » (Locré, t. 14, p. 451.)

91. Les art. 1827 et 1828 décident que si le cheptel périt en entier sans la faute du colon, la perte en est pour le bailleur, et qu'il n'est pas permis de stipuler que le preneur supportera toute la perte. Ce n'est pas là une dissemblance avec le cheptel simple, mais bien avec le cheptel donné au fermier. C'est un avertissement donné par le législateur, que non-seulement le colon partiaire n'est pas, comme le fermier, tenu de plein droit de la perte du cheptel, mais qu'il ne peut pas même en être chargé par une clause spéciale.

92. L'art. 1828 ajoute que l'on peut stipuler que le colon délaissera sa part de la toison à un prix inférieur à la valeur ordinaire, et que le bailleur aura une plus grande part dans le profit que dans la perte.

En cela il y a une dérogation aux règles du cheptel simple. L'art. 1811, en effet, dispose que « l'on ne peut stipuler que le preneur supportera dans la perte une part plus grande que dans le profit. » Nous avons précédemment expliqué pourquoi cette clause, quand il s'agit d'un cheptel contracté entre propriétaire et fermier, ne blesse point l'équité. (V. n° 78). Les mêmes raisons s'appliquent au cheptel donné au colon partiaire.

93. Quant aux dispositions de l'art. 1828, qui autorisent le bailleur à stipuler du colon la moitié du laitage à son profit, ainsi que sa part de la toison à un prix inférieur, elles ne dérogent point en réalité aux règles du cheptel simple, puisque, ainsi que cela a été dit au n° 36, de pareilles stipulations sont permises dans ce dernier contrat.

94. Les fumiers n'appartiennent pas précisément au preneur ; il doit les employer exclusivement à la culture de l'héritage ; c'est une conséquence nécessaire de sa position.

95. Le bail à cheptel donné au colon par-

tiaire étant l'accessoire du bail de la métairie, finit avec celui-ci. L'art. 1815 n'est point applicable. (Art. 1829.)

C'était une question controversée dans l'ancien droit que celle de savoir si l'on pouvait stipuler que le colon partiaire supporterait toute la perte. Lathaumassière voulait que, dans le cheptel donné au métayer, le bailleur pût se réserver tous les avantages que le colon lui voudrait consentir. Le motif par lui allégué est celui sur lequel on se fondait pour valider cette clause dans le cheptel entre fermier et propriétaire, à savoir que ce dernier «ne fournit pas seulement le bétail, mais encore les manoirs pour les logements des preneurs, les étables et bergeries pour retirer les bestiaux, les prés, pacages, fourrages pour les nourrir.» (*Préf. du Traité des cheptels.*) Pothier combattait cette décision en ces termes : « Elle paraît souffrir beaucoup de difficultés, surtout lorsqu'un fermier est un fermier partiaire, à qui, par le bail, on n'assigne que la part ordinaire qu'il est d'usage, dans le pays, d'assigner au fermier dans les fruits; car on ne peut pas dire, dans ce cas, qu'il a été indemnisé du risque qu'on lui fait supporter. Ces dernières considérations pleines d'équité ont déterminé les rédacteurs du Code civil. L'art. 1828 dispose en effet que l'on ne peut stipuler que le colon sera tenu de toute la perte. »

96. Sauf les modifications qui viennent d'être indiquées, les règles du cheptel simple doivent être suivies.

97. L'application d'une de ces règles a cependant été contestée, c'est celle qui fait supporter, de plein droit, la moitié de la perte partielle au cheptelier simple; et l'on s'est demandé si le colon partiaire devait supporter, comme le cheptelier simple, la moitié de la perte partielle du cheptel. La cour royale de Limoges s'est, suivant nous avec raison, décidée pour l'affirmative. Nous ne pouvons mieux faire que de transcrire ici les motifs de l'arrêt de cette Cour. « Attendu que, suivant les art. 1804, 1805 et 1810, § 2, C. civ., concernant le bail à cheptel simple, dont les règles sont rendues communes par l'art. 1830 au bail du cheptel donné au colon partiaire, le preneur est tenu de supporter la moitié de la perte, d'après le prix de l'estimation originaire, et celui de l'estimation à l'expiration du bail, sauf le cas où le cheptel périt en entier sans la faute du preneur, cas où la perte est supportée par le bailleur seul, aux termes des art. 1810, § 1er et 1827 du Code « Limoges, 21 février 1839. » (S-V. 39. 2. 406. D. P. 40. 2. 18.)

## Art. 5. *Du contrat improprement appelé cheptel.*

98. Lorsqu'une ou plusieurs vaches sont données pour les loger et les nourrir, le bailleur en conserve la propriété; il a seulement le profit des veaux qui en naissent. (Art. 1831. C. civ.)

Ce genre de contrat est peu usité; et parmi les anciens auteurs, Pothier est le seul qui en fasse mention (n° 71). Comme le dit l'article 1831, le propriétaire a pour lui le croît; les risques sont à sa charge puisqu'il conserve la propriété, et le preneur trouve à s'indemniser de ses soins et de ses dépenses dans les laitages et le fumier qui lui sont attribués.

99. Ce contrat n'est point une société : rien n'y est mis en commun, et le bénéfice qui doit en résulter est spécialement déterminé par chacune des deux parties. Ce n'est pas un cheptel simple, car nous n'y voyons pas l'élément essentiel du cheptel, à savoir, la mise en commun de certains animaux, ou tout au moins la perception en commun de tout ou partie des profits qu'ils peuvent procurer. Ce n'est pas un louage de choses (Poth. 71), puisque ce qui constitue le louage de choses, la chose louée et un loyer en argent ou en nature, ne se retrouve pas dans notre contrat. Pothier (*Contrat de louage*, n° 400) dit que ce contrat ne peut être qu'un contrat inconnu, de la classe de ceux *do ut facias*. Il ne l'appelle pas louage d'ouvrage, parce que, dans ses principes, empruntés au Droit romain, dit M. Troplong (n° 1262), il fallait nécessairement dans le louage d'ouvrage un prix en argent. Pour nous, nous sommes assez portés à croire, avec M. Troplong, qu'il s'agit ici d'un louage d'ouvrage improprement appelé cheptel. « Le preneur loue son travail, ses soins et prend l'animal en pension. C'est le *facias* du contrat anonyme de Pothier, ou plutôt c'est le *s'engage à faire* de l'art. 1710 du Code civil, qui définit le louage d'ouvrage. D'un autre côté, le bailleur lui donne en retour le laitage et les fumiers; c'est le *do* de Pothier, ou plutôt c'est là le *prix* exigé par l'art. 1710. » (Tropl., n° 1262.)

100. Le laitage appartient au preneur, sauf toutefois celui qui est nécessaire pour allaiter le veau depuis que la vache a vêlé jusqu'à ce que le veau soit en état d'être sevré ou vendu.

Le bailleur est obligé de retirer le veau dès que cette époque est arrivée, sans quoi il diminuerait le profit que le preneur doit retirer du laitage. L'âge auquel on estime que le veau peut être vendu est celui de quatre semaines au plus tard. (Pothier, n° 73.)

**101.** *Fin du contrat.* Il finit au terme fixé dans la convention, à moins qu'il n'y ait lieu à résolution. (Poth. 73.)

A défaut de convention, le bailleur peut retirer la vache quand bon lui semble, pourvu que ce soit en temps opportun. Selon Pothier (n° 73), ce ne serait pas retirer la vache *tempore opportuno* que de la reprendre immédiatement après avoir retiré le veau, parce qu'il est juste que le preneur, qui a été privé du profit du laitage pendant que la vache a nourri son veau, conserve ensuite la vache assez longtemps pour que le lait lui procure un dédommagement.

Il ne serait pas équitable non plus que le bailleur pût reprendre les vaches au printemps, après que le preneur les aurait nourries pendant tout l'hiver, temps durant lequel les fourrages sont plus coûteux et la production moindre.

Le droit que Pothier accorde au bailleur de mettre fin au contrat lorsque sa durée n'est pas fixée par la convention, appartient aussi au preneur. Il peut rendre la vache quand bon lui semble, pourvu que ce ne soit pas non plus en temps inopportun. Les hypothèses inverses de celles qui viennent d'être indiquées fournissent l'exemple de cas dans lesquels la remise par le preneur serait évidemment intempestive.

Au surplus, les tribunaux décideront d'après les circonstances, s'il y a lésion pour le bailleur ou pour le preneur dans le choix fait par l'un ou par l'autre de telle ou telle époque pour la rupture du contrat.

**102.** *Obligation du preneur.* Le preneur doit donner à l'animal tous les soins d'un bon père de famille (art. 1806, 1789). S'il tombe malade, il doit en prévenir le bailleur, qui est obligé de le faire soigner à ses frais, le preneur n'étant tenu que de la nourriture ordinaire. (Poth. n° 74.)

**103.** Si la maladie se prolonge et prive le preneur du lait, il pourra, même avant l'expiration du terme fixé par la convention, vendre la vache. Privé du bénéfice sur lequel il a compté, il ne doit pas rester soumis aux charges qui lui ont été imposées.

**104.** Si l'animal vient à périr ou est enlevé par force majeure, la perte est pour le bailleur, *res perit domino*, à moins que l'accident ne soit arrivé par la faute du preneur, ou que celui-ci s'en soit servi à un usage autre que celui pour lequel il est destiné, ou enfin qu'il s'en soit servi au delà du temps convenu. (Art. 1810, 1881, 1882.) Il faut appliquer à ce contrat innommé les principes du commodat, dont il présente bien des caractères, et dire que la perte, même par cas fortuit, sera pour le preneur, à moins que la vache n'ait été estimée lors du contrat. (Art. 1883.)

Mais sera-ce au preneur à prouver que le vache a péri par cas fortuit? sera-ce au bailleur à prouver qu'elle a péri par la faute du preneur? à qui l'initiative de la preuve? A notre avis, c'est au bailleur qu'incombe cette charge. En effet, c'est la faute, la faute seule du preneur, qui met l'accident à sa charge. Or, c'est à celui qui affirme un fait à le prouver, c'est à celui qui allègue qu'une faute a été commise à justifier son allégation : *ei incumbit probatio qui dicit, non ei qui negat.* Les présomptions de fait et de droit sont qu'il a dû confier sa vache à un gardien vigilant et sûr.

**105.** Le preneur doit conduire la vache au taureau quand arrive l'époque où elle doit être fécondée; il doit payer le prix de la saillie.

**106.** Quoique la vache soit aux risques du bailleur, Pothier (n° 76) dit qu'on peut convenir que le preneur aura la moitié du profit des veaux, à la charge de supporter pour moitié le risque des événements qui pourraient occasionner la perte de la vache. Cette clause n'a rien que de très-légal, dit M. Troplong (n° 1271), lorsqu'elle intervient à l'égard d'une vache jeune et dans l'âge de multiplier; mais elle serait inique à l'égard d'une vache vieille, parce qu'associant le preneur aux chances de pertes, elle ne lui donnerait en compensation que des profits imaginaires. » (Troplong, n° 1274; — Pothier, n° 76.)

**CHERPILLE** (la). On donnait ce nom, dont on ignore l'origine et l'étymologie, à un usage singulier qui se pratiquait dans la banlieue de Villefranche en Beaujolais. Lorsque les grains étaient mûrs, les habitants pauvres de cette ville et des environs se rendaient en troupe dans les champs, et faisaient la moisson de leur propre autorité, sans l'ordre ni la permission des fermiers ou des propriétaires.

Ils rassemblaient ensuite soigneusement tous les grains coupés, les comptaient avec le propriétaire et se payaient de leurs peines en emportant la dixième gerbe. Cet abus a été, comme tant d'autres, détruit par la révolution.

CHEVAGE ou CHEFAGE. C'était une espèce de capitation à laquelle étaient imposés les bâtards et aubains qui venaient demeurer dans le bailliage de Vermandois. Ce droit était déjà aboli du temps de Bocquet, qui dit en son Traité d'aubaine, chap. 4, que les bâtards et épaves ( on appelait ainsi les aubains ) *ne doivent aucun chevage*.

CHEVAL. — CHEVAUX. Les chevaux servant à l'exploitation d'une usine ou employés à la culture sont-ils immobilisés par destination? Dans quelles conditions? V. Biens, nᵒˢ 34 et suivants. V. aussi Proudhon, *Domaine de la propriété*, t. 1, nᵒˢ 105 et suiv.

Pour les dégats ou dommages causés par les chevaux dans les diverses circonstances prévues par la loi, V. Animaux. Quant aux dispositions relatives à la reproduction et à l'éducation des chevaux, V. Haras.

Pour les autres questions, V. Cheptel, Vente, Vice rédhibitoire, etc.

CHEVAL DE SERVICE. En droit féodal, on appelait ainsi un cheval que devait le vassal au seigneur féodal.

L'ancienne coutume de Normandie parle du *service du cheval* que doivent les vassaux à leur seigneur; mais il ne faut pas confondre ce *service du cheval* avec le *cheval de service*. Celui-ci est le cheval que doit donner au seigneur le vassal qui veut être exempté du service sa vie durant; celui-là, au contraire, signifie le service militaire que le vassal doit faire à cheval pour son seigneur.

Il est parlé du cheval de service dans plusieurs coutumes, telles que celles de Montargis, Orléans, Poitou, etc.; quelques-unes l'appellent *Roncin* de service. Ce droit a été aboli, comme droit féodal, par les lois abolitives des droits féodaux.

CHEVALIER. C'était un titre d'honneur qui s'accordait aux gentilshommes, tels que ducs, comtes, marquis, barons, et à ceux qui possédaient les premières dignités dans l'épée ou dans la robe.

Ce titre se donnait encore à ceux qui étaient admis dans les différents ordres de chevalerie,

encore bien que ceux qui composaient ces ordres ne fussent pas nobles.

Nous n'avons point à nous occuper ici des différents ordres de chevalerie qui ont été abolis. On peut consulter avec fruit un article de M. Dareau, qui se trouve rapporté dans le Répertoire de Guyot, vᵒ *Chevalier*. On y trouve la nomenclature de tous les ordres de chevalerie, et un précis historique sur les principaux d'entre eux.

On désignait anciennement sous le titre de *chevalier d'honneur* un officier de judicature portant l'épée, et ayant le titre de conseiller avec séance et voix délibérative.

Le titre de chevalier a été aboli, comme tous les autres titres de noblesse, par l'art. 1ᵉʳ de la loi des 19-23 juin 1790.

CHEVALIER DE LA LÉGION D'HONNEUR. — V. Légion d'honneur.

CHEVALIER DU GUET. On désignait sous ce nom l'officier qui commandait les archers à pied et à cheval préposés à la garde de Paris. Le chevalier du guet du Châtelet de Paris avait anciennement voix délibérative lorsqu'on jugeait les accusés faits prisonniers par sa compagnie. (Déclaration du 17 novembre 1643.)

CHEVANCE. Ce mot exprimait tous les biens que possède une personne; on le trouve dans l'art. 1ᵉʳ du titre 35 de la coutume de Nivernais, et dans l'art. 2 pour la réformation de la coutume de Bourgogne.

Brodeau fait dériver ce mot de *chef*; Ducange le fait provenir de l'italien *civanza*, qui, dit-il, dérive lui-même du latin *cibus*. Beaumanoir a quelquefois employé le mot *chevissance* pour *chevance*.

CHEVAUCHÉE, en basse latinité *cavalcata*. C'était, au moyen âge, le devoir imposé au vassal de monter à cheval pour défendre son seigneur dans ses guerres particulières, tandis qu'on appelait *Ost* l'obligation de suivre le seigneur suzerain dans une guerre publique. « Il y a différence entre houst et chevauchiée, car houst est pour deffendre le pays, qui est pour le proufit commun, et chevauchiée est pour deffendre son seigneur. » — On nommait aussi *droit de chevauchée* le droit en vertu duquel les vassaux devaient fournir des corvées de chevaux et de charrois lors du passage du roi ou de leur seigneur. Il est longuement question de ce droit dans l'ordonnance de saint Louis, du mois de décembre 1254. — Enfin, par *chevauchée* on entend encore les

**IV.**

13

courses périodiques que certains officiers publics étaient tenus de faire dans l'étendue de leurs ressorts.

**CHEVECIER.** —V. Chef-cier.

**CHEVEDAGE** ou **CHESÉOLAGE.** Ce mot, que l'on trouve dans l'art. 3 de la coutume de Valençay, locale de Blois, signifiait, selon Ragneau, maison ou ménage, et tirait son nom du latin *casa*; on disait aussi *chesal* ou *chesau.*

**CHEVEL.** Ce mot, employé particulièrement en Normandie, désignait une espèce de fief et un droit de loyaux-aides.

**CHEVESSE.** La Chevesse était une espèce de préciput que quelques coutumes accordaient à la femme dans la communauté. V. les art. 5 et 6, litre 2, de la coutume de l'évêché de Metz.

**CHEVESTRAGE.** Selon Garan de Coulon, on apelait autrefois *chevestres* ou *chevêtres*, les licous et les brides; et c'est de là que vient le mot *enchevêtré.* Le même mot avait fait nommer *chevestrage* un droit qui avait pour objet la fourniture des licous et des brides. Une chartre de Paris supprima un pareil droit, que les écuries du roi prétendaient sur le foin qu'on amenait à Paris par la Seine. V. Guyot, *eod. verbo.*

**CHEVIR.** Ce mot était employé dans plusieurs coutumes comme synonyme de *traiter*, *composer*, *capituler.* On lit dans les anciennes coutumes de Bourges : « Se aucun faisoit ajourner un autre à lui répondre devant le juge, et celui qui y est ajourné soit venu *chevir* à sa partie, le prevôt y aurait un clain, qui vaut six blancs. » V. art. 21 de la coutume de Paris et les commentateurs.

**CHÈVRE.** La loi du 26 sept. 1791 dit qu'il doit être laissé au contribuable en retard une vache ou une chèvre, à son choix, laquelle dès lors ne peut être comprise dans la saisie, article 16 (V. de plus la loi du 16 therm. an VIII).

Plus favorable encore au saisi, l'art. 592 du Code de procédure dispose en ces termes : « Ne pourront être saisis... une vache ou trois brebis, ou deux chèvres, au choix du saisi, avec les pailles, fourrages et grains nécessaires pour la litière et la nourriture desdits animaux pendant un mois. »

1. En vertu de cet adage, *favores ampliandi*, *odiosa restringendà*, il faut décider que l'article 592 du Code de procédure a en partie modifié l'art. 16 de la loi précitée du 26 sept. 1791, et étendu les dispositions dictées par l'humanité en faveur du débiteur saisi, en telle sorte que même le contribuable en retard pourrait retenir deux chèvres, nonobstant l'article précité de la loi de 1791.

L'art. 593 du Code de procédure ne laisse sur ce point aucun doute; il porte : « Lesdits objets ne pourront être saisis pour aucune créance, *même celle de l'état*, si ce n'est pour aliments fournis à la partie saisie, ou sommes dues au fabricant ou vendeur desdits objets, ou à celui qui aura prêté pour les acheter, fabriquer ou réparer; pour fermages et moissons des terres à la culture desquelles ils sont employés; loyers des manufactures, moulins, pressoirs, usines dont ils dépendent, et loyers des lieux servant à l'habitation personnelle du débiteur. »

2. La loi du 28 sept. 1791 dispose, titre 2, art. 18 : « Dans les lieux qui ne sont sujets ni au parcours ni à la vaine pâture, pour toute chèvre qui sera trouvée sur l'héritage d'autrui, contre le gré du propriétaire de l'héritage, il sera payé une amende de la valeur d'une journée de travail par le propriétaire de la chèvre.

» Dans les pays de parcours et de vaine pâture, où les chèvres ne sont pas rassemblées et conduites en troupeau commun, celui qui aura des animaux de cette espèce ne pourra les mener aux champs qu'attachés, sous peine d'une amende de la valeur d'une journée de travail par tête d'animal. »

» En quelque circonstance que ce soit, lorsqu'elles auront fait du dommage aux arbres fruitiers ou autres, haies, vignes, jardins, l'amende sera double, sans préjudice du dédommagement dû au propriétaire. »

3. L'art. 199 du Code forestier punit d'une amende de 4 fr. le propriétaire d'une chèvre trouvée en délit dans les bois de dix ans et au-dessus; l'amende sera double, ajoute le même article, si les bois ont moins de dix ans.

4. L'art. 78 du même Code défend « à tous usagers, *nonobstant tous titres et possessions contraires*, de conduire ou faire conduire des chèvres dans les forêts ou sur les terrains qui en dépendent, » à peine d'une amende double de celle prononcée par l'article 199 précité, et contre les pâtres ou bergers, de 15 fr. d'amende. En cas de récidive, le pâtre doit être condamné à un emprisonnement de cinq à quinze jours.

Les difficultés auxquelles peuvent donner

lieu l'application de ces articles seront expliquées aux mots Forêts, usage dans les forêts. V. ces mots. V. encore Animaux.

**CHEVROTAGE.** C'était un droit que devaient au seigneur, en quelques lieux, les habitants qui nourrissaient des chèvres. Il consistait dans la cinquième partie de la valeur d'un chevreau.

**CHEZÉ.** C'était une mesure de terre que certaines coutumes accordaient, par préciput, au fils aîné dans les possessions féodales. V. les coutumes de Tours, Loudunois, du Maine, etc.

**CHIENS.** — V. Animaux, n°s 41 et suiv. *Adde* un arrêt de la Cour de cassation du 11 nov. 1843 (*Gazette des Tribunaux* du 12 nov.), confirmant la jurisprudence signalée dans l'article auquel nous renvoyons.

**CHIENNAGE. — CHIENS D'AVOINE,** OU QUIENNE AVOINE. On désignait sous le nom de *Chiennage* l'obligation imposée aux vassaux, dans quelques seigneuries, de nourrir un certain nombre de chiens appartenant aux seigneurs. Dans l'Artois et dans le Boulenois, cette redevance consistait dans une certaine quantité d'avoine avec laquelle on faisait probablement du pain pour la nourriture de ces chiens. Dans ces deux dernières localités, cette redevance s'appelait *chien d'avoine* ou *quienne d'avoine*. Ce droit, tout féodal, a été supprimé par les lois des 15-28 mars 1790, art. 9, et 25-28 août 1792, art. 5 et suivants.

**CHIFFRES.** Caractères qui servent à désigner les nombres.

1. Aux termes de l'art. 1326 du Code civil, les billets ou promesses sous seing-privé de payer une somme d'argent ou une chose appréciable, doivent, s'ils ne sont écrits en entier de la main du souscripteur, contenir, dans un *approuvé*, l'énonciation en toutes lettres de la somme ou de la quantité de la chose. V. Bon pour, n°s 5 et suiv.

2. L'article 13 de la loi du 25 ventôse an xi dispose que les notaires doivent, à peine de cent francs d'amende, énoncer dans les actes qu'ils reçoivent les sommes et les dates en toutes lettres.

La loi du 16 juin 1824 a réduit cette amende; elle porte, article 10 : «Toutes les amendes fixes prononcées par les lois sur l'enregistrement... et le notariat... sont réduites, savoir : celles de cinq cents francs, à cinquante francs; celles de cent francs, à vingt francs; celles de cinquante

francs, à dix francs, et toutes celles au-dessous de cinquante francs, à cinq francs. »

3. Le notaire qui, après avoir constaté en toutes lettres les sommes formant les bases d'une liquidation entre héritiers, indique en chiffres ce qui revient à chacun d'eux, contrevient-il à l'article 13 de la loi du 25 ventôse précitée? La cour de Colmar a, le 18 mai 1829, rendu une décision dans le sens de la négative. (S.-V. 29. 2. 301; D. P. 30. 2. 106.) Voici les considérants de l'arrêt qui contiennent toutes les raisons de décider : « Considérant que le but évident de l'art. 13 de la loi du 25 ventôse an xi est de prévenir toutes falsifications, toutes lésions des parties dans leurs droits; qu'en imposant au notaire l'obligation d'énoncer en toutes lettres les sommes prêtées ou données, les prix de vente, les sommes originelles ou conventionnelles, etc., le législateur n'a pas entendu porter l'extension de cette obligation aux sommes qui ne présentent plus qu'une conséquence nécessaire et qui est exprimée régulièrement; qu'ainsi, lorsqu'une liquidation a été établie en toutes lettres, et que le reliquat à diviser entre les parties, dans la proportion de leurs droits, est pareillement déterminé en toutes lettres, le notaire peut porter en chiffres le montant qui revient à chaque intéressé, comme il pourrait mettre qu'il ne lui revient qu'un tiers, un quart ou telle autre portion dans le tout; qu'une altération d'un pareil chiffre ne présenterait plus qu'une erreur de calcul toujours rectifiable; considérant que les opérations d'une succession se réfèrent à tout ce qui a été délaissé en actif et en passif; que le tout est constaté par un inventaire, qui peut être suivi de la vente des meubles, de celle des immeubles et de leur partage; de la liquidation des apports et reprises, etc. ; que toutes les sommes qui constituent ces diverses branches de la succession étant des sommes primitives, doivent être indiquées en lettres; que le total doit être exprimé de la même manière, ainsi que les masses actives et passives; mais que, le tout étant ainsi constaté, le but de la loi est rempli, et qu'il est alors indifférent que le notaire mette, en lettres ou en chiffres, qu'en conséquence des opérations qui précèdent, il revient telle somme à tel héritier pour sa part afférente, etc. »

M. Rolland de Villargues émet un avis contraire, mais sans le justifier. (*Répert. de la jurisp. du notar.* v° Chiffres.)

4. Il importe de bien remarquer que le but de la loi n'est pas de proscrire l'emploi des chiffres dans les actes notariés, mais d'exiger l'énonciation des sommes et des dates en toutes lettres ; que dès lors le notaire peut très-bien, après avoir indiqué les sommes en lettres, les reporter une seconde fois hors ligne, en chiffres, pour faciliter les calculs. Ajoutons que c'est là un usage bon à suivre et généralement adopté.

5. L'article 5 de la loi du 22 pluviôse an VII en fait même une obligation à l'officier public qui procède aux ventes de meubles et effets mobiliers, et l'art. 7 prononce, en cas de contravention, une amende de quinze francs, réduite à cinq francs par l'article 10 précité de la loi du 16 juin 1824.

6. Mais si l'officier public contrevenant est un notaire, aura-t-il encouru l'amende de vingt francs résultant de l'inobservation des dispositions de l'article 13 de la loi du 25 ventôse an XI, ou bien seulement celle de cinq francs pour contravention à l'article 5 de la loi du 22 pluviôse an VII ? A ne consulter que le sens littéral de la loi, on devrait dire que, si le notaire a omis seulement de porter les sommes hors lignes, après les avoir énoncées en toutes lettres dans l'acte, il y aura lieu seulement à l'application de la loi du 22 pluviôse an VII, tandis que, s'il n'a point porté en toutes lettres les sommes dans le corps de l'acte, c'est l'article 13 de la loi de ventôse an XI, modifié par la loi du 16 juin 1824, qui devra être appliqué.

Toutefois cette solution nous paraît faire une application un peu judaïque de la loi. Il semble en effet bien rigoureux et contraire à l'équité que, pour la même contravention dans un acte de même nature, le notaire soit puni d'une amende de vingt francs, tandis que le commissaire priseur, par exemple, n'aurait encouru qu'une amende de cinq francs. M. Rolland de Villargues est d'avis que c'est l'amende prononcée par la loi du 22 pluviôse an VII et modifiée par la loi du 16 juin 1816, qui seule est encourue par le notaire dans l'espèce. Cet auteur (*loco citato*) donne en ces termes les motifs de son opinion : « Si l'on considère, d'une part, la loi du 22 pluv. an VII comme particulière aux ventes d'effets mobiliers, puisqu'elle oblige à des formalités qui ne s'appliquent qu'à des procès-verbaux, comme la déclaration préalable à l'enregistrement, la relation de l'inventaire, etc., et,

d'autre part, le peu d'importance des mêmes ventes, comparativement à beaucoup d'autres actes du ministère des notaires, on doit décider que l'expression du prix en chiffres, dans un procès-verbal de vente d'effets mobiliers, ne donne lieu contre le notaire qu'à une amende de cinq francs. » (*Loc. cit.*)

7. De ce qui a été dit aux numéros 3 et 4 du présent article, il faut conclure que les actes peuvent contenir des tableaux en chiffres, quand ils sont absolument nécessaires pour rendre intelligibles les conventions des parties. C'est ce qu'a décidé une instruction générale du 20 juillet 1820. Deux décisions ministérielles ont encore décidé que le numéro d'ordre, la date de l'acte, celle de l'enregistrement, et le montant des droits perçus, peuvent être écrits en chiffres sur le répertoire. (Déc. min. fin. 15 mai 1807 et 8 mai 1808.)

8. Il faut bien remarquer que la loi du 25 ventôse an XI ne déclare pas nulle et comme non écrite dans les actes notariés l'expression des sommes en chiffres, ainsi qu'elle le fait dans son article 16, pour les mots surchargés ou interlignés ; la seule sanction pour l'inobservation des formalités exigées par l'art. 13 de cette loi, est l'amende contre le notaire contrevenant. V. Abréviation, Preuve littérale.

9. Aux termes de l'article 42 du Code civil, aucune date ne doit être mise en chiffres sur les registres de l'état civil. V. Actes de l'état civil, n° 42.

10. Les agents de change sont tenus de consigner sur leur livre, et par ordre de date, sans ratures, interlignes ni transpositions, et sans abréviations *ni chiffres*, toutes les opérations faites par leur ministère. (Art. 84 C. com.) V. Agent de change, n° 40.

## CHIOURMES.—GARDES-CHIOURMES.

1. En terme de marine, on appelle la *chiourme* tout ce qui tient au personnel des bagnes, gardiens et forçats. — Nous avons dit au mot *Bagne* tout ce qu'il importe de connaître en cette matière.

Dans un sens plus restreint, *chiourmes, gardes-chiourmes*, signifient les geôliers et gardiens préposés dans les bagnes à la surveillance des condamnés.

Le dernier budget de la marine (chap. 13) divise les sous-officiers et simples gardes-chiourmes en deux sections : la première, dite des *entretenus*, comprenant 101 hommes ; la seconde, dite des *non-entretenus*, formant un total de 840 hommes.

L'entretien de ce personnel considérable coûte à l'état 800,000 fr.

Les compagnies des gardes-chiourmes sont placées sous la direction du ministre de la marine.

2. Quant à la législation qui régit la chiourme, nous nous contenterons d'en citer les parties principales et d'y renvoyer nos lecteurs, ainsi qu'au mot *Bagne*. Le projet d'organisation se trouve consigné dans une loi du 7 septembre 1790. Ce projet a été réalisé le 20 sept. — 12 oct. 1791.

Nécessairement les gardes-chiourmes se sont trouvés placés sous la juridiction des tribunaux maritimes. Nous renvoyons à ce mot pour tout ce qui concerne la procédure à suivre à leur égard, ainsi qu'au décret du 12 novembre 1806, titre 8.

3. Le nombre des forçats augmentant, l'importance des gardes-chiourmes s'accrut, et c'est le 16 juin 1820 qu'ils ont reçu une organisation définitive par un règlement du Roi, qu'il serait trop long d'analyser ici.

Nous ajouterons, en finissant, que le compte de la marine de l'année 1837 donne, aux pages 133 et suivantes, des renseignements utiles sur la manière dont ce règlement est mis à exécution.

**CHIROGRAPHAIRE** (de χείρ, main, et γραφεῖν, écrire). Est créancier chirographaire celui qui a contre un débiteur un titre simple, une action personnelle. Cette expression s'emploie surtout quand il s'agit de distinguer un créancier hypothécaire ou privilégié d'un créancier ordinaire. (C. com. art. 552, 554, 555, 556.)

L'art. 2093 du Code civil détermine les droits des créanciers chirographaires, en disant : « Les biens des débiteurs sont le gage commun des créanciers, et le prix s'en distribue entre eux par contribution, à moins qu'il n'y ait entre les créanciers des causes légitimes de préférence. » Ce qui signifie : à moins que les créanciers chirographaires ne soient primés par des créanciers privilégiés ou hypothécaires. (V. Priviléges, Hypothèques.)

Le créancier chirographaire peut agir indifféremment contre tous les immeubles du débiteur (2093 C. civ.), tandis que l'hypothécaire doit d'abord exécuter les biens affectés à son hypothèque, et que ce n'est qu'en cas

d'insuffisance qu'il exécute les autres. Le créancier chirographaire n'a le droit d'agir que contre les immeubles restés en la possession de son débiteur, tandis que l'hypothécaire suit les immeubles dans quelques mains qu'ils soient passés. (C civ. 2209, 2166, 2213.)

Les Romains reconnaissaient quatre espèces de créanciers : les créanciers 1° privilégiés ; 2° hypothécaires ; 3° chirographaires simples ; 4° chirographaires privilégiés (1). Dans notre législation, les créanciers chirographaires ont tous mêmes droits selon les termes de l'art. 2093, cité plus haut.

La conséquence de cet article est que tout créancier peut exécuter, sur les biens de son débiteur, par la voie de la saisie immobilière, pourvu qu'il appuie sa poursuite sur un acte exécutoire, un jugement, par exemple (2204, 2092, 2093. C. civ.). V. Saisie.

**CHIRURGIEN.** — V. Art de guérir.

**CHOIX.** — V. Option.

**CHOMAGE.** C'est la suspension du travail dans les ateliers, usines ou manufactures.

Lorsqu'il a lieu par suite d'un concert formé soit entre les maîtres, soit entre les ouvriers, il y a délit prévu par les art. 414, 415 du Code pénal. V. Coalition.

1. Lorsque, par suite du fait d'un tiers, des manufactures, ateliers ou usines se trouvent dans la nécessité de suspendre leurs travaux, les propriétaires de ces établissements sont fondés à réclamer des dommages-intérêts contre ce tiers (art. 1382, C. civ.). D'ordinaire, ces indemnités se règlent soit amiablement entre les parties intéressées, soit par les tribunaux, après expertise.

Mais pour les usines situées sur les cours d'eau, d'anciennes ordonnances avaient, dans l'intérêt général, fixé le montant de l'indemnité due aux propriétaires de ces usines pour le chômage occasionné par les besoins de la navigation.

On lit dans l'édit du mois d'août 1669, titre XVII, art. 45 : « Réglons et fixons le chômage de chacun moulin qui se trouvera établi sur les rivières navigables et flottables avec droits, titres et concessions, à 40 sols pour le temps de vingt-quatre heures, qui seront payés

---

(1) M. Ortolan, professeur à la faculté de Droit de Paris, s'est livré, dans ses *Institutes expliquées*, à des recherches intéressantes sur l'origine, le sens et la portée du mot *chirographaire*.

au propriétaire des moulins et leurs fermiers et meuniers, par ceux qui causeront le chômage par leur navigation et flottage, faisant très-expresse défense à toutes personnes d'en exiger davantage, ni de retarder en aucune manière la navigation et le flottage, à peine de 1,000 liv. d'amende, outre les dommages-intérêts, frais et dépens qui seront réglés par nos officiers des maîtrises, sans qu'il puisse y être apporté aucune modération. »

Cette disposition a été reproduite à peu près dans les mêmes termes dans la partie de l'ordonnance de 1672, qui a pour but de protéger et d'assurer l'approvisionnement de Paris. On y lit : « Quand aucuns moulins construits par titre authentique sur les rivières et ruisseaux flottables, tournant et travaillant actuellement, chômeront au sujet des passages de bois flotté, sera payé pour le chômage d'un moulin pendant vingt-quatre heures, de quelque nombre de roues que le corps du moulin soit composé, la somme de 40 sols, si ce n'est que les marchands ne soient en possession de payer moindre somme auxdits propriétaires desdits moulins, ou leur meunier, auquel cas sera payé suivant l'usage; défense auxdits meuniers, à peine du fouet, de se faire payer aucune autre somme » (chap. 17, art. 13).

2. Ainsi, il faut le remarquer, l'édit du mois d'août 1669 est général, il embrasse toutes les rivières navigables et flottables du royaume. Sur toutes ces rivières, les meuniers ne peuvent, à peine de 1,000 liv. d'amende, exiger plus de 40 sols d'indemnité pour le chômage de leurs moulins pendant vingt-quatre heures; et encore pour avoir droit à cette indemnité, faut-il que leurs usines existent avec *droits, titres et concessions*.

3. Les dispositions de cet édit doivent-elles être considérées comme étant encore en vigueur de nos jours, ou au contraire doivent-elles être réputées abrogées par les lois postérieures ?

On a dit, en faveur de l'abrogation, qu'en vertu du principe posé par l'art. 1382 du Code civil, les bateliers et mariniers doivent réparer le préjudice qu'ils ont causé aux meuniers en les privant de l'eau nécessaire pour leurs usines; et qu'aux termes de l'art. 1149 les dommages-intérêts dus à cet égard doivent être de la perte éprouvée et du bénéfice manqué; que l'édit de 1669 ne donnant aux meuniers qu'une indemnité inférieure au préjudice éprouvé, est en opposition avec les articles

précités du Code civil, qui dès lors ont implicitement aboli la loi antérieure.

Ce système nous paraît inadmissible, 1° parce que, ainsi que cela a été expliqué ( V. Abrogation, art. 4, § 1 ), les lois générales ne dérogent pas implicitement aux lois spéciales ; 2° parce que le fait dommageable ne donne lieu à l'application de l'art. 1382 qu'autant que la personne à qui on le reproche était en faute en l'accomplissant; que, si elle n'a fait au contraire qu'user d'un droit, aucuns dommages-intérêts ne sont dus en vertu de cet article. Or, les mariniers étant autorisés par les règlements à user de la totalité des eaux pour la conduite de leurs bateaux ou radeaux, on ne saurait prétendre que c'est sans droit qu'ils ont occasionné le chômage des moulins.

Vainement les meuniers prétendraient-ils que c'est une atteinte à leur droit de propriété. L'eau courante n'est la propriété de personne, ou plutôt, comme le disent les Institutes, elle est la propriété de tout le monde, *et quidem naturali jure communia sunt omnium hæc.* Sans doute, l'autorité administrative a pu concéder à certains propriétaires d'usines le droit de prendre de l'eau; mais elle a pu imposer à ces concessions certaines conditions, surtout elle a pu et elle a dû en imposer dans un intérêt général, dans l'intérêt de la navigation.

4. Le changement survenu dans le taux de l'argent semble cependant solliciter, au profit des meuniers, une augmentation du tarif. Déjà cette augmentation a été prononcée en faveur des établissements situés sur certains cours d'eau déterminés.

Ainsi, un décret du 28 janv. 1807, concernant le flottage des bois sur les ruisseaux et canaux qui coulent dans la vallée de Neustadt, dispose que le chômage de certains moulins désignés au décret sera payé à raison de 2 fr. 25 cent. par vingt-quatre heures.

Enfin, une loi du 28 juillet 1824 porte, article 1er : «Les droits réglés par les art. 13 et 14 du chap. XVII de l'ordonnance du mois de déc. 1672, seront portés à 4 fr. au lieu de 40 sols pour chômage d'un moulin pendant vingt-quatre heures. »

5. On a vu que l'édit de 1672 n'avait pour but que d'assurer l'approvisionnement de Paris, ne concernait que les usines situées sur la Seine et les rivières qui y affluent; or, la loi du 28 juillet 1824 ne se référant qu'à cet édit et non à l'édit de 1669, qui dispose d'une manière générale, il faut conclure que les usines

situées sur ces seules rivières peuvent se prévaloir de l'augmentation du tarif faite par la loi de 1824 ; c'est ce qu'a décidé la Cour suprême, le 27 juill. 1808. (S.-V. 9. 1. 374; D. A. 12. 1036). V. Garnier (*des Eaux*, pag. 166.) M. Proudhon professe une opinion contraire (*Dom. pub.*, n° 1212). Cet auteur s'appuie sur les considérations que nous avons fait valoir, comme militant en faveur d'une augmentation du tarif ; mais, quelque force qu'aient ces considérations, elles ne sauraient prévaloir contre le texte de la loi de 1824.

6. Une autre difficulté s'est élevée : *quelle que soit la cause du chômage*, est-ce toujours cette base de 2 ou de 4 fr., suivant les localités, qui devra être prise pour fixer l'indemnité ?

Les termes précités des ordonnances tranchent la difficulté ; ils ne parlent que du chômage occasionné par l'exercice de la *navigation et du flottage*, ou par le *passage des bois flottés*. Donc, si le mouvement des usines se trouve interrompu par une tout autre cause, par des travaux ou ouvrages ordonnés par le gouvernement dans un intérêt public, par exemple, les ordonnances ne seront plus applicables, et l'appréciation du dommage devra être faite, dans un cas pareil, d'après les règles prescrites par la loi spéciale du 16 sept. 1807, ainsi que l'a décidé, d'ailleurs, le Conseil d'état, par ordonnance du 5 mai 1830 (**J. P.** *Jurisp. admin.*). V. Travaux publics.

En effet, lorsque les ordonnances ont fixé à 2 et à 4 fr. l'indemnité pour vingt-quatre heures de chômage, elles ont eu pour but de prévenir les contestations sans cesse renaissantes qui s'élevaient entre les marchands et les meuniers. Par suite, elles ont fixé ainsi à l'avance, d'après des données en quelque sorte certaines, les dédommagements dus pour une suspension de travail de quelques heures, de quelques jours au plus, et souvent à des intervalles assez éloignés.

Toutefois, et si, en raison des travaux entrepris, il résulte pour les usines une inaction complète de plusieurs mois ou de plusieurs années consécutives, la position des choses change complètement ; ce n'est plus un chômage, mais une *expropriation temporaire*, dont le dommage ne peut être apprécié d'avance, et dont l'étendue dépendra des circonstances, et de la perte que le propriétaire aura éprouvée (V. *infrà*, n° 9).

7. Mais, si le chômage n'a été que d'un nombre d'heures inférieur à vingt-quatre, quel sera le prix du chômage ? sera-t-il proportionnel au nombre d'heures ? sera-t-il dû au contraire en totalité ?

En présence du texte de la loi, il n'y a que deux solutions possibles : ou qu'il n'est rien dû pour un chômage d'une durée inférieure à vingt-quatre heures, ou que la totalité du prix fixé par les ordonnances est due. En effet, si le législateur eût voulu que le chômage fût payé par heures ou par fractions de temps moindres, il s'en fût exprimé ; or, la seule mesure qu'il indique, c'est vingt-quatre heures.

La première solution, à savoir qu'il ne serait rien dû pour un chômage d'une durée moindre que vingt-quatre heures, nous paraît blesser trop ouvertement l'équité, et il ne nous paraîtrait pas admissible que le meunier, dont l'usine aurait forcément chômé pendant douze heures de la journée, ne fût en droit de réclamer aucune indemnité à cet égard de ceux qui ont profité de ce chômage. Il nous semble donc que les meuniers sont fondés à demander, dans ce cas, l'intégrité du prix du chômage fixé par les édits et les lois précitées. En effet, il est présumable que l'interruption apportée à leurs travaux a été pour eux l'occasion de la perte d'une journée de travail.

8. Dans toutes les concessions d'établissement d'usines par le gouvernement, une clause banale termine tous les actes, en disant que « dans aucun temps, ni sous aucun prétexte, il ne pourra être prétendu *aucune indemnité de chômage*, à raison des travaux que l'administration jugerait à propos de faire dans l'intérêt de la navigation, du commerce ou de l'industrie. »

Il est évident, en supposant valable une pareille stipulation, que les marchands et mariniers ne pourraient en invoquer le bénéfice, pour se dispenser de réparer, au moyen du payement de l'indemnité légale, le préjudice qu'ils auraient occasionné par le chômage des usines.

9. *Compétence.* Quant à l'autorité compétente pour connaître des contestations qui pourraient s'élever relativement au règlement de l'indemnité, il faut distinguer :

Le chômage peut avoir été occasionné ou par l'exercice de la navigation proprement dite, c'est le cas prévu par les lois précitées, ou par une autre cause, par exemple, par suite de travaux entrepris par l'administration pour creuser un canal, endiguer un fleuve, rendre navigable une rivière, etc., etc.

Dans le premier cas, comme il s'agit d'une contestation entre particuliers, relativement à l'application de lois appartenant au droit commun, c'est l'autorité judiciaire qui sera seule compétente pour en connaître ( arg. de l'arrêt cité, du 27 juillet 1808 ).

Dans le second cas, une distinction doit également être admise. Si le chômage éprouvé pendant la durée des travaux n'a entraîné qu'un dommage *accidentel, temporaire et variable*, c'est l'autorité administrative qui sera appelée à statuer sur l'indemnité et les contestations auxquelles le règlement pourra donner lieu (loi du 28 pluviôse an VIII et du 16 sept. 1807).

Mais si les travaux ont eu pour résultat de causer un préjudice *fixe et permanent*, par exemple, en opérant une réduction perpétuelle de la force motrice des usines, c'est aux tribunaux ordinaires qu'il appartiendra de connaître et d'apprécier le dommage. Il y a là, en effet, un démembrement de la propriété, qui équivaut à une expropriation partielle ( loi du 8 mars 1810 ).

Cette distinction importante a été consacrée par la Cour suprême et par le Conseil d'état (Cass. 23 nov. 1836. S.-V. 36. 1. 890 ; D. P. 37. 1. 14. — C. d'état, 27 août 1839. J. P. *Jurisp. adm.* ; D. P. 40. 3. 60 ; — 3 juin 1831 ; S. V. 31. 2. 347 ; D. P. 33. 3. 97 ; — 8 juin 1832. S.-V. 32. 2. 667 ; J. P. *Jurisp. adm.*). — V. Expropriation pour utilité publique, Travaux publics.

CHOSES. — 1. Si l'on veut entendre ce mot dans le sens le plus étendu, il faut dire qu'il comprend tout ce qui existe physiquement dans la nature, tout ce qui est connu comme existant moralement dans le droit. De cette manière, ce mot comprend et les choses physiques et les choses de droit.

En le restreignant à sa valeur légale, il ne s'applique qu'aux choses qui existent hors de l'homme, à tout ce qui peut devenir l'objet d'un droit : dans ce sens, les *choses* sont opposées aux *personnes*.

Dans toutes les législations, les choses ainsi définies tiennent une grande place ; dans toutes en effet, après avoir traité des personnes, sujets actifs des droits, il doit être question des choses, objets passifs des mêmes droits.

2. Mais rien n'est plus variable que la clas-

sification que l'on en peut faire. Les Romains ont fait une application fréquente du mot *chose* (*res*) dans leur langue juridique. Une partie importante du Digeste et un titre entier des Institutes de Justinien y sont consacrés ; voici leur principale classification :

3. Les choses sont ou hors de notre patrimoine ou dans notre patrimoine ;

Sont hors de notre patrimoine : 1° les choses *communes* ; 2° les choses *nullius*. Sont communes, 1° les choses dont la propriété n'est à personne et l'usage à tout le monde, telles que l'air, la mer, la lumière ; 2° les choses publiques, dont la propriété est au peuple et dont l'usage est commun à tous les citoyens, telles que les puits, les routes, les fleuves de l'empire ; 3° les choses de corporation (*res universitatis*), telles que les stades, les théâtres et les bains publics des cités ;

Sont *res nullius*, 1° les choses dont l'homme ne s'est pas emparé encore, ou qu'il a rejetées (*res pro derelicto*) ; 2° les choses retirées du commerce, et qu'on appelait sacrées, religieuses, saintes : *sacrées*, quand elles étaient consacrées solennellement aux divinités ; *religieuses*, quand elles servaient à inhumer les morts ; *saintes* enfin, quand elles étaient protégées par une disposition de la loi pénale : ainsi étaient saintes les lois, les portes, les murailles des cités ;

4. Toutes les autres choses étaient comprises dans la seconde division et se trouvaient dans le patrimoine des citoyens.

5. S'il en était ainsi à Rome, où la législation était un corps de doctrines et non de dispositions légales, pareille classification ne pourrait se rencontrer écrite dans notre loi, qui ne contient que des règles. Cependant, par la force des choses et comme souvenir de la loi romaine, ces diverses catégories des choses se trouvent implicitement reproduites dans notre code. L'article 538 énumère les chemins, les routes et les rivières, les havres, rivages, lais et relais de la mer, comme faisant partie du domaine public (*res publica*). L'article 542 donne aux biens communaux une définition semblable à celle des choses de corporation (*res universitatis*). Les articles 539 et 713, en disposant des biens vacants et sans maître, présuppose une catégorie de choses *nullius*, et l'article 537 établit le droit de propriété privée comme la dernière division des choses établie par les Institutes.

6. Mais, en réalité, nos législateurs n'ont

pas voulu copier sur ce point la loi romaine, et après avoir, dans un premier livre du Code civil, parlé des personnes comme les Institutes de Justinien, ils n'ont pas intitulé leur second livre *des choses*, mais *de la distinction des biens*, ce qui est beaucoup plus net, plus précis ; car il ne faudrait pas croire que *choses* et *biens* soient des expressions synonymes : la première est plus étendue, plus générale, et par conséquent plus vague ; elle comprend toutes les choses qui sont ou peuvent appartenir à l'homme, quoiqu'en fait il ne les possède pas (1) ; le mot *biens*, au contraire, ne comprend dans son sens vrai que les choses possédées, qui font partie de son domaine. Les choses, en un mot, sont donc tout ce que l'on peut posséder, les biens tout ce que l'on possède. V. Biens.

De ce changement opéré par notre Code civil, il en est résulté que le mot *choses* a perdu une grande partie de sa valeur légale : il ne se rencontre que rarement dans la loi (V. *choses fongibles*), et encore, dans presque tous les cas, faut-il lui donner la valeur du mot *biens*, qu'il remplace fautivement. Dans les articles 1892 sur le prêt de consommation, 2279 sur la possession des meubles, et dans d'autres cas encore (551, 1018, 1598, 1238, 1532 C. civ.) le mot *bien* serait plus exact que le mot *chose* qui s'y trouve écrit. Dans ces diverses matières, sans nul doute, *chose* est l'équivalent de *bien*. Faisons aussi la remarque que la doctrine ne s'en occupe que d'une manière accessoire. — V. Choses corporelles et incorporelles.

7. Cependant il est convenable de dire en finissant quelle division des choses nous paraît la plus commode et la plus exacte. Ne pouvant accepter les distinctions peu nettes des jurisconsultes romains, nos auteurs classent généralement les choses dans deux grandes catégories :

Elles sont ou hors du commerce ou dans le commerce ;

Sont hors du commerce, les choses qui ne peuvent être l'objet des contrats des particuliers entre eux :

1° Par suite de leur propre immensité, comme les astres, l'air, la lumière ;

2° Par une défense du droit divin positif,

comme l'aliénation des sacrements de l'Église, etc. ;

3° Par une défense de la morale sanctionnée par notre droit civil (1131, 1133, C. civil) : ainsi la garantie due par le vendeur de tout fait personnel ;

4° Par une défense de droit naturel : ainsi l'aliénation de la liberté (2063 C. civ.) ;

5° Par une défense du droit public : ainsi la vente des fonctions publiques est interdite, même au souverain (V. Bodin, *de la République*) ;

6° Par suite de la destination de la loi civile, qui, entre autres, dispose d'une manière absolue, dans l'art. 538, des routes, fleuves, etc.

Toutes les autres choses pouvant être l'objet d'un contrat entre les particuliers, sont dans le commerce, et rentrent dans la seconde division.

8. Cependant, cette division n'est pas elle-même exempte de reproches, si on l'accepte sans restriction et d'une manière absolue. Il est sous-entendu nécessairement que plusieurs des choses classées dans la première catégorie par nos jurisconsultes, ne s'y trouvent que par suite d'une disposition précise et arbitraire de la loi, et sous le seul point de vue de leur aliénation et de leur prescription, qu'une nouvelle disposition de la loi peut (comme cela arrive tous les jours) les faire passer de la première catégorie dans la seconde, et qu'enfin, si leur inaliénabilité est de principe, elles n'en sont pas moins l'objet de contrats de louage et autres entre leurs possesseurs et des tiers. Cependant nous croyons, en donnant cette division des *choses*, ne pas nous mettre en contradiction avec l'art. 1598 du Code civil. Cet article, il est vrai, dit : « Il n'y a que les choses qui sont dans le commerce qui puissent être l'objet des conventions. » Mais, vu la place qu'il occupe et l'esprit entier du Code, il ne lui est pas fait violence en comprenant par ces mots, *dans le commerce*, le commerce que les particuliers peuvent faire entre eux, et non les traités que font les particuliers avec l'état ou les communes, traités sujets à d'autres règles, d'autres formalités que celles indiquées dans les articles qui suivent l'art. 598.

Quoi qu'il en soit, l'étude de la jurisprudence prouve que cette division des choses n'a jamais pu donner lieu à contestation sérieuse. Une législation spéciale règle l'état des choses classées dans nos diverses catégories, qui sont

---

(1) En ce sens, le mot *choses* est particulièrement opposé, dans la langue du droit, au mot *personnes*.

au moins acceptables comme énumération complète. — V. Biens.

**CHOSE ABANDONNÉE.** V. Déshérence, Épave, Trésor.

**CHOSES D'AUTRUI.** Sont choses d'autrui toutes les choses qui appartiennent, à titre de propriété, à une autre personne que celle qui aliène tout ou partie de ces choses.

En Droit romain, l'aliénation de la chose d'autrui était permise et donnait lieu à une obligation, tantôt conditionnelle, tantôt se résolvant par des dommages-intérêts. On comprend en effet qu'à Rome, où le contrat de vente et la tradition de la chose vendue étaient deux opérations distinctes et rarement simultanées, le contrat envisagé en lui-même pouvait porter sur toutes les choses qui étaient dans le commerce. (L. 6, au Code *de reb. alien. non alienand.*—l. 30, § 1, ff. *de action. empti et venditi.*)

L'ancienne législation française suivait les mêmes règles; elle était basée sur les mêmes principes : contrat de vente d'abord, tradition ensuite. Ainsi, nous lisons dans Pothier (*Oblig.* nos 133 et suiv.) que l'on peut promettre la chose d'autrui, sauf à payer ensuite des dommages-intérêts au contractant qui en attend la tradition, si celui à qui appartient la chose première ne veut pas la vendre. Cette règle était écrite de la manière la plus positive dans les livres d'Ulpien : « *Rem alienam distrahere quem posse nulla dubitatio est, nam emptio est et venditio; sed res emptori auferri potest.* »

Le Code civil ayant, par l'art. 1583, déclaré parfaite la vente d'une chose dès qu'on est convenu du prix, c'est-à-dire n'exigeant plus qu'elle soit suivie de la tradition, il devait, comme conséquence de cette première réforme, interdire la vente de la chose d'autrui, et en général toute obligation ou disposition reposant sur une chose dont on n'est pas propriétaire (art. 1021, 1599 C. civ.).—V. Legs et Vente; on trouve expliqué, sous ces articles, comment il faut entendre cette règle, que l'aliénation de la chose d'autrui est nulle.

**CHOSES FONGIBLES** ou FUNGIBLES. —
1. Consacrée par les rédacteurs du Code civil dans l'art. 1291, cette expression a donné lieu aux définitions les plus contradictoires, et la théorie de la *fongibilité* est encore aujourd'hui un point sur lequel les jurisconsultes sont loin d'être d'accord.

2. On a longtemps considéré les choses *fongibles* et *non fongibles* comme formant une subdivision des *biens meubles.*

Les choses *fongibles*, disait-on, sont celles dont on ne peut se servir sans les consommer; les choses *non fongibles*, au contraire, sont celles qui, à la vérité, s'altèrent, mais qui ne se consomment pas entièrement par le premier usage qu'on en fait.

Cette distinction, ajoutait-on, est nécessaire pour l'intelligence des dispositions relatives à l'usufruit, à la compensation, au prêt à usage, au prêt de consommation, et la différence qui existe entre ces deux sortes de choses consiste en ce qu'à l'égard des choses *non fongibles*, le droit de jouissance peut être distingué de celui de propriété, tandis que ces deux droits se confondent nécessairement lorsqu'ils s'appliquent à des choses *fongibles*. Les partisans de ce système ont substitué, dans l'explication de plusieurs articles du Code civil (V. 587, 589, 1532, 1851), l'expression *choses fongibles* à celles de *choses qui se consomment par l'usage, choses dont on ne peut faire usage sans les consommer*, employées par le législateur (V. Delvincourt, *Cours du Code civil*, t. 1, p. 143).

Cette définition tendait, comme on voit, à confondre les choses *fongibles* avec celles qui, d'après les textes du Droit romain, *ipso usu consumuntur* (Instit., liv. 2, tit. 4, § 2); *in abusu consistunt* (l. 5, § 1, ff. *de usuf. ear. rer.*); *sunt in abusu* (l. 5, § 2, ff. *eod.*).

3. De graves difficultés se sont élevées sur la consomptibilité des choses *fongibles*; on s'est demandé d'abord s'il existe des choses dont on puisse se servir sans les consommer.

Domat enseigne (*Lois civiles*, l. 1, tit. 4)(*) qu'il « existe des choses qui sont telles qu'après l'usage fini, on puisse les rendre, tandis qu'il y en a d'autres qui sont telles qu'après qu'on s'en est servi, il n'est plus possible de les rendre. Domat assigne à ces dernières deux caractères qui les distinguent de toutes les autres : — Impossibilité d'en user sans cesser de les avoir; — Facilité d'en trouver de semblables qui soient pareilles en valeur et en qualité.

4. On a cité, comme exemples de choses dont on ne peut se servir sans les consommer, les denrées, l'argent monnayé, les vêtements.

Remarquons d'abord que les textes du Droit romain décident que, lorsque les choses *quæ ipso usu consumuntur* ne sont livrées que à *nompam et ostentationem*, on peut en faire usage sans les détruire (l. 3, § 6, l. 4, ff. *commodati*.)

4° Quant à l'argent monnayé, on le répute *non fongible*, en ce sens que si la pièce de monnaie dont on se sert reste toujours la même et *ne se consomme pas*, elle périt cependant pour celui qui en fait emploi; *utenti perit*. Il suffirait d'exagérer un peu cette explication pour regarder comme *fongible* tout objet susceptible d'être aliéné, car toute chose dont la propriété a été transférée à un tiers n'existe plus pour son ancien maître, *utenti perit*.

La *fongibilité* des vêtements est d'autant plus douteuse qu'il existe à leur égard deux textes contradictoires. Ils sont rangés aux Institutes (liv. 2, tit. 4, § 2) au nombre des choses *quæ ipso usu consumuntur*, tandis qu'Ulpien décide le contraire (l. 15, § 4, ff. *de usuf.*). On a proposé, pour concilier ces deux fragments, plusieurs explications justement critiquées par Vinnius (Instit., l. 2, tit. 4, § 2, n° 1).

5. Pour échapper à ces difficultés, on a distingué deux espèces de *consommation :*

La consommation *naturelle*, qui a lieu à l'égard des choses dont on ne peut se servir sans en détruire la substance, comme, par exemple, le blé, le vin.

La consommation *civile* qui s'applique 1° aux choses qui, comme l'argent monnayé, cessent d'être dans la propriété de celui qui s'en sert; 2° aux choses qui subissent un changement de forme, comme le drap dont on a fait des vêtements; 3° enfin aux choses dont le corps n'est pas, il est vrai, détruit par l'usage, mais dont on ne peut plus faire le même emploi quand une fois on s'en est servi; par exemple, du papier sur lequel on a écrit. (V. Delvincourt, t. 2, p. 263, note 2; Duranton, t. 17, n° 551; Merlin, *Répert.*, v° Prêt, §§ 2, n° 6.)

6. Indépendamment des difficultés que nous venons de signaler, le système qui confond les choses *fongibles* avec celles qui *ipso usu consumuntur* offre plusieurs contradictions : ainsi, par exemple, après avoir posé en principe qu'à l'égard des choses *fongibles*, le droit de jouissance se confond avec le droit de propriété, on décide que l'usufruit peut exister sur les choses *fongibles*, décision inconciliable avec cette règle, que l'usufruit ne donne que le droit de *jouir de la chose d'autrui*, et que nul n'a l'usufruit de sa propre chose; dé-

cision contraire au Droit romain, qui déclarait que les choses *quæ ipso usu consumuntur, neque naturali ratione, neque civili recipiunt usumfructum* (Inst., l. 2, tit. 4, § 2). V. Usufruit.

Ainsi, on décide encore que lorsque l'apport d'un associé consiste en choses *fongibles*, il faut distinguer si la société a acquis la jouissance ou la propriété. (Delvincourt, t. 2, p. 200, note 4.) Cette distinction est-elle conciliable avec le principe qu'à l'égard des choses *fongibles*, le droit de jouissance se confond nécessairement avec le droit de propriété? V. Société.

7. Ici encore on a eu recours à une distinction qui nous paraît fort subtile. On a prétendu (Heineccius, *Elementa juris*, § 793) que la dation d'une chose *fongible* emporte bien aliénation de la *chose*, mais non de sa *valeur*. Dans le prêt de consommation, dit-on, l'emprunteur devient bien propriétaire de l'objet prêté *in specie*; mais, *contemplatione quantitatis*, les espèces ne sont pas aliénées.

8. L'argent monnayé étant réputé *fongible*, il semble que l'estimation d'une chose devrait toujours être translative de propriété. On est toutefois forcé de reconnaître que, dans beaucoup de cas, l'estimation, loin de transférer la propriété, a un tout autre but (V. C. civ. art. 1552, 1805, 1822, 1833); ne faut-il pas conclure de là que la prétendue *fongibilité* de certaines choses tient beaucoup moins à leur nature qu'à l'intention des contractants?

La doctrine qui déclare *fongibles* les choses qui se consomment *primo usu*, vivement attaquée par les jurisconsultes modernes, a été soutenue récemment par M. Bravard Veyrières (*de l'Étude du droit romain*, p. 119-127).

9. Dans ce second système, on regarde comme *fongibles* les objets qui se règlent au poids, au compte ou à la mesure. *Res fungibiles dicuntur, quæ pondere, numero, mensurâ constant* (Heineccius, § 419-792). À l'égard de ces sortes de choses, dit-on, la valeur ne diffère pas de la chose elle-même.

10. On a critiqué cette définition en disant que toutes les choses qui peuvent être la matière des conventions, sont susceptibles d'être pesées, comptées ou mesurées. Vinnius a cherché à repousser cette objection, en disant qu'il faut entendre par choses qui *pondere, numero, mensurâ constant*, non pas celles que l'on peut peser, compter ou mesurer, mais celles qui *pondere, numero, men-*

*surâ æstimantur. Aliud est,* ajoute-t-il, *pondus habere, aliud ex pondere constare.* (V. Instit. liv. 3, tit. 14 p°, n°s 2, 3, 4.)

S'il faut distinguer les choses qui *pondus habent* de celles qui *ex pondere constant,* cette distinction nous semble fondée beaucoup plus sur l'intention des parties que sur la nature des choses, puisque des marchandises de même nature peuvent être vendues au gré des contractants, soit en bloc, soit au poids, au compte ou à la mesure. (C. civ. 1585, 1586,)

11. Plusieurs jurisconsultes rejetant les définitions précédentes, rattachent la division des choses *fongibles* et *non fongibles* à la distinction que faisaient les Romains entre le *genus* (que nous nommons l'*espèce*) et le *species* (qui est pour nous l'*individu,* le corps certain).

Ils prétendent que la fongibilité se détermine surtout d'après l'intention des parties, et qu'un objet *non fongible* quand il est considéré dans son individualité, devient *fongible* lorsqu'il l'est dans son espèce, *in genere.* Dans ce système, les immeubles peuvent être *fongibles* comme les meubles. (V. Makelday. — *Manuel du droit romain,* § 149 : — *Explication des Institutes,* par M. Ortolan. t. 1, p. 52, n° 405.)

12. L'art. 1894 du Code civil semble confirmer ce système, en déclarant que l'on ne peut donner à titre de prêt de consommation des choses qui, quoique *de même espèce,* diffèrent dans l'*individu.*

Tels sont, ajoute l'article, les animaux. Cet exemple, emprunté à Domat (*Lois civiles,* liv. 1, tit. 6, sect. 1, n° 4), a été justement critiqué. Il est évident, en effet, que, nonobstant le texte de l'art. 1894, les animaux peuvent être l'objet du prêt de consommation, et que tout dépend à cet égard de la volonté des parties. Il faut donc reconnaître que, sans distinguer s'il s'agit d'objets qui diffèrent ou non dans l'individu, il y aura prêt à usage ou prêt de consommation selon que, d'après la convention, l'emprunteur sera ou ne sera pas autorisé à remplacer les choses prêtées par autant de choses semblables (V. *Institutes expliquées* de M. Ducauroy, n° 965; — *Programme du Cours de Code civil* de M. Demante, t. 3, n° 627.) V. Prêt.

13. D'autres auteurs enfin, regardant la *fongibilité* comme un caractère en quelque sorte relatif, déclarent qu'une chose est *fongible* par rapport à une autre, lorsque, dans le paye-ment ou la restitution qu'on doit en faire, elle la représente étant de même espèce et qualité. Dans cette opinion, les choses qui *pondere, numero, mensurâ constant,* et celles *quæ ipso usu consumuntur* ne sont réputées *fongibles* que parce qu'elles peuvent se restituer en équivalent.

M. Duranton, auquel nous empruntons cette définition (t. 4, n°s 12 et 13), fait observer (t. 12, n° 394) qu'une chose n'étant *fongible* que relativement à une autre de même espèce, on ne peut guère justifier le pléonasme de l'art. 1291 (*choses fongibles, de la même espèce*) qu'en remarquant qu'on appelle ordinairement dans la pratique *choses fongibles* les choses qui se consomment par l'usage.

14. Pour apprécier la valeur des divers systèmes que nous venons d'exposer, et parvenir à une définition exacte, il est indispensable de remonter d'abord à l'origine de l'expression qui nous occupe.

15. Les textes du Droit romain parlent de choses,

1° *Quæ ipso usu consumuntur* (Inst. liv. 2, tit. 4, § 2.);

2° *Quæ pondere, numero, mensurâ constant* (Inst. liv. 3. tit. 14) ;

3° Qui peuvent être considérées *in genere* ou *in specie* (l. 54. ff. *de verb. ob.*) ;

4° *Quæ in genere suo functionem recipiunt* (l. 2, § 1, ff. *de reb. credit.*).

Il nous paraît incontestable que ce sont ces dernières que les interprètes ont eu en vue en créant le mot *fongible,* et qu'ils ont voulu désigner par là les choses *quarum alia alterius vice fungitur.*

Exacte ou non, telle nous paraît avoir été, en fait, l'étymologie de l'expression *fongibles,* qui, du reste, est étrangère aux textes du Droit romain. Ces textes n'ont jamais désigné, sous le nom de *fungibiles,* aucune des choses que nous venons d'indiquer. Aussi, loin de dire avec Pothier (*Prêt de Consommation,* n° 25) que le mot *fongible* vient du mot latin *fungibilis,* dirons-nous plutôt avec M. Ortolan (*Institutes,* t, 2, p. 710), que *fungibilis* et non *fungibiles* est « un barbarisme qui n'appartient ni au Droit ni à la langue des Romains.» »

16. Partant de cette étymologie, nous regarderons une chose comme *fongible,* toutes les fois qu'elle pourra être remplacée ou représentée par une autre chose de même nature et de même qualité.

Pour déterminer dans quels cas ce remplament pourra ou non avoir lieu, nous ne considérerons pas la nature de la chose, mais l'intention des contractants.

17. On a objecté que, l'intention pouvant être douteuse, il est impossible de déterminer la *fongibilité* d'une chose sans considérer sa nature.

Nous répondrons à cela que la *fongibilité* dépend uniquement de l'intention des parties, en ce sens que cette intention doit être examinée avant tout, et qu'elle doit, lorsqu'elle est exprimée ou présumée, l'emporter sur la nature de la chose; mais nous reconnaissons en même temps que la nature de certaines choses peut servir quelquefois à déterminer dans quel but elles ont été livrées. Ne jamais envisager la nature de la chose pour parvenir à connaître l'intention des contractants, nous paraîtrait aussi absurde que de faire toujours prévaloir la nature de la chose sur cette intention, lorsqu'elle est connue.

18. En s'en tenant à la seule nature de la chose, ne rencontrerait-on pas d'ailleurs les mêmes difficultés?

L'usage des choses *quæ ipso usu consumuntur* pouvant consister indifféremment dans la consommation ou dans la simple *ostentatio* dont parle le Droit romain, peut-on dire que c'est la *nature* de ces choses qui en détermine la *fongibilité*? Il est évident que certaines choses sont plus habituellement livrées pour être consommées que pour être restituées identiquement; il est évident que ces choses se règlent *pondere, numero vel mensurâ*, mais il ne faut pas, confondant l'habitude avec le droit, réputer *fongible* par nature tout ce qui ordinairement se consomme, ou tout ce qui peut se régler par le poids, le compte ou la mesure.

19. La question de savoir quelle a été l'intention des parties peut être quelquefois difficile à résoudre, sans doute, mais c'est une appréciation que le législateur a abandonnée, dans beaucoup d'autres cas, à la sagesse des magistrats (V. C. civ., art. 1728, 1°, 1766, 1880, 1888, 1930).

La profession des contractants et les circonstances dans lesquelles une chose aura été livrée, serviront généralement bien mieux que la nature de la chose à résoudre cette difficulté. Ainsi, par exemple, un livre, *non fongible* par sa nature, puisqu'on peut s'en servir sans le consommer, deviendra presque toujours *fongible* entre libraires; ainsi, par exemple, un bœuf, non fongible s'il est livré par un laboureur à un autre, sera fongible entre bouchers.

20. Les objets que l'intention des contractants rend *fongibles* sont ordinairement, ainsi que nous l'avons fait remarquer, ceux dont la destination habituelle est la consommation; ces objets se livrent ordinairement au poids, au compte ou à la mesure, et constituent plutôt des quantités que des corps certains. C'est en considérant isolément ces divers caractères et en les rapprochant du texte des lois romaines, que les jurisconsultes sont arrivés aux définitions que nous avons exposées. Appréciant la *fongibilité* d'après l'un ou l'autre des caractères habituels des objets rendus *fongibles* par la volonté des parties, on a dû donner autant de définitions différentes que l'on a rencontré de caractères distincts. Plusieurs auteurs ne se sont même pas bornés à une seule définition. Ainsi, par exemple, Toullier, après avoir enseigné (t. 3, n° 396) que les choses *fongibles* sont « celles dont on ne peut faire usage sans les consommer, » les définit (t. 7, n° 364) « celles *quarum alia alterius vice fungitur*. Ainsi Proudhon (*Traité de l'Usufruit*, t. 3, n°ˢ 1000, 1003) regarde comme *fongibles* « toutes les choses qui se consomment par l'usage, » — celles qui se règlent au poids, au compte ou à la mesure, » et enfin « celles qui, en fait de payement, remplissent leurs fonctions par le genre. »

Ainsi encore, l'Académie française, dans le dictionnaire qu'elle a publié en 1835, répute *fongibles* « les choses qui peuvent être remplacées par d'autres de même nature, comme sont toutes celles qui se consomment par l'usage, et qui se règlent par poids, compte ou mesure. »

21. A ces définitions nous substituerons, en nous résumant, les propositions suivantes:

La *fongibilité* d'une chose dépend uniquement de l'intention qu'ont eue les contractants en la livrant.

Il existe des choses dont l'usage ordinaire détruit la substance, mais on peut toutefois, en limitant cet usage, distinguer, à leur égard, la jouissance de la propriété.

Ces choses sont habituellement considérées comme *fongibles*, mais elles peuvent ne pas l'être, et *vice versâ*; d'autres choses qui ne se consomment pas ordinairement par l'usage peuvent devenir *fongibles*, lorsqu'elles sont livrées avec permission de les consommer.

Toute chose qui, d'après la volonté des parties, peut être remplacée par une chose semblable, devient *fongible* sans distinguer si elle est ou non du nombre de celles *quæ ipso usu consumuntur*.

22. Les auteurs qui déterminent la *fongibilité* par la nature de la chose, ont élevé la question de savoir si une créance est *fongible*. Ils décident que, quoique la somme d'argent qui en est l'objet soit *fongible*, la créance elle-même ne l'est pas. (Proudhon, *Usufruit*, t. 1, n° 122.)

23. Un fonds de commerce est-il *fongible?* La Cour de cassation a décidé, par arrêt du 9 messidor an XI (S.-V. 4. 1. 29; D. A. 12. 757) qu'un fonds de boutique d'épiceries est un meuble *fongible* dont l'usufruitier a le droit de se servir, aux termes de l'art. 587 du Code civil. Cet arrêt est motivé sur le texte des Institutes, qui traite de l'usufruit des choses *quæ ipso usu consumuntur* (liv. 2, tit. 4, § 2), et sur les lois 7 et 11, ff. *de usuf. ear. rer.* Les moyens développés devant la Cour de cassation sont rapportés par Merlin (*Repert.*, v° Usufruit. § 4, n° 8) et par Proudhon (*Usufruit*, t. 3, n°ˢ 1010 à 1024.)

Il résulte toutefois d'un arrêt de rejet du 10 avril 1814 (S.-V. 14, 1, 238; D. A. 12. 799) que, lorsque l'usufruitier a manifesté l'intention de rendre au propriétaire le fonds en nature, les marchandises ne sont plus réputées *fongibles* et doivent être restituées en nature à la cessation de l'usufruit.

**CHOSES FUTURES.** — 1. On appelle *choses futures* les choses qui n'existent point encore, mais dont l'existence est attendue.

En général, quoique l'objet du contrat doive avoir une existence effective et réelle au moment même où le contrat est passé, et qu'il soit fait sévère application de cette règle aux choses qui ont existé et qui n'existent plus, le législateur a pensé que les choses futures pouvaient être l'objet d'une obligation, surtout lorsque leur existence se rapporte à un fait actuel, comme la vente d'une récolte prochaine qui dépend du labourage qui vient d'être terminé.

Il est évident que l'obligation qui résulte de ce contrat est conditionnelle; son existence est subordonnée à l'existence même de la chose, objet du contrat.

2. Telle est la règle générale. Elle reçoit sa plus fréquente application dans la vente (V. ce mot).

3. Nous devons citer ici les exceptions les plus remarquables apportées à la règle. Des art. 791, 1389, 1600 du Code civil, il résulte qu'il est défendu d'aliéner ou vendre une succession future et même d'y renoncer. Nos législateurs ont pensé que ces ventes seraient contraires aux bonnes mœurs et à l'ordre public (1). — (V. Succession, Vente.)

4. La vente des lais et relais de la mer et des îles, nés ou à naître, ont donné lieu à des discussions intéressantes sur la matière qui nous occupe; mais il est convenable de renvoyer ces détails au mot *Crément*, auxquels ils se rapportent plus particulièrement. V. ce mot.

**CHOSE INDÉTERMINÉE.** — 1. L'article 1136 du Code civil porte : Tout contrat a pour objet une chose qu'une partie s'oblige à donner, ou qu'une partie s'oblige à faire ou à ne pas faire ; telle est la règle générale. Une des conditions les plus importantes de son application est que la chose dont il s'agit soit *déterminée*.

Une chose est déterminée, quand on connaît *quid, quale, quantumque sit*. (D. verb. Allegge 5° 45.)

2. Elle est *indéterminée*, lorsque la promesse est tellement générale qu'on ne peut connaître l'objet précis. — Thomassius (t. 4, p. 760, *Dissertations*) donne pour exemple de chose indéterminée la déclaration faite par une personne que tous ses biens appartiennent à un autre.

Une chose est encore indéterminée, lorsqu'elle n'est désignée que par le nom du *genre* et qu'on a omis d'indiquer l'*espèce* et l'*individu*. C'est donc promettre une chose indéter-

<hr/>

(1) Dans le Droit romain, la stipulation faite entre deux personnes sur la succession d'un tiers était valable, si celui-ci y consentait; mais il pouvait, jusqu'à sa mort, révoquer son consentement. (l. 30 au Code *de pactis*.)

On pouvait, dans les pays coutumiers, renoncer, par contrat de mariage, à la succession de ses père et mère, et une pareille convention avait son effet. (V. ordonn. d'Orléans, art. 57; cout. du Nivernais, t. 27, art. 12; d'Auvergne, t. 14, article 31; Marche, art. 294; Bourbonnais, art. 219.)

Le Code civil est absolu sur ce principe. La faveur dont jouissent les contrats de mariage a fait admettre quelques tempéraments aux règles générales, mais d'une manière plus restreinte que dans l'ancien droit.

minée que de s'engager à donner une plante , un animal ; le contrat est nul, dérisoire.

3. Le Code civil a voulu que, dans tous les cas, le contrat passé entre deux personnes contienne les renseignements nécessaires pour spécifier l'objet du contrat, et c'est dans ce sens que l'art. 1129 porte : « Il faut que l'obligation ait pour objet une chose au moins déterminée quant à *son espèce*. La quotité de la chose peut être incertaine, pourvu qu'elle puisse être déterminée. »

Comme l'on voit, l'art. 1129 a donné aux contractants les plus grandes facilités possibles ; il n'exige pas que la chose soit déterminée, quant à sa qualité, ou que l'individu de l'espèce soit dénommé, et laisse ainsi aux tribunaux le pouvoir de commenter les contrats obscurs sur ce point, selon les règles de la bonne foi et de l'intention présumée des parties.

4. Une espèce fera comprendre la valeur de la règle que nous venons d'indiquer : Un officier de cavalerie achète un cheval de selle ; le contrat n'entre pas dans de plus grands détails. S'il en naît des discussions entre les contractants, les tribunaux reconnaîtront que le cheval acheté devait remplir les conditions de taille et d'âge exigées par les règlements militaires, quoique cela ne soit pas indiqué au contrat.

5. En règle générale, le Code recommande et ordonne que dans les actes l'objet du contrat soit précis, déterminé ; mais il permet de suppléer, autant que possible, à l'obscurité de la spécification. La nullité du contrat n'est qu'une dernière ressource, une dure nécessité qu'il fait subir à regret.

La loi romaine nous fournit deux exemples d'interprétation très-sage, et qui font comprendre mieux que nos paroles comment il faut résoudre les questions semblables : *Triticum dare oportere stipulatus est aliquis. Facti quæstio est, non juris. Igitur si de aliquo tritico cogitaverit, id est, certi generis, certæ quantitatis, id habebitur pro expresso : alioquin, si cum destinare genus et modum vellet, non fecit, nihil stipulatus videtur : igiturne unum quidem modium* (l. 94. ff. *de verb. obligat.*). — *Qui insulam* (une maison) *fieri stipulatur, ita demum acquirit obligationem, si apparet quo in loco fieri insulam voluerit, si et ibi insulam fieri interest ejus* (l. 95. *ibid.*).

6. C'est dans le même sens que l'art. 1129 porte, au second paragraphe : « La quotité de la chose peut être incertaine pourvu qu'elle puisse être déterminée. »

Il est certaines choses pour lesquelles la désignation de l'espèce est insuffisante ; nous voulons parler des choses fongibles. En suivant strictement les principes, il est clair que la promesse de donner du vin ou du blé sera nulle, comme étant indéterminée.

7. Le Code n'a pas voulu qu'il en fût toujours ainsi, et s'il est possible, par des circonstances accessoires ou de tout autre manière, de déterminer la quantité de la chose objet du contrat, alors l'obligation sera valable ; en un mot, ce n'est que dans les cas où l'appréciation du contrat ne reposerait sur aucune base raisonnable, que la loi ordonne qu'on prononce la nullité de ce contrat.

**CHOSE JUGÉE** (EN MATIÈRE CIVILE). La chose jugée est le lien de droit qui résulte des décisions judiciaires qui ne peuvent plus être réformées par aucune des voies légales (l'opposition et l'appel).

Sous la dénomination de chose jugée, on entend quelquefois le jugement même (1).

Enfin, on désigne encore par cette expression l'uniformité des décisions intervenues sur les mêmes questions. C'est dans ce sens qu'on dit, c'est *chose jugée*, pour exprimer que la jurisprudence est constante sur un point de droit, et qu'une question est hors de controverse.

Nous ne voulons nous occuper ici que de la chose jugée entendue dans le sens de la première définition que nous avons donnée.

Sect. 1re. — *Principe de l'autorité de la chose jugée.* — *Aperçu historique de la législation.*

Sect. 2. — *Quelle est l'autorité de la chose jugée, présomption, exception ? — Quand doit-elle être proposée ? — Quels moyens de*

---

(1) Ferrière (*Dict. de Droit*, v° Chose jugée) fait judicieusement observer qu'il existe une différence bien tranchée entre la sentence et la chose jugée ; « car la sentence, dit-il, est la cause, et la chose jugée est l'effet de la sentence ; car la sentence est la prononciation et la décision du différend qui est entre les parties, faite par le juge selon les formalités requises ; mais la chose jugée est le jugement contre lequel on ne peut se pourvoir, *quod proinde paratam habet executionem*, c'est-à-dire qu'il n'y a qu'à le mettre à exécution et qu'il faut y obéir. »

recours en cas de violation de la chose jugée?

SECT. 3. — *Quelles décisions peuvent obtenir l'autorité de la chose jugée?* — *Jugements définitifs, provisoires, préparatoires, interlocutoires, d'homologation.* — *Jugements par défaut.* — *Sentences arbitrales.* — *Décisions administratives.* — *Jugements étrangers.*

SECT. 4. — *Dans quelles conditions les jugements et arrêts obtiennent-ils l'autorité de la chose jugée?* — *Opposition.* — *Appel. Tout ce qui est écrit dans un jugement peut-il obtenir l'autorité de la chose jugée?* — *Dispositif, motifs, mentions, etc.*

SECT. 5. — *L'autorité de la chose jugée n'a lieu qu'à l'égard de ce qui a fait l'objet du jugement.* — *Quelles conditions sont exigées pour que l'exception puisse être utilement opposée.* — *Identité de la chose demandée.* — *Identité de la cause de la demande.* — *Identité des parties et des qualités des parties.*

§ 1ᵉʳ. — *Identité de la chose demandée.*

§ 2. — *Identité de la cause de la demande.*

§ 3. — *Identité des parties et des qualités des parties.*

—

SECT. 1ʳᵉ. *Principe de l'autorité de la chose jugée.* — *Aperçu historique sur la législation.*

1. Si on examine attentivement l'ensemble de la législation, on remarque qu'une des règles les plus nécessaires qu'on y ait admises est la *prescription*. Après un certain temps, une fin est mise aux incertitudes qui peuvent se rencontrer dans la propriété des immeubles, et de certaines créances qui perdent toute leur valeur légale. L'utilité générale, le repos des familles exigent qu'il en soit ainsi; mais la prescription serait insuffisante pour atteindre entièrement ce but, si elle n'était pas secondée, dans la matière spéciale qui nous occupe, par le principe de l'autorité souveraine qui doit s'attacher à la chose jugée; si, en un mot, après certains délais, certaines juridictions invoquées, il était encore permis de reporter devant la justice des réclamations déjà appréciées par elle. L'incertitude dans les propriétés, que la loi ne tolère que pendant un certain temps et à laquelle elle oppose la prescription, reparaîtrait sous une autre forme si les procès n'avaient pas de terme.

A côté de cette considération générale, et prise dans l'ensemble de la législation, il s'en présente une autre spéciale à la matière et qui n'a pas moins de force. Si un peuple civilisé admet (et cela doit être) qu'il est interdit de se rendre justice à soi-même, s'il crée, pour juger tous les différends, un ordre judiciaire, une conséquence nécessaire de cette institution est d'admettre que le jugement, prononcé conformément à la loi, soit tenu pour la vérité (*res judicata pro veritate habetur*), autrement rien ne serait jamais stable dans la société, ni les liens de famille, ni les droits de la propriété; *res judicatæ si sub prætextu computationis instaurentur, nullus erit litium finis* (l. 2, au Code *de re judicatâ*). Le respect de la chose jugée est donc une des principales conditions de l'ordre social *Status reipublicæ maximè judicatis rebus continetur* ( *Cicero. Orat. pro Sylla* ). On comprend en effet qu'instituer un ordre judiciaire, c'est lui donner le pouvoir de juger définitivement une cause, sous peine de créer une institution inutile; c'est lui accorder ce pouvoir immense, mais nécessaire, de dire souverainement : «Telle chose est; telle chose n'est pas,» sauf à prendre les mesures nécessaires pour que ces décisions, qui seront présumées être la vérité, s'identifient avec elle, ou s'en approchent au moins le plus possible.

Telles sont les considérations générales qui ont dû inspirer aux législateurs le principe de droit qui nous occupe; il s'agit maintenant de dire comment il fut appliqué avant le Code civil.

2. Dans le droit romain, les règles de cette matière étaient simples. Le juge est homme, il peut se tromper parfois; mais sa décision, entourée de sages garanties, doit être réputée vérité. — *Res judicata pro veritate habetur.* Tel est l'axiome de la loi romaine. Entre autres commentaires, on le voit ainsi expliqué ( l. 6. ff. *de except. rei judicat.* ) : *Singulis controversiis singulas actiones, unumque judicati finem sufficere, probabili ratione placuit; ne aliter modus litium multiplicatus summam atque inexplicabilem faciat difficultatem : maximè si diversa pronunciarentur parere ergò exceptionem rei judicatæ frequens est.* Ainsi parle le jurisconsulte Paul, et la procédure romaine, en faisant passer de suite tous les procès par deux juridictions différentes (V. Actions), la première indiquant

sf- la règle de droit, la seconde appréciant le fait, obb-donnait aux plaideurs l'assurance d'un examen complet et prompt, tout à la fois.

Le *judicium* rendu, la décision avait de suite force de chose jugée. Une action *judicati* en assurait l'exécution immédiate au profit du demandeur; et si le jugement était rendu en faveur du défendeur, aussitôt il avait une fin de non recevoir (*exceptio rei judicatæ*) contre toute nouvelle demande formée contre lui par la même personne, pour la même cause et le même objet : *Personæ, id ipsum de quo agitur, causa proxima actionis.* (l. 27. ff. *de except. rei judicat.*)

Ainsi, dans le Droit romain, pour toutes les procédures, on suivait une marche analogue à l'instruction de nos procédures criminelles, et le fait et le droit avaient, dans chaque affaire, chacun leur juge; et quand il avait été prononcé sur les deux points, force de chose jugée était acquise à la sentence.

Telles était les conséquences d'un jugement rendu entre parties, au temps où florissait la procédure la plus parfaite des Romains. Auguste en compliqua les rouages au profit de son pouvoir. On put dès lors appeler d'une sentence, quoique rendue selon la loi. Le procès arrivait ainsi par degrés au tribunal de l'empereur, et depuis ce temps l'histoire ne dit pas que la justice eût été mieux rendue à Rome.

3. On serait embarrassé de dire comment, dans les premiers temps de la monarchie française, le principe de la chose jugée fut compris et appliqué. Il y a certitude acquise pour nous qu'au temps de saint Louis et longtemps après ce prince, la guerre commencée entre deux plaideurs devant la justice se poursuivait jusqu'au combat judiciaire, qu'on appelait jugement de Dieu. Plus tard, l'étude du Droit romain et les progrès de la civilisation modifièrent la rude jurisprudence des Francs; le pouvoir royal s'affermit, et, à la date de 1629, le principe de la chose jugée apparaît clairement dans les ordonnances, puis devient une règle précise dans l'ordonnance de 1667.

A cette époque, l'étude du droit avait fait reconnaître au législateur la nécessité d'admettre comme vérités certaines *présomptions*, et au premier rang, celle qui s'attache à la chose jugée. Du temps d'Alciat, on établissait déjà à cet égard des règles précises, qui se reconnaissent souvent dans notre Code civil et l'éclaircissent. Ainsi (V. Dauty, *Traité de la*

*preuve par témoins*), on reconnaissait tout d'abord la nécessité d'admettre des *présomptions*; on faisait remarquer ensuite la différence qui existait entre une preuve et une présomption, la première faisant foi directement et par elle-même d'un fait, la seconde ne faisant foi que par une conséquence tirée d'un autre fait, d'un jugement. Ces bases établies, nos anciens auteurs reconnaissaient deux classes de présomptions : 1° les présomptions *juris tantum* (1353, C. civ.), contre lesquelles la preuve contraire était admise; 2° les présomptions *juris et de jure*, qui excluaient la preuve du contraire; et dans cette catégorie était classée la présomption de vérité qui s'attache à la chose jugée (1352, C. civ.).—V. Présomption.

L'ordonnance de 1667 applique ces diverses règles; on lit à l'art. 5 du tit. 27 : « Les sentences et jugements qui doivent passer en force de chose jugée sont ceux qui sont rendus en dernier ressort, et dont il n'y a appel, ou dont l'appel n'est pas recevable, soit que les parties y eussent formellement acquiescé (1), ou qu'elles n'en eussent interjeté appel dans le temps, ou que l'appel ait été déclaré péri. »

Telle était la règle générale. L'art. 12 la complétait : « Si aucun est condamné par sentence, et qu'elle ait été signifiée avec toutes les formalités ordonnées pour les ajournements, et qu'après trois ans écoulés depuis la signification, celui qui a obtenu la sentence l'ait sommé avec pareille solennité d'en interjeter appel, celui qui est condamné ne sera plus recevable à en appeler six mois après la sommation; mais la sentence passera en force de chose jugée; ce qui aura lieu pour les domaines de l'Église, hôpitaux, collèges, universités, maladreries, si ce n'est que le premier délai sera de six ans au lieu de trois. »

Enfin, l'art. 17 du même titre complétait les règles générales de la matière et disposait : «Au défaut des sommations ci-dessus, les sentences n'auront force de chose jugée qu'après dix ans, à compter du jour de leur signification, et au regard des domaines de l'Église, hôpitaux, collèges, universités et maladreries, à compter aussi du jour de la signification des sentences, lesquelles

---

(1) Remarquons que l'acquiescement n'avait cet effet qu'en matière civile. — V. l'art. 5, tit. 3 de l'ordonnance de 1670.

14

dix et vingt années courront tant entre présents qu'absents. »

4. Telles étaient les règles suivies en France sur la matière qui nous occupe. Elles furent reproduites, quant aux principes généraux, par nos lois modernes. Au titre des obligations, le législateur, après avoir établi qu'il reconnaissait deux sortes de présomptions, les présomptions légales qui présentent tous les caractères des présomptions appelées en droit romain présomptions *juris et de jure*, et les présomptions ordinaires (*juris tantum*), range dans la première catégorie (art. 1350, 3°) l'autorité que la loi attribue à la chose jugée, c'est-à-dire dispense de toute preuve celui au profit de qui elle existe (1252).

SECT. 2. — *Quelle est l'autorité de la chose jugée?* — *Présomption, exception.* — *Quand doit-elle être proposée?* — *Quels moyens de recours en cas de violation de la chose jugée?*

5. L'autorité que la loi attribue à la chose jugée n'est qu'une présomption ; mais « cette présomption, dit avec raison Toullier, quelque respectable que soit le fondement sur lequel elle est établie, ne peut changer la nature des choses. Ce qui est juste et vrai en soi-même, demeure juste et vrai.....

» Ce n'est donc qu'aux effets purement civils des jugements que s'applique la présomption de vérité que la loi attache à la chose jugée. Ainsi, la condamnation de payer une somme qu'il ne devait pas, oblige le condamné à la payer. Il peut y être contraint par toutes les voies judiciaires, quoique dans la vérité il ne la doive pas. C'est une obligation purement civile, et c'est l'autorité de la chose jugée qui forme cette obligation, dit fort bien Pothier, n° 174. Ce n'est donc que par inadvertance qu'il dit ailleurs (1) que l'autorité de la chose jugée fait présumer *vrai* et *équitable* tout ce qui est contenu dans le jugement. » (Toullier, t. 10, n°⁸ 68 et 70.)

6. Du principe que la chose jugée n'est qu'une vérité civile, il résulte qu'elle ne peut s'appliquer qu'aux effets civils des jugements. Le débiteur libéré par un jugement inique n'en demeure pas moins débiteur aux regards de la loi naturelle : *licet enim absolutus sit, naturâ tamen debitor permanet*. (1. 60, ff. *De condict. indeb.*)

L'obligation subsiste donc *ipso jure* ; mais

(1) Sect. *de l'autorité de la chose jugée*, n° 37.

si dans l'espèce précédente le créancier actionnait de nouveau son débiteur judiciairement libéré, il serait repoussé par l'exception de la chose jugée : *Ipso jure de eâdem re postea adversus te agi potest, sed debes per exceptionem rei judicatæ adjuvari* (§ 5, Inst. *de except.*).

7. De ce que la chose jugée n'éteint point l'action ni l'obligation de plein droit, mais seulement par voie d'exception, il suit qu'elle doit être opposée par la partie, qui peut y renoncer, comme à la prescription acquise, et que les juges ne peuvent la suppléer d'office. D'ailleurs, la plupart du temps, fait observer Merlin, le juge ne peut savoir que l'affaire qu'on lui présente a déjà subi un premier jugement ; puis, ajoute Toullier, le silence de celui qui n'oppose pas l'exception de la chose jugée ne peut-il pas venir de ce qu'il n'est pas persuadé que le premier jugement qu'il a obtenu soit conforme à l'équité, comme le silence de celui qui n'a pas opposé la prescription peut venir de ce qu'il sait que la dette n'est point éteinte? » (Toullier, t. 10, n° 75 ; — Merlin, *Rep.*, v° Chose jugée, § 20) (1).

Un arrêt de la Cour de cassation du 26 décembre 1808, a décidé, par application de ces principes, que l'exception tirée de l'autorité de la chose jugée ne peut être proposée pour la première fois devant la Cour de cassation. (S.-V. 20. 1. 470. D. P. 9. 2. 41.) C'est aujourd'hui un des points de jurisprudence les plus constants. Cass. 9 août 1827 (S.-V. 28.

(1) L'auteur avait professé une doctrine contraire dans ses conclusions données le 21 thermidor an ix, et qu'on retrouve dans la 3ᵉ édition des Questions de droit imprimée en 1819, v° *Appel*, § 9, t. 1, pag. 121 ; et comme les questions de droit sont le dernier ouvrage qu'il ait fait imprimer, après l'avoir considérablement augmenté, on pourrait croire que l'opinion qu'il y soutient est définitivement celle qu'il embrasse, puisqu'il n'avertit point qu'il en ait changé.

On se tromperait : ainsi que le fait justement observer Toullier, « celle qu'il a émise dans le Répertoire est postérieure. La date de l'arrêt du 15 pluviôse an XIII, qui s'y rapporte, le prouve suffisamment. Les réflexions que lui fait faire cet arrêt, qu'il cite à l'appui de sa nouvelle opinion, lui avaient fait abandonner la première. S'il n'en a point averti dans ses Questions de Droit, c'est un oubli facile à commettre dans la révision d'un ouvrage aussi étendu. » (Toullier, t. 10, n° 75, à la note. )

. H. 32.), 24 déc. 1827 (S.-V. 27. 1. 524); 7 juin
1830 (S.-V. 30. 1. 208); 9 août 1835 (S.-V.
35. 1. 592; D. P. 36. 1. 52), 5 mai 1837 (S.-V.
37. 1. 718; D. P. 37. 1. 314); 1er déc. 1840
S.-V. 40. 1. 943.; D. P. 41. 1. 43).

Un autre arrêt de la même Cour, du 7 juillet 1829, a décidé que l'exception de chose
jugée pourrait être admise d'office lorsque
la partie qui pouvait l'invoquer se contentait
de s'en rapporter à justice, sans prendre de
conclusions. (S.-V. 29. 1. 331; D. P. 29. 1.
115.)

Cet arrêt n'offre point de contradiction avec
les principes précédemment posés, en ce sens
que celui qui s'en rapporte à justice n'est pas
censé abandonner les moyens qui militent en
sa faveur, mais bien laisser aux magistrats le
soin d'apprécier, ainsi qu'ils l'entendront, le
mérite de l'action dirigée contre lui. Si dans
l'exposition qu'il fait de ses divers moyens, se
trouve l'exception tirée de la chose jugée, et
qu'il n'apparaisse d'aucun acte ni d'aucunes
conclusions que la partie qui pouvait l'invoquer ait renoncé à ce moyen, les magistrats
peuvent l'admettre, ce qu'ils n'auraient pu
faire si, par des conclusions formelles, la partie avait renoncé expressément ou tacitement
au moyen d'exception, et cela conformément
aux doctrines que nous avons émises.

8. La violation de la chose jugée donne ouverture à cassation, et il a été décidé qu'il en
était ainsi alors même que, depuis l'arrêt qui
contient cette violation, l'arrêt violé a été
cassé. (Cass. 17 nov. 1835; S.-V. 36. 1. 132;
D. P. 35. 1. 447.)—V. Cour de cassation.

SECT. 3. — *Quelles décisions peuvent obtenir
l'autorité de la chose jugée? — Jugements
définitifs, provisoires, préparatoires, interlocutoires, d'homologation. — Jugements par défaut. — Sentences arbitrales.
—Décisions administratives. —Jugements
étrangers.*

9. Pour qu'un jugement ait l'autorité de la
chose jugée, dit Pothier (*Des oblig.* n° 851),
et même pour qu'il puisse en avoir le nom,
il faut que ce soit un jugement définitif qui
contienne une condamnation ou un congé
de demande : *Res judicata dicitur, quæ finem
controversiarum pronuntiatione judicis acci-
pit, quod vel condemnatione vel absolutione
contingit.* (l. 1, ff. *De re judic.*)

10. La conséquence que l'auteur tire du
principe ainsi posé, c'est que le jugement

provisoire, celui qui contient une condamnation provisionnelle, ne peut avoir ni le nom
ni l'autorité de chose jugée; car, quoiqu'il
donne à la partie qui l'a obtenu le droit de
contraindre l'autre à payer, à titre de provision, les sommes ou les choses portées dans
la condamnation, il ne met pas fin au procès
et ne forme pas une présomption légale que
cette somme ou ces choses soient dues, puisque l'instruction subséquente peut apprendre
qu'elles ne sont pas réellement dues, et faire
en conséquence condamner ceux qui les ont
reçues à les restituer.

Cette proposition, soutenue par Toullier
(t. 10, n° 95), ne nous paraît pas fondée, ou
tout au moins dirons-nous qu'elle est posée
dans des termes trop absolus.

S'il s'agit, par exemple, de décider si un
jugement qui porte une condamnation provisionnelle peut jamais valoir comme chose
jugée en ce qui touche le fond, nous nous dé-
ciderons pour la négative, avec les savants jurisconsultes que nous avons cités; parce qu'en
effet, comme le dit avec raison Toullier, dans
les mêmes termes à peu près que Pothier, « ce
jugement ne met pas fin au procès et ne forme
pas une présomption légale que la somme dont
le paiement est provisoirement ordonnée soit
due, puisque l'instruction subséquente peut
apprendre qu'elle ne l'est réellement pas, et
faire condamner celui qui l'aurait reçue à la
restituer. »

L'exception de chose jugée que voudrait
dans ce cas opposer la partie qui aurait obtenu la condamnation provisionnelle pour repousser la demande au fond, ne serait point
recevable, parcequ'elle manquerait d'un des
éléments constitutifs de cette exception, à savoir l'identité d'objet (V. *infrà*, n° 31), puisqu'en effet il n'y aurait pas identité entre le
*fond*, objet de la demande, et la *provision*
accordée par le jugement.

Mais en tant que statuant sur la provision,
le jugement provisoire peut obtenir l'autorité
de la chose jugée. En effet, le jugement est
définitif en ce point. Ce n'est ni un jugement
d'instruction, ni un jugement de préjugé; il
prononce définitivement, pour un certain
temps, cela est vrai, mais enfin il prononce
définitivement sur les contestations relatives
à la provision, et cela est si exactement vrai,
que si la partie provisionnellement condamnée laisse passer en force de chose jugée
le jugement provisoire, elle pourra être con-

trainte à l'exécuter ; si , pour se soustraire à cette exécution , elle introduit une instance dont l'objet serait de faire décider qu'elle ne doit point cette provision, on lui répondra qu'il est souverainement jugé qu'elle la doit, et l'exception qu'on lui opposera , tirée de l'autorité de la chose jugée par le jugement provisoire, ne pourra manquer d'être admise. Telle est aussi l'opinion de M. Chauveau sur Carré (*Lois de la procédure*, quest. 1617 *bis*). Cet auteur s'appuie sur l'autorité de quelques monuments de jurisprudence. (V. Cass. 4 août 1819; S.-V. 20. 1. 112; J. P. 3e éd.; D. A. 1. 279.—Bruxelles, 28 déc. 1826, journ. de cette cour, t. 1er de 1827, p. 253.) M. Chauveau critique avec raison, selon nous, quelques arrêts qu'il cite comme ayant considéré comme préparatoires des jugements qui étaient tout à fait provisoires ; nous nous en occuperons au mot Jugement.—V. ce mot. V. aussi Appel , n° 64.

Enfin il a été jugé qu'une sentence rendue en premier ressort, mais qui été exécutée, ne fût-ce que *provisoirement*, aux termes d'un arrêt intervenu sur appel, pouvait acquérir l'autorité de la chose jugée, et les actes d'exécution prendre un caractère définitif après le laps de trente ans écoulés depuis le dernier acte de l'instance d'appel. (V. Cass. 18 av. 1835; S.-V. 35. 1. 967; J. P., 3e édit.)

11. Les jugements préparatoires ne sont pas susceptibles d'acquérir l'autorité de la chose jugée. (V. Appel , n° 61; Toullier et Pothier, *loc. cit.*; enfin Duranton, t. 13, n° 452.) Ce principe a été, au surplus, consacré par un arrêt de la Cour de cassation, du 8 décembre 1838. ( D. P. 39. 1. 169. ) « Attendu , dit cet arrêt, sur le premier moyen résultant de la chose jugée, que le premier arrêt dont on excipe était simplement préparatoire, ordonnant une expertise; que, si l'expertise n'a pas eu lieu, les juges ont pu trouver dans les autres documents du procès les éléments suffisants pour former leur conviction, sans violer la chose jugée, etc. »

Il a été décidé aussi, par la même cour, qu'une expertise ordonnée pour parvenir à la constatation de la houille induement extraite d'une mine peut, d'après les circonstances de la cause, ne constituer qu'une simple mesure d'instruction, et être remplacée par un autre mode de vérification, sans qu'il y ait violation de l'autorité que la loi accorde à la chose jugée. (Cass. 20 août 1839; S.-V. 40. 1. 239;

D. P. 40. 1.23. — V. encore sur la même question et dans le même sens, Cass. 2 juillet 1839; S.-V. 39. 1. 845 ; D. P. 39. 1. 277; J. P. 1839. 2. 475.—Cass. 27 fév. 1838; S.-V. 38. 1. 216; J. P. 1838. 1. 504; D. P. 38. 1. 139. — Cass. 27 avril 1837; S.-V. 37, 1. 711 ; D. P. 37. 1. 268.)

12. Quant aux jugements interlocutoires , la question de savoir s'ils sont susceptibles ou non d'acquérir l'autorité de la chose jugée présente plus de difficulté à résoudre. (V. Appel, n°s 58 et suiv.)

En premier lieu, il est souvent difficile d'apprécier le caractère de ces jugements et de décider si tel jugement doit être considéré comme préparatoire ou interlocutoire, comme préparatoire ou définitif (V. Jugements); distinction importante cependant, puisqu'un jugement peut ou non acquérir l'autorité de la chose jugée, selon qu'il doit être rangé au nombre des jugements préparatoires ou au nombre des jugements définitifs.

En second lieu , il est une règle de droit, empruntée au droit romain et reconnue applicable encore à notre législation moderne par la généralité des auteurs et par la jurisprudence , dont l'application présente de grandes difficultés. Cette règle est celle-ci : L'interlocutoire ne lie pas le juge. *Semper judici ab interlocutorio discedere licet.*

Cette maxime, prise dans son acception absolue, tendrait à établir que le juge ne se trouvant aucunement lié par l'interlocutoire qu'il a rendu, sa décision ne pourrait acquérir l'autorité de la chose jugée, puisque, d'après la règle précitée, il lui serait loisible de s'en départir.

Mais ce n'est point dans ce sens que s'applique cette maxime. M. Chauveau sur Carré établit sur ce point un système qui nous paraît plus conforme à la saine doctrine :

« Il y a , dit-il , dans tout jugement qui prend le titre d'interlocutoire deux parties distinctes : le dispositif qui juge , qui, par conséquent, est définitif, qui épuise le pouvoir du juge en ce qu'il prescrit, sur lequel, par conséquent, il ne peut pas revenir, auquel il se trouve irrévocablement lié. Il y a, outre cela , la partie qui préjuge ce qui n'est pas encore l'objet de la sentence, mais qui, ne faisant que le préjuger , n'a pas le caractère d'un jugement , et laisse au juge le droit de revenir sur ce qui n'est que la manifestation anticipée d'une opinion.

» Ainsi, par quoi le juge est-il lié ? Par la partie qui porte jugement.

» Par quoi n'est-il pas lié ? Par la partie interlocutoire, par la partie qui ne contient qu'un simple préjugé.

» A-t-on, continue-t-il, ordonné une enquête sur des faits contestés ? Il est définitivement jugé que cette enquête aura lieu : on ne peut, par un jugement postérieur, empêcher d'y procéder.

» Mais ce qui n'est que préjugé, c'est la condamnation de la partie qui ne fera point la preuve des faits qu'elle allègue. Cette preuve, ne la fait-elle point, il ne s'ensuivra pas que le juge doive la condamner nécessairement ; car il peut abandonner son préjugé, dire que la preuve n'était pas nécessaire, et qu'il y a dans le procès d'autres éléments pour donner gain de cause à la partie dont la preuve n'a pas été concluante.

» A-t-on déclaré la pertinence de certains faits à prouver ?

» On ne peut revenir sur cette déclaration, parce qu'elle est définitive.

» Mais on n'est pas lié par le résultat de la preuve.

» A-t-on permis une preuve testimoniale, lorsque son admissibilité avait produit un débat ?

» Il est définitivement jugé qu'elle était admissible ; le juge ne peut plus la rejeter comme ayant été faite hors des cas prévus par la loi.

» Mais le préjugé que la décision du fond devait dépendre de cette preuve une fois faite n'est nullement irrévocable : on peut n'y avoir aucun égard.

» En un mot, puisque nous croyons avoir donné des règles suffisantes pour distinguer ce qui, dans un jugement, est définitif d'avec ce qui est interlocutoire, c'est à cette dernière partie seulement que s'appliquera la maxime et point à l'autre ; le sens n'en offre plus de difficulté ; il ne faut pas chercher d'autre interprétation que la plus littérale de toutes. » ) (Chauveau sur Carré, *Lois de la procédure*, quest. 1616, n° 5.) V. Appel, nos 58 et suiv. V. aussi Jugement, où nous rappelons les autorités nombreuses citées par M. Chauveau à l'appui de son opinion.

De tout ce que nous venons de dire, on peut conclure que les jugements interlocutoires ou d'avant faire droit, qui préjugent le fond en portant un préjudice à l'une des parties, sont susceptibles d'acquérir l'autorité de la chose jugée dans ce que leurs dispositions ont de définitif ; mais, quant aux autres dispositions, elles ne peuvent acquérir cette autorité, de telle sorte que les juges se trouvent liés par leur décision, en ce sens qu'ils ne peuvent ordonner une autre preuve ; mais ils ne le sont pas en ce qu'ils restent libres d'avoir tel égard que de raison à la preuve rapportée. (V. Cass. 23 nov. 1831. S.-V. 32. 1. 21 ; J. P. 3e éd. D. P. 31. 1. 365. — 18 avril 1832 ; S.-V. 32. 1. 465 ; J. P. 3e éd. ; D. P. 32. 1. 147. — 25 vent. an XI. S.-V. 3. 1. 215 ; J. P., 3e éd. ; D. A. 9. 766. — Bruxelles, 24 nov. 1819. Devillen. et Car. 6. 2. 156 ; D. A. 9. 766.)

13. Les jugements et arrêts, quoique rendus par défaut, n'en sont pas moins de véritables jugements. Ils peuvent acquérir l'autorité de la chose jugée après les délais de l'opposition ; ils ont alors tous les effets de jugements contradictoires. (C. pr. art. 157, 158.) V. Jugement.

14. Les jugements nuls (1) pour quelque cause que ce soit, peuvent-ils acquérir l'autorité de la chose jugée ?

Dans le droit romain, ces jugements ne produisaient aucun effet, par le motif (dit la loi 29 ff. *De regul. jur.*) que ce qui est nul ne peut être validé par aucun laps de temps. La raison de cette règle, disent les interprètes, est que, comme le temps n'est pas un moyen d'établir ou d'éteindre de plein droit une obligation, il ne doit pas non plus avoir la vertu de confirmer seul un acte nul en soi.

Cette règle, ajoutent-ils, a lieu dans les testaments, dans les contrats, dans les mariages, *dans les jugements*, dans les usurpations, en un mot dans les matières de droit. (Merlin. *Rép.* v° Nullité, § VI.) La loi 19 ff. *De appellat.* en portait une disposition expresse à propos des sentences.

_____

(1) Il ne faut pas confondre un jugement *nul* avec un jugement *inique*. Un jugement nul est celui qui a été rendu contre la forme judiciaire, *sententia injusta*. Un jugement est inique, *sententia iniqua*, lorsque le juge a mal jugé : *putà*, en condamnant une partie à payer ce que dans la vérité elle ne devait pas, ou en la déchargeant de payer ce qu'elle devait. Un jugement, quoique inique, lorsqu'il a été rendu selon la forme judiciaire, peut avoir l'autorité de *chose jugée* ; et quelque inique qu'il soit, il est réputé équitable, sans que la preuve du contraire puisse être reçue.

Par application de ce principe, le juge devant lequel on excipait de la nullité d'une sentence, pouvait la prononcer quoiqu'il ne fût pas le supérieur de celui qui l'avait rendue. (l. 1. au C. *De sentent. et inter.*)

Cette maxime n'a jamais été reçue en France, au moins d'une manière générale, et ces mots, *voies de nullité n'ont lieu*, avaient même, relativement aux jugements, un sens fort différent de celui qu'ils avaient relativement aux contrats.

Appliqués à la nullité des contrats, ces mots voulaient dire seulement que, pour les nullités du droit romain, il était nécessaire d'obtenir préalablement, en chancellerie, des lettres de rescision.

Appliqués aux jugements, ils signifiaient que, généralement du moins, la voie de nullité contre les jugements n'existait pas en droit français, même avec des lettres de rescision; qu'il fallait, pour les attaquer, prendre la voie de l'appel, ou, à son défaut, les voies extraordinaires, et qu'autrement ils passaient en force de chose jugée.

Ainsi M. Perrin ( *Traité des nullités de droit en matière civile*, p. 132 ), en reconnaissant avec tous les auteurs que les nullités de plein droit n'ont pas lieu en France, c'est-à-dire qu'il faut s'adresser au juge pour les reconnaître et les faire prononcer, fait observer, quant aux jugements, qu'il ne faut pas les confondre avec les autres actes, et qu'ils ne peuvent être attaqués, quelque irréguliers ou injustes qu'ils soient, que par les moyens spécialement institués pour eux. « Les voies de l'appel et du pourvoi en cassation, dit M. Mangin ( *Traité de l'action publ.* t. 2, n° 375), sont ouvertes pour faire réformer ou annuler les actes des tribunaux qui violent la loi; le Code a réglé les délais et la forme de ces recours; mais lorsque ces voies n'ont pas été prises, ces actes deviennent inattaquables; ils obtiennent la même autorité, ils produisent les mêmes effets que s'ils étaient parfaitement réguliers; ce qui s'applique, ajoute-t-il, aux matières civiles et criminelles. » Cette opinion, conforme à celle que nous avons émise, v° Appel, n° 85, a été adoptée par Pothier (*Des oblig.* 866 et suiv.), Toullier (t. 10, n° 113 et suiv.), Merlin (*Rép.* v° Appel, sect. 1re, § 5, et Nullité, § 7) et Poncet ( *Des jugements*, t. 1, p. 206 ). Le même principe a été consacré par divers arrêts de la Cour de cassation. V. notamment, Cass. 1er avril 1813

(S.-V. 13. 1. 311; J. P. 3e éd. ; D. A. 2, 572). (— Cass. 7 oct. 1812 (S.-V. 13. 1. 82 ; J. P. 3e éd. D. A. 1. 515 ).

15. Il y a cependant des jugements qui ne sont pas susceptibles d'acquérir l'autorité de la chose jugée. Les nullités d'un jugement peuvent se rapporter soit à ce qu'il contient, soit aux personnes entre lesquelles il est rendu, soit au juge qui l'a rendu, soit à l'inobservation de quelque forme judiciaire. Il peut se trouver quelques-unes de ces nullités qui ne puissent jamais être couvertes et qui empêchent que le jugement puisse valoir comme tel, et obtenir par conséquent l'autorité de la chose jugée.

16. Un jugement nul parce que l'objet de la condamnation qu'il porte est incertain, par exemple, s'il a prononcé : « Nous avons condamné le défendeur à payer au demandeur tout ce qu'il lui doit, » un tel jugement ne peut acquérir l'autorité de la chose jugée. C'est ce que décide la loi 3, au code (*De sent. quæ sine certâ quant.*).

Le jugement serait valable et pourrait, par conséquent, acquérir l'autorité de la chose jugée, si l'objet de la condamnation se trouvait expliqué par un acte auquel le jugement se rapporterait; ainsi, *cum judex ait: solve quod petitum est : valet sententia* (l. 59, § 1er, ff. *De re judic.*), ou si cet objet, quoique n'étant pas d'une chose liquide, devait le devenir par une liquidation postérieure (l. 2. au code, *De sentent. quæ sine certâ quant.*).

17. Un jugement qui porte une condamnation impossible à exécuter est nul et ne peut obtenir l'autorité de la chose jugée. *Paulus respondit impossibile præceptum judicis nullius esse momenti* (l. 3 ff. *quæ sent.*). Remarquons bien, toutefois, qu'il faudrait que cette impossibilité fût absolue; car, si elle était seulement relative à la partie condamnée, le jugement serait parfaitement valable, comme la convention qui aurait été faite dans les mêmes termes.

18. Un jugement est nul et ne peut obtenir l'autorité de la chose jugée : 1° s'il n'a pas été rendu par le nombre de juges prescrit; 2° si des juges qui n'ont pas assisté à toutes les audiences y ont concouru; 3° s'il n'a pas été rendu publiquement, c'est-à-dire prononcé à l'audience; 4° s'il ne contient pas les motifs ( L. du 20 avr. 1810, art. 7 ). Toutes ces conditions étant par elles-mêmes des éléments constitutifs du jugement, si l'une d'elles

n'a pas été remplie, il n'y a plus, à proprement parler, de jugement, il n'y a qu'un acte qui en usurpe le nom et qui ne peut ainsi acquérir l'autorité de la chose jugée.

19. Un jugement rendu dans des conditions telles qu'il puisse être attaqué par les voies extraordinaires, n'en est pas moins susceptible d'acquérir l'autorité de la chose jugée : ainsi 1° s'il y a eu dol personnel; 2° si les formes prescrites, à peine de nullité, ont été violées, soit avant, soit lors du jugement; 3° s'il a été prononcé sur choses non demandées; 4° s'il a été adjugé plus qu'il n'a été demandé (*ultrà petita*); 5° s'il a été omis de prononcer sur un des chefs de demande; 6° s'il y a contrariété de jugements en dernier ressort, entre les mêmes parties et sur les mêmes moyens, dans les mêmes cours ou tribunaux; 7° si, dans un même jugement, il y a des dispositions contraires; 8° si, dans le cas où la loi exige la communication des pièces au ministère public, cette communication n'a pas eu lieu, et que le jugement ait été rendu contre celui pour qui elle était ordonnée; 9° si l'on a jugé sur pièces reconnues ou déclarées fausses depuis le jugement; 10° si, depuis le jugement, il a été recouvré des pièces décisives et qui avaient été retenues par le fait de la partie. — V. Requête civile, Tierce opposition.

20. L'exception de la chose jugée peut-elle être proposée lorsque le jugement a été rendu directement contre un mineur, un interdit, une femme mariée, enfin contre toutes les personnes qui n'ont pas droit d'ester en jugement par elles-mêmes, ou sans autorisation? Les jugements ainsi obtenus étaient nuls, de plein droit, chez les Romains et ne pouvaient acquérir aucune autorité. (Pothier, *Des obl.* n° 876.) Il en était de même dans notre ancien droit français. (V. cependant Merlin, v° Nullité, § 7, n° 4.) Le principe a-t-il changé avec la législation nouvelle?

M. Poncet (*Des jug.* t. 2, n° 343) penche pour la négative, et s'exprime en ces termes à cet égard : «On conçoit facilement que, pour qu'il y ait chose jugée, il faut qu'il y ait eu contrat ou quasi-contrat judiciaire. Si donc les parties qui l'ont formé, ou l'une d'elles, avaient manqué de qualité ou de capacité pour ester dans la cause, il est clair que l'exception de chose jugée ne leur serait point opposable, ou du moins qu'elle serait détruite par l'exception d'incapacité.»

M. Perrin (*Traité des nullités*, p. 177) partage cette opinion. «Il n'est donc pas nécessaire, dit-il, que, dans le cas dont nous nous occupons, la loi ait prononcé la nullité, puisque l'acte manque de base.»

La Cour de cassation a adopté le système contraire, dans une espèce où une dame Galy-Pradal, assignée en paiement d'un billet, comparut en justice sans l'autorisation de son mari, reconnut sa dette et laissa la décision intervenue acquérir l'autorité de la chose jugée. «Vu les art. 5, tit. 27, de l'ordonnance de 1667, et 14, tit. 5, de la loi du 22 août 1790; considérant que le jugement du 2 therm. an XI était un véritable jugement rendu après avoir entendu les parties contradictoirement, et revêtu de toutes les formes prescrites par la loi; que le législateur a établi et déterminé les moyens par lesquels il a permis d'attaquer les jugements, et qu'il a fixé les délais pendant lesquels lesdits moyens peuvent être employés; qu'au nombre de ces moyens n'est pas la demande principale en nullité des jugements, lorsque ceux-ci ont été rendus par des juges autres que des arbitres; qu'ainsi la cour impériale de Toulouse a introduit un nouveau moyen d'attaquer les jugements, en accueillant une demande principale en nullité contre un jugement, et qu'elle a violé les lois citées, puisque celle de 1790 ne donnait que trois mois pour relever appel, et que, faute d'appel dans le délai utile, celle de 1667 avait donné au jugement du 2 therm. an XI l'autorité de la chose jugée; la Cour casse et annule.» (Cass. 7 octobre 1812. S.-V. 13. 1. 82; J. P. 3e éd.; D. A. 1. 515.)

21. Les jugements d'homologation et les jugements nommés d'expédient peuvent-ils acquérir l'autorité de la chose jugée?—V. Jugement.

22. Les sentences arbitrales peuvent-elles obtenir cette autorité? — V. Arbitrage, n°s 120 et suivants.

23. Quant aux décisions émanées des tribunaux administratifs, elles obtiennent incontestablement l'autorité de la chose jugée quand ces tribunaux ont statué dans les limites et selon les formes de leur compétence.—V. Conseil d'état, Conseil de préfecture.

24. L'exception tirée de l'autorité de la chose jugée ne dérivant point du droit des gens, mais seulement de la loi civile, ainsi que nous l'avons déjà exprimé, il s'ensuit que les jugements rendus en pays étranger

n'obtiennent pas cette autorité, en quelque matière qu'ils soient rendus, soit en matière civile, soit en matière commerciale, soit même en matière criminelle; la loi ne distingue pas davantage les personnes entre lesquelles ils sont intervenus, soit entre Français, soit entre étrangers, soit entre étrangers et Français, en demandant ou en défendant, par défaut ou contradictoire, « enfin tous les jugements rendus ès souverainetés étrangères, dit avec raison Toullier; la loi ne considère, s'il est permis de parler ainsi, que *l'extranéité* du pouvoir dont ils émanent, et non les qualités accidentelles des parties qui y ont figuré, ni les matières sur lesquelles ils sont rendus. »

25. Cette règle cesse cependant lorsque les jugements sont rendus exécutoires en France, soit parce qu'ils ont été déclarés tels par les tribunaux français, soit que leur force exécutoire résulte de dispositions qui peuvent exister dans les lois politiques ou dans les traités (art. 2123 C. civ.; 546 C. de proc.). Pour les formalités à remplir afin de donner force exécutoire aux jugements rendus à l'étranger, et pour l'examen et la solution de toutes les questions qui se rattachent à cette matière, V. Jugement.

Sect. 4. — *Dans quelles conditions les jugements et arrêts obtiennent-ils l'autorité de la chose jugée? — Opposition. — Appel. Tout ce qui est écrit dans un jugement peut-il obtenir l'autorité de la chose jugée? — Dispositif. — Motifs. — Mentions, etc.*

26. L'ordonnance de 1667 (tit. 27, art. 5) disposait : « Les sentences et jugements qui doivent passer en force de chose jugée sont ceux rendus en dernier ressort et dont *il n'y a pas d'appel*, ou dont l'appel n'est pas recevable, soit que les parties y eussent formellement acquiescé, ou qu'elles n'en eussent interjeté appel dans le temps, ou que l'appel ait été péri (périmé). »

Notre Code de procédure ne contient pas de disposition semblable, quoiqu'il parle en plusieurs endroits des *jugements passés en force de chose jugée;* ce qui fait voir, ainsi que le fait judicieusement observer Toullier (t. 10, n° 97), que les principes sur ce point ne sont pas changés.

M. Pigeau (*Proc. civ.* l. 2, tit. 2, chap. 1) énumère assez exactement, selon nous, et en rappelant du reste l'ordonnance de 1667, les jugements ou arrêts qui jouissent de l'auto-

rité de la chose jugée. « Ce sont, dit le savant professeur : 1° les jugements en dernier ressort (1) non susceptibles d'opposition (2). — V. Jugement.

» 2° Ceux qui étaient susceptibles d'appel ou d'opposition, mais auxquels on a acquiescé. — V. Acquiescement.

» 3° Ceux sujets d'abord à l'appel, mais dont on n'a pas appelé dans le temps requis. — V. Appel.

» 4° Ceux dont on a appelé dans le temps de la loi, mais dont l'appel a été déclaré péri (périmé), pour avoir discontinué les poursuites pendant trois ans. — V. Appel, Péremption.

» 5° Ceux qui sont susceptibles d'appel, mais dont on n'appelle pas; ils ont provisoirement l'autorité de la chose jugée, tant qu'on n'interjette pas appel.

» Quand un jugement, ajoute le même auteur, est dans l'une de ces cinq classes, il a l'autorité de la chose jugée, et est une présomption équivalente à preuve, en faveur de la partie qui l'a obtenu. »

27. Toutes les paroles qui sortent de la bouche du juge ne sont pas destinées à acquérir l'autorité de la chose jugée. *Non vox omnis judicis judicati continet auctoritatem.* (l. 7. au C. *De sentent. et interl.*) Ainsi, dans les jugements ou arrêts, il n'y a que le dispositif seul qui puisse obtenir l'autorité de la chose jugée : « Ce ne sont pas les motifs, mais le dispositif qui juge, » a dit avec raison la Cour de cassation, dans son arrêt du 30 août 1832. (J. P. 3ᵉ édit.; D. P. 32. 1. 394.)

En conséquence, les énonciations, qualifications ou mentions qui se trouvent dans les motifs seuls des jugements ou arrêts, sans

---

(1) Qu'ils soient ou non qualifiés tels dans le jugement. On lit dans l'art. 457 C. proc. § 3, « A l'égard des jugements non qualifiés ou qualifiés en premier ressort, dans lesquels les juges étaient autorisés à prononcer en dernier ressort, l'exécution provisoire pourra en être ordonnée par la cour royale, à l'audience et sur un simple acte. »

(2) Nous ferons cependant observer que les jugements ou arrêts par défaut n'en sont pas moins de véritables jugements, et qu'ils ont, tant qu'ils ne sont pas attaqués par opposition, tous les effets des jugements contradictoires. ( Cass. 4 thermidor an XIII, S.-V. 7. 2. 939; D. A. 7. 429; 12 nov. 1806. S.-V. 7. 1. 145; D. A. 11. 689.) V. Toullier, t. 10, n° 102.

toutefois qu'une discussion se soit élevée sur ce point, ne produisent pas l'autorité de la chose jugée. —V. Appel, n° 67, et les autorités citées. —V. aussi Merlin, *Rép.* v° Jug. § 1, n° 10. Il y a un grand nombre d'arrêts qui ont décidé dans ce sens; nous nous contenterons de citer les plus récents. (Cass. 9 janv. 1838; S.-V. 38. 1. 559; J. P. 1838. 2. 138; D. P. 38. 1. 169; 23 juill. 1839; S.-V. 39. 1. 560; J. P. 1839. 2. 65; D. P. 39. 1. 291; 24 déc. 1839; S.-V. 40. 1. 559; D. P. 40. 1. 87). — V. cependant Nismes, 10 déc. 1839. (S.-V. 40. 2. 179; D. P. 40. 2. 503).

SECT. 5. — *L'autorité de la chose jugée n'a lieu qu'à l'égard de ce qui a fait l'objet du jugement.—Quelles conditions sont exigées pour que l'exception puisse être utilement opposée?—Identité de la chose demandée. —Identité de la cause de la demande, — Identité des parties et des qualités des parties.*

28. L'autorité de la *chose jugée* n'a lieu qu'à l'égard de ce qui a fait l'objet du jugement.

« C'est pourquoi, dit Pothier ( *Des oblig.* n° 889), pour que la partie qui a été renvoyée ou mise hors de cour sur la demande qu'elle avait donnée contre moi, doive être exclue d'une nouvelle demande qu'elle a depuis donnée contre moi, par l'exception *rei judicatæ*, qui naît de l'autorité de la chose jugée qu'a le jugement qui m'a donné congé de sa demande, il faut que sa nouvelle demande ait le même objet qu'avait la première, dont le jugement m'a donné congé.

» Il faut pour cela, ajoute le même auteur, que trois choses concourent : 1° il faut qu'elle demande la même chose qui avait été demandée par la première demande dont on m'a donné congé; 2° il faut que, par la nouvelle demande, elle demande cette chose pour la même cause pour laquelle elle l'avait demandée par la première; 3° il faut qu'elle la demande dans la même qualité, et qu'elle la demande contre moi dans la même qualité dans laquelle nous procédions sur la première. »

L'article 1351 du Code civil qui pose en ce point le principe de la législation nouvelle, est ainsi conçu : « L'autorité de la chose jugée n'a lieu qu'à l'égard de ce qui a fait l'objet du jugement. Il faut que la chose demandée soit la même; que la demande soit fondée sur la même cause; que la demande soit entre les mêmes parties et formée par elles et contre elles en la même qualité. »

29. Cet article, comme on le voit, n'a fait que reproduire, et presque dans les mêmes termes, les principes proclamés par Pothier, principes que l'ancienne législation française avait du reste empruntés aux jurisconsultes romains, dont la haute raison avait depuis longtemps déterminé les éléments à l'aide desquels on peut décider si la question du procès qui s'agite actuellement a déjà été résolue, dans les mêmes conditions, par une décision inattaquable. *Cùm quæritur, hæc exceptio ( rei judicatæ) noceat, necne? inspiciendum est. an idem corpus sit, quantitas eadem, idem jus; et an eadem causa petendi, et eadem conditio personarum : quæ nisi omnia concurrunt, alia res est.* ( l. 12, 13 et 14, ff. *De except. rei judic.*) Ce qui est résumé d'une manière plus brève par la loi 27 au même titre : *Cùm de hoc, an eadem res est, quæritur, hæc spectanda sunt : personæ, id ipsum de quo agitur, causa proxima actionis.*

30. Ainsi trois conditions sont exigées pour qu'il y ait lieu à l'autorité de la chose jugée; il faut qu'il y ait : 1° identité de la chose demandée; 2° identité de la cause de la demande; 3° identité des parties et des qualités des parties.

Nous examinerons successivement chacun de ces éléments constitutifs de l'autorité de la chose jugée; mais nous devons faire dès à présent observer qu'il est indispensable que toutes les conditions que nous venons d'énumérer existent simultanément, pour que la présomption qui s'attache à cette autorité puisse être utilement invoquée; le défaut d'une seule de ces conditions fait évanouir la présomption, ou plutôt l'empêche de naître. *Quæ nisi omnia concurrunt, alia res est,* comme le dit fort judicieusement la loi 14 au Digeste, que nous venons de citer.

§ 1ᵉʳ. — *Identité de la chose demandée.*

31. La première condition exigée par l'article 1351 pour que l'exception de la chose jugée puisse être opposée, est que la chose demandée soit la même dans la seconde instance que dans la première; *ut sit eadem res.*

32. Mais il n'est pas toujours facile de décider cette question d'identité; certaines dissemblances peuvent exister entre les objets des deux demandes, bien qu'en droit ils doivent être considérés comme identiques. Quelques exemples indiqueront les caractères prin-

cipaux qui constituent l'identité, et que les jurisconsultes romains désignaient ainsi : *Idem córpus, quantitas eadem, idem jus.*

33. D'abord, les changements qu'éprouve la chose qui fait l'objet de la première demande, que cette chose soit augmentée ou qu'elle soit diminuée, ne l'empêchent pas de constituer le même corps collectif; ainsi *un troupeau* dont le nombre de têtes a augmenté ou diminué ne cessera pas d'être le même corps, la même chose. (V. Pothier, *Des obl.* n° 41; Toullier, t. 10, n° 145; l. 15, ff. *De exceptione rei judicatæ.*)

34. La chose jugée à l'égard d'un terrain s'étend à l'alluvion. (V. Toullier, n° 151.)

35. On peut encore opposer l'exception de la chose jugée, si la chose demandée provient de celle qui avait fait l'objet de la première demande : tels sont les fruits, les arbres d'un terrain, le croît des animaux, les enfants d'un esclave, enfin tout ce qui dépend accessoirement de la chose principale, par accession, alluvion ou autrement, et cela, quand même ces produits n'auraient pas existé lors du premier procès. (l. 7, ff. *De except. rei judicatæ.*)

36. L'identité entre les deux choses est encore plus évidente quand la seconde chose demandée n'est qu'une partie de la première. La loi 113, ff. *De regul. juris,* rappelait à cet égard la maxime de logique : *In toto et pars continetur.*

37. Si donc, après avoir demandé la totalité et avoir été débouté de ma demande, je viens plus tard demander une partie de ce tout, je serai repoussé par l'exception de la chose jugée, et cela, ajoute la loi romaine, est vrai, soit qu'il s'agisse d'un corps certain, d'une quantité ou d'un droit. (l. 7, ff. *De except. rei jud.*) Ainsi, dans l'espèce citée plus haut, si, après avoir perdu sur ma demande du troupeau, je demande spécialement une tête de ce même troupeau, je serai repoussé par l'exception. (l. 21, § 1er, ff. *De except. rei judic.*) Si j'ai réclamé un droit de passage avec chevaux et voitures, *actum,* je ne serai plus recevable à demander ensuite un droit de passage à pied. (l. 1. ff. *de servit. præd. rust.*)—V. Pardessus, *Des servitudes,* n° 274.

38. Autre espèce. Après avoir succombé dans la demande collective de deux objets, j'en demande ensuite un nommément : l'exception m'est opposable.

39. Une chose grevée d'usufruit a été re-

vendiquée en plein domaine, il n'est plus permis d'en répéter l'usufruit contre.celui qui en a obtenu l'adjudication en toute propriété, à moins qu'on n'agisse en vertu d'une cause autre que celle qui servait de fondement à la première action. (V. Proudhon, *Traité des droits de l'usufruit,* t. 3, n° 1271.)

40. Après avoir demandé vingt, je demande dix seulement, les autres conditions pour l'existence de la chose jugée se rencontrant d'ailleurs, je dois être repoussé : *Manifestissimum est vigenti et decem inesse.* (l. 1, § 4, ff. *De verb. oblig.*)

41. Par la même raison, dit Pothier, (*Arg.* l. 1, § 4. ff. *De verb. oblig.*) « si j'ai succombé dans la demande d'une somme principale, je ne dois pas être recevable à en demander les intérêts, car ces intérêts ne peuvent m'être dus si la somme principale ne m'est pas due. » (Poth. *Des oblig*, n° 893.)

« Il n'en serait pas de même, ajoute-t-il, dans le cas inverse ; car, de ce que les intérêts ne me sont pas dus, il ne résulte pas que la somme principale ne m'est pas due. (Poth. n° 893; M. Duranton, t, 13, n° 469.)

42. L'exception de la chose jugée ne serait pas davantage opposable dans le cas où il s'agirait des pierres et autres matériaux provenus d'un édifice détruit depuis la première action, parce que, comme le fait observer Ulpien, ces matériaux pouvaient appartenir au demandeur à un autre titre que comme faisant partie de l'édifice. (Toullier, t. 10, n° 152.)

43. Sans entrer dans l'examen d'autres espèces d'une appréciation plus ou moins difficile, et dans lesquelles le point douteux est de savoir si l'objet de la seconde demande est une partie de celui compris dans la première, rappelons le principe, que la décision qui embrasse toute une chose porte nécessairement sur toutes les parties de cette chose. Par conséquent celui qui, après avoir vu rejeter la demande sur la totalité, vient ensuite en répéter une partie, appelle le juge à se prononcer une seconde fois sur le même objet, et c'est précisément là ce que n'a pas voulu permettre le législateur. (V. Cass. 30 mars 1837; S.-V. 37. 1. 980; J. P. 1837. 2. 16; D. P. 37. 1. 290.)

44. S'il est vrai que la partie soit comprise dans le tout, et que le moins soit contenu dans le plus, l'inverse n'a pas lieu. Aussi Toullier est-il d'avis que celui qui a demandé sans

succès une partie d'un domaine, peut ensuite, quand ses prétentions ont été rejetées, réclamer le domaine entier sans qu'on puisse lui opposer l'autorité de la chose jugée.

45. Ce principe, que le tout n'est pas compris dans la partie, n'empêche cependant pas toujours l'exception d'être opposée. Par exemple, si j'ai demandé cent, et que mes prétentions n'aient pas été admises, je ne serai pas fondé à demander ensuite deux cents, en vertu du même titre et en la même qualité ; car, si on ne me doit pas cent, à plus forte raison on ne me doit pas deux cents. Ce sentiment est celui de M. Duranton, qui s'exprime ainsi à ce propos : « Si c'est une part qui a été demandée, par exemple, la moitié, le quart, l'exception pourra être opposée ; car, dès qu'il a été jugé que le demandeur n'avait pas même droit à une part de la chose, il a été jugé par cela même qu'il n'avait pas droit au tout, puisque le tout comprend la partie ; or, s'il avait eu droit au tout, il aurait dû, par cela même, avoir la part qu'il avait d'abord demandée. » (V. l. 3. ff. De except. rei jud. et Duranton, t. 13, n° 464.)

46. De même, si j'ai été repoussé dans ma demande d'élever mon mur de dix pieds, il est certain que l'exception de la chose jugée pourra m'être opposée, si je demande à l'élever de vingt.

47. Celui qui, après avoir succombé sur une demande à fin d'obtenir un passage à pied, iter, vient réclamer par une action nouvelle un droit de passage pour les bêtes de somme, actus, peut-il être repoussé par l'exception de l'autorité de la chose jugée dans la première instance ? Ulpien, dans la loi 11, § 6, ff. De except. rei judic., se prononce pour l'affirmative ; Pothier (Des oblig. n° 894) partage cette opinion : « la raison de décider, selon ce jurisconsulte, est que ces droits étant des espèces différentes de droits de servitude, la demande qui a pour objet l'un de ces droits, a un objet différent de celui de la demande qui a pour objet l'autre espèce de droit de servitude. » M. Pardessus (Des servitudes, n° 274) se prononce dans le même sens, en se fondant sur ce que dans la seconde demande il y a plus que dans la première, et que s'il est vrai, comme nous l'avons dit plus haut, que le moins est contenu dans le plus, l'inverse n'a pas lieu.

« Toutefois, ajoute cet auteur (ibid.), il peut y avoir des cas où le rejet d'une demande du moins peut fournir l'exception de la chose jugée contre la demande du plus ; c'est lorsque l'objet de l'une et de l'autre étant identiquement la même servitude, la différence ne porte que sur le mode de son exercice. Celui qui a prétendu le droit de faire paître cinquante bêtes sur un terrain ne peut, après avoir succombé, réclamer le droit d'en faire paître cent ; car, dans l'un et l'autre cas, le nombre des bêtes ne serait que le mode d'exercice d'un droit de pâturage : c'était dans la réalité ce pâturage qui était, lors du premier procès, et qui est, lors du second, en question ; qu'il ait été déclaré non dû sur la prétention d'envoyer cinquante ou cent, cela est indifférent ; le droit a été jugé, il ne peut être soumis à un nouveau débat. » (l. 26, ff. De except. rei judicatæ.)

48. Au surplus la Cour de cassation a décidé que la propriété, l'usufruit et les servitudes réelles sont des choses entièrement distinctes l'une de l'autre, et que ce qui a été jugé à l'égard de l'une ne peut être opposé à la demande de l'autre. (V. Cass. 21 juill. 1830. D. P. 33. 1. 399, et 23 germinal an VI. D. A. 2. 537. )

§ 2. — Identité de la cause de la demande.

49. La deuxième condition exigée par l'article 1351 du Code civil pour que l'autorité de la chose jugée puisse être invoquée, est que la seconde demande soit fondée sur la même cause que la première.

On doit entendre par ces expressions, la même cause, le principe générateur du droit réclamé, et il faut qu'il soit le même dans les deux demandes, par la raison que le juge, statuant sur les droits qui résultent d'une cause spéciale et déterminée, a dû nécessairement ne point s'occuper des droits qui résultent d'une autre cause, dont l'appréciation ne lui a point été déférée.

50. Il faut bien se garder aussi de confondre la cause d'une demande et les moyens présentés à l'appui. L'exception de chose jugée n'a pas lieu si la cause est différente ; elle aura lieu si les moyens seulement sont différents. La cause, c'est le principe de l'action ; les moyens ne sont que les raisons de fait et de droit qu'on invoque à l'appui de l'action.

51. On doit également distinguer la cause de l'action, et l'action elle-même : Exceptio rei judicatæ obstat quotiens inter easdem personas eadem quæstio revocatur, vel alio

*genere judicii.* (l. 7, § 4. ff. *De excep. rei jud.*; l. 5, ibid.)

La cause est donc le droit générateur de l'action, *causa proxima actionis*, dit Nératius (l. 27, ff. *De except.*), l'origine du droit: *eamdem causam facit origo petitionis.* (l. 11, § 4, *De except. rei judicat.*). Confondre l'action et la cause de l'action, ce serait confondre le principe et la conséquence. Deux actions différentes, dit très-bien M. Toullier, peuvent avoir la même cause; la même cause peut produire plusieurs actions.

C'est toujours l'origine du droit qu'il faut considérer pour reconnaître s'il y a identité de cause de demande, et non pas l'espèce d'action qu'on intente. Quelques exemples rendront cela plus sensible.

52. En Droit romain, si j'avais ajouté à une vente la formule de la stipulation, après avoir échoué dans l'action *ex empto*, je ne pourrais plus agir par l'action *ex stipulatu*. Les actions *ex empto* et *ex stipulatu* n'ont qu'une même cause, le consentement donné à la vente, ainsi que l'observe très-bien M. Toullier ( *loc. cit.*).

53. En Droit français, l'art. 1641 du C. civ. établit que le vendeur est tenu de la garantie, à raison des défauts cachés de la chose vendue qui la rendent impropre à l'usage auquel on la destine, ou qui diminuent tellement cet usage que l'acheteur ne l'aurait pas acquise ou n'en aurait donné qu'un moindre prix, s'il les avait connus; et, décidant dans cette hypothèse, l'art. 1644 donne à l'acheteur le choix de rendre la chose en en réclamant le prix, ou de garder la chose en se faisant restituer partie du prix, c'est-à-dire, pour nous servir des expressions consacrées, que l'acquéreur peut agir par l'action rédhibitoire, ou par l'action *quantô minoris.*

Dans ce cas, on doit décider que si l'acquéreur avait choisi l'une de ces deux actions et avait été repoussé sur sa demande, il ne pourrait pas ensuite revenir à l'autre : *quare verè dicetur, eum qui uterutra earum egerit, si altera posteà agat, rei judicatæ exceptione removeri* (l. 25. ff. *De except. rei jud.*). Et la raison en est que ces deux actions reposent sur la même cause, qui se trouve consister dans les vices cachés de la chose; car du moment où il a été jugé en fait qu'il n'y a pas dans la chose de vice caché ou de vices suffisants pour servir de fondement à l'une de ces actions, l'autre ne doit plus être admissible,

puisque la même cause seule pouvait leur donner naissance à toutes deux.

54. On trouverait un exemple analogue dans l'art. 1620 du même Code.

55. Aux termes de l'art. 1017 du C. civ., les héritiers d'un testateur sont personnellement tenus d'acquitter les legs. Suivant le même article, ils sont tenus aussi hypothécairement. Si un légataire intente une action personnelle contre l'héritier en paiement de son legs, et s'il est déclaré mal fondé à cause de la nullité du legs qui aura été prononcée, il pourra être repoussé par l'exception de la chose jugée lorsqu'il voudra exercer l'action hypothécaire ; il en serait autrement s'il avait agi en premier lieu par la voie hypothécaire, et s'il avait été repoussé à cause de la nullité de son inscription ; le principe ou la cause de l'action personnelle qu'il avait restant la même, on ne saurait lui opposer la chose jugée lorsqu'il reviendrait à cette action contre l'héritier.

Il reste donc vrai de dire que la différence de procédure et d'action ne change pas la situation. Lorsque la chose est la même, on peut avancer que *eadem questio revocatur.* (l. 7, § 4, *De except. rei judicat.*).

56. Ces observations doivent nous servir à expliquer ce brocard du Droit romain, *Electâ unâ viâ, recursus non datur ad alteram,* qui, mal interprété par plusieurs commentateurs, avait fini par jeter de l'obscurité sur la matière.

Oui, sans doute, toutes les fois que la loi a mis à ma disposition plusieurs actions, plusieurs procédures fondées sur la même cause pour obtenir le même résultat, par exemple l'action rédhibitoire et l'action *quanto minoris,* si, après avoir échoué dans l'une de ces demandes, je forme l'autre, je serai repoussé par l'exception de chose jugée, parce que ces deux actions sont fondées sur la même cause, le vice de la chose vendue : *nam posterior actio etiam redhibitionem continet* (l. 25, § 1er ff. *De except. rei judic.*). *Exceptio obstat quotiens inter easdem personas eadem quæstio revocatur, vel alio genere judicii.* (l. 7, § 4, ff. eod. tit.)

Le Droit romain offre un grand nombre d'exemples pareils. (V. l. 9, § 1er, ff. *De tribut. act.*; l. 38. ff. *pro socio.*)

57. Mais de ce que nous venons de dire, on doit conclure que, si ma seconde demande n'est pas fondée sur la même cause que la première, la chose jugée ne pourra m'être opposée.

Ce principe, parfaitement vrai, était déjà

admis par le Droit romain. Ulpien pose même comme une règle de droit : *numquam actiones præsertim pœnales, de eadem re concurrentes, alia aliam consumit.* ( l. 130, ff. *De reg. jur.*). Pour être exacte, la maxime que nous avons citée plus haut doit être ainsi modifiée, comme le fait observer M. Toullier, *electâ unâ viâ, recursus non datur, nisi ex aliâ causâ.*

58. C'est par ce motif qu'on décide que le légataire qui réclame un legs en vertu d'un testament dont la nullité a été prononcée, peut de nouveau introduire la même action en se fondant sur un second testament valable; car, dans ce cas, la cause de la seconde demande est différente de celle de la première.

59. Les mêmes raisons doivent conduire à penser que celui qui s'est pourvu en nullité d'un contrat de vente pour cause de dol, erreur au violence, et dont la demande a été rejetée, peut ensuite demander la rescision du contrat pour cause de lésion, sans qu'on soit admis à lui opposer l'exception de la chose jugée, parce qu'encore ici la seconde cause se trouve dans un autre ordre que celle sur laquelle le premier juge aura été appelé à statuer.

60. Le jugement qui a repoussé une demande tendant à faire déclarer qu'on a acquis la propriété d'un immeuble par prescription, n'a pas l'autorité de la chose jugée à l'égard d'une seconde demande de la même propriété en vertu de titres. ( Cass. 6 déc. 1837 ; S.-V. 38. 1. 33; J. P. 1837. 2. 556; D. P. 38. 1. 43.)

61. Si quelqu'un réclame une chose comme sienne, sans exprimer la cause de sa demande, et qu'il succombe dans son action, pourra-t-il, par une demande nouvelle, réclamer la propriété de la même chose, en se fondant cette fois sur un titre spécial, tel que la prescription, une vente, la qualité d'héritier, etc.? La négative n'est pas douteuse, et il est incontestable que la deuxième demande sera repoussée par l'exception tirée de la chose jugée. C'est ainsi que le décide la loi romaine que nous allons citer, et qui exprime énergiquement la raison de décider : *At cùm in rem ago, non expressâ causâ ex quâ rem meam esse dico, omnes causæ unâ petitione adprehenduntur. Neque enim ampliùs quàm semel res mea esse potest, sæpiùs autem deberi potest.* ( l. 14. § 2, *in fine.* ff. *De except. rei judicatæ.* ) V. Pothier, *Des obligat.* n° 896 ; Du-

ranton, t. 4, p. 155 et 156; l. 30 et 11. ff. *De except. rei judicat.*

62. Lorsqu'il s'agit de choses fongibles qui peuvent tenir lieu les unes des autres, si la cause de la seconde demande n'est pas la même que celle de la première, on peut dire avec M. Poncet (*Des jugem.* t. 2, p. 18, à la note) que la chose demandée n'est pas la même ; car, ajoute-t-il, par cela même que les choses de cette dernière classe tiennent lieu les unes des autres, on ne peut pas dire qu'elles soient spécialement les mêmes. Dès lors, elles ne peuvent se spécialiser et s'identifier que par l'identité de la cause pour laquelle elles sont demandées.

63. Du principe que la cause de l'action étant différente, le procès est différent aussi, il résulte qu'en appel on ne peut changer la cause de la demande quoiqu'on puisse présenter des moyens nouveaux. C'est ainsi qu'il a été décidé par la Cour de cassation qu'on ne pouvait, en appel, transformer une demande en nullité basée sur les vices du consentement, en demande en nullité basée sur les vices de forme, parce que la cause des deux actions en nullité étant différente, comme nous l'avons expliqué plus haut, cette transformation de la demande ou cette addition à la demande priverait la partie adverse d'un degré de juridiction.—V. Appel en matière civile, n° 146.

§ 3. — *Identité des parties et des qualités des parties.*

64. Nous venons d'examiner les deux premières conditions exigées par l'article 1351 du Code civil pour que l'autorité de la chose jugée puisse être invoquée ; nous allons passer à la troisième, que la loi romaine formulait ainsi : *Ut sit eadem conditio personarum.* Notre article, conforme encore en ce point au Droit romain comme à la raison, a disposé ainsi : « Que la demande soit entre les mêmes parties, et formée par elles et contre elles en la même qualité. »

65. On ne doit point prendre ces expressions, *les mêmes parties*, dans un sens trop absolu ; elles nécessitent quelques explications.

Ainsi il peut arriver que des parties, physiquement différentes, restent les mêmes parties aux yeux de la loi. Tel sera l'héritier à l'égard de son auteur; on pourra lui opposer la décision rendue contre celui-ci : la raison en est qu'aux yeux de la loi, l'héritier continue la personne du défunt; c'est la même personne civile.

66. Il en sera de même encore lorsque, en général, une personne sera appelée à en représenter une autre dans ses droits.

67. Ainsi ce qui aura été jugé avec les tuteurs, curateurs, mandataires, agissant en ces qualités, sera censé jugé avec ceux qu'ils représentent (V. M. Duranton, t. 13, n° 504), en admettant toutefois qu'ils n'aient point dépassé les limites des pouvoirs qui leur ont été conférés par la loi.

Pareillement ce qui aura été décidé à l'égard du mari, dans les cas où la loi lui donne l'exercice des actions de sa femme, pourra être opposé à cette dernière, bien qu'elle n'ait point été mise en cause. (V. M. Duranton, t. 13, n° 503, et Toullier, t. 10, n° 198.)

Ainsi encore, ce qui aura été jugé avec le maire d'une commune, l'administrateur d'un établissement public, agissant en cette qualité et dûment autorisés, sera censé jugé avec la commune ou l'établissement.

De même, si, pendant l'absence présumée d'un individu, le tribunal a jugé convenable de lui nommer un curateur, ce curateur le représente dans les limites du mandat qui lui est confié, et le jugement ainsi rendu contre ce curateur est opposable à l'absent de retour ou à ses héritiers. (Proudhon, *De l'usufruit*, n° 1315.)

Après la déclaration d'absence, toute personne qui a des droits à exercer contre l'absent ne peut les poursuivre que contre ceux qui ont été envoyés en possession des biens, ou qui en ont l'administration légale (article 134 C. civ.). Les jugements obtenus contre ces personnes, établies contradicteurs légitimes, ont donc l'autorité de la chose jugée contre l'absent, dans le cas de son retour. (Proudhon, *ibid.*, n° 1316.)

Ainsi encore le curateur à la succession vacante représente valablement en justice les créanciers de la succession. (Cass. 13 avr.1820. S.-V. 21. 1. 84; D. A. 3. 308.)

68. Au surplus, il est un grand principe qui domine la matière qui nous occupe, comme toutes celles où il s'agit de la transmission de la propriété et des obligations, c'est qu'on stipule pour soi, ses héritiers et ayant-cause. Lors donc que le contrat judiciaire est intervenu, il frappe non-seulement les parties actuellement en procès, mais aussi leurs héritiers et ayant-cause qu'elles représentent.

Ainsi, lorsque, sans avoir été personnellement en cause, vous avez été valablement représenté à un jugement, ce jugement acquiert contre vous l'autorité de la chose jugée. La question est donc de savoir quand on a été valablement représenté.

69. On est représenté valablement par ceux qui sont nos mandataires, soit qu'ils aient reçu ce mandat de la loi, de la justice ou de notre volonté : *Quod jussu alterius solvitur, pro eo est, quasi ipsi solutum esset* ( l. 180, ff. *De reg. jur.*).

Les appelés à la substitution sont représentés par le grevé et le tuteur à la substitution (art. 1055, 1056 C. civ.); mais les jugements rendus contre le grevé seul ne seraient pas, sous le Code civil, opposables aux appelés. L'ordonnance de 1747, tit. 2, art. 50, contenait sur ce point une disposition exorbitante du droit commun, qui n'a pas été reproduite par le Code civil. Il en serait autrement, toutefois, si l'acte contenant la substitution n'avait pas été transcrit ( art. 1069 C. civ.); car jusque-là, elle ne peut être opposée aux tiers qui pourront se présenter plus tard (art. 790).

70. L'art. 1240, conforme au Droit romain comme à notre ancienne jurisprudence, porte que « le paiement fait de bonne foi à celui qui est en possession de la créance, est valable, encore que le possesseur en soit par la suite évincé. »

Celui qui a le droit de recevoir a évidemment celui de demander, et, par conséquent, de défendre à la contestation qui peut s'élever sur cette demande.

Ainsi l'usurpateur loue et afferme les biens usurpés, il en reçoit et peut en exiger les loyers et fermages ; lui seul peut en être comptable vis-à-vis du véritable propriétaire.

Quant aux loyers et fermages dus en vertu de baux antérieurs à son usurpation, il lui suffira de justifier d'une possession légitime plus qu'annale, pour avoir le droit de les exiger.

Ainsi encore, les jugements rendus sans collusion contre l'héritier putatif relativement à l'hérédité qu'il possédait, ont force de chose jugée contre le véritable héritier réintégré dans ses droits; car il est réellement dans la vocation de la loi, tant que celui qui le précède ne réclame pas, fait observer avec raison Proudhon (*De l'usufruit*, t. 3, n° 119.) (V. Cass. 5 avr. 1815; S.-V. 15. 1. 187; D. A. 12. 649; — 21 fév. 1816; S.-V. 16. 1. 153; D. A. 12. 653; — Metz, 29 mai 1818, S.-V. 19. 2.

11 110; D. A. 10. 723;—Paris, 8 juill. 1833, S.-
V V. 33. 2. 455; D. P. 34. 2. 98; — Toulouse,
12 21 déc. 1839, S.-V. 40. 2. 168; D. P. 40. 2. 107.
V V. aussi Merlin, *Rép.* v° Succession vacante,
12 § 2, et Berriat-St-Prix, *Procéd.* p. 724, note 7,
°n n° 3.)

On ne peut dire alors, rapporte M. Toullier,
up que ce soit une chose jugée *inter alios :* c'est
oi toujours la même personne morale qui passe
'b d'un individu à l'autre, comme dans le cas
ob de tous les successeurs à titre singulier. Le vrai
iq propriétaire doit s'imputer d'avoir laissé ses
ib droits reposer sur la tête d'un tiers, de l'avoir
el laissé couvert du masque de la propriété. ( V.
IT Toullier, t. 7, n°s 26, 27 et 28. )

71. Tous les jugements qui libèrent , en
oi tout ou en partie, le débiteur principal, pro-
lfi fitent à la caution qui peut les opposer au
io créancier, car le cautionnement ne peut ex-
b céder ce qui est dû par le débiteur principal,
in ni être contracté sous des conditions plus
io onéreuses — V. Cautionnement, art. 5.

Si ces jugements sont en dernier ressort ou
iq passés en force de chose jugée , on s'est demandé si la caution pouvait y former tierce-
opposition, ce qui revient à demander si la
caution a été représentée par le débiteur
iq principal. ( 474. C. pr. civ. )

La loi 5, ff. *De appell.* permet à la caution
'bd'appeler du jugement rendu contre le débi-
oi teur principal; ce qui autorise à décider que
ela caution a été représentée judiciairement
iq par le débiteur principal, lors de la première
ii instance.

72. « La dépendance de l'obligation d'une
o caution de celle du débiteur principal , à
a laquelle elle a accédé, fait aussi, dit Pothier,
o regarder la caution comme étant la même
iq partie que le débiteur principal à l'égard de
oi tout ce qui est jugé pour ou contre le débi-
oi teur principal. »

C'est pourquoi, si le débiteur principal a eu
o congé de la demande du créancier, pourvu
r que ce ne soit pas sur des moyens personnels à
o ce débiteur principal, la caution, depuis pour-
iq suivie, peut opposer au créancier l'exception
i *rei judicatæ : si pro servo meo fidejusseris, et
mecum de peculio actum sit , et judicatum sit
nihil à servo meo deberi , si posteà tecum eo
nomine agatur, excipiendum est de re judicatâ.* (l. 21, § 4, *De except. rei jud.*)

Le créancier ne peut, dans ce cas, répliquer
que c'est *res inter alios judicata*, car , étant
bde l'essence du cautionnement que l'obliga-

tion de la caution dépende de celle du débiteur principal, qu'elle ne peut devoir que ce
qu'il doit, qu'elle puisse opposer toutes les
exceptions *in rem* qui peuvent être par lui
opposées, il s'ensuit que tout ce qui est jugé
en faveur du débiteur principal, est censé l'être
en faveur de la caution.

*Vice versâ,* lorsque le jugement a été rendu
contre le débiteur principal, le créancier peut
l'opposer à la caution, et demander qu'il soit
exécutoire contre elle; mais, ajoute Pothier,
« La caution est reçue à appeler de ce jugement, ou, s'il est rendu en dernier ressort, à
y former opposition en tiers : *admittuntur ad
provocandum fidejussores pro eo pro quo
intervenerunt.*» (1. 5, § 1. ff. *De appell.*)

Ne semble-t-il pas qu'il y ait une contradiction évidente entre la première partie du
passage que nous venons de citer et les derniers mots de ce passage? Si la caution peut
former tierce-opposition au jugement rendu
entre le débiteur principal et le créancier, c'est
évidemment parce qu'elle est fondée à élever
l'exception de *res inter alios judicata* ; c'est
évidemment parce qu'elle n'a point été représentée dans cette instance ; c'est qu'enfin ce
jugement n'a point force de chose jugée à
son égard.

Il est facile de faire disparaître cette contradiction apparente, en décidant que si la
caution n'a à opposer que des moyens présentés ou que pourrait présenter le débiteur,
elle ne sera point recevable à attaquer le jugement ; que si, au contraire, elle présente
des exceptions personnelles que le débiteur
principal n'a pu présenter; si, en un mot, elle
a un intérêt distinct de celui de ce débiteur,
le jugement rendu ne la saurait lier, car elle
n'est point à cet égard l'ayant-cause du débiteur; elle pourra faire valoir ses moyens contre
lui. Cette distinction a été indiquée par un
arrêt de la Cour suprême du 27 nov. 1811 (J.
P. 3° éd.; S.-V. 12. 1. 125 ; D. A. 12. 658),
et par un autre arrêt du 12 févr. 1840 (S.-V.
40. 1. 529 ; D. P.40. 1. 103). — V. de plus
Toullier, t. 10, n° 209; Proudhon, *Usufruit,*
t. 3, n° 1324. — M. Duranton se borne à reproduire en d'autres termes le passage de Pothier, en laissant subsister la contradiction par
nous signalée; t. 13, n° 517, on lit : « Si le
jugement était rendu contre le débiteur, qui
pouvait cependant faire une exception péremptoire, comme la prescription, et qui ne
l'a pas pas faite, il serait bien censé rendu

aussi avec la caution elle-même, parce que le débiteur la représente quant à la dette; mais la caution contre laquelle on voudrait l'exécuter pourrait y former tierce-opposition, et faire valoir cette exception. » (l. 62, ff. *De pactis.*) Nous ne voyons guère comment, une fois admis que le débiteur *représente la caution quant à la dette*, on peut prétendre que la caution pourra former tierce-opposition au jugement qui aura, entre le débiteur principal et le créancier, statué sur l'existence de cette dette. Il est fâcheux que M. Duranton n'ait pas cru devoir donner plus de développement à son opinion.

73. L'obligation de la caution n'étant qu'accessoire et secondaire, le jugement qu'elle aurait laissé prendre contre elle ne préjudicierait point au débiteur principal, car il est de principe constant que celui qui n'a qu'un intérêt indirect et secondaire ne peut compromettre en jugement les intérêts de celui qui a un intérêt direct (l. 63, ff. *De re jud.*). La caution a à se reprocher, soit de n'avoir point appelé le débiteur principal en jugement commun, soit de n'avoir point demandé le bénéfice de discussion; dans ces deux cas, en effet, elle aurait profité des exceptions que le débiteur pouvait avoir à opposer au créancier. (Art. 2031, C. civ.)

74. La chose jugée contre un des codébiteurs solidaires est-elle opposable aux autres codébiteurs restés étrangers au débat? La cour de Limoges a, suivant nous avec raison, jugé la négative par son arrêt du 19 déc. 1842, dont voici les principaux motifs : « Attendu que, suivant l'art. 1351 du Code civil, les jugements n'ont l'autorité de la chose jugée que pour les parties entre lesquelles ils sont intervenus; qu'il n'existe aucune exception à ce principe touchant les codébiteurs solidaires, et que, malgré les liens intimes qui les astreignent collectivement à l'exécution de l'obligation commune, la loi n'a pas établi contre eux une telle indivisibilité que l'un d'eux doive être réputé en jugement le représentant de tous....; qu'enfin il y aurait un grave danger à admettre que, lorsqu'une obligation principale est éteinte par la prescription, elle pût revivre à l'égard de tous les codébiteurs par l'effet d'une mauvaise défense de l'un d'eux, ou même par l'effet d'une collusion pratiquée en jugement avec l'un d'eux par le créancier, et dont il serait souvent difficile d'acquérir la preuve. » ( S.-V. 43. 2. 495.)

C'est ce qu'enseigne M. Duranton ( t. 13, n° 520 ), et sa doctrine, avant même l'arrêt précité, avait déjà été sanctionnée par la Cour suprême, par arrêt du 5 janv. 1839 (S.-V. 39. 1. 97; D. P. 39. 1. 119). M. Toullier ( t. 10, n° 202 ) soutient l'opinion contraire : « Lorsque plusieurs personnes s'obligent solidairement, elles entrent par là même en société pour ce qui concerne cette dette. Elles se chargent par ce mandat, tacite mais réel, de payer les unes pour les autres. Ainsi, en agissant contre un seul, le créancier agit contre le mandataire de tous. C'est même pour n'être pas obligé d'agir contre chacun d'eux séparément que le créancier a stipulé la solidarité. Le jugement qui intervient doit donc produire son effet contre tous comme en faveur de tous. ».

Nous croyons que M. Toullier exagère les principes de la solidarité, et bien que ce ne soit pas ici le lieu de nous expliquer à cet égard, il est difficile d'admettre que si les débiteurs solidaires doivent être présumés mandataires les uns des autres, quant au paiement, chacun d'eux puisse, sans dépasser les limites du mandat, reconnaître la dette, si elle est éteinte, ou compromettre en jugement les intérêts de ses codébiteurs solidaires. Les motifs de l'arrêt de Limoges, que nous avons rapportés, nous semblent plus en harmonie avec les termes de l'art. 1351, et plus conformes à l'équité.

M. Toullier, justement effrayé des conséquences de son système, essaie d'y apporter un correctif. Il pense « que, par argument de l'art. 877, le créancier doit faire signifier son jugement huit jours au moins avant l'exécution à ceux contre lesquels il entend le poursuivre, et que, par une conséquence ultérieure, on doit dire que le délai de trois mois accordé pour l'appel, qu'ils ont sans contredit le droit d'interjeter, ne commence à courir contre eux que du jour de la signification qui leur a été faite à personne ou à leur domicile, quand même le jugement aurait la force de chose jugée à l'égard de celui contre lequel il a été rendu » ( t. 10, n° 203 ).

Mais que déciderait-on dans ce système si le débiteur solidaire avait émis appel du jugement de première instance rendu contre lui, et que ce jugement eût été maintenu par les juges du second degré? Dirait-on que le jugement est devenu inattaquable par les codébiteurs solidaires? Mais ici se présentent tous les inconvénients qu'on voulait éviter, et un des codébiteurs solidaires aura pu, par une défense inhabile ou par collusion avec le créancier, compromettre le sort de ses codébiteurs et les priver, par exemple, du bénéfice d'une prescription acquise.

Déciderait-on, dans ce cas, que les codébiteurs solidaires pourraient former tierce-opposition? Mais ils ne le pourraient qu'autant qu'ils n'auraient point été représentés dans l'instance (art. 474, C. proc.). Or, dans le système de M. Toullier, admettre une pareille conséquence, ce serait condamner les prémisses posées.

75. Les jugements obtenus contre un des associés en nom collectif sont exécutoires pour les autres associés qui n'ont point figuré au jugement. Ces derniers ne peuvent y former opposition, car les associés en nom collectif sont réputés s'être donné mandat d'agir les uns pour les autres, et chacun des associés représente tous ses coassociés pour les affaires de la société; il peut contracter pour eux des obligations dont ils sont solidaires; or, en estant en justice, un associé oblige la société : *in judicio quoque contrahimus*, dit le jurisconsulte romain.

On s'est demandé si le jugement qui déclarait la société en faillite constituait virtuellement tous les associés en état de faillite, et les dessaisissait de l'administration de leurs biens.

Il y a, dans ce sens, un arrêt de Douai, du 9 févr. 1825 (S.-V. 26. 2. 134; D. P. 25. 2. 195. J. P. 3e éd.). Mais il y a des arrêts plus récents, notamment un de 1840 rendu par la Cour de cassation, qui décident en sens contraire.—V. Faillite, où la question est traitée.

76. En matière commerciale encore, les syndics d'une union de créanciers représentent-ils, en justice, tous les créanciers qui ont signé le contrat d'union, ceux qui y ont adhéré et ceux avec lesquels il a été judiciairement déclaré commun?—V. Faillite, Union de créanciers.

77. Les héritiers ne sont pas représentés les uns par les autres. Les droits et obligations du défunt sont partagés de plein droit entre eux, et le jugement obtenu contre l'un des héritiers n'aurait de valeur que pour la portion correspondante à sa part héréditaire (article 1220 C. civ.).

Il y a même encore, lorsqu'il s'agit d'obligations, une autre raison pour que le jugement obtenu par l'un ou contre l'un des héritiers n'ait aucune autorité à l'égard des

autres; c'est, ainsi que le fait remarquer Toullier (t. 10, n° 201), d'après Pothier, parce que la chose demandée n'est plus la même. C'est l'effet nécessaire de la division des dettes et créances; et il cite à ce propos la loi 22, ff. *De except. rei jud. : Mutatio personarum cum quibus singulis agitur suo nomine, aliam atque aliam rem facit.*

78. L'art. 1221 C. civ. porte que le principe de la division des dettes entre les héritiers du débiteur « reçoit exception, 1° dans le cas où la dette est hypothécaire; 2° lorsqu'elle est d'un corps certain ; 3° lorsqu'il s'agit d'une dette alternative de choses au choix du créancier, dont l'une est indivisible ; 4° lorsque l'un des héritiers est chargé seul de la dette; 5° lorsqu'il résulte, soit de la nature de l'engagement, soit de la chose qui en fait l'objet, soit de la fin que l'on s'est proposée dans le contrat, que l'intention des contractants a été que la dette ne pût s'acquitter partiellement.»

Il y a lieu de se demander quel serait, dans les cas prévus par cet article, l'effet d'un jugement rendu contre un seul des héritiers à l'égard de ses cohéritiers.

Si l'obligation est indivisible et que le créancier ait échoué dans sa demande, par exemple, s'il a été décidé qu'il ne lui était rien dû, il y a chose jugée à l'égard de tous. La chose demandée serait la même, c'est-à-dire l'exécution d'une obligation prétendue ; la demande serait fondée sur la même cause , l'engagement du défunt; l'instance serait entre les mêmes parties, c'est-à-dire entre le créancier et le représentant de la personne du défunt, car chaque héritier, dans ce cas, représente le défunt pour l'intégralité de l'obligation.

79. Mais qu'arrivera-t-il si le créancier a été repoussé de sa demande contre l'héritier, détenteur du corps certain qui faisait la matière de l'obligation? Aura-t-il encore une action contre les autres héritiers du débiteur qui n'ont pas figuré au procès ?

Comme l'enseigne Pothier , la dette d'un corps certain se divise de plein droit entre les héritiers du débiteur, et, même après le partage, chacun d'eux continue à en être débiteur pour sa part.

Conséquemment ces héritiers ne sont pas déchargés par le jugement qui a été prononcé en faveur de leurs cohéritiers. Seulement nous pensons que , dans ce cas-là, le créancier qui demandera cette même chose aux autres créanciers, ne pourra l'obtenir qu'en payant la va-

**IV.** 15

leur correspondante à la portion héréditaire de celui qui a gagné son procès contre lui, ou même qu'il ne pourra obtenir que la valeur de cette chose, déduction faite de la même part.

80. S'il s'agit d'une créance hypothécaire, et que le créancier ait échoué dans sa demande contre l'héritier détenteur de l'immeuble hypothéqué, la question présente encore moins de doute.

Le créancier aura seulement perdu tout son droit hypothécaire, si l'hypothèque était spéciale, et son droit personnel contre l'héritier poursuivi, mais seulement pour la part de ce dernier; et nous pensons qu'on ne pourra lui opposer la chose jugée lorsqu'il agira ensuite par action personnelle contre chacun des autres héritiers.

Le droit hypothécaire seul était indivisible; il a pu être éteint par la chose jugée entre le créancier et l'héritier détenteur; mais le droit personnel de ce créancier subsiste contre les autres cohéritiers.

81. Pour nous résumer par un exemple qui rendra notre pensée sensible, supposons un créancier d'une somme de 40,000 fr. hypothéqués sur une maison échue au lot de Primus. Il y a quatre héritiers. Ce créancier poursuit Primus; il est repoussé. Nous disons que tout est jugé à l'égard de Primus, le créancier ne peut plus rien lui demander, ni par action personnelle ni par action hypothécaire; mais il pourra encore demander personnellement à Secundus 10,000 fr., autant à Tertius, autant à Quartus, et faire juger de nouveau la question avec eux.

Si au contraire l'héritier tiers-détenteur a été condamné, il est certain que le créancier pourra se faire payer sur l'immeuble hypothéqué. Mais, si cet immeuble ne suffit pas à l'indemniser, ce jugement obtenu ne lui donne pas le droit de poursuivre ses autres débiteurs par action personnelle; il faudra qu'il obtienne de nouveaux jugements contre chacun d'eux pour les portions qu'ils devront acquitter.

Que si le créancier a, au contraire, obtenu gain de cause, dans les cas prévus par l'art. 1221, quel sera l'effet du jugement à l'égard des héritiers qui n'ont point figuré dans l'instance? L'héritier qui a acquitté les condamnations contre lui prononcées serait-il fondé à soutenir qu'il y a, à l'égard de ses cohéritiers, *chose jugée sur l'existence de la*

*dette*, et qu'ils sont tenus pour leur part de l'indemniser des sommes qu'il a payées? Nous ne le pensons point. Les trois conditions exigées par l'art. 1351 ne se trouveraient pas réunies, la nouvelle instance en effet ne serait plus entre les mêmes parties. L'héritier qui a défendu seul à l'action a à se reprocher de n'avoir point appelé ses cohéritiers en assistance de cause, ainsi que l'art. 1225 lui en donne le droit; car, ainsi que le dit Pothier, pour que l'héritier condamné puisse avoir un recours contre ses cohéritiers, il faut que l'éviction ne lui soit pas arrivée par sa faute; car si c'est par sa faute, ajoute-t-il, qu'il a subi l'éviction, lorsqu'il a omis, par exemple, d'opposer une prescription qui lui était acquise contre la demande sur laquelle il a été condamné, il n'aura rien à réclamer à son cohéritier. Mais, s'il a eu soin, comme il le doit, d'appeler en garantie ses cohéritiers lorsqu'il a été assigné, ses cohéritiers ne pourront pas lui opposer cette faute, car, étant appelés en garantie, ils étaient tenus de le défendre et par conséquent d'opposer toutes prescriptions. S'ils ne l'ont pas fait, ils ne se peuvent lui opposer une faute qui leur est commune avec lui. ( Pothier, *Traité des successions*, chap. 4, art. 5. ) Il est évident que dans le quatrième cas, prévu par l'art. 1221, il n'y a aucune difficulté possible, l'héritier chargé seul de la dette n'ayant aucun recours contre ses cohéritiers.

82. Le créancier est valablement représenté par son débiteur, dont il est l'ayant-cause. Le jugement rendu avec ce dernier pourra donc avoir contre lui l'autorité de la chose jugée, sauf le droit qui lui est réservé d'y former tierce-opposition, dans les cas où cette voie est ouverte. — V. Tierce-opposition.

83. Dans les principes du Droit romain, les légataires étaient représentés par l'héritier institué sur la question de validité du testament, parce que la validité des legs dépendait de celle de l'institution. Les légataires pouvaient seulement appeler de ce jugement, ou y former *opposition tierce*, dit Pothier, sans doute s'il y avait eu collusion.

Il en était autrement des jugements rendus contre l'un des légataires; c'était à l'égard des autres *res inter alios judicata*.

Chez nous, où la validité du testament ne dépend plus de la validité de l'institution, il doit en être des procès qui s'élèvent sur les testaments comme il en était à Rome des jugements rendus au profit d'un légataire ou contre lui.

84. Dans les matières réelles, dit Pothier (*Traité des obligations*, n° 903), celui qui a succédé, quoique à titre singulier, à l'une des parties pour la chose qui a fait l'objet du procès, est aussi censé la même partie. Ce qui est la traduction exacte de la loi 28, ff. *De except. rei jud. : exceptio rei judicatæ nocebit ei qui in dominium successit ejus qui in judicio expertus est.* (V. aussi Toullier, t. 10, n° 199.)

Si, par exemple, j'ai formé une demande tendante à la revendication d'un fonds contre Pierre, alors détenteur de ce fonds, et si je suis repoussé, je ne serai plus recevable à former une seconde demande basée sur la même cause contre Paul, acquéreur de Pierre.

Il ne peut être douteux, selon l'auteur cité, que, lorsque la demande est renouvelée contre l'acheteur, il y a lieu à l'exception de chose jugée qu'eût pu opposer son vendeur, puisque cette action réfléchit contre le vendeur qui doit défendre l'acheteur et prendre son fait et cause (Pothier, *Des oblig.* n° 904).

Cette raison cesse à l'égard du successeur à titre lucratif, à qui il n'est pas dû de garantie; néanmoins Pothier et tous les auteurs sont d'accord que l'exception de chose jugée doit avoir lieu en faveur du donataire, et la raison qu'ils en donnent, c'est que, lorsque nous plaidons par rapport à une certaine chose qui nous appartient, nous sommes censés plaider tant pour nous que pour nos ayants-cause et successeurs à cette chose, et le droit qui résulte du jugement qui est rendu sur cette contestation, doit passer à tous nos successeurs et ayants-cause.

85. Quant au propriétaire ou à l'héritier au profit desquels une éviction a été prononcée, ils ne sont pas les successeurs ni les ayants-cause des possesseurs de bonne ou de mauvaise foi qu'ils ont évincés; et cependant nous avons vu plus haut que la possession de ceux-ci avait suffi pour les constituer défenseurs légitimes, et pour que le jugement obtenu contre eux, relativement à la chose qu'ils détenaient, eût l'autorité de la chose jugée contre le véritable maître de cette chose.

86. Mais de ce que ces personnes ont pu valablement et définitivement défendre en jugement, faudrait-il en conclure, ainsi que plusieurs auteurs l'enseignent, qu'ils aient pu aussi aliéner, volontairement, d'une manière définitive? Le contrat judiciaire n'est, à proprement parler, qu'un acte de haute administration, il ne renferme pas une aliénation puisque les jugements ne sont que déclaratifs; tout se réduit donc à savoir si le possesseur, à titre de maître, a un pouvoir suffisant pour défendre en justice dans l'hypothèse posée, et c'est ce qui ne saurait faire aucun doute, car les tiers n'ont pu s'adresser valablement qu'à lui : *actio in rem non contrà venditorem, sed contrà possidentem competit* (l. 1. C. *ubi in rem actio*; V. aussi l. 9. ff. *De rei vendic.*). Mais lorsqu'il s'agit d'une aliénation volontaire, pour qu'elle soit définitive, faut-il être propriétaire réel? (art. 2125 C. civ.)

Nous ne voulons pas examiner ici la question de validité de l'aliénation faite par le propriétaire apparent. Cette ancienne maxime de droit : *Nemo plus juris in alium transferre potest, quàm ipse habet*, est-elle absolue et doit-elle toujours recevoir son application en cas de vente par un propriétaire apparent, quelle que soit d'ailleurs la bonne foi du tiers? Cette question sera traitée au mot Vente. — V. ce mot.

87. Quoi qu'on décide, au surplus, pour le fond du droit, il est opportun d'examiner maintenant si le jugement sur la propriété, rendu contre le possesseur d'un immeuble, doit avoir force de chose jugée à l'égard de ceux à qui ce possesseur a constitué des droits réels, tels qu'une servitude, une hypothèque, un usufruit, etc.

De la concession d'un droit réel sur un immeuble résulte nécessairement un démembrement de la propriété; car il est évident que le cédant a amoindri sa chose de tout ce qu'il a concédé, et que, par conséquent, dès ce moment, les démembrements concédés ont cessé de lui appartenir. Le créancier, au contraire, à qui un droit réel a été consenti, a acquis dès cet instant un droit sur l'immeuble démembré, droit qui dès lors est devenu distinct et indépendant de celui du propriétaire, et que, par conséquent, ce dernier ne peut plus avoir la faculté de modifier ni de compromettre. De ces principes, on doit conclure, selon nous, que l'on ne peut opposer au créancier d'un droit réel le jugement intervenu contre le propriétaire d'un immeuble depuis la cession qu'il a faite de partie de ces droits; car, dans ce cas, le créancier réel pourrait opposer aux prétentions de ses adversaires cet adage : *Quod nostrum est, sine facto nostro ad alium transferri non potest.* Il pourrait dire en outre avec raison, 1° qu'il n'a point été partie dans l'instance dont s'agit ; 2° que l'objet des demandes n'est plus le même, puisque dans la première action il s'agissait d'une question de propriété, et que dans la seconde il s'agissait d'une question de servitude, d'hypothèque ou d'usufruit, etc. ; 3° enfin, il pourrait ajouter qu'il avait des exceptions personnelles à faire valoir, et qu'elles n'ont point été présentées.

M. Proudhon, qui enseigne le système contraire à celui que nous venons d'exposer, se fonde sur deux motifs qui ne nous semblent pas déterminants. (V. n° 1304.)

1° « Le revendiquant, dit-il, n'est tenu de s'adresser à aucun autre que celui qu'il trouve en possession. »

Le principe est vrai, nous ne le contestons pas ; mais s'il est vrai de dire que le possesseur actuel soit contradicteur légitime sur la question de propriété, il est évident qu'il n'a cette qualité que relativement à la chose qu'il possède. Or, évidemment le possesseur du fond servant ne possède pas la servitude qu'il est obligé de subir ; le véritable possesseur de cette servitude, c'est le possesseur du fond dominant.

On ne possède pas non plus une hypothèque qui grève l'immeuble dont on est propriétaire, et qui peut amener l'expropriation forcée de cet immeuble.

D'ailleurs, ne s'attachant qu'au fait de la possession, il faudrait dire, pour être logique, que non-seulement celui qui a constitué le droit réel, mais encore tous les possesseurs à venir du fonds, doivent représenter le propriétaire de ce droit réel ; ce qu'on ne soutiendrait probablement pas.

M. Proudhon ajoute, secondement, que « c'est un principe avoué en jurisprudence, que, pour faire statuer valablement avec quelqu'un sur un droit de propriété, on n'est point obligé d'appeler les créanciers en cause. »

Sans doute ce principe est vrai ; mais il n'est applicable qu'aux créanciers cédulaires et non aux hypothécaires. Ces derniers ont acquis un droit réel, une véritable propriété qu'ils ont seuls qualité de défendre. L'opinion que nous venons d'émettre est aussi soutenue par M. Bonnier, dans son Traité des preuves, n° 694, on lit : « Quant aux successeurs à titre particulier, ils ne peuvent invoquer, et on ne peut invoquer contre eux que ce qui a été jugé avec leur auteur, antérieurement à l'événement qui leur a transféré ces droits en tout et en partie (Cass. 11 mars 1834, S.-V. 34. 1. 345 ; D. P. 34. 153, et 26 mars 1838, S.-V. 38. 1. 757 ; D. P. 38. 1. 157). Il en est des décisions judiciaires comme des conventions, qui ne sauraient avoir d'effet à l'égard des tiers nantis d'un droit réel sur l'immeuble, que si elles sont antérieures à la constitution de ce droit réel… il y a, au fond, même raison de décider en ce qui touche les créanciers dont l'hypothèque est antérieure au jugement qui a évincé leur débiteur. C'est ce que Papinien décidait formellement : *Creditor in locum victi successisse non videbitur, cùm pignoris conventio sententiam praecesserit.* (1. 29, § 1, ff. *De except. rei jud.*) — V. aussi *Traité des preuves*, p. 644.

La loi 63, ff. *De re judicata*, semble porter atteinte aux principes que nous venons de poser ; elle fait dépendre la solution de la question qui nous occupe du point de savoir si le créancier hypothécaire a, ou non, eu connaissance du procès intenté contre le propriétaire de l'immeuble, et décide, pour le cas où le créancier hypothécaire a eu connaissance de l'action, qu'en n'intervenant pas au procès et en laissant agir le propriétaire seul, il a donné à ce dernier une sorte de mandat tacite qui a rendu le possesseur apte à le représenter valablement, et cela, en vertu de la règle de droit : *Semper qui non prohibet pro se intervenire, mandare creditur.* (1. 60, ff. *De reg. jur.*) Mais ce système ne saurait être admis aujourd'hui en présence de l'art. 1985, qui ne paraît pas reconnaître dans notre droit d'existence légale à la sorte de mandat dont il s'agit ici.

88. Ce que nous venons de dire, que la chose jugée n'a lieu qu'entre les parties qui ont procédé au jugement ou qui y ont été dûment représentées, implique nécessairement qu'il faut que, dans la nouvelle demande formée, elles agissent en la même qualité : sinon, il est évident que c'est une autre personne judiciaire qui se présente, à laquelle on ne peut opposer le jugement précédemment rendu.

Pierre et moi nous avons hérité de Paul ; nous avons trouvé dans sa succession une créance de 10,000 fr. contre vous ; j'ai formé ma demande en paiement de 5,000 fr. et j'ai été repoussé. D'après ce que nous avons établi plus haut, il est manifeste que Pierre peut encore former sa demande de 5,000 fr. contre vous, et que vous ne pourrez lui opposer le jugement obtenu contre moi. Jacques succède à Pierre, qui n'a pas encore exercé son action, il est évident que vous ne pourrez pas plus repousser Jacques que Pierre.

Supposons maintenant qu'au lieu de Jacques ce soit moi qui succède à Pierre, ne serait-il pas souverainement injuste que vous pussiez m'opposer une exception de chose jugée, que vous n'auriez pu invoquer si tout autre avait succédé à Pierre? Le nom et la qualité de son héritier n'ont pu modifier votre droit.

Tout cela est évident; aussi l'art. 1351 C. civ. exige-t-il, pour qu'il y ait lieu à l'autorité de la chose jugée, non-seulement que les parties soient les mêmes, mais encore qu'elles aient agi en la même qualité. Ces deux conditions sont contenues dans ces expressions de la loi romaine : *Ut sit eadem conditio personarum.*

89. D'ailleurs, lorsque je n'agis pas en la même qualité, il arrive bien souvent que l'objet de ma demande n'est plus le même, ou bien que la cause de mon action est changée, et il peut arriver que ces trois conditions se réunissent pour repousser l'autorité de la chose jugée.

Ainsi, dans l'exemple que nous venons de supposer tout à l'heure, ce que je vous demande maintenant n'est pas ce que je vous ai demandé antérieurement, comme le fait remarquer Pothier, d'après le Droit romain. L'effet de la division des créances entre les héritiers a été de partager la créance originaire en deux, et la part que je vous demande maintenant n'est pas celle que je vous ai déjà demandée : *Mutatio personarum cum quibus singulis suo nomine agitur, aliam atque aliam rem facit.*

J'ai revendiqué contre vous l'immeuble A, et j'ai été repoussé. J'ai ensuite succédé aux droits de Pierre, qui s'en prétendait aussi propriétaire; évidemment ma deuxième demande n'est plus fondée sur la même cause.

90. Cependant il y a, ainsi que l'enseigne M. Toullier (t. 10, nos 169 et 214, § 1), « un cas où, dans le concours de plusieurs actions, fondées sur des causes différentes, appartenant à la même personne, pour la même chose, celle-ci ne peut former la seconde action après avoir échoué dans la première. »

» C'est lorsque ces actions, séparées dans leur origine et appartenant à des personnes différentes, ont été, par l'adition d'hérédité, identifiées et confondues dans la personne de l'une d'elles, devenue héritière de l'autre.»

Ulpien nous en fournit une exemple (l. 10, ff. *De act. empt.*) : Je vends successivement à Primus et à Secundus le fonds Cornélien; chacun d'eux a contre moi une action pour m'obliger à le lui livrer. Mais, avant la demande en délivrance, Primus meurt et laisse pour seul héritier Secundus, qui accepte purement et simplement la succession. Par cette adition d'hérédité, tous les droits et actions tant actifs que passifs de Primus sont confondus avec ceux de Secundus; ils ne forment plus qu'un même patrimoine, en sorte que Secundus ne peut plus intenter l'action qu'il avait contre moi séparément de celle qu'il avait, de son chef, pour la délivrance du fonds Cornélien. Ces deux actions confondues n'en forment plus qu'une seule; et, si l'une d'elle était rejetée par un premier jugement, il pourrait sur la seconde être repoussé par l'exception de la chose jugée.

Mais, si la succession avait été acceptée sous bénéfice d'inventaire, il en serait autrement, parce que l'acceptation bénéficiaire a pour effet d'empêcher la confusion des droits et des actions du défunt avec celle de l'héritier. — V. Bénéfice d'inventaire.

91. Les principes que nous venons de développer dans cet article souffrent cependant quelques exceptions dans certaines matières spéciales, notamment dans les questions d'état. On n'aurait pu, sans empiéter sur des principes qui doivent trouver ailleurs leur développement, traiter ici des effets des décisions rendues dans ces matières, ni examiner dans quels cas ces jugements sont irrévocablement acquis à la partie qui les a obtenus, à l'égard même des personnes qui n'ont point figuré dans l'instance. Ces questions sont examinées sous les mots : État civil des personnes, Mariage, Légitimation, Paternité et Filiation, Séparation de corps. — V. ces mots.

92. Nous ferons observer, en terminant cet article, que nous n'avons pas entendu donner ici un traité complet de la chose jugée; un pareil traité comprendrait toutes les matières du Droit, et ne rentrerait pas dans le cadre de notre livre : nous avons dû seulement poser les principes généraux et donner des solutions qui pourront servir à résoudre, soit par voie de conséquence, soit par analogie, la

plupart des questions qui pourront s'élever sur cette matière : presque toutes les autres questions qui s'y rattachent sont d'ailleurs traitées sous les différentes matières à propos desquelles elles peuvent s'élever. Nous renvoyons aux articles qui traitent de ces matières.

**CHOSE JUGÉE** (EFFETS DE LA) AU CRIMINEL SUR LE CIVIL. Quelques-unes des règles contenant les effets de la chose jugée au criminel sur le civil, ont déjà été exposées sous le mot *Acquittement-absolution* (V. ce mot, nos 36 et suivants). Nous allons compléter cette matière en rapportant ici tout ce qui n'était pas de nature à trouver place dans l'article que nous venons d'indiquer.

§ 1er. — *Des effets de la déclaration du jury,— de l'arrêt d'absolution,    de l'ordonnance d'acquittement, — de l'arrêt de condamnation,* — quant aux intérêts civils.
§ 2. — *Des effets que produisent au civil les ordonnances des chambres du conseil et les arrêts des chambres d'accusation.*
§ 3. — *Des effets que produisent au civil les jugements des tribunaux de police correctionnelle et de simple police.*

———

§ 1er.—*Des effets de la déclaration du jury,— de l'arrêt d'absolution, — de l'ordonnance d'acquittement, — de l arrêt de condamnation,* — quant aux intérêts civils.

1. La déclaration du jury, que l'accusé est coupable du fait à lui imputé, lorsque ce fait n'est prévu ni puni par aucune loi pénale, et *l'absolution* de l'accusé, prononcée par cette raison, ne font pas obstacle à ce que la partie civile puisse demander des dommages-intérêts à raison du préjudice qu'elle a pu éprouver, ainsi que nous l'avons établi ailleurs (vo Acquittement-absolution); l'accusé absous ne pourrait donc repousser l'action de la partie civile par l'exception de chose jugée, tirée de l'absolution prononcée à son profit. En effet, l'absolution prononcée par la cour laisse subsister tout entier le verdict du jury; la cour déclare seulement que le fait dont l'accusé est reconnu coupable ne tombe sous l'application d'aucune loi pénale; mais la déclaration du jury subsiste quant à tous ses effets civils; or, à cet égard, il existe la disposition de l'art. 1382, **C. civ.**, qui oblige

celui par le fait duquel un dommage est arrivé à autrui à le réparer : si le fait dont l'accusé est reconnu l'auteur a causé préjudice, il tombe sous l'application de cet article ; et, comme le verdict du jury déclare l'existence du fait à la charge de l'accusé, comme l'arrêt de la cour ne statue que sur la pénalité, l'action civile demeure intacte, et peut être exercée, suivant les cas, devant la cour d'assises ou les tribunaux ordinaires, sans qu'on puisse opposer l'exception de la chose jugée, tirée des décisions du jury ou de la cour.

La doctrine et la jurisprudence sont d'accord sur ce point, ainsi qu'on peut le voir d'après les autorités rapportées sous le mot Acquittement-absolution déjà cité. — V. ce mot, nos 36 et suivants.

2. En cas d'*acquittement*, les effets de la déclaration du jury et de l'ordonnance d'acquittement sur l'action civile, sont plus difficiles à préciser. Nous avons établi sous le mot Acquittement - absolution les règles à suivre, et les solutions qu'on devait adopter selon les circonstances; nous compléterons ici ce qui n'a pu trouver place sous le mot que nous venons de citer (1).

3. La déclaration du jury, que l'accusé n'est pas coupable, n'établit pas en sa faveur une chose jugée de la non-existence du fait qui lui est imputé, ou de sa non-participation à ce fait; la question intentionnelle se trouve ordinairement renfermée dans la question soumise au jury, aux termes de l'art. 337, C. inst. crim.; la réponse de celui-ci, *non, l'accusé n'est pas coupable*, réponse conçue dans les termes que l'art. 345 prescrit d'employer, ne fait pas connaître si le jury s'est décidé par l'insuffisance des preuves de l'existence du fait, ou par l'absence de toute intention criminelle de la part de l'accusé. — V. Mangin, (*De l'act. pub.*, no 427.)

« Dans le droit criminel, dit l'auteur que

(1) Au mot Acquittement - absolution , no 40, nous nous sommes exprimés ainsi : « S'il résulte de la déclaration du jury que le fait *n'est pas constant*, il est évident qu'il n'y a pas lieu à accorder des dommages-intérêts. » Il ne faut pas prendre ce principe d'une manière trop absolue : il est des circonstances où peut-être il ne devra point recevoir d'application. V. Mangin, *De l'action publique*, no 427 , et Merlin, *Questions de droit*, vo Faux, § 6. L'opinion de ces deux auteurs n'est pas tout à fait conforme à celle que nous avons émise.

en nous venons de citer, le doute si l'accusé est coupable doit lui tenir lieu d'innocence. Dès qu'il n'est pas suffisamment convaincu, le juge doit l'absoudre; mais le droit civil procède par d'autres règles. Les jugements criminels n'ont d'autorité sur les actions civiles qu'autant qu'ils prononcent formellement sur le fait qui sert de base à ces actions. S'il est défendu aux juges civils de se mettre en contradiction avec ce qui a été décidé par les juges criminels, il ne leur est certainement pas défendu de se livrer à la recherche de la vérité quand ces derniers l'ont laissée incertaine, et d'appliquer les conséquences de leurs investigations aux actions qui leur sont soumises. »

Et plus loin, n° 431, le même auteur ajoute : « Pourquoi la cour d'assises est-elle autorisée à condamner à des dommages-intérêts l'accusé acquitté ou absous ? C'est parce que la déclaration du jury peut n'avoir ôté au fait de l'accusation que son caractère de délit, et lui avoir laissé celui de fait dommageable ( article 1882, Code civil ); c'est parce que cette déclaration n'exclut pas toujours nécessairement l'existence du fait et la participation de l'accusé à ce fait.»

La jurisprudence a pleinement confirmé cette doctrine, conforme à celle que nous avons émise ailleurs (v° Acquittement, n°s 42 et suivants). Nous rapporterons le texte d'un arrêt de la cour de cassation, qui nous paraît résumer d'une manière nette et précise les principes qui doivent régir cette matière ; c'est un arrêt de rejet rendu par la chambre des requêtes, le 10 nov. 1841 (S.-V. 42. 1. 94; L.J. P. 42. 1. 30; D. P. 42. 1. 92).

Voici les termes de cet arrêt : « La Cour; — sur le moyen de cassation tiré d'un prétendu excès de pouvoir de la cour d'assises, en ce qu'elle aurait condamné en des dommages-intérêts le demandeur déclaré non coupable d'un homicide volontaire, de coups portés et de blessures faites volontairement, et même d'un homicide commis involontairement par maladresse, imprudence, inattention, négligence, ou inobservation des règlements ; — Attendu qu'il résulte des art. 358, 359 et 366 du C. inst. crim. que, même en cas d'acquittement, la partie civile peut former contre l'accusé une demande en dommages-intérêts, et que la cour d'assises est compétente pour y statuer ; qu'en effet la question posée au jury, conformément à l'art. 337, comprenant le fait matériel et le fait moral, et la réponse néga-

tive qui est faite à cette question ne révélant pas les motifs de la décision du jury, il est incertain si l'accusé a été acquitté parce qu'il ne serait pas l'auteur du fait, ou parce qu'il l'aurait commis sans intention criminelle ; qu'il suit de là que la déclaration de non-culpabilité purge l'accusation, qu'elle éteint l'action publique, et met l'accusé à l'abri de toute peine; mais qu'elle ne fait point obstacle à ce que, par rapport à l'action civile, et d'après les débats qui ont eu lieu devant elle, la cour d'assises recherche si le fait matériel est imputable à l'accusé, et s'il porte le caractère d'une faute ou d'un quasi-délit qui rende l'accusé passible de dommages-intérêts; qu'ainsi, dans une accusation de meurtre, et sur une question d'homicide commis involontairement, par négligence ou par imprudence, question posée comme résultant des débats, la réponse négative du jury absout l'accusé du délit prévu par l'art. 319, C. pén.; mais qu'elle n'exclut ni la participation de l'accusé au fait matériel, ni l'examen des circonstances qui laissent à l'action son caractère de fait dommageable, pouvant entraîner une réparation civile; que, dans l'espèce, la cour d'assises a donc pu, sans se mettre en opposition avec la décision du jury, déclarer que le fait avait été causé par la faute de l'accusé, et prononcer contre lui une condamnation de dommages-intérêts ; qu'en cela elle a fait une juste application des articles 1382 et 1383 du C. civ., et n'a violé aucune disposition du C. d'inst. crim. Rejette. »

4. C'est un point désormais établi en jurisprudence que les principes que nous avons établis doivent être étendus aux délits de la presse; voici en quels termes la Cour de cassation a décidé ce point de doctrine : « Attendu, dit la Cour, que, d'après l'art. 81 de la loi du 26 mai 1819, les dispositions du Code d'instruct. crimin. auxquelles il n'est pas dérogé par cette loi continuent d'être exécutées; qu'il s'ensuit de là que les art. 358, 359 et 366 de ce Code doivent recevoir leur application aux délits de la presse ; que les cours d'assises ont en cette matière le même pouvoir qu'en matière de crimes, et que ce pouvoir ne peut être restreint par la nature des faits dont elles sont appelées à connaître ; que le principe en vertu duquel l'accusé acquitté peut être condamné à des dommages intérêts envers la partie civile doit s'étendre aux faits de la presse, puisque ces faits, alors même qu'ils ne constituent ni délit, ni contravention,

peuvent avoir un caractère répréhensible, et avoir causé un dommage dont la réparation est due à celui qui l'a souffert ; que dès lors la cour d'assises du département du Var, en condamnant Pélissier, déclaré non coupable par le jury, à tenir compte à Pontevès, et à titre de dommages intérêts, des frais auxquels il aurait été condamné envers l'état et aux dépens de son action civile, n'a violé aucune loi ; par ces motifs, rejette. » (Cass. 27 fév. 1835. S.-V. 35. 1. 454; J. P. 3<sup>e</sup> éd.; D. P. 35. 1. 422. V. aussi Cass. 23 fév. 1837. S.-V. 37. 1. 628; J. P. 37. 2. 145; D. P. 37, 1. 260. V. encore Chassan, *des Délits de la presse*, t. 2, p. 494 ; de Grattier, t. 1, p. 507 ; Parant, *Lois de la presse*, p. 464 ; Cellier, *Code annoté de la presse*, p. 48, note 4<sup>e</sup>. )

5. Ainsi qu'on vient de le démontrer, l'acquittement de l'accusé n'établit pas en sa faveur une exception de chose jugée contre l'action civile poursuivie contre lui à raison du fait dont il se trouve acquitté ; il est hors de doute aujourd'hui que les cours d'assises ont le droit de prononcer une condamnation à des dommages intérêts contre l'accusé acquitté, en examinant s'il est l'auteur du fait servant de base à l'action civile ; mais il faut que la décision rendue sur l'action civile puisse se concilier avec la déclaration du jury ; si elle était contradictoire avec cette déclaration, elle violerait l'autorité de la chose jugée par le jury dans le cercle de ses attributions, et la décision ainsi rendue serait sujette à cassation. Cette sage limite des pouvoirs si étendus accordés aux cours d'assises dans les circonstances données, a été explicitement constatée par la Cour de cassation dans un arrêt dont l'importance est telle que nous le rapporterons textuellement : « La Cour, vu les art. 350 , 366 , 408 et 429 du Code d'instr. crimin. ; attendu que la déclaration de non culpabilité de l'accusé prononcée par le jury n'a pour effet que de mettre l'accusé à l'abri des peines portées par la loi, et qu'elle n'empêche pas que si un fait dommageable pour autrui demeure constant contre l'accusé, celui-ci ne puisse être condamné à la réparation du dommage qui est résulté, conformément à la règle générale posée par l'art. 1382 du Code civil ; mais que la décision de la cour d'assises qui accorde ces dommages sur le fondement que le fait dommageable reste constant, et que l'accusé en est l'auteur, doit pouvoir se concilier avec la décision du jury ; qu'il ne

faut pas que la décision des juges soit contradictoire avec la décision des jurés, et présente une violation de la chose jugée par le jury, dans le cercle de ses attributions ; attendu que, dans l'espèce, le jury avait déclaré que l'accusé Souesme n'était coupable ni d'avoir commis volontairement un homicide sur la personne du nommé Corbasson, ni d'avoir volontairement porté des coups et fait des blessures audit Corbasson ; que cependant l'arrêt attaqué est motivé sur ce fait que Souesme a, *volontairement et hors le cas de légitime défense*, porté à Corbasson un coup qui lui a donné la mort ; qu'il est impossible de séparer ce motif du dispositif, qui n'en est que la conséquence, et par lequel Souesme est déclaré l'auteur dudit coup ; que , dans son ensemble, une telle décision reproduit, même sous le rapport de la criminalité, l'imputation écartée par les réponses négatives du jury , puisque l'arrêt , en déclarant que les coups ont été portés volontairement et hors le cas de légitime défense, a apprécié l'intention de l'auteur du fait, intention dont la volonté est le signe non équivoque, et qu'il n'appartient qu'aux jurés de rechercher et de déclarer ; qu'ainsi la cour d'assises a imprimé au fait des coups portés par Souesme des caractères de criminalité que les réponses du jury auraient fait disparaître ; que l'arrêt attaqué est donc inconciliable avec la déclaration du jury, qu'il a violé l'autorité de la chose souverainement jugée , qu'il constitue un excès de pouvoir ; par ces motifs , et sans qu'il soit besoin de vérifier le mérite du second moyen de cassation, reçoit l'intervention ; casse l'arrêt de la cour d'assises du Loiret du 29 mai 1841. » ( Cass. 24 juill. 1841. S.-V. 41. 1. 791; D. P. 42. 1. 87. )

6. Le ministère public poursuit une accusation de faux, et il est jugé en faveur du prévenu que l'acte argué *n'est pas faux*; est-il permis de remettre en question devant le tribunal civil la vérité de cet acte et de diriger ou de continuer à suivre contre lui une procédure *en faux incident?*

A cette question ainsi posée par Mangin ( *De l'action publique*, n° 425 ), ce judicieux auteur répond avec raison, selon nous, que si le prévenu acquitté est partie dans l'instance civile, la voie de faux incident est fermée, parce qu'aux termes de l'art. 214 du Code de procédure, elle ne peut être prise contre une pièce qui a été vérifiée avec le défendeur ou le demandeur, sur une poursuite en faux principal. Or l'acte argué a été vérifié avec le prévenu, défendeur à l'inscription de faux incident, puisqu'il est intervenu au jugement criminel qui déclare que cet acte est véritable.

7. Mais il peut arriver que le prévenu acquitté ne soit pas partie dans l'instance civile. Par exemple, si un notaire avait été accusé d'avoir commis un faux dans un acte de son ministère, soit en simulant l'accomplissement de certaines formalités qui n'ont pas été remplies, soit en y insérant d'autres conventions que celles qui lui avaient été dictées par les parties, et qu'il eût été acquitté sur une déclaration du jury, portant expressément que l'acte *n'est point faux*, les tiers intéressés à ce que l'acte soit déclaré faux, pourront-ils encore prendre la voie du faux incident, et faire juger faux cet acte que le jury a déclaré être vrai ?

Nous pensons qu'on doit adopter la négative: les tiers ne seraient pas fondés à objecter qu'ils n'ont pas été parties dans l'instance criminelle, et qu'ainsi la décision n'aurait point été rendue avec eux. On leur répondrait en effet que le ministère public poursuit ses actions, aux risques, périls et avantages de tous les intéressés; que par lui ils sont parties dans le procès criminel, et, par suite, dans la décision qui en est la suite; qu'ainsi la pièce a été vérifiée avec eux.

On peut ajouter ensuite que l'instance criminelle est préjudicielle de sa nature et par la volonté de la loi (art. 3 et 463 du Code d'instr. crimin.; art. 239 et suiv. du Code de proc. civ.); que, comme telle, elle préjuge les actions civiles nées et à naître qui ont le même principe qu'elle, c'est-à-dire qui dérivent du fait même qui lui donne naissance.

Merlin, dans sa 3ᵉ édition des *Questions de droit*, avait émis l'opinion que le jugement intervenu sur la question préjudicielle n'avait autorité dans l'instance civile qu'autant que les parties entre lesquelles cette instance existait, étaient les mêmes que celles qui avaient figuré dans le procès criminel, et enseignait que, quand le notaire instrumentaire de l'acte avait été seul poursuivi, l'ordonnance d'acquittement, comme l'arrêt de condamnation, était sans influence sur les procès civils auxquels l'acte argué pouvait donner lieu.

Mais, dans sa quatrième édition, Merlin a abandonné cette opinion, et il s'est rangé à

celle que nous soutenons nous-mêmes. « S'il était vrai, dit-il (*Questions de droit*, vᵒ Faux, § 6, nᵒ 8 ), que, pour déterminer le sens dans lequel une action devient préjudicielle à une autre par l'effet de l'état de sursis dans lequel celle-ci doit rester jusqu'après le jugement de celle-là, il fallût distinguer entre le cas où les deux actions sont entre des parties réellement identiques, et le cas où elles sont entre des parties réellement différentes.., comment expliquerait-on l'effet préjudiciel que l'action civile exerce sur l'action publique dans les cas prévus par les art. 182 et 189 du Code forestier, par l'art. 327 du Code civil et par l'art. 88 de la loi du 5 ventôse an XII ?

» Bien sûrement dans ces cas le ministère public n'est pas et ne peut pas être réellement partie dans l'action civile; et cependant l'action civile est préjudicielle à l'action publique, en ce sens que le fait décidé positivement par le jugement de l'une ne peut plus être nié ni débattu lorsqu'il s'agit de statuer sur l'autre.

» Il n'est donc pas vrai que, pour qu'une action soit préjudicielle à une autre, en ce sens que le jugement de celle-ci soit dicté à l'avance par le jugement de celle-là, lorsqu'il décide positivement le fait dont elles dépendent toutes deux, il soit nécessaire que les deux actions aient lieu entre des parties identiquement les mêmes. Il suffit donc, pour concilier l'effet préjudiciel que l'une exerce sur l'autre avec la grande règle qui restreint l'autorité de la chose jugée entre les parties qui ont figuré dans le jugement dont elle découle, que la loi puisse identifier et identifie effectivement les parties qui figurent dans une action avec celles qui ont figuré dans une autre.

» Aussi l'art. 3 du Code d'instruct. crimin., de la disposition duquel il faut bien reconnaître qu'il résulte nécessairement la conséquence que l'action criminelle est préjudicielle à l'action civile dans le sens dont il s'agit, ne distingue pas, comme je l'avais pensé d'abord, entre le cas où ces deux actions sont entre des parties qui sont identiquement les mêmes et le cas où elles sont entre des parties réellement différentes. Il veut, généralement et sans distinction, que l'action en réparation du dommage causé par un crime, par un délit ou par une contravention qui, lorsqu'elle est exercée civilement, ne se trouve pas définitivement jugée avant l'action publique, soit suspendue jusqu'après le jugement définitif de celle-ci.

» Or, en quoi consiste, de la part de celui au

préjudice duquel a été commis un crime de faux en écriture publique, l'action civile qu'il a pour faire réparer le dommage que ce crime lui a causé? Elle consiste certainement à s'inscrire incidemment en faux contre l'acte qui nuit à ses droits; et cette action, il ne la dirige pas, il ne peut pas même la diriger contre l'officier public à qui il impute le faux; il ne la dirige, et il ne peut la diriger que contre la partie qui se prévaut contre lui de l'acte, et qui peut être de bonne foi. Cependant, si son inscription de faux est admise, elle reste suspendue jusqu'à ce que l'action criminelle, qui est par suite intentée contre l'officier public, soit irrévocablement jugée; et pourquoi reste-t-elle suspendue? Ce n'est pas seulement parce que telle est la disposition expresse des articles 239 et 240 du Code de procédure civile, c'est encore parce que, quand même cette disposition n'existerait pas, elle serait remplacée dans le Code d'instruction criminelle par l'article 3, dont elle serait la conséquence nécessaire.

» Si donc on est forcé de convenir que, du sursis ordonné par l'art. 3 du C. d'inst. crimin., il résulte que, lorsqu'il y a identité réelle de parties entre l'action civile et l'action criminelle, le jugement de la seconde emporte le jugement de la première sur le fait qu'il décide positivement, il faut bien que l'on convienne aussi qu'il en résulte la même conséquence dans le cas où les parties ne sont pas réellement les mêmes. »

M. Mangin fait la remarque que, sans être bien positive, la jurisprudence paraît confirmer cette opinion, et il rappelle plusieurs arrêts à l'appui de son assertion (Paris, 13 fruct. an X. Devillen. et Car., 1. 2. 95; D. A. 2. 661. — Cass. 19 messidor an VII. S.-V. 7. 2. 627; J. P. 3e édit.; D. A. 2. 630. — Cass. 12 juill. 1825. S.-V. 26. 1. 310; J. P. 3e édit.; D. P. 25. 1. 338. — Cass. 20 avril 1837. S.-V. 37. 1. 590; J. P. 1837. 1. 375; D. P. 37. 1. 329. V. aussi Toullier, t. 10, nos 230 et 231; Carré-Chauveau, Lois de la procéd. tom. 1, p. 551; Mangin, De l'action publique, nos 424 et suivants.)

8. Si, sur la poursuite au criminel pour crime de faux, le jury a répondu que l'accusé n'est pas coupable, cette déclaration, non plus que l'ordonnance d'acquittement qui en doit être la suite, ne peuvent former autorité de chose jugée devant les juges civils, où la pièce, objet du procès criminel, serait de nouveau

arguée de faux. Cette proposition n'est pas douteuse, et la cour de cassation l'a établie d'une manière bien explicite dans son arrêt du 10 fév. 1840, dans lequel on lit le considérant suivant : « Attendu que tout ce qui a été jugé par la cour d'assises, c'est que la fille Lefèvre n'était pas coupable de faux, mais que cette cour n'a pas positivement décidé que la pièce n'était pas fausse; que cette question est donc restée entière devant les juges civils, et que la cour royale a pu la décider suivant les documents placés sous ses yeux par les parties.... » (S.-V. 40. 1. 984; D. P. 40. 1. 232. V. aussi Cass. 8 mai 1832; S.-V. 32. 1. 845; J. P. 3e édit.; D. P. 32. 1. 197.)

9. Quelque précise que soit la déclaration d'un jury sur la validité d'un acte qui a donné lieu à des poursuites, elle ne peut empêcher que l'acte ne soit de nouveau attaqué devant les tribunaux civils, et annulé par eux pour d'autres vices que ceux qui ont motivé l'accusation. Cette proposition n'est que la conséquence du principe qui restreint les effets de la chose jugée à ce qui a été formellement décidé par le jugement intervenu. (Mangin, no 437.)

La jurisprudence, conforme en ce point à la doctrine, a décidé que la déclaration du jury portant qu'un acte sous seing-privé n'est point faux, ne s'oppose pas à ce que les tribaux civils prononcent la nullité de ce même acte, par le motif que la signature en a été surprise par dol, ou bien que, contenant des conventions synallagmatiques, il n'a pas été fait double. (Cass. 8 sept. 1813. Devillen. et Car. 4. 1. 440; J. P., 3e édit.; D. A. 2. 643. — V. aussi les conclusions de M. Merlin, vo Bois, § 3, no 6.)

Il a été décidé encore qu'un testament qui a fait l'objet d'une inscription de faux peut être argué de nullité pour vice de formes.(Cass. 6 juin 1826; S.-V. 27. 1. 211; J. P. 3e éd.; D. P. 26. 1. 298.)

10. Sous l'ancienne législation, lorsqu'un acquittement était prononcé, la voie civile ne demeurait ouverte à la partie lésée qu'autant que le jugement criminel l'avait réservé. (Ordonn. 1667, tit. 18, art. 2; Cass. 17 nivôse an XIII et 6 oct. 1806; S.-V. 5. 1. 103, 6. 1. 444; D. A. 2, 655 et 657; J. P. 3e édit.) Il n'en saurait être ainsi aujourd'hui. Ces réserves ne sont pas nécessaires, parce que le jugement criminel ne statuant qu'au point de vue de la criminalité, ainsi que nous l'avons

établi, laisse de côté, et par conséquent laisse entières toutes les questions qui concernent les intérêts civils ; que, ne préjugeant rien à cet égard, la décision qui intervient ne peut avoir autorité de chose jugée contre l'action civile. Les arrêts de la Cour de cassation des 25 juin 1822 et 6 fév. 1837, cités ci-après n° 14, dans les espèces desquels il n'avait point été fait de réserves, établissent implicitement la doctrine que nous venons d'émettre.— V. aussi Mangin, *De l'action publique*, n° 410.

11. Lorsque le jury a déclaré le fait constant et l'accusé coupable, celui-ci sera-t-il encore admis à soutenir, sur l'action civile, que le fait n'a pas existé ou qu'il ne l'a pas commis, et qu'ainsi il ne doit aucune réparation civile ? La négative ne saurait être douteuse.

« Quand l'accusé est condamné (1), personne n'a plus le droit de parler de son innocence : tout le monde a été accusateur en la personne de l'officier public. Un jugement rendu au criminel n'est pas un acte ordinaire de l'autorité publique, n'embrassant comme la plupart des jugements civils que quelques intérêts privés, et ne se rapportant qu'à quelques individus. C'est un monument élevé dans le sein de la société, qui doit fixer tous les regards et enchaîner toutes les pensées ; c'est un monument sur lequel s'imprime une vérité publique.

» Quelle épouvantable théorie que de faire juger au civil une question déjà jugée au criminel ! Ainsi, sous prétexte que l'action publique et l'intérêt privé ne sont pas la même chose, on ferait dire au civil qu'un homme n'est pas coupable lorsqu'il aurait péri sur l'échafaud, ou que son crime est certain, lorsqu'il a été absous au criminel et replacé dans la société par la loi elle-même, qui a proclamé son innocence.

» Si un tribunal civil, à raison de la matière et par une distinction quelconque, pouvait recevoir le même fait et juger la même question, quelles contradictions ne pourrait-il pas en résulter ? quel trouble, quel scandale dans la société ! »

On comprend facilement qu'il n'en pourrait être ainsi ; aussi la jurisprudence a-t-elle consacré que « lorsqu'un tribunal criminel a jugé affirmativement un fait de culpabilité contre un prévenu, ce jugement, devenu inattaquable, servait également de base aux demandes civiles qui en étaient les accessoires (1), » et sans qu'on puisse remettre en question devant les juges civils l'existence du fait constaté par le tribunal criminel.

Il existe sur cette matière, entre autres monuments de jurisprudence, un arrêt de la cour supérieure de Bruxelles, du 13 mai 1820, dont les considérants sont assez importants pour devoir être rapportés : « Attendu, y est-il dit, que l'action publique a pour objet la poursuite des crimes et délits ; qu'elle tend à faire constater, dans l'intérêt de la société, les faits répréhensibles ; que, dès lors que ces faits sont déclarés constants dans l'intérêt général de la société, personne ne peut plus être admis à contester leur existence dans son intérêt privé ; que c'est ainsi que l'action publique est préjudicielle à l'action civile ; qu'elle sursoit à statuer sur celle-ci jusqu'à ce qu'il ait été prononcé sur la première ; que l'action civile, soit qu'elle se trouve jointe à l'action publique, soit qu'elle se poursuive par instance séparée, ne peut être regardée que comme accessoire à l'action publique ; que de ce qui précède il résulte que les décisions rendues sur la poursuite du ministère public, mandataire de la société, sont irréfragables pour tous les membres de la société qui peuvent avoir quelque intérêt dans ces décisions, et qu'ainsi elles acquièrent contre eux la force de chose jugée. — Attendu que la cour d'assises de la province de la Flandre orientale a déclaré, le 23 juin 1818, qu'il est constant que J. F. M..... était coupable d'avoir, le 9 février 1818, en qualité de maire de la commune de ......, et au moment qu'il exerçait les fonctions d'officier de la police judiciaire, attenté à la liberté de J. B. Van der Poel, sans ordre de ses supérieurs ou d'une autorité quelconque à laquelle il dût obéissance hiérarchique ; d'où il suit que ledit M...

---

(1) Conclusions de M. Mourre, procureur général à la cour de Cassation, à l'audience de la cour, du 19 mars 1817, affaire Regnier ; ces conclusions se trouvent rapportées par Merlin, *Questions de droit*, 4ᵉ édit., 2, 4, V° Faux, § 6, n° 8. —V. aussi D. A. 2. 646.

(1) Cass. 5 mai 1818 (S. V. 19, 1, 162 ; J. P. 3ᵉ éd. ; D. A. 6, 236). Nous n'avons pas cité l'arrêt intervenu sur le pourvoi qui faisait l'objet des conclusions dont nous avons rapporté quelques parties, parce que la cour a rejeté ce pourvoi en se fondant sur des moyens autres que celui qui nous occupe en ce moment.

ne pouvait plus contester la vérité ni l'existence de ces faits devant le juge civil , et que de ce chef l'appelant était fondé à demander des dommages et intérêts, etc. » ( J. P. 3ᵉ éd. ; D. A. 2. 654. — V. encore Bruxelles , 27 fév. 1818. S.-V. 21. 2. 173 ; J. P. 3ᵉ édit. ; D. A. 2. 653. — Angers , 30 juillet 1828. S.-V. 28. 2. 320 ; J. P. 3ᵉ édit.; D. P. 28. 2. 162. — Cass. 19 nov. 1828. S.-V. 30. 1. 71 ; J. P. 3ᵉ éd. ; D. P. 29. 1. 23. )

12. M. Toullier ne se range pas à l'avis que nous avons soutenu, et cela, parce qu'il « est possible, comme il est arrivé plusieurs fois, dit-il, que depuis le jugement, le condamné ait acquis des preuves de son innocence, qu'il soit en état de prouver que le *vol* a été commis par une autre personne, ou que les témoins entendus contre lui aient porté un faux témoignage. » (t. 8, n° 35 ; V. encore t. 10, n° 240. )

M. Mangin ( *De l'act. publ.*, n° 423 ) fait judicieusement observer que l'argument de M. Toullier pour trop prouver ne prouve rien, car il en résulterait que le jugement criminel lui-même ne devrait jamais avoir l'autorité de la chose jugée, quant à l'action publique , puisqu'on pourrait toujours alléguer qu'il serait possible que, depuis sa condamnation, le condamné ait découvert des preuves de son innocence.

13. En nous résumant à cet égard , nous dirons avec le même auteur, que, dans l'hypothèse que nous venons d'examiner , l'existence du fait et la culpabilité de l'accusé sont jugées contre lui au profit de tous les tiers intéressés ; que l'autorité qui s'attache à cette chose jugée doit empêcher que ces points ne soient remis en question.

§ 2. — *Des effets que produisent au civil les ordonnances des chambres du conseil et les arrêts des chambres d'accusation.*

14. Les effets des ordonnances des chambres du conseil et des arrêts des chambres d'accusation ne peuvent être plus étendus que ceux que peuvent produire les jugements et arrêts définitifs ; leur influence sur l'action civile doit donc être restreinte à ce qui a été formellement décidé, ainsi que, au surplus, nous l'avons exprimé ; lors donc que les chambres du conseil et d'accusation déclarent qu'il n'y a pas lieu à suivre , il faut décider qu'un pareil arrêt ou jugement ne met point obstacle à l'action de la partie civile.

En effet , dans les ordonnances ou arrêts de non lieu motivés sur le défaut de charges suffisantes, la déclaration des magistrats n'établit pas la non existence du fait incriminé à la charge de l'inculpé ; la partie civile peut donc poursuivre au civil la réparation de ce fait, s'il lui a causé préjudice , sans qu'on puisse lui opposer l'exception de la chose jugée tirée de ces ordonnances et arrêts de non lieu. (Cass. 24 nov. 1824 ; S.-V. 25. 1. 174 ; J. P. 3ᵉ éd. ; D. A. 2. 632. 20 avril 1837 , S.-V. 37. 1. 590; D. P. 37. 1. 329 ; — Bordeaux , 22 août 1837 ; D. P. 38. 2. 185. — Toulouse , 13 mars 1839 ; D. P. 40. 2. 9.) — V. Chose jugée (en matière criminelle) , n° 11.

Il en était de même sous l'empire du Code de brum. an IV , où cependant les décisions de mise en accusation ou de non lieu étaient rendues par le jury d'accusation ( Cass. 4 fruct. an VII , S.-V. 7. 2. 1077 ; J. P. 3ᵉ édit. ; D. A. 2. 576 ; — Colmar , 15 fév. 1806 , S.-V. 6. 2. 976 ; J. P. 3ᵉ édit. ; D. A. 2. 628.)

15. Lorsque , contrairement à l'usage habituel , les chambres du conseil ou d'accusation statuent positivement sur le fait de la prévention et décident, soit que le fait n'existe pas , soit que l'accusé n'en est pas l'auteur, dans ce cas encore ces décisions ne sauraient exercer aucune influence sur la question des dommages-intérêts auxquels le fait incriminé aurait pu donner lieu. La raison en est que les ordonnances ou arrêts des chambres du conseil ou d'accusation n'ont point le caractère d'irrévocabilité qui est un des éléments nécessaires pour que l'autorité de la chose jugée puisse être acquise, car leurs décisions tombent dès qu'il survient des charges nouvelles , et, dans ce cas, tout ce qui a été jugé peut être remis en question. C'est ainsi que l'a décidé la Cour de cassation dans plusieurs arrêts ci-après cités. ( Cass. 24 nov. 1823 , S.-V. 25. 1. 174 ; J. P. 3ᵉ édit. ; D. A. 2. 632; — id. 12 août 1834 ; S.-V. 35. 1. 202 ; J. P. 3ᵉ éd. ; D. P. 34. 1. 436 ; — Id. 20 avr. 1837 , S.-V. 37. 1. 590 ; D. P. 37. 1. 329. — V. cependant Cass. 4 mars 1817 , S.-V. 18. 1. 83 ; J. P. 3ᵉ édit. ; D. A. 2. 631 ; — 21 avril 1819 , S.-V. 19. 1. 358 ; J. P. 3ᵉ éd. ; D. A. 2. 631; — V. M. Berriat-Saint-Prix , *Procédure* ; Merlin , *Rép.* v° Chose jugée , § 15 et suiv. ; *Quest. de droit*, v° Faux , § 6, n° 171, et *non bis in idem*, § 1, n° 8; Mangin ; *De l'act. publ.* n° 439. )

16. Lorsque la partie lésée était partie ci-

vile lors de l'instruction par suite de laquelle a été rendue la déclaration de non lieu des chambres du conseil ou d'accusation, peut-elle encore, malgré le renvoi du prévenu ou de l'accusé, renouveler son action devant les tribunaux civils? L'affirmative n'est pas douteuse : 1° les chambres du conseil ou d'accusation, en laissant incertain le fait qui servait de base à l'action civile, n'ont pas pu éteindre cette action; 2° la décision de non lieu lève le sursis dont l'art. 3 du Code d'instruct. crim. frappait l'exercice de l'action civile; 3° le ministère public agissant aux risques, périls et avantages de tous les intéressés, il importe peu que la partie lésée se soit ou non portée partie civile sur la poursuite, ainsi que nous l'avons établi n° 7; 4° enfin, ni les chambres du conseil, ni les chambres d'accusation ne sont compétentes pour prononcer sur l'action civile résultant des crimes et des délits, et lorsqu'elles décident qu'il n'y a lieu à suivre, elles décident simplement que l'action civile ne peut être portée à un tribunal correctionnel ou criminel.

17. Les ordonnances et arrêts des chambres du conseil et d'accusation peuvent cependant, dans certains cas, exercer sur l'action civile l'autorité de la chose jugée. C'est lorsque ces décisions, au lieu de n'être que provisoires et révocables, ont au contraire un caractère définitif. Ce qui arrive lorsque, au lieu d'être fondées sur l'insuffisance des charges, elles sont motivées sur l'appréciation en droit des faits de la poursuite; alors elles produisent tous les effets que la loi attache à l'autorité de la chose jugée; mais elles les produisent dans les mêmes limites que les arrêts des cours d'assises et des jugements définitifs des tribunaux correctionnels, c'est-à-dire qu'ils sont restreints à l'objet du litige et à ce qui a été formellement décidé; d'où il résulte que, quand même ces décisions déclareraient qu'il n'y a pas lieu à suivre, parce que le fait, en le supposant constant, ne constitue ni crime, ni délit, ni contravention, l'action civile ne serait pas préjugée, puisque le fait, pour être dépouillé de son caractère pénal, n'aurait pas perdu son caractère dommageable. Il en serait de même dans tous les cas où les décisions des chambres du conseil ou d'accusation déclareraient qu'il n'y a lieu à suivre, parce que l'action publique serait éteinte par la prescription, la chose jugée, l'amnistie. (V. Merlin, *Quest. de droit*, v° Réparations civiles,

§ 3; Mangin, *De l'action publique*, n°ˢ 363 et suiv.; 390, 391 et 441. V. aussi Bruxelles, 28 déc. 1822, J. P. 3° edit.; D. A. 11. 215.)

§ 3. — *Des effets que produisent au civil les jugements des tribunaux de police correctionnelle et de simple police.*

18. La loi ne contenant aucune disposition sur l'autorité de la chose jugée en matière de simple police et en matière correctionnelle, on a fait à ces deux juridictions l'application des principes qui régissent le grand criminel. Toutefois les jugements de ces tribunaux devant être motivés à peine de nullité, offrent bien rarement de l'incertitude sur l'existence du fait, sa moralité et la participation du prévenu, ce qui doit rendre plus facile l'appréciation de l'autorité de chose jugée qu'on prétend attribuer à ces jugements.

19. Mais si cette incertitude existait, si, par exemple, le prévenu était renvoyé de la plainte parce que le délit n'aurait pas été suffisamment prouvé, cela n'empêcherait pas la partie lésée de porter, devant les tribunaux civils, sa demande en réparation. C'est ce qui a été décidé par la Cour de cassation dans une espèce où une personne, accusée de soustraction devant le tribunal correctionnel, avait été renvoyée de la plainte parce que le délit n'était pas suffisamment prouvé, ce qui n'a pas empêché celui au détriment duquel la soustraction avait eu lieu d'être admis à porter devant les tribunaux civils la demande en revendication des objets saisis. (Cass. 25 juin 1822. S.-V. 23. 1. 52; J. P. 3° édit.; D. A. 2. 659. V. aussi Legraverend, *Législ. crimin.* t. 1, p. 563, note 3, et t. 2, p. 268.)

Il a encore été jugé, dans une affaire où un sieur Gendarme avait été traduit devant un tribunal correctionnel, à la requête de l'administration forestière, sous la prévention d'avoir, étant adjudicataire de plusieurs coupes de bois, fait abattre des arbres réservés à une commune par le procès-verbal de martelage et le cahier des charges, que son renvoi de la plainte ne mettait point obstacle à ce que la commune intentât postérieurement contre l'adjudicataire une action en restitution des arbres abattus ou de leur valeur. (Cass. 6 février 1837; S.-V. 37. 1. 647; J. P. 1837. 2. 262; D. P. 37. 1. 243.)

20. Les mêmes principes s'appliquent aux jugements des tribunaux de simple police, ainsi que cela est établi par un grand nom-

bre d'arrêts de la cour de cassation, dont nous nous contenterons de citer les deux plus récents. (Cass. 20 fév. 1828. S.-V. 28. 1. 815 ; J. P. 3ᵉ édit. ; D. P. 28. 1. 153 ; *idem*, 17 mai 1834. S.-V. 34. 1. 582 ; J. P. 3ᵉ édit. ; D. P. 34. 1. 147.) — V. encore tous les auteurs qui ont écrit sur la matière. V. au surplus, pour tout ce qui touche à la matière traitée sous cet article, les mots Acquittement - absolution , Cour d'assises , Dommages-intérêts , Police correctionnelle , etc.

## CHOSE JUGÉE (EN MATIÈRE CRIMINELLE).

1. En matière criminelle, comme en matière civile, l'autorité de la chose jugée est une règle élémentaire du droit : l'accusé qui a été légalement jugé ne peut être poursuivi de nouveau à raison de la même accusation. Cette règle se traduit habituellement par la maxime *non bis in idem*, qui a conservé dans notre jurisprudence moderne toute la puissance qui lui était reconnue dans notre ancienne législation. Toutes les difficultés de cette matière consistent à définir le sens de cette maxime, à préciser les cas auxquels elle s'applique, à l'appliquer aux questions qu'elle doit résoudre.

2. Toutes les législations l'ont successivement recueillie et proclamée. La loi romaine l'avait formulée dans les termes les plus précis : *Iisdem criminibus, quibus quis liberatus est*, dit Ulpien, *non debet præses pati eumdem iterùm accusari* (l. 7, § 2, ff. *De accusat.*). Le Code de Justinien la reproduit avec une égale netteté : *Qui de crimine publico in accusationem deductus est, ab alio super eodem crimine deferri non potest* (l. 9, C. *De accusat.*). Cependant un même fait peut donner naissance à plusieurs crimes, et la poursuite de l'un de ces crimes n'est pas un obstacle à ce que l'autre soit puni : *Si tamen ex eodem facto plurima crimina nascuntur, et de uno crimine in accusationem fuerit deductus, de altero non prohibetur ab alio deferri* (*ibid. eâd. lege.*). Mais, dans ce cas, la loi veut que ces deux crimes soient jugés par la même juridiction simultanément : *Judex autem super utroque crimine audientiam accommodabit, nec enim ei licebit separatim de uno crimine sententiam proferre, priusquam plenissima examinatio super altero quoque crimine fiat* (*ibid. eâd. lege.*). La raison de cette jonction est dans la connexité des deux crimes, dans l'indivisibilité des deux procédures, dans la

pensée que les décisions contraires pourraient intervenir dans la même cause.

3. Ces dispositions des lois romaines furent religieusement observées dans notre ancien droit. La loi canonique les avait adoptées : *De his criminibus quibus absolutus accusatu, non potest iterùm accusatio replicari* (Corpus jur. canon., *quæst.* 4, *de his extrà de accus.*). Tous les auteurs attestent leur constante autorité : Bartole, sur la loi 2, ff. *De adult.*; Carondas, en ses *Pandectes*, liv. 4, part. 2, chap. 5 ; Farinacius , *Praxis criminalis*, *quæst.* 4, *num.* 1, 2 et 4 ; Muyart de Vouglans, *Lois criminelles*, p. 596 ; Jousse, *Traité des matières crimin.*, t. 3, p. 12.

4. Notre législation moderne a répété cette maxime dans différents textes que nous reproduisons ici : *Constit. franç.* 3-14 septemb. 1791, chapitre 5, art. 9 : « Tout homme acquitté par un jury légal ne peut plus être repris ni accusé *à raison du même fait.* » — *Code pénal* du 25 sept.—6 oct. 1791, tit. 1ᵉʳ, art. 28 : « Si les jurés prononcent qu'il n'y a lieu à accusation, le prévenu sera mis en liberté, et ne pourra plus être poursuivi *à raison du même fait*, à moins que, sur de nouvelles charges, il ne soit présenté un nouvel acte d'accusation. » — Titre 8, art. 1ᵉʳ : « Lorsque l'accusé aura été déclaré *non convaincu*, le président prononcera qu'il est acquitté de l'accusation.... » Art. 2 : « Il en sera de même si les jurés ont déclaré que le fait a été commis involontairement, sans aucune intention de nuire..... » Art. 3 : « Tout particulier ainsi acquitté ne pourra plus être repris ni accusé *pour raison du même fait.* » — *Instruction pour la procédure criminelle* du 21 oct. 1791 : « Tout particulier acquitté de l'accusation ne pourra plus être repris ni accusé *pour le même fait.* » — Code du 3 brum. an IV, art. 67 : « L'acte par lequel le juge de paix met en liberté un prévenu, n'étant qu'une décision provisoire de police, n'empêche pas que celui-ci ne soit recherché et poursuivi de nouveau *pour le même fait.* » Art. 255 : « Le prévenu, à l'égard duquel le jury d'accusation a déclaré qu'il n'y a lieu à accusation, ne peut plus être poursuivi *à raison du même fait*, à moins que, sur de nouvelles charges, il ne soit présenté un nouvel acte d'accusation. » Art. 426 : « Tout individu ainsi acquitté peut poursuivre ses dénonciateurs pour ses dommages-intérêts ; il ne peut plus être repris ni accusé

*à raison du même fait.* » — Code d'inst. crim., art. 246 : « Le prévenu à l'égard duquel la Cour royale aura décidé qu'il n'y a pas lieu au renvoi à la cour d'assises, ne pourra plus y être traduit *à raison du même fait,* à moins qu'il ne survienne de nouvelles charges. » Art. 360 : « Toute personne acquittée légalement ne pourra plus être reprise ni accusée *à raison du même fait.* » Telles sont les dispositions par lesquelles la législation a consacré, à différentes reprises, la maxime *non bis in idem,* en ne prévoyant toutefois que quelques-unes de ses applications.

5. Les motifs qui ont fondé cette règle sont : que la position des citoyens ne peut demeurer perpétuellement incertaine; qu'il ne doit pas dépendre de quelques témoignages qui ont varié, ou de persécutions suscitées par la haine, de changer cette position lorsqu'elle a été fixée par les tribunaux; qu'il faut un terme à toutes les poursuites, et que ce terme se trouve naturellement dans le jugement souverain qui prononce sur l'action. Il suit de là qu'il n'y a point lieu de distinguer si l'accusé a été condamné ou s'il a été absous; il suffit qu'il ait été jugé; le jugement, quel qu'il soit, dès qu'il est devenu définitif, protège celui qui en a été l'objet contre toute nouvelle action : la première poursuite a purgé l'accusation. Si la société avait droit à une réparation, elle est réputée l'avoir obtenue. Il suit encore de là que, si les juges ont condamné l'accusé à des peines trop légères, ou s'ils ont omis de lui appliquer toutes les peines qu'il avait encourues, ils ne peuvent reprendre l'accusation et réparer l'omission qu'ils ont commise. Leur mission est épuisée par leur jugement; ils se trouvent dessaisis. (Cass. 18 flor. an VII; Devillen. et Car. 1. 1. 197; D. A. 11. 517, et 18 fruct. an XIII; Devillen. et Car. 2. 1. 161; Chauveau et Faustin Helie, *Théorie du Code pénal,* t. 1, p. 417.)

6. Une autre conséquence, qui forme également une règle générale de cette matière, c'est que le prévenu peut opposer cette exception en tout état de cause, et que le juge peut même l'appliquer d'office. En effet, la chose jugée éteint l'action publique; dès lors, il importe peu quel est le degré de la procédure; dès que l'exception se révèle, cette procédure, quel que soit le terme où elle est parvenue, n'a plus d'objet. « Dans les matières criminelles, dit M. Mangin, où il s'agit de l'honneur, de la liberté, de la vie des hommes, où

la société entière s'arme contre un faible individu, la loi doit protéger l'accusé et le soutenir dans une lutte si grave et si inégale; elle doit obliger les magistrats à le faire jouir de tous les moyens de défense qu'elle a établis; car l'accusé n'est jamais réputé y avoir renoncé, *nemo auditur perire volens;* et quand il se tait, elle doit réclamer pour lui. » (*Traité l'act. publ.* n° 372, t. 2, p. 254.) Cette règle a été consacrée par un arrêt du 12 juill. 1806. (Devillen. et Car. 2. 1. 265; D. A. 2. 607.); et Merlin dit, en rapportant cette décision : « En matière criminelle, la maxime *nemo auditur perire volens* s'oppose à ce qu'un accusé absous par un premier jugement renonce à son absolution; et, s'il le fait, le ministère public doit réclamer pour lui. (*Rép.,* v° Chose jugée, § 20, n° 2.)

§ 1er. — *Quels sont les actes qui peuvent produire l'exception de la chose jugée?*

§ 2. — *Des éléments nécessaires pour constituer la chose jugée.*

§ 1er. — *Quels sont les actes qui peuvent produire l'exception de la chose jugée?*

7. Les actes qui peuvent produire l'autorité de la chose jugée sont :

1° Les ordonnances des chambres du conseil et des chambres d'accusation;

2° Les arrêts et jugements des cours et tribunaux en matière criminelle, correctionnelle et de police;

3° Les déclarations du jury et les ordonnances d'acquittement rendues par les présidents des assises.

8. Les effets des ordonnances des chambres du conseil ont été contestés. M. Legraverend a soutenu que celles de ces ordonnances qui déclarent n'y avoir lieu à suivre faute de charges suffisantes, ne produisent pas l'exception de la chose jugée, quand elles n'ont pas été attaquées dans le délai légal. (*Législ. crim.* t. 1, p. 410.) Cet auteur soutient que le procureur général peut, nonobstant ces ordonnances, user du droit, que lui donne l'art. 250 du Code d'inst. crim., de faire venir les pièces de la procédure et de soumettre l'affaire à la chambre d'accusation. M. Merlin, dans un réquisitoire du 27 fév. 1812, a réfuté cette doctrine et clairement démontré que, si les ordonnances des chambres du conseil n'ont pas l'autorité de la chose irrévocablement ju-

gée, puisqu'elles peuvent être détruites par les charges nouvelles et les poursuites que ces charges motivent, elles ont l'autorité de la chose jugée, tant que ces charges ne surviennent pas, tant qu'aucune instruction ultérieure ne vient les révéler (*Rép.*, v° Opposition à une ordonnance, n° 3). M. Bourguignon a repris ensuite cette réfutation, et nous croyons devoir transcrire ici quelques-uns de ses arguments, qui décident évidemment la question : « S'il s'élève une seule voix dans la chambre du conseil contre l'inculpé, elle suffit pour le mettre en prévention. Lors même qu'il a l'unanimité pour lui, l'opposition du procureur du roi, et, à défaut de celle-ci, l'opposition de la partie civile suffit encore. Le prévenu est le seul qui ne peut empêcher l'exécution des ordonnances de la chambre, lorsqu'elles lui sont défavorables. Toutes les chances sont contre lui ; et si, par impossible, le juge-instructeur, tous les membres de la chambre du conseil, le ministère public et la partie civile formaient un concert frauduleux pour assurer l'impunité d'un grand coupable, il ne faudrait, pour reprendre les poursuites, qu'une nouvelle charge qu'il est toujours si facile de se procurer dans les affaires de quelque importance ; car l'indice le plus léger, le plus faible témoignage, peuvent être considérés comme nouvelles charges. Mais accorder en outre au procureur général le droit de reprendre les poursuites pendant un temps indéfini, quoiqu'il ait été légalement représenté par le procureur du roi, qui est son substitut, et quoiqu'il ne soit survenu aucune nouvelle charge, ce serait multiplier les épreuves sans nécessité, créer de nouvelles entraves à la liberté civile, toujours si dangereuses quand elles ne sont pas rigoureusement indispensables, aggraver le sort de ceux qui ont le malheur d'être l'objet d'une dénonciation calomnieuse, et les exposer aux effets de la surprise, de la prévention d'un magistrat que l'on ne peut pas supposer toujours et nécessairement exempt de faiblesse et d'erreur. » (*Jurisp. des Cod. crim.* t. 1, p. 299.) La jurisprudence a confirmé cette doctrine, et il est aujourd'hui hors de contestation qu'une ordonnance de la chambre du conseil, non suivie d'opposition, produit l'exception de la chose jugée en faveur du prévenu qui en est l'objet. — V. dans ce sens, Cass. 13 sept. 1811. (Devillen. et Car. 3. 1. 406 ; D. A. 2. 577) ; 27 février, 19 mars,

18 avril et 27 août 1812. (Devillen. et Car. 4. 1. 39, 4. 1. 60, 4. 1. 80, 4. 1. 180 ; D. A. 2. 576, 2. 577, 2. 582, 2. 576.) ; 19 mars et 5 août 1813. (Devillen. et Car. 4. 1. 307, 4. 1. 412 ; D. A. 2. 578, 2. 579) ; 18 sept. 1834. (J. P. 3e édit. ; D. P. 34. 1. 426.)

9. La même décision s'applique, à plus forte raison, aux arrêts de non lieu des chambres d'accusation. Ces arrêts statuent soit sur des matières criminelles, soit sur des matières correctionnelles ou de police. Dans le premier cas, leur effet est réglé par l'art 246 du Code d'inst. crim. qui porte que : « Le prévenu, à l'égard duquel la cour royale aura décidé qu'il n'y a pas lieu au renvoi à la cour d'assises, ne pourra plus y être traduit *à raison du même fait*, à moins qu'il ne survienne de nouvelles charges. » Il résulte bien clairement de cet article que les arrêts qui déclarent qu'il n'y a lieu à renvoyer le prévenu à la cour d'assises, ont l'autorité de la chose jugée, et qu'ils ne la perdent que par la découverte de charges nouvelles. Mais lorsqu'ils statuent sur des matières correctionnelles ou de police, la loi garde le silence ; faut-il donc modifier la décision ? « Il suffit, dit Mangin, que le Code d'instruction criminelle n'ait pas attribué un effet différent aux arrêts qui interviennent sur une poursuite correctionnelle ou de police, pour que ces arrêts soient régis par l'art. 246. Les doutes que l'on avait conçus, à ce sujet, dans les premiers temps de la mise en activité de nos Codes criminels, étaient fondés sur ce que le Code paraissait ne point ouvrir la voie d'opposition contre les ordonnances des chambres du conseil, qui prononçaient le renvoi du prévenu devant le tribunal correctionnel ou de police ; mais dès qu'il a été reconnu et bien établi que cette voie était ouverte, on a reconnu aussi, par voie de conséquence, que les arrêts qui interviennent sur ces oppositions ont la même autorité que les arrêts rendus dans les affaires de la compétence des cours d'assises. » (*Traité de l'act. publ.*, t. 2, p. 312.)

10. Mais l'autorité de la chose jugée, que la loi attache à ces ordonnances et à ces arrêts, cesse d'exister lorsque surviennent de *nouvelles charges*. L'art. 247 du Code d'instruction criminelle définit cette expression : « Sont considérées comme *charges nouvelles* les déclarations des témoins, pièces et procès-verbaux qui, n'ayant pu être soumis à l'examen de la cour royale, sont cependant de nature

soit à fortifier les preuves que la cour aurait trouvées trop faibles, soit à donner aux faits de nouveaux développements utiles à la manifestation de la vérité. » La définition de cet article est purement démonstrative. L'expression *charges nouvelles* embrasse dans sa généralité toutes les preuves servant à établir la culpabilité du prévenu. « Elles ne résultent pas seulement, dit M. Mangin, de nouveaux faits, elles peuvent également résulter de la découverte de nouvelles circonstances, de nouvelles preuves, de nouveaux indices qui se rattachent aux faits que la première instruction avait fait connaître. Les charges nouvelles peuvent se puiser dans des déclarations de témoins, dans des procès-verbaux, dans des pièces que les magistrats n'ont pas eues sous les yeux lors de leur premier examen. La loi confie à leur sagesse l'appréciation de tout ce qui peut constituer une charge nouvelle, et dans cette appréciation, ils ne relèvent que de leur conscience. » (*Traité de l'act. publ.*, t. 2, p. 314.)

11. Les charges nouvelles peuvent-elles être provoquées par le ministère public et recueillies par le juge d'instruction, après l'ordonnance et l'arrêt de non lieu? Carnot a soutenu la négative; il pense que les charges nouvelles doivent survenir, pour ainsi dire, d'elles-mêmes, soit qu'elles aient été recueillies dans une autre affaire, soit qu'elles soient le résultat de quelque cause accidentelle; l'ordonnance de non lieu a, suivant ces auteurs, clos les poursuites; il n'est pas permis de les reprendre, car ce serait les continuer. (*De l'Instruct. crim.*, t. 2, p. 292.) Cette opinion n'est pas fondée. La poursuite n'est close qu'à défaut de charges suffisantes. Si donc des preuves nouvelles se manifestent, si les révélations des témoins ou les démarches des prévenus apprennent des faits ignorés, pourquoi le ministère public resterait-il dans l'inaction? L'autorité de l'ordonnance ou de l'arrêt de non lieu est purement conditionnelle; dès que les charges jugées insuffisantes prennent une gravité nouvelle, la décision est ébranlée, ou du moins elle est soumise de la part des mêmes juges à un nouvel examen. Le devoir du ministère public est donc de provoquer cet examen; il ne froisse point en cela la chose jugée, puisque la chose n'est définitivement jugée qu'à condition qu'il ne surviendra pas de charges nouvelles; il vérifie simplement si cette condition est remplie.

**IV.**

12. Mais si la chambre du conseil ou d'accusation a fondé sa décision sur une raison de droit, telle que la prescription ou l'absence dans les faits constatés de l'un des éléments du délit, la solution doit-elle être la même? Il faut distinguer si la décision est motivée sur l'insuffisance des charges, ou si elle prend sa source dans une erreur des juges. Dans le premier cas, si, par exemple, le fait qui semblait échapper à la loi pénale se trouve, par des charges nouvelles, réunir les caractères d'un délit, il y a lieu de reprendre les poursuites; car la première décision ne s'appliquait qu'aux charges existantes. Dans le second cas, au contraire, si, par exemple, on découvrait que la prescription a été interrompue par un acte quelconque, cette découverte révélerait une erreur, mais non point une charge nouvelle. La première décision conserverait donc toute son autorité. Il en serait ainsi si le fait prouvé par les charges nouvelles avait déjà été apprécié par la première instruction, ou s'il avait été décidé que le fait, en le supposant vrai, n'est point puni par la loi, ou qu'il est couvert, soit par une amnistie, soit par la chose jugée. (Cass. 9 mai 1812. Devillen. et Car. 4. 1. 97; D. A. 2. 610. 10 avril 1823; S.-V. 23. 1. 352; D. A. 3. 613.) En effet, la décision est irrévocable toutes les fois qu'elle est fondée sur une exception péremptoire indépendante des charges, et qui enlève au fait toute sa criminalité.

13. Les jugements et arrêts de police correctionelle et de simple police sont revêtus de l'autorité de la chose jugée toutes les fois qu'ils sont rendus en dernier ressort. Aucune disposition du Code d'instruction criminelle ne consacre cette irréfragable autorité; mais elle résulte du principe même qui domine tous les jugements; elle résulte de l'article 1351 du Code civil. « Le jugement passé en force de chose jugée, porte l'avis du Conseil d'état du 12 nov. 1806, a tous les droits d'une vérité incontestable : *res judicata pro veritate habetur.* » C'est par suite de ce principe que la Cour de cassation a jugé, par un grand nombre d'arrêts, que le jugement correctionnel, contre lequel aucun appel n'a été formé en temps utile, a toute l'autorité de la chose irrévocablement jugée. (Cass. 31 mars 1817. Devillen. et Car. 5. 1. 299; D. A. 11. 593; 1er mai 1818. S.-V. 18. 1. 196; D. A. 1. 593; 7 mai et 29 juill. 1819. Devillen. et Car. 6. 1. 171, 6. 1. 108; D. A. 1. 593, 1. 592; 26 février

16

1825. S.-V. 25. 1. 294; D. P. 25. 1. 218.)

14. L'appel lui-même n'enlève pas toujours au jugement correctionnel toute l'autorité de la chose jugée. Il faut distinguer si cet appel a été formé par la partie civile, par le prévenu ou par le ministère public. Si l'appel est formé par la partie civile seule, cet appel, fondé *sur ses intérêts civils* seulement (article 202 du Code d'inst. crim.), ne porte devant la juridiction saisie de l'appel qu'une simple question civile. Cette juridiction ne peut donc modifier, soit au préjudice, soit en faveur du prévenu, la qualification donnée aux faits, et les peines prononcées par les juges de première instance : il y a sur ces points chose jugée. Cette règle a été formellement consacrée par l'avis du Conseil d'état, du 12 novembre 1806. — Si l'appel a été formé par le prévenu, le tribunal d'appel ne peut, d'après la jurisprudence de la Cour de cassation, que modifier le jugement en faveur du prévenu, ou le confirmer purement et simplement (Cass. 27 mars 1812. S.-V. 16. 1. 305; D. A. 1. 595; 19 février 1813. S.-V. 16. 1. 313; D. A. 1. 593; 15 janvier 1814. Devillen. et Car. 4. 1. 512; D. A.1. 593.); il ne peut lui infliger une aggravation de peine. Il y a donc, dans cette seconde espèce, chose jugée en ce qui concerne cette aggravation. Cette règle, qui limite le pouvoir des juges et leur défend d'apprécier les faits sous le point de vue de l'aggravation de la peine, a été combattue par M. Faustin Hélie ( *Revue de législation*, 1843, t. 2, p. 204 ). « Assurément, a dit cet auteur, nous sommes loin de vouloir attaquer cette règle; elle protège le droit d'appel; elle respire une sorte de partialité en faveur de la défense; elle ne veut pas que le recours soit un piège d'où le prévenu se retirerait plus grièvement blessé. Voilà ce qui explique la louable énergie avec laquelle la jurisprudence l'a toujours maintenue; mais si l'on veut seulement rechercher sa source légale, on éprouvera quelque embarras; car il ne suffit pas de prétendre que le sort de l'appelant ne peut être aggravé; pourquoi ne peut-il pas l'être, puisque les juges d'appel sont saisis de la cause entière, puisque, par son recours, il a lui-même frappé d'impuissance le premier jugement, puisqu'il a accepté les chances d'un nouveau débat? Cette règle est-elle puisée dans l'acquiescement du ministère public? Mais cet acquiescement eût-il une valeur réelle en matière criminelle, pourrait-il donc

dépouiller les juges de leurs attributions légales? Ils sont investis de la connaissance de la cause entière; comment le silence du ministère public pourrait-il restreindre leurs droits? Il ne s'agit pas ici d'un acte de poursuite, mais d'un acte de juridiction. » Nous avons dû faire connaître ces doutes. La jurisprudence n'a, du reste, jamais varié sur les règles qu'elle a posées. — Si enfin l'appel a été formé par le ministère public, quels que soient les termes de cet appel, il frappe tout jugement; aucune de ses parties ne reste debout, protégée par le principe de la chose jugée; la formule même d'un appel *à minimâ* ne restreint pas les pouvoirs des juges d'appel. C'est ainsi que la Cour de cassation, par un arrêt du 10 mai 1843 (S.-V. 43. 1. 667.), qui ne fait que confirmer une longue jurisprudence, a reconnu : « que le ministère public, qui agit au nom de la société et dans l'intérêt de la bonne administration de la justice, saisit par son appel les juges supérieurs de l'examen de la prévention toute entière, et leur donne le droit de diminuer la peine prononcée, si elle leur paraît excessive, même de renvoyer le prévenu, s'ils pensent qu'il a été mal à propos condamné; que les conclusions prises dans l'acte d'appel, par lesquelles le ministère public demande une aggravation de peine, pas plus que celles qu'il prendrait dans le même sens à l'audience, ne peuvent lier ces juges et les obliger à tenir pour certain la culpabilité du prévenu non appelant. »

15. En règle générale, un jugement, même émané d'une juridiction incompétente, acquiert, lorsqu'il n'a été l'objet d'aucun recours ou n'a pas été réformé, l'autorité de la chose jugée. La Cour de cassation a spécialement consacré cette règle par deux arrêts du 1er avr. 1813 (S.-V. 13. 1. 311; D. A. 2. 572) et 20 juill.1832. (S.-V. 33. 1. 60; D. P. 32. 1. 328 ). Il suit de là qu'un fait, poursuivi et jugé même par une juridiction incompétente, ne peut être l'objet d'une poursuite ultérieure devant les juges compétents pour en connaître. Cette question s'est élevée au sujet d'une poursuite criminelle dirigée contre un fait qui, considéré d'abord comme un simple délit, avait été poursuivi devant la juridiction correctionnelle, et avait donné lieu à un acquittement. Si les faits avaient été identiquement les mêmes, aucune difficulté n'aurait pu s'élever; mais, poursuivi devant le tribunal correctionnel pour banqueroute simple,

le même prévenu était poursuivi criminellement pour banqueroute frauduleuse; pouvait-il opposer la chose jugée? M. Merlin soutient que les faits qui donnaient lieu à cette double poursuite n'étant pas les mêmes, il n'y avait pas lieu d'invoquer ce principe. ( V. *Répert.*, v° *Non bis in idem*, n° 12.) La Cour de cassation n'adopta pas ses conclusions, par le seul motif que les termes des jugements correctionnels avaient renvoyé en général le prévenu des fins de la plainte, et que cette plainte alléguait à la fois des faits de banqueroute simple et frauduleuse. ( Cass. 12 oct. 1811. S.-V. 12. 1. 185 ; D. A. 2. 318. ) Cet arrêt, tout en consacrant la règle qui accorde force de chose jugée même aux actes des tribunaux incompétents, ne contrarie nullement la distinction proposée par M. Merlin. Si les deux poursuites se fondent sur le même fait, quoiqu'il reçoive devant les deux juridictions une qualification différente, la nouvelle poursuite est interdite; il y a chose jugée sur le fait lui-même, et c'est le cas d'appliquer la maxime *non bis in idem.* Tel serait le cas où le même vol serait successivement poursuivi comme vol simple et vol qualifié, la même fraude comme délit d'escroquerie et crime de faux. Mais si, au contraire, la seconde poursuite, bien qu'elle prenne sa source dans le même ensemble de faits, se fonde cependant sur des faits distincts et non appréciés par les premiers juges, il est évident qu'on ne peut la repousser par la fin de non-recevoir; c'est ainsi qu'après l'acquittement du prévenu de banqueroute simple, il est permis de le poursuivre pour banqueroute frauduleuse, puisque les deux accusations ne peuvent se fonder sur le même fait.

16. Il reste à parler des *ordonnances d'acquittement* et des *arrêts d'absolution* rendus par les présidents et par les cours d'assises. La loi a établi une distinction entre l'acquittement et l'absolution. Il résulte des art. 358 et 364 du Code d'instruc. crimin. que l'accusé doit être acquitté toutes les fois que de la déclaration du jury il résulte qu'il *n'est pas coupable*, et qu'au contraire, il y a lieu de l'absoudre lorsque, *déclaré coupable,* il se trouve que le fait constaté par le jury n'est passible d'aucune peine. Cette distinction a été modifiée par la jurisprudence, qui a étendu l'emploi de la formule d'absolution à tous les cas où la réponse du jury n'est pas une déclaration pure et simple de non culpabilité. En général, toutes les fois que la déclaration du jury donne lieu

à une délibération de la cour d'assises , soit qu'elle présente une question d'interprétation, soit qu'elle fasse naître une question de droit sur l'application de la loi , l'accusé ne peut qu'être absous, car la cour d'assises peut seule statuer sur toutes les questions incidentes et contentieuses qui s'élèvent du procès, et elle est sans pouvoir pour prononcer un acquittement. Cette distinction posée, la loi a attaché à l'emploi de ces deux formules des effets différents. Mais cette différence existe-t-elle en ce qui concerne l'exception de la chose jugée? L'art. 360 porte que toute personne *acquittée* légalement ne pourra plus être reprise ni accusée à raison du même fait. Il semblerait, d'après le texte de cet article, qu'il n'y a que les *ordonnances d'acquittement* qui mettent les accusés à l'abri de poursuites ultérieures à raison du même fait. Mais une telle interprétation ne pourrait être soutenue. L'art. 360 s'applique évidemment aux cas d'absolution aussi bien qu'aux cas d'acquittement; le motif du renvoi ne peut exercer aucune influence sur ses effets; il y a chose jugée pour l'accusé, soit qu'il ait été absous ou acquitté. ( Mangin , *Traité de l'act. publ.* t. 2 , p. 306.)

17. L'art. 360 n'établit l'exception de la chose jugée en faveur de l'accusé que lorsqu'il a été acquitté *légalement.* Cette dernière expression, qui ne se trouvait pas dans l'art. 426 du Code du 3 brumaire an IV, qui correspond à notre art. 360, peut soulever quelques doutes. « On peut se demander, dit M. Mangin, s'il n'y a que les ordonnances du juge, les arrêts et les jugements *parfaitement conformes à la loi* , qui soient susceptibles d'acquérir l'autorité de la chose jugée et de soustraire à des poursuites ultérieures le prévenu acquitté ou absous. Je crois que le mot *légalement* n'a été employé que pour exprimer qu'une ordonnance illégale d'acquittement du président de la cour d'assises est susceptible d'être cassée au préjudice de la partie acquittée, si elle a été attaquée régulièrement ; que cette expression sert à modifier l'art. 409, d'après lequel l'ordonnance d'acquittement ne peut être poursuivie que dans l'intérêt de la loi et sans préjudicier à la partie acquittée ; mais qu'elle n'empêche pas que cette ordonnance, que des arrêts, que des jugements, quelque illégaux qu'ils puissent être, n'acquièrent l'autorité de la chose jugée, si l'on n'a pris contre eux les voies de réformation ou d'annulation établies par la loi. « ( *Traité*

*de l'act. publ.* t. 2, p. 256. ) En effet, la loi a établi la voie de recours en cassation pour attaquer les décisions des tribunaux qui ne sont pas *légales*; mais quand cette voie n'a pas été prise, ces décisions, quels que soient les vices qui peuvent les entacher, sont réputées légales; elles obtiennent la même autorité, elles produisent les mêmes effets que si elles étaient régulières; elles sont protégées par une présomption de régularité élevée dans l'intérêt général, qui veut que les procès aient un terme. Ainsi, toutes les fois qu'une ordonnance d'acquittement ou un arrêt d'absolution n'a pas été attaqué dans les délais de la loi, le bénéfice de la chose jugée est acquis à l'accusé, quelle que soit l'illégalité de ces actes. Vainement le tribunal aurait été illégalement composé, vainement le juge lui-même reconnaîtrait plus tard son erreur et la proclamerait, l'effet attaché au jugement resterait le même, car ce jugement, non attaqué par une voie légale, est réputé régulier, et il n'appartient point à un juge de réformer sa propre décision. ( Cass. 1<sup>er</sup> avril 1813. S.-V. 13. 1. 311; D. A. 2. 572; 21 sept. 1839. S.-V. 39. 1. 935.; D. P. 40. 1. 373.)

18. Une grave question se présente ici, et notre matière ne serait pas complète si nous la passions sous silence. La cassation, dans l'intérêt de la loi, est une voie ouverte par l'art. 88 de la loi du 27 ventôse an VIII et l'art. 442 du Code d'instr. crim. contre les jugements en dernier ressort qui n'ont été attaqués, dans le délai légal, ni par le ministère public, ni par les parties, et qui sont entachés de nullité. Cette cassation n'a d'autre but que de signaler aux juges leurs erreurs, et ne touche pas aux intérêts des parties; elle les laisse dans la situation où les jugements les ont placées. Mais, à côté de cette annulation, qui n'a en vue que le seul intérêt de la loi, existe-t-il une autre voie d'annulation qui peut s'exercer à l'égard des jugements rendus en matière criminelle, lors même que ces jugements n'ont point été attaqués dans les délais de la loi, et qui peut casser ces jugements, non-seulement dans l'intérêt de la loi, mais encore dans l'intérêt et au préjudice même des parties? L'art. 441 du Code d'inst. crim. est ainsi conçu : « Lorsque, sur l'exhibition d'un ordre formel à lui donné par le ministre de la justice, le procureur général près la Cour de cassation dénoncera à la section criminelle des actes judiciaires, arrêts ou juge-

ments contraires à la loi, ces actes, arrêts ou jugements pourront être annulés. » Il est à remarquer que cet article n'a point ajouté que l'annulation ne pourrait préjudicier aux parties intéressées, comme le porte l'art. 442, et comme l'art. 80 de la loi du 27 ventôse an VIII l'exprimait formellement. De là la question de savoir quelle peut être l'influence de cette disposition sur la chose jugée en matière criminelle: Dans quel cas un jugement émané d'une juridiction criminelle peut-il être attaqué en vertu de cette disposition extraordinaire ? Quels doivent être les effets de l'annulation ? La Cour de cassation n'a pas, sur ces différents points, suivi une jurisprudence uniforme. Il résulte d'un grand nombre de ses arrêts que l'attribution dont elle est investie par l'art. 441 serait une attribution extraordinaire, en vertu de laquelle elle peut anéantir les jugements contraires aux lois, que ni le ministère public ni les parties ne sont plus recevables à attaquer, sans que cette attribution trouve aucune limite, ni dans les termes de la réclamation du gouvernement, ni dans les intérêts des parties. (Cass. 26 fév. 1818. Devillen. et Car. 5. 1. 448; D. A. 1. 66; 15 juill. 1819. S.-V. 19. 1. 371; D. A. 2. 322; 31 août 1821. Devillen. et Car., 6. 1. 498; J. P. 3<sup>e</sup> édit.; 5 févr. 1824. S.-V. 24. 1. 430; D. A. 3. 578.) M. Mangin n'hésite pas à professer l'opinion qu'un pouvoir aussi illimité appartient incontestablement à la Cour de cassation, et qu'il est même éminemment utile, attendu que, dans beaucoup de circonstances, les voies ordinaires, établies pour la réformation ou l'annulation des actes judiciaires, sont insuffisantes pour réparer le tort qu'ils ont causé à l'ordre public. « Ce pouvoir de porter atteinte à l'autorité de la chose jugée, dit cet auteur, est extraordinaire; mais la manière dont il doit s'exercer présente les plus fortes garanties contre l'abus qu'on en pourrait faire. Le premier corps judiciaire de l'état en est seul investi; il ne peut l'exercer que sur la provocation du gouvernement, à qui seul appartient l'initiative; il ne peut l'exercer que contre les actes et les jugements qui violent la loi. » (*Traité de l'act. publ.*, t. 2, p. 303.) Mais cette interprétation, hautement critiquée par Carnot (*De l'instr. crim.*, t. 3, p. 221), Legraverend (*Législ. crim.*, t. 2, p. 464), Bourguignon (*Jurispr. des Codes crim.*, t. 2, p. 346), n'a pas été fidèlement suivie par la Cour de cassation elle-même. Un arrêt du 2 avril 1831 (S.-V. 31. 1. 577; D. P. 31. 1. 181.) l'a rétractée dans les termes les plus formels ; cet arrêt porte : « que, si l'article 441 confère au ministre de la justice le pouvoir de donner au procureur général de la Cour de cassation l'ordre de former la demande en cassation des actes judiciaires, arrêts et jugements contraires à la loi, cet article ne porte pas que les cassations qui seraient prononcées changeraient l'état des parties, fixé par lesdits arrêts et jugements passés en force de chose jugée; que, dès lors, elles ne peuvent leur porter aucun préjudice. » Ainsi le principe de la chose jugée se trouve respecté et maintenu ; ainsi, une limite nette et précise se trouve posée à l'application de l'art. 441. L'arrêt ajoute : « qu'il en serait autrement si la juridiction compétente n'était pas fixée, et qu'il s'agit de réglement de juges, parce qu'en cas de conflit, il n'y a aucun errement en dernier ressort contracté, dont les parties puissent s'approprier le bénéfice, et qu'il importe à l'ordre public, comme à l'administration régulière de la justice, dont la haute surveillance est confiée au ministre de ce département, que les parties poursuivies pour crimes ou délits soient jugées, et le soient par des juges compétents. » Toutefois cette restriction à la première règle posée n'est pas restée dans des termes aussi étroits. La Cour de cassation a été amenée, dans différentes espèces, à étendre son pouvoir au delà de la limite fixée par cet arrêt. M. le procureur général Dupin a résumé avec lucidité les principes qui dominent la jurisprudence en cette matière dans l'un de ses réquisitoires : « La Cour de cassation n'a pas admis en principe et d'une manière illimitée le droit d'annulation absolue et avec effet, dans le cas de l'art. 441. Elle a distingué entre les divers cas, posant toujours comme règle générale que les droits acquis par décisions devenues irrévocables doivent être respectés. Ainsi la cassation absolue, en vertu de l'art. 441, n'est qu'un remède extraordinaire, d'autant plus extraordinaire que la loi ne fixe aucun délai; que les parties ne sont pas en cause; que, par conséquent, si on abusait de ce recours, la chose jugée n'aurait pas de fixité. Il serait dangereux et difficile d'assigner à ce recours des limites précises; on ne peut prévoir tous les cas qui peuvent surgir; il faut donc seulement tenir pour constant que la possibilité de ce recours existe, mais comme recours extraor-

dinaire, qui doit être restreint dans les nécessités gouvernementales. Ainsi, s'il y a conflit de juridiction, et que le cours de la justice soit interrompu, ou s'il y a empiétement monstrueux d'une juridiction sur l'autre, la Cour de cassation n'a jamais hésité, dans des cas semblables, à annuler utilement et à renvoyer devant les tribunaux compétents. Mais il en est autrement s'il ne s'agit que d'un intérêt privé; alors il faut laisser aux parties leur action. » (Réq. qui a précédé l'arrêt du 25 mars 1836.) Tel est le principe qui dirige aujourd'hui la jurisprudence de la Cour de cassation : cette cour n'hésite plus à étendre les annulations qu'elle prononce, en vertu de l'art. 441, même à l'intérêt des parties ; c'est ainsi qu'elle a décidé, par deux arrêts des 29 juin et 7 décembre 1837 (Bull. off. de la C. de cass., p. 247 et 435) qu'il y avait lieu d'annuler, dans l'intérêt du prévenu, un jugement d'un conseil de guerre qui l'avait condamné par défaut, sans qu'aucune citation lui eût été préalablement donnée. C'est encore ainsi qu'elle a jugé, par un arrêt du 5 janvier 1838 (Bull. off. de la C. de cass., p. 4), qu'il y avait lieu d'annuler, dans le même intérêt et en vertu du même article, un arrêt qui avait prononcé la surveillance perpétuelle comme peine accessoire d'une condamnation principale à trois ans d'emprisonnement. Mais elle a en même temps limité elle-même son pouvoir. Si le pourvoi formé en vertu de l'art. 441 peut servir aux parties, il ne peut leur nuire; s'il peut être employé, soit à vider des conflits de jurisprudence, soit à effacer des illégalités qui portent préjudice aux prévenus, il ne peut être retourné contre eux et servir, dans aucun cas, à aggraver leur position. Cette jurisprudence est fondée sur le principe qui a servi de base à l'avis du Conseil d'état du 13 novembre 1806 : il y a chose jugée irrévocablement à l'égard de toutes les dispositions favorables au prévenu, et, quant aux dispositions qui peuvent au contraire lui préjudicier, et qui sont illégales, l'art. 441 renferme un moyen extraordinaire de recours qui peut être appliqué, même dans son intérêt. Cette distinction, que nous ne voulons pas combattre parce qu'elle protége la défense, mais qui ne repose réellement sur aucune disposition de la loi, a été nettement consacrée par un dernier arrêt du 19 avril 1839 (S.-V. 39. 1. 325 ; D. P. 39. 1. 164), qui porte : « que les cassations prononcées en vertu de l'art. 441 du Code d'instr. crim. ne peuvent jamais préjudicier aux condamnés ni aggraver leur situation, puisqu'il n'y a, dans ce cas, aucun pourvoi formé par eux ni par le procureur général de la cour dans le ressort de laquelle l'arrêt attaqué a été rendu, mais que néanmoins il est conforme à l'esprit qui a dicté l'art. 441, ainsi qu'aux principes généraux du droit criminel en vertu desquels les dispositions favorables sont susceptibles d'extension; que les cassations prononcées sur un pourvoi, en vertu de l'article précité, profitent aux condamnés, afin qu'ils ne demeurent pas sous le coup d'une condamnation qui aurait été reconnue et déclarée par la Cour de cassation n'être que le résultat d'une application fausse et erronée de la loi pénale. » Tels sont les termes où se résume actuellement cette grave question.

### § 2. Des éléments nécessaires pour constituer la chose jugée.

19. Toute décision ne produit pas l'exception de la chose jugée; il faut, 1° que cette décision ait les caractères d'un jugement susceptible d'exécution; 2° que ce jugement soit devenu irrévocable; 3° qu'il y ait identité entre le fait qui a été l'objet de la première poursuite et le fait qui est l'objet de la seconde. En développant ces trois éléments de la chose jugée, nous signalerons les différences que la loi criminelle et la loi civile présentent sous ce rapport.

20. Il faut, en premier lieu, que la décision ait les caractères d'un jugement susceptible d'exécution. Cette proposition, évidente par elle-même, n'a pas besoin d'être démontrée. Il est certain que si la décision était purement préparatoire, si elle ne prononçait pas sur le fond du procès, si ses dispositions étaient contradictoires ou incertaines, il n'y aurait pas de jugement véritable, et cette décision, quelle qu'elle fût, ne pourrait produire aucune chose jugée. (V. Merlin, *Rép.*, v° Chose jugée, § 14.)

21. Il faut, en second lieu, que la décision soit devenue irrévocable. En effet, tant que les voies établies par la loi pour la réforme ou l'annulation des jugements ou arrêts restent ouvertes, soit au ministère public, soit aux parties, ces jugements ou arrêts n'ont point l'autorité de la chose jugée, ils n'ont qu'un caractère provisoire; l'action subsiste toujours. C'est par suite de ce principe que

les arrêts de condamnation rendus par contumace n'ont pas l'autorité de la chose jugée; car si l'accusé condamné par contumace se représente ou est arrêté, le jugement rendu contre lui est anéanti de plein droit (C. d'inst. crim., art. 476.). Il en serait autrement si l'arrêt rendu par contumace avait prononcé l'absolution de l'accusé; car l'art. 476 ne s'applique qu'aux arrêts de condamnation, et l'art. 360 ne distingue point entre les arrêts contradictoires et les arrêts par contumace. Mais si l'accusé, condamné par contumace à des peines correctionnelles, déclare acquiescer à ce jugement, cette condamnation revêtira-t-elle aussitôt l'autorité de la chose jugée? Toute nouvelle poursuite sera-t-elle impossible? M. Merlin a pensé que l'arrêt par contumace est anéanti par la seule force de la loi, et que la volonté de l'accusé est impuissante pour lui conserver ses effets. Dans notre ancien droit, en effet, et sous l'empire de l'art. 18 du titre 17 de l'ordonnance de 1670, l'accusé poursuivi au grand criminel, qui n'avait été condamné qu'à une peine légère, ne pouvait pas, s'il était arrêté ou s'il se représentait, acquiescer à l'arrêt rendu contre lui, et éviter par cet acquiescement qu'on le jugeât de nouveau. Or, comme cet article de l'ordonnance de 1670 a été fidèlement reproduit dans le Code du 3 brum. an IV, et ensuite dans l'article 476 de notre Code, il s'ensuit qu'il a dû conserver le même sens. Ce sens est clairement indiqué par ses termes : la représentation du condamné anéantit de plein droit l'arrêt; la condamnation n'existe plus, elle n'est donc plus susceptible d'acquiescement. Le condamné n'est plus qu'un accusé qui ne peut, en se soumettant à une peine correctionnelle, se racheter de l'accusation dont il est l'objet. «Non-seulement, ajoute M. Mangin, l'art. 476 est absolu, mais il est d'ordre public; il a autant pour objet l'intérêt de la société que l'intérêt de l'accusé; celui-ci ne peut pas, par sa fuite, priver la vindicte publique des preuves qui peuvent résulter de ses interrogatoires et d'un débat contradictoire; et si le ministère public n'a pas le droit de lui imposer la condamnation correctionnelle qui est intervenue, et de le frustrer ainsi des chances d'un nouveau jugement, il ne peut pas non plus empêcher le ministère public de faire juger de nouveau toute l'accusation. » (*Traité de l'act. publ.*, t. 2, p. 332. — V. aussi Merlin, *Rép.*, v° Contumace, § 3, n° 6; et Cass. 18 vent. an XI;

S.-V. 3. 2. 414; D. A. 4. 372; et 29 juillet 1813; Devillen. et Car., 4. 1. 409; J. P. 3ᵉ édit.)

22. La troisième condition de la chose jugée est qu'il y ait *identité dans les délits*. Mais avant d'aborder les questions graves que fait naître l'application de cette règle, nous devons nous arrêter à une première difficulté. Suffit-il, pour constituer la chose jugée, qu'il y ait identité dans les délits? Ne faut-il pas aussi que cette identité existe *entre les parties*? Nous croyons que ce principe, que l'article 1351 du Code civ. a appliqué d'une manière rigoureuse aux matières civiles, n'est point applicable en matière criminelle. La raison de cette différence est que le ministère public, agissant au nom de la société, a seul le droit d'exercer l'action publique. Lorsque le crime, le délit ou la contravention ont été jugés contradictoirement avec lui, ils le sont à l'égard de tous; l'action est éteinte : un nouveau plaignant ne peut la faire revivre. Telle était la décision de notre ancien droit. «Lorsqu'un accusé, disent les continuateurs de Denisart, a été absous par un jugement régulier en dernier ressort, à la diligence du ministère public, quiconque voudrait renouveler la même accusation, en se rendant partie civile, y serait déclaré non recevable en vertu de la règle *non bis in idem*, quoiqu'il n'y ait point identité entre lui et les officiers qui ont agi auparavant.» (*Rép.*, t. 1ᵉʳ, p. 111.)

23. Il faut décider, par suite du même principe, qu'en général l'absolution de l'accusé doit rendre le ministère public non recevable à poursuivre les complices. Jousse en donne le motif : «Quoique une chose passée entre certaines personnes ne puisse en général profiter à d'autres, cela n'a lieu néanmoins que dans les cas où les droits de ces personnes différentes sont distincts et séparés, mais non quand ces droits tirent leur origine d'un seul et même fait, et que les défenses que les accusés peuvent y opposer sont les mêmes.» (*Traité des mat. crim.*, tom. 3, pag. 21.) Cependant il y a lieu de faire une distinction : si l'acquittement de l'auteur principal a été motivé sur des exceptions qui lui étaient personnelles, telles que la bonne foi ou l'insuffisance des preuves alléguées contre lui, cet acquittement ne détruit pas le fait principal, et ne peut par conséquent couvrir les complices; mais s'il résulte de cet acquittement ou que le fait n'a point existé, ou qu'il n'a pas eu les caractères d'un fait pu-

nissable, le jugement intervenu sur le premier procès éteint nécessairement le second. Supposons, par exemple, qu'un individu soit accusé de banqueroute, de bigamie, de faux commis dans ses fonctions d'officier public, et qu'il soit jugé qu'il n'y a eu ni banqueroute, ni bigamie, ni faux, il est évident qu'on ne pourrait poursuivre, comme complices de ces crimes, des individus qui n'ont pas figuré dans la première procédure : «La question de savoir, dit M. Mangin, si les crimes ont existé donne un véritable caractère préjudiciel, non pas seulement parce que la culpabilité suppose toujours l'existence d'un crime et d'un auteur principal connu ou non connu, car c'est là une vérité commune à tous les délits, mais parce que cette question une fois décidée négativement, il n'est plus possible de la remettre en litige et de la faire juger avec d'autres accusés : la raison en est que les crimes de banqueroute, de bigamie et de faux ne peuvent avoir été commis que par ceux qui en ont été acquittés, et qu'il est impossible de les imputer à d'autres auteurs.» (*Traité de l'act. publ.*, t. 2, p. 338.) Comment, en effet, demander à des jurés si les accusés se sont rendus coupables de complicité d'un crime, quand il a été jugé que ce crime n'existait pas? La Cour de cassation paraît avoir sanctionné cette doctrine par deux arrêts des 22 janv. 1830 (S.-V. 31. 1. 333; D. P. 30. 1. 88. ) et 17 mars 1831 (S.-V. 31. 1. 257; D. P. 31. 1. 122).

24. Il importe, toutefois, de remarquer que le principe que nous venons de poser ne serait pas un obstacle à ce que deux individus fussent successivement poursuivis pour avoir commis le même crime, lorsque ce crime peut avoir été commis par telle ou telle personne. En effet, dans cette hypothèse, le crime est indépendant de la personne qui l'a commis; le jugement intervenu à l'égard de telle personne n'est donc point préjudiciel au jugement rendu à l'égard de telle autre. Ainsi, supposons qu'un accusé soit poursuivi pour meurtre ou pour empoisonnement et qu'il soit condamné; cette condamnation ne peut empêcher qu'un second accusé soit poursuivi pour le même fait, car ce second procès peut démontrer, soit la culpabilité des deux agents, soit l'innocence du premier. Cette espèce a été spécialement prévue par l'art. 443 du Code d'instruction criminelle.

25. La seule identité qui doive ressortir des

deux procès pour qu'il y ait chose jugée, est donc *l'identité des délits*. Cette identité est la troisième condition qui constitue l'exception. Dans quels cas se présente-t-elle? La loi se borne à déclarer que l'accusé déjà acquitté ne peut être l'objet de nouvelles poursuites *à raison du même fait*. Or, qu'est-ce qu'un *même fait* dans la procédure criminelle? Ici se présentent de sérieuses difficultés.

26. Trois hypothèses peuvent être posées : ou le fait qui donne lieu aux nouvelles poursuites est distinct et séparé du fait qui a motivé la première accusation, ou ces deux faits sont communs, ou ils forment l'un et l'autre deux délits nés du même fait. Les deux premières hypothèses ne donnent lieu qu'à peu de difficultés.

27. Lorsque les deux faits sont distincts, il est évident que le jugement intervenu sur le premier n'exerce sur le jugement du second aucune influence. Ainsi, un accusé acquitté de l'accusation de complicité de vol par recélé, peut être poursuivi à raison de nouveaux faits de recélé qu'il a commis postérieurement à son acquittement, bien que ces faits se rattachent au même vol. (Cass. 29 déc. 1814 ; S.-V. 15. 1. 85 ; D. A. 3. 660.) Ainsi, un accusé, après avoir été acquitté d'une accusation de meurtre suivi de vol, peut être poursuivi pour avoir, postérieurement à son acquittement, recélé des effets provenus du meurtre et du vol. (Cass. 5 fév. 1829 ; J. P. 3ᵉ édit. ; D. P. 29. 1. 139.)

28. Il importe peu que le fait qui donne lieu à la nouvelle poursuite ait existé au moment de la première ; il suffit qu'il soit différent du fait qui l'avait motivé. Ainsi, l'acquittement du crime de banqueroute frauduleuse n'empêche point que l'accusé ne puisse être poursuivi pour banqueroute simple, lorsque ce délit résulte de faits différents (Cass. 13 août 1825 ; Devillen. et Carr. 8. 1. 176 ; D. P. 25. 1. 438), et réciproquement, le prévenu renvoyé du délit de banqueroute simple, peut être poursuivi pour banqueroute frauduleuse, quand cette poursuite est fondée sur d'autres faits. (Merlin, *Rép.*, vᵒ *Non bis in idem*, nᵒ 12 ; Mangin, t. 2, p. 348.)

29. Cependant cette règle doit être restreinte dans d'étroites limites. Ainsi, l'on ne doit pas confondre des faits distincts avec des circonstances différentes d'un même fait. Nous supposons qu'un individu ait volé dix objets appartenant à différentes personnes,

mais dans le même moment et dans le même lieu, pourra-t-il être poursuivi à raison du vol de chacun de ces objets? Mangin répond avec raison par la négative : « Le vol, dit cet auteur, est un délit indivisible dans sa poursuite, quel que soit le nombre des objets sur lesquels il a porté, et la soustraction de chacun de ces objets faite dans un même temps n'est qu'un élément particulier de ce délit. » (t. 2, p. 349.) On peut supposer encore, dans une autre espèce, que l'accusé ait été acquitté du crime de vol avec effraction ou escalade dans une maison habitée ; il ne pourrait être poursuivi ultérieurement à raison du même fait, pour violation de domicile ou bris de clôture ; car ces deux circonstances formaient des éléments du vol, objet de la première poursuite. Enfin, et dans une troisième espèce, il est des délits, tels que l'habitude d'usure et l'excitation habituelle à la débauche, qui se composent d'une suite de faits particuliers. Or, lorsqu'un jugement est intervenu sur ces délits, il est interdit de reprendre plus tard les faits antérieurs à ce jugement, qu'ils aient ou non été compris dans la première poursuite, pour en faire un élément de la seconde, car ce serait renouveler la même poursuite en se servant de nouveaux moyens : « Les faits allégués, dit Mangin, ne sont que des moyens de prouver le délit ; quand un jugement a prononcé sur ce délit, et qu'ensuite on reproduit l'accusation, les deux actions ont une cause commune, il n'y a que les moyens de prouver qui sont différents. » (t. 2, p. 351.) On peut ajouter qu'un fait nouveau n'est pas un nouveau délit, mais un élément du délit qui a été jugé, s'il est antérieur au jugement. Si la première action n'a pas employé cet élément, elle doit s'imputer sa négligence ; mais il est impossible de le faire servir comme élément d'un nouveau délit. Il faudrait décider encore, comme une conséquence de la même règle, qu'un individu acquitté d'une accusation de complicité par *dons et promesses*, ne pourrait être remis en jugement à raison de la même accusation fondée sur *l'aide* et *l'assistance* de l'accusé. Ces deux circonstances ne sont que des éléments distincts des mêmes crimes. En les parcourant successivement, l'accusation resterait toujours la même.

30. La connexité des délits n'entraîne pas nécessairement leur indivisibilité. Le jugement qui intervient sur l'un des délits connus, n'a donc pas une autorité nécessaire sur les

autres délits qui s'y rattachent. Une distinction doit être faite à cet égard : si le jugement exclut l'existence des autres délits, de manière qu'on ne puisse, sans une manifeste contradiction, les déclarer constants, il a l'autorité de la chose jugée. Mangin cite l'exemple suivant : un individu prévenu d'avoir commis une escroquerie à l'aide d'un faux, ne pourrait plus être poursuivi à raison de ce dernier crime, s'il existait un jugement souverain qui le déclarât non coupable du délit d'escroquerie. La raison en est que le faux n'étant un crime qu'autant qu'il a été commis dans une intention frauduleuse, dès que le délit d'escroquerie a disparu, les juges ne peuvent plus déclarer que le faux a été commis dans une intention criminelle. (*Traité de l'act. publ.*, t. 2, p. 355.) La Cour de cassation a jugé, dans ce sens, qu'un individu accusé d'un crime de faux pour parvenir à commettre des concussions, et reconnu non coupable de ce faux, comme ayant agi *sans dessein de nuire*, ne pouvait plus être poursuivi à raison des concussions dont le faux avait été le moyen, puisque les juges avaient déclaré que le but de ce faux n'était pas criminel. (Cass. 23 frim. an XIII. S.-V. 7. 2. 1065; D. A. 2. 593.) Mais lorsque le jugement n'exclut pas l'existence des délits connexes, lorsqu'il n'existe aucune indivisibilité réelle entre le fait jugé et les autres faits, ceux-ci ne sont plus protégés par l'exception de la chose jugée. Comment, en effet, le seul fait que deux délits ont existé et ont été instruits simultanément ferait-il obstacle, si ces délits sont distincts, à ce que l'un pût être jugé après l'autre? La jonction des délits connexes est un moyen d'instruction, une mesure propre à découvrir la vérité. L'art. 226 du Code d'instruction criminelle le prescrit dans l'intérêt de la justice; mais nulle disposition de la loi ne défend le jugement des délits connexes après le jugement du délit principal, s'ils n'y ont pas été joints; l'infraction des dispositions de l'art. 226 n'emporte même aucune nullité. (Cass. 28 déc. 1816; S.-V. 18. 1. 26; D. A. 10. 426.) On ne saurait donc, par une fin de non-recevoir tirée de ce seul texte, prétendre couvrir de l'exception de la chose jugée un délit distinct et séparé du délit qui a fait l'objet du jugement. Cette règle, déjà reconnue sous le Code du 3 brumaire an IV (Cass. 26 vent. an XI; Devillen. et Car. 1. 1. 777; D. A. 2. 589; et 27 octob. 1809; S.-V. 10. 1. 261; D. A.

590), a été plusieurs fois consacrée par la Cour de cassation, depuis la promulgation du Code d'instruction criminelle. (Cass. 30 mai 1812; S.-V. 13. 1. 47; D. A. 2. 594; 28 déc. 1816; S.-V. 18. 1. 26; D. A. 10. 426; 28 fév. 1828; J. P. 3e édit ; D. P. 28. 1. 156; et 5 fév. 1829; J. P. 3e édit.; D. P. 29. 1. 139. )

31. Nous arrivons à la troisième hypothèse, celle où plusieurs délits naissent du même fait. Le jugement de l'un de ces délits fait-il obstacle au jugement des autres? Nous avons vu précédemment que la loi romaine décidait cette question négativement : *Si ex eodem facto plurima crimina nascuntur, et de uno crimine in accusationem fuerit deductus, de altero non prohibetur ab alio deferri* (l. 9. C. *De accusat.*). Cette solution doit-elle être appliquée sous notre législation actuelle?

Toute la question est dans l'interprétation de ces mots *le même fait*, qui se trouvent dans l'art. 360 du Code d'instruct. crim. La loi n'a pas voulu que *le même fait* pût donner lieu à deux poursuites successives, elle a voulu maintenir et consacrer la vieille maxime *non bis in idem*. Mais que faut-il entendre par *le même fait*? Est-ce la même incrimination? est-ce l'acte matériel tout entier? Le même fait peut comprendre un homicide volontaire et un homicide involontaire, un empoisonnement et un avortement, un attentat à la pudeur et un attentat aux mœurs; l'acquittement intervenu sur le meurtre, l'empoisonnement, l'attentat à la pudeur, doit-il couvrir les autres délits qui naissent du même fait?

Cette expression a été empruntée par le Code d'instruct. crim. au Code du 3 brumaire an IV, qui l'avait lui-même puisée dans l'art. 9, chap. 5 de la constitution de 1791. Il n'est donc pas inutile, pour établir son véritable sens, de rechercher d'abord le sens qui lui fut donné sous ces deux législations.

La question s'est présentée avec netteté, sous la première, et elle a été résolue d'une manière positive par une loi de la convention. Le comité de législation de cette assemblée avait fait un rapport sur la question de savoir si, après une déclaration du jury d'accusation portant qu'il n'y a lieu à suivre sur un fait qualifié crime, le tribunal de district pouvait renvoyer le prévenu en police correctionnelle. La convention répondit négativement : « Attendu qu'aux termes de l'art. 28, du titre 1er de la deuxième partie de la loi du 16 sept. 1791, lorsque les jurés prononcent qu'il n'y a pas lieu à accusation, le prévenu doit être mis en liberté et ne peut plus être poursuivi à raison du même fait, à moins qu'il ne survienne contre lui de nouvelles charges; que le tribunal de district ne peut pas se rendre juge de la déclaration du jury, ni par conséquent décider qu'elle n'a pas été motivée, soit sur ce que le fait n'était pas constant, soit sur ce que le prévenu a paru absolument irréprochable; qu'ainsi on ne peut pas, sans violer essentiellement l'institution des jurés, assimiler ce cas à celui où le tribunal de district jugeant que l'accusation n'est pas de nature à être présentée aux jurés, l'art. 36 lui enjoint de renvoyer, s'il y a lieu, à la police correctionnelle. » (Loi du 21 prairial an II; Bull. 1er, no 9.) Le principe de cette législation était donc qu'il fallait donner à la déclaration du jury l'interprétation la plus favorable et la plus étendue, et que, sans qu'il fût permis d'en sonder les motifs, elle couvrait le même fait contre toute nouvelle poursuite. Cette règle devait, à plus forte raison, s'appliquer aux déclarations des jurés de jugement.

Sous le Code du 3 brumaire an IV, la décision était la même. Il était même de principe que l'acquittement ou l'absolution de l'accusé purgeait non-seulement l'accusation, telle qu'elle avait été portée devant le tribunal criminel, mais encore toutes les accusations, toutes les préventions auxquelles le fait pouvait donner lieu. Ainsi, le prévenu d'un délit d'escroquerie commis à l'aide d'un faux ne pouvait, après avoir été acquitté sur le fait d'escroquerie, être poursuivi pour le faux. (Cass. 10 juill. 1806; S.-V. 6. 2. 757; D. A. 2. 592.) Ainsi, lorsque le prévenu de meurtre avait été renvoyé de la poursuite par le jury d'accusation, il n'y avait pas lieu de diriger, à raison du même fait considéré sous un autre point de vue, des poursuites correctionnelles. (Cass. 21 thermidor an VII; Devillen. et Car. 1. 1. 234; D. A. 2. 587, et 5 fév. 1808; S.-V. 8. 1. 348; D. A. 2. 587.)

Maintenant le Code d'instruction criminelle, en reproduisant la disposition même de ces deux codes, a-t-il toutefois modifié le mode de la poursuite et les règles de la procédure, de manière qu'il faille modifier cette première jurisprudence? Voici les termes où se résume sur ce point le système d'interprétation que la Cour de cassation, après quelques hésitations, a fini par consacrer. D'après les art. 374, 377 et 380 du Code du 3 brum. an IV, les jurés de ju-

gement devaient être interrogés, d'abord sur l'existence matérielle du fait et sur la participation de l'accusé à l'existence de ce fait, ensuite sur la moralité du fait; enfin sur le plus ou le moins de gravité du délit résultant de l'acte d'accusation, de la défense de l'accusé et du débat. Il résultait de là que les jurés ne devaient pas se borner à statuer sur le fait tel que l'acte d'accusation l'avait qualifié; mais que, de plus, ils devaient être mis à portée de l'examiner sous toutes ses faces et de l'apprécier dans tous ses rapports avec les lois pénales. Le fait qui avait donné lieu à une accusation ne pouvait donc être reproduit sous une autre qualification : par cela seul que le jury n'avait point été appelé à prononcer sur cette qualification, il était légalement présumé qu'il n'en était pas susceptible. Le Code d'instruction criminelle aurait changé ce système; il aurait réduit les jurés à n'examiner le fait que dans ses rapports avec l'acte d'accusation et les qualifications qu'il lui donne. Ainsi, au lieu d'être interrogé sur le plus ou le moins de gravité du délit, tel qu'il résulte à la fois de l'acte d'accusation, de la défense de l'accusé et du débat, l'art. 327 veut qu'on lui pose seulement la question *résultant de l'accusation*, à moins qu'il ne soit résulté des débats des *circonstances aggravantes* non mentionnées dans l'acte d'accusation, ou que l'accusé n'ait proposé pour excuse un fait admis comme tel par la loi. De cette différence entre les deux codes, on a admis la conséquence que l'acquittement ou l'absolution de l'accusé, sous l'empire du Code d'instruction criminelle, ne purge que l'accusation sur laquelle le jury a prononcé, et non les autres accusations ou préventions auxquelles le fait peut donner lieu, les jurés n'ayant dû ni pu s'en occuper. (V. dans ce sens, Mangin, tome 2, p. 362.)

C'est en s'appuyant sur ces motifs que la Cour de cassation a jugé : 1° que l'accusé acquitté de l'accusation de viol, pouvait être poursuivi pour excitation habituelle à la débauche : « attendu qu'il n'a été posé de question que sur le fait de viol; que le jury, qui ne pouvait répondre et n'a répondu que sur ce qui lui était demandé, n'a déclaré les accusés non coupables que du crime de viol; que ce n'est donc que de ce crime qu'ils ont été légalement déclarés acquittés par l'ordonnance du président de la cour d'assises; que l'attentat aux mœurs est un fait essentiellement différent du fait de viol; que le demandeur poursuivi et jugé pour attentat aux mœurs, depuis son acquittement du crime de viol, n'a donc pas été poursuivi et jugé à raison du même fait » (Cass. 22 novem. 1816. S.-V. 17. 1. 83; D. A. 2. 595); 2° que l'accusé acquitté de l'accusation de meurtre peut être poursuivi devant le tribunal correctionnel pour homicide par imprudence, attendu que ce dernier délit est étranger à l'accusation d'homicide volontaire (Cass., 29 oct. 1812. S.-V. 13. 1. 242; D. A. 1. 167); 3° que l'accusé acquitté du crime d'infanticide peut être également poursuivi correctionnellement pour homicide par négligence ou par imprudence. (Cass. 30 janv. 1840. J. P. 1840. 1. 570; D. P. 40. 1. 396, et 5 fév. 1841. J. P. 1841. 1. 665.)

Les auteurs ont adopté, en général, l'interprétation de la Cour de cassation. Legraverend s'exprime en ces termes : « On peut ne faire au jury que cette question : L'accusé est-il coupable d'homicide commis volontairement ? Et le jury peut déclarer d'une manière générale : Oui, l'accusé est coupable; non, l'accusé n'est pas coupable. Or, on voit que par cette déclaration il ne décide pas si l'accusé est coupable d'homicide involontaire; cette question reste donc entière, et peut être l'objet d'une poursuite correctionnelle, sans qu'on porte atteinte à l'art. 360. » ( Traité de législ. crim., t. 1, p. 446.) Bourguignon ( Jurisp. du Code crim., t. 2, p. 161), Merlin ( Rép., v° Non bis in idem ), Mangin ( Traité de l'act. publ., t. 2, p. 364), appuient la même solution sur le même motif.

Cependant cette solution peut soulever des doutes sérieux. Et d'abord, est-il exact de soutenir que le Code d'instruction criminelle a changé radicalement le système du Code de brumaire an IV, et a circonscrit la compétence du jury dans les limites de l'acte d'accusation ? Ce code distinguait deux ordres de questions : celles qui, relatives à la moralité du fait, au plus ou moins de gravité du délit, et résultant de l'acte d'accusation, de la défense ou du débat, ne changeaient pas le caractère du fait incriminé, et celles qui, non mentionnées dans l'acte d'accusation, changeaient le caractère de ce fait. Dans le premier cas, le président, aux termes de l'art. 374 de ce Code, était tenu de poser les questions au jury; dans le second, il avait seulement la faculté de les interroger sur les circonstances modificatives du fait, et l'exercice de cette faculté n'ouvrait aucune nullité (art. 379).

Ainsi, les questions qui tendaient à modifier la criminalité du fait, sans en changer le caractère, étaient nécessairement posées; mais celles qui avaient pour objet de modifier le fait lui-même, d'en changer la qualification, pouvaient n'être pas posées, et il dépendait uniquement de la volonté du président de mettre les jurés en demeure de statuer sur ces questions. Or, le Code d'instruction criminelle a-t-il remplacé ce système du Code de brumaire par un autre système? Il l'a modifié sans doute, mais sans en altérer les bases principales. Ainsi, les seules questions qui, aux termes des art. 337, 338 et 339 de ce Code, doivent être, à peine de nullité, soumises au jury, sont les questions résultant de l'acte d'accusation, les circonstances aggravantes résultant des débats et les questions d'excuse. Mais, de même que dans le Code de brumaire, à côté de cette obligation impérieuse pour les questions qui modifient la criminalité sans modifier le caractère légal du fait, la loi a laissé la faculté de poser, dans une forme subsidiaire, les questions qui modifient l'incrimination elle-même. Cette faculté n'est point, à la vérité, écrite dans le Code; mais il suffit qu'elle ne soit point interdite pour qu'elle doive être appliquée, et la Cour de cassation l'a reconnue et consacrée par un grand nombre d'arrêts. C'est ainsi qu'il a été décidé que, dans une accusation de meurtre, le président peut poser une question de tentative ou de complicité ( Cass. 14 mai 1813. S.-V. 17. 1. 161; D. A. 4. 431; 6 juillet 1826. S.-V. 27. 1. 64; D. P. 26. 1. 405); dans une accusation de viol, une question d'attentat à la pudeur avec violence, (Cass. 10 juill. 1817. Devillen. et Car. 5. 1. 347; D. A. 4. 435; 16 janvier 1818. Devillen. et Car. 5. 1. 403; D. A. 4. 436.)

Cela posé, il n'existe plus aucuns motifs sérieux d'interpréter l'art. 360 du Code d'inst. crimin. autrement que l'art. 426 du Code de brumaire an IV, dont il a reproduit les termes, l'avait été précédemment. Ces deux articles posent en principe que l'accusé acquitté ne peut plus être repris ni accusé pour le même fait. L'accusation suivie d'un acquittement couvre donc l'accusé à raison de toutes les accusations qui, ayant le même fait pour objet, se trouvent nécessairement purgées. On prétend qu'il faut distinguer les différentes qualifications que ce fait peut recevoir, et que la première accusation n'a purgé que la qualification que lui a donnée l'acte d'accusation; mais l'art. 360, de même que les lois précédentes, parle du même *fait* et non de la même *incrimination*; or, ces deux expressions ne sont nullement synonymes. Ensuite, dès qu'il était possible que, dans la première accusation, le même fait fût soumis aux jurés avec ses diverses qualifications, dès que la loi n'a pas interdit au président le pouvoir de le présenter, dans des questions subsidiaires, sous ses diverses faces, on doit penser qu'il a été reconnu, lorque ces questions n'ont pas été posées, que ces nouvelles qualifications n'étaient pas fondées. Il y a donc chose jugée en faveur de l'accusé acquitté. La déclaration du jury couvre le fait d'un voile qu'il n'est plus permis de soulever. Et comment, d'ailleurs, interpréter une déclaration qui n'a point de motifs? Comment les restreindre quand l'intention du jury n'a pu se révéler? Ne peut-on pas penser qu'il a examiné le fait sous toutes ses faces? N'est-il pas arrivé souvent que les jurés aient divisé et expliqué leur réponse, et, par exemple, à une question d'homicide volontaire aient répondu : *Oui, l'accusé est coupable, mais involontairement?* Or, s'ils sont amenés, par leur examen, à analyser les éléments de la culpabilité et à chercher le véritable caractère du fait qu'ils ont à juger, ne doit-on pas penser que leur déclaration purement et simplement négative rejette le fait tout entier, et toutes les incriminations dont il est susceptible? Et ne suffit-il pas que cette intention du jury puisse exister même implicitement dans une telle déclaration, pour qu'elle place, dans tous les cas, autour du fait la défense impénétrable de la chose jugée?

Cette doctrine, qui a été soutenue avec force par M. Carnot (*De l'inst. crim.*, t. 2, sur l'article 360), a été consacrée par un grand nombre d'arrêts de Cours royales. Riom, 2 janvier 1829 (S.-V. 29. 2. 54; D. P. 29. 2. 85); Colmar, 5 janv. 1831 (J. P. 3ᵉ édit.; D. P. 31. 2. 39); Grenoble, 31 juillet 1833 (S.-V. 34. 2. 33; J. P. 3ᵉ édit.); Poitiers, 28 mars 1840 (D. P. 41. 2. 50) etc. — La Cour de cassation elle-même a paru, dans certains cas, pencher vers cette jurisprudence. Ainsi, dans une espèce que nous avons déjà citée, et dans laquelle un accusé déclaré non coupable de meurtre et poursuivi pour homicide involontaire, avait été déclaré couvert par la chose jugée, la Cour de cassation a rejeté le pourvoi du ministère public : « Attendu que, sur la question à lui proposée, le jury a déclaré que Diffis n'est point coupable du meurtre commis; que cette déclaration, d'après la généralité de ses expressions et l'interprétation qu'exige la faveur de tout accusé, doit être censée porter tant sur le fait d'homicide en lui-même, ou sa légitimité, que sur l'absence de volonté; que, dès lors, il n'existe plus de base à une poursuite quelconque contre l'accusé, à raison du fait qui a formé l'objet de son accusation. » (Cass. 29 octobre 1812. S.-V. 13. 1. 242; D. A. 1. 167.)

Au surplus, l'exception de la chose jugée, alors même qu'elle serait étendue, en faveur de l'accusé, dans les termes que nous venons d'indiquer, devrait être circonscrite avec soin dans ces limites. Toutes les fois que le même fait est susceptible de plusieurs incriminations, le jugement de l'incrimination principale doit écarter les autres, parce que celles-ci ont été jugées implicitement avec celle-là, parce que la déclaration du jury, générale et absolue, ne peut être soumise à aucune interprétation. Ainsi, l'accusé d'infanticide ou de meurtre ne peut être poursuivi, après son acquittement, pour homicide par imprudence; ainsi, l'accusé du crime de faux en écriture publique ne peut être remis en jugement pour faux en écriture privée; mais il importe de distinguer les diverses incriminations dont un fait est susceptible, et les faits distincts qui peuvent naître d'une même action. L'art. 360 ne parle que du *même fait*. Dès que les faits incriminés ne se confondent pas ensemble, dès qu'ils sont différents, ils peuvent être poursuivis successivement. Cette distinction a été consacrée par un grand nombre d'arrêts. La Cour de cassation a successivement décidé : 1° que l'acquittement du crime de banqueroute frauduleuse ne s'oppose point à la poursuite du délit de banqueroute simple, quand ce délit repose sur des faits différents (Cass. 12 oct. 1811. S.-V. 12. 1. 185; D. A. 2. 596, et 13 août 1825. Devillen. et Car., 8. 1. 176; D. P. 25. 1. 438); 2° que l'acquittement de la même accusation ne fait également nul obstacle à la poursuite des faits d'escroquerie ou d'abus de confiance, révélés dans les débats de cette accusation (Cass. 13 août 1825. Devillen. et Car. 8. 1. 176; D. P. 25. 1. 438; 27 janv. 1831. J. P. 3ᵉ édit.; D. P. 31. 1. 117; 12 juill. 1839. D. P. 39. 1. 410); 3° que l'acquittement du crime d'infanticide n'empêche pas la poursuite ultérieure du crime de suppression d'enfant, parce que ces deux crimes se fondent sur un fait différent ; le premier sur un homicide, l'autre sur un attentat contre l'état civil de l'enfant. (Cass. 19 avril 1839. S.-V. 39. 1. 777; D. P. 39. 1. 381.)

**CHOSE JUGÉE** (EFFETS DE LA) AU CIVIL SUR LE CRIMINEL. — 1. Les tribunaux civils peuvent être saisis 1° d'actions qui ont pour objet d'obtenir la réparation de dommages causés par un délit; 2° de questions préjudicielles au jugement de certains délits, et dont la loi leur a réservé la solution. Quelle est l'autorité des jugements qui interviennent dans les actions civiles vis-à-vis de la juridiction criminelle? Ces jugements ont-ils l'autorité de la chose jugée, en ce sens que le juge criminel soit tenu d'y soumettre sa décision et de les suivre comme des règles de ses propres jugements?

2. Il faut distinguer, pour décider cette grave difficulté, si la question jugée par le tribunal civil a le caractère d'une question préjudicielle à l'action publique, ou si elle n'a pas ce caractère. Si la question est préjudicielle, le jugement du tribunal civil a force de chose jugée pour le tribunal criminel ; la décision, quelle qu'elle soit, ne peut être remise en discussion ; elle lie ce dernier tribunal. Si, au contraire, elle n'est pas préjudicielle, le jugement civil n'exerce aucune influence sur la poursuite du crime ou du délit.

3. Que faut-il entendre par *questions préjudicielles?* Nous avons développé sous ce mot les principes qui régissent ces exceptions, et nous avons examiné tous les cas où elles peuvent être élevées (V. Questions préjudicielles) ; mais il est nécessaire d'indiquer ici en peu de mots leur nature, afin d'établir avec précision à quels jugements civils la juridiction criminelle doit attacher la force de chose jugée.

4. Aux termes de l'art. 3 du Code d'instr. crimin., l'action civile peut être poursuivie en même temps et devant les mêmes juges que l'action publique. Il suit de là que le juge criminel est compétent pour statuer sur l'action civile, et par conséquent sur les questions de droit civil, toutes les fois qu'elles se présentent accessoirement à l'action publique; et en effet, dit M. Mangin, « le juge appelé à prononcer sur l'existence d'un délit, sur ses

caractères de pénalité, sur la culpabilité de celui auquel on l'impute, doit avoir nécessairement le droit d'examiner, d'apprécier tous les faits, tous les actes élémentaires de ce délit et de prononcer sur toutes les questions qui s'y rattachent. S'il en était autrement, si l'instruction et le jugement d'un délit devaient se diviser en autant de parties qu'il fait naître de questions ; si ces questions devaient être successivement soumises à chacune des juridictions compétentes pour le juger, lorsqu'elles se présentent isolées d'un fait criminel, il en résulterait de grands inconvénients. » ( *Traité de l'act. publ.*, t. 1, p. 358. ) Ainsi, le juge criminel est en général compétent pour décider les questions de droit civil qui se rattachent au fait de la prévention ; il n'est donc pas nécessaire de renvoyer l'examen de ces questions à l'examen des tribunaux civils.

5. Mais cette règle reçoit une exception lorsque la loi a formellement distrait ces questions de la juridiction criminelle et les a attribuées à la juridiction civile. Cette exception s'applique aux questions qui concernent 1° l'état et la filiation des enfants ( Code civ., art. 326 et 327 ); 2° la propriété des immeubles et les autres droits réels dont la propriété peut être grevée (l. 29 sept. 1791, tit. 11, art. 12 ; Code for. art. 182 ). — V. au mot *Questions préjudicielles*. Ces questions ne peuvent être jugées que par les tribunaux civils, et par conséquent les jugements de ces tribunaux forment une vérité judiciaire devant la juridiction criminelle. Ainsi, lorsqu'il a été jugé par un tribunal civil qu'un enfant dont l'état était litigieux jouit de celui qui lui appartient légitimement, et qu'il n'a pas été frustré d'un autre, le ministère public est non recevable à poursuivre le crime de suppression d'état, ou tout autre crime qui aurait pour objet cette suppression. Ainsi, quand il a été jugé que le prévenu d'un délit rural ou forestier est propriétaire du terrain sur lequel il a commis le fait qui donne lieu à la poursuite, le tribunal correctionnel ne peut pas le déclarer coupable du délit, et juger que le terrain ne lui appartient pas.

6. Ainsi, ce n'est que lorsque l'instance civile est préjudicielle à l'action publique, ce n'est que lorsque la loi a réservé à la juridiction civile le jugement de cette question, que ce jugement exerce une influence sur l'action criminelle. Dans ce cas, le point qu'il décide ne peut plus être remis en question devant

les tribunaux criminels ; il enchaîne leur jugement. Mais si l'instance civile n'est pas préjudicielle à l'action publique, ou si, quoique préjudicielle, sa décision a été laissée dans les attributions des tribunaux criminels, la décision civile n'enchaîne plus ces tribunaux. « Il manque alors, ainsi que le remarque M. Mangin, plusieurs des conditions constitutives de la chose jugée : il n'y a point identité d'objet entre l'action civile et l'action publique, et ce défaut d'identité n'est pas remplacé par ces liens de dépendance que la loi y substitue quand il s'agit d'une question préjudicielle. Il n'y a pas identité de parties, car le ministère public n'est que *partie jointe* dans les instances civiles dont il prend communication; il n'y a pas là *voie d'action.* » (*Traité de l'act. publ.*, t. 2, p. 397.)

7. La règle sur laquelle repose cette distinction a été appliquée dans des espèces nombreuses. Ainsi, un tribunal civil avait jugé qu'un arrêté de compte était faux; cette déclaration n'établissait nullement l'existence du faux comme une vérité judiciaire, et le tribunal criminel, saisi de l'action publique, ne pouvait se borner à vérifier si l'accusé en était l'auteur; il devait instruire sur l'existence du faux et juger si réellement il avait été commis. (Cass. 6 floréal an XII. S.-V. 4. 2. 174; D. A. 2. 615.) Dans une autre espèce, le tribunal civil avait rejeté une inscription de faux incident formée contre un testament. La Cour suprême a décidé que ce jugement n'exerçait aucune influence sur l'action publique pour la poursuite du même faux et ne pouvait en arrêter le cours. (Cass. 28 avril 1809. S.-V. 9. 1. 427; D. A. 2. 615.) Un autre tribunal avait également jugé qu'une pièce produite dans une instance n'était pas fausse; la Cour de cassation jugea encore que ce jugement n'avait pas l'autorité de la chose jugée contre la partie publique qui poursuit le même faux par la voie criminelle. (Cass. 8 juillet 1813. Devillen. et Car. 4. 1. 391; D. A. 2. 616.) La Cour de cassation a encore jugé que l'homologation du concordat et la déclaration que le failli est excusable, ne sont point des obstacles à l'exercice de l'action publique contre le failli, sur la prévention de banqueroute simple ou frauduleuse (Cass. 9 mars 1811. S.-V. 11. 1. 145; D. A. 8. 293, et 19 févr. 1813. Devillen. et Car. 4. 1. 290; J. P. 3ᵉ édit.); et réciproquement, que le jugement civil qui déclare un individu en

faillite, ne fait pas obstacle à ce que sa qualité de commerçant soit de nouveau mise en question devant la chambre d'accusation. Les motifs de cette dernière décision sont : « que la qualité de commerçant ne fournit point une de ces questions préjudicielles dont le jugement est exclusivement dévolu aux tribunaux civils ; que les tribunaux de répression sont au contraire compétents pour examiner et juger, quant à l'action publique, non-seulement les faits constitutifs du crime de banqueroute, mais encore la qualité de celui à qui on les oppose; que les jugements rendus sur l'action civile des créanciers demeurent sans influence sur l'action criminelle ; que le prévenu ne peut pas plus s'en prévaloir qu'on ne peut les lui opposer. » (Cass. 23 nov. 1827. S.-V. 28. 1. 188; D. P. 28. 1. 31.) Enfin, le jugement d'un tribunal civil, portant qu'un contrat à réméré ne déguise point un prêt conventionnel, n'a pas l'autorité de la chose jugée sur la poursuite en délit d'habitude d'usure, et n'empêche pas le tribunal criminel de rechercher si le contrat n'est pas réellement entaché d'usure. (Cass. 25 juillet 1823. Devillen. et Car. 7. 1. 299; J. P. 3ᵉ édit.)

8. C'est à l'aide de cette distinction entre les questions qui sont préjudicielles à l'action publique et celles qui ne le sont pas, que l'on peut déterminer quels jugements civils ont l'autorité de la chose jugée vis-à-vis de la juridiction criminelle, et quels n'ont pas cette autorité. Cette règle est la seule qui puisse servir de guide dans les conflits de juridiction que cette matière peut soulever. Et, en général, on doit restreindre plutôt qu'étendre l'autorité des jugements civils. Car la juridiction criminelle emploie des formes et des preuves étrangères aux tribunaux civils ; ce n'est donc que par exception qu'elle peut admettre, comme éléments de la culpabilité et des délits, des jugements intervenus sur d'autres preuves et avec d'autres formes. Le droit de la défense repousse des exceptions qui gênent sa liberté; ce n'est donc que lorsqu'il rencontre un intérêt non moins sacré, une loi formelle, qu'il doit s'incliner devant le jugement civil et en accepter la décision comme élément du jugement de la juridiction criminelle.

9. Il reste, pour compléter cette matière, à traiter de l'influence, sur l'action civile, de la chose jugée au criminel. Nous avons placé cette section sous le mot *Chose jugée (effets de la) au criminel sur le civil.*

CHOSE PERDUE ou VOLÉE. Celui qui a perdu ou auquel il a été volé une chose, peut la revendiquer pendant trois ans, à compter du jour de la perte ou du vol, contre celui dans les mains duquel il la trouve, sauf à celui-ci son recours contre celui duquel il la tient.

Si le possesseur actuel de la chose volée ou perdue l'a achetée dans une foire ou dans un marché, ou dans une vente publique, ou d'un marchand vendant des choses pareilles, le propriétaire originaire ne peut se la faire rendre qu'en remboursant au possesseur le prix qu'elle lui a coûté (art. 2279, 2280. C. civ.) — V. Épave, Possession, Revendication, Vente.

CHOSE PUBLIQUE. — V. Domaine public.

CHOSE SAISIE, saisissable, insaisissable. — V. Saisie-exécution.

CHOSE TROUVÉE. — V. Épave, Trésor. La rétention d'une chose trouvée constitue-t-elle un vol? — V. Vol.

CHOSE VOLÉE. — V. Chose perdue.

CIMETIÈRES (1). 1. La police des inhumations et des lieux consacrés aux sépultures a de tout temps préoccupé la sollicitude des législateurs. On trouve dans les monuments les plus anciens du droit romain des règles sur cette importante matière. *In urbe ne sepelito neve urito*, dit la loi des Douze Tables (2). Chaque citoyen pouvait se faire enterrer dans sa propriété, pourvu qu'elle fût hors de la ville, et tel était le respect dont les anciens entouraient les sépultures, qu'ils regardaient comme sacrés les lieux où elles

étaient établies : *Religiosum locum unusquisque suâ voluntate facit, dùm mortuum infert in locum suum*. (Gaius. Lib. 2, *Instit.* 6.) Par une assimilation remarquable, qui attribuait au tombeau une sorte de personnalité humaine, l'occupation du sol par l'ennemi faisait disparaître cette sainteté de la sépulture, comme l'esclavage enlevait au captif le caractère de citoyen ; et de même que le citoyen renaissait dans le Romain rendu à la liberté, de même les lieux consacrés aux funérailles recouvraient leur caractère religieux dès qu'ils avaient été arrachés au pouvoir de l'ennemi : « *Cùm loca capta sunt ab hostibus, omnia desinunt religiosa vel sacra esse: sicut homines liberi in servitutem pervenіunt. Quod si ab hâc calamitate fuerint liberata, quasi quodam postliminio reversa, pristino statui restituuntur.* ( l. 36. ff. *De religiosis.* )

2. Les lois romaines permettaient les tombeaux de famille et les sépultures héréditaires : *familiaria sepulchra dicuntur quæ quis sibi familiæque suæ constituit. Hæreditaria autem quæ quis sibi hæredibusque constituit.* (Gaius. Lib. 19. *Ad Ed. provinc.* ) Mais tous ces cimetières communs et privés étaient soumis à la condition écrite dans la loi des Douze Tables, et que nous avons rapportée plus haut; ils étaient placés hors de l'enceinte des villes, non moins dans un intérêt de salubrité publique que pour écarter des temples des dieux immortels les images de la mort : *ne sanctum municipiorum jus polluatur.* ( Rescrit de

---

(1) Article de M. Duchesne, auditeur au conseil d'état, chef de bureau au ministère de l'intérieur.

(2) Les anciens n'avaient pas de cimetières pareils à ceux qui existent de nos jours. « Quelles que soient, dit M. Quatremère de Quincy, dans son *Dictionnaire historique d'Architecture*, les diversités de noms que nous trouvons affectés, dans l'antiquité, aux pratiques et aux monuments de sépultures, ces noms pour le plus grand nombre, et, avec eux, les découvertes qui se sont multipliées depuis un certain nombre d'années, ne font rien connaître qui ressemble entièrement à ce que nous appelons, dans les usages modernes, *un cimetière*, c'est-à-dire un local consacré à l'inhumation publique de tous les habitants d'une ville, d'un quartier, etc. Les notions de l'antiquité, en fait de sépulture, nous présentent, à la vérité, dans le voisinage des grandes villes, des restes extrêmement nombreux de tombeaux, de sépultures, ou particulières ou de familles. Les ave-

nues des villes, les grandes routes, étaient bordées de ces monuments funéraires ; mais les dépenses de ce genre n'avaient pu appartenir qu'à la classe des grands et des riches. Les sépultures, en quelque sorte communes comme nos cimetières, qui ont été découvertes dans la Campanie et dans l'ancienne Étrurie, ne sauraient nous fournir un véritable point de ressemblance avec les cimetières modernes, destinés à recevoir l'universalité des morts dans une grande population. Tous les morts que l'on trouve environnés d'objets de luxe et d'arts ne purent appartenir à la masse, partout si considérable, de la classe pauvre ou esclave. Nous ne voyons donc que dans les premiers temps du christianisme des cimetières proprement dits. »

Nous devons ajouter cependant qu'il existait à Rome une fosse commune, espèce de voirie appelée *puticuli* ou *culinæ*, où étaient jetés les cadavres des pauvres et des esclaves. Horace a dit :

Hoc miseræ plebi stabat commune sepulchrum.

Dioclétien et Maximien. ) *Corpus in civitatem inferri non licet, ne funestentur sacra civitatis.* ( Paul. *Sentent.* tit. 21. § 2. )

3. Les premiers chrétiens enterraient leurs morts dans les catacombes, où, pour échapper à la persécution, ils cachaient les mystères de la religion nouvelle. L'idée de la mort se liant pour eux à l'espérance d'une autre vie, ils placèrent plus tard leurs sépultures autour des églises et dans les églises elles-mêmes.

4. Ce furent les empereurs qui les premiers voulurent être enterrés dans les dépendances des temples : on voit que Constantin, pour prix des services signalés qu'il avait rendus à la religion, demanda que ses restes fussent déposés dans le parvis de l'église des Saints Apôtres. Les corps des martyrs et des confesseurs obtinrent une faveur encore plus grande ; ils furent inhumés dans l'intérieur même des églises. Il était juste, selon la remarque de saint Ambroise, que les victimes de la foi fussent déposées auprès de l'autel où Jésus-Christ lui-même est offert en sacrifice. Plus tard, les fidèles qui, par une vie exemplaire, avaient acquis la réputation de sainteté, obtinrent le même privilége que les martyrs ; mais bientôt ces sépultures, qui n'étaient accordées d'abord qu'aux héros du christianisme, furent prodiguées sans mesure ; elles devinrent même quelquefois l'objet d'un scandaleux trafic, et l'on vit le pape Urbain IV obligé de défendre l'église de St-Pierre de Rome elle-même contre l'envahissement de ces sépultures « qui confondaient, dit-il, les impies avec les personnes pieuses, les criminels avec les saints. »

5. L'archevêque de Toulouse, dans un mandement célèbre, donné le 23 mars 1775, a énergiquement caractérisé cet abus que les papes et les conciles avaient été impuissants à réprimer. « Pour obtenir, dit-il, le privilége d'être enterré dans l'intérieur des églises, le clergé, que l'excellence du ministère appelle particulièrement à la sainteté, les grands, pour qui l'élévation du rang accroît le déshonneur et le scandale du vice, se firent un droit des devoirs qu'ils avaient à remplir. Des fondations, dont les saints avaient donné l'exemple, mais qu'il ne fallait multiplier comme eux qu'en imitant leurs vertus, devinrent un titre pour des hommes riches et puissants. Des bienfaiteurs passagers ne craignirent point de se comparer aux fondateurs. Les descendants des uns et des autres prétendirent succéder à leurs droits

et se faire un patrimoine de ce qui n'avait dû être accordé qu'à la sainteté de leurs ancêtres. Quand les priviléges furent ainsi multipliés sans bornes, les refus devinrent eux-mêmes des exceptions odieuses. Personne ne dût être exclu, parce que personne n'avait plus de droits réels à invoquer. Dans les premiers siècles, la loi avait défendu toute sépulture dans les églises, et même dans l'enceinte des villes. Une condescendance funeste, accrue par degrés, a fini par les autoriser presque toutes, et tel est le désordre actuel contre lequel nous sommes forcés de nous élever. Les cimetières ne sont plus hors des villes ; ils sont au centre de nos habitations, et l'odeur qu'ils répandent infecte les maisons qui les entourent : *les églises sont devenues elles-mêmes des cimetières.* La sépulture commune des fidèles est abandonnée ; si quelques âmes pieuses réclament l'ancien usage d'y être ensevelies, le grand nombre semble le regarder comme un déshonneur : ni l'interruption de nos saints mystères, que produisent des enterrements répétés ; ni la putridité que répand une terre infecte et continuellement remuée ; ni l'état indécent du pavé de nos églises, qui ne présentent pas même la consistance ordinaire des chemins publics ; ni ce cri général qu'excite si souvent le dépôt scandaleux d'un homme accablé de crimes et de vices dans la maison du Seigneur ; rien ne peut arrêter la vanité des grands qui veulent toujours être distingués, ni celle des petits qui ne cessent de vouloir s'égaler aux grands : on croirait que la mort au moins devrait mettre tous les hommes de niveau ; l'orgueil a su en rendre les leçons inutiles, et le plus cher des intérêts, celui de la conservation de nous-mêmes, n'a pu en dissiper l'illusion et le prestige. »

6. A ce mandement était jointe une ordonnance contenant défense expresse et générale aux curés, vicaires et ecclésiastiques d'enterrer qui que ce fût dans les églises. Les seules sépultures réservées qui fussent autorisées à l'avenir devaient être établies dans les cloîtres ou dans les chapelles ouvertes y attenantes, et elles n'étaient accordées qu'aux personnes ayant jusque-là le droit de se faire inhumer dans les églises mêmes. A la réserve de ces personnes privilégiées, les corps de tous les fidèles sans exception devaient être déposés dans les cimetières de leurs paroisses, sans que les droits reconnus d'être enterrés dans les caveaux des cloîtres et chapelles ouvertes en

dépendant pussent être concédés par la suite, sous quelque titre ou quelque prétexte que ce fût. Les curés et autres ecclésiastiques desservant les églises étaient invités à faire toutes leurs diligences pour procurer à leur paroisse un cimetière convenable et éloigné de toute habitation ; il devait être exactement clos et fermé, et, autant que possible, établi dans un lieu élevé et au nord des habitations. Aussitôt après l'ouverture et la bénédiction des nouveaux cimetières, les anciens demeuraient interdits, et pendant un temps indéterminé il n'en pouvait être fait aucun usage.

Cette sage ordonnance fut homologuée par un arrêt du parlement de Toulouse, du 31 mars 1775.

7. La loi promulguée par le gouvernement, le 10 mars 1776, mérite aussi d'être citée parmi les monuments les plus remarquables de l'ancienne législation sur les cimetières. Ses prescriptions, déjà préparées par un arrêt de règlement du parlement de Paris, en date du 21 mai 1765, rappellent dans leur ensemble celles de l'ordonnance de l'archevêque de Toulouse. Nous devons dire cependant, à l'éloge de cette dernière, qu'elle s'était montrée plus sévère que la loi elle-même dans les précautions de salubrité qu'elle commandait. Ainsi, nous avons vu que l'ordonnance contenait la défense absolue d'enterrer à l'avenir *qui que ce fût* dans l'enceinte des églises, tandis que la loi de 1776 admettait à cet égard une exception assez étendue, puisqu'elle s'appliquait aux archevêques, évêques, curés, patrons des églises, hauts-justiciers, et fondateurs des chapelles. Ce droit exceptionnel ne pouvait, à la vérité, être cédé à personne, comme aussi aucune concession de ce genre ne devait être accordée par la suite, même à titre de fondation.

Les personnes autres que celles énumérées ci-dessus, et dont l'inhumation dans les églises avait été jusque-là permise, ne purent plus être enterrées que dans les cloîtres ou chapelles ouvertes y attenant, et, en outre, à la condition d'y faire construire des caveaux suivant la forme et dimension indiquées par l'article 2 de la loi. Dans le cas où aucun cloître ne se fût trouvé dans les dépendances des édifices religieux, ceux qui, à l'époque de la promulgation de la loi, avaient le droit de réclamer une sépulture dans l'intérieur de l'église, pouvaient choisir dans les cimetières des paroisses un lieu séparé pour leur sépulture, de

manière toutefois qu'il restât toujours dans ces cimetières le terrain nécessaire à la sépulture des fidèles.

8. Les cimetières qui, en conséquence des précédentes dispositions, se seraient trouvés insuffisants, devaient être agrandis, et ceux qui, placés dans l'enceinte des habitations, pouvaient nuire à la salubrité de l'air, devaient être portés, autant que les circonstances le permettraient, hors de ladite enceinte, en vertu des ordonnances des archevêques et évêques diocésains ; les juges des lieux, les officiers municipaux et habitants étaient tenus d'y concourir, chacun en ce qui le concernait. Dans le but de faciliter ces translations de cimetières auxquelles s'attachait un si grand intérêt public, les villes et communautés étaient d'avance autorisées à acquérir les terrains destinés à l'établissement des nouveaux cimetières, et dispensées, en outre, pour ces acquisitions, de tous droits d'indemnité ou d'amortissement.

Enfin, une disposition spéciale réservait à une loi particulière de régler la police des cimetières de Paris.

9. La loi de 1776 ne reçut qu'une exécution fort incomplète : la translation des cimetières hors de l'enceinte des habitations n'eut pas lieu, ou ne fut pas accompagnée des précautions convenables. Vainement le législateur renouvela en 1781 ses prohibitions ; les mauvais jours de la révolution trouvèrent encore existants des abus auxquels ils ajoutèrent les scandales des plus affreux désordres, la violation et le pillage des tombeaux, l'abandon de toutes les règles de décence et de salubrité. Non pas que tous les bons citoyens demeurassent muets en présence de ces profanations ; les efforts de plusieurs écrivains, à la tête desquels s'étaient placés Mulot, Cambry, Duval, méritent d'être signalés à la reconnaissance du pays : un discours éloquent de Pastoret avait un instant réveillé les conseils ; plus tard, l'Institut demandant à la science ce que l'autorité des lois n'avait pu faire, mettait la question au concours, et proposait des prix à ceux qui présenteraient les meilleures idées sur les sépultures.

10. Enfin, l'affermissement de l'ordre et le retour à la tolérance religieuse, secondé par le concordat, permirent au gouvernement de s'occuper d'une matière trop longtemps abandonnée. Un projet de règlement, renvoyé par les consuls à la section de l'intérieur du con-

**IV.**                                          17

seil d'état, fut soutenu ensuite devant le conseil par M. de Ségur; il est devenu le décret du 23 prairial an XII, qui, avec le décret du 7 mars 1808, a jusqu'aujourd'hui formé toute la législation sur les sépultures. Pour combler les lacunes que l'expérience avait fait reconnaître dans ces deux décrets, une ordonnance royale fut rendue le 6 décembre 1843 : nous aurons occasion d'en parler plus tard.

§ 1ᵉʳ. — *Des sépultures et des lieux qui leur sont consacrés.*

§ 2. — *Des servitudes imposées par le voisinage des cimetières.*

§ 3. — *De la propriété des cimetières.*

§ 4. — *De la clôture et de l'entretien des cimetières.*

§ 5. — *De la part accordée aux fabriques dans l'usufruit des cimetières.*

§ 6. — *De la police des cimetières.*

§ 7. — *De l'aliénation des anciens cimetières.*

§ 8. — *Des concessions dans les cimetières.*

§ 9. — *Des cimetières de la ville de Paris.*

—

§ 1ᵉʳ. — *Des sépultures et des lieux qui leur sont consacrés.*

11. Le titre 1ᵉʳ du décret de l'an XII se borne à rappeler les dispositions des lois de 1765, 1776, 1781, et celles du Code civil ; il consacre avant tout la prohibition si souvent et si inutilement renouvelée d'enterrer dans les églises ; il comprend, en outre, dans cette prohibition, les temples, les synagogues, les hôpitaux, les chapelles publiques, et généralement tous les édifices clos et fermés où les citoyens se réunissent pour la célébration de leur culte ; enfin il statue qu'aucune inhumation n'aura lieu dans l'enceinte des villes et bourgs.

12. Nous remarquerons, en passant, que la défense d'enterrer dans les hôpitaux semble restreinte par l'art. 13 du décret, ainsi conçu : « Les maires pourront, sur l'avis des administrations des hôpitaux, permettre qu'on construise, dans leur enceinte, des monuments pour les fondateurs et bienfaiteurs de ces établissements, lorsqu'ils en auront exprimé le désir par leurs actes de donation, de fondation ou de dernière volonté. »

Il faut s'entendre sur cette restriction. Certains auteurs ont voulu y trouver le privilège d'une sépulture exceptionnelle accordée, dans les hôpitaux, aux bienfaiteurs de ces établissements. L'intention du gouvernement était, en effet, de permettre aux fondateurs et bienfaiteurs, non-seulement des hospices, mais même des églises, de se faire inhumer dans ces édifices. Mais le conseil d'état modifia cet article de manière à maintenir dans toute sa rigueur la défense qu'il voulait consacrer, et, pour concilier la reconnaissance due à la charité avec l'intérêt de la salubrité publique, il ajouta au décret l'article 13 qui autorise les maires à honorer, par des monuments placés dans les hospices, la mémoire des hommes bienfaisants qui les ont ou établis ou enrichis de leurs libéralités. Ces monuments doivent donc s'entendre de simples signes commémoratifs, tout au plus de cénotaphes, mais jamais de véritables tombeaux.

13. Ce n'était pas tout que de prendre pour l'avenir ces sages précautions, qui fermaient enfin aux inhumations des lieux qu'elles avaient pendant si longtemps envahis ; il était naturel de se demander si les églises conserveraient éternellement les dangereux dépôts qui y avaient été entassés. En 1811, le ministre des cultes consulta le conseil d'état sur la question de savoir si les ossements des personnes mortes depuis un grand nombre d'années, et inhumées dans les églises, devaient être transportés dans le cimetière commun, ou replacés dans quelque autre édifice. Le conseil répondit, par son avis du 31 mars 1811, que le décret du 23 prair. an XII n'avait eu d'autre but que d'empêcher le danger qui résultait de la coutume d'enterrer les corps dans l'intérieur des églises; que la translation d'ossements depuis longtemps desséchés ne pouvait avoir aucun inconvénient ; que par conséquent ces ossements devaient être transportés soit au cimetière commun, si personne ne réclamait pour eux une autre destination, soit dans un édifice quelconque, si les communes, ou des individus de la famille des décédés, sollicitaient une exception à la loi ; que, dans ce dernier cas, ces personnes ou ces communes devraient porter leurs réclamations devant les autorités administratives, en indiquant le lieu où elles se proposaient de placer le nouveau dépôt, et que, sur leur autorisation, elles pourraient procéder à la translation.

14. Cet avis du conseil d'état ne fut pas approuvé ; le gouvernement voulut sans doute éviter de donner à ces translations d'ossements

l'éclat d'une mesure officielle et générale ; il craignit d'ailleurs de ranimer des ressentiments politiques à peine calmés. Mais nous ne doutons pas que les lois de police, et spécialement celle des 16-24 août 1790, ne l'aient armé, à cet égard, d'un droit absolu dont plus d'une fois il a cru devoir faire usage.

15. La seule exception que l'art. 1er du décret du 23 prair. an XII ait soufferte et souffre encore de nos jours, c'est l'inhumation des évêques et archevêques dans les églises de leurs diocèses ; chacune de ces dérogations à la règle doit être sanctionnée par une ordonnance royale, rendue sur le rapport de M. le ministre des cultes.

16. En prescrivant qu'aucune inhumation n'aurait plus lieu dans l'enceinte des villes et bourgs, le décret du 23 prair. ordonnait par cela même la translation, hors de leur enceinte, des cimetières qui s'y trouvaient compris. « Il y aura, dit l'art. 2, hors de chacune de ces villes et bourgs, à la distance de trente-cinq à quarante mètres au moins de leur enceinte, des terrains spécialement consacrés à l'inhumation des morts. » Les conditions dans lesquelles doivent se trouver ces terrains sont ensuite définies : les plus élevés et exposés au nord seront choisis de préférence ; ils seront clos de murs de deux mètres au moins d'élévation ; on y fera des plantations, en prenant toutes les précautions convenables pour ne point gêner la circulation de l'air. Enfin, l'ouverture des fosses pour de nouvelles inhumations ne pourra avoir lieu que de cinq années en cinq années ; les terrains destinés à former les lieux de sépulture seront cinq fois plus étendus que l'espace nécessaire pour y déposer le nombre présumé de morts qui peuvent y être enterrés chaque année. (Art. 2, 3 et 6.)

Aux prescriptions du décret de l'an XII, il faut ajouter celles de la loi du 18 juill. 1837, qui range au nombre des dépenses obligatoires des communes la translation des cimetières, dans les cas déterminés par les règlements d'administration publique. (Art. 30, § 17.)

17. Il suit de ces dispositions que l'obligation d'acquérir un emplacement convenable à l'établissement de leur cimetière, n'est pas seulement imposée aux villes et bourgs qui ne possédaient pas les terrains nécessaires pour opérer la translation ordonnée par les art. 1 et 2 du décret de l'an XII, mais encore à celles dont les cimetières, bien que placés hors de l'enceinte des habitations, ne rempliraient pas les conditions de position, d'étendue ou de salubrité prescrites.

18. Si l'acquisition a lieu à l'amiable, à quelles formes devra-t-elle être soumise ? L'art. 7 du décret du 23 prairial porte : que les communes pourront, sans autre autorisation que celle qui leur est accordée par la déclaration du 10 mars 1776, acquérir les terrains nécessaires à l'établissement de leurs nouveaux cimetières, en remplissant les formalités voulues par l'arrêté du 7 germinal an IX, c'est-à-dire après délibération du conseil municipal, enquête *de commodo et incommodo*, avis du sous-préfet et du préfet. Mais serait-on fondé à induire aujourd'hui de cet article que les acquisitions dont il s'agit échappent, par un privilége spécial, aux règles qui régissent toutes les acquisitions communales, et que l'art. 46 de la loi du 18 juillet 1837 ne leur est pas applicable ? Évidemment non. Bien que la loi des attributions municipales n'ait pas expressément rapporté les décrets et ordonnances antérieurs dans ce qu'ils auraient de contraire à ses dispositions, il n'en ressort pas moins clairement des termes de l'art. 46 de cette loi, que le législateur a formellement entendu en faire la règle générale et absolue de toutes les acquisitions d'immeubles votées par les conseils municipaux, quelle qu'en fût d'ailleurs la destination. Quant à l'espèce de faveur accordée aux communes par l'art. 7 du décret de l'an XII, on s'en rendra facilement compte en se rappelant qu'à l'époque où ce décret fut promulgué, les lois de 1791 et de 1797, aux termes desquelles les communes ne pouvaient ni acquérir ni aliéner aucun immeuble sans une loi particulière, étaient encore en vigueur, et que ce fut en 1810 seulement que le pouvoir impérial commença à statuer, en pareille matière, par de simples décrets.

19. Ainsi, dans le cas que nous avons supposé, c'est-à-dire celui où la commune trouve à acheter à l'amiable l'emplacement de son nouveau cimetière, les formes à suivre seront celles prescrites par l'art. 46 de la loi du 18 juillet 1837, en y ajoutant l'enquête préalable *de commodo et incommodo*. Si la dépense excède 3,000 fr., l'acquisition ne pourra être autorisée que par une ordonnance royale rendue sur le rapport du ministre de l'intérieur, le comité de l'intérieur entendu.

**20.** S'il s'agit simplement de l'agrandissement d'un cimetière, devra-t-on considérer comme obligatoire ou comme facultative la dépense qui en résulte, et par conséquent dans le cas où il serait pourvu à cette dépense au moyen d'une imposition extraordinaire, devrait-elle être autorisée par arrêté du préfet ou par ordonnance royale? (Art. 40 de la loi du 18 juillet 1837.)

Le mot d'*agrandissement* ne se trouve pas, il est vrai, dans l'art. 30 de la loi du 18 juillet 1837, qui met au nombre des dépenses obligatoires des communes la clôture des cimetières, leur entretien, et leur translation dans les cas déterminés par les lois et règlements d'administration publique; mais on ne peut cependant douter que le législateur n'ait entendu implicitement l'y comprendre; en effet, le défaut d'agrandissement du cimetière peut souvent nécessiter la translation, et l'on se trouverait ainsi forcé, en appliquant le § 17 de l'art. 30, de déclarer obligatoire ce qui ne serait que la non-exécution d'une dépense facultative. On doit donc voir dans l'agrandissement d'un cimetière une mesure non moins obligatoire, sous le rapport de la salubrité et de la police, que sa clôture, son entretien et sa translation. (Avis du comité de l'intérieur, commune de Segonzac.)

**21.** Mais si la commune ne peut se procurer à l'amiable le terrain nécessaire à l'établissement, à l'agrandissement ou à la translation d'un cimetière, alors elle doit recourir à l'expropriation pour cause d'utilité publique. (Avis du comité de l'intérieur, 27 oct. 1830, commune de Sarreguemines.) Ce serait, dans ce cas, les lois du 7 juill. 1833, du 3 mai 1841, et l'ordonnance réglementaire du 23 août 1835 qu'il faudrait appliquer. «Toutefois, fait observer le comité de l'intérieur, on ne doit recourir à cette mesure extrême qu'avec une grande réserve, et qu'autant que la preuve serait acquise qu'il est impossible de trouver à acheter amiablement dans la commune aucun autre terrain convenable aux inhumations; car la convenance ou l'avantage que trouverait la commune à prendre tel ou tel terrain ne serait pas un motif suffisant pour en exproprier le propriétaire. (Avis du comité de l'intérieur, 4 sept. 1833, commune de Pontrieux, Côtes-du-Nord; 8 juillet 1838, commune de Charroux, Allier.)

**22.** Dans le cas spécial de l'agrandissement du cimetière, que devrait-on décider si le propriétaire des terrains contigus se refusait à les vendre à l'amiable, et si, d'un autre côté, il existait dans la commune des terrains sur lesquels le cimetière insuffisant pût être convenablement transféré et agrandi? Faudrait-il pousser le respect de la propriété jusqu'à imposer à la commune les dépenses d'une translation, plutôt que de déclarer l'expropriation pour cause d'utilité publique? Le comité de l'intérieur a émis, dans le sens de l'affirmative, en date du 13 juillet 1825 (commune de Manosque, Basses-Alpes), un avis aux principes duquel l'administration est restée fidèle. C'est, en tout cas, comme le font remarquer **MM.** Vuillefroy et Monnier (*Principes d'administration*), une question fort grave que de fixer les limites qui doivent être apportées à l'usage de l'expropriation pour l'établissement ou l'agrandissement des cimetières. L'administration a plusieurs fois hésité à déclarer l'utilité publique de cet agrandissement, et à autoriser l'expropriation lorsque le cimetière existant contenait déjà l'étendue prescrite par le décret du 23 prairial an XII, et que l'extension qu'il s'agissait de lui donner n'était destinée qu'à mettre la commune à même de faire des concessions particulières de terrains. (Avis du comité de l'intérieur, 21 juillet 1835, commune d'Issoire, Puy-de-Dôme; 22 janvier 1836, commune de Saint-Cloud, Seine-et-Oise.) Cependant, comme ces concessions ne doivent pas être uniquement regardées comme une source de revenus pour la commune, et que la faculté accordée aux familles d'honorer par des tombes la mémoire des morts intéresse, à certains égards, la morale publique, des expropriations ont été plusieurs fois autorisées en de pareilles circonstances. (Ord. délibérée en conseil d'état, 13 avril 1836, commune de Saint-Cloud, Seine-et-Oise.)

**23.** Nous avons supposé, dans l'hypothèse de l'acquisition à l'amiable, comme dans celle de l'expropriation des terrains destinés à l'établissement et à l'agrandissement d'un cimetière, que le conseil municipal de la commune appuyait d'une délibération favorable le projet d'acquisition; mais cette adhésion du conseil municipal est-elle nécessaire au point que, sans elle, l'opération de la translation ou de l'agrandissement reconnus indispensables ne puisse avoir lieu? Si, par exemple, le mauvais état d'un cimetière avait forcé le maire à en ordonner la fermeture, dépendrait-il du conseil municipal de paralyser une mesure réclamée par la salubrité publique, en refusant de voter la dépense, ou, au besoin, l'imposition extraordinaire que devrait entraîner l'arrêté municipal ? Nous sommes loin de le penser : la loi du 18 juillet 1837 a, comme nous l'avons déjà fait remarquer, rangé au nombre des dépenses obligatoires des communes la translation des cimetières, dans les cas déterminés par les lois et règlements d'administration publique. Nous avons vu qu'en ce qui touche l'agrandissement, la jurisprudence avait complété la loi, et que, régulièrement ordonné, il constitue une dépense non moins obligatoire que celle de la translation : l'autorité est donc armée contre la résistance qu'un conseil municipal tenterait d'opposer à des mesures dans lesquelles de pieux préjugés pourraient lui faire voir une sorte de profanation ; et s'il refusait de pourvoir aux frais qu'elles occasionneraient, le crédit nécessaire devrait être porté d'office au budget de la commune, et, à défaut de ressources suffisantes, assuré par une imposition d'office, suivant les formes ordinaires. ( Ordonnance délibérée dans le comité de l'intérieur, 17 juin 1836, commune de Condat, Cantal. )

**24.** Les art. 1 et 2 du décret du 23 prairial an XII ne parlent que des *villes* et *bourgs*, en sorte qu'on pourrait supposer que les prescriptions de ces articles ne s'appliquent pas à toutes les communes de France. Le gouvernement aurait-il eu, en 1804, une pensée moins large qu'en 1776, et, tandis qu'en employant dans la loi du 10 mars l'expression de *communes* il indiquait nettement l'intention de faire un règlement auquel seraient soumises toutes les sépultures du royaume, ne se serait-il occupé, en 1804, que de celles de certaines localités privilégiées, abandonnant toutes les autres au hasard d'une bonne ou mauvaise administration ?

Il est difficile de le penser quand on recherche, dans le rapport présenté au Conseil d'état par M. de Ségur, le véritable esprit du décret du 23 prairial an XII.

« Le premier titre, dit-il, ne fait que rappeler les lois de 1765, 1776, 1781 et celles du Code civil. La section de l'intérieur avait d'abord été tentée de le supprimer comme inutile ; mais elle s'est décidée à le maintenir, parce qu'il peut être avantageux de réunir dans un seul règlement tout ce qui est épars dans d'anciens édits et de nouvelles lois. » Ce passage prouve jusqu'à l'évidence qu'il n'a pu entrer dans la pensée des auteurs du décret de l'an XII de lui donner moins d'extension qu'à la loi de 1776 ; or, cette loi dans toutes ses dispositions, et notamment dans celles qui sont relatives à la translation des cimetières situés au milieu des habitations, n'emploie par seulement le mot *ville*, mais les expressions générales de *villes* et *communautés*. Faut-il donc attacher un sens rigoureux, une signification légale à ces mots *villes* et *bourgs* qu'on trouve dans les deux premiers articles du décret de l'an XII ? Mais d'abord, légalement existe-t-il des bourgs et des villes ? La loi du 10 brum, an II, loi qui n'a jamais été abrogée, n'a t-elle pas substitué à toutes ces dénominations celle de *commune* ? Sans doute les anciennes appellations se sont souvent reproduites dans les actes législatifs postérieurs à l'an II ; le mot *ville* a le premier ressaisi ce droit de l'usage, plus puissant que les prescriptions de la loi ; car, le lendemain même du jour où il avait été supprimé, le 11 brum. an II, il reparaissait dans la loi qui déclarait *ville* rebelle toute *ville* qui recevrait les brigands ou leur donnerait des secours ; mais, bien que des circulaires ministérielles, du 7 août 1813 et 7 avril 1818, aient considéré comme *ville* toute agglomération d'habitants de 2,000 âmes et au-dessus, il n'en est pas moins vrai que les mots *ville* et *bourg* ne sont définis par aucune loi, n'ont légalement aucun sens déterminé. — V. Ville.

**25.** Admettons d'ailleurs qu'en 1804 le gouvernement n'ait eu en vue, en prescrivant la translation des cimetières hors de l'enceinte des habitations, que les localités où la population et, par conséquent, la mortalité étant plus considérables, le danger d'insalubrité devait être plus grand ; la loi des 16-24 août 1790, en recommandant aux autorités les précautions nécessaires pour prévenir les épidémies, n'en avait pas moins établi implicitement la même obligation, sans distinction de communes, à l'égard de tous les cimetières qui pourraient compromettre la salubrité publique. Toutefois, il faut le reconnaître, l'exécution des mesures à prendre, en vertu de cette loi générale, rencontre d'assez sérieuses et d'assez fréquentes difficultés pour que, sur la question de la translation des cimetières, le gouvernement ait dû éprouver le besoin de rendre la législation plus complète, en définissant avec précision la nature et l'étendue du pouvoir attribué, quant à cette translation, à l'autorité préfectorale. Dans ce but, les préfets furent invités en 1841 à consulter les conseils généraux sur le point de savoir si l'obligation de transférer les cimetières pouvait s'étendre à toutes les communes sans distinction. Près de la moitié des conseils se déclarèrent pour l'affirmative ; d'autres pensèrent qu'au lieu d'établir des règles spéciales, souvent insuffisantes, il vaudrait mieux donner à l'administration la faculté d'apprécier les cas où la translation des cimetières devrait être exigée : d'autres enfin proposèrent de fixer une limite de population au-dessous de laquelle cette mesure ne pourrait avoir lieu ; et les dix conseils qui avaient adopté ce système firent varier la limite à laquelle il devait s'arrêter de 300 à 4,000 âmes.

26. La diversité de ces réponses faites par les conseils généraux prouvait assez que le droit de l'administration supérieure d'ordonner la translation des cimetières de toutes les communes indistinctement ne serait pas, dans l'état actuel de la législation, accepté sans résistance. Le besoin de l'armer à cet égard de pouvoirs plus étendus se faisait donc impérieusement sentir, et il vient tout récemment d'y être pourvu par un règlement d'administration publique. ( Ordonnance royale du 6 déc. 1843. ) L'art. 1er de ce règlement est ainsi conçu : « Les dispositions des titres 1 et 2 du décret du 23 prairial an XII, qui prescrivent la translation des cimetières hors des villes et bourgs, pourront être appliquées à toutes les communes du royaume. » L'art. 2 établit ensuite de quelles formalités devra être accompagnée la translation dans le cas où les préfets jugeront nécessaire de la prescrire. « La translation des cimetières, dit cet article, lorsqu'elle deviendra nécessaire, sera ordonnée par un arrêté du préfet, le conseil municipal de la commune entendu ; le préfet déterminera le nouvel emplacement du cimetière, sur l'avis du conseil municipal et après enquête *de commodo et incommodo*. On avait pensé d'abord à faire intervenir dans cette instruction le conseil général et le conseil d'arrondissement ; il avait paru utile que le préfet pût au besoin abriter derrière les pouvoirs locaux un acte d'autorité administrative, contre lequel souvent, sans doute, s'élèveraient de vives oppositions ; mais un examen attentif a fait reconnaître que cette immixtion des

conseils généraux et d'arrondissement dans une mesure à laquelle la loi ne les appelle pas à participer, aurait beaucoup plus d'inconvénients que d'avantages. A supposer, en effet, que leur intervention dût être restreinte au cas seulement où le conseil municipal résisterait à la translation projetée, le conseil d'arrondissement embrasserait, selon toute apparence, le parti de la commune et corroborerait son opposition, au lieu d'aider le préfet à la vaincre : quant aux conseils généraux, il serait difficile qu'ils jugeassent en connaissance de cause une question purement locale, et ils se laisseraient très-probablement entraîner à l'avis des élus de la localité récalcitrante. Ce n'est pas sans danger d'ailleurs que les conseils électifs sont ainsi sollicités à sortir de leurs attributions légales, et à s'immiscer dans l'administration ; c'est une tendance qui ne leur est que trop naturelle, et que le gouvernement doit plutôt contenir qu'encourager. Ces considérations ont fait abandonner la pensée d'étendre, ainsi qu'on l'avait voulu d'abord, le cercle de l'instruction qui devrait précéder la translation d'un cimetière, et il a paru que, dans une question qui touche, nous devons le reconnaître, à des sentiments très-respectables, c'était accorder aux populations de suffisantes garanties que d'appeler les conseils municipaux à délibérer et sur la translation de l'ancien cimetière et sur l'emplacement du nouveau ; puis, d'ouvrir ensuite une enquête dans laquelle seraient entendus, non plus seulement les membres du conseil municipal, mais tous les habitans de la commune sans exception.

27. Voici quelles seront les formes à suivre : La nécessité de translation, si elle est contestée par l'administration locale, devra être préalablement établie par un rapport circonstancié d'hommes de l'art, que le préfet chargera de constater les dangers ou les inconvénients résultant, soit de la situation topographique, soit de l'insuffisance d'étendue, soit de la nature du sol du cimetière, ou de toute autre cause.

C'est sur ce rapport, et après que le conseil municipal en aura délibéré, que le préfet prendra un arrêté pour déclarer qu'il y a lieu de supprimer l'ancien cimetière.

Avant de déterminer le nouvel emplacement, une enquête *de commodo et incommodo* sera ouverte uniquement sur le choix du terrain. Cette enquête est d'autant plus rigoureusement exigible, que l'établissement des nouveaux cimetières a pour effet de grever les propriétés avoisinantes de servitudes assez onéreuses, et qu'il importe dès lors que les propriétaires intéressés soient mis en état de faire valoir leurs motifs d'opposition , que le conseil municipal sera ensuite appelé a examiner.

Ces formalités accomplies , le préfet prendra un nouvel arrêté, le conseil municipal également entendu , pour déterminer l'emplacement sur lequel le cimetière nouveau sera transféré. (Instr. minist. du 30 déc.1843.)

§ 2. — *Des servitudes imposées par le voisinage des cimetières.*

28. Nous avons vu que les cimetières transférés hors des villes et bourgs devaient, aux termes de l'art. 2 du décret du 23 prair. an XII, être établis à trente-cinq ou quarante mètres au moins de leur enceinte.

Le décret du 7 mars 1808 vint ajouter aux précautions de salubrité qui avaient dicté cet article. Voici le texte de ce décret :

« Art. 1er. Nul ne pourra, sans autorisation, élever aucune habitation , ni creuser aucun puits, à moins de cent mètres des nouveaux cimetières transférés hors des communes en vertu des lois et règlements.

» Art. 2. Les bâtiments existants ne pourront également être restaurés ni augmentés, sans autorisation.

» Les puits pourront, après visite contradictoire d'experts, être comblés, en vertu d'ordonnance du préfet du département, sur la demande de la police locale. »

29. Comment doit-on entendre les servitudes imposées par ce décret de 1808 ? D'abord, il est évident qu'elles ne sont applicables qu'à l'égard des cimetières transférés hors des communes, et qu'ainsi elles ne doivent, en aucun cas, grever les propriétés voisines de ceux qui sont jusqu'ici restés enfermés dans l'enceinte des habitations. Sur ce point, les termes du décret sont formels, et il est de principe que les servitudes ne s'étendent point. Dans le cas même où la salubrité publique paraîtrait s'opposer à ce qu'un propriétaire élevât des constructions ou creusât un puits dans le voisinage d'un cimetière, si, comme nous venons de le dire, il n'a pas été transféré hors de la commune, ce ne serait pas sur le décret du 7 mars 1808 que le maire pourrait s'ap-

puyer pour interdire à ce propriétaire des travaux qu'il jugerait dangereux; ce serait sur la loi des 16-24 août 1790, dont le § 5, art. 3, titre 11, charge spécialement l'autorité municipale du soin de prévenir, par les précautions convenables, les accidents et les fléaux calamiteux, tels que les épidémies.

30. Mais, lors même que le décret du 7 mars 1808 doit recevoir son application, c'est-à-dire lorsque le cimetière a été transféré hors de la commune, il s'élève encore des doutes assez graves sur la véritable portée de ce décret. Ce n'est, en effet, qu'à trente-cinq ou quarante mètres de l'enceinte de la commune que le cimetière a dû être transféré; mais le rayon des servitudes établies par le décret de 1808 est beaucoup plus étendu, puisqu'il est fixé à cent mètres. Devra-t-il donc pénétrer de soixante mètres dans l'enceinte même de la commune, et, sur cette zone de soixante mètres, une autorisation sera-t-elle nécessaire pour restaurer ou augmenter les bâtiments existants ? Les propriétaires seront-ils exposés à voir combler les puits creusés dans leurs habitations? On ne saurait raisonnablement le penser, et pourtant on arrive à ces rigoureuses conséquences sans forcer en aucune manière les termes du décret de 1808. Nous devons donc reconnaître qu'il existe, à cet égard, une contradiction entre ce décret et l'art. 2 de celui du 23 prairial.

31. M. Davenne, dans son ouvrage intitulé *Régime administratif et financier des communes,* a cherché à expliquer cette contradiction : « On doit considérer, dit-il, que le but du décret de 1808 a été principalement de ménager autour des nouveaux cimetières une zone de terrains libres, sur laquelle il soit loisible aux communes de les agrandir, selon les besoins ; ce qui explique parfaitement comment le législateur, après avoir prescrit une distance de trente-cinq à quarante mètres, comme minimum d'éloignement de l'enceinte habitée, a pu, sans se contredire, déterminer un rayon plus considérable pour la prohibition des constructions nouvelles qui, en entourant le nouveau cimetière, pourraient plus tard faire obstacle à son agrandissement devenu nécessaire. Il est, au reste, bien évident, ajoute le même auteur, que, lorsqu'il a été satisfait à la disposition qui prescrit la translation des cimetières hors de l'enceinte des habitations, et dès que la distance légale a été observée, aucune servitude ne peut plus atteindre

les propriétés *placées en deçà*. Le décret du 7 mars 1808 ne peut dont être invoqué qu'à l'égard des propriétés situées hors de l'enceinte habitée, *du côté de la campagne.* »

32. Le comité de l'intérieur a, par son avis du 28 décemb. 1840, interprété plus sévèrement que M. Davenne le décret de 1808. Consulté sur la question de savoir si ce décret est applicable, au delà de la limite fixée par l'art. 2 de celui du 23 prair. an XII, aux propriétés bâties situées entre les cimetières transférés et les communes auxquelles appartiennent ces cimetières, le comité, considérant que la distance de cent mètres imposée aux constructions d'édifice a principalement pour objet d'assurer la salubrité des localités; que cette salubrité peut exiger qu'il ne soit fait aucune fouille ou construction nouvelle dans un rayon de cent mètres autour des cimetières; qu'en laissant aux autorités la faculté d'accorder des permissions de creuser ou de construire, le décret a prévu le cas où ces fouilles et constructions pourraient avoir lieu sans nuire à la santé publique; par ces motifs, disons-nous, le comité de l'intérieur a été d'avis, « que le décret du 7 mars 1808 s'applique à toutes les propriétés situées dans un rayon de cent mètres, *dans tous les sens,* autour des cimetières transférés, et que l'autorisation exigée par ce décret est surtout nécessaire lorsqu'il s'agit de fouilles à faire, soit pour les constructions nouvelles, soit pour les constructions anciennes. »

Nous n'hésitons pas à regarder l'interprétation du comité de l'intérieur comme beaucoup trop large, et nous pensons avec M. Davenne que la servitude créée par le décret de 1808 s'arrête nécessairement aux limites de l'enceinte de la commune. C'est du moins dans ce sens que l'administration l'a constamment appliqué.

33. Cette difficulté de concilier les décrets de l'an XII et de 1808 avait inspiré à l'administration le désir de substituer une distance unique à celles de 40 et de 100 mètres fixées par ces deux décrets : cette question faisait partie de celles adressées en 1841 aux conseils généraux.

La majorité des conseils sembla reconnaître que le décret de 1808 avait abrogé implicitement, quant aux distances, celui de l'an XII, en ce sens que le gouvernement n'avait pu songer à frapper de servitudes très-onéreuses les propriétés situées dans l'enceinte même

des villes; quarante avis tendirent à admettre que la zone des servitudes et l'éloignement des habitations devaient être réglés par une distance unique. Quant à la fixation du minimum de cette distance, elle varia de 40 jusqu'à 1000 mètres. Un conseil général exprima l'opinion que la translation d'un cimetière ne devait s'opérer que sous la condition d'une indemnité en faveur des propriétaires des fonds compris dans la zone des servitudes. Enfin, dix conseils pensèrent que la voie réglementaire ne serait pas suffisante pour modifier les servitudes existantes ou en établir de nouvelles, ni surtout pour sanctionner le droit des préfets en cas de résistance de la part de l'autorité municipale, et qu'une disposition législative était indispensable.

34. L'administration ne s'était pas arrêtée à cette dernière objection; elle considérait que si une loi est indispensable pour aggraver des servitudes déjà existantes, il n'en est pas de même quand il s'agit au contraire de les restreindre; que les servitudes n'étant qu'un sacrifice imposé à la propriété privée dans l'intérêt public, il appartenait à l'administration d'apprécier et de régler les cas dans lesquels il était possible de faire fléchir ces intérêts, qu'elle a pour mission constante de défendre et de représenter. En conséquence, après s'être éclairé de l'avis des savants sur la question de salubrité publique, le ministère de l'intérieur avait inscrit dans le règlement sur lequel avait à délibérer le Conseil d'état, l'article suivant : « La distance fixée par le décret du 7 mars 1808 pour les constructions dans le voisinage du cimetière transféré, est réduite de 100 à 40 mètres. » Mais le Conseil d'état s'arrêta devant les scrupules qu'avaient exprimés un certain nombre de conseils généraux; il ne pensa pas que des servitudes pussent être modifiées autrement que par une loi, soit qu'il fût question de les aggraver ou de les restreindre; car si, dans le premier cas, les garanties de la loi sont accordées à la propriété contre les exigences de l'intérêt public, pourquoi, dans le second, ne seraient-elles pas accordées à l'intérêt public contre les exigences de la propriété ? L'article précité fut donc effacé du règlement, et la question des servitudes, sur laquelle nous avons essayé de jeter quelques lumières, reste, comme par le passé, soumise à l'interprétation des décrets de l'an XII et de 1808.

35. Le décret de 1808 ne contient pas de

sanction légale et ne prononce aucune peine contre ceux qui auraient, sans autorisation, élevé des constructions ou creusé des puits dans le rayon de 100 mètres ; il n'indique pas davantage quelles mesures devaient être prises à l'égard des bâtiments construits ou restaurés sans l'autorisation nécessaire ; on doit en conclure que cette matière reste soumise à la juridiction municipale, et que, conformément à l'art. 471 (n° 15) du Code pénal, les contraventions au décret de 1808 doivent être jugées par les tribunaux de police.

36. Quant aux contestations qui pourraient s'élever sur la fixation de l'enceinte des villes et bourgs pour la distance des cimetières, elles sont du ressort de l'administration seule. Le Conseil d'état a reconnu que la décision qui a ordonné l'établissement d'un cimetière ne peut être attaquée par la voie contentieuse. (C. d'état, 8 nov. 1833. J. P. *Jurisp. adm.*)

37. L'établissement du cimetière est-il un fait dommageable, dans le sens de l'art. 1382 du Code civil, et un propriétaire serait-il fondé à réclamer contre la commune des dommages-intérêts pour le préjudice résultant de la dépréciation causée à sa propriété par les servitudes légales, qui sont la conséquence de l'établissement du cimetière ?

Cette prétention ne serait pas admissible : la commune, en opérant la translation de son cimetière, agit en effet dans l'intérêt public, en vertu non pas seulement d'un droit qui lui est accordé, mais, avant tout, d'un devoir qui lui est imposé par l'autorité compétente. Quant aux inconvénients qui peuvent résulter de cette opération pour les propriétés voisines, ils rentrent dans les chances d'augmentation ou de diminution de valeur auxquelles les propriétés sont sans cesse exposées dans l'état de société, sous l'influence du mouvement de la population et des progrès de l'industrie : en admettant même, ce qui n'est pas, qu'au nombre des causes d'indemnité pour perte occasionnée, on doive comprendre non-seulement la dépossession du sol, mais encore les servitudes légales proprement dites, il n'y aurait pas lieu d'accueillir la réclamation formée par le propriétaire voisin d'un cimetière. Une servitude légale est une charge imposée sur une propriété foncière au profit et pour le service d'une propriété voisine : or, ce n'est pas le cimetière de la commune qui doit profiter des restrictions apportées par les lois à la jouissance des maisons ou des terrains qui les entourent. Ces lois ont été faites dans l'intérêt de la salubrité publique, et la commune qui, après l'accomplissement des formalités prescrites, toutes les parties intéressées appelées et entendues, a obtenu l'autorisation d'établir son cimetière dans un lieu déterminé, n'est responsable envers personne des incommodités et dommages que cet établissement peut entraîner. (Nancy, 30 mai 1843, S.-V. 43. 2. 333; D. P. 43. 2. 1822.)

§ 3. — *De la propriété des cimetières.*

38. Le comité de l'intérieur a, dans plusieurs de ses avis, établi « que la propriété des cimetières publics doit toujours appartenir aux communes, car ils sont destinés à l'inhumation de tous les habitants, sans distinction de culte (15 mars 1833, comm. de Dunkerque, Pas-de-Calais); « qu'ils ne doivent, *en aucun cas*, appartenir à une fabrique, à un hospice ou à tout autre établissement public ; » (22 oct. 1822. — 12 janv. et 23 mars 1825. — 20 mars 1829) à plus forte raison, « qu'ils ne peuvent jamais être l'objet d'une entreprise particulière, et constituer une spéculation repoussée par les convenances. » (7 sept. 1832, comm. de Metz, Mozelle. )

Il ne faudrait pas accepter ces principes dans toute leur rigueur, et attribuer aux avis précités le caractère de règles inflexibles dont l'administration ne dût jamais s'écarter. Sans doute, il est à souhaiter que partout les communes soient propriétaires des cimetières, afin que partout les sépultures restent ce qu'elles sont dans notre législation, c'est-à-dire un fait purement civil ; mais ce serait aller trop loin que d'établir, comme l'a fait le comité, que, *dans aucun cas*, les cimetières ne doivent appartenir aux fabriques. Nous concevrions que, dans une commune dont la situation financière lui permettrait de faire toutes les dépenses, soit d'agrandissement, soit d'établissement de son cimetière, l'administration refusât à une fabrique, à un hospice, l'autorisation d'accepter des legs ou des donations d'immeubles, qui leur seraient faits avec affectation spéciale à l'usage de cimetières ; mais, si la commune manque des ressources nécessaires pour se conformer aux prescriptions de la loi, faudrait-il procéder avec la même sévérité, s'armer au besoin contre elle de la loi du 18 juillet 1837, et imposer d'office à la commune une contribution extraordinaire, plutôt que de permettre à la fabrique ou à l'hospice de devenir propriétaire du cimetière? Nous ne le pensons pas, et l'administration n'a jamais poussé jusqu'à cette rigueur l'application du principe, excellent sans doute, mais que le comité de l'intérieur a, dans son avis précité, posé d'une manière trop absolue. Au reste, il nous serait possible de citer des ordonnances royales, rendues dans ces derniers temps, le comité de l'intérieur entendu, et qui consacrent la doctrine que nous défendons, notamment l'ordonnance du 15 déc. 1837, par laquelle la commission administrative de l'hospice de Cette (Hérault) est autorisée à accepter la donation de deux pièces de terre et d'une maison, *pour servir à l'établissement de deux cimetières communaux.*

39. Quant aux cimetières dont les fabriques avaient été propriétaires antérieurement aux mesures de confiscation générale qui, en l'an II, réunirent au domaine tous les meubles et immeubles provenant de l'actif des fabriques, elles en sont rentrées en possession par l'effet de l'arrêté du 7 thermid. an XI et des divers actes subséquents, qui rendirent leurs biens non aliénés. Aucune réserve, en effet, n'exclut les cimetières de cette restitution faite aux fabriques, aucune disposition législative ne leur enlève, pour la transporter aux communes, la propriété des lieux de sépulture qui pouvaient alors leur appartenir. A la vérité, le décret du 23 prair. an XII ne parle que des communes dans la mention qu'il fait des divers actes de propriété relatifs aux cimetières. Ainsi (art. 9), les terrains servant aux inhumations pourront, après avoir été fermés pendant cinq ans, être affermés par *les communes auxquelles ils appartiennent.* Ainsi (art. 2), les concessions ne seront accordées qu'à ceux qui offriront de faire des fondations ou donations en faveur des pauvres et des hôpitaux, indépendamment *d'une somme qui sera donnée à la commune.....* Mais il serait puéril de chercher dans les expressions de ces articles un argument pour soutenir que la propriété des cimetières appartient exclusivement aux communes; car il est évident que le décret de l'an XII n'a statué que pour le cas le plus ordinaire, celui où la commune est propriétaire du terrain consacré aux sépultures; et d'ailleurs, l'art. 16 de ce même décret admet formellement qu'une com-

mune puisse ne pas être propriétaire du cimetière, puisqu'il dispose ainsi qu'il suit :

« Les lieux de sépulture, soit qu'ils appartiennent aux communes, soit qu'ils appartiennent aux particuliers, seront soumis à l'autorité, police et surveillance des administrations municipales. »

40. Mais en reconnaissant qu'aucune loi n'a enlevé aux fabriques le droit de propriété qu'elles pouvaient posséder sur certains cimetières, nous regardons comme un devoir pour l'administration de rendre, autant que possible, les communes propriétaires de ces établissements, et nous n'hésitons pas à penser que, dans le cas où la fabrique se refuserait à une vente à l'amiable, la voie de l'expropriation pour cause d'utilité publique serait ouverte à la commune.

41. L'art. 14 du décret de l'an XII permet à toute personne de se faire enterrer sur sa propriété, pourvu que ladite propriété soit hors et à la distance prescrite des villes et bourgs. Mais l'acquisition de quelques mètres carrés de terrain faite dans une propriété consacrée à une sépulture de famille par un individu étranger à cette famille, ne lui conférerait pas le droit de s'y faire inhumer. La cour de cassation a, par son arrêt du 24 janvier 1840, jugé que l'emplacement ainsi acquis n'était point, dans le sens de l'art. 14 du décret de l'an XII, la propriété privée où cet article veut que toute personne puisse se faire enterrer. (S.-V. 40. 1. 684.)

42. Les congrégations religieuses peuvent aussi posséder un cimetière pour leur usage particulier. « Cependant, fait observer le comité de l'intérieur, le décret du 23 prairial an XII, en reconnaissant à tout propriétaire le droit individuel de se faire inhumer sur sa propriété, n'a pas entendu autoriser l'établissement de véritables cimetières; ce serait donc singulièrement méconnaître son texte et son esprit que de prétendre y trouver l'autorisation générale pour des individus, non parents ou alliés, de se faire enterrer successivement sur le même terrain, parce que ce terrain serait possédé indivisément par eux, ou bien encore parce qu'ils se seraient volontairement soumis à une même règle monastique, et qu'ils existeraient comme communauté religieuse. L'ouverture d'un cimetière par une congrégation religieuse, ou tout autre établissement public, ne peut donc avoir lieu qu'après avoir été autorisée par le gouvernement.

« Comme le voisinage des cimetières crée des servitudes qui, lorsqu'elles ne sont pas imposées par l'intérêt public, ont besoin d'être consenties par les propriétaires des terrains dont elles diminuent la valeur, cette autorisation ne doit être accordée qu'après une enquête établissant que les propriétaires intéressés y ont donné leur assentiment. L'instruction doit également constater que le terrain choisi remplit les conditions exigées pour les cimetières publics. L'autorisation doit toujours être donnée par une ordonnance rendue sur le rapport du ministre de l'intérieur. » (Avis du comité de l'intérieur du 4 juillet 1832 ; commune de Dôle, Jura.)

§ 4. — *De la clôture et de l'entretien des cimetières.*

43. L'art. 3. du décret de l'an XII exige que les terrains consacrés à l'inhumation des morts soient clos de murs de deux mètres au moins d'élévation.

Cependant le haut prix des matériaux et l'insuffisance des ressources de certaines localités, ont souvent engagé l'administration à permettre que les cimetières fussent simplement entourés de haies. Mais il est indispensable qu'ils soient séparés des terrains contigus par une clôture quelconque, et que cette clôture soit convenablement entretenue.

44. Les frais d'entretien des cimetières, et par conséquent des murs ou des haies qui protègent leur enceinte, sont-ils à la charge des communes ou des fabriques ? La jurisprudence adoptée par le ministère de l'intérieur a décidé cette question contre les fabriques ; elle se fonde sur l'art. 37 du décret du 30 décembre 1809, qui a imposé aux fabriques l'obligation de veiller à l'entretien des églises, presbytères et *cimetières*, et sur l'article 23 du décret de l'an XII, qui affecte à l'entretien des églises, *des lieux d'inhumation*, et au paiement des desservants, les sommes provenant du droit exclusif accordé aux fabriques de faire seules les fournitures nécessaires pour les enterrements. Sans doute le ministère de l'intérieur reconnaît que la loi du 18 juillet 1837 a rangé au nombre des dépenses obligatoires des communes *la clôture des cimetières, leur entretien* et *leur translation*, dans les cas déterminés par les lois et règlements d'administration publique ; mais cette dernière restriction lui paraît maintenir

l'obligation imposée aux fabriques par les articles précités des décrets de l'an XII et de 1809 ; en un mot, il estime que ces articles n'ont pas été rapportés par la loi du 18 juillet 1837, et que, par conséquent, ce n'est qu'en cas de l'insuffisance des revenus des fabriques, insuffisance dûment constatée par la production de leurs comptes et budgets, que les frais de clôture et d'entretien des cimetières retomberaient à la charge des communes.

45. Les partisans de l'opinion opposée ne manquent pas non plus d'arguments. Si, disent-ils, la loi du 18 juillet 1837 avait entendu maintenir les dispositions des décrets de l'an XII et de 1809, en ce qui touche l'obligation imposée aux fabriques de veiller à l'entretien des cimetières, elle l'aurait expressément énoncé. C'est ainsi qu'en classant parmi les dépenses communales obligatoires les secours aux fabriques, elle a eu soin d'ajouter, « en cas d'insuffisance de leurs revenus, justifiée par leurs comptes et budgets. » C'est ainsi encore que l'obligation pour les communes d'effectuer à leurs frais les grosses réparations aux édifices communaux, ce qui peut s'appliquer aux églises ou presbytères, se trouve limitée par la restriction qui suit immédiatement, « sauf l'exécution des lois spéciales concernant les édifices consacrés au culte. » Or, le paragraphe relatif à l'entretien des cimetières ne contient aucune restriction de ce genre. « Nous concevons d'ailleurs, ajoutent les défenseurs des fabriques, pourquoi la loi de 1837 est venue abroger l'art. 23 du décret de l'an XII, et l'art. 37 du décret de 1809. Les fabriques sont, en effet, instituées pour administrer les intérêts et pour subvenir aux dépenses du culte : mais les dépenses des cimetières ne sont point de cette nature ; la question des cimetières n'est plus une question religieuse, mais un intérêt purement municipal ; il était donc naturel d'exonérer les fabriques de dépenses entièrement étrangères à leur institution et à leurs attributions. Enfin, la loi de 1837 a voulu convertir en droit ce qui existait en fait dans le plus grand nombre des communes, qui presque toutes étaient forcées de venir au secours des fabriques, et de se charger, en leur lieu et place, des frais d'entretien des cimetières. »

46. Nous ne pouvons nous dissimuler ce que ces arguments offrent de spécieux : toutefois, nous remarquerons que pour être complétement logiques dans leur refus de coopé-

rer aux dépenses des cimetières, qui ne sont pas, disent-elles, des dépenses du culte, les fabriques devraient, à leur tour, ne rien demander à ces établissements qui rentrent si peu dans l'esprit de leur institution. Or, nous ne pensons pas que les fabriques regardent comme rapporté l'art. 36 du décret de 1809, qui place au nombre de leurs revenus les produits spontanés des cimetières ; et si, en effet, elles sont aujourd'hui affranchies des frais d'entretien que le décret de 1809 mettait à leur charge, à quel titre conserveraient-elles la part que ce décret leur attribuait dans l'usufruit des cimetières ?

47. Mais, à part cet oubli auquel les défenseurs des fabriques ne semblent pas avoir pris garde, la loi de 1837, dans laquelle ils croient trouver leur principal argument, nous paraît au contraire renfermer la condamnation formelle de la prétention qu'ils élèvent. Dire, en effet, comme le fait l'art. 30 de cette loi, que les frais de clôture et d'entretien des cimetières sont à la charge des communes, *dans les cas* déterminés par les lois et règlements d'administration publique, c'est évidemment maintenir dans toutes leurs dispositions, et sans restriction aucune, ces lois et règlements. A la vérité, le cas prévu par l'article précité, c'est-à-dire celui où l'insuffisance des ressources de la fabrique ne lui permettra pas de subvenir aux dépenses d'entretien et de clôture, et où l'obligation passera de la fabrique à la commune, ce cas se présentera le plus souvent, et à ce point de vue, la question est sans grand intérêt pratique ; car, en définitive, ce sera presque toujours la commune qui se chargera de ces dépenses : mais le principe de l'obligation imposée aux fabriques par le décret de 1809 n'en subsiste pas moins, et toutes les fois que leurs revenus pourront suffire à l'acquittement de ces frais d'entretien des cimetières, les communes devront se refuser à une charge qui ne doit peser sur elles qu'après preuve faite par la fabrique de l'insuffisance de ses ressources. Nous n'avons connaissance d'aucune espèce dans laquelle le conseil d'état ait été appelé à se prononcer sur ce point entre les fabriques et les communes ; mais si jamais le litige lui était déféré, nous ne doutons pas qu'il ne consacrât, par son avis, la jurisprudence du ministère de l'intérieur, et qu'il ne reconnût que la loi du 18 juillet 1837 n'a détruit en rien les obligations que le décret du 30 décem. 1809

a mis à la charge des fabriques. Nous n'en voudrions d'autre preuve que l'avis émis par le conseil d'état, le 21 août 1839, sur la question de savoir qui, des fabriques ou des communes, doit aux curés et desservants l'indemnité de logement : bien que cette question diffère essentiellement de celle qui nous occupe, cependant elle soulevait toujours la même difficulté, celle de savoir si le décret de 1809 subsiste encore avec toute sa force depuis la promulgation de la loi du 18 juillet 1837. Le conseil d'état l'a résolue contre les fabriques ; quelques considérants de son avis trouveront ici utilement leur place : « Considérant que dans ses articles 92 et 93, relatifs aux charges des communes, le décret du 30 décemb. 1809, après avoir mis au nombre de ces charges le logement du curé, ou, à défaut de presbytère, l'indemnité de logement, il explique encore, en termes formels et exprès, que les fabriques ne peuvent cependant recourir aux communes pour cette dépense que dans le cas d'insuffisance de leurs propres revenus ;

» Que, dans le système de ce décret, les fabriques sont constamment les premières obligées, de même que les communes sont appelées, par réciprocité, à subvenir à l'insuffisance de leurs revenus ;

» Qu'aucun acte législatif nouveau n'a modifié, à cet égard, l'état de la législation ;

» Qu'à la vérité la loi municipale intervenue en 1837, en faisant l'énumération des dépenses obligatoires des communes, y a compris l'indemnité de logement, *sans faire la réserve des obligations imposées en première ligne à la fabrique;*

» Mais que, dans cette énumération, la loi n'a eu pour objet que de coordonner les charges imposées aux communes par les différents actes de la législation antérieure, et qu'il est impossible de conclure de son silence à l'égard des fabriques qu'elle ait voulu modifier la situation que leur avait faite le décret organique du 30 décembre 1809. »

Les principes exposés dans ces considérants s'appliqueraient, à plus forte raison, à la question de l'entretien des cimetières, puisque le paragraphe de la loi de 1837, relatif à cette dépense, contient, comme nous l'avons fait remarquer plus haut, la réserve expresse de l'exécution des lois et règlements antérieurs, tandis que le paragraphe relatif à l'indemnité de logement semblait, par l'absence de toute restriction, en faire une charge exclusivement communale.

48. Nous ne partagerions donc pas la confiance avec laquelle les habiles rédacteurs du *Journal du Conseil de fabrique* présentent à ces établissements le recours au Conseil d'état comme un refuge assuré contre la prétention qu'élèverait une commune, de laisser peser sur la fabrique les frais d'entretien et de clôture des cimetières, dans le cas où l'insuffisance des ressources fabriciennes ne serait pas positivement établie.

### § 5. — *De la part accordée aux fabriques dans l'usufruit des cimetières.*

49. On a dit, et c'est à tort selon nous, que si les communes avaient la propriété des cimetières, les fabriques en avaient l'usufruit. Le décret du 30 déc. 1809 (art. 36) n'attribue aux fabriques que les produits spontanés des cimetières, c'est-à-dire les herbages, arbustes et buissons qui croissent sans semence ni culture, selon l'expression de l'art. 583 du Code civil. L'édit de 1695 leur donnait la jouissance des *herbes et arbustes*, et il est naturel de penser que le décret de 1809 n'a voulu que confirmer ce droit sans l'étendre. Dans les localités où l'on a conservé l'usage indécent de tirer parti de la fertilité des terrains consacrés aux sépultures, et d'y planter soit des légumes, soit des arbres fruitiers, les produits de cette scandaleuse exploitation du cimetière appartiennent exclusivement à la commune. L'attribution du produit suit en effet celle de la propriété, et nous ne saurions admettre, avec M. Lebesnier (*Législation des fabriques*), que les fabriques doivent profiter des émondes et des fruits des arbres, à la propriété desquels elles ne peuvent prétendre aucun droit.

50. Certains auteurs admettent une distinction quant à la propriété des arbres. Ils pensent qu'il ne faudrait pas établir d'une manière absolue, ainsi que l'a fait M. Carré (*Traité du gouvernement des paroisses*, n° 415), que les arbres existant sur les cimetières ne peuvent jamais être coupés et enlevés qu'au profit de la commune, propriétaire du sol ; mais qu'il convient de réserver, en faveur des fabriques, le cas où des arbres seraient venus spontanément dans un cimetière, sans culture et sans avoir été plantés. Ce cas doit être tellement rare, et la preuve que les arbres n'ont été ni plantés ni cultivés sera si difficile à faire, que

nous ne voyons pas l'avantage de la réserve faite dans l'intérêt des fabriques. Le droit prétendu de la fabrique étant restrictif du droit de propriété, ce serait en effet à elle à établir le fait sur lequel elle l'appuie, et, quoi qu'on fasse, la présomption légale sera toujours en faveur de la commune. La question, du reste, serait du ressort des tribunaux ; mais ici encore nous conseillerions aux fabriques de ne pas engager trop facilement une lutte qui, selon toute apparence, ne tournerait pas à leur avantage, à moins que, contre toute probabilité, elles ne parvinssent à opposer une notoriété publique suffisante à cette présomption que la commune pourrait toujours invoquer.

### § 6. — *De la police des cimetières.*

51. La police des cimetières appartient exclusivement à l'autorité municipale. Autrefois, avant que le concordat de 1802 n'établît sur des bases nouvelles les rapports de l'église et de l'état, les cimetières étant, comme le disent les anciens édits, des lieux consacrés à la religion, ils étaient soumis à l'autorité des évêques et archevêques, qui réglaient par leurs mandements et ordonnances, sauf homologation des parlements, l'établissement des lieux de sépulture, leur translation hors de l'enceinte des communes, leur clôture, le choix des terrains qui devaient leur être affectés, et même leur police. Nous lisons dans le Mandement de l'archevêque de Toulouse, cité plus haut :

« Afin que ces saints lieux ne soient profanés, nous défendons d'y tenir foires, marchés, jeux, comme aussi d'y faire des danses, ni aucunes assemblées profanes ; d'y donner à boire et à manger, d'y faire aucuns œuvres serviles, d'y jeter ou conduire aucunes immondices, et généralement d'y rien faire qui soit contraire au respect dû à la mémoire de ceux qui y sont enterrés. » On croirait lire un arrêté municipal. L'homologation des parlements étant toujours aussi assurée aux prescriptions de cette espèce, que le serait aujourd'hui l'approbation des préfets aux arrêtés des maires portant règlement permanent sur la police des cimetières, on peut dire vraiment que, jusqu'à la révolution de 1789, elle appartenait à l'autorité ecclésiastique. Nous trouvons néanmoins dans notre ancienne législation de nombreux arrêts des parlements, pris sans le concours des évêques ou archevêques, sur des questions relatives à la police des lieux consacrés aux inhumations. Nous voyons le parlement de Rennes, par un arrêt du 14 mai 1622, faire défense d'entrer dans les cimetières avec des armes à feu et des bâtons, et d'y commettre des indécences, sous peine de punition corporelle ; le parlement de Dijon, par un arrêt du 3 mars 1560, défendre au seigneur de Martigny-le-Comte de permettre à ses vassaux de danser dans le cimetière de cette paroisse ; le grand conseil, par un arrêt du 2 juin 1614, renouveler la même défense ; enfin le parlement de Paris, par arrêt du 4 août 1745, interdire à toutes personnes, tant ecclésiastiques que laïques, de faire paître des bestiaux dans les cimetières, sous quelque prétexte que ce puisse être.

52. De ce principe, que les cimetières étaient des lieux consacrés à la religion, et que, par la bénédiction qui leur était donnée lors de leur établissement, ils devenaient *terre sainte*, il résultait nécessairement qu'ils ne pouvaient servir qu'à la sépulture des fidèles, et que les corps des protestants en étaient repoussés. Les graves inconvénients qu'entraînait cette discipline rigoureuse furent plus d'une fois signalés au gouvernement français par les puissances alliées de la France, et dont les sujets protestants n'avaient dans le royaume aucun lieu déterminé où pussent être déposés leurs restes mortels. Ces représentations furent enfin écoutées à l'occasion du traité de commerce conclu, le 28 sept. 1716, entre la France et les villes Anséatiques. Un article spécial de ce traité statuait que le roi donnerait des ordres précis pour empêcher qu'il ne soit porté aucun trouble aux obsèques des sujets protestants des villes Anséatiques décédés dans l'étendue des terres de son obéissance : qu'un lieu convenable serait fixé pour leur inhumation, et qu'il serait tenu un registre public, où, pour la sûreté des familles, leur décès serait authentiquement attesté. Deux ans après, l'Angleterre faisait insérer dans le traité conclu à Utrecht, le 11 avril 1718, une clause portant qu'on ne refuserait pas, de part ni d'autre, la permission d'enterrer, dans des lieux commodes et dans ceux qui seraient désignés à cet effet, les corps des sujets de l'un et de l'autre royaume décédés dans l'étendue de la domination de l'autre, et qu'il ne serait apporté aucun trouble à la sépulture des morts. L'arrêt rendu par le Conseil d'état du roi, le 20 juillet 1720, confirma

et régla ces concessions faites aux protestants, mais sous la réserve expresse qu'ils ne pourraient s'appuyer de cet arrêt pour professer publiquement dans le royaume d'autre religion que la religion catholique, apostolique et romaine, ni pour donner aucune pompe à leurs inhumations, auxquelles les sujets du roi ne pouvaient assister sous peine de désobéissance.

53. Aujourd'hui que les progrès de la raison et de la tolérance ont éteint ces querelles religieuses, que nous espérons ne voir jamais se ranimer ; aujourd'hui qu'il n'existe plus de religion de l'état, et que la Charte constitutionnelle accorde à tous les cultes la même protection, les difficultés relatives à la sépulture des individus non catholiques ont, sinon entièrement disparu, du moins beaucoup perdu de leur gravité. Les auteurs du décret du 23 prairial an XII se sont appliqués à les atténuer autant que possible. Ainsi, le ministre de l'intérieur, dans le projet renvoyé au conseil d'état, permettait que l'on bénît les cimetières : le conseil a pensé que cette permission rendrait les catholiques seuls propriétaires des lieux de sépulture, et serait contraire au système de tolérance établi par nos lois, qui protégent également tous les cultes. Il crut qu'il fallait, au contraire, déclarer que les cimetières n'appartenaient à aucun culte exclusivement, qu'ils étaient propriété communale et soumis seulement à la surveillance de l'administration. Cependant, comme la religion catholique exige que les morts soient enterrés dans une terre bénite, le conseil émit l'opinion que le meilleur moyen de satisfaire la piété, sans réveiller les querelles religieuses, ce serait que chaque fosse en particulier pût être bénite à chaque inhumation. Le projet ministériel permettait également de construire des chapelles dans les cimetières : le Conseil d'état fut d'avis que, comme il ne serait pas possible d'avoir de chapelle commune à tous les cultes, en permettre à un seul, ce serait lui donner un privilége qui détruirait l'égalité.

54. C'est sous l'empire de ces idées de tolérance que fut rédigé l'art. 15 du décret de l'an XII, aux termes duquel, dans les communes où l'on professe plusieurs cultes, chaque culte doit avoir un lieu d'inhumation particulier ; que, s'il n'existe qu'un seul cimetière, il doit être partagé par des murs, haies ou fossés, en autant de parties qu'il y a de cultes

différents, avec une entrée particulière pour chaque culte, et en proportionnant cet espace au nombre d'habitants de chaque culte.

55. En 1831, il s'éleva une question relative à l'application de cet art. 15. La commune de Châteauneuf (Loiret) venait d'acquérir un cimetière, et Mgr. l'évêque d'Orléans avait permis au curé de le bénir ; mais en même temps il l'avait engagé à demander au maire qu'il voulût bien faire établir dans ce nouveau terrain deux divisions, l'une consacrée à la sépulture des individus non catholiques, l'autre à celles des enfants morts sans baptême. L'évêque s'appuyait, pour réclamer ces réserves, d'un côté sur l'art. 15 du décret de l'an XII qui les prescrit à l'égard des individus non catholiques, et de l'autre sur les rituels et anciennes ordonnances, d'après lesquels, quand un enfant mort sans baptême reçoit la sépulture dans un cimetière, l'Église tient ce cimetière pour interdit et ne peut plus y faire aucune cérémonie religieuse. Le maire s'étant refusé à obtempérer au vœu exprimé par l'autorité ecclésiastique, le comité de l'intérieur, saisi de l'examen de la question, reconnut que l'autorité civile avait rempli le vœu de la loi, lorsqu'elle a fait établir dans les cimetières des divisions pour les différents cultes ; que toutefois, si, dans l'exercice qui lui appartient de la police des cimetières, elle doit demeurer étrangère aux observances particulières à ces cultes, elle ne doit pas s'opposer à ce que, dans l'enceinte réservée à chaque culte, on observe les règles, s'il en existe, qui peuvent exiger quelque distinction pour les sépultures. » (Avis du comité de l'intérieur du 29 avril 1831.) Cet avis a été adopté par M. le ministre des cultes.

56. Quel que soit le nombre des habitants catholiques et celui des habitants qui professent un culte différent, le principe de l'article 15 doit être appliqué, et un maire ne pourrait pas se fonder sur ce qu'il n'existe dans sa commune qu'un très-petit nombre de protestants pour se refuser à affecter à leurs sépultures une partie du cimetière, séparée du surplus par un mur, une haie, ou un fossé, et munie d'une entrée particulière. Le concordat de 1802 et la loi du 18 germ. an X assurent en effet à la religion catholique son libre exercice, et aux canons de l'Église reçus en France leur entière exécution : or, comme nous venons de le faire remarquer, ces canons défendent l'inhumation dans les cimetières bénits de tout individu appartenant à une autre religion ; la violation de cette règle entraîne la profanation du cimetière, quel que soit le nombre des protestants à l'occasion desquels elle aura été violée. Ce serait donc méconnaître l'esprit du décret de l'an XII que de se refuser à l'appliquer dans le cas où la disproportion numérique entre les habitants catholiques et protestants deviendrait très-forte. A la vérité, toutes les fois que le clergé réclamera l'exécution rigoureuse de cette règle, l'administration sera en droit de constater, par le fait même de la séparation établie dans le cimetière, l'existence de deux cultes dissidents, et, en conséquence, d'interdire au culte catholique, conformément à la loi, toute cérémonie extérieure.

57. Si le décret de l'an XII est resté fidèle, dans les dispositions que nous venons d'examiner, aux inspirations d'une sage tolérance, nous ne saurions en dire autant de son article 19, ainsi conçu : « Lorsque le ministre d'un culte, sous quelque prétexte que ce soit, se permettra de refuser son ministère pour l'inhumation d'un corps, l'autorité civile, soit d'office, soit sur la réquisition de la famille, commettra un autre ministre du même culte pour remplir ces fonctions. Dans tous les cas, l'autorité civile est chargée de faire porter, présenter, déposer et inhumer les corps. » Cet article va plus loin que le projet du gouvernement qui se bornait à défendre aux prêtres de refuser d'enterrer tout individu mort dans la religion catholique, apostolique et romaine. Sur cette importante question, le comité de l'intérieur se partagea : quelques-uns de ses membres, en tête desquels il faut citer M. de Portalis, frappés des dangers auxquels on s'expose toutes les fois qu'on touche à la limite des pouvoirs spirituels et temporels, pensaient que l'article proposé ferait naître les désordres qu'on voulait prévenir, et en votèrent la suppression. C'était, disaient-ils, un point délicat sur lequel le gouvernement devait exercer une utile influence, mais sans en parler dans un règlement. La majorité du comité fut au contraire d'avis que, bien loin d'adopter le silence prudent conseillé par M. de Portalis, il fallait se montrer plus sévère que le gouvernement lui-même, trancher la question et défendre expressément à tout prêtre de refuser d'enterrer aucun individu lorsqu'il en serait requis par les familles. La proposition du comité fut

adoptée par le Conseil d'état, et elle devint l'art. 19 du décret de l'an XII.

58. Cette violence faite à la conscience du prêtre, aux canons ecclésiastiques et au libre exercice de la religion catholique que le concordat de 1802 avait promis de maintenir, ont paru tellement exorbitantes, que quelques publicistes regardent cet art. 19 comme abrogé par la Charte constitutionnelle. Mais il n'en est rien : le décret de l'an XII a force de loi, et ne peut être rapporté dans aucune de ses parties que selon la forme ordinaire, c'est-à-dire par une loi nouvelle qui en modifie expressément les dispositions. Cette loi, nous l'appelons de nos vœux, car nous voulons la liberté pour tous : liberté pour le prêtre d'obéir aux lois de l'Église, et l'art. 19 le force à les enfreindre, en lui enjoignant d'accorder la sépulture religieuse à un hérétique; liberté pour l'hérétique de refuser les prières de l'Église, et l'art. 19 les lui impose, en prétendant entourer son cercueil de l'appareil religieux qu'il a repoussé à son lit de mort. Remarquons d'ailleurs que cet article est en désaccord complet avec le système du décret du 23 prair., qui a été d'imprimer, autant que possible, aux sépultures un caractère purement civil, et que si le Conseil d'état de l'an XII a voulu faire cesser ce qu'il appelait le scandale des refus d'inhumation religieuse, il n'a réussi qu'à le remplacer par un autre scandale bien plus déplorable, en faisant réagir contre la sévérité du prêtre la violence des laïques. — V. Appel comme d'abus, n° 33.

59. Il est de jurisprudence que le droit de surveillance et de police attribué à l'autorité municipale sur les cimetières, par les art. 16 et 17 du décret du 23 prair., s'étend aux inscriptions que les particuliers désirent faire placer sur les pierres tumulaires et monuments qui y sont élevés. Le conseil d'état a reconnu, par une ordonnance rendue au contentieux, et approuvée le 7 janvier 1842, qu'un préfet n'excédait pas les limites de ses pouvoirs ou de sa compétence en approuvant la suppression faite par un maire d'une inscription funéraire qui lui avait paru présenter des dangers pour l'ordre public.

60. Des discussions se sont élevées quelquefois entre les autorités ecclésiastique et municipale sur la question de savoir à qui du curé ou du maire devait appartenir la nomination du fossoyeur, et être remise la clef des portes du cimetière. L'inhumation étant exclusivement du ressort de l'autorité municipale, que la sépulture soit, ou non, religieuse, la nomination de l'agent préposé à cette opération ne peut être dévolue qu'au maire, et ce serait sans aucun fondement que le curé prétendrait se l'attribuer. Par la même raison, le curé serait sans droit pour réclamer la clef du cimetière, qui doit naturellement être confiée à l'autorité qui en a la surveillance. Ces règles subsisteraient encore quand même le cimetière ne serait pas la propriété de la commune; fût-il celle de la fabrique, la nomination du fossoyeur et la possession des clefs appartiendraient toujours au maire, car c'est en vertu de ses pouvoirs de police que ces attributions lui sont dévolues, et l'art. 16 dispose expressément que les lieux de sépulture, soit qu'ils appartiennent aux communes, *soit qu'ils appartiennent à des particuliers*, sont soumis à l'autorité, police et surveillance des administrations municipales. Il est cependant une circonstance où une clef du cimetière ne pourrait évidemment être refusée au curé; c'est celle où le cimetière entourerait l'église, serait lui-même exactement clos soit de murs, soit de haies, et formerait ainsi le seul passage par lequel on pût arriver à l'église. Dans ce cas, par malheur trop fréquent, nous ne pensons pas qu'aucune contestation puisse s'élever entre le curé et le maire.

61. L'art. 360 du Code pénal punit la violation des tombeaux ou sépultures d'un emprisonnement de trois mois à un an, et d'une amende de 16 à 200 fr.

Un arrêt de la Cour de cassation, du 17 mai 1832, a reconnu que l'enlèvement des suaires et vêtements qui enveloppent les morts dans leurs cercueils, et celui des cercueils même, ne sont pas de simples faits de violation de sépulture, mais en outre des vols qui deviennent des crimes, lorsqu'ils ont été accompagnés de circonstances aggravantes.

## § 7. — *De l'aliénation des anciens cimetières.*

62. On sait que les cadavres se décomposent plus ou moins rapidement, suivant la nature du terrain dans lequel ils sont inhumés. L'art. 6 du décret de l'an XII, dans le but d'éviter le danger qu'eût entraîné le renouvellement trop rapproché des fosses, a prescrit que l'ouverture des fosses pour de nouvelles sépultures ne pourrait avoir lieu que de cinq années en cinq années : cet intervalle de cinq ans a été pris pour terme moyen

de la décomposition des corps. Bien que les observations de la science aient constaté que quatorze mois suffisent à réduire au squelette des corps déposés dans un cercueil de sapin et recouverts d'un linceul, cependant nous serions portés plutôt à étendre qu'à restreindre l'espace de cinq ans qui doit séparer les inhumations faites dans la même fosse. Dans les terrains argileux, en effet, la décomposition est extrêmement lente, et quelquefois presque nulle. Au reste, l'intervalle de cinq ans, fixé par l'art. 6, n'est pas une limite précise, mais un *minimum* que, d'après la connaissance spéciale des terrains consacrés aux sépultures, les autorités locales pourront toujours dépasser.

63. Lorsque, par suite de la translation dans un autre lieu, un cimetière est abandonné, ou lorsqu'il est interdit par mesure de police, il doit être fermé et rester pendant cinq ans dans l'état où il se trouvait au moment de la translation ou de l'interdiction, sans qu'il soit possible d'en faire aucun usage. (Art. 8 du décret du 23 prair.) Cette prohibition repose sur le même principe que la défense de rouvrir les fosses pour de nouvelles sépultures avant qu'il se soit écoulé cinq ans depuis les dernières.

64. L'art. 9 du décret précité a réglé comment les communes pourraient tirer parti de leurs cimetières abandonnés; voici en quels termes : « A dater de cette époque (les cinq ans pendant lesquels l'art. 8 ordonne qu'ils restent fermés), les terrains servant maintenant de cimetière pourront être affermés par les communes auxquelles ils appartiennent; mais à la condition qu'ils ne seront qu'ensemencés et plantés, sans qu'il puisse y être fait aucune fouille ou fondation pour construction de bâtiments, jusqu'à ce qu'il en soit autrement ordonné. »

65. Il semblerait résulter de cet article, qu'en aucun cas les communes ne pourront ni échanger ni vendre leurs anciens cimetières; cette question fut examinée dans l'année même qui suivit le décret de l'an XII. Plusieurs communes, auxquelles ce décret imposait l'obligation de transférer leurs cimetières hors de leur enceinte, ayant sollicité, pour subvenir aux dépenses de cette translation, l'autorisation de vendre ou d'échanger les terrains consacrés jusque-là aux sépultures, le ministre de l'intérieur pensa qu'il serait possible d'acquiescer aux vœux de ces communes sans

IV.

violer les prescriptions du décret de l'an XII, en obligeant l'acheteur ou l'échangiste, 1° à tenir pendant cinq ans le cimetière fermé ; 2° à se borner, après ce terme, à planter ou ensemencer le terrain sans le fouiller ni le creuser. (Rapport adressé à l'empereur, le 21 frimaire an XIII, par M. de Champagny, ministre de l'intérieur.) Le conseil d'état, à l'examen duquel la question avait été renvoyée, fut d'avis que rien n'empêchait que les anciens cimetières fussent vendus ou échangés, en mettant pour condition des ventes ou échanges l'observation rigoureuse des dispositions du décret du 23 prair., et en chargeant la police locale d'en surveiller l'exécution. (Avis du conseil d'état du 13 niv. an XIII.) Cet avis fut notifié aux préfets par une circulaire du 4 pluviôse an XIII.

66. Dans le cas trop fréquent où l'église se trouve au milieu ou à l'extrémité du cimetière , il ne pourrait être vendu ou échangé sans que le terrain nécessaire pour conserver les abords et l'isolement de l'église ne fût expressément excepté de l'échange ou de l'aliénation. Cette réserve, dont ne parle pas l'avis précité du Conseil d'état, avait fait l'objet d'un rapport adressé à l'empereur, le 1er oct. 1806, par le ministre des cultes (M. de Portalis), et auquel il ne fut pas donné suite. Mais l'administration ne manquerait pas sans doute de la prescrire par les ordonnances qui autoriseraient la vente ou l'échange d'anciens cimetières, placés dans les conditions que nous venons d'indiquer. ( V. l'avis du Conseil d'état du 20 déc. 1806.)

67. Reste à déterminer l'époque à laquelle la commune ou l'acquéreur pourront exercer sur ces terrains tous les droits de la propriété, et y faire des fouilles ou des fondations pour des constructions de bâtiments. L'assemblée nationale, en décrétant, par la loi du 6 mai 1791, la vente des cimetières des paroisses ou succursales supprimées, ajoutait (art. 9) : qu'ils ne pourraient être mis dans le commerce qu'après dix années, à compter depuis les dernières inhumations. Mais, bien qu'on puisse induire d'un des considérants de l'avis du Conseil d'état du 13 niv. an XIII, que, lors de la discussion du décret du 23 prair. an XII, le terme de dix ans fût reconnu devoir être conservé, cependant ce décret ne s'explique pas à cet égard; il se borne à défendre les fouilles ou fondations dans les anciens cimetières *jusqu'à ce qu'il en soit autrement or-*

18

*donné.* C'est donc à l'administration à statuer sur chacun des cas particuliers où est demandée l'autorisation d'exécuter ces travaux; il est très-douteux qu'elle l'accorde avant que dix ans ne se soient écoulés, depuis les dernières inhumations faites dans le cimetière. Quant aux ossements qui y sont déposés, le décret des 6-15 mai 1791, en permettant la vente des cimetières, se contentait de prescrire les précautions qu'exige le respect dû aux sépultures. Le gouvernement voulait, dans le projet primitif du décret de l'an XII, qu'au moment où les anciens cimetières seraient rendus à la culture et au commerce, on en exhumât les ossements des morts pour les transporter dans le nouveau lieu de sépulture : plusieurs membres du Conseil d'état avaient partagé cet avis, pour ne pas manquer au respect dû aux morts, et ne pas priver les familles de la possibilité de venir honorer les restes de leurs parents. Mais la majorité fut d'une autre opinion ; elle crut que ces exhumations seraient insalubres, presque impossibles dans les grandes communes, et qu'elles auraient peut-être, à une époque voisine encore des malheurs de la révolution, le danger de rallumer les ressentiments des partis. Ce dernier motif fut, selon toute apparence, celui qui exerça le plus d'influence sur le vote du Conseil d'état de l'an XII; mais comme il ne saurait plus exister aujourd'hui, nous voudrions que les acquéreurs des anciens cimetières ne pussent jamais obtenir de l'administration l'autorisation d'y pratiquer des fouilles dans un but quelconque, sans que, préalablement, les débris des corps qui y ont été inhumés n'eussent été transportés dans le cimetière nouveau, et recueillis sinon dans des fosses distinctes, au moins dans une fosse commune; nous voudrions qu'ils ne restassent pas exposés aux profanations presque inséparables du libre et complet usage du droit de propriété exercé sur des terrains ayant servi aux sépultures.

68. Une des questions que soulève l'aliénation des cimetières, c'est celle de savoir à qui doivent appartenir les pierres sépulcrales, les croix et les autres objets placés sur les tombes ou à l'entour, et par qui reprise peut en être faite.

Les communes et les fabriques se sont souvent disputé la propriété de ces signes funéraires, mais sans jamais invoquer à l'appui de leurs prétentions aucune raison sérieuse.

En effet, par quelle dérogation à la loi commune les parents ou les amis qui ont déposé sur une tombe ces témoignages de leurs regrets, cesseraient-ils d'en être propriétaires, et perdraient-ils le droit de les revendiquer lorsque le cimetière est en vente ? Les administrations municipales devront donc dans ce cas mettre, par tous les moyens ordinaires de la publicité, les familles en demeure d'enlever, dans un délai fixé, les objets divers qu'elles auraient fait placer sur les fosses. Ceux de ces objets qui, après une année révolue, à compter du jour du premier avertissement, n'auraient pas été réclamés, devaient, aux termes de l'art. 3 de la loi du 22 nov.-1er déc. 1790, et des art. 539 et 713 du Code civil, revenir au domaine de l'état comme biens vacants et sans maîtres ; mais, à la demande de M. le ministre de l'intérieur, M. le ministre des finances a, par une décision en date du 18 déc. 1843, attribué aux communes, pour être employés à l'entretien des cimetières, les signes funéraires délaissés par les familles. Ces débris, respectables dans leur abandon même, n'auraient pu, sans que la décence publique en fût blessée, être employés à un autre usage, encore moins être vendus au profit des communes ; d'un autre côté, leur peu de valeur ne saurait rendre préjudiciable au domaine la décision prise par M. le ministre des finances.

Nous verrons plus bas quelles restrictions doivent apporter à l'aliénation des cimetières les concessions accordées dans leur enceinte.

### § 8. — *Des concessions dans les cimetières.*

69. Les art. 10 et 11 du décret du 23 prairial an XII règlent, ainsi qu'il suit, les concessions de terrain destinées à établir des sépultures particulières :

« Lorsque l'étendue des lieux consacrés aux inhumations le permettra, il pourra y être fait des concessions de terrain aux personnes qui désireront y posséder une place distincte et séparée, pour y fonder leur sépulture et celles de leurs parents et successeurs, et y construire des caveaux, monuments et tombeaux.

» Les concessions ne seront néanmoins accordées qu'à ceux qui offriront de faire des fondations ou donations en faveur des pauvres ou des hôpitaux, indépendamment d'une somme qui sera donnée à la commune, et lorsque les fondations et donations auront été autorisées par le gouvernement, dans les formes accoutumées, sur l'avis des conseils municipaux et l'avis des préfets. »

Il résulte évidemment des termes de ces articles que c'est à la commune que les concessions doivent être demandées ; la loi du 18 juillet 1837 trancherait d'ailleurs la question, puisqu'elle range au nombre des recettes ordinaires des communes « *le prix* des concessions dans les cimetières. » (Art. 31, n° 9.) Cependant, nous avons vu plus haut que, bien qu'en principe les cimetières dussent être des propriétés communales, il pouvait néanmoins s'en trouver qui appartinssent à la fabrique, et, dans ce dernier cas, des doutes ont pu être élevés sur les droits de la fabrique et de la commune à l'égard des concessions à accorder et des redevances à percevoir, en vertu des art. 10 et 11 précités du décret de l'an XII. La commune, pour soutenir ses prétentions, pourrait objecter que le droit d'accorder les concessions est essentiellement municipal ; que ce droit n'est pas inhérent à la propriété du cimetière, pas plus que celui de concéder des bancs et places dans les marchés publics n'est inhérent à la propriété de ces marchés, et qu'il ne doit pas être plus permis à une fabrique, propriétaire d'un cimetière, d'y faire les concessions de terrain qu'au propriétaire d'un marché d'y concéder des bancs et places. Ces raisons ne laissent pas que d'être sérieuses ; mais la fabrique pourrait répondre, non sans quelque fondement, qu'en raisonnant ainsi, la commune pose en principe ce qui est en question ; que l'assimilation établie entre le droit de concession dans les cimetières et celui des communes sur les halles et marchés est au moins fort discutable ; qu'en effet, les lois des 15-28 mars et 12-20 août 1790, en supprimant tous les droits de hallage et en autorisant les communes à contraindre les propriétaires de halles à les leur vendre ou à les leur louer, n'ont établi en faveur des communes qu'une faculté d'expropriation ; que, partout où il n'en a pas été fait usage, les propriétaires des halles ont continué à percevoir une rétribution sur l'apport, le dépôt, l'étalage et le débit des marchandises ; que ce droit de hallage, auquel on voudrait attacher un caractère essentiellement municipal, peut donc être exercé par un particulier quand la commune n'a pas rempli les conditions auxquelles elle peut l'exercer elle-

même ; et la fabrique ne manquerait pas de conclure qu'elle est fondée à accorder, dans le cimetière qui lui appartient, de semblables concessions, et à en percevoir le prix ; que la commune ne saurait s'y opposer, qu'elle pourrait seulement, moyennant une juste et préalable indemnité, exproprier la fabrique de la propriété du cimetière, et s'attribuer ainsi, dans toute sa plénitude, l'exercice du droit de concession réglé par les art. 10 et 11 du décret du 23 prairial. (V. *Journal des conseils de fabrique*, t. 2, p. 180 et suiv.)

Nous pensons, en effet, que cette solution serait la seule possible, et qu'en présence d'une fabrique propriétaire d'un cimetière, la commune qui voudrait y accorder des concessions devrait préalablement, soit à l'amiable, soit, au besoin, en recourant à l'expropriation pour cause d'utilité publique, en devenir elle-même propriétaire. L'utilité publique serait, en pareil cas, trop incontestable pour que l'autorisation d'exproprier fût refusée à la commune ; car, en supposant que la fabrique demeurât en possession du cimetière, et que la question des concessions ne fût pas décidée au profit de la commune, elle ne le serait certainement pas non plus au profit de la fabrique, et les familles se verraient ainsi privées de la faculté qu'a voulu leur réserver le décret de l'an XII, d'établir des sépultures particulières qui échappassent, pendant un temps plus ou moins long, au renouvellement des fosses.

70. Antérieurement à l'ordonnance royale du 6 déc. 1843, les demandes en concession devaient être adressées, avec les offres de donations en faveur des pauvres, au conseil municipal, qui examinait s'il y avait lieu de les accorder, et en fixait le prix et les conditions. Ce prix et ces conditions variaient selon qu'il s'agissait d'accorder une concession temporaire ou une concession perpétuelle. La délibération du conseil municipal, celle du bureau de bienfaisance ou de la commission administrative de l'hospice, en faveur desquels le concessionnaire avait consenti une donation, le plan du cimetière avec l'indication de sa contenance et du terme moyen des décès par année, étaient transmis, avec l'avis du sous-préfet et du préfet, au ministre de l'intérieur sur le rapport duquel l'ordonnance d'autorisation était rendue, s'il y avait lieu, après avoir été délibérée dans le comité de l'intérieur du Conseil d'état.

71. Cette obligation de recourir à la sanction royale pour chaque concession avait fait sentir l'utilité de règlements généraux qui, une fois approuvés pour une commune, dispensassent l'administration de discuter, en particulier, chacune des concessions sollicitées. Ces règlements étaient approuvés par une ordonnance royale, également rendue sur le rapport du ministre de l'intérieur.

72. Le décret de l'an XII, en autorisant en principe les concessions, n'en déterminait pas le caractère et n'indiquait pas si elles devaient être perpétuelles ou temporaires. Mais la jurisprudence avait suppléé au silence de la loi ; et, frappée des inconvénients des concessions perpétuelles, l'administration, d'accord avec le Conseil d'état, s'était toujours efforcée de ramener les communes aux concessions temporaires, et avait souvent refusé son approbation aux règlements généraux dans lesquels ne figuraient que les concessions perpétuelles. Les concessions temporaires offrent en effet plus d'avantages aux communes ; car, en leur rendant au bout d'un nombre d'années limité la libre disposition du terrain, elles leur permettent de faire de nouvelles concessions qui, par leur renouvellement successif, deviennent en définitive plus profitables que les concessions perpétuelles pour la caisse communale, et pour les établissements d'humanité donataires. Elles offrent également plus d'avantages aux particuliers, puisqu'étant d'un prix moins élevé, elles sont à la portée de plus de familles, et peuvent d'ailleurs être renouvelées au gré des concessionnaires. (Avis du comité de l'intérieur, 1er juill. 1834, commune de Saumur ; 26 août 1834, commune de Fontainebleau.) Dans un avis du 10 février 1835 (commune de Lodève, Hérault), le comité de l'intérieur avait résolu, ainsi qu'il suit, plusieurs questions importantes relatives aux diverses natures de concessions :

« Le système des concessions perpétuelles doit, à la longue, avoir pour résultat d'envahir les cimetières et de mettre les villes dans l'alternative, ou de ne pouvoir plus faire aucune espèce de concessions, ou d'acquérir indéfiniment de nouveaux terrains pour y placer et agrandir leurs cimetières. Dans le premier cas, il y aurait préjudice et pour les villes qui auraient, en quelques années, tari une source souvent féconde de revenus, et pour les particuliers qui seraient privés de la faculté de conserver, pendant un temps convenable, les tombes des membres de leurs familles ensevelis dans les cimetières publics. Dans le second cas, il pourrait y avoir plusieurs inconvénients à ce qu'aux abords des villes, des terrains considérables soient enlevés à la production et occupés par des cimetières.... Vainement objecterait-on que les conseils municipaux sont mieux à portée que personne d'apprécier les diverses circonstances qui peuvent décider de l'opportunité des concessions temporaires ou perpétuelles. Le décret du 23 prairial an XII, en effet, à poser le principe que des concessions pourraient être faites dans les cimetières lorsque leur étendue le permettrait, mais il n'a pas conféré à cet égard un droit absolu aux communes ; les projets de concessions faits par les conseils municipaux sont restés, comme tous autres projets d'aliénation, subordonnés à l'approbation supérieure du gouvernement, et, comme tels, soumis à toutes les règles et à toutes les conditions qu'il croirait devoir établir, soit dans l'intérêt général, soit dans l'intérêt particulier des communes. Ces considérations prennent plus de force encore quand il s'agit d'un règlement qui aurait pour effet d'autoriser un conseil municipal à faire des concessions dans le cimetière, sans être obligé de recourir, pour chacune d'elles en particulier, à l'approbation du roi ; cette autorisation générale donnée par le gouvernement à un conseil municipal étant, en réalité, une sorte de délégation de son autorité, qu'il est juste de subordonner aux conditions réclamées par l'intérêt public. L'insistance d'un conseil municipal pour obtenir l'approbation d'un règlement uniquement relatif à des concessions perpétuelles, serait du reste extrêmement déraisonnable ; car, comprendre dans ces règlements les concessions temporaires, ce n'est pas exclure les concessions perpétuelles, mais seulement introduire une faculté dont les particuliers sont libres de profiter ou de ne pas faire usage. »

73. L'étendue, le prix et la durée des concessions, bien que très-variables, ont toujours été cependant soumis à certaines règles ; ainsi, deux centiares ou mètres carrés, c'est-à-dire deux mètres de longueur sur un mètre de large, suffisant pour l'inhumation d'un corps, sauf l'espace à réserver au pourtour pour isoler les fosses, le concessionnaire ne peut être tenu d'acquérir un plus grand espace de ter-

rain ; mais les règlements prévoient d'ordinaire le cas où il demandera qu'il lui soit concédé une étendue plus considérable, et ils augmentent progressivement le prix de chaque concession de deux mètres ajoutée à la première. Il est aujourd'hui bien entendu que le terrain nécessaire aux séparations et passages établis autour des concessions doit être fourni par la commune, et qu'il ne peut, en aucun cas, être mis à la charge du concessionnaire. (Ordonnance royale du 6 décembre 1843, art. 4.)

L'étendue à consacrer aux concessions doit d'ailleurs être fixée de manière à ce qu'il soit réservé, pour les sépultures communes, un espace de terrain capable de suffire dans les années même où la mortalité dépasserait les limites ordinaires ; car, si l'on consacrait aux concessions tout l'excédant du terrain strictement nécessaire pour l'exécution rigoureuse des dispositions du décret du 23 prairial an XII, l'espace réservé aux sépultures ordinaires pourrait devenir insuffisant dans un temps de maladies épidémiques ou contagieuses. (Avis du comité de l'intérieur, du 29 novembre 1833, commune de Libourne, Gironde.)

S'il arrivait que le peu d'étendue du cimetière ne permît de consacrer aux concessions qu'un espace fort restreint, et que, dans ces étroites limites, les concessions perpétuelles et temporaires ne pussent être admises à la fois, les considérations développées plus haut devraient faire préférer les dernières.

74. Nous avons remarqué plus haut que l'agrandissement des cimetières, par voie d'expropriation, avait été plusieurs fois autorisé, dans le but de mettre les communes à même de faire des concessions particulières de terrain. Il ne faudrait pas voir cependant dans cette faculté, accordée quelquefois aux communes, un principe d'administration invariablement établi.

75. Le prix des concessions varie dans les communes rurales de 25 à 50 fr. par mètre carré pour les concessions perpétuelles, et de 10 à 20 et 25 fr. aussi par mètre carré pour les concessions temporaires, suivant leur plus ou moins de durée. La donation ou fondation faite en outre au profit du bureau de bienfaisance ou des hospices, devait autrefois représenter le tiers, ou au moins le quart de la somme due à la commune. C'est au tiers de cette somme que l'ordonnance royale du 6 décembre 1843,

art. 3, a fixé invariablement la part des pauvres ou des établissements de bienfaisance dans le produit des concessions de terrain. Cette proportion n'est, du reste, qu'un minimum qu'il est toujours loisible au concessionnaire de dépasser ; seulement, s'il s'élevait au-dessus de 300 fr., il serait alors nécessaire, aux termes de l'ordonnance royale du 2 avril 1817, que l'hospice ou le bureau de bienfaisance obtinssent l'autorisation spéciale d'accepter cette donation.

76. Dans les villes, le prix des concessions est nécessairement plus élevé ; au reste, il dépend de l'étendue du cimetière, de la population de la commune et des moyens pécuniaires des habitants ; mais ce prix doit être le même pour tous, sans distinction de personne. Ainsi, « on ne pourrait soumettre les individus non domiciliés dans la commune à payer un prix plus élevé que les habitants ; une semblable inégalité dans le tarif des concessions serait aussi injuste qu'inusitée. » (Avis du comité de l'intérieur, 10 février 1835, commune de Lagny, Seine-et-Marne.)

La valeur réelle du terrain exerce peu d'influence sur le prix des concessions, car ce dernier est toujours hors de toute proportion avec la valeur vénale du terrain concédé. Admettons, en effet, que dans une commune rurale l'hectare de terre labourable vaille 100 fr., les concessions à perpétuité se paieront de 30 à 40 fr. le mètre carré ; or, l'hectare représentant un carré qui aurait cent mètres de côté, c'est-à-dire dix mille mètres de superficie, on voit quelle énorme disproportion existe entre le prix commercial de la terre et les tarifs de concession. C'est que, comme le fait judicieusement observer M. Davenne (*Régime des communes*, p. 317), le droit conféré aux communes de délivrer des concessions, c'est-à-dire d'accorder à prix d'argent le privilège de posséder une sépulture particulière dans le cimetière commun, constitue, non une faculté de revente avec bénéfice des terrains du cimetière, mais la création d'une taxe municipale, dont la quotité est tout à fait indépendante de la valeur effective des emplacements qui font l'objet de la concession.

77. La disproportion que nous venons de signaler entre la valeur intrinsèque des terrains et le prix des concessions soulève une question qui s'est déjà plusieurs fois présentée, c'est celle des donations de terrain faites à une commune pour l'agrandissement de

son cimetière, sous la réserve d'une partie de terrain affectée par le donateur à sa sépulture et à celle de sa famille. Ces libéralités apparentes sont d'ordinaire acceptées avec reconnaissance par les communes; mais elles se montreraient moins empressées de les accueillir, si elles calculaient, d'un côté, la valeur vénale du terrain qui leur est offert, et, de l'autre, la somme que leur rapporte, en concessions, l'espace que se réserve le donateur : elles reconnaîtraient presque toujours que l'offre faite par celui-ci n'est rien autre chose qu'un moyen très-ingénieux de se procurer à bon marché une large concession, qu'il eût autrement payée fort cher. Reste en outre à régler les droits des pauvres : M. Davenne pense qu'à défaut du donateur concessionnaire, ce droit retombe à la charge de la commune donatrice; mais le comité de l'intérieur n'a pas partagé cette opinion; il a considéré que l'art 11 du décret du 23 prairial an XII n'obligeait à faire des concessions ou donations en faveur des pauvres ou des hôpitaux que les personnes à qui des concessions étaient accordées dans le cimetière communal; qu'on ne pouvait regarder comme une concession faite dans le cimetière communal la portion de terrain qu'une personne réserve pour sa sépulture, en abandonnant la totalité du terrain pour la réunir au cimetière; qu'en effet, cette réserve, qui est le fait du donateur et non celui de la commune, est une partie essentielle de la donation, qu'elle en est la condition, et qu'on ne peut l'envisager indépendamment et distinctement de la donation elle-même; que dès lors une donation de cette nature n'ouvre pas plus de droits aux établissements de charité que ne le ferait toute autre donation en faveur d'une commune. (Avis du comité de l'intérieur du 4 janv. 1842. *Question générale.*) Le comité, il est vrai, prend soin d'ajouter qu'on ne devrait autoriser une commune à accepter une donation de terrain qui lui serait faite à de telles conditions, que dans le cas où le cimetière étant insuffisant pour les sépultures, il y aurait nécessité, et par conséquent intérêt public à l'agrandir. Mais, quant à nous, même restreinte dans ces termes, l'acceptation de donations semblables nous paraît trop contraire aux intérêts des communes pour que nous n'exprimions pas le vœu de les voir toujours repousser. La voie de l'expropriation reste au besoin ouverte aux communes pour l'agran-

dissement de leurs cimetières, et il serait de bonne tutelle administrative de les empêcher d'accepter comme un bienfait ce qui n'est, à tout prendre, qu'une spéculation déguisée.

78. La durée des concessions temporaires a été jusqu'à ce jour de dix, quinze et vingt ans(1). Il est évident que cette durée ne pouvait être moindre de dix ans, car alors la commune n'eût en réalité rien accordé au concessionnaire au delà de ce que lui garantit la loi. Nous avons vu en effet que la loi du 15 mai 1791 avait décidé que les cimetières ne pourraient être mis dans le commerce que *dix ans après les dernières inhumations*; c'était implicitement reconnaître que ce délai de dix ans est nécessaire à la décomposition des corps, et il serait dès lors chimérique de faire considérer comme une concession une jouissance de terrain qui resterait inférieure à la durée légale des sépultures ordinaires. Les concessions temporaires devaient donc être graduées de dix ans jusqu'à vingt, et trente au plus; elles ne pouvaient excéder ce terme, car, ainsi que l'a fait remarquer le comité de l'intérieur, si elles étaient étendues à un espace de temps très-considérable, à quatre-vingt-dix-neuf ans, par exemple, elles ne pourraient être alors regardées comme de véritables concessions temporaires, puisqu'elles offriraient à peu près les mêmes inconvénients que les concessions perpétuelles. (Avis du comité de l'intérieur, 25 août 1835. Commune de Savigny, Rhône.)

79. A l'expiration des concessions temporaires, les concessionnaires devaient rester libres de les renouveler pour une nouvelle période égale à la première. « Ce droit de renouvellement ne pouvait leur être enlevé; une disposition insérée à cet effet dans un règle-

_____

(1) Nous verrons dans le paragraphe final de cet article que des concessions de cinq ans ont été jusqu'à ce jour accordées dans les cimetières de Paris; c'est une dérogation à la loi commune; mais l'on n'ignore pas que la législation qui régit la ville de Paris est presque entièrement exceptionnelle. Nous croyons savoir, au reste, que ces concessions quinquennales existent aussi dans quelques départements, mais elles n'ont jamais reçu la sanction de l'autorité supérieure, qui eût certainement refusé son approbation à tout règlement de concession dans lequel elles se fussent trouvées comprises.

ment n'eût pas été approuvée. » (Avis du comité de l'intérieur, 15 mars 1833. Commune de Dunkerque, Nord. )

80. On voit par ce qui précède quel caractère la législation et la jurisprudence avaient constamment attaché aux concessions faites dans les cimetières. En s'associant aux sentiments les plus respectables de la famille, en permettant d'honorer par des sépultures particulières la mémoire des morts, la loi et l'administration avaient cherché en même temps à créer aux communes une source nouvelle de revenus ; mais, d'un autre côté, elles n'avaient pas entendu faire des concessions un acte purement commercial, ni les assimiler aux ventes ordinaires des biens communaux : ainsi, les communes n'avaient jamais été autorisées à affermer le droit d'accorder des concessions, jamais non plus les familles n'avaient pu exercer sur les terrains concédés tous les droits d'une propriété complète. La jouissance de ces terrains restait pour elles limitée à un usage rigoureusement défini, et soumise à des règlements de police qui n'enchaînent pas la propriété ordinaire. On s'était surtout efforcé d'empêcher le trafic clandestin des terrains concédés ; mais, malgré la vigilance de l'administration, la jurisprudence ne pouvait complétement remédier à l'insuffisance de la loi. Cette insuffisance se faisait surtout sentir quand il s'agissait de l'aliénation ou de la translation d'un cimetière ; souvent alors les familles s'étaient refusées à laisser opérer l'exhumation des restes de leurs parents ensevelis dans des terrains concédés, soit à temps, soit à perpétuité, et auxquels les communes offraient de consacrer, dans le cimetière nouveau, un emplacement égal à celui dont elles avaient fait l'acquisition. Théoriquement, la discussion pouvait bien réduire à sa juste valeur le droit de propriété conféré par l'acte de concession, et donner aux communes raison contre les familles ; mais la discussion n'était guère possible sur les tombes elles-mêmes et en présence de sentiments qu'il importait de ménager jusque dans leur exagération. D'ailleurs, le silence de la loi favorisait les prétentions des familles, et lorsqu'elles étaient accueillies, lorsque des sépultures particulières étaient maintenues dans un cimetière vendu ou abandonné, la décence publique n'était-elle pas blessée profondément du spectacle de ces tombes mêlées à une culture ou à une exploitation particulière, et sur lesquelles

la surveillance de la police municipale ne pouvait plus s'exercer comme dans le cimetière commun? Ces graves difficultés préoccupaient trop sérieusement l'administration pour qu'elle n'ait pas cherché à les résoudre ; elle avait dû constater d'ailleurs, qu'à part les inconvénients des concessions perpétuelles signalés plus haut, elles avaient en outre celui de mentir à leur institution elle-même, et, au lieu de ce culte perpétuel que les familles se proposaient de consacrer à la mémoire de leurs membres, de n'offrir au bout d'un certain temps que des tombes délaissées, dont les débris couvraient le sol, sans que l'administration se crût jamais autorisée à les faire enlever (1).

81. Le ministère de l'intérieur avait pensé qu'un des moyens les plus sûrs de faire cesser un aussi fâcheux état de choses, ce serait de supprimer pour l'avenir le système des concessions perpétuelles, d'y substituer une sorte d'emphythéose qui pût se renouveler indéfiniment moyennant le versement, à l'expiration de chaque période, d'une somme fixée à titre de redevance, faute de quoi le terrain ferait alors retour à la commune. Quant aux concessions purement temporaires, elles devaient, d'après le projet ministériel, avoir lieu, conformément à l'usage déjà établi, dans la limite d'un maximum fixé pour la durée, et suivant des prix gradués en raison du temps d'occupation.

82. Les conseils généraux consultés en 1821 sur cette question, comme ils l'avaient été sur diverses autres modifications à apporter à la législation en vigueur sur les cimetières, se prononcèrent, à la majorité de quarante-deux départements contre vingt-six, pour l'abolition des concessions perpétuelles ; mais la résistance de ces derniers fut très-vive. Ils représentèrent que l'idée de perpétuité se liait au respect même des sépultures ; qu'une mesure qui semblerait limiter la piété des familles

(1) Pour ne parler que du cimetière du Père Lachaise, la valeur des constructions funéraires qu'il renferme dépassait, il y a cinq ans, 23 *millions*. Depuis, cette valeur s'est augmentée de 8 à 900,000 fr. par an. En continuant le système de concessions suivi jusqu'à ce jour, il est fort à craindre que les quinze mille monuments subsistant aujourd'hui au Père Lachaise ne soient plus, d'ici à cinquante ans, qu'un amas de ruines. C'est tout ce qui resterait de près de 30 millions.

ou la reconnaissance publique, blesserait un sentiment intime, consacré par une loi qui s'exécute depuis trente ans. Ils ajoutaient que les concessions à temps, même avec la faculté du renouvellement indéfini, ne répondraient pas toujours à l'intention des fondateurs; qu'ainsi, elles n'assureraient pas la conservation des monuments funéraires élevés par l'État et par les villes aux hommes qui ont honoré le pays; que d'ailleurs l'interdiction des concessions perpétuelles aurait pour effet de diminuer les produits des concessions, car les affections de famille ne supportant pas l'idée d'un monument qui serait par avance déclaré éphémère, on devrait s'attendre à voir le nombre de ces concessions se réduire. Toutefois, aucun de ces vingt-six conseils ne s'opposait à ce que les concessions, soit emphythéotiques, soit temporaires, selon le vœu des familles, fussent autorisées concurremment avec les concessions perpétuelles; et, afin de remédier à l'abandon de ces dernières, ils proposaient d'en stipuler le retour à la commune pour le cas où elles cesseraient d'être entretenues.

83. Le projet d'abolition des concessions perpétuelles, adopté par une commission formée au ministère de l'intérieur (1), fut ensuite soumis au Conseil d'état; mais tout en appréciant les raisons puissantes qui avaient porté l'administration à supprimer le principe de la perpétuité, le conseil pensa que, dans une matière aussi délicate, et quelle que soit d'ailleurs l'idée qu'on se fasse du caractère de la perpétuité par rapport aux choses d'institution humaine, il fallait tenir grandement compte de l'empire des habitudes et des sentiments; il ne crut pas que l'innovation proposée pût être admise sans blesser la piété des familles; il se prononça pour le maintien des concessions perpétuelles, et le ministère de l'intérieur se rangea à son avis. Quant aux concessions à temps, elles furent divisées en deux classes: les unes trentenaires avec faculté de renou-

vellement à l'expiration de chaque période, et les autres de quinze années, mais sans faculté de renouvellement. Les premières ont une grande analogie avec les concessions perpétuelles, puisque la possibilité de les renouveler indéfiniment tend à en perpétuer la jouissance; elles ont toutefois l'avantage de ne pas engager absolument l'avenir, le défaut de paiement de la redevance fixée, à l'expiration de chaque période, donnant à la commune le droit de remettre le terrain en service deux années révolues après le terme de renouvellement. Aussi est-il à désirer qu'il soit établi une différence notable dans le prix de ces concessions par rapport à celui qui sera réglé pour les concessions perpétuelles proprement dites, afin de déterminer la préférence des familles en faveur d'un mode qui leur présente, à moins de frais, des résultats à peu près équivalents. Ce motif devra aussi faire élever considérablement le prix auquel seront désormais accordées les concessions perpétuelles.

84. L'ordonnance royale du 6 déc. 1843 introduit une importante innovation dans l'instruction et l'homologation des demandes en autorisation d'établir des tarifs de concessions de terrains. Jusqu'à présent, ainsi que nous l'avons dit, la sanction royale était nécessaire pour chacune de ces demandes; elle l'était même pour toute demande de concession individuelle, lorsqu'il n'existait pas de tarif approuvé. L'art. 7 du nouveau règlement a pour but de décentraliser, dans ces sortes d'affaires, l'action administrative, et de remettre à l'autorité administrative le pouvoir d'homologation réservé jusqu'à ce jour à l'autorité royale. « Des tarifs présentant des prix gradués pour les trois classes de concessions énoncées en l'art. 3 seront, dit cet article 7, proposés par les conseils municipaux des communes, et approuvés par arrêtés des préfets. Les tarifs proposés pour les communes dont les revenus dépassent cent mille francs, seront soumis à notre approbation. » Pour se conformer aux dispositions de cet article, les préfets devront donc mettre les conseils municipaux en demeure de leur proposer des tarifs de concessions; mais la loi du 18 juill. 1837 (art. 19, n° 1), laissant aux conseils municipaux l'initiative dans la création des recettes municipales de toute nature, les préfets n'auront aucune action contre les communes qui se refuseraient à invoquer le bénéfice de l'art. 7 précité. Seulement, comme ce refus rendrait

---

(1) Cette commission se composait de M. Maillard, pair de France, président; de MM. les préfets de la Seine et de police; Vivien, membre de la Chambre des députés; le comte Siméon, pair de France; Orfila, doyen de la faculté de médecine; Goupil, maître des requêtes au conseil d'état; Davenne, chef de la section des communes, au ministère de l'intérieur; et Duchesne, auditeur au conseil d'état.

impossibles toutes concessions de terrain dans le cimetière de ces communes, et comme il est rare d'ailleurs que les conseils municipaux n'accueillent pas avec empressement toutes les occasions d'améliorer leur budget, il est à croire que la provocation des préfets ne soulèvera aucune résistance de la part des communes mises en demeure.

85. Il est inutile d'ajouter que les tarifs anciennement approuvés par ordonnances royales continueront d'être exécutoires, à moins que les conseils municipaux n'en votent la modification dans le sens du nouveau règlement, qui ne peut avoir, sur ce point, aucun effet rétroactif.

86. L'art. 5 a pour but de résoudre une difficulté dont nous avons parlé plus haut, et de prévenir la lutte qui pourrait s'élever, en cas de translation d'un cimetière, entre les familles concessionnaires et les communes. Il dispose que, dans ce cas, les concessionnaires ont droit d'obtenir dans le nouveau cimetière un emplacement égal en superficie au terrain qui leur avait été concédé, et que les restes qui y avaient été inhumés seront transportés aux frais de la commune. Cet article consacre le principe que les concessions faites à titre perpétuel ne constituent point des actes de vente, et n'emportent pas un droit réel de propriété en faveur du concessionnaire, mais simplement un droit de jouissance et d'usage avec affectation spéciale et nominative. Nous regrettons seulement que la rédaction de l'article n'atteigne pas peut-être complétement le but qu'il s'est proposé, car elle semble laisser les familles maîtresses d'user ou de n'user pas de ce droit d'obtenir un emplacement dans le nouveau cimetière en échange de la concession qu'elles avaient acquise dans l'ancien. Évidemment l'article n'a pas voulu laisser à la discrétion des familles la question qu'il s'agissait de régler; mais il eût été à souhaiter qu'il ne se bornât pas à exprimer le droit des concessionnaires, mais surtout qu'il énonçât le droit des communes d'opérer, avec tout le respect et toutes les précautions nécessaires, les exhumations et réinhumations que peuvent exiger les translations ou les aliénations de cimetières. A supposer, au reste, que les familles se refusassent à l'échange dont parle l'art. 5, l'administration n'hésiterait pas sans doute à soutenir les communes contre leurs prétentions : nous en trouvons la preuve dans le passage suivant de l'instruction ministé-

rielle adressée aux préfets pour l'exécution de l'ordonnance royale du 6 décem. 1843 : « Vous remarquerez, monsieur le préfet, que l'art. 5 décide que, dans le cas de translation d'un cimetière, les concessionnaires n'ont droit qu'au remplacement du terrain qui leur avait été concédé par un autre terrain d'une égale superficie dans le cimetière nouveau. En conséquence de ce principe, qui régit le passé comme l'avenir, les concessions anciennement faites ne peuvent être un obstacle à ce que les cimetières existants, dont la translation serait reconnue nécessaire, soient interdits et plus tard aliénés au profit des communes, dans les délais prescrits par le décret de prairial an XII, sous la seule réserve du remplacement dont parle l'art. 5 du nouveau règlement. Il en résulte un autre droit pour l'administration : c'est celui de s'opposer à ce que les terrains concédés, qui, dépourvus du caractère de la propriété, sont conséquemment inaliénables de leur nature, soient l'objet de ces ventes ou de ces transactions particulières qu'on a eu trop souvent à déplorer. » On voit quelle extension l'administration se propose de donner à l'art. 5, puisqu'elle le fait réagir jusque sur les anciennes concessions. Des doutes sérieux pourront s'élever à cet égard ; et pour nous, il nous paraît résulter de l'ensemble des dispositions de l'ordonnance royale du 6 décem. qu'elle n'a entendu statuer que sur les concessions à venir. L'art. 3 s'exprime, en effet, en ces termes : « Les concessions de terrains dans les cimetières communaux, pour fondation de sépultures privées, seront à l'avenir divisées en trois classes. » Et lorsque quelques lignes plus bas, l'art. 5 dispose qu'en cas de translation d'un cimetière, les concessionnaires auront droit d'obtenir dans le cimetière transféré un emplacement égal à celui qu'ils possédaient dans l'ancien, on est porté à croire que cet article n'a pu avoir en vue que les concessionnaires qui auront traité avec les communes aux conditions établies par le règlement nouveau, qui doit faire désormais la loi des parties. Il est donc à regretter, nous le répétons, que la rédaction de l'art. 5 ne soit pas plus explicite, et nous ne serions pas surpris qu'on reprochât à l'administration d'avoir voulu en faire sortir plus de pouvoir qu'il ne lui en donne réellement.

87. En réglant le droit des communes d'accorder des concessions dans les cimetières, l'administration avait dû se préoccuper aussi

du droit des particuliers de les obtenir. Fallait-il laisser les conseils municipaux maîtres de refuser, à leur gré, le bénéfice des règlements aux familles qui voudraient les invoquer? n'était-il pas à craindre que cet arbitraire ne servît quelquefois des inimitiés privées, et que les refus de concessions ne devinssent pour les communes des causes de perturbation et de scandale? Le projet du ministère de l'intérieur avait cherché à les prévenir, et il contenait un article qui obligeait les communes pourvues de règlements de concessions, à en accorder le bénéfice à tous ceux qui se soumettraient aux conditions établies par ces règlements. Le conseil d'état n'a pas cru devoir maintenir cet article, et il ne s'en retrouve aucune trace dans l'ordonnance royale du 6 décem. 1843 (1). Il ne faudrait pas, au reste, s'exagérer les dangers de l'arbitraire laissé aux communes, puisque le recours contre les refus de concessions serait toujours ouvert aux familles, soit près du préfet, soit au besoin près du ministre de l'intérieur, qui ne manqueraient pas d'examiner, avec l'attention la plus sévère, les motifs sur lesquels la commune se serait fondée pour refuser la concession. Mais on comprend que ces motifs peuvent être graves, et l'administration, d'accord avec le Conseil d'état, a sagement fait de se réserver, dans une question aussi délicate et aussi irritante, l'appréciation de chaque cas particulier.

### § 9. — *Des cimetières de la ville de Paris.*

88. Il nous reste à faire connaître les règles particulières aux cimetières de la ville de Paris, exceptés de la loi commune par l'art. 8 de l'ordonnance du 6 décembre 1843.

89. En 1813, il existait quatre cimetières pour la ville de Paris : ceux de Mont-Louis (Père la Chaise), de Montmartre, de Vaugirard et de Sainte-Catherine.

---

(1) Nous croyons devoir donner ici le texte de cette ordonnance; elle est ainsi conçue :

TITRE 1er. — *De la translation des cimetières.*

Art. 1er. Les dispositions des titres 1er et 2e du décret du 23 prairial an XII, qui prescrivent la translation des cimetières hors des villes et bourgs, pourront être appliquées à toutes les communes du royaume.

Art. 2. La translation du cimetière, lorsqu'elle deviendra nécessaire, sera ordonnée par un arrêté du préfet, le conseil municipal de la commune entendu. Le préfet déterminera également le nouvel emplacement du cimetière, sur l'avis du conseil municipal, et après enquête *de commodo et incommodo.*

TITRE 2. — *Des concessions de terrain dans les cimetières, pour fondation de sépultures privées.*

Art. 3. Les concessions de terrain dans les cimetières communaux, pour fondation de sépultures privées, seront à l'avenir divisées en trois classes : 1° concessions perpétuelles ; 2° concessions trentenaires; 3° concessions temporaires. Aucune concession ne peut avoir lieu qu'au moyen du versement d'un capital, dont deux tiers au profit de la commune et un tiers au profit des pauvres ou des établissements de bienfaisance. Les concessions trentenaires seront renouvelables indéfiniment à l'expiration de chaque période de trente ans, moyennant une nouvelle redevance qui ne pourra dépasser le taux de la première. A défaut du paiement de cette nouvelle redevance, le terrain concédé fera retour à la commune, mais il ne pourra cependant être repris par elle que deux années révolues après l'expiration de la période pour laquelle il avait été concédé ; et, dans l'intervalle de ces deux années, les concessionnaires ou leurs ayants-cause pourront user de leur droit de renouvellement. Les concessions temporaires seront faites pour quinze ans au plus, et ne pourront être renouvelées.

Art. 4. Le terrain nécessaire aux séparations et passages établis autour des concessions devra être fourni par la commune.

Art. 5. En cas de translation d'un cimetière, les concessionnaires ont droit d'obtenir, dans le nouveau cimetière, un emplacement égal en superficie au terrain qui leur avait été concédé, et les restes qui y avaient été inhumés seront transportés aux frais de la commune.

TITRE 3. — *De la police des cimetières.*

Art. 6. Aucune inscription ne pourra être placée sur les pierres tumulaires ou monuments funèbres sans avoir été préalablement soumise à l'approbation du maire.

TITRE 4. — *Dispositions transitoires.*

Art. 7. Des tarifs, présentant des prix gradués pour les trois classes de concessions énoncées en l'art. 3, seront proposés par les conseils municipaux des communes, et approuvés par arrêtés des préfets. Les tarifs proposés pour les communes dont les revenus dépassent 100,000 fr. seront soumis à notre approbation.

Art. 8. Les dispositions du présent règlement ne sont pas applicables aux cimetières de la ville de Paris.

Un arrêté du 2 sept. 1813 statua que, jusqu'à l'ouverture des nouveaux cimetières dont l'arrêté préfectoral du 21 ventôse an IX avait ordonné la création, les inhumations en sépultures particulières, temporelles ou perpétuelles, seraient réservées au cimetière de Mont-Louis; l'inhumation en sépulture commune devait continuer d'avoir lieu : pour les 1er et 2e arrondissements, dans le cimetière Montmartre; pour les 3e, 4e, 5e, 6e, 7e, 8e et 9e, dans celui de Mont-Louis; pour les 10e et 11e, dans celui de Vaugirard, et enfin pour le 12e, dans le cimetière Sainte-Catherine; mais ce dernier ayant été supprimé par arrêté du 14 juin 1814, le cimetière de Vaugirard fut affecté aux inhumations des 10e, 11e et 12e arrondissements. Cette répartition fut modifiée en 1825, époque à laquelle furent ouverts les nouveaux cimetières du Nord (Montmartre) et du Sud (Mont-Parnasse). Un règlement, en date du 20 sept. de cette année, attribua au cimetière du Nord les inhumations des 1er, 2e, 3e et 4e arrondissements; à celui de l'Est (Père la Chaise), celles des 5e, 6e, 7e, 8e et 9e, et à celui du Sud, celles des 10e, 11e et 12e.

90. Une délibération du conseil municipal, du 7 sept. 1821, avait étendu à tous les cimetières de Paris la faculté accordée jusque-là à celui du Père la Chaise, de recevoir des concessions; et un règlement du 24 juil. 1829, approuvé par ordonnance royale du 5 mai 1830, avait déterminé les conditions auxquelles ces concessions seraient accordées : mais on comprend que l'affectation des cimetières aux divers arrondissements municipaux, et par conséquent la répartition entre eux des concessions de terrain pour sépultures particulières, ne purent être toujours rigoureusement observées. L'administration s'est constamment montrée disposée à accueillir le vœu des familles dont les membres sont disséminés dans des quartiers différents, et qui désirent réunir dans une même sépulture ceux qu'elles ont perdus.

91. Outre les trois grands cimetières du Nord, de l'Est et du Sud, il en existe encore deux particuliers : celui des israélites et celui des hospices.

Le culte israélite est le seul qui, conformément à l'art. 15 du décret de l'an XII, possède un lieu de sépulture séparé.

En 1809, un emplacement compris dans le cimetière de l'Est fut appliqué à ce culte et agrandi en 1822. Le 10 mars 1823, un nouvel enclos fut accordé aux israélites dans le cimetière Montmartre, mais seulement pour les inhumations en commun, les sépultures particulières demeurant réservées au cimetière de l'Est. Ce ne fut qu'à partir de 1825 que, sur la demande du consistoire israélite, des concessions temporaires furent accordées dans le cimetière du Nord. Depuis cette époque, les morts appartenant à la religion juive sont enterrés dans les deux enclos du Nord et de l'Est.

92. Les décédés des hospices étaient inhumés autrefois dans le cimetière de Clamart; depuis 1814, époque de sa suppression, ils avaient été partagés entre les trois cimetières généraux, où des emplacements distincts étaient affectés à ce service; mais, par suite des réclamations des familles, il fut décidé que le cimetière de l'Est ne recevrait plus cette catégorie de décédés, et qu'elle serait désormais attribuée au cimetière du Nord pour la rive droite, et à celui du Sud pour la rive gauche. Depuis le 28 oct. 1831, ce dernier est le seul qui reçoive les décédés des hospices.

93. *Concessions.* L'arrêté préfectoral du 15 ventôse an XIII posa les premières règles à observer pour les concessions dans les cimetières de Paris. Cet arrêté, rendu six mois environ après la promulgation du décret du 23 prairial an XII, distinguait les concessions en concessions à longues années et concessions à perpétuité.

Le prix des premières était fixé à la somme de 50 fr. une fois payés; celui des secondes était de 100 fr. le mètre carré. Les sépultures perpétuelles, destinées à devenir des fondations de famille, supportaient, outre le prix de la concession primitive, une taxe additionnelle égale au vingtième de cette concession, et qui devait être payée à chaque inhumation faite dans le terrain concédé. L'approbation du gouvernement devait sanctionner et rendre définitives ces diverses concessions.

94. En 1821, l'accroissement considérable des sépultures particulières, qui avaient déjà absorbé une partie du cimetière de l'Est, commença à préoccuper l'administration; et, sur la proposition du préfet, le conseil municipal décida, comme on l'a vu plus haut, que les concessions temporaires pourraient avoir lieu dans tous les cimetières indistinctement, qu'elles seraient limitées à six années, à l'expiration desquelles elles seraient reprises par

la ville, à moins que les familles n'en eussent obtenu le renouvellement ou la conversion en concessions à perpétuité. Cependant, les difficultés des reprises firent préférer à l'administration l'agrandissement des cimetières, malgré les dépenses considérables qu'il entraînait.

95. Le règlement général du 10 avril 1827 rappela les principes posés dans l'arrêté du 15 ventôse an XIII, et dans la délibération précitée du 7 sept. 1821 ; mais il est à remarquer que les concessions accordées en conséquence de ces deux actes n'avaient pas toujours été soumises à l'approbation du gouvernement. Dans le but de couvrir cette irrégularité, et pour arrêter le développement effrayant des concessions qui menaçaient de dévorer les cimetières, l'administration, en 1829, réduisit à cinq années la durée des concessions temporaires et en interdit le renouvellement. Le prix des concessions à perpétuité fut élevé proportionnellement à la quantité de terrain occupé ; en même temps il fut créé un nouveau genre de concessions dites *conditionnelles*, dont le prix devait être payé un quart comptant et les trois autres quarts dans les dix années, à compter du jour de la concession ; faute de quoi, le contrat était de droit résolu et le terrain faisait retour à la ville. Cette création avait, on le voit, pour objet de diminuer le nombre des concessions perpétuelles. Mais, à ce même point de vue, la réduction à cinq années au lieu de six des sépultures temporaires, et l'interdiction de renouvellement dont elles étaient frappées, étaient une faute, car elles rejetaient les familles vers les concessions perpétuelles au lieu de les en détourner. L'ordonnance royale du 5 mai 1830 approuva le règlement de 1829, et confirma toutes les concessions faites antérieurement par de simples arrêtés préfectoraux.

96. L'état actuel des trois grands cimetières de Paris prouve combien il est urgent de modifier le régime des concessions établi par les divers règlements que nous venons de rappeler. Ce besoin n'avait pas échappé à la vigilance de l'administration, et dès 1842, M. le comte de Rambuteau avait prescrit des études dans le but d'arrêter la nécessité sans cesse renaissante de l'agrandissement des cimetières, et de couper le mal dans sa racine en changeant le mode de concession suivi jusqu'à ce jour. Il n'avait pu échapper d'ailleurs à la sollicitude éclairée de la préfecture de la Seine

qu'à cet inconvénient si grave de l'envahissement des cimetières par les sépultures fondées à perpétuité, venait s'ajouter, au bout de quarante ou cinquante ans, l'abandon de ces tombes auxquelles, dans les premiers élans de leur douleur, les familles avaient prétendu assurer une durée qui n'appartient pas aux choses de ce monde ; ainsi, l'unique résultat de ces concessions, c'est de consacrer une pieuse erreur à laquelle les ruines dont les tombes délaissées sont bientôt couvertes donnent le plus triste démenti. De deux choses l'une, il faut aujourd'hui ou accorder à la ville de Paris le nouveau règlement de concessions qu'elle sollicite, ou se résigner à la translation des cimetières, c'est-à-dire à l'une des mesures les plus graves et les plus effrayantes dans lesquelles l'administration puisse s'engager. Pense-t-on que les familles ne soient pas plus péniblement affectées de ces cruels voyages auxquels les condamneraient des inhumations faites à plusieurs kilomètres des murs avec tant d'embarras et de dépenses, qu'elles ne le seront de la suppression des concessions perpétuelles, alors que, comme le propose le règlement de 1844, les concessions de quarante années, indéfiniment renouvelables, leur garantiraient la seule perpétuité qu'il soit raisonnable de rechercher pour une sépulture ?

97. Dans le nouveau système, les trois genres de concessions faites jusqu'ici seraient remplacés par deux seulement : les concessions de cinq, ou de quarante années ; les premières renouvelables une seule fois, les secondes indéfiniment, par périodes de vingt ou de quarante années, au choix des concessionnaires. Le prix des concessions quinquennales serait de 50 fr., celui des concessions de quarante ans, gradué proportionnellement à la quantité de terrain, de telle sorte que le prix du mètre carré s'élèverait de 250 à 4,500 fr. entre les limites d'un à seize mètres carrés. Une concession de cette dernière étendue, maximum fixé par le règlement, coûterait 27,000 fr.

98. Quoique le décret du 23 prairial an XII ait garanti à tout citoyen, pendant au moins cinq ans, une sépulture séparée, il a existé de tout temps, dans les cimetières de Paris, des inhumations dites en tranchée, que maintient le règlement nouveau. Ce sont de vastes fosses rectangulaires dans lesquelles les cercueils sont placés l'un contre l'autre, mais sans jamais être superposés. Les tranchées sont séparées entre elles par un passage de cin-

quante centimètres de largeur. Les terrains dans lesquels ont lieu des inhumations de cette espèce ne sont repris qu'après la cinquième année, à compter du jour de la dernière inhumation. Il n'est fait aucun obstacle à ce que des signes funéraires soient placés sur ces sépultures.

99. L'existence de ces fosses communes dans les cimetières de Paris se justifie par les difficultés et par les dépenses qui accompagnent l'extension des cimetières, à laquelle conduisait nécessairement la suppression des inhumations en tranchée; mais elle n'en est pas moins une grave dérogation au décret de l'an XII.

100. Nous en signalerons une autre dans l'absence des distinctions entre les sépultures des différents cultes que prescrit ce même décret. Au reste, cette omission a moins de gravité à Paris, où n'existe pas l'usage de bénir les cimetières au moment de leur ouverture; chaque fosse reçoit successivement, et à chaque inhumation, la bénédiction religieuse, lorsque l'intervention du clergé est sollicitée par les familles. — V. Inhumations, Exhumations, Pompes funèbres.

DUCHESNE.

**CINQ POUR CENT** (consolidé). — V. Dette publique, Rente sur l'état.

**CINQUANTIÈME DENIER.** Ce droit, prélevé sur le prix des achats et ventes, et qui avait été primitivement établi à titre de subside par Philippe-le-Bel (13 janv. 1295), a été nominativement aboli par l'art. 12, tit. 2 de la loi du 15-20 mars 1790.

**CIRCONSTANCES AGGRAVANTES.** —
1. Les circonstances aggravantes des crimes et des délits sont les faits accessoires de ces crimes et délits qui en aggravent le caractère. La criminalité d'un prévenu se révèle, en effet, par toutes les circonstances de son action, et de même que certaines de ces circonstances peuvent en atténuer la portée et même l'excuser, il en est d'autres qui témoignent une perversité plus grave : la loi qui suivrait une règle immuable au milieu de ces déviations des faits, serait une loi injuste; elle doit tenir compte de toutes les modifications de l'action, pour proportionner, autant que la justice humaine en a la puissance, le degré de la peine à l'intensité du délit.

2. La plupart des délits et des crimes peuvent puiser dans les faits concomitants des circonstances aggravantes. C'est ainsi que l'homicide volontaire puise dans la préméditation une cause d'aggravation ; c'est ainsi que le vol est différemment qualifié suivant la qualité de domestique, d'aubergiste ou de voiturier de l'accusé ; suivant qu'il a été commis pendant le jour ou pendant la nuit ; suivant le lieu de sa perpétration, dans les champs, dans une maison habitée, dans les parcs ou enclos, dans les édifices consacrés aux cultes ou sur les chemins publics ; enfin suivant les circonstances de leur exécution. Nous examinons toutes ces circonstances en parlant des différents crimes auxquels elles se rattachent. — V. Homicide, Vol, etc.

3. Mais il importe de distinguer avec précision les circonstances aggravantes et les circonstances constitutives des crimes. Cette distinction est indispensable dans l'état actuel de notre législation, puisque la loi du 13 mai 1836 veut que les jurés votent par scrutins distincts et successifs sur le fait principal d'abord, et, s'il y a lieu, sur chacune des circonstances aggravantes, ce qui entraîne la nécessité de séparer, dans les questions posées, le fait principal de ces circonstances. Les circonstances constitutives du crime sont celles qui en forment les éléments essentiels, sans lesquelles il ne peut exister et cesserait d'être crime. Ainsi, la volonté de tuer est une circonstance constitutive du meurtre ; la soustraction frauduleuse, du vol ; l'intention de nuire, du faux : effacez ces circonstances, il n'y a plus ni meurtre, ni vol, ni faux. Les circonstances aggravantes sont celles qui s'adaptent à des faits déjà punissables et qui ne font qu'en accroître la criminalité. Telles sont la préméditation pour le meurtre ; l'effraction, l'escalade, la complicité, pour le vol ; l'authenticité des écritures pour le faux. Ces dernières circonstances ajoutent au caractère criminel du fait, mais ne créent pas ce caractère ; elles en sont les accessoires accidentels et non les éléments indispensables. Cette distinction paraît aussi claire que précise, et cependant il s'est élevé des doutes sur le caractère de quelques circonstances. Nous les examinons sous le mot Cour d'assises, où sont traitées les difficultés relatives à la position des questions au jury. — V. Cour d'assises.

**CIRCONSTANCES ATTÉNUANTES.** —
1. Les circonstances atténuantes des crimes et des délits ne sont autre chose qu'une classe

d'excuses que la loi n'a pas définies, et qui échappent à une définition quelconque. Cette expression comprend tous les faits qui peuvent modifier la culpabilité ou motiver une atténuation de la peine, soit qu'ils soient puisés dans les circonstances mêmes de l'action, dans la position personnelle des prévenus, ou même dans les dispositions trop rigoureuses de la loi pénale. L'exposé des motifs de la loi du 28 avr.1832 expliquait cette dénomination en ces termes : « Les circonstances atténuantes ne sont pas des accessoires du fait principal ; elles sont une partie essentielle de ce fait lui-même, et elles déterminent son plus ou moins haut degré d'immoralité ; ce vol est moins criminel parce que le coupable n'a pas eu pleine conscience de son crime; parce qu'il a été séduit, passionné ; parce qu'il a fait des aveux, témoigné du repentir , essayé une réparation. Comment détacher du fait principal ces circonstances ? Comment les préciser dans leur variabilité ? Comment s'exposer à leur donner la consistance trompeuse d'une jurisprudence avec ses généralités et ses règles ? n'est-il pas mille circonstances qui , atténuantes dans beaucoup de cas, seront aggravantes pour d'autres ? Les différences d'âge, de sexe , de fortune; les passions , les intérêts, les habitudes, ne sont-ils pas présumer tantôt une perversité plus profonde , tantôt de justes droits à la pitié ? »

2. Tels sont les excuses et les faits d'atténuation dont le législateur a dû chercher à tenir compte en faveur de chaque accusé, dans le but de parvenir à une plus exacte distribution de la justice, à une plus juste proportion entre la peine et le délit. Chaque action peut subir mille modifications, refléter mille nuances qui en changent incessamment le caractère. Le législateur a déterminé à l'avance et par une incrimination générale la nature principale de cette action. Mais peut-il en prévoir toutes les modifications successives? Il est évident qu'il ne le peut pas, et c'est pour remédier à cette impuissance de l'incrimination, que le système des circonstances atténuantes a été établi. Ce système a pour but de faire entrer dans le calcul de la peine tous les faits d'excuse que la loi n'a pu ni prévoir ni définir, et qui cependant aux yeux de la justice doivent exercer une certaine influence sur le degré de la punition.

3. Nous diviserons cette matière en deux paragraphes: dans le premier, nous examine-

rons le système des circonstances atténuantes tel que la loi du 28 avril 1832 l'a établi; dans le deuxième, passant de la théorie à l'application, nous examinerons les dispositions de l'article 463 du Code pénal et les différentes difficultés que l'application de cet article a fait naître.

§ 1er. — *Du système des circonstances atténuantes.*
§ 2. — *De l'application du système des circonstances atténuantes.*
SECT. 1re. — *De l'application des circonstances atténuantes en matière criminelle.*
SECT. 2. — *De l'application des circonstances atténuantes en matière correctionnelle.*
SECT. 3. — *De l'application des circonstances atténuantes en matière de police.*

—

§ 1er. — *Du système des circonstances atténuantes.*

4. Ce système n'est que l'application d'une pensée générale qui domine plus ou moins toutes les législations pénales , le besoin de constater le véritable degré de culpabilité de l'accusé. La loi romaine avait essayé d'énumérer les circonstances qui peuvent influer sur le caractère des crimes ; elle voulait que l'on eût égard, dans la distribution de la peine, aux causes qui avaient entraîné le coupable, à son âge, à sa position personnelle, aux faits qui avaient accompagné l'action, à la gravité du dommage, aux suites du crime: *hæc quatuor genera consideranda septem modis : causâ , personâ , loco , tempore , qualitate , quantitate, eventu* ( l. 16. ff. *De pœnis* ), et, suivant que ces circonstances étaient constatées , le crime était réputé plus ou moins atroce, *atrocius aut levius factum est* ; la peine plus ou moins grave, *capite luendum aut minore supplicio* (*eâd. leg.* ibid.). Ulpien prescrivait en conséquence cette règle générale : *licet ei qui extrà ordinem de crimine cognoscit , quam vult sententiam ferre , vel graviorem vel leviorem : ità tamen ut in utroque modo rationem non excedat.* ( l. 13, ff. *De pœnis.*)

5. Cette règle s'était développée dans notre ancienne jurisprudence jusqu'au point de devenir un abus. Le petit nombre d'édits qui étaient intervenus sur les matières pénales

avaient forcé les juges à recourir, pour tous les cas non prévus, à la loi romaine, aux coutumes, à la jurisprudence. On distinguait les crimes dont la peine était réglée à l'avance par les ordonnances et les arrêts, et ceux dont la peine n'était prévue par aucune loi, par aucun règlement. Dans ce dernier cas, la distribution des peines était entièrement livrée à l'arbitraire du juge, qui, suivant les circonstances et l'exigence des cas, appliquait les châtiments qu'il jugeait en rapport avec la gravité des faits. Dans la première hypothèse, il modifiait encore les peines prévues, ainsi que l'attestent les nombreuses ordonnances qui font défenses de modifier les peines fixées par les lois. ( *Revue de législation*, 1843, t. 1. p. 118. )

6. Le Code pénal du 25 septembre-6 octobre 1791 fut une complète réaction contre ce système. L'Assemblée constituante, frappée des abus que présentaient les peines arbitraires, voulut substituer à la volonté du juge les prescriptions de la loi; aux peines mobiles et susceptibles d'être aggravées ou réduites, des peines invariables et fixes. Les juges se trouvèrent enchaînés dans un cercle de fer; non-seulement ils ne pouvaient choisir les châtiments, ils ne pouvaient même les modifier et les graduer. Les peines uniformes, privées de *minimum* et de *maximum*, s'appliquaient, toujours les mêmes, à tous les faits renfermés dans la même incrimination. Les nuances qui séparent les actions étaient effacées; les circonstances qui les modifient et les atténuent étaient négligées. Tel fut le principe du Code de 1791. « Ce principe, disent MM. Chauveau et Faustin Hélie, était fécond en inconvénients. Les faits qui constituent les crimes sont susceptibles de modifications infinies, et cette égalité des peines produisait les plus odieuses inégalités. Il fallait que le juge appliquât à des faits qui n'avaient ni la même valeur morale ni les mêmes résultats matériels, une peine inflexible dans son uniformité, vu que cette rigueur, par son injustice même, enfantait l'impunité. Le besoin d'une nouvelle réforme de la législation se fit donc promptement sentir.» (*Théorie du Code pén.*, 1re éd., t. 3, p. 220.)

7. Plusieurs lois ne tardèrent pas à attribuer aux juges, dans certaines matières, quelque latitude dans la fixation des peines. L'art. 646 du Code du 3 brum. an IV, la loi du 25 frim. an VIII et celle du 7 pluv. an IX témoignent de cette nouvelle tendance. Enfin le Code pénal de 1810 fit un pas immense dans cette voie : les peines fixes furent proscrites, les juges purent graduer chaque peine dans les limites d'un *maximum* et d'un *minimum*; la nature de chaque châtiment était déterminée, mais le pouvoir d'en parcourir les degrés était laissé aux juges. Enfin l'art. 463 de ce Code autorisa les tribunaux correctionnels, à l'égard des simples délits, si le préjudice n'excédait pas 25 fr. et si les circonstances paraissaient atténuantes, à réduire l'emprisonnement et l'amende au niveau des peines de simple police.

8. Le législateur de 1810 avait eu d'abord la pensée d'étendre la disposition de l'art. 463 aux faits que la loi qualifiait crimes; l'exposé des motifs, présenté au Corps législatif par M. Faure, fait connaître les raisons qui firent alors écarter cette extension. « Une disposition, dit M. Faure, porte que si le préjudice n'excède pas 25 fr. et que les circonstances paraissent atténuantes, les juges sont autorisés à réduire l'emprisonnement et l'amende, même jusqu'au *minimum* des peines de police; au moyen de cette précaution, la conscience du juge sera rassurée, et la peine sera proportionnée au délit. Il n'est pas possible d'établir une règle semblable à l'égard des crimes. Tout crime emporte peine afflictive ou infamante; mais tout crime n'emporte pas la même espèce de peine; tandis qu'en matière correctionnelle, la peine est toujours, soit l'emprisonnement, soit l'amende, soit l'un et l'autre ensemble. Cela posé, la réduction des peines de police correctionnelle ne frappe que sur la quotité de l'amende et sur la durée de l'emprisonnement; au contraire, les peines établies pour les crimes étant de différentes espèces, il faudrait, lorsqu'un crime serait atténué par quelques circonstances qui porteraient le juge à considérer la peine comme trop rigoureuse, quant à son espèce, il faudrait que le juge fût autorisé à changer l'espèce de peine et à descendre du degré fixé par la loi à un degré inférieur; par exemple, à prononcer la réclusion au lieu des travaux forcés à temps, ou bien à substituer le carcan à la réclusion; ce changement, cette substitution ne serait pas une réduction de peine proprement dite, elle serait une véritable commutation de peine. Or le droit de commutation de peine est placé par la constitution dans les attributions du souverain; il

fait partie du droit de faire grâce. C'est au souverain seul qu'il appartient de décider, en matière de crime, si telle circonstance vérifiée au procès est assez atténuante pour justifier une commutation. ( Locré , t. 31 , p. 164. ) Telle fut l'objection qui en 1810 fut opposée à l'extension des dispositions de l'art. 463.

9. La loi du 25 juin 1824 fut une première tentative pour généraliser l'application de cet article. Cette loi autorisait les cours d'assises, lorsqu'elles reconnaissaient des circonstances atténuantes, et sous la condition de le déclarer expressément, à réduire, dans certains cas spécialement prévus, les peines prononcées par le Code pénal. Mais, d'une part, la faculté d'atténuation ne s'appliquait qu'à un petit nombre de crimes, l'infanticide, les coups et blessures volontaires et les vols ; et d'un autre côté, c'était à la cour d'assises et non au jury qu'il appartenait d'apprécier s'il existait des circonstances atténuantes.

10. La réforme de 1832 a été plus large et plus complète. Le législateur a voulu étendre à tous les crimes, délits et contraventions régis par le Code pénal, le bénéfice de l'atténuation de peines motivée par l'existence de circonstances atténuantes. L'art. 463 du Code pénal domine aujourd'hui le code tout entier et tempère, pour ainsi dire, toutes ses pénalités par la faculté qu'il place à côté de chacune d'elles de l'atténuer, d'après les circonstances des faits. En matière correctionnelle et de police, c'est au tribunal correctionnel ou au tribunal de police, qui remplissent à la fois les fonctions de juges et celles de jurés, qu'il appartient de reconnaître les circonstances atténuantes, et de proportionner ensuite la peine d'après la déclaration de leur existence. En matière criminelle, le droit de déclarer l'existence de ces circonstances n'appartient qu'au jury. Le système de la loi est établi par l'art. 341 du Code d'inst. crim., les art. 1 et 3 de la loi du 13 mai 1836 et l'article 463 du Code pénal. L'art. 341 du Code d'inst. crim. est ainsi conçu : « En toute matière criminelle, même en cas de récidive, le président, après avoir posé les questions résultant de l'accusation et des débats, avertira le jury, à peine de nullité, que s'il pense, à la majorité de plus de sept voix, qu'il existe en faveur d'un ou de plusieurs accusés reconnus coupables des circonstances atténuantes, il devra en faire la déclaration en ces termes : « A la majorité de plus de sept voix, il y a des cir-

constances atténuantes en faveur de tel accusé. » L'art. 1<sup>er</sup> de la loi du 13 mai 1836 a ajouté : « Le jury votera par bulletins écrits et par scrutins distincts et successifs sur la question des circonstances atténuantes, que le chef du jury sera tenu de poser toutes les fois que la culpabilité de l'accusé aura été reconnue. » L'art. 3 porte encore : « La déclaration du jury, en ce qui concerne les circonstances atténuantes, n'exprimera le résultat du scrutin qu'autant qu'il sera affirmatif. » Telles sont les dispositions qui assurent le droit du jury et règlent les formes de la déclaration. Nous allons tout à l'heure rapporter, en les examinant, les textes de l'art. 463 qui déterminent les effets de cette déclaration.

11. Mais il paraît nécessaire, après avoir exposé le système de la loi et avant d'en suivre l'application, de rechercher quels ont été jusqu'à présent les résultats de ce système, les conséquences de cette innovation. « Cette disposition, ont dit MM. Chauveau et Faustin Hélie, a un double but : de tempérer, par une règle générale, les pénalités trop rigoureuses et quelquefois excessives du Code ; de tenir compte de certaines circonstances du fait, de certaines nuances de la culpabilité que le Code n'a pas prévues, et qui cependant, pour que le châtiment soit juste, doivent entrer dans l'appréciation de la moralité de l'agent. » ( Théorie du Code pén., 1<sup>re</sup> éd., t. 8, p. 224.) De ces deux objets de la loi, le dernier, nous l'avons déjà établi, est hors de doute ; c'est le motif avoué et hautement proclamé par le législateur : on a voulu que le prévenu pût profiter de certains actes personnels qui sont en dehors des excuses légales, et qui modifient essentiellement le caractère de l'imputation. Le premier motif n'est pas moins certain. Il ne faut pas perdre de vue que la réforme de 1832 a été essentiellement incomplète ; que le législateur n'a voulu, à cette époque, suivant une expression de l'exposé des motifs, que pourvoir au plus pressé ; que, frappé de l'exagération des peines portées par le Code, son seul but a été d'en abaisser le minimum, afin d'en assurer l'application et de rétablir ainsi un rapport plus exact entre les délits et les peines. ( Théorie du Code pénal, 1<sup>re</sup> édit., t. 1, p. 24, et t. 8, p. 224.) Cette disposition du législateur est constatée par l'exposé des motifs de la loi du 28 avril 1832 : « Il fallait, a dit le garde des sceaux, trouver un moyen d'étendre à toutes les matières la possibilité d'a-

doucir les rigueurs de la loi autrement que par une minutieuse révision des moindres détails. Pour atteindre ce but, le projet de loi a introduit dans les affaires de grand criminel la faculté d'atténuation que l'art. 463 ouvre pour les matières correctionnelles. » — Cette considération est développée dans le rapport de la chambre des députés : « Le système des circonstances atténuantes, a dit M. Dumon, sert à éluder de très-graves difficultés qui se présentent dans la législation criminelle ; il résoudra, dans la pratique, les plus fortes objections contre la peine de mort, contre la théorie de la récidive, de la complicité, de la tentative. Qu'importe, en effet, que la peine de mort soit une peine égale pour tous, et qui ne peut par conséquent s'appliquer avec équité à des crimes souvent inégaux, si l'admission des circonstances atténuantes permet d'écarter la peine de mort dans les cas les plus favorables ? Qu'importe que la récidive ne procède pas toujours d'un progrès d'immoralité, et par conséquent ne mérite pas toujours une aggravation de peine, si, dans les cas privilégiés, l'admisssion des circonstances atténuantes écarte cette aggravation ? Qu'importe que la complicité, si diverse dans ses formes et dans sa criminalité, ne puisse être toujours équitablement assimilée au crime principal, si l'admission des circonstances atténuantes rétablit les différences que l'assimilation générale du complice à l'auteur du crime a négligées ? Qu'importe, enfin, que la loi égale dans tous les cas la tentative à l'exécution, quoique dans l'opinion commune la gravité d'un crime se mesure en partie aux résultats qu'il a produits, si l'admission des circonstances atténuantes permet au jury de tenir compte à l'accusé du bonheur qu'il a eu de ne pouvoir commettre son crime ? Qu'on y pense bien, toutes ces questions si ardues, si controversées, dans l'examen desquelles il serait si difficile, même approximativement, de formuler les différences et de marquer les degrés, peuvent se résoudre avec autant de facilité que de justesse par le système des circonstances atténuantes confié à la droiture du jury. »

12. Nous avons dû recueillir ces paroles, parce qu'elles révèlent la pensée de la loi, et par suite, la marche que l'application des circonstances atténuantes a dû suivre : « C'est le législateur qui le déclare, disent MM. Chauveau et Faustin Hélie, la théorie de la loi sur la tentative, sur la complicité, sur la ré-

cidive, cette théorie si critiquée, si controversée, est déférée au jury ; le jury est appelé à juger si les peines égales de la complicité sont avouées par la justice, si la tentative doit être frappée du même châtiment que la consommation, si l'aggravation de la récidive n'est pas une règle trop absolue : la déclaration des circonstances atténuantes doit résoudre tous ces problèmes de la législation, ces questions ardues du droit ; cette déclaration doit donc chercher ses éléments en dehors du fait ; elle doit donc les chercher dans l'examen du droit lui-même. Il y aura des circonstances atténuantes si le coupable n'a pas consommé son crime, parce que la simple tentative est moins grave que l'exécution entière ; il y aura des circonstances atténuantes si les accusés ne sont que des complices, parce que les complices sont coupables à un moindre degré que l'auteur principal ; il y aura des circonstances atténuantes si l'accusé se trouve en état de récidive, car cette position le menace d'une aggravation de peine, et cette aggravation est jugée trop rigoureuse. Voilà l'esprit de la loi. Il suit de là que la loi convie en quelque sorte les jurés à méditer sur la proportion des délits et des peines ; ils sont nécessairement appelés à vérifier le droit lui-même ; ils ne constatent pas seulement les éléments constitutifs du crime, ils en évaluent l'importance, ils examinent si la peine portée par la loi est en proportion avec le crime, et ils se servent des circonstances atténuantes pour la graduer. » (*Théorie du Code pénal*, 1re édit., t. 8, p. 227.)

13. Maintenant que nous avons parcouru le cercle que le système des circonstances atténuantes doit embrasser, nous pourrons mieux apprécier les résultats qu'il a produits. Ces résultats ont été constatés par M. Faustin Hélie dans un article publié dans la *Revue de Législation*, 1843, t. 1, p. 101 : « Un premier fait, démontré par la statistique, est la diminution du nombre des acquittements. Ce nombre qui, avant la législation nouvelle, s'était élevé jusqu'à quarante et un, et même quarante-six sur cent accusés, est descendu à trente-trois. Un deuxième résultat a été la sincérité des déclarations du jury : pour écarter une condamnation trop rigoureuse, il mutilait les accusations, déniait les circonstances aggravantes et modifiait capricieusement la qualification des faits incriminés. La faculté d'atténuation a supprimé ces déplorables men-

**IV.**

19

songes; le jury est devenu sincère, parce que la législation pénale a cessé d'être en opposition avec les mœurs. A la vérité, le bénéfice des circonstances atténuantes a été étendu à un grand nombre de condamnés. Dans ces dernières années, le chiffre des condamnés qui en profitent s'est élevé jusqu'à cinquante-sept sur cent. De là il résulte que les peines afflictives et infamantes semblent tendre à se transformer en peines correctionnelles. Mais il faut remarquer en même temps que les condamnations sont plus nombreuses, que l'application des peines est, en général, plus ferme et plus consciencieuse. Elles perdent sans doute, par l'effet de la déclaration des circonstances atténuantes, une partie de leur intensité. Mais en quoi consiste cette intensité? uniquement dans la durée de la peine, car toutes les peines corporelles ne sont que des modes différents de la peine de la détention, et ses divers degrés sont plutôt dans la durée que dans la qualification de ce mode. Or, l'efficacité d'une peine est dans son application bien plus que dans la durée. Sans doute la prolongation de cette durée ajoute à la rigueur de la punition; mais elle n'est qu'une cause secondaire d'intimidation. Il suffit que la peine soit assez longue pour peser sur la vie de l'agent, mais elle ne doit puiser qu'une partie de sa gravité dans sa durée. » (*Revue de Législation*, t. 1, p. 108.) — M. Faustin Hélie résume sa discussion en ces termes : « La justice n'a donc pas fléchi; le système des circonstances atténuantes ne l'a donc pas désarmée; elle a même puisé dans son application une puissance nouvelle; sa marche a été plus sûre, plus ferme, plus certaine. La répression a été plus complète, car elle a atteint un plus grand nombre de coupables; elle a été plus juste, car le rapport entre le délit et la peine a été établi avec plus de soin; elle a été mieux réglée, car la conscience qui se débattait naguère contre elle à raison de l'exagération de ses châtiments, applaudit à tous ses actes depuis qu'elle peut les tempérer. Voilà les résultats qu'a produits le système des circonstances atténuantes, résultats constatés par la statistique, et qu'il semble difficile de dénier. » (*Revue de Législ.*, t. 1, p. 108.)

14. Cette appréciation des effets d'un système contre lequel de vaines réclamations se sont élevées, a été récemment adoptée et con-

firmée par M. le garde de sceaux à la tribune de la chambre des pairs : « Le principe des circonstances atténuantes, a dit M. Martin (du Nord), a été souvent l'objet d'attaques assez vives. Je n'hésite pas à déclarer que les hommes qui se sont plus spécialement occupés de la législation criminelle, et qui en ont plus soigneusement observé l'application, ont reconnu généralement que l'admission des circonstances atténuantes a été un bienfait dans l'intérêt de la vindicte publique. Et, en effet, vous vous souvenez de ces acquittements, que j'appellerai scandaleux, qui étaient le résultat de l'impossibilité où se trouvait le jury de modifier en aucune manière, d'après les circonstances particulières du procès qui lui était soumis, la déclaration de culpabilité qu'il avait à prononcer. Certainement il y avait là un grand mal. Si le jury avait toujours été composé d'hommes fermes, pouvant s'élever au-dessus de toutes les considérations étrangères à la mission que la loi leur confiait; s'il avait pu ne jamais perdre de vue que cette mission se bornait à examiner le fait sans s'enquérir de la peine qui pouvait être la conséquence de sa déclaration, je conçois que l'opinion des adversaires des circonstances atténuantes pourrait avoir plus de force; mais il faut prendre les hommes dans leur faiblesse, qui peut même être fondée sur des sentiments honorables, et je ne crains pas de dire que l'admission des circonstances atténuantes a fait faire un véritable progrès à la répression des crimes et des délits. » (*Moniteur* du 9 mars 1844, 1er suppl., p. 548, 2e col.)

## § 2. — *De l'application du système des circonstances atténuantes.*

15. Nous avons voulu faire connaître, dans la première partie de cet article, le but et la pensée fondamentale du système des circonstances atténuantes, l'organisation de ce système et les résultats de son application depuis son institution.

Nous allons maintenant examiner les modifications que la déclaration des circonstances atténuantes peut introduire dans la distribution des peines.

Ces modifications s'appliquent 1° aux matières criminelles; 2° aux matières correctionnelles; 3° aux matières de police.

Nous les examinerons dans trois sections distinctes.

Sect. 1re. — *De l'application des circonstances atténuantes en matière criminelle.*

16. L'art. 463 du Code pénal, dans sa première partie relative aux matières criminelles, est ainsi conçu : « Les peines prononcées par la loi contre celui ou ceux des accusés reconnus coupables, en faveur de qui le jury aura déclaré des circonstances atténuantes, seront modifiées ainsi qu'il suit : — Si la peine prononcée par la loi est la mort, la Cour appliquera la peine des travaux forcés à temps ; néanmoins, s'il s'agit de crime contre la sûreté intérieure ou extérieure de l'état, la Cour appliquera la peine de la déportation ou celle de la détention ; mais dans les cas prévus par les art. 86, 96 et 97, elle appliquera la peine des travaux forcés à perpétuité ou celle des travaux forcés à temps. — Si la peine est celle des travaux forcés à perpétuité, la Cour appliquera la peine des travaux forcés à temps ou celle de la réclusion. — Si la peine est celle de la déportation, la Cour appliquera celle de la détention ou du bannissement. — Si la peine est celle des travaux forcés à temps, la Cour appliquera la peine de la réclusion ou les dispositions de l'art. 401, sans toutefois pouvoir réduire l'emprisonnement au-dessous de deux ans. — Si la peine est celle de la réclusion, de la détention, du bannissement ou de la dégradation civique, la Cour appliquera les dispositions de l'art. 401, sans toutefois pouvoir réduire l'emprisonnement au-dessous d'un an. — Dans tous les cas où le Code prononce le maximum d'une peine afflictive, s'il existe des circonstances atténuantes, la Cour appliquera le minimum de la peine, ou même la peine inférieure. » — Chacune de ces dispositions doit être l'objet d'un examen distinct.

17. Une première règle qui domine toute cette partie, est que les dispositions qui viennent d'être reproduites sont générales, et s'appliquent à tous les crimes, qu'ils soient ou non prévus par le Code. Cette règle est consacrée d'abord par l'art. 463 du Code pénal, qui autorise en général l'atténuation des *peines prononcées par la loi ;* ensuite par l'article 341 du Code d'instruction criminelle, qui permet la déclaration des circonstances atténuantes *en toute matière criminelle.* Ainsi, la loi ne fait aucune distinction fondée, soit sur la qualité des accusés, soit sur la nature des crimes, soit sur la législation qui a formulé l'incrimination et la peine. Il suffit que le fait soit qualifié crime et qu'il soit frappé d'une peine afflictive ou infamante, pour que la première partie de l'art. 463 soit acquise à l'accusé. La Cour de cassation a consacré cette interprétation dans une espèce où l'accusé était traduit devant les assises pour crime de provocation à la désertion, crime prévu par la loi du 4 nivôse an iv. Le jury l'avait déclaré coupable avec des circonstances atténuantes, mais la cour d'assises avait décidé que l'article 463 ne pouvant être appliqué que dans les matières prévues par le Code, il n'y avait lieu de s'arrêter à la partie de la déclaration du jury relative aux circonstances atténuantes. La Cour de cassation a cassé : « Attendu que les dispositions de l'art. 463 sont aussi indéfinies qu'absolues ; que, par la généralité de ses expressions, il embrasse nécessairement toutes les peines prononcées par une loi quelconque encore subsistante contre l'accusé reconnu coupable d'un crime, en faveur duquel le jury a déclaré des circonstances atténuantes. » (Cass. 27 sept. 1832. S.-V. 33. 1. 190 ; J. P. 3e édit. ; D. P. 33. 1. 70.)

18. Une deuxième règle, également générale, est que la cour d'assises est seule compétente pour faire l'application de la première partie de l'art. 463. En effet, cet article restreint sa disposition *aux accusés reconnus coupables, en faveur de qui le jury aura déclaré des circonstances atténuantes ;* or, ce n'est que devant la juridiction des assises que ces formes peuvent être suivies. Cette règle a toutefois été controversée en ce qui concerne les conseils de guerre. M. Dupin, procureur général près la Cour de cassation, a soutenu que le principe des circonstances atténuantes dominait toutes les juridictions. « Il s'agit, disait ce magistrat, de l'application d'un grand principe de la législation criminelle, qui plane sur toutes les juridictions, et qui, laissant à chaque Code sa spécialité, permet cependant de modifier les peines, non par emprunt d'un Code à un autre, mais en raison des circonstances atténuantes de la cause. Lorsque la loi est muette, les tribunaux militaires doivent appliquer la loi générale. Ce principe est consacré formellement, même pour l'application des peines, par l'art. 18 du tit. 13 du décret du 3 pluv. an ii. S'il en est ainsi lorsqu'il s'agit de pénalités, lorsqu'il s'agit d'emprunter au Code pénal ordinaire une peine, à plus forte raison doit-il en être

de même lorsqu'il s'agit d'un grand principe de droit criminel. » La Cour de cassation a rejeté cette doctrine : « Attendu que les lois antérieures ne sont abrogées ou modifiées par les lois postérieures qu'autant que celles-ci ont eu évidemment pour objet de statuer sur les mêmes matières ; qu'il est évident, par le texte même de la loi du 28 avril 1832, qu'elle n'a eu d'autre objet que de modifier le Code pénal de 1810 et le Code d'instruction criminelle de la même époque, et que la législation militaire n'a dû, ni pu, par conséquent, en recevoir aucune atteinte ; que l'art. 5 du Code pénal de 1810 déclare explicitement que ses dispositions ne s'appliquent pas aux contraventions, délits et crimes militaires, et que l'art. 484 réserve itérativement, d'une manière explicite, l'effet et le maintien intégral de la législation militaire… ; que d'ailleurs les paragraphes 2 et suivants de l'art. 463 règlent, d'après l'échelle des peines prononcées par le Code pénal ordinaire, l'effet des circonstances atténuantes admises pour chacun des crimes prévus et classés par le même Code ; d'où il suit que cette échelle proportionnelle de réduction ne saurait s'appliquer à des peines et à des crimes portés par les lois militaires, et qui peuvent être classés d'une manière tout à fait différente des lois ordinaires. » (Cass., 2 mars 1833. S.-V. 33. 1. 184 ; J. P. 3ᵉ édit.; D. P. 33. 1. 232.)

19. MM. Chauveau et Faustin Hélie ont émis, sur cet arrêt, une observation que nous croyons devoir recueillir : « L'arrêt de la Cour de cassation, il importe de le remarquer, ne s'applique qu'aux crimes et délits purement militaires, aux peines qui seraient puisées dans le Code militaire ; ce n'est qu'à l'égard de ces peines qu'elle rejette l'application d'un système d'atténuation qui n'aurait ni base ni règle de proportion. On peut donc induire implicitement des expressions mêmes de l'arrêt que la décision eût été différente, s'il se fût agi d'un délit commun commis par un militaire. Et, en effet, toutes les fois que les tribunaux militaires empruntent au droit commun, au Code pénal ordinaire, les peines qu'il prononce, il semble bien difficile de leur dénier le droit de graduer ces peines suivant les règles fixées par ce code. On peut refuser d'appliquer à une législation spéciale et indépendante du Code l'art. 463 ; mais comment isoler cet article des dispositions qui l'accompagnent et dont il est l'accessoire nécessaire ?

Le principe des circonstances atténuantes domine toutes les peines du Code pour les altérer, les modifier, les adoucir ; le degré auquel elles sont fixées est purement nominal ; leur taux réel est écrit dans l'art. 463. Ainsi, lorsque l'une de ces peines est appliquée, elle ne peut l'être qu'avec la faculté d'atténuation qui l'accompagne. On objecterait vainement que cette atténuation ne peut être prononcée que par la cour d'assises, sur la déclaration des jurés ; car si la loi pénale n'a dû prévoir que le cas le plus ordinaire, elle n'a pu, par son seul silence, séparer dans un cas quelconque l'art. 463 des dispositions auxquelles il se lie nécessairement. Les juges militaires sont juges et jurés à la fois ; ils peuvent donc, après avoir constaté des circonstances atténuantes, et en empruntant au Code une de ses dispositions répressives, graduer la peine d'après l'échelle de l'art. 463 ; autrement il faudrait soutenir que la juridiction militaire doit punir les délits communs d'une peine plus forte que celle que prononcent les juges ordinaires, par cela seul qu'elle en fait l'application. » (*Théorie du Code pénal*, 1ʳᵉ édit., t. 8, p. 240.)

20. Une question qui touche encore à l'application générale de l'art. 463 s'est élevée relativement aux accusés contumaces. La cour d'assises, qui prononce à leur égard sans assistance de jurés, a-t-elle le droit de déclarer en leur faveur l'existence des circonstances atténuantes ? La cour d'assises d'Indre-et-Loire avait décidé affirmativement cette question : « Attendu que les cours d'assises, qui ont le droit de prononcer l'acquittement des accusés contumaces, peuvent, *à fortiori*, admettre des circonstances atténuantes et modérer les peines. » La Cour de cassation a cassé cet arrêt : « Attendu qu'il résulte de la combinaison des art. 463 du Code pén. et 341 du Code d'inst. crim. que le droit de déclarer des circonstances atténuantes, en matière criminelle, en faveur des accusés reconnus coupables, n'appartient qu'au jury ; que l'attribution faite d'un tel pouvoir au jury, par le premier alinéa de l'art. 463 du Code pén., est de sa nature limitative ; qu'elle ne peut, par conséquent, par des motifs quelconques d'analogie, être étendue aux cours d'assises procédant sans assistance ni intervention de jurés, conformément à l'article 470 du Code d'instruc. crim., au jugement des accusés contumaces ; que l'existence des circonstances

atténuantes ne saurait d'ailleurs être reconnue et déclarée que par le résultat d'un débat oral et contradictoire que repousse formellement l'art. 468 du Code d'instruc. crim., relatif au jugement par contumace dont les éléments ne sont puisés que dans l'instruction écrite. » (Cass. 4 mars 1842. S.-V. 42. 1. 471.) Cette solution a soulevé, de la part de plusieurs auteurs, des objections assez graves. M. Berriat-Saint-Prix, procureur du roi à Tours, a publié une dissertation dans laquelle il expose avec une grande lucidité les inconvénients de cette doctrine. (*Revue étrangère de législation*, 1842, t. 9, p. 521.) En premier lieu, il est certain que les circonstances atténuantes d'un crime peuvent être reconnues d'après l'instruction écrite aussi bien que dans un débat oral et contradictoire. Sans doute, elles le seront moins souvent, sans doute beaucoup de ces circonstances échapperont à l'œil du juge ; mais lorsqu'il les constatera, pourquoi ne pourrait-il pas les déclarer ? Cette déclaration n'est pas contraire à l'esprit de la loi ; car, aux termes de l'art. 471 du Code d'instruction criminelle, la cour d'assises peut acquitter ou absoudre l'accusé contumace; elle peut dépouiller le fait qui lui est soumis de son caractère de crime, et ne prononcer que des peines correctionnelles ou de police. (Cass. 27 août 1819. S.-V. 19. 1. 409; D. A. 4. 272; 1er juill. 1820; Devillen. et Car., 6. 1. 267; D. A. 4. 272. 5 août 1825 ; S.-V. 25. 1. 428 ; D. P. 25. 1. 434; 9 juillet 1829 ; J. P. 3e édit. ; D. P. 29. 1. 296.) Il semble donc naturel et logique qu'elle puisse déclarer les circonstances atténuantes. MM. Chauveau et Faustin Hélie font remarquer que toute la difficulté de la question est dans les textes. (*Théorie du Code pénal*, t. 8, p. 245.) Il est certain que l'art. 341 du Code d'inst. crim. et l'art. 463 du Code pén. n'ont prévu, en organisant le système des circonstances atténuantes, que le cas où les circonstances seraient déclarées par le jury. « Mais quelle est, disent ces auteurs, la conséquence de cette disposition ? C'est que le jury, tant qu'il siège, peut seul reconnaître les circonstances atténuantes; la connaissance de ce fait lui est dévolue comme celle de tous les autres faits de l'accusation. Quand le jury a cessé de siéger, quand ses pouvoirs sont attribués aux juges, pourquoi seraient-ils privés d'une seule des attributions de ces jurés? Ils pourront prononcer comme eux sur tous les faits de

l'accusation, excepté sur les faits d'atténuation. Il faut reconnaître qu'en matière de contumace les juges sont jurés, et leur laisser dès lors la faculté autorisée par les art. 341 et 463. » Enfin, MM. Chauveau et Faustin Hélie font remarquer que la cour d'assises, jugeant un contumace, a le pouvoir d'écarter les circonstances aggravantes; qu'elle peut reconnaître au fait le caractère d'un simple délit; que, dans ce cas, elle a le droit d'appliquer, comme tribunal correctionnel, la deuxième partie de l'art. 463, et qu'il serait contradictoire que la même cour pût déclarer des circonstances atténuantes quand le fait n'aurait que le caractère d'un délit, et ne le pût pas quand il aurait le caractère d'un crime. Telles sont les considérations très-graves qui ont été opposées à la jurisprudence de la Cour de cassation. Nous devons néanmoins ajouter que cette cour a jusqu'à présent persisté dans cette jurisprudence. (Cass., 14 septembre 1843. S.-V. 43. 1. 919.)

21. Le deuxième alinéa de l'art. 463 porte : « Si la peine prononcée par la loi est la mort, la cour appliquera la peine des travaux forcés à perpétuité ou celle des travaux forcés à temps. » Cette disposition, qui permet de graduer la peine depuis la peine capitale jusqu'à cinq ans de travaux forcés, est la plus forte atténuation qui ait été laissée à la discrétion du juge. « Il semble, disent les auteurs de la *Théorie du Code pénal*, qu'entre la peine de mort et une peine de cinq ans, il existe un abîme. » (Tome 8, p. 247.) C'est au jury, c'est à la magistrature que le législateur a abandonné la responsabilité de cette gradation.

22. Le même alinéa de l'art. 463 ajoute : « Néanmoins, s'il s'agit de crimes contre la sûreté extérieure ou intérieure de l'état, la cour appliquera la peine de la déportation ou celle de la détention ; mais dans les cas prévus par les art. 86, 96 et 97, elle appliquera la peine des travaux forcés à perpétuité ou celle des travaux forcés à temps. » Cette disposition n'a pour objet que de changer la nature des peines en ce qui concerne les crimes politiques; la règle d'atténuation est la même. La restriction qui la termine est motivée sur le caractère des crimes prévus par les articles 86, 96 et 97 : dans ces trois articles, le crime politique est accompagné d'un crime commun.

23. Les troisième et quatrième alinéas por

tent que : « Si la peine est celle des travaux forcés à perpétuité, la cour appliquera la peine des travaux forcés à temps ou celle de la réclusion. — Si la peine est celle de la déportation, la cour appliquera la peine de la détention ou celle du bannissement. » Ces dispositions ne semblent susceptibles d'aucune difficulté.

24. Le cinquième alinéa est ainsi conçu : « Si la peine est celle des travaux forcés à temps, la cour appliquera la peine de la réclusion ou les dispositions de l'art. 401, sans toutefois pouvoir réduire la durée de l'emprisonnement au-dessous de deux ans. » Ici le législateur franchit la limite des peines afflictives et infamantes, et autorise le juge à modifier la qualification du fait et à changer la nature de la peine. Cette peine peut avoir pour maximum vingt ans de travaux forcés, et pour minimum deux ans d'emprisonnement. Il nous paraît que, dans cet alinéa, comme dans le second, la puissance du juge n'a pas de limites assez définies, assez restreintes.

25. Aux termes du sixième alinéa : « Si la peine est celle de la réclusion, de la détention, du bannissement ou de la dégradation civique, la cour appliquera les dispositions de l'art. 401, sans toutefois pouvoir réduire la durée de l'emprisonnement au-dessous d'un an. » La question s'est élevée de savoir si la cour d'assises pourrait, au lieu de l'emprisonnement, se borner à abaisser le maximum de la réclusion ou de la détention. La Cour de cassation a jugé la négative par arrêt du 26 décem. 1835. (J. P. 3e éd.; D. P. 36. 1. 93.) D'une part, la durée de la peine de la réclusion, aux termes de l'art. 21 du Code pénal, ne peut jamais être moindre de cinq années ; d'autre part, lorsqu'il y a déclaration de circonstances atténuantes en faveur d'un accusé, l'art. 463 règle la manière dont la peine doit être modifiée par le juge. Dans le cas où, comme dans l'espèce, il s'agit d'un crime dont la peine serait celle de la réclusion, cet article ne laisse pas au pouvoir du juge d'accorder seulement, en considération des circonstances atténuantes, une diminution du temps de la réclusion, mais la loi substitue formellement à cette peine de la réclusion celle de l'article 401, c'est-à-dire de simples peines correctionnelles.

26. Le septième paragraphe de l'art. 463 est ainsi conçu : « Dans les cas où le Code prononce le maximum d'une peine afflictive,

s'il existe des circonstances atténuantes, la cour appliquera le *minimum* de la peine, ou même la peine inférieure. » Cette disposition présente une anomalie lorsque la peine portée par la loi est le maximum des travaux forcés à temps. En effet, la cour d'assises est tenue, d'après la déclaration du jury, d'abaisser cette peine au minimum des travaux forcés, c'est-à-dire à cinq ans ; mais elle peut encore descendre à la peine inférieure, c'est-à-dire appliquer dix ans de réclusion.» Or, disent les auteurs de la *Théorie du Code pénal*, t. 8, p. 251 : Comme les peines puisent leur rigueur dans leur durée plus que dans le mode de leur exécution, il s'ensuit qu'il existe une véritable contradiction à laisser aux juges la faculté d'augmenter cette durée, en descendant l'échelle de réduction établie par la loi. Il aurait fallu que la cour d'assises ne pût prononcer, en se servant de ce second degré d'atténuation, que le minimum de la réclusion ; mais la loi n'a pas fixé cette limite.»

27. Quel est l'effet de cette disposition lorsque l'accusé passible des travaux forcés à temps se trouve en état de récidive ? L'art. 56 porte, dans son cinquième alinéa, « que si le second crime emporte la peine des travaux forcés à temps, l'accusé dont la récidive sera dûment constatée, sera condamné au maximum de cette peine, et que ce maximum pourra même être élevé jusqu'au double. Il s'agit de concilier avec cette aggravation l'action des circonstances atténuantes. La Cour de cassation a jugé que l'état de récidive ne fait que supprimer l'un des deux degrés d'atténuation. En effet, cette circonstance a pour résultat d'élever la peine des travaux forcés à temps au maximum ; il y a donc lieu d'appliquer alors le septième paragraphe de l'art. 463, et de réduire la peine des travaux forcés à temps au minimum, et même, si la cour d'assises le juge convenable, d'appliquer la peine inférieure. ( Cass. 22 juill. 1836. S.-V. 37. 1. 239; D. P. 36. 1. 430. 1er mars 1838 ; J. P. 1838. 1. 477; D. P. 38. 1. 451, et 21 mars 1840; D. P. 40. 1. 406. )

28. Lorsque la déclaration du jury, en écartant les circonstances qui imprimaient au fait le caractère de crime, ne laisse subsister qu'un simple délit et déclare néanmoins l'existence des circonstances atténuantes, quel est l'effet d'une telle déclaration? La Cour de cassation a pensé que dans cette hypothèse la déclaration des circonstances atténuantes ne pouvait

avoir aucun effet, « attendu que, d'après la combinaison de l'art. 341 du Code d'instruction criminelle avec les six premiers paragraphes de l'art. 463 du Code pénal, la déclaration du jury, affirmative sur les circonstances atténuantes, n'oblige les cours d'assises à prononcer nécessairement une atténuation de peine, qu'autant que le fait déclaré constant par le jury est de nature à entraîner des peines afflictives ou infamantes ; qu'au contraire, dans le jugement des affaires correctionnelles, les juges sont seuls investis, par le dernier paragraphe de l'art. 463, du droit d'apprécier les circonstances atténuantes et de modifier les peines établies par la loi ; que, lorsque le fait soumis au jury a été par lui dépouillé des circonstances aggravantes qui le rendaient passible de peines afflictives ou infamantes, et ne constitue plus qu'un délit correctionnel, la réponse du jury, affirmative de l'existence des circonstances atténuantes, ne peut lier la cour d'assises ni exercer une influence légale sur la décision qu'elle doit porter relativement soit à l'existence de ces circonstances, soit à l'atténuation de la peine qui peut en être le résultat. » (Cass., 11 août 1832. S.-V. 32. 1. 487; D. P. 32. 1. 27; 8 mars 1833. J. P. 3e édition; D. P. 33. 1. 298. ) MM. Chauveau et Faustin Hélie approuvent complétement cette décision : « Ou le fait, disent ces auteurs, est punissable d'une peine afflictive ou infamante, ou d'une peine correctionnelle. Dans le premier cas, et si des circonstances atténuantes sont déclarées, les juges sont tenus d'abaisser la peine dans les limites fixées par la loi ; dans le second cas, les juges reprennent la portion de pouvoir qui leur est attribuée en matière correctionnelle. Le jury a épuisé sa puissance en modifiant le caractère du fait ; c'est à la cour seule qu'il appartient de mesurer l'importance de ce fait pour graduer la peine. On ne pourrait s'écarter de cette règle sans confondre toutes les dispositions de la loi, car elle n'a point posé en principe général que, toutes les fois que les circonstances atténuantes seraient déclarées, il y aurait lieu d'abaisser la peine d'un ou de deux degrés ; elle a prévu le résultat de chaque déclaration, et a mesuré le degré où chaque fois le juge pourrait descendre. » ( *Théor. du Code pén.* t. 8, p. 256.)

29. Mais la cour d'assises, si elle n'est pas liée par la déclaration du jury sur les circonstances atténuantes, peut s'approprier cette déclaration : la Cour de cassation a jugé que lorsqu'elle la rappelle dans son arrêt, nonseulement elle est présumée l'adopter, mais qu'elle motive suffisamment l'atténuation de peine prononcée en faveur du prévenu. (Cass. 19 janv. 1833; J. P. 3e édit. )

SECT. 2. — *De l'application des circonstances atténuantes en matière correctionnelle.*

30. Le dernier paragraphe de l'art. 463 est ainsi conçu : « Dans tous les cas où la peine de l'emprisonnement et celle de l'amende sont prononcées par le Code pénal, si les circonstances paraissent atténuantes, les tribunaux correctionnels sont autorisés, même en cas de récidive, à réduire l'emprisonnement même au-dessous de six jours, et l'amende même au-dessous de 16 fr. ; ils pourront aussi prononcer séparément l'une ou l'autre de ces deux peines, et même substituer l'amende à l'emprisonnement, sans qu'en aucun cas elle puisse être au-dessous des peines de simple police. »

31. On doit remarquer d'abord que les premiers termes de cette disposition restreignent, dans les limites du Code pénal, l'application des circonstances atténuantes aux simples délits, soit par la cour d'assises, soit par les tribunaux correctionnels. Le législateur n'a pas voulu étendre ce principe d'atténuation aux nombreuses législations spéciales qui ont prévu des délits et prononcé des peines correctionnelles ; il l'a renfermé dans le Code pénal ; il a pensé que les lois spéciales ont leurs pénalités particulières, leurs conditions de répression, et que l'introduction des circonstances atténuantes au milieu de ces législations eût pu affaiblir une répression nécessaire dans une mesure tout à fait inconnue. C'est d'après cette interprétation, qui ne peut donner lieu à aucun doute, que la Cour de cassation a jugé que l'art. 463 ne s'appliquait point aux délits prévus par les lois spéciales, et notamment, 1º aux délits prévus par les lois de la presse ( Cass. 18 sept. 1832; S.-V. 33. 1. 191; D. P. 33. 1. 69); 2º aux délits forestiers ( Cass. 12 juin 1834; J. P. 3e édit., 1834, p. 625) ; 3º aux délits de fabrication illicite de poudres, ( Cass., 18 avril 1835 ; S.-V. 35. 1. 370; D. P. 35. 1. 290 ) ; 4º aux délits de diffamation. ( Cass. 7 sept. 1837; S.-V. 37. 1. 944; D. P. 37. 1. 536. )

32. La peine de la confiscation spéciale peut-

elle être remise en vertu de l'art. 463 du Code pénal ? La Cour de cassation a jugé la négative : «Attendu que cette disposition renferme moins une aggravation de peine qu'une mesure d'ordre destinée à retirer du commerce les instruments du délit.»(Cass. 27 sept. 1833; S.-V. 34 1. 107; D. P. 33, 1. 362.) On peut ajouter que la confiscation spéciale étant une peine commune aux matières criminelle, correctionnelle et de police, l'atténuation de la peine, même au niveau des peines de police, n'est pas un motif pour faire disparaître cette disposition accessoire. (*Théorie du Code pén.*, t. 8, p. 263.)

33. Mais la même décision doit-elle être étendue à la surveillance de la haute police ? La Cour de cassation avait décidé d'abord cette question affirmativement : « Attendu que la deuxième partie de l'art. 463, qui autorise, pour les matières correctionnelles, les cours et tribunaux à réduire les peines lorsque les circonstances paraissent atténuantes, ne mentionne que la peine de l'emprisonnement et celle de l'amende ; qu'elle ne les autorise donc en aucun cas à ne pas renvoyer sous la surveillance de la haute police les individus à l'égard desquels cette mesure est formellement prescrite par la loi. » (Cass. 12 mars et 22 oct. 1835; J. P. 3e édit. ; D. P. 35. 1. 361, 35. 1. 449.) Mais cette jurisprudence a été rétractée, et la même cour a reconnu : « que dans tous les cas où la peine de l'emprisonnement et celle de l'amende sont prononcées par le Code, l'art. 463 autorise les tribunaux correctionnels à réduire l'emprisonnement même au-dessous de six jours, et l'amende même au-dessous de 16 fr. ; à ne prononcer que l'une ou l'autre de ces peines, même à substituer l'amende à l'emprisonnement ; qu'il leur interdit seulement d'abaisser la condamnation au-dessous des peines de simple police ; qu'ils peuvent dès lors se borner à appliquer une peine de simple police ; que la surveillance de la haute police est placée par l'art. 11 du Code pénal au rang des peines communes aux matières correctionnelles et criminelles, et qu'elle ne fait pas partie des peines de police déterminées par l'art. 464; qu'ainsi les tribunaux qui peuvent, lorsqu'il y a lieu à l'atténuation des peines permise par l'art. 463, n'appliquer qu'une peine de simple police, sont par là même autorisés à supprimer la surveillance, qui est incompatible avec les peines de simple po-

lice. ( Cass., 26 juin et 24 novembre 1838 ; S.-V. 38. 1. 575, 38. 1. 995 ; D. P. 38. 1. 337., 39. 1. 85.) Cette dernière décision, qui doit être considérée désormais comme une règle constante, avait été adoptée antérieurement même à cette jurisprudence par MM. Chauveau et Faustin Hélie : « Il n'est pas de la nature de la surveillance, disent ces auteurs, d'accompagner les peines de police, et même la peine de l'emprisonnement correctionnel, lorsqu'elle n'est que de courte durée ; elle est destinée à suivre le sort de la peine principale ; considérée comme mesure de sûreté, comme garantie de bonne conduite, elle doit disparaître quand le délit cesse d'être assez grave pour exiger cette garantie, cette mesure de précaution. » ( *Théorie du Code pén.*, t. 8, p. 263.)

34. La déclaration des circonstances atténuantes autorise les tribunaux correctionnels à réduire l'emprisonnement même au-dessous de six jours, et l'amende même au-dessous de 16 fr.; ils peuvent donc réduire ces peines au taux des peines de police; ils peuvent même, quand les deux peines sont réunies dans une seule disposition, n'en prononcer qu'une; et si l'emprisonnement seul a été prononcé, substituer à cette peine une simple amende. Mais, dans ce dernier cas, quelle est l'amende que les tribunaux doivent prononcer? « Nous pensons, disent les auteurs de la *Théorie du Code pénal*, que la loi n'ayant pas fixé de limites à cette amende, il faut la renfermer dans les limites des peines de simple police. Le texte de l'art. 463 se prête d'ailleurs à cette interprétation; car ce n'est qu'après avoir autorisé l'emprisonnement même au-dessous de six jours et l'amende même au-dessous de 16 fr., qu'il permet la suppression de l'une de ces deux peines et la substitution de l'une à l'autre. Il s'agit donc de peines réduites au taux des peines de simple police, et par conséquent l'amende substituée ne peut excéder la limite de ces peines. » (T. 8, p. 267.)

Sect. 3. — *De l'application des circonstances atténuantes en matière de police.*

35. Le deuxième paragraphe de l'art. 483 du Code pénal porte que : « l'art. 463 du présent Code sera applicable à toutes les contraventions ci-dessus indiquées.» Les peines de police peuvent donc être réduites, lorsque le tribunal de police reconnaît dans la contravention des circonstances atténuantes.

36. Quelle est la limite de cette faculté d'atténuation? c'est le *minimum* des peines de police. En effet, l'art. 483 ne fait autre chose qu'étendre aux contraventions de police l'application de l'art. 463 ; or, ce dernier article contient cette restriction formelle : « sans qu'en aucun cas la peine puisse être au-dessous des peines de simple police. » Le *minimum* de ces peines, c'est-à-dire un jour d'emprisonnement ou 1 fr. d'amende, est donc le dernier degré de la pénalité ; il est interdit au juge de prononcer une peine inférieure.

37. L'art. 483, de même que l'art. 463, s'applique à tous les contrevenants, qu'ils soient ou non en état de récidive. Comme le premier paragraphe de l'art. 483 ne s'applique qu'aux contraventions commises en récidive, et que le deuxième paragraphe, ajouté à cet article par la loi du 28 avril 1832, dispose que l'article 463 sera applicable *à toutes les contraventions ci-dessus indiquées*, on avait induit de ce rapprochement que ce dernier paragraphe devait ne s'appliquer qu'aux seuls cas de récidive. La Cour de cassation ne s'est point arrêtée à cette difficulté des textes, et elle a jugé : « que cette disposition n'est ni limitative, ni restrictive, qu'elle est générale et absolue, et par conséquent applicable à toutes les contraventions que le Code prévoit et punit, qu'il y ait ou non récidive. » (Cass., 22 février 1840 ; J. P. 1840. 2. 542 ; D. P. 40. 1. 402 ; — 15 janvier 1841 ; J. P. 1841. 1. 97 ; D. P. 41. 1. 412 ; — 13 mai 1841 ; S.-V. 41. 1. 519 ; D. P. 41. 1. 301.) MM. Chauveau et Faustin Hélie ont, au surplus, expliqué l'obscurité de ce texte : « Il résulte, disent ces auteurs, de la discussion de la loi du 28 avril 1832, que le deuxième paragraphe, ajouté à l'art. 483, était tout à fait indépendant de cet article. S'il y a été annexé, c'est pour obéir à la loi de la codification, et parce qu'on n'a trouvé aucune autre disposition qui eût quelque rapport avec ce nouveau paragraphe. » (*Théorie du Code pénal*, t. 8, p. 288.)

**CIRCONSTANCES CONSTITUTIVES DES CRIMES ET DES DÉLITS.** Ces circonstances sont celles sans le concours desquelles le crime ou le délit cesserait d'exister. Ainsi l'homicide et la volonté sont les circonstances constitutives du meurtre ; la soustraction frauduleuse et la propriété de cette chose par autrui sont les circonstances constitutives du vol. La loi du 13 mai 1836 a rendu nécessaire la distinction des circonstances *constitutives* et des circonstances *aggravantes*, puisque ces questions doivent faire l'objet de questions séparées au jury. — V. Circonstances aggravantes, Cour d'assises, Jury.

**CIRCONSTANCES ET DÉPENDANCES.** Cette expression est ordinairement employée dans les contrats, pour exprimer les accessoires de la chose qui fait l'objet de la convention. Ainsi, quand on vend ou qu'on donne à titre de louage une maison avec ses circonstances et dépendances, il est entendu que l'acquéreur ou le fermier l'aura avec tout ce qui y accède ou en dépend.

**CIRCUIT D'ACTION.** C'est une série d'actions que dirigent successivement l'un contre l'autre des parties tenues conjointement ou séparément. On trouve dans Pothier ( *Des oblig.* nos 356, 357) deux exemples différents, où il peut y avoir lieu à circuit d'action.

On doit, autant qu'on le peut, éviter le circuit d'actions ; ces recours successifs des parties l'une contre l'autre, ont le double inconvénient de retarder la solution des procès et de multiplier les frais de la procédure ; ce qui est contraire à la bonne administration de la justice.

**CIRCULAIRE.** Les circulaires, comme les avis imprimés, sont soumises au timbre ; mais celles qu'un officier ministériel adresse pour donner connaissance de sa nomination, de la prestation de son serment et de sa demeure, en sont exemptes (*Délib. rég.*, 7 avril 1824.)

**CIRCULAIRES MINISTÉRIELLES.** On appelle ainsi des instructions en forme de lettres, adressées par les ministres aux fonctionnaires et employés de leur département.

Ces circulaires ne sont que l'expression de l'opinion du ministre duquel elles émanent ; elles n'ont aucun caractère légal ; elles obligent sans doute les employés sous ses ordres, mais elles sont sans puissance vis-à-vis des tiers. C'est ce qui a été décidé, notamment à l'égard d'une circulaire du 21 février 1817, relative aux ventes d'offices. (Cass. 20 juin 1820 ; S.-V. 21. 1. 43 ; D. A. 10. 474 ; Cass. 28 février 1828 ; D. P. 28. 1. 151.) — V. Office.

De ce que les circulaires n'ont aucune valeur légale vis-à-vis des tiers, il s'ensuit que ceux-ci ne peuvent se pourvoir contre un avis du ministre exprimé dans ces circulaires ; ils ne peuvent attaquer que les décisions prises conformément à cet avis. (Décrets des 17 janv.

et 22 mars 1814; Duvergier, *Collect. des Lois*, t. 18, p. 544 et 570; C. d'état, 26 juin 1835, **J. P.** *Jurisp. admin.*; *id.*, 9 mai 1838, S.-V. 39. 2. 126; D. P. 39. 3. 86.)

On ne peut considérer comme des décisions nouvelles les lettres ministérielles qui se réfèrent à des décisions déjà prises; ce sont ces décisions et non la lettre que l'on doit attaquer, si toutefois on est encore dans le délai. (C. d'état, 24 janv. 1834, **J. P.** *Jurisp. adm.*; *id.*, 25 mars 1835, **J. P.** *Jurisp. adm.*) — V. Conseil d'état, Décisions ministérielles.

**CIRCULATION** (DROIT DE.) — V. Boissons, n°⁵ 10 et suivants.

**CITATIONS** DANS LES MÉMOIRES ET PLAIDOYERS. Le barreau moderne est assez sobre de citations, à la différence de l'ancien barreau et surtout des avocats du moyen âge, qui en surchargeaient leurs plaidoiries au point que toute individualité, tout génie personnel disparaissait sous ces vêtements d'emprunt.

C'est qu'en effet le barreau, dans l'origine, fut à la fois scolastique et religieux; un plaidoyer ressemblait à un sermon, et avait pour prélude un verset de l'Évangile. Plus tard, il affecta les formes de l'antiquité; il se latinisa et grécisa; l'avocat citait Démosthènes et Cicéron, et en reproduisait des morceaux tout entiers. Il jurait par Jupiter à la barre du Parlement, et prenait les dieux à témoin de la bonté de sa cause; en un mot, passages de l'Écriture sainte, gloses des jurisconsultes, autorités des papes et des conciles, tout est accumulé sans discernement dans ces harangues grecques, latines et hébraïques, plutôt que françaises. (Voy. Fournel, *Histoire des avocats*; *Lettres de* Pasquier; et Sapey, *Discours de rentrée à la conférence des avocats*, 1843.)

De nos jours, la surabondance des citations serait un grand défaut aux yeux des magistrats, qui désirent une expédition plus rapide des affaires. On se borne à citer le texte de la loi, les arrêts, lorsqu'ils sont identiquement applicables, et les opinions des jurisconsultes considérables, dont on extrait seulement l'avis définitif, sans reproduire la discussion doctrinale.

D'excellents conseils sont donnés à ce sujet aux jeunes avocats par M. Camus, dans ses Lettres sur la profession d'avocat (édition de M. Dupin aîné, 1818, t. 1ᵉʳ, septième Lettre, p. 110 et suiv.). Il indique trois espèces de ci-

tations : les autorités, les témoignages et les suffrages.... Il appelle *autorités* les textes de lois; *témoignages*, les actes, pièces ou écrits qui ont pour but d'établir un fait contesté; enfin *suffrages*, les opinions des auteurs.

Mais un grand discernement doit être apporté dans le choix de ce troisième ordre de citations. Et d'abord, il y a des points de jurisprudence tellement établis, que ce serait faire injure aux magistrats que de leur citer des décisions qu'ils connaissent aussi bien que les avocats.

Lorsque la question est controversée, il faut prendre garde également d'imposer à un tribunal l'autorité d'un arrêt; il vaut beaucoup mieux s'en approprier les motifs et s'en aider pour ébranler la conviction du juge.

Dans le choix des auteurs, il faut s'attacher également aux plus graves, et dont la supériorité est incontestée. Les citations peuvent et doivent être plus fréquentes dans une consultation ou un mémoire que dans un plaidoyer. En effet, l'avocat consultant, à la différence de l'avocat plaidant qui s'est consacré à la défense d'un intérêt qu'il croit respectable, est entièrement indépendant dans la formation de l'avis qu'on sollicite de sa sagacité. Il doit mûrement peser toutes les raisons, toutes les opinions, tous les précédents judiciaires qui peuvent éclairer la délibération intime de sa conscience et de sa raison. D'ailleurs, il peut rejeter ou en notes ou en marge une partie des renvois, qui sont si fatigants pour l'oreille de l'auditeur.

Quant au mode de citer les jurisconsultes romains ou modernes, et les recueils de jurisprudence, il varie, et l'on doit se conformer en général aux abréviations adoptées par les auteurs mêmes auxquels on fait des emprunts.

L'avocat qui fait dans sa plaidoirie la citation d'une autorité, n'a pas besoin de se découvrir; il en est autrement lorsqu'il lit les conclusions des pièces de la procédure. La raison de la différence de cet usage, c'est que la citation des autorités rentre dans le ministère de l'avocat, tandis que la lecture des conclusions et des pièces était autrefois faite par les procureurs, qui n'avaient pas le droit de parler couverts devant la justice. (Mollot, *Règles sur la profession d'avocat*, n°ˢ 136 et 137.) — V. Arrêt, n° 4, et Autorités.

**CITATION** (EXPLOIT DE). Ce mot est synonyme d'ajournement et d'assignation. L'ordonnance de 1667 et le Code ont employé le mot *ajournement*; le terme d'*assignation* est plus usité dans la pratique. L'expression de *citation* est surtout consacrée dans les procédures de paix ou de conciliation et des chambres de discipline (jadis dans les tribunaux ecclésiastiques.)

Toute citation devant les juges de paix doit contenir la date des jour, mois et an, les noms, profession et domicile du demandeur, les noms, demeure et immatricule de l'huissier, les noms et demeure du défendeur; elle doit énoncer sommairement l'objet et les moyens de la demande, et indiquer le juge de paix qui doit connaître de la demande et le jour et l'heure de la comparution. (C. proc., art. 1er.)

La citation doit être donnée devant le juge de paix du domicile du défendeur ou de sa résidence, ou devant celui de la situation de l'objet litigieux, suivant les règles de la compétence rapportées au mot Juge de paix. — V. ce mot.

L'art. 4 du Code de procédure civile disposait que la citation serait notifiée par un huissier de la justice de paix, ou par un huissier-commis; mais l'art. 16 de la loi du 25 mai 1838 a modifié cette disposition, et étendu à tous les huissiers du même canton le droit de donner toutes les citations et de faire tous les actes devant la justice de paix. Dans les villes où il y a plusieurs justices de paix, les huissiers exploitent concurremment dans le ressort de la juridiction assignée à leur résidence.

Dans toutes les causes, excepté dans celles où il y aurait péril en la demeure, et celles dans lesquelles le défendeur serait domicilié hors du canton ou des cantons de la même ville, le juge de paix peut interdire aux huissiers de sa résidence de donner aucune citation en justice, sans qu'au préalable il n'ait appelé, sans frais, les parties devant lui (article 18, L. du 25 mai 1838).

Il doit y avoir au moins un jour entre celui de la citation et le jour indiqué pour la comparution, si la partie est domiciliée dans la distance de trois myriamètres; si elle est domiciliée au delà de cette distance, on doit ajouter un jour par trois myriamètres. Dans les cas où ces délais n'auraient pas été observés, si le défendeur ne comparaît pas, le juge ordonne qu'il soit réassigné, et les frais de la première citation restent à la charge du demandeur. Dans les cas urgents, le juge peut donner une cédule pour abréger les délais, et peut même permettre de citer dans le jour et à l'heure indiqués (art. 5 et 6, C. proc. civ.).

L'huissier de la justice de paix ne peut instrumenter pour ses parents en ligne directe, ni pour ses frères, sœurs et alliés au même degré (art. 4, C. proc. civ.). Pour toutes les autres questions relatives à la citation ou à ses effets, V. Exploit, Juge de Paix.

Quant aux citations devant les chambres de discipline, la loi ne s'en est point occupée d'une manière spéciale; les appels devant ces juridictions se font ordinairement par lettres: quand il y a lieu à donner une citation, elle est soumise aux règles générales des ajournements. —V. Exploits. V. aussi Avoué, art. 6; Chambre des notaires, no 39; Chambre syndicale des Agents de change; Commissaire priseur; Huissier, etc.

CITÉ (DROIT DE). — V. Citoyen.

CITERNE. C'est un trou creusé dans le sol et destiné à recevoir et conserver les eaux pluviales; les parois en sont glaisées ou revêtues d'un enduit en ciment, et le fond est pavé, glaisé et recouvert de sable.

L'usage des eaux pluviales appartient au premier occupant, et les propriétaires inférieurs n'y ayant pas plus de droit que les autres, chacun peut, en principe général, faire sur son terrain un puits ou une citerne destinés à recevoir les eaux pluviales.

Peut-on interdire par servitude la faculté de creuser une citerne ou un puits? — V. Eaux, Puits.

Le propriétaire qui veut construire une citerne doit se conformer aux dispositions de l'art. 674 du Code civil, qui oblige à laisser la distance prescrite par les règlements et usages particuliers et à faire les ouvrages et contre-murs jugés nécessaires pour ne pas nuire à son voisin.

Pour les questions relatives à cet objet, pour celles relatives à la mitoyenneté d'une citerne ou d'un puits et autres, — V. Puits.

CITOYEN. C'est, d'après l'étymologie, le membre de la cité, quelle que soit sa condition, qu'il participe ou non à l'exercice de l'autorité. Mais, dans la langue du droit, le sens de ce mot a souvent varié : une définition vraie pour tous les temps est impossible. Nous dirons seulement ce qu'il a signifié pour les Romains, ce qu'il était pour nos ancêtres, ce qu'il est actuellement pour nous.

§ 1ᵉʳ. — *Du citoyen dans la législation romaine; —prérogatives attachées à ce titre; — comment il s'acquérait, comment il se perdait.*

§ 2. — *Sens du mot citoyen dans l'ancien droit et dans le Code civil.*

§ 3. — *Comment devient-on citoyen? — Du Français d'origine. — De l'étranger.*

§ 4. — *Comment se perd la qualité de citoyen, soit en même temps que celle de Français, soit seule? — Suspension des droits politiques.*

§ 5. — *Comment peut-on recouvrer la qualité de citoyen?*

§ 6. — *Prérogatives attachées à la qualité de citoyen.*

—

§ 1ᵉʳ. — *Du citoyen dans la législation romaine; —prérogatives attachées à ce titre; — comment il s'acquérait, comment il se perdait.*

1. Il n'est peut-être aucun pays où le droit de cité ait eu autant d'importance qu'à Rome. Le citoyen, le Romain proprement dit, le vainqueur, avait une législation qui lui était propre, et en dehors de laquelle il laissait tous les sujets de la république, libres ou esclaves. Ainsi, ce n'était pas seulement une capacité politique, un ensemble de droits publics ( *census, jus suffragiorum, jus honorum, jus militiæ.* V. Blondeau, *Chrestomathie,* p. 4 ) qui découlait du *status civitatis,* l'un des trois éléments du *status civilis* ou *caput;* c'était encore la réunion de tous les droits civils proprement dits : *commercium* (Ulpien, *Reg.* tit. 19. § 5) ; *connubium.* (Ibid., *Reg.* tit. 5. § 3) ; *dominium ex jure quiritium* (Gaius, 2. § 40) ; *jus patriæ potestatis.* (Inst., l. 1, 9, 2), et en général tous les droits de famille, *status familiæ; factio testamenti.* (Ulp., tit. 20 et 22 *passim.* ). Tout homme libre qui n'avait pas le droit de cité ( *peregrinus, hostis, barbarus* ) était soumis à d'autres lois, le *jus gentium.*

2. Le droit de cité romaine s'acquérait, 1° par la naissance ( Gaius. *Comm.* 1. 56 à 95 ), quand les parents, ou au moins celui dont l'enfant suit la condition, étaient citoyens ; 2° par l'affranchissement conforme à certaines règles ( Gaius, *Comm.* 1, § 12, 20, 36, 37, 38, 40, 42, 47; *Institutes,* liv. 1. tit. 5, 6, 7) ; 3° par une concession spéciale accordée originairement par le peuple et le sénat, plus tard par l'empereur, tantôt en faveur de populations ou de villes entières, tantôt en faveur de particuliers (Marezoll, *Lehrbuch der Institutionen der Rœmischen Rechtes,* § 65 ; — Blondeau, *Chrestomathie,* p. 15 à 19, et les textes cités ).

Longtemps le droit de cité romaine fut une des plus belles récompenses que la république pût donner, aussi s'en montra-t-elle d'abord avare ; quelquefois même elle n'octroyait que des fractions de droit de cité ; ainsi les *Latini coloniarii* avaient le *commercium.* (Ulp. 19. 5.) A mesure que la république s'étendit, ces concessions devinrent de plus en plus fréquentes ; sous les empereurs, le titre de citoyen perdit en peu de temps tout son éclat ; souvent même les étrangers redoutaient les charges qui y étaient attachées. (V. Pline, *Panégyrique de Trajan,* cap. 37, n° 5. ) Enfin en l'an 212, Caracalla voulant se créer une nouvelle source de revenus, l'octroya, ou plutôt l'imposa à tous ses sujets ( V. Gibbon, *History of the decline of the roman empire,* chap. 6. ) Mais ce ne fut réellement que sous Justinien que tous les habitants de l'empire jouirent complétement du droit de cité.

3. La qualité de citoyen se perdait, 1° par la *maxima capitis diminutio* ( Gaius. 1. 160); 2° par *capitis diminutio media* (Gaius. 1. 161); 3° par la renonciation qui comprenait la naturalisation dans une autre cité (Cicero, *pro Balbo,* cap. 11; *pro Cœcina,* 34 ), et, au moins dans les derniers temps, par suite de quelques peines ( Marezoll, *Opere citato,* § 65 ).

§ 2. — *Sens du mot citoyen dans l'ancien droit et dans le Code civil.*

4. En France, le mot citoyen a été quelquefois synonyme de bourgeois ( Ferrière, *Dictionnaire de droit et de pratique* ); mais plus souvent il signifia pour nos ancêtres l'habitant du territoire, le regnicole, le Français. «Les citoyens, dit Pothier (*Traité des personnes,* tit. 1, sect. 1 ), les vrais et naturels Français, suivant la définition de Bacquet, sont ceux qui sont nés dans l'étendue de la domination française. » Les autres nations avaient adopté le même langage. V. notamment *Code Frédéric,* tit. 6, § 1, 2, 3, 4, 5, 6, 7.

5. L'auteur du *Contrat social* (l. 1ᵉʳ, ch. 6) a blâmé cet usage et a donné une autre définition, qui depuis a été consacrée par les publicistes et les législateurs. « Les associés

prennent collectivement le nom de peuple, et s'appellent en particulier citoyens, comme participant à l'autorité souveraine, et sujets, comme soumis aux lois de l'état. »

6. Nous retrouvons cette distinction dans le Code civil, art. 7 : « L'exercice des droits civils est indépendant de la qualité de citoyen, laquelle ne s'acquiert et ne se conserve que conformément à la loi constitutionnelle. »

Art. 8. « Tout Français jouira des droits civils. »

Ainsi, 1° Tout Français n'est pas citoyen ; 2° Au citoyen appartiennent les droits politiques : c'est ce qui résulte clairement de ces deux articles.

§ 3. — *Comment devient-on citoyen? — Du Français d'origine. — De l'étranger.*

7. Le Code civil renvoie à la loi constitutionnelle. Or la Charte de 1830 et celle de 1814 sont muettes à cet égard. Le Code n'a donc plus de sens, si on ne le complète pas par les dispositions de la constitution du 22 frimaire an VIII, auquel il se référait.

Mais cette constitution subsiste-t-elle aujourd'hui? Quelques personnes l'ont nié. (V. M. Toullier, t. 1, p. 258.) On admet généralement, par argument de l'art. 59 de la Charte (ancien art. 68), qu'elle n'a pas été abrogée entièrement, et que les textes dont nous parlons sont encore en vigueur. Cette opinion paraît avoir décidé la chambre des députés à rejeter la proposition que lui fit un de ses membres, M. Marschal, lors de la discussion de la loi du 21 mars 1831 « *de donner une nouvelle définition de cet état politique qui fait le citoyen.* » (M. Duvergier, *Collection des lois*, 1831, p. 186). La loi du 14 oct. 1814, relative à la naturalisation des habitants des départements qui avaient été réunis à la France, reconnaissait également l'existence de la constitution de l'an VIII.

C'est donc à l'aide de cette constitution que nous cherchons à résoudre notre question.

8. *Du Français d'origine.* — L'art. 2 est ainsi conçu : « Tout homme né et résidant en France, qui, âgé de vingt et un ans accomplis, s'est fait inscrire sur le registre civique de son arrondissement communal, et qui a demeuré pendant un an sur le territoire de la république, est citoyen français. »

9. C'est la reproduction presque littérale de l'art. 8 de la constitution du 5 fructid. an III : « Tout homme né et résidant en France, qui,

âgé de vingt et un ans accomplis, s'est fait inscrire sur le registre civique de son canton, qui a demeuré depuis pendant une année sur le territoire de la république, et qui paie une contribution directe, foncière ou personnelle, est citoyen français. »

L'art. 9 ajoutait : « Sont citoyens sans aucune condition de contribution, les Français qui auront fait une ou plusieurs campagnes pour l'établissement de la république. »

10. La constitution de 1793 admettait à l'exercice des droits de citoyen français tout homme né et domicilié en France, âgé de vingt et un ans accomplis (art. 4).

11. La constitution de 1791, beaucoup moins libérale, exigeait du citoyen actif la qualité de Français, l'âge de vingt-cinq ans, une contribution directe au moins égale à la valeur de trois journées de travail et la prestation du serment civique. (*Constit.* de 1791, tit. 3, chap. 1, sect. 2, art. 2.)

12. Ainsi, première condition, la qualité de citoyen n'appartient qu'aux individus mâles déjà Français. Un auteur, M. Proudhon (*Traité des personnes*, t. 1, p. 110, édit. publiée par M. Valette), a conclu de ces mots, *né et résidant en France*, comparés au texte de l'art. du Code civil, que, pour être citoyen, il fallait être né de parents domiciliés en France. La conséquence est évidemment erronée. En l'an VIII, tout individu né et résidant en France était Français. Cette rédaction, qui n'est pas limitative (Coin-Delisle, *Jouissance et privation des droits civils*, art. 7, n° 11), indique donc le Français d'origine : c'est ce que prouverait d'ailleurs au besoin l'art. 3 relatif à l'étranger.

13. Nous placerons sur la même ligne la personne qui, née en France d'un étranger, a fait les déclarations prescrites par l'article 9 du Code civil (Proudhon, même ouvrage, p. 111, note de M. Valette; Foucart, *Droit administratif*, n° 157) ; et, à plus forte raison, l'individu qui, né à l'étranger d'un ancien Français, a recouvré la qualité de Français en faisant les mêmes déclarations, conformément à l'art. 10 du Code civil. (Foucart, *ibid.*; Proudhon, *ibid.*, p. 181, *in fine.*)

14. On considère également comme *naturels français* (loi du 15 déc. 1790, art. 2) les descendants, à quelque degré que ce soit, d'un Français ou d'une Française expatriés pour cause de religion (déc. 10-13 juill. 1790; *Const.* de 1791, tit. 2, art. 2; *Monit.* des 28 mars, 17,

22, 24 mai 1824 ; discussion de la chambre des députés à l'occasion de l'élection de Benjamin Constant ; V. aussi les deux discours du général Foy et le rapport de M. de Martignac.)

15. Seconde condition : Il faut s'être fait inscrire sur le registre civique de son arrondissement communal et avoir demeuré depuis pendant un an sur le territoire de la république. Pour l'exécution de cette disposition, l'art. 1er du décret du 17 janvier 1806 avait ordonné qu'il serait formé au chef-lieu de chaque arrondissement un registre civique. Ces registres n'ont jamais été tenus très-régulièrement ; ils disparurent entièrement dans les premières années de la restauration, et de fait ils n'existent plus nulle part.

Aujourd'hui cette inscription est donc impossible ; cette partie de la constitution a été abrogée par l'usage, ou du moins est tombée en désuétude, « c'est à l'administration à la faire revivre, » disait M. Dupin, dans la discussion de la loi du 21 mars 1831.

16. Mais l'année de séjour est-elle encore exigée ? n'est-on citoyen qu'à l'expiration du délai qui courait à partir de l'inscription sur le registre, c'est-à-dire à l'âge de vingt-deux ans ? De très-bons esprits ont soutenu l'affirmative (Coin-Delisle, *ibid.* n° 10 ; Favard de Langlade, *Rép.* v° Droits politiques). L'âge de vingt-deux ans a été effectivement exigé pour diverses fonctions, qui ne peuvent être remplies que par des citoyens français : ainsi c'est une des conditions d'admissibilité au titre de substitut du procureur du roi ; ainsi, l'avocat stagiaire ne plaide qu'à vingt-deux ans ; ainsi encore les conseillers-auditeurs dans les cours royales ne pouvaient suppléer les conseillers s'ils n'avaient vingt-deux ans.

L'opinion contraire a cependant été consacrée dans l'art. 11 de la loi du 21 mars 1831, relative aux élections municipales, qui confère le droit électoral aux citoyens les plus imposés sur les rôles des contributions directes, âgés de *vingt et un ans accomplis* ; de même l'ordonnance du 14 juill. 1815 portait, art. 8, que les électeurs des collèges d'arrondissement et de département pourraient siéger, pourvu qu'ils eussent l'âge *de vingt et un ans accomplis*.

Aujourd'hui qu'une année de résidence n'est plus nécessaire pour acquérir le domicile politique, nous croyons que cette opinion doit prévaloir, que tout individu français mâle et âgé de vingt et un ans révolus est

citoyen. (*Sic.* Proudhon, *ibid.*, note de M. Valette, p. 111 ; Foucart, *Droit administratif,* n° 154 ; Rolland de Villargues, *Rép. du notariat,* v° cité n° 5 ; Marcadé, *Éléments du droit civil,* t. 1er p. 136.)

17. *De l'étranger.* — D'après la loi du 30 avril-2 mai 1790, reproduite dans la constitution de 1791, art. 3, tit. 2, l'étranger qui réunissait les conditions voulues pour être déclaré Français, n'acquérait les droits de citoyen actif qu'en prêtant le serment civique. Mais aujourd'hui en devenant Français, les étrangers mâles sont en même temps citoyens, et exercent les droits civiques du jour de l'obtention des lettres de naturalisation ou de déclaration de naturalité (*Constit.* de l'an VIII, art. 3 ; *sénatus-consulte,* 19 févr. 1808.) Nous nous bornerons donc à renvoyer sur ce point aux mots : Français, Étrangers, Naturalisation, Naturalité.

18. Cependant, depuis l'ordonnance du 4 juin 1814, ce principe a reçu une importante modification. Un étranger en acquérant la qualité de Français par les voies ordinaires, ne devient pas capable de siéger dans les chambres s'il n'obtient des lettres de grande naturalisation. (V. Naturalisation.) « Conformément aux anciennes constitutions françaises, dit l'ordonnance, aucun étranger ne pourra siéger, à compter de ce jour, ni dans la chambre des pairs, ni dans celle des députés, à moins que, par d'importants services rendus à l'état, il n'ait obtenu de nous des lettres de naturalisation vérifiées par les deux chambres. »

Cette ordonnance, rendue le même jour que la Charte de 1814, et qui pour être constitutionnelle doit en être regardée comme un annexe, puisqu'il n'appartient pas au pouvoir exécutif de modifier les lois existantes, s'applique-t-elle aux étrangers devenus citoyens avant cette époque ? La raison de douter, c'est que cette disposition ne pourrait, sans avoir un effet rétroactif, frapper des individus qui, après avoir satisfait à toutes les conditions exigées par les lois, avaient joui des droits civiques. Aussi, selon quelques auteurs, cette ordonnance atteindrait seulement : 1° les étrangers qui, devenus citoyens par la réunion de leur pays à la France, ne pouvaient conserver ce titre après la séparation, qu'en faisant la déclaration prescrite par la loi du 14 octob. 1814 ; 2° les individus devenus Français depuis le 4 juin de la même année.

Cette opinion peut d'ailleurs s'appuyer sur les mots même de l'ordonnance : *aucun étranger*, expression qui ne peut désigner l'individu devenu Français pour toujours.

Ce n'est pas un simple enregistrement que l'on demande aux chambres. Jusqu'à ce jour, le corps législatif s'est considéré comme associé à la concession de cette haute prérogative, et comme autorisé à la refuser. ( V. *Moniteur* des 16, 20, 22 et 27 avril 1828 , lettres de naturalisation du prince de Hohenloe-Barteinstein. )

19. Nous rappellerons encore sous ce paragraphe :

1° Que les diverses constitutions n'ont pas toujours soumis aux mêmes conditions l'acquisition de la qualité de citoyen, et que tout individu devenu citoyen français sous l'empire de l'une d'elles n'a pu être privé de ce titre par les constitutions postérieures. (Riom, 7 avril 1835. S.-V. 35. 2. 374; J. P. 3ᵉ édit.; D. P. 36. 2. 57. — Cass. 27 avril 1819. Devillen. et Car., 6. 1. 67; J. P. 3ᵉ édit.; D. P. 19. 1. 297.— Lyon, 10 nov. 1827; S.-V. 28. 2. 36; J. P. 3ᵉ édit.; D. P. 28. 2. 14.) Ces arrêts ne statuent que sur la qualité de Français, mais les considérants sont également applicables à celle de citoyen.

2° Que l'incapacité produite par la qualité d'étranger est d'ordre public, et ne saurait être couverte par la possession d'état; c'est là un vice originel qu'aucune prescription ne peut effacer. (Rouen, 18 août 1824; S.-V. 26 2. 140; J. P. 3ᵉ édit.; D. A. 6. 512.)

3° Que, lorsque l'exercice d'un droit est subordonné à la qualité de citoyen, c'est à celui qui dénie cette qualité à faire la preuve de ce qu'il avance. Le doute est favorable au défendeur, surtout s'il demeure depuis longues années en France; car, comme on l'a justement fait observer, « quel regnicole jouirait en sûreté de son état politique, s'il était tenu, par exemple, de justifier de son inscription sur les anciens registres civiques ? » ( Poitiers, 26 juin 1829; S.-V. 30. 2. 99; D. P. 30. 2. 149.)

§ 4. — *Comment se perd la qualité de citoyen, soit en même temps que celle de Français, soit seule? — Suspension des droits politiques.*

20. Tous les faits qui enlèvent le titre de Français entraînent, à plus forte raison , la déchéance des droits civiques. Nous n'avons donc pas à en parler ici. — V. **Français, Droits civils** ( jouissance et privation des).

21. Mais quelquefois on cesse d'être citoyen tout en restant Français.

La constitution de 1791, art. 6, s'exprimait ainsi : « La qualité de citoyen se perd, 1° par la naturalisation en pays étranger ; 2° par la condamnation aux peines qui emportent la dégradation civique , tant que le condamné n'est pas réhabilité ; 3° par un jugement de contumace, tant que le jugement n'est pas anéanti; 4° par l'affiliation à tout ordre de chevalerie étranger , ou à toute corporation étrangère qui supposerait soit des preuves de noblesse, soit des distinctions de naissance , ou qui exigerait des vœux religieux. »

La constitution de 1793, art. 5, statuait en ces termes : « L'exercice des droits de citoyen se perd, 1° par la naturalisation en pays étrangers ; 2° par l'acceptation de fonctions ou de faveurs émanées d'un gouvernement non populaire ; 3° par la condamnation à des peines infamantes jusqu'à réhabilitation. »

D'après la constitution de l'an III, art. 12, « L'exercice des droits de citoyen se perdait, 1° par la naturalisation en pays étranger ; 2° par l'affiliation à toute corporation étrangère qui supposerait des distinctions de naissance, ou qui exigerait des vœux de religion ; 3° par l'acceptation de fonctions ou de pensions offertes par un gouvernement étranger ; 4° par la condamnation à des peines afflictives et infamantes jusqu'à réhabilitation. »

Enfin, l'art. 4 de la constitution de l'an VIII porte : « La qualité de citoyen français se perd, par la naturalisation en pays étranger ; par l'acceptation de fonctions ou de pensions offertes par un gouvernement étranger ; par l'affiliation à toute corporation étrangère qui supposerait des distinctions de naissance; par la condamnation à des peines afflictives et infamantes. »

22. En comparant ces dispositions avec les art. 17 et 21 du Code civil, on voit que la naturalisation en pays étranger fait perdre tout à la fois la qualité de citoyen et celle de Français; qu'il en est de même de l'acceptation, sans autorisation du roi, de fonctions ou de pensions offertes par un gouvernement étranger, mais que l'acceptation des mêmes fonctions , avec autorisation , n'entraîne que la déchéance des droits de citoyen.

23. Enfin on voit également que l'affiliation à toute corporation étrangère qui suppose des

distinctions de naissance et la condamnation à des peines afflictives et infamantes font perdre le titre de citoyen sans enlever la qualité de Français.

24. Mais ici se représente une question semblable à celle que nous avons posée en commençant. Les dispositions de la constitution de l'an VIII sont-elles encore en vigueur? Les raisons qui nous ont déjà décidé à répondre affirmativement entraînent la même solution, solution qui a pour elle les mêmes autorités. ( V. *suprà* n° 7. ) Cependant nous ne croyons pas que l'affiliation à une corporation qui supposerait des distinctions de naissance fasse perdre aujourd'hui la jouissance des droits civiques. Cette disposition de la constitution de l'an VIII, en harmonie avec une législation qui avait supprimé les titres de noblesse, avait été reproduite dans la première rédaction de l'art. 17 du Code civil. Mais, dans la seconde édition prescrite par le décret du 3 sept. 1807, ce paragraphe a été supprimé. Aujourd'hui que la noblesse a été de nouveau reconnue par l'art. 62 de la Charte constitutionnelle, il nous semble qu'on peut s'en prévaloir, soit en France, soit à l'étranger, sans encourir aucune peine. (Foucart, *Droit administratif*, t. 1. 168 ; — Coin-Delisle, *Jouissance et privation des droits civils*, art. 7, n° 15.)

25. L'art. 28 du Code pén. a consacré le dernier paragraphe de l'art. 4 de la constitution.

26. Les tribunaux jugeant correctionnellement peuvent même, dans certain cas, prononcer l'interdiction totale ou partielle des droits politiques. (Code pén. 952, 42, 43.)

27. Dans certains cas l'exercice des droits politiques n'est que suspendu.

Aux termes de la constitution de 1791, art. 2 et 5, chap. 1, sect. 2, tit. 3, les droits de citoyen actif étaient refusés à tout individu en état de domesticité, à tous ceux qui étaient en état d'accusation et à ceux qui, après avoir été constitués en état de faillite ou d'insolvabilité prouvé par pièces authentiques, ne rapportaient pas un acquit général de leurs créanciers.

De même, dans la constitution de 1793 on lit, art. 6 : « L'exercice des droits de citoyen est suspendu par l'état d'accusation, par un jugement de contumace, tant que le jugement n'est pas anéanti. »

Et le décret du 21 vendém. an III déclare que ceux qui ayant fait faillite ne se sont pas

libérés avec leurs créanciers, ne peuvent exercer aucune fonction publique.

Toutes ces dispositions ont passé dans la constitution de l'an III, art 13.

L'exercice des droits de citoyen est suspendu :

1° Par l'interdiction judiciaire pour cause de fureur, de démence ou d'imbécillité ;

2° Par l'état de débiteur failli, ou d'héritier immédiat, détenteur à titre gratuit de tout ou partie de la succession d'un failli ;

3° Par l'état de domestique à gages attaché au service de la personne ou du ménage ;

4° Par l'état d'accusation ;

5° Par un jugement de contumace, tant que le jugement n'est pas anéanti.

Et enfin nous les retrouvons en termes à peu près identiques dans la constitution de l'an VIII, art. 54. « L'exercice des droits de citoyen français est suspendu par l'état de débiteur failli et d'héritier immédiat, détenteur à titre gratuit de la succession totale ou partielle d'un failli ;

» Par l'état de domestique à gages attaché au service de la personne ou du ménage ;

» Par l'état d'interdiction judiciaire, d'accusation ou de contumace. »

28. La déchéance prononcée contre le failli subsiste encore aujourd'hui ; aucun doute sérieux ne peut s'élever à cet égard. Comment l'homme qui n'a pas su gérer ses affaires prétendrait-il concourir à l'administration de la chose commune ?

Le failli concordataire est également exclu des droits civiques, car le concordat n'efface pas la faillite ; jusqu'à l'arrêt de réhabilitation, les incapacités subsistent (art. [613 C. com.).

29. La déchéance résultant de l'état de domesticité est également applicable aujourd'hui. (Cass., 14 août 1837 ; S.-V. 37. 1. 884 ; Rennes, 25 juin 1827, S.-V. 27. 2. 158 ; D. P. 27. 2. 152. — Foucart, n° 172 ; Duranton, t. 1, p. 137 ; Proudhon, *État des personn.*, t. 1, p. 117.) Le sens du mot domestique est ici bien déterminé. Ainsi aucune déchéance n'est encourue par les individus dont les travaux ordinaires s'appliquent à l'industrie, au commerce et à l'agriculture, si d'ailleurs ils réunissent les conditions exigées par les lois. (*Décret*, 27 août-2 sept. 1792.)

30. L'interdiction judiciaire suspend également l'exercice des droits civils ; il en serait autrement de la simple dation d'un conseil judiciaire. (Coin-Delisle, *ibid.* n° 21.) Notre

article s'expliquerait au besoin par l'art. 13 de la constitution de l'an III.

31. Nous n'avons rien à ajouter sur les incapacités résultant des états d'accusation et de contumace.

§ 5. — *Comment peut-on recouvrer la qualité de citoyen?*

32. La constitution de l'an VIII est muette sur ce point.

Lorsque la perte des droits civiques est la conséquence de la perte de la qualité de Français, il suffit de recouvrer cette qualité pour redevenir citoyen.—V. Français.

33. Quant aux personnes qui n'ont perdu que la qualité de citoyen par l'acceptation de fonctions ou de pensions, elles recouvreront leurs droits en renonçant à ces avantages.

34. Enfin, si les droits civiques ont été enlevés par suite d'une condamnation judiciaire, une réhabilitation est nécessaire. La grâce produirait le même effet.

35. Le failli qui est réhabilité, le domestique qui cesse de servir, l'accusé qui est acquitté, recouvrent également les droits civiques.

§ 6. — *Prérogatives attachées à la qualité de citoyen.*

36. Sous l'empire des constitutions qui se sont succédé depuis 1791 jusqu'au 22 frimaire an VIII, la qualité de citoyen a toujours conféré des droits d'élection et d'éligibilité.

Il serait plus curieux qu'utile de dire en quoi ils consistaient sous chacun de ces régimes.

37. Aujourd'hui le titre de citoyen n'attribue seul aucun droit de ce genre; c'est seulement un des éléments indispensables de la capacité politique à quelque degré qu'on veuille l'exercer. Mais il faut toujours y réunir des conditions d'âge, de cens ou de position sociale que déterminent les lois relatives à chaque espèce de droits politiques.—V. ce mot.

La qualité de citoyen est également requise de tout individu qui veut exercer des fonctions publiques. (V. C. pén., art 34, 1°.) On considère comme tel le témoin instrumentaire dans les actes notariés. (l. 25 vent. an XI, art. 9.)—V. Français, Naturalisation, etc.

CIVADAGE ou CIVERAGE. Ces mots, plus particulièrement connus en Dauphiné, exprimaient une redevance annuelle payable en avoine; la quantité de boisseaux était ordi-

**IV.**

nairement déterminée d'après le nombre des chevaux qui exploitaient la terre. (V. *Ord. du Louvre*, t. 16, Introd. p. XXXIV; *Dissertations féodales*, par Henrion de Pansey, t. 1, p. 297.)

Ces droits ont été abolis par l'art. 5 du décret du 25-28 août 1792.

CIVILISER UNE AFFAIRE OU UNE PROCÉDURE, c'était convertir en action ordinaire et civile un procès qui s'instruisait auparavant par la voie criminelle et extraordinaire. La *civilisation* ne pouvait avoir lieu que lorsqu'il s'agissait de délits de peu d'importance, comme en fait de chasse ou de pêche, de bornes arrachées, de fruits enlevés, etc. Les principales ordonnances sur cette matière sont celles de 1498, 1536, 1539, et surtout l'ordonnance de 1670, qui a rassemblé toutes les dispositions des ordonnances antérieures sur la nature des procès qui pouvaient être civilisés, le temps où l'on pouvait le faire et la forme de procéder après la civilisation.

CIVIQUE (CARTE) OU CARTE DE SURETÉ. Le décret du 19 sept. 1792, relatif aux mesures de sûreté et de tranquillité publiques pour la ville de Paris, prescrivait aux citoyens domiciliés dans cette ville, et aux étrangers qui y séjournaient, l'obligation de faire enregistrer dans la section de leur résidence, sur un registre spécial, le lieu de leur habitation ordinaire, l'époque de leur arrivée à Paris, leurs divers changements de domicile et leur occupation journalière; il leur était délivré un extrait de cet enregistrement sur une carte signée par le président et les secrétaires de la section. Telle est l'origine des cartes civiques.

La Convention ordonna plusieurs fois ( V. décrets des 21 mars 1793 et 27 niv. an III) le renouvellement des cartes de sûreté; d'après le dernier de ces décrets (art. 4), les comités civils de section devaient distribuer trois espèces de cartes : une blanche aux citoyens domiciliés à Paris, qui avaient atteint l'âge de vingt et un ans; une rouge aux citoyens de Paris ayant au moins quatorze ans, et une bleue aux étrangers autorisés à séjourner dans la ville. Chaque carte indiquait le lieu de la naissance, l'âge, l'adresse et le signalement de l'individu auquel elle était remise. Tout individu non porteur de carte était conduit devant le comité de sa section, et, s'il n'était pas inscrit sur le registre, détenu comme suspect; son nom était envoyé dans le jour au

**20**

comité révolutionnaire de l'arrondissement, qui le transmettait à la commission administrative de police, et celle-ci, au comité de sûreté générale, section de la police.

Avec le régime révolutionnaire disparut la nécessité des cartes civiques. On retrouve ce mot dans le décret du 17 janvier 1806. L'art. 7 de ce décret porte « qu'il sera délivré par le sous-préfet à chaque citoyen inscrit sur le registre civique de son canton (V. Citoyen) une carte civique, qu'il sera tenu d'exhiber, s'il en est requis, lorsqu'il se présentera dans une assemblée cantonale. » Les cartes de cette dernière espèce ressemblaient beaucoup, on le voit, à nos cartes d'électeur.

**CIVISME** (CERTIFICAT DE). On appelait ainsi, de 1792 à 1796, des certificats délivrés par les municipalités et les comités de section ou par les conseils généraux des communes, approuvés par les directoires de district et visés par les directoires de département. Ce certificat était exigé de toute personne qui voulait remplir des fonctions publiques (décret du 5-6 févr. 1793), ou qui réclamait une indemnité à raison des pertes que lui avait fait éprouver l'invasion de l'ennemi. (Lois 12 ventôse an II, 9 floréal an III.)

D'après la loi du 20 septembre 1793, ces certificats dûrent être visés par les comités de surveillance et de salut public établis dans les différentes villes de la république, et à défaut, par un comité spécial *ad hoc* composé de six membres pris dans les sections populaires, à peine de nullité.

La nécessité des certificats de civisme fut abolie par la loi du 18 therm. an III.

**CLAIN**, terme employé par les coutumes de Flandre, de Hénault et de Cambrésis, qui signifie *saisie*, et dérive du verbe latin *clamare*, crier ; aussi dit-on dans l'art. 2, tit. 23 de la coutume de Cambrésis : *clamer sur les biens d'un débiteur.*

Suivant Denisart, v° *Ville d'arrêt*, le clain était un privilége particulier aux bourgeois de certaines villes des Pays-Bas, telle que Bruges, en vertu duquel ils pouvaient faire saisir, sur parole et sans aucun titre, les effets mobiliers et même, dans le Cambrésis, faire emprisonner leurs débiteurs qui n'étaient point domiciliés dans la ville ; de sorte qu'il y avait deux sortes de clains : l'un réel, qui s'exerçait sur les biens ; l'autre personnel, qui s'exerçait sur la personne.

On distinguait aussi les *clains à fin d'exécution*, qui équivalaient aux saisies-exécutions, aux saisies réelles et aux contraintes par corps ; et les *clains à toutes fins*, qui se faisaient avec ou sans titre exécutoire, et seulement pour assurer les prétentions du créancier ; dans ce cas, ils équivalaient aux saisies-arrêts. Les formalités du clain ont été explicitement supprimées par l'art. 22, tit. 1er de la loi du 13-20 avril 1791. — V. Saisie-exécution, Saisie-arrêt.

**CLAIN DE RÉTABLISSEMENT.** On appelait ainsi dans la coutume des ville et cheflieu de Valenciennes une procédure pratiquée, en matière de bail à rente, pour rétablir le bailleur dans la propriété de son héritage, faute par le bailleur ou ses ayants-cause de lui en payer la rente foncière. Supprimée par la loi du 13-20 avril 1791, cette procédure est aujourd'hui remplacée par l'action résolutoire. —V. Vente.

**CLAIRE-VOIE.** — V. Clôture, n° 22, et Servitudes.

**CLAMABLE.** Terme employé, dans la coutume de Normandie, pour désigner un bien sur lequel on pouvait exiger le retrait conventionnel, lignager ou seigneurial.

**CLAMANT, CLAMER.** *Clamer* était employé dans les anciens auteurs et dans les coutumes pour signifier *demander, poursuivre.* En Bretagne et en Normandie, *clamer garant*, c'était intenter une action en garantie. *Clamer en garieur* ou *en justice*, c'était se plaindre de quelque trouble ou tort reçu dans la possession ou la propriété. De là l'expression *lieu clamé*, pour signifier un héritage au sujet duquel il y a demande ou complainte. Dans la coutume de Lille, *clamer les biens de son débiteur forain*, c'était les saisir, les faire arrêter. *Clamer son sujet*, c'était revendiquer son serf ou mortaillable, son censitaire ou justiciable qui voulait se faire avouer sujet d'un autre seigneur. En fait, lorsque, pour avoir plus prompte expédition, l'ajourné devant un juge inférieur s'adressait à la cour supérieure, il se *clamait en cour suzeraine.* Cette forme de procéder était autorisée par les coutumes d'Anjou et du Maine en matière de retrait lignager, afin que les deniers de l'acquéreur ne fussent point retardés.

Dans quelques coutumes, on employait le terme *clamant* pour désigner le demandeur, dans d'autres, le saisissant. En Normandie, on désignait quelquefois sous ce nom le re-trayant. —V. les coutumes de Béarnais, de Lille, de Normandie, de Solle et de Valen-ciennes. — V. aussi Clain.

CLAMEUR, signifie en général *demande*, *citation devant le juge* ; il signifie aussi quel-quefois *saisie-exécution, contrainte.* On ap-pelait :

CLAMEUR DE BOURSE, l'action en retrait li-gnager, féodal ou autre ;

CLAMEUR A DROIT CONVENTIONNEL, la faculté d'exercer l'action en réméré ;

CLAMEUR A DROIT DE LETTRE LUE, la faculté qui appartenait à un tiers acquéreur ayant possédé par an et jour un héritage ou autre immeuble en vertu d'un titre authentique, de le pouvoir retirer sur celui qui s'en était rendu adjudicataire par décret, en lui rem-boursant, dans un délai déterminé, le prix de l'adjudication, frais et loyaux coûts ;

CLAMEUR FAUSSE, la plainte portée à tort en justice ;

CLAMEUR FORTE, une amende prononcée par certaines coutumes contre la partie qui succombait, après avoir intenté une action per-sonnelle ;

CLAMEUR DE GAGE PLÉGE, la complainte por-tée contre le trouble fait en la propriété ou possession d'un héritage, par voie de fait, vio-lence ou autrement ;

CLAMEUR DE HARO (LA), usitée en Norman-die, et que Dumoulin appelle *quiritatio Normannorum*, était une plainte verbale et clameur publique de celui qui éprouvant quelque violence ou injustice, cherchait à implorer la protection du prince, ou qui, trouvant sa partie, voulait la mener devant le juge. Dans ce cas, la clameur de haro équivalait à une assignation verbale.

L'opinion commune sur l'origine de cette ex-pression est que le terme *haro* a été formé par la contraction des mots *ah rollo*, et que c'est en effet une invocation du nom de Raoul ou Rollo, premier duc de Normandie, si célèbre dans l'histoire par son équité. « Mais tant s'en faut que cette origine ne soit vraie, dit Case-neuve, car il est certain que *haro* signifioit cri et clameur longtemps avant la naissance de ce duc Rollo, qui vivoit sous le règne de Charles le Simple ; car le moine Hiéron, qui estoit du temps de Pepin, père de Charle-magne, a mis dans son glossaire *clamat hareet,*

*clamamus haremees* ; ce qui montre claire-ment que *haro* est un mot de l'ancienne langue thioise. Aussi nos anciens François prenoient absolument *haro* pour un cri et un bruit.» Nous sommes tout à fait de l'avis de Caseneuve, et nous pensons avec lui que le mot *haro* vient tout simplement de l'ancien mot germanique *haren*, qui signifiait *crier, appeler.* Dans le principe, le *haro* ne pouvait être in-terjeté que pour cause criminelle, comme pour feu, larcin, homicide ou autre péril évident ; mais avec le temps la pratique du haro s'étendit aux cas où il s'agissait de con-server la possession des immeubles et même des meubles. Aussi, la nouvelle coutume de Normandie, qui commença d'être observée au 1er juillet 1583, porte-t-elle, art. 54, que le *haro* peut être intenté, non-seulement pour maléfices de corps et pour choses où il y au-rait péril imminent, mais même pour toute introduction de procès possessoire.

CLAMEUR PUBLIQUE. Les gardes cham-pêtres et les gardes forestiers, considérés comme officiers de police judiciaire, doivent arrêter et conduire devant le juge de paix ou devant le maire tout individu qu'ils auront surpris en flagrant délit ou qui sera dénoncé par la *clameur publique*, lorsque ce délit em-portera la peine de l'emprisonnement ou une peine plus grave. ( Art. 16, C. d'inst. crim. )

Tout dépositaire de la force publique, et même toute personne, sera tenu de saisir le prévenu surpris en flagrant délit, ou poursuivi, soit par la *clameur publique*, soit dans les cas assimilés au flagrant délit, et de le conduire devant le procureur du Roi, sans qu'il soit besoin de mandat d'amener, si le crime ou le délit emporte peine afflictive ou infamante. (C. d'inst. crim., art. 106. ) — V. Flagrant délit.

CLAMEUR RÉVOCATOIRE. L'art. 3 de la coutume de Normandie appelait ainsi une action qui avait pour objet de faire casser ou rescinder un contrat, une obligation ou quel-que autre acte. C'est ce que le Code civil, l. 3, tit. 3, chap. 5, sect. 7, appelle action en nul-lité ou en rescision des conventions.

CLANDESTINITÉ. La clandestinité est le vice de la chose faite en secret, clandesti-nement. Ce mot s'emploie en matière de ma-riage, de possession et de prescription.

La clandestinité est une cause de nullité dans le mariage. Un mariage est clandestin quand il n'a pas été contracté suivant certaines formalités de publicité prescrites par la loi (art. 165 et suiv. du Code civ.). V. Mariage. — La clandestinité vicie la possession; elle est le plus grand obstacle à la prescription. (Art. 2229 C. civil.) Quand la possession est-elle clandestine? *Clam possidere eum dicimus, qui furtivè ingressus est possessionem, ignorante 'eo, quem sibi controversiam facturum suspicabatur, et ne faceret, timebat.* (l. 6, ff. *De acq. vel amitt. poss.*)

La coutume de Melun (art. 170) définissait ainsi la possession publique : « Quand aucun a joui au vu et au sçu de tous ceux qui l'ont *voulu voir et sçavoir.* » — V. au surplus Possession, Prescription,

CLASSE (MARINE). On entend par ce mot l'ordre anciennement établi sur les côtes et dans les provinces maritimes, pour régler le service des matelots et autres gens de mer enrôlés pour le service du roi et distribués par parties, dont chacune s'appelait classe. — V. Inscription maritime, Marine.

CLASSES DE PERSONNES DE LA SOCIÉTÉ (Attaques contre une ou plusieurs). (1)

1. L'article 10 de la loi du 25 mars 1822 prononce la peine d'un emprisonnement de quinze jours à deux ans, et d'une amende de 100 fr. à 4,000 fr. contre quiconque, par l'un des moyens de publication énoncés en l'art.1er de loi du 17 mai 1819, aura cherché à troubler la paix publique en excitant le mépris ou la haine des citoyens contre une ou plusieurs classes de personnes. (Sur les moyens de publication énoncés en l'art. 1er de la loi de 1819, V. Délit de publication.)

2. C'est à l'Angleterre que nous avons emprunté ce délit. Chez nos voisins, en effet, on considère l'attaque dirigée contre une certaine classe de personnes comme constituant un délit. L'imputation d'un crime imaginaire faite contre *certains juifs* y a été regardée et condamnée comme tendant à causer des désordres parmi le peuple, en lui inspirant un esprit général de barbarie contre une classe de personnes.

3. Le fait que la loi française a voulu réprimer est moins l'excitation en elle-même, que la tendance à occasionner un trouble moral ou matériel dans la société. C'est ce qui

résulte de la formule dont on s'est servi dans la rédaction de la loi ; c'est ce que révèle la législation anglaise dont s'est inspiré le législateur français; c'est ce que M. de Serre a parfaitement expliqué dans l'exposé des motifs du 3 décembre 1821, lorsqu'il a dit: « La loi qui punit les attaques individuelles ne doit pas moins punir les attaques collectives *qui ont la tendance et peuvent avoir le résultat de troubler la paix publique.* » C'est enfin ce que la Cour de cassation a souvent exprimé dans ses arrêts, en qualifiant ce délit de *trouble à la paix publique* par l'excitation à la haine ou au mépris contre une classe de personnes; car le fait que cette loi réprime est propre, par sa nature même, à produire des divisions, à semer la discorde entre les citoyens, à troubler dès lors la paix publique par les haines que ce fait excite et par les passions qu'il soulève. Le but de pareilles attaques est donc toujours un but criminel, et l'intention est toujours présumée coupable, à moins que le contraire ne soit manifestement établi par le prévenu lui-même.

4. Les attaques de ce genre sont collectives et non individuelles. Toutefois, elles peuvent comprendre et envelopper dans leur formule des individus déterminés, sans cesser d'être collectives. Dans ce dernier cas, au délit contre une ou plusieurs classes en général, peut se joindre une infraction au préjudice d'un ou de plusieurs individus en particulier. Chacune de ces infractions est alors caractérisée et régie par les règles qui lui sont propres, et qu'il faut bien se garder de confondre.

5. La Cour de cassation, dans un arrêt du 6 avril 1832, a dit avec raison que « ce délit n'a aucun rapport avec le délit de diffamation. (J. P. 3e édit.; D. P. 32. 1. 257.)

On dénaturerait le caractère du délit créé par la loi de 1822 en cherchant à assimiler ces deux genres d'infraction; car le caractère propre à la diffamation, à l'injure et à l'outrage, n'est pas ce qui constitue l'infraction prévue par l'art. 10 de la loi du 25 mars 1822. Ce serait donc se placer à un point de vue faux, que de prétendre que ce délit, pour exister, doit être une véritable offense, une injure, ou un outrage envers une classe de personnes.

6. D'après l'exposé des motifs de la loi présentée par M. de Serre, le sens que le législateur a attaché au mot *classes* indique une collection d'individus désignés soit par le lieu de leur origine, soit par leur religion ou par

(1) Article de M. Chassan, premier avocat-général à la cour royale de Rouen.

les opinions qu'on leur attribue, par le rang qu'ils occupent dans la société, par les fonctions qu'ils remplissent ou par la profession qu'ils exercent. Dans la discussion de la loi, il a été dit en outre qu'elle s'applique aux *nobles*, aux *prêtres*, aux *journalistes*, aux *boulangers*, aux *protestants*, aux *juifs*, aux *catholiques*, lorsque ces dénominations sont employées dans un but de désordre et de trouble, en excitant contre eux la haine ou le mépris des citoyens. On n'a pas oublié que la jurisprudence anglaise en a fait aussi l'application aux *juifs*. La jurisprudence française a fixé sur plusieurs points le sens de la loi. Elle l'a appliquée aux désignations de *riches*, *bourgeois*, *banquiers*, *capitalistes*, *fabricants*, *électeurs constitutionnels*, etc. (Cass., 27 fév. 1832. S.-V. 32. 1. 161; D. P. 32. 1. 93. — J. P. 3ᵉ éd.; Aix, ch. d'accus., 6 mai 1833, indiqué au t. 1, p. 317, de notre *Traité des délits de la par. et de la pr.* ; — Cass., 18 mars 1831. D. P. 31.1. 115; J. P. 3ᵉ édit. — Implicitement, Privas, tribunal correct., 24 déc. 1830, et Nîmes, 8 janv.1831, indiqués par M. Grattier. *Lois sur la presse*, t. 2, p. 96, nᵒ 2 ; — Cass. 2 oct. 1834. J. P. 3ᵉ éd.)

7. Après la mort du duc d'Orléans, le journal la *Gazette de France* avait dit, entre autres choses, dans un article : « Cent six mille censitaires payant 200 fr. d'impôt et n'ayant que huit à neuf cents francs de revenu peuvent-ils donner une base assez large et assez forte à une régence et à une minorité?... Les huit millions de contribuables semblent n'exister que pour donner leur argent au gouvernement, qui s'en sert pour agir sur ces *cent six mille électeurs nécessiteux, qui l'appuient dans tous ses actes, moyennant des bureaux de tabac et des places de commis.* » Poursuivi directement devant la cour d'assises de la Seine pour avoir, notamment dans ce passage, commis, entre autres délits, l'infraction prévue par l'art. 10 de la loi du 25 mars 1822, le gérant du journal a été reconnu par le jury coupable de ce délit, et condamné comme tel par la cour d'assises. ( V. la *Gaz. des Trib.* du 13 août 1842. )

8. Les attaques contre les membres de la chambre des pairs et ceux de la chambre des députés, pris collectivement, ne tombent point sous l'application de cette loi. Les attaques de ce genre s'adressent aux chambres, qui sont des pouvoirs de l'état, et constituent le délit d'offense envers elles, au lieu du délit d'excitation contre une classe de personnes.

(Cass., 13 janv. 1838, S.-V. 38. 1. 929; D. P. 38. 1. 438; J. P. 1838. 2. 494.)

9. Il en est de même des membres des cours et tribunaux, des corps constitués et des administrations publiques, lorsque l'infraction a un caractère déterminé et renferme une désignation spéciale. Mais si l'attaque est générale, par exemple, contre les *magistrats*, contre la *magistrature*, contre les *fonctionnaires*, les *administrateurs*, les *employés*, sans aucune indication spéciale pouvant s'appliquer à tel ou tel corps de la magistrature ou de l'administration de l'état, à un tribunal déterminé, à une administration particulière, on comprend très-bien que, dans ce cas, le délit, au lieu d'être une diffamation ou un outrage, ne soit pas autre chose qu'une excitation contre une ou plusieurs classes de personnes.

10. Les gardes nationales, l'armée de terre et de mer, le corps des officiers de la marine militaire, forment des classes de citoyens établies pour le maintien de l'ordre public, et non des corps constitués et délibérants; les attaques les concernant peuvent être considérées comme dirigées contre une classe de personnes. (Cass., 29 avr. 1831, S.-V. 31. 1. 303; D. P. 31. 1. 182. — Cass., 6 avr. 1832, J. P. 3ᵉ éd.; D. P. 32. 1. 257.)

Mais pour que l'infraction prenne cette qualification, il ne faut pas perdre de vue que le délit doit avoir un caractère de généralité qui embrasse les gardes nationales ou l'armée d'une manière collective, et en dehors de l'exercice de leurs fonctions d'agents de la force publique. Si les attaques sont dirigées, soit contre des gardes nationaux ou contre une garde nationale de service, ou à l'occasion du service, soit contre la partie d'une garde nationale, telle qu'une légion, contre un ou plusieurs régiments de la ligne, un bataillon, une compagnie, à raison des mêmes circonstances, le délit prend un autre caractère; on ne doit plus y voir le délit d'excitation contre une classe de personnes, mais celui de diffamation contre des agents de la force publique ou de l'autorité. (Cass., 5 août 1831, S.-V. 32. 1. 157; D. P. 31. 1. 295; J. P. 3ᵉ éd. — Mangin, *Act. pub.*, t. 1, p. 319.)

11. Il a été jugé par la Cour de cassation que la désignation générale de citoyens professant une même opinion politique et formant un parti sous le nom de *patriotes*, *libéraux*, *doctrinaires*, ne constitue pas une classe dans

le sens de l'art. 10 de la loi de 1822 (Cass., 29 mai 1834, S.-V. 34. 1. 399; D. P. 34. 1. 286; J. P. 3ᵉ éd. )

Cette décision, influencée peut-être par les circonstances particulières de l'espèce dans laquelle elle est intervenue, est formulée dans un sens trop absolu, et méconnaît, sous ce rapport, la lettre aussi bien que l'esprit de la loi. ( V. n° 6. )

12. Indépendamment de l'art. 10 de la loi du 25 mars 1822, les diverses classes de la société sont protégées contre les attaques dont elles peuvent être l'objet par l'art. 8 de la loi du 9 sept. 1835, qui statue que « toute provocation à la haine entre les diverses classes de la société sera punie des peines portées par l'art. 8 de la loi du 17 mai 1819, » c'est-à-dire d'un emprisonnement d'un mois à un an, et d'une amende de 16 fr. à 500 fr., avec faculté pour les tribunaux, selon les circonstances, d'élever les peines jusqu'au double du maximum.

Cette disposition fut introduite par un amendement de la commission de la chambre des députés. Le rapporteur, M. Sauzet, n'en fit point mention dans son rapport; mais, au moment du vote et en l'absence de M. Sauzet, M. de Salvandy, membre de la commission, dit : « Quant aux *classes*, il existe déjà un article dans la loi (1) qui défend d'exciter à la haine d'une classe de la société; mais la pénalité existante est plus grave que celle que nous proposons, et l'expérience nous a autorisés à craindre que de cette pénalité naquit l'impunité dont nous avons le scandale. » L'honorable orateur s'appliquait ensuite à justifier le mot *classes*.

13. Dans le texte de cet art. 8 de la loi de 1835, et dans les explications de M. de Salvandy, on a voulu voir une abrogation de l'art. 10 précité de la loi de 1822 : une pareille interprétation est loin d'être juridique.

Il n'est pas possible, en effet, de prétendre que l'abrogation soit expresse, car elle n'est pas dans les termes de la loi. L'abrogation, si elle existe, ne peut donc être qu'implicite. Or, d'une part, il est certain que l'art. 8 de la loi de 1835 laisse exister l'art. 10 de la loi de 1822, en ce qui concerne *l'excitation au mépris*; car la loi de 1835 ne parle que de la *provocation à la haine :* d'autre part, sur les

_____

(1) C'est sans doute à l'art. 10 de la loi de 1822 que M. de Salvandi a voulu faire allusion.

autres points de l'art. 10 de la loi de 1822, pour qu'une loi postérieure abroge sans le dire une loi antérieure, il faut que l'existence simultanée des deux lois soit inconciliable, ce qui n'a certainement pas lieu dans l'hypothèse actuelle. Les autres parties du délit prévu par la loi de 1822, à savoir le fait de *chercher à troubler la paix publique en excitant la haine des citoyens contre une ou plusieurs classes de personnes*, ne sont pas absolument identiquement les mêmes que le délit réprimé par la loi de 1835, lequel consiste simplement dans *toute provocation à la haine entre les diverses classes de la société*. Dans le premier cas, la provocation s'adresse aux *citoyens* contre une ou plusieurs classes; dans le second, la provocation a lieu *entre les diverses classes de la société*. A cette différence, qui résulte de la substance même de chaque infraction, il faut ajouter celle qui résulte aussi des moyens employés pour commettre l'une et l'autre. Le délit de la loi de 1822 n'existe qu'autant qu'il a été commis par l'un des moyens de publication énoncés en l'art. 1ᵉʳ de la loi du 17 mai 1819, moyens restreints, on le sait, qui n'embrassent pas toutes les éventualités; tandis que le délit introduit par la loi de 1835 embrasse toutes les hypothèses. Cette dernière loi punit *toute provocation*, quel que soit le moyen employé. On pourrait même dire que la publicité n'est pas de l'essence de ce nouveau délit, car la loi, du moins dans sa lettre, loin d'exiger cette condition, semble au contraire l'exclure. Mais, quoi qu'il en soit sur ce dernier point, toujours est-il que les moyens de commettre le délit sont restreints et définis dans un cas, généraux et indéfinis dans l'autre. Il faut donc conclure de tout cela que, soit dans leur nature, soit dans leurs conditions d'exécution, soit aussi dans leur pénalité, qui n'est pas tout à fait identique, quoiqu'elle diffère peu en réalité, les deux dispositions sont différentes. Or, si elles ne se confondent pas, elles ont l'une et l'autre une existence indépendante et simultanée.

Qu'importe après cela qu'un membre de la commission ait cru que l'art. 8 de la loi de 1835 était destiné à remplacer l'art. 10 de la loi de 1822 ? Ce n'est là qu'une opinion personnelle, un commentaire, propre sans doute aussi à être pris en considération, comme le serait l'opinion du rapporteur lui-même, quoique plus grave assurément. Mais on n'a jamais vu dans les documents de cette nature une de ces autorités décisives qui commandent la conviction, et qui doivent prévaloir sur le texte clair et positif de la loi. M. Parant a fort bien vu la difficulté. Il a cherché à la tourner (*Lois de la presse en 1834.* Suppl., p. 426 à 428). La sagacité de M. Rauter n'a pu s'y méprendre. Ce professeur, loin de s'étudier, comme M. Parant, à échafauder une abrogation que le texte des deux lois repousse, n'a pas hésité à déclarer que la loi de 1835 laisse exister en son entier l'art. 10 de la loi de 1822 (*Traité du Dr. crim. fr.*, t. 1, p. 569, n° 422 *bis*, note 1). C'est ce que nous avions aperçu nous-même avant de connaître l'opinion de MM. Parant et Rauter, et ce que nous avons enseigné après l'avoir connue (V. le t.1, p. 319 et suiv. de notre *Traité des Délits de la par. et de la pr.*). La réflexion et la pratique ultérieure des tribunaux n'ont fait que corroborer cette conviction.

En effet, dans une affaire jugée en 1838 par la cour d'assises de la Vendée, l'art. 10 de la loi de 1822, avec sa pénalité de *quinze jours* de prison, a été seul appliqué, et non l'art. 8 de la loi de 1835, dont le minimum, quant à l'emprisonnement, est *d'un mois*. (*Gaz. des Trib.*, 19-20 fév. 1838). Il résulte d'un arrêt rendu le 13 janv. 1838, par la Cour de cassation, que la chambre des mises en accusation de la cour de Poitiers, dans un arrêt du 24 av. 1837, avait appliqué l'art. 10 de ladite loi de 1822, et non l'art. 8 de celle de 1835, au fait d'excitation à la haine et au mépris des citoyens envers les membres de la chambre des députés. La Cour suprême a cassé cette décision, il est vrai; mais elle l'a cassée, non parce que la cour de Poitiers avait appliqué la loi de 1822 au lieu de celle de 1835, mais parce que cet article de la loi de 1822, comme on l'a déjà vu (n° 8), ne comprend pas les attaques dirigées contre les chambres. Ce qu'il y a de remarquable dans cet arrêt de la Cour de cassation, c'est que la Cour vise et transcrit en entier l'art. 10 de la loi de 1822, sans viser et sans énoncer même l'art. 8 de la loi de 1835, ce qui prouve évidemment qu'aux yeux de la Cour de cassation, l'art. 10 de la loi de 1822 est toujours en vigueur, non-seulement pour l'excitation au *mépris*, mais encore pour l'excitation à la *haine*; car si, sur ce dernier chef d'accusation, la Cour avait cru l'art. 10 de la loi de 1822 abrogé par l'art. 8 de la loi de 1835, elle n'eût pas manqué de viser aussi

cette dernière loi, ce qu'elle n'a point fait. (Arr. de cass., du 13 janvier 1838, déjà cité au n° 8.) S'il faut en croire aussi le compte rendu de la *Gazette des Tribunaux* dans l'affaire de la *Gazette de France*, dont il a été déjà parlé (n° 7), l'un des délits reprochés en 1842 à ce journal était celui que prévoit l'art. 10 de la loi de 1822, et non celui dont s'occupe la loi de 1835. « Le troisième délit, disait à l'audience M. le procureur général Hébert dans son réquisitoire, tombe sous l'application de la loi du 25 mars 1822; c'est celui d'accusation [lisez excitation] à la haine et au mépris d'une classe de citoyens..... » (*Gaz. des Trib.*, 13 août 1842.) Enfin, dans les poursuites intervenues depuis 1835, à raison des délits de ce genre, on n'a ni invoqué ni appliqué une seule fois, à notre connaissance, la loi de 1835, tandis que l'art. 10 de celle de 1822 est toujours vivant aux yeux des tribunaux, et ne cesse pas d'être exécuté dans la pratique. C'est qu'en effet, il faut bien le dire, la disposition introduite à cet égard par la commission de la chambre des députés dans la loi de 1835, était étrangère aux vœux du pays et aux nécessités des circonstances. Aussi cette disposition est-elle une véritable lettre morte dans notre législation, où elle est entrée sans prendre la place d'aucune loi antérieure, et en respectant comme un droit acquis l'existence incontestée jusque-là de l'art. 10 de la loi de 1822.

Il faut donc tenir pour constant, en point de doctrine, que l'art. 8 de la loi de 1835 a laissé exister dans toutes ses dispositions l'art. 10 de celle de 1822. La pratique, au surplus, est fort peu intéressée dans cette discussion.

14. La répression des délits dont il s'agit dans les deux articles précités peut être poursuivie d'office, sans une provocation, une plainte ou une autorisation préalables; car il n'y a que les délits de diffamation, d'injure, d'outrage ou d'offense qui, dans certains cas, aient besoin, pour pouvoir être poursuivis par le ministère public, d'une autorisation ou d'une plainte de la part des personnes ou des autorités attaquées. (V. l'arrêt de la Cour de cass., du 29 avril 1831, déjà cité n° 10, et Mangin, *Act. pub.*, t. 1, p. 318, n° 151.)

15. Les attaques de ce genre contre les classes de citoyens sont de la compétence de la cour d'assises, à l'exclusion des tribunaux correctionnels, quel que soit le moyen par lequel elles ont été commises, fût-ce même ver-

balement. Les seules infractions laissées aux tribunaux correctionnels, par l'art. 14 de la loi du 17 mai 1819 et par l'art. 2 de celle du 8 oct. 1830, sont les délits de diffamation et d'injure, auxquels la jurisprudence a ajouté le délit d'outrage. Or, on a vu (n° 5) que les infractions du genre de celles dont on s'occupe ici ne doivent être assimilées ni à la diffamation, ni à l'injure, ni à l'outrage. Les infractions prévues par les art. 10 et 8 des lois de 1822 et 1835, ont d'ailleurs un caractère politique ou social qui les fait tomber forcément sous la juridiction toute politique du jury.

16. On peut demander si le prévenu peut être admis à faire, devant la cour d'assises, la preuve de la vérité des faits constitutifs du délit d'excitation contre une classe de personnes. La Cour de cassation, par l'arrêt déjà cité, du 6 avril 1832 (V. n° 10), a jugé, conformément aux conclusions de M. Dupin, que cette preuve n'est pas admissible. Elle a cassé avec raison un arrêt de la cour d'assises de la Vienne, qui avait autorisé cette preuve en permettant au prévenu de faire entendre des témoins sur les imputations dirigées contre les troupes alors en garnison dans la Vendée. Pour qu'il fût possible de faire la preuve dans la poursuite d'une attaque contre les classes de la société, il faudrait en effet que ces classes eussent la faculté et la possibilité de faire la preuve contraire. Or ces classes ne sont pas parties au procès qui se poursuit sans leur participation ni leur plainte. L'art. 20 de la loi du 26 mai 1819 ne s'applique qu'aux délits de diffamation et d'outrage, lesquels n'ont rien de commun avec le délit d'excitation contre les classes de la société.

CHASSAN.

CLAUSE. 1. — On entend par le mot *clause* une disposition particulière, dérogatoire, exceptionnelle, explicative, insérée dans un testament, une donation, un contrat, un traité diplomatique, enfin tout acte public ou privé.

L'art. 1134 du Code civil, qui établit la règle générale à laquelle on doit se référer dans l'interprétation des conventions, régit également les *clauses*.

Les clauses légalement consenties tiennent lieu de loi aux parties; elles ne peuvent être révoquées que de leur consentement mutuel : enfin elles doivent être exécutées de bonne foi. Le législateur a innové sur ce point d'une manière utile, en repoussant les anciennes subtilités empruntées sans motif au droit romain. Les parties deviennent, par rapport aux intérêts qui les mettent en présence, pouvoir législatif, et ne reçoivent d'autres entraves que celles que la loi a mises, le plus rarement possible, à l'abus qui pourrait résulter de ce droit exorbitant (art. 1865, 1869, 1871). En même temps, et par suite de cette nouvelle manière d'envisager les contrats, s'est trouvée abrogée cette ancienne division du Droit romain en contrats de bonne foi (*bonæ fidei*), et contrats de droit strict (*stricti juris*), étendue aux clauses par nos jurisconsultes, et source inépuisable de contestations judiciaires. — V. Conventions.

2. Il faut, en outre des art. 1134 et 1135, appliquer aux clauses comme aux conventions la règle exprimée en l'art. 1172, et dire : Toute clause impossible, contraire aux bonnes mœurs, ou prohibée par la loi, est nulle et rend nulle la convention qui en dépend.

Toutefois, s'il s'agissait d'un testament ou d'une donation, la règle de l'art. 1172 serait modifiée par l'art. 900. La clause, dans ces cas, serait réputée seulement non écrite. (V. le décret du 5 sept. 1791, et la loi de nivôse an XI, art. 12.) — V. Donation, Testament.

3. Dans la pratique, on confond souvent les *conditions* d'une convention avec ses *clauses*, en employant indifféremment ces deux expressions l'une pour l'autre; cependant elles ne sont point synonymes, et il existe entre elles de notables différences. Le mot *clause* a une signification plus générale que le mot *condition:* une condition est toujours une clause, mais une clause n'est pas toujours une condition. La condition est la cause finale et déterminante de la convention; aussi a-t-elle toujours pour effet de la suspendre ou de la résoudre : mais la clause peut n'avoir pour objet que d'imposer aux contractants certaines charges accessoires qui modifient la convention principale, sans cependant la suspendre ni la résoudre. Ainsi, par exemple, je m'oblige à vous payer une somme de 10,000 fr., à la condition que vous remettrez 2,000 fr. à un tiers. La convention principale consiste dans l'obligation de payer la somme de 10,000 fr., et la condition de remettre 2,000 fr. à un tiers forme une clause accessoire, qui modifie la convention principale; mais cette clause, malgré ces mots, *à la condition que vous remettrez*, n'est pas conditionnelle, **en ce sens que**

l'obligation de la somme de 10,000 fr. n'est pas subordonnée au paiement que vous devez faire à un tiers ; l'obligation principale n'est ni suspendue, ni résoluble dans le cas où le paiement de 2,000 fr. ne serait pas fait au tiers ; je devrai toujours payer la somme de 10,000 fr., et le tiers n'aura qu'une action contre vous pour vous forcer au paiement de la somme de 2,000 fr. Il en serait autrement si je ne m'étais obligé à vous payer la somme de 10,000 fr. que lorsque vous auriez remis 2,000 fr. à un tiers ; dans ce cas alors, la clause qui vous obligerait à la remise des 2,000 fr. serait véritablement conditionnelle, puisqu'elle suspendrait l'obligation principale en subordonnant mon obligation de 10,000 fr. au paiement que vous feriez des 2,000 fr.

Cette distinction entre la clause et la condition, le Code n'a pas manqué de la faire ; ainsi, lorsqu'au titre des contrats ou obligations conventionnelles, il trace les règles générales pour l'interprétation des conventions, il ne se sert point du mot *condition*, mais bien de celui de *clause*, parce que, en effet, ce dernier exprime quelque chose de plus général que le premier (1157, 1160, 1161 C. civ.). Et plus loin, lorsqu'au chap. 4 du même titre, il s'occupe des diverses espèces d'obligations, il distingue les obligations conditionnelles des obligations avec clauses pénales, et il a bien soin de ne point employer le mot *clause*, lorsqu'il parle des obligations conditionnelles, ni le mot *condition*, lorsqu'il parle de la clause pénale (1168 et 1226 C. civ.).

4. On emploie aussi quelquefois le mot *convention* pour signifier clause ; ainsi, on dit les conventions particulières d'un acte pour dire les clauses d'un acte, parce qu'en effet une clause n'est autre chose qu'une convention particulière qui vient modifier la convention principale, soit en la précisant, soit en la restreignant ou l'augmentant. Cependant le mot *convention* a une signification plus étendue que celui de *clause*. Une convention peut renfermer plusieurs clauses, tandis qu'une clause n'est qu'une partie, qu'un accessoire de la convention, et c'est dans ce sens que le Code a dit ( 1161 C. civ. ) : les clauses des conventions s'interprètent les unes par les autres.— V. Conventions.

CLAUSE AMBIGUE. — V. Clause obscure ou ambiguë.

CLAUSE CODICILLAIRE. On appelait ainsi, sous l'ancienne loi, la déclaration faite par le testateur, dans un acte de dernière volonté, que, si cet acte était nul comme *testament*, il fût valable comme *codicille*.

L'usage des clauses codicillaires se référait, chez les Romains, aux dispositions particulières qui régissaient les testaments. Outre les formalités nombreuses à remplir et dont la plus insignifiante omission annulait un testament, les Romains avaient à se préoccuper de circonstances qui, indépendantes de leur volonté et même ignorées, pouvaient entraîner la nullité d'un testament régulier dans la forme. — V. Codicille.

La clause codicillaire pouvait parer à ces dangers ; en effet, autant les Romains étaient sévères pour les testaments, autant ils se montraient faciles pour les codicilles, qui n'étaient soumis à aucune formalité particulière. Or, quand un testateur craignait que son testament ne fût annulé à cause de l'omission d'une des conditions requises par la loi, il y insérait la clause codicillaire afin d'en assurer l'exécution. ( l. 41, § 3, ff. *De vulgari substitutione.* )

L'usage des clauses codicillaires s'était introduit avec le droit romain dans les pays de droit écrit ; mais dans les pays coutumiers, où on ne faisait aucune différence entre le testament et le codicille, les clauses codicillaires étaient sans objet.

Depuis la promulgation du Code civil, la clause codicillaire est devenue sans utilité ; les testaments et les codicilles sont aujourd'hui soumis aux mêmes formalités, et les actes de dernière volonté sont toujours valables, quelle que soit la dénomination que leur a donnée le testateur, et alors même qu'il ne leur en aurait donné aucune. Il suffit qu'on y trouve une disposition quelconque, dont l'exécution ne doive avoir lieu qu'après la mort du testateur.

CLAUSE COMMINATOIRE. — V. Comminatoire.

CLAUSE DE CONSTITUT, DE PRÉCAIRE ET DE DESSAISINE. « La clause de *constitut*, dit Pothier, est une clause qu'on met dans un contrat de donation ou de vente, ou dans quelque autre espèce de contrat, par laquelle le vendeur ou le donateur, en continuant de retenir par devers lui la chose vendue ou donnée, déclare qu'il entend désormais ne la tenir que pour et au nom de l'acheteur ou du donataire.

» Par cette clause, le vendeur ou donateur est censé faire la tradition de la chose à l'acheteur ou donataire, qui est censé prendre possession de la chose par la personne du vendeur ou donateur, par la déclaration que fait le vendeur ou donateur qu'il possède désormais au nom de l'acheteur. » ( Pothier, *Traité du droit de propriété*, n° 208.) Denisart s'explique sur ce point à peu près dans les mêmes termes que Pothier : « La clause de constitut, dit-il, produit deux effets : l'un, de faire en sorte que le donateur ou le vendeur jouisse de l'emprunt qu'il s'est réservé ; l'autre, de transférer en la personne du donataire ou de l'acquéreur une possession feinte, par le moyen de laquelle il acquiert la possession civile, qui produit le même effet que la possession réelle et actuelle. »

Cette clause était fréquente dans la plupart de nos coutumes (*Meaux*, chap. 3, art. 13 ; *Sens*, art. 230 ), et nous devons, en passant, faire remarquer que la maxime de la coutume de Paris, *donner et retenir ne vaut* (art. 273), fléchirait devant la clause de constitut.

Comme l'on voit, la clause de constitut avait pour but d'échapper aux règles sévères de l'ancien droit sur la *tradition*. Aujourd'hui la tradition n'étant plus nécessaire, sous l'empire du Code civil, pour transférer la propriété, la clause de constitut est tombée en désuétude.

On appelait clause de *précaire*, « celle par laquelle le vendeur ou le donateur déclarait qu'il n'entend plus tenir la chose donnée ou vendue que précairement de l'acheteur ou donataire. » (Pothier, *Traité du droit de propriété*, n°s 208 et 209. )

La clause de *dessaisine* était celle par laquelle le vendeur ou donateur déclarait qu'il se dessaisissait de l'héritage, et qu'il en saisissait l'acheteur ou donataire. Cette clause, qui avait été introduite par la coutume d'Orléans, « équipollait, aux termes de l'art. 278 de cette coutume, à tradition de fait et possession prinse de la chose, sans qu'il fût requis autre appréhension. » Mais pour que cette clause fût valable, il fallait 1° qu'elle fût insérée dans un acte reçu devant notaires ; 2° que le vendeur ou donateur fût réellement propriétaire ; 3° et que, depuis l'acte, le vendeur ou donateur n'en fût plus demeuré en possession. (Pothier, *Ibid.*, n° 213.)

L'objet de ces clauses était de remplacer, par une tradition feinte, la tradition réelle dans les pays où cette dernière était nécessaire pour la validité des contrats translatifs de propriété ; elles en produisaient tous les effets.

Il n'était pas toujours nécessaire que ces clauses fussent expresses pour opérer la tradition des héritages. Ainsi, la tradition feinte résultait suffisamment de la clause par laquelle le vendeur ou le donateur avait déclaré qu'il retenait l'usufruit de la chose vendue ou donnée, qu'il la prenait à loyer ou à ferme de l'acquéreur ou donataire, ou bien encore qu'il la tenait à titre de prêt ou de dépôt.

**CLAUSE DÉROGATOIRE.** On appelle ainsi toute clause qui a pour objet d'apporter quelque changement ou modification à une convention.

On donnait aussi ce nom, sous notre ancienne jurisprudence, dit Denizart, à certains mots ou sentences insérés dans les testaments par ceux qui craignaient que, dans la suite, ils ne se trouvassent obligés à faire, contre leur gré, de nouvelles dispositions, avec déclaration par le testateur que tous les testaments où ces clauses ne se trouveraient pas, seraient de nul effet.

C'était un moyen de venir au secours des esprits faibles et de paralyser l'effet des suggestions auxquelles les testateurs pouvaient être en butte. Ainsi, quand un testateur craignait de se voir forcé, plus tard, de révoquer son testament par suite des sollicitations de quelque parent ou ami, qui convoitait sa succession, il insérait dans ce testament une formule quelconque, comme celles - ci , par exemple : *Ora pro nobis, ave Maria*, etc., et déclarait que les testaments ultérieurs dans lesquels cette formule ne se trouverait pas reproduite devaient être considérés comme nuls. De cette façon, il pouvait, sans compromettre le sort de son premier testament, consentir toutes les révocations qui lui étaient demandées, pourvu qu'elles ne continssent pas la clause dérogatoire insérée dans le premier.

Mais souvent cette précaution tournait contre les testateurs eux-mêmes qui l'avaient employée. En effet, il arrivait quelquefois que celui qui voulait révoquer un testament par un autre, ne se souvenait plus de la clause dérogatoire qu'il avait insérée dans le premier, et sa volonté se trouvait ainsi enchaînée malgré lui. Aussi les anciens jurisconsultes avaient-ils toujours blâmé l'usage des clauses dérogatoires comme contraires aux principes du droit, en matière de testament, qui veulent que la volonté du testateur soit toujours libre, non-seulement au moment de la confection du testament, mais que cette liberté de volonté se continue jusqu'au jour du décès.

Pour obvier à cet inconvénient, les tribunaux avaient fini par ne plus exiger, pour la validité des testaments postérieurs, le rappel des termes mêmes de la clause dérogatoire, et ils maintenaient ou annulaient ces testaments, d'après l'intention première des testateurs. A cet effet, on distinguait trois sortes de révocations : 1° la révocation générale, par laquelle le testateur déclarait révoquer tous ses testaments antérieurs, nonosbtant la clause dérogatoire qu'ils pourraient contenir et qu'il spécifierait s'il pouvait s'en souvenir. La révocation générale était insuffisante et ne pouvait produire d'effet qu'en faveur des enfants du testateur, dans le cas où il les instituait dans son dernier testament ; 2° la révocation spéciale par laquelle le testateur rappelait la substance de la clause dérogatoire sans en énoncer les termes, ou même ne la rappelait pas, et se contentait de dire qu'il en énoncerait les termes, s'il s'en souvenait ( V. en ce sens un arrêt du parlement de Bordeaux , du 18 décembre 1680 , rapporté par Merlin dans son *Répertoire* , v° Clause dérogatoire ); 3° enfin , la clause individuelle par laquelle le testateur rappelait dans son dernier testament les termes mêmes de la clause dérogatoire insérée dans son testament antérieur. Cette révocation était indispensable quand le testateur voulait annuler un testament antérieur fait au profit de ses propres enfants, et contenant une clause dérogatoire. C'était une source intarissable de procès ; aussi l'usage des clauses dérogatoires fut-il aboli par l'art. 76 de l'ordonn. du mois d'août 1735.

## CLAUSE DE DESSAISINE. — V. Clause de constitut.

## CLAUSE DE PRÉCAIRE. — V. Clause de constitut.

## CLAUSE IRRITANTE. (*Irritus*, annulé.)
On désigne ainsi, soit une clause insérée dans une convention, soit une disposition formelle de la loi , dont l'effet est d'annuler tout ce qui lui est contraire , ou même tout ce qui ne lui est pas conforme.

De là deux sortes de clauses irritantes :

les unes *impératives*, les autres *prohibitives*.

Les clauses irritantes sont nombreuses dans le Code de procédure. — Notre Code civil en offre un exemple remarquable à l'art. 1912, qui porte que : le débiteur d'une rente constituée en perpétuel peut être contraint au rachat, 1° s'il cesse de remplir ses obligations pendant deux années ; 2° s'il manque à fournir au préteur les sûretés promises par le contrat. — V. Rente.

## CLAUSE OBSCURE ou AMBIGUE.
C'est celle dans laquelle il existe un vice qui la rend susceptible de deux ou de plusieurs sens.

1. Le moyen le plus sûr de fixer le véritable sens d'une clause obscure ou ambiguë qui existe dans un acte , c'est de s'attacher à la possession , à l'interprétation que les parties ont faites elles-mêmes de l'acte , par la manière dont elles l'ont exécuté : *talis enim*, dit Dumoulin , *præsumitur præcessisse titulus, qualis apparet usus et possessio.* C'est en effet la révélation de la commune intention des parties contractantes , faite par les parties elles-mêmes, et c'est par cette commune intention, bien plutôt que par le sens grammatical des termes, que les actes doivent s'interpréter : *In conventionibus contrahentium voluntatem potiùsquam verba spectari placuit.* ( l. 219. ff. *De verb. signif.*; art. 1156 C. civ.)

2. Lorsqu'une clause est susceptible de deux sens, on doit plutôt l'entendre dans celui avec lequel elle peut avoir quelque effet, que dans le sens avec lequel elle n'en peut avoir aucun. ( Art. 1157 C. civ. ) *Quoties in stipulationibus ambigua oratio est, commodissimum est id accipi, quo res, de quâ agitur, in tuto sit.* (l. 80. ff. *De verb. oblig.* ) Cette règle s'applique aux testaments ainsi qu'aux conventions.

3. Les termes susceptibles de deux sens doivent être pris dans celui qui appartient le plus à la matière du contrat. ( Art. 1158 C. civ. )

4. Ce qui est ambigu s'interprète par ce qui est d'usage dans le pays. (Art. 1159 C. civ.) .... *Si non appareat quid actum est , erit consequens ut id sequamur quod in regione, in quâ actum est, frequentatur.* ( l. 34. ff. *De regulis juris.* )

5. Dans le doute , les conventions s'interprètent contre celui qui a stipulé et en faveur de celui qui a contracté l'obligation. ( Art. 1162 C. civ. ) *In stipulationibus, cùm quæri-*

*tur quid actum sit, verba contrà stipulatorem interpretanda sunt.* (l. 38, § 18, ff. *De verb. obl.*) Le créancier doit s'imputer de ne [pas s'être mieux expliqué ; d'où il suit qu'on doit restreindre l'obligation au sens qui la diminue, car celui qui s'oblige ne veut que le moins, et l'autre] a dû faire expliquer clairement ce qu'il prétendait : *Quidquid astringendæ obligationis est, id nisi palàm verbis exprimitur, omissum intelligendum est ; ac ferè secundum promissorem interpretamur, quia stipulatori liberum fuit verba latè concipere.* (l. 99. ff. *De verb. oblig.*)

Quelque raisonnable que soit la règle précédente, dit Toullier ( t. 6 , n° 324 ), elle est sujette à une foule d'exceptions ; la moindre circonstance peut en écarter l'application. Il y a exception toutes les fois que celui qui s'oblige était tenu de s'expliquer plus clairement: en ne le faisant pas, il commet au moins une faute , quelquefois un dol , dont la suite ne doit préjudicier qu'à lui seul. Une des règles d'interprétation les plus fréquentes et les plus certaines, c'est d'expliquer les doutes et les obscurités contre celui qui les a fait naître ou laissé subsister , contre celui qui devait et pouvait les dissiper. ( Cujas, sur la loi 39, ff. *De pactis*; livr. 5, *des questions de Papinien.*)

C'est pour cela que, par une exception à l'art. 1162 , tout pacte obscur ou ambigu s'interprète contre le vendeur, parce qu'il est tenu d'expliquer clairement ce à quoi il s'oblige. (Art. 1602 C. civ. ; — l. 39, ff. *De pactis*; l. 21. ff. *De contrah. empt.*) Si le vendeur s'explique d'une manière obscure ou ambiguë , il trompe l'acheteur ; son silence même ou sa dissimulation est un dol dont il doit répondre; c'est au moins une faute ou une négligence qui ne doit préjudicier qu'à lui seul; le doute doit s'interpréter contre lui : *Dolum malum à se abesse præstare venditor debet : Quia non tantùm in eo est qui fallendi causâ obscurè loquitur , sed etiam qui insidiosè , obscurè dissimulat.* (l. 43, § 2. ff. *De contrah. empt.* )

Toullier , *loco citato* , fait observer avec beaucoup de raison que la règle « que les pactes obscurs s'interprètent contre le vendeur » perd sa force , s'il est vraisemblable que l'intention des contractants était contraire à cette interprétation , ou plutôt, la règle est subordonnée à une autre règle : c'est que dans les clauses obscures , il faut considérer ce qui est le plus vraisemblable ou ce qui se

fait ordinairement : *In obscuris inspici solet quod verisimilius est , aut quod plerumque fieri solet.* (l. 114. ff. *De reg. jur.*)

6. Nous n'avons fait qu'indiquer ici quelques-unes des règles qui doivent servir à l'interprétation des clauses obscures ou ambiguës; quant aux développements que comportent les propositions que nous avons posées, ainsi que les questions d'application qu'elles peuvent soulever, elles sont examinées et discutées avec toutes les règles d'interprétation des conventions sous les mots Contrats, Conventions, Obligations. V. ces mots.

Nous devons toutefois faire observer ici que la règle à suivre pour l'interprétation des actes de dernière volonté est moins rigoureuse que celles relatives aux actes entre vifs. En effet, le testateur court le risque de n'être pas compris ou de l'être mal ; mais il ne trompe personne. C'est par cette seule raison que les lois se montrent plus indulgentes et qu'elles établissent pour maxime qu'il faut interpréter les testaments plus pleinement que les conventions , c'est-à-dire qu'il ne faut rien retrancher à cause de l'obscurité des dispositions; on doit au contraire chercher à les expliquer dans toute leur étendue, de manière qu'elles aient une pleine et entière exécution, sans rien abandonner de ce qui paraît obscur. Au surplus, V. Testament.

CLAUSE PÉNALE (OBLIGATION AVEC). — 1. « La clause pénale, dit l'art. 1226 du Code civil, est celle par laquelle une personne, pour assurer l'exécution d'une convention, s'engage à quelque chose en cas d'inexécution.» C'est la reproduction, d'une manière peut-être moins nette, de la définition donnée par Pothier (*Des oblig.*, n° 337), d'après laquelle « l'obligation pénale est celle qui naît de la clause d'une convention par laquelle une personne, pour assurer l'exécution d'un premier engagement, s'engage, par forme de peine, à quelque chose, en cas d'inexécution de cet engagement. »

Ainsi, par exemple, si vous m'avez prêté, pour faire un voyage, un cheval que je me suis obligé de vous rendre sain et sauf, et de vous payer 500 fr. si je ne vous le rendais pas sain et sauf, cette obligation que je contracte de vous payer 500 fr. au cas que je ne vous rende pas le cheval sain et sauf, est une obligation pénale.

L'objet de la clause pénale est donc toujours d'assurer l'exécution d'une première obligation, par la crainte de la peine qu'encourrait le débiteur en cas d'inexécution.

2. En général, la peine stipulée consiste en une somme d'argent; mais rien ne s'oppose à ce qu'elle consiste en toute autre chose, et même en une chose indivisible; cela s'induit des termes même de l'art. 1226, d'après lequel la clause pénale est celle par laquelle une personne s'engage *à quelque chose*, en cas d'inexécution de la convention qu'il a passée : comme aussi la clause pénale est le plus ordinairement stipulée dans une obligation de faire ou de ne pas faire; ce qui ne fait pas qu'elle ne soit parfaitement compatible avec l'obligation de donner.

Nous apprécierons, dans un premier article, la nature et les caractères de la clause pénale, et nous déterminerons en quoi elle diffère des obligations alternative, conditionnelle et facultative.

Nous traiterons des effets de la clause pénale, entre les parties, dans un second article, qui comprendra quatre paragraphes ou les quatre règles principales spécialement formulées par le Code civil.

Enfin nous traiterons, dans un troisième et dernier article, des effets de la clause pénale à l'égard des héritiers du débiteur et des héritiers du créancier.

ART. 1er. — *Nature et caractère de la clause pénale.*
ART. 2. — *Des effets de la clause pénale entre les parties.*
§ 1er. — *La nullité de l'obligation principale entraîne la nullité de la clause pénale; mais la nullité de la clause pénale n'entraîne point la nullité de l'obligation principale.* ( Code civ., art. 1227. )
§ 2. — *La peine n'est encourue que lorsque le débiteur est en demeure de maintenir son obligation.* ( Code civ. 1230. )
§ 3. — *Le créancier, au lieu de demander la peine stipulée contre le débiteur qui est en demeure, peut poursuivre l'exécution de l'obligation principale.* (C. civ., art. 1228.)
§ 4. — *La clause pénale est la compensation des dommages-intérêts que le créancier souffre de l'inexécution de l'obligation principale.* ( Code civ., art. 1229. )
ART. 3. — *Effets de la clause pénale à l'égard des héritiers du débiteur et des héritiers du créancier.*

ART. 1er. — *Nature et caractère de la clause pénale.*

3. L'obligation pénale, ainsi que cela résulte de la définition de Pothier et de celle qu'en a donné le Code civil, art. 1226, est une obligation secondaire, conditionnelle de sa nature, parce que la peine n'est due que dans le cas où il y aurait inexécution de l'obligation principale qu'elle a pour objet de garantir. Elle suppose nécessairement deux promesses et deux obligations; ainsi dans l'exemple que nous avons indiqué plus haut, on voit nettement les deux promesses distinctes, et par conséquent les deux obligations : l'une de rendre sain et sauf le cheval que vous m'avez prêté; l'autre de payer 500 fr. si je ne rends pas ce cheval sain et sauf : la première, principale, pure et simple; la deuxième, secondaire et conditionnelle.

4. De ces deux obligations, la première est actuelle, à moins que l'exigibilité en soit différée par la stipulation d'un terme; mais, en tout état de cause, elle est irrévocable. La seconde, au contraire, n'est qu'éventuelle; elle ne deviendra parfaite et actuelle que si je ne rends pas le cheval sain et sauf, après avoir été constitué en demeure de le rendre; et elle sera complétement anéantie, ou plutôt elle sera comme si elle n'eût jamais existé, dans le cas où l'événement de la condition n'arriverait pas, c'est-à-dire si je rends le cheval sain et sauf, ainsi que je m'y étais principalement obligé.

5. Remarquons, au surplus, que l'obligation secondaire devenue parfaite et actuelle par l'événement de la condition, n'a pas pour effet d'anéantir l'obligation primitive et principale; elles subsistent toutes les deux, et le débiteur ne pourrait pas, en payant la peine, se dégager de l'obligation principale. Celle-ci ne doit recevoir aucune atteinte de l'obligation secondaire; autrement, ainsi que le dit M. Duranton, t. 11, n° 321, la clause pénale, loin d'être stipulée pour assurer l'exécution de l'obligation principale, serait convenue au contraire pour en prévenir l'accomplissement, ou pour en tenir lieu, ce qui n'est pas en droit. Toutefois, et bien que les deux obligations existent ensemble, le créancier ne saurait les exiger toutes deux; il faut qu'il choisisse entre l'une et l'autre, ainsi que nous l'expliquerons à l'article suivant, à moins que la peine n'ait été stipulée pour le simple re-

tard, ou qu'il ait été convenu qu'elle serait exigible sans préjudice de l'obligation primitive, *rato manente pacto.*

6. Par tout ce qui précède, on voit que les obligations avec clause pénale ont, sur quelques points, quelque chose de la nature des obligations alternatives et conditionnelles. Mais il y a aussi sur d'autres points, quant à la forme et quant au fond, entre ces diverses obligations, des différences marquées dont l'indication peut éclairer la matière.

7. Quant à la forme, ces différences seront rendues saisissantes au moyen d'un exemple que nous empruntons à Toullier :

« Je promets d'abattre un bois qui vous gêne, ou de vous donner deux mille francs. » Voilà une obligation alternative.

« Si je n'abats point le bois qui vous gêne, je vous donnerai deux mille francs. » Voilà une obligation conditionnelle.

« Je promets d'abattre un bois qui vous gêne, et si je ne l'abats point, je vous donnerai deux mille francs. » Voilà une obligation avec clause pénale.

8. Dans le premier cas, je devrai nécessairement donner l'une ou l'autre des deux choses promises. Je n'ai point contracté deux obligations, car si j'en avais contracté deux, je ne serais libéré que par l'exécution des deux, puisque toutes deux seraient également principales. Il n'y a qu'une obligation qui comprend deux objets entre lesquels, moi débiteur, j'ai le choix de droit, et dont un seul suffit à ma libération. (C. civ. 1189, 1190.) Dans le cas de la convention pénale, au contraire, j'ai contracté bien véritablement deux obligations. Seulement, comme l'une n'est que secondaire relativement à l'autre, le créancier ne peut, pas plus que dans le cas d'une obligation alternative, exiger les deux à la fois, à moins que la peine n'ait été stipulée pour simple retard, ainsi que nous l'avons déjà dit. Mais, à la différence de ce qui aurait lieu dans le cas de l'obligation alternative, je ne puis offrir celle des deux choses promises qu'il me plaît de choisir ; le créancier à qui j'offrirais la seconde, peut me poursuivre en exécution de la première tant que cette exécution est possible (1228).

9. Ce qui établit la différence entre l'obligation conditionnelle et la convention pénale, c'est que la première ne contient, comme l'obligation alternative, qu'*une seule* obligation ; et, en outre, que cette obligation ne

devra s'exécuter qu'autant que la condition prévue viendra à se réaliser, tandis que l'obligation avec clause pénale est, dès le principe, pure, simple, et confère un droit certain, incontestable. C'est ce que rendent très-sensible les deux exemples cités ci-dessus. Dans celui où je me suis obligé à abattre le bois qui vous gênait, et si je ne l'abattais point, à vous payer 2,000 fr., il est clair que vous pourrez me demander soit que j'abatte mon bois, soit que je paie les 2,000 fr. ; il faudra nécessairement que je fasse l'une des deux choses que j'ai promises ; tandis que dans le cas de l'obligation conditionnelle, il est certain, d'une part, que je ne suis point obligé à abattre le bois, et, d'autre part, il est tout aussi certain que je ne me suis obligé à vous payer 2,000 fr. qu'autant que je n'abattrais point le bois ; de telle sorte que, si j'abats le bois, toute obligation de ma part s'évanouit nécessairement.

10. Les différences qui existent entre les obligations alternatives ou conditionnelles et les obligations avec clause pénale ne sont pas seulement nominales ; au fond, elles produisent dans la pratique des effets importants que nous allons signaler :

1° Dans l'obligation conditionnelle, la condition qui y est apposée, si elle est impossible, contraire aux bonnes mœurs ou à l'ordre public, est nulle et rend nulle l'obligation qui en dépend (1172) ; tandis que, dans les obligations avec clause pénale, la clause peut être nulle sans affecter l'obligation principale, ainsi que nous l'expliquerons ci-après (n° 30).

2° Dans le cas d'une obligation avec clause pénale, la peine n'est point encourue si le débiteur a des excuses légitimes pour ne pas accomplir l'obligation primitive, dont l'inexécution était la condition de l'obligation secondaire. Ainsi, lorsque je me suis obligé d'abattre mon bois, et dans le cas où je ne le ferais pas, de vous payer 2,000 fr., si je prouve que, par maladie ou autrement, j'ai été empêché d'abattre le bois avant votre mise en demeure, les 2,000 fr. ne vous seront pas acquis, parce qu'ils n'ont été stipulés que pour me punir de ma négligence à exécuter l'obligation principale, et que ce n'est point par suite de ma négligence, mais bien par suite de ma maladie, que l'exécution n'a pas eu lieu. Si, au contraire, j'ai dit : Si je n'abats point mon bois, je vous donnerai 2,000 fr. ; je vous devrai les 2,000 fr., par cela seul qu'au terme indiqué le bois n'aura pas été abattu, qu'il y ait eu ou non possibilité pour moi de l'abattre; parce que le fait d'abattre le bois ne faisait point partie de l'obligation que je m'étais imposée, et qu'il ne constituait qu'un moyen de me dispenser de payer les 2,000 fr.

3° Une troisième différence est signalée par Toullier entre les effets de l'obligation avec clause pénale et ceux de l'obligation conditionnelle. C'est que celle-ci ne commence que par la condition, *incipit à conditione*; qu'elle ne prend naissance que par l'événement. Le créancier ne peut donc pas agir avant que l'événement se soit accompli.

Au contraire, l'obligation avec clause pénale est exigible de suite, à moins qu'un terme n'ait été stipulé pour l'exécution de l'obligation principale et primitive.

Ainsi, si je dis : « Je m'oblige à vous donner 2,000 fr., si je n'abats point mon bois ; » comme il n'y a point de terme fixé, vous serez contraint d'attendre toute ma vie, si je le veux, pour que l'abattis du bois ou le paiement des 2,000 fr. ait lieu. Tandis que, si je m'oblige en ces termes : « Je vous promets d'abattre mon bois, et si je ne l'abats point, je vous donnerai 2,000 fr., » vous pourrez me contraindre de suite à abattre le bois ou à payer la somme en question.

11. Il en serait ainsi, comme le fait très-bien remarquer Toullier, alors même qu'un terme aurait été apposé à l'obligation secondaire, si d'ailleurs il n'en avait été stipulé aucun pour l'obligation primitive. Ainsi, par exemple, lorsque j'ai promis d'abattre le bois qui vous gêne, et si je ne l'abats pas dans deux ans, de vous payer 600 fr., le créancier pourra exiger de suite l'abattis du bois, car aucun terme n'a été fixé à cette obligation principale, qui est dès lors pure et simple, et par conséquent exigible sans délai. Le créancier renoncerait par là à la peine de 600 fr. qui ne peut être encourue qu'à l'expiration de deux années, et le débiteur serait mal fondé à prétendre qu'il lui est accordé un délai de deux ans pour abattre le bois, car ce délai n'aurait été accordé que pour le dispenser de payer la peine stipulée avant l'expiration des deux ans, et non pour le dispenser pendant deux ans d'abattre le bois.

12. Au surplus, la clause pénale qui se distingue, comme on vient de le voir, des obligations soit alternatives, soit conditionnelles, ne diffère pas moins des obligations *facultatives*.

Lorsqu'en prenant l'obligation de donner, ou bien celle de faire ou de ne pas faire quelque chose, je me soumets à payer une certaine somme en cas d'inexécution, il y a lieu d'examiner si mon intention a été de me réserver le droit de donner, de faire ou de ne pas faire la chose, sauf à payer la somme convenue, ou si, au contraire, j'ai voulu conférer au créancier le pouvoir d'exiger de moi que je donnasse, que je fisse, ou que je ne fisse pas la chose. Dans la première hypothèse, c'est une obligation *facultative*, non pas en ce sens qu'il dépendrait du débiteur d'être ou de n'être pas engagé, ce qui rendrait l'obligation nulle aux termes de l'art. 1174, mais en ce sens que le débiteur pouvant se libérer en payant la somme, l'obligation de donner, de faire ou ne pas faire, serait censée n'avoir jamais existé sérieusement, ou du moins avoir été, au moment même où elle a été stipulée, convertie en la seconde obligation par une sorte de novation, *quasi novatione*; c'est ce que quelques auteurs ont appelé *dédit*. Dans la seconde hypothèse, au contraire, on doit voir une obligation avec clause pénale qui donnera au créancier le droit de poursuivre l'exécution de la première obligation.

13. On comprend, du reste, que nous ne pouvons tracer aucune règle certaine à l'aide de laquelle l'intention des parties pourra être appréciée; ce sont les circonstances seules qui devront guider les juges à cet égard. Mais ils devront attacher une très-grande importance à démêler cette intention, parce que leur jugement, en ce qui concerne l'exécution de l'obligation, variera nécessairement, selon qu'ils auront vu dans le contrat une obligation purement facultative ou une obligation avec clause pénale. Disons seulement, avec M. Duranton (t. 11, n° 322), que la nature de l'objet de l'engagement pourra servir à l'interprétation de la volonté du contractant. Ainsi, dans les obligations de faire, on inclinera à penser que les parties ont entendu convenir d'une indemnité pour tenir lieu de l'obligation principale, parce que le créancier savait qu'il ne pourrait contraindre le débiteur à faire la chose, et que de son côté celui-ci savait aussi qu'il ne pourrait, en cas d'inexécution, être condamné qu'à des dommages-intérêts; tandis que dans l'obligation de donner, on devra au contraire incliner dans le sens de la clause

pénale, surtout lorsqu'il s'agira d'une chose que le créancier pourrait se faire remettre par la voie coercitive, comme un fonds, une maison, parce qu'il a dû compter, dans ce sens, sur les moyens ordinaires d'exécution, et par conséquent n'avoir pas voulu substituer une somme à la chose faisant l'objet de l'obligation principale.

ART. 2. — *Des effets de la clause pénale entre les parties.*

14. Après avoir déterminé la nature et les caractères de la clause pénale, il convient d'entrer dans l'examen des règles propres à cette espèce de convention et d'en signaler les effets.

A cet égard, comme en général pour la matière des contrats et des obligations conventionnelles, les rédacteurs du Code ont largement puisé dans les principes exposés par Pothier, et souvent les articles du Code ne sont qu'un résumé substantiel et en quelque sorte la formule d'une doctrine émise par cet immortel auteur.

Il en est ainsi surtout en ce qui concerne la clause pénale, où, sauf sur un point, celui de savoir si les juges ont la faculté de réduire la peine lorsqu'elle paraît excessive, les articles du Code civil reproduisent presque textuellement les règles que Pothier avait énoncées.

C'est au développement de ces règles que nous allons nous livrer.

§ 1ᵉʳ. — *La nullité de l'obligation principale entraîne la nullité de la clause pénale; mais la nullité de celle-ci n'entraîne point celle de l'obligation principale.* (Code civil, art. 1227.)

15. La clause pénale étant une obligation secondaire de celle qu'elle a pour objet de garantir, il est clair que, lorsque celle-ci est nulle, la clause pénale doit également être annulée. La nullité de la clause pénale ne dérive pas, ainsi que l'enseigne Pothier, en se fondant sur la loi 129, § 1ᵉʳ, ff. *De reg. jur.*, de ce qu'il est de la nature des choses accessoires de ne pouvoir subsister sans la chose principale : *quum causa principalis non consistit, ne ea quidem quæ sequuntur locum obtinent;* car la clause pénale n'est pas l'accessoire proprement dit de l'obligation primitive; elle est, comme celle-ci, une obligation principale. Cela résulte de tout ce que nous avons

dit à l'art. 1ᵉʳ. Et dès lors, si la clause pénale est nulle elle-même lorsqu'elle est ajoutée à une obligation primitive impossible ou contraire aux lois ou aux bonnes mœurs, c'est uniquement parce qu'elle est infectée du même vice, puisqu'en effet elle n'a point d'autre cause que cette obligation primitive. C'est ce qu'enseigne Vinnius sur le § 8 du titre des Inst. *De inut. stip. Quod vero,* dit-il, *impossibili aut turpi stipulationi subjecta pœnæ stipulatio et ipsa inutilis est, non ex eo fit quod pœnalis stipulatio est accessio ejus cui subjicitur, sed quia hæc eodem vitio quo prior laborat; quippe subjecta impossibili et ipsa impossibilis habetur, turpi subjecta et ipsa turpis, utpote delicti invitandi causâ subjectâ: neque verò pecunia dari potest ut pœna, ubi non præstat promissor quod naturâ aut jure præstare non potest.* Telle est aussi l'opinion de Doneau sur la loi 69, ff. *De verb. oblig.* et sur la loi 38, § 17 *eod.*, et celle de Fernandez de Retez, Tr. *De stipul. pœnali, princip.* 1 et 3, *consec.* 1. Elle a été suivie, sous l'empire du Code civil, par Merlin, *Rép.* vᵒ Peine contractuelle, § 1ᵉʳ, nᵒ 1, et par Toullier, t. 6, nᵒ 816. Telle est aussi, à notre avis, l'explication la plus exacte, en droit, de ce premier principe posé par l'art. 1227 du C. civ., que « la nullité de l'obligation principale entraîne celle de la clause pénale. »

16. Mais il y a des nullités de plusieurs sortes, ou plutôt il y a des causes diverses de nullité. Il y a des nullités absolues, d'autres qui sont relatives; il y en a d'irrévocables, d'autres qui peuvent être couvertes. Les conséquences de ces différentes nullités sont-elles les mêmes quant à la convention pénale? C'est ce qu'il s'agit d'examiner.

17. Lorsque l'obligation est nulle d'une nullité absolue, comme lorsqu'elle est contraire aux lois, à l'intérêt public, aux bonnes mœurs, point de doute que la clause pénale ne soit également nulle.

Ainsi, par exemple, Titius a fait à Sempronius, moyennant une somme d'argent, la cession de ses droits sur la succession de son père vivant ; et comme une pareille cession est déclarée nulle par les art. 791, 1130 et 1600 du Code civil, parce qu'elle est contraire aux bonnes mœurs, le cessionnaire a fait ajouter dans le contrat la clause que si, au décès de son père, Titius venait à se prévaloir de cette nullité, il lui paierait une somme de 10,000 fr. Titius ne pourra pas être contraint à payer cette somme à Sempronius, parce que la stipulation de cette somme est une clause pénale accessoire à l'obligation de céder les droits héréditaires, laquelle est nulle.

Par application de ce principe, la Cour de cassation, chambre civile, a déclaré nulle l'obligation imposée par un père à sa fille de rapporter le capital et les intérêts de la dot à elle constituée, dans le cas où, malgré sa renonciation, elle viendrait à la succession paternelle, attendu que cette obligation constituait une clause pénale destinée à assurer l'exécution de l'obligation principale de renoncer, laquelle était nulle. (30 déc. 1816; S.-V. 17. 1. 153; J. P. 3ᵉ édit.; D. A. 5. 472.)

18. Cependant il ne faut pas croire que la clause pénale ajoutée à une obligation principale touchant la succession d'une personne vivante, soit toujours nécessairement nulle comme celle-là ; il faut, pour qu'il en soit ainsi, que les deux parties, et surtout celle qui a intérêt à faire exécuter la clause pénale, aient connu la nature vicieuse de l'obligation principale. Dans ce cas, en effet, toutes deux ayant su que l'obligation qu'elles contractaient était contraire aux bonnes mœurs, il en résulte qu'aucune d'elles ne peut être admise à demander la peine stipulée en cas d'inexécution.

Mais si l'une des parties a traité dans la conviction que l'obligation principale était licite, à cause de l'ignorance où elle était d'une circonstance de fait qui la rendait illicite et qui était connue de l'autre partie, dans ce cas, comme il y aura eu dol de la part de cette partie, l'exécution de la clause pénale pourra être demandée contre elle à titre de dommages-intérêts, lesquels sont dus à raison de tout fait préjudiciable causé par une personne à une autre. (Art. 1382.)

C'est ainsi qu'il a été jugé que le vendeur d'un immeuble dépendant de la succession d'une personne vivante dont il est héritier présomptif, s'il s'est soumis à une clause pénale pour le cas d'inexécution, ne peut se soustraire à la clause pénale, sous prétexte que la vente est nulle au fond, si toutefois l'acquéreur n'a pas eu connaissance que l'objet vendu n'était pas la propriété du vendeur. (Cass. 17 mars 1825; S.-V. 26. 1. 15; J. P. 3ᵉ édit.; D. P. 25. 1. 205.)

En un tel cas, il n'est pas nécessaire de considérer, comme l'ont fait plusieurs auteurs (V. notamment Duvergier, De la vente, t. 1,

IV.

nº 229, et Dalloz, vº Obligation, p. 461, nº 9), leur convention comme constituant la vente de la chose d'autrui, et non comme une stipulation sur une succession future, pour accorder des dommages par application de l'art. 1559 du C. civ.; on peut très-bien laisser à la convention son caractère de stipulation sur une succession future, et se fonder exclusivement sur la bonne foi de l'acheteur pour lui accorder les dommages-intérêts fixés dans la clause pénale. La règle que toute convention sur une succession future est radicalement nulle et ne peut être sanctionnée par une clause pénale, ne ferait pas obstacle à cette décision ; car cette règle suppose évidemment que les deux parties ont agi sciemment. Il ne peut en être de même dans le cas où l'acheteur a agi de bonne foi : encore une fois, il puise alors son droit dans cette bonne foi, et le principe de ce droit se trouve dans l'art. 1382 du Code civil. (Sic Troplong, De la vente, t. 1, nº 229.)

19. La clause pénale qui a été ajoutée à une promesse de mariage pour le cas où l'une des parties refuserait de remplir son engagement, est-elle valable, et l'exécution peut-elle en être demandée contre celui par la faute duquel le mariage n'a pu avoir lieu? On comprend que cette question dépend de celle de savoir si les promesses de mariage sont ou non obligatoires en soi, si elles sont ou ne sont pas contraires à la liberté qui doit présider au mariage. La solution affirmative ou négative qui sera donnée à cette question devra évidemment être appliquée à la clause pénale. — V. Mariage.

20. Outre les nullités absolues qui ne permettent jamais de poursuivre l'exécution des obligations qui en sont entachées, et qui, par conséquent, entraînent toujours la nullité de la clause pénale, il est d'autres nullités que nous avons appelées relatives ou indirectes, et qui peuvent être couvertes par des faits ultérieurs des parties contractantes. Nous allons examiner quels sont les effets des clauses pénales ajoutées à des obligations de cette nature.

21. Parlons d'abord des conventions qui sont contractées par erreur, violence ou dol; on sait que ces conventions ne sont pas nulles de plein droit; que seulement elles donnent lieu à une action en nullité ou en rescision, laquelle dure dix ans, aux termes de l'article 1304 du Code civil.

Si, à une convention annulable pour une de ces causes, il a été ajouté une clause pé-

21

nale contre la partie qui refusera de l'exécuter, il est clair que la partie qui prouvera, dans les dix ans, qu'elle a été victime d'une erreur, d'une violence ou d'un dol, ne sera tenue d'exécuter ni l'obligation principale qui, dès lors, sera réputée nulle, ni la clause pénale qui suivra le sort de cette obligation.

Que si, au contraire, la partie qui pouvait attaquer la convention a laissé écouler les dix années sans se plaindre, la nullité de l'obligation principale sera par cela même couverte, sera censée n'avoir jamais existé, et, dès lors, l'autre partie pourra demander l'exécution de la clause pénale.

A plus forte raison, si, depuis que l'erreur ou le dol ont été découverts, ou que la violence a cessé, celui des contractants qui aurait pu intenter l'action en nullité, a ratifié, par un acte postérieur, la convention qui était entachée de l'un de ces vices, la clause pénale qui avait été annexée à cette convention pourra produire son effet au profit de l'autre contractant : car la ratification a pour but et pour résultat de valider la première convention et par conséquent la clause pénale y annexée.

22. Quant aux obligations valables en soi, mais qui sont nulles à raison de l'incapacité de la personne qui les a contractées, on doit décider la même chose que pour celles contractées par erreur, violence ou dol.

Ainsi, un mineur, un interdit, une femme mariée, ne pourraient être contraints d'exécuter la clause pénale ajoutée à une obligation qu'ils auraient souscrite dans le temps de la minorité, de l'interdiction et du mariage, parce que cette clause serait nulle comme étant l'accessoire d'une obligation nulle.

Mais si le mineur, après avoir atteint sa majorité, l'interdit après avoir été relevé de son interdiction, et la femme mariée devenue veuve, viennent à ratifier l'engagement qu'ils avaient souscrit en état d'incapacité, l'exécution de la clause pénale annexée à cet engagement primitif pourra être demandée contre eux : car la clause pénale devant suivre le sort de l'engagement principal, il en résulte que, si cet engagement, nul *à principio*, a été validé par un acte postérieur, la clause pénale participera de cette validité.

23. *Quid*, dans le cas où la ratification aurait pour objet, non l'obligation principale, mais bien uniquement la clause pénale, et où la clause pénale n'ayant pas été, dans le principe, annexée à l'obligation principale, elle aurait été insérée dans un acte postérieur fait dans un temps de capacité ?

Ainsi, par exemple, vous m'aviez promis pendant votre minorité de me vendre votre maison de campagne moyennant 20,000 fr., ou de me donner 1,000 fr. à défaut de réalisation de la vente ; votre majorité survenue, vous vous engagez de nouveau à payer la somme de 1,000, si vous n'exécutez pas la promesse de vente que vous m'avez souscrite en minorité ; ou bien, pour le même cas d'inexécution, vous me promettez de me donner votre cheval ; pourrais-je demander soit les 1,000 fr., soit le cheval ? Il nous semble que non ; car ces deux dernières obligations liées à l'obligation principale de vendre la maison 20,000 fr., participent du vice qui était inhérent à celle-ci, conformément aux principes que nous avons établis *suprà*, nº 15. Or, cette obligation principale était nulle dès le principe et n'a pas cessé de l'être, puisqu'elle n'a pas été l'objet d'une ratification donnée dans le temps de la capacité ; la clause pénale doit donc par cela même être également annulée.

En vain objecterait-on que la clause pénale ayant été ratifiée ou insérée dans un acte postérieur à celui qui contient l'obligation principale, est devenue distincte et indépendante de cette obligation, et que dès lors elle peut être valable, bien que l'autre soit nulle. Cette considération doit s'effacer devant celle puisée dans la nature de la clause pénale, dont le but unique, le seul objet, est d'assurer l'exécution de l'obligation principale. Peu importe, dès lors, que cette clause soit contemporaine de l'obligation principale ou plus récente ; qu'elle ait été insérée dans le même ou dans un autre acte ; il suffira qu'il soit reconnu, d'après les termes dans lesquels elle sera conçue et les circonstances qui l'entoureront, qu'elle est réellement une clause pénale pour que la validité en soit nécessairement subordonnée à celle de l'obligation primitive.

24. Si l'obligation principale, sans être contraire aux lois et aux bonnes mœurs, sans être sujette à rescision pour cause d'incapacité, d'erreur, de violence ou de dol, est seulement nulle en ce sens que le débiteur ne peut être contraint à l'exécuter, soit parce qu'elle a été contractée sous une condition potestative de la part du débiteur, soit parce que le créancier n'y a aucun intérêt, comme dans le cas où on a stipulé pour un tiers sans mandat, soit parce que la loi refuse toute action au créan-

cier, comme dans le cas d'une obligation contractée pour dette de jeu, quel sera le sort de la clause ajoutée à ces sortes d'obligations?

En ce qui concerne la première hypothèse, celle d'une obligation potestative de la part du débiteur, il ne saurait s'élever aucun doute, à notre avis, sur la nullité de la clause pénale. En effet, l'art. 1174 C. civ. déclare nulle toute obligation contractée sous une condition potestative de la part de celui qui s'oblige. Cela se comprend parfaitement; car, aux yeux de tout homme sensé, une stipulation de cette nature doit être considérée comme un jeu plutôt que comme une obligation véritable. Quand je dis, par exemple, « je m'oblige à aller à Paris, si je le veux, » il est clair que je suis maître d'y aller ou de n'y pas aller, et que je n'aurai d'autre mobile, pour prendre un parti, que ma seule volonté; dès lors, si à cet engagement dérisoire j'ajoute que, dans le cas où je ne l'exécuterais point, je vous paierai 10,000 fr., je ne vous devrai pas cette somme, bien que je n'aille pas à Paris, puisque je ne m'étais engagé à y aller qu'autant que je le voudrais, et qu'il ne me plaît pas d'y aller.

25. Il est donc bien évident que la clause pénale ajoutée à une obligation potestative est nulle comme cette obligation et ne saurait produire aucun effet. Seulement, il faut bien prendre garde de confondre ces sortes d'obligations avec d'autres qui, malgré certains rapports apparents avec elles, ne sont cependant point de la même nature. Ainsi, quelques auteurs ont cru voir une obligation potestative dans cet exemple : « Je m'oblige à aller à Paris, et à vous payer 10,000 fr. si je n'y vais pas. » C'est là évidemment une erreur; il est bien vrai qu'en vertu de cette obligation on ne peut point me contraindre d'aller à Paris; mais si je puis me dispenser d'y aller, c'est à la condition que je paierai 10,000 fr., puisque je me suis obligé à payer cette somme dans le cas où je n'irais pas. Cet exemple, comme on voit, diffère essentiellement de celui ci-dessus, où l'obligation d'aller à Paris dépendait uniquement de *ma volonté*, caractère distinctif de l'obligation potestative. La clause pénale qui, dans le premier cas, était nulle, sera valable dans le second.

26. Il en sera de même de la clause pénale ajoutée à une obligation stipulée au profit d'un tiers.

Il est de principe général qu'on ne peut sti-

puler en son propre nom que pour soi-même. (C. civ., art. 1119.) Lors donc qu'on stipule au profit d'un tiers purement et simplement, la stipulation est nulle. En effet, qui pourrait en poursuivre l'exécution? Ce n'est point le stipulant, puisqu'il n'y a aucun intérêt personnel ; ce n'est point non plus le tiers, puisqu'il est étranger au contrat. Ainsi, vous vous engagez envers moi à construire une maison à Paul, c'est comme si vous ne vous étiez pas engagé, puisque ni moi ni Paul ne pourrons vous contraindre à construire la maison. L'obligation est entièrement nulle. Dès lors, si à cette obligation de bâtir, j'ai ajouté la clause pénale que, dans le cas où vous ne bâtiriez pas la maison, vous paieriez 10,000 fr. à ce même Paul, cette clause sera nulle comme l'obligation principale : d'abord parce que, isolée, elle serait nulle par les mêmes raisons qui empêchent l'obligation primitive d'être valable; et en second lieu, parce que, secondaire à cette même obligation, elle a une cause commune avec celle-ci, et est par suite atteinte de la même nullité.

27. Mais à côté du principe général, qu'on ne peut stipuler pour un tiers, posé dans l'article 1119, se trouve l'exception établie par l'article 1121, portant que la stipulation au profit d'un tiers est valable, lorsque telle est la condition d'une stipulation que l'on fait pour soi-même.

La situation est ici essentiellement différente; et les considérations que nous venons d'exposer ne peuvent plus être invoquées. Il résulte, en effet, de ce que nous avons dit, que la stipulation pure et simple au profit d'un tiers n'est point valable : ce n'est pas qu'elle soit réprouvée par la loi, mais uniquement parce que l'exécution n'en pouvant pas être demandée aux tribunaux, à défaut d'un intérêt quelconque que le stipulant puisse invoquer, le lien civil manque complétement à l'obligation et le débiteur y peut impunément contrevenir; mais ajoutez à l'obligation principale une clause pénale au profit du stipulant, le vice de l'obligation est purgé. Le débiteur n'y peut plus contrevenir sans encourir le risque qui a été prévu, et la condamnation aux dommages qui ont été fixés.

Ainsi, en reprenant l'exemple cité ci-dessus, si, après que vous vous êtes engagé à construire une maison à Paul, vous vous êtes engagé, dans le cas où vous ne construiriez pas la maison, à payer, non plus à Paul, mais à moi-même une somme de 10,000 fr., je pourrai vous forcer à payer cette somme ou à construire la maison, parce que le vice résultant du défaut d'intérêt qui empêchait l'obligation primitive d'être valable, se trouve purgé par la stipulation, dans mon intérêt personnel, qui forme l'objet de la clause pénale.

28. De même qu'on ne peut stipuler que pour soi-même, en thèse générale, de même on ne peut s'engager que pour soi. Néanmoins, lorsqu'en promettant le fait d'un tiers, on se porte fort pour lui, l'engagement est valable. (C. civ., art. 1120.) Si, sans se porter fort pour un tiers, on s'engage pour lui, tout en s'engageant soi-même par une clause pénale pour le cas où le tiers ne remplirait pas son engagement, l'obligation sera valable, comme lorsqu'il s'agit d'une stipulation au profit d'un tiers avec clause pénale en faveur du stipulant. Ainsi dans cet exemple : je promets que Titius vous vendra sa maison ; l'engagement est nul, car vous ne pouvez contraindre Titius à vendre sa maison, puisqu'il ne s'est pas engagé personnellement ; vous ne pouvez non plus rien exiger de moi, puisque la seule chose qui vous a été promise c'est la vente de la maison de Titius, que je ne puis vous vendre moi-même. Mais si j'ai ajouté : Et dans le cas où Titius ne vous vendrait pas sa maison, je promets de vous donner 2,000 fr., vous pouvez me contraindre à payer les 2,000 fr., puisqu'il y a eu de ma part un engagement personnel à côté de l'engagement pris pour Titius ; et si vous n'avez pas d'action contre Titius, qui n'a pas figuré au contrat, vous en avez une contre moi pour me contraindre à exécuter celui des deux engagements dont l'exécution est en mon pouvoir.

29. Lorsque la clause pénale est annexée à une obligation naturelle pour l'exécution de laquelle la loi n'accorde point d'action, elle est nulle comme l'obligation principale elle-même. Ainsi, vous m'avez gagné au jeu 10,000 fr. que je ne vous ai pas payés ; le lendemain je vous souscris une obligation de cette somme, et j'ajoute que dans le cas où je ne vous la paierais pas, je vous donnerai mon cheval. Comme vous ne pourriez demander en justice le paiement des 10,000 fr., vous ne pourrez pas davantage demander la délivrance du cheval, en vertu du principe proclamé par l'art. 1227, que la nullité de l'obligation principale entraîne la nullité de la clause pénale ; car une obligation est nulle aux yeux de la loi civile quand elle manque de lien civil, alors même qu'elle serait valable dans le for intérieur. Si l'on décidait autrement, on arriverait à cette conséquence absurde que, dans l'exemple cité d'une dette de jeu, le fait (de perte) qui sert de cause aux deux obligations vicierait la première et ne vicierait point la seconde.

30. Le second principe posé en tête de ce paragraphe, c'est que la nullité de la clause pénale n'entraîne point celle de l'obligation principale. La raison s'en induit tout naturellement du principe que nous avons exposé *in principio*, et suivant lequel l'obligation primitive, lorsque d'ailleurs elle est valable, a sa cause propre d'être et n'est nullement subordonnée à l'obligation secondaire, comme une chose principale dont le sort ne dépend pas d'une chose accessoire. C'est aussi ce que décidait la loi 97, ff. *De verb. oblig.* : *Si stipulatus sim te sisti, nisi steteris, hippocentaurum dari, perinde erit atque si te sisti solummodo stipulatus essem* ; et selon Paul, l. 126, § 3, *eod. tit.* : *Detractâ secundâ stipulatione, prior manet utilis.*

Si donc l'objet de la clause pénale n'est point dans le commerce, ou si c'est un fait impossible, contraire aux lois ou aux bonnes mœurs, la clause pénale sera réputée nulle, mais l'obligation principale n'en aura pas moins son effet, si d'ailleurs elle est valable par elle-même.

Ainsi, « vous vous êtes engagé à me vendre votre cheval pour 200 fr., et dans le cas où vous ne me le vendriez pas pour ce prix, vous avez pris l'obligation de me faire nommer roi. » Bien que cette seconde obligation soit impossible à exécuter, vous n'en serez pas moins tenu de me vendre votre cheval pour 200 fr., parce que la validité de cette obligation, qui est principale, ne peut point dépendre de la validité de la seconde, qui n'est que secondaire.

§ 2. — *La peine n'est encourue que lorsque le débiteur est en demeure de remplir son obligation.* (Code civil, art. 1230.)

31. Cette règle est applicable soit que l'obligation primitive contienne, soit qu'elle ne contienne pas de terme dans lequel elle doive être remplie, et soit qu'il s'agisse d'une chose à livrer, à prendre ou à faire. Telle est la disposition formelle de l'art. 1230 C. civil.

Il est à remarquer que cet article ne spécifie pas les cas dans lesquels le débiteur devra être considéré comme étant en demeure. Il dit seulement que la peine est encourue lorsqu'il *est* en demeure. C'est donc aux principes généraux, tracés dans l'art. 1139 C. civ., qu'il faut se référer — V. Mise en demeure.

§ 3. — *Le créancier, au lieu de demander la peine stipulée contre le débiteur qui est en demeure, peut poursuivre l'exécution de l'obligation principale.* (C. civ., art. 1228.)

32. Cette disposition de l'art. 1228 du Code civil, consacrée également par les lois romaines (V. l. 28, ff. *De act. empt.*; l. 122, § 2, ff. *De verb. oblig.*), est la conséquence du principe que l'obligation pénale a pour fin d'assurer l'exécution de l'obligation principale.

C'est sous ce rapport que l'obligation avec clause pénale diffère, ainsi que nous l'avons fait remarquer, de l'obligation facultative dans laquelle le débiteur peut se libérer de l'obligation principale qu'il a contractée, en payant l'indemnité ou la somme promise en cas d'inexécution; dans cette dernière hypothèse, en effet, il n'y a en réalité qu'une seule obligation qui a pour objet la somme ou l'indemnité, mais d'une manière toute conditionnelle, c'est-à-dire pour le cas où le débiteur n'accomplirait pas, ainsi que cela dépendrait de lui, la chose mentionnée dans la convention.

33. La faculté donnée au créancier de poursuivre l'exécution de l'obligation principale, au lieu de s'en tenir à la clause pénale, n'est pas toujours susceptible d'application dans la réalité; la nature de l'obligation principale s'y oppose quelquefois. Ainsi, par exemple, s'il s'agit d'une obligation qui ne peut être exécutée que par le débiteur lui-même, comme serait celle de faire un tableau ou de délivrer un objet qu'il aurait caché, encore de ne point faire une chose qu'il aurait déjà faite, on comprend que, dans tous ces cas, le créancier sera forcément obligé de recourir à la peine. Mais dans tous les autres cas, il pourra faire exécuter soit par le débiteur, soit par d'autres, l'obligation principale. S'il s'agit de l'obligation de donner une certaine chose, il aura le droit de se la faire délivrer, s'il peut la faire saisir. En conséquence, si c'est un immeuble, il pourra se le faire délivrer par les voies judiciaires, dans le cas où

le débiteur n'en voudrait pas faire la délivrance à l'amiable; et si c'est un meuble, il pourra le faire saisir entre les mains du débiteur, s'il l'y trouve, et même entre les mains d'un tiers qui n'en aurait la possession que de mauvaise foi (art. 1141). Si c'est une obligation de ne pas faire une chose que le débiteur a néanmoins faite, le créancier pourra se faire autoriser à détruire, aux dépens du débiteur, ce que celui-ci aura fait en contravention à l'engagement (art. 1143); et enfin, si c'est une obligation de faire quelque chose que le débiteur ne veut pas faire, et qui peut être faite par un tiers, le créancier peut également se faire autoriser à faire faire la chose aux dépens du débiteur (art. 1144). Car il aurait les mêmes droits, dans ces divers cas, en l'absence de la clause pénale. Or, on a vu que la clause pénale ne portait aucune atteinte à l'obligation principale.

§ 4. — *La clause pénale est la compensation des dommages-intérêts que le créancier souffre de l'inexécution de l'obligation principale.* (Art. 1229.)

34. La conséquence directe qui découle de ce principe, posé par l'art. 1229 C. civ., c'est que le créancier ne peut demander tout à la fois le principal et la peine. C'est aussi ce qui a été dit expressément par le législateur dans le même article. Et, en effet, du moment que le principal a été accordé au créancier, il n'a plus de titre pour demander la peine. Cette vérité est tellement évidente qu'elle n'a pas besoin de démonstration.

35. Cette conséquence est-elle toutefois applicable aux transactions et aux compromis?

La difficulté, quant aux transactions, vient des termes de l'art. 2047 C. civ., ainsi conçu : « On peut ajouter à une transaction la stipulation d'une peine contre celui qui manquera de l'exécuter. » Cette disposition doit-elle être entendue en ce sens qu'elle reproduit et confirme l'art. 1229, d'après lequel on ne peut tout à la fois demander le principal et la peine, ou bien faut-il y voir une dérogation à cet article, et en conclure que la transaction doit être maintenue et que la peine est due en même temps par celui qui se refuse à exécuter la transaction selon sa teneur?

La question est des plus délicates; l'on chercherait en vain, dans les lois romaines qui l'ont résolue, une règle à suivre : car ces lois sont loin d'être d'accord ensemble (V. l. 10,

§ 1er, ff. *De pactis*, de laquelle il résulte que l'on ne peut exiger à la fois et l'exécution de la convention transactionnelle et la peine ; V. aussi la loi 122, § 6, ff. (*De verb. oblig.*) qui consacre la solution contraire ; et malgré les efforts qu'a faits Pothier pour les concilier (*Des obligations*, n° 343), elles se contredisent manifestement, comme cela a été fort bien démontré par M. Duranton, t. 11, n° 344.

36. Quoi qu'il en soit, sous l'empire du Code civil, la question présente des difficultés sérieuses. Le principe posé dans l'art. 1229 du Code civil est un principe absolu, un principe conforme à la justice et à la raison. Il était impossible d'admettre que celui qui s'est soumis à faire ou à donner une chose, sous une peine quelconque, pourrait être contraint, après avoir payé la peine, à faire ou à donner encore la chose. Cependant le législateur, en traitant de la transaction, a expressément déclaré qu'on y pourrait ajouter la stipulation d'une peine contre celui qui manquerait de l'exécuter. Pourquoi cette précision ? la clause pénale est compatible avec toutes les obligations ; elle s'associe très-bien avec la vente, avec l'échange, avec le louage, etc. Le législateur n'a rien dit, en traitant de ces contrats, de la clause pénale dont ils sont susceptibles ; et dès lors il s'en est tacitement remis aux principes généraux placés au titre des obligations conventionnelles en général. Mais pourquoi s'est-il départi de ce silence lorsqu'il en est venu aux *transactions*, avec lesquelles cependant la clause pénale n'est pas moins compatible en principe qu'avec les autres contrats ? N'en faut-il pas conclure qu'il a voulu dire, pour cette obligation spécialement, autre chose que ce qui se trouvait déjà écrit dans les dispositions préexistantes sur la clause pénale ? Il nous semble raisonnable de le penser ; et c'est pour cela que nous nous rangeons à la doctrine de Toullier, lorsqu'il dit, t. 6, n° 829 : « L'infraction de la transaction, ou le refus de l'exécuter, est la seule condition dont les contractants font dépendre la naissance de l'obligation secondaire contenue dans la clause pénale ; cette condition est donc accomplie, et par conséquent la peine encourue est exigible du moment où la transaction est enfreinte, ou le débiteur constitué en demeure de l'exécuter. Le juge qui se permettrait de joindre au fond la demande de la peine, ou d'en retarder la condamnation jusqu'au jugement à rendre au fond, contreviendrait à la loi du

contrat ; il préjugerait que l'obligation de payer la peine ne dépend pas de la seule condition qu'y ont mise les contractants, c'est-à-dire de l'infraction de la transaction ou du refus de l'exécuter, mais encore de l'issue du jugement à rendre sur le fond, soit en faveur de celui qui a enfreint la transaction, soit contre lui. »

37. Disons-le, toutefois, nous ne saurions admettre, du moins d'une manière absolue, la solution donnée par cet auteur sur le point de savoir si, après avoir exigé le paiement de la peine, la partie peut encore demander l'exécution de la transaction, ou tirer de cet acte une exception contre la demande de son adversaire. Sur ce point encore et sans aucunement distinguer, Toullier, *loc. cit.*, n° 830, se prononce pour l'affirmative. « Il y a, dit-il, deux exceptions à la disposition de l'art. 1229 : l'une, lorsque la peine est stipulée pour le simple retard ; l'autre, lorsqu'elle est stipulée indépendamment de l'obligation primitive, et sans préjudicier à son exécution, *rato manente pacto*. Ainsi nulle difficulté, lorsqu'il résulte de la convention que la peine stipulée est encourue par le seul fait de l'infraction de la transaction, par le seul refus de l'exécuter, qu'aucune des parties ne sera reçue à l'attaquer avant de payer la peine convenue ; en un mot, qu'elle est due sans préjudice de l'exécution de la transaction. Mais de plus cette convention nous paraît implicitement contenue dans la clause pénale ajoutée à la transaction. La peine est stipulée, non pas comme une compensation des dommages et intérêts qui pourraient résulter de l'inexécution absolue de la transaction, mais comme une indemnité des embarras, des frais et des inquiétudes que cause à l'autre partie la nécessité de soutenir un procès qu'on avait voulu prévenir. C'est donc ainsi que doivent être interprétées les clauses pénales ajoutées à une transaction, lorsque les termes de la convention n'y résistent pas. »

38. Dans cette opinion absolue, qui tendrait à faire considérer l'art. 2047 comme une dérogation à l'art. 1229, spécialement pour la transaction, toutes les fois que les termes de cet acte n'y résisteraient pas, nous trouvons la source d'une injustice flagrante. Il est des cas, en effet, où l'objet même de la transaction doit rendre inévitable le retour au principe posé dans l'art. 1229, et c'est ce qui a fait émettre par Delvincourt une opinion mitigée qui

satisfait complétement, selon nous, le droit et l'équité. « Je pense, a dit cet auteur, après avoir indiqué la question (V. t. 3, p. 480), que cette question peut être résolue à l'aide de la distinction suivante : Si tout est fini par la transaction, de manière qu'il n'y ait rien à faire, rien à exécuter par aucune des parties, et que cependant il y ait une peine de stipulée, l'on présumera que les parties ont voulu prévenir tout procès ; et dès qu'il en existe un , la peine est encourue, quand même le demandeur serait débouté. Mais si la transaction portait ainsi obligation, de la part des parties ou de l'une d'elles, de donner ou de faire quelque chose, l'on présumera que la peine n'a été stipulée que pour le cas où les choses premières ne seraient pas exécutées, et en conséquence, si la partie qui a intérêt que l'obligation soit exécutée en poursuit et en obtient l'exécution, elle ne pourra exiger la peine. »

Ce terme moyen, qui réduit la difficulté à une question d'intention , nous paraît tout à fait équitable. La transaction d'après laquelle une chose doit être faite ou donnée par une partie, constitue une obligation comme la vente, l'échange ou toute autre convention ; la clause pénale qui y est ajoutée ne peut y être considérée, de même que dans la vente, l'échange, etc., que comme un moyen d'en assurer l'exécution. Or, dès que l'exécution est consommée, dès qu'elle a été obtenue par la partie qui y a intérêt, l'art. 1229 doit reprendre son empire : la solution absolue de Toullier, d'après laquelle la partie pourrait encore exiger la peine, serait manifestement contraire aux notions du juste. C'est aussi dans le sens de la distinction proposée par Delvincourt que M. Duranton s'est prononcé. — V. t. 2, n° 345.

39. Quant au compromis, il participe évidemment de la nature de la transaction avec laquelle il a la plus grande affinité. Comme le dit Toullier (loc. cit., n° 827), par le compromis on se donne des juges ; par la transaction, on devient son propre juge ; par le compromis, on se soumet à la décision d'autrui ; par la transaction, on s'impose la loi à soi-même : dans le compromis, on promet de s'en rapporter à ce qui sera décidé par la sentence arbitrale ; la transaction est un arrêt contre lequel il n'est pas possible de revenir.

De cette affinité même entre le compromis et la transaction, nous tirons la conséquence que, dans le cas où une clause pénale aurait été ajoutée au compromis, l'effet de cette clause devrait être déterminé conformément aux principes exposés dans les numéros précédents. Ainsi celui qui, au mépris d'une clause pénale ajoutée au compromis contre la partie qui manquerait d'exécuter la sentence arbitrale ou l'attaquerait par les voies admises par le Code de procédure, attaque cette sentence ou en refuse l'exécution, pourra être contraint par l'autre partie à lui payer immédiatement la peine, sauf le cas où le compromis lui-même étant nul, serait attaqué comme tel, parce que dans ce cas, suivant ce qui a été dit précédemment, la nullité réagirait sur la clause pénale. Mais la peine une fois obtenue, la partie ne devra pas être admise à réclamer encore l'exécution de la sentence ; de même que si elle a poursuivi et obtenu l'exécution de la sentence, elle ne pourra pas demander en outre la peine ; parce que dans l'une et l'autre hypothèse, et s'il en était autrement, la partie aurait à la fois et le bénéfice de la sentence et celui de la peine, contrairement au principe posé dans l'art. 1229 du Code civ. (Sic Duranton, t. 11, n° 349.)

40. Mais, à côté de ce principe, le législateur a placé une exception qui pour objet le cas où la clause pénale aurait été stipulée pour le simple retard. On conçoit très-bien qu'un préjudice réel puisse résulter, pour le créancier, du simple retard mis à exécuter la convention dans le terme qu'il avait assigné ; et il n'y a rien que de légitime à stipuler une clause pénale dont l'effet serait d'amener l'exécution de la convention au temps fixé. La clause pénale doit donc être respectée dans ce cas ; et le débiteur, à l'instant même où le terme est échu sans que l'obligation principale ait été accomplie par lui, peut être contraint à payer la peine. Bien plus, l'exécution ultérieure de l'obligation principale ne le relèverait pas de l'obligation secondaire relative à la peine. Ainsi, par exemple, vous vous êtes obligé à me payer une somme de 3,000 fr. dont j'ai besoin pour acquitter une lettre de change échéant au premier mars, et, dans le cas où vous ne me paieriez pas la somme de 3,000 fr. avant ce terme, à me donner une indemnité de 500 fr. Au lieu de payer à l'époque convenue, vous n'avez payé qu'un mois plus tard ; de sorte que, dans l'intervalle, la lettre a été protestée, des frais ont été faits, un jugement a été obtenu, et j'ai moi-même été mis en prison. Il est clair que, bien que vous ayez acquitté le montant de la lettre de change, je

serai fondé à vous demander, en outre, les 500 fr. d'indemnité qui m'ont été promis; telle est l'hypothèse de la loi, dans l'exception qu'elle fait au principe que le créancier ne peut demander en même temps le principal et la peine.

41. Mais, dans la pratique, des difficultés d'interprétation ne manqueront pas de se présenter, lorsqu'il s'agira de déterminer si une clause pénale a été réellement stipulée pour le simple retard, tellement qu'elle doive être rangée dans l'exception, en l'absence d'une disposition expresse et formelle dans l'acte. A cet égard, les circonstances devront être attentivement examinées. Il n'est pas rare, il est même ordinaire, que le débiteur prenne, dans une obligation qu'il contracte, un terme dans lequel son obligation sera exécutée. Cette fixation pure et simple ne devrait pas, dans le cas où une clause pénale aurait été ajoutée à l'obligation, suffire pour faire décider que la clause pénale s'applique au simple retard, tellement qu'à l'expiration du terme, le créancier puisse demander à la fois et l'exécution de l'obligation principale et celle de l'obligation secondaire. Mais si cette dernière obligation n'est nullement en rapport avec la première, comme, par exemple, dans l'hypothèse faite au numéro précédent, la peine de 500 f. étant évidemment inférieure à l'intérêt qu'avait le créancier à l'exécution d'une obligation principale dont le montant était de 3,000 fr., la stipulation du terme amènera nécessairement à conclure que la clause pénale avait pour objet le simple retard. Cette circonstance et d'autres encore détermineront les juges; mais on ne saurait poser, à cet égard, aucune règle absolue.

42. Mais, dans le cas de simple retard, si le juge, usant de la faculté que lui donne l'article 1244 du Code civil, accorde au débiteur une prorogation de délai pour l'exécution de l'obligation principale, la peine sera-t-elle encourue, si l'obligation a été réellement exécutée avant l'expiration de ce nouveau délai de grâce? L'affirmative ne nous paraît pas pouvoir être contestée. C'est déjà une faculté exorbitante que celle qui a été accordée au juge de proroger le délai fixé par les parties d'un commun accord : car c'est là une dérogation au contrat; lui accorder, en outre, le pouvoir de dispenser le débiteur de la peine, au moyen d'une prorogation de délai, ce serait lui donner plus de puissance qu'à la conven-

tion même, qui, cependant, fait la loi des parties (art. 1134). Mais pour que ce second droit pût être par lui exercé, il faudrait que, comme le premier, il lui eût été expressément accordé par le législateur. Loin de là, le vœu de la loi a été que le juge n'exerçât le premier que dans des cas très-rares, et alors seulement que des circonstances survenues inopinément depuis la convention auraient aggravé sensiblement la position du débiteur. Concluons donc que, du moment où le délai fatal qui avait été fixé par les parties pour l'exécution de l'obligation principale, est arrivé sans que cette exécution ait eu lieu, l'indemnité est due au créancier, sans qu'aucune considération tirée de la position du débiteur puisse l'en décharger.

Seulement nous croyons que ce que le juge peut faire pour l'obligation principale, il peut le faire pour la peine stipulée; et que, dès lors, le délai qu'il accorde pour l'exécution de cette obligation, il est aussi censé l'accorder pour le paiement de la peine, sans quoi la concession du délai serait sans résultat utile pour le débiteur.

43. Du principe que la clause pénale est la compensation du préjudice éprouvé par le créancier, par suite de l'inexécution de l'obligation principale, il résulte encore que si le créancier n'a souffert réellement aucun préjudice, la peine ne peut être valablement réclamée contre lui. Ainsi, par exemple, en empruntant un exemple à Pothier, n° 349, on peut dire : « Si j'ai stipulé de vous, sous une certaine peine, que vous ne loueriez votre maison voisine de celle que j'occupe à aucun ouvrier se servant de marteau, le bail que vous en aurez fait à un serrurier, s'il n'a pas été exécuté, ne donnera pas ouverture à la peine : car ce que je me suis proposé en stipulant cela de vous, était que vous ne me causeriez pas l'incommodité du bruit que font ces ouvriers. Le bail n'ayant pas été exécuté, ne m'a causé aucune incommodité; il ne doit donc pas donner lieu à la peine. »

44. Il est même des cas où, quoique l'inexécution de l'obligation principale ait causé un préjudice véritable au créancier, la peine ne peut pas être demandée contre le débiteur. Il en est ainsi lorsque la chose qui faisait l'objet de l'obligation principale a péri depuis la convention, par suite d'une force majeure ou d'un cas fortuit (art. 1148). Par exemple, je me suis obligé à vous livrer dans un mois mon cheval,

et dans le cas où je ne le livrerais pas, à vous payer 200 fr. ; avant l'expiration du terme fixé pour la livraison, le cheval a péri ; quoique l'inexécution de l'obligation principale puisse vous causer un dommage, néanmoins je ne suis pas tenu de vous payer les 200 fr., parce que l'obligation principale n'ayant plus d'objet, est devenue nulle et a entraîné la nullité de la clause pénale.

45. Il en est de même, à plus forte raison, lorsque l'inexécution de l'obligation principale provient d'un fait qui ne peut être imputé au débiteur. Ainsi, par exemple, je me suis obligé à vous bâtir une maison dans trois mois sur un emplacement convenu, ou à vous payer 3,000 fr. si elle n'était pas bâtie dans ce délai. Mais au moment où je veux me mettre à l'œuvre et commencer la construction, je me trouve empêché de continuer par l'intervention d'un tiers, qui prétend que le terrain sur lequel je devais bâtir lui appartient et qui s'oppose à mon entreprise. Un procès s'engage et n'est terminé qu'au bout de l'an. Il est évident que je ne vous devrai aucune indemnité, puisque le préjudice que vous avez éprouvé par suite du retard dans la construction a été causé, non pas par moi, mais par un tiers dont je n'étais point garant.

Mais si l'inexécution de l'obligation principale provenait d'une impossibilité survenue par le fait de la partie obligée, les juges ne pourraient prononcer la résolution de la convention et fixer eux-mêmes l'indemnité. Ils devraient, au contraire, ordonner l'exécution pure et simple de la clause pénale, sans pouvoir réduire ou modérer la peine stipulée : ainsi jugé par arrêt de la Cour de cassation du 1ᵉʳ décembre 1828, lequel a cassé un arrêt de la Cour royale d'Amiens qui avait jugé contrairement à ces principes. (S.-V. 29. 1. 59. D. P. 29. 1. 45. J. P. 3ᵉ éd.) Dans l'espèce, il s'agissait d'un locataire qui avait promis d'exécuter le bail à certaines conditions, sous la stipulation d'une peine en cas de contravention, et qui avait affermé les mêmes lieux à un autre individu, sans lui imposer les mêmes conditions. Il se prévalait, dans sa défense, de l'impossibilité d'exécuter la convention, soit par lui-même, soit par le tiers.

46. Il faut reconnaître encore, comme une conséquence du principe posé dans le § 1ᵉʳ de l'art. 1229, que la peine peut être modérée par le juge lorsque l'obligation principale a été exécutée en partie ; cette conséquence est d'ailleurs énoncée dans l'art. 1231 du Code civil. Et en effet les dommages-intérêts doivent être proportionnés au préjudice souffert. Or, il est clair que, lorsque l'obligation principale a été exécutée en partie, le préjudice est moindre pour le créancier que si elle n'avait point été exécutée du tout. Il est donc juste que la peine soit diminuée en proportion du résultat qu'il a obtenu par l'exécution partielle de l'obligation principale.

Mais, qu'on le remarque bien, il faut que le créancier ait donné son assentiment à cette exécution partielle pour qu'il y ait lieu à la modération de la peine. L'art. 1191 du Code civil, d'après lequel le débiteur, dans le cas d'une obligation alternative, ne peut pas contraindre le créancier à recevoir partie de l'une et partie de l'autre des choses promises, est ici essentiellement applicable, et c'est ce qui résulte encore de l'art. 1244, qui pose en principe que « le débiteur ne peut point forcer le créancier à recevoir en partie le paiement d'une dette même divisible. » C'est donc seulement dans le cas où le créancier, renonçant au bénéfice de l'art. 1244, consentirait à recevoir du débiteur un paiement partiel que l'art. 1231 pourra être utilement invoqué par le débiteur.

47. Cela est sans difficulté lorsque l'obligation principale est divisible de sa nature. Mais que faudra-t-il décider dans le cas où l'obligation principale serait indivisible ? On recherchera alors si cette obligation était ou non susceptible d'une exécution partielle. Si l'obligation, quoique indivisible aux yeux de la loi, est cependant susceptible d'être exécutée partiellement, l'art. 1231 devra s'appliquer. — « Quoique l'exercice d'une servitude prédiale soit quelque chose d'indivisible, dit Pothier (*Traité des obligations*, n° 353), et qu'en conséquence l'obligation que contracte le possesseur de l'héritage servant de souffrir l'exercice de la servitude, soit une obligation indivisible, néanmoins, lorsque cette servitude a été limitée à une certaine fin pour laquelle elle a été constituée, laquelle fin se termine à quelque chose de divisible, la peine se divisera si cette fin a été remplie pour partie ; et elle n'aura lieu que pour la partie quant à laquelle elle n'aura pas été remplie ; ceci va s'éclaircir par un exemple :

» J'ai un héritage qui a un droit de servitude sur le vôtre, lequel droit consiste en ce que les possesseurs de l'héritage servant sont obligés, au temps des vendanges, de souffrir que mes gens transportent mes vendanges par cet héritage, à peine de cent écus en cas de trouble fait à mon droit de servitude. Dans cette espèce, si, après avoir laissé passer la moitié de ma vendange, vous avez empêché le transport du surplus par votre héritage, vous n'avez encouru la peine de cent écus que pour moitié..... car je ne puis pas percevoir la peine pour le total et jouir en partie de l'utilité de mon droit de servitude ; je ne puis avoir tout à la fois l'une et l'autre ; c'est ce qu'enseigne Dumoulin : « *Quia*, dit-il, *hæc servitus de se individua, dividuatur ex accidenti, et ex fine dividuo.... et debet judicari secundùm regulam dividuorum.* »

» Nos principes reçoivent encore quelque application, même à l'égard des obligations indivisibles, dans l'espèce suivante et autres semblables. Vous vous êtes engagé par un traité, sous certaine peine, à me faire constituer un droit de servitude de passage sur un héritage dont vous avez l'usufruit, et qui est voisin du mien, en vous faisant fort des propriétaires. Trois des propriétaires ratifient, un seul refuse d'imposer la servitude. La peine, à la vérité, m'est due en entier, car le refus d'un seul propriétaire d'imposer la servitude empêche qu'elle ne soit aucunement imposée, nonobstant la ratification des trois autres, un droit de servitude ne pouvant être imposé pour partie, et ne pouvant par conséquent être imposé que par tous les propriétaires ; mais comme cette ratification, quoiqu'elle soit entièrement inutile pour imposer un droit réel de servitude sur l'héritage, a néanmoins un effet qui consiste à obliger personnellement ceux qui ont ratifié à me laisser passer, je ne puis exiger toute la peine qu'en me désistant de mon droit, qui résulte de cette obligation : autrement je ne pourrai exiger qu'une partie de la peine, ne pouvant pas percevoir toute la peine, et en même temps percevoir quelque chose de l'obligation principale. » (Dumoulin, *De dividuo et individuo.* Part. 3, nos 472 et 473.)

Aux principes que Pothier a empruntés à Dumoulin, nous ajouterons que la servitude n'est indivisible que sous un seul point de vue, celui où l'héritage servant appartenant à plusieurs indivisément, tous les copropriétaires indivis ne consentent pas d'un accord unanime la convention par laquelle je stipule une servitude au profit de mon héritage. Si,

comme l'observe Pothier, un seul refuse d'acquiescer à la stipulation, la servitude étant indivisible sous ce rapport particulier, et ne pouvant exister pour partie, est absolument non-avenue et ne peut avoir la moindre existence.

48. Mais les servitudes ne sont indivisibles que sous ce rapport : elles sont susceptibles de division, au moins sous le rapport du temps, et peuvent recevoir en ce sens une exécution partielle; de sorte que les servitudes elles-mêmes, que les jurisconsultes regardent comme les objets les plus indivisibles en matière de droit, peuvent cependant recevoir l'application de l'art. 1231. Je me suis obligé envers vous à une servitude d'égout, sous peine de mille francs de dommages-intérêts. Je vous en laisse jouir un an, deux ans, trois ans; puis je la supprime. Cette jouissance plus ou moins longue que je vous ai accordée sans trouble, est une véritable exécution partielle, car elle vous a été utile; ma cause est plus favorable que si je ne vous avais pas permis d'en jouir un seul instant : le juge aura égard à cette situation particulière, et pourra sur ce fondement réduire la peine à proportion du temps qu'a duré votre jouissance. Il en est de même de toute autre servitude. — V. Servitude.

49. L'hypothèque est également indivisible de sa nature : *Est tota in toto et tota in quâlibet parte.* Mais tout objet qui est un immeuble est toujours divisible, au moins sous le rapport de sa valeur. Ce point suffit pour que l'art. 1231 soit applicable à l'hypothèque.

Je me suis obligé, sous peine de cinq mille francs de dommages-intérêts, à vous hypothéquer des immeubles jusqu'à concurrence d'une valeur de 30,000 fr., pour garantie d'une créance chirographaire de 25,000 fr. que vous avez sur moi. Nous prenons acte, et je vous indique un héritage sur lequel vous prenez inscription. Mais au lieu de valoir 30,000 fr., cet héritage n'en vaut que 12,000. Vous me mettez en demeure de vous accorder un supplément d'hypothèque, et je m'y refuse. La peine est encourue ; mais elle devra être réduite par le juge, attendu que mon obligation a reçu une exécution partielle.

50. Mais l'art. 1231 ne sera pas applicable, si l'obligation ne peut recevoir d'exécution partielle sous aucun rapport. Telle est, par exemple, l'obligation de livrer un cheval, un bœuf ou autres objets matériellement indivisibles.

51. Quid, si m'étant obligé, sous une certaine peine, à vous livrer un attelage composé de deux chevaux, je ne vous livre qu'un seul cheval ? Comme vous n'êtes pas tenu de le recevoir, si vous le refusez, l'inexécution sera totale : si vous l'acceptez, elle ne sera que partielle. Il n'y aura pas lieu, dans la première hypothèse, à appliquer l'art. 1231 ; mais il devra être appliqué dans la seconde.

52. Remarquons enfin que l'art. 1231 est susceptible de recevoir application, quand même la peine consisterait en quelque chose d'indivisible. « Je vous ai vendu, dit Pothier (Traité des oblig., n° 351), un héritage dont vous m'avez payé le prix comptant, sauf cinquante pistoles que vous êtes obligé de me payer dans un an : et il a été convenu entre nous qu'à défaut de paiement de cette somme, vous m'accorderiez, à la place de cette somme, un droit de vue sur une maison à vous appartenante, voisine de la mienne. J'ai reçu de vous vingt-cinq pistoles ; faute de paiement du surplus, je ne puis exiger la peine pour le total, mais seulement pour la moitié quant à laquelle l'obligation principale n'a pas été exécutée ; et comme la peine consiste en un droit de servitude de vue, qui est quelque chose d'indivisible et non susceptible de parties, il faudra qu'en vous demandant que vous m'accordiez ce droit de servitude, je vous offre de vous payer la moitié de la valeur, la peine ne m'étant due que pour moitié. » (Dumoulin, partie 3, n°ˢ 523 et suivants, De divid. et ind.)

53. Mais, hors le cas d'une exécution partielle et agréée de l'obligation principale, le juge pourra-t-il modifier la peine, en l'augmentant s'il la trouve inférieure au dommage souffert, en la diminuant au contraire s'il la trouve exagérée ? Il régnait sur ce point, dans l'ancien droit, une assez grande incertitude.

54. En droit romain, il était de principe que le juge ne pouvait jamais diminuer la peine, si exagérée qu'elle parût être relativement au préjudice souffert. C'est ce qui résulte du § 19, Inst. de inutil. stipul., portant que, lorsqu'une peine avait été stipulée, le juge ne devait pas considérer l'intérêt du stipulant, mais seulement le montant de la peine stipulée. Pœnam enim cum stipulatur quis, non illud inspicitur quid intersit ejus, sed quæ sit quantitas in conditione stipulationis. La loi 38, ff. § 17, De verb. oblig., reproduit les mêmes expressions. Mais si le juge ne pou-

vait diminuer la peine, il pouvait l'augmenter quand il la trouvait inférieure au préjudice réellement souffert par le créancier, par suite de l'inexécution de l'obligation principale. C'est ce que prouvent la l. 38, ff. De act. empti et venditi, et les lois 41 et 42, ff. Pro socio.

55. Dans l'ancienne jurisprudence française, le juge ne pouvait, en général, augmenter la peine quand elle était trop faible en comparaison du préjudice souffert ; mais on dérogeait à ce principe dans certains cas exceptionnels, où il était prouvé, hic et nunc, que le créancier avait éprouvé un dommage plus grand que la peine stipulée. Pothier en donne cet exemple : « Si un marchand m'a prêté sa voiture, à la charge que je la lui rendrais un certain jour auquel il en aurait besoin pour aller à une certaine foire, à peine de 30 livres, faute de la lui rendre au jour indiqué ; le marchand à qui j'ai promis de la rendre peut ne pas se contenter de la somme de 30 livres, s'il a la preuve en main qu'il a été obligé d'en louer une pour 50 livres, et que le prix commun des voitures pour aller à cette foire était de 50 livres dans le temps auquel je devais lui rendre la sienne. »

Mais si, sauf les cas exceptionnels et analogues à celui que nous venons de citer, le juge ne pouvait augmenter la peine, il pouvait au contraire la réduire, lorsqu'elle dépassait notablement le dommage résultant de l'inexécution de la convention. C'est ce qu'atteste Pothier, qui justifie cette doctrine par cette raison « que, lorsqu'un débiteur se soumet à une peine excessive en cas d'inexécution de l'obligation principale qu'il contracte, il y a lieu de présumer que c'est la fausse confiance qu'il a qu'il ne manquera pas à cette obligation qui le porte à se soumettre à une telle peine. » (Trait. des oblig., n° 343.)

56. Mais, comme le dit Toullier, t. 6, n° 812 : « Si l'erreur qui ne consiste que dans la fausse confiance du débiteur suffisait pour faire annuler un contrat par défaut de consentement, il y aurait bien peu de conventions qui ne fussent pas attaquées, et les transactions sociales rentreraient dans le désordre. Le raisonnement de Pothier prouverait donc beaucoup trop... » Aussi, la doctrine admise dans l'ancienne jurisprudence n'a-t-elle pas été adoptée par les rédacteurs du Code. On avait proposé cependant de maintenir cette doctrine ; mais elle fut rejetée au Conseil d'état par le

motif que les contractants sont les appréciateurs les plus sûrs du dommage qui peut résulter de l'inexécution de leur engagement,
et qu'ainsi, quand les parties ont elles-mêmes
fixé le taux des dommages-intérêts, leur prévoyance ne doit pas demeurer sans effet et
leur convention doit être respectée. (V. Fenet,
*Trav. prép. du C. civ.*, t. 13, p. 262.) L'article 1231 n'est au surplus que la confirmation
virtuelle de cette délibération : car du moment qu'il n'accorde le droit de modérer la
peine que lorsque l'obligation principale a
été exécutée en partie, il le refuse, par cela
même, dans le cas où aucune exécution n'a eu
lieu : *qui dicit de uno de altero negat.* Concluons donc que les dommages fixés dans la
clause pénale font aujourd'hui partie intégrante de l'obligation, et comme il est de
principe que les conventions tiennent lieu de
loi à ceux qui les ont faites (art. 1134), le juge
est tenu d'adjuger au demandeur, qui poursuit l'exécution de la clause pénale, toute
la peine et rien que la peine qui a été fixée
par les parties. En outre, à l'appui de cette
solution, on peut invoquer les dispositions de
l'art. 1152, d'après lequel, lorsque la convention porte que celui qui manquera de l'exécuter paiera une certaine somme à titre de dommages-intérêts, ce qui caractérise essentiellement la clause pénale, il ne pourra être alloué
à l'autre partie une somme plus forte ni
moindre.

Seulement, on pourrait dire, même sous
l'empire des lois actuelles, que la défense faite
au juge de réduire les dommages stipulés ne
s'appliquerait pas au cas où la clause pénale
ne serait au fond qu'une usure déguisée. « A
plus forte raison, disait Pothier, n° 346, les
peines stipulées en cas de défaut de paiement
d'une somme d'argent, ou autre chose qui se
consomme par l'usage, doivent-elles être réduites au taux légitime des intérêts dont elles
tiennent lieu. » Et cette doctrine a été généralement reçue par les auteurs qui ont écrit
sous l'empire du Code civil. — V. Toull. *loc.
cit.*, n° 809 et M. Duranton. *loc. cit.*, n° 342.

57. Remarquons d'ailleurs que si le juge
ne peut pas en principe modérer la peine
contractuelle, il ne peut pas davantage l'augmenter dans le cas où le dommage souffert lui
paraîtrait manifestement supérieur : les deux
idées sont essentiellement corrélatives ; et les
raisons qui ont fait consacrer l'une s'appliquent
avec une égale force à l'autre. Toutefois, il

conviendrait d'excepter le cas où le créancier
ne pouvant obtenir de son débiteur l'exécution
d'une obligation susceptible d'être remplie
par un tiers, aurait eu recours à ce tiers.
Ainsi dans l'exemple donné par Pothier relativement au marchand forain (V. *suprà*,
n° 55), M. Duranton, en rejetant en principe
l'opinion de cet auteur, a dit cependant avec
lui « qu'il est dû au créancier indemnité de
cinquante francs, prix auquel un tiers lui a
fourni une voiture pour conduire ses marchandises à la foire, et non pas seulement les
trente francs montant de la clause pénale. »
Cela nous semble de toute justice. L'obligation principale a été exécutée, mais par un
tiers; elle doit donc l'être aux dépens du débiteur. Le créancier aurait pu, même sans le
secours de la clause pénale, faire exécuter de
cette manière l'obligation principale : or, la
clause pénale ne saurait porter atteinte à cette
obligation.

**Art. 3. — *Effets de la clause pénale à l'égard
des héritiers du débiteur et des héritiers
du créancier.***

58. La matière est réglée, du moins en ce
qui concerne les héritiers du débiteur, par
les art. 1232 et 1233 du Code civil, qui se
réfèrent l'un au cas où l'obligation primitive
contractée avec une clause pénale est d'une
chose indivisible ; l'autre au cas où l'obligation contractée sous une peine est divisible.

59. 1° *Du cas où l'obligation primitive
est indivisible.* — Lorsque l'obligation primitive contractée avec une clause pénale, porte
l'art. 1232, est d'une chose indivisible, la
peine est encourue par la contravention d'un
seul des héritiers du débiteur, et elle peut
être demandée, soit en totalité contre celui
qui a fait la contravention, soit contre chacun des cohéritiers pour leur part et portion,
et hypothécairement pour le tout, sauf leur
recours contre celui qui a fait encourir la
peine. » Remarquons tout d'abord que cette
précision *hypothécairement pour le tout*, qui
est faite dans cet article, était inutile ; car l'obligation hypothécaire qu'elle consacre n'a rien
de particulier à l'espèce ; c'est tout simplement
l'application du principe général que l'hypothèque suit la chose en quelques mains qu'elle
se trouve (2114) : aussi ce principe est-il tout
aussi applicable au cas de l'art. 1233, quoiqu'il n'y soit point rappelé, qu'à celui de l'art.
1232, qui en parle expressément,

60. D'ailleurs l'art. 1232 ne prévoit pas le cas où la peine a été encourue du vivant du débiteur, mais seulement celui où elle l'a été par le fait de ses héritiers. Plaçons - nous dans l'hypothèse que cet article n'a pas faite, et l'on décidera que, lorsque le débiteur d'une obligation avec clause pénale meurt après avoir encouru la peine, sans l'avoir payée, cette peine, comme toute autre dette divisible, est supportée par chacun des héritiers au prorata de sa part héréditaire ( art. 1220 ). Si elle est indivisible, elle peut être réclamée en totalité contre chacun des héritiers. Il y a lieu d'appliquer à ce cas les art. 1223 et 1225 du Code civil. (V. Obligations divisibles et indivisibles.) Peu importerait que l'obligation primitive pût ou non être divisée; car du moment que le créancier a opté pour la peine, c'est cette peine qui se trouve maintenant due, et non la chose qui faisait l'objet de l'obligation principale.

61. En ce qui concerne le cas qu'il prévoit, l'art. 1232 du Code civil reproduit à peu près la doctrine de Pothier qui l'expliquait en ces termes : « Quelqu'un s'est obligé envers moi de me laisser passer sur son héritage contigu à la maison que j'occupe, tant que j'occuperais cette maison , à peine de dix livres de dommages-intérêts , en cas d'empêchement ; et si quelqu'un des héritiers de mon débiteur me bouche le passage, quoique sans la participation et contre le gré de ses cohéritiers, la peine entière de dix livres sera encourue, et elle le sera contre chacun des héritiers de mon débiteur, qui en seront tenus chacun pour leur part héréditaire : car le fait qui fait l'objet de l'obligation primitive étant indivisible, n'étant pas susceptible de parties, la contravention qui est faite par l'un des héritiers du débiteur à cette obligation, est une contravention à toute l'obligation, qui doit par conséquent faire encourir toute la peine par tous ceux qui en sont tenus comme héritiers du débiteur, qui s'est obligé à cette peine en cas de contravention. C'est la décision de Caton en la loi 4, § 1. ff. De verb. oblig. Cato scribit , Pœnâ certæ pecuniæ promissâ, si quid aliter sit factum, mortuo promissore, si ex pluribus hæredibus unus contra quàm cautum sit, fecerit, aut ab omnibus hæredibus pœnam committi pro portione hæreditariâ, aut ab uno pro portione suâ. Ab omnibus, si id factum, de quo cautum est , individuum sit , veluti iter fieri ; quia quod in partes dividi non potset ,

ab omnibus quodammodo factum videtur. Et plus bas : Omnes commisisse videntur , quod nisi in solidum peccari poterit , illam stipulationem per te non fieri quominus mihi ire agere liceat. — Le jurisconsulte Paul décide la même chose en la loi 85, § 3, ff. eod., tit. Quoniam licet ab uno prohibeor, non tamen in partem prohibeor , et il ajoute : Sed cæteri familiæ erciscundæ judicio sarcient damnum. V. Pothier, n° 356.

62. Puisque la peine ne peut être demandée contre les héritiers non contrevenants à l'obligation primitive que pour leur part héréditaire, les héritiers ne sont point considérés comme des débiteurs solidaires, lesquels sont tous tenus au paiement de la dette pour le total. (Art. 1200.) Sic Pothier, loc. cit. Sous ce rapport, les héritiers du débiteur d'une obligation avec clause pénale sont dans une position plus avantageuse que les débiteurs d'une obligation solidaire; mais, sous un autre rapport, leur position est pire. Ainsi , dans le cas d'une obligation solidaire, si le créancier, en sus de la chose qui faisait l'objet de cette obligation , obtient des dommages-intérêts , ces dommages-intérêts ne pourront être demandés qu'à ceux des débiteurs par la faute desquels l'exécution n'a pas eu lieu ( art. 1205 ), et non contre les autres; tandis que dans le cas d'une clause pénale, la peine, ainsi que nous l'avons dit, peut être exigée de chacun d'eux dans la proportion de sa part héréditaire, parce que cette peine est stipulée précisément en vue du cas de l'inexécution de l'obligation principale, comme une condition dont l'accomplissement fait produire à cette obligation tous les effets dont elle est susceptible , et contre chacun de ceux qui en sont tenus du chef de leur auteur, ce qui ne se suppose pas dans une obligation solidaire.

63. Mais un point sur lequel il y avait doute dans l'ancienne jurisprudence, et que l'art. 1232 a tranché, était de savoir si le créancier peut demander la peine entière à celui des héritiers qui a fait la contravention. La raison de douter était que la loi ne le disait pas, et qu'elle disait au contraire que la peine était due par tous les héritiers, pour leur portion héréditaire seulement. On ajoutait que la contravention de l'héritier ne donne ouverture à la dette de la peine , qu'autant que cette contravention est comme la condition sous laquelle l'obligation de la peine a été contractée par le défunt : cette dette de la peine

qui a été contractée par le défunt, étant une dette du défunt et une dette divisible, l'héritier n'en peut être tenu que quant à la portion pour laquelle il est héritier, et pour laquelle il succède en cette qualité aux dettes du défunt. « Il faut décider néanmoins, dit Pothier, que l'héritier qui contrevient à l'obligation indivisible contractée par le défunt, devient débiteur de la peine pour le total. On ne peut douter qu'il n'en soit tenu au moins obliquement et indirectement; car étant tenu d'acquitter ses cohéritiers des parts dont ils en sont tenus, le créancier doit être admis, pour éviter le circuit d'action, à lui demander la peine, non-seulement pour sa part, mais pour celle de ses cohéritiers dont il est tenu de les acquitter, et par conséquent pour le total. Dumoulin (*part.* 3, n°ˢ 173 et 174, et *passim alibi*) va plus loin et soutient que cet héritier doit la peine pour le total, non-seulement obliquement, mais même directement; car l'obligation primitive étant supposée indivisible, il en est débiteur pour le total, et débiteur sous la peine convenue. Or la contravention à une obligation dont il est tenu pour le total , doit lui faire encourir toute la peine. » C'est en ce sens que la question a été résolue par l'art. 1232 du Code civil.

64. Lorsque la contravention à une obligation indivisible est faite par un des héritiers du débiteur, l'héritier qui a fait la contravention étant tenu de la peine pour le total, il faut, par la même raison, décider que si la contravention est faite par plusieurs héritiers, chacun d'eux est solidairement tenu de la peine; car les contraventions de ses cohéritiers ne diminuent pas la sienne : *Nec qui peccavit*, dit Dumoulin, *loc. cit.*, n° 148, *ex eo relevari debet, quod peccati consortem habuit; multitudo peccantium non exonerat, sed potius aggravat. Sic* Pothier, *loc. cit.*, n° 357.

65. Toutefois le principe établi par l'article 1232, que la totalité de la peine peut être exigée, dans le cas d'une obligation indivisible, contre ceux des héritiers du débiteur qui y ont contrevenu, reçoit exception lorsque l'héritier contrevenant n'a fait qu'user d'un droit particulier indépendant de sa qualité d'héritier. « Ainsi, dit M. Duranton, t. 11, n° 374, si je vous passe bail pour neuf ans d'un héritage qui appartient à un individu qui devient ensuite mon héritier pour partie, et que je promette une peine en cas d'inexé-

cution du bail, *putà* 600 fr. ; si je laisse quatre héritiers par égale portion , et que celui qui est propriétaire du fonds fasse prononcer la résiliation du bail, il y aura bien lieu à la peine, sauf à la modérer en raison du temps dont vous aurez joui de la chose, mais cette peine ne sera due par lui que pour sa part héréditaire seulement, et, s'il la payait en totalité, il aurait droit à être indemnisé par ses cohéritiers : car ayant, en sa qualité de propriétaire du fonds, le droit d'en jouir, il n'aurait pas péché contre la bonne foi en vous expulsant : *dolo non facit qui jure suo utitur.* Il n'est tenu de l'inexécution du bail et de la peine qu'en sa qualité d'héritier, et par conséquent seulement pour sa part héréditaire. » Telle était aussi l'opinion de Dumoulin, part. 5 , n° 430, et celle de Pothier, n° 363.

66. 2° *Du cas où l'obligation primitive est divisible.* — Les dispositions de la loi à cet égard sont puisées dans la loi romaine citée *suprà* n° 62, d'après laquelle celui des héritiers du débiteur qui contrevenait à l'obligation primitive d'un fait divisible contractée sous une clause pénale, encourait la peine pour la part dont il était héritier. *Si de eo cautum sit quod divisionem recipiat, veluti ampliùs non agi, eum hæredem qui adversùs ea facit, pro portione suâ solum pœnam committere.* « On peut faire, dit Pothier, l'espèce de cette loi de cette manière : Une personne s'est engagée envers moi , sous peine de 300 livres, à acquiescer à la sentence d'un arbitre qui avait donné congé d'une demande par laquelle elle se croyait être ma créancière de dix muids de blé. Un de ses héritiers, qui l'est pour une cinquième portion, a, contre la foi de cette convention, renouvelé la contestation; il m'a demandé sa cinquième portion de dix muids de blé, que l'arbitre avait jugé que je ne devais pas : il encourt seul la peine convenue, et il ne l'encourt que pour la cinquième portion dont il est héritier. La raison est que l'obligation est divisible; et cet héritier n'y ayant pu contrevenir que pour la part pour laquelle il en est tenu, il ne peut être tenu de la peine que pour cette part. Ses cohéritiers, qui, loin de contrevenir à cette obligation, y ont satisfait pour leur part, en acquiesçant pour leur part à la sentence de l'arbitre, ne peuvent être tenus de cette peine : le créancier, qui est satisfait pour leur part de l'obligation principale, ne peut exiger la peine pour leur part, ne pouvant être à la fois payé de

l'obligation principale et de la peine. » C'est cette doctrine que l'art. 1233 a convertie en loi, en disant dans sa première disposition : « Lorsque l'obligation primitive contractée sous une peine est divisible, la peine n'est encourue que par celui des héritiers du débiteur qui contrevient à cette obligation, et pour la part seulement dont il était tenu dans l'obligation principale, sans qu'il y ait d'action contre ceux qui l'ont exécutée. » Cette doctrine avait néanmoins souffert de graves difficultés, dans les anciens principes, à cause de la loi 5, § 4, *si sortem*, ff. *De verb. oblig.*, qui paraissait fortement opposée à celle que nous venons d'indiquer. Tout l'effort des interprètes, tant anciens que modernes, avait tendu à concilier les deux textes ; et l'on peut voir dans Pothier, *loc. cit.*, n° 359, le système de conciliation qui avait prévalu.

Quoi qu'il en soit, toute difficulté a cessé aujourd'hui en présence du texte précis du § 1er de l'art. 1233, et cette première disposition de l'article n'a pas besoin d'un plus long commentaire.

67. Au surplus, le législateur a fait une exception à la règle consacrée dans le § 1er : « Cette règle, porte en effet la seconde disposition du même article, reçoit exception lorsque la clause pénale ayant été ajoutée dans l'intention que le paiement ne pût se faire partiellement, un cohéritier a empêché l'exécution de l'obligation pour la totalité. En ce cas, la peine entière peut être exigée contre lui et contre les autres cohéritiers pour leur portion seulement, sauf leur recours. » En ce cas, l'obligation est considérée comme indivisible ; en sorte que la disposition n'est en définitive qu'un retour aux principes consacrés par le législateur dans l'art. 1232.

68. Disons toutefois, avec M. Duranton, t. 11, n° 379, que si le créancier avait accepté sans faire aucune réserve un paiement partiel, il aurait de lui-même renoncé à tout droit relativement à la peine contre l'héritier qui aurait fait ce paiement ; et que les héritiers qui demeureraient obligés à la peine pourraient en demander la réduction, à raison du paiement partiel qui aurait eu lieu, et cela, par application de l'art. 1231. Comme aussi, et ainsi que l'enseigne le même auteur, l'héritier qui aurait offert de payer sa part dans la dette ne devrait pas être considéré *comme ayant empêché l'exécution de l'obligation pour la totalité*. Car bien loin d'avoir mis obstacle à

l'exécution, il aurait fait effort pour qu'elle fût accomplie. Il ne serait donc point tenu de la peine pour la totalité ; il n'en serait tenu que pour sa part, si le créancier, comme il en avait le droit, a refusé le paiement partiel.

69. Quant aux effets de cette clause à l'égard des héritiers du *créancier*, le Code civil ne s'en est pas occupé. Mais dans le droit romain, la question avait été posée de savoir si la peine est encourue pour le total et envers tous les héritiers du créancier, par la contravention faite envers l'un d'eux. « Paul, dit Pothier, *loc. cit.*, n° 364, en la loi 25, *fin. De verb. oblig.*, décide cette question dans l'espèce d'une stipulation pénale apposée à une obligation primitive indivisible, *Finge :* Vous vous êtes, par une transaction, obligé envers moi de me laisser passer, moi et mes héritiers, par votre parc, tant à pied qu'à cheval, et avec des bêtes de charge, à peine de douze livres, en cas de contravention à votre obligation. J'ai laissé quatre héritiers. Vous avez empêché l'entrée du parc à l'un des quatre héritiers, et l'avez permise aux trois autres. Paul décide qu'en ce cas la contravention étant faite à une obligation indivisible et non susceptible de parties, ne peut être une contravention partielle ; qu'ainsi la peine à laquelle elle donne lieu paraîtrait, selon la subtilité du droit, devoir être encourue pour le total au profit de tous les héritiers ; néanmoins, que, selon l'équité qui doit en ce cas prévaloir à la subtilité, la peine ne doit être encourue qu'envers celui des héritiers à qui on refuse l'entrée, et qu'elle ne doit l'être que pour sa part héréditaire seulement. La raison est que l'équité ne permet pas que les trois héritiers, à qui le débiteur a accordé l'entrée de son parc, puissent en même temps percevoir tout le fruit de l'exécution de l'obligation et percevoir la peine stipulée pour l'inexécution de cette obligation, ni qu'ils puissent se plaindre de la contravention que le débiteur a faite à son obligation avec leur cohéritier, à laquelle contravention ils n'ont aucun intérêt. » Ces principes devraient encore servir de règle aujourd'hui.

70. La contravention faite à l'obligation par le débiteur envers l'un des héritiers, ne donnant lieu à la peine qu'envers cet héritier et pour sa part héréditaire seulement, quoique l'obligation primitive fût indivisible, à plus forte raison doit-on décider la même chose lorsque l'obligation primitive est divisible.

**CLAUSE PRIVATIVE.** On appelait ainsi autrefois la clause par laquelle le testateur déclarait que si ses héritiers légitimaires contrevenaient à sa volonté, en réclamant les réserves coutumières dont il disposait à leur préjudice, il les privait de tous ses biens disponibles, et voulait que ces biens appartinssent à son légataire.

Ainsi, par exemple, dans la coutume d'Artois, la réserve affectait certains biens particuliers; c'étaient les propres féodaux.

Le testateur qui, nonobstant cette réserve, voulait en frustrer ses héritiers réservataires et en disposer en faveur soit d'un seul d'entre eux, soit d'un étranger, insérait dans son testament la clause privative ci-dessus, et les enfants ne pouvaient conserver les biens réservés qu'en perdant leur droit aux autres biens disponibles. Une telle clause était valable sous l'ancien droit, ainsi que l'a jugé la Cour de cassation dans un arrêt rapporté par Merlin (*Questions de Droit*, v° Aînesse, 82); mais aujourd'hui elle serait proscrite comme contraire à la loi. Il ne serait plus permis à un testateur d'insérer dans son testament une clause qui aurait pour objet de forcer ses héritiers à exécuter des dispositions que la loi prohibe. Une semblable clause serait, aux termes de l'art. 900 du Code civil, réputée non écrite.

**CLAUSE RÉSOLUTOIRE.** — V. Condition résolutoire.

**CLAUSE RÉVOCATOIRE.** Se dit spécialement de la clause qui a pour effet de résoudre les donations entre-vifs et testamentaires. Elle produit, à leur égard, les mêmes effets que la clause résolutoire à l'égard des conventions (953, 955, 1035, 1046, 1096, C. civ.).

**CLAUSE DE STYLE.** On appelle ainsi celles qu'on est dans l'habitude d'insérer dans les contrats comme formules générales. Cette clause, que les notaires étaient autrefois dans l'usage de mettre dans presque tous les contrats, *promettant, renonçant, obligeant, etc.*, était une clause de style. Une pareille clause, malgré la généralité de ses termes, ne modifie en aucune façon la convention principale contenue dans le contrat, et il faut en restreindre l'effet à l'objet que les parties se sont proposé en contractant. Ainsi, par exemple, ces expressions, *promettant, renonçant, obligeant*, n'autoriseraient pas l'acquéreur à se soustraire à l'application de l'art. 1618 C. civ.,

qui dit : que, dans le cas où la vente d'un immeuble a été faite avec indication de la contenance à raison de tant la mesure, s'il se trouve une contenance plus grande que celle exprimée au contrat, l'acquéreur a le choix de fournir le supplément du prix, ou de se désister du contrat si l'excédant est d'un vingtième au-dessus de la contenance déclarée. L'acquéreur ne pourrait prétendre que le vendeur a entendu renoncer à lui demander le supplément du prix. — V. Abréviations.

**CLAVAIRES.** Mot dérivé du latin *clavis*, clef, qui désignait autrefois une espèce d'officier de finances et de justice. — V. Ducange et dom Carpentier, *eod. verb.*

**CLAWIRS** ET **FRANCHISES.** Termes employés dans la coutume de Liége pour exprimer banlieue. V. les art. 23 et 24 de cette coutume.

**CLEFS.** Les clefs d'une maison et de ses appartements sont immeubles par destination, parce qu'on ne pourrait jouir de l'édifice sans avoir aussi l'usage des clefs et des portes. (Proudhon, *Du dom. privé*, t. 1, n° 139.)

L'obligation de délivrer les immeubles est remplie de la part du vendeur lorsqu'il a remis les clefs, s'il s'agit d'un bâtiment, ou lorsqu'il a remis les titres de propriété. (Art. 1605, Code civ.)

La délivrance des effets mobiliers s'opère par la remise des clefs des bâtiments qui les renferment. (Art. 1606, Code civ.)

L'emploi de fausses clefs dans la perpétration d'un vol est une circonstance aggravante. — V. Circonstances aggravantes.

Sont qualifiées *fausses clefs* tous crochets, rossignols, passe-partout, clefs imitées, contrefaites, altérées, ou qui n'ont pas été destinées par le propriétaire, locataire, aubergiste ou logeur, aux serrures, cadenas ou aux fermetures quelconques auxquelles le coupable les aura employés. (Art. 398 Code pén.)

Une fausse clef n'est pas nécessairement une clef contrefaite; celle destinée à une autre porte est fausse dans le sens de la loi. (Cass. 5 nivôse an XIV; S.-V. 6. 2. 514; D. A. 12. 1062.)

Une clef perdue depuis un certain temps par le propriétaire peut être considérée comme fausse clef. (Cass. 16 déc. 1825; S.-V. 26. 1. 320; D. P. 26. 1. 148.)

Par lettres patentes du 12 oct. 1650, enregistrées le 27 janv. 1652, pour la ville et les faubourgs de Paris, art. 51, « il est défendu aux maîtres serruriers, compagnons, apprentis, de faire ouverture d'aucunes serrures de cabinets et coffres-forts, fermant à clef ou à loquet, que par l'ordre et en la présence du maître, comme aussi d'aucunes serrures de portes cochères, chambres et autres, qu'en la présence dudit maître ou de la maîtresse de la maison au moins, en laquelle ils ont été requis de se transporter, à peine de 100 liv. d'amende, et d'emprisonnement en cas de récidive. »

L'art. 52 défend « auxdits maîtres, compagnons et apprentis de forger ni de faire aucune clef, que l'on n'ait mis en leur possession la serrure ou une clef qu'ils vont, en ce cas, essayer sur ladite serrure, et la délivrent au maître ou à la maîtresse de ladite maison, ni même n'en peuvent faire sur modèle de cire, de terre ou autres patrons, sous les peines dites en l'article précédent. »

Une ordonnance de police, du 8 nov. 1780, art. 8, fait « défenses à toutes personnes d'exposer en vente et débiter aucune clef neuve ou vieille, séparément de la serrure, à peine de 100 fr. d'amende, et de prison en cas de récidive. »

L'art. 9 de la même ordonnance contient « défenses à tous ouvriers et apprentis serruriers et autres ouvriers en clefs de travailler, forger et limer des clefs et des serrures, hors les boutiques de leurs maîtres, en quelque lieu que ce puisse être, et d'y avoir des outils, ainsi qu'à tous particuliers de les recevoir à cet effet dans leurs maisons et logements, sous peine de prison contre lesdits ouvriers, apprentis serruriers et ouvriers en fer, et d'amendes contre lesdits particuliers qui les reçoivent chez eux à cet effet ; et sont tenus, les propriétaires et principaux locataires, qui ont lesdits ouvriers logés dans leurs maisons, dès qu'ils sont instruits qu'ils travaillent chez eux auxdits ouvrages, d'en faire la déclaration chez le plus prochain commissaire, ou au bureau de sûreté établi à la police, le tout sous peine d'amende contre lesdits propriétaires et principaux locataires. »

« Ne peuvent les ferrailleurs, revendeurs, crieurs de vieux fers, limer et repasser aucunes clefs dans leurs boutiques, sous peine d'amende, et, en cas de récidive, de prison. » ( Art. 10, *ibid.*)

La peine encourue par celui qui aura contrefait ou altéré des clefs est de trois mois à deux ans d'emprisonnement, et d'une amende de 25 fr. à 150 fr. Si le coupable est un serrurier de profession, il sera puni de la réclusion ; le tout sans préjudice de plus fortes peines, s'il y échet, en cas de complicité de crime. ( Art. 399 Code pén. )

**CLÉMENTINES.** C'est le nom qu'on donne communément à la collection des décrétales du pape Clément V, laquelle fut faite par les ordres du pape Jean XXII, son successeur, qui l'adressa aux universités en 1317. La mort de Clément V, arrivée en 1314, l'avait empêché de publier cette collection, qui est proprement une compilation, tant des épîtres et constitutions de ce pape que des décrets du concile de Vienne où il avait présidé. Les Clémentines sont divisées en cinq livres, où les matières du droit canonique sont distribuées à peu près selon le même plan que les Décrétales de Grégoire IX.

On donne encore le nom de *Clémentines* à un recueil de plusieurs pièces anciennes, qui sont de prétendus canons et constitutions des Apôtres, et autres pièces apocryphes attribuées mal à propos à saint Clément, évêque de Rome.

**CLERC.** Ce mot s'emploie parfois pour désigner seulement celui qui se destine à l'état ecclésiastique et qui en a reçu le premier caractère, qui est la tonsure, ou même les ordres mineurs, qui, sans le lier irrévocablement, l'attachent au service de l'église et lui donnent des fonctions particulières à remplir.

Plus généralement ce mot se disait autrefois et se dit encore quelquefois aujourd'hui de tous ceux qui composent l'état ecclésiastique, depuis les simples tonsurés jusqu'aux prélats les plus éminents du clergé. -- V. Clergé.

Parmi les laïques, on donne le nom de *clerc* à des aides que les notaires, les avoués et les huissiers emploient pour les travaux de leur charge. Ces fonctions sont ordinairement remplies par des jeunes gens qui se destinent eux-mêmes à occuper un jour de pareils offices. Il est même nécessaire, pour obtenir le certificat de capacité exigé pour être nommé à ces offices, de justifier d'un certain temps et de certaines conditions de cléricature. —V. Avoué, Huissiers, Notaires, Office. V. aussi Basoche, Certificat de moralité et de capacité.

Les clercs de notaire peuvent-ils être pris pour témoins d'un testament? — V. Notaire, Témoin.

**IV.**

22

**CLERGÉ.** — 1. « Le mot *clergé*, dit Guyot, se prend quelquefois dans toute son étendue pour la totalité des ecclésiastiques qui sont dans le monde chrétien ; d'autres fois on s'en sert seulement pour désigner le clergé d'un diocèse, et même de la ville épiscopale.

» Enfin, ce mot s'emploie ordinairement parmi nous pour désigner le corps entier des ecclésiastiques qui remplissent les prélatures, bénéfices, offices et ministères ecclésiastiques dans le royaume ; on l'appelle *Clergé de France.* »

On distinguait autrefois deux sortes de clergé : le clergé séculier, composé des ecclésiastiques mêlés au monde, tels que les évêques, les curés, etc., et qui sont spécialement chargés de diriger les consciences des fidèles, et de leur procurer les secours et les sacrements de la religion ; le clergé régulier, qui comprenait les religieux appartenant aux ordres monastiques. Nous verrons ailleurs si cette distinction a été maintenue par nos lois actuelles.

2. Avant 1789, le clergé jouissait d'une puissance politique immense, fondée sur des priviléges nombreux, des immunités et des richesses exorbitantes. Ainsi il était reconnu comme le premier corps de l'état, ayant droit de préséance dans les assemblées religieuses et politiques ; il exerçait sur chacun de ses membres une juridiction exclusive dont ceux-ci ne pouvaient être distraits que pour certains cas déterminés ; bien plus, ses tribunaux connaissaient même de certaines causes entre les laïques, telles que les procès concernant les mariages, les accusations d'usure, etc. Enfin, il était exempt d'impôts, et cependant sa fortune territoriale, en 1789, s'élevait à une valeur de 219,000,000 de livres. Ces priviléges, ces immunités, ces richesses, le clergé se les vit enlever en 1789 par l'Assemblée nationale, qui essaya, dans la loi du 24 août 1790, de donner au clergé une constitution nouvelle ; mais cette assemblée dépassa le but qu'elle se devait proposer : la constitution ancienne donnait au corps ecclésiastique, dans les affaires civiles, dans le gouvernement, une influence trop grande ; la loi du 24 août 1790, par un défaut contraire, accorda une trop large part dans le domaine du pouvoir spirituel au pouvoir séculier ; cette loi n'eut qu'une existence éphémère. Après les lois transitoires des 3 ventose, 11 prair. an III et 7 vend. an IV, qui établissaient une complète séparation entre l'église et l'état, vint enfin le concordat, dont les dispositions ont été traduites en loi par les articles organiques du 18 germinal an x. Nous ne pouvions exposer la législation actuelle touchant le corps ecclésiastique, ni parler des rapports établis par cette législation entre le pouvoir spirituel, le clergé, la société spirituelle, l'église, d'une part, et le pouvoir temporel et la société civile, c'est-à-dire l'état, de l'autre, sans scinder des principes qui doivent être présentés dans leur ensemble, et dont les développements seront mieux à leur place dans l'article consacré au mot Église — V. ce mot. V. aussi Congrégations religieuses, Culte, Juridiction ecclésiastique.

**CLERGIE.** Ce mot signifiait autrefois *science*, à cause, dit Guyot, que les clercs étaient alors les seuls qui fussent savants ; et comme toute écriture était considérée comme une science, et que ceux qui écrivaient étaient la plupart clercs ou qualifiés tels, et particulièrement ceux qui faisaient les fonctions de greffiers, on appela *clergies* les greffes de juridictions. C'est ainsi que le greffe de la ville de Paris est nommé clergie dans une ordonnance de Charles VI, du 27 janvier 1382, qui réunit la prévôté des marchands et le *clergie* de la ville à la prévôté de Paris. Dans la suite, le terme de *greffe* a pris la place de celui de clergie. — V. Greffe.

**CLIENT.** Ce titre nous vient de Rome, où les citoyens de l'ordre des plébéiens se mettaient sous la protection de quelques patriciens ; le patron était obligé de faire valoir les droits de son client toutes les fois que celui-ci réclamait son secours. Le client, à son tour, donnait au patron sa voix dans les assemblées des comices.

On donnait autrefois le nom de client aux vassaux par rapport aux seigneurs dominants sous la protection desquels ils étaient.

L'auteur de l'article *Client*, dans le répertoire de Guyot, fait remarquer avec raison que « ceux que l'on peut le mieux, parmi nous, assimiler aux anciens patrons, ce sont les avocats, qui épousent, pour ainsi dire, les intérêts de leurs clients et vont défendre leurs droits dans les tribunaux. »

Par extension, les notaires, les avoués, les huissiers, ont aussi des *clients* ; mais cette dénomination tend à s'étendre fort abusivement, et dans peu elle aura tout à fait, pour les industriels et les commerçants, remplacé l'expression de *pratiques.*

CLOAQUE. — V. Égout, Puits.

CLOCHE. — 1. On donne généralement pour étymologie à cette expression le mot *cloca*, que l'on trouve employé avec la signification de *cloche* dans les constitutions de Charlemagne. *Cloca* paraît lui-même dériver de l'ancien mot teutonique, *keloken*, frapper. Les Allemands et les Anglais emploient encore les expressions de *kloke* et de *clok* pour exprimer l'idée de cloche et celle d'horloge.

On n'est pas bien fixé sur l'époque à laquelle on doit rapporter l'usage des cloches. Les uns la prétendent antérieure au christianisme, et citent à l'appui de leur opinion cette phrase de Martial: *Redde pilum, sonat æs.* D'autres, se fondant sur le témoignage d'Alcuin, qui vivait du temps de Charlemagne, tirent d'un passage de cet auteur, qui parle de la cérémonie de la bénédiction ou baptême des cloches, la preuve de leur existence au huitième siècle. Quoi qu'il en soit de l'époque à laquelle elles furent inventées, il paraît certain que l'Église commença seulement à s'en servir en 972, sous le pontificat du pape Jean XIII; saint Paulin, évêque de Nôle, aurait été le premier qui les mit en usage pour assembler les fidèles.

2. L'abbé Fleury (*Institut. au droit canonique*) nous apprend que les cloches des églises, lorsqu'elles avaient reçu la bénédiction ou baptême, n'étaient pas destinées pour des usages profanes, mais au contraire « pour exciter la dévotion des fidèles, pour repousser les attaques du démon et dissiper les tempêtes. » Cependant l'usage, dans quelques paroisses, était de les sonner dans les cas de nécessité, du consentement mutuel du curé et des paroissiens, à l'occasion des affaires qui intéressaient toute la communauté: pour annoncer, par exemple, que l'audience allait s'ouvrir, pour notifier les ordres du roi, etc.

Un canon du concile de Toulouse, tenu en 1590, défendait d'employer à l'usage du culte les cloches qui n'avaient pas reçu la bénédiction ou le baptême. La cérémonie de la bénédiction rentrait dans les attributions des évêques, et à leur défaut ou refus, dans celles des curés. (Arrêt du conseil du 16 fév. 1690.)

Enfin les cloches ont été mises au nombre des choses nécessaires à la célébration du service divin. (Édit de 1695, art. 16.)

3. L'usage autrefois avait mis à la charge des fabriques et des habitants la réparation et l'entretien des cloches, de la charpente qui les soutenait et des cordes qui servaient à les sonner. (V. Denisart, *Collection nouvelle*, v° Cloches, n° 4, et Desgodets et Goupy, *Réparations des bénéfices*, édit. de 1787, p. 63, 2° part.)

Un arrêt du parlement de 1603, cité par Denisart (*loc. cit.*, n° 8), avait établi que le fondeur qui avait fourni le métal des cloches, dont il n'était pas payé, pouvait les faire saisir et vendre, même après qu'elles avaient reçu la bénédiction, et que, par conséquent, elles étaient devenues choses saintes.

Le même auteur nous apprend encore (n° 12) que c'était autrefois l'office des prêtres de sonner les cloches, principalement dans les cathédrales, et qu'on les appelait, à cet effet, *klocmans*, mot allemand qui signifie *hommes des cloches*.

4. Un préjugé invétéré dans les campagnes attribuait au son des cloches la propriété d'éloigner les orages; aussi, lorsqu'ils menaçaient, mettait-on les cloches en branle; et quoique de nombreux et déplorables accidents eussent démontré que cette mesure, bien loin de conjurer le danger, ne pouvait que le rendre plus imminent et déterminer l'explosion de la foudre, cependant ni l'expérience, ni les conseils de la science, n'eurent assez d'autorité pour faire renoncer à cette dangereuse habitude; il fallut recourir à l'intervention des tribunaux pour la faire cesser. Un arrêt du parlement de Paris, du 29 juillet 1784, avait défendu « aux marguilliers et bedeaux des paroisses, et à tous autres, de sonner les cloches dans les temps d'orages, à peine de dix livres d'amende contre tous les contrevenants, et de cinquante livres en cas de récidive, même de plus grande peine, s'il y échet. »

5. Tel était l'état de la législation lors de la révolution de 1789. A cette époque, des besoins nouveaux, une crise financière, et surtout des idées nouvelles vinrent la modifier. Par décret du 1er mai 1791, l'Assemblée constituante ordonna que des expériences seraient faites dans le but d'approprier le métal des cloches à la fabrication de la monnaie. Une commission fut nommée à cet effet, et un décret des 25-28 juin 1791 vint prescrire la fonte en monnaie des cloches garnissant les églises qui avaient été supprimées dans le département de Paris. Cette disposition fut ensuite étendue à toute la France, et toutes les cloches des églises sup-

primées dans les circonscriptions départementales durent être employées au même
usage. (V. décrets des 3-6 août 1791 et 14-22
avril 1792.) La France, menacée de l'invasion
étrangère, manquant de moyens de défense,
sentit le besoin de s'en créer ; et, sur la demande adressée par la commune de Lisieux
à la Convention nationale, celle-ci décréta
que toutes les communes de la république
étaient autorisées à faire convertir une partie
de leurs cloches en canons (V. déc. des 23-25
fév. 1793). Toutefois le décret du 21 frimaire
an II autorisa chaque commune à conserver
une cloche pour le timbre de son horloge.

L'art. 7 du décret du 3 ventôse an III ayant
interdit toute proclamation ou convocation
publique pour l'exercice d'un culte quelconque, la loi du 22 germinal an IV vint sanctionner cette prescription et punir de la peine
d'emprisonnement la convocation des fidèles
au son des cloches.—Un autre décret du 2 prairial an III porte, art. 1er : « Toutes les cloches
existant encore dans les bâtiments publics ou
particuliers de la commune de Paris, seront
à l'instant brisées et conduites aux fonderies
de la république pour y être converties en
canons. » Au reste, l'abolition du culte catholique rendit l'usage des cloches sans objet.

6. Le rétablissement du culte ramena presque tous les anciens usages de l'église et avec
eux celui des cloches. L'art. 48 de la loi du 18
germinal an X leur rendit leur existence canonique et civile ; il portait: « L'évêque se con-
certera avec le préfet pour régler la manière
d'appeler les fidèles au service divin par le
son des cloches. On ne pourra les sonner pour
toute autre cause sans la permission de la
police locale. »

Comme autrefois, les cloches sont employées
aujourd'hui à un double usage : 1° à la célébration du service divin et de toutes les autres cérémonies du culte, qui intéressent les
fidèles et pour lesquelles ils peuvent être appelés à l'église, ou dont ils doivent être avertis: comme, par exemple, le décès, l'enterrement, le baptême, le mariage d'un paroissien,
ou l'assemblée de la fabrique. (V. Carré, Gouvernement des paroisses, n° 115) ; 2° à des
objets purement civils, par exemple, à donner
un signal d'alarme dans les cas d'incendie ou
de péril commun ; mais ce moyen pouvant
troubler la tranquillité publique, le droit de
disposer des cloches pour les usages civils n'appartient qu'à la police locale. Il suit de là que

l'autorité civile est indépendante de l'autorité ecclésiastique, lorsqu'elle juge à propos
de disposer des cloches dans un intérêt purement civil. (Avis du comité de l'intér. 21 juill.
1835.—V. M.Vuillefroy, De l'administration
du culte catholique, v° Cloches.)

7. Une décision ministérielle, en date du
4 mars 1806, pour prévenir l'influence dangereuse que le son des cloches pourrait exercer
sur l'esprit des malades, dans des temps d'épidémie et de contagion, par exemple, a été d'a-
vis que toute sonnerie pouvait, dans ces circonstances, être suspendue momentanément ;
dans ce cas, le préfet devra s'entendre à cet
effet avec les supérieurs ecclésiastiques.

8. Les droits à percevoir par les ecclésiastiques pour la sonnerie des cloches à l'occasion
des baptêmes, mariages, enterrements et autres
cérémonies, ne sauraient être exigés s'ils n'ont
été déterminés dans le tarif des oblations et
approuvés par le gouvernement, conformément à l'art. 69 de la loi organique du 18 germinal an X.

Les contestations qui viendraient à s'élever
relativement à l'acquit des oblations autorisées par les règlements, sont de la compétence
judiciaire. Suivant deux décisions ministérielles des 18 avril et 14 oct. 1807, l'attribution
de juridiction appartient aux juges de paix.

9. Doit-on considérer comme abrogé l'arrêt
de police du parlement de Paris, en date du
29 juillet 1784, dont nous avons déjà parlé
(n° 4), qui défendait aux marguilliers et bedeaux des paroisses, et à tous autres, de sonner
les cloches, dans les temps d'orages, à peine de
10 liv. d'amende contre les contrevenans, et de
50 liv. en cas de récidive, même de plus grande
peine s'il y écheait ? M. Fournel (Traité du
voisinage, v° Cloches) est d'avis que cette
police, qui resta sans application pendant le
temps de la suppression des cloches, a dû reprendre aujourd'hui toute sa force. Nous pensons que cette opinion est fondée. — V. Règlements d'administration publique et arrêt
de règlement, n° 8. V. aussi Église.

CLOCHETTE. Les usagers doivent mettre
des clochettes au cou de tous les animaux admis au pâturage, sous peine de deux francs
d'amende pour chaque bête qui sera trouvée
sans clochette dans les forêts (art. 75, 112,
120 du Code forestier). —V. Pâturage.

CLOISON D'ANGERS. C'était une sorte de
droit du nombre de ceux compris sous le nom

général d'octrois, et qui, comme tels, faisaient partie de la ferme des aides. — V. Octrois.

CLOTURE. On donne ce nom à tout obstacle établi sur les limites d'une propriété pour la rendre inaccessible, et l'affranchir de certaines charges auxquelles se trouvent soumis les terrains non clos.

1. « Un héritage peut être considéré comme clos, disait le décret du 28 sept.-6 oct. 1791, (sect. 4, art. 6), lorsqu'il est entouré d'un mur de quatre pieds de hauteur avec barrière ou porte, ou lorsqu'il est exactement fermé et entouré de palissades ou de treillages, ou d'une haie vive, ou d'une haie sèche faite avec des pieux ou cordelée avec des branches, ou de toute autre manière de faire les haies en usage dans chaque localité, ou enfin d'un fossé de quatre pieds de large au moins à l'ouverture, et de deux pieds de profondeur. »

L'art. 391 du Code pénal a donné de l'extension à ce qu'on doit entendre par le mot clôture, et a réputé parc ou enclos tout terrain environné de fossés, de pieux, de claies, de planches, de haies vives ou sèches, ou de murs de quelque espèce de matériaux que ce soit, quelles que soient la hauteur, la profondeur, la vétusté, la dégradation de ces diverses clôtures, quand il n'y aurait pas de porte fermant à clef ou autrement, ou quand la porte serait à claire-voie et ouverte habituellement.

L'art. 392 (même code) répute aussi enclos les parcs mobiles destinés à contenir du bétail dans la campagne, de quelque manière qu'ils soient faits ; et lorsqu'ils tiennent aux cabanes mobiles ou autres abris destinés aux gardiens, ils sont réputés dépendants de maison habitée.

2. Ainsi que l'exprimait la loi des 28 sept.-6 oct. 1791 (tit. 1, sect. 4, art. 3), le droit de clore et de déclore ses héritages résulte essentiellement de celui de propriété. Tout propriétaire ayant le droit de jouir et de disposer de sa chose comme il lui convient, pourvu qu'il n'en fasse pas un usage contraire aux lois (art. 544, C. civ.), il en devait résulter que tout propriétaire devait avoir le droit de se clore à sa volonté.

3. Ce droit était loin d'être aussi constant sous l'empire du droit féodal et coutumier. Le bon plaisir de nos rois s'opposait à ce que les héritages compris dans le rayon d'une lieue des capitaineries royales pussent être clos. (Ordon. des eaux et forêts, tit. 30, de la chasse, art. 20 et suiv.) Les usages et les coutumes refusaient aussi souvent le droit de clôture aux propriétaires comme préjudiciant au droit de vaine pâture. (V. Cout. d'Amiens, art. 197 ; de Montargis, chapitre 4, art. 5 ; d'Auxerre, art. 263 ; de Melun, art. 302 ; de Bretagne, art. 408.) Il paraît cependant qu'en France le principe dominant était celui qui permettait à tout propriétaire de clore son héritage. (Denisart, Collect. nouv., vo Clos, no 2.)

4. Le principe du libre usage de la propriété a été explicitement consacré par notre législation nouvelle, et spécialement, quant au point qui nous occupe, par l'art. 647 du Code civil, ainsi conçu : « Tout propriétaire peut clore son héritage, sauf l'exception portée en l'art. 682. »

L'exception portée en l'art. 682 est relative au cas où un propriétaire enclavé aurait besoin d'un passage ; il y a encore d'autres exceptions à la disposition de l'art. 647 qui résultent de droits de servitude que d'autres auront acquis sur la propriété, ainsi que nous le verrons ci-après.

5. Avant d'entrer dans le développement du principe concernant cette matière, nous devons encore faire observer que toute propriété confinant une voie publique, fleuve, rivière, canal, route, rue ou chemin, est assujettie à la demande préalable d'un alignement, soit qu'il s'agisse de l'enclore ou de réparer d'anciennes clôtures, d'y élever des constructions ou de réparer des bâtiments déjà existants ; soit qu'il s'agisse d'y faire des plantations, toutes les fois que ces clôtures, constructions ou plantations sont faites sur la partie qui confine la voie publique. — V. Alignement.

§ 1er. -- De la clôture forcée. — Héritages situés ès-villes et faubourgs. — Qui doit supporter les frais de construction et réparation ? — Abandon. — La convention réciproque de ne jamais exiger la clôture est-elle valable ? — Comment doit être faite la clôture ? etc.

§ 2. — De la clôture volontaire. — Clôture rurale. — Restrictions au droit de se clore. — Effets de la clôture, etc.

§ 1er. — De la clôture forcée. — Héritages situés ès-villes et faubourgs. — Qui doit supporter les frais de construction et réparation ? — Abandon. — La convention réciproque de ne jamais exiger la clôture est-elle valable ? — Comment doit être faite la clôture ? etc.

6. Bien qu'il semble contraire à la liberté

naturelle, comme l'observe un auteur (Fournel, *Du voisinage*, v° Clôture), qu'un propriétaire puisse être forcé à se clore contre son gré, la sûreté publique, le secret de la vie privée ou de famille, la nécessité de prévenir les fréquents démêlés qui pourraient s'élever entre voisins, avaient porté plusieurs coutumes à décider que, dans les villes et faubourgs, chacun pourrait contraindre son voisin à se clore et à contribuer aux frais de la clôture faisant séparation de leurs maisons. (V. *Coutume* de Paris, art. 209; de Calais, Melun, Étampes, Laon, Reims, Amiens, Orléans, Dourdan, Sedan, Bar, etc.)

Cette disposition a passé dans nos lois, et l'art. 663 du Code civil porte : « Chacun peut contraindre son voisin, *dans les villes et faubourgs*, à contribuer aux constructions et réparations de la clôture faisant séparation de leurs maisons, cours et jardins assis ès-dites villes et faubourgs : la hauteur de la clôture sera fixée suivant les règlements particuliers ou les usages constants et reconnus; et, à défaut d'usages et de règlements, tout mur de séparation entre voisins, qui sera construit ou rétabli à l'avenir, doit avoir au moins trente-deux décimètres (dix pieds) de hauteur, compris le chaperon, dans les villes de cinquante mille âmes et au-dessus, et de vingt-six décimètres (huit pieds) dans les autres. »

7. La cour royale de Limoges a décidé que les expressions de l'art. 663, *maisons, cours* et *jardins* ne sont pas *limitatives*, mais seulement *démonstratives*, et qu'en consultant l'esprit de la disposition qui a pour objet de protéger la sûreté des citoyens et le secret de la vie privée ou de famille, il y a juste cause de l'étendre à tout héritage qui, sans être en nature de cour ou de jardin, est susceptible d'être assimilé à cette espèce de fonds, comme faisant une dépendance intime de l'habitation; mais que cette extension ne peut s'appliquer à des prairies qui longent un chantier appartenant à celui qui demande la clôture à frais communs (26 mai 1838. S.-V. 39. 2. 139; J. P. 3e édit. D. P. 39. 2. 108.—V. Pardessus, *Des Servitudes*, n° 148).

Toullier, dont cet arrêt consacre l'opinion, ajoute avec beaucoup de raison qu'il en serait autrement si la ville prenait de l'accroissement en établissant de nouvelles rues dans les endroits où il n'y aurait que des terres cultivées et des prairies. (Toullier, t. 3, n° 165.)

Une haie ne peut dans les villes et faubourgs être considérée comme une clôture dans le sens de l'art. 663 du Code civil. Dès lors, l'un des propriétaires peut contraindre l'autre à remplacer cette haie par un mur. (Amiens, 15 août 1838; S.-V. 39. 2. 157; J. P. 1839. 1. 576. D. P. 39. 2. 111. Duranton, t. 5, n° 382.)

8. Quand une communauté d'habitants constitue-t-elle une *ville?* que doit-on entendre par faubourgs? Il n'existe point en France de dispositions légales qui déterminent les caractères auxquels on peut distinguer les *villes* des communes auxquelles cette qualification n'appartient pas. « Sous un grand nombre de rapports, sans doute, dit M. Pardessus, cette dénomination intéresse l'ordre public, et le gouvernement semblerait seul compétent pour statuer. Mais c'est à l'occasion d'intérêts et de droits particuliers que la difficulté peut s'élever; et les tribunaux seuls, investis du droit de prononcer sur les intérêts privés, ne peuvent, suivant l'art. 4 C. civ., différer de juger sous prétexte du silence ou de l'obscurité de la loi. »

« Il nous semble, dans ce cas, ajoute le même auteur, qu'ils doivent se décider sur ces qualifications données à la commune dans des actes non suspects; à défaut de ces preuves, ordonner que celui qui prétend que la commune est une ville rapportera un acte administratif qui lui attribue ou qui lui reconnaisse cette qualification; et enfin, si on n'en rapporte point, qu'ils doivent prononcer suivant leurs connaissances personnelles. »

On entend en général par *faubourgs*, la continuité des maisons qui sont hors des portes d'une ville : *continentia urbis œdificia* (l. 2. et 147. ff. *De verb. signif.*). Il n'est pas toujours facile de reconnaître précisément à quel point finit le faubourg d'une ville, qui peut avoir une partie de son territoire composée de propriétés purement rurales, ou de maisons isolées et destinées à la simple exploitation ou à l'agrément, sans tenir aux habitations agglomérées. L'auteur que nous venons de citer pense qu'en cas de doute sur la question de savoir si les deux propriétés qu'il s'agit de séparer par un mur de clôture font ou non partie du faubourg de la ville, ce serait à l'administration à décider le fait, et il ajoute que les tribunaux ne pourraient se dispenser de fonder leurs jugements sur les déclarations de l'administration. (*Des servitudes*, n° 147.)

Ces opinions de M. Pardessus nous semblent

fondées, et elles sont partagées par M. Duranton (t. 5, n° 319, à la note) et par les commentateurs de Zachariæ (t. 2, § 240, notes 2 et 3). — V. au surplus Faubourg, Ville.

9. En thèse générale, les frais de construction et de réparation de mur mitoyen doivent être supportés par moitié. Mais si les deux héritages qu'il s'agit de séparer ne sont pas situés sur le même plan, et qu'à raison de la disposition des lieux il ne soit pas possible de construire un mur de clôture qui présente la même élévation des deux côtés, les deux voisins ayant le droit d'exiger que le mur soit à la hauteur voulue par la loi, à partir du sol le plus élevé (1), dans quelle proportion chacun d'eux contribuera-t-il aux frais de construction et de réparation ?

« Si deux héritages sont d'inégale hauteur, dit Desgodets, celui dont le sol est plus bas doit contribuer pour moitié, depuis le bas de la fondation jusqu'à dix pieds de haut au-dessus de son sol; et celui dont le sol est plus haut doit contribuer pour moitié jusqu'à ladite hauteur, et achever, à ses dépens seuls, d'élever le mur jusqu'à dix pieds de haut, compris le chaperon au-dessus du sol de son côté pour se clore, et payer les charges de rehaussement à son voisin. » ( *Lois des bâtiments*, sur l'article 209 de la coutume de Paris, n° 5. )

Cette opinion ne nous paraît pas fondée. Notre avis est que la partie supérieure du mur, c'est-à-dire celle qui part de la base du terrain supérieur jusqu'à la hauteur voulue par la loi, doit être faite à frais communs; quant à la partie inférieure, elle nous paraît devoir rester entièrement à la charge de celui qui, par ses travaux de nivellement, a nécessité les constructions d'un mur de soutenement. La solution de la question devra donc dépendre de l'appréciation des faits et de la situation des lieux. Notre opinion est partagée par les commentateurs de Zachariæ ( *loco citato*), par M. Pardessus ( *Des servitudes*, n° 249 ) et Toullier (t. 3, n° 162). Ce dernier auteur avait embrassé d'abord l'avis de Desgodets, dont il avait même textuellement rapporté, en se l'appropriant, le passage que nous avons cité plus haut; mais, dans une note insérée dans la

quatrième édition, n° 162, il cite l'opinion de M. Pardessus à laquelle il paraît se ranger: « Ses raisons nous paraissent très-fortes, dit-il, et préférables à celles de Desgodets : on peut les comparer. » L'arrêt de la cour de Caen du 13 mai 1837 ( cité *suprà* à la note ), après avoir décidé que, dans le cas où les fonds respectifs ne sont point de niveau, la hauteur légale doit se prendre à partir du sol le plus élevé, ajoute qu'il suit de là « que la surélévation des murs en litige doit être faite à frais communs entre les parties jusqu'à la hauteur. » Comme cet arrêt est rapporté par les arrêtistes sans y joindre l'exposé du fait, et qu'ainsi on ne peut être éclairé sur les circonstances relatives à la situation exacte des lieux, quant au mur de soutenement, il est difficile de tirer aucun argument de cet arrêt pour ou contre la question qui vient de nous occuper.

10. La hauteur du mur de clôture fixée par l'art. 663 du Code civil est celle qui avait été établie par l'art. 209 de la coutume de Paris. Cette fixation a été l'objet d'un débat au Conseil d'état, lors des travaux préparatoires du Code civil. M. Grenier disait que la disposition qui détermine la hauteur du mur gênait inutilement la liberté des propriétaires. M. Treilhard a répondu que la loi ne fixait la hauteur du mur que pour le cas où l'un des deux propriétaires voulait se clore et y contraindre son voisin. « Si tous deux sont d'accord, ajoute M. Treilhard, ils peuvent s'écarter de cette disposition et donner au mur l'élévation qui leur plaît. » ( Séance du 4 brum. an XII; Fenet, t. 11, p. 265. )

Ces dernières paroles de M. Treilhard peuvent conduire à penser que dans l'esprit des rédacteurs du Code civil, les voisins, lorsqu'ils sont d'accord, pourraient établir les murs séparatifs de leurs héritages à une hauteur plus ou moins grande que celle déterminée par la loi. C'était du reste l'opinion de Desgodets sur l'art. 209 de la coutume de Paris; c'est aujourd'hui l'avis de M. Zachariæ (t. 2, § 240 *in fine*) et de Toullier ( t. 3, n° 162 ). — Voyez cependant ci-après, n° 11.

11. Faut-il conclure, avec M. Toullier ( *loco citato*), de la faculté laissée aux propriétaires contigus de donner à leur mur de clôture l'élévation qui leur plaît, que « l'obligation de se clore dans les villes n'est pas de droit public, mais de droit privé ? »

Nous ne le pensons pas, et notre avis est au contraire que cette obligation est d'ordre pu-

(1) Ce point, qui ne nous paraît pas contestable, a été résolu par un arrêt de la cour de Caen du 13 mai 1837 (S.-V. 37. 2. 333; J. P. 37. 2. 293; D. P. 37. 2. 167). V. en outre les différents auteurs par nous cités, qui tous partagent cette opinion.

blic, en ce sens que des voisins ne pourraient s'engager par des conventions spéciales à ne jamais l'exiger l'un de l'autre. La disposition de l'art. 663 du Code civil a pour objet la sûreté publique autant que l'intérêt privé des familles, et il pourrait arriver telle circonstance donnée où le propriétaire qui aurait imprudemment renoncé à ce droit, se trouvât dans la nécessité de l'invoquer pour la sûreté de ses biens et peut-être de sa personne; et le droit de se défendre et de se protéger est un droit auquel l'ordre public ne permet jamais de renoncer. (*Argum.* des art. 1131 et 1133 Code civ.) Il en serait de même de la convention par laquelle les propriétaires contigus se seraient engagés, vis-à-vis l'un de l'autre, à donner à leur mur de clôture une élévation moindre que celle fixée par la loi. Une telle clôture serait suffisante tant que durerait le consentement des deux propriétaires; mais chacun d'eux pourrait revenir contre ce consentement, même donné par écrit, et exiger que la clôture fût portée à la hauteur fixée par la loi.

Notre opinion, du reste, que l'obligation de se clore est d'ordre public, paraît avoir été celle du Conseil d'état, lors de la discussion du Code civil; on lit en effet dans le procès-verbal de la séance du 4 brumaire an XII, ci-dessus cité: «Le Conseil adopte en principe que, dans les villes d'une population un peu nombreuse, les propriétaires seront forcés de se clore.» Solon (*Des servitudes*, n° 210) émet un avis conforme à celui que nous adoptons nous-mêmes, ce qui selon lui doit entraîner la nullité, comme étant contraire à l'ordre public, de la convention par laquelle deux voisins s'engageraient à ne pas exercer la faculté accordée par l'art. 663 du Code civil. On peut encore argumenter en faveur de notre doctrine des considérants d'un arrêt de la cour de Limoges, du 26 mai 1838 (cité *suprà*, n° 7), et de ceux d'un jugement du tribunal civil d'Amiens, confirmé par arrêt de la cour royale de la même ville, du 15 août 1838, qui en a adopté les motifs. (S.-V. 39. 2. 157; J. P. 1839. 1. 576; D. P. 39. 2. 111.)

12. Le droit que donne l'art. 663 est une de ces facultés dérivant de la loi dont chacun est libre d'user ou de ne pas user; et le défaut de l'avoir exercé pendant un temps plus ou moins long ne saurait le faire perdre. (Pardessus, *Des servitudes*, n° 149; Buridan, *Coutume de Vermandois*, art. 270; *Coutume* de Reims,

art. 361.) Cette proposition est encore justifiée par cette considération que le droit accordé par l'article 663 du Code civil, est d'ordre public, ainsi que nous l'avons établi, d'où il suit qu'il est imprescriptible.

13. Le voisin qui ne veut pas contribuer aux frais de clôture peut user du bénéfice accordé par l'art. 656 du Code civil, et se dispenser de contribuer aux réparation, construction et reconstruction du mur de clôture, en abandonnant le mur ou la moitié de la place sur laquelle il doit être assis. Cette opinion doit paraître d'autant plus certaine que la faculté d'abdication fut primitivement reconnue par le Conseil d'état lors de la discussion du Code. En effet, M. Berlier fit observer que l'article deviendrait d'une exécution plus facile si on y exprimait que le propriétaire, interpellé de contribuer à la clôture, pourrait s'en dispenser en renonçant à la mitoyenneté et en cédant la moitié de la place sur laquelle le mur doit être construit. «Cette option, ajoutait-il, était déférée en beaucoup de pays.» M. Tronchet répondit à M. Berlier que la modification qu'il proposait était exprimée dans l'art. 650 du projet (art. 656 actuel). Aucune contradiction ne fut élevée contre cette opinion, que l'on peut dès lors considérer comme étant celle de tout le Conseil. (V. séance du 4 brumaire an XII; Fenet, t. 2, p. 266.) Il est cependant plusieurs auteurs qui n'acceptent pas cette interprétation. M. Pardessus (*Traité des servitudes*, 8° édit. t. 1, n° 149) voit dans l'art. 663 du Code civil une exception au principe général posé par l'art. 656, et croit que le droit d'abandon ne doit pas avoir lieu dans ce cas. On invoque à l'appui de cette doctrine un arrêt du 19 mars 1712, rapporté par Desgodets, sur l'art. 211 de la coutume de Paris, n° 3, et l'on trouve encore dans le même sens une décision de la cour d'Amiens, confirmative d'un jugement du tribunal civil de la même ville, qui avait statué en ces termes: « Attendu que l'obligation de se clore à frais communs dans les villes et faubourgs se trouve énoncée dans l'art. 663 du Code civil d'une manière absolue; qu'aucune disposition de la loi postérieure n'est venue modifier cette obligation, en donnant au voisin l'alternative de se soustraire à cette servitude légale par l'abandon de la portion de terrain nécessaire à l'établissement de la moitié du mur; qu'en effet les dispositions de l'art. 663 ont eu pour but de pourvoir à la sûreté publique et d'assu-

rer la tranquillité des voisins dans les lieux où l'importance de la propriété et la plus grande agglomération de la population venaient augmenter d'une manière notable les mouvements de la communauté; que cette obligation n'a lieu que dans les communes où la propriété a, en général, une étendue restreinte; que la clôture donne une grande plus-value aux deux propriétés contiguës; que dès lors il y a justice à ce que les frais soient supportés par les deux voisins; attendu que cette sage prévision de la loi deviendrait tout à fait illusoire si l'un des voisins pouvait se soustraire à l'obligation de l'art. 663 par l'abandon de quelques pièces de terre dont la valeur serait hors de proportion avec l'avantage qu'il en retirerait; qu'ainsi, et dans presque tous les cas, les frais de clôture retomberaient sur un seul propriétaire, tandis que son voisin profiterait d'une dépense qu'il aurait en quelque sorte rendue nécessaire à force de tracasseries; attendu que l'art. 656 du Code civil n'a pu déroger à un article postérieur, qu'il ne s'applique qu'au mur mitoyen déjà existant, qu'il garde le silence sur un mur de clôture qui n'a jamais existé, etc. » ( Amiens, 15 août 1838. D. P. 39. 2. 111.) Mais cette opinion ne saurait prévaloir, car le Code civil, suivant en cela les vrais principes de la propriété et des servitudes, a érigé en règle générale la faculté d'abandonner la copropriété pour se dispenser de contribuer aux charges, et n'a point fait d'exception relativement à la clôture forcée. C'est d'ailleurs dans ce sens que s'est prononcée la Cour de cassation. (V. Cass. 5 mars 1828. S.-V. 28. 1. 293 ; J. P. 3e édit. D. P. 28. 1. 164. V. encore Toullier, t. 3, n° 164.)

L'abandon , dans l'hypothèse posée , doit être complet et sans réserve; celui qui a fait l'abandon ne peut ni ne doit profiter du mur en aucune espèce de manière. Toutefois cet abandon ne fait pas obstacle à ce que celui qui l'a fait ne puisse racheter la mitoyenneté; seulement alors il est dans l'obligation de payer le sol qu'il aurait abandonné, ainsi que la moitié de la dépense faite. ( Pothier , *Du contrat de société*, n° 253. )

14. Dans les villes et faubourgs , là où la clôture est forcée, l'usage le plus général entre voisins est de se clore par murs en moellons. Mais cette règle ne doit point être considérée comme assez absolue pour qu'on ne puisse s'en départir ; et, selon nous, dans les localités où la pierre est rare, les murs peuvent être valablement construits selon l'usage des lieux, qu'on doit suivre en ce cas, le Code n'ayant point déterminé la nature des matériaux à employer pour les clôtures. (Toullier, t. 3, n° 167.) Nous estimons cependant avec Fournel (*Traité du voisinage*, v° Clôture), que les voisins ne pourraient se clore avec une cloison en planches ; cette sorte de clôture ne remplissant pas assez le but que le législateur a voulu atteindre en imposant cette charge aux habitants des cités. (V. n° 5.)

L'art. 3 du décret de l'an XII exige que les terrains consacrés à l'inhumation des morts soient clos de murs de deux mètres au moins d'élévation. Peuvent-ils être clos d'une autre manière? A la charge de qui sont les frais d'entretien et de réparation de ces clôtures? — V. Cimetière, n°s 43 et suiv.

Desgodets et Goupy (sur l'art. 209 de la Cout. de Paris, n° 6) enseignent enfin que la coutume est de donner ordinairement trois pieds de fondation aux murs de clôture. Mais la nature des lieux peut influer sur cette règle et la modifier.

§ 2. — *De la clôture volontaire. — Clôture rurale.*

15. L'exception mentionnée en l'art. 663 du Code civil, qui établit que l'on peut contraindre son voisin à se clore à frais communs, n'est relative qu'au voisinage dans les villes et faubourgs. Dès qu'il s'agit de domaines situés dans les campagnes, on rentre sous l'empire du droit commun, et un propriétaire ne peut plus être contraint par son voisin à se clore contre son gré, ou à abandonner la moitié du terrain sur lequel le mur de clôture doit être assis. (Toullier, t. 3, n° 165.) C'est ainsi qu'un arrêt de la cour de Limoges, tout en reconnaissant que l'art. 663 du Code civil n'est pas limitatif et s'étend à la clôture des terrains qui, sans être en nature de cours et de jardins, forment cependant une dépendance intime de l'habitation, a décidé que cet article n'était pas applicable à une prairie attenante à un chantier qui faisait partie d'une propriété urbaine. (V. 26 mai 1838. S.-V. 39. 2. 139; D. P. 39. 2. 108; J. P. 1838. 2. 650.)

Mais on ne doit point oublier que l'art. 647 du Code civil est général, et que par conséquent ses dispositions régissent aussi bien les héritages ruraux que les héritages urbains. Ainsi tout propriétaire de biens situés à la campagne peut se clore à sa volonté. Il n'y a qu'une exception à cette règle, c'est celle contenue en l'art. 647 lui-même; elle est relative au cas d'enclave, ainsi que nous l'avons déjà exprimé n° 4. Le propriétaire tenu de livrer passage, aux termes de l'art. 682 du Code civil, à celui dont le terrain est enclavé, ne peut, au moyen de la clôture, s'affranchir de l'obligation qui lui est imposée par la loi.

16. Le droit de se clore est aussi subordonné aux servitudes conventionnelles qu'un propriétaire aurait pu consentir sur son fonds; car, dans ce cas, il se trouverait limité par le droit d'autrui. Le propriétaire ne perd pas toutefois le droit de se clore, pourvu qu'il dispose la clôture de manière à ne pas nuire à l'exercice des servitudes acquises; c'est la conséquence des principes essentiels des servitudes. Elles sont une restriction à la liberté naturelle; elles ont pour objet la seule utilité du fonds à qui elles sont dues; mais elles ne sont pas censées exister à l'égard de tout autre héritage. Ainsi celui qui doit rester ouvert à l'égard d'un fonds, a droit de rester clos à l'égard des autres. (M. Pardessus, *Des servitudes*, t. 1, n° 134; Fournel, *Du voisinage*, v° Clôture.)

M. Pardessus (*loco citato*) ajoute que l'on doit conclure de ces principes, que, si un héritage n'était privé de clôture que du côté d'un fleuve, par l'effet de l'obligation où il serait de laisser le chemin de hallage, il pourrait être réputé clos des autres parts, et jouirait de tous les avantages de la clôture, quoique ouvert du côté du fleuve.

17. La clôture d'un héritage ou domaine rural a pour effet de l'affranchir des servitudes de la vaine pâture et des parcours; mais il perd alors son droit à l'usage de ces servitudes sur le terrain des autres en proportion du terrain qu'il y soustrait. — V. Vaine pâture et Parcours.

La clôture ne libère que de la vaine pâture et du parcours; il n'en est pas de même à l'égard de toute autre servitude de pâturage conventionnel, parce qu'il n'est point l'effet d'une tolérance commune et essentiellement précaire, mais celui d'une convention formelle et volontaire des parties, qui doit être exécutée tant qu'elle n'est pas légalement détruite ou modifiée. Ainsi dans les lieux, où à titre non de tolérance mais de servitude, le pacage dans les prairies est devenu commun, soit immédiatement après la récolte de la

première herbe, soit dans tout autre temps déterminé, le droit de se clore n'anéantit point cette servitude, et même n'en suspend point l'exercice. ( Cass. 7 mars 1826; S.-V. 26. 1. 324; J. P. 3ᵉ éd.; D. P. 26. 1. 179. V. aussi Pardessus, *Des servitudes*, t. 1ᵉʳ, n° 154. )

Un autre avantage de la clôture d'un héritage est de se soustraire à l'exercice de certaines servitudes légales établies pour l'utilité publique, telles que le droit accordé à l'administration ou aux entrepreneurs de travaux publics d'user des propriétés voisines, soit pour en extraire des pierres, du sable, etc., soit pour y déposer les matériaux et instruments dont l'emploi est nécessaire pour l'établissement ou la réparation d'un chemin, ou pour la construction d'édifices publics. (Arrêt du conseil du 7 sept. 1755.)—V. Carrières, n° 47; V. aussi Servitudes légales, Travaux publics.

18. Nous avons vu, n° 14, que dans les villes et faubourgs l'usage était de n'employer que des murs pour clôture. Une plus grande latitude a été accordée pour les clôtures des héritages ruraux, où l'on peut indifféremment employer des murs, des haies vives ou sèches, des fossés ou des palissades. Ces différents modes de clôture sont soumis à des règles particulières que nous allons examiner.

19. Celui qui veut clore sa propriété avec un mur, une haie sèche ou des palissades, peut placer sa séparation sur la limite extrême de son sol, en la posant toutefois entièrement sur son terrain; nulle loi ancienne ou moderne ne met obstacle à l'exercice de ce droit. On conçoit, en effet, que ces différents genres de clôture ne sauraient porter préjudice aux fonds voisins. Il arrive souvent cependant qu'on laisse en dehors de la séparation un espace, qu'on nomme tour de l'échelle, afin de pouvoir réparer sa propre clôture sans entrer sur les propriétés voisines, et afin d'empêcher les voisins de labourer au pied des clôtures et de les dégrader. Suivant Desgodets ( sur l'art. 210 de la Cout. de Paris, n° 9), un acte de notoriété du 23 août 1701, délivré par le lieutenant civil, aurait établi que le tour de l'échelle était généralement de trois pieds. Cet auteur mentionne encore qu'il est d'usage, lorsqu'on veut se clore, d'avertir les voisins, et de prendre alignement avec eux de la ligne qui sépare les héritages; il ajoute qu'on doit agir de même lorsqu'on laisse le tour de l'échelle, et que, dans ce cas, on doit avoir en outre le soin de faire constater par

acte l'espace de terrain qu'on laisse en dehors des clôtures, afin d'éviter que par la suite les voisins ne viennent à prétendre à la propriété du sol laissé au delà des murs, haies ou palissades. (Desgodets, *loco citato*, n^os 8 et suiv.; Proudhon, *Du domaine privé*, n° 588.)

20. Lorsqu'on veut clore sa propriété au moyen de haies vives, comme les racines de ces arbustes peuvent porter préjudice aux fonds voisins, la loi a prescrit que les haies vives ne pourraient être plantées qu'à la distance d'un demi-mètre de la ligne séparative de deux héritages voisins (art. 671, C. civ.; Proudhon, *loco citato*). Desgodets (sur l'article 210 de la Cout. de Paris, n° 17) établit que l'usage des environs de Paris était de laisser trois pieds de distance entre le milieu du plan de la haie et l'héritage de son voisin.

21. Le propriétaire qui veut se clore au moyen de fossés est-il tenu de laisser un espace entre son fossé et le fonds voisin, ou peut-il, au contraire, creuser son fossé exactement à partir de la ligne séparative des deux héritages contigus? La loi moderne est muette à cet égard. La raison semble indiquer qu'on doit, dans ce cas, suivre les usages anciens. Ainsi, la loi romaine reconnaissant qu'il ne pouvait être permis à un voisin de causer l'éboulement du fonds attenant dans son fossé, prescrivait ainsi : *si sepulchrum, aut scrobem foderit, quantum profunditatis habuerint, tantum spatii relinquito* (l. 13. ff. *finium regundor.*)

Desgodets (sur l'art. 213 de la Cout. de Paris, n° 6) nous apprend que, sous l'empire du droit coutumier, on avait l'usage de laisser un pied de largeur, sur toute la longueur, entre le bord du fossé et l'héritage de son voisin, et de faire que la largeur du talus de la berge, du côté dudit voisin, fût proportionnée à la profondeur du fossé, suivant la nature du terrain, en sorte que le talus fût suffisant pour empêcher que la berge ne s'éboulât, et qu'il restât toujours un pied au delà jusque sur l'héritage du voisin.

Plusieurs auteurs pensent que ces prescriptions doivent encore être observées de nos jours, malgré le silence de nos lois. (Proudhon, *du Dom. privé*, n° 589; Toullier, t. 3, n° 227.)

M. Proudhon (*loco citato*) est d'avis toutefois, et avec raison, que celui qui veut mettre son fonds en clôture au moyen d'un fossé **pourrait porter ce dernier jusqu'au bord de** son héritage, mais à la charge de faire construire et entretenir un mur de soutenement contre le bord de l'héritage avoisinant.

22. Rien ne s'oppose à ce qu'un propriétaire puisse clore son héritage par une barrière à claire-voie; c'est ce qui a été décidé par un arrêt de la Cour de cassation du 3 août 1836, que nous croyons utile de rapporter textuellement :

« La Cour, attendu *en droit* que tout propriétaire peut clore son héritage; que si la loi l'oblige à respecter toujours, dans toute leur étendue, les droits de propriété des voisins, elle ne détermine nulle part la manière de clore et les matériaux de la clôture. ( Art. 647 Code civ. )

» Et attendu qu'il est constant et reconnu *en fait*, par l'arrêt attaqué, que Landard voulant clore son héritage, a établi un mur à hauteur d'appui de deux pieds environ, longeant le jardin de Barril, demandeur en cassation, et a fait construire des piliers de quatre à six pieds de hauteur et de dix à douze pieds de distance, où il a établi ensuite des planches formant, selon le langage du pays, *une claire-voie en bois;* que dans ces circonstances, en décidant que les espaces vides entre ces planches, et par lesquels Landard avait la vue ouverte sur le jardin de Barril, demandeur en cassation, de la même manière que celui-ci l'avait sur le jardin du premier, ne présentaient point des vues droites ou fenêtres d'aspect dont parle l'art. 678 Code civil; et en maintenant par conséquent la clôture telle qu'elle avait été établie par Landard, l'arrêt attaqué n'a violé ni ledit art. 678, invoqué par le demandeur, ni aucune autre loi; rejette. » (S.-V. 36. 1. 744; J. P. 3^e édit.)

M. Solon ( *Des servitudes*, n° 296 ) fait remarquer avec beaucoup de justesse que si le propriétaire du mur ne s'était pas borné à faire une claire-voie; que s'il avait fait placer derrière une terrasse ou une construction quelconque, il ne jouirait pas du bénéfice de la doctrine consacrée par cet arrêt, et qu'il devrait placer sa terrasse à la distance légale.

23. Sur qui doit reposer l'obligation d'entretenir et de réparer les clôtures? Quand les clôtures sont-elles réputées mitoyennes? — V. Mitoyenneté. V. aussi, pour les autres questions, Alignement, Animaux n° 55, Bornage n° 18, et Clôture ( Bris, Destruction ou Violation de).

CLOTURE. ( BRIS, DESTRUCTION, DÉGRADA- TION OU VIOLATION DE) — 1. Ce n'est point dans les temps modernes seulement que la destruc- tion des clôtures et limites a été érigée en délit. On trouve des indices qui témoignent que dans l'antiquité déjà cette action était considérée comme coupable. Les lois romaines conte- naient aussi des dispositions sévères à cet égard. — Sous notre ancienne législation, la destruction des limites avait aussi été prévue et réprimée ( V. Bornage, art. 3, et les textes cités. ) La peine en général était arbitraire ( V. ord. 1669 , art. 6 ) ; cependant Muyard de Vouglans ( *Lois crim.*, p. 313 ) nous ap- prend, que lorsqu'un déplacement de bornes ou limites avait été fait en vue d'en tirer pro- fit, la peine était celle des galères à temps , parce que, ajoute-t-il , la violation de la foi publique aggravait le délit.

Nos lois révolutionnaires apportèrent quel- ques modifications à cet état de choses. Elles cessèrent de se préoccuper, à tort peut-être, de l'intention de celui qui avait perpétré le délit pour lui appliquer une pénalité ; mais en revanche , elles ne se bornèrent plus à punir seulement la destruction des clôtures, elles éri- gèrent aussi en délit leur violation et leur dé- gradation.

Ainsi le décret des 28–30 avril 1790, art. 2, introduisit une pénalité destinée à réprimer la violation des clôtures par les chasseurs. Une amende de 15 à 30 liv. pouvait être pronon- cée contre eux. Cette amende pouvait être élevée de 20 à 45 liv., quand les terrains clos qui avaient été violés étaient attenants à une habitation.

Une autre disposition législative plus géné- rale établissait que la violation des clôtures , encore bien qu'elle n'eût été suivie d'aucun crime, constituait à elle seule un délit qu'elle punissait. ( V. décr. 19-22 juill. 1791; tit. 2 , art. 31.)

L'art. 41 du tit. 2 du décret du 28 sept.- 6 oct. 1791 portait en outre, que « tout voya- geur qui déclorra un champ pour se faire un passage dans sa route, paiera le dommage fait au propriétaire, et, de plus, une amende de la valeur de trois journées de travail, à moins que le juge de paix du canton ne décide que le chemin public était impraticable; et alors les dommages et les frais de clôture seront à la charge de la communauté. »

La dégradation des clôtures était également réprimée par l'art. 17 du tit. 2 du même dé- cret. Il interdisait à toute personne de combler les fossés, de dégrader les clôtures, de couper des branches aux haies vives, d'enlever des bois secs des haies, sous peine d'une amende de la valeur de trois journées de travail. Le dédommagement devait être payé au proprié- taire lésé, et, suivant la gravité des circon- stances, le juge pouvait prononcer une déten- tion d'un mois au plus.

Enfin, l'art. 32 de ce même décret disposait encore, que « quiconque aura déplacé ou sup- primé des bornes ou pieds corniers, ou autres arbres plantés ou reconnus pour établir les limites entre différents héritages, pourra, en outre du paiement du dommage et des frais de replacement des bornes, être condamné à une amende de la valeur de douze journées de travail, et sera puni par une détention dont la durée, proportionnée à la gravité des circon- stances, ne pourra excéder une année. »

Le Code pénal de 1810 a complété les disposi- tions législatives relatives à cet objet ; il porte : « Quiconque aura, en tout ou en partie, com- blé des fossés, détruit des clôtures, de quelques matériaux qu'elles soient faites, coupé ou arraché des haies vives ou sèches ; quicon- que aura déplacé ou supprimé des bornes ou pieds corniers, ou autres arbres plantés ou reconnus pour établir les limites entre diffé- rents héritages, sera puni d'un emprisonne- ment qui ne pourra être au-dessous d'un mois, ni excéder une année, et d'une amende égale au quart des restitutions et des dommages- intérêts, qui, dans aucun cas, ne pourra être au-dessous de 50 fr. » (art. 456.)

2. Une des premières et des plus importan- tes questions qui se soient présentées après la promulgation de ce dernier texte, est celle de savoir si l'art. 456 du Code pénal, qui traite de la destruction des clôtures, et qui ne s'est point occupé de leur dégradation et de leur violation, a eu pour effet d'abroger les arti- cles 2 du décret du 28-30 avril 1790; 31 et 41, tit. 2 du décret du 19-22 juill. 1791; 17 et 32 du décret du 28 sept.-6 oct. 1791, que nous avons rapportés plus haut. ( V. Code pénal, art. 484.)

Nous nous rangeons à la négative, parce que rien dans la loi , ni dans les discussions auxquelles sa rédaction a donné lieu , n'est venu faire supposer cette intention ; il a même été exprimé au Conseil d'état, par M. Defer- mon, qu'il n'était pas possible de punir celui qui n'avait fait qu'endommager une clôture aussi sévèrement que celui qui l'avait détruite. (V. procès-verbaux du Conseil d'état, séance du 3 janv. 1809.) Ce qui démontre que l'article 456 du Code pénal n'était pas destiné à punir les dégradations de clôtures, et peut en outre servir à établir que la pensée du législateur n'était pas que la dégradation de clôtures pût être assimilée à sa destruction, même partielle, comme cela a été dit. On a d'autant moins lieu de s'étonner du silence des auteurs du Code pénal, à l'endroit de la répression des dégradations et des violations de clôtures, qu'on doit songer que ces délits étaient prévus et punis, à cette époque, d'une manière équitable par les lois existantes, ce qui dispensait de s'en occuper sans que la société eût à en souffrir. Nous ne pouvons donc admettre que le silence que le Code a gardé à l'égard des dégradations et violations de clôtures puisse s'interpréter en ce sens, qu'on doive supposer abrogé par l'art. 456 l'art. 17 du Code rural du 6 oct. 1791, qui punissait ces délits.—V. en ce sens un arrêt de la cour de Poitiers, du 18 déc. 1830. (D. P. 31. 2. 132; J. P. 3ᵉ édit.; S.-V. 32. 2. 154.) V. aussi MM. Chauveau et Hélie, *Théorie du Code pénal*, t. 8, p. 185 et 186; et Carnot, sur l'art. 456 C. pén.

3. Quoique les différentes dispositions législatives dont nous venons de nous occuper aient énoncé vouloir sévir indistinctement contre tous ceux qui portaient atteinte aux clôtures, il reste certainement sous-entendu que ces prescriptions ne sauraient atteindre les propriétaires à qui il pourrait convenir, n'importe pour quelle raison, de détruire les limites de leurs propres héritages. On ne saurait voir, en effet, dans les textes précités une dérogation au principe général, qui permet à chacun de disposer de sa propriété comme il lui convient, pourvu qu'il n'en fasse pas un usage contraire aux lois (art. 537 et 544 C. civ.). Mais que faudrait-il décider si une clôture mitoyenne avait été détruite par l'un des copropriétaires sans le consentement de l'autre? Cette action, dans ce cas, constituerait-elle un délit tombant sous l'application de l'art. 456 du Code pénal? Pour l'affirmative, on peut dire que, malgré le droit à la copropriété, il y a eu préjudice porté à un tiers; que l'ordre social a été troublé par ce fait; qu'en conséquence il y a eu délit, d'où naît la nécessité d'une répression légale. Mais on peut répondre, dans le sens de la négative, qu'on ne peut s'empêcher de reconnaître que le droit à la

copropriété donnait, par cela même, le droit de disposer de la chose, bien qu'elle fût restée indivise, ce qui doit faire disparaître toute trace de délit, ou du moins en modifier le caractère et lui ôter de la gravité. Cette dernière opinion nous paraît préférable à l'autre, et nous pensons avec M. Carnot (sur l'art. 456 C. pén. n° 2) qu'on ne saurait voir dans la destruction d'une clôture mitoyenne par l'un des copropriétaires, sans le consentement de l'autre, autre chose qu'un quasi-délit, qui, aux termes de l'art. 1382 du Code civil, obligerait seulement celui qui a porté préjudice à le réparer; «car si le copropriétaire de la clôture y a droit, celui qui l'a détruite y a même droit que lui, et il n'a fait qu'abuser de la chose commune, préjudice qui se résout en dommages-intérêts. La société n'ayant aucun intérêt à la répression d'une pareille voie de fait, il ne peut y avoir, par suite, de délit punissable. »

4. Si la personne qui a détruit une clôture dont un tiers réclame la propriété, soutient ses droits à la propriété du terrain sur lequel cette clôture avait été établie, cette défense constitue une question préjudicielle, dont la connaissance doit être renvoyée aux tribunaux civils. (Cass., 8 janv. 1813, S.-V. 13. 1. 468; J. P. 3ᵉ éd.; et 11 août 1837, S.V. 40. 1. 967; D. P. 38. 1. 184.)

5. L'usufruitier ou le fermier qui auraient détruit, à l'insu du propriétaire, des clôtures qui gêneraient leur jouissance, ne devraient être passibles d'autres obligations que de rétablir les choses dans l'état où ils les auraient prises, et payer des dommages-intérêts s'il y avait lieu.

6. Nous avons vu (vº Clôture, nº 1) qu'en général on entendait par clôtures tout obstacle qui tendait à rendre un héritage inaccessible; mais de ce que nos lois n'ont parlé, comme exemples d'objets susceptibles de servir de clôtures, que de murs, fossés, haies et palissades, on ne saurait en conclure que les héritages ne pourraient être délimités d'autre manière. M. Carnot (sur l'art. 456 C. pén.) pense que le fait de détourner des eaux qui délimitaient un héritage, devrait constituer une destruction de clôture et encourir, par conséquent, la pénalité prononcée par l'article 456 du Code pénal. C'est l'opinion que nous avons déjà soutenue. ( V. Bornage , nº 66. ) Il nous paraît évident , en effet, qu'un ruisseau, une eau courante, sont une limite aussi

certaine qu'un fossé. L'auteur plus haut cité fait observer toutefois judicieusement que le détournement partiel des eaux pour servir à l'irrigation des fonds voisins ne constituerait plus le délit. Le motif de cette exception à la doctrine qu'il avait lui-même soutenue se révèle de lui-même. Le détournement partiel des eaux n'efface pas la ligne de démarcation des héritages contigus ; elle ne peut tout au plus que la rendre temporairement moins sensible. D'ailleurs, le Code civil, art. 644, autorise les propriétaires riverains des eaux, autres que celles qui sont déclarées dépendances du domaine public, à s'en servir pour l'irrigation de leurs propriétés ; ce qui fait disparaître toute trace de délit, puisque l'action est permise par la loi.

7. La jurisprudence tend même à donner encore une plus grande extension au mot clôture. Ainsi la Cour de cassation a décidé que le mot clôture employé par l'art. 456 du Code pénal s'applique aussi bien aux clôtures des maisons habitées qu'aux clôtures des propriétés rurales ; qu'ainsi celui qui a forcé les barreaux de fer qui garnissaient la fenêtre d'une maison habitée, commettait le délit prévu par l'article que nous venons de citer. ( 31 janv. 1822. S.-V. 22. 1. 206. ) La même cour a jugé encore, par arrêt du 7 avril 1831, que le bris d'une fenêtre à coups de pierres, lancées contre une maison de ville, devait être considéré comme destruction de clôture et tomber sous l'application de l'art. 456 du Code pénal. Voici les termes de cette dernière décision : « Attendu, en droit, qu'il résulte de la combinaison des art. 456 et 396 du Code pénal, que le mot *clôture* comprend, dans son acception légale, aussi bien les ouvrages qui ont été faits pour empêcher qu'on ne s'introduise dans tout ou partie des édifices ou maisons, et conséquemment les *portes* et *fenêtres*, que les ouvrages délimitatifs des héritages ruraux ; que le premier de ces articles ne distingue point, quant aux moyens par lesquels les destructions dont il parle auront été opérées ; qu'elles sont donc un délit, de quelque manière qu'elles aient été produites, et quelles que soient les clôtures ; que cet article se trouve d'ailleurs dans une section dont la rubrique est générale, et que cette section fait elle-même partie du chapitre qui concerne les crimes et délits contre les propriétés ; que les mots de *de quelques matériaux qu'elles* ( ces clôtures ) *soient faites*,

ne font que démontrer davantage la généralité de la disposition, et ne sauraient être entendus dans un sens restrictif ; qu'on ne peut admettre, en effet, que le législateur ait seulement voulu, par cette disposition, protéger les propriétés rurales, d'autant qu'elle est précédée et suivie d'articles qui ont la plupart pour objet de punir également les atteintes portées aux propriétés urbaines, mobilières ou immobilières ; qu'il n'est point permis dès lors aux corps judiciaires d'introduire dans l'application dudit article des distinctions aussi contraires à ses termes qu'à son véritable sens, et de la limiter à une espèce particulière de propriété, lorsque évidemment il les embrasse toutes ; — casse, etc. » ( S.-V. 31. 1. 170 ; D. P. 31. 1. 169. )

8. Cette doctrine a été critiquée par MM. Chauveau et Hélie ( *Théorie du Code pén.* t. 8, p. 182). Ils appuient leur critique sur ce que l'article dont nous nous occupons n'est que la reproduction de deux dispositions du Code rural, dispositions que nous avons citées plus haut (V. l. 28 sept.-6 oct. 1791, art. 17 et 32), et qui évidemment n'avaient en vue que les clôtures rurales ; or, disent ces auteurs, si le législateur avait voulu en modifier le sens, il en eût modifié les termes, ce qu'il n'a point fait. Ils ajoutent que les destructions de clôtures n'ont lieu que dans les campagnes ; qu'on force la clôture d'une maison, qu'on en fait l'effraction, mais qu'on ne la détruit pas ; d'où ils concluent que l'art. 456 ne s'est occupé que des clôtures rurales. Ils trouvent qu'il résulte de là que non-seulement la jurisprudence de la Cour de cassation a violé l'esprit de la loi, mais encore ses propres termes : car, selon eux, comme nous venons de le dire, l'action de briser une vitre en y jetant une pierre, de forcer une porte, constitue des effractions et non des destructions de clôtures. Ils tirent encore une preuve de l'inapplicabilité de l'art. 456 aux clôtures urbaines de ces expressions de l'article même : *De quelques matériaux qu'elles* (les clôtures) *soient construites* ; car, disent-ils, les clôtures urbaines sont toutes faites avec les mêmes matériaux ; d'où ils induisent que cet article ne peut avoir voulu s'occuper que des clôtures rurales qui sont faites avec les matériaux les plus différents (V. dans ce sens, Bruxelles, 19 sept. 1814, D. A. 5. 176.) Tout en reconnaissant que ces considérations méritent de fixer l'attention, nous persistons dans notre

opinion, pensant que, lorsque le texte d'une loi est clair et précis, on ne doit point chercher en dehors de ses termes une interprétation qui en change le sens naturel. Rien ne serait plus dangereux que l'admission d'un pareil système.

9. Si des clôtures avaient été arrachées avec l'intention non de les détruire, mais de se les approprier, ce ne serait plus le cas d'appliquer l'art. 456 du Code pénal. Ce délit ne constituerait plus une destruction, mais bien un vol de clôtures. La destruction ne serait devenue alors qu'un moyen d'accomplir le vol, et n'aurait plus été le but de l'action; ce serait donc l'action de vol qui devrait être intentée (Code pén. 379 et suiv.); et comme, en cas de conviction de plusieurs crimes ou délits, la peine la plus forte peut seule être prononcée, il en résulterait que la peine applicable au vol absorberait celle qui devait résulter de la destruction de clôtures. (V. Code pén., art. 365, et MM. Chauveau et Hélie, *Théorie du Code pén.* t. 8, p. 179.)

10. Ces principes posés, parcourons les différentes décisions intervenues sur la matière. La cour royale de Poitiers a jugé, par arrêt que nous avons déjà cité (V. n° 2), que le fait d'avoir renversé une clôture, s'il a été suivi du replacement de cette clôture, opéré volontairement par l'auteur de la voie de fait, devait, quoique la clôture offrît moins de solidité, être considéré comme constituant une dégradation et non une destruction de clôture. (Poitiers, 18 déc. 1830. D. P. 31. 2. 232.) Le même arrêt décidait encore, comme conséquence de ce fait, que la dégradation des clôtures était punie par le Code rural et non par l'art. 456 du Code pénal; que le délit de dégradation de clôture se trouvait prescrit s'il n'avait été poursuivi dans le mois.

Il a été jugé encore que le fait par un exproprié d'être rentré dans ses anciennes propriétés, après en avoir été expulsé, en brisant une clôture, tombait sous l'application de l'art. 458. (Cass. 3 févr. 1829; J. P. 3e éd.)

La Cour de cassation a décidé aussi, ce qui paraissait ne devoir souffrir aucune difficulté, que la destruction partielle d'une haie constituait, comme la destruction entière, le délit réprimé par l'art. 456 du Code pénal. (Cass. 6 mai 1826, S.-V. 27. 1. 158; D. P. 26. 1. 365.)

**COALITION. — 1.** Les coalitions, soit des maîtres ou des ouvriers, soit des commerçants entre eux, pour résoudre par la contrainte ou par la fraude les difficultés des salaires et les luttes de la concurrence, portent en elles-mêmes les plus graves questions de l'économie politique. Les droits respectifs des maîtres et des ouvriers, c'est-à-dire l'organisation du travail, les droits de la concurrence, c'est-à-dire le principe de la liberté de l'industrie, sont au fond de cette matière; mais ce n'est point ici le lieu d'examiner ces hautes et difficiles questions. La coalition, dans le langage de la loi, n'est que l'abus du droit, un mode illicite de l'exercer; le droit demeure sauf, et dès lors ne doit point nous occuper. La loi pénale, qui seule a disposé sur les matières des coalitions, n'a nullement entendu agiter les questions que cette matière soulève. Elle n'a vu qu'un fait qui peut jeter un désordre plus ou moins grand dans la société, et elle a voulu le réprimer. Tel est aussi le seul point de vue où nous considérerons les coalitions dans cet article.

2. Le Code pénal a rangé dans la classe des délits trois espèces de coalition:

1° Celle qui se forme entre les maîtres pour forcer l'abaissement du salaire des ouvriers;

2° Celle qui se forme entre les ouvriers pour suspendre et enchérir les travaux;

3° Celle qui se forme entre des commerçants pour opérer la hausse ou la baisse d'une certaine marchandise au-dessus ou au-dessous du prix fixé par la libre concurrence du commerce.

Nous examinerons ce qui concerne ces délits dans trois sections distinctes.

Sect. 1re. — *Des coalitions formées entre les maîtres.*

Sect. 2. — *Des coalitions formées entre les ouvriers.*

Sect. 3. — *Des coalitions entre les principaux détenteurs d'une marchandise.*

—

Sect. 1re. — *Des coalitions formées entre les maîtres.*

3. L'abolition des corporations, déclarée par la loi des 2-17 mars 1791, dut amener nécessairement des mesures protectrices pour les ouvriers. La loi du 14 juin 1791 défendit les assemblées et délibérations des citoyens d'une même profession, et déclara perturbateurs du repos public *ceux qui useraient de menaces*

*et de violences envers les ouvriers*. La loi du 22 germinal an II mit enfin au rang des délits la coalition des maîtres contre les ouvriers, lorsqu'elle a pour but l'abaissement des salaires. L'art. 6 de cette loi a été textuellement reproduit par le Code pénal; il en forme l'article 414, qui est ainsi conçu :

« Toute coalition contre ceux qui font travailler des ouvriers, tendant à forcer injustement et abusivement l'abaissement des salaires, suivie d'une tentative ou d'un commencement d'exécution, sera punie d'un emprisonnement de six jours à un mois, et d'une amende de deux cents francs à trois mille francs. »

4. Le sens de cette disposition et le but que s'est proposé le législateur sont indiqués par le rapport présenté au corps législatif : « Ceux qui emploient des ouvriers, disait le rapporteur, pourront s'entendre pour opérer l'abaissement injuste et arbitraire des salaires, et vous voyez de suite les fâcheuses conséquences d'un tel système. Les utiles collaborateurs des chefs d'entreprise, privés d'une partie des prix raisonnables de leur travail, ne pourront plus pourvoir à leur subsistance et à celle de leur famille, la proportion entre les gains et le taux des denrées étant détruite ; de là mécontentement, dégoût, moins de soins donnés à des choses qui en exigent tant, détérioration dans la fabrication, enfin cessation partielle ou même totale du travail, résultats funestes pour les ouvriers, pour les maîtres eux-mêmes, et par contre-coup pour l'état, dont la principale richesse consiste dans le travail, l'industrie, l'ardeur du perfectionnement, l'activité soutenue de tous ses membres, chacun dans sa profession. »

5. Il résulte du texte de l'art. 414 que le délit de coalition entre les maîtres, délit évidemment complexe, se compose de quatre faits distincts : La loi exige 1° qu'il y ait une coalition ; 2° que cette coalition soit formée entre ceux qui font travailler des ouvriers ; 3° qu'elle ait pour but de forcer injustement et abusivement l'abaissement des salaires ; 4° enfin, que cette coalition soit suivie d'une tentative ou d'un commencement d'exécution. Nous allons reprendre successivement et expliquer ces quatre conditions du délit.

6. La première de ces conditions est l'existence de la *coalition*. Que faut-il entendre par ce mot ? Une coalition est en général un accord pratiqué, une association formée entre plusieurs personnes, entre plusieurs intérêts d'une même nature pour atteindre un but favorable à ces intérêts. Il y a donc coalition lorsque, comme dans l'espèce prévue par l'art. 414, les maîtres réunis par l'intérêt commun de la réduction des salaires, s'entendent et prennent des mesures pour opérer cette réduction. Deux éléments en décèlent l'existence : le fait de l'association et le but que cette association se propose.

7. De ce que la coalition est une association, il résulte que les membres d'une même société commerciale qui prennent de concert des mesures vis-à-vis de leurs ouvriers, ne peuvent être considérés comme se rendant coupables de coalition ; car, suivant les termes d'un arrêt de la Cour de cassation, « une coalition ne peut se former qu'entre plusieurs personnes, et une société commerciale ne forme légalement, quel que soit le nombre des membres qui la composent, qu'une seule personne morale. » (Cass. 26 janv. 1838. S.-V. 38. 1. 241 ; J. P. 1838. 1. 258 ; D. P. 38. 1. 442.)

8. La deuxième condition du délit est que la coalition se soit formée *entre ceux qui font travailler des ouvriers*. Ces expressions soulèvent la question de savoir si la loi s'applique aux propriétaires dans les campagnes comme aux fabricants et commerçants dans les villes ; si, sous l'expression d'*ouvriers*, on doit comprendre les domestiques et les journaliers qui sont occupés aux travaux des champs, aussi bien que les ouvriers des ateliers, des manufactures et des chantiers. MM. Chauveau et Faustin Hélie décident cette question négativement, et leur opinion s'appuie sur deux motifs qui nous semblent déterminants. Le premier est que la section du Code pénal où sont placés les art. 414, 415 et 416, est intitulée : *Violation des règlements relatifs aux manufactures, au commerce et aux arts* ; et que ces articles eux-mêmes ne l'appliquent que du travail dans les ateliers et dans les manufactures. Le second motif est que les coalitions des propriétaires et fermiers pour faire baisser le salaire des ouvriers qu'ils occupent aux travaux de la campagne sont prévues par une loi spéciale qui n'a pas cessé d'être en vigueur. L'art. 19 du titre 2 du Code rural des 28 sept., 6 oct. 1791, porte : « Les propriétaires ou fermiers d'un même canton ne pourront se coaliser pour faire baisser ou fixer à vil prix la journée des ouvriers ou les gages des domestiques, sous peine d'une amende du quart de la contribution mobilière

des délinquants, et même de la détention municipale, s'il y a lieu. » Il est évident que cette disposition doit continuer d'être appliquée dans les campagnes. (*Théorie du Code pénal*, t. 7, p. 463.) Elle ne diffère d'ailleurs du Code pénal que sous deux rapports peu importants: la fixation du maximum de la peine, qui, du reste, est de la même nature, et la restriction qui veut que les propriétaires ou fermiers coalisés soient *du même canton*; le Code n'exige point cette dernière condition; il importe peu, dans l'esprit de ses dispositions, que les fabricants coalisés résident dans différentes villes. La raison de cette différence vient de ce que les manufactures sont solidaires les unes des autres, et que la condition des ouvriers subit toutes les fluctuations du commerce, tandis que dans les campagnes où n'existent point de grands rassemblements d'ouvriers, toutes les mesures sont locales, et leur effet ne s'étend point au delà du canton où elles sont prises.

9. La troisième condition du délit est le but même de la coalition; il faut qu'elle *tende à forcer injustement et abusivement l'abaissement du salaire*. C'est ici que se trouve la moralité du délit. Toute coalition n'est pas punissable lors même qu'elle tend à produire l'abaissement des salaires. La loi n'a pu vouloir que les salaires des ouvriers fussent en dehors de la mobilité des affaires commerciales; ils doivent en subir nécessairement les influences, et les fabricants doivent dès lors les régler proportionnellement aux progrès de leurs fabriques. Or, s'ils ont le droit d'en proposer l'augmentation ou la réduction individuellement, comment n'auraient-ils pas le même droit collectivement? ce n'est donc pas la coalition elle-même qui constitue le délit, c'est la coalition ayant pour but une baisse *injuste* et *abusive*. Dès que cet abaissement n'est pas le résultat nécessaire d'une réaction commerciale, dès qu'elle n'est pas justifiée par les circonstances, elle devient oppressive; mais cette oppression a peu de portée, si elle est isolée, puisque les ouvriers sont libres de changer d'atelier; elle ne prend de puissance et de véritable action que dans la coalition : c'est donc le fait de la coalition ayant pour objet une baisse de salaires injuste, que la loi a dû frapper.

10. Comment apprécier l'injustice et l'abus de la diminution des salaires? Cette appréciation doit être faite d'après les circonstances du procès; c'est un fait qui, comme tous les au-

tres, est susceptible d'être envisagé avec tel ou tel caractère. C'est aux tribunaux qu'il appartient d'en discerner le caractère véritable; c'est dans les usages locaux, dans les conditions d'existence des fabriques, dans les causes de perturbation du commerce, qu'ils trouveront les éléments de leur décision. Dans tous les cas, le jugement doit constater le caractère injuste ou abusif des coalitions qu'il qualifierait de délit.

11. La quatrième condition exigée par l'article 414 est que la coalition ait été *suivie d'une tentative ou d'un commencement d'exécution*. En effet, le concert des maîtres pris indépendamment de tout acte d'exécution, n'est qu'un projet, une pensée qui, comme le complot, échappe à toute incrimination tant qu'aucun acte extérieur ne l'a trahi. Il faut donc ou une tentative ou un commencement d'exécution pour donner l'être au délit, pour le faire passer de l'état de projet à l'état de fait matériel, pour que la justice humaine puisse le saisir. Par tentative, Carnot enseigne qu'on doit entendre une tentative légale (*Comm. du C. pén.*, t. 2, p. 412); mais alors que signifient les mots commencement d'exécution? comment admettre que la loi se soit servie de deux termes différents pour exprimer la même pensée? Il faut admettre, avec MM. Chauveau et Faustin Hélie, que la coalition est punissable lorsqu'elle s'est révélée soit par un commencement d'exécution, soit au moins par des actes extérieurs tendant à cette exécution (*Théor. du C. pén.*, t. 7, p. 465). Telle est, en effet, la seule explication qui puisse concilier entre eux les termes de la loi.

12. La réunion des circonstances que nous venons de parcourir constitue le délit de coalition illicite; mais si une seule de ces circonstances n'était pas constatée, le délit n'existerait pas. Il faut donc que l'existence de la coalition soit établie, que cette coalition soit l'œuvre de personnes qui font travailler des ouvriers, qu'elle ait pour objet un abaissement injuste et abusif des salaires, et enfin qu'elle se soit manifestée par quelque acte d'exécution. Quand tous ces éléments coexistent, le délit est complet, et la peine est un emprisonnement de six jours à un mois et une amende de 200 à 3,000 francs.

SECTION 2. — *Des coalitions formées entre les ouvriers.*

13. Les art. 415 et 416 du Code pénal sont

IV.                                                                          23

ainsi conçus : « Art. 415. Toute coalition de la part des ouvriers pour faire cesser en même temps de travailler, interdire le travail dans un atelier, empêcher de s'y rendre et d'y rester avant ou après de certaines heures, et en général pour suspendre, empêcher, enchérir les travaux, s'il y a eu tentative ou commencement d'exécution, sera punie d'un emprisonnement d'un mois au moins et de trois mois au plus. Les chefs ou moteurs seront punis d'un emprisonnement de deux à cinq ans. » « Art. 416. Seront aussi punis de la peine portée par l'article précédent, et d'après les mêmes distinctions, les ouvriers qui auront prononcé des amendes, des défenses, des interdictions ou toutes proscriptions sous le nom de *damnations* et sous quelque qualification que ce puisse être, soit contre les directeurs d'ateliers et entrepreneurs d'ouvrages, soit les uns contre les autres. Dans le cas du présent article, et dans celui du précédent, les chefs ou moteurs du délit pourront, après l'expiration de leur peine, être mis sous la surveillance de la haute police pendant deux ans au moins et cinq ans au plus. »

14. Les faits constitutifs du délit de coalition sont déterminés par le premier de ces deux articles. Il faut 1° qu'une coalition ait été formée ; 2° qu'elle ait été formée par des ouvriers ; 3° qu'elle ait eu pour but de faire cesser en même temps de travailler, interdire le travail dans un atelier, empêcher de s'y rendre et d'y rester avant ou après de certaines heures, et en général de suspendre, empêcher et enchérir les travaux ; 4° qu'il y ait eu tentatives ou commencement d'exécution. On voit que les éléments de ce délit sont à peu près les mêmes que ceux du délit de coalition entre les maîtres ; le but seul diffère.

15. La première condition du délit, dans l'art. 415, de même que dans l'art. 414, est qu'il y ait une *coalition*. Nous avons expliqué plus haut le sens légal de ce mot ; ce sens est le même dans les deux articles : il s'agit, dans l'un et dans l'autre, d'un concert, d'une association formée entre diverses personnes pour arriver soit à une diminution, soit à une augmentation des salaires.

16. La deuxième condition est que cette coalition ait été formée par des *ouvriers*. Or quelle est ici la signification légale de cette expression ? nous l'avons indiquée déjà en expliquant la disposition de l'art. 414 : les *ouvriers* comprennent tous les individus qui tra-

vaillent dans les fabriques, dans les ateliers, dans les manufactures, et qui sont, en général, employés aux travaux du commerce et de l'industrie ; les individus employés aux travaux des champs ne sont pas des ouvriers dans le sens de l'art. 415. Cette interprétation s'appuie sur plusieurs textes : 1° sur les textes mêmes du Code pénal. La rubrique de la section où se trouve placé l'art. 415 indique que cette section ne s'applique qu'à la *violation des réglements relatifs aux manufactures, au commerce et aux arts.* L'art. 415 ne prévoit que la cessation des travaux *dans un atelier.* L'art. 416, qui se lie intimement avec le précédent, ne punit les interdictions que lorsqu'elles sont dirigées *contre les directeurs d'ateliers et les entrepreneurs d'ouvrages.* Enfin, l'art. 219, qui punit la coalition lorsqu'elle se manifeste par des actes de rebellion, ne s'applique également qu'aux *ouvriers et journaliers dans les ateliers publics ou manufacturiers* ; 2° sur le texte d'une loi spéciale. En effet, l'art. 20 du titre 2 du Code rural des 28 sept.-6 oct. 1791, est ainsi conçu : « Les moissonneurs, les domestiques et les ouvriers de la campagne ne pourront se liguer entre eux pour faire hausser et déterminer le prix des travaux ou des gages, sous peine d'une amende qui ne pourra excéder la valeur de douze journées de travail, et en outre la détention de police municipale. » Cette disposition n'a pas cessé d'être en vigueur ; elle punit un fait spécial, les coalitions dans les campagnes ; elle doit continuer de s'y appliquer. Si la peine est plus faible, le délit présente aussi moins de danger. Telle est aussi l'interprétation enseignée par MM. Chauveau et Faustin Hélie (*Théorie du Code pénal*, t. 7, p. 467).

17. La troisième condition du délit consiste dans le but que se propose la coalition : ce but doit être, aux termes de l'art. 415, *de faire cesser en même temps de travailler, d'interdire le travail dans un atelier, d'empêcher de s'y rendre et d'y rester avant ou après de certaines heures, et en général de suspendre, empêcher ou enchérir les travaux.* Tels sont les faits qui seuls peuvent faire incriminer la coalition ; si son but n'est pas l'un de ceux qui sont indiqués par la loi, il est évident qu'elle ne rentre pas dans ses termes.

18. Faut-il que toutes les conditions énumérées par ce paragraphe soit réunies pour constituer le délit ? suffit-il de la réunion de

quelques-unes ou même de l'existence d'une seule? M. Carnot s'appuie sur les mots *en même temps*, qui se trouvent dans cette disposition, pour émettre l'opinion que la simultanéité des différents faits est nécessaire (*Commentaire du C. pén.*, t. 2, p. 362, § 7); mais l'erreur de cette interprétation est évidente : les mots *en même temps* ne se rapportent qu'au membre de la phrase qui les renferme, ils ne s'étendent pas au delà. Les différentes parties de la phrase sont, d'ailleurs, indépendantes les unes des autres; ce sont autant de conditions successives que les ouvriers peuvent vouloir imposer aux maîtres; il suffit qu'une seule soit constatée; leur concours n'est nullement exigé. Ainsi la coalition qui aurait pour but soit d'empêcher les ouvriers de se rendre dans un atelier, soit de terminer leur travail chaque jour à une certaine heure, rentrerait dans les termes de la loi.

19. L'art. 415 n'a point exigé, comme l'art. 414, que la demande qui motive la coalition fût *injuste* et *abusive*. Faut-il conclure de cette omission que, de la part des ouvriers, la coalition est punissable, lors même que la réclamation est juste et légitime? « L'affirmative, disent MM. Chauveau et Faustin Hélie, est sans aucun doute dans l'esprit de la loi : les deux textes sont trop intimement liés l'un à l'autre pour que la différence de leurs termes ne révèle pas une pensée différente. Le législateur inquiet qui les rédigeait redoutait trop le désordre matériel pour le permettre lors même qu'il aurait eu une juste cause. La coalition des maîtres, pour la réduction des salaires, ne produit habituellement aucun trouble; le législateur n'intervient donc que lorsque cette réduction est abusive et qu'elle pourrait alors exaspérer les ouvriers; mais la coalition des ouvriers, que l'objet en soit juste ou injuste, est de nature à troubler la paix publique et les intérêts du commerce par les rassemblements qu'elle provoque et la fermeture des ateliers : la loi la punit donc dans tous les cas sans s'informer de sa cause, sans lui demander la justification. » (*Théorie du Code pénal*, t. 7, p. 470.) Cette interpétation nous paraît rigoureuse. La question d'*intention coupable* doit toujours être posée quand il s'agit de punir un crime ou un délit. Aussi nous n'hésitons pas à penser qu'en présence même des textes précités, les magistrats doivent, en cas de coalition, remonter aux causes qui l'ont fait naître, rechercher l'intention qui a fait agir les prévenus, et résoudre en conséquence la question de culpabilité.

20. La quatrième condition du délit est que la coalition ait été suivie *d'une tentative ou d'un commencement d'exécution*. Nous avons déjà fait connaître le sens de ces termes. La coalition, tant qu'elle est renfermée dans le cercle d'un projet ou d'un complot, échappe à toute répression ; la justice ne peut l'atteindre, et d'ailleurs elle ne devient dangereuse que lorsqu'elle se révèle par quelque acte extérieur d'exécution.

21. Ce n'est que lorsque ces quatre conditions du délit coexistent et concourent à la fois, que les peines portées par l'art. 415 doivent recevoir leur application. Ces peines sont beaucoup plus rigoureuses que celles qui sont applicables aux coalitions des maîtres; on voit que le législateur a pensé que l'ordre public était plus menacé dans un cas que dans l'autre : ce n'est pas une loi de protection pour le travail qu'il prétendait faire, ce n'est qu'une loi de police. Ainsi, non-seulement les ouvriers sont punis d'un emprisonnement d'un mois à trois mois et d'une amende de 200 à 3,000 francs; les chefs et les moteurs sont encore passibles d'une aggravation de peine : l'emprisonnement peut être élevé jusqu'à cinq ans à leur égard ; et l'art. 416 permet de les soumettre à la surveillance de la haute police. Dans aucun cas peut-être cette dernière mesure n'a été appliquée avec plus de légèreté; il est évident qu'il n'existe aucun rapport entre cette peine et le délit.

22. A côté du délit de coalition des ouvriers, le Code pénal a placé un autre délit qui conserve néanmoins avec la première une grande analogie. L'art. 416 prévoit et punit les ouvriers qui prononcent *des amendes, des défenses, des interdictions ou toutes proscriptions sous le nom de* damnation *et sous quelque qualification que ce puisse être, soit contre les directeurs d'ateliers et entrepreneurs d'ouvrages, soit les uns contre les autres*. Ces damnations, ces proscriptions, ces interdictions supposent, à la vérité, une coalition entre quelques ouvriers; mais cet article, en créant un délit distinct, lui a donné des conditions différentes d'incrimination : il n'est plus nécessaire que le fait de coalition soit prouvé; le seul fait de la *damnation* prononcée est incriminé isolément, indépendamment de toute autre circonstance, en dehors de ses causes et de ses effets; il suffit, pour motiver

l'application de la peine, que ce fait soit constaté. V. dans ce sens *Théorie du Code pénal*, t. 7, p. 476.

23. L'art. 8 de la loi du 22 germ. an XI portait que si les actes de coalition avaient été accompagnés de violences, voies de fait, attroupements, les auteurs et complices seraient punis des peines portées par la loi, suivant la nature des délits. Cette réserve n'a point été reproduite dans le Code pénal, et elle n'avait pas besoin d'y être écrite. Il est évident que dès que la coalition se complique d'un délit distinct, ce délit peut être poursuivi séparément. MM. Chauveau et Faustin Hélie font toutefois remarquer avec raison : « Qu'il faut prendre garde de ne pas considérer légèrement comme des délits distincts des faits qui ne sont souvent que la conséquence et l'exécution même de la coalition; ce n'est que lorsque ces faits prennent un caractère distinct, que lorsqu'ils réunissent, indépendamment de la coalition, les éléments d'un délit, qu'ils peuvent être incriminés séparément. » (*Théorie du Code pén.*, t. 7, p. 476.)

24. Le délit de coalition d'ouvriers ne pourrait être considéré comme un délit politique, par cela seul que la coalition se serait formée sous l'influence d'une pensée politique. En effet, l'intention des agents ne peut modifier le caractère des faits matériels et leur imprimer une qualification qui ne leur appartient pas. Il s'ensuit que ce délit reste dans tous les cas justiciable des tribunaux correctionnels. Telle est aussi la décision consacrée par la Cour de cassation : « Attendu que le délit de coalition d'ouvriers n'est pas du nombre de ceux qui sont qualifiés délits politiques par l'art. 7 de la loi du 8 oct. 1830; que les demandeurs en cassation n'étaient poursuivis que comme prévenus de complicité du délit de coalition d'ouvriers, complicité prévue et définie par le Code pénal; que si devant la cour royale le ministère public a excipé d'écrits imprimés pour établir l'intention coupable des prévenus, les inductions qu'on pourrait tirer de ces écrits ne sauraient changer le caractère primitif de la prévention. » (Cass. 4 sept. 1834. *Journ. du droit crim.*, t. 6, p. 267.)

SECT. 3. — *Des coalitions entre les principaux détenteurs d'une marchandise.*

25. L'article 419 du Code pénal est ainsi conçu : « Tous ceux qui par des faits faux ou calomnieux semés à dessein dans le public, par des sur-offres faites aux prix que demandaient les vendeurs eux-mêmes, par réunion ou coalition entre les principaux détenteurs d'une même marchandise ou denrée, tendant à ne pas la vendre ou à ne la vendre qu'un certain prix, ou qui par des voies ou moyens frauduleux quelconques auront opéré la hausse ou la baisse des prix des denrées ou marchandises ou des papiers ou effets publics, au-dessus ou au-dessous des prix qu'aurait déterminés la concurrence naturelle et libre du commerce, seront punis d'un emprisonnement d'un mois au moins, d'un an au plus, et d'une amende de cinq cents francs à dix mille francs. » Les termes vagues et indécis de cet article ont donné lieu à de graves difficultés.

26. M. Faure, chargé de présenter au corps législatif l'exposé des motifs de cet article, s'exprimait en ces termes : « Elles n'ont pas non plus échappé à la prévoyance du code ces manœuvres coupables qu'emploient des spéculateurs avides et de mauvaise foi pour opérer la hausse ou la baisse du prix des denrées ou des marchandises, ou des papiers ou effets publics, au-dessus ou au-dessous des prix qu'aurait déterminés la concurrence naturelle et libre du commerce. Le Code cite pour exemples de ces manœuvres les bruits faux ou calomnieux semés à dessein dans le public, les coalitions entre les détenteurs de la marchandise ou denrée; il ajoute toute espèce de voies ou moyens frauduleux, parce qu'en effet ils sont si multipliés qu'il ne serait guère plus facile de les détailler que de les prévoir. La disposition ne peut s'appliquer à ces spéculations franches et loyales qui distinguent le vrai commerçant. Celles-ci, fondées sur des réalités, sont utiles à la société. Loin de créer tour à tour les baisses excessives et les hausses exagérées, elles tendent à les contenir dans les limites que comporte la nature des circonstances, et par là servent le commerce, en le préservant de secousses qui lui sont toujours funestes. »

27. Il est évident, d'après ces paroles et d'après les termes mêmes de l'art. 419, que le but du législateur, dans cette disposition, a été de distinguer la concurrence naturelle du commerce et la concurrence qui s'appuie sur des manœuvres frauduleuses et déloyales; il a voulu proscrire ces manœuvres et maintenir pleine et entière la liberté et la loyauté du

commerce. Tel est le but de cet article ; mais ce but, il faut le dire, n'a été qu'incomplétement atteint. Le législateur, soit qu'il ne fût pas assez versé à cette époque dans les théories de l'économie politique, soit qu'il craignît de comprimer l'essor de l'industrie par des entraves toujours gênantes, n'a décrété que des mesures impuissantes ; il a entrevu l'une des plaies du commerce, mais il ne l'a pas guérie. La disposition pénale que nous avons à examiner est aussi vague dans son texte qu'incomplète dans ses prescriptions.

28. L'art. 419 prévoit deux points distincts : les moyens frauduleux à l'aide desquels la hausse ou la baisse des marchandises peut être opérée, et l'événement même de cette hausse ou de cette baisse atteint par ces moyens. Les moyens frauduleux décèlent l'intention de nuire, la fraude ; la hausse ou la baisse produite par ces moyens constitue le préjudice matériel.

29. La loi énumère trois moyens principaux de hausse ou de baisse : ce sont les faits faux ou calomnieux semés à dessein dans le public ; les sur-offres faites aux prix que demandaient les vendeurs eux-mêmes ; les réunions ou coalitions entre les principaux détenteurs d'une même marchandise ou denrée tendant à ne pas la vendre ou à ne la vendre qu'à un certain prix.

30. Le premier de ces moyens ne rentre dans les termes de la loi qu'autant que les faits faux ou calomnieux ont été semés *à dessein* dans le public. Ces mots *à dessein* servent à séparer les nouvelles répandues sans malveillance de celles qui sont répétées avec un but déterminé : il faut distinguer avec soin la simple légèreté du délit ; or c'est l'intention frauduleuse qui constitue le délit. « Le délit n'existerait pas, disent **MM**. Chauveau et Faustin Hélie, si les faits avaient été répandus par l'agent sans nulle intention frauduleuse, et que plus tard il eût voulu profiter de la hausse ou de la baisse occasionnée par ces bruits ; car les faits faux n'auraient point été semés par lui à dessein, et dès lors la spéculation serait exempte de la fraude, élément du délit. Lors même que les faits auraient été semés à dessein, si la pensée de la spéculation n'est née que postérieurement et en vue de la hausse ou de la baisse qui s'est manifestée, il est douteux que la loi fût applicable, car le prévenu n'aurait fait que profiter d'un événement qu'il aurait involontairement causé et

qu'il n'aurait pas prévu. » ( *Théorie du Code pénal*, t. 7, p. 484. )

31. Le deuxième moyen, qui consiste dans des sur-offres *faites aux prix que demandaient les vendeurs eux-mêmes*, ne peut être employé que pour produire une hausse du prix des marchandises. La seule observation que cette disposition fait naître est la nécessité que les sur-offres aient influé directement sur la hausse.

32. Le troisième moyen, qui consiste dans les *réunions ou coalitions entre les principaux détenteurs d'une marchandise ou denrée, tendant à ne la pas vendre ou à ne la vendre qu'à un certain prix*, a donné lieu à plusieurs questions. D'abord, que faut-il entendre par les *principaux détenteurs* d'une marchandise ? Cette expression s'applique-t-elle à d'autres détenteurs que les principaux ? Comprend-elle les fabricants aussi bien que les marchands ? Ces premières difficultés ont été résolues par la Cour de cassation dans un arrêt relatif à une coalition des fabricants de soude de Marseille, et qui déclare « que l'art. 419 est applicable à la coalition de l'universalité des détenteurs d'une marchandise comme à celle de ses principaux détenteurs, puisque le même préjudice pour le public peut résulter de l'une comme de l'autre ; qu'il l'est à celle des fabricants comme à celle des marchands proprement dits, puisque le fabricant est le premier détenteur de la marchandise qu'il a créée pour la vendre. » (Cass. 31 août 1838 ; S.-V. 38. 1. 988 ; J. P. 1838. 2. 391.)

33. Une autre question est de savoir quel est le sens des mots *marchandise et denrée*, et à quels objets ces mots s'appliquent. Cette question a été pendant longtemps controversée au sujet de l'industrie du roulage ; il s'agissait de savoir si la coalition qui a pour but de produire la hausse du prix des transports rentre dans les termes de la loi. La Cour de cassation a jugé par plusieurs arrêts : « que les dispositions de l'art. 419 s'appliquent à tout ce qui étant l'objet des spéculations du commerce, a un prix habituellement déterminé par la libre et naturelle concurrence des trafics dont il s'agit ; qu'elles ne sont pas limitées aux marchandises corporelles ; que l'art. 632 du Code de commerce range parmi les actes de commerce les entreprises de transport par terre et par eau ; que l'usage des moyens de transport est la marchandise, ob-

jet du commerce des messagistes, des voituriers et de tous entrepreneurs de transport ; que l'art. 419 s'applique donc aux personnes qui exploitent ces entreprises, lorsque la hausse ou la baisse du prix des transports est opérée par les moyens et de la manière qu'il prévoit. » ( Cass. 19 oct. 1836 : *Journ. du droit crimin.* t. 8, p. 328 ; — 26 janv. 1838 ; S.-V. 38. 1. 241 ; J. P. 1838. 1. 258 ; D. P. 38. 1. 442 ; 9 août 1839. — S.-V. 39. 1. 721 ; J. P. 1839. 2. 297 ; D. P. 39. 1. 321. )

34. Cette interprétation a soulevé de graves objections. On a dit que les mots *marchandise et denrée* dans le langage ordinaire ne s'appliquaient qu'aux choses qui se comptent, se pèsent ou se mesurent ; que cette signification résultait dans la loi de l'union de ces mots au mot *détenteur*, qui les précède, puisque la détention suppose la transmissibilité, et par conséquent la matérialité des choses détenues ; que la loi ne punit d'ailleurs la coalition que lorsqu'elle a pour objet de ne pas vendre une marchandise ou de ne la vendre qu'à un certain prix : d'où l'on doit conclure qu'il ne s'agit que des choses qui sont l'objet d'un contrat de vente, des choses mobilières, et non des ouvrages ou des faits qui sont susceptibles de louage et non de vente ; enfin, que le caractère propre des marchandises est que leur propriété puisse être aliénée, et que le transport des personnes constitue, entre le messagiste et celui avec lequel il traite, un contrat de louage d'industrie seulement, et que la loi n'a voulu atteindre que ceux qui opèrent frauduleusement la hausse ou la baisse dans les ventes.

35. Ces objections peuvent être résolues : et d'abord, le mot *marchandise* a plusieurs acceptions dans la langue ; il s'entend tantôt du trafic lui-même, tantôt de la chose en général dont on peut faire trafic, tantôt et plus spécialement des choses corporelles. La première acception, longtemps employée dans les anciennes ordonnances ( ord. août 1560, déc. 1672, mars 1673, etc. ), est aujourd'hui inusitée. La question est donc de savoir laquelle des deux autres acceptions, l'une générale, l'autre spéciale, le Code a voulu adopter. Or, la raison de la loi suppose une disposition générale, car elle n'a pu vouloir protéger certaines branches de commerce et refuser toute protection aux autres. « C'est, disent MM. Chauveau et Faustin Hélie, une protection générale accordée aux manufac-

tures, au commerce et aux arts ; il n'y a point de restriction ; comment y en aurait-il ? Comment le législateur aurait-il voulu restreindre la protection ? Comment aurait-il divisé les coalitions en deux séries, prohibant les unes et tolérant les autres, tuteur soigneux de quelques industries, et abandonnant les autres à toutes les fraudes ; et l'industrie qu'il eût ainsi livrée à ses propres excès, ce serait l'industrie des transports, l'instrument et la vie de toutes les industries ? Il voulait proscrire les moyens illicites de causer la hausse et la baisse des marchandises, et il eût permis les coalitions frauduleuses des compagnies messagistes, lorsque le prix des transports est un élément du prix des marchandises, et peut influer sur la hausse ou la baisse de ce prix ! Il est impossible de le méconnaître, la pensée du législateur n'a pas dû concevoir de restriction ; elle a dû s'étendre à toutes les industries, à toutes les spéculations commerciales ; aucun motif ne pourrait être allégué pour justifier une limite, une exception : car il ne peut exister aucun motif de tolérer dans une branche de commerce une fraude qui serait punie dans une autre comme un délit. » ( *Théorie du Code pén.*, t. 7, p. 494. ) Le texte de l'art. 419 n'est point, au reste, contraire à cette doctrine. Le mot *marchandise*, qui peut recevoir aussi bien l'acception générique que l'acception restreinte, semble solliciter la première de ces interprétations par cela seul que le législateur a placé près de lui le mot *denrée*, qui s'entend plus particulièrement des choses fongibles ; cette adjonction a donc pour effet d'étendre la loi, loin de la restreindre. Quant au mot *détenteurs*, il s'applique aux choses incorporelles aussi bien qu'aux choses corporelles, à la possession fictive aussi bien qu'à la possession réelle. Enfin, si le Code punit en particulier la coalition ayant pour but et pour effet la hausse ou la baisse résultant de la *vente* ou de l'abstention de la *vente*, il frappe aussi, en général, de la même peine les coalitions qui parviennent à ce résultat par des voies ou moyens frauduleux quelconques : la question se réduit donc dès lors à savoir bien moins s'il y a vente ou louage que si la coalition tend à faire cesser la concurrence en la rendant impossible ; il est donc indifférent que la place ne soit que louée, si la coalition réussit de cette manière aussi pleinement que par la vente à s'assurer le monopole du transport. Telles sont les principales raisons qui nous semblent devoir donner au mot *marchandise* le sens que la Cour de cassation lui a reconnu. Cette interprétation a également été adoptée par les auteurs de la *Théorie du Code pénal*, t. 7, p. 490.

36. Après avoir énuméré les trois modes principaux que la cupidité peut employer pour détruire la concurrence, le législateur reconnaît qu'il est impossible de prévoir toutes les formes que la fraude peut emprunter, et l'article 419 ajoute aux trois exemples qu'il a donnés, *les voies ou moyens frauduleux quelconques*. Ces termes généraux comprenant même les trois modes énoncés, on pourrait penser que cette énonciation était inutile; mais le législateur a voulu sans doute indiquer par ces trois exemples l'espèce de fraude qu'il punissait : ces modes ne sont donc prévus que pour définir les faits de fraude que la loi a entendu saisir ; tous les faits de la même nature tombent donc dans la disposition générale qui suit cette indication.

37. Le deuxième élément du délit est le fait matériel de la hausse ou de la baisse opérée à l'aide des moyens qui viennent d'être indiqués. La loi exige formellement que cette hausse ou cette baisse ait été opérée : c'est ce résultat qui constate le préjudice éprouvé et par conséquent la gravité de la fraude. En conséquence, la Cour de cassation a jugé que lorsque la hausse ou la baisse n'a pas été opérée, la coalition ne constitue qu'une simple tentative de délit, tentative qui n'est pas punissable : « Attendu que l'art. 419 ne prononce de pénalité contre les coalitions qu'autant qu'elles ont en effet opéré la hausse ou la baisse du prix desdites denrées ou marchandises ; qu'aux termes de l'art. 3 du Code pénal les tentatives de délits ne sont considérées comme délits que dans les cas déterminés par une disposition spéciale de la loi, et que l'art. 419 n'en renferme aucune qui assimile le fait d'avoir tenté d'opérer la hausse ou la baisse de denrées ou marchandises au délit d'avoir effectivement opéré cette hausse ou cette baisse; que l'arrêt attaqué en décidant en fait qu'il est suffisamment prouvé que les prévenus ont participé à une coalition ou réunion des principaux détenteurs d'une même marchandise, tendant à ne la vendre qu'à un certain prix, a en même temps déclaré qu'il n'est pas établi que par cette réunion ou coalition ils aient opéré la hausse de ladite marchandise au-dessus du prix qu'aurait déter-

miné la concurrence libre et naturelle du commerce; que, par conséquent, cet arrêt en renvoyant les prévenus n'a violé aucune disposition de la loi pénale. » (Cass. 24 déc.1812. Devillen. et Car. 4. 1. 250 ; J. P., 3ᵉ édit. D. A. 12. 623. — 1ᵉʳ fév. 1834. S.-V. 34. 1. 81. J. P., 3ᵉ édit.; D. P. 34. 1. 123. — 29 mai 1840. S.-V. 40. 1. 831 ; J. P. 1840. 2. 585; D. P. 40. 1. 253.)

38. La loi veut que la hausse ou la baisse, pour qu'il y ait délit, ait porté les prix au-dessus ou au-dessous des taux qu'aurait déterminé *la concurrence naturelle et libre du commerce*. Que faut-il entendre par ces derniers mots? L'un de nos économistes les plus distingués, M. Wolowski, professeur au Conservatoire des arts et métiers, les a expliqués : « C'est une lutte féconde où l'industrie, excitée sans cesse par l'aiguillon de la rivalité, s'efforce de conquérir la faveur publique au moyen du bas prix et de la bonne qualité des produits. Mais, si au lieu de chercher à faire naître par l'économie et le travail une baisse réelle et permanente sur le prix des marchandises, la concurrence se sert uniquement d'une baisse factice et transitoire destinée à écarter les industries rivales, elle dégénère en une guerre ruineuse pour tous. Elle appauvrit la société, car elle détruit en pure perte des forces vives, des ressources précieuses ; elle a pour unique effet de livrer les consommateurs sans défense, sans refuge, aux capricieuses exigences de ceux des producteurs qui survivent et demeurent maîtres absolus du champ de bataille. » (*Revue de législation*, 1839, t. 2, p. 369.)

39. Les règles que nous venons de rappeler et qui résument l'esprit et les dispositions de l'art. 419, ont été appliquées par la Cour de cassation dans plusieurs espèces que nous allons successivement rappeler. Un individu avait allégué avoir vendu 75 fr. le sac de blé qu'il n'avait vendu que 70 ; son but avait été de tendre à élever la cherté des grains en faisant fixer le cours du prix du blé au moins à ce prix, et à empêcher qu'il ne descendît au-dessous. Poursuivi à raison de ce fait, il fut condamné par la cour royale de Caen à deux mois d'emprisonnement et à 1,000 fr. d'amende, par application de l'art. 419. Sur le pourvoi, cet arrêt a été cassé parce qu'il ne constatait pas qu'une hausse effective dans le prix du blé eût été opérée. (Cass. 17 janv. 1818; S.-V. 18. 1. 163; J. P., 3ᵉ édit. ; D. A. 12. 623.)

40. Un fermier qui, lors du recensement des grains opéré en vertu du décret du 4 mai 1812, avait fait une fausse déclaration et soustrait à la connaissance de l'autorité une partie de ses récoltes, fut poursuivi comme prévenu d'avoir, par cette manœuvre frauduleuse, cherché à produire la hausse de cette denrée. Condamné par la juridiction correctionnelle, en vertu des art. 419 et 420, il s'est pourvu en cassation. M. Merlin, qui prit des conclusions dans cette affaire, ne parut point penser que ces faits fussent en dehors des termes de ces articles : « La seule question qu'il nous soit permis d'examiner, dit ce magistrat dans son réquisitoire, est de savoir si, d'après ces faits, le prévenu a pu être condamné aux peines portées par les art. 419 et 420. Or ces peines, les art. 419 et 420 veulent qu'on les inflige à ceux qui, par des voies ou moyens frauduleux quelconques, auront opéré la hausse du prix des grains. Ils veulent, par conséquent, qu'on les applique à toute personne reconnue coupable d'avoir opéré la hausse du prix des grains par les combinaisons d'une cupidité malveillante. » (*Rép.*, v° Tentative, § 4.) Mais le jugement fut cassé pour un autre motif : il ne constatait pas l'influence de la manœuvre sur le prix des grains, son résultat matériel ; ce n'était qu'une simple tentative qui échappait à la loi. (Cass. 24 décem. 1812. Devillen. et Car., 4. 1. 250; J. P. 3° édit. ; D. A. 12. 623.) Indépendamment de ce dernier motif de nullité, il nous paraît difficile d'admettre qu'une fausse déclaration sur la quantité d'une denrée pût être considérée comme un *fait faux ou calomnieux semé à dessein dans le public* et de nature à influer sur le cours du prix.

41. Dans une troisième espèce, les fabricants de soude de Marseille s'étaient interdit de vendre leurs produits autrement que par l'intermédiaire d'un consignataire unique et exclusif, qui était devenu pour leur compte maître des prix sur le marché. Cette convention ayant eu pour résultat de produire une hausse dans les prix de cette denrée, la Cour de cassation a décidé « que de l'ensemble de ces faits il résulte que la coalition dont il s'agit réunit tous les caractères exigés par l'article 419 ; et que la nécessité où se seraient trouvés les prévenus de défendre leur industrie de la ruine dont elle était menacée n'a pu les autoriser à recourir à des moyens qualifiés délits par la loi. » (Cass. 31 août 1838; **S.-V. 38. 1. 987; J. P. 1838. 2. 391.**)

42. Dans une quatrième espèce, la Cour de cassation a jugé encore : « que la convention sous seing privé par laquelle les boulangers d'une ville se sont respectivement engagés, moyennant dommages-intérêts, à ne fournir qu'une quantité déterminée de pain par chaque décalitre de blé qui leur serait livré par leurs pratiques, en échange du pain ou pour être changé contre du pain, présente la coalition que l'art. 419 prévoit. » (Cass. 29 mai 1840. S.-V. 40. 1. 831; J. P. 1840. 2. 585; D. P. 40. 1. 253.)

43. Enfin la même cour a décidé dans une espèce où les bouchers d'une ville étaient convenus de cesser leurs approvisionnements tant que la taxe sur la viande, fixée par le maire, ne serait pas élevée : « que l'autorité municipale, quand elle exerce le pouvoir que l'article 30, tit. 1er de la loi des 19-22 juill. 1791 lui attribue de taxer la viande de boucherie, ne fait que régler et fixer légalement sa valeur suivant l'usage, d'après les prix déterminés par la libre et naturelle concurrence du commerce dans les foires et marchés où les bestiaux qui les fournissent sont achetés ; que cette taxe devient obligatoire dès l'instant de sa publication, car elle est d'ordre public, jusqu'à ce que les variations survenues dans le prix des bestiaux en aient produit une nouvelle, ou que les bouchers qui prétendraient qu'elle leur porte préjudice l'aient fait réformer par l'administration supérieure ; que les faits déclarés constants, dans l'espèce, à la charge des prévenus constituent donc le délit que l'art. 419 prévoit et punit, puisqu'en effet leur réunion ou coalition a eu pour but d'opérer la hausse de la marchandise ou denrée dont ils sont les principaux détenteurs, et qu'ils ont cessé entièrement d'approvisionner leurs étaux tant que la taxe à laquelle ils devaient se conformer n'a pas été augmentée à leur profit, et par conséquent au détriment des consommateurs. » (Cass. 3 juillet 1841. S.-V. 41. 1. 702.)

44. Les peines portées par l'art. 419 sont un emprisonnement d'un mois à un an et une amende de 500 fr. à 10,000 fr. Les coupables peuvent, en outre, être mis sous la surveillance de la haute police pendant deux ans au moins et cinq ans au plus. Il suffit de faire remarquer au sujet de ces peines, d'abord, que la peine de la surveillance, qui est si peu en harmonie avec la nature du délit, est purement facultative ; ensuite, que l'art. 463 per-

met d'attenuer les autres et même de n'en appliquer qu'une seule.

45. Les peines deviennent plus graves si les manœuvres ont eu pour objet des substances alimentaires de première nécessité. L'art. 420 porte : « La peine sera d'un emprisonnement de deux mois au moins et de deux ans au plus, et d'une amende de 1,000 à 20,000 fr. si ces manœuvres ont été pratiquées sur des grains, grenailles, farines, substances farineuses, pain, vin ou toute autre boisson. La mise en surveillance qui sera prononcée, sera de cinq ans au moins et de dix ans au plus. » Cet article ne fait que prévoir une circonstance aggravante du délit prévu par l'art. 419 ; il s'applique dans les mêmes circonstances, il se reporte aux règles prescrites par ce dernier article ; il ne diffère que par la nature de la marchandise qui a fait l'objet des manœuvres coupables. Ainsi les mêmes éléments sont nécessaires dans les deux cas pour constituer le délit.

46. L'art. 420 porte que la mise en surveillance *qui sera prononcée* sera de cinq ans au moins et de dix ans au plus. Faut-il induire de ces termes que cette mesure, qui est purement facultative dans l'art. 419, devient obligatoire dans celui-ci? Nous ne le pensons pas. Ces mots *qui sera prononcée* se réfèrent évidemment à l'art. 419; ils n'ont d'autre but que d'établir que dans les cas où la surveillance sera prononcée, la durée sera plus longue. Or, dès qu'elle est facultative dans l'article 419, elle conserve le même caractère dans l'art. 420; elle peut être prononcée pour un plus grand nombre d'années, mais elle peut ne pas l'être du tout.

## COALITION DE FONCTIONNAIRES. — V. Fonctionnaires.

COCARDE. Un Français servant avec autorisation dans les troupes d'une puissance étrangère doit, lorsque son corps est appelé par le roi à traverser la France ou à y stationner, conserver la cocarde et l'uniforme de ce corps tant qu'il est présent. Hors ce seul cas, aucun Français ne peut porter en France ni cocarde étrangère, ni uniforme, ni costume étrangers, quand même le prince au service duquel il est attaché se trouverait en France. ( Avis du Conseil d'état du 21 janv. 1812.) — V. Couleurs nationales, Drapeau, Emblèmes.

COCHES D'EAU. La mauvaise direction des coches, la violation des règlements contre le chargement et autres, sont des contraventions. Qui fait les règlements en ce qui concerne ces moyens de transport ? Quelles peines sont imposées aux contrevenants ?—V. Voitures publiques.

Le vol commis dans un coche doit-il être considéré comme commis dans une maison habitée ? — V. Voitures publiques, Vol.

COCHET, COQUET ou CONCHET. C'était un présent en vin, viande ou argent, qu'on exigeait des nouveaux mariés le soir des noces. — V. Dom Carpentier, v° *Cochettus.*

COCHON. Le propriétaire d'un cochon trouvé de jour en délit dans les bois de dix ans et au-dessus doit être condamné à un franc d'amende. L'amende est double si les bois ont moins de dix ans, sans préjudice des dommages-intérêts.

La peine doit être doublée lorsque la contravention a été commise la nuit. ( Art. 199, 201 du Code for.) —V. Pâturage et Panage.

CODE CIVIL. —V. Codes français, art. 2.

CODE DE COMMERCE. — V. Codes français, art. 4.

CODE DES DÉLITS ET DES PEINES. ( Loi du 3 brum. an IV.) —V. Codes français, n° 80.

CODE FORESTIER.—V. Codes français, art. 6.

CODE D'INSTRUCTION CRIMINELLE. — V. Codes français, art. 5.

CODE MICHAUD ou MARILLAC. —V. Codes français, n° 6.

CODE MILITAIRE. — On a donné ce nom à la loi des 30 sept.-19 octob. 1791, qui traite de la juridiction, des délits et des peines concernant les militaires. Il sera plus amplement traité de cette matière aux mots Conseils de guerre, Cours martiales, Délits et Tribunaux militaires. —V. ces mots.

CODE NOIR. — On appelle ainsi l'édit de 1685, réglant le sort et l'état des esclaves dans les colonies. —V. Colonies, n°s 6 et suiv.

CODE PÉNAL. — V. Codes français, art. 5.

CODE PHARMACEUTIQUE. —V. Codex medicamentarius.

CODE DE PROCÉDURE CIVILE. — V. Codes français, art. 2.

CODE RURAL. —La loi des 28 sept., 6 octobre 1791 est connue sous ce nom. Elle s'occupe spécialement des délits ruraux. Les progrès et les besoins de l'agriculture appellent en cette matière des améliorations qui ne peuvent tarder à se réaliser. Une ordonnance royale du 22 sept. 1834 a chargé une commission de la rédaction d'un projet de Code rural. Les réclamations annuelles des conseils généraux des départements signalent sans cesse cette matière à l'attention du gouvernement et des chambres. — V. les mots Délits ruraux, Police rurale, Animaux abandonnés et malfaisants, Bois et Forêts, Épidémie, Inondations, Gardes champêtres, Glanage, Grappillage, Maraudage, Râtelage, Parcours et Vaine pâture, Petite voirie, Règlements municipaux.

CODES FRANÇAIS (1). — 1. Le mot code, *codex* en latin, signifie, dans l'acception la plus générale, recueil de droit ou de lois, soit qu'il émane du législateur, ou seulement qu'il soit dû au travail privé de quelques jurisconsultes. (*Encyclop. méth.*; *Répert.* de Merlin, v° Code.) On l'entend de même en droit romain, où l'on donne le nom de code aux compilations de Grégoire et Hermogène, simples jurisconsultes, ainsi qu'à celles de Théodose et Justinien.

2. Ce mot paraît devoir prendre, dans notre législation, une acception plus restreinte et en même temps plus scientifique. D'abord il ne s'attache pas à un recueil de lois qui n'auraient pas de relations entre elles, à une compilation sans ordre; il faut que la loi ou le corps de lois ainsi dénommé présente un système complet de législation sur certaine matière. C'est aussi le sens de ce mot d'après le Dictionnaire de l'Académie. Il nous semble, en second lieu, que les jurisconsultes s'accordent généralement à ne désigner sous ce nom que les lois que le législateur a ainsi qualifiées, comme les six recueils qu'il a appelés Code civil, Code de procédure civile, Code de commerce, Code d'instruction criminelle, Code pénal et Code forestier. Les lois sur la pêche fluviale, la police rurale, les délits militaires; les lois constitutionnelles, les lois sur la presse, etc., bien que pouvant renfermer un système complet de législation sur ces diverses matières, ne portent pas ce titre ou ne le portent qu'arbitrairement, parce que le législateur ne les a pas ainsi désignées. On doit reconnaître que cet accord des jurisconsultes tend à assurer plus d'harmonie dans les cita-

tions; nous ne parlerons donc que des codes proprement dits. Quant aux autres lois auxquelles on voudrait donner arbitrairement ce nom, il en sera parlé au mot qui les concerne. — V. Pêche fluviale, Police rurale, etc.

3. Pour éviter toute confusion, nous traiterons séparément de ces divers recueils, et chacun formera un article divisé en deux paragraphes, dont le premier aura pour objet l'histoire, la composition et la promulgation; le second, les modifications apportées depuis la promulgation jusqu'à ce jour. Un article divisé en deux paragraphes, sur le droit ancien et le droit intermédiaire, précédera le Code civil. Les Codes d'instruction criminelle et pénal, à raison de leur grande liaison, formeront un seul article, divisé comme les autres codes. Nous terminerons par un court exposé sur l'introduction des codes et leur influence dans les états étrangers. Pour l'application des codes dans les colonies françaises, V. Colonies.

ART. 1er. — § 1er. — *Droit ancien.* — *Recueils des lois antérieures aux Codes.*

§ 2. — *Droit intermédiaire.* — *Essais de codification.*

ART. 2. — *Du Code civil.*

§ 1er. — *Travaux préparatoires.* — *Composition.* — *Promulgation.*

§ 2. — *Des modifications apportées au Code civil depuis sa promulgation.*

ART. 3. — *Code de procédure civile.*

§ 1er. — *Composition, histoire et promulgation.*

§ 2. — *Modifications apportées au Code de procédure civile après sa promulgation.*

ART. 4. — *Code de commerce.*

§ 1er. — *Composition, histoire et promulgation.*

§ 2. — *Modifications apportées au Code de commerce depuis sa promulgation.*

ART. 5. — *Codes d'instruction criminelle et pénal.*

§ 1er. — *Composition, histoire et promulgation.*

§ 2. — *Modifications apportées aux Codes d'instruction criminelle et pénal.*

ART. 6. — *Code forestier.*

§ 1er. — *Composition, histoire et promulgation.*

§ 2. — *Modifications apportées au Code forestier.*

(1) Article de M. Seruzier, avocat à la Cour royale, docteur en droit.

ART. 7. — *Introduction des Codes français dans les pays étrangers.*

—

ART. 1ᵉʳ. — § 1ᵉʳ. — *Droit ancien.* — *Recueils des lois antérieures aux codes.*

4. Avant 1789, la France n'avait aucun code de lois générales qui fût en vigueur dans toutes les parties de la domination française. Deux législations rivales se partageaient ses provinces, les coutumes dans le Nord, et le droit romain ou droit écrit dans le Midi. Les ordonnances du roi seules, sous le bon plaisir des parlements qui s'étaient arrogé le droit de sanction par l'enregistrement, avaient force obligatoire pour toute la France. Cette division législative de la France est bien digne de remarque, quand on sait que l'influence romaine s'est fait sentir presque également sur le Nord et le Midi. Montesquieu s'en est étonné lui-même, et il l'attribue aux grands avantages que les Francs, conquérants du Nord, accordèrent aux vaincus, barbares ou Romains, qui consentirent à vivre sous la loi salique. On sait, en effet, que cette loi consacrait une grande différence dans la composition, *Werigeld*, qui devait être payée, à titre d'indemnité, pour le meurtre d'un Romain tributaire, d'un Franc ou d'un homme vivant sous la loi salique, à la famille de la victime. (*Loi salique*, titre 44.) Chacun fut alors porté à rechercher la loi qui accordait plus de protection à la personne, en attachant une plus grande peine aux atteintes dont elle pouvait être l'objet. Telle paraît être la cause de l'abandon du droit romain dans le Nord. (Montesquieu, liv. 28, chap. 3 et 4.)

Cette diversité de législation, et dans les parties septentrionales de la France, le grand nombre de coutumes différentes (V. Coutumes) dont le ressort respectif n'était souvent séparé que par un ruisseau, un chemin, formaient des obstacles naturels et presque insurmontables à l'unité nationale. Aussi Louis XI, sous le règne duquel quatre provinces furent réunies à la France, la Bourgogne, la Provence, le Maine, l'Anjou, et qui le premier (1) comprit les immenses avantages

de cette unité, forma-t-il le projet d'établir l'uniformité des lois, en même temps qu'il voulait fonder un système commun des poids et mesures, et préludait à ces heureuses innovations par l'institution des postes. (Philippe de Commines.) Mais la mort le surprit au milieu de ces nobles efforts, qui sont un contraste avec les habitudes cruelles de ce prince à qui l'on ne peut refuser, du reste, le titre de profond politique.

5. Une pensée aussi favorable à la monarchie ne pouvait être abandonnée. Henri III annonça aux états de Blois son dessein de reprendre la conception de Louis XI (1588). Il chargea Barnabé Brisson, très-célèbre jurisconsulte, de réunir en un volume, d'un côté, les ordonnances encore en vigueur; de l'autre, des projets de nouvelles lois. Cet ouvrage, connu sous le titre de Basilique ou de Code Henri III, n'était pas encore achevé lorsque son auteur périt victime des guerres civiles. Plusieurs jurisconsultes furent ensuite chargés de le compléter, mais il ne reçut jamais force de loi.

6. Le règne de Louis XIII a produit le *Code Michaud* ou Marillac, appelé ainsi du nom de son rédacteur, le garde des sceaux, Michel de Marillac. Cette ordonnance, rédigée sur les cahiers des États-Généraux de 1614 et des Assemblées des Notables tenues en 1617 à Rouen et en 1626 à Paris, fut publiée en 1629, et tomba bientôt en désuétude après la disgrâce de son auteur. Elle contenait en quatre cent soixante et un articles des dispositions non-seulement sur presque toutes les matières du droit civil, mais aussi sur les finances, la guerre, le commerce et la marine.

---

(1) Louis XI est le premier qui, dans des vues d'unité nationale, ait songé à donner à la France une législation uniforme. Les établissements de saint Louis, qui ne pouvaient avoir force de loi que dans ses domaines, dans les pays de *l'obéissance-le-roi*, n'étaient certainement pas faits dans cette intention. Louis XI, au contraire, exerçait son empire despotique sur toutes les provinces de France; et la réunion de nouvelles, qui, suivant l'usage, s'étaient réservé le maintien de leurs coutumes et priviléges, devait lui faire sentir encore davantage le besoin de cette unité. Quant à la rédaction des coutumes, faite par Charles VII, elle paraît n'avoir été inspirée que par le désir de réprimer les abus résultant des enquêtes par turbes, ayant pour but d'instruire les parlements sur certaines coutumes alléguées dans des procès. On sait que ces enquêtes s'appelaient ainsi, parce que des masses ou turbes de dix témoins devaient former un avis sur le point litigieux. (Fleury, *Précis hist. du droit franpais.*)

7. Sous le règne de Louis XIV, par les soins et les travaux des jurisconsultes les plus célèbres de ce temps, Lamoignon, Auzanet, Fourcroy, Pussort, Savary, Colbert et Dustarlet, parurent plusieurs ordonnances importantes, dont les sages dispositions ont souvent été adoptées par nos législateurs modernes.

Les plus remarquables de ces ordonnances sont :

1° Celle de 1667, appelée aussi Code civil, sur la procédure civile. C'est dans cette ordonnance que notre législateur a pris les principes généraux sur les actes de l'état civil, la preuve des contrats et la contrainte par corps ;

2° Celle de 1669 sur les eaux et forêts. Elle a été refondue dans le Code forestier, et quelques-unes de ses dispositions sont encore en vigueur ;

3° Celle de 1670 sur la procédure criminelle. Elle a fourni les principes sur la mort civile, empruntés du reste aux ordonnances de Moulins et de 1639 ;

4° Celle de 1673 pour le commerce ;

5° Celle de la marine, de 1681 : ces deux ordonnances ont été reproduites en grande partie dans le Code de commerce ;

6° Le Code noir de 1685, qui règle le sort et l'état des esclaves dans les colonies.

8. Nous devons au règne de Louis XV, et particulièrement aux travaux du chancelier d'Aguesseau :

1° L'ordonnance de 1731 sur les donations;

2° Celle de 1735 sur les testaments : ces deux ordonnances sont la base du titre des donations et testaments dans le Code civil.

3° Celle de 1737 sur le faux ;

4° Celle de 1738 sur la procédure du conseil. Cette ordonnance règle encore la procédure devant le Conseil d'état.

5° Celle de 1747 sur les substitutions.

9. Ces ordonnances, enregistrées avec très-peu de modifications dans la France entière, à l'exception de la Lorraine où les ordonnances de 1667 et 1670 ne furent point reçues, et qui eut son code particulier sous le titre de *Code Léopold* (du nom du duc Léopold), ces ordonnances, disons-nous, sont aussi connues sous le nom de *Code Louis*, et formaient avec le droit romain, ou le droit coutumier, le droit français en vigueur à l'époque de la révolution.

10. Parmi les ordonnances qui ont paru sous le règne de Louis XVI, il n'y en a que deux qui méritent d'être citées : l'édit du mois d'avril 1779, portant abolition du servage et de la main-morte pour les domaines du roi, et la déclaration du 24 août 1780, consacrant l'abolition de la question préparatoire (1).

## § 2. — *Droit intermédiaire. — Essais de codification.*

11. Ainsi la royauté avait été impuissante à doter la France d'une législation uniforme. La révolution put seule briser tous les obstacles. On sait que l'abolition du régime féodal, des priviléges personnels et de ceux des provinces, l'unité de la constitution française, furent décrétées d'enthousiasme dans la fameuse nuit du 4 avril 1789. Il devint alors possible de réaliser le projet de tant de siècles, et l'assemblée nationale constituante arbora le drapeau de la réforme des lois.

12. Dans la loi sur l'organisation judiciaire, des 16-24 août 1790, loi si féconde en prin-

(1) On connaît la collection des ordonnances, citée communément sous le titre de *Collection des ordonnances du Louvre*, publiée à l'Imprimerie royale. Le premier volume de cette collection, rédigé par l'avocat de Laurière, a paru en 1723. De Laurière étant décédé pendant l'impression du deuxième volume, ce volume et les suivants parurent en 1754, par les soins de Secousse que le chancelier d'Aguesseau avait choisi pour la continuation de ce travail. Après la mort de Secousse, de Villevault en fut chargé par le chancelier de Lamoignon, et on lui adjoignit par la suite M. de Bréguigny. Ils publièrent successivement le neuvième volume, la table chronologique des neuf premiers volumes, le onzième en 1769, le douzième en 1777, et le treizième volume en 1782. Le quatorzième volume, qui a paru en 1790, a été publié par de Bréguigny seul, après le décès de son collaborateur. Ce travail a été repris par les soins de l'Institut, et confié à M. le marquis de Pastoret, qui a publié le quinzième volume jusqu'au vingtième, paru en 1840. Ce dernier volume comprend les ordonnances du mois d'avril 1486, jusqu'au mois de décembre 1497. Depuis la mort de M. le marquis de Pastoret, M. Pardessus a été chargé de la continuation de ce travail. On doit faire remarquer ici que les introductions qui accompagnent chaque volume, présentent pour le jurisconsulte beaucoup d'intérêt. Il existe encore une collection de lois, édits, ordonnances, déclarations, arrêts, etc., antérieurs à 1789, par MM. Isambert, Decrusy, Jourdan et Taillandier; elle se compose de vingt-neuf volumes.

cipes passés dans nos institutions modernes, tels que la faveur due aux arbitrages, l'abolition de la vénalité des offices de judicature, la séparation du pouvoir judiciaire et législatif, celle du pouvoir judiciaire et administratif, la défense publique et libre des accusés, le droit de n'être pas soustrait à ses juges naturels, l'institution de la justice de paix; dans cette loi, disons-nous, l'assemblée nationale constituante proclama la nécessité d'une révision des lois civiles et criminelles. Quant aux lois civiles, elle s'exprima en ces termes, dans l'art. 19 du titre 2 :

« Les lois civiles seront revues et réformées par la législature, et il sera fait un code général de lois simples, claires et appropriées à la constitution. »

Notre première constitution, celle de 1791 (3-14 sept.), répéta à la fin du titre 1er : « Il sera fait un code de lois civiles communes à tout le royaume. »

13. Les assemblées qui suivirent s'occupèrent plus ou moins activement de l'œuvre de la régénération du droit, mais sans résultat heureux. Aussi passerons-nous très-rapidement sur cette période de l'histoire de notre législation. L'assemblée législative, qui commença d'exister le 1er octobre 1791, ne fit que créer une commission de législation et publier une adresse pour réclamer les lumières des citoyens et des étrangers. Elle fut remplacée, le 21 septembre 1792, par la convention nationale, qui déclara dans la constitution de 1793 (24 juin), restée dans le reste sans exécution : « Le code des lois civiles et criminelles est uniforme pour toute la république. » Cette assemblée entendit dans sa trop longue carrière, qui fut le règne de la terreur, deux projets de Cambacérès sur un Code civil : le premier au 9 août 1793, le deuxième au 23 fruct. an II; mais tous deux furent repoussés après quelques jours de discussion, l'un comme peu en harmonie avec les idées du temps, les grands principes philosophiques, et rappelant trop l'ancienne jurisprudence, comme si le genre humain finissait et commençait à chaque instant sans aucune sorte de communication entre une génération et celle qui la remplace (Portalis, *Discours prélim. sur le Code civ.*); l'autre fut repoussé comme trop concis, et parce qu'aussi les graves événements de l'époque ne permettaient pas de s'occuper avec une attention suffisante d'une œuvre de cette importance.

14. La convention nationale fut elle-même remplacée le 4 brum. an IV par le corps législatif, composé d'un conseil des anciens et d'un conseil des cinq cents, conformément à la constitution de l'an III (22 août 1795), qui organisait en même temps un directoire pour exercer le pouvoir exécutif. Le 24 prairial de la même année, un nouveau et troisième projet fut présenté par Cambacérès, mais la discussion en fut ajournée, et elle n'avait pas été reprise lorsque survinrent les événements des 18 et 19 brum. an VIII.

15. On sait qu'alors une commission consulaire exécutive remplaça provisoirement le directoire, que les deux conseils s'ajournèrent au 1er vent. suivant, et créèrent, avant de se séparer, chacun une commission pour s'occuper du Code civil. La commission seule du conseil des cinq cents, par l'organe de Jacqueminot, donna, le 30 frim. an VIII, les projets des différents titres du Code civil dont elle s'était chargée. Tout travail cessa de la part de ces commissions législatives le 4 nivôse an VIII, époque où la constitution (13 décembre 1799) qui créait définitivement le gouvernement consulaire (1) fut mise en vigueur. Cette constitution établissait en même temps un nouveau pouvoir législatif, composé du corps législatif, du tribunat, d'un sénat conservateur, chargé du maintien de la constitution, et d'un conseil d'état qui devait préparer les projets de loi.

16. Déjà dix ans s'étaient écoulés depuis la fameuse nuit du 4 août, et rien encore pour la législation générale n'avait été édifié sur les ruines des institutions qu'elle avait vu s'écrouler (2). Faut-il le regretter? Les lois d'une révolution sont toujours des lois réactionnaires, et il suffit pour s'en convaincre de jeter les yeux sur les lois de cette époque, qui forment ce qu'on appelle la législation intermédiaire. Nous ne pouvons mieux les faire connaître qu'en citant ce passage de l'admirable discours de Portalis, en présentant, de concert avec Tronchet, Bigot-Préameneu et Mal-

---

(1) Les trois consuls furent : Bonaparte, ex-consul provisoire; Cambacérès, ex-ministre de la justice, et Lebrun, ex-membre de la commission du conseil des cinq cents.

(2) Jamais assemblées furent-elles cependant plus actives que celles de la révolution? On sait que la convention a publié, en quatre ans et neuf mois d'existence, 11,210 décrets.

leville, le projet de Code civil : « Toute révolution est une conquête. Fait-on des lois dans
le passage de l'ancien gouvernement au nouveau? Par la seule force des choses, ces lois
sont nécessairement hostiles, partiales, évasives.... Si l'on fixe son attention sur les lois
civiles, c'est moins pour les rendre plus sages
ou plus justes, que pour les rendre plus favorables à ceux auxquels il importe de faire goû-
ter le régime qu'il s'agit d'établir. On renverse
le pouvoir des pères, parce que les enfants se
prêtent davantage aux nouveautés (1). L'autorité maritale n'est pas respectée, parce que
c'est par une plus grande liberté donnée aux
femmes que l'on parvient à établir de nouvelles formes et un nouveau ton dans le commerce de la vie (2). On a besoin de bouleverser
tout le système des successions, parce qu'il est
expédient de préparer un nouvel ordre de
citoyens par un nouvel ordre de propriétaires (3). » A ce triste tableau qui reflète avec
vérité l'esprit des lois de la révolution, nous
devons, certes, nous féliciter de ce que les
circonstances de cette époque malheureuse
n'ont pas permis aux différentes assemblées
législatives de s'occuper sérieusement d'une
réforme générale de la législation civile.

### Art. 2. — *Du Code civil.*

§ 1er. — *Travaux préparatoires.* — *Composition.* — *Promulgation.*

17. A peine Bonaparte fut-il investi du pou-

voir consulaire, qu'un arrêté du 24 thermidor
an VIII nomma une commission composée,
comme nous l'avons dit, de Tronchet, Portalis,
Bigot-Préameneu et Malleville (1), pour comparer l'ordre suivi dans la rédaction des projets
de Code civil publiés jusqu'audit jour, déterminer le plan qu'il leur paraîtrait le plus
convenable d'adopter, et discuter ensuite les
principales bases de la législation en matière
civile.

La commission distribua les matières entre
ses membres, et se réunit sous la présidence
de Tronchet pour examiner et discuter le travail de chacun. Aidée des matériaux déjà réunis, elle fut en état de présenter, quatre mois
après sa formation, un projet (2) de Code civil,
qui fut rendu public par la voie de l'impression, le 1er pluv. an IX. Ce projet fut envoyé
à l'examen du tribunal de cassation et des
tribunaux d'appel, dont les observations rendues dans la même année furent également
imprimées. La discussion commença de suite
au Conseil d'état de la manière suivante : La
section de législation examina chaque titre en
présence des membres de la commission ; la
rédaction adoptée par la section fut imprimée, distribuée à tous les conseillers d'état,
et discutée de nouveau dans l'assemblée générale du Conseil, sous la présidence du premier
et du second consul. Les titres arrêtés au
Conseil d'état, à la majorité des voix, avec ou
sans modification, furent alors présentés dans
la forme de projets de lois au corps législatif.
Trois orateurs du gouvernement, choisis parmi
les conseillers d'état, furent chargés d'en exposer et développer les motifs. Le corps législatif communiqua chaque projet au tribunat,
qui, après l'avoir renvoyé à l'examen d'une
commission spéciale formée dans son sein,

---

(1) Ainsi les art. 4 et 5 du premier projet de
Cambacérès permettaient aux majeurs de vingt-un
ans de se marier sans le consentement de leurs
parents, pourvu qu'ils justifiassent d'une réquisition faite trois jours avant le mariage. L'art. 36
du deuxième projet dispensait même de cette dernière formalité, comme aussi l'art. 269 du troisième projet. Du reste, la loi du 20 septembre 1792,
art. 3, n'exigeait le consentement des parents au
mariage que pour les mineurs. L'art. 5, du titre 5
du premier projet, disait encore : « La protection
» légale des père et mère sur leurs enfants finit
» à la majorité, fixée à vingt-un ans. »
(2) Suivant l'art. 2 du premier projet de Cambacérès, le mariage pouvait être dissous par la seule
volonté persévérante d'un des époux ; les articles
51 et 52 du deuxième projet et 326 du troisième
étaient conçus dans le même sens. La même loi,
du 20 septembre 1792, art. 4, permettait le divorce pour simple incompatibilité d'humeur ou de
caractère.
(3) De nombreuses lois furent rendues su cette

matière pendant la révolution, jusqu'à celle du 17
nivôse an II (6 janvier 1794), qui est restée en vigueur jusqu'au Code civil.
(1) Tronchet était alors président du tribunal de
cassation ; Portalis, commissaire du gouvernement
au conseil des prises ; Bigot-Préameneu, commissaire au tribunal de cassation, et Malleville, juge
à ce même tribunal.
(2) Ce projet était précédé de dispositions généralement plutôt de doctrine que de législation, sur
la division, la publication, l'interprétation et l'abrogation des lois, lesquelles ont disparu dans la discussion. A la différence du Code, le premier livre
ne contenait que dix titres, parce que la commission n'avait pas voulu maintenir l'adoption.

chargea des orateurs, choisis parmi les membres de cette commission, de présenter et développer au corps législatif le vœu du tribunat pour l'adoption ou le rejet du projet. Sur ce rapport, dont les conclusions avaient été adoptées à la majorité des voix, le corps législatif, après avoir entendu, de nouveau la lecture du projet de loi, procéda au scrutin sur son adoption ou son rejet (1).

C'est de cette manière que furent présentés, dans la séance du 3 frimaire an x, les trois premiers projets dont les titres ont été reproduits dans le Code civil, mais qui furent alors repoussés par le corps législatif sur le vœu du tribunat. La volonté législative ne s'était toutefois exprimée formellement qu'à l'égard du premier projet, et le tribunat manifestait encore la résolution de repousser le deuxième, parce qu'il rétablissait le droit d'aubaine, et à cause de ses dispositions sur la mort civile, lorsque le gouvernement, par un arrêté du 12 niv. an x (3 janv. 1802) retira l'ensemble de ces projets.

18. La France était encore menacée de voir s'éloigner pour longtemps le moment où elle jouirait d'une législation uniforme, entreprise toujours commencée, restant toujours inachevée ; mais elle avait confié ses destinées à un homme dont l'intelligence supérieure, la résolution persévérante et la force de volonté devaient triompher de tous les obstacles. En effet, dès la même année, au mois de germinal an x, Napoléon organisa, pour s'assurer désormais l'appui du tribunat, des communications officieuses entre ce conseil et le Conseil d'état ; en même temps la discussion fut reprise, suivant le mode précédemment décrit, et dans les années xi et xii (1803, 1804), toutes les lois composant le Code civil furent décrétées successivement ; elles furent immédiatement et séparément rendues exécutoires.

19. La loi du 30 vent. an xii sur la réunion des lois civiles en un seul corps, sous le titre de Code civil des Français, couronna l'œuvre magnifique de nos législateurs. Cette loi ordonna l'insertion, au titre du mariage, des dispositions sur les actes respectueux vo-

(1) Ainsi, deux discours étaient prononcés au corps législatif, celui des orateurs du Conseil d'état et celui des orateurs du tribunat. Le corps législatif était muet ; le tribunat seul discutait les projets, mais il ne pouvait les amender. (Art. 28 et 34 Constitution de l'an viii. )

tées le 21 vent. an xii, et formant les art. 152, 153, 154, 155, 156 et 157, et au titre de la distinction des biens, de celle formant l'art. 530, sur le rachat des rentes foncières.

La même loi de ventôse an xii divisa ensuite les trente-six lois formant le Code en un titre préliminaire, en trois livres, et en articles d'une seule série de numéros, au nombre de 2281. La loi du 14 ventôse an xi sur la publication, les effets et l'application des lois en général, forma le titre préliminaire (art. 106). Le premier livre fut composé de onze lois sous le titre : Des personnes ( 7 à 515 ) ; le deuxième livre, de quatre lois, sous le titre : Des biens et des différentes modifications de la propriété (516 à 710) ; le troisième livre, de vingt lois sous le titre : Des différentes manières dont on acquiert la propriété (711 à 2281). Chaque livre fut divisé en autant de titres que de lois ; les titres en chapitres et ceux-ci en sections (art. 4 et 5).

En même temps, elle proclama dans son art. 7 l'abrogation des lois romaines, ordonnances, coutumes générales ou locales, etc., dans les matières qui font l'objet du Code. Dans toute autre matière, ces lois et coutumes peuvent donc être encore invoquées, mais jamais leur violation ne peut donner ouverture à cassation.

§ 2. — *Des modifications apportées au Code civil depuis sa promulgation.*

20. La stabilité est l'un des caractères de la loi, c'est la garantie de son impartialité, c'est le fondement de la confiance et de la sécurité du citoyen. Il ne faut pas oublier cependant, ainsi que le dit Montesquieu, qu'il est de la nature des lois humaines d'être soumises aux accidents et de varier à mesure que les volontés des hommes changent ; aussi le Code civil ne demeura pas trois ans sans modifications.

21. Dès le 24 mars 1806, une loi sur le transfert des rentes appartenant à des mineurs ou interdits déroge aux art. 457 et 458, en permettant aux tuteurs d'opérer ces transferts pour les rentes de 50 fr. et au-dessous, sans aucune autorisation, soit du tribunal, soit du conseil de famille ; et même pour les rentes au-dessus de 50 fr., bien qu'on exige cette dernière autorisation, on est dispensé de la première.

Cette même modification s'étend encore à l'art. 484, concernant la gestion des curateurs, soumise, comme on sait, aux mêmes restrictions que celle des tuteurs, en ce qui concerne les aliénations.

22. Le 1ᵉʳ janvier 1807, le Code de procédure civile déroge aussi par son art. 834 (1) à l'art. 2166, en permettant au créancier hypothécaire de prendre inscription après l'aliénation de l'immeuble faite par le débiteur, et dans la quinzaine de la transcription par l'acquéreur.

23. Des changements plus nombreux résultent de la loi du 3 sept. 1807, qui substitue le titre de Code Napoléon à celui de *Code civil des Français*, parce que, suivant l'exposé des motifs du conseiller Bigot-Préameneu, ce dernier titre ne pouvait plus convenir à un code regardé déjà alors comme le droit commun de l'Europe.

24. Les principaux de ces changements portent, 1° sur l'art. 17, § 3, privant de la qualité de Français celui qui s'affilie à une corporation étrangère exigeant des distinctions de naissance; ce paragraphe est complétement abrogé, comme disposant d'un objet de droit politique; 2° sur l'art. 427, qui dispense de la tutelle les membres des autorités établies par les titres 2, 3 et 4 de l'Acte constitutionnel (22 frim. an VIII) : ces autorités étant changées, les membres de celles qui les ont remplacées, et qui sont désignées dans les titres 3, 5, 6, 8, 9, 10 et 11 de l'Acte des constitutions du 18 mai 1804, doivent jouir des mêmes priviléges; 3° sur l'art. 896, qui prohibe les substitutions; une disposition résultant de l'acte impérial du 30 mars 1804 et du sénatus-

consulte du 14 août suivant, y est ajoutée : elle a pour but de permettre à l'empereur d'autoriser un chef de famille à substituer ses biens libres pour former la dotation d'un titre héréditaire; et 4° sur l'art 2261, qui, dans le mode de calculer les prescriptions, supposait l'existence du calendrier républicain, établi en 1792 (22 sept.). Cet article fut abrogé comme ne pouvant plus recevoir d'application depuis le rétablissement du calendrier grégorien, au 1ᵉʳ janv. 1806; et pour ne pas interrompre la série des numéros, on décomposa l'art. 2260, dont la seconde partie devint le nouvel art. 2261.

25. Les autres changements portent moins sur les dispositions de la loi même que sur sa forme, qu'on a voulu mettre en harmonie avec les usages monarchiques alors en vigueur. Toutefois ces changements n'ont pas toujours été heureux, et loin d'être innocents, comme c'était sans doute l'intention du législateur, ils ont quelquefois compromis le droit. Ainsi, c'est inexactement que dans l'art. 539 on remplaça le mot ancien *nation* par cet autre, *domaine public :* les biens de ce dernier genre n'étant pas dans le commerce tant que dure leur destination, il s'ensuivrait, si l'on appliquait à la lettre le nouvel article, que les biens dont l'état est propriétaire par droit de déshérence ne pourraient être aliénés; mais c'est le cas de rappeler que là où la lettre tue, l'esprit vivifie. — Le mot *sujet de l'empereur*, dans l'art. 980, ne paraît pas encore remplacer exactement le mot *républicole*. Quant aux conséquences de 'ce changement, V. Testament, Témoin testamentaire.

26. Depuis cette loi jusqu'à la restauration, le Code ne subit aucun autre changement, à moins qu'on ne veuille considérer comme tel, 1° la fixation du taux d'intérêt par la loi du 3 sept. 1807, que l'art. 1907 paraissait annoncer; 2° le complément donné à l'art. 2123 par une loi du même jour, en ce qui concerne les inscriptions hypothécaires en vertu de jugements rendus sur des demandes en reconnaissance d'obligation sous seing privé; 3° la détermination par la loi du 4 sept. 1807 du sens et des effets de l'art. 2148, relativement à l'inscription des créances hypothécaires; cette inscription devra désormais indiquer l'époque de l'exigibilité de la créance; et 4° la faculté ajoutée à l'art. 2210 par la loi du 14 nov. 1808, pour le créancier poursuivant la vente des biens de son débiteur, laquelle con-

___

(1) C'est cet article qui tranche la controverse entre les partisans du système de la loi du 11 brumaire an VII (sur le régime hypothécaire), qui n'attachait la translation de propriété qu'au fait de la transcription, et ceux du système résultant des art. 711 et 1138, d'après lequel la propriété serait transférée par le simple effet des obligations. Maintenant que la réforme hypothécaire est à l'ordre du jour, les partisans du premier système se réveillent et cherchent à le faire adopter. Il est vrai de dire que ce système offre plus de sûreté et d'harmonie avec les idées théoriques. Mais est-il bien nécessaire? les fraudes qu'il préviendrait sont excessivement rares; et ne justifierait-on pas, par cette innovation, l'observation de Malleville, que le spectacle des désordres de la capitale nuit à la bonté des lois pour les provinces? « On est sans » cesse occupé ici, dit-il, à prévenir des fraudes » dont on n'a pas même l'idée ailleurs. »

siste à lui permettre, lorsqu'il est établi que la valeur totale de ces biens est insuffisante pour le désintéresser et les créanciers inscrits, d'en provoquer simultanément la vente, quoiqu'ils soient situés en divers arrondissements.

27. L'un des premiers soins du gouvernement royal de la restauration fut de tranquilliser le pays sur la conservation de ses lois. L'art. 68 de la charte de 1814, octroyée par Louis XVIII, est rédigé en ces termes : « Le Code civil et les lois actuellement existantes qui ne sont pas contraires à la présente charte, restent en vigueur jusqu'à ce qu'il y soit légalement dérogé. »

28. La même charte déclarait, art. 6, que la religion catholique était celle de l'état : c'était abroger implicitement le divorce, que cette religion ne reconnaît pas. Cette interprétation fut formellement sanctionnée par la loi du 8 mai 1816.

29. Le 17 juillet de la même année, une ordonnance fut rendue à l'effet de supprimer dans les codes les dénominations et formules rappelant le gouvernement impérial, et de les remplacer par d'autres plus conformes au nouveau gouvernement constitutionnel ; les auteurs de ces changements se sont exactement renfermés dans le rôle qui leur était assigné,

30. Deux autres ordonnances, l'une du 27 nov. 1816, concernant la promulgation des lois et ordonnances, l'autre du 18 janv. 1817, sur la même matière, renferment des dispositions importantes qui se lient entièrement à l'exécution de l'art. 1er du Code civil.

31. La constitution de 1791, titre 6, confirmant les lois du 6 août 1790, 8 et 13 avril 1791, n'admettant pas le droit d'aubaine, avait en conséquence reconnu aux étrangers le droit de succéder en France, d'acquérir, de recevoir et de disposer, de même que tout citoyen français. L'assemblée nationale constituante avait ainsi fait appel à la générosité des puissances étrangères, desquelles elle espérait les mêmes concessions pour les Français ; mais cet espoir avait été déçu. C'est pourquoi les législateurs du Code civil, résolus à retirer les avances faites par la France, n'accordèrent ces droits aux étrangers que par réciprocité, et seulement lorsqu'ils seraient stipulés par traités, ainsi qu'il résulte des art. 11, 726 et 912. — Une loi du 14 juillet 1819, considérant que cette législation nous causait plus de tort que de profit, a eu pour but de l'abroger. —

IV.

Bien que le droit d'aubaine ne fût plus alors qu'un droit de déshérence, il était d'ailleurs trop contraire aux grands principes politiques modernes pour être conservé. — V. Aubain, Droit d'aubaine.

32. Deux autres changements eurent encore lieu sous la restauration : le premier eut seulement pour objet de créer des officiers de l'état civil spéciaux pour les lazarets ( Loi du 5 mars 1822 sur la police sanitaire. - V. ce mot); le deuxième, plus important, eut pour but d'étendre la législation sur les substitutions, extrêmement restreinte par l'art. 896, qui n'admettait d'exception que pour les dispositions des ascendants et des frères et sœurs en faveur de leurs descendants ou neveux (art. 897). La loi du 17 mai 1826, dans son article unique, abrogea en effet les art. 1048, 1049 et 1050, établis dans le sens de cette exception, et étendit à toute personne le droit de faire des substitutions en faveur de toute personne, à la charge seulement par le grevé de conserver et de rendre à quelqu'un de ses descendants; seule disposition qui soutienne encore l'application de l'art. 896 et marque la différence entre l'ancien et le nouveau droit. — V. Substitution.

33. En juillet 1830, un nouveau gouvernement remplaça celui de la restauration. La nouvelle charte répéta dans l'art. 59 les dispositions de l'art. 68 de celle de 1814, dans le même but de garantir le maintien du Code civil et des lois alors existantes.

34. Les modifications apportées au Code civil depuis 1830 sont assez nombreuses :

1° L'article 374 qui permettait au jeune homme de dix-huit ans de se soustraire à la puissance paternelle, en s'enrôlant, a été abrogé par l'art. 31 de la loi du 21 mars 1832 sur le recrutement, qui accorde cette faculté qu'à l'âge de vingt ans.

2° L'art. 164 a été modifié par la loi du 16 avril 1832, qui permet le mariage entre beau-frère et belle-sœur, moyennant une dispense du roi.

3° La loi du 12 mai 1835 a interdit à l'avenir l'institution des majorats et a réduit ceux déjà fondés à deux degrés, l'institution non comprise. Ainsi s'est trouvé de nouveau modifié l'art. 896, seulement dans la partie qu'il tient de la loi de 1807. On ne comprend pas comment la loi des substitutions de 1826, qui rentre dans les idées des majorats, n'a pas eu le même sort; les effets en sont aussi dé-

24

sastreux pour l'industrie et le commerce.

4° La loi du 18 juillet 1837, sur l'administration municipale, a modifié les art. 910 et
937 qui exigent, sans distinction, une ordonnance royale pour la validité de l'acceptation
des donations ou legs faits en faveur des pauvres d'une commune et des établissements
d'utilité publique. D'après l'art. 48 de cette
loi, l'ordonnance royale n'est plus nécessaire
pour les dons et legs n'excédant pas trois mille
francs ; il suffit alors d'un arrêté du préfet.
D'après cette même loi (art. 59), l'art. 2045,
qui exige une ordonnance royale pour toute
transaction sur les biens des communes et
établissements d'utilité publique, se trouve
modifié d'une manière semblable, c'est-à-
dire que les transactions sur des effets mobiliers de moins de trois mille francs pourront
être autorisées par le préfet, en conseil de
préfecture.

5° La loi du 20 mai 1838, sur les vices rédhibitoires, modifie les art. 1644 et 1648, en
enlevant à l'acheteur le choix de résilier la
vente ou de la maintenir, sauf restitution de
partie du prix, et en fixant d'une manière
limitative, suivant les diverses espèces d'animaux qu'elle indique, les vices rédhibitoires
et les délais dans lesquels l'action en garantie doit être intentée et les vices constatés.

6° La loi du 30 juin 1838, sur les aliénés,
établit une sorte d'intervention pour les individus retenus dans les hospices pour cause
de démence, et modifie formellement les articles 503 et 504, en permettant d'attaquer
les actes qu'ils y auraient faits, supposant
ainsi qu'il y a cause notoire d'interdiction, et
dispensant de la provoquer devant les tribunaux (art. 39).

35. De tous les changements que nous avons
énumérés depuis la promulgation du Code,
ceux qui portent sur le divorce et les substitutions sont les seuls qui modifient d'une
manière véritable et profonde l'œuvre admirable du législateur de la république. Près de
quarante ans se sont écoulés depuis que la
France jouit de cette législation uniforme, et
les faibles changements qui ont été apportés
témoignent du caractère excellent et positif
de ses dispositions. Sans doute la doctrine a
révélé des imperfections, l'expérience a démontré que certaines institutions n'attei-
gnaient pas le but qu'on s'était proposé ; mais
les divers gouvernements qui se sont succédé
en France ont toujours reculé devant une ré-

vision générale du Code. Ils n'ont point perdu
de vue ces beaux préceptes de Portalis : « Qu'il
faut être sobre de nouveautés en matière de
législation, parce que s'il est possible, dans
une institution nouvelle, de calculer les avantages que la théorie nous offre, il ne l'est pas
de connaître tous les inconvénients que la
pratique seule peut découvrir ; qu'il faut laisser le bien, si l'on est en doute du mieux ;
qu'en corrigeant un abus il faut encore voir
les dangers de la correction même ; qu'il serait absurde de se livrer à des idées absolues
de perfection dans des choses qui ne sont susceptibles que d'une bonté relative ; qu'au
lieu de changer les lois, il est presque toujours plus utile de présenter aux citoyens de
nouveaux motifs de les aimer ; que l'histoire
nous offre à peine la promulgation de deux
ou trois bonnes lois dans l'espace de plusieurs
siècles ; qu'enfin il n'appartient de proposer
des changements qu'à ceux qui sont assez
heureusement nés pour pénétrer d'un coup
de génie, et par une sorte d'illumination sou-
daine, toute la constitution d'un état. »

### Art. 3. *Code de procédure civile.*

§ 1ᵉʳ. — *Composition, histoire et promulgation.*

36. Le Code de procédure civile a pour objet
la décision des différends qui s'élèvent sur
l'état des personnes ou les propriétés et les
précautions à prendre quelquefois, soit à raison de ces différends, soit afin de les prévenir.
(Berriat-Saint-Prix, *Cours de pr. civ.* t. 1,
§ 1ᵉʳ. Note prélim.)

37. Le Code de procédure civile, composé de
mille quarante-deux articles, est divisé en
deux parties. La première partie, concernant
la procédure ordinaire devant les tribunaux,
comprend cinq livres. Le premier livre a pour
titre *De la justice de paix*, le deuxième *Des
tribunaux inférieurs*, le troisième *Des cours
royales*, le quatrième *Des voies extraordinaires pour attaquer les jugements*, le cinquième *De l'exécution des jugements.* La
deuxième partie, concernant les procédures
diverses, comprend trois livres. Le premier
n'a pas de titre spécial, le deuxième a pour
titre *Procédures relatives à l'ouverture d'une
succession*, et le livre troisième est intitulé
*Des arbitrages.* Chaque livre est divisé en
titres. Ce code a été voté en six lois séparées
qui n'ont été mises à exécution que simultanément, contrairement à ce qui s'est pratiqué

pour le Code civil. Sa mise en vigueur date du 1er janvier 1807.

38. Le plan du Code de procédure civile, au moins pour la première partie qui est la plus importante, semble conçu sur cette définition de Pothier :

« La procédure civile est l'ensemble des règles suivant lesquelles on doit intenter les demandes, y défendre, intervenir, instruire, juger, se pourvoir contre les jugements, enfin les exécuter. » D'après ce plan, on ne doit pas chercher dans le Code les règles relatives à l'organisation judiciaire, aux attributions des officiers ministériels, à la nature des actions et à la compétence. V. ces mots.

39. La loi des 16-24 août 1790, dont nous avons déjà eu occasion de parler (n° 12), en même temps qu'elle proclamait la nécessité de la révision des lois civiles, s'exprimait ainsi dans l'art. 20 du tit. 1er : « Le Code de la procédure civile sera incessamment réformé, de manière qu'elle soit rendue plus simple, plus expéditive et moins coûteuse. » Ainsi, dans l'esprit des membres de l'assemblée constituante, la réforme des lois civiles ne se séparait pas de celle de la procédure.

40. Bien que l'ordonnance de 1667 eût été appliquée dans tout le royaume, et que dans son art. 42 du titre 5, elle contînt abrogation de toutes ordonnances, lois, statuts, règlements, styles et usages différents ou contraires à ses dispositions, la France à cette époque ne jouissait cependant pas, même sous le rapport de la procédure, d'une législation uniforme, car cette ordonnance et celles postérieures qui l'expliquaient ou la corrigeaient, tels que l'édit de 1684 sur les billets ou promesses sous seing privé, de 1736, sur les registres de l'état civil, et autres, n'avaient pas prévu tous les cas, avaient laissé une porte ouverte à des usages particuliers, et par conséquent à beaucoup d'abus.

41. Il était donc urgent de faire cesser ces abus ; mais la réforme des lois civiles était encore plus nécessaire, et devait occuper de préférence le législateur. En conséquence, on déclara que les tribunaux nouvellement créés d'après un système électif suivraient provisoirement les formes de la procédure actuellement existantes ( l. 19 oct. 1790, art. 2), et que, jusqu'à la simplification de la procédure, les avoués, par lesquels on avait remplacé les procureurs (l. 11 févr. 1791 ), suivraient exactement celle qui était établie par l'ordon-

nance de 1667 et les règlements postérieurs. (l. 27 mars 1791, art. 34. )

42. La constitution de 1793, dont il a déjà été parlé (n° 13), voulut rendre inutiles d'aussi sages mesures, en substituant aux tribunaux ordinaires des arbitres qui statueraient en dernier ressort, sur défenses verbales ou sur simple mémoire, sans procédure et sans frais ( art. 94 ). Cette constitution, qui ne fut jamais mise en vigueur, n'aurait pas ainsi bouleversé l'administration de la justice si, par un décret spécial du 3 brumaire an II ( 24 oct. 1793 ), on n'en eût exhumé cet art. 94, avec quelques modifications cependant. Les anciens tribunaux furent conservés, mais les avoués furent supprimés et la procédure réduite à néant.

43. Ce fut alors qu'on sentit par expérience la vérité de ces paroles de Montesquieu : « Si vous examinez les formalités de la justice par rapport à la peine qu'a le citoyen pour se faire rendre son bien, vous en trouverez sans doute trop. Si vous les regardez dans le rapport qu'elles ont avec la liberté et la sûreté des citoyens, vous en trouverez trop peu, et vous verrez que la peine, les dépenses, les longueurs, les dangers même de la justice sont le prix que chaque citoyen donne pour sa liberté. » (Esprit des lois, l. 6, chap. 2.) Aussi dès son arrivée au pouvoir, Bonaparte se hâta-t-il de faire rétablir les avoués. ( Art. 92, l. 27 vent. an VIII–18 mars 1800 ) ; et comme conséquence de cette loi, il prit, le 18 fructidor an VIII, un arrêté par lequel, considérant l'ancien art. 94 de la constitution de 93 comme implicitement rapporté, il ordonnait l'exécution de la loi du 27 mars 1791, portant que les avoués suivraient provisoirement la procédure établie par l'ordonnance de 1667 et les règlements postérieurs.

44. Pendant qu'il s'occupait à organiser les communications officieuses entre le tribunat et le Conseil d'état, afin de briser l'opposition qui s'était révélée dans le premier conseil sur les premiers projets de code civil, Bonaparte ne perdait pas de vue la réforme des lois de procédure. Par arrêté du 3 germinal an X, il chargea une commission de préparer un projet de code de procédure civile. Cette commission se composait de MM. Treilhard, conseiller d'état ; Try, commissaire du gouvernement; Séguier, premier président de la cour d'appel de Paris; Berthereau, président du tribunal de première instance de la Seine,

et Pigeau, ancien avocat au Châtelet. Le travail de cette commission, accompagné d'observations particulières de M. Treilhard, fut publié, soumis aux observations des tribunaux de cassation et d'appel, et discuté ensuite, soit au Conseil d'état, soit au corps législatif ou au tribunat, de la même manière que le Code civil. Enfin, terminé en 1806, il ne fut rendu exécutoire qu'à partir du 1er janvier 1807 (art. 1041). Dès ce moment aussi toutes lois, coutumes, usages et règlements relatifs à la procédure ont été abrogés.

§ 2. — *Modifications apportées au Code de procédure civile après sa promulgation.*

45. Le Code de procédure civile n'a pas subi un grand nombre de modifications. Il fut soumis à la même révision que le Code civil, en vertu de la loi du 3 sept. 1807 et de l'ordonnance royale du 17 juillet 1816. De plus, une nouvelle édition en a été donnée en vertu d'une ordonnance royale, en date du 8 oct. 1842.

46. La première modification qui ait porté atteinte à sa pureté primitive est celle résultant de l'art. 643 du Code de commerce, mis en vigueur le 15 sept. 1807. Cet article déroge à l'art. 436, qui, pour la procédure des tribunaux de commerce, n'admettait plus l'opposition aux jugements par défaut, après le délai de huitaine de la signification. Le Code de commerce veut que, conformément aux art. 156, 158 et 159 du Code de procédure civile, l'opposition soit recevable jusqu'à l'exécution du jugement.

47. La seconde modification provient du décret inconstitutionnel (1) du 2 fév. 1811,

_____

(1) D'après les principes de notre droit public, un décret ou ordonnance ne peut déroger à une loi. Ces principes ont souvent été méconnus sous le gouvernement impérial, qui ne se faisait aucun scrupule d'empiéter sur l'autorité constitutionnelle du corps législatif. Le nombre de ces décrets entachés d'inconstitutionnalité est si considérable, que la jurisprudence a reculé devant la pensée de refuser de les appliquer. Elle a coloré cette détermination d'un vernis de légalité, en disant qu'il existait alors un pouvoir chargé d'annuler les actes inconstitutionnels, et que le silence de ce pouvoir avait couvert les vues de ces actes. (Art. 21, constit. de l'an VIII. — V. Duvergier, *Coll. de lois*, Introduction, p. 8.)

récemment abrogé par l'art. 9 de la loi du 2 juin 1841, sur les ventes judiciaires. — Ce décret dérogeait à l'art. 735, et fixait les délais entre l'adjudication préparatoire et définitive.

48. Le gouvernement de la restauration n'a pas cherché à améliorer les lois de la procédure. L'abolition du divorce a seulement entraîné la suppression de l'art. 881.

49. Le gouvernement de juillet a profité davantage de l'expérience déjà faite depuis la mise en vigueur des lois de la procédure, et s'est efforcé de les mettre en harmonie avec les besoins et les progrès de la législation.

50. La loi du 17 avril 1832, sur la contrainte par corps, a modifié favorablement les art. 798, 800 et 804, 1° en permettant au débiteur d'obtenir son élargissement par la consignation du tiers de la dette seulement au lieu de la totalité, et en donnant une caution pour le surplus (art. 24, 25); 2° en empêchant que le débiteur élargi faute de consignation d'aliments puisse être jamais repris pour la même dette (art. 31); et 3° en fixant une durée à la contrainte par corps, qui pouvait être illimitée (art. 7).

51. Des modifications plus importantes encore résultent, 1° de la loi du 25 mai 1838, sur la justice de paix; 2° de la loi du 2 juin 1841, sur les ventes judiciaires de biens immeubles, et 3° de la loi du 24 mai 1842, relative à la saisie des rentes constituées sur particuliers. La première de ces lois modifie parfaitement les art. 4, 16, 17, 20 et 821; la deuxième a été entièrement substituée aux articles du Code et en forme les titres 12 et 13, première partie du liv. 5, et tit. 6 et 9, deuxième partie du livre 2. — Les art. 832, 833, 836, 837 et 838, relatifs à la surenchère sur aliénation volontaire, sont aussi profondément changés par cette même loi, ainsi que les art. 970 à 973, 975 et 976 relatifs aux partages et licitations. Quant à la troisième loi, elle forme le titre 10 du Code auquel elle a été substituée.

52. Ces lois considérables sont de véritables améliorations. Elles réunissent assez exactement les conditions d'une bonne procédure: rapidité dans la marche, économie dans les frais. Cependant le Code de procédure est encore loin d'être parfait. Les tribunaux réclament instamment de nouvelles réformes, surtout en ce qui concerne la matière des ordres et contributions.

Art. 4. — *Code de commerce.*

§ 1er. — *Composition, histoire et promulgation.*

53. Le Code de commerce renferme, en quatre livres et six cent quarante-huit articles, l'ensemble des lois civiles qui a pour objet le commerce de terre et de mer. Le premier livre contient les lois qui régissent le commerce en général ; le deuxième les lois particulières au commerce maritime ; le troisième traite des faillites et banqueroutes, et le quatrième est consacré à l'organisation et à la compétence des tribunaux de commerce. Ces livres furent adoptés et promulgués séparément, mais ils ne furent mis à exécution qu'à une même époque, comme le Code de procédure civile.

54. Les sources du droit commercial n'ont pas une origine très-reculée. Les lois rhodiennes ont laissé très-peu de traces dans le Digeste ; ce n'est qu'après le douzième siècle qu'on recueillit et qu'on rédigea par écrit les usages que les divers peuples commerçants avaient, par un consentement tacite, consacrés comme lois. Les plus anciens monuments qui les aient retracés, sont le Consulat de la mer et les jugements ou rôles d'Oléron ; sont venus ensuite les règlements d'Amalfi et de Wisbug, les recueils de décisions et d'usages des villes Anséatiques, le Guidon de la mer et les édits de nos rois.

55. Mais les éléments principaux du Code de commerce sont tirés de deux célèbres ordonnances de Louis XIV, dues au génie de Colbert, celle de 1673 sur le commerce de terre, et celle de 1681 sur celui de mer. Ces deux ordonnances, la dernière surtout, avaient été adoptées généralement par le commerce de l'Europe, et leur sagesse semblait devoir leur assurer une longue durée. Cependant un siècle à peine s'était écoulé, que des lacunes se révélèrent. Une commission fut créée en 1787, à l'effet de réviser les lois commerciales en général; mais la révolution vint interrompre ce travail.

56. Il paraît du reste que la nécessité de cette révision n'était pas généralement sentie, car l'assemblée constituante, qui posa les bases de la réforme des lois civiles et de procédure dans la loi des 16-24 août 1790, ne dit pas un mot des lois commerciales; et même, lorsque par un arrêté du 13 germinal an IX (3 avril 1801) le premier consul eut nommé

une commission pour la préparation d'un projet de code de commerce, lorsque les observations des tribunaux et conseils de commerce, des tribunaux de cassation et d'appel, eurent été publiées et examinées, cette nécessité d'une révision parut encore si douteuse que tous les travaux restèrent suspendus pendant plusieurs années.

57. Ce ne fut pour ainsi dire que par accident que le projet fut exhumé des archives du Conseil d'état, ainsi que le révèle le rapporteur du livre 3e, M. Crétet (séance du 24 fév. 1807) : « La nécessité de rétablir de nouvelles dispositions contre les faillites, a-t-il dit, est peut-être le principal des motifs qui ont déterminé à rédiger un code de commerce. » Le scandale de quelques faillites qui avaient éclaté simultanément dans la capitale avait en effet indigné Napoléon, qui résolut de réprimer ces désordres par la législation.

58. En conséquence, le 4 nov. 1806, on reprit au Conseil d'état la discussion du projet de code de commerce. Ce projet avait été préparé par la commission du 13 germ. an IX, composée de Vignon, président du tribunal de commerce; Gorneau, juge au tribunal d'appel; Boursier, ancien juge de commerce; Legras, jurisconsulte; Vital-Roux, négociant; Coulomb, ancien magistrat, et Mourgues, administrateur des hospices. Il avait été révisé et amendé par Gorneau, Legras et Vital-Roux, d'après les observations des chambres et tribunaux de commerce, des tribunaux d'appel et de cassation, et enfin il avait été communiqué à la section de l'intérieur du Conseil d'état au lieu de l'être à celle de législation, sans doute à cause de cette ancienne confusion d'idées qui avait fait placer les tribunaux de commerce dans les attributions du ministre de l'intérieur, parce qu'il était chargé de la partie administrative du commerce de France.

59. Du reste, la discussion eut lieu comme pour les deux codes précédents, et elle fut terminée le 29 août 1807. Le Code de commerce ne reçut toutefois force obligatoire qu'à compter du 1er janv. 1808, en exécution de la loi du 15 sept. 1807, dont l'art. 2 abroge toutes les anciennes lois touchant les matières commerciales, sur lesquelles il est statué par ledit code. Cette disposition est moins générale qu'elle ne le paraît, car la jurisprudence n'a jamais cessé d'appliquer les lois antérieures qui statuent sur des matières dont le Code a

seulement réglé quelques points, comme celles qui traitent des bourses de commerce, des agents de change et des courtiers. — V. ces mots.

### § 2. — *Modifications apportées au Code de commerce depuis sa promulgation.*

60. Les rédacteurs du Code de commerce s'étaient fait un scrupule de toucher aux parties fondamentales des belles ordonnances de Louis XIV; ils y avaient peu ajouté et n'en avaient retranché que les dispositions qui s'appliquaient plutôt à l'administration qu'au droit commercial proprement dit. La matière des faillites seulement, qui était l'objet de prédilection de Napoléon, fut entièrement refondue et organisée dans toutes ses parties avec un ensemble brillant de théorie qui ne satisfit nullement la pratique.

61. Cependant le Code de commerce ne reçut aucune atteinte à sa pureté primitive, jusqu'à la loi sur les lettres de change du 19 mars 1817, qui modifie les articles 115 et 160. Cette loi interprétative fut un retour aux véritables principes, car on sait que la loi du 16 sept. 1807 autorisait le Conseil d'état à interpréter des lois que cependant il n'avait pas créées. (l. 28 juillet 1828; 1er avril 1837.)

62. La seconde modification au Code de commerce résulte de la loi du 31 mars 1833, portant que les extraits des actes de société en nom collectif ou en commandite devront être insérés dans les journaux désignés par les tribunaux de commerce, et rectifiant dans ce sens les art. 42 et 46. Une décision du 12 février 1814, rendue par l'impératrice Marie-Louise, en qualité de régente, contenait des dispositions à peu près semblables; mais la Cour de cassation avait refusé de l'appliquer comme inconstitutionnelle et excédant les pouvoirs de la régente.

63. Le 28 mai 1838, une loi sur les faillites et banqueroutes a répondu aux plaintes anciennes et réitérées du commerce; la discussion en avait eu lieu pendant trois sessions successives. Cette loi a été substituée entièrement au livre troisième du Code de commerce, et a modifié spécialement les art. 13, 69 et 635. Elle ne produira peut-être pas tout le bien qu'on en est en droit d'en attendre, parce qu'on y a suivi trop servilement l'ancien texte et le système qu'il consacrait. Ainsi la déclaration de la faillite, la création d'un syndicat, la vérification et l'affirmation des créances, le concordat, l'union et la juridiction des tribunaux de commerce, toutes ces dispositions, qui sont loin d'être sans critique, ont été conservées sans distinction de l'importance de la faillite et considérées comme des mesures excellentes.

64. La compétence des tribunaux de commerce a été aussi l'objet de l'attention du législateur. La loi du 3 mars 1840, qui a fixé cette matière, a modifié les art. 639, 646, 623, 627, 607 et 622. La disposition principale de cette loi consiste dans l'élévation à quinze cents francs du taux en dernier ressort au lieu de mille francs.

65. La dernière loi qui ait apporté quelque changement au Code de commerce est celle du 14 juin 1841, qui restreint la responsabilité des propriétaires de navires et modifie les art. 216, 234 et 298. Toutes les modifications antérieures à cette loi ont été insérées dans la nouvelle édition officielle du Code de commerce, donnée le 1er janv. 1841. Comme on le voit, le commerce de terre et celui de mer ont généralement reçu les améliorations que leurs besoins réclamaient.

### Art. 5. *Codes d'instruction criminelle et pénal.*

### § 1er. — *Composition, histoire et promulgation.*

66. Ces deux codes sont ordinairement désignés sous l'expression de *Code criminel*. Le premier s'occupe des règles de la procédure judiciaire, le second des dispositions répressives des crimes, délits et contraventions. Le Code d'instruction criminelle est divisé en deux livres et six cent quarante-trois articles. Le premier livre, précédé d'un titre de dispositions préliminaires, s'occupe de la police judiciaire, et le deuxième de la justice. Le Code pénal est divisé en quatre livres et quatre cent quatre-vingt-quatre articles. Le premier livre, précédé également de dispositions préliminaires, traite des peines en matière criminelle et correctionnelle et de leurs effets; le deuxième, des personnes punissables, excusables ou responsables, pour crimes et délits; le troisième, des crimes, des délits et de leur punition; le quatrième, des contraventions de police et peines y attachées. Ces deux codes ont été mis en vigueur dans le même temps.

67. La législation criminelle ancienne est de

toutes les autres branches du droit celle qui présente le plus d'imperfection, d'incertitude et d'arbitraire. Les deux lois principales sur cette matière, qui sont les ordonnances de 1539 et 1670, renferment de nombreuses dispositions où l'absurde le dispute à la barbarie. Aussi, bien avant la révolution de 1789, la philosophie, bravant tous les dangers qui environnent souvent l'expression de vérités qui ne s'accordent pas avec les intérêts du pouvoir, avait condamné ces vices de nos institutions.

68. La première de ces ordonnances, due au chancelier Poyet, consacra le secret le plus complet pendant toute l'instruction, refusa un défenseur et même un conseil à l'accusé, et le mit dans l'impossibilité d'exercer utilement le droit de reprocher le témoin, en exigeant que le reproche fût articulé dès la notification de leurs noms, sans qu'il pût prendre aucun renseignement sur leur moralité. Dumoulin, contemporain de cette ordonnance voulant en blâmer les principes rigoureux, s'exprimait ainsi, en faisant en même temps allusion au sort du chancelier, alors accusé de péculat, qui demandait vainement un défenseur et un sursis pour reprocher les témoins : « *Vide, vide tyrannicam impii Poyeti opinionem, vide duritiam iniquissimam per quam etiam aufertur defensio ; sed nunc judicio Dei justo redundat auctorem.* »

69. Du reste, les formes qu'établissait cette ordonnance n'obligeaient que les tribunaux et laissaient au pouvoir tous ses usages arbitraires ; aussi voit-on dans les Mémoires de Tavannes que l'amiral de Châtillon, le duc de Guise, le cardinal son frère, le maréchal d'Ancre, d'Albigny, le comte de Beine, furent mis à mort sans jugement, et d'après le seul commandement du roi.

70. L'ordonnance de 1670 fut plus complète, mais ne fut pas meilleure. Lamoignon eut à défendre les droits de l'humanité contre le conseiller Pussort, son rédacteur ; et malgré ses justes observations, elle consacra l'usage impie, introduit à la suite de la procédure de l'inquisition, de contraindre l'accusé, avant de subir l'interrogatoire, à prêter serment de la vérité de son système de défense, le plaçant ainsi dans la nécessité de se parjurer pour sauver sa vie. Elle n'accorda pas davantage un défenseur à l'accusé ; et par une étrange bizarrerie, elle permit qu'il conférât, après l'interrogatoire, avec un conseil, mais seulement

dans les crimes non capitaux, refusant ainsi tout secours étranger au malheureux qui avait à se prémunir, pour sauver son honneur et sa vie, non-seulement contre les insinuations habiles du juge, mais encore contre les tortures corporelles de la question, autorisée précisément à défaut de preuves complètes dans les crimes capitaux.

71. La même ordonnance permet encore qu'à défaut de preuves suffisantes, et malgré la résistance la plus énergique au milieu des horreurs de la question, le juge puisse retenir l'accusé et le condamner aux galères perpétuelles, en lui faisant grâce de la vie.

72. Les nullités qui peuvent s'être glissées dans une procédure criminelle nécessitent de nos jours principalement l'assistance d'un conseil ; l'ordonnance ne le comprenait pas ainsi, car elle disait, art. 8, tit. 14 : « Laissons au devoir et à la religion du juge d'examiner avant le jugement s'il n'y a point de nullité dans la procédure. » Qui constituait-on ainsi les gardiens des intérêts de l'accusé ? les juges eux-mêmes qui pouvaient se trouver en faute.

73. Ces deux ordonnances ne traitaient pas spécialement des peines qui dépendaient de quelques ordonnances, de l'usage et de la prudence du juge, à proportion de la grandeur du crime. (Jousse, *Ord.* de 1669 ; *Idée de la justice crimin.*, p. 36) (1). Ces peines étaient,

(1) Non-seulement les peines étaient arbitraires pour les cas qualifiés crimes ou délits par les ordonnances, mais les jurisconsultes mettaient de plus en question s'il était nécessaire, pour qu'un fait criminel en soi méritât peine de mort ou autre peine, que la loi s'en fût expliquée formellement. Ainsi Papon, liv. 24, tit. 10, nos 2 et 3, rapporte trois arrêts, l'un du parlement de Paris (déc. 1545), et deux du parlement de Bordeaux (17 mars 1527 et 12 sept. 1533), qui punissent de mort des individus convaincus de faits criminels non prévus par les ordonnances ou les coutumes. Despeisses, en sa *Pratique criminelle* (partie 1re, tit. 12, sect. 2, art. 4, n° 12), rapporte aussi deux arrêts du parlement de Toulouse, qui ont suivi cette jurisprudence et appliqué la peine de mort à des individus convaincus d'inceste, quoique aucune loi ou ordonnance n'eût prévu ce cas. De même, le parlement de Paris, par arrêt du 22 juin 1673, a confirmé la sentence du lieutenant-criminel du Châtelet, qui avait condamné à mort un prêtre ayant abusé de sa pénitente, bien qu'aucune loi ou ordonnance n'imposât cette peine à un tel fait. Une semblable jurisprudence qu'on a peine à concevoir dans notre

d'après Jousse, le feu, la roue, la potence, la tête tranchée, l'ignominie de la claie, les galères à temps ou à perpétuité, le bannissement perpétuel ou à temps, le poing coupé, la lèvre coupée ou percée d'un fer chaud, le fouet, la flétrissure, l'amende honorable, le pilori, le carcan, la réclusion à temps ou à toujours dans une maison de force, le blâme et l'admonestation. Cette longue énumération de douleurs ne comprend pas encore les peines spéciales des militaires et marins, des esclaves, des ecclésiastiques, ni celles des régicides (1).

74. Cette législation, où l'on semble vou-

temps d'humanité et de justice, est un exemple frappant de l'arbitraire qui s'était glissé dans le droit criminel ancien. Il ne faut pas oublier cependant que le parlement de Paris avait quelquefois adopté une doctrine contraire ( arrêt du 22 janvier 1658), et que les jurisconsultes avaient souvent rappelé cette loi de Papinien : *Facti quidem quæstio in arbitrio est judicantis; pænæ verò persecutio non ejus voluntati mandatur, sed legis auctoritati reservatur.* (l. 1, § 4, ff. *ad senat. Turpilianum.*)

(1) On rapporte ainsi l'arrêt de Damiens, assassin de Louis XV, qui souffrit du reste le même supplice que Ravaillac : « La cour condamne Robert-François Damiens à faire amende honorable devant la principale porte de l'église de Paris, où il sera mené et conduit dans un tombereau, nu, en chemise, tenant une torche de cire ardente, du poids de deux livres ; et là, à genoux, dire et déclarer que, méchamment et proditoirement, il a commis ce très-méchant, très-abominable et très-détestable parricide, et blessé le roi d'un coup de couteau dans le côté dudit, dont il se repent et demande pardon à Dieu, au roi et à la justice. Ce fait, mené et conduit, dans ledit tombereau, à la place de Grève ; et, sur un échafaud qui y sera dressé, tenaillé aux mamelles, bras, cuisses et gras de jambe, sa main droite, tenant en icelle le couteau dont il a commis ledit parricide, brûlée de feu de soufre, et sur les endroits où il sera tenaillé, jeté du plomb fondu, de l'huile bouillante, de la poix résine brûlante, de la cire et soufre fondus ensemble, et ensuite, son corps tiré et démembré à quatre chevaux, et ses membres et corps consumés au feu, réduits en cendres, et ses cendres jetées au vent ; déclare tous ses biens, meubles et immeubles acquis et confisqués au roi ; ordonne que la maison où il sera né sera démolie, celui à qui elle appartient préalablement indemnisé, sans que sur le fonds de ladite maison il puisse à l'avenir être fait aucun autre bâtiment.

loir effacer l'horreur du crime par la cruauté du châtiment, régnait encore sur la France lors de l'avénement de Louis XVI. Ce prince, à qui l'on doit reconnaître les sentiments philanthropiques les plus élevés, mit tous ses soins à la réformer. Par sa déclaration du 24 août 1780, il donna une preuve de ces sentiments en proscrivant et abolissant la question préparatoire dans ses domaines, par la raison que les forces physiques d'un accusé ne peuvent être une mesure infaillible de l'innocence ou du crime. Par sa déclaration, du 23 sept. 1788, relative à la réunion des États-Généraux, il manifesta de nouveau son intention de perfectionner la législation criminelle, et son zèle pour une œuvre aussi belle ne lui permettant pas d'attendre qu'ils fussent assemblés, il établit, par lettres patentes du 6 janv. 1789, une commission chargée de simplifier la forme de procéder, tant en matière civile qu'en matière criminelle, et de réformer les anciennes ordonnances concernant les peines. Cette commission n'eut cependant pas le temps de s'occuper de son travail : les États-Généraux, conformément aux vœux exprimés dans les cahiers et au désir de Louis XVI, renouvelé dans son discours du 22 juin 1789, portèrent leur attention sur cette matière importante dès le commencement de leurs travaux.

75. Une première loi, décrétée les 8 et 9 octobre 1789, établit des améliorations considérables, quoique partielles, tout en reconnaissant la nécessité d'une réforme entière de l'ordre judiciaire, pour la recherche et le jugement des crimes, réforme dont l'exécution demandait la lenteur et la maturité des plus profondes méditations ; mais on pouvait cependant reculer l'application immédiate des grands principes reconnus par l'assemblée nationale.

76. Ces améliorations, qui forment le point de départ de la révision du droit criminel, sont bonnes à rappeler. Les art. 1, 2, 3, 4, 6 et 7 ont pour but de rétablir l'ancienne institution des échevins sous le nom de notables, nommés par la communauté des habitants de chaque lieu, parmi lesquels devaient être pris les adjoints qui assisteraient à l'instruction des procès criminels. L'art. 11 porte, « qu'après la comparution ou l'arrestation de l'accusé, l'instruction sera contradictoire et publique ; » l'art. 10 lui donne le droit de se choisir un ou plusieurs conseils ; l'art. 14 lui

permet de demander, après l'interrogatoire, une copie des pièces ; l'art. 19, de proposer, en tout état de cause, ses défenses et faits justificatifs ; l'art. 24 abolit l'usage de la sellette au premier interrogatoire, et la question dans tous les cas ; et enfin l'art. 22 exige que le jugement exprime les faits pour lesquels il punit, et défend de condamner d'après l'ancienne formule, pour les cas résultant du procès.

77. D'autres dispositions ayant pour but d'adoucir les peines, de les rendre égales pour tous, suivirent bientôt, et la loi du 16-24 août 1790, dont il a déjà été parlé, couronna ces améliorations en proclamant que la procédure par jurés aurait lieu en matière criminelle ( art. 15, tit. 2 ). Elle ajouta que le Code pénal serait incessamment réformé, de manière que les peines fussent proportionnées aux délits, observant qu'elles soient modérées, et ne perdant pas de vue cette maxime de la déclaration des droits de l'homme, « que la loi ne peut établir que des peines strictement et évidemment nécessaires. » ( Art. 21, tit. 2. )

78. L'infatigable assemblée constituante ne fit pas longtemps attendre cette réforme : 1° le 19 juillet 1791 fut décrétée une loi, sanctionnée le 22, relative à l'organisation d'une police municipale et correctionnelle; 2° les 16-29 sept. de la même année, parut une autre loi concernant la police de sûreté, la justice criminelle et l'établissement des jurés ; 3° et enfin les 25 sept.-6 oct., un code pénal fut décrété. Le 29 sept 1791, fut aussi rendu un décret en forme d'instruction pour la procédure criminelle.

79. Le Code pénal de 1791 recueillit les améliorations déjà publiées, y en ajouta de nouvelles, et fut considéré généralement comme répondant aux besoins du temps Un seul reproche sérieux lui a toujours été fait ; c'est d'avoir contraint le juge à être injuste ou faible, en repoussant, par crainte de l'arbitraire, la bienfaisante latitude du *minimum* et du *maximum*, en établissant partout des règles absolues qui défendaient l'appréciation des circonstances, et empêchaient ainsi la proportion recommandée par la loi des 16-24 août 1790, entre la peine et le délit.

80. Les lois de 1791 restèrent en vigueur jusqu'à la loi du 3 brumaire an IV, connue sous le nom de *Code des délits et des peines*, et composée de six cent quarante-six articles.

Ce code fut une refonte des lois de l'assemblée constituante, sur l'instruction criminelle, pour les mettre en harmonie avec la constitution de l'an III, qui allait être mise en vigueur. Du reste, le Code pénal de 1791 fut presque entièrement maintenu.

81. Le gouvernement consulaire voulut aussi faire procéder à une révision générale de la législation criminelle, qui présentait encore de nombreuses imperfections. Il nomma à cet effet, le 7 germinal an IX, une commission composée de Viellard, président de la section criminelle au tribunal de cassation ; Target, Oudard, Treilhard et Blondel. La commission rédigea, sous le titre de Code criminel, correctionnel et de police, un projet unique en onze cent soixante-neuf articles, et divisé en deux parties, dont la première contenait les dispositions pénales, et la seconde la règle de la procédure criminelle. Ce travail fut imprimé et distribué aux tribunaux de cassation, d'appel et criminels ; ces derniers étaient alors distincts des tribunaux civils. Les observations de ces tribunaux furent renvoyées, comme d'usage, à la section de législation du Conseil d'état, présidée alors par Bigot-Préameneu, et composée de Berlier, Galli, Revel, Sicard et Treilhard.

82. La discussion commença au Conseil d'état le 2 prairial an XII, quelques jours après l'avénement de Napoléon à l'empire. Dans la séance du 16 furent présentées les questions fondamentales de la législation criminelle, qu'avait rédigées la section de législation par ordre de l'empereur. Ces questions résument d'une manière si précise les préoccupations de nos législateurs, qu'on nous saura gré sans doute de les rappeler ici. Les huit premières ont pour objet l'instruction criminelle, et les six dernières la pénalité.

Première question. L'institution du jury sera-t-elle conservée?

Deuxième question. Y aura-t-il un jury d'accusation et un jury de jugement ?

Troisième question. Comment seront nommés les jurés ? dans quelle classe seront-ils nommés? qui les nommera ?

Quatrième question. Comment s'exercera la récusation ?

Cinquième question. L'instruction sera-t-elle orale, ou partie orale et partie écrite ?

Sixième question. Présentera-t-on plusieurs questions au jury de jugement ? n'en présentera-t-on qu'une : N... est-il coupable?

Septième question. La déclaration du jury sera-t-elle rendue à l'unanimité, ou à un certain nombre de voix ?

Huitième question. Y aura-t-il des magistrats qui pourront tenir des assises dans un ou plusieurs tribunaux criminels de département ?

Neuvième question. La peine de mort sera-t-elle conservée ?

Dixième question. Y aura-t-il des peines perpétuelles ? (On sait que le Code pénal de 1791 n'admettait pas de peines perpétuelles, la mort exceptée.)

Onzième question. La confiscation aura-t-elle lieu en certains cas ?

Douzième question. Les juges auront-ils une certaine latitude dans l'application des peines ? y aura-t-il un *maximum* et un *minimum* qui leur laisseront la faculté de prononcer la peine pour un temps plus ou moins long, suivant les circonstances ?

Treizième question. Pourra-t-on placer sous la surveillance certains condamnés qui auront subi leur peine, et pourra-t-on exiger, dans certain cas, des cautions de leur conduite future ?

Quatorzième question. Y aura-t-il un mode de réhabilitation pour les condamnés dont la conduite aura mérité cette faveur ?

83. On connaît la solution à ces questions discutées avec talent et savoir au sein du Conseil d'état, en présence de l'empereur; on sait qu'un très-petit nombre de ces solutions a été modifié par les lois postérieures, preuve évidente de leur sagesse. Une autre question importante a été soulevée par Napoléon lui-même; c'était de savoir s'il ne convenait pas de supprimer les tribunaux criminels pour charger de leur mission les cours impériales, afin d'entourer les arrêts criminels de plus d'autorité et de créer des corps de justice assez puissants pour ne point reculer devant la poursuite de personnages influents. Cette proposition fut l'objet d'une vive opposition, parce qu'on la croyait incompatible avec l'institution du jury; le contraire fut prouvé, et elle fut adoptée.

84. Cette discussion se prolongea jusqu'au 29 frim. an XIII (20 décem. 1804), époque où elle fut tout à coup interrompue. Elle ne fut reprise que quatre ans après, en 1808, alors que la section de législation était présidée par Treilhard, et composée de Albisson, Berlier, Faure et Réal. Muraire, premier président

de la Cour de cassation, et Merlin, procureur général près la même cour, furent adjoints à la section.

85. On divisa alors le projet originaire en deux codes, l'un relatif aux formes, l'autre à la pénalité; et leur discussion, reprise complétement, eut lieu séparément. Le Code d'instruction criminelle, dont on s'occupa d'abord, fut discuté depuis le 30 janvier 1808 jusqu'au 30 oct. La discussion du Code pénal commença le 4 oct. 1808 et fut terminée le 18 janv. 1810. Ces deux codes reçurent ensuite la sanction législative; le dernier titre du premier fut décrété le 16 décem. 1808, et le dernier titre du second, le 20 févr. 1810.

86. Il est à remarquer qu'il n'y a pas eu, comme pour les autres codes, communication au tribunat, supprimé par un sénatus-consulte de 1807, et dont les fonctions avaient été transportées à trois sections du corps législatif. Ce fut donc la commission de législation du corps législatif qui reçut cette communication.

87. Les deux codes n'ont pas été mis de suite en activité. Pour le Code d'instruction criminelle, on fut d'abord obligé d'attendre le vote du Code pénal, et lorsque celui-ci fut décrété, le nouveau système de la réunion des deux justices exigea une loi d'organisation judiciaire, qui ne fut rendue que le 20 avril 1810. C'est pourquoi ces codes ne furent mis en vigueur que le 1er janvier 1811.

§ 2. — *Modifications apportées aux Codes d'instruction criminelle et pénal* (1).

88. Au moment où ces codes furent mis en vigueur, l'empereur Napoléon était à l'apogée de sa puissance. Ils durent donc se ressentir des idées de despotisme du chef du gouvernement, qui, sans les supprimer, avait su paralyser toutes les institutions libérales. On sait qu'il employait fréquemment des cours spéciales, jugeant sans jurés, pour connaître des crimes contre la sûreté de l'état, et même des commissions militaires, où, sous des accusations d'embauchage ou d'espionnage, compa-

---

(1) Ces modifications étant nombreuses et quelques-unes ayant été abrogées par des lois postérieures, nous citerons seulement les principales parmi celles restées en vigueur. On trouvera de plus amples renseignements dans le *Cours de droit criminel* de M. Berriat-Saint-Prix, p. 85, 4e édit.

raissaient des individus non militaires. L'art. 46 de la constitution de l'an VIII, permettant au gouvernement de faire arrêter les personnes soupçonnées de conspiration contre l'état, et l'art. 75 protégeant les agents de l'administration contre les poursuites de ces personnes, qui ne pouvaient avoir lieu sans son autorisation, l'arbitraire s'était ainsi glissé parmi les officiers dont les pouvoirs s'étendaient sur la liberté individuelle; et, comblant toute mesure, l'empereur avait établi en mars 1810, par un simple décret, des prisons d'état pour les personnes, était-il dit, qu'il était également impossible, à cause du salut de l'état, de relâcher ou de mettre en jugement.

89. Ces maximes ne promettaient pas beaucoup de douceur et de libéralité dans les institutions du droit criminel; aussi le Code d'instruction criminelle confirma l'établissement des cours spéciales, jugeant sans jurés et à l'adjonction de militaires, et renvoya généralement aux dispositions de la constitution de l'an VIII, en ce qui concernait la liberté individuelle (art. 615). Le Code pénal appliqua trop souvent la peine de mort à des cas où la société n'était pas en danger, réhabilita la confiscation des biens et rétablit la mutilation corporelle et la marque. Il est vrai de dire cependant qu'il accordait aux juges la faculté d'appliquer la peine entre un *minimum* et un *maximum*, mais il supprimait, comme jaloux de cette concession, la disposition de l'art. 612 du Code de brumaire, qui leur permettait même de réduire la peine criminelle à une peine correctionnelle, suivant les faits d'excuse reconnus dans l'instruction.

90. Il ne faut pas croire que le gouvernement impérial suivit au moins consciencieusement des dispositions où il avait eu tant de part; des décrets arbitrairement rendus le débarrassèrent encore de celles qui offraient quelque obstacle à sa politique. Par ces décrets, il établit plusieurs fois la peine de mort (sénat. de déchéance du 3 avril 1814), autorisa les conseils de guerre à juger selon la conscience de ses membres, proportionnant les peines aux délits, lors même qu'il s'agirait de délits non prévus (décr. du 1er mai 1812), et institua des cours prévôtales chargées d'appliquer même la peine capitale (décret du 18 octobre 1810).

91. Le jour des revers arrivé, toutes ces illégalités furent amèrement reprochées à l'empereur et flétries par le sénat et le corps législatif, qui cependant n'avaient pas eu le courage de s'y opposer. Le nouveau gouvernement se hâta de les faire disparaître, et la Charte de 1814 vint rassurer les Français sur la liberté individuelle, en la plaçant sous la garantie de la loi (art. 4), sur le droit de n'être pas distrait de ses juges naturels, en supprimant pour toujours les tribunaux et commissions extraordinaires, réserve faite pour les juridictions prévôtales qui eurent encore des jours de sanglants triomphes (art. 62, 63), et enfin sur la propriété, par l'abolition absolue de la peine de la confiscation générale des biens (art. 66).

92. Au commencement de la restauration, quelques modifications, qui ne furent heureusement que transitoires, furent apportées au Code d'instruction criminelle. Nous ne nous arrêterons pas à ces lois de réaction concernant la liberté individuelle, les cris séditieux et provocations à la révolte, le rétablissement des cours prévôtales : aucune n'a survécu aux circonstances qui les avaient fait voter.

93. La liberté de la presse fut aussi l'objet des préoccupations du gouvernement de la restauration. La loi du 26 mai 1819, sur les poursuites en matière de presse, a modifié un grand nombre de dispositions du Code d'instruction criminelle; celle du 17 mai de la même année, sur la répression des délits de la presse, a en outre apporté des changements au Code pénal. La loi du 25 mars 1822, sur ces mêmes délits, a exercé son influence sur les deux Codes. Quelques-uns des articles de cette dernière loi sont abrogés. ( V. l. 8 oct. art. 5 ; et M. Parant, *Lois de la presse*, p. 137 à 140.)

94. Les modifications les plus importantes apportées au Code pénal par la restauration, résultent de la loi du 25 juin 1824, aujourd'hui abrogée; elle a préparé les lois réalisées ultérieurement, et, à ce titre, nous devons nous y arrêter. On lui doit notamment le rétablissement des excuses, autorisant les tribunaux à abaisser la peine; mais la proposition de ces excuses, des circonstances atténuantes, n'appartenait encore qu'aux tribunaux.

95. Le dernier changement que reçut le Code pénal, pendant la restauration, résulte de la loi du 28 juillet 1824 sur les altérations ou suppositions de marques des produits fabriqués; elle déroge aux art. 142 et 143. Cette loi est la dernière encore en vigueur,

puisque celle du 20 avril 1825, sur le sacri-lége, a été abrogée le 11 octobre 1830.

96. Quelques articles du Code d'instruction criminelle ont ensuite été modifiés ou abrogés par la loi du 2 mai 1827, sur le jury, en ce qui concerne la capacité des jurés, les listes géné-rales, annuelles et de session.

97. La Charte de 1830 est venue complé-ter le principe, que nul ne peut être distrait de ses juges naturels, en abolissant même la faculté que s'était réservée et dont avait fait usage la restauration, de créer des cours pré-vôtales (art. 57). De cette déclaration, qui est maintenant acquise à notre droit public, ré-sulte l'abrogation des art. 553 à 599 du Code d'instruction criminelle.

98. La révolution de 1830 a été le signal de modifications législatives qui portent atteinte à la fois aux Codes d'instruction criminelle et pénal ; il est vrai de dire que ces modifica-tions constituent en général de véritables amé-liorations.

99. Conformément à l'art. 69 de la Charte de 1830, le jury a été appliqué aux délits de la presse et aux délits politiques par la loi du 8 oct. 1830. La procédure en matière de presse a été aussi réglementée par la loi du 8 avril 1831. Ces deux lois ont modifié quel-ques articles du Code d'instruction criminelle.

100. D'autres lois moins importantes, no-tamment du 10 décem. 1830 sur les crieurs publics, du même jour sur les juges auditeurs, du 4 mars 1831 sur les cours d'assises, du 17 avril 1832 sur la contrainte par corps, ont modifié soit le Code d'instruction criminelle, soit le Code pénal.

101. Les changements les plus importants qu'aient subis ces deux codes, depuis leur mise en vigueur, résultent de la loi du 24 avril 1832. Cette loi, dont les dispositions ont été incorporées au texte primitif, a modifié les art. 206, 339, 340, 341, 345, 347, 368, 372, 399 et 619 du Code d'instruc. crim., a abrogé en entier les art. 20, 23, 24, 37, 38, 39, 46, 103, 104, 105, 106, 107, 136, 137 et 280 du Code pénal et modifié les dispositions de quatre-vingt-huit autres. (V. le *Cours de droit crim.* de M. Berriat-Saint-Prix, 4e édit., p. 54 à 62.)

102. Le Code d'instruction criminelle révisé a consacré l'omnipotence du jury en lui ac-cordant le droit qu'avait exclusivement la cour, pour des cas même restreints, de pro-poser des circonstances atténuantes. Ce droit ne pouvait être exercé qu'à la majorité de plus de sept voix ; mais une loi du 9 sep-tembre 1835 a exigé seulement la simple majorité.

103. Le carcan, la mutilation ont cessé d'ap-partenir à notre Code pénal ; la peine de mort a été remplacée par celle des travaux forcés à perpétuité dans les art. 63, 132, 139, 231, 304, 344, 365, 381, 434, troisième alinéa ; par la déportation, dans les art. 89, 91 ; par les travaux à temps, dans l'art. 434, quatrième et cinquième alinéa ; par la détention, dans l'art. 89, et par la réclusion, dans l'art. 434, sixième alinéa. D'autres peines ont aussi été atténuées. Notre législation est ainsi devenue plus humaine, et le nombre des coupables restés impunis a certainement diminué.

104. Les codes révisés ont été mis en vi-gueur le 1er juin 1832 ; ils ont eux-mêmes reçu des modifications : 1° le Code d'instruc-tion criminelle, par la loi du 10 avril 1834, sur les associations ; par les trois lois du 9 sep-tembre 1835, concernant les crimes et délits de la presse, les cours d'assises, le vote du jury, et enfin par la loi du 13 mai 1836 sur ce dernier sujet ; 2° le Code pénal, par la loi du 10 fév. 1834 sur les afficheurs et crieurs publics ; par la loi du 10 avril précitée sur les associations ; par celle du 24 mars 1834 sur les détenteurs d'armes et munitions de guerre, et celle du 9 sept. 1835 sur le vote du jury, dans laquelle on a inséré une disposition mo-dificative de l'art. 17.

### Art. 6. *Code forestier.*

#### § 1er. — *Composition, histoire et promul-gation.*

105. Le Code forestier est divisé seulement en quinze titres, et comprend deux cent vingt-cinq articles. Le premier titre, intitulé *Du régime forestier,* indique tous les biens qui y sont soumis ; le titre deuxième traite de l'ad-ministration forestière, et de ses agents ; le titre troisième, des bois et forêts qui font partie du domaine de l'état ; le titre quatrième, des bois et forêts qui font partie du domaine de la cou-ronne ; le titre cinquième, des bois et forêts qui sont possédés à titre d'apanage ou de ma-jorats reversibles à l'état ; le titre sixième, des biens des communes et des établissements pu-blics ; le titre septième, des bois et forêts in-divis qui sont soumis au régime forestier ; le titre huitième, des bois des particuliers ; le titre neuvième, des affectations spéciales des bois à

des services publics; le titre dixième, de la police et conservation des bois et forêts; le titre onzième, des poursuites en réparation des délits et contraventions; le titre douzième, des peines et condamnations pour tous les bois et forêts en général; le titre treizième, de l'exécution des jugements; le titre quatorzième renferme une disposition générale abrogative de toutes les lois précédentes sur les matières traitées par le nouveau code; enfin, le titre quinzième contient des dispositions transitoires relatives surtout aux défrichements. Ce code n'a pas la même origine que les précédents, car il n'a été promulgué qu'en 1827.

106. Avant 1789, la législation des forêts résidait exclusivement dans l'ordonnance de 1669, dont les jurisconsultes ont fait les plus grands éloges. Ses principes restrictifs du droit de propriété, les peines qu'elle édictait sans aucune proportion avec les délits, devaient cependant la signaler comme ayant besoin de révision. La juridiction des eaux et forêts ayant été supprimée par la loi du 25 déc. 1790, cette circonstance accéléra cette révision. Ce fut la loi des 15-29 sept. 1791 qui l'organisa, mais ses dispositions étaient incomplètes; on voulait seulement pourvoir immédiatement aux besoins les plus pressants, car l'art. 4 du tit. 15 disait : « Il sera fait incessamment une loi sur les aménagements, ainsi que pour fixer les règles de l'administration forestière; et jusqu'à ce, l'ordonnance de 1669 et autres règlements en vigueur continueront à être exécutés. »

107. Cette loi promise ne fut pas donnée. L'existence de deux législations d'origine si différente fit naître des embarras auxquels l'administration pourvut par des règlements nécessairement provisoires, qui rappelaient le besoin d'une législation générale sur la matière. Ce ne fut qu'en 1823 que le gouvernement s'occupa sérieusement de répondre à ce besoin. Des essais furent d'abord préparés dans le sein de l'administration forestière; ces essais furent ensuite soumis à une commission composée de magistrats et de jurisconsultes, qui arrêta un projet de Code forestier. On voulut aussi soumettre le projet à des épreuves semblables à celles pratiquées pour les autres codes. Il fut imprimé en 1825, communiqué à la Cour de cassation, à toutes les cours du royaume, aux conseils généraux des départements et aux conservateurs des forêts.

108. La commission accueillit tous les avis;

une rédaction nouvelle fut proposée, et la présentation du nouveau projet eut lieu le 29 décem. 1826 à la chambre des députés. La discussion commencée le 20 mars 1827 au sein de la chambre, fut continuée jusqu'au 9 avril; le 11 du même mois, eut lieu à la chambre des pairs la présentation du projet adopté par la chambre des députés. La discussion en commença le 15 mai et fut terminée le 19. La sanction du roi intervint le 21 mai.

109. Les législateurs du Code forestier ont eu soin de séparer ce qui avait été réuni dans l'ordonnance de 1669, et même dans la loi de 1791, à savoir : les dispositions du domaine de la loi et celles du domaine de l'ordonnance. Ces dernières, qui touchent au mode de régie des bois de l'état, à la police intérieure de leur administration, à leur exploitation et à leur aménagement, ont été recueillies dans l'ordonnance du 1er août 1827, et complètent avec le code notre système forestier.

110. L'ordonnance de 1669 renfermait quelques dispositions relatives au régime des eaux et au droit de chasse; le Code forestier a négligé ces matières : d'abord quant aux eaux, parce que depuis la suppression de la juridiction des eaux et forêts, il n'y avait plus de liaison nécessaire entre ces deux objets; et quant au droit de chasse, parce que des intérêts trop considérables s'y rattachaient sous le rapport de l'agriculture, du droit de propriété et même de la sûreté publique, pour qu'ils fussent traités accessoirement à un Code forestier. La législation des forêts, celle des eaux et de la chasse, devaient donc faire la matière de lois spéciales. Une loi du 15 avril 1829, remplaçant l'ordonnance de 1669, et une autre loi du 14 flor. an x, ont pourvu à une partie importante de la législation sur les eaux, la pêche fluviale, en attendant une loi plus générale, que l'agriculture et l'industrie réclament également, sur la propriété et l'usage des cours d'eau. — V. Pêche fluviale. Quant au droit de chasse, il est régi par une nouvelle loi qui a été discutée et votée par les deux chambres, et promulguée le 3 mai 1844. — V. Chasse et Permis de chasse.

§ 2. — *Modifications apportées au Code forestier.*

111. Le Code forestier a été mis en vigueur dès le moment de sa promulgation, le 31 juillet 1827. Cependant une loi des 6 juin-31 juillet a prorogé jusqu'au 1er janv. 1829

l'exécution des dispositions contenues aux art. 106 et 107, et relatives aux perceptions autorisées pour indemniser le gouvernement des frais d'administration des bois des communes ou établissements publics, sous la dénomination de droit de *vacation*, de *décime*, d'*arpentage* et de *réarpentage*, ainsi qu'au remboursement des frais d'instance avancés par l'administration des forêts. Ces perceptions sont remplacées dans le Code par un supplément à la contribution foncière établie sur ces lois.

112. De la combinaison des art. 25 et 26 du Code forestier, il résultait que la loi n'admettait qu'un seul mode d'adjudication des coupes, c'est-à-dire l'adjudication aux enchères et à l'extinction des feux. Les adjudications au rabais et sur soumissions cachetées, qui rendent souvent impossibles les coalitions tendant à porter atteinte à la liberté des enchères, et qui ne sont pas exposées à la menace de surenchères factices, étaient ainsi repoussées. Une loi du 8 mai 1837 a eu pour objet de donner à l'administration le pouvoir d'employer ce dernier mode suivant qu'elle le jugerait plus convenable. Cette loi a abrogé les art. 25 et 26 qui ont été remplacés, et a modifié les art. 20 et 27.

113. Le Code forestier n'a subi aucune autre modification depuis sa promulgation récente : ses dispositions, fondées sur l'expérience et les progrès de l'économie sociale, resteront sans doute désormais et pendant longtemps intactes.

Art. 7. — *Introduction des Codes français dans les pays étrangers.*

114. « Le droit français gagne l'Europe presque aussi rapidement que la langue française, » a dit M. Michelet. (*Origine du droit français*, p. 121, introduction.)

Notre droit est d'abord entré en Italie et en Allemagne, à la suite des armées françaises. C'est un témoignage de cet esprit français résolu et pratique, si admirablement défini par un jurisconsulte et écrivain célèbre (1), dans les termes suivants : « A peine avons-nous passé la frontière et mis le pied chez un peuple conquis, que le lendemain nous organisons son régime intérieur, politique, administratif, civil, militaire, ses municipalités, ses tribunaux, ses écoles, ses fêtes, ses théâtres, ses modes et jusqu'au détail et au train de ses affaires domestiques ; nous nous mêlons à tout et nous mêlons de tout, et nous nous familiarisons avec ces étrangers d'hier, et nous vivons de leur vie, et nous les faisons vivre de la nôtre et nous nous les assimilons en tout si bien et aussi parfaitement que s'ils étaient de la vieille France. »

115. La chute de l'homme qui avait porté si haut toutes les gloires de la France a fait proscrire nos codes dans la plupart des pays où ils étaient entrés en vainqueurs ; mais quelques-uns les ont conservés, et leur esprit a même survécu dans les pays qui les repoussaient, de telle sorte qu'il ne serait peut-être pas trop orgueilleux de comparer notre législation à celle de Rome, qui est aussi restée debout au milieu des débris produits par la conquête et la victoire.

116. Nous essayerons d'indiquer par ordre alphabétique les différents pays où les codes ont été appliqués, ceux qui les appliquent encore, et de suivre les progrès de notre droit, non-seulement en Europe, mais encore en Amérique.

117. Une observation générale doit se placer ici. Comme la plupart des pays que nous citerons ont abandonné nos lois et nos institutions à la suite de la réaction violente provoquée par les alliés contre la France (1), nous avertissons que, pour éviter des répétitions, nous signalerons spécialement ceux qui les ont conservés, et que notre silence à l'égard de la durée du droit français dans les autres pays, indiquera qu'il n'a pas survécu à nos désastres.

118. ALLEMAGNE. — *Les villes anséatiques*, au nombre desquelles se distinguaient les villes libres de Hambourg, Brême, Lubeck et la ville de Dantzick, restituées à la Prusse par les traités de 1815, furent réunies à la France le 13 décembre 1810, en même temps que la Hollande, et la législation française y fut appliquée.

*Dantzick* avait déjà rendu hommage à la supériorité du Code Napoléon, en l'adoptant librement le 21 juillet 1808.

_____

(1) Cormenin, *Introduction au droit administratif*, p. 8.

_____

(1) Par ordonnance du gouvernement général des alliés, du 10 janvier 1814, les Codes français devaient cesser d'être en vigueur en Allemagne, dès le 1er février suivant.

119. *Arenberg* (principauté de). — Le Code Napléon (1) y fut mis en vigueur le 1er juillet 1808, par une ordonnance du 28 janv. même année. Ce ne fut toutefois sans modifications; le droit commun allemand devait en outre être consulté dans les cas non prévus, comme droit subsidiaire.

120. *Bade* (grand duché de). — Le 1er janv. 1810, les Codes civil et de commerce français, modifiés en quelques parties et même augmentés, ont été mis en vigueur, comme droit commun, dans cet état qui faisait alors partie de la Confédération du Rhin. Ils ont été maintenus sans interruption jusqu'à ce jour, et n'ont peut-être pas été sans influence sur les progrès de ce pays, qui a récemment adopté le régime constitutionnel.

121. *Bavière* (royaume de). — L'électorat de Bavière, érigé en royaume le 19 janv. 1806 par le traité de paix de l'empereur d'Autriche avec Napoléon, accepta aussi nos lois; mais elles n'ont été conservées que dans les provinces qui forment la Bavière rhénane.

122. *Berg* (grand duché de). — Ce duché, qui fait aujourd'hui partie des provinces de la Prusse rhénane, en vertu de l'acte du congrès de Vienne, du 9 juin 1815, a subi des fortunes diverses. En 1806, il avait été donné à Joachim Murat. Il fut cédé au fils de Louis Bonaparte, roi de Hollande, en 1809, et enfin réuni à la France en 1811. La législation française y fut introduite le 1er janv. 1810, en vertu d'un décret du 12 novembre 1809, et par conséquent avant sa réunion à la France. Elle y a été conservée jusqu'à ce jour.

123. *Francfort* (grand-duché de). — ( Il s'agit de la ville de Francfort, déclarée ville libre par le congrès de Vienne ). — Le Code Napoléon y fut introduit le 1er janvier 1811, en vertu d'une ordonnance grand-ducale du 25 juin 1810, mais avec de nombreuses modifications, concernant surtout la dépendance des actes civils et religieux destinés à constater l'état des personnes.

124. *Hesse-Darmstadt* (grand duché de). — Les codes français ont été introduits, pendant la domination française, dans les parties du grand duché qui forment les provinces rhénanes, c'est-à-dire qui sont situées sur la rive gauche du Rhin; ils y ont été conservés jusqu'à ce jour. Mais l'art. 103 de la constitution de 1820 a promis une législation uniforme pour tout le pays, et l'on travaille constamment à l'accomplissement de cette promesse. En 1831, le gouvernement proposa d'admettre les codes français, ainsi qu'ils ont été modifiés par les lois du grand duché de Bade; mais cette proposition fut rejetée.

125. *Kœthen-Anhalt* (grand duché de). — Le Code Napoléon y obtint force de loi dès le 1er mars 1811, en vertu de lettres patentes du 28 décembre 1810.

126. *Nassau* (grand duché de). — Le Code Napoléon y fut mis en vigueur le 1er janvier 1812, en vertu des ordonnances des 1er et 4 février 1811.

127. *Varsovie-Cracovie.* — Après le traité de Vienne de 1809, qui réunit Cracovie avec toute la Gallicie occidentale au grand duché de Varsovie, le roi de Saxe, grand duc de Varsovie, remplaça par un décret du 9 juin 1810 les lois austro-galliciennes de ce pays par les Codes civil, de commerce et de procédure civile français. La constitution de 1815 a maintenu implicitement dans la république de Cracovie les lois adoptées dans le grand duché de Varsovie; mais les Codes civil et de procédure ont subi de nombreuses modifications.

128. *Westphalie* (royaume de). — Le Code Napoléon a été reçu, sans modification et à l'exclusion de toute autre législation, dans ce royaume, en vertu de la constitution du 15 novembre 1807, et mis en vigueur le 1er janvier 1808. La Westphalie ne forme plus qu'un duché qui a été cédé à la Prusse par le congrès de Vienne.

129. Belgique. — La Belgique a été réunie à la France en 1795, et, jusqu'à sa séparation en 1813, elle a été soumise à toutes les lois françaises, spécialement tous les codes y ont été publiés, et elle les a conservés presque

---

(1) Une question bien débattue entre les jurisconsultes allemands, lors de l'introduction de notre Code civil, fut celle de savoir si ce Code pouvait s'allier à la procédure suivie en Allemagne, ou si sa réception devait entraîner l'adoption de la procédure française. Il nous semble qu'il existe un rapport incontestable entre ces deux Codes qui se suppléent l'un l'autre dans plusieurs matières, et que la question n'aurait pu naître si les souverains allemands ne s'étaient pas toujours montrés hostiles à la publicité des débats et aux plaidoiries. L'établissement d'une Cour de cassation à Berlin, pour les provinces rhénanes où le droit français est toujours appliqué, nous parait en outre trancher la question en ce sens.

dans toute leur intégralité. La suppression de la mort civile et de la nécessité du renouvellement des inscriptions hypothécaires tous les dix ans, forme les modifications les plus importantes sur le Code civil. Du reste, elle s'est approprié presque tous les changements que nous avons adoptés pour l'amélioration de notre législation. Réuni à la Hollande par l'acte du congrès de Vienne de 1815, ce pays en a été séparé par la révolution du 4 octobre 1830, au moment où une nouvelle législation hollandaise devait remplacer les codes français.

130. ESPAGNE. — Les codes français devaient y être introduits en 1808, lorsque Napoléon appela son frère au trône de ce pays, et une traduction officielle du Code civil fut faite en espagnol ; mais on connaît les événements qui empêchèrent la réalisation de ce projet. Toutefois, l'Espagne a déjà rendu volontairement hommage à la supériorité de notre législation et des travaux d'un de nos jurisconsultes les plus profonds, M. Pardessus, en puisant largement à ces sources pour la confection de son code de commerce, publié le 30 mai 1809.

131. GRÈCE. — Ce nouvel état est en travail d'une législation privée ; il n'a pas encore reçu un droit civil propre ; mais, de 1831 à 1835, le roi Othon a promulgué un code de procédure criminelle, un code pénal et un code de commerce. Les deux premiers codes paraissent basés plus spécialement sur le droit allemand ; mais le dernier est la reproduction complète du Code de commerce français, sauf en ce qui concerne l'organisation judiciaire. Il est à remarquer du reste que dès 1821 notre Code de commerce avait été adopté d'un commun accord par les commerçants grecs. Une loi hypothécaire du 11 août 1836 emprunte aussi beaucoup au Code civil français.

132. HOLLANDE. — Ce pays a partagé longtemps le sort de la France. Il a formé la république batave en 1795, en même temps que la France prenait le titre de république française ; il est devenu royaume en 1806, avec la création de l'empire français. Le roi Louis Napoléon y promulgua le Code pénal et le Code civil français en 1808 et 1809. Réuni à la France le 13 décembre 1810, ses provinces ne formèrent plus que des départements où tous les codes français furent appliqués. Le congrès de Vienne de 1815 lui donna le titre de royaume des Pays-Bas, en lui ajoutant la Belgique, qui depuis a reconquis son indépendance. Notre législation survécut à ces changements ; mais le gouvernement néerlandais s'occupa activement de la remplacer dans les années 1825 à 1830, et une nouvelle législation devait entrer en vigueur au 1er fév. 1831, lorsque la révolution des provinces belges en suspendit l'exécution. Les travaux ont été repris en 1833, et par un édit royal du 11 avril 1838, les Codes civil, de commerce, de procédure civile et d'instruction criminelle français ont été remplacés par de nouveaux codes. Le Code pénal seul est encore en vigueur, mais il subira bientôt le sort des autres. Ces codes sont en général modelés sur le droit français. On reconnaît cependant que le Code de commerce hollandais est supérieur au nôtre.

133. ILES IONIENNES. — Les états-unis des Sept Iles Ioniennes ont adopté, à la date du 1er mai 1841, une législation complète, civile, commerciale et pénale. On reconnaît que cette législation est conçue à peu près dans le même esprit et le même système que la nôtre.

134. ITALIE. — Comme la Hollande et la Belgique, l'Italie a partagé les vicissitudes de notre pays. République romaine en 1798, elle forma en 1805 le royaume d'Italie et eut pour roi Napoléon lui-même, qui, par son décret du 30 mars 1806, déclara le Code civil loi fondamentale du nouveau royaume.

La chute du royaume d'Italie a laissé le champ libre au droit canonique ; mais tout souvenir du droit français n'est pas éteint ; il a été presque généralement consacré en matière commerciale. Le règlement de commerce des États pontificaux (1821) en est même une reproduction assez exacte.

135. *Deux-Siciles.* — Le pays de Naples et la Sicile forment le royaume des Deux-Siciles depuis 1815 seulement. L'influence française ne s'est vraiment exercée que sur le premier de ces pays ; le second est resté comme indépendant sous l'Empire. A l'exemple de la république française, le pays de Naples fut proclamé république parthénopéenne en 1799 et, à l'exemple de l'empire français, il devint royaume en 1806, et fut confié par Napoléon d'abord à son frère Joseph ; il passa ensuite entre les mains de Murat (Joachim), qui y publia en 1809 les codes français, remplacés en 1829 par cinq codes nationaux, qui ont beaucoup emprunté à leurs prédécesseurs et consacré plusieurs améliora-

tions, surtout en matière criminelle : cette nouvelle législation s'applique même à la Sicile.

136. *Gênes.* — Cette ville appartient maintenant à la Sardaigne et en suit les lois, après avoir formé en 1797 un état indépendant sous le titre de république ligurienne, et avoir été réunie à la France par arrêté du 17 prairial an XIII. Le Code civil y a été publié le 16 messidor an XIII.

137. *Lucques.* — L'état de Lucques a été aussi proclamé république lucquoise en 1797, et érigé en duché le 30 mars 1806, à la charge de recevoir le Code Napoléon comme loi fondamentale.

138. *Parme, Plaisance et Guastalla* (duché de). — Le Code civil a été publié dans ces états le 14 prairial an XIII. Ils ont été érigés en duché en 1806, et réunis à la France le 24 mai 1808. En 1815, ce duché a été cédé à l'impératrice Marie-Louise.

139. *Sardaigne* ( royaume de ). — Ce pays fut réuni à la France en 1798 et soumis à nos lois; mais un édit de Victor-Emmanuel, rentré dans ses états le 23 mai 1814, proscrivit les codes français et rétablit les anciennes lois. On s'aperçut bientôt que ces lois ne pouvaient plus convenir aux progrès de la civilisation, et dès 1820 on tenta de les remplacer par une nouvelle législation ; mais les efforts du gouvernement ne furent réalisés qu'en 1838, où l'on a publié un code civil. En 1839, un code pénal a été aussi publié, et en 1842, un code de commerce. Ces codes présentent une grande analogie avec les codes français.

140. *Toscane* ( duché de ). — Cet état a été réuni à la France le 24 mai 1808, et nos lois y ont en conséquence été publiées lors de cette réunion. En 1815, on est aussi revenu à l'ancienne législation émanée des Médicis ; on n'a conservé des lois françaises que le titre 18 du Code civil sur les hypothèques, titre qui a été au contraire l'objet de modifications de la part des autres nations qui suivent nos lois. Le Code de commerce français n'a cependant jamais cessé d'être en vigueur.

141. SUISSE. — La Confédération helvétique a subi à son tour l'influence des lois françaises qui ont du reste été généralement proscrites après 1815. Le Code civil d'Argovie, publié en 1826, et celui de Vaud, en date du 11 mai 1829, ont beaucoup emprunté, surtout ce dernier, au Code civil français. Mais la législation française a été conservée presque intégrale-

IV.

ment dans la république de Genève, où elle n'a subi que quelques modifications.

142. AMÉRIQUE. — *Haïti.* — Le Code civil français a d'abord été adopté par le gouvernement de la république d'Haïti comme un usage à suivre ; mais dans le cours des années 1825 et 1826, différents codes ont été publiés, parmi lesquels le Code civil surtout paraît avoir une grande analogie avec le code français.

143. *Louisiane.* — Dès 1808, le projet du Code Napoléon, tel qu'il avait été soumis au tribunat, fut adopté comme loi dans les états de la Louisiane. Un nouveau code révisé a été publié le 12 avril 1824, pour être exécutoire le 20 juin 1825. Malgré les nombreux changements apportés à l'ancien code, le nouveau présente encore beaucoup de ressemblance avec la législation française.

144. Ce court résumé de la législation étrangère, dans ses rapports avec nos codes, justifie complétement les paroles du savant historien rapportées au commencement de cet article.

Comme on l'a vu, les conquêtes de notre droit, quoique moins pacifiques que celles de la langue française, n'en sont pas moins stables. Les événements de 1815 forment, il est vrai, un point d'arrêt dans cet envahissement de notre législation sur l'Europe ; mais les peuples à qui l'on avait rendu une législation surannée et rétrograde ont réclamé et obtenu des lois nationales, pour lesquelles nos codes ont encore servi de modèles : la Sardaigne nous en offre un exemple bien frappant. La Hollande et le royaume de Naples, après avoir résisté au torrent de 1815, ont, il est vrai, déterminés par un orgueil national bien légitime, substitué de nouvelles lois à nos codes; mais ils ont adopté librement, et c'est là la gloire de l'œuvre de Napoléon, le système français de codification qui offrira toujours l'ensemble le plus parfait des règles d'une bonne législation.

**CODEX MEDICAMENTARIUS.** — 1. Un arrêt du parlement de Paris, du 23 juill. 1748, ordonne « que tous les apothicaires de cette ville et faubourgs de Paris seront tenus de se conformer au nouveau dispensaire fait par les suppléants ( de la faculté de médecine ) pour la composition des remèdes y mentionnés, et ce dans six mois à compter du jour du présent arrêt et de l'acte de dépôt qui sera fait au greffe de notredite cour dudit dispensaire,

25

après avoir été signé du doyen de la faculté de médecine de ladite ville de Paris ; fait inhibitions et défenses aux apothicaires de donner les compositions mentionnées audit dispensaire, ou autres par eux faits, aux malades sur autres ordonnances que celles des docteurs de ladite faculté, licenciés d'icelle, ou autres ayant pouvoir d'exercer la médecine dans cette ville, et sans ordonnances datées et signées desdits docteurs, licenciés ou autres, desquelles ordonnances lesdits apothicaires seront tenus de tenir bon et fidèle registre ; le tout sous les peines portées par les ordonnances, édits, déclarations et arrêts de la cour ( 500 livr. d'amende ). »

2. L'art. 38 de la loi du 21 germin. an XI, contenant organisation des écoles de pharmacie, est ainsi conçu : « Le gouvernement chargera les professeurs des écoles de médecine, réunis aux membres des écoles de pharmacie, de rédiger un *Codex* ou formulaire, contenant les préparations médicinales et pharmaceutiques qui devront être tenues par les pharmaciens. Ce formulaire devra contenir des préparations assez variées pour être appropriées à la différence des climats et des productions des diverses parties du territoire français ; et il ne sera publié qu'avec la sanction du gouvernement et d'après ses ordres. »

3. Conformément à cette disposition, une commission, composée de professeurs de la faculté de médecine et de l'école de pharmacie de Paris, fut formée pour rédiger un *Codex* qui devait remplacer le formulaire de 1748, dont l'édition était épuisée, et dont les dispositions n'étaient plus au niveau des sciences chimiques. Ce nouveau travail ne fut terminé qu'en 1816.

4. Une ordonnance du 8 août 1816 contient les dispositions suivantes :« Art. 1ᵉʳ. Le nouveau formulaire pharmaceutique , rédigé par les professeurs de la faculté de médecine et de l'école de pharmacie de Paris, et intitulé *Codex medicamentarius, seu Pharmacopea gallica*, sera imprimé et publié par les soins du ministre de l'intérieur. — Art. 2. Dans le délai de six mois, à compter de la publication du nouveau *Codex* et du dépôt à la bibliothèque royale du nombre d'exemplaires prescrit par la loi, tout pharmacien tenant officine ouverte dans l'étendue de notre royaume, ou attaché à un établissement public quelconque, sera tenu de se pourvoir du nouveau *Codex*,

et de s'y conformer dans la préparation et confection des médicaments ; les contrevenants seront soumis à une amende de cinq cents francs, conformément à l'arrêt du parlement de Paris du 23 juillet 1748. — Art. 3. Tous les exemplaires du nouveau *Codex* seront estampillés, 1° du timbre de la faculté de médecine de Paris ; 2° de la signature à la main du doyen de la faculté de médecine ; 3° du chiffre de l'éditeur-propriétaire. Tout exemplaire qui ne portera pas ces caractères distinctifs sera réputé contrefait. Enjoignons à nos procureurs généraux près les cours royales et à leurs substituts de poursuivre tout éditeur ou débitant d'exemplaires contrefaits dudit ouvrage, pour être punis conformément aux lois. »

5. Le besoin de réviser ce travail se fit bientôt sentir. « Ce *Codex*, a dit M. le ministre de l'instruction publique, dans un exposé de motifs qui a précédé la demande d'un crédit, ce *Codex*, qui a régi la thérapeutique pendant plus de vingt années, n'était plus au niveau de la science ; et comme ses prescriptions avaient cessé d'offrir un résumé fidèle des observations récentes, et d'exprimer l'état véritable des connaissances pharmaceutiques, il pouvait en résulter quelques périls pour la santé publique. C'est particulièrement en ce qui concerne l'application de la chimie à la thérapeutique que l'insuffisance du *Codex* se faisait sentir. Jamais, à aucune autre époque, la chimie n'a fait autant de progrès que depuis une vingtaine d'années. Les théories fondamentales en ont été complètement changées, et un langage nouveau a remplacé celui qui, depuis Lavoisier, suffisait à tous les progrès de détail de la science. » (*Moniteur* du 2 juil. 1838.) Convaincu de l'importance de ces changements et de la nécessité de les introduire dans le formulaire de la pharmacopée française, le ministre de l'instruction publique créa en 1835 une commission spéciale chargée de rédiger la nouvelle édition du *Codex*. Cette édition a été publiée en 1837. Une loi en date du 28 juillet 1838 dispose « qu'il est ouvert au ministre de l'instruction publique un crédit extraordinaire au budget de 1837 de la somme de 17,000 f., pour être employés à indemniser la commission chargée de la révision du *Codex medicamentarius*, et de préparer une nouvelle édition de cet ouvrage. »

6. Une question de contrefaçon s'est élevée à propos de cet ouvrage. Le docteur Virey

avait inséré dans un *Traité de pharmacie*, publié par lui, un certain nombre de formules empruntées au *Codex*. Poursuivi par l'éditeur pour délit de contrefaçon, la cour royale de Paris le renvoya de la poursuite, parce que les citations ne formaient pas un corps de formules semblables à celles du *Codex*, que toute méprise était impossible entre ces deux ouvrages, et qu'il n'existait d'ailleurs entre eux aucune ressemblance sous le rapport du plan, du style et de la distribution des matières. Cet arrêt a été confirmé par la Cour de cassation : « Attendu qu'il a été reconnu que l'ouvrage de Virey était différent par son titre, son format, sa composition et son objet, du *Codex medicamentarius* ; que l'édition de cet ouvrage arguée de contrefaçon , quoique postérieure à la publication dudit *Codex*, est demeurée semblable par son plan et par ses divisions à la première qui avait été publiée antérieurement ; qu'il a été déclaré dans cet arrêt que si on trouve dans cette seconde édition les formules indiquées comme faisant partie du *Codex medicamentarius*, ces citations sont isolées et perdues dans l'ouvrage ; qu'elles ne forment pas un corps de formules semblables à celles du *Codex*, et qu'ainsi toute méprise est impossible entre les deux ouvrages. (Cass., 25 fév. 1820 ; S.-V. 20. 1. 257 ; D. A. 11. 479. )

7. Le même arrêt ajoute : « Que le deuxième paragraphe de l'art. 3 de l'ordonnance du 8 août 1816 ne répute contrefaits que les exemplaires du nouveau *Codex* qui ne seraient pas estampillés, conformément à ce qui est prescrit par le premier paragraphe de cet article ; que la disposition du second paragraphe est donc inapplicable au Traité de pharmacie de Virey, qui n'est point un exemplaire du *Codex*, et qui constitue un ouvrage essentiellement différent. » Nous croyons devoir remarquer que ce dernier motif nous paraît dénué de solidité. L'ordonnance du 8 août 1816 n'a pu modifier les conditions de l'incrimination du délit de contrefaçon ; elle n'a pu les faire dépendre de l'existence de certains faits autres que ceux que la loi pénale a fixés. Si le délit de contrefaçon, tel que l'art. 425 du Code pénal l'a défini, se fût présenté dans l'espèce, il n'est pas douteux que la loi eût dû être appliquée, malgré les termes de l'ordonnance ; et d'un autre côté, la constatation des seuls faits prévus par cette ordonnance ne suffirait pas pour motiver l'application des peines légales, si les éléments déterminés par la loi n'existaient pas.

8. Il reste à ajouter, pour terminer cette matière , que l'amende de cinq cents francs portée par l'arrêt du parlement de Paris du 23 juill. 1748, et renouvelée par l'ordonnance du 8 août 1816, contre les pharmaciens contrevenants, est une peine évidemment illégale. En effet, l'arrêt du parlement de Paris, rendu seulement pour le ressort de ce parlement, n'a pu avoir l'effet d'une loi générale, et il est de principe en France qu'aucune peine ne peut être établie par voie d'ordonnance. On doit donc considérer cette disposition comme purement comminatoire. — V. au surplus les mots Contrefaçon, Pharmacie.

CODICILLE. 1. Cujas définit le codicille : *Intestati voluntas vel testamenti sequela minus solemnis* (ad *African. Quæst.*, lib. 2 ; l. 15, ff. *De jure codicill.*).

2. *Codex* désignait à Rome les tables destinées à recevoir les actes les plus importants, et notamment les testaments. *Codex* et *testamentum* devinrent synonymes , et Juvénal, dans sa dixième satire, parle d'un père de famille qui

Codice sœvo<br>Heredes vetat esse suos.

*Codicillus*, diminutif de *codex*, désignait des tablettes sur lesquelles on écrivait les actes de peu d'importance ou de simples notes. Les *codicilles* n'étaient souvent que des lettres missives adressées à des personnes présentes. (V. Sénèque, *Epist.* 55.)

3. Le testament était , d'après la loi des Douze Tables, le seul acte par lequel pût se manifester d'une manière régulière la dernière volonté du citoyen romain. Une fois exprimée, cette volonté ne pouvait être modifiée que par un second testament ; et le père de famille qui voulait apporter le plus léger changement à ses dispositions, était forcé de les détruire, nul , à Rome, si ce n'est le militaire (l. 19, ff. *De testam. milit.*), ne pouvant mourir *cum duobus testamentis*.

4. Placés entre l'impossibilité de modifier leur testament sans le détruire et les difficultés que présentait la rédaction d'un nouvel acte de dernière volonté, les testateurs prirent une voie détournée ; ils adressèrent à leurs héritiers ou à leurs légataires des tablettes dans lesquelles ils les priaient de restituer à des tiers la totalité ou une partie des biens compris dans l'institution d'héritier ou dans

le legs. Ces tablettes sont les *codicilli*, qui, dans l'origine, n'eurent rien d'obligatoire, et dont l'exécution dépendait de la bonne foi de ceux auxquels ils étaient adressés.

5. Ces tablettes ou *codicilli* avaient souvent la forme de lettres missives ; de là l'expression d'*epistola* ou *epistola fideicommissaria* employée par les jurisconsultes romains pour désigner le codicille. (l. 89 ; 37, § 3 ; 41, § 2, ff. *De legat.*, et l. 7, au Code, *qui test. fac. poss.*)

6. Le codicille, depuis longtemps en usage, ne fut admis *jure optimo* et ne devint obligatoire dans la législation romaine que sous Auguste. Les Institutes de Justinien nous font connaître (liv. 2, tit. 25) dans quelles circonstances et par quels motifs le codicille fut sanctionné par le droit civil.

7. Dans notre ancien droit, quoique l'expression de *codicille* fût en usage dans toute la France, l'acte qu'elle désigne n'existait réellement que dans les pays de droit écrit.

Dans les provinces où l'institution d'héritier n'était pas exigée pour la validité du testament, cet acte se confondait avec le codicille. Toutefois, dans la pratique, par *codicilles* on désignait des actes rédigés après un testament et destinés à le confirmer, l'expliquer ou le modifier. Ces prétendus codicilles étaient de véritables testaments postérieurs, qui ne renfermaient pas d'institution d'héritier, mais de simples legs. Quoiqu'il n'existât aucune différence réelle entre le testament et le codicille, quelques coutumes, et notamment celle de Berry, exigeaient cependant plus de formalités pour le premier de ces deux actes que pour le second.

8. Dans les pays de droit écrit, on distinguait le testament du codicille en ce que les formes du codicille étaient plus simples, et que son usage était borné aux legs et aux fidéicommis, tandis que l'institution d'héritier était de l'essence du testament. Aussi réputait-on, dans ces pays, simples codicilles les actes de dernière volonté qui ne contenaient pas d'institution d'héritier, lors même que ces actes avaient été revêtus des formes du testament.

9. Les règles du droit romain relatives aux codicilles étaient généralement suivies dans les pays de droit écrit. Ainsi on exigeait, pour faire un codicille, la même capacité que pour faire un testament ; on distinguait si ce codicille était fait *cum testamento* ou *sine*

*testamento* ; et lorsque le défunt avait laissé plusieurs codicilles, les plus récents, à moins d'une révocation expresse, ne détruisaient pas les premiers. Toutes les dispositions qui pouvaient se concilier entre elles étaient exécutées.

10. On distinguait trois sortes de codicilles :

1° Le codicille *mystique* ou secret, qui devait être clos et scellé, et qui, d'après l'art. 11 de l'ordonnance de 1735, était interdit à ceux qui ne savaient ou ne pouvaient lire ;

2° Le codicille *nuncupatif*, dicté à un notaire en présence de témoins ;

3° Le codicille *olographe*, semblable au testament *inter liberos* du droit romain, et maintenu par l'art. 15 de l'ordonnance de 1735 dans les pays où il était en usage.

La même ordonnance exigeait la présence de cinq témoins, y compris le notaire ou tabellion, pour la validité du codicille ; l'art. 14 dispensait toutefois de ce nombre lorsqu'un statut local le permettait. A Toulouse, par exemple, on se contentait de la présence de trois ou même de deux témoins.

Les témoins devaient être mâles : l'art. 40 de l'ordonnance précitée avait fait cesser les doutes qui s'étaient élevés sur ce point.

11. Le codicille pouvait être déclaré nul pour vice de forme, pour suggestion et pour défaut de capacité du disposant ; il pouvait être révoqué par un second codicille ou par un testament.

La question de savoir si la survenance d'enfants rompait le codicille était fort controversée ; les lois romaines distinguaient si le codicille avait été fait *cum testamento* ou *sine testamento*. Dans le premier cas, la survenance d'enfants rompait à la fois le testament et le codicille (l. 1. au Code, *De codicill.*), tandis que ce dernier était au contraire maintenu dans le second cas (l. 19, ff. *De jure codicill.*).

Cette distinction avait été critiquée par nos anciens jurisconsultes. Le codicille qui dépouille les enfants, disaient-ils, leur causant toujours le même préjudice, doit être rompu sans distinction. Domat le décidait ainsi, et il avait émis le vœu que, lorsqu'il existait en même temps un testament et un codicille, une loi formelle fît cesser les incertitudes de la jurisprudence, en rendant la validité du codicille ou absolument dépendante ou absolument indépendante de celle du testament. (*Lois civiles*, liv. 4, tit. 1er, sect. 2, n° 4.)

12. Il existait beaucoup de règles communes

aux testaments et aux codicilles. Ainsi, il fallait la même capacité pour donner et recevoir par codicille que par testament, et l'interprétation des dispositions renfermées dans les codicilles était soumise aux mêmes principes que celle du testament. On décidait aussi que les formalités requises pour la validité du codicille dépendaient, comme pour le testament, de l'usage du lieu dans lequel l'acte avait été dressé. (Domat, liv. 4, tit. 1er, sect. 1re, no 11.)

13. Le codicille ne renfermant pas d'institution d'héritier, n'était pas soumis à la règle qui défendait à l'institué, à ses père et mère et à ses enfants, d'être témoins dans le testament.

14. Les commentateurs avaient donné le nom de *clause codicillaire* à la déclaration par laquelle un testateur prévoyant que son testament pourrait être annulé, le terminait en disant que, si ses dernières volontés ne pouvaient valoir comme testament, il entendait qu'elles fussent exécutées comme codicille : *Plerique pagani solent*, dit Ulpien, *cùm testamenta faciunt per scripturam, adjicere, velle hoc etiam vice codicillorum valere.* (l. 3, ff. *De testam. milit.* ) Cette clause ne produisait d'effet que lorsque l'acte qui la renfermait, nul comme testament, réunissait les conditions requises pour la validité du codicille.

15. La *clause codicillaire*, dont l'origine se rattache aux fréquentes causes de nullité du testament, supposait de la part du disposant deux intentions distinctes : l'une, pure et simple, de faire un testament ; l'autre, conditionnelle, de faire un codicille dans le cas où le testament serait entaché de quelques vices.

Cette clause avait fait naître, dans les pays de droit écrit où elle était d'un fréquent usage, de graves difficultés qui, pendant plusieurs siècles, ont divisé les auteurs. L'ordonnance de 1735, qui avait réglé surtout la *forme* des actes de dernière volonté et maintenu d'ailleurs les différences qui existaient dans les pays de droit écrit et dans les pays de coutumes, avait laissé subsister dans la doctrine et dans la jurisprudence presque tous les doutes, et n'avait pas réalisé le vœu formé par quelques jurisconsultes, qu'une loi formelle vînt proscrire les subtilités du droit romain.

Deux questions surtout étaient vivement controversées : 1o celle de savoir si la clause pouvait être suppléée lorsqu'elle n'avait pas été formellement exprimée par le testateur ;

2o celle de savoir quels étaient les vices que cette clause pouvait couvrir.

16. Trois opinions bien tranchées avaient été émises sur la première de ces deux questions :

Quelques jurisconsultes, partant de cette idée que le testateur veut, autant qu'il peut vouloir, que sa volonté soit exécutée d'une façon ou de l'autre, soutenaient que la clause codicillaire devait toujours être suppléée. Tel était l'avis de Domat ( liv. 3, tit. 1, sect. 4, no 1. )

D'autres pensaient que cette clause ne devait être suppléée que dans certains cas, par exemple, dans le testament *inter liberos*, dans celui qui était fait *ad pias causas* ; mais qu'elle pouvait toutefois se présumer d'après l'usage des lieux ou d'après les expressions employées par le testateur. (V. Vinnius, *Instit.* liv. 2, tit. 25, § 1, no 1 ; Heineccius, *Elementa juris*, § 687, )

D'autres enfin regardant cette clause comme exorbitante, ne la suppléaient dans aucun cas. (V. Furgole, *Des testaments*, t. 4, p. 419, nos 11 à 18. )

Les textes du droit romain invoqués à l'appui de ces trois opinions, sont rapportés par Merlin. ( *Rép.* V. Clause codicillaire. )

17. Sur la seconde question, il était universellement reconnu que la clause codicillaire ne couvrait pas indistinctement tous les vices du testament ; que si elle suppléait, par exemple, un défaut de forme, elle ne validait pas un acte nul en raison de l'incapacité du disposant : on était d'accord sur ce point ; mais il existait une grande divergence entre les auteurs sur la question de savoir si la clause couvrait la nullité résultant de la prétérition des descendants.

Quelques interprètes, et Henrys en particulier (t. 2, liv. 5, *quest.* 44), se décidaient pour l'affirmative sans distinction.

Beaucoup d'autres avaient adopté une distinction, proposée par Bartole et consacrée par la jurisprudence des arrêts, entre le cas où le testateur connaissait et celui où il ne connaissait pas l'existence de ses descendants. Dans le premier cas, la prétérition était couverte par la clause codicillaire, tandis qu'elle ne l'était pas dans le second.

L'art. 53 de l'ordonnance de 1735 décida, sans distinction aucune, que la prétérition des enfants ne serait pas couverte par la clause codicillaire, et que l'institution d'héritier ne vaudrait même pas comme fidéicommis. ( V. Furgole, *Testaments*, t. 4 , p. 323 , n° 30. )

18. Une constitution de Théodose déclarait que l'héritier institué dans un testament contenant la clause codicillaire, qui avait d'abord agi en vertu du testament, ne pouvait, en cas de rejet de sa demande, invoquer ensuite la clause codicillaire. Il existait toutefois une exception à cette règle en faveur de certains parents du disposant.

L'application de cette constitution avait donné lieu à de grandes controverses. Quelques auteurs restreignaient la faculté de varier aux descendants et aux héritiers du sang, tandis que d'autres l'accordaient à tous les institués indistinctement. On avait aussi proposé de distinguer à quelle époque de l'instance l'institué prétendait varier. Selon Ricard , ce pouvoir ne lui appartenait même pas devant les premiers juges , tandis que, selon d'autres, on devait le lui accorder tant en première instance qu'en appel. L'art. 67 de l'ordonnance de 1735 trancha la question à l'aide d'une distinction : l'institué qui avait d'abord agi en vertu de la clause codicillaire ne pouvait plus agir ensuite en vertu du testament; car en invoquant la clause , dit Sallé ( *Commentaire* sur l'ordonnance de 1735 ), il avait investi l'héritier *ab intestat* d'un droit qu'il ne pouvait lui enlever; celui au contraire qui avait d'abord agi en vertu du testament, pouvait encore agir en vertu de la clause jusqu'à ce qu'il y eût arrêt définitif ou jugement passé en force de chose jugée.

19. Tout ce qui se rapporte au codicille et à la clause codicillaire ne nous offre plus aujourd'hui qu'un intérêt purement historique. Le codicille a été abrogé par le Code civil. Tout acte révocable par lequel une personne dispose de tout ou partie de ses biens pour le temps où elle n'existera plus est un testament. (Code civ. , art. 895.) Les expressions employées par le disposant n'ont aucune influence sur la nature de la disposition : il n'existe plus en France d'héritier institué, mais de simples légataires. (C. civ., art. 967 à 1002. )

- L'expression de *codicille* employée par quelques praticiens pour désigner le testament olographe par lequel on modifie un testament antérieur, est complètement inexacte aujourd'hui. Il est toutefois évident que, sous l'empire du Code civil, le nom de *codicille* donné par le disposant à un acte de dernière volonté n'annulerait pas cet acte, s'il réunissait d'ailleurs les conditions requises pour la validité du testament; ce serait un testament et non un codicille. ( V. Grenier, *Traité des donations*, t. 1, p. 130, n° 13, et p. 598, n° 343 ; — Merlin, *Répert.* v° Codicille. — V. aussi Turin , 22 févr. 1806 ; S.-V. 6. 2. 137; D. A. 5. 704. )

20. Il est également évident , d'après le principe de la non rétroactivité des lois ( C. civ., art. 2), que les codicilles faits antérieurement à la promulgation du Code civil , et dont les auteurs sont morts depuis cette époque, ont dû être exécutés ; c'est ce qu'a décidé la Cour de cassation par un arrêt de rejet du 1er brumaire an 13 ( S.-V. 5. 1. 28 ; D. A. 5. 599 ), rapporté par Merlin , *Questions de droit*, v° Testament, § 12. — V. Grenier, *Donations* , t. 1 , p. 133 , n° 14.

21. L'abrogation de la clause codicillaire résulte de la combinaison des art. 893 et 1001 du Code civil , portant « qu'on ne peut disposer de ses biens à titre gratuit que par donation entre-vifs ou par testament, et que les formalités auxquelles les divers testaments sont assujettis doivent être observées , à peine de nullité. » Nul en la forme , le testament ne peut être validé par aucune clause qui y serait insérée ou par aucun acte confirmatif postérieur. (Duranton, t. 9, n° 7 ; — Merlin, *Répert.* v° Clause codicillaire, t. 2, p. 781. V. aussi l'arrêt déjà cité de la cour de Turin, du 22 févr. 1806; S.-V. 6. 2. 137; D. A. 5. 704.)

**COGNAT — COGNATION.** 1. Le mot *cognatio*, pris dans son acception la plus étendue, exprimait à Rome ce que nous entendons par *parenté*, c'est-à-dire le lien qui existe entre personnes unies par le même sang ou que la loi répute telles.

Dans un sens plus restreint, la *cognatio*, opposée à l'*agnatio* (V. agnat-agnation), désignait une parenté naturelle qui ne conférait aucun droit de famille, et qui, dans l'ancien droit civil, ne produisait d'autre effet que certaines prohibitions de mariage.

Il existait entre ces deux parentés, dit le jurisconsulte Paul (l. 10, § 4. ff. *De gradib.*), la même différence qu'entre le genre et l'espèce. Les cognats, ainsi nommés parce qu'ils descendent d'une souche commune, *quasi ex uno nati* (l. 1er, § 1er, ff. *undè cognati*), ne sont pas tous agnats entre eux, tandis que les agnats sont toujours cognats (Paul. *Sentent.* liv. 4, tit. 8, § 14).

2. Modestinus, dans le § 2 de la loi 4 ff. *De gradib.*, assigne à la *cognatio* prise *lato sensú* une triple origine : elle s'établit, 1° par le *droit naturel*, comme par exemple celle qui unit l'enfant *vulgó conceptus* à sa mère ; 2° par le *droit civil*, comme celle qui provient de l'adoption et qui est purement fictive ; 3° enfin *utroque jure*, lorsqu'elle résulte d'une union légitime.

Toutefois, et en indiquant ces trois sources, Modestinus déclare qu'il n'existait à Rome que deux espèces de parenté, l'*agnatio* et la *cognatio : Cognationis substantiæ*, dit-il , *bifariam apud Romanos intelligitur*. C'est en confondant l'origine de la *cognatio* avec sa nature (*substantia*) que plusieurs anciens interprètes (V. Vinnius, *Instit.* liv. 1er, tit. 10, § 1er, n° 1) et plusieurs jurisconsultes , qui ont écrit depuis le Code civil, ont enseigné qu'il existe trois sortes de parenté : la parenté *naturelle*, qui unit les enfants illégitimes à leurs auteurs ; la parenté *mixte*, qui provient du mariage, et la parenté *civile*, qui dérive de l'adoption. Les deux premières, dit-on, étant fondées sur le lien du sang , constituent la *consanguinité* qui n'existe pas dans la parenté civile. (V. Delvincourt, *Cours de Code civil*, t. 1er, p. 60 ; Toullier, t. 1er, n° 531 ; Duranton, t. 2, n° 149.)

Il suffit, pour reconnaître l'inexactitude de cette classification tripartite , de remarquer que l'*agnatio*, parenté purement civile résultant de l'adoption, n'existait pas seule et séparée de la *cognatio :* l'adopté était considéré à Rome comme étant tout à la fois l'*agnatus* et le *cognatus* de l'adoptant. (V. l. 23, ff. *De adopt.* ; l. 1 , § 4, ff. *undè cognati* ; Cujas, Paul *ad Edict.*, liv. 35 ; Ducaurroy, *Institutes expliquées*, t. 2, n° 878.)

3. Par les Novelles 118 et 127 (an de J.-C. 540-548), Justinien changea complétement l'ordre des successions ; il fit disparaître sans retour les différences qui existaient encore entre les agnats et les cognats, et substitua les principes de la famille naturelle à ceux de la famille civile des anciens Romains. Ce système de succession , diamétralement opposé à celui de la loi des Douze Tables, a été suivi par les rédacteurs de notre Code civil.

4. Le lien de cognation fondé sur la nature est indestructible : *Jura sanguinis nullo jure civili dirimi possunt* (l. 8, ff. *De reg. jur.*).

Aussi le texte des Institutes, qui déclare que la cognation est dissoute par la grande et la moyenne *capitis deminutio* ( Instit. lib. 1 , tit. 16, § 6 ), doit-il être entendu en ce sens que la cognation ne produit plus aucun effet civil. Le lien du sang subsiste toujours et conserve ses effets purement naturels , par exemple, à l'égard du mariage auquel il forme toujours empêchement ( Inst. lib. 1, tit. 10 , § 10). Il est évident que la cognation purement fictive qui résulte de l'adoption cesse même par la petite *capitis deminutio* (Instit. lib. 3, tit. 1er, § 11).

5. On entendait à Rome par *cognatio servilis* la parenté qui résultait du *contubernium*, c'est-à-dire de l'union des esclaves. Cette cognation produisait, ainsi que l'alliance ou *affinitas servilis*, des empêchements de mariage établis par les mœurs plus encore que par un droit positif ( Inst. lib. 1, tit. 10, § 10 ; l. 8 et 14, § 2 et 3, ff. *De ritu nupt.*) ; mais elle était, sous tout autre rapport, en dehors de la loi non-seulement pendant l'esclavage , mais même après la manumission. Le préteur lui-même n'y avait aucun égard dans la dévolution des successions : *ad leges, serviles cognationes non pertinent* (l. 10, § 5, ff. *De gradib.*).

La *cognatio servilis* commença , sous les empereurs , à produire quelques effets civils. Une constitution de Valentinien régla d'une manière imparfaite les droits de succession entre affranchis. Justinien, pour trancher les difficultés qui existaient sur cette matière, porta une constitution qui ne se trouve pas au Code, mais qui a été rétablie par Cujas. (V. Cujas, *Observationes*, lib. 20 , cap. 34.)

**COHABITATION.** Ce terme est relatif et signifie, en général, l'état de deux ou plusieurs personnes qui demeurent ensemble ; c'est dans ce sens que les décrétales ont défendu aux clercs d'habiter avec des personnes du sexe. (Guyot. )

1. Le terme de cohabitation est habituellement employé pour exprimer la communauté d'habitation du mari et de la femme. C'est dans ce sens que la déclaration de 1739 exigeait , pour l'honneur et les effets civils du mariage , la cohabitation publique du mari et de la femme.

2. Aux termes de l'art. 214 du Code civil, la femme est obligée d'habiter avec son mari , et de le suivre partout où il juge à propos de ré-

sider ; le mari est obligé de la recevoir et de lui fournir tout ce qui est nécessaire pour les besoins de la vie, selon ses facultés et son état.

3. L'action en nullité de mariage ouverte par l'art. 180 du Code civil cesse d'être recevable toutes les fois qu'il y a eu cohabitation continuée pendant six mois , depuis que l'époux, au profit duquel l'action était ouverte, a acquis sa pleine liberté , ou que l'erreur a été par lui reconnue. ( Art. 181 Code civil. ) — V. Mariage.

4. La femme peut demander la séparation de corps lorsque le mari a tenu sa concubine (cohabité avec elle) dans le domicile conjugal. ( Art. 230 C. civ. ) — V. Séparation de corps.

5. L'expression de *cohabitation* est aussi employée pour exprimer la consommation du mariage , ou l'acte charnel dont le mariage est le but. Il y avait autrefois des coutumes , celle de Normandie par exemple, où la femme ne gagnait son douaire qu'*au coucher* , c'est-à-dire lorsqu'il y avait eu cohabitation entre elle et son mari. Dans les autres , la cohabitation n'était pas nécessaire pour produire cet effet ; elle n'est pas nécessaire aujourd'hui pour faire profiter la femme de ses avantages matrimoniaux.

6. C'est dans le sens exprimé au paragraphe précédent qu'il faut entendre le mot *cohabiter* employé par l'art. 312 du Code civil, dont voici le texte : « L'enfant conçu pendant le mariage a pour père le mari. Néanmoins celui-ci pourra désavouer l'enfant s'il prouve que, pendant le temps qui a couru depuis le trois centième jusqu'au cent quatre-vingtième jour avant la naissance de l'enfant , il était, soit pour cause d'éloignement, soit par l'effet de quelque accident, dans l'impossibilité physique de *cohabiter* avec sa femme. Pour connaître quelles sont les causes d'impossibilité de cohabiter pouvant donner ouverture au désaveu, V. Désaveu de paternité.

7. Lorsqu'il s'agit de cohabitation entre des personnes non unies par le mariage et vivant dans un commerce illicite, on l'exprime plus habituellement par le mot concubinage. V. ce mot.

## COHUAGE-COHUE (DROIT DE). Ce mot signifiait anciennement *assemblée, halle, marché* ; il paraît venir du latin *cohærere*. On appelait *cohuage* ou droit de *cohue*, une taxe qui se levait en certains lieux sur les marchandises apportées au marché. Le cohuage différait du droit d'entrée et du droit de coutume. Ainsi , en 1473 , le sieur de la Trimouille déclarait au comte d'Anjou , que « somme de beurre venant de Bretagne doit deux deniers d'entrée, maille de coutume, et un denier de cohuage ; et si elle n'est toute vendue à icelui jour, et s'il arrive que le marchand la rapporte à huitaine, il ne payera que le *cohuage*. »

Le droit de cohue a été supprimé, sans indemnité, par la loi des 15-28 mars 1790 , tit. 2, art. 19.

## COISELAGE ( DROIT DE ). C'était un droit de parcours ou pâturage sur les prés avant la fauchaison de la première herbe.

Ce droit a été aboli par un décret de la convention nationale du 19 avril 1790.

## COLLATÉRAL , COLLATÉRAUX. Expression employée pour désigner les parents qui n'étant ni ascendants ni descendants les uns des autres, se rattachent à un ascendant qui leur est commun : ainsi les frères, les sœurs, les oncles, les tantes, les cousins, sont les *collatéraux* ; ils forment ce qu'on appelle la *ligne collatérale*, par opposition à la ligne *directe*.

On les nomme ainsi parce qu'au lieu d'être comme les ascendants et les descendants dans une même ligne qui les lie successivement de l'un à l'autre, ils sont *à côté* les uns des autres, chacun dans sa ligne sous les ascendants qui leur sont communs. *Ex transverso, sive à latere* (l. 1. ff. *De grad. aff.*).

La faculté de s'opposer aux mariages peut appartenir, en certains cas, à quelques-uns des collatéraux (art.174,C. civ.).—V. Mariage.

Les collatéraux peuvent, en certains cas , agir en nullité de mariage ( art. 187, C. civ. ) —V. Mariage.

Ils ne peuvent agir en désaveu d'un enfant s'ils ne sont héritiers du mari (art.317,C. civ.). —V. Désaveu de paternité.

En cas de prédécès des père et mère d'une personne morte sans postérité, la ligne collatérale est appelée à lui succéder dans les termes des art. 750 et suivants du Code civil.— V. Succession.

## COLLATEUR , COLLATION. Ces mots étaient employés en matière bénéficiale ; le premier désignait la personne qui avait le droit de conférer les bénéfices , d'en donner le titre canonique ; celui qui recevait ce titre était *collataire*, et le bénéfice était alors *collatif*.

Ce droit de conférer les bénéfices s'exprimait par le mot *collation*. Voir sur cette matière un article assez étendu de M. Roubaud, avocat, dans le *Répert.* de Guyot, *iisdem verbis.*

COLLATION D'ACTES OU DE PIÈCES. Faire la collation d'actes ou de pièces, ou les collationner, c'est faire la comparaison des copies ou expéditions avec les originaux ou minutes pour s'assurer de leur conformité littérale. —V. Compulsoire, Copie de pièces ou de titres, Expéditions.

COLLECTE.—COLLECTEUR. La collecte était la recette ou le recouvrement d'un droit ou d'une imposition quelconque. Ce terme a encore été appliqué à l'imposition elle-même. On a appelé *collecteurs* ceux qui étaient chargés de faire ces recettes ou recouvrements.

On a distingué plusieurs espèces de collecteurs, suivant les différents impôts qui ont été créés. Ainsi, il y a eu les collecteurs de l'assise ou aide sur les marchandises ou denrées qui se vendaient à Paris; les collecteurs du droit d'aubaine, ceux des décimes, ceux chargés de recevoir les droits dus par les gens de main-morte pour les nouvelles acquisitions par eux faites; les collecteurs du fouage, espèce d'impôt qui se prélevait par feu; ceux des amendes prononcées pour contravention aux ordonnances des eaux et forêts; les collecteurs du pape; enfin ceux de la taille et de la gabelle ou impôt du sel.

Sans entrer dans trop de développements à ce sujet, nous nous bornerons à donner quelques détails sur les collecteurs du fouage et des amendes, sur ceux du pape, de la taille et de la gabelle.

Les *collecteurs du fouage*, nommés d'abord par les élus et autres officiers des élections, furent ensuite choisis par les habitants sujets à cette imposition. Ils restaient garants de la gestion des collecteurs, et ces derniers responsables du non paiement des contribuables, s'ils n'avaient pas fait les poursuites nécessaires pour les faire payer.

S'ils étaient obligés de se déplacer pour porter au receveur l'argent de l'imposition, il leur était accordé quatre sols par jour s'ils étaient à cheval, et deux sols s'ils étaient à pied. Ils étaient du reste exemptés de l'impôt, à moins que les habitants ne fussent convenus d'un autre salaire. Ces dispositions sont consignées dans une ordonnance du roi Charles V, de 1379.

Les *collecteurs des amendes*, préposés pour faire payer les amendes prononcées pour contraventions aux ordonnances des eaux et forêts, après avoir subi différents changements dans leur organisation, furent enfin supprimés en 1777, et leurs fonctions attribuées aux préposés de l'administration générale des domaines.

Les *collecteurs du pape* étaient des préposés qui, du consentement de plusieurs de nos rois, ont levé de temps à autre sur le clergé de France, pour le compte du pape, des impositions pour divers objets de piété. Le roi Charles VI, dans des lettres du mois d'octobre 1385, s'opposa d'abord à ce qu'on poursuivît des ecclésiastiques qui n'avaient pu payer au pape les redevances exigées d'eux. Le même prince défendit plus tard à tous ses sujets, de quelque état qu'ils fussent, de rien payer aux collecteurs du pape des revenus et émoluments qu'ils avaient coutume de prendre dans le royaume.

Les *collecteurs de la taille* remontent à une époque reculée, car, dès avant saint Louis, on payait la taille pour les besoins de l'état. Mathieu Paris, en parlant de ce prince, dit : *Jussit quasdam collectas et tallias, tam in clero quam in populo, fieri graviores.*

Après avoir été choisis par les officiers des élections, les collecteurs de la taille furent plus tard élus par les habitants de chaque paroisse, à leurs risques et périls, avec l'attribution de douze deniers par livre, pour leur salaire, sur le montant des tailles.

Suivant les dispositions de l'édit de 1600, il devait être nommé chaque année quatre collecteurs pour les grandes paroisses taxées à trois cents écus et au-dessus, et deux seulement pour les paroisses taxées au-dessous; mais, par un règlement ultérieur, il fut ordonné qu'on nommerait huit collecteurs pour les grandes paroisses taxées à 1,500 livres et au-dessus, qui devaient rester solidaires entre eux pour la taille à lever.

Par les déclarations des 2 août 1716 et 9 août 1723, il fut enjoint de faire dresser dans chaque paroisse un tableau divisé en plusieurs colonnes, d'après lequel étaient nommés les collecteurs. Dans la première colonne se trouvaient les noms des plus imposés, dans la dernière ceux des personnes qui, par une cause quelconque, se trouvaient dispensées d'être collecteurs. De ce nombre étaient les avocats, les médecins, les commis des fermiers généraux, les habitants qui avaient huit enfants mariés, les personnes malades ou infirmes.

Les collecteurs de la gabelle, ou impôt du sel, recevaient le montant de la cote à laquelle chaque habitant était taxé pour le sel qu'il devait consommer.

Les *collecteurs de la gabelle* étaient, comme ceux de la taille, nommés par les habitants. Il y en avait deux dans les paroisses où l'impôt était au-dessous d'un muid de sel, quatre dans celles qui étaient imposées à un muid et au-dessus, et six dans celles qui étaient imposées à deux muids et au-dessus.

La nomination des collecteurs devait être faite avant le 1er novembre de chaque année, sinon elle avait lieu d'office par les officiers du grenier à sel.

On ne devait point nommer pour collecteurs de l'impôt ceux qui exerçaient des offices de judicature dans les justices royales, les maires, les échevins, les syndics de paroisse en exercice, les regratiers, ceux qui étaient dans la première année de leur mariage. Les collecteurs ne devaient faire qu'un seul rôle, qui devait être vérifié par les officiers du grenier à sel. Ils devaient porter ou faire porter le sel dans leur paroisse le jour même qu'ils l'avaient reçu du grenier à sel, et payer moitié de l'impôt dans les six premières semaines de la réception du sel, et l'autre moitié à la fin de chaque quartier.

Les collecteurs retenaient sur le dernier paiement deux deniers par livre du prix de chaque minot, pour leur droit de collecte ; deux sols par chaque lieue de distance des paroisses au grenier à sel, et cinq sols par minot pour port et distribution. Les principaux habitants étaient contraints pour le paiement de l'impôt, après discussion des collecteurs.

Le droit de collecte a été nominativement aboli par l'art. 5 de la loi des 25-28 août 1792.

**COLLÉGE ÉLECTORAL.** — V. Élection. — V. aussi Corps constitué.

**COLLÉGES ROYAUX.** — V. Instruction publique, Université.

**COLLÉGE ROYAL DE FRANCE.** — Ce collége, destiné à l'enseignement supérieur, libre et gratuit des sciences et des lettres, fut fondé par François Ier. Ce prince, par lettres patentes du 24 mars 1529, créa d'abord deux chaires pour les langues grecque et hébraïque ; bientôt après, il établit d'autres cours pour les mathématiques, la médecine, la philosophie, l'éloquence latine et les langues étrangères : il porta le nombre des chaires à douze.

Un arrêt du conseil du 20 juin 1773 réorganisa et fixa l'enseignement du collége royal de France, qui comprenait alors dix-neuf chaires.

La révolution de 1789 respecta cet établissement. Un décret de la convention nationale du 13 juillet 1795 assimila, pour le traitement, les professeurs du collége de France à ceux du museum d'histoire naturelle, qui recevaient alors 6,000 fr.

Après avoir été longtemps dans les attributions du ministre de l'intérieur, le collége de France passa, le 4 avril 1831, au ministère des travaux publics. Le 11 oct. 1832, il rentra dans son département naturel, celui de l'instruction publique, tout en demeurant en dehors de l'autorité et de la surveillance de l'Université.

Quant à son organisation intérieure, elle est restée telle que l'avait établie une ordonnance royale du 26 juillet 1829. Le personnel actuel se compose de vingt-quatre professeurs, dont l'un avec le titre d'*administrateur* préside les réunions. La nomination aux chaires vacantes donne lieu à une double présentation : l'une par les professeurs du collége, l'autre par l'institut. Le ministre de l'instruction publique prononce entre les candidats, lorsque, ce qui est extrêmement rare, le même candidat n'est pas présenté des deux côtés. Les décrets de l'Université impériale avaient déféré aux inspecteurs généraux de ce corps une troisième présentation ; ce droit a été révoqué par une ordonnance royale du 28 décembre 1830.

**COLLÉGE ROYAL DE LA MARINE.** Établi à Angoulême par une ordonnance royale du 31 janvier 1816, le collége royal de la marine fut institué pour l'enseignement théorique des jeunes gens qui se destinaient à la marine militaire : il remplaça les écoles spéciales de Brest et de Toulon, qui furent supprimées par la même ordonnance précitée.

Les conditions d'admission aux places d'élèves de cette école, ainsi que le mode d'enseignement qui devait y être suivi, furent réglées par deux ordonnances des 17 janvier et 8 septembre 1824.

Le collége royal de la marine a été supprimé par ordonnance du 7 décembre 1830.

COLLÉGIALES ( ÉGLISES ). C'était autrefois plus spécialement celles où il existait un chapitre de chanoines sans évêque : cependant on désignait ainsi les églises établies dans les lieux qui n'étaient pas le siège des évêchés , et où le nombre des ecclésiastiques pouvait suffire pour la célébration de l'office divin. Il y avait encore d'autres églises appelées également collégiales ; c'étaient celles établies par des fondations pour célébrer tous les jours l'office divin.

COLLOCATION. C'est l'action de ranger les créanciers dans l'ordre où ils doivent être payés, suivant leurs priviléges et hypothèques. Ce terme exprime aussi le rang ou l'ordre dans lequel un créancier se trouve placé. — V. Bordereau de collocation, Distribution par contribution, Ordres.

COLLOCATION ( *Jurisprudence provençale* ). On entendait par collocation en Provence une adjudication faite en justice, soit de la totalité , soit d'une partie des biens du débiteur , selon l'estimation qui était faite du fonds pour acquitter une somme due au créancier de ce débiteur. Bien que la Provence eût été réunie à la couronne longtemps avant 1551 , l'édit des criées n'y avait point été enregistré , de sorte que l'on suivait dans cette province les anciens statuts qui voulaient que les créanciers, pour se faire payer sur les biens de leurs débiteurs, se les fissent adjuger pour la valeur des sommes qui leur étaient dues, d'après l'estimation faite par des officiers appelés estimateurs : c'était venir par collocation sur ces biens. Louis XIII avait confirmé cet usage de la Provence, avec défense de procéder par décret sur les biens situés dans ce pays.

COLLOCATION DE LA FEMME. On appelait ainsi, dans les pays de droit écrit, l'acte ou le jugement par lequel on donnait des biens du mari à la femme , par forme d'antichrèse, jusqu'à ce qu'elle fût payée de ses reprises et conventions matrimoniales. Les fruits de ces biens lui tenaient lieu de l'intérêt de ces reprises. Cette collocation emportait aliénation après le décès du mari , lorsqu'elle était illimitée.

Aujourd'hui, le mari peut de gré à gré abandonner tout ou partie de ses biens à sa femme pour la remplir de ses reprises ( art. 1595 du Code civ. ); mais les tribunaux ne pourraient pas l'ordonner. En cas de refus du mari ou de ses héritiers de lui payer ses reprises , la femme a les mêmes voies de contrainte que tout autre créancier.

COLLUSION. — V. Dol, Fraude.

COLOMBIER. — V. Pigeons.

COLONAGE ou COLON PARTIAIRE (BAIL A). Le colon partiaire ou métayer est celui qui cultive sous la condition d'un partage de fruits avec le bailleur.

« Dans les temps où le commerce avait peu de mouvement et d'activité, et où les échanges se faisaient difficilement par la voie du numéraire , le colon devait s'acquitter en donnant une portion même des productions du sol. » (Hervé, *Théorie des matières féodales*, t. 5, p. 222.) Telle est, en effet, l'origine du bail à colonage ou à métairie, appelé aussi bail partiaire, lequel donnant à la fois au colon plus de facilité de se libérer et au propriétaire plus de certitude de toucher ses fermages, fut anciennement d'un fréquent usage et d'une grande utilité, et s'est perpétué depuis les temps les plus reculés jusqu'à nos jours.

§ 1er. — *Aperçu historique.*
§ 2. — *Bail à colonage sous le Code civil. — Caractère de ce contrat. — Incessibilité. — Résolution. — Paiement des fermages.— Contre-indemnités.— Contrainte par corps.*

### § 1er. — *Aperçu historique.*

1. Quelques auteurs, parmi lesquels Brunet (*Traité du champart*, t. 2, p. 384 et suiv. de l'édit. de 1741), ont été chercher des traces du partage des fruits jusque dans la Genèse. Ils citent , entre autres passages, celui qui porte que Joseph, vers la fin des sept années de stérilité qu'il avait prédites , donna de la semence aux Égyptiens, et leur ordonna de cultiver les terres, à la charge de rendre au roi la cinquième partie des fruits.

2. Sans remonter si haut, on trouve de nombreuses dispositions relatives à ce contrat dans la législation romaine, où il était en grande faveur.

« Encore que les Romains, dit Pasquier (*Recherches*, t. 1, liv. 8, chap. 46, p. 843), pussent en diverses façons affermer leurs terres, tantôt en argent, tantôt à certaine quantité de grains, selon que les volontés des con-

tractants les admonestoient de faire, si av ient-
ils en très-grande recommandation le louage
qui se faisoit de leurs terres à moitié ; et pour
cette cause voyons-nous être faicte en leurs
loys si fréquente mention d'un colon partiaire
(les Latins l'appeloient *colonum partiarium*) ;
et sur le déclin mesme de l'empire, y eut une
loi de l'empereur Valentinian par laquelle il
étoit défendu à tous maîtres d'affermer leurs
terres en argent, ains de soy contenter de ce
qu'elles rapporteroient. »

Cette loi dont parle Pasquier est la loi 5 ou
6. *De agricol. et censit. et colon.*

Une autre loi, non moins connue et sur laquelle nous aurons occasion de revenir, porte
que le bailleur et le colon partiaire étant en
quelque sorte en société, doivent supporter,
chacun sur leur part de fruits, les pertes arrivées par cas fortuits. (l. 25, § 6, ff. *Loc. cond.*)

Cette espèce de bail était si usitée à Rome,
que la république n'affermait jamais autrement ses terres incultes : elle recevait le cinquième du produit des arbres et le dixième
des autres fruits. (Appien, liv. *De bello civili*, ch. 20, p. 353.)

3. En France, on retrouve ce contrat dans
les monuments les plus anciens, notamment
dans divers capitulaires de la première et de
la seconde race, tels, par exemple, que celui de
630, qui ordonne que les colons et les serfs
de l'Église paient l'agraire suivant l'estimation du juge. (Baluze, t. 1, col. 100, *et alibi
passim.*)

« Cette mesme coutume ( celle d'affermer
les terres à moitié grain, dit Pasquier, *loc.
citat.* ) semble s'être insinuée entre nos anciens ; car, à bien dire, le mot *métayer* nous
est aussi propre pour cet effet que le *partiaire*
en latin, l'un prenant sa dérivaison de *partiri*,
et l'autre du mot *moitié* ; pour laquelle cause
mesmement vous trouverez en quelques vieux
contrats qui sont réduits en latin, tel que
l'infélicité du temps portoit lors, que les fermiers sont appelés d'un mot barbare, *medie-
tarii*, qui vaut autant que s'ils eussent été
appelés *partiarii*. »

Le bail à colonage a été, en effet, dans notre
ancienne jurisprudence l'objet de nombreuses
dispositions, dont voici les plus importantes :

Le colon partiaire ne pouvait rien prétendre contre le bailleur, ni pour la culture,
ni pour la semence, quelque perte qui fût arrivée par cas fortuit, n'eût-il même recueilli
aucune récolte. (Domat, *Lois civiles*, liv. 1er,

*Du louage*, tit. 4, sect. 5, n° 3 ; Ferrière,
*Dict. de droit*, v° Admodiateur.) La raison
que ces auteurs en donnent, d'après la loi romaine, c'est que le bail partiaire faisait entre
le propriétaire et le colon une espèce de société dans laquelle l'un apportait le fonds,
et l'autre la semence et la culture, chacun
hasardant la portion que cette société lui donnait aux fruits. (*Ibid.*)

On stipulait ordinairement dans le bail
que le colon ne pourrait renoncer ni sous-
amodier sans le consentement du propriétaire;
mais si ce dernier avait reçu le prix des sous-
amodiateurs, il ne pouvait plus les expulser.
(Ferrière, *loc. cit.*)

La plupart des règles relatives au bail à
ferme s'appliquaient au bail à métairie. Ainsi
le privilége et le droit de suite existaient au
profit du propriétaire. Faute de prestation, à
l'époque fixée, de la part de fruits lui revenant, le canon du bail était exigible en argent
et estimé au plus haut prix que les grains
avaient atteint dans l'année, à partir du jour
que le paiement eût dû être fait. Toutefois,
cette règle, qui était écrite dans les art. 330
de la coutume de Melun, 128 de la coutume
du Bourbonnais, et 259 de celle de Bretagne,
fut modifiée par l'art. 1er, tit. 30, de l'ordonnance de 1667, aux termes duquel l'évaluation au plus haut prix de l'année ne devait
point avoir lieu, si ce n'est qu'elle eût été ordonnée par le juge ou convenue entre les parties ; autrement la liquidation en était faite,
eu égard aux quatre saisons et prix commun
de chaque année.

L'acquéreur à titre particulier d'un fonds
loué par bail partiaire avait droit à la totalité
des récoltes pendantes par racines au moment
de l'acquisition, sans que le colon y pût rien
prétendre; celui-ci avait seulement une action
personnelle pour sa part de fruits contre le
précédent propriétaire. En effet, dit Ferrière
(*loc. cit.*), l'action personnelle ne suit jamais
un acquéreur à titre particulier (*leg. ult.* ff.
*De contrah. empt.*). D'ailleurs, les fruits pen-
dants par les racines font partie du fonds
(*leg. fructus*, ff. *De rei vend.*), et par conséquent sont compris dans l'aliénation qui en
est faite (*leg. ult.*, § *fructus*, ff. *Quæ in fraud.
credit; leg.* 13, § 10, ff. *De action. empt.*).
Ainsi, le fermier partiaire n'a pas droit de demander de partager les fruits avec le nouvel
acquéreur du fonds. (Dumoulin, *Sur la coutume de Paris*, tit. 1er, § 1er, glos. 50.)

L'article 7 du tit. 34 de l'ordonnance du mois d'avril 1667 autorisait la stipulation de la contrainte par corps pour forcer le colon à exécuter le bail ; mais cette clause ne se suppléait point.

La coutume de Nivernois renfermait sur le bail à colonage une disposition singulière. Elle permettait au premier occupant (art. 1ᵉʳ, ch. 11) de cultiver le domaine d'autrui, lorsque le propriétaire négligeait de le cultiver lui-même, à la charge par le premier de remettre au second une partie des fruits, *selon la coutume et usance du lieu où est l'héritage assis*. L'inaction ou la tolérance du propriétaire suffisait pour légitimer la culture de l'étranger. Si la défense ne venait qu'après la première façon, elle était tardive, et le laboureur vigilant avait la récolte de l'année malgré le propriétaire négligent. Il avait même tout ce qui était une suite de cette récolte ; de sorte que si l'usage était que celui qui avait fait les gros blés et fumé la terre dût faire les petits blés l'année suivante, on ne pouvait lui enlever cet avantage. Bien entendu pourtant qu'il ne fallait pas prévenir prématurément le propriétaire qui avait dessein de cultiver : la permission de la coutume n'avait lieu que lorsque l'impuissance ou la négligence du propriétaire n'était pas équivoque. Cette disposition était fondée sur un intérêt public; elle avait pour but d'empêcher que les terres ne restassent incultes.

§ 2. — *Bail à colonage sous le Code civil. — Caractère de ce contrat.—Incessibilité. — Résolution. — Paiement des fermages. — Contre-indemnité. — Contrainte par corps.*

4. La question capitale de la matière est celle de savoir quel est le caractère du contrat à colonage. Cette question , à la solution de laquelle toutes les autres décisions sont subordonnées, a été, tant sous l'ancien que sous le nouveau droit, l'objet d'une vive controverse.

5. Selon les uns, le bail à colonage est un véritable contrat de société; le propriétaire met en commun la jouissance du fonds et fournit ordinairement le bétail; le colon apporte son travail et son industrie: tous deux fournissent les semences par moitié , et ils partagent communément les fruits dans la même proportion.

Les partisans de cette doctrine s'appuient sur la loi 25 , § 6, ff. *Locat. cond.* qui se termine par ces mots : *Partiarius colonus , quasi societatis jure , et damnum et lucrum cum Domino fundi partitur* ; et sur la loi 52 , § 2 , ff. *Pro socio*, qui porte: *Socios inter se dolum et culpam præstare oportet. Si in coeundâ societate artem operamve pollicitus est alter, veluti cùm pecus in commune pascendum, aut agrum potitori damus in commune quærendis fructibus : nimirùm ibi etiam culpa præstanda est.*

Ils citent Fachin, liv. 1 , chap. 82 : « *Inter colonum partiarium locationis contractum propriè non esse, sed potiùs societatis ;* » Barthole, sur la loi 25, § 6, ff. *Locat. cond.* : « *Tertiò nota quòd inter colonum partiarium et dominum non est propria locatio , sed societas..... nam dominus ponit terram , et alius operas in quærendis fructibus ;* » Cujas, sur la loi 13 , § 1, ff. *De præscript. verb.* : « *Si quis colono agrum colendum det, et partiantur fructus, non contrahitur locatio, sed societas ; nam locatio fit mercede, non partibus rei ;* » Vinnius, *Inst. de locat.*, § 2; Brunemann, sur la loi 25 , § 61, ff. *Locat. cond.* ; Godefroy , sur la même loi ; Denizart, vᵒ Bail partiaire; Ferrière, *Dict. de droit*, vᵒ Admodiateur, etc.

Le Code civil, ajoutent-ils , n'a pas dérogé à cette doctrine. La définition que donne du contrat de société l'art. 1832 du Code civil , s'applique beaucoup mieux au bail à colonage que la définition du contrat de louage , écrite dans l'art. 1709 du même Code. Peu importe que le colonage soit placé au titre du contrat de louage. La rubrique sous laquelle un contrat est placé ne saurait ni en déterminer ni en changer la nature ; il suffit pour s'en convaincre d'observer que la loi romaine qui assimile le bail à colonage au contrat de société, est précisément placée au Digeste sous le titre *Locati conducti*, et que, dans le Code civil même, le contrat de cheptel, qui est une véritable société et auquel l'art. 1818 donne expressément cette qualification , est placé, aussi bien que le bail à colonage, sous le titre du *Contrat de louage*. Deux considérations sont surtout déterminantes : la première, c'est que dans le contrat de louage proprement dit la jouissance exclusive appartient au premier, tandis que dans le bail partiaire elle est commune entre le propriétaire et le colon ; la seconde, c'est qu'il est de l'essence du louage qu'il y ait un prix dû par le preneur, et qu'ici le colon ne doit point de prix : le propriétaire prend une partie des fruits de sa propre chose, non à titre de loyer, mais à titre d'accessoire de la terre qui lui appartient, à titre de partie de la terre elle-même, *partibus rei*, selon l'expression de Cujas. Enfin les rédacteurs du Code civil ont si bien considéré le bail à colonage comme un contrat de société, qu'on trouve cette pensée formellement exprimée dans l'exposé des motifs de M. Galli ( Locré, t. 14, p. 414; Fenet, t. 14, p. 317 ), et dans le rapport de M. Mouricault au tribunat. (Locré, *ibid.*, p. 437; Fenet, *ibid.*, p. 335.)

Telle est la doctrine professée par M. Delvincourt ( t. 3, notes, p. 203 ), Duranton ( t. 17, p. 176 ), Troplong (sur l'art. 1764), et consacrée par deux arrêts de la cour royale de Limoges, le premier du 21 février 1839 (S.-V. 39. 2. 406; D. P. 40. 2. 18), le second du 6 juillet 1840 ( S.-V. 41. 2. 167; J. P. 18. 41. 1. 684.)

6. D'autres au contraire ont soutenu que le bail partiaire n'est autre chose qu'un louage. S'attachant à la rubrique sous laquelle ce contrat est placé, et aux termes de l'art. 1767 du Code civil, qui porte que « celui qui cultive sous la condition d'un partage de fruits avec le bailleur ne peut ni sous-louer ni céder, si la faculté ne lui en a été réservée par le bail, » ils en ont conclu qu'un contrat que la loi place au titre du *louage* et qu'elle qualifie expressément *bail*, ne peut pas être arbitrairement qualifié société. « Le droit romain, dit M. Duvergier ( t. 3. *Du louage*, nos 97 et suiv. ), notre ancienne législation, et celle qui nous régit aujourd'hui, ont également reconnu la nature et les effets du louage dans la convention par laquelle la jouissance d'un fonds est donnée moyennant une portion des fruits qu'il doit produire..... Quelques auteurs ont cru y voir une société; mais il est évident que ce contrat contient un élément qui répugne à l'essence de la société. Le bailleur ne court aucune chance de perte, et il a droit à une portion des bénéfices : il est même possible qu'il ait des bénéfices lorsque le preneur sera en perte : par exemple, s'il arrive que la portion des fruits qui reste à celui-ci soit d'une valeur inférieure au montant des frais de culture. Or une société posée sur de pareilles bases est condamnée par le texte de l'art. 1855. Pour qu'il y eût société, il faudrait que le fonds du bailleur, considéré comme sa mise, dût contribuer aux pertes. »

7. Ces opinions contradictoires ont l'une et l'autre du vrai, mais elles nous paraissent toutes deux trop absolues. Le bail à colonage participe à la fois de la société et du louage; mais il n'est complétement et absolument ni l'un ni l'autre de ces contrats.

Sans doute ce partage des fruits, cette communauté des gains et des pertes (communauté qui est parfaite, puisque s'il n'y a point de produits et que le colon perde son travail, le propriétaire de son côté perd la jouissance de son fonds ), sans doute ce sont là des éléments qui appartiennent au contrat de société. Mais d'une autre part, le prix est un élément du contrat de louage ; et il est impossible de soutenir avec M. Troplong que dans le bail partiaire il n'y a point de prix et que le colon ne doit rien au propriétaire, puisque dans l'ancien droit il était de principe, comme nous l'avons vu, qu'à défaut de prestation, au terme fixé, de la part de fruits due au propriétaire, cette part était exigible en argent, d'après une estimation rigoureuse; ce qui serait inexplicable si le propriétaire et le colon étaient des associés ayant, à l'égard de la chose à partager, des droits et des obligations réciproques, mais ce qui se conçoit fort bien s'ils sont entre eux dans les rapports de bailleur à fermier, de créancier à débiteur. Sont encore des éléments du contrat de louage, le privilége et le droit de suite du propriétaire, ainsi que toutes les obligations imposées au colon partiaire, comme à tout autre fermier, de faire les réparations locatives, de cultiver en bon père de famille, d'engranger dans les lieux à ce destinés, d'avertir le propriétaire des troubles et usurpations, etc. Enfin, il est de principe que pour juger de la nature d'une convention, c'est surtout à la commune intention des parties qu'il faut s'attacher ; or, on ne saurait le contester, ce que le propriétaire et le colon ont voulu faire, c'est plutôt un bail qu'une association.

Aussi était-il communément reçu dans l'ancien droit que le bail à colonage était une sorte de contrat innommé, tenant à la fois de la société et du louage. C'était l'opinion de la plupart des docteurs, et surtout de Balde, du président Favre, sur la loi 25, § 6, ff. *Locat. cond.*, et de Coquille, *quest.* 205. Les textes qu'on cite pour prouver que le droit romain faisait du bail partiaire un véritable contrat de société sont loin d'avoir cette portée; il n'y est question que de quelques rapports de ressemblance, *quasi societatis jure*, dit la loi 25, § 6, ff. *Locat. cond.*

Le Code civil a voulu maintenir cette jurisprudence dans l'état où il l'a trouvée. Cela résulte évidemment du rejet d'un article proposé par la cour d'appel de Lyon, et qui était ainsi conçu : « Le bail à culture, moyennant une portion de fruits, *est une société;* » des termes de l'art. 1763 du Code civil, devenus plus significatifs encore par ce rejet, et de la place que cet article occupe ; enfin de la reproduction des principales dispositions de l'ancien droit. Il est donc vrai de dire que, aujourd'hui comme anciennement, le bail à colonage est une sorte de contrat mixte, un contrat innommé, qui participe de la nature du louage et de la société.

8. Ce principe établi, les conséquences en découlent naturellement et sans effort. Il n'y a même pas à se préoccuper, pour la solution des questions secondaires, du soin de rechercher si elles sont gouvernées par les règles de la société ou par celles du louage ; le législateur y a pourvu lui-même : car, en rangeant le bail à colonage parmi les baux à ferme, il l'a implicitement soumis aux mêmes règles, sauf les exceptions qu'il a formellement exprimées ; de sorte que, pour tous les cas où la loi est muette, c'est aux règles du bail à ferme qu'il faut recourir.

9. Et d'abord, la faculté, qui de droit commun appartient au preneur, de sous-louer ou de céder est refusée au colon partiaire, si elle ne lui a pas été expressément accordée par le bail ( art. 1763 ).

La raison n'en est pas, comme le pensent quelques auteurs, que le colon partiaire étant une espèce d'associé, ne peut se substituer quelqu'un sans le consentement de son coassocié ; car il faudrait en dire autant du bailleur, qui serait ainsi dans l'impossibilité d'aliéner son fonds. Le véritable fondement de cette disposition, c'est la règle qui, dans les obligations de faire, ne permet pas au débiteur de se décharger sur un autre de l'engagement qu'il a contracté. « Il est bien clair, disait M. Galli en présentant le titre du louage au Corps législatif, que c'est là le cas d'*electa industria*, c'est-à-dire que, pour labourer mes terres, pour les exploiter, j'ai choisi, j'ai contemplé l'adresse, la capacité de telle personne et non de telle autre. Je vendrais bien à qui que ce soit un héritage, pourvu qu'il me le payât ce que j'en demande ; mais je ne ferais pas un contrat de *colonie partiaire* avec un homme inepte, quelque condition onéreuse qu'il fût prêt à subir et quelques avantages qu'il voulût m'accorder. »(Locré, t. 14, p. 414; Fenet, t. 14, p. 317.)

Cette disposition, qui était de droit commun dans l'ancienne jurisprudence, a été introduite dans le Code sur les observations de la cour d'Aix.

10. Si, en contravention à cette prohibition, le colon partiaire cède son bail ou sous-loue, le propriétaire a droit de faire résilier le bail et d'obtenir des dommages-intérêts (art. 1764).

« Toutefois, dit M. Duvergier ( t. 4, *Du louage*, n° 90), la contravention commise par le colon ne doit pas entraîner absolument et dans tous les cas la résiliation du bail. Si déjà, avant la demande du bailleur, le colon a expulsé le sous-locataire ou le cessionnaire, et repris personnellement la culture du fonds; si même, la demande étant déjà formée, il offre de faire cesser le sous-bail ou la cession ; s'il prouve qu'aucun dommage n'a encore été causé; s'il y a dans sa bonne foi des garanties pour l'avenir, je pense qu'il devra être maintenu. Les termes de l'art. 1764 paraissent, il est vrai, rigoureux et absolus ; mais pourquoi donc se montrerait-on plus sévère contre l'infraction du colon partiaire que contre celle dont se rend coupable un preneur ordinaire à qui son bail interdit la faculté de sous-louer, par une clause expresse et de rigueur ? Or, on sait que la jurisprudence et les auteurs ont admis, en faveur de ce dernier, les distinctions et les tempéraments dont je veux faire ici l'application. D'ailleurs, en général, il n'y a point de nullité sans grief. »

M. Troplong professe la même doctrine, qui nous paraît la plus vraie ; elle n'est cependant pas acceptée par MM. Delvincourt ( t. 3, notes, p. 203) et Zachariæ (t. 3, p. 33).

Les annotateurs de M. Zachariæ, appuyant l'opinion de leur auteur, combattent celle de M. Duvergier et surtout l'assimilation que ce jurisconsulte a faite entre le colon partiaire et le preneur ordinaire auquel son bail interdit de céder son droit ou de sous-louer. « D'ailleurs, ajoutent-ils, en accordant formellement au bailleur le *droit de rentrer en jouissance*, l'art. 1764 du Code civil refuse par cela même aux tribunaux le pouvoir d'appréciation que M. Duvergier leur attache. »

Nous n'apercevons pas, au point de vue du

lien de droit, la différence qui peut exister entre le colon partiaire placé sous l'empire de l'art. 1764 C. civ., et le fermier ordinaire auquel son bail interdit de céder son droit ou de sous-louer. Dans le second cas, la volonté des parties n'a-t-elle pas fait ce que la loi avait elle-même établi pour le premier? La rigueur de la prohibition n'est-elle pas la même dans les deux dispositions?

La seconde observation ne nous paraît pas plus concluante, et l'argument qu'on veut tirer de cette expression, *le droit de rentrer en jouissance*, nous semble un peu forcé.

Au surplus, le pouvoir d'appréciation attribué aux tribunaux ne va pas jusqu'à leur permettre de maintenir une cession ou une sous-location, quelles que soient d'ailleurs les circonstances; mais nous pensons avec M. Duvergier, « que si déjà, avant la demande du bailleur, le colon a expulsé le sous-locataire et repris personnellement la culture du fonds; si même, la demande étant déjà formée, il offre de faire cesser le sous-bail ou la cession; s'il prouve qu'aucun dommage n'a encore été causé; s'il y a dans sa bonne foi des garanties pour l'avenir, le bail à colonage devra être maintenu. »

Cette décision nous paraît conforme aux principes d'équité, sans déroger d'ailleurs aux prescriptions de la loi.

11. Mais le bail à colonage finit-il par la mort du preneur?

Barthole et Godefroy (sur la loi 25, § 6, ff. *Locat. cond.*), M. Delvincourt (t. 3, p. 203), M. Rolland de Villargues (v° Bail partiaire, n° 8), et M. Troplong (*Du louage*, t. 2, n° 645), sont d'avis que le bail expire. Leurs raisons sont que le contrat de société finit par la mort de l'un des associés; que, lorsque l'industrie d'une personne est entrée comme élément dans un contrat, ce contrat se dissout par la mort de cette personne; enfin que les motifs qui font que le droit du colon n'est pas cessible, s'opposent aussi à ce qu'il se transmette par succession.

MM. Zachariæ (t. 3, p. 33), Duranton (t. 17, n° 178), Duvergier (1) (t. 4, *Du louage*, n° 91), sont d'un avis contraire, et nous partageons leur sentiment. Le lien qui unit le propriétaire avec le colon partiaire n'est pas un lien

social, et l'argument tiré de la dissolution de la société par la mort de l'un des associés, n'a rien de concluant. Il faudrait aller jusqu'à dire que le bail partiaire se résout également par la mort du bailleur, ce que personne n'ose soutenir. D'un autre côté, la considération tirée, nous ne dirons pas de l'industrie, mais de la valeur personnelle du colon, ne nous paraît pas devoir fournir un argument plus sérieux. Nous ajouterons à ce que nous avons déjà dit en discutant la même question au mot Cheptel (bail à), n° 62, que la loi qui renferme une disposition formelle d'*incessibilité* du bail à colonage ne parle pas de la résolution de ce contrat par la mort du colon, ce qui aurait été d'autant plus nécessaire, si tel eût été le vœu du législateur, que le principe contraire est textuellement posé dans l'art. 1742 du Code civil.

Vainement voudrait-on argumenter des termes de l'art. 1795 du Code civil; cet article ne concerne que le louage d'ouvrage et d'industrie sous la rubrique duquel il est placé et pour lequel le Code a des dispositions toutes spéciales. Il faut donc restreindre les dispositions de cet article au contrat auquel elles s'appliquent. Les exceptions ne s'établissent pas par analogie, et le silence de la loi dans le cas en question, quand elle se montre si explicite dans les autres cas, ne nous semble pas permettre une solution contraire à celle que nous avons proposée.

Pour compléter ce qui resterait à dire sur cette question et sur celles traitées dans cet article depuis le n° 10, V. Cheptel (bail à), n°s 61 et suivants.

12. Revenant aux règles particulières aux baux à ferme, et les appliquant au colon partiaire, nous trouvons que celui-ci doit, comme le fermier, faire aux bâtiments et aux ustensiles aratoires les réparations locatives; cultiver en bon père de famille (art. 1766); engranger dans les lieux à ce destinés (art. 1767); avertir le propriétaire des troubles et usurpations (art. 1768); laisser, à la fin du bail, les terres en bon état, et exécuter, à l'égard du preneur qui lui succède, les obligations que lui imposent les art. 1777 et 1778. En un mot, hors les exceptions formellement exprimées, toutes les obligations réciproques du bailleur et du preneur dans les baux à ferme sont communes au colon partiaire et à son bailleur. Ainsi, le propriétaire a un privilège sur la portion des fruits dévolue au colon par-

---

(1) Les annotateurs de M. Zachariæ ont rangé par erreur M. Duvergier parmi les adversaires de l'opinion qu'au contraire il soutient.

tiaire pour toutes les obligations qui résultent du bail. Il peut les retenir tant qu'ils sont sur son héritage, jusqu'à l'apurement et au solde de ses comptes, ou les faire saisir-gager s'ils sont sortis. — V. Louage.

13. De plus, le colon ne peut disposer avant le partage d'aucune partie des fruits ; il ne peut même commencer à battre les grains, à faner les fourrages, à fouler la vendange, avant d'avoir averti le propriétaire. ( M. Rolland de Villargues, v° Bail partiaire, n° 14 ; M. Duvergier, t. 4, *Du louage*, n° 94. )

14. La remise que les art. 1769 et suivants autorisent le fermier à demander sur le prix de la location, en cas de perte par cas fortuit de la moitié au moins d'une récolte, ne peut être réclamée par le colon partiaire, ou plutôt la réduction sur le prix du bail s'opère forcément d'elle-même, puisque la part du bailleur diminue dans la même proportion que la récolte entière. Il n'y a même pas à distinguer pour le colon partiaire, comme on le fait pour le fermier, entre le cas où la perte survient avant que les fruits aient été séparés de la terre et celui où elle n'arrive qu'après ; dans un cas comme dans l'autre, le propriétaire supporte sa part de la perte, pourvu que le métayer ne fût pas en demeure de lui délivrer sa portion de la récolte. (Art. 1771.)

15. La présomption légale de fraude établie par l'art 1733, pour le cas d'incendie, pèse sur le colon partiaire comme sur tout autre preneur. Les deux arrêts de la cour royale de Limoges, des 21 fév. 1839 et 6 juill. 1840 (cités *suprà*, n° 11), ont décidé le contraire ; mais nous ne pouvons adopter cette jurisprudence, contre laquelle M. Troplong (*Du louage*, t. 2, n° 373 ) s'élève avec force. « Nous paierons-nous, dit-il, de cette double raison, savoir : 1° que l'art. 1733 n'est qu'une exception ; 2° que le colon partiaire n'est pas un fermier, un locataire, mais un associé ? Nous répondons : Le premier motif indique les idées les plus fausses sur le sens de l'art. 1733, et le second est irrelevant et stérile. Qu'importe que le colon partiaire soit plutôt un associé qu'un locataire, n'est-il pas débiteur de la chose ? Ne doit-il pas la conserver en bon père de famille ? Ne doit-il pas la rendre dans l'état où elle lui a été remise? et dès lors n'est-ce pas fausser tous les principes en matière de contrat, que de le décharger de son obligation sans qu'il prouve la force majeure qui le dispense de l'accomplir ? »

**IV.**

Nous ajouterons, pour nous replacer à notre point de vue, que le colon partiaire n'est point un associé, ainsi que nous l'avons démontré plus haut, et qu'ainsi la cour de Limoges a fait une fausse application d'un principe erroné.

16. L'évaluation des fermages stipulés se fait d'après le taux commun des mercuriales des trois dernières années.

Cette décision ressort d'un décret du 26 avril 1808 , ainsi conçu : « Les décisions de notre ministre des finances, des 10 messidor an X et 3 vendém. an XIII, portant que pour les rentes perpétuelles et viagères et pour les baux à loyer ou à ferme, lorsque ces baux ou rentes sont stipulés payables en nature, ainsi que pour les transmissions, par décès, de biens dont les baux sont également stipulés payables en nature, l'évaluation, soit du montant des rentes, soit du prix des baux, sera faite d'après le taux commun résultant des mercuriales des trois dernières années, sont approuvées et maintenues. » (S.-V. 8.2. 171.)

Cependant nous ne croyons pas cette règle tellement absolue que les tribunaux ne puissent chercher d'autre base d'appréciation. Un arrêt de cassation du 29 nov. 1830 (S.-V. 31. 1. 49; J. P. 3° édit.) a décidé que l'évaluation des fermages peut être faite d'après les seules mercuriales des époques auxquelles devaient avoir lieu les livraisons, sans même que les juges soient obligés de prendre pour base le prix commun de l'année. Nous estimons que la jurisprudence de cet arrêt pourrait s'appliquer par analogie à l'espèce que nous avons en vue.

17. Aux termes de l'art. 2062 du Code civil, la contrainte par corps peut être ordonnée contre les fermiers pour le paiement des biens ruraux, lorsqu'elle a été stipulée dans l'acte de bail ; et même, les fermiers et les colons partiaires peuvent, sans qu'il soit besoin de stipulation, être contraints par corps, faute par eux de représenter à la fin du bail le cheptel du bétail, les semences et les instruments aratoires qui leur ont été confiés, à moins qu'ils ne justifient que le déficit de ces objets ne procède point de leur fait. La durée de cette contrainte est d'un an au moins et de cinq ans au plus. ( L. du 17 avril 1832, art. 7.)

18. Les semences données au colon partiaire sont immeubles par destination. — V. Biens, n°s 29 et 48.

19. Il resterait à exposer les règles qui régissent le *cheptel donné au colon partiaire* ;

26

cette matière a été traitée au mot Cheptel
( bail à ). — V. ce mot.

Et pour ce qui concerne les règles générales
du louage, V. Louage (1).

**COLONAT.** Le colonat était la condition
de certains individus attachés à des fonds
de terre pour les cultiver, moyennant certaines conditions et la propriété demeurant à
leur maître (*sub dominio possessorum*). *Appellantur coloni, qui conditionem debent ge-
nitali solo propter agriculturam sub dominio possessorum.* (Saint Augustin, *De Civit.
Dei*, liv. 10, chap. 1, n° 2.)

« Il ne faut pas confondre, dit M. Troplong,
les colons avec les esclaves attachés à des fonds
de terre et inséparables du sol. Les esclaves sont
des agents passifs des plus rudes labeurs de l'a-
griculture; pour salaire, leur maître ne leur
donne que la nourriture, le logement, à peu
près comme aux bêtes de somme destinées à
l'exploitation des terres; mais les colons, quoique tenant d'assez près à l'état servile, exercent une espèce d'industrie; ils sont en
quelque sorte les fermiers perpétuels des domaines auxquels leur naissance ou la convention les attache; ils paient une redevance
annuelle.» V. Isidore, liv. 9, chap. 4.

Les colons n'étaient pas, à proprement parler, esclaves du maître, mais ils étaient esclaves
de la terre sur laquelle ils étaient nés. *Servi
terræ ipsius cui nati sunt* (l. 1, Cod. *De col.
Thrac.*).

« La vérité est, ajoute le savant auteur déjà
cité, qu'ils étaient dans une condition intermédiaire et mixte; ils étaient pleinement libres à l'égard des tiers; ils étaient, quant à
leurs personnes, plus près de la liberté que de
l'esclavage. Mais dans leurs rapports avec le
sol, ils étaient esclaves, ils étaient liés à lui
par une chaîne indissoluble; et quand ils le
quittaient frauduleusement, une inévitable
nécessité les ramenait à la glèbe. » ( M. Troplong, *Préface du Louage.*)

Cette institution, qui paraît avoir pris naissance sous les empereurs romains, a traversé,
en se modifiant, le bas-empire et les temps
de la féodalité; la révolution française en a
effacé les derniers vestiges, au moins pour la
terre de France. Le colonat ne paraît pas avoir
disparu complètement des états du nord de
l'Europe. Pour connaître l'histoire et les rè-

gles du colonat, consultez la remarquable
Préface dont M. Troplong a fait précéder son
Traité de l'échange et du louage.

**COLONGÈRE** (RENTE). — V. Rente colongère.

**COLONIES** (1). Le mot colonies, dérivé du
latin *colere* ou *colonus*, se prend dans une
double acception. Il signifie quelquefois une
aggrégation d'individus qui abandonnent leur
patrie pour aller s'établir au loin; mais plus
habituellement on l'emploie pour désigner l'é-
tablissement même fondé par les émigrants.

Nous exposerons dans cet article en quoi
consistait autrefois le système du gouvernement et de l'administration des colonies françaises.

Nous examinerons en second lieu l'ensemble des lois, ordonnances, règlements administratifs, et décisions judiciaires qui constituent l'état actuel du gouvernement colonial
pris dans sa généralité.

Puis, enfin, nous retracerons avec détail
les règles d'administration relatives à chacune
de nos colonies en particulier.

ART. 1er. — *Ancien système législatif et réglementaire des colonies.*

§ 1er. — *Régime des colonies avant 1789.
— Souveraineté. — Gouvernement et administration. — Organisation judiciaire. — Institutions représentatives. — Etat des personnes. — Religion. — Esclavage. — Affranchissement. — Dépôt des chartes des colonies.*

§ 2. — *Régime des colonies depuis 1789 jusqu'en 1830. — Conseil des députés des colonies.*

ART. 2. — *Système actuel du gouvernement
et de l'administration des colonies.*

§ 1er. — *Législation. — Lois réservées au
pouvoir législatif métropolitain.*

§ 2. — *Ordonnances.*

§ 3. — *Décrets coloniaux. — Convocation
et installation des conseils coloniaux. — Attributions.*

§ 4. — *Administration générale.*

§ 5. — *Administration municipale. — Conseil privé. — Contentieux administratif.*

---

(1) Page 396 (1re colonne), lig. 12 et 13, au lieu
de loi 5 ou 6, lisez : loi 5 Cod.

(1) Cet article est de M. Bost, sous-chef au Ministère de l'intérieur, ancien sous-préfet. Une notable partie des documents administratifs qui ont
servi à sa rédaction sont dus à l'obligeante communication de M. Mestro, chef de section à la direction des colonies (Ministère de la marine).

§ 6. — *Pouvoir judiciaire.* — *Avocats.* — *Avoués.* — *Huissiers.* — *Notaires.*

§ 7. — *Force publique.*

§ 8. — *Finances.* — *Dépenses de l'état.* — *Dépenses locales ou d'administration intérieure.* — *Travaux publics.* — *Etablissements d'utilité publique.*

§ 9. — *Recettes.* — *Douanes.* — *Monnaies.*

§ 10. — *Culte.*

ART. 3. — *Règles d'administration relatives à chacune de nos colonies en particulier.*

SECT. 1ʳᵉ. — MARTINIQUE.

§ 1ᵉʳ. — *Administration.* — *Représentation.* — *Organisation judiciaire.* — *Législation.* — *Actes de l'état civil.* — *Esclaves.*

§ 2. — *Douanes.* — *Monnaies, poids et mesures.* — *Force militaire et police.* — *Presse.*

SECT. 2. — GUADELOUPE.

§ 1ᵉʳ. — *Gouvernement et administration.* — *Représentation.* — *Organisation judiciaire.* — *Législation.*

§ 2. — *Commerce.* — *Douanes.* — *Monnaies, poids et mesures.* — *Forces militaires.* — *Presse.*

SECT. 3. — ILE BOURBON.

§ 1ᵉʳ. — *Gouvernement.* — *Administration municipale.* — *Représentation.* — *Législation.* — *Organisation judiciaire.* — *Esclaves affranchis et gens de couleur.*

§ 2. — *Commerce.* — *Douanes.* — *Monnaies, poids et mesures.* — *Etablissements d'utilité publique.* — *Presse.*

SECT. 4. — GUIANE FRANÇAISE.

§ 1ᵉʳ. — *Gouvernement et administration.* — *Administration municipale.* — *Représentation.* — *Législation.* — *Organisation judiciaire.* — *Esclaves.*

§ 2. — *Commerce.* — *Douanes.* — *Monnaies, poids et mesures.* — *Etablissements d'utilité publique.* — *Presse.*

SECT. 5. — ETABLISSEMENTS FRANÇAIS DANS L'INDE.

§ 1ᵉʳ. — *Gouvernement et administration.* — *Population et Etat des personnes.* — *Représentation.* — *Législation.* — *Organisation judiciaire.* — *Culte.* — *Instruction publique.*

§ 2. — *Commerce.* — *Douanes.* — *Monnaies, poids et mesures.* — *Etablissement d'utilité publique.* — *Presse.*

SECT. 6. — SÉNÉGAL.

§ 1ᵉʳ. — *Gouvernement et administration.* — *Etat des personnes.* — *Représentation.* — *Législation.* — *Organisation judiciaire.*

§ 2. — *Commerce.* — *Douanes.* — *Monnaies, poids et mesures.* — *Etablissements d'utilité publique.*

SECT. 7. — MADAGASCAR.

§ 1ᵉʳ. — *Gouvernement et administration.* — *Législation.*

SECT. 8. — SAINT-PIERRE ET MIQUELON.

§ 1ᵉʳ. — *Administration.* — *Législation.* — *Organisation judiciaire.*

§ 2. — *Douanes.* — *Monnaies, poids et mesures.* — *Etablissements d'utilité publique.* — *Milice.*

SECT. 9. — ALGÉRIE.

§ 1ᵉʳ. — *Gouvernement et administration.* — *Administration municipale.* — *Législation.* — *Organisation judiciaire.* — *Culte.* — *Instruction publique.*

§ 2. — *Douanes.* — *Poids et mesures.*

SECT. 10. — ILES MARQUISES.

§ 1ᵉʳ. — *Gouvernement et administration.* — *Organisation judiciaire.*

———

ART. 1ᵉʳ. *Ancien système législatif et réglementaire des colonies.*

§ 1ᵉʳ. — *Régime des colonies avant* 1789. — *Souveraineté.* — *Gouvernement et administration.* — *Organisation judiciaire.* — *Institutions représentatives.* — *Etat des personnes.* — *Religion.* — *Esclavage.* — *Affranchissement.* — *Dépôt des chartes des colonies.*

1. *Souveraineté.* — *Gouvernement et administration.* — Le fait caractéristique qui domine toute création de colonies, c'est la nationalité de ces établissements. La colonie n'est, en quelque sorte, qu'un démembrement de la nation à laquelle appartiennent ses fondateurs. Cette nation les suit et les couvre de son drapeau dans les plus lointains parages. Les colons, à leur tour, doivent reconnaître partout la souveraineté de leur pays. Les colonies françaises ont toujours présenté ce caractère. Elles ont, dans tous les temps, été sujettes de la métropole. Celle-ci les a toujours gouvernées. Quant aux détails d'administration intérieure, elle s'est quelquefois reposée de ce soin sur les compagnies financières qui subvenaient aux dépenses des ex-

péditions. Ainsi, un acte du 12 février 1635 concéda les îles déjà découvertes et celles à découvrir à une compagnie dite des îles de l'Amérique. Les associés furent autorisés à distribuer les terres entre eux et aux habitants, « avec réserve de tels droits, devoirs et charges qu'ils jugeraient à propos ; à mettre capitaines et gens de guerre dans les forts ; *se réservant S. M. de pourvoir d'un gouverneur-général toutes les dites îles, lequel toutefois ne pourra s'entremettre du commerce ni de la distribution des terres.* »

Un édit de mars 1642 renouvela en faveur de la même compagnie les priviléges de 1635, moyennant foi et hommage, à chaque mutation de roi, et droit de nommer un gouverneur, sous la restriction déjà indiquée, à laquelle on ajouta celle de l'exercice de la justice. L'édit accorda en même temps à la compagnie le pouvoir de concéder les terres en fiefs, avec haute, moyenne et basse justice, même à titre de baronies, comtés et marquisats.

2. La compagnie créée en 1635 ayant succombé sous le poids des charges qui lui étaient imposées, un édit du mois de mai 1664 institua une nouvelle compagnie sous le nom de *Compagnie des Indes occidentales.*

Celle-ci s'étant trouvée, comme ses devancières, dans l'impossibilité de réaliser les vues que le gouvernement avait eues sur elle pour le développement du commerce national, et des rivalités fâcheuses ayant d'ailleurs éclaté entre les officiers de la compagnie et le lieutenant général gouverneur, le roi la révoqua par un édit du mois de décembre 1674.

3. A partir de cette époque, jusqu'à la révolution de 1789, le gouvernement des colonies d'Amérique a été purement royal, exercé d'abord par le seul gouverneur jusqu'en 1679, et depuis lors par ce fonctionnaire conjointement avec un intendant de justice, police et finance. Ces deux officiers supérieurs eurent dans leurs mains tous les pouvoirs civils et militaires. Toutefois il faut observer que le gouvernement royal fut dans tous les temps modéré par le droit de remontrance, ainsi que nous le verrons ci-après.

4. *Organisation judiciaire.* — L'administration de la justice dans les colonies dut nécessairement se ressentir, dans les premiers temps de la fondation, de l'arbitraire qu'entraîne toute occupation militaire. Mais lorsque la possession de ces pays fut consolidée, lorsque la culture coloniale eut fait des progrès, lorsqu'une plus grande division du sol eut rendu les contestations de propriété plus fréquentes, on sentit généralement le besoin d'une justice permanente et régulière.

Ce fut pour satisfaire à ce vœu que Louis XIV, par un édit du 11 octobre 1664, institua deux conseils supérieurs pour les îles du Vent (1), l'un à la Guadeloupe, l'autre à la Martinique.

Par les édits d'août 1685 et de juin 1702, deux conseils souverains furent également institués dans l'île de Saint-Domingue pour l'administration de la justice dans les îles Sous-le-Vent. Le premier de ces conseils, après avoir siégé successivement au petit Goave et à Léogane, fut définitivement établi au Port-au-Prince, et le second au Cap Français.

L'édit de 1664 porte que les juges aux colonies « seront tenus de se conformer aux lois et ordonnances du royaume et à la coutume de Paris, suivant laquelle les habitants contracteront, à l'exclusion de toute autre coutume. »

Un règlement du roi, de 1671, renferme la même disposition.

Des juridictions inférieures, généralement composées d'officiers de milices et de propriétaires choisis par le gouverneur au nom du roi, étaient chargées de faire exécuter les réglements de police et de juger, en première instance, toutes les affaires qui n'étaient point réservées aux amirautés.

Celles-ci, suivant un édit de janvier 1717, connaissaient, ainsi que les autres amirautés du royaume, de tous les actes concernant le commerce de mer et la navigation.

5. L'appel des jugements de ces diverses juridictions était porté devant les conseils supérieurs, sauf quelques causes spéciales dont l'appel était réservé au *tribunal terrier,* lequel était composé du gouverneur, de l'intendant et de trois membres du conseil supérieur nommés par ce conseil.

En matière civile, les arrêts et jugements en dernier ressort, rendus contradictoirement ou par défaut par les conseils souverains, pouvaient être attaqués devant le conseil du roi par la voie du recours en cassation et de la requête civile.

---

(1) Les îles *du Vent*, qui appartenaient à la France, étaient la Guadeloupe, la Martinique et Sainte-Lucie. Dans les îles *Sous-le-Vent*, la France ne possédait que Saint-Domingue.

En matière criminelle, il y avait également deux manières de se pourvoir : la demande en cassation et la requête en révision de procès. Toutefois ce double recours n'était pas directement ouvert aux accusés, l'ordonnance de 1670 voulant que les jugements criminels fussent exécutés le jour même où ils avaient été prononcés; mais les procureurs généraux et les gouverneurs pouvaient surseoir à leur exécution, jusqu'à ce qu'il eût été statué par le roi, en son conseil, sur le compte qui lui était rendu des circonstances du procès. Si, enfin, un condamné s'était pourvu devant le gouverneur pour obtenir sa grâce du roi, il était sursis à l'exécution de l'arrêt, à moins que, dans un conseil tenu entre le gouverneur, l'intendant et le procureur général, il ne fût décidé, à la pluralité des voix, que l'accusé n'était pas dans le cas d'espérer sa grâce.

6. *Institutions représentatives.* — Les colons avaient, à diverses époques, manifesté le vœu de concourir, au moins par droit de remontrance, à l'administration des affaires publiques, et plus particulièrement des intérêts locaux. On avait, d'une part, satisfait à ce vœu par la création de chambres d'agriculture destinées à tempérer le pouvoir des conseils supérieurs, quant aux affaires administratives, de même qu'en France des assemblées provinciales et des états modéraient l'influence des parlements; et d'un autre côté, on appelait à délibérer sur tout ce qui intéressait la gestion des affaires coloniales les principaux officiers de milices qui réunissaient à cette qualité celle de propriétaires de terres, et dans les cas majeurs, des délégués de chaque compagnie de milices.

7. Un règlement du 24 mars 1763 ayant supprimé les milices, institua des officiers municipaux pour concourir à l'administration des affaires de chaque localité. Ces officiers prirent le nom de syndics à Saint-Domingue, et celui de commissaires de paroisse dans les îles du Vent.

Lorsque les milices furent rétablies par une ordonnance du 1<sup>er</sup> sept. 1768, les syndics et les commissaires de paroisse se virent, à leur tour, remplacés par des commandants de quartier.

8. Des assemblées coloniales, instituées par une ordonnance royale de 1787, avaient également remplacé les chambres d'agriculture, et participaient à l'administration des affaires locales par des décrets soumis à la sanction du gouverneur; mais ces divers éléments de représentation disparurent bientôt, pour faire place à d'autres, comme nous le verrons ultérieurement, par suite de la révolution de 1789.

9. *État des personnes.* — La population des colonies se compose, sous le rapport de l'état social, de personnes libres et d'esclaves.

L'ancienne législation coloniale divisait les hommes libres en deux classes, celle des *blancs* et celle des *gens de couleur* ou de sang mêlé : ces distinctions n'existent plus aujourd'hui.

10. *Religion.* — L'art. 1<sup>er</sup> de l'édit de 1685 excluait les juifs des colonies; d'autres dispositions étaient dirigées contre la religion protestante. Les nègres nouvellement arrivés d'Afrique devaient être baptisés et instruits dans la religion catholique. Les mariages des esclaves devaient être célébrés avec les solennités prescrites par l'ordonnance de Blois et par l'ordonnance de 1639.

Le même édit prescrit l'observation des dimanches et fêtes par la cessation de tout travail et l'interdiction de tenir des marchés. Il fut bientôt après dérogé, par des motifs de nécessité, à cette dernière disposition. Enfin on avait eu soin de déterminer les règles à suivre pour l'enterrement des esclaves.

Pour éviter tout scandale en fait de police du culte, l'intendant et le gouverneur pouvaient prendre, en ces matières, les mesures de prudence qu'ils jugeaient convenables.

11. *Esclavage.* — Les esclaves de nos colonies proviennent tous originairement d'Afrique. On ignore à quelle époque remontent les premières importations qui en furent faites. Les lettres patentes de 1626 et 1642, relatives à l'établissement et à la prorogation de la compagnie des îles d'Amérique, n'en font aucune mention. Dès lors cependant l'esclavage devait y exister, au moins de fait, puisque le père Dutertre, dans son Histoire des Antilles, parle d'une désertion considérable d'esclaves qui, en 1639, inquiéta les colons de Saint-Christophe.

La traite des noirs se trouve, pour la première fois, consacrée par l'édit du 28 mai 1664, qui en fit l'objet d'un privilége en faveur de la *compagnie des Indes occidentales.* Un arrêt du conseil du 25 mars 1679 concéda un semblable privilége à la compagnie du Sénégal, en le restreignant à l'importation des nègres d'Afrique.

Une population obtenue par de tels moyens exigeait une législation spéciale. Louis XIV y pourvut pour la première fois par le célèbre édit de 1685, connu sous le nom de *Code noir*.

12. La personne de l'esclave et tout ce que celui-ci pouvait acquérir appartenaient à son maître.

Il était défendu aux curés de marier des esclaves sans le consentement de leurs maîtres. Toutefois ceux-ci ne pouvaient user de contrainte envers leurs esclaves pour les marier contre leur gré.

Les enfants issus de mariages entre esclaves suivaient la condition de leur mère et appartenaient au maître de celle-ci. Il en était de même si le père était libre et la mère esclave; mais si le père était esclave et la mère libre, l'enfant était libre comme elle.

Le maître qui dénonçait son esclave coupable d'un crime dont il n'était pas lui-même complice, recevait une indemnité fixée par des experts, ou tarifée d'avance, lorsque l'esclave était puni de mort ou des galères.

Les nègres déserteurs ou *marrons* qui venaient à être arrêtés étaient rendus au maître qui les réclamait. Ceux qu'on ne réclamait pas étaient vendus comme épaves.

13. En accordant au maître la propriété absolue de l'esclave, la loi cependant ne laissait point au premier le droit d'être inhumain envers celui-ci. Elle lui imposait au contraire, dans l'intérêt de l'esclave, des obligations fort étendues, réglait les conditions de nourriture, de vêtement, d'habitation, qui devaient être observées.

Ces dispositions du Code noir ont été depuis corroborées par l'art. 1er, tit. 2 de l'ordonnance du 15 oct. 1786, qui défend de faire travailler les esclaves les dimanches et fêtes, et détermine les heures de repos.

14. L'art. 2 de la même ordonnance veut qu'il soit mis à la disposition de chaque nègre une petite portion de l'habitation qu'il pourra cultiver sans son profit, sans que les vivres ainsi récoltés puissent entrer en compensation de ce qui est dû à chacun pour sa nourriture. Les négresses enceintes ou nourrices ne devaient travailler que modérément et seulement à de certaines heures de la journée. Si le maître abandonnait un esclave vieux ou infirme, celui-ci était placé dans un hospice aux frais du premier. L'excès dans les punitions à infliger aux esclaves était également interdit, et les infractions à ces dispositions protectrices étaient punies de fortes amendes, ou de peines plus sévères s'il y avait lieu.

D'après le Code noir, on ne pouvait saisir ni vendre séparément le mari, la femme et leurs enfants impubères, s'ils étaient en la possession d'un même maître.

Enfin une ordonnance du 30 déc. 1712 défendait aux maîtres de donner la question aux esclaves, sous quelque prétexte que ce fût.

15. La nécessité de maintenir dans la dépendance une population nombreuse que sa misérable condition disposait naturellement à la révolte ou à la désertion, avait fait adopter par le législateur des mesures de répression très-sévères contre le port d'armes, ou même simplement la possession d'armes par des esclaves, la fuite ou marronnage, le recel d'esclaves, les attroupements et les insurrections.

L'art. 38 de l'édit condamnait l'esclave, s'il avait été en fuite pendant un mois, à avoir les oreilles coupées et à être marqué sur l'épaule; s'il y avait récidive, à avoir le jarret coupé et à être marqué sur l'autre épaule; à la troisième fois, l'esclave était puni de mort. D'un autre côté, la loi punissait avec une extrême rigueur les actes de violence ou de trahison commis par les esclaves contre leurs maîtres, leurs familles ou leurs propriétés. Ainsi, l'assassinat du maître ou de quelque membre de sa famille, les voies de fait commises contre eux, les empoisonnements d'hommes ou de bestiaux, les incendies de récoltes ou de bâtiments, et quelques espèces de vols, tels que ceux de canots ou de pirogues par des nègres marrons, étaient punis de mort. La procédure était rapide, l'exécution des jugements immédiate.

Il serait trop long d'énumérer ici les autres dispositions pénales qui se rapportent à des délits commis par des esclaves. On en trouvera le détail dans l'édit précité de 1685, et dans de nombreuses ordonnances royales rendues en 1670, 1710, 1714, 1726, etc., etc.

16. L'art. 30 du Code noir interdit aux esclaves d'exercer aucune fonction publique, d'être agents pour autres que pour leurs maîtres, d'être arbitres, experts ou témoins, et déclare que dans le cas où ils seraient appelés en témoignage, leur déposition ne peut fournir preuve, présomption ni conjecture.

Ces dernières prohibitions avaient été modifiées, pour la Martinique, par un arrêt du Conseil d'état, en date du 13 oct. 1686, qui permettait de recevoir les esclaves en témoignage, à défaut de blancs, excepté contre leurs maîtres ; pour la Louisiane, par un édit du mois de mars 1724, rendu dans le même sens ; enfin pour Saint-Domingue, par un édit semblable, du 15 juillet 1738.

Une ordonnance des administrateurs de la Martinique, du 25 déc. 1783, défend aux officiers de justice d'employer les esclaves à leurs écritures. Ceux-ci ne peuvent exercer la médecine ni la chirurgie. Toute préparation de remèdes leur était également interdite, excepté toutefois pour des morsures de serpents, car on avait remarqué qu'ils excellaient dans ce genre de médications.

17. Un arrêt du Conseil d'état du 5 mai 1681 défendait purement et simplement la saisie des nègres attachés à la terre. L'édit de 1685, dans l'intérêt de l'agriculture, ne permet cette saisie que lorsqu'il y a en même temps saisie de la terre. Toutefois, les esclaves au-dessous de quatorze ans ou au-dessus de soixante ans, étant considérés comme peu propres à la culture, pouvaient, aux termes du même édit, être saisis sans la terre.

Ces dispositions ressemblent à celles qui, dans le Code civil, donnent le caractère d'immeubles par destination aux animaux destinés à l'exploitation des terres ; mais les esclaves attachés à la maison comme simples domestiques, ou exerçant une industrie particulière, étaient considérés comme objets mobiliers.

18. *Affranchissement.* — L'exercice de la faculté d'affranchir était autrefois soumis à plusieurs restrictions. Les déclarations du roi des 15 déc. 1721 et 1<sup>er</sup> févr. 1743 interdisent tout affranchissement aux mineurs émancipés qui n'ont pas encore atteint l'âge de vingt-cinq ans accomplis. Les maîtres ne peuvent non plus affranchir un esclave en fraude de leurs créanciers, ou du moins ceux-ci sont autorisés, soit à s'opposer aux affranchissements qui préjudicient à leurs droits, soit à en demander la révocation. La déclaration du roi du 24 oct. 1713, et l'ordonnance royale du 15 juin 1736, remettaient d'ailleurs aux autorités administratives supérieures le pouvoir de statuer définitivement sur les libertés données par les maîtres.

Le concours de l'autorité publique était dans ce cas nécessaire, parce qu'il s'agissait d'élever un esclave à la dignité d'homme libre ; ce qui ne pouvait appartenir qu'à l'autorité souveraine ou aux dépositaires de cette autorité.

Sous les réserves qui viennent d'être mentionnées, les maîtres jouissaient d'une grande latitude en fait d'affranchissement, et n'étaient point tenus, comme à Rome, de faire connaître les motifs de leur détermination. Ils pouvaient affranchir même par testament.

D'autres affranchissements avaient lieu de plein droit. Ainsi les esclaves nommés par leurs maîtres tuteurs de leurs enfants, légataires universels ou exécuteurs testamentaires, étaient par cela seul affranchis de fait.

19. L'art. 9 de l'édit de 1685 punissait d'une amende tout homme libre, même le maître ayant vécu en concubinage avec des femmes esclaves. Celles-ci et les enfants issus de cette union illégitime étaient confisqués au profit des hôpitaux, sans espérance, pour les premières, d'être jamais affranchies, si ce n'est par mariage subséquent avec leurs maîtres. Dans ce cas, d'après le même article, l'esclave et les enfants qu'elle avait eus de son maître, avant le mariage, étaient affranchis de plein droit ; mais l'édit de 1724 ne laissa subsister cette dernière faculté qu'à l'égard des maîtres appartenant à la classe de couleur.

Enfin, quelques affranchissements avaient lieu par suite de la translation d'esclaves en France. On croit assez généralement, et cette erreur est partagée même par des jurisconsultes, qu'autrefois un esclave devenait libre par cela seul qu'il touchait le sol français. C'est en effet une maxime de notre ancien droit public, que *nul n'est esclave en France*. Mais les nécessités du régime colonial avaient dû faire modifier cette règle, en ce qui concernait les esclaves des colonies amenés en France.

20. L'édit d'oct. 1716, art. 5, portait : « Les esclaves nègres de l'un et de l'autre sexe, qui seront conduits en France par leurs maîtres ou qui y seront par eux envoyés, ne pourront prétendre avoir acquis leur liberté sous prétexte de leur arrivée dans le royaume, et seront tenus de retourner dans nos colonies quand leurs maîtres le jugeront à propos ; mais, faute par leurs maîtres d'observer les formalités prescrites par les précédents articles, les nègres seront libres et ne pourront être réclamés. »

Ces formalités étaient la permission du gouverneur, contenant le nom du propriétaire, celui de l'esclave, son signalement, et l'enregistrement au greffe de la juridiction, avant le départ, et à celui de l'amirauté du lieu du débarquement.

21. L'édit de 1788, en renouvelant celui de 1716, limita à une durée de trois années, sous peine de confiscation, le séjour des esclaves en France, et exigea une consignation de 1,000 liv. tournois pour chaque nègre qui serait embarqué. Deux ordres du roi, des 13 mars et 3 octobre 1769, allèrent encore plus loin ; ils prescrivirent de ne laisser embarquer aucun esclave qu'après l'engagement pris par le maître de le ramener dans huit mois, et la consignation de 3,000 liv. en garantie de ce retour. Le mémoire du roi, du 7 mars 1777, confirma le chiffre de cette somme, et dit qu'elle serait confisquée faute de retour après un an.

22. Le passage des esclaves en France devint bientôt après la matière d'une déclaration du roi, du 9 août 1777, qui défendit d'amener en France plus d'un esclave par habitant. Cet esclave ne devait d'ailleurs servir son maître que pendant la traversée ; à son arrivée en France, il devait être mis dans un dépôt établi au port même d'arrivée, et être embarqué sur le premier navire qui retournerait dans la colonie. D'après l'art. 9 de la même déclaration, les esclaves précédemment conduits en France, qui dans un mois n'auraient pas pu être envoyés aux colonies, ne pouvaient être retenus par leurs maîtres que de leur consentement. Ce délai fut étendu à deux mois par un arrêt du conseil du 7 sept. 1777, et le ministre de la marine, en transmettant cet arrêté aux gouverneurs, leur déclara que, les deux mois expirés, les esclaves non embarqués ou non remis au dépôt seraient libres.

La propriété du maître une fois détruite par l'inaccomplissement des formalités énoncées ci-dessus, ne pouvait plus être rétablie.

Les dispositions du Code noir étaient remplacées à l'île Bourbon par celles des lettres patentes de 1723.

23. *Dépôt des Chartes des colonies.* — Un édit de juin 1776 avait créé à Versailles, sous le nom de *Dépôt des Chartes des colonies,* un établissement destiné à recevoir et à conserver des expéditions authentiques de tous les actes publics qui auraient été passés aux colonies. Transféré, quelques années après la révolution de juillet, au ministère de la marine, à Paris, ce dépôt a reçu et reçoit des expéditions des actes de l'état civil, des arrêts et jugements, et des actes notariés.

L'utilité de ce dépôt n'a jamais été mieux sentie que depuis la possibilité qu'il vient d'offrir de recomposer les archives judiciaires de la Pointe à Pitre, qui avaient été détruites par l'immense désastre du 8 février 1843.

Telles étaient en résumé les principales dispositions législatives qui régissaient l'administration de nos établissements d'outre-mer, lorsque les grands événements de 1789, en plaçant sur de nouvelles bases la constitution politique de la métropole, durent nécessairement apporter de profondes modifications dans le système du gouvernement colonial.

Nous allons examiner ce nouvel état de choses.

§ 2. — *Régime des colonies depuis* 1789 *jusqu'en* 1830. — *Conseil des députés des colonies.*

24. Dès avant 1789, la France avait dû renoncer à la plus considérable partie de ses richesses coloniales. Elle s'était vu successivement enlever le Canada, l'Acadie, Terre-Neuve, la Louisiane ; mais il lui restait encore de magnifiques possessions dans les deux Indes, et parmi elles on devait mettre au premier rang l'île de Saint-Domingue, cette reine des Antilles.

25. L'assemblée nationale s'occupa donc avec le plus vif intérêt des réformes que le nouvel état de choses rendait nécessaires dans le gouvernement et l'administration des colonies.

Par un décret du 10 mars 1790, l'assemblée déclare que : « Considérant les colonies comme une partie de l'Empire français, et désirant les faire jouir de l'heureuse régénération qui s'y est opérée, elle n'a cependant jamais entendu les comprendre dans la constitution qu'elle a décrétée pour le royaume, et les assujettir à des lois qui pourraient être incompatibles avec leurs convenances locales et particulières. »

« Chaque colonie est, en conséquence, autorisée à faire connaître son vœu sur la constitution, la législation et l'administration qui conviennent à sa prospérité et au bonheur de ses habitants, à la charge de se conformer aux principes généraux qui lient les colonies à la métropole, et qui assurent la conservation de leurs intérêts respectifs. »

26. Aux termes de l'art. 5 du décret précité, les dispositions relatives à l'organisation des municipalités et des assemblées administra-

tives en France pouvaient être appliquées aux colonies en tout ce qui s'adapterait aux convenances locales, sauf la décision définitive de l'assemblée nationale et du roi, et la sanction provisoire du gouverneur.

Par un décret du 28 du même mois, l'assemblée nationale ordonna qu'il serait envoyé aux colonies des instructions relatives à l'exécution de son décret du 10 mars. Ces instructions avaient pour objet de fixer les règles qui devaient présider à la convocation d'assemblées paroissiales chargées de nommer des députés aux assemblées coloniales, partout où ces élections seraient jugées nécessaires.

Les premières de ces réunions devaient être composées, dans chaque paroisse, de toutes personnes âgées de vingt-cinq ans accomplis, propriétaires d'immeubles, ou, à défaut d'une telle propriété, domiciliées dans la paroisse depuis deux ans, et payant une contribution.

Le nombre des députés à nommer devait être déterminé à raison d'un par cent citoyens.

Un décret du 15 mars 1791, pour compléter les mesures qui précèdent, admet, dans les assemblées paroissiales et coloniales, les gens de couleur nés de père et de mère libres, s'ils ont d'ailleurs les qualités requises.

La constitution de 1791 consacra la spécialité nécessaire de la législation coloniale.

27. Un décret du 24 sept. de la même année, rendu sur un remarquable rapport de Barnave, fixa ensuite l'état constitutionnel des colonies. Aux termes de ce décret, l'assemblée nationale devait statuer, avec la sanction du roi, sur tout ce qui concernait le régime extérieur. Les lois concernant l'état des personnes non libres et l'état politique des hommes de couleur et nègres libres devaient être faites par les assemblées coloniales, et portées directement à la sanction absolue du roi. Le pouvoir législatif, après avoir reçu le vœu des assemblées coloniales, devait déterminer les formes à suivre pour la confection des lois du régime intérieur non relatives à l'état des personnes.

Un décret des 28 mars-4 avril 1792 proclama les mêmes principes et conféra les droits politiques aux hommes de couleur libres.

Par un décret du 22 août 1792, des députés coloniaux furent admis à la convention nationale.

Un décret du 16 pluv. an II abolit l'esclavage des nègres et les admit à la jouissance des droits de citoyens français. D'un autre côté, la constitution de l'an III, en déclarant les colonies françaises partie intégrante de la république, les soumit à la même loi constitutionnelle.

28. Ces réformes radicales furent, par une conséquence inévitable, le signal des plus graves désordres dans les colonies. Déjà même, avant qu'elles se fussent produites, la fermentation excitée par les principes politiques de l'époque avait porté de funestes fruits.

Dès l'année 1791, avaient éclaté dans l'île de Saint-Domingue les premières scènes de la désastreuse et à jamais déplorable insurrection qui fit perdre cette riche colonie à la France.

En 1793, nos établissements dans l'Inde furent occupés par les Anglais. Lors de la paix d'Amiens, il fut stipulé qu'ils seraient rendus à la France; mais la courte durée de cette paix ne permit pas au gouvernement de donner au droit la sanction du fait.

En 1794, la Martinique passa également sous la domination anglaise.

Dans le petit nombre de colonies que la France avait conservées, l'autorité du gouverneur et de l'intendant, déjà considérablement affaiblie par l'intervention des assemblées coloniales dans les affaires publiques, ne tarda point à disparaître entièrement devant les terribles pouvoirs que la convention confia plus d'une fois à des commissaires extraordinaires. Les dénominations de gouverneur et d'intendant firent même place à d'autres, et l'instabilité qui régnait en France pour les affaires de l'état devait naturellement faire sentir son contre-coup dans l'administration coloniale.

29. Cet état de confusion se prolongea jusqu'à la paix d'Amiens, en 1802.

A cette époque, le premier consul adopta pour les colonies une nouvelle forme de gouvernement. Un capitaine général fut investi de tous les pouvoirs autrefois confiés au gouverneur. Les anciennes attributions administratives et judiciaires de l'intendant furent divisées entre un préfet colonial et un grand juge.

Par une loi du 30 flor. an X (20 mai 1802), l'esclavage fut rétabli dans celles des colonies où il avait été momentanément aboli.

Un arrêté du 23 vent. an XI reconstitua les anciennes chambres d'agriculture. Chacune de ces assemblées était appelée à nommer un député. Les députés de toutes les colonies devaient se réunir en conseil auprès du ministre de la marine ; mais en vertu d'une dépêche ministérielle du 20 fruct. an XIII (7 sept. 1805), la formation des chambres d'agriculture fut ajournée jusqu'à la paix.

En 1809, les Anglais s'emparèrent du Sénégal, de la Martinique ; à la même époque, une expédition anglo-portugaise occupa la Guyane française. En 1810, les Anglais prirent également possession de la Guadeloupe, de l'île de France, de l'île Bourbon ; en 1811, nous perdîmes enfin tous les établissements que nous avions fondés dans l'île de Madagascar.

30. Depuis cette dernière époque, jusqu'en 1814, la France n'eut plus de colonies.

Par suite du traité de paix du 30 mai 1814, elle dut renoncer à Sainte-Lucie, à Tabago, à l'île de France et aux Seychelles. Ses possessions coloniales furent ainsi réduites aux établissements ci-après :

*En {Amérique.* — La Martinique, la Guadeloupe, Marie-Galante, la Désirade, les Saintes, une partie de l'île Saint-Martin, la Guiane française, Saint-Pierre et Miquelon.

*En Afrique.* — Le Sénégal et Gorée, Bourbon, Sainte-Marie, près de Madagascar, et divers ports sur la grande île de ce nom.

*En Asie.* — Pondichéry et Karikal, à la côte de Coromandel ; Mahé, à la côte de Malabar ; Yanaon, à la côte d'Orixa ; Chandernagor, au Bengale.

31. La Charte de 1814 sépara de nouveau les colonies du régime de la métropole. L'article 73 de cet acte constitutionnel porte : « Les colonies seront régies par des lois et des règlements particuliers. »

Le mot *règlement* avait été ajouté dans cet article à la teneur de l'art. 91 de la constitution de l'an VIII, lequel était ainsi conçu : « Le régime des colonies sera déterminé par des lois spéciales. »

Par suite de ces dispositions, des ordonnances royales ont pourvu, jusqu'à la révolution de 1830, au gouvernement et à l'administration des colonies.

32. On tenta d'abord de rétablir les choses purement et simplement sur le pied où elles étaient avant 1789. Mais on renonça bientôt à ce système. En 1817, l'administrateur en chef de chaque colonie reçut, suivant le plus ou le moins d'importance de l'établissement, le titre de gouverneur ou de commandant.

Des cours royales furent substituées aux conseils supérieurs ; des tribunaux de première instance aux sénéchaussées et amirautés.

33. Une ordonnance royale du 13 nov. 1816 institua pour la Guadeloupe, la Martinique, Cayenne et Bourbon, des comités consultatifs organisés à l'instar des anciennes chambres d'agriculture. Les cinq principaux fonctionnaires, assistés, jusqu'à concurrence de sept au moins et de neuf au plus, de divers chefs de service, de colons, de négociants, etc., composaient aussi, sous la présidence du chef de la colonie, un conseil de gouvernement et d'administration.

Ce nouveau système d'administration fut, à son tour, remplacé par celui que fonda l'ordonnance royale du 21 août 1825, qui ne fut d'abord mis à exécution qu'à l'île Bourbon, mais que des ordonnances ultérieures, celles des 9 fév. 1827 et 27 août 1828, appliquèrent, avec quelques légères modifications, à la Martinique, à la Guadeloupe et à la Guiane française.

34. Comme le système administratif établi par ces deux ordonnances régit encore les colonies sur tous les points où elles n'ont rien d'incompatible avec les lois promulguées depuis 1830, nous croyons devoir reproduire ici leurs principales dispositions :

Le commandement général et la haute administration sont confiés à un gouverneur. (Ord. 21 août 1825, tit. 1er, art. 1er.)

Trois chefs d'administration, savoir, un commissaire ordonnateur, un directeur général de l'intérieur, un procureur général du roi, dirigent, sous les ordres du gouverneur, les différentes parties du service (art. 2).

Un contrôleur colonial veille à la régularité du service administratif, et requiert, à cet effet, l'exécution des lois, ordonnances et règlements (art. 3).

Un conseil privé, placé près du gouverneur, éclaire ses décisions ou participe à ses actes dans les cas déterminés (art. 4).

Un conseil général donne annuellement son avis sur les budgets et les comptes des recettes et des dépenses coloniales et municipales, et fait connaître les besoins et les vœux de la colonie (art. 5).

Le gouverneur exerce l'autorité militaire seul et sans partage, et l'autorité civile avec ou sans la participation du conseil privé (tit. 2, art. 6, § 3 et 4).

Il promulgue les lois, ordonnances, arrêtés et règlements (tit. 2, art. 63, § 1er).

Il arrête en conseil les règlements d'administration et de police, les décisions et instructions réglementaires en exécution des lois, ordonnances et ordres ministériels (article 64, § 1<sup>er</sup>).

Il prépare en conseil, pour être soumis au roi, les projets d'ordonnances destinées à introduire des modifications ou des dispositions nouvelles dans la législation (art. 65).

Le conseil privé est composé du gouverneur, qui en est le président; des trois chefs d'administration et de deux conseillers coloniaux nommés par le roi et choisis parmi les habitants les plus notables (titre 5, art. 139, § 1<sup>er</sup>).

Le contrôleur colonial assiste au conseil; il y a voix représentative dans toutes les discussions (ibid. § 2).

Un secrétaire-archiviste tient la plume (§ 3).

Le conseil général est composé de douze membres (art. 172, § 1<sup>er</sup>).

Douze suppléants sont appelés à remplacer au besoin les membres titulaires (§ 2).

Les uns et les autres sont nommés par le roi, sur une liste double de candidats (§ 3).

Les nominations sont faites pour cinq ans (art. 176).

Le conseil général présente trois candidats parmi lesquels le roi nomme un député, qui doit résider près du ministre de la marine (art. 186, § 1<sup>er</sup>).

35. Les ordonnances qui viennent d'être citées attribuent aux conseils privés le contentieux administratif et l'appel des jugements rendus par les tribunaux de première instance, concernant le commerce étranger et le régime des douanes. Une ordonnance du 31 août 1828 détermine la procédure à suivre, en pareil cas, devant ces conseils, et fixe le mode d'après lequel il y a lieu de recourir contre leurs décisions.

36. *Conseil des députés des colonies.* — Cette institution, autorisée par un arrêté consulaire du 23 ventôse an XI, qui n'avait pas reçu d'exécution, a été de nouveau consacrée par une ordonnance du 9 févr. 1827, aux termes de laquelle les députés et leurs suppléants sont choisis par le roi, sur une liste de six candidats présentés par le conseil général. Suivant l'ordonnance du 23 août 1830, ils sont aujourd'hui nommés directement par le conseil général.

37. Tout ce qui se rapporte à l'ordre judiciaire, à l'enregistrement, à la conservation des hypothèques et à plusieurs autres matières, ayant été maintenu jusqu'à présent par les lois organiques qui, depuis 1830, ont statué sur le régime des colonies, nous exposerons dans la deuxième partie de cet article ce qu'il nous reste à dire sur chacun de ces objets.

Art. 2. — *Système actuel du gouvernement et de l'administration des colonies.*

§ 1<sup>er</sup>. — *Législation.* — *Lois réservées au pouvoir législatif métropolitain.*

38. L'art. 64 de la Charte de 1830, en statuant que « les colonies seraient régies par des lois particulières, » avait eu évidemment pour but de resserrer dans de plus étroites limites l'action que le précédent gouvernement exerçait sur elles. On reconnut toutefois que l'éloignement des colonies et les conditions intérieures de leur existence, ne permettaient pas d'attribuer à la législature métropolitaine, quant à leur administration, toutes les matières qui, en France, sont du domaine de la loi. Il existait d'ailleurs une foule d'objets qui, par leur nature essentiellement locale, appelaient exclusivement l'intervention de ceux qu'ils intéressaient.

39. Il importait donc de fixer d'abord l'étendue du pouvoir législatif, de déterminer ensuite la part de l'administration centrale, et enfin de spécifier quelles matières seraient réservées aux assemblées représentatives coloniales.

Tel est le triple but que s'est proposé la loi du 24 avril 1833, qui est à proprement parler *la Charte coloniale*, ainsi que le disait, à la chambre des pairs, M. Gauthier, rapporteur de cette loi.

Au pouvoir législatif du royaume sont réservées :

1° Les lois relatives à l'exercice des droits politiques ;

2° Les lois civiles et criminelles concernant les personnes libres, et les lois pénales déterminant, pour les personnes non libres, les crimes auxquels la peine de mort est applicable ;

3° Les lois qui régleront les pouvoirs spéciaux des gouverneurs, en ce qui est relatif aux mesures de haute police et de sûreté générale ;

4° Les lois sur l'organisation judiciaire ;

5° Les lois sur le commerce, le régime des douanes, la répression de la traite des noirs, et celles qui auront pour but de régler les relations entre la métropole et les colonies.

Il avait été demandé à la chambre des députés que le pouvoir législatif de la métropole fût chargé des lois relatives aux bases du régime municipal, à la liberté des cultes et de l'enseignement, à l'organisation des gardes nationales, aux conditions d'affranchissement, aux recensements : mais ces demandes ne furent point accueillies, et de ces diverses matières, les unes sont restées attribuées au pouvoir royal, les autres au pouvoir législatif local.

Nous examinerons successivement chacune des cinq catégories de lois qui viennent d'être énumérées.

40. *Lois relatives à l'exercice des droits politiques.* — Nous avons vu dans la première partie de cet article quelles injurieuses distinctions le législateur avait autrefois établies entre les blancs et les hommes de couleur libres. La distance qui les séparait légalement est aujourd'hui comblée.

Déjà une ordonnance du roi du 24 février 1831 avait abrogé les dispositions qui restreignaient, à l'égard des personnes de couleur libres, la jouissance des droits civils. La loi du 24 avril 1833 a statué à cet égard d'une manière générale ; elle porte :

« Art. 1er. Toute personne née libre, ou ayant acquis légalement la liberté, jouit dans les colonies françaises : 1° des droits civils ; 2° des droits politiques sous les conditions prescrites par les lois :

» Art. 2. Sont abrogées toutes dispositions de lois, édits, déclarations du roi, ordonnances royales ou autres actes contraires à la présente loi, et notamment toutes restrictions ou exclusions qui avaient été prononcées quant à l'exercice des droits civils et des droits politiques, à l'égard des hommes de couleur libres et des affranchis. »

41. Mais malheureusement, les divisions que l'ancien état de choses avait fait naître et entretenues seront peut-être longtemps encore à s'effacer. Jusqu'à ce que ces préjugés de race soient éteints, il était juste d'en tenir compte, et c'est ce que la loi du 24 avril 1833 a fait, en réservant à la législature centrale le soin de régler tout ce qui concerne l'état, le rang, les droits et l'avenir des diverses classes de la population coloniale.

Conformément à ces principes, la loi du 24 avril a fixé les conditions d'aptitude à l'élec-torat et à l'éligibilité pour la représentation coloniale, qui se compose : 1° d'un conseil électif ; 2° des délégués chargés de défendre les intérêts des colonies auprès du gouvernement central.

Le conseil colonial se compose de trente membres à la Martinique, à la Guadeloupe et à Bourbon ; il n'est que de seize à la Guiane. Les membres des conseils coloniaux sont élus pour cinq ans par les collèges électoraux. Les fonctions de membre du conseil colonial sont gratuites.

42. Les conditions d'électorat sont déterminées aux colonies de la manière suivante : Est électeur tout Français âgé de vingt-cinq ans accomplis, né dans la colonie, ou qui y sera domicilié depuis deux ans, jouissant des droits civils et politiques, payant en contributions directes, sur les rôles de la colonie, 300 fr. à la Martinique et à la Guadeloupe, et 200 fr. à l'île Bourbon et à la Guiane, ou justifiant qu'il possède dans la colonie des propriétés mobilières ou immobilières d'une valeur de 30,000 fr. à la Martinique et à la Guadeloupe, et de 20,000 fr. à l'île Bourbon et à la Guiane.

43. Les conditions d'éligibilité sont déterminées ainsi qui suit : Est éligible aux fonctions de membre du conseil colonial tout électeur âgé de trente ans accomplis, payant en contributions directes 600 fr. à la Martinique et à la Guadeloupe, et 400 fr. à l'île Bourbon et à la Guiane, ou justifiant qu'il possède dans la colonie des propriétés mobilières et immobilières d'une valeur de 60,000 fr. à la Martinique et à la Guadeloupe, et de 40,000 fr. à l'île Bourbon et à la Guiane.

44. Une ordonnance royale, du 13 mai 1833, rend applicables à chacune des colonies, avec les modifications qu'exigent les circonstances locales, les dispositions réglémentaires de la loi du 19 avril 1831, sur les élections des membres de la chambre des députés.

Aux termes de cette ordonnance, un arrêté du gouverneur détermine : 1° les époques d'ouverture et de révision des listes électorales ; 2° celles de leur clôture et de leur publication. Le même arrêté désigne les fonctionnaires ou agents chargés, sous la direction du chef de l'administration intérieure, de la formation préparatoire des listes.

La rédaction des listes, leur publication, les rectifications à y faire, leur permanence jusqu'aux révisions annuelles, les réclamations relatives à des inscriptions ou radiations, la convocation des colléges électoraux, la police des assemblées, le mode d'après lequel les votes doivent être exprimés et recueillis, enfin le dépouillement des scrutins, font l'objet de règles analogues à celles qui régissent, en France, les élections législatives.

Les colléges électoraux sont convoqués par le gouverneur. Ils se réunissent dans le lieu de la circonscription électorale que le gouverneur désigne ; ils ne peuvent s'occuper d'autres objets que des élections au conseil colonial ; toute discussion, toute délibération leur sont interdites.

45. Les quatre colonies de la Martinique, de la Guadeloupe, de Bourbon et de la Guiane française, sont autorisées à avoir, près le gouvernement du roi, des représentants sous le nom de *délégués*. Les trois premières en ont chacune deux ; la Guiane n'en a qu'un. Ils sont élus par les conseils coloniaux, qui fixent leur traitement.

Il suffit, pour être apte aux fonctions de délégué, d'être Français, âgé de trente ans, et de jouir des droits civils et politiques.

La mission des délégués, réunis en conseil au nombre de sept, consiste à donner au gouvernement du roi tous les renseignements qui se rattachent aux intérêts généraux des colonies, et à suivre auprès de lui l'effet des délibérations et des vœux des conseils coloniaux.

La durée des fonctions des délégués est la même que celle des conseils coloniaux de qui ils tiennent leurs pouvoirs, c'est-à-dire de cinq années.

46. *Lois civiles et criminelles concernant les personnes non libres, et lois pénales déterminant, pour les personnes non libres, les crimes auxquels la peine de mort est applicable.* — L'importance des objets compris dans ce paragraphe justifie la disposition qui les concerne. Il était impossible de ne pas les soumettre aux décisions du pouvoir législatif central. De là résulte une notable différence avec l'ancien état de choses ; tandis qu'il suffisait autrefois d'une simple ordonnance pour rendre applicable aux colonies une partie de la législation française, cette application ne pourra désormais être valable qu'en vertu d'une loi, quand il s'agira de l'une des matières spécifiées dans ce second paragraphe.

C'est aussi ce qu'a fait la loi du 24 avril 1833, dont une disposition expresse maintient provisoirement les lois et ordonnances qui régissaient les colonies antérieurement à sa promulgation, c'est-à-dire quelques dispositions empruntées à l'ancien droit, et d'autres, en plus grand nombre, puisées dans la législation moderne de la France.

Ainsi se trouve de nouveau consacrée pour les colonies l'application du Code civil, que diverses ordonnances y avaient déjà mis en vigueur sous de certaines restrictions, celle, par exemple, qui avait pour objet de maintenir les incapacités civiles à l'égard des hommes de couleur, incapacités aujourd'hui abrogées, ainsi que nous venons de le voir, en vertu de la loi du 24 avril 1833.

47. *Lois qui régleront les pouvoirs spéciaux des gouverneurs, en ce qui est relatif aux mesures de haute police et de sûreté générale.* — Ces matières ne peuvent, en effet, être réglées que par la loi, qui est la plus sûre garantie qui puisse être offerte aux citoyens de la conservation de leurs intérêts et de leurs droits. Du reste, de la discussion qui a eu lieu dans les chambres sur ce paragraphe, il résulte clairement que les seules questions qu'on ait ici entendu réserver au domaine de la loi, sont celles qui touchent à la délimitation des pouvoirs que, dans les colonies, il est indispensable de donner aux gouverneurs en matière de haute police et de sûreté générale. Quant aux attributions administratives des gouverneurs, elles sont placées, ainsi que nous le verrons ci-après, dans le domaine des ordonnances royales.

48. *Lois sur l'organisation judiciaire.* — Voir ce mot à la sect. 3.

49. *Lois sur le commerce, le régime des douanes, la répression de la traite des noirs, et celles qui auront pour but de régler les relations entre la métropole et les colonies.* — Les lois sur le commerce et sur le régime des douanes tiennent le premier rang parmi celles qui peuvent intéresser les colonies. Ces lois peuvent être pour elles des principes de vie ou de mort. Les colonies, en effet, livrées à un très-petit nombre de cultures, et dépourvues par elles-mêmes de presque toutes les ressources de l'industrie, ne peuvent exister qu'autant qu'elles pourront obtenir un équitable échange des produits à peu près exclusifs de leur sol contre les autres denrées nécessaires à la vie, et tous les objets manufacturés qui leur manquent. Il n'est pas, d'un autre côté, moins important pour la

métropole que le marché de ses colonies lui soit toujours exclusivement réservé, afin d'y trouver des débouchés toujours ouverts à l'industrie du royaume, et d'en obtenir, par voie d'échange et sans débourser de numéraire, des denrées que la France ne produit pas, et qui sont indispensables à sa consommation.

50. Tels furent les motifs des nombreux règlements qui, depuis la fondation de nos établissements d'outre-mer, ont eu pour objet de laisser à la France le droit exclusif de les approvisionner de tous les objets dont ils auraient besoin, en même temps que de les obliger eux-mêmes à ne vendre leurs produits qu'à la métropole, avec défense, en outre, d'élever à l'état de produits manufacturés les denrées récoltées chez eux.

C'est ce vaste ensemble de prohibitions et de prescriptions, ainsi que tout le système de douanes qui en est la garantie, que le paragraphe 5 a eu pour but de placer dans le domaine exclusif de la loi. Nous examinerons ci-après les applications qui en ont été faites à chacune de nos colonies en particulier.

51. Quant à la répression de la traite des noirs, le principe en a été arrêté pour la première fois par les souverains de l'Europe, réunis à Paris en 1814. Il fut convenu entre eux que la traite des noirs serait interdite de la manière la plus absolue dans leurs états, et la loi du 15 avril 1818 ratifia cette promesse quant à la France. Cette loi est ainsi conçue :

« Art. 1<sup>er</sup>. Toute part quelconque qui serait prise par des sujets et des navires français, en quelque lieu, sous quelque condition et prétexte que ce soit, et par des individus étrangers dans les pays soumis à la domination française, au trafic connu sous le nom de *traite des noirs*, sera punie par la confiscation du navire et de la cargaison, et par l'interdiction du capitaine, s'il est Français.

» Art. 2 Ces affaires seront instruites devant les tribunaux qui connaissent des contraventions en matière de douanes, et jugées par eux. »

52. La facilité avec laquelle on éludait les dispositions de cette loi l'eut bientôt rendue insuffisante. D'ailleurs, les peines qu'elle prononçait, appliquées par les tribunaux correctionnels, ne paraissaient plus assez sévères. On crut donc devoir ajouter aux peines prévues par la loi du 15 avril 1818. Tel fut le but de la loi du 25 avril 1827, qui prononce contre le capitaine et les autres officiers de l'équipage, ainsi que contre tous ceux qui auront sciemment participé à la traite comme *assureurs*, *fournisseurs* ou à tout autre titre, la peine du bannissement et d'une amende égale à la valeur du navire et de la cargaison, prise dans le port de l'expédition, outre la confiscation du navire.

Le capitaine et les officiers de l'équipage seront en outre déclarés incapables de servir, à aucun titre, tant sur les vaisseaux et bâtiments du roi que sur ceux du commerce français.

53. La loi du 4 mars 1831 va plus loin. Les peines qu'elle prononce varient de deux à cinq ans d'emprisonnement jusqu'à vingt ans de travaux forcés, suivant que les faits de traite auront été préparés, commencés, ou consommés.

L'aggravation des peines prononcées par l'art. 198 du Code pénal sera encourue par les fonctionnaires publics qui, chargés d'empêcher et de réprimer la traite, l'auraient favorisée ou y auraient pris part.

Quiconque aura sciemment recélé, vendu ou acheté un ou plusieurs noirs introduits par la traite dans une colonie, depuis la promulgation de la loi, sera puni d'un emprisonnement de six mois au moins et de cinq ans au plus. Ce genre de délit se prescrit par le laps d'une année.

Les noirs reconnus noirs de traite sont déclarés libres par le même jugement.

Pour qu'il y ait délit, il n'est pas nécessaire qu'il y ait eu achat ou revente de noirs; le délit peut résulter de plusieurs actes préparatoires : ainsi la construction particulière, le genre d'armement et d'approvisionnement, l'encastillage, l'arrimage et les autres dispositions intérieures d'un navire destiné à la traite, la réunion à bord des objets propres à cette destination, la direction du navire vers les lieux où se fait la traite, et les divers moyens employés pour consommer ce trafic frauduleux, forment, indépendamment du résultat éventuel de l'entreprise, un délit auquel s'appliquent les peines prononcées par la loi. C'est ce qu'ont jugé divers arrêts de la Cour de cassation, en date des 14 janv., 28 oct. et 17 nov. 1826 (S.-V. 26. 1. 366, 27. 1. 32, 27. 1. 375; D. P. 26. 1. 201, 27. 1. 335, 27. 1. 335.)

54. L'art. 162 de l'ordonnance du 21 août 1825, relative à l'administration de l'île Bourbon, porte que le conseil privé connaît,

sauf le recours en cassation, de l'appel des jugements du tribunal de première instance relativement aux contraventions sur la traite des noirs. On trouve une disposition semblable dans l'art. 178 de l'ordonnance du 9 fév. 1827, relative à l'administration de la Martinique et de la Guadeloupe; mais elle n'est pas reproduite dans l'art. 167 de l'ordonnance du 27 août 1828, relative à l'administration de la Guiane française. La raison de cette différence est que, depuis que la traite est qualifiée crime, les conseils privés ne peuvent plus en connaître; les tribunaux criminels sont seuls compétents. M. le ministre de la marine le déclare expressément dans son rapport au roi, du 30 août 1828, sur les conseils privés. (Duvergier, *Note* sur la loi du 25 avril 1827.)

L'introduction de nègres nouveaux dans une colonie française doit être considérée comme une infraction à la loi du 25 avril 1827, encore que les nègres introduits aient séjourné momentanément dans une île où la traite est permise, si ce séjour n'avait eu pour objet que de faciliter leur introduction, et, par exemple, s'ils n'avaient appartenu à aucun habitant de l'île. On ne peut assimiler ce cas à celui d'un simple déplacement ou transport de nègres, anciennement esclaves, d'une colonie dans une autre (Cass. 22 mai 1829. S.-V. 29. 1. 255; J. P. 3e édit.)

50. Le Code civil, le Code de procédure civile, le Code de commerce (1), le Code d'instruction criminelle et le Code pénal, ont été mis en vigueur dans les principales colonies, sous de certaines modifications que les spécialités coloniales rendaient nécessaires, principalement en ce qui concerne le régime des hypothèques, de l'expropriation forcée, de la contrainte par corps, etc. Nous renvoyons pour les détails et pour les exceptions, dont nous aurons à tenir compte, aux chapitres spécialement consacrés à chacune des colonies.

Les colonies ont été soumises au régime de l'enregistrement par une ordonnance royale du 31 déc. 1828, modifiée et complétée par celles des 28 sept. 1830, 1er juill. 1831, 16 mai et 22 sept. 1832.

D'après la loi du 12 nivôse an VI, le *timbre* est régi, dans les colonies, par les lois spéciales qui sont appliquées en France sur cette matière.

L'abolition du *droit d'aubaine et de détraction*, prononcée en France par la loi du 14 juill. 1819, a été étendue aux colonies par une ordonnance royale du 21 nov. 1825, avec une réserve cependant, d'après laquelle les étrangers ne peuvent exporter les esclaves et les différents objets qui servent à l'exploitation des habitations.

Il a été fait, dans la loi du 24 avril 1833, des réserves par suite desquelles les établissements français des Indes-Orientales et de l'Afrique, ainsi que l'établissement de Saint-Pierre-et-Miquelon, ne participent pas au bénéfice de l'organisation adoptée pour les autres colonies, et continueront à être placés sous le régime des ordonnances royales.

### § 2. — *Ordonnances.*

56. Il est statué par ordonnances royales, les conseils coloniaux ou leurs délégués préalablement entendus:

1° Sur l'organisation administrative, le régime municipal excepté. — Pour ce qui concerne ces matières, voir ci-après, sect. 2, Administration.

2° Sur la police de la presse. — La liberté de la presse aurait pu devenir dans les colonies un élément incalculable de perturbation; aussi sont-elles placées, surtout sous ce rapport, dans une situation exceptionnelle. Tous les ouvrages destinés à l'impression, autres que ceux concernant les matières judiciaires, et particulièrement les journaux, y sont soumis à la censure, qui s'exerce sous les ordres et la surveillance du gouverneur.

Nul ne peut s'établir aux colonies en qualité d'imprimeur ou de libraire, s'il n'a été commissionné par le gouverneur. Les brevets délivrés par celui-ci sont toujours révocables.

3° Sur l'instruction publique. — Tout ce qui concerne cette matière a été traité sect. 5, § 2, Dépenses locales.

4° Sur l'organisation et le service des milices. — Voir sect. 4, § 4, Milices.

5° Sur les conditions et les formes des affranchissements, ainsi que sur les recensements. — Il s'agit ici des affranchissements

---

(1) Il n'existe pas de tribunaux de commerce dans les colonies. Le droit de juger dans les matières commerciales appartient aux tribunaux ordinaires, lesquels toutefois appliquent le Code de commerce, sauf à la *Martinique* où ce Code n'a point été promulgué, ainsi que nous le verrons ci-après.

partiels que les maîtres peuvent opérer sous de
certaines conditions établies par la loi, et non
de la mesure générale de *l'abolition de l'esclavage*, que le gouvernement prépare depuis
plusieurs années, et sur laquelle le ministère
de la marine a déjà publié des documents
d'une haute importance.

Une ordonnance royale, du 1er mars 1831,
décide qu'à l'avenir il ne sera prélevé par le
gouvernement aucune taxe sur les concessions
d'affranchissement. Au principe restrictif qui
avait été jusqu'alors la base de la législation
en cette matière, se trouve ainsi substitué un
principe nouveau qui aura pour effet de laisser une juste latitude à l'affranchissement
des esclaves.

Voici les formalités à suivre pour opérer
l'affranchissement :

Le maître déclare ses intentions au fonctionnaire chargé de l'état civil dans le lieu de sa
résidence. Cette déclaration est inscrite sur
un registre spécial, et transmise, dans les
huit jours de sa date, au procureur du roi
près le tribunal de première instance, pour
être affichée par ses soins, dans semblable délai, à la porte de la mairie de la commune où
le déclarant fait sa demeure habituelle, ainsi
qu'à celle de l'auditoire du tribunal. Ladite
déclaration est en outre insérée trois fois
consécutivement dans un des journaux de la
colonie. S'il n'y a pas d'opposition dans les
six mois, le tribunal de première instance
prononce sommairement. L'appel, s'il y en a,
doit être jugé dans les quinze jours, comme
affaire urgente. S'il n'y a pas de réclamations,
ou si les réclamations sont reconnues non
fondées, le procureur général propose au
gouverneur un arrêté pour faire inscrire
comme libre, sur les registres de l'état civil,
l'esclave qui a été l'objet de la déclaration
d'affranchissement. Le gouverneur statue immédiatement. Les divers actes relatifs à l'affranchissement ne sont soumis qu'au droit
fixe d'un franc. (Ordonnance royale du 12
juillet 1832.)

Dans tous les cas d'affranchissement, la
condition la plus essentielle doit être d'assurer
la subsistance des affranchis, et surtout celle
des vieillards et des valétudinaires. S'il en
était autrement, la faculté d'affranchir ne
serait plus qu'un moyen de se débarrasser des
esclaves inutiles, en rejetant sur la charité
publique le soin de les nourrir.

Quant aux *recensements* d'esclaves, une

ordonnance du 4 août 1833 prescrit diverses
mesures provisoires qui devront avoir lieu à
partir du 1er janvier 1834, jusqu'à l'époque où
il aura pu être complétement statué sur cette
matière, conformément à l'art. 3 de la loi du
24 avril 1833.

Des amendes proportionnées à la gravité
des infractions sont prononcées contre les
possesseurs d'esclaves qui ne se seraient pas
conformés aux formalités prescrites par l'ordonnance. Elles consistent à remettre annuellement à l'autorité municipale des états où
sont indiqués les noms, prénoms, âge, sexe
et caste des individus, les signes particuliers
propres à les faire reconnaître, et le genre
de travail auquel ils sont employés. En cas
d'acquisition ou de perte par achats, ventes,
successions ou donations, les états indiqueront les dates ainsi que les noms des personnes
qui auront acheté ou autrement acquis, ou
qui auront vendu, donné ou légué. Ces états
sont affirmés par les maîtres ou par leurs
fondés de pouvoirs. Il leur est en outre prescrit de faire la déclaration des naissances,
mariages et décès de leurs esclaves, avec indication précise des dates.

6° Sur les améliorations à introduire dans
la condition des personnes non libres, qui seraient compatibles avec les droits acquis. —
La commission de la chambre des pairs avait
délégué aux conseils coloniaux les attributions désignées dans ce paragraphe; elles
ont été rendues à l'autorité royale sur les observations de M. de Fréville. « Il s'agit, a dit
ce Pair, de régler la mesure du travail à exiger de la population non libre, la nature des
punitions à infliger aux esclaves, les dépenses
à faire pour pourvoir convenablement à leur
subsistance, à leur vêtement; les moyens qui
peuvent les encourager à former, par le mariage, des familles régulières et faciliter leur
instruction religieuse. Je crois qu'il faut encore y comprendre le système suivant lequel
les esclaves peuvent être vendus, de manière
à ce que, dans certains cas, le mari ne soit pas
séparé de sa femme, et que la mère ne soit pas
séparée de ses enfants en bas âge. »

Ces mots, *les droits acquis*, ne se rapportent nullement, a dit M. de Fréville, aux
droits acquis par des personnes non libres;
c'est tout simplement une phrase d'avertissement et de déférence pour les colons.

M. le ministre de la marine a ajouté, qu'en
se réservant les améliorations à introduire

dans la condition des personnes non libres, le gouvernement avait à craindre que les colons n'interprétassent mal cette réserve, et n'y vissent quelque chose de menaçant pour eux. C'est pourquoi on a ajouté ce membre de phrase, *compatibles avec les droits acquis*, afin que les colons fussent complétement rassurés.

7° Sur les dispositions pénales applicables aux personnes non libres, pour tous les cas qui n'emportent pas la peine capitale. — En vertu de cette disposition, est intervenue, le 30 avril 1833, une ordonnance royale qui abolit dans les colonies françaises la mutilation et la marque, soit comme peines principales, soit comme peines accessoires.

L'application de ces peines avait du reste cessé depuis longtemps, soit par la désuétude, soit d'après des ordres ministériels, ou des actes de l'autorité locale.

M. Auguis, dans la chambre des députés, avait demandé qu'on prononçât en outre l'abolition de la peine du fouet et de la chaîne de police. Son amendement fut rejeté par le motif qu'il ne convenait pas de discuter publiquement et à la tribune de semblables questions; que c'était par une raison de prudence qu'on avait confié au pouvoir royal de statuer sur ces matières; le rapporteur de la commission ajouta que le gouvernement ferait, à cet égard, tout ce que la philanthropie et la civilisation pourraient exiger.

8° Sur l'acceptation des dons et legs aux établissements publics. — On se méprendrait sur le sens de cette disposition en supposant qu'elle a pour but de conférer au pouvoir exécutif le droit d'autoriser l'acceptation de telle ou telle libéralité. M. Allent, commissaire du roi à la chambre des députés, fit très-bien remarquer que la loi ne pouvait avoir pour objet de déléguer à la puissance exécutive aucune portion du pouvoir dont elle était naturellement investie par la Charte. L'objet de l'art. 3, comme de l'art. 4, est de déléguer, soit au roi seul, soit au roi et au conseil colonial, les attributions que la puissance législative n'a pas cru devoir se réserver par l'art. 2. Prenons pour exemple, a-t-il dit, *les dons et legs*. L'acceptation d'un don ou d'un legs déterminé est un acte de l'autorité tutélaire que le gouvernement exerce sur tous les établissements publics, en vertu du Code et de quelques lois spéciales.

L'art. 3 ne peut donc s'entendre que des

**IV.**

modifications qu'une ordonnance apporterait aux dispositions du Code civil ou des autres lois qui régissent l'acceptation des dons et legs faits à des établissements publics, pour les rendre applicables aux colonies.

Suivant une ordonnance du 25 juin 1833, l'autorisation préalable du roi, en matière d'acceptation de dons et legs pieux ou de bienfaisance, dans les colonies de la Martinique, de la Guadeloupe, de la Guyane et de Bourbon, ne sera nécessaire qu'à l'égard des dons et legs d'une valeur supérieure à 3,000 fr.

Il appartient aux gouverneurs de statuer directement sur l'acceptation des dons et legs d'une valeur inférieure à cette somme.

§ 3. — *Décrets coloniaux. — Convocation et installation des conseils coloniaux. — Attributions.*

57. Toutes les matières qui ne sont pas comprises dans les deux catégories précédentes, rentrent dans les attributions des conseils coloniaux.

Nous avons vu précédemment quelle était la composition de ces conseils, à quels titres on était apte à concourir à l'élection de leurs membres, et quelles qualités on devait avoir pour en faire partie.

Nous allons maintenant examiner quelles conditions sont nécessaires pour valider l'action même des conseils coloniaux, et quelles sont leurs principales attributions.

58. *Convocation et installation des conseils coloniaux.* — Les conseils coloniaux se réunissent une fois chaque année en session ordinaire; mais ils ne peuvent s'assembler que sur la convocation du gouverneur, qui peut également les convoquer en session extraordinaire.

A l'ouverture de chaque session, qui se tient dans le lieu fixé par le gouverneur, le conseil élit un président, un vice-président et deux secrétaires.

Le conseil colonial est seul juge de l'accomplissement des conditions d'éligibilité.

Tout membre du conseil colonial élu dans plusieurs circonscriptions électorales, sera tenu de déclarer son option au conseil colonial, dans les huit jours qui suivront la déclaration de la validité des élections entre lesquelles il doit opter. A défaut d'option dans ce délai, il sera décidé, par la voie du sort, à quelle circonscription ce membre appartiendra.

Chaque membre du conseil colonial prêtera,

27

lorsque ses pouvoirs auront été vérifiés, le serment dont la teneur suit :

« Je jure fidélité au Roi des Français, obéissance à la Charte constitutionnelle, aux lois, ordonnances et décrets en vigueur dans la colonie. »

Le conseil colonial a seul le droit de recevoir la démission d'un de ses membres. En cas de vacance par option, décès, démission ou autrement, le collége électoral qui doit pourvoir à la vacance sera convoqué par le gouverneur, dans un délai qui ne pourra excéder un mois. (Dispositions combinées de la loi du 24 avril et de l'ord. du 13 mai 1833.)

59. *Attributions.* — Le conseil colonial discute et vote notamment :

1° Le budget intérieur de la colonie, à l'exception toutefois des allocations pour le traitement du gouverneur et pour les dépenses du personnel de la justice et des douanes, lesquelles sont fixées par le gouvernement métropolitain, et ne peuvent donner lieu qu'à des observations de la part du conseil. — V. section 5 ;

2° L'assiette et la répartition des contributions locales.

Les décrets adoptés par le conseil peuvent être déclarés provisoirement exécutoires par le gouverneur.

Le conseil colonial donne en outre son avis sur toutes les dépenses des services militaires à la charge de l'état ; il peut faire connaître ses vœux sur les objets intéressant la colonie, soit par une adresse au roi, s'il s'agit de matières réservées au pouvoir législatif ou aux ordonnances royales, soit par un mémoire au gouverneur, lorsqu'il appartient à celui-ci de statuer sur l'objet des réclamations.

### § 4. — *Administration générale.*

60. Dans nos principales colonies, le commandement général et la haute administration sont confiés à un fonctionnaire, militaire ou civil, qui porte le titre de *gouverneur.* Des chefs d'administration dirigent, sous ses ordres, les différentes parties du service.

*Un inspecteur colonial* veille à la régularité du service administratif, et requiert l'exécution des lois, ordonnances, décrets coloniaux et règlements ;

*Un conseil privé* exerce, sous la présidence du gouverneur, deux sortes d'attributions : les unes purement consultatives, les autres judiciaires, en matière administrative.

Les attributions générales du gouverneur sont énumérées, en très-grande partie, dans les ordonnances royales des 21 août 1825, 9 février 1827, et 27 août 1828, modifiées par trois ordonnances du 22 août 1833.

Tout ce qui tient à la direction supérieure des travaux publics, à l'administration de la marine, de la guerre et du trésor, à la comptabilité générale pour tous les services, est particulièrement confié, sous les ordres du gouverneur, à un officier d'administration de la marine, qui a le titre d'*ordonnateur.*

### § 5. — *Administration municipale.* — *Conseil privé.* — *Contentieux administratif.*

61. Dans chacune de nos colonies, l'administration municipale est réglée par un décret colonial, basé sur l'organisation municipale de la métropole.

Le territoire y est divisé en *quartiers* ou *communes.*

Il y a, dans chaque quartier ou commune, un corps municipal composé 1° d'un commissaire-commandant ou maire, et d'un lieutenant-commissaire ou adjoint, qui sont choisis par le gouverneur parmi les habitants notables ; 2° d'un conseil municipal électif.

Le commissaire-commandant est investi d'attributions qui ont de l'analogie avec celles qui sont confiées, en France, aux maires et aux commandants des gardes nationales.

Les fonctions d'officiers de l'état civil sont remplies, dans chaque commune, par un agent spécial.

Les fonctions de commissaires-commandants, de lieutenants-commissaires et de membres du conseil municipal, sont essentiellement gratuites, et ne peuvent donner lieu à aucune indemnité ni frais de représentation, à l'exception des fournitures de bureaux.

Généralement, les noms de *maire* et d'*adjoints* sont réservés au commissaire-commandant et aux lieutenants-commissaires de la ville capitale de la colonie. Ce maire et ces adjoints sont choisis par le gouverneur parmi les membres du conseil municipal. Dans les autres communes, les mêmes fonctionnaires sont choisis parmi les habitants appelés à concourir aux élections des membres du conseil colonial. Toutefois, dans les communes rurales où le nombre des électeurs serait trop restreint, les lieutenants-commissaires peuvent être choisis parmi les habitants propriétaires ou fils de propriétaires, âgés de vingt-cinq ans.

Les maires, adjoints, commissaires-commandants et lieutenants-commissaires, peuvent être révoqués par arrêté du gouverneur. Ils sont tous nommés pour trois ans, et doivent avoir leur domicile civil et leur résidence dans la commune.

Les formes relatives à l'élection des membres des conseils municipaux sont, sauf les différences nécessitées par les circonstances locales, celles qui sont suivies en France, d'après la loi du 21 mars 1831.

Les dispositions relatives à la convocation, aux délibérations, à la dissolution et aux attributions des conseils municipaux, sont également calquées, à peu de chose près, sur celles qui régissent les mêmes objets, soit dans la loi précitée, soit dans celle du 18 juillet 1837.

62. *Conseil privé. — Contentieux administratif.* — Le conseil privé est composé du gouverneur, qui en est le président, du commandant militaire, des trois chefs d'administration et de trois conseillers privés nommés par le roi, et choisis parmi les habitants notables.

L'inspecteur colonial assiste aux séances du conseil privé, et y a voix représentative.

Lorsque le conseil privé est appelé à prononcer sur les matières qu'il juge administrativement, il s'adjoint deux membres de l'ordre judiciaire.

Les matières dont ce conseil connaît, comme conseil du contentieux administratif, sont spécifiées, pour la Martinique et la Guadeloupe, dans l'ordonnance royale du 9 février 1827; pour l'île Bourbon, par l'ordonnance du 21 août 1825; et pour la Guiane française, par celle du 27 août 1828 : elles sont analogues à celles qui sont déférées, en France, aux conseils de préfecture.

Les décisions des conseils privés sont susceptibles de recours au Conseil d'état, sauf certaines affaires urgentes dans lesquelles ils prononcent en dernier ressort.

Les conseils privés prononcent en outre, sauf recours en cassation, sur l'appel des jugements rendus par les tribunaux de première instance, en ce qui touche les contraventions aux lois, ordonnances et règlements sur le commerce étranger et sur le régime des douanes.

63. Une ordonnance royale, du 31 août 1828, a réglé le mode de procéder devant les conseils privés des colonies.

Lorsque dans les colonies des conseillers faisant partie du conseil privé ont été remplacés par leurs suppléants, il y a présomption de droit qu'ils étaient légalement empêchés, sans qu'il soit nécessaire que l'arrêt constate cet empêchement. (Cass. 30 avril 1830; S.-V. 30. 1. 367; D. P. 30. 1. 296.)

L'arrêt du conseil privé, qui n'a pas été rendu le jour déterminé par l'ordonnance du président, portant fixation d'audience, mais le lendemain, n'est pas nul si ce changement de jour, connu de la partie, ne pouvait lui causer aucun préjudice, et a été formellement consenti par l'avocat-avoué chargé de la représenter dans l'instance. (Même arrêt.)

On ne peut demander la nullité d'un arrêt, sous le prétexte que l'arrêté colonial, en vertu duquel il prononce une peine, n'a pas été lu à l'audience, alors qu'il résulte implicitement de l'ensemble des dispositions et énonciations y contenues que cette lecture a été faite publiquement par le président. (Même arrêt.)

§ 6. — *Pouvoir judiciaire.* — *Avocats.* — *Avoués.* - *Huissiers.* — *Notaires.*

64. L'organisation judiciaire et l'administration de la justice sont actuellement réglées dans toutes les colonies françaises par des ordonnances royales. Nous verrons les détails de ce double service dans les chapitres spécialement consacrés à chacune des colonies. Mais cet état de choses doit être nécessairement changé, puisque, suivant les prescriptions formelles de la loi du 24 avril 1833, il doit être pourvu par des lois à ce qui concerne l'administration de la justice dans les colonies. Toutefois, comme aux termes du dernier article de cette loi, les possessions françaises dans les Indes et en Afrique, ainsi que les établissements de Saint-Pierre-et-Miquelon, doivent continuer à être régis uniquement par des ordonnances, il n'y aura lieu de substituer des lois aux ordonnances qui régissent actuellement l'organisation et les attributions judiciaires, que pour les quatre grandes colonies de la Martinique, de la Guadeloupe, de la Guiane française et de Bourbon.

65. Une ordonnance royale du 28 juill. 1841 confère au garde des sceaux, ministre de la justice, de concert avec le ministre de la marine, la présentation des ordonnances portant nomination et révocation des membres

des cours royales et des tribunaux de première instance dans les colonies françaises. Mais ces ordonnances ne sont contresignées que par le garde des sceaux.

L'intervention du département de la justice dans ce qui concerne le personnel de la magistrature coloniale, laisse au surplus intacte l'autorité du ministre de la marine, quant à l'action et à l'administration de la justice dans les colonies ; seulement, et c'était une conséquence de l'attribution conférée au garde des sceaux en ce qui concerne les nominations et les révocations, les pouvoirs du ministre de la marine ne pourront s'exercer en matière disciplinaire, à l'égard des magistrats coloniaux, qu'avec le concours du premier de ces ministres.

66. L'ordonn. du 28 juillet 1841 ne faisant mention que des membres des cours royales et tribunaux de première instance, ses dispositions sont sans application à l'égard des tribunaux de paix, dont le personnel demeure ainsi soumis à l'autorité exclusive du ministre de la marine.

Les magistrats des colonies réunissant les conditions exigées par la loi pourront être placés dans la magistrature continentale, après cinq années d'exercice de leurs fonctions dans les colonies. ( Même ordonn., art. 2. )

67. *Avocats.* — Jusqu'en 1831 la profession d'avocat avait été exclusivement exercée par les avoués. Une ordonnance royale du 15 fév. 1831 a autorisé le libre exercice de cette profession dans les colonies françaises, selon ce qui est réglé par les lois et règlements en vigueur dans la métropole.

Il y a lieu de remarquer cependant que, d'après l'art. 14 de l'ordonnance du 19 oct. 1828, lequel supprime dans les colonies les art. 117 et 118 du Code de procédure civile, les avocats, dans les tribunaux coloniaux, ne peuvent suppléer les juges de première instance.

68. *Avoués.* — Les avoués titulaires de leurs offices au moment de la promulgation de cette ordonnance, ont dû conserver, tant qu'ils sont demeurés en fonctions, la faculté d'exercer également la profession d'avocat, conformément aux dispositions des ordonnances organiques de l'ordre judiciaire des colonies, en date des 30 sept. 1827, 24 sept. et 21 déc. 1828.

Aux termes de ces ordonnances, nul ne peut être reçu avoué s'il n'est âgé de vingt-

cinq ans révolus, licencié en droit, et justifiant de deux années de cléricature.

Ceux qui ayant cinq ans de cléricature justifient de leur capacité par un examen public, sont dispensés du diplôme de licencié.

Les avoués sont provisoirement nommés par le gouverneur, mais leur nomination ne devient définitive que lorsqu'elle a été approuvée par le ministre de la marine. Ils sont assujettis à un cautionnement qui varie de huit à quinze mille francs, suivant les colonies, et qui doit consister en immeubles. Ce cautionnement est affecté spécialement et par privilège à la garantie des créances résultant d'abus et de prévarications qui pourraient être commis par les avoués dans l'exercice de leurs fonctions.

Les avoués aux colonies postulent à la fois devant les tribunaux de première instance et devant les cours royales. Cependant, à Bourbon, les avoués sont répartis par le gouverneur entre la cour royale et les tribunaux de première instance.

Aux colonies, et spécialement à la Martinique et à la Guadeloupe, les avoués ont le droit de plaider, concurremment avec les avocats, pour les clients qui les ont constitués. ( Cass. 22 fév. 1843, S.-V. 43. 1. 301 ; J. P. 1843. 1. 459.)

69. *Huissiers.* — Les conditions requises pour être huissier près d'une cour royale, d'un tribunal de première instance ou d'un tribunal de paix, sont : 1° d'être âgé de vingt-cinq ans accomplis ; 2° d'avoir travaillé au moins pendant deux ans, soit au greffe d'une cour royale ou d'un tribunal de première instance, soit dans l'étude d'un notaire ou d'un avoué, ou chez un huissier; 3° d'avoir obtenu du juge royal un certificat de bonne vie et mœurs, et de capacité.

Les commissions d'huissiers sont délivrées, et les changements de résidence ordonnés, s'il y a lieu, par le gouverneur en conseil, sur la proposition du procureur général.

Les huissiers sont assujettis à un cautionnement de 4,000 fr. en immeubles. Avant d'entrer en fonctions, ils prêtent serment de fidélité au roi, d'obéissance aux lois et règlements qui régissent leur ministère.

Des arrêtés locaux ont déterminé dans chaque colonie les frais et dépens, émoluments, salaires, ainsi que les principales règles d'ordre et de discipline à observer par les officiers ministériels, en matière civile, commerciale, correctionnelle et criminelle, et en matière de police.

70. *Notaires.* — L'exercice de la profession de notaire est réglé, dans chaque colonie, par des arrêtés spéciaux, que nous ferons connaître lorsque nous nous occuperons de cette colonie en particulier. En règle générale, ces officiers publics sont nommés par le gouverneur, et soumis à de certaines garanties. La transmissibilité de leurs charges n'est pas légalement consacrée ; mais elle existe de fait par la tolérance des gouverneurs. Leurs actes, en droit strict, n'ont point force exécutoire, et il faut, pour les revêtir de ce caractère, avoir recours aux tribunaux ; mais il y a lieu de dire qu'en fait les notaires délivrent presque toujours des grosses sans autorisation préalable, et que les tribunaux coloniaux ne les ont jamais contrariés à ce sujet.

Du reste, ainsi que nous l'avons déjà dit, t. 1er, p. 272, vo *Authenticité*, les expéditions délivrées par les officiers publics coloniaux n'ont, en France, de caractère authentique qu'autant qu'elles sont légalisées par le gouverneur.

### § 7. — *Force publique.*

71. La direction supérieure de toutes les forces militaires appartient au gouverneur seul et sans partage. Ces forces militaires comprennent, 1° les troupes de la garnison, composées d'infanterie, d'artillerie et de détachements du génie militaire ; 2° un corps de gendarmerie à cheval ; 3° les milices locales.

Un commandant militaire, ayant au moins le grade de colonel, est chargé, sous les ordres du gouverneur, du commandement des troupes, et des autres parties du service militaire que celui-ci lui délègue. Le commandant militaire remplace le gouverneur en cas d'absence ou de tout autre empêchement : il est de droit membre du conseil privé.

En cas de mort, d'absence ou d'empêchement qui oblige le commandant militaire à cesser ses fonctions, et lorsqu'il n'y a pas été pourvu d'avance, il est remplacé par l'officier militaire le plus élevé en grade, et, à grade égal, par le plus ancien.

72. Une ordonnance royale du 14 mai 1831 a créé deux régiments d'infanterie de la marine, portant les nos 1 et 2, qui sont spécialement destinés au service des garnisons des colonies françaises. Ces régiments se recrutent, comme ceux de l'armée de terre, par

voie de désignation sur les appels annuels et par des enrôlements volontaires. Les règlements leur accordent des suppléments de solde et d'indemnités, ainsi que des distributions supplémentaires de vivres. Le service effectif dans les colonies est compté comme bénéfice de campagne pour les retraites et pour les récompenses militaires.

73. La garde et la défense des forts de nos établissements coloniaux sont confiées à une direction de l'artillerie de la marine et à une direction ou sous-direction du génie, dont le personnel varie suivant les besoins du service.

74. Un arrêt du conseil du mois de mars 1705 créa, sous le nom de *maréchaussée*, la première gendarmerie des colonies. Les dispositions de cet arrêt furent confirmées par un règlement de 1743, qui, en augmentant les brigades de la maréchaussée, lui confia le soin spécial de poursuivre les nègres marrons et de veiller à la sûreté des grands chemins.

L'organisation de la gendarmerie coloniale a été réglée par deux ordonnances des 17 août 1835 et 6 sept. 1840.

75. Tous les colons, depuis seize jusqu'à cinquante-cinq ans, sont assujettis au service des milices. Les membres des tribunaux, les autorités civiles et militaires, les officiers de santé et les chefs de pharmacie, sont seuls exempts de cette obligation.

Les milices avaient été réformées en 1764, comme peu propres à la défense extérieure des colonies, attendu que de tels corps ne pouvaient être bien disciplinés et formés aux exercices militaires sans compromettre la culture des terres, et que d'ailleurs la grande étendue et le facile abord des côtes ne permettaient pas d'espérer qu'on pût trouver dans les milices des moyens actifs de défense. Mais elles furent rétablies par une ordonnance de 1768, à l'effet de maintenir la police intérieure, de prévenir la révolte des esclaves, d'arrêter les nègres fugitifs ou marrons, d'empêcher les attroupements, de protéger le cabotage et de garantir les côtes des attaques des corsaires.

Les milices sont actuellement organisées par des décrets coloniaux, et chaque colonie est divisée, quant à leur service, en plusieurs arrondissements dont chacun fournit un bataillon.

Les milices sont tenues d'optempérer aux réquisitions des autorités civiles et militaires pour le maintien de la police, l'exécution des lois et la défense du pays. Elles sont, quant au service, assimilées aux troupes de ligne, et, comme elles, soumises aux règlements militaires.

Toutes les opérations relatives à la formation des listes et contrôles des milices, sont dans les attributions du directeur général de l'administration intérieure.

Le commandant militaire correspond pour le service ordinaire des milices avec les chefs de bataillon, à qui il transmet les ordres du gouverneur. Il reçoit d'eux les propositions aux places vacantes, et les adresse au gouverneur avec ses observations.

76. Le commandant militaire adresse au gouverneur les rapports concernant les crimes et délits commis par des militaires, et pourvoit à l'exécution des ordres donnés par le gouverneur pour la poursuite des prévenus et pour la réunion des *conseils de guerre* et des *conseils de révision*. Ces conseils sont organisés dans les colonies comme en France, conformément aux lois des 13 brum. an v et 18 vend. an XIII, avec cette restriction, toutefois, qu'à défaut d'un nombre d'officiers de l'armée suffisant pour leur composition, on peut y suppléer par des officiers de milices.

Tous les membres des conseils de guerre et des conseils de révision sont nommés par le gouverneur. Les indemnités à payer aux témoins, experts-écrivains, interprètes et officiers de santé appelés devant les conseils de guerre, sont réglées d'après le tarif du 18 juin 1811.

77. Aux termes des ordonnances organiques du 14 sept. 1828 pour la Martinique et la Guadeloupe, du 30 sept. 1827 pour Bourbon, et du 21 déc. 1828 pour la Guiane, lorsque ces colonies auront été déclarées en état de siége, ou que leur sûreté intérieure sera menacée, il pourra y être établi une *cour prévôtale*.

Cette cour, dont la durée sera de six mois au plus, ne pourra être créée qu'en vertu d'un arrêté pris par le gouverneur en conseil privé, lequel énoncera les circonstances qui la rendent nécessaire, et fixera le lieu où elle devra siéger habituellement.

Les membres de la cour prévôtale, savoir : un président, un prévôt, un adjoint de prévôt; trois juges, dont un militaire; deux juges suppléants, dont un militaire; un officier du parquet, un greffier, seront nommés par le gouverneur en conseil.

Le prévôt sera choisi parmi les officiers de l'armée de terre ou de mer, ayant le grade de capitaine au moins, et âgés de trente ans accomplis.

Les fonctions du ministère public près la cour prévôtale seront remplies par le procureur général, ou par celui de ses substituts qu'il aura délégué.

La cour prévôtale ne pourra rendre arrêt qu'au nombre de six juges. Le mode d'instruction et la rédaction des arrêts auront lieu devant elle, conformément au Code d'instruction criminelle.

78. Malgré le régime tout exceptionnel des colonies, des doutes se sont élevés sur la légalité des cours prévôtales que les ordonnances précitées y ont constituées antérieurement à la Charte de 1830. Dans tous les cas, il n'a point été fait usage jusqu'à présent, aux colonies, de cette juridiction, que le gouvernement se propose d'ailleurs de supprimer.

§ 8. — *Finances. — Dépenses de l'état. — Dépenses locales ou d'administration intérieure. — Travaux publics. — Établissements d'utilité publique.*

79. *Finances.* — Les dépenses publiques, dans les colonies, se divisent en deux catégories principales. La première comprend les dépenses imputées sur le budget de l'état; la seconde, les dépenses auxquelles il est pourvu sur le produit des contributions coloniales et autres revenus locaux.

80. *Dépenses de l'état.* — La souveraineté que la France exerce sur ses colonies entraîne nécessairement, de sa part, l'obligation de veiller à leur défense et de les protéger contre toute attaque extérieure, non-seulement par le mouvement général des escadres et par les croisières partielles que le gouvernement entretient dans les parages des colonies, mais encore par les garnisons auxquelles il confie le soin de veiller à leur conservation. Toutes les dépenses faites dans ce but doivent être naturellement affectées sur les fonds généraux de l'état dans les crédits ouverts au budget du département de la marine. Elles comprennent la solde de tout le personnel des garnisons, les frais d'hôpitaux, le matériel et les travaux de l'artillerie et du génie; les frais de casernement, de chauffage et de subsistances militaires, ainsi que les frais occasionnés par les bâtiments de l'état qui sont destinés au service et à la surveillance des côtes. Indépendamment de ces dépenses,

COLONIES. ART. 2. § 8.

il est accordé aux colonies, par la métropole, des dotations sur lesquelles on impute certains travaux qui intéressent les services militaires. Les mémoires, plans et devis relatifs à ces travaux sont soumis à l'approbation du ministre de la marine, lorsque la dépense proposée est au-dessus de 5,000 fr.

81. *Dépenses locales ou d'administration intérieure.* — Toutes ces dépenses, ainsi que les recettes locales qui sont destinées à y pourvoir, sont votées par les conseils coloniaux sur la proposition du gouverneur, et soumises à l'approbation du roi. Toutefois, le gouverneur peut rendre ce budget exécutoire, s'il y a lieu, avant cette sanction.

Les dépenses d'administration intérieure comprennent le traitement du gouverneur; la solde et les autres dépenses relatives aux divers fonctionnaires et agents du service intérieur; les dépenses des travaux publics, des cultes, de la justice, de l'instruction publique, des administrations financières, de la police, des approvisionnements, et toutes autres dépenses d'administration publique.

82. *Travaux publics.* — Le gouverneur arrête chaque année, pour être soumis à l'approbation du ministre de la marine, le projet des travaux de toute nature qu'il y a lieu d'exécuter dans la colonie et sur les fonds coloniaux.

Les mémoires, plans et devis relatifs à ces travaux sont soumis à l'approbation du ministre de la marine, lorsque la dépense proposée excède 10,000 fr. Toutefois, l'exécution peut avoir lieu sans attendre l'approbation ministérielle, s'il s'agit de travaux de route ou de réparations urgentes. (Ordonnance du 9 février 1827, modifiée par celle du 22 août 1833, art. 21.)

83. Les créanciers particuliers des entrepreneurs et adjudicataires des travaux publics dans les colonies ne peuvent faire aucune saisie-arrêt ni opposition entre les mains des trésoriers, et sur les fonds destinés à solder lesdits travaux. (Ordonnance royale du 13 mai 1829, art. 1er.)

Sont exceptées de cette disposition les créances provenant du salaire des ouvriers employés par lesdits entrepreneurs ou adjudicataires, ainsi que les sommes dues pour fourniture de matériaux et autres objets servant à la construction des ouvrages. (*Ibid*, art. 2.)

Après la réception des ouvrages, et après l'acquittement des sommes mentionnées en l'article précédent, les créanciers particuliers pourront faire valoir leurs droits sur les fonds qui resteraient dus aux entrepreneurs. (*Ibid.* art. 3.)

84. Le conseil privé, dans chaque colonie, statue, *sans appel*, sur les marchés et adjudications de tous les travaux publics et approvisionnements, et sur les traités pour fournitures quelconques au-dessus de 400 fr.;

Sur l'ouverture, le redressement et l'élargissement des routes, canaux et chemins;

Sur les expropriations pour cause d'utilité publique, sauf l'indemnité préalable en faveur du propriétaire dépossédé.

85. Le même conseil connaît, sauf recours au Conseil d'état, de toutes les contestations qui peuvent s'élever entre l'administration et les entrepreneurs de fournitures et de travaux publics;

Des réclamations des particuliers qui se plaignent de torts et de dommages provenant du fait personnel des entrepreneurs, à l'occasion des marchés passés par ceux-ci avec le gouvernement;

Des demandes et contestations concernant les indemnités dues aux particuliers, à raison du dommage causé à leurs terrains pour l'extraction ou l'enlèvement des matériaux nécessaires à la confection des chemins, canaux et autres ouvrages publics;

Des contestations relatives à l'ouverture, la largeur, le redressement et l'entretien des routes royales, des canaux, des chemins vicinaux, des chemins qui conduisent à l'eau; des chemins particuliers ou de communication aux villes, routes, chemins, rivières et autres lieux publics; comme aussi des contestations relatives aux servitudes pour l'usage de ces routes et de ces chemins;

Des contestations relatives à l'établissement des embarcadères, des ponts, bacs et passages sur les rivières, sur les canaux et sur les bras de mer. (Ord. des 21 août 1825 et 9 fév. 1827.)

86. Les voies publiques, dans les colonies, sont divisées en *routes coloniales*, *chemins vicinaux ou de grande communication*, et *chemins communaux*.

Il y a une quatrième espèce de chemins appelés *ruraux*, qui servent à l'exploitation des terres, ou à l'usage des habitations privées. Ceux-ci sont exclusivement à la charge des habitants qui en profitent.

Les routes coloniales sont celles qui intéressent la colonie entière, en ce qu'elles servent à établir des communications entre toutes ses parties, ou du moins ses points principaux.

Les routes coloniales sont classées ou déclassées par le gouverneur, sur la proposition de l'administration des ponts et chaussées. Les frais relatifs à l'ouverture et au premier établissement des routes coloniales sont à la charge des communes qu'elles traversent; leur entretien est à la charge de la caisse coloniale.

Les chemins vicinaux ou de grande communication sont déclarés tels par des décrets coloniaux, sur l'avis des conseils municipaux ou communes intéressées.

Les chemins communaux sont classés par les administrations municipales.

La construction et l'entretien des chemins vicinaux et des chemins communaux sont à la charge des communes intéressées. Un arrêté du gouverneur, sur l'avis des conseils municipaux, détermine la proportion suivant laquelle chacune d'elles doit y contribuer.

87. Tout habitant propriétaire d'esclaves est tenu de contribuer à la confection des routes, dans la proportion et suivant le mode déterminés par une délibération de la commune, homologuée par le gouverneur.

Si le conseil municipal, mis en demeure par l'administration supérieure, n'a pas arrêté dans la session désignée à cet effet les dispositions propres à parvenir à la confection des routes, le gouverneur, en conseil, pourra d'office faire exécuter les travaux aux frais de la commune.

88. Les extractions de matériaux, les dépôts et enlèvements de terre, les occupations temporaires de terrain, sont autorisés par arrêtés du gouverneur. Si l'indemnité due à raison de ces faits ne peut être réglée à l'amiable, elle est réglée par le conseil privé, sur le rapport d'experts, nommés l'un par le directeur de l'administration intérieure, et l'autre par le propriétaire. Dans le cas où les experts ne seraient pas d'accord, ils nomment entre eux un tiers expert.

89. Il y a, dans chaque commune, un *voyer* nommé par le gouverneur, sur la présentation du maire, l'avis de l'ingénieur en chef, et la proposition du directeur de l'administration intérieure. Il est placé sous les ordres immédiats du maire, et ses fonctions sont gratuites.

Les règles relatives à la police des routes, aux alignements, à la répression des empié-

tements et à la poursuite des contraventions de voirie de toute nature, ont beaucoup d'analogie avec celles qui sont suivies en France, d'après les lois des 29 floréal an x et 9 ventôse an XIII, le décret du 23 juin 1806, la loi du 21 mai 1836, et toutes les autres lois ou ordonnances qui régissent la matière. Les conseils privés en cette partie ont les mêmes attributions que les conseils de préfecture.

90. *Etablissements d'utilité publique.* — On compte dans les colonies peu d'établissements destinés à l'instruction supérieure. En général, les familles riches préfèrent placer leurs enfants dans les collèges de la métropole. On évalue à plus de deux cents le nombre des jeunes créoles de la Martinique qui sont actuellement placés dans des collèges ou des pensionnats de France, et dans ce nombre, les jeunes créoles appartenant à l'ancienne classe de couleur libre figurent pour un quart environ.

Mais en revanche, il existe dans les colonies de nombreuses écoles et institutions élémentaires. On y compte aussi plusieurs établissements d'instruction destinés aux jeunes filles.

Presque toutes les communes des colonies ont actuellement une école primaire, entretenue aux dépens de la caisse municipale. Parmi ces écoles, on en compte plusieurs où le système de l'enseignement mutuel a été adopté. Les écoles primaires dirigées par des hommes de couleur ne sont fréquentées que par des enfants de couleur. Le mélange des classes ne se fait encore remarquer nulle part.

Un certain nombre d'institutions privées d'un degré supérieur reçoit aussi des subventions sur les fonds coloniaux.

Pour augmenter autant que possible les moyens d'instruction mis à la portée des jeunes créoles de l'un et de l'autre sexe, le gouvernement accorde à chacune des quatre colonies de la Martinique, de la Guadeloupe, de Bourbon et de la Guiane française, six bourses gratuites dans des collèges royaux de France, et trois dans la maison royale de la Légion d'honneur.

91. Toutes les colonies rivalisent de zèle et de sacrifices en faveur de nombreux établissements de bienfaisance dont elles supportent seules la dépense. Il existe à la Guadeloupe, à la Martinique, à Bourbon, à la Guiane et au Sénégal, des hospices de charité entretenus au compte des caisses municipales.

Afin de procurer des moyens de travail à la

population indigente, on forme aussi, dans les communes où le besoin s'en fait sentir, des ateliers de secours affectés aux travaux des routes, et placés sous la surveillance des municipalités.

Il y a, dans les villes et les principales communes, des bureaux de bienfaisance chargés de pourvoir à la distribution de secours à domicile, et à l'entretien, dans les hôpitaux, de quelques lits de malades pour les indigents.

92. Les principales colonies possèdent aussi des conseils et des commissions de santé, qui ont pour mission spéciale de signaler tout ce qui peut compromettre, garantir ou rétablir la santé publique. Dans quelques-unes, on compte aussi des comités de vaccine, des sociétés médicales, etc., etc.

Il y a enfin dans les colonies des prisons civiles et militaires. Mais, aux termes de la législation coloniale, les individus de condition libre, condamnés aux travaux forcés, doivent être envoyés en France pour y subir leur peine. L'envoi en France des condamnés à la réclusion n'est que facultatif; cependant il a lieu généralement lorsque le condamné est européen.

§ 9. — *Recettes.* — *Douanes.* — *Monnaies.*

93. *Recettes.* — Pour faire face aux diverses dépenses que nous venons d'énumérer, les colonies ont quatre sortes de ressources locales, savoir : 1° les contributions directes comprenant les capitations sur les esclaves, ouvriers et domestiques, les droits sur les maisons et les patentes; 2° les contributions indirectes; 3° les revenus des biens appartenant au domaine public dans les diverses colonies, et dont le gouvernement leur fait l'abandon; 4° enfin, diverses autres recettes locales qu'il est inutile d'énumérer ici.

Indépendamment de ces ressources, il est perçu dans les colonies, comme en France, des centimes additionnels, qui sont spécialement destinés à couvrir les dépenses purement communales.

94. *Douanes.* — Suivant l'art. 1er de la loi du 17 juill. 1791, les navires à destination des colonies françaises pouvaient être armés dans tous les ports du royaume; mais l'art. 23 de la loi du 28 avr. 1816 a désigné certains ports où les armements doivent être exclusivement opérés. Du reste, aux termes d'une circulaire officielle du 26 janv. 1824, un navire destiné pour les colonies peut commencer son char-

gement dans un port et le terminer dans un autre, pourvu qu'il appartiennent tous deux à cette dernière catégorie.

95. Les marchandises et denrées prises dans le royaume à destination des colonies, ou pour l'armement et l'avitaillement des navires, sont exemptes de tout droit. (Loi précitée, art. 3.) Les marchandises et denrées venant de l'étranger à la même destination, acquittent les droits d'entrée du tarif général, et sont ensuite traitées comme celles du royaume. (*Ibid.* art. 4.)

Les lois qui établissent les prohibitions à la sortie ne sont pas applicables aux expéditions pour les colonies françaises. (L. 3 sept. 1793, art. 3.)

Les art. 15, 16, 17, 20 et 35 de la loi du 17 juillet 1791 déterminent le mode d'expédition des marchandises à destination des colonies.

Les navires français armés pour le commerce des colonies françaises peuvent, indépendamment des marchandises qu'ils chargent à destination des colonies, exporter, en payant les droits, toutes celles dont la sortie n'est pas prohibée. (L. 21 avril 1818, art. 60.)

96. Les marchandises et denrées expédiées des colonies pour le royaume ne peuvent être reçues que dans l'un des ports spécifiés par la loi du 28 avril 1816, et qu'autant qu'elles sont apportées par des navires français.

Pour qu'un bâtiment soit réputé français, il doit avoir été construit en France ou dans les colonies et autres possessions françaises, ou déclaré de bonne prise sur l'ennemi, ou confisqué pour contravention aux lois de France. Il doit en outre appartenir entièrement à des Français, et les officiers, ainsi que les trois quarts au moins de l'équipage, doivent être Français. Un bâtiment pourvu de titres valables sur ces divers points est ce qu'on appelle *francisé* ou *naturalisé*. Le tonnage de rigueur de ces navires, fixé à soixante tonneaux par la loi du 27 juillet 1822, a été réduit à quarante par l'art. 7 de la loi du 5 juillet 1836.

97. Le transport des boissons qui sont enlevées, tant pour l'étranger que pour les colonies françaises, est affranchi du droit de circulation. (Loi du 28 avril 1816, art. 5.)

L'expéditeur, pour jouir de cette exemption, est obligé de se munir d'un acquit-à-caution, sur lequel est désigné le lieu de sortie. (Ibid. art. 8.)

Ces acquits-à-caution sont délivrés par les préposés de l'administration des contributions indirectes exclusivement. Il leur appartient aussi de les décharger, mais avec le concours des employés des douanes qui auront à percevoir les droits de sortie, ou à assurer la destination pour les colonies. (Instr. min. 20 septembre 1816.)

Avant la perception des droits de sortie sur les boissons, ou la délivrance des acquits-à-caution pour les colonies françaises, les employés des douanes doivent toujours exiger la représentation des expéditions de la régie, sans lesquelles elles ne peuvent arriver en douane. (Instr. min. 6 juin 1823.)

Le droit de fabrication est restitué sur les bières qui sont expédiées à l'étranger ou pour les colonies. (Loi du 23 juill. 1820, art. 4.)

98. Par exception au régime d'exclusif réciproque, qui, comme nous l'avons déjà vu, fait la base des rapports commerciaux de la France avec ses colonies, les navires étrangers furent autorisés, à diverses époques, à se rendre dans certains ports des Antilles. Un arrêt du 30 août 1784, conçu dans le même esprit que quelques actes antérieurs, mais dont les dispositions cessèrent d'être exécutées durant les troubles et les guerres qui eurent lieu de 1790 à 1814, constitua la législation commerciale des Antilles jusqu'à la promulgation de l'ordonnance royale du 5 février 1826, qui l'a fixée de nouveau.

Aux termes de cette ordonnance, il est permis aux navires, soit nationaux, soit étrangers, d'importer dans certains ports des îles de la Martinique et de la Guadeloupe, et moyennant certains droits de douane, diverses denrées et marchandises étrangères qui sont énumérées dans des tableaux annexés à l'ordonnance. En cas d'urgence, le gouverneur est investi du pouvoir d'autoriser l'importation de farines étrangères.

99. Quant aux denrées provenant des colonies, elles sont admises en France avec une modération de droits propre à leur assurer un privilège sur les similaires étrangers, lesquels ne sont reçus que sous la condition d'acquitter des droits relativement considérables.

100. Suivant une ordonnance du 22 août 1833, applicable aux colonies de la Guadeloupe, de la Martinique et de Bourbon, le conseil privé prononce, sauf recours en cassation, sur l'appel des jugements rendus par le tribunal de première instance relativement aux contraventions aux lois, ordonnances et règlements sur le commerce étranger et sur le régime des douanes.

101. Suivant un arrêt de la cour royale de Bordeaux, en date du 19 janv. 1831, un navire étranger rencontré en rade d'une colonie française, à un quart de lieue des côtes, ne peut être considéré comme étant en contravention à la défense portée par les lettres patentes d'octobre 1727, lorsqu'au moment de son arrestation il était sous voiles, faisant route, et que rien ne prouve qu'il voulût aborder, dans le sens ordinaire de ce mot. (S.-V. 31. 2. 264; J. P. 3e édit.; D. P. 31. 2. 99.)

Un arrêt de la Cour de cassation du 3 juin 1829 a jugé au contraire que l'art. 3, tit. 1er des lettres patentes précitées, qui défend aux navires étrangers chargés de marchandises prohibées d'aborder tous les ports, anses et rades des colonies françaises, sous peine de confiscation, s'applique au cas où un navire est rencontré en rade à un quart de lieue du rivage et se dirigeant sur la terre au plus près du vent. (S.-V. 30. 1. 323; D. P. 29. 1. 260.) Mais d'après un autre arrêt de la même cour, en date du 25 nov. 1824, le fait d'avoir navigué trop près des côtes des Antilles françaises sans être signalé du large, comme pour se mettre à la visite, ne suffit pas pour autoriser la capture d'un navire étranger chargé de marchandises prohibées. (S.-V. 25. 1. 113; D. A. 11. 373.)

102. Aux termes d'une ordonnance royale du 15 avril 1835, il est alloué aux caisses coloniales un prélèvement de dix pour cent sur le produit des amendes et confiscations prononcées par suite de saisies en matière de douanes.

103. *Monnaies.* — Les monnaies de France furent d'abord généralement adoptées dans les colonies; mais il s'établit successivement entre le système monétaire des colonies et celui de la métropole des différences notables. En 1726, le marc d'argent ayant été fixé en France à 51 liv., fut, par une décision du 14 juin de la même année, porté dans les Antilles françaises à 75 liv. Le taux légal de la *livre coloniale*, que la même décision avait fixé à 150 liv. coloniales, pour cent livres tournois, fut, en 1805, porté à 166 livres coloniales deux tiers pour cent francs; et, en 1817, à 180 liv. coloniales pour cent francs, à la Martinique; à 185 liv. pour cent francs, à la Guadeloupe.

Ces variations froissaient de nombreux intérêts et nuisaient d'ailleurs au crédit colonial. Pour y mettre un terme, le gouvernement, par une ordonnance du 30 août 1826, rendit applicables aux colonies de la Guadeloupe et de la Martinique les règles monétaires de France. A la Guiane française, la computation monétaire avait déjà été mise en vigueur par un arrêté local du 2 févr. 1820. Quant aux systèmes monétaires des autres colonies, les différences qu'ils présentent entre eux nous obligent à n'en parler que lorsqu'il sera question de chacune de ces colonies en particulier.

La loi du 14 juin 1829, relative à la démonétisation des anciennes monnaies, a été rendue exécutoire aux colonies par une ordonnance du 16 août 1832.

L'intérêt légal de l'argent, vu l'extrême rareté du numéraire, a dû être toléré dans les colonies à un taux bien supérieur à celui qui est établi par la loi du 3 sept. 1807, tant en matière civile que pour affaires de commerce.

### § 10. — Culte.

104. Les colonies ont eu de tout temps une organisation ecclésiastique spéciale. Avant la révolution de 1789, elles étaient sous la direction spirituelle de plusieurs ordres religieux, qui y avaient établi des missions et se chargeaient de les desservir, soit isolément, soit de concert, sous la surveillance du roi, qui exerçait sur les missions tous les droits attachés à la souveraineté. Les maisons religieuses dont nous venons de parler possédaient aux colonies des biens et des capitaux dont les revenus servaient à l'entretien des missionnaires qu'elles y envoyaient.

En 1789 les biens ecclésiastiques furent déclarés nationaux dans les colonies comme en France, et le culte cessa d'avoir une organisation régulière jusqu'à l'époque du concordat où, suivant le décret du 13 messidor an x, les revenus des anciens biens ecclésiastiques furent appliqués aux traitements des ministres.

Le culte fut alors placé sous la direction et l'autorité de supérieurs ecclésiastiques, investis depuis du titre ancien de *préfets apostoliques*. Ceux-ci tiennent comme les évêques leur nomination du roi et leur institution canonique du pape, mais ils peuvent être révoqués.

105. Les préfets apostoliques nomment aux cures, avec l'agrément du roi, et dirigent les ecclésiastiques appartenant en général,

comme eux, à la congrégation du Saint-Esprit, dont la maison chef-lieu est située à Paris.

L'exercice du culte dans les colonies est du reste soumis aux mêmes règles qu'en France, sauf les dispositions spéciales que des ordonnances royales, des décisions ministérielles ou des arrêtés coloniaux ont pu y introduire.

106. On compte dans les colonies de nombreux édifices consacrés au culte. Chaque commune a une église et un presbytère. Ces établissements, entretenus et réparés aux frais des fabriques, sont généralement en bon état.

### Art. 3. — *Règles d'administration relatives à chacune de nos colonies en particulier.*

### Sect. 1re. — Martinique.

107. La Martinique, découverte en 1493 par les Espagnols, fut occupée en 1626 au nom de la France. Peu de temps après, l'esclavage de nègres importés d'Afrique y remplaça la servitude des engagés blancs. En 1736, on n'y comptait pas moins de 72,000 esclaves de tout âge et des deux sexes. La population esclave y est aujourd'hui à peu près la même.

### § 1er. — *Administration.* — *Représentation.* — *Organisation judiciaire.* — *Législation.* — *Actes de l'état civil.* — *Esclaves.*

108. *Administration.* — Deux ordonnances royales des 9 février 1827 et 22 août 1833 ont réglé l'organisation administrative de la Martinique.

Sous le rapport de l'administration municipale, la colonie se divise en vingt-sept quartiers ou communes.

Un décret colonial du 12 juin 1837 règle, conformément à l'attribution qui lui en avait été faite par la loi du 24 avril 1833, tout ce qui concerne l'organisation et les attributions des corps municipaux. Les dispositions de ce décret sont empruntées, en tout ce qui n'était pas incompatible au régime des colonies, aux lois des 21 mars 1831 et 18 juillet 1837, relatives au système municipal adopté dans la métropole.

L'article 483 de l'ordonnance du 31 mai 1838 sur la comptabilité publique, porte que les comptes des receveurs des communes dont les revenus excèdent 30,000 fr. soient réglés et apurés par la cour des comptes. D'après l'art. 651 de la même ordonnance, cette règle est applicable au service municipal des colonies.

Conformément à ces dispositions, les budgets des communes de Fort-Royal et de Saint-Pierre dépassant la somme de 30,000 fr., les comptes des receveurs municipaux de ces communes sont soumis à l'apurement de la cour des comptes. La comptabilité de toutes les autres communes de la colonie est apurée par le conseil privé.

Une ordonnance royale, du 11 sept. 1837, supprime les droits d'octroi, tant ordinaires qu'extraordinaires, qui avaient été établis à la Martinique par deux décrets coloniaux des 6 déc. 1836 et 18 janv. 1837.

109. *Représentation.* — Le conseil colonial se compose de trente membres, élus pour cinq ans par les six collèges électoraux de la colonie.

Est électeur tout Français âgé de vingt-cinq ans, né ou domicilié depuis deux ans à la Martinique, jouissant des droits civils et politiques, et porté sur les rôles de la colonie pour 300 fr. de contributions directes, ou justifiant qu'il possède à la Martinique 30,000 francs de propriétés mobilières ou immobilières.

Pour être éligible il faut être âgé de trente ans et remplir les mêmes conditions que ci-dessus, sauf le chiffre des contributions directes, qui doit être de 600 fr., et celui des propriétés mobilières ou immobilières, qui doit être de 60,000 fr.

La Martinique élit deux délégués, dont le traitement est fixé par le conseil colonial à la somme de 20,000 fr.

110. *Organisation judiciaire.* Cette organisation est encore réglée par l'ordonnance du 24 septemb. 1828. On compte à la Martinique quatre *justices de paix*, dont les chefs-lieux sont le Fort-Royal, le Marin, la Trinité et Saint-Pierre; deux *tribunaux de première instance*, l'un au Fort-Royal, l'autre à Saint-Pierre; une *cour royale* au Fort-Royal, et deux *cours d'assises*, dont les sièges sont au Fort-Royal et à Saint-Pierre.

Chacune d'elles comprend le ressort respectif du tribunal de première instance de l'une et de l'autre de ces deux villes. Chaque cour d'assises se compose de trois conseillers de la cour royale et de quatre membres du collège des assesseurs, collège qui se compose de soixante membres à la Martinique. La cour d'assises ainsi composée prononce à la fois sur le fait et sur la peine.

111. Les juges de paix connaissent des actions civiles, personnelles, mobilières et commerciales, en dernier ressort, jusqu'à 150 fr.;

en premier ressort, de 151 jusqu'à 300 fr., et, à quelque valeur que la demande puisse monter, des actions possessoires et autres déterminées.

112. Les tribunaux de première instance connaissent des appels des jugements des tribunaux de paix, dans les limites qui viennent d'être indiquées, et des actions civiles qui ne sont pas réservées aux juges de paix, en dernier ressort jusqu'à 1,000 fr.; en premier ressort, au-dessus.

113. Les tribunaux de police prononcent sur les contraventions, en dernier ressort, si les amendes et réparations civiles n'excèdent pas 50 fr., outre les dépens; et en premier ressort, si ces condamnations excèdent cette somme, ou si elles prononcent l'emprisonnement.

Les tribunaux de première instance se constituent en tribunaux correctionnels pour connaître 1° de l'appel des jugements de police; 2° des contraventions aux lois, ordonnances et règlements sur le commerce étranger et sur les douanes, sauf l'appel au conseil privé. (Ordonn. du 24 sept. 1828.)

114. La cour royale connaît, en dernier ressort, des matières civiles et commerciales, sur l'appel des jugements de première instance; et en premier ainsi qu'en dernier ressort, des matières correctionnelles autres que les contraventions relatives au commerce étranger et aux douanes.

La voie de la cassation est ouverte, 1° contre les arrêts rendus par la cour royale, en matière civile et commerciale, sur l'appel des jugements de première instance; 2° contre les arrêts rendus en matière correctionnelle.

Lorsque la cour statue comme chambre d'accusation, ses arrêts peuvent aussi être attaqués par voie de cassation, mais dans l'intérêt de la loi seulement. (Ordonn. roy. du 24 sept. 1828.)

115. Dans le langage de la loi comme dans le langage ordinaire, le mot *tribunaux* indique tous les corps de magistrature institués pour rendre la justice, et par suite, les *cours royales* aussi bien que les *tribunaux de première instance.* D'après cette interprétation, un arrêt de la Cour de cassation, en date du 13 sept. 1832, a jugé que l'art. 152 de l'ordonnance royale du 9 févr. 1827, qui confère au gouverneur de la Martinique le droit de prononcer certaines peines disciplinaires contre les avoués, notaires et autres officiers ministé-

riels, après avoir pris l'avis des tribunaux, désigne par ces dernières expressions, non pas seulement les tribunaux de première instance, mais encore la cour royale, qui peut dès lors être consultée au gré du gouverneur et selon les convenances du service, comme dans le cas où il s'agit d'un manque de respect envers le procureur général ou un magistrat de la cour.

116. La chambre permanente d'accusation à la Martinique est compétente pour connaître, dans l'intervalle des sessions, de toutes les affaires requérant célérité, sans distinction. Sa compétence n'est pas restreinte aux deux cas spéciaux prévus par les art. 20, 21 et 23 de l'ordonnance royale du 19 oct. 1828. (Cass. 19 juin 1837, S.-V. 37. 1. 616; D. P. 37. 1. 257.)

Depuis l'enregistrement de l'ordonnance du 22 nov. 1819, les jugements rendus à la Martinique ont dû être motivés, à peine de nullité. (Cass. 22 fév. 1825, S.-V. 26. 1. 189; D. P. 25. 1. 185.)

Il en était autrement avant l'enregistrement de cette ordonnance. (Cass. 11 mars et 12 août 1819, S.-V. 19. 1. 220, 20. 1. 102.)

117. A la Martinique, et d'après l'usage observé de temps immémorial dans cette colonie, les colons absents peuvent être assignés en la personne et au domicile de leurs fondés de pouvoirs, lorsque ceux-ci sont autorisés par le mandat à défendre à l'espèce de demande dont il s'agit. (Cass. 21 mars 1821, S.-V. 22. 1. 181; J. P. 3e édit.; 28 juin 1826, S.-V. 27. 1. 197; D. P. 26. 1. 337.)

118. Les règlements anglais pendant l'occupation des colonies, et notamment à la Martinique, ont eu l'effet d'obliger les colons à se pourvoir devant le roi d'Angleterre contre les arrêts des cours locales qui leur faisaient grief. — Les Français qui, ne voulant reconnaître en justice et en droit que les lois françaises, se sont bornés à un recours devant la cour régulatrice de France, ont encouru la déchéance. (Cass. 15 avril 1819, S.-V. 19. 1. 209; D. A. 2. 280.)

119. L'ordonnance du 15 oct. 1786, qui a institué des commissaires arbitres pour l'apurement des comptes des procureurs-gérants d'habitation aux îles du Vent, ne leur a donné attribution que pour examiner, apurer et arrêter les comptes de gestion. — Ainsi les arbitres ne peuvent connaître d'une demande du propriétaire, tendante à faire déclarer

nulles des aliénations consenties par le gérant comme faites hors du cercle de ses pouvoirs d'administrateur. Décider si des actes du gérant sont nuls comme faits hors du cercle de ses pouvoirs, c'est autre chose qu'examiner et apurer les comptes de la gestion. (Cass. 9 juill. 1823, S.-V. 23. 1. 417; D. A. 2. 681.)

120. Le nombre des *avoués* à la Martinique est fixé à dix-huit, dont huit pour l'arrondissement de Fort-Royal, et dix pour celui de Saint-Pierre. Il n'y a pas d'avoués spécialement attachés à la cour royale. Ceux des tribunaux de première instance du ressort de cette cour postulent concurremment auprès d'elle.

Les avoués ont le droit de plaider, concurremment avec les avocats, pour les clients qui les ont constitués. (Cass. 22 févr. 1843, S.-V. 43. 1. 301; J. P. 1843. 1. 459.)

121. Pour être *notaire* à la Martinique, le candidat doit avoir vingt-cinq ans, et rapporter un certificat de moralité délivré par le juge royal et visé par le procureur du roi. Cet acte est ensuite transmis au procureur général, qui, sur la présentation du titulaire de l'office, propose la nomination au gouverneur. Il y est pourvu au moyen d'une décision prise en conseil.

A la Martinique, les notaires ne fournissent pas de cautionnement, mais ils sont soumis, par équivalent, à un droit de patente ou redevance d'environ 800 francs.

122. *Législation.* — Le Code civil a été promulgué à la Martinique le 16 brum. an xiv (7 nov. 1805). La situation particulière où se trouvait alors la colonie fit penser que toute vente non volontaire d'un immeuble entraînerait la ruine totale du propriétaire. La mise à exécution des dispositions relatives à l'expropriation forcée y fut en conséquence suspendue jusqu'à un an après la paix. En fait, la suspension dure encore. La Martinique est encore régie par la déclaration du roi, du 24 août 1726, relative au déguerpissement et aux partages. Aux termes de cette déclaration, les habitations et sucreries sont impartageables par leur nature. Les esclaves, bien qu'immeubles par destination, ne peuvent être revendiqués par le créancier hypothécaire, quand ils ont été distraits du gage. Nul créancier n'est admis non plus actuellement à poursuivre la vente judiciaire de l'immeuble sur lequel il a régulièrement pris une inscription hypothécaire.

Du reste, tout ce qui concerne l'expropriation forcée, ainsi que les priviléges et hypothèques, fait l'objet d'un projet de loi qui a déjà été adopté par la chambre des pairs, le 9 mars 1842, sur le rapport de M. Rossi, et qui a été présenté à la chambre des députés le 28 du même mois. La discussion n'en a pas encore eu lieu dans cette dernière assemblée.

123. Une ordonnance du 24 sept. 1828 avait déclaré que les cinq codes seraient appliqués à la Martinique, modifiés et mis en rapport avec ses besoins. Ce fut en conformité de cette ordonnance que celle du 19 oct. suivant mit en vigueur à la Martinique le Code de procédure civile, mais avec de nombreuses modifications. La colonie avait été jusqu'alors soumise au régime de l'ordonnance civile de 1667.

Contrairement à l'ordonnance précitée du 24 sept 1828, la Martinique est la seule colonie où le Code de commerce n'ait point été promulgué. Elle est restée soumise à l'ordonnance de 1673, qui, en matière commerciale, formait autrefois le droit commun de la France. L'ordonnance de 1681, relative à la marine, est également restée en vigueur à la Martinique, ainsi que les dispositions du règlement du roi du 12 janvier 1717, et la déclaration du 12 juin 1745, portant que les affaires suscitées pour dettes dites *de cargaison*, seront jugées sommairement ; que les jugements seront exécutoires par provision, nonobstant appel, mais en donnant caution, et qu'ils emporteront la contrainte par corps.

La loi du 17 avril 1832 sur la contrainte par corps, a été étendue à la Martinique par l'ordonnance royale du 12 juin 1833.

124. Le Code d'instruction criminelle et le Code pénal ont été appliqués à la Martinique par les ordonnances royales des 12 et 29 oct. 1828. La loi du 22 avril 1832, qui a modifié ces deux Codes, a été rendue applicable à la même colonie, avec quelques changements, par la loi du 22 juin 1835.

La loi du 10 avril 1825 sur la *piraterie et la baraterie*, a été appliquée à la Martinique, ainsi qu'aux autres colonies, par l'ordonnance royale du 26 avril 1829.

Un arrêté local a mis en vigueur, dans la même colonie, la loi du 8 mars 1810 sur l'*expropriation pour cause d'utilité publique*.

Enfin, une ordonnance royale du 7 juin 1832 a rendu exécutoire, à la Martinique

ainsi que dans les autres colonies françaises, la loi du 16 avril précédent, relative au mariage entre beaux-frères et belles-sœurs, avec cette modification toutefois que la faculté de lever, pour des causes graves, les prohibitions portées à ce sujet par l'art. 164 du Code civil, sera exercée par le gouverneur en conseil.

125. La Martinique a été soumise, ainsi que les autres colonies, au régime *de l'enregistrement* par une ordonnance royale du 31 déc. 1828, modifiée et complétée par celles des 28 sept. 1830, 1er juillet 1831, 16 mai 1832, et 22 sept. 1832.

Le *timbre* est régi à la Martinique par les lois spéciales de la métropole.

126. Il a existé de tout temps, aux colonies, une législation spéciale pour les successions vacantes. Cette matière est régie par l'édit du 24 nov. 1781, qui ne concernait d'abord que les colonies d'Amérique, mais dont les dispositions ont été depuis, avec plus ou moins de restrictions, appliquées aux autres colonies, et par suite à la Martinique.

Cet édit, sans être complétement abrogé, se trouve cependant modifié par diverses décisions, notamment par une ordonnance du 12 mai 1832, qui confie au receveur de l'enregistrement de chaque arrondissement l'administration des successions vacantes, que l'édit de 1781 déférait d'office à des *curateurs* en titre.

Aucune loi n'alloue aux héritiers ou ayant-droit des intérêts pour les sommes versées dans les caisses coloniales, comme provenant de successions vacantes. (C. d'état, 18 avril 1835, J. P. *Jurisp. adm.*)

127. *Actes de l'état civil.*—Une ordonnance royale du 7 sept. 1830 porte qu'à la Martinique, comme dans les autres colonies françaises, les actes de l'état civil de la population blanche et de la population libre de couleur seront inscrits sur les mêmes registres.

128. *Esclaves.* Une ordonnance royale, commune aux colonies de la Martinique, de la Guadeloupe, de la Guiane française et de Bourbon, développe et complète les dispositions de celle du 4 août 1833, qui avait fixé provisoirement les règles à suivre pour le recensement annuel et pour la constatation des naissances et des décès de la population esclave.

Une autre ordonnance du 11 juin 1839 complète également, dans le double intérêt de l'ordre public et de l'esprit de famille, les dispositions de celles des 1er mars 1831, 12 juillet 1832, et 29 avril 1838, concernant les affranchissements.

129. L'ordonnance du 16 sept. 1841 interdit aux maîtres d'infliger à l'esclave la peine de l'emprisonnement, au delà de quinze jours consécutifs, dans la salle de police de son habitation.

A l'expiration de ce temps, si le maître croit que la détention ne peut pas cesser sans inconvénient, il fera conduire l'esclave devant le juge de paix du canton, qui ordonnera, s'il y a lieu, que celui-ci soit attaché à l'atelier public de discipline.

130. L'esclave attaché à l'atelier de discipline ne pourra y être retenu au delà de trois mois. A l'expiration de ce temps, il sera renvoyé à son maître, à moins que celui-ci ne réclame du gouverneur de la colonie l'application des mesures prévues, en ce qui concerne les esclaves reconnus dangereux pour la tranquillité publique, par les ordonnances royales concernant le gouvernement des colonies.

Les dispositions ci-dessus ne sont pas applicables au cas où l'esclave se serait rendu coupable de crimes susceptibles de motiver son renvoi devant les tribunaux criminels, auquel cas il devra être mis à la disposition du procureur du roi dans le délai de trois jours.

Toute infraction de la part des maîtres à ces dispositions, est punie d'une amende de 25 à 500 fr., à laquelle pourra être ajoutée un emprisonnement d'un à dix jours. En cas de récidive, l'amende pourra être portée à 1,000 fr., sans préjudice des peines plus graves qu'il y aurait lieu d'appliquer, aux termes de l'ancienne législation et du Code pénal colonial de 1828.

131. Dans chaque commune, les cases à nègres peuvent être visitées, la nuit comme le jour, par les détachements de milice, accompagnés du maire ou de l'adjoint, ou du commis à la police muni d'une autorisation écrite du maire ou de l'adjoint, et après avoir prévenu le propriétaire.

Le refus du propriétaire de souffrir l'ouverture et la visite de ses cases à nègres, est puni d'amende, et en outre d'emprisonnement, s'il y a lieu. Ces peines sont prononcées par les tribunaux de simple police. Les amendes sont appliquées au profit des communes où les contraventions ont été commises.

132. Par un arrêt du 4 mai 1841, la Cour royale de la Martinique, jugeant correctionnellement, a condamné un habitant de cette colonie, de condition libre, à deux mois d'emprisonnement, à 200 fr. d'amende et aux frais du procès, pour châtiment excessif infligé à un esclave, sans qu'il en fût résulté ni maladie ni incapacité de travail pendant vingt jours.

Aussitôt après la prononciation de l'arrêt, la Cour réunie en chambre du conseil a décidé, par application de l'art. 322 du Code colonial d'instruction criminelle, que le gouverneur serait prié de faire sortir l'esclave de la possession de son maître.

§ 2. — *Douanes.* — *Monnaies, poids et mesures.* — *Force militaire et police.* — *Presse.*

133. *Douanes.* — Le régime des douanes à la Martinique est réglé tant par l'ancienne législation commerciale des colonies, que par les dispositions législatives qui, à différentes époques, sont intervenues sur la matière, notamment par les ordonnances de 1681 et 1687, les lettres patentes de 1727, et les lois des 17 juillet et 22 août 1791, et 28 avril 1799. Ces lois sont exécutées dans les colonies, quoiqu'elles n'y aient point été promulguées : quelques-unes de leurs dispositions y ont seulement été rendues exécutoires par des actes de l'autorité locale, particulièrement par un arrêté du gouverneur, en date du 8 nov. 1828, relatif aux saisies et à la rédaction des procès-verbaux.

L'ordonnance du 18 mars-9 avril 1840 organise le personnel du service des douanes dans les colonies de la Martinique et de la Guadeloupe, et détermine les traitements et indemnités qui sont attribués aux différents emplois appartenant à ce service.

Une ordonnance royale du 4 août 1838 fixe le tarif des droits de navigation à percevoir sur les bâtiments français et étrangers dans les ports de la Martinique et de la Guadeloupe.

Une autre ordonnance du 31 août 1838 porte création d'entrepôts réels de douanes dans ces deux colonies.

Celui qui prête son nom pour la francisation d'un navire appartenant à un propriétaire étranger, afin de s'introduire dans l'*île de la Martinique*, se rend passible d'une amende de 6,000 fr. (Cass. 9 mars 1831, S.-V. 31. 1. 187; D. P. 31. 1. 83.)

134. *Monnaies, poids et mesures.* — Le trésorier de la Martinique a été autorisé, par une décision royale du 26 août 1827, à recevoir dans les caisses publiques le doublon d'or à raison

de 86 fr. 40 cent., bien que le cours légal de cette pièce eût été fixé, par une ordonnance du 30 août 1826, à 81 fr. 51 cent., valeur qu'il a en France. Telle est encore aujourd'hui la législation monétaire de la Martinique, en ajoutant toutefois que les pièces de billon de 7 cent. 1/2, connues dans la colonie sous les dénominations de *noirs* et d'*étampes*, ont été démonétisées par une ordonnance royale du 24 fév. 1828 ; et que la loi du 14 juin 1829, relative à la démonétisation des anciennes espèces duodécimales d'or et d'argent, a été mise à exécution à la Martinique.

Les monnaies d'or et d'argent ayant cours dans cette colonie sont celles de France, de Portugal, d'Espagne et d'Angleterre.

A la Martinique, bien que le taux légal de l'intérêt soit fixé à 6 p. 0/0 en matière commerciale, il paraît constant que les escomptes ne s'y font pas, en général, à un taux inférieur à 12 p. 0/0, et encore dans ce taux ne se trouvent souvent pas compris les frais de courtage et de commission.

La loi du 3 sept. 1807, qui fixe l'intérêt de l'argent, n'ayant pu être promulguée à la Martinique, la stipulation d'un intérêt conventionnel supérieur au taux établi par cette loi, a pu y être déclaré licite et exempt d'usure. En vain, pour soutenir le contraire, invoquerait-on l'ordonnance du gouverneur anglais de cette colonie, rendue le 6 oct. 1809 ; cette ordonnance, en supposant qu'elle eût pu modifier l'art. 1907 du Code civil, ayant cessé d'avoir effet lorsque la Martinique est rentrée sous les lois qui régissent la métropole. (Cass. 7 août 1843, S.-V. 43. 1. 841 ; J. P. 1843. 2. 595.)

135. Le système métrique des poids et mesures a été mis en vigueur à la Martinique par un arrêté local du 7 août 1827.

136. *Force militaire et police.*—La garnison de la Martinique se compose : 1° des 1er, 2e et 3e bataillons du 2e régiment d'infanterie de la marine ; 2° d'une direction d'artillerie de la marine, à la tête de laquelle est placé un chef de bataillon avec deux capitaines d'artillerie; 3° d'une sous-direction du génie, composée d'un capitaine d'état-major sous-directeur, et de 3 gardes du génie. La gendarmerie de la Martinique comprend 3 officiers et 97 sous-officiers et gendarmes. Indépendamment de ce corps, deux brigades de *Chasseurs de montagnes*, entretenues aux frais de la colonie, sont spécialement chargées de la poursuite

des nègres-marrons. Elles sont composées de noirs et d'hommes de couleur.

L'organisation des milices est réglée, à la Martinique, par une ordonnance royale du 1er janv. 1787, et par une ordonnance locale du 1er mars 1815.

D'après une décision ministérielle du 24 septembre 1841, les sujets Suisses établis aux colonies sont dispensés du service des milices.

137. *Presse.* — Sous le rapport de la presse en général, la Martinique, ainsi que les autres colonies, n'a d'autre régime que celui de la censure préalable exercée sous les ordres du gouverneur. On y imprime le *Journal officiel de la Martinique*, le *Courrier de la Martinique*, paraissant tous deux une fois par semaine; l'*Almanach de la Martinique*, publié chaque année ; et le *Bulletin officiel de la Martinique*, recueil mensuel destiné à la publication des lois, ordonnances royales, décrets coloniaux, arrêtés locaux et autres actes intéressant la colonie.

La Martinique possède deux imprimeries particulières, établies l'une et l'autre à Saint-Pierre. L'une d'elles est chargée de l'impression des publications officielles du gouvernement de la colonie.

### Sect. 2. — Guadeloupe.

138. Christophe Colomb découvrit, en nov. 1493, le groupe d'îles qui se compose de la Guadeloupe, de Marie-Galante, de la Désirade et des Saintes, et qui était alors habité, comme les autres îles de l'archipel des Antilles, par une race d'hommes qu'on a nommés Caraïbes.

Pendant près d'un siècle et demi, aucun Européen ne s'établit dans ces îles. En 1635, cent cinquante Français, dont quatre cents étaient laboureurs, envoyés par la compagnie des îles d'Amérique, partirent de Saint-Christophe sous le commandement de deux chefs nommés l'Olive et Duplessis, et prirent possession de la Guadeloupe. Après de nombreuses vicissitudes qui les firent tomber, à diverses reprises, sous la domination anglaise, cette colonie fut, le 25 juill. 1816, définitivement rendue à la France.

§ 1er. — *Gouvernement et administration.* — *Représentation.* — *Organisation judiciaire.* — *Législation.*

139. *Gouvernement et administration.* — Une ordonnance royale du 9 février 1827,

modifiée par une seconde ordonnance du 22 août 1833, a réglé l'organisation du gouvernement et de l'administration de la Guadeloupe sur les mêmes bases que pour la Martinique, sauf l'administration municipale, qui, conformément à la loi du 24 avril 1833, a été réglée par un décret colonial du 20 sept. 1837. Les dispositions de ce décret sont en grande partie, et sous les modifications nécessitées par la différence des régimes, la reproduction des lois des 21 mars 1831 et 18 juillet 1837, sur l'organisation et les attributions de l'administration municipale de France.

Ce décret fixe à trente-quatre le nombre des communes de la Guadeloupe; elles se divisent ainsi : Guadeloupe, 25 ; Marie-Galante, 4 ; St-Martin, 2 ; les Saintes, 1 ; la Désirade et la Petite-Terre, 1.

140. Les maires et les adjoints sont nommés par le gouverneur. Ils peuvent être suspendus par le gouverneur, mais leur révocation ne peut être prononcée qu'en conseil.

Chaque commune a un conseil municipal composé du maire, de l'adjoint ou des adjoints, et de six membres dans les communes de 400 habitants libres et au-dessous ; de huit dans celles de 400 à 800 ; de douze dans celles de 800 à 1,500 ; de seize dans celles de 1,500 à de 3,000 ; de vingt dans celles de 3,000 et au-dessus.

Sont appelés à l'assemblée des électeurs communaux les plus payant droits de la commune, âgés de vingt et un ans accomplis, dans les proportions suivantes :

Pour les communes de 400 âmes et au-dessous, le neuvième de la population libre ; de 400 à 600, le douzième ; de 600 à 1,000, le treizième ; de 1,000 à 2,000, le quatorzième ; de 2,000 et au-dessus, le quinzième.

Toutefois seront électeurs de droit aux colléges municipaux, les électeurs au conseil colonial.

Les conseillers municipaux doivent être choisis parmi les électeurs au conseil colonial. Toutefois, dans les communes où le nombre de ces éligibles n'est pas double de celui des membres du conseil municipal, il leur est adjoint un nombre de citoyens payant le plus de contributions ou offrant le plus de valeur en propriétés suffisant pour atteindre ce doublement dans lequel devront être choisis les conseillers municipaux.

Les conseillers municipaux se réunissent deux fois l'an, au commencement des mois

**IV.**

de mars et d'octobre : chaque session peut durer dix jours.

Toute action judiciaire contre une commune est dirigée contre le maire ; l'objet en est soumis à la délibération du conseil municipal.

141. Le conseil privé prononce sur le point de savoir si la commune doit céder à l'action intentée ou la soutenir devant les tribunaux. Si le conseil municipal ne croit pas devoir acquiescer à la décision du conseil privé, le maire se pourvoit devant le roi en son Conseil d'état, sans que le ministère d'un avocat aux conseils soit obligé.

Une commune ne peut intenter d'action judiciaire qu'après y avoir été autorisée par le gouverneur en conseil privé.

Nulle commune ne peut être réunie à une ou plusieurs autres communes limitrophes que du consentement de son conseil municipal. Dans le cas de consentement, il est statué sur la réunion par un décret colonial, sur l'avis du conseil privé.

142. *Représentation.* — Le conseil colonial de la Guadeloupe se compose de trente membres, élus pour cinq ans par les neuf colléges électoraux de la colonie. Les conditions de l'électorat et de l'éligibilité sont celles que nous avons exposées ci-dessus concernant la Martinique. Comme cette colonie, la Guadeloupe nomme deux délégués, qui jouissent chacun d'un traitement de 20,000 fr.

143. *Organisation judiciaire.* — Aux termes de l'ordonnance royale du 24 sept. 1828, l'île de la Guadeloupe se divise en six cantons de justice de paix, dont les chefs-lieux sont : *la Basse-Terre, la Capesterre, la Pointe-à-Pitre, le Moule, le Marigot* de la partie française de Saint-Martin et le *Grand-Bourg* de l'île de Marie-Galante. Chacun de ces tribunaux de paix est composé d'un juge de paix, d'un suppléant et d'un greffier. Leur compétence est la même que celle dont nous avons ci-dessus donné les détails pour les justices de paix de la Martinique, excepté la justice de paix de Saint-Martin, qui, d'après une ordonnance royale du 26 oct. 1828, connaît, sauf les exceptions déterminées par la loi, des actions civiles, soit personnelles, soit mobilières, et des actions commerciales, savoir :

En premier et dernier ressort, lorsque la valeur principale de la demande n'excède pas 500 fr.;

En premier ressort seulement, lorsque la

28

valeur principale de la demande est au-dessus de 500 fr. et n'excède pas 1,000 fr.

Le même juge de paix connaît, en premier ou dernier ressort, de diverses autres actions spécifiées dans l'ordonnance précitée.

144. On compte à la Guadeloupe trois tribunaux de première instance, qui siégent à la Basse-Terre, à la Pointe-à-Pitre et au Grand-Bourg de Marie-Galante. Chacun d'eux est composé d'un juge royal, d'un lieutenant de juge et de deux juges-auditeurs. Il y a près de chaque tribunal un procureur du roi, un greffier et un commis assermenté.

145. La cour royale de la Guadeloupe siége à la Basse-Terre. Elle est composée de neuf conseillers et de trois conseillers-auditeurs. Ces derniers ont voix délibérative lorsqu'ils ont vingt-sept ans accomplis; avant cet âge, ils n'ont que voix consultative.

Il y a près de la cour un procureur général, un substitut du procureur général, un greffier et un commis assermenté.

146. La Guadeloupe est divisée en deux arrondissements de cour d'assises, dont les siéges sont à la Basse-Terre et à la Pointe-à-Pitre. Chacune de ces cours est composée de trois conseillers de la cour royale et de quatre membres du collège des assesseurs, collége qui se compose de soixante membres, choisis parmi les habitants de la colonie qui réunissent des conditions analogues à celles qui donnent droit en France à l'inscription sur les listes du jury.

Il ne doit être procédé qu'une seule fois, avant l'ouverture des assises, au tirage au sort des trois assesseurs et de l'assesseur supplémentaire pour le service de la session; c'est alors que chaque accusé peut exercer son droit de récusation. Les assesseurs une fois désignés par le sort sont seuls chargés du service de toute la session, sans qu'un nouveau tirage doive avoir lieu pour chaque affaire.

Le président des assises ayant, dans les colonies, le droit de statuer seul sur les incidents de droit ou de procédure qui s'élèvent avant l'ouverture et pendant le cours des débats, a par cela même le droit de prononcer seul sur un déclinatoire proposé. (Cass. 17 mai 1839, J. P. 1843. 2. 285; D. P. 39. 1. 402.)

147. Un arrêté local fixe à vingt-deux le nombre des avoués de la colonie, auxquels s'applique tout ce que nous avons dit des avoués de la Martinique.

148. Les notaires de la Guadeloupe sont sou-

mis aux règles que nous avons exposées pour ceux de la Martinique.

149. Les règles relatives aux huissiers sont également exposées ci-dessus, n° 69.

150. Le gouverneur d'une colonie est suffisamment autorisé par la Charte à pourvoir au besoin du service de la justice, lorsque les circonstances le rendent indispensable, par exemple, en nommant le président d'un tribunal de commerce pour remplir les fonctions de conseiller suppléant. (Cass. 4 janvier 1825, S.-V. 26. 1. 39; J. P. 3e édit.; D. P. 25 1. 145; et 4 juill. 1826, S.-V. 27. 1. 54; J. P. 3e édit.; D. P. 26. 1. 402.)

Un arrêt d'admission rendu par la Cour de cassation, portant permis d'assigner un habitant des colonies, peut et doit être signifié au parquet du procureur général à la Cour de cassation. Tel est le droit commun établi par l'art. 69, n° 9 du Code de procédure, en remplacement de l'art. 30, titre 4, partie première du règlement de 1738. — Il n'est pas vrai que cette disposition du règlement de 1738 soit encore en vigueur et exige que de telles significations soient faites à personne ou à domicile. (Cass. 16 mars 1831, S.-V. 31. 1. 141; D. P. 31. 1. 212.)

151. *Législation.* — Ce que nous avons dit (n°s 122 et suiv.) de la mise en vigueur à la Martinique des principales lois de la métropole s'applique également à la Guadeloupe, sauf en ce qui concerne le Code de commerce dont l'application a été faite à cette dernière colonie en même temps que celle du Code de procédure civile, c'est-à-dire le 15 sept. 1808. Il y a lieu cependant de remarquer que le titre des faillites a été excepté de cette promulgation, et qu'on suit à cet égard dans les colonies l'ordonnance déjà citée de 1673.

152. La loi du 8 mars 1810 sur l'expropriation pour cause d'utilité publique a été mise en vigueur, sous de légères modifications, par un arrêté local du 25 juin 1820.

153. Une ordonnance du 13 mars 1815, rendue par le gouverneur et l'intendant de la Guadeloupe, porte, art. 12 : « Toute personne qui désirerait obtenir un passe-port pour sortir de la colonie devra faire annoncer préalablement son départ dans trois numéros successifs de la *Gazette officielle*, ou par voie d'affiches publiées un jour d'audience, pour donner à ceux qui seraient dans le cas d'y mettre opposition légitime le moyen de faire à ce sujet les diligences nécessaires.

» Art. 13. Ne sera reçu à mettre opposition que celui qui sera porteur d'un titre légitime de créance, ou ayant d'autres affaires qui obligent la présence de la personne au départ de laquelle on met obstacle. Toute opposition au départ est toujours aux périls et risques de celui qui l'a faite, et les parties restent autorisées à se pourvoir à cet effet en justice réglée. »

Un arrêt de la Cour royale de la Guadeloupe, du 11 fév. 1839, décide que ces dispositions ne sont abrogées ni par la Charte de 1830 qui garantit la liberté individuelle des Français, ni par la loi de 1832 sur la contrainte par corps. (S.-V. 39. 2. 242; D. P. 39. 2. 195.)

154. Dans les colonies (Martinique et Guadeloupe), la déclaration du roi du 24 août 1726 est encore en vigueur et le sera tant que l'expropriation forcée n'y sera pas introduite. (Cass. 25 févr. 1840, S.-V. 40. 1. 958; D. P. 40. 1. 316.)

155. L'action en déguerpissement ou en *résolution*, à défaut de paiement du prix, accordée par cette déclaration, appartient non-seulement au vendeur, mais encore aux co-partageants qui ont été écartés par la licitation, ou qui ont cédé leurs droits par l'acte de partage. Cette action est indépendante du privilège du co-partageant, et n'est pas dès lors subordonnée à l'inscription de ce privilège. Cette action ne pourrait, sans rétroactivité, recevoir aucune atteinte de la législation postérieure à l'acte qui lui donne naissance. (Même arrêt.)

156. Il a été décidé par un arrêt de cassation du 27 juin 1838, que s'il existe dans les règlements coloniaux des dispositions qui prohibent le mariage entre *blancs et gens de couleur*, il n'y en a point, du moins à la Guadeloupe, qui prononcent la nullité de tels mariages. (S.-V. 38. 1. 497; D. P. 38. 1. 362.)

157. Les règles du Code de procédure relatives à la publicité des jugements, des rapports et des conclusions du ministère public, sont obligatoires à la Guadeloupe. (Cass. 27 fév. et 27 mars 1822, S.-V. 23. 1. 97, 22. 1. 345; J. P. 3e édit.; D. A. 2. 669, 6. 290.)

158. D'après l'ordonnance de 1670, les tribunaux de première instance de la Guadeloupe ont pu être composés en totalité d'avocats ou de gradués, dans les affaires criminelles où des conclusions tendantes à peines afflictives ont été prises.

Il ne peut résulter une nullité de ce que le même magistrat aurait rempli les fonctions du ministère public dans une procédure instruite contre un individu, et les fonctions de président dans une autre procédure instruite contre le même individu, si, dès le moment où la jonction des deux procédures a été ordonnée, ce magistrat s'est abstenu dans l'une et dans l'autre.

159. La prohibition d'entendre dans les procès criminels instruits aux colonies les esclaves contre leurs maîtres, ne s'applique qu'aux dépositions officielles, et ne fait point obstacle à ce qu'ils soient appelés pour donner de simples renseignements.

Lorsque l'audition illégale d'un ou plusieurs témoins motive l'annulation d'une procédure criminelle, la nullité ne s'étend pas aux actes antérieurs à cette audition. (Cass. 4 juill. 1828, S.-V. 28. 1. 257; D. P. 28. 1. 312.)

Les actes provenant de la France ou des pays étrangers ne peuvent être employés dans les transactions passées à la Guadeloupe, ni produits devant les tribunaux de cette colonie, ni signifiés par les huissiers, à moins qu'ils ne soient légalisés par l'autorité compétente de la colonie.

Particulièrement, l'appel d'un jugement de cette colonie est nul, s'il a été interjeté par un fondé de procuration dont le mandat sous seing privé n'avait été ni pu être légalisé. (Cass. 10 mai 1825, S.-V. 26. 1. 156; D. P. 25. 1. 315.)

160. C'est à la section criminelle de la Cour de cassation qu'il appartient de connaître des pourvois formés contre les décisions des commissions spéciales d'appel instituées dans les colonies, lorsqu'elles ont procédé conformément à l'ordonnance de 1670.

Avant la promulgation du Code d'instruction criminelle à la Guadeloupe, les pourvois en cassation devaient être formés conformément au règlement de 1738.

Le délai pour se pourvoir en cassation était d'un an.

Avant l'ordonnance du 4 juillet 1827, les tribunaux de la Guadeloupe, jugeant en matière correctionnelle, pouvaient procéder à huis clos sans qu'il en résultât une nullité. (Cass. 22 juillet 1825, S.-V. 25. 1. 389; D. P 25. 1. 426.)

161. La demande en dommages-intérêts formée contre une administration coloniale par les armateurs d'un navire dont la saisie a été déclarée nulle par arrêt passé en force de chose jugée, est une action purement civile

dont les juges ordinaires doivent connaître, à l'exclusion de la commission spéciale d'appel instituée pour le jugement des contraventions aux règlements sur le commerce étranger et les douanes dans les colonies. (Cass. 13 nov. 1843, S.-V. 43. 1. 865; J. P. 1843. 2. 796.)

162. L'ordonnance anglaise du 22 sept. 1810, pour la Guadeloupe, a dû être exécutée pendant toute la durée de l'occupation des Anglais. Les actes faits dans cet intervalle n'ont été annulés par aucune ordonnance royale depuis que la colonie est rentrée sous la domination française. (Cass. 13 juin 1826. D. P. 26. 1. 306; J. P. 3ᵉ édit.; 1ᵉʳ sept. 1840, journ. *Le Droit* du 27 sept.)

### § 2. Commerce. — Douanes. — Monnaies, poids et mesures. — Forces militaires. — Presse.

163. L'importation de diverses denrées et marchandises étrangères est autorisée à la Guadeloupe par les ordonnances royales des 5 fév. 1826 et 29 avril 1829. Cette importation peut avoir lieu par navires nationaux ou étrangers, mais seulement dans les ports de la Basse-Terre, de la Pointe-à-Pître, du Moule et du Grand-Bourg de Marie-Galante.

La commission spéciale instituée par l'arrêté du 12 vend. an XI pour le jugement des contraventions aux lois sur le commerce étranger doit, à peine de nullité, rendre ses arrêts en audience publique, après rapport et conclusions prises par le ministère public. Le silence de l'arrêt (rendu à la Guadeloupe) sur l'accomplissement de ces formalités en fait présumer l'inobservation, comme à l'égard des jugements et arrêts émanés des tribunaux ordinaires. (Cass. 16 fév. 1824, S.-V. 25. 1. 247; D. A. 6. 457; 13 juill. 1825, S.-V. 25. 1. 271; D. P. 25. 1. 362.)

Cette même commission spéciale est un véritable tribunal d'appel; elle ne peut statuer que lorsqu'elle est saisie par un appel dirigé contre un jugement de première instance : l'arrêt rendu par la commission spéciale serait sujet à cassation, si la commission n'avait pas été saisie par un appel. (Arrêté du 12 vend. an II, art. 2.)

164. A la Guadeloupe, les arrêts rendus par la commission spéciale instituée pour connaître des contraventions aux lois sur le commerce étranger dans les colonies, doivent non-seulement être rendus publiquement, mais ils doivent contenir mention de la publicité, à peine de nullité. (Cass. 16 fév. 1824, S.-V. 25. 1. 247; J. P. 3ᵉ édit.; D. A. 6. 457.)

165. L'arrêté par lequel le gouvernement d'une colonie, en exécution de l'art. 67 de l'ordonnance du 9 fév. 1827, et en vertu des ordres formels du gouvernement, prononce, pour la répression de la contrebande, une amende plus forte que celle établie par les ordonnances précédentes, ne peut présenter le caractère d'un excès de pouvoirs et doit recevoir son exécution.

La disposition de l'art. 6 de l'arrêté local du 8 janv. 1828, établissant une pénalité contre tout caboteur de la Guadeloupe, convaincu de s'être rendu dans un port étranger sans s'être muni de congé et acte de francisation et sans avoir été, conséquemment, expédié en douane, est absolue, sans exception, et s'applique aussi bien au bâtiment sur lest qui se trouve en contravention qu'au bâtiment chargé. (Cass. 2 juil. 1839, S.-V. 39. 1. 626.)

C'est à la chambre criminelle, et non à la chambre des requêtes, que doit être porté le pourvoi en cassation formé contre un arrêt d'une commission spéciale d'appel établie dans une colonie, en matière de contravention aux lois et ordonnances concernant le commerce étranger.

166. Le fait seul du débarquement d'un étranger, par un navire étranger, sur la côte de Marie-Galante et hors des lieux désignés par les lois et règlements concernant le commerce étranger, suffit pour entraîner la confiscation du navire; les tribunaux ne peuvent se borner à prononcer une amende contre les armateurs et le capitaine du navire. (Cass. 1ᵉʳ juin 1827, J. P. 3ᵉ édit.; D. P. 27. 1. 413.)

167. L'adjudicataire d'une habitation aux colonies, sur laquelle des objets de contrebande ont été saisis, est passible de l'amende de 3,000 fr. prononcée par l'art. 4 de la déclaration du roi de 1768, encore bien qu'il n'ait pas pris possession de cette habitation au moment de sa saisie, sauf son recours contre qui de droit. (Cass. 1ᵉʳ déc. 1829, D. P. 29. 1. 415.)

168. Un capitaine originaire d'une colonie autre que la Guadeloupe, et prévenu d'un délit autre que l'introduction de marchandises prohibées, ne peut être interdit de ses fonctions par un tribunal; l'ordonnance du gouverneur du 27 mars 1819 n'est applicable qu'aux marins originaires de la Guadeloupe, et prévenus d'introduction de marchandises prohi-

bées. (Cass. 22 juillet 1825, S.-V. 25. 1. 389; D. P. 25. 1. 426.)

169. Depuis 1832, il existe à la Guadeloupe deux chambres de commerce : l'une à la Basse-Terre, composée de six membres et du directeur de l'intérieur qui la préside; l'autre à la Pointe-à-Pître, composée de neuf membres et présidée par le président de ville.

• Présenter au gouvernement des vues sur les moyens d'accroître la prospérité du commerce; indiquer les causes qui en arrêtent les progrès; surveiller la confection des travaux publics relatifs au commerce, et l'exécution des lois et arrêtés concernant la contrebande, télles sont les principales attributions de ces chambres.

170. Il existe à la Guadeloupe de nombreux établissements d'instruction publique, plusieurs hôpitaux à la fois civils et militaires, des hospices de charité entretenus aux frais des caisses municipales, un bureau de bienfaisance dans chaque paroisse, des comités de vaccine et des conseils de santé.

171. *Monnaies, poids et mesures.* — Tout ce qui a été dit sur le système monétaire de la Martinique s'applique à celui de la Guadeloupe.

Le système métrique des poids et mesures a été mis en vigueur dans cette dernière colonie par une ordonnance locale du 15 juin 1824.

172. *Forces militaires.* — Les forces militaires de la Guadeloupe et de ses dépendances se composent : 1° de trois bataillons de l'un des deux régiments d'infanterie de la marine qui ont été créés par l'ordonnance royale du 14 mai 1831; 2° d'un corps de gendarmerie, dans lequel on compte trois officiers et quatre-vingt-quinze sous-officiers et gendarmes; 3° d'une direction d'artillerie et d'une sous-direction du génie; 4° des milices coloniales.

L'organisation de ces dernières a été réglée par une ordonnance royale du 1er janv. 1787. Au 1er avril 1837, l'effectif des milices de la Guadeloupe s'élevait à 6,708 hommes.

173. *Presse.* — Il existe trois imprimeries à la Guadeloupe. L'une d'elles est chargée des impressions du gouvernement. On compte dans la colonie trois journaux hebdomadaires, un almanach publié chaque année, et le *Bulletin officiel*, qui paraît chaque mois. La censure pure et simple est, à la Guadeloupe comme à la Martinique, le régime de la presse.

## Section 3. — Ile Bourbon.

174. L'île Bourbon, découverte en 1545 par des navigateurs portugais qui la nommèrent *Mascarenhas*, du nom de leur chef, fut occupée, en 1642, au nom de la France, par M. de Pronis, agent de la compagnie française des Indes-Orientales à Madagascar. En 1671, la propriété de l'île fut concédée à la compagnie des Indes par le gouvernement français. En 1764, elle fut, ainsi que l'île de France, rétrocédée au roi, et administrée en son nom, jusqu'en 1790.

En 1803, après avoir traversé une longue crise révolutionnaire et s'être gouvernée elle-même pendant treize ans, l'île Bourbon passa sous le commandement du capitaine général Decaen.

Le 9 juillet 1810, cette île tomba au pouvoir des Anglais, qui la gardèrent jusqu'au 6 avril 1815.

§ 1er. *Gouvernement. — Administration municipale. — Représentation.—Législation. — Organisation judiciaire. — Esclaves affranchis et gens de couleur.*

175. *Gouvernement.* — L'organisation du gouvernement et de l'administration supérieure, qui est, sauf quelques très-légères différences, la même que pour les deux colonies précédentes, a été réglée par une ordonnance royale du 21 août 1825, laquelle a été modifiée par trois autres ordonnances des 8 mai 1832, 22 août 1833 et 15 oct. 1836.

176. *Administration municipale.*—L'administration municipale a été organisée à Bourbon par un décret colonial du 22 juill. 1834. Ce décret divise la colonie en douze communes qui se subdivisent en sections. Depuis, il a été créé une treizième commune.

Il y a, dans chaque commune, un maire, des adjoints et des conseillers municipaux, dont le nombre ne peut être moindre de dix, ni excéder vingt-quatre, y compris le maire et les adjoints.

Le maire et les adjoints sont nommés par le gouverneur. Les conseillers municipaux sont élus pour quatre ans par l'assemblée des électeurs communaux.

177. *Représentation.*—Le conseil colonial de l'île Bourbon se compose de trente membres élus par les colléges électoraux de la colonie.

Est éligible à ce conseil tout Français âgé de trente ans, né à Bourbon ou qui y est domiciLié depuis deux ans, jouissant des droits civils et politiques, et payant dans la colonie 400 fr. de contributions directes, ou justifiant qu'il y possède des propriétés mobilières ou immobilières d'une valeur de 40,000 francs.

Est électeur tout Français âgé de vingt-cinq ans, né à Bourbon, ou qui y est domicilié depuis deux ans, jouissant des droits civils et politiques, et payant 200 fr. de contributions directes sur les rôles de la colonie, ou justifiant qu'il y possède des propriétés mobilières ou immobilières d'une valeur de 20,000 francs.

La colonie a deux délégués jouissant chacun d'un traitement de 20,000 fr. voté par le conseil colonial.

178. *Législation.*—Par un arrêté local du 17 oct. 1805, le Code civil a été mis en vigueur à Bourbon. Deux arrêtés supplémentaires du 23 oct. de la même année ont réglé, l'un, le mode d'exécution des titres 18 et 19 relatifs aux *hypothèques* et à l'*expropriation forcée*; l'autre, les modifications qu'exigeaient les autres parties du Code, notamment quant à l'état des personnes.

179. Le Code de procédure civile a été promulgué à Bourbon par arrêté local du 20 juillet 1808, pour avoir son exécution à partir du 1er oct. suivant, avec les modifications que la nature des affaires coloniales avait fait juger indispensables sur divers points. Cet arrêté, du reste, n'a introduit que de très-légers changements dans le titre de la *saisie immobilière*, qui n'a pas cessé, depuis lors, d'être en vigueur à Bourbon. Une ordonnance royale du 26 décem. 1827 a d'ailleurs réglé le mode de procéder, en matière civile, dans la colonie, en attendant l'application complète et définitive du Code de procédure civile.

180. La promulgation du Code de commerce fut faite à Bourbon par un arrêté du capitaine général Decaen, en date du 14 juillet 1809, mais avec quelques modifications. La loi du 19 mars 1817, qui a changé les art. 115 et 160 de ce Code, relatifs à la provision en matière de lettres de change et aux obligations des porteurs pour en obtenir le paiement, a été promulguée dans la colonie le 28 janvier 1818.

181. Le Code d'instruction criminelle, qui avait été adopté à Bourbon par deux ordonnances locales des 12 juin 1815 et 22 avril 1822, sauf en ce qui concerne les cours d'assises et le jury, a été définitivement mis en vigueur

dans la colonie par une ordonnance royale du 19 déc. 1827. Cette promulgation était indispensable, car la Cour de cassation, par un arrêt du 22 juillet 1825, avait jugé que le Code d'instruction criminelle n'était pas encore obligatoire à Bourbon, et que, sous ce rapport, la colonie était restée sous l'empire du règlement de 1738.

Le décret du 18 juin 1811, qui règle le tarif des frais en matière criminelle, a été introduit à Bourbon par un arrêté local du 21 décem. 1824, sauf quelques légères modifications.

182. Le Code pénal y a été mis en vigueur par une ordonnance royale du 30 déc. 1827. La loi du 22 juin 1835 a déclaré applicable à l'île Bourbon, sauf quelques changements, la loi du 28 avril 1832, qui a modifié, sur quelques points, le Code d'instruction criminelle et le Code pénal de la métropole.

183. Le régime hypothécaire existe à Bourbon depuis la promulgation du Code civil dans cette colonie; mais ce système n'y a été réellement mis en pratique d'une manière régulière et complète, que depuis une ordonnance royale du 22 nov. 1829, qui applique à l'île Bourbon les dispositions de celle du 24 juin de la même année, portant organisation du régime hypothécaire aux Antilles et à la Guiane française. Il y a deux bureaux de conservation d'hypothèques à Bourbon, l'un à Saint-Denis, l'autre à Saint-Paul.

Des arrêtés locaux avaient également mis en vigueur à Bourbon le système de l'enregistrement qu'une ordonnance royale du 19 juill. 1829 a organisé, dans cette colonie, sur des bases conformes, sauf le tarif des droits, à celles qu'une ordonnance organique du 31 déc. 1828 avait établies aux Antilles.

L'expropriation forcée a été mise en vigueur à Bourbon purement et simplement par un arrêté local.

184. *Organisation judiciaire.* — L'administration de la justice et l'organisation judiciaire ont été réglées, à l'île Bourbon, par les ordonnances royales du 30 sept. 1827, 6 juill. et 19 oct. 1828, 11 avril 1830, 10 juill. 1831 et 12 avril 1833.

L'île est divisée en six cantons de justice de paix, dont les chefs-lieux sont : *Saint-Denis*, *Sainte-Suzanne* et *Saint-Benoît* dans l'arrondissement du vent (est); *Saint-Paul*, *Saint-Pierre* et *Saint-Louis* dans l'arrondissement sous le vent (ouest).

Comme juges civils, les juges de paix connaissent des actions civiles, personnelles et mobilières, et des actions commerciales, en dernier ressort, si la valeur de la demande n'excède pas 250 fr.; en premier ressort seulement, de 251 à 500 fr.

Les juges de paix, comme juges de police, connaissent des contraventions, en dernier ressort, si les demandes, restitutions et autres réparations civiles n'excèdent pas 100 francs, outre les dépens; en premier ressort, si les condamnations sont supérieures à 100 francs, ou si elles prononcent l'emprisonnement.

185. Il y a deux tribunaux de première instance à l'île Bourbon, l'un à Saint-Denis, l'autre à Saint-Paul. Ils connaissent 1° de l'appel des jugements de juges de paix dans les limites ci-dessus indiquées; 2° des affaires civiles et commerciales, en dernier ressort, de 501 francs à 1,000 francs, et en premier ressort seulement, au-dessus de cette somme.

Les tribunaux de première instance se constituent en tribunaux correctionnels pour prononcer 1° sur l'appel des jugements de police; 2° sur les contraventions aux lois, ordonnances, arrêtés et règlements sur le commerce étranger, sur les douanes et sur la ferme des guildives (1), sauf l'appel au conseil privé.

186. Il existe à Bourbon une cour royale, dont le siège, transporté d'abord à Saint-Paul par l'ordonnance royale du 30 sept. 1827, a été rétabli à Saint-Denis, chef-lieu de la colonie, par une autre ordonnance du 10 juillet 1831. Cette cour est composée de sept conseillers et de trois conseillers-auditeurs. Il y a près d'elle un procureur général, un substitut du procureur général, un greffier et un commis-greffier assermenté.

La compétence de la cour royale de Bourbon est réglée par l'ordonnance organique du 30 sept. 1827. Cette cour connaît, en dernier ressort, des matières civiles et commerciales, sur l'appel des jugements des tribunaux de première instance; en premier et dernier ressort, des matières correctionnelles, autres que celles qui sont réservées aux tribunaux de première instance.

(1) Le privilége exclusif de fabriquer des rhums et aracks (eaux-de-vie de sucre) a été mis en ferme générale, sous le nom de ferme des guildives, par ordonnances locales des 30 juin 1818, 23 juin 1824 et 7 juin 1826.

En matière de police, elle connaît des demandes formées par le ministère public ou par les parties, en annulation des jugements en dernier ressort des tribunaux de police pour incompétence, excès de pouvoir ou contravention à la loi.

En cas d'annulation, elle prononce le renvoi devant l'un des juges de paix des cantons limitrophes, lequel statue définitivement.

Le conseiller-auditeur nommé par le gouverneur pour présider une chambre temporaire de première instance conserve, pendant la durée de ses fonctions, le droit de siéger à la cour royale dans les affaires dont il n'a pas connu comme juge de première instance. (C. de cass. 8 juillet 1834, S.-V. 34. 1 513; J. P. 3e édit.)

187. Il y a à Bourbon deux arrondissements de cours d'assises, dont les siéges sont à Saint-Denis et à Saint-Paul. Chacune de ces cours se compose de trois conseillers de la cour royale et de quatre membres du collége des assesseurs. Les uns et les autres prononcent en commun, tant sur la position et la solution des questions de fait que sur l'application de la peine.

A l'île Bourbon et dans les établissements français de l'Inde, il ne peut être sursis au jugement de la contumace que dans le cas limitativement déterminé par l'art. 469 du Code d'instruction criminelle, où les parents de l'accusé ont présenté pour lui une excuse fondée sur son absence, qui a été trouvée légitime (Cass. 31 janv. 1839, S.-V. 39. 1. 732; D. P. 39. 1. 211.)

188. En ce qui concerne les avocats, les avoués et les huissiers de l'île Bourbon, nous ne pouvons que renvoyer à ce qui a été dit sur l'exercice de ces professions dans les colonies précédentes.

189. Quant au notariat, la loi du 25 vent. an XI a été promulguée à Bourbon, à quelques modifications près. L'aspirant doit avoir vingt-cinq ans, ainsi qu'à la Guadeloupe et à la Martinique, et justifier, indépendamment de sa moralité, d'un temps d'étude chez un notaire, ou un avocat-avoué, temps dont la durée est laissée à l'appréciation du gouverneur qui nomme.

A Bourbon, le cautionnement des notaires est de 10,000 fr., et réalisable en immeubles d'une valeur du tiers en sus.

190. *Esclaves affranchis et gens de couleur.* — L'édit du roi de déc. 1723, qui n'est en

grande partie que la reproduction des dispositions du *Code noir* de 1685; une ordonnance des gouverneur et intendant des îles de France et de Bourbon, en date du 29 sept. 1767; enfin, une ordonnance locale du 7 déc. de la même année, constituent le régime actuel des esclaves de Bourbon, sauf les modifications introduites dans ce régime par les ordonnances royales des 29 avril 1836, 11 juin 1839, 5 janvier 1840, et 16 sept. 1841, dont nous avons déjà donné l'analyse.

Sous l'empire de l'édit précité de déc. 1723 (art. 51), les personnes de couleur demeurant à l'île Bourbon étaient incapables de recevoir à titre gratuit; et cette incapacité n'était pas relative seulement aux biens situés dans cette colonie, elle était absolue et s'appliquait également aux biens situés en France.

Ces dispositions avaient été renouvelées par un arrêté du gouverneur général de Bourbon, en date du 1er brumaire an XIV, et elles ont eu force légale jusqu'à ce que la loi du 24 avril 1833 ait aboli, quant aux droits civils et politiques, toutes les distinctions que les règlements antérieurs avaient établies entre les blancs et les hommes de couleur, les libres et les affranchis.

Mais la disposition de l'édit de 1723, qui attribuait à l'hospice le plus voisin la totalité des biens donnés à des affranchis ou à des personnes de couleur, avait été abrogée, dans l'île Bourbon, par le statut local du gouverneur de cette colonie du 1er brum. an XIV, portant, art. 68, que les choses données directement ou indirectement aux affranchis et personnes de couleur, retournent pour les deux tiers aux héritiers légitimes; et pour l'autre tier seulement, à la caisse de bienfaisance. En conséquence, les héritiers légitimes avaient qualité pour demander la nullité d'un testament lorsqu'il contenait un fidéicommis au profit d'une personne de couleur. (Cass. 2 juillet 1839, S.-V. 39. 1. 626; D. P. 39. 1. 281.)

§ 2. — *Commerce. — Douanes. — Monnaies, poids et mesures. — Etablissements d'utilité publique. — Presse.*

191. Le commerce de Bourbon, comme celui des autres colonies françaises, est soumis, en principe, au régime de l'exclusif réciproque. Toutefois, lorsque l'île Bourbon rentra, en 1815, sous la domination de la France, les gouverneurs de cette colonie, à raison de l'énorme distance qui la séparait de la métropole et de la nécessité de lui conférer d'aussi étroites relations que possible avec l'île Maurice, furent autorisés à laisser le commerce étranger en possession d'une certaine partie de l'approvisionnement de Bourbon, et à permettre aussi, dans certains cas, l'envoi de ses produits à l'étranger.

Ce régime provisoire a duré jusqu'à la loi du 24 avril 1833, suivant laquelle il n'est plus permis au gouvernement de statuer, en cette matière, par voie d'ordonnance.

Il existe à Saint-Denis, depuis 1830, une chambre de commerce, qui se compose, indépendamment du maire qui en est président, de six membres, choisis par le gouverneur en conseil, sur une liste double de candidats, nommés au scrutin secret par une assemblée de vingt-quatre commerçants notables, et pris parmi les négociants patentés de première classe.

Il y avait à Bourbon, en 1836, quatorze agents de change, courtiers de commerce.

192. Les denrées et marchandises admises à Bourbon en franchise de droits de douane, sont: 1° les tissus français; 2° la morue provenant de pêche française, importée par bâtiment français; 3° les machines, mécaniques et usines de fabrique française, importées par navires français; 4° les meubles à l'usage des personnes qui viennent se fixer dans la colonie; 5° les bois propres aux constructions civiles et navales; 6° les bestiaux vivants; 7° l'or et l'argent monnayés et en lingots; 8° le blé, le riz et les graines potagères (à l'exception des légumes secs, pourvu qu'ils ne proviennent pas des possessions de la compagnie anglaise dans l'Inde).

Les marchandises affranchies du paiement des droits de douane à la sortie, sont : 1° les légumes secs, les pommes de terre et les oignons; 2° les sacs de vacoua, 3° les rhums et aracks, qui jouissent même d'une prime de 30 centimes à la sortie; 4° toutes les autres marchandises retirées de la circulation, sous quelque pavillon qu'elles soient exportées; 5° le sucre, les muscades et l'essence de girofle exportés de Bourbon pour Mascate, par navires de Mascate.

Les denrées et marchandises qu'on ne peut exporter de la colonie sont : 1° le blé; 2° les chevaux, mules et autres bêtes de transport; 3° les denrées coloniales (le girofle excepté) destinées pour l'étranger, sauf le cas où il est constaté que les bâtiments français qui sont sur les rades de l'île ou qui y sont attendus, ont leur chargement assuré ; et dans ce cas, l'exportation pour l'étranger ne peut se faire que moyennant un droit de sortie de 12 p. 0/0.

Les denrées et marchandises dont l'entrée dans la colonie est prohibée, sont : 1° les tissus étrangers, à l'exception des tissus de l'Inde apportés par navires français ; 2° les fers et aciers ouvrés importés sous quelque pavillon que ce soit, et les fers et aciers non ouvrés importés par navires étrangers ; 3° divers produits industriels de l'Inde et de la Chine, tels que bougies, meubles, châles, porcelaine et poterie, savons, papiers, soie non écrue et soieries, tissus de poil et de laine, cachemires, voitures, chapeaux de paille et de soie ; 4° les chiens venant de l'Inde et de Maurice, les singes et les mackis ; 5° les rhums, aracks et autres spiritueux ; 6° les toileries de l'Inde apportées par navires étrangers ; 7° les denrées et productions coloniales étrangères susceptibles d'entrer en concurrence avec celles du pays, à l'exception des poivres, sucre candi et dattes apportés par navires français ; 8° enfin, en général les marchandises étrangères venant de l'étranger, bien que n'étant pas frappées de prohibitions spéciales, à moins que l'admission dans la colonie n'en soit autorisée par le gouverneur en conseil.

193. L'île Bourbon étant, par sa situation géographique, un intermédiaire naturel entre l'Europe et l'Asie, il y a été créé, dès 1817, un entrepôt pour les marchandises destinées au transit.

L'entrepôt est *réel* ou *fictif :* réel, lorsque les marchandises ne peuvent être reçues qu'à charge de réexportation ; fictif, lorsqu'elles peuvent être tirées de l'entrepôt pour être vendues dans la colonie.

Les marchandises importées directement de France par navires français sont seules admises à l'entrepôt fictif. Le droit d'entrepôt est fixé pour les marchandises venant de France ou de l'Inde par bâtiments français à 75 centimes p. 0/0 de la valeur, et pour les marchandises étrangères à 1 fr. 25 cent. La durée de l'entrepôt est de six mois ; mais elle peut être prolongée pendant un an par un nouveau paiement du droit.

Les principaux actes législatifs qui ont réglé le régime des douanes de l'île Bourbon sont :

1° En ce qui concerne les droits à percevoir, les arrêtés locaux des 11 sept. 1817, 31 déc. 1817, et 11 juillet 1818 ; l'ord. royale du 27 sept. 1827, et le tarif local du 20 février 1833 ;

2° En ce qui concerne le commerce de la colonie avec l'étranger, les actes locaux des 11 sept. 1820, 1er avril 1822, 7 juin 1826, 8 février 1827, 11 mai et 2 sept. 1829 ;

3° En ce qui regarde le service des douanes, les arrêtés locaux des 2 déc. 1819, 27 juin et 29 déc. 1820, 18 avril 1822, et 30 avril 1824, et l'ordonnance royale du 16 avril 1837 ;

4° En ce qui concerne l'entrepôt établi à Bourbon, les arrêtés locaux des 10 oct. 1818, 15 déc. 1819, et 8 fév. 1822 ;

5° En ce qui concerne les saisies, confiscations et amendes en matière de douanes, un arrêté local du 26 nov. 1823, et une ordonnance royale du 21 oct. 1832.

194. *Monnaies, poids et mesures.* — Toutes les monnaies commerciales ont cours à Bourbon, en se rapportant à une unité commune, *la piastre,* monnaie fictive, dont la valeur est de 5 fr., et qui se subdivise en *dixièmes* et en *centièmes.* Bien que l'habitude de compter ainsi soit à peu près générale dans les transactions privées, on n'admet dans les comptes publics que les dénominations du système monétaire de France, lequel est en vigueur à Bourbon depuis 1815.

L'intérêt légal de l'argent est fixé, dans la colonie, à 9 p. 0/0 en matière civile, et à 12 p. 0/0 en matière commerciale.

Une ordonnance locale du 5 janv. 1821 rend applicable à l'île Bourbon, à partir du 1er janvier 1822, le système décimal des poids et mesures.

195. *Établissements d'utilité publique.* — On compte à Bourbon 1 collège, entretenu aux frais de la colonie, et qui possède une chaire pour l'enseignement du droit ; 1 pensionnat privé pour les garçons ; 29 écoles primaires pour les garçons, dont 3 tenues par les frères de la Doctrine chrétienne, 10 communales et 16 particulières ; 24 écoles primaires pour les jeunes filles, dont 3 communales, 13 particulières, 3 de charité, et 4 tenues par les sœurs de l'Ordre de Saint-Joseph de Cluny ; une commission centrale et permanente de l'instruction publique ; 2 hôpitaux, 2 bureaux de bienfaisance ; 13 ateliers communaux de charité ; une commission de santé ; 2 prisons, qui sont à la fois civiles et militaires ; une biblio-

thèque publique; enfin, 16 édifices consacrés au culte.

196. *Presse.* — Bourbon possède trois imprimeries particulières. Il est publié dans la colonie quatre journaux, dont deux officiels.

### Sect. 4. — GUIANE FRANÇAISE.

197. La Guiane française comprend toute la partie du continent américain qui se trouve située entre le fleuve des Amazones et celui de l'Orénoque.

Les Français qui avaient commencé à s'y établir en 1626, l'abandonnèrent en 1654. Les Anglais l'occupèrent jusqu'en 1674; à cette époque, elle rentra sous la domination de la France. Une expédition anglo - portugaise s'empara de la Guiane française le 12 janvier 1809, à la suite d'une capitulation où il fut stipulé qu'elle serait remise aux Portugais. Le 8 nov. 1817, elle fut rendue à la France, sous réserve de la fixation définitive de ses limites entre l'Oyapock et les Amazones, conformément au traité d'Utrecht.

§ 1er. — *Gouvernement et administration.* — *Administration municipale.* — *Représentation.* — *Législation.* — *Organisation judiciaire.* — *Esclaves.*

198. Une ordonnance royale du 27 août 1828, modifiée par deux autres ordonnances des 24 sept. 1831 et 22 août 1833, a réglé l'organisation du gouvernement de la Guiane française.

Cette organisation est la même que celle dont nous avons ci-dessus donné les détails, en ce qui concerne le gouvernement de la Martinique et de la Guadeloupe, sauf les restrictions suivantes : 1° il n'y a point de commandant militaire à la Guiane française; 2° les attributions de l'ordonnateur et du directeur de l'intérieur y sont réunies entre les mains d'un seul fonctionnaire, qui a le titre d'*ordonnateur.*

199. *Administration municipale.* — Un décret colonial, du 30 juin 1835, a réglé tout ce qui concerne l'organisation municipale à la Guiane française. Aux termes de ce décret, le territoire de la colonie est divisé en treize communes ou quartiers.

La ville de Caïenne, chef-lieu de la Guiane française, a un maire et deux adjoints. Il y a dans les autres communes un commissaire-commandant et un lieutenant-commissaire.

Ces fonctionnaires sont nommés pour trois ans par le gouverneur, qui peut les révoquer, s'il y a lieu, avant l'expiration de leur mandat; ils sont choisis parmi les membres des conseils municipaux. Toutefois, dans les communes rurales où le nombre des électeurs communaux est au-dessous de dix, les commissaires-commandants peuvent être choisis parmi tous les habitants propriétaires âgés de vingt-cinq ans.

Le conseil municipal de Caïenne se compose de douze membres, y compris le maire et les adjoints.

Sont électeurs communaux les citoyens ayant le cens voulu par la loi du 24 avril 1833 pour être électeurs à la Guiane française, c'est-à-dire payant 200 fr. de contributions directes sur les rôles de la colonie, ou justifiant qu'ils possèdent dans la colonie des propriétés mobilières ou immobilières d'une valeur de 20,000 fr.

Les attributions des conseils municipaux, du maire et des adjoints de Caïenne, des commissaires-commandants et des lieutenants-commissaires des autres communes, sont pour la plupart, et sauf les modifications qu'exigeaient les spécialités coloniales, celles qui ont été déterminées en France par la loi organique du 18 juillet 1837.

200. *Représentation.* — Le conseil colonial de Caïenne se compose de seize membres élus pour cinq ans par les collèges électoraux de la colonie.

Est électeur tout Français âgé de vingt-cinq ans, né ou domicilié depuis deux ans à la Guiane, jouissant des droits civils et politiques, et payant 200 fr. de contributions directes sur les rôles de la colonie, ou justifiant qu'il y possède des propriétés mobilières ou immobilières d'une valeur de 20,000 fr.

Est éligible tout citoyen jouissant des mêmes qualités et payant 400 fr. de contributions, ou justifiant, dans la colonie, de 40,000 fr. de propriétés.

La Guiane française n'a qu'un seul délégué, jouissant d'un traitement annuel de 15,000 fr.

201. *Législation* — Le Code civil a été promulgué à la Guiane française par un arrêté du gouvernement local, en date du 1er vendémiaire an XIV (23 sept. 1805).

Le Code de procédure civile, modifié dans quelques-unes de ses parties, est en vigueur

dans la colonie, en vertu d'un arrêté semblable, depuis le 25 août 1821 (1).

En conséquence, les arrêts rendus depuis
cette époque par la cour royale de Caïenne
doivent, à peine de nullité, contenir les noms
des juges qui ont pris part à la délibération.
(Cass. 13 août 1822, Devillen. et Car., 7. 1.
124; J. P. 3e édit.)

La constitution d'un mandataire à Caïenne
peut produire cet effet, que l'assignation donnée au mandataire soit réputée donnée à la
partie elle-même, alors même que cette partie
n'a pas élu domicile chez le mandataire; de
telle sorte que cette assignation n'emporte pas
augmentation de délai à raison de la distance
du domicile de la partie. (Art. 74 du Code de
procédure modifié de la Guiane; Cass. 14 fév.
1842, S.-V. 42. 1. 327; J. P. 42. 2. 507.)

Le Code de commerce a été promulgué à la
Guyane française par acte du gouvernement
local, en date du 1er octobre 1820.

Le Code d'instruction criminelle et le Code
pénal ont été rendus applicables à la Guiane,
le premier par une ordonnance royale du 10
mai 1829, le second par une ordonnance du
15 février de la même année. La loi du 28
avril 1832, modificative de ces deux codes,
a aussi été appliquée à cette colonie, sauf
quelques modifications, par la loi du 22 juin
1835, commune aux trois autres colonies à
législature.

Une ordonnance royale du 14 juin 1829,
commune à la Guadeloupe et à la Martinique,
modifiée depuis sur quelques points par les
ordonnances des 1er juillet 1831 et 22 sept.
1832, contient une organisation complète du
système de la *conservation des hypothèques*
dans la colonie, système qui du reste y était
en vigueur depuis la promulgation du Code
civil.

Une autre ordonnance royale du 31 déc.
1828, qui est également commune aux deux
colonies des Antilles françaises, établit l'enregistrement à la Guiane. Les dispositions de
cette ordonnance ont été modifiées et complé-
tées par trois autres ordonnances royales des
1er juill. 1831, 16 mai et 22 sept. 1832.

202. *Organisation judiciaire.* — La loi du

24 avr. 1833 a divisé la Guiane française, sous le
rapport de l'administration de la justice, en
deux justices de paix dont les chefs-lieux sont
Caïenne et Sinnamary; en un tribunal de
première instance, une cour royale et une
cour d'assises, dont le siége est à Caïenne.

La compétence de ces divers tribunaux est
réglée par l'ordonnance organique du 21 décembre 1828 sur les mêmes bases qu'à la Guadeloupe.

La cour royale de Caïenne n'a que cinq
conseillers et deux conseillers auditeurs.

La cour d'assises se compose de trois conseillers de la cour royale et de quatre membres
du collége des assesseurs.

Le nombre des avoués est fixé à six;
ils occupent indistinctement devant la cour
royale et le tribunal de première instance.
Deux d'entre eux exercent, sur la désignation
du gouverneur, les fonctions d'avocats au
conseil privé dans les affaires du contentieux
administratif.

Une ordonnance du gouverneur, en date
du 24 février 1820, a promulgué à la Guiane
la loi du 25 ventôse an XI, sur le *notariat*,
sauf quelques modifications.

Le cautionnement des notaires de la Guiane
est fixé à 3,000 fr. pour la ville, et à 4,000 fr.
pour les quartiers ou communes rurales. Les
autres conditions qu'ils ont à remplir sont les
mêmes qu'à l'île Bourbon. V. p. 439, n° 189.

203. *Esclaves.* — Une ordonnance royale du
29 avril 1836 règle les formalités qui doivent
être observées pour les affranchissements dans
la Guiane française.

Une autre ordonnance du 18 mars 1840
concerne l'exécution, dans cette colonie, de
l'ordonnance du 11 juin 1839 sur les récen-
sements.

L'enfant de couleur, quoique né et domicilié
à la Guiane, a pu être reconnu par son père
en 1802 sur le continent français, et la reconnaissance doit avoir effet sur les biens successifs du père, échus aux colonies en 1825,
bien qu'un règlement colonial, du 23 sept.
1805, eût prohibé les reconnaissances d'enfants de couleur. L'enfant de couleur ainsi
reconnu a toute faculté d'exercer le retrait
successoral établi par l'art. 841 du Code civil
(Cass. 15 mars 1831, S.-V. 31. 1. 183; D. P.
31. 1. 109.)

Un arrêt de la Cour de cassation, en date
du 26 janvier 1843, a décidé:

1° Que, devant une cour d'assises de la

_____

(1) Cette date est celle des notices de la marine;
mais suivant MM. Duvergier et Isambert, une ordonnance du gouverneur de la Guiane, du 25 janvier 1818, y avait déjà promulgué le Code de procédure civile.

Guiane française, la revendication de liberté d'un accusé dont la condition est en état d'incertitude, constitue un incident préjudiciel sur lequel la cour doit statuer avant de procéder aux débats; l'art. 326 du Code civil n'est point alors applicable (C. instr. crim. Guiane, art. 417, alinéa 1ᵉʳ);

2° Que le pourvoi contre un arrêt de la cour d'assises de la Guyane, formé par un accusé de condition libre, profite à ses coaccusés esclaves (Ordonn. du 20 juillet 1828, art. 9);

3° Qu'à la Guiane, des témoins portés sur la liste notifiée à l'accusé doivent, à peine de nullité, prêter serment avant de déposer, bien qu'ils ne soient entendus qu'à titre de renseignements, alors d'ailleurs que le procès-verbal ne constate aucun fait qui leur ait ôté leur caractère de témoins ( C. instr. crim. Guiane, 317);

4° Il en serait également ainsi quand même les témoins seraient esclaves, s'il ne s'agissait point de déposition contre leur maître (1), ou s'il n'y avait point d'opposition. (J. P. 1843. 2. 25.)

## § 2. — Commerce. — Douanes. — Monnaies, poids et mesures. — Établissements d'utilité publique. — Presse.

204. Depuis que la Guiane est rentrée sous la domination française, le gouvernement métropolitain a cru devoir conserver au port de Caïenne une partie des franchises qui lui avaient antérieurement été concédées dans l'intérêt de ses relations commerciales. Ainsi tous les pavillons y sont admis, sauf les bâtiments venant de l'Inde et des pays situés à l'est du cap de Bonne-Espérance. Certaines denrées et marchandises étrangères peuvent également y être introduites, soit pour être consommées dans le pays, soit seulement en entrepôt fictif, et l'exportation des produits du sol, ainsi que des objets importés, est autorisée par tous navires et à toutes destinations. Mais la navigation et le commerce nationaux y sont protégés par des tarifs qui leur permettent de soutenir la concurrence du commerce étranger.

Le régime des douanes de la colonie est réglementé par divers actes locaux dont les principaux sont :

1° Un arrêté colonial du 18 août 1819 sur la police du cabotage;

2° Un arrêté colonial du 26 août 1819 concernant la police des douanes sur les côtes de la Guiane française;

3° Un arrêté colonial du 2 janvier 1820, portant application à la colonie, sous le titre de code des douanes pour la Guiane française, des principales dispositions des lois rendues en France sur les douanes depuis 1791;

4° Un arrêté colonial du 13 avril 1820, concernant l'affirmation des procès-verbaux et les transactions;

5° Un arrêté colonial du 5 octobre 1828, qui met en vigueur à la Guiane française diverses dispositions modifiées de la loi de douanes du 28 avril 1799.

Les droits à percevoir à la Guiane, tant pour l'entrée que pour la sortie des marchandises, sont provisoirement fixés par des arrêtés locaux, dont le dernier est du 28 déc. 1833.

205. Monnaies, poids et mesures. — Le système monétaire de France a été mis en vigueur à la Guiane par un arrêté local du 2 fév. 1820. Les monnaies d'or et d'argent qui ont cours dans la colonie sont celles de France, de Portugal, d'Espagne et d'Angleterre. Un arrêté local du 19 mai 1828 fixe le cours de ces trois dernières. Un décret colonial du 6 juill. 1834 a remplacé dans la circulation, par des billets de caisse sans cours forcé et remboursables à vue, une somme de 100,000 fr. en pièces de cuivre de cinq et de dix centimes, qui ont été mises en dépôt dans les caisses du trésor colonial.

Le système métrique des poids et mesures a été mis en vigueur à la Guiane par une ordonnance coloniale du 3 sept. 1820.

206. Établissements d'utilité publique. — Deux maisons d'instruction publique, l'une pour les garçons, l'autre pour les filles; deux écoles primaires pour les deux sexes, entretenues aux frais de la caisse coloniale; un hôpital civil et militaire, une léproserie, un bureau de bienfaisance, un comité de vaccine, une imprimerie soutenue par le trésor colonial, trois églises, trois presbytères : tels sont les établissements d'utilité publique que possède la Guiane française.

207. Presse. — On imprime à Caïenne la feuille de la Guiane française, qui paraît tous

---

(1) Voir cependant Cass. 27 janv. 1831, et le réquisitoire de M. le procureur-général Dupin dans cette affaire. (S.-V. 31. 1. 57; J. P. 3ᵉ édit.; D. P. 31. 1. 41.)

les samedis ; l'*Almanach de la Guiane française*, publié chaque année, et le *Bulletin officiel de la Guiane française*, recueil mensuel, destiné à la publication des lois, ordonnances et arrêtés qui intéressent la colonie.

### Sect. 5. — Etablissements français dans l'Inde.

208. La ville de Pondichéry, qui est aujourd'hui le chef-lieu de nos établissements dans les Indes Orientales, n'était en 1683 qu'une simple bourgade, qui fut achetée à cette époque au souverain du pays avec les fonds de la compagnie des Indes. En 1688, la même compagnie acquit *Chandernagor*. En 1727, elle obtint la cession de *Mahé*; en 1739, elle acheta *Karikal* du roi de Tanjaour, et en 1752 *Yanaon* et *Mazulipatam*, dont les Français s'étaient emparés deux ans auparavant, lui furent définitivement cédés.

Ces divers établissements, après avoir subi de nombreuses vicissitudes par suite des événements de la guerre, ont été rendus, sauf le dernier, à la France, aux termes des traités de 1814 et de 1815, en vertu desquels ils ont été réduits aux limites restreintes que leur avait précédemment assignées le traité d'Utrecht. Ils se bornent aujourd'hui à des fractions de territoire isolées les unes des autres, et toutes situées dans la presqu'île en deçà du Gange : leur population totale s'élève à environ cent soixante-sept mille individus, dont neuf cent quatre-vingts Européens. La superficie de leurs territoires réunis peut avoir vingt-cinq à vingt-six lieues carrées.

§ 1ᵉʳ. — *Gouvernement et administration.* — *Population et état des personnes.* — *Représentation.* — *Législation.* — *Organisation judiciaire.* — *Culte.* — *Instruction publique.*

209. Aux termes de la loi du 24 avril 1833, les établissements français dans l'Inde continuent d'être soumis au régime des ordonnances.

Avant 1840, des règlements émanés des gouverneurs, à diverses époques, constituaient tout leur système administratif. Mais un tel régime laissait trop de place à l'arbitraire et faisait généralement sentir le besoin d'une organisation plus stable et plus régulière. C'est pour satisfaire à ce vœu qu'a été rendue l'ordonnance du 23 juillet 1840.

Aux termes de cette ordonnance, le commandement et la haute administration appartiennent à un gouverneur résidant à *Pondichéry ;* des chefs de service administrent sous ses ordres les établissements de *Chandernagor*, de *Karikal*, de *Mahé* et de *Yanaon*.

Un conseil d'administration placé près du gouverneur éclaire ses décisions, et participe à ses actes dans certains cas déterminés. Ce conseil se constitue en conseil du contentieux administratif pour le jugement de certaines matières analogues à celles qui en France sont déférées au jugement des conseils de préfecture.

En attendant qu'un règlement spécial sur le mode de procéder devant le conseil privé de Pondichéry soit adopté, il a été prescrit à l'administration locale de se conformer, sur ce point, aux dispositions du règlement du 6 juillet 1826, concernant la procédure devant le Conseil d'état.

Les décisions du conseil du contentieux administratif sont susceptibles de recours devant le Conseil d'état : ce recours n'a d'effet suspensif que dans le cas de conflit.

Le gouverneur a dans ses attributions les mesures de haute police. Il a le droit de mander devant lui, lorsque le bien du service ou le bon ordre l'exige, tout habitant, négociant ou autre individu qui se trouve dans l'étendue du territoire de Pondichéry. Le même droit est attribué aux administrateurs des autres établissements, en ce qui concerne le territoire soumis à leur autorité.

Aucun individu ne peut être arrêté par mesure de haute police que sur un ordre signé du gouverneur. Il peut interroger le prévenu, et doit le faire remettre dans les vingt-quatre heures entre les mains de la justice, sauf le cas où il est procédé contre lui extrajudiciairement, suivant la faculté que l'art. 51 de l'ordonnance en donne au gouverneur.

210. Le budget des dépenses du service colonial des établissements français de l'Inde s'élève annuellement à la somme d'à peu près un million.

Les revenus locaux qui doivent subvenir à ces dépenses, se composent de divers droits dont la perception est réglée par une ordonnance locale du 7 juin 1828 et par deux arrêtés locaux des 14 nov. 1832 et 15 nov. 1833.

Aux termes de ces règlements, certains droits, qu'on peut assimiler aux droits de *patentes*, sont perçus, soit directement par l'administration, soit par les fermiers du gouvernement sur les individus qui exercent quelque industrie ou font le commerce soit en boutique, soit comme étalagistes dans les bazars publics, soit enfin comme colporteurs.

Des droits de *lods et ventes*, analogues aux droits d'enregistrement, sont prélevés sur le montant des ventes d'immeubles et des ventes mobilières.

Les terres du territoire de Pondichéry sont en principe la propriété du souverain. Elles sont tenues et possédées à différents titres par ceux qui les exploitent, à la charge par eux d'acquitter une redevance ou rente foncière annuelle. Cette rente se paie en argent à Pondichéry ainsi qu'à Mahé et à Yanaon. A Karikal, au contraire, les terres appartiennent en toute propriété à ceux qui les possèdent. Ces derniers paient une contribution territoriale qui s'acquitte en nature.

211. *Population et état des personnes.* — La population des établissements français de l'Inde se compose : 1° d'Européens et de descendants d'Européens; 2° de *Topas* ou *gens à chapeaux*, lesquels se distinguent ainsi des Malabars ou indigènes, qui ne portent pas de chapeaux. Les Topas sont issus originairement du commerce des blancs et des femmes indigènes. Ce sont des hommes de couleur tenus jusqu'ici dans une sorte d'infériorité; 3° d'Indiens ou aborigènes libres. On y compte, en outre, quelques esclaves dont le nombre tend à décroître de jour en jour.

On comprend sous la dénomination générale de *Gentils* les Indiens qui ne sont ni chrétiens ni musulmans.

Le mineur né dans les Indes de père et mère gentils, sujet du roi de France, élevé dans la religion catholique, est habile à recevoir par testament.

L'individu d'origine malabare, né dans les Indes, sur le territoire français, est habile à succéder sans lettres de naturalisation.

En décidant que des biens immeubles échus à un habitant des colonies, dans une succession ouverte en France depuis le Code civil, ont pu être valablement légués par lui avant la promulgation de ce code dans la colonie et pendant que la coutume de Paris y était encore en vigueur, un arrêt, loin de violer les dispositions de cette coutume relative à l'indisponibilité des *propres*, fait une juste application des principes du Code civil, qui, relativement à la faculté de disposer, abolis-

sent toute distinction dans la nature des biens. (Cass. 5 juin 1828, S.-V. 28. 1. 292).

212. *Représentation.* — Un conseil général séant à Pondichéry, et des conseils d'arrondissement séant à Chandernagor et à Karikal, donnent leur avis sur les affaires qui leur sont communiquées, et font connaître les vœux et les besoins du pays.

Le conseil général est composé de dix membres qui sont élus, pour cinq ans, dans une assemblée de notables choisis par le gouverneur en conseil parmi les habitants colons et indigènes, et parmi les fonctionnaires et employés de l'ordre administratif et de l'ordre judiciaire.

Le nombre de ces notables électeurs ne peut excéder quarante-cinq ni être au-dessous de vingt-cinq.

Chacun des conseils d'arrondissement se compose de cinq membres également élus, pour cinq ans, par des notables choisis dans chaque localité par le gouverneur.

Le conseil général nomme, dans sa première session, un *délégué* et un *suppléant* qui résident à Paris. Le premier reçoit une indemnité dont le taux est compris parmi les dépenses du budget colonial. Les fonctions de délégué-suppléant sont gratuites, hors le cas de vacance de la place de délégué titulaire, dont il reçoit alors le traitement.

213. *Législation générale.* — Le Code civil, le Code de procédure civile, le Code de commerce et le Code pénal ont été promulgués à Pondichéry par un acte local du 6 janv. 1819. Un arrêté local du 21 avril 1825 y a mis aussi en vigueur le Code d'instruction criminelle, après en avoir retranché certaines dispositions, entre autres celles qui concernent les cours d'assises et le jury.

La contrainte par corps a été appliquée aux établissements français dans l'Inde par une ordonn. royale du 12 juillet 1832.

Enfin une ordonn. royale, du 29 mars 1836, prescrit la publication aux Indes des modifications apportées au Code pénal par la loi du 28 avril 1832.

Cependant l'administration a toujours maintenu les lois hindoues et mahométanes pour les différentes castes d'Indiens. Les tribunaux appliquent journellement cette législation aux contestations civiles qui surviennent entre eux.

214. *Organisation judiciaire.* — L'organisation judiciaire et l'administration de la jus-

tice dans les établissements français des Indes orientales ont été réglées par une ordonnance royale du 7 fév. 1842.

Il existait autrefois dans nos colonies de l'Inde des tribunaux connus sous le nom de *chaudrie*. Déjà l'ordonnance du 23 déc. 1827 les avait supprimés. Toutefois cette ordonnance avait conservé un *comité consultatif* de jurisprudence indienne. Aux termes de l'ordonnance du 7 fév. 1840, ce comité continuera d'être appelé à donner son avis sur toutes les questions de droit indien qui lui seront soumises par les tribunaux.

215. Des tribunaux de paix sont établis à Pondichéry, à Chandernagor et à Karikal. Ils connaissent de toutes les affaires personnelles et mobilières, et des actions commerciales, en premier et dernier ressort, jusqu'à la valeur de 75 fr. en principal exprimé sur la demande, et à charge d'appel, jusqu'à la valeur de 150 fr.

Les tribunaux de paix connaissent, en outre, des contraventions de police définies par les lois, ainsi que des infractions aux règlements de police légalement faits par l'autorité administrative. Leurs jugements sont rendus, savoir : en premier et dernier ressort, lorsque l'amende, les restitutions et autres réparations civiles n'excèdent pas 10 fr., outre les dépens ; et en premier ressort seulement, lorsqu'ils prononcent l'emprisonnement ou lorsque le montant des amendes ou des condamnations civiles excède la somme de 10 francs sans les dépens.

Les fonctions du ministère public auprès du tribunal de police de Pondichéry sont remplies par le commissaire ou inspecteur de police, et, en cas d'absence ou d'empêchement, par l'officier de l'état civil. Le tribunal ne prononce qu'après avoir entendu le ministère public dans ses réquisitions. Les tribunaux de police de Chandernagor et de Karikal peuvent, jusqu'à nouvel ordre, ne pas être assistés d'un officier du ministère public.

216. Les tribunaux de première instance sont composés, savoir : 1° celui de Pondichéry, d'un juge royal, d'un lieutenant de juge et d'un juge suppléant ; 2° celui de Chandernagor, d'un juge royal et d'un lieutenant de juge ; 3° celui de Karikal, d'un juge royal. Il y a près de chacun de ces tribunaux un procureur du roi, un greffier, et, s'il y a lieu, un ou plusieurs greffiers assermentés. Ces tribunaux prononcent sur l'appel des jugements rendus en premier ressort par les justices de paix. Ils connaissent, en premier et en dernier ressort, des actions personnelles, mobilières et commerciales, au-dessus de 150 fr. jusqu'à 500 fr., et des actions immobilières jusqu'à 25 fr. de revenu déterminé, soit en rente, soit par prix de bail.

Au-dessus de 500 fr. pour les actions personnelles, mobilières et commerciales, ou lorsque la chose qui fait l'objet de l'action immobilière ne produit pas de revenu susceptible d'une évaluation déterminée, ils jugent en premier ressort seulement. Toutefois, et en raison de la distance qui le sépare de la cour royale, le tribunal de Chandernagor juge, en dernier ressort, les actions personnelles, mobilières et commerciales jusqu'à 1,000 fr., et les actions immobilières jusqu'à 150 fr. de revenu.

Ces tribunaux, en matière correctionnelle, connaissent, en dernier ressort, de l'appel des jugements des tribunaux de police. Ils prononcent, en premier ressort, sur les matières correctionnelles définies par le code d'instruction criminelle, ainsi que sur les contraventions en matière de commerce étranger, de contributions indirectes et autres, qui entraînent une amende de plus de 15 fr.

Le juge royal rend seul la justice dans les matières qui sont de la compétence du tribunal de première instance statuant au civil ou au correctionnel. Il est chargé, au lieu de sa résidence, de la visite des navires, ainsi qu'il est réglé par les lois, ordonnances et autres actes en vigueur dans la colonie. Il visite, cote et paraphe les répertoires des notaires, ceux des huissiers et commissaires-priseurs, ainsi que les registres des curateurs aux successions vacantes.

217. Les fonctions attribuées au juge d'instruction par le Code d'instruction criminelle sont remplies, savoir : à Pondichéry et à Chandernagor par le lieutenant de juge, et à Karikal par le juge de paix.

Dans les établissements d'*Yanaon* et de *Mahé*, les chefs de comptoir remplissent les fonctions de lieutenant de juge. Ils connaissent, en premier et dernier ressort, 1° de toutes les affaires attribuées aux tribunaux de paix et de police, ainsi qu'il vient d'être dit ; 2° de toutes les affaires dont la connaissance, en dernier ressort, est attribuée aux tribunaux de première instance de Pondichéry et de Karikal. Ils connaissent, en premier ressort seulement, de toutes les autres affaires civiles ou commerciales et de toutes les affaires correctionnelles.

La police judiciaire, l'instruction criminelle et l'action publique sont dirigées, sous la surveillance du procureur général, par un commis entretenu de la marine, lequel remplit également les fonctions du ministère public dans les affaires civiles et criminelles portées devant le chef du comptoir.

218. La cour royale de Pondichéry est composée d'un président, de quatre conseillers et de deux conseillers auditeurs. Il y a près de la cour un procureur général, un substitut du procureur général, un greffier en chef et un commis greffier assermenté.

La cour royale statue souverainement sur l'appel des jugements rendus en premier ressort par les tribunaux civils et correctionnels.

Trois magistrats, au moins, sont nécessaires pour rendre arrêt en matière civile et en matière correctionnelle. En cas d'insuffisance, le président y pourvoit en appelant des magistrats honoraires, suivant l'ordre d'ancienneté; et à défaut de ceux-ci, des notables.

Suivant l'ordonnance du 23 déc. 1827, la justice criminelle devait être rendue par la cour royale composée de cinq magistrats avec adjonction de deux notables pris, à tour de rôle et par semaine, sur une liste de huit habitants, ultérieurement portée à seize par un arrêté local du 24 janv. 1831. Cette organisation, qui avait été modifiée par une ordonnance royale du 11 sept. 1832, a été rétablie par l'ordonnance du 7 fév. 1842.

La *chambre criminelle* connaît : 1° de toutes les affaires où le fait qui est l'objet de la poursuite est de nature à emporter peine afflictive ou infamante; 2° des appels de toutes les affaires criminelles jugées à Chandernagor, à Karikal, à Mahé et à Yanaon. Les tribunaux de ces établissements secondaires ne jugent, en effet, qu'en premier ressort, en tout ce qui touche aux matières criminelles.

Les conflits de juridiction donnant lieu à un règlement de juges, en matière criminelle, doivent, aux termes d'un arrêt du Conseil d'état, en date du 23 août 1843, être déférés à la Cour de cassation. Le conseil d'administration de la colonie est incompétent pour en connaître.

219. *Culte.* — Le service ordinaire du culte dans les établissements français de l'Inde était autrefois confié à la mission des capucins. Le même service s'y fait aujourd'hui sous la direction d'un préfet apostolique qui réside à Pondichéry. Deux curés, dont l'un réside à Chandernagor, l'autre à Karikal, un prêtre desservant à Mahé et un sacristain à Yanaon, composent, avec ce prélat, tout le personnel du culte.

220. *Instruction publique.* — Suivant une ordonn. du roi, du 8 nov. 1843, l'instruction est donnée dans les possessions françaises de l'Inde, 1° dans un collège royal établi à Pondichéry; 2° dans une école gratuite de jeunes filles et dans une pension particulière créée sous les auspices du gouvernement, l'une et l'autre dirigées par les sœurs de Saint-Joseph de Cluny; 3° dans les écoles primaires gratuites entretenues aux frais du trésor colonial; 4° dans des institutions et écoles tenues par des particuliers auxquels le gouverneur, en conseil, a délivré des diplômes à cet effet.

Ces divers établissements sont inspectés et surveillés par des commissions d'instruction publique, instituées au nombre de trois, savoir : à Pondichéry, à Chandernagor et à Karikal.

Sont de droit membres de la commission d'instruction publique : A Pondichéry, le président de la cour royale, le préfet apostolique, le maire ou le fonctionnaire remplissant les fonctions de maire, le proviseur du collège royal, l'ingénieur chargé en chef du service des ponts et chaussées. A Chandernagor et à Karikal, le juge royal, le procureur du roi, le curé.

Les autres membres sont choisis de préférence parmi les notables, pères de famille, et renouvelés tous les trois ans, sur la présentation, faite par la commission locale, de trois candidats pour chaque vacance. Ils sont indéfiniment rééligibles.

Les présidents de ces commissions sont nommés par le gouverneur sur la proposition du chef du service administratif.

Trois écoles gratuites primaires sont entretenues à Pondichéry aux frais du trésor colonial : une pour les enfants des *gens à chapeaux*; une pour les Indiens chrétiens, musulmans et gentils, de tout âge et de toute condition; la dernière pour les parias chrétiens et indous. Une école primaire gratuite est également entretenue aux frais du trésor colonial, au chef-lieu de chacun des districts de Villenour et de Bahour.

§ 2. — *Commerce.* — *Douanes.* — *Monnaies, poids et mesures.* — *Etablissements d'utilité publique.* — *Presse.*

221. *Commerce.* — *Douanes.* — Les ports des établissements français de l'Inde sont exempts de tous droits d'importation et d'exportation. Il n'était point, en effet, possible d'y mettre en vigueur le régime exclusif appliqué aux autres colonies françaises, attendu que ce sont plutôt des comptoirs que des établissements coloniaux, et que d'ailleurs des frontières ouvertes de tous les côtés auraient rendu complétement impraticable tout système prohibitif.

222. *Monnaies, poids et mesures.* — Les espèces monnayées sont considérées comme marchandises dans l'Inde, et l'abondance ou la rareté du numéraire leur fait subir de continuelles variations.

Les pièces de 20 fr. et de 5 fr. sont les seules monnaies françaises qui circulent à Pondichéry.

A Pondichéry, le taux de l'intérêt de l'argent dans le commerce est de 6 p. %; à Karikal, il est généralement de 12 p. %.

Il existe à Pondichéry un hôtel des monnaies, dont l'établissement date de 1736.

Le système métrique des poids et mesures n'a pu encore être introduit dans l'Inde, et l'aversion des habitants de ce pays pour tout ce qui s'éloigne de leurs usages, rendra sans doute difficile longtemps encore toute réforme à ce sujet.

223. *Etablissements d'utilité publique.* — L'Inde française possède de nombreux établissements d'utilité publique. On compte à Pondichéry une institution d'enfants de langue; un collège; un pensionnat de demoiselles; une école gratuite pour les filles de topas; une école gratuite pour les malabars; une école régimentaire d'enseignement mutuel pour les cypahis, et une école gratuite pour les parias.

A Karikal, une école gratuite pour les malabars;

A Chandernagor, une école primaire gratuite.

Des bureaux de bienfaisance, des ateliers de charité, sont institués dans tous nos établissements pour le soulagement de la classe indigente.

En 1827, un fond de 100,000 fr. a été affecté à l'établissement d'un mont-de-piété destiné à aider, par des prêts sur gages, les cultivateurs, les ouvriers et les petits marchands.

Un jardin royal a été créé, en 1826, à Pondichéry, à l'effet de répandre dans nos diverses colonies, et surtout à Bourbon, les plantes du Bengale et des autres parties de l'Inde.

Il existe en outre, à Pondichéry, une bibliothèque publique et une imprimerie entretenues aux frais du gouvernement local pour l'impression des actes de l'autorité.

224. *Presse.* — Le gouverneur surveille l'usage de la presse : il commissionne les imprimeurs, donne les autorisations de publier les journaux, et les révoque en cas d'abus. Aucun écrit autre que les jugements et actes publiés par autorité de justice ne peut être imprimé dans la colonie sans sa permission.

SECTION 6. — SÉNÉGAL.

225. Les premiers établissements que la France ait possédés sur la côte occidentale d'Afrique furent formés, vers le milieu du quatorzième siècle, par des marins de Dieppe, auxquels s'associèrent bientôt des négociants de Rouen. A partir de cette époque jusqu'en 1718, le commerce exclusif de cette côte, depuis le cap Vert jusqu'au cap de Bonne-Espérance, appartint d'abord à une compagnie dite *des Indes Occidentales*, et ensuite à quatre compagnies successives, dites *du Sénégal*.

A la fin de 1718, la compagnie des Indes succéda aux droits de la quatrième compagnie du Sénégal, et obtint l'administration exclusive des établissements français d'Afrique.

En 1758, les Anglais s'emparèrent de Gorée et du Sénégal; mais ces établissements furent rendus à la France, en vertu des traités de paix de 1763 et de 1783. A partir de cette dernière époque, la colonie fut administrée par des gouverneurs directement nommés par le roi.

Le Sénégal fut repris par les Anglais en 1809, et de nouveau restitué à la France par suite du traité de 1814.

Les possessions actuellement occupées par les Français sur la côte et dans l'intérieur de l'Afrique occidentale sont :

1° Sur le fleuve du Sénégal : l'île Saint-Louis et les îles voisines; le poste militaire de Richard-Tol; le poste militaire de Dagana; le fort de Bakel;

2° Sur la côte, l'île de Gorée;

3° Dans la Gambie, le comptoir d'Albréda;

IV.                                    29

4° Dans la Cazamance, le comptoir de Séghiou.

La ville de Saint-Louis, bâtie sur l'île de ce nom, qui se trouve à environ seize kilomètres de l'embouchure du Sénégal, est le chef-lieu de ces établissements.

**§ 1er. — *Gouvernement et administration.* — *État des personnes.* — *Représentation.* — *Législation.* — *Organisation judiciaire.***

226. *Gouvernement et administration.* — Le gouvernement et l'administration de la colonie du Sénégal et de ses dépendances ont été organisés par une ordonnance royale du 7 sept. 1840, dont les dispositions ont beaucoup d'analogie avec celles de l'ordonnance du 23 juillet 1840, concernant les établissements français de l'Inde.

Un gouverneur résidant à Saint-Louis a le commandement et la haute administration de la colonie; un commissaire de la marine et un chef de service judiciaire dirigent, sous les ordres du gouverneur, les différentes parties du service; un inspecteur colonial veille à la régularité du service administratif, et requiert à cet effet l'exécution des lois, ordonnances et règlements.

Un conseil d'administration placé près du gouverneur éclaire ses décisions, et statue en certains cas comme conseil du contentieux administratif. Les décisions de ce conseil, en matière administrative, sont susceptibles de recours au Conseil d'état: ce recours n'est suspensif qu'en cas de conflit. Le mode de procéder devant le conseil d'administration, constitué en conseil du contentieux administratif, est déterminé par un règlement particulier. Jusqu'à ce qu'une ordonnance royale ait statué sur ce point, on suit le règlement local du 9 juin 1828.

Dans chacune des villes de Saint-Louis et de Gorée, un maire et des adjoints, rétribués sur les fonds du budget colonial, sont investis de l'administration et de la police municipale.

227. *État des personnes.* — La loi du 24 avril 1833, portant que toute personne née libre, ou ayant acquis la liberté, jouit, dans les colonies françaises, *des droits civils et des droits politiques*, sous les conditions prescrites par les lois, a été promulguée au Sénégal par arrêté local du 5 juillet 1833.

L'ordonnance royale du 12 juillet 1832, concernant les *affranchissements* dans les colonies françaises, a été également appliquée au Sénégal, sous quelques modifications, par un arrêté local du 2 février 1833.

Les noirs esclaves sont généralement désignés au Sénégal sous le nom de *captifs* ou *captifs de case.*

On donne particulièrement le nom de *Laptots* à des noirs, y compris les captifs, qui sont employés soit comme patrons, soit comme matelots, à bord des navires ou embarcations du pays.

Lors des essais de colonisation qui furent introduits au Sénégal de 1818 à 1830, la difficulté de trouver de bons travailleurs parmi les captifs, généralement impropres à la culture, avait fait introduire dans la colonie le régime des *engagés à temps.* Ce système, analogue à celui que le gouvernement anglais a suivi dans ses établissements d'Afrique, consiste à autoriser une sorte de traite mitigée, en permettant d'acheter comme esclaves des noirs de l'intérieur qu'on affranchit au moment de cette acquisition, mais sous la condition qu'ils serviront comme *engagés* pendant quatorze années. Les actes de cette nature ont été entourés de fortes garanties. L'exemple de l'Angleterre et l'espoir qu'on avait alors de voir la culture se développer largement au Sénégal, voilèrent ce que cette mesure avait de contraire aux principes qui ont fait abolir la traite. Du reste, depuis l'abandon des cultures, il ne se fait plus chaque année, au Sénégal, qu'un très-petit nombre d'engagements.

228. *Représentation.* — Un conseil général s'assemble chaque année, à Saint-Louis, pour donner son avis sur les budgets et les comptes de recettes et dépenses coloniales, et faire connaître les besoins et les vœux de la colonie.

Le conseil général est composé de dix membres élus par une assemblée de notables, dont la liste est dressée annuellement par le gouverneur, et dont le nombre ne peut excéder soixante, ni être au-dessous de quarante.

Le conseil général désigne, à la fin de chaque session, deux de ses membres, qui, dans l'intervalle d'une session à l'autre, sont appelés par le gouverneur à siéger au conseil d'administration, avec voix délibérative, pour la discussion des projets d'ordonnances royales, d'arrêtés et de règlements relatifs aux intérêts généraux de la colonie, et lorsqu'il s'agit d'affaires de traite et de commerce, de traités à passer avec les indigènes, et enfin de la modification du budget arrêté par le ministre de la marine.

Un conseil d'arrondissement se réunit annuellement à Gorée pour donner son avis sur les besoins de l'établissement. Il est composé de cinq membres élus dans une assemblée de notables, dont la liste est, chaque année, dressée par le gouverneur, et dont le nombre ne peut excéder vingt-cinq, ni être au-dessous de quinze.

Les membres du conseil général et du conseil d'arrondissement sont nommés pour cinq ans, sauf le cas de dissolution prononcée par le gouverneur. Ils peuvent être réélus; leurs fonctions sont gratuites.

Le conseil général nomme, dans sa première session, un délégué et un suppléant, qui sont tenus d'avoir ou de prendre leur résidence à Paris. La durée des fonctions du délégué et du suppléant est égale à celle du conseil général, duquel ils tiennent leurs pouvoirs. Ils peuvent être réélus.

229. *Législation générale.* — Aux termes de l'article 25 de la loi du 24 avril 1833, les établissements français de la côte occidentale d'Afrique continuent à être régis par des ordonnances du roi.

Le Code civil, que les tribunaux du Sénégal suivaient assez généralement comme raison écrite, devint obligatoire dans la colonie, sauf toutefois quelques modifications, par un arrêté local du 5 nov. 1830.

Les dispositions du Code de procédure civile et du décret du 30 mars 1808, qui avaient été introduites au Sénégal par l'ordonnance royale du 7 janv. 1822 et par deux arrêtés locaux des 24 avril et 22 juin 1823, sont maintenues par l'art. 42 de l'ordonnance du 24 mai 1837 sur l'organisation judiciaire. L'ordonnance du 27 mars 1844, citée ci-après, maintient également cet ordre de choses, en attendant la promulgation prochaine d'un Code spécial de procédure civile.

Le Code de commerce a été appliqué à la colonie par une ordonnance locale du 4 juin 1819.

Le Code pénal, modifié par la loi du 28 avril 1832, a été rendu obligatoire au Sénégal par une ordonnance du 29 mars 1836; le Code d'instruction criminelle, par une ordonnance royale du 14 février 1838.

Un arrêté local du 17 nov. 1823 a promulgué au Sénégal, sous quelques modifications, la loi du 8 mars 1810, sur l'expropriation pour cause d'utilité publique.

Deux arrêtés locaux des 5 mai et 5 juill. 1838 y ont mis en vigueur l'édit du 24 nov. 1781, sur les successions vacantes, en tout ce qui n'est pas incompatible avec l'organisation administrative et judiciaire de la colonie.

La conservation des hypothèques, introduite au Sénégal en 1820, y a été organisée par un arrêté local du 26 déc. 1832.

L'ordonnance royale du 12 juillet 1832 applique au Sénégal, comme aux autres colonies françaises, la loi du 17 avril 1832 sur la contrainte par corps. L'allocation mensuelle destinée aux aliments des détenus est fixée, par l'art. 2 de cette ordonnance, à 45 fr. par mois.

230. *Organisation judiciaire.* — L'organisation judiciaire du Sénégal avait été réglée par deux ordonnances royales des 24 mai 1837 et 19 novembre 1840.

Ces deux ordonnances ont été abrogées par celle du 27 mars 1844, dont nous allons citer les principales dispositions.

La justice est rendue au Sénégal et dépendances par des tribunaux de première instance et de police, par une cour d'appel et une cour d'assises.

Un procureur du roi, établi à Saint-Louis, exerce l'action publique dans toute la colonie, et remplit les fonctions du ministère public près toutes les juridictions ordinaires.

Le siège des tribunaux de première instance et de police est maintenu à Saint-Louis et à Gorée.

La cour d'appel, séante à Saint-Louis, et les tribunaux de première instance, sont composés ainsi qu'il suit; savoir :

Cour d'appel : un président, un conseiller, l'officier de l'état civil de Saint-Louis, deux notables, le procureur du roi, un greffier.

Tribunal de première instance de Saint-Louis : un juge royal, deux notables, le procureur du roi, le greffier.

Tribunal de première instance de Gorée : un juge royal, deux notables, le procureur du roi, suppléé habituellement par l'inspecteur colonial de Gorée, son substitut dans cet arrondissement, un greffier.

Les tribunaux de première instance de Saint-Louis et de Gorée connaissent :

En premier et dernier ressort, des actions civiles, soit personnelles, soit mobilières, soit réelles, soit mixtes, ainsi que des actions commerciales, lorsque la valeur en principal, exprimée dans la demande, sera de 500 fr. et au-dessous;

Et en premier ressort seulement, desdites matières, lorsque la valeur en principal exprimée dans la demande excédera 500 fr.

En matière civile et commerciale, les notables habitants membres du tribunal n'auront que voix consultative ; le juge royal jugera même en l'absence des deux notables ou de l'un d'eux : cette absence sera toujours constatée dans le jugement.

Les tribunaux de première instance de Saint-Louis et de Gorée continuent à statuer, en chambre du conseil, sur les affaires instruites dans leurs ressorts respectifs, en se conformant aux règles et aux distinctions établies par le chap. 9, liv. 1er du Code d'instruction criminelle modifié pour le Sénégal. (Ordonnance du 14 février 1838.)

Quand les tribunaux de première instance jugent en matière correctionnelle, ou statuent en chambre du conseil, les notables habitants membres de ces tribunaux ont voix délibérative.

En cas d'impossibilité constatée de se constituer, de la part de l'un des tribunaux du Sénégal, la cour d'appel pourra, après examen, renvoyer la cause devant l'autre tribunal de la colonie.

Indépendamment des fonctions qui leur sont attribuées par le Code civil, le Code de procédure civile, et par l'art. 138 du Code d'instruction criminelle modifié pour le Sénégal, concernant la juridiction de simple police, les juges royaux de Saint-Louis et de Gorée sont respectivement chargés :

1° D'employer leur médiation pour concilier, autant que possible, les parties ;

2° De remplir les fonctions et de faire les actes tutélaires attribués aux juges de paix, tels que les appositions et levées de scellés, les avis de parents, les actes de notoriété, et autres actes qui sont dans l'intérêt des familles ;

3° De faire les actes attribués par le Code de commerce et les règlements particuliers aux présidents des tribunaux de commerce.

Les juges royaux de Saint-Louis et de Gorée exercent, chacun dans son arrondissement, les fonctions de juge d'instruction.

Le procureur du roi, indépendamment des fonctions du ministère public, intervient dans les successions vacantes, conformément aux dispositions de l'édit de 1781 et des ordonnances, arrêtés et règlements en vigueur dans la colonie sur cette matière.

Il transmet, tant pour Saint-Louis que pour Gorée, au président de la cour d'appel, les états semestriels des affaires civiles et commerciales, exigés par le décret du 30 mars 1808, ainsi que les états prescrits par le Code d'instruction criminelle, modifié pour le Sénégal.

L'inspecteur colonial de Gorée est officier de police judiciaire dans le ressort de ce tribunal.

Il requiert qu'il soit informé sur les crimes et délits commis dans le même ressort.

Pour la suite de l'instruction, il est procédé conformément aux prescriptions de l'art. 133 du Code d'instruction criminelle, modifié pour le Sénégal.

Les greffiers de Saint-Louis et de Gorée exercent leurs fonctions près toutes les juridictions établies au siège de leur résidence respective.

Ils réunissent à ces fonctions celles de notaire et de commissaire-priseur encanteur dans l'étendue du ressort de chaque tribunal.

Ils ont le droit exclusif, en cette dernière qualité, de procéder à toute vente volontaire de marchandises et autres effets mobiliers, captifs, actions et droits incorporels ; aux ventes volontaires à l'enchère, après décès ou faillite, ainsi qu'aux ventes volontaires de navires et de bâtiments de mer ou de rivière.

Les huissiers à Saint-Louis et à Gorée ont le droit exclusif de faire toutes les ventes mobilières après saisie.

Les fonctions de commissaire-priseur encanteur pourront être ultérieurement distraites des attributions des greffiers et conférées, par arrêté ou décision du ministre de la marine et des colonies, soit aux huissiers, soit à des fonctionnaires spéciaux.

La cour d'appel connaît en toute matière de l'appel interjeté des jugements rendus par les tribunaux de Saint-Louis et de Gorée.

Les notables membres de la cour d'appel ont dans tous les cas voix délibérative.

Les cinq membres de la cour d'appel sont nécessaires pour qu'il y ait arrêt.

Le recours en cassation est ouvert en matière civile, commerciale et de douane, ainsi qu'en matière correctionnelle, contre les arrêts de la cour d'appel.

Les notables appelés à siéger à la cour d'appel et aux tribunaux de Saint-Louis et Gorée sont pris en nombre égal parmi les Européens et parmi les indigènes.

Le gouverneur nomme pour deux ans et

pour chaque juridiction deux notables titulaires et deux suppléants, sur une liste de huit candidats, à la présentation du chef du service judiciaire.

Les membres sortant peuvent être nommés de nouveau.

Les notables ne sont appelés à la cour d'appel qu'après avoir siégé pendant une année en première instance.

Cette condition n'est pas exigée pour la première formation.

Dans aucun cas, les notables ne peuvent remplacer les juges titulaires.

Il y a au Sénégal une cour d'assises qui siège ordinairement à Saint-Louis.

Le gouverneur peut, lorsque les circonstances lui paraissent l'exiger, en transporter temporairement le siége à Gorée, en vertu d'un arrêté spécial.

La cour d'assises du Sénégal est ainsi composée :

Le président de la cour d'appel, le conseiller, l'oficier de l'état civil, le chef du service de santé, trois assesseurs, le procureur du roi, un greffier.

Les juges et les assesseurs délibèrent en commun sur les questions de fait posées par le président, et sur l'application de la peine.

Les juges statuent seuls sur les incidents de droit ou de procédure qui s'élèvent avant l'ouverture ou pendant le cours des débats.

Ils statuent seuls aussi sur les demandes de dommages-intérêts formées par les parties.

S'il y a partage, la voix du président est prépondérante.

En cas d'annulation d'un arrêt rendu par la cour d'assises du Sénégal, la Cour de cassation peut renvoyer le procès, soit devant la même cour composée d'autres membres, soit, si les circonstances paraissent l'exiger, devant la cour d'assises d'une autre colonie, soit même devant une cour d'assises de la métropole.

Lorsque la cour d'assises du Sénégal est de nouveau saisie de la connaissance d'un procès, par suite de renvoi de la Cour de cassation, doivent être appelés à faire partie de cette même cour d'assises :

Le gouverneur, président; les magistrats de la colonie qui n'auraient pris aucune part à l'instruction ou au jugement de l'affaire, l'inspecteur colonial, le trésorier, trois assesseurs, le procureur du roi, un greffier.

La cour d'assises est composée de quatre membres titulaires pris dans l'ordre ci-dessus et de trois assesseurs.

Il est établi un collège de seize *assesseurs* pour toute la colonie.

Les assesseurs sont nommés dans la première quinzaine du mois de janvier de chaque année par le gouverneur en conseil d'administration, sur la présentation du chef du service judiciaire, et choisis sur la liste générale qui aura été dressée dans le mois de décembre de l'année précédente.

Cette liste comprend tous les fonctionnaires publics jouissant d'un traitement de 2,000 fr. au moins, et tous les habitants notables et commerçants de la colonie.

Le collège des assesseurs est tenu constamment au complet, et les assesseurs décédés ou empêchés pour causes légitimes sont remplacés par le gouverneur, aussitôt qu'il a eu connaissance de leur décès ou de leur empêchement.

Le tirage au sort des assesseurs, prescrit par l'art. 388 du Code d'instruction criminelle, est fait trente jours au moins avant l'époque fixée pour l'ouverture des assises.

La notification aux assesseurs désignés par le sort est faite au moins vingt jours avant l'ouverture des assises, quand un ou plusieurs de ces assesseurs résident dans l'arrondissement de Gorée. Ce cas excepté, le délai fixé par l'art. 392 du Code colonial d'instruction criminelle doit être observé : les autres dispositions de cet article sont maintenues.

Les affaires civiles seront instruites et jugées conformément au Code de procédure civile, tel qu'il sera modifié pour le Sénégal.

En attendant la promulgation de ce code, les tribunaux doivent continuer de procéder conformément aux règlements et à la jurisprudence actuellement existants dans la colonie.

Dans les affaires sujettes à communication, le ministère public doit être entendu, à peine de nullité.

Le président de la cour d'appel est chef du service judiciaire.

Dans les cas prévus par l'art. 85 de l'ordonnance du 7 sept. 1840, concernant le gouvernement du Sénégal, le président de la cour d'appel est remplacé provisoirement, en sa double qualité, par le conseiller.

Le président de la cour d'appel est chargé :

1° De veiller au maintien de la discipline de la cour et des tribunaux, et de provoquer les décisions du gouverneur sur les actes qui y seraient contraires ;

2° De veiller à l'exécution des lois, ordonnances , arrêtés et règlements, et de signaler les infractions au gouverneur ;

3° De vérifier les causes de détention dans les prisons ; d'examiner les plaintes qui pourraient s'élever de la part des détenus et d'en rendre compte au gouverneur ;

4° D'examiner et de transmettre au gouverneur, avec ses observations, pour être envoyés au ministre de la marine et des colonies, les divers états qui lui auront été adressés par le procureur du roi.

Il a l'inspection des registres des greffes, ainsi que celle des registres constatant l'état civil des personnes de condition libre, et des registres spéciaux qui contiennent les déclarations de naissance , de mariage et de décès des captifs.

Il est chargé de réunir, pour être envoyés au ministre de la marine, les doubles registres et documents divers destinés à être déposés aux archives de la marine et des colonies.

Le président de la cour d'appel est autorisé à déléguer au conseiller les fonctions spéciales qui lui sont attribuées par les nos 3 et 4 de l'article précédent, ainsi que celles qui sont spécifiées aux deux derniers alinéas du même article.

Le conseiller délégué remplit ces fonctions sous la surveillance du chef du service judiciaire.

Nul ne peut être juge royal ou procureur du roi s'il n'a vingt-cinq ans accomplis, et s'il n'est licencié en droit.

Nul ne peut être conseiller s'il n'a vingt-sept ans accomplis, et s'il n'est licencié en droit.

Nul ne peut être président de la cour d'appel s'il n'a trente ans accomplis, et s'il n'est licencié en droit.

Les notables doivent être âgés de vingt-cinq ans accomplis.

Nul ne peut être greffier s'il n'a vingt-cinq ans accomplis, et s'il ne justifie du titre de licencié ou d'un stage de deux années, soit dans un greffe, soit dans une étude de notaire, d'avoué ou d'huissier, soit chez un receveur de l'enregistrement.

Un arrêt de la Cour de cassation, du 8 août 1840, décide que le gouverneur du Sénégal et de ses dépendances est compétent pour faire les règlements de police qui, en France, sont confiés à l'autorité municipale ; qu'il n'a pas le droit d'édicter des peines pour sanction des règlements de police qui émanent de son autorité. Les juges peuvent et doivent dès lors refuser de prononcer contre les contrevenants d'autres peines que celles de police portées aux art. 465 et 466 du Code pénal.

Il résulte d'un autre arrêt de la même cour, en date du 21 mai 1840 (D. P. 40. 1. 416) :

1° Que les ordonnances royales ont au Sénégal la même force que la loi ;

2° Que les ordonnances des 24 mai 1837 et 14 février 1838 déterminent la compétence des tribunaux correctionnels et de police du Sénégal, d'après les bases fixées par les art. 465 et 466 du Code pénal.

§ 2. — *Douanes.* — *Commerce.* — *Monnaies, poids et mesures.* — *Etablissements d'utilité publique.*

231. *Douanes.* — Le régime des douanes est constitué au Sénégal par divers actes locaux dont les principaux sont :

1° Un arrêté local, du 16 mai 1822, qui crée une brigade de préposés des douanes ;

2° Un arrêté local du 18 déc. 1832, lequel promulgue l'arrêté consulaire du 12 vendémiaire an XI ( 4 oct. 1802), sur les formes à observer pour l'instruction et le jugement des contraventions aux lois et règlements concernant le commerce étranger;

3° Un arrêté local du 15 oct. 1823, qui met en vigueur dans la colonie les dispositions de l'art. 16 de l'arrêt du Conseil du 30 août 1784, sur la répartition du produit des amendes et confiscations en matière de douanes;

4° Un arrêté local du 5 février 1824, établissant un tarif de répartition du produit des saisies et confiscations en matière de douanes;

5° Un arrêté local du 29 sept. 1828, qui règle d'une manière complète le service des douanes.

Les marchandises françaises non prohibées expédiées pour le Sénégal sont, aux termes d'une décision ministérielle du 24 oct. 1833, exemptes de tout droit ; mais leur destination doit être assurée, conformément à la loi du 17 juillet 1791, par des acquits à caution.

232. *Commerce.* — L'acte de navigation du 21 sept. 1793, et l'arrêté consulaire du 25 frimaire an X, réservent exclusivement aux bâtiments français, pourvu qu'ils ne viennent pas directement de l'Inde ou de l'île Bourbon, le commerce entre la métropole et les

établissements français de la côte occidentale d'Afrique. Le seul port de Gorée, par exception à ce régime exclusif, est ouvert aux bâtiments de toutes les nations pour l'introduction des produits naturels étrangers à l'Europe.

Le principal commerce du Sénégal est celui de la gomme. On donne le nom d'*escales* aux divers points de la rive droite du fleuve, où les Maures, qui occupent cette rive, viennent, à certaines époques de l'année, apporter leurs gommes qu'ils échangent contre diverses marchandises, et surtout contre des toiles bleues de l'Inde dites *guinées*. Il existe trois marchés temporaires de ce genre sur la rive droite du Sénégal.

Avant 1789, on tirait de nos établissements de la côte occidentale d'Afrique de douze à quinze cent mille livres de gomme; on en tire aujourd'hui environ 5 millions de kilog.

Une compagnie anonyme, créée en 1824, et dont le privilége avait été depuis renouvelé tous les quatre ans, avait le monopole du commerce de la gomme. Un commissaire du gouvernement, placé près de la compagnie, surveillait l'exécution des statuts. Un tel privilége était trop contraire au principe de libre concurrence, qui fait la base du commerce français dans les autres colonies, pour pouvoir être maintenu. Une ordonnance royale, du 15 nov. 1842 (1), porte qu'à l'avenir le commerce de traite de la gomme sera libre, sous les restrictions ci-après :

La traite de la gomme aux escales ne pourra être faite que par l'intermédiaire de traitants commissionnés chaque année par le gouverneur.

Le gouverneur, en conseil, formera une liste générale des traitants. Ne pourront, jusqu'à nouvel ordre, être inscrites sur cette liste que les personnes libres, nées au Sénégal et dépendances, ou ne payant patente ni comme marchands, ni comme négociants, qui auront fait, soit pour leur propre compte, soit pour compte d'autrui, des expéditions pour la traite de la gomme aux escales, depuis l'ouverture de la traite de 1836.

Seront assimilés aux marchands et négociants européens et ne pourront en conséquence être inscrits sur la liste générale des traitants, les commis européens employés dans les maisons de commerce de la colonie.

Après la formation primitive de cette liste, nul n'y pourra être admis s'il n'est âgé de vingt et un ans et né au Sénégal et dépendances; s'il ne justifie avoir fait pendant trois années, en qualité d'aide-traitant, la traite aux escales, et s'il ne produit un certificat signé de trois personnes notables, constatant sa moralité et son aptitude.

A ces conditions d'admission sera ajoutée, à partir d'une époque qui sera déterminée par le gouverneur, celle de savoir lire et écrire.

Le gouverneur fera la révision de cette liste tous les trois ans, après avoir pris l'avis de la commission syndicale instituée par l'art. 6.

Soit avant l'ouverture de la traite, soit pendant sa durée, le gouverneur, en conseil d'administration, après avoir pris l'avis de la commission syndicale, désignera chaque année, sur la liste générale, les traitants qui seront commissionnés et qui seuls auront le droit de traiter aux escales.

Le gouverneur pourra, avant l'ouverture ou pendant le cours de la traite, fixer en conseil d'administration le prix d'échange, aux escales, de la *guinée* (1) contre la gomme. Il consultera préalablement le conseil général, et il ne procédera à la fixation du prix d'échange qu'après avoir pris l'avis du comité de commerce et de la commission syndicale.

A son arrivée aux escales, le traitant, avant de se livrer à aucune opération de traite, sera tenu de se présenter au commandant du bâtiment du roi chargé de la protection et de la surveillance de la traite, afin d'obtenir de lui le visa de son rôle et de son registre manifeste, et pour recevoir ses ordres relatifs aux dispositions de police à observer pendant le cours de la traite.

Il est interdit aux traitants de faire aucun crédit aux Maures et de payer *les coutumes* (2)

---

(1) Cette ordonnance n'a point été insérée au *Bulletin des Lois*, mais elle a paru dans le *Moniteur universel* à la suite d'un rapport au roi.

(1) On appelle *guinées* des toiles bleues de l'Inde qui sont, en général, employées comme moyen d'échange avec les Maures.

(2) Les *coutumes* sont des présents en marchandises que, depuis un temps plus ou moins reculé, le gouvernement du Sénégal est dans l'usage de faire annuellement aux différents chefs des peuples indigènes de la Sénégambie, afin d'obtenir d'eux sûreté et protection pour les intérêts des Français qui vont commercer ou s'établir sur leurs territoires respectifs.

Les principales marchandises qui composent ces

autrement qu'en conformité des règles qui seront à cet égard établies par le gouverneur.

233. *Monnaies, poids et mesures.*—L'intérêt
de l'argent, au Sénégal, a été légalement fixé à
5 p. 0/0 en matière civile, et à 6 p. 0/0 en matière commerciale; mais, en fait, il est ordinairement de 12 p. 0/0 dans le commerce.

Toutes les pièces d'or et d'argent fabriquées
en France ont cours à Saint-Louis et à Gorée,
d'après leurs valeurs nominales, sauf toutefois
les anciennes espèces duodécimales d'or et
d'argent qui sont démonétisées dans la colonie, d'après la loi du 14 juin 1829.

*La barre,* usitée dans les transactions commerciales, est une valeur fictive de 4 fr. en
marchandises.

Le système métrique des poids et mesures
est aujourd'hui généralement adopté dans la
colonie, sauf aux escales et sur les autres
points du fleuve où l'on fait le commerce avec
les indigènes.

234. *Établissements d'utilité publique.* —
Deux églises; quatre écoles primaires, dont
deux pour les garçons et deux pour les filles;
un hôpital; deux conseils de santé; une prison civile; une maison de détention; un comité de commerce à Saint-Louis; une commission de commerce à Gorée; une bibliothèque
publique: tels sont les établissements d'utilité
publique de la colonie.

Il n'y a point encore d'imprimerie au Sénégal.

## Sect. 7. — Madagascar.

235. L'île de Madagascar, séparée de la côte
orientale d'Afrique par le canal de Mozambi-
que, et distante de 150 lieues de l'île Bourbon,
fut découverte en 1506 par les Portugais, qui
n'y formèrent aucun établissement.

En 1642, les Français commencèrent à fonder sur la côte orientale de cette île divers
comptoirs qui, dans le cours de près de deux
siècles, furent successivement abandonnés et
occupés de nouveau, suivant les circonstances.
De ces nombreux établissements, l'île de
Sainte-Marie est aujourd'hui le seul où flotte
encore le pavillon français.

Sainte-Marie forme une dépendance de l'île
Bourbon, et son administration est réglée par
les art. 190, 191, 192 et 193 de l'ordonnance
du 21 août 1825, concernant le gouvernement
de cette dernière île.

### § 1er. — *Gouvernement et administration.* — *Législation.*

236. Un commandant particulier, placé sous
l'autorité du gouverneur de Bourbon, exerce
à Sainte-Marie le commandement en chef. Il
est assisté, dans l'exercice de ses fonctions,
par un conseil d'administration composé :
1° du commis de marine, chargé du service;
2° d'un chirurgien de la marine ; du maître
de port.

Le commis de marine, faisant partie de ce
conseil est particulièrement chargé des revues,
des fonds, de l'état civil et des fonctions de
notaire.

Il est statué, par le conseil privé de Bourbon, sur toutes les affaires de Sainte-Marie,
qui appartiennent au contentieux administratif.

237. *Législation.* — Les lois et ordonnances
qui régissent l'île Bourbon règlent également
tout ce qui concerne la législation et l'administration de la justice à Sainte-Marie.

Le gouvernement peut, par décisions spéciales, admettre les produits du cru de
Sainte-Marie de Madagascar au traitement
dont jouissent ceux de l'île Bourbon, lorsque
leur origine est régulièrement constatée.
(Avis du conseil supérieur du commerce du
11 juin 1831.)

## Sect. 8. — Saint-Pierre et Miquelon.

238. Les îles St-Pierre et Miquelon, situées
dans l'Océan Atlantique septentrional, à 5 ou
6 lieues de la côte méridionale de Terre-Neuve,
sont, malgré leur peu d'étendue, des points
d'une haute importance par les établissements
de pêche que la France y a fondés de 1764 à
1767, et par l'abri qu'elles offrent aux navires
que le commerce français envoie dans ces parages où le poisson, et particulièrement la
morue, se trouve en extrême abondance.

### § 1er. — *Administration.* — *Législation.* — *Organisation judiciaire.*

239. *Administration.* — Le commandement
et l'administration des deux îles sont confiés
à un commandant qui réside à Saint-Pierre.
Les fonctions d'*inspecteur colonial* sont

---

*coutumes* sont habituellement des sabres, des pis-
tolets et des fusils, de la poudre et des balles, de
l'ambre, du corail et des verroteries, du fer en
barres, des coffres, du tabac, du vin, de l'eau-de-
vie, du drap écarlate et des guinées bleues.

remplies par un officier du commissariat de la marine.

Le commandant ne peut statuer sur les affaires de quelque importance qu'après avoir pris l'avis d'un conseil de gouvernement et d'administration composé : 1° du commandant, président ; 2° du sous-commissaire de marine chargé de l'inspection ; 3° du juge de première instance ; 4° du chirurgien en chef ; 5° du capitaine de port. En cas d'empêchement, le chirurgien est remplacé par le trésorier, ou par le plus élevé en grade des commis de marine employés dans la colonie.

Le commandant peut, en outre, lorsque la nature des affaires le lui fait juger convenable, appeler aux délibérations de ce conseil des négociants, habitants ou capitaines au long cours.

240. *Législation générale.* — Aux termes de l'article 25 de la loi du 24 avril 1833, les îles Saint-Pierre et Miquelon continuent à être régies par des ordonnances royales.

Le Code civil, le Code de procédure civile, le Code de commerce, le Code d'instruction criminelle et le Code pénal modifié par la loi du 28 avril 1832, ont été déclarés applicables aux deux îles par une ordonnance royale du 26 juillet 1833, dans toutes celles de leurs dispositions qui ne sont pas modifiées par cette ordonnance, ou qui ne sont pas contraires aux règlements en vigueur dans la colonie.

Les dispositions de la loi du 17 avril 1832, relativement à la contrainte par corps, ont été appliquées aux îles Saint-Pierre et Miquelon, comme à toutes les autres colonies françaises, par l'ordonnance royale du 12 juillet 1832. L'art. 2 de cette ordonnance a fixé à 30 fr., pour les îles Saint-Pierre et Miquelon, l'allocation mensuelle destinée à l'alimentation des détenus.

Conformément aux dispositions de l'édit du 24 novembre 1781, les *successions vacantes* provenant de personnes domiciliées dans la colonie sont administrées par un curateur d'office.

Quant aux successions des marins et pêcheurs français qui meurent aux îles Saint-Pierre et Miquelon pendant le temps de la pêche, la gestion en appartient à l'administration de la marine, et le produit doit en être versé dans la caisse des gens de mer.

Dans l'origine, le gouvernement avait concédé aux pêcheurs qui étaient allés s'établir aux îles Saint-Pierre et Miquelon des *grèves* ou places sur les côtes, destinées à l'exploitation de la pêche et au séchage du poisson. Un arrêté du 14 ventôse an ix, et des ordonnances royales des 12 mai 1819 et 26 juillet 1833, déterminent la nature et les effets de ces concessions.

La dernière de ces ordonnances établit en principe que les grèves ne pourront être ni aliénées ni affermées ; toutefois, par respect pour d'anciens droits, la faculté d'aliéner et d'affermer est maintenue en faveur des concessionnaires dont les titres sont antérieurs à l'ordonnance du 12 mai 1819.

Les grèves de toute origine qui, pendant deux années consécutives, n'ont pas été employées à l'usage auquel on les a consacrées, sont d'ailleurs passibles de retour au domaine.

L'ordonnance précitée du 26 juillet 1833 règle l'organisation du *régime hypothécaire* aux îles Saint-Pierre et Miquelon.

Sont seules susceptibles d'être frappées d'hypothèques les grèves concédées antérieurement à l'ordonnance du 12 mai 1819, et les maisons et magasins élevés sur des terrains autres que les grèves. En cas de retour au domaine, les grèves y retournent franches et quittes de toute hypothèque.

Un bureau de conservation d'hypothèques est établi à Saint-Pierre. Le *maximum* des droits à payer au conservateur est fixé à 1 fr. 50 c., et leur *minimum* à 25 c.

241. *Organisation judiciaire.* — L'organisation judiciaire et l'administration de la justice sont réglées, aux îles Saint-Pierre et Miquelon, par l'ordonnance royale du 26 juillet 1833.

Il y est établi : 1° deux tribunaux de paix, dont les sièges sont l'un à Saint-Pierre, l'autre à Miquelon.

Les fonctions de juge de paix peuvent être remplies, dans le premier, par le notaire de la colonie, et dans le second, par le commis de marine chargé du service. Chacun de ces juges rend la justice, dans les matières de sa compétence, sans assistance de greffier, et sans ministère public dans les affaires de police.

Les juges de paix sont, en outre, investis des fonctions d'officier de police judiciaire et de plusieurs autres attributions.

2° Un tribunal de première instance siégeant à Saint-Pierre, et qui se compose d'un seul juge pouvant cumuler ses fonctions avec celles de juge de paix.

3° Un conseil d'appel dont le siége est à Saint-Pierre, et qui se compose du commandant de la colonie, président ; du chirurgien chargé du service de santé et du capitaine de port. L'officier d'administration, ou le commis de la marine chargé de l'inspection, y remplit les fonctions du ministère public ; le commis-greffier du tribunal de première instance y tient la plume. En cas d'empêchement légitime, les membres du conseil d'appel sont remplacés par les fonctionnaires que le commandant désigne à cet effet.

La compétence de ces divers tribunaux, le mode à suivre pour procéder devant eux et les pourvois à exercer contre leurs décisions, sont réglés par l'ordonnance précitée du 26 juillet 1833.

§ 2. — *Douanes.* — *Monnaies, poids et mesures.* — *Établissements d'utilité publique.* — *Milices.*

242. *Douanes.* — Les bâtiments français expédiés pour les îles Saint-Pierre et Miquelon peuvent recevoir à bord, en exemption de tout droit et sans acquit à caution, les marchandises et denrées prises dans le royaume. (Circ. du 5 fév. 1824.)

Les marchandises étrangères non prohibées à l'entrée peuvent également être expédiées des entrepôts de la métropole à destination des îles Saint-Pierre et Miquelon. (Même circulaire.)

La destination de ces marchandises doit être assurée par des acquits à caution de réexportation. (Loi du 17 juill. 1791.)

243. *Monnaies, poids et mesures.* — Les îles Saint-Pierre et Miquelon possédant peu de numéraire, un règlement local du 18 août autorise le paiement en morue sèche des fournitures de pêche, et des billets ou obligations payables dans la colonie.

Le règlement n'est point toutefois applicable au salaire des ouvriers, lesquels, à moins de stipulations contraires, doivent être payés en argent. (Cass. 10 août 1840. S.-V. 40. 1. 861.)

Un arrêté local du 26 octobre 1829 déclare payables, par privilège, sur la part revenant aux équipages des embarcations de pêche, les créances dues pour diverses fournitures qui s'y trouvent spécifiées.

Les monnaies de France ont cours dans la colonie pour leur valeur nominale, à l'exception des espèces démonétisées par la loi du 14 juin 1829.

Le système métrique des poids et mesures y est également obligatoire, d'après un arrêté local du 17 juillet 1839.

244. *Établissements d'utilité publique.* — Il existe aux îles Saint-Pierre et Miquelon trois écoles primaires, dont une de garçons et deux de filles ; deux églises, un hôpital, un conseil sanitaire et une prison.

245. *Milices.* — Les habitants de la colonie sont organisés en milices ; ceux des deux îles réunies forment une compagnie de cent hommes.

### Sect. 9. — Algérie.

246. La ville d'Alger, chef-lieu de nos établissements sur la côte septentrionale d'Afrique, n'était, avant 1830, qu'un repaire de pirates, fléau de la Méditerranée. Par suite d'une insulte faite à la France dans la personne du consul Deval, une expédition française débarqua, le 20 juin 1830, sur le rivage africain, et, dès le 5 juillet suivant, avait pris possession d'une place réputée jusqu'alors imprenable.

Le chiffre de la population européenne dans l'Algérie était, au 1er décembre 1843, de cinquante-six mille cinq cent quatre-vingt deux individus ; la province d'Alger compte dans ce nombre pour trente-cinq mille six cent quatre-vingt-huit habitants européens.

§ 1er. — *Gouvernement et administration.* — *Administration municipale.* — *Législation.* — *Organisation judiciaire.* — *Cultes.* — *Instruction publique.*

247. *Gouvernement et administration.* — Dans les premiers temps de la conquête, l'administration de l'Algérie fut un régime purement militaire. Mais à mesure que l'occupation de ce pays reposa sur des bases plus larges et moins incertaines, le gouvernement comprit la nécessité de pourvoir à son administration suivant un système régulier, en harmonie, autant que possible, avec l'ensemble des institutions adoptées en France.

Tel a été, en ce qui concerne l'administration civile, l'objet des ordonnances royales des 22 juillet 1834, 31 oct. 1838 et 10 déc. 1842, dont nous allons analyser les principales dispositions. Les possessions françaises dans le nord de l'Afrique seront, jusqu'à ce qu'il en soit autrement ordonné, régies par des ordonnances royales.

L'administration des services civils en Algéric est placée sous l'autorité d'un gouverneur général ayant sous ses ordres : 1° un directeur de l'intérieur ; 2° un procureur général ; 3° un directeur des finances.

Le directeur de l'intérieur a dans ses attributions l'administration générale, provinciale et communale ; les travaux publics, le commerce, l'agriculture, l'instruction publique, les cultes, et tous les services qui ne sont pas spécialement placés dans les attributions du procureur général ou du directeur des finances.

Des sous-directeurs administrent, sous ses ordres, les provinces de Constantine, d'Oran, de Bone et de Philippeville.

Le directeur des finances dirige et surveille, sous les ordres du gouverneur général, les services ci-après : Enregistrement et timbre ; domaines, douanes et contributions diverses ; garantie d'or et d'argent, poids et mesures, postes, cadastre, forêts ; administration des biens appartenant aux corporations et établissements indigènes de piété, de charité et d'utilité publique.

Le commandement sur les populations purement indigènes, l'assiette et la levée des tributs auxquels elles sont assujetties, les dispositions d'ordre et de comptabilité, sont réglés par des arrêtés du gouverneur général, soumis à l'approbation du ministre de la guerre, et qui néanmoins peuvent être rendus provisoirement exécutoires.

Le gouverneur général nomme à tous les emplois auxquels il n'est pas pourvu par des ordonnances royales, ou dont le ministre de la guerre ne s'est pas réservé la nomination.

. Le gouverneur général a auprès de lui, pour l'assister de ses lumières, un conseil d'administration qu'il préside et qui est composé du directeur de l'intérieur, de l'officier général commandant la marine, du procureur général, de l'intendant militaire et du directeur des finances. Peuvent être appelés à ce conseil, mais seulement avec voix consultative, les chefs des services spéciaux civils et militaires que l'objet des discussions peut concerner.

248. Le conseil d'administration établi près du gouverneur général statue sur les *matières contentieuses* dont la connaissance lui est attribuée par la législation de l'Algérie.

Les décisions de ce conseil, en matière contentieuse, sauf les exceptions prévues par les ordonnances et arrêtés ayant force de loi en Algérie, peuvent être déférées au conseil d'état ; mais elles seront, dans tous les cas, provisoirement exécutoires.

Dans tous les cas où le gouverneur général peut prononcer seul, ses arrêtés ne donnent ouverture à aucun recours au contentieux, sauf aux intéressés à porter leurs réclamations devant le ministre de la guerre.

Lorsque l'autorité administrative élève le conflit d'attributions, le conseil auquel est adjoint un nouveau membre de l'organisation judiciaire, se réunit sous la présidence du gouverneur général et juge le conflit, sauf l'appel au Conseil d'état, s'il y a lieu. (Ord. du 26 sept. 1842, art. 64, 65, 66 et 67.)

249. Pour constituer la propriété européenne dans l'Algérie et régler les conditions générales de la colonisation de notre conquête, il a été promulgué, le 1er octobre 1844, une ordonnance royale dont nous allons reproduire ou analyser les principales dispositions. Cette ordonnance se divise en sept titres, dont les six premiers embrassent les matières suivantes : *Des acquisitions d'immeubles ; — Du rachat des rentes ; — Des prohibitions d'acquérir ou de former des établissements ; — De l'expropriation et de l'occupation temporaire pour cause d'utilité publique ; — Des terres incultes ; — Des marais.* Le dernier titre ne contient que des dispositions générales et transitoires.

250. *Acquisitions d'immeubles.* — Les immeubles, en Algérie, étaient généralement grevés de substitutions sous le nom de *habous.* Il résultait de là des doutes et des difficultés sur la légitimité des ventes de biens substitués. D'un autre côté, par suite de l'habitude qu'ont les indigènes de vivre dans l'indivision, et de l'absence de tout état civil chez les Arabes, les acquéreurs européens étaient souvent induits en erreur sur la qualité de leurs vendeurs, ou sur la contenance des immeubles vendus ; enfin, il arrivait souvent que des ventes accomplies par procurations étaient ensuite contestées à raison de l'insuffisance des pouvoirs des procureurs-fondés. Pour couper court à toute difficulté sur ces divers points, l'ordonnance établit qu'aucun acte translatif de propriété d'immeubles consenti par un indigène au profit d'un Européen ne pourra être attaqué par le motif que les immeubles étaient inaliénables, aux termes de la loi musulmane ; que la validité des procurations en vertu desquelles il aura été

procédé à des ventes ou à d'autres actes translatifs de propriété, ne pourra être contestée lorsque ces procurations auront été, préalablement à la vente, reconnues suffisantes et certifiées par le cadi; que, dans les ventes d'immeubles ruraux qui n'auront pas été faites à raison de tant la mesure, l'indication de la contenance ne donnera lieu à une diminution de prix pour insuffisance, ou à un supplément de prix pour excédant de mesure, qu'autant que la différence de la mesure réelle à celle exprimée au contrat sera de plus du tiers de la mesure réelle; enfin que toutes les actions réelles seront portées devant les tribunaux français de la situation des immeubles, et jugées d'après les lois françaises combinées avec les dispositions de l'ordonnance ainsi qu'avec les dispositions antérieures. (Art. 1 à 6.)

Aux termes des art. 7 et 8, toute action en nullité ou en rescision de ventes antérieures à l'ordonnance, ou en revendication d'immeubles compris dans ces ventes, devra, sous peine de déchéance, être intentée dans les deux ans, sans préjudice des prescriptions et déchéances qui seraient encourues avant ce terme.

Ce délai court contre les interdits, les mineurs et les femmes mariées, sauf leur recours, s'il y a lieu, contre qui de droit.

Les ventes qui auront lieu à l'avenir demeurent soumises aux dispositions du Code civil.

Les acquéreurs d'immeubles pourront, à toute époque, exiger de ceux de leurs auteurs médiats ou immédiats, qui sont détenteurs des titres de propriété, la remise ou le dépôt de ces titres en l'étude d'un notaire. L'action sera portée devant le tribunal de la situation des immeubles. Le tribunal ne pourra statuer qu'après que l'administration du domaine aura été mise en cause pour surveiller ses droits.

Suivant l'art. 10, les ventes faites par le domaine d'immeubles non occupés, qui sont ultérieurement revendiqués par des tiers, sont maintenues, sauf à indemniser les propriétaires en leur restituant le prix déjà payé, ou en les subrogeant aux droits du domaine.

251. *Rachat des rentes.* — Les achats à rente perpétuelle, très-utiles dans les premiers temps de la colonie par la facilité qu'ils offraient aux colons de devenir propriétaires sans de trop grands débours, n'étaient plus que des obstacles au développement de l'industrie, depuis qu'une plus grande confiance avait multiplié les capitaux. Tels ont été les motifs qui ont dicté les articles 11, 12 et 13 de l'ordonnance, aux termes desquels toute rente perpétuelle est essentiellement rachetable, nonobstant toute coutume ou toute stipulation contraire, au taux légal de l'intérêt de l'argent à l'époque du remboursement.

Les parties pourront seulement convenir que le rachat n'aura pas lieu avant un délai qui ne pourra excéder dix ans, ou sans avoir averti d'avance le créancier au terme qu'elles auront déterminé.

252. *Des prohibitions d'acquérir ou de former des établissements.* — Nul officier des armées de terre ou de mer, nul employé militaire ou civil salarié ne pourra pendant la durée de son service en Algérie y acquérir des propriétés immobilières, directement ou indirectement, par lui-même ou par personnes interposées, ou devenir preneur ou locataire de semblables propriétés par bail excédant neuf années, s'il n'en a obtenu l'autorisation spéciale de la part du ministre de la guerre, sur l'avis motivé du gouverneur général et du conseil d'administration. (Art. 16 et 17.)

Ces dispositions ne sont que la sanction législative de prohibitions déjà prononcées par des instructions ou des décisions ministérielles.

Les acquisitions ou les baux contractés contrairement à ces règles sont annulés par les tribunaux, qui statuent en même temps sur les dommages-intérêts qu'il y a lieu d'accorder. (Art. 18.)

D'après l'article 19, le ministre de la guerre et le gouverneur général déterminent les limites qui seront successivement assignées aux établissements européens et à la colonisation. Les acquisitions faites en dehors de ces limites sont nulles de plein droit, sauf celles qui sont faites par l'administration pour des services publics. (Art. 19 et 20.)

253. *Expropriation et occupation temporaire pour cause d'utilité publique.* — D'après l'arrêté pris d'*urgence* par le gouverneur général, le 9 décembre 1841, l'administration locale, juge et partie, prononçait elle-même l'expropriation et fixait arbitrairement l'indemnité due aux propriétaires, laquelle d'ailleurs n'était point préalable. Un tel régime ne pouvait être que temporaire. L'ordonnance du 1<sup>er</sup> octobre 1844 a pour objet de le remplacer par un système qui se rapproche autant qu'il est possible de celui de la loi du 3 mai 1841.

L'expropriation ne sera admise que dans des cas nettement définis et conformes aux principes du droit commun, savoir :

1° Pour la fondation de villes, villages ou autres centres de population ;

2° Pour l'agrandissement des enceintes de tous ces centres de population ;

3° Pour tous travaux relatifs à la défense et à l'assainissement du territoire (art. 25);

4° Et pour toutes autres causes pour lesquelles la loi du 3 mai 1841 autorise l'expropriation.

L'expropriation sera prononcée par une décision du ministre de la guerre rendue sur les avis du conseil d'administration et du gouverneur général. Toutes les précautions sont prises pour que les parties intéressées puissent présenter utilement leurs réclamations. Les formalités d'enquête et les délais qui précèdent l'arrêté ministériel sont analogues aux garanties consacrées par la loi précitée.

Ce n'est qu'à défaut d'un *jury spécial*, dont les éléments n'existent point encore en Algérie, que le règlement de l'indemnité est conféré aux tribunaux ordinaires.

L'indemnité sera liquidée en une somme capitale. Cette somme sera payée ou consignée avant la prise de possession, conformément à la fixation faite par le tribunal. Dans les cas d'urgence même, il y aura lieu à la consignation de la somme que le tribunal aura déterminée à titre de provisions, et l'envoi en possession ne sera prononcé par le tribunal que sur le vu du procès-verbal de consignation.

Dans le cas où l'exécution des travaux d'utilité publique définis par l'art. 25 nécessitera l'occupation temporaire d'un immeuble en tout ou en partie, cette occupation ne pourra avoir lieu que sur une autorisation du ministre de la guerre, d'après les avis motivés du conseil d'administration et du gouverneur général. Elle sera précédée d'ailleurs d'enquêtes, de publications et d'expertises telles que les droits des propriétaires doivent être convenablement garantis.

Aussitôt après la prise de possession, le tribunal procédera au règlement définitif de l'indemnité de dépossession.

L'indemnité annuelle, représentative de la valeur locative de la propriété et du dommage résultant du fait de la dépossession, sera payée, par moitié, de six mois en six mois, au propriétaire et au fermier, le cas échéant.

Lors de la remise des terrains qui n'auront été occupé que temporairement, l'indemnité due pour les détériorations causées par les travaux, ou pour la différence entre l'état des lieux au moment de la remise à l'état constaté par le procès-verbal descriptif, sera payée, sur le règlement amiable ou judiciaire, soit au propriétaire, soit au fermier ou exploitant, et selon leurs droits respectifs.

Lorsque des terrains seront occupés temporairement, pour l'extraction des pierres ou autres matériaux nécessaires aux travaux publics, il ne sera dû de dédommagement au propriétaire que pour la destruction des bâtiments ou clôtures, pour la perte des récoltes pendantes, et pour la diminution de valeur que les terrains auraient subie par suite des travaux de l'administration.

Il n'y aura lieu à faire entrer dans l'estimation la valeur des matériaux à extraire, que dans le cas où l'administration s'emparerait d'une carrière ou minière déjà en exploitation. Dans ce cas, les matériaux seront évalués d'après leur prix courant, abstraction faite de la hausse occasionnée par le travail d'utilité publique pour lequel ils seraient pris,

Si l'occupation temporaire se prolonge plus de trois ans, le propriétaire aura droit d'exiger la prise de possession définitive par une déclaration expresse notifiée à l'administration ; en ce cas, il sera procédé à l'expropriation, conformément aux nouvelles règles (art. 90 et 91).

254. *Des terres incultes.* — Des spéculateurs avides se prétendant propriétaires de biens qu'ils n'ont jamais vus, dont ils ignorent la contenance et la situation, avaient comme frappé de *main-morte* la plus grande partie du territoire de l'Algérie, et les colons sérieux et travailleurs n'y trouvaient plus à mettre en valeur que de petites parcelles de terres disséminées à de grandes distances les unes des autres, et, par conséquent, d'une exploitation extrêmement difficile et dispendieuse. Pour faire cesser cet état de choses si contraire au développement de la colonisation, au progrès de l'agriculture et à l'établissement de centres de population s'appuyant les uns sur les autres pour la défense et la sécurité communes, l'ordonnance prononce implicitement la déchéance du droit de propriété sur les terres laissées incultes, et attache à la possession l'obligation de cultiver.

L'art. 80 porte : Le ministre de la guerre déterminera, par des arrêtés spéciaux, le périmètre des territoires qui devront être mis en culture à l'entour de chaque ville, village ou hameau existant ou à créer. Ces arrêtés seront insérés au *Moniteur Algérien.*

Dans les trois mois de cette insertion, tout indigène ou Européen qui se prétendra propriétaire de terres incultes comprises dans le périmètre déterminé, signifiera ses titres de propriété au directeur des finances à Alger.

Dans cette signification, il élira domicile au chef-lieu d'arrondissement judiciaire de la situation des immeubles ; toutes les significations à la requête du domaine seront valablement faites à ce domicile élu, sans qu'il soit besoin d'observer les délais des distances, à raison du domicile réel du propriétaire prétendu. A défaut d'élection de domicile, toutes ces significations seront valablement faites au parquet du procureur du roi.

Le délai de trois mois courra contre les interdits, les mineurs et les femmes mariées, sauf leur recours contre qui de droit. (art. 81.)

Tout réclamant sera tenu de produire des titres remontant, avec date certaine, à une époque antérieure au 5 juillet 1830, et constatant le droit de propriété, la situation, la contenance et les limites de l'immeuble. (art. 82.)

Les terres incultes, comprises dans le périmètre dont la propriété n'aura pas été réclamée, seront réputées vacantes, et l'administration, sans qu'il soit besoin de jugement, pourra en faire la concession aux clauses et conditions qu'elle jugera convenables. (art. 83.)

Si les titres de propriété ne sont produits qu'après les trois mois, et s'ils sont reconnus valables, le propriétaire sera mis en possession de ceux de ses biens qui seront encore dans les mains de l'État. Quant à ceux qui auront été concédés, le concessionnaire, même provisoire, ne pourra en être évincé, et, dans aucun cas, le propriétaire ne pourra prétendre d'autre indemnité que la délivrance d'une contenance égale de terres incultes de même nature, et dans le lieu le plus rapproché, lorsque le domaine en aura à sa disposition.

Si les immeubles ont été concédés à titre onéreux, l'État restituera au propriétaire le prix qu'il aura reçu, et le subrogera à tous les droits pour le prix à recevoir ou pour la rente constituée, le tout sans garantie. (art. 84.)

Les terres laissées incultes dans les périmètres où la culture aura été ordonnée seront soumises à un impôt spécial et annuel de cinq francs par hectare, indépendamment de tous autres impôts établis ou à établir sur les terres en général.

L'inculture sera constatée administrativement, et l'impôt établi et perçu dans la même forme que les contributions publiques. (94.)

Ne seront point sujets à l'impôt spécial :

1° Les terrains que l'administration autorisera à conserver ou à convertir en bois ;

2° Les prairies naturelles, pourvu qu'elles soient nettoyées, et que leur étendue n'excède pas le quart de l'immeuble dont elle fait partie ;

3° Les terrains que l'administration reconnaîtra ne devoir pas être cultivés. (art. 95.)

L'impôt spécial diminuera annuellement dans la proportion des terres mises en culture durant l'année.

Lorsqu'un propriétaire aura fait agréer par l'administration un plan de mise en culture qui exigera plusieurs années, l'impôt spécial ne sera pas perçu sur les terres incultes pour les années durant lesquelles le propriétaire aura exécuté les travaux et culture auxquels il s'était soumis. (art. 96.)

Les propriétaires de terres incultes pourront s'affranchir de l'impôt spécial, en offrant de délaisser lesdites terres au domaine, à la charge par celui-ci de leur en rendre d'autres, à leur première demande, de même étendue, et, autant que possible, de même nature. (art. 97.)

Les propriétaires de terres incultes qui se refuseraient à payer l'impôt spécial, ou qui demeureraient plus de six mois sans l'acquitter, seront réputés, de plein droit, avoir fait au domaine le délaissement des terres incultes assujetties audit impôt, et les dispositions du précédent article et des articles suivants leur deviendront applicables. (art. 98.)

Les terres à donner en échange devront être situées dans les périmètres affectés à la culture. Elles seront délivrées sous la condition spéciale de cultiver. art. 99.)

Le droit de demander des terres à titre d'indemnité n'aura d'autre limite que le manque de terres dans les zônes colonisées, sauf à le faire valoir plus tard dans les nouvelles zônes qui pourront être successivement ouvertes à l'agriculture ; dans aucun cas, il ne pourra se convertir en droit de créance pécuniaire contre l'État. Il se prescrira par dix ans. (art. 100.)

Si l'administration n'accepte pas le délais-

sement, les terres qui en étaient l'objet seront affranchies de l'impôt spécial. (art. 101.)

Les actes de délaissement et de délivrance des terres données en échange se feront par des arrêtés du gouverneur général, qui seront soumis à l'approbation du ministre de la guerre. (art. 102.)

Les contestations relatives au délaissement ou à la délivrance des terres données en échange seront portées devant le conseil d'administration de l'Algérie, sauf recours devant le Conseil d'état. (art. 103.)

Si, dans l'année de la demande en attribution de terres formée par un propriétaire, l'administration ne lui a pas fait cette délivrance, le propriétaire a droit à une indemnité égale à la valeur des terres délaissées. (art. 104.)

L'inculture des terres situées dans les périmètres déterminés est une cause suffisante d'expropriation pour utilité publique. (106.)

Lorsqu'il y aura lieu d'exproprier des terres incultes pour cause d'utilité publique, il sera procédé conformément à la législation en vigueur avant l'ordonn. du 1er oct. 1844. (107.)

L'indemnité sera arbitrée par le conseil d'administration, d'après l'appréciation des circonstances.

Néanmoins, le montant ne pourra en être fixé qu'abstraction faite de toute augmentation de valeur résultant de travaux publics, tels que routes, canaux, dessèchements, création de centres de population et autres ouvrages exécutés par l'administration.

La plus-value que ces ouvrages et travaux auront donnée aux immeubles contigus, appartenant au même propriétaire et non compris dans l'expropriation, devra être appréciée et compensée, jusqu'à due concurrence, avec l'indemnité. (art. 108.)

255. *Des marais.* — Les marais sont partout, et particulièrement sous un ciel aussi brûlant que celui de l'Algérie, des causes d'insalubrité fort actives. D'un autre côté, les travaux d'ensemble et la dépense matérielle que leur dessèchement exige, rendaient l'intervention du gouvernement indispensable dans ces sortes d'opérations. L'intérêt public voulait donc que l'administration pût disposer immédiatement des terrains en nature de marais, qu'il lui paraîtrait urgent de dessécher, sauf à faire une part équitable aux propriétaires qui justifieraient de leurs droits sur ces terrains.

Par tous ces motifs, et d'après l'art. 109 de l'ordonnance du 1er octobre 1844, les marais sont réputés *biens vacants.*

L'administration peut immédiatement prendre, pour leur dessèchement, telle mesure, passer tel marché et faire telle concession qu'elle jugera convenable.

Les droits à la propriété d'un marais ne pourront s'établir que contradictoirement avec l'administration des domaines et par des titres remontant, avec date certaine, à une époque antérieure au 5 juillet 1830. L'action sera portée devant le tribunal de la situation des marais. (art. 110.)

Dans le cas où les titres produits seront reconnus valables, le droit du propriétaire se résoudra en une indemnité, à la fixation de laquelle il sera procédé conformément aux art. 107 et 108 de l'ordonnance. (art. 111.)

Le propriétaire d'un marais exproprié pourra, au lieu de demander une indemnité, exiger une égale quantité de terres incultes, s'il s'en trouve à la disposition du domaine dans l'un des périmètres affectés à la culture. (art. 112.)

256. *Administration municipale.* — L'administration municipale des villes d'Alger, d'Oran et de Bone est confiée à l'intendant et au sous-directeur de l'intérieur, et, sous leur direction immédiate, à un corps municipal composé d'un maire, d'un adjoint français, d'un adjoint musulman et, suivant les localités, d'un adjoint israélite et de conseillers municipaux. A Bougie, à Mostaganem, etc., les commissaires civils remplissent provisoirement les fonctions municipales.

Les maires et les adjoints, rétribués sur les fonds municipaux, sont chargés des fonctions relatives à l'état civil; quant aux autres fonctions municipales et de police, elles leur sont déléguées en totalité ou en partie.

Les conseils municipaux se composent de notables français et indigènes, en nombre et dans une proportion déterminés, pour chaque localité, par un arrêté du gouverneur général.

Les attributions du conseil municipal sont celles qui étaient conférées, en France, aux corps constitués sous la même dénomination, par la loi du 28 pluv. an 8 et les règlements antérieurs à la loi du 21 mars 1831.

Les communes de l'Algérie n'ont pas eu, avant 1835, de revenus qui leur fussent propres, et il a été pourvu à leurs dépenses sur les fonds du budget de l'État.

257. *Législation générale.* — La loi française

régit les conventions et les contestations. Cependant les indigènes sont présumés avoir contracté entre eux selon la loi du pays, à moins qu'il n'y ait conventions contraires ; de même, dans les contestations entre Français et indigènes, le juge peut appliquer la loi du pays selon la nature de l'objet du litige, la teneur de la convention, et, à défaut de convention, selon la circonstance ou l'intention présumée des parties. (Ordonnance du 10 août 1834, art. 31.)

Ces dispositions, restreintes aux matières civiles et commerciales, sont tout à fait inapplicables aux matières criminelles, correctionnelles ou de police, pour lesquelles la loi française est seule appliquée. Si le prévenu est un indigène, et que le fait ne soit prévu ni puni par la loi du pays, le juge peut non-seulement modérer indéfiniment la peine, mais encore prononcer l'absolution. (*Ibid.* art. 33 et 34.)

Une ordonnance royale du 17 juillet 1843 défend aux tribunaux musulmans de prononcer la peine de mort.

L'institution des *curateurs aux successions vacantes* a été organisée, en Algérie, par une ordonnance royale du 26 déc. 1842.

L'exercice et la discipline de la profession de *notaire* ont été réglés par une ordonnance du 30 déc. 1842.

Par une ordonnance royale du 16 avril 1843, le Code de procédure civile a été rendu applicable à l'Algérie, sauf quelques modifications relatives aux ajournements, à l'instruction (toutes les matières sont réputées sommaires) et au mode de procéder lorsqu'il s'agit d'opposition au départ d'un débiteur.

Une ordonnance royale du 12 mars 1843 rend applicables à l'Algérie, à partir du 1er juillet suivant, les lois, décrets et règlements qui régissent actuellement en France l'impôt et les droits du *timbre*.

258. *Organisation judiciaire.* — La justice est administrée en Algérie, au nom du roi, par des tribunaux français et indigènes.

Les juges français sont nommés et institués par le roi ; ils ne peuvent entrer en fonctions qu'après avoir prêté serment. Leurs audiences sont publiques au civil comme au criminel, excepté dans les affaires où la publicité serait dangereuse pour l'ordre et les mœurs ; leurs jugements doivent toujours être motivés.

Les juges indigènes ou musulmans, appelés *muphtis* et *cadis*, sont nommés et institués par le gouverneur général avec l'approbation du ministre de la guerre.

Il existait aussi autrefois dans l'Algérie des tribunaux israélites composés d'un ou trois rabbins. L'ordonnance du 10 août 1834 autorisait le gouverneur à les instituer partout où il le jugerait nécessaire. Ces tribunaux connaissaient, en dernier ressort : 1° des contestations entre israélites concernant la validité ou la nullité des mariages et répudiations, selon la loi de Moïse ; 2° des infractions à la loi religieuse, lorsque, d'après la loi française, elles ne constituaient ni crime, ni délit, ni contravention. Les mêmes tribunaux conciliaient les israélites qui se présentaient volontairement ; ils constataient aussi entre eux toutes conventions civiles. Du reste, toutes autres attributions leur étaient interdites, à peine de forfaiture.

Mais depuis, une ordonnance royale du 28 fév. 1841 enleva aux ministres du culte israélite toute juridiction sur leurs coreligionnaires, qu'elle déclara exclusivement justiciables des tribunaux français. Toutefois, aux termes de la même ordonnance, les rabbins désignés pour chaque localité par le gouverneur sont appelés à donner leur avis écrit sur les contestations relatives à l'état civil, aux mariages et répudiations entre israélites, et cet avis demeure annexé à la minute du jugement prononcé par les tribunaux français. Ils prononcent, comme par le passé, sur les infractions à la loi religieuse.

Une cour royale est établie à Alger.

Des tribunaux de première instance siègent à Alger, Bone, Oran et Philippeville.

Un tribunal de commerce est établi à Alger.

Des tribunaux de paix siègent à Alger, Blidah, Bone, Oran et Philippeville.

Enfin des juridictions spéciales, créées par une ordonnance royale du 31 oct. 1838 et exercées par les commissaires civils ou commandants, sont instituées dans toutes les parties du territoire administré par l'autorité française. Sur les points éloignés de plus de dix kilomètres du siége du tribunal de la province, ces commissaires sont autorisés à remplir les fonctions de juges de paix, d'officiers de police judiciaire et de juges d'instruction, et même, à raison de la difficulté ou de la rareté des communications, tout ou partie de la juridiction des tribunaux civils ou de commerce.

La juridiction et la compétence des commissaires civils ou commandants sont déterminées par les arrêtés qui les instituent. Cette juridiction et cette compétence ne sont pas les mêmes pour tous; elles peuvent varier suivant les localités et les besoins. Quant aux formes et délais de la procédure à suivre devant ces juridictions spéciales, à la faculté d'appeler et à l'exécution des jugements, il y est pourvu par des règlements arrêtés par le gouverneur général et approuvés par le ministre de la guerre.

259. L'institution des justices de paix, introduite dans l'Algérie par l'ordonnance royale du 28 fév. 1841, a été étendue et régularisée par l'ordonnance royale du 26 sept. 1842.

Aux termes de cette ordonnance, chacun des juges de paix d'Alger, Blidah, Bone, Oran et Philippeville, a deux suppléants et un greffier. Les juges de paix doivent être licenciés en droit; ils doivent en outre être, ainsi que leurs suppléants, âgés de vingt-cinq ans révolus. Les greffiers et les commis greffiers sont à la nomination du ministre de la guerre, qui règle les traitements et indemnités à leur allouer.

La compétence en premier et dernier ressort et les attributions spéciales des juges de paix, en matière civile et de simple police, sont les mêmes que celles des juges de paix en France, à l'exception toutefois des fonctions de juge conciliateur, toutes les instances civiles étant, aux termes de l'art. 54 de l'ordonnance du 26 sept. 1842, dispensées du préliminaire de conciliation.

Lorsque le tribunal de paix se constitue en tribunal de simple police, les fonctions du ministère public sont remplies par un commissaire de police ou tout autre officier de police désigné à cet effet par le procureur général.

La loi du 25 mai 1838 sur la compétence des justices de paix a été appliquée à l'Algérie par l'ordonnance royale du 16 avril 1843.

Les juges de paix et leurs greffiers n'ont droit à aucune vacation pour les actes ou opérations auxquels ils procèdent; il leur est seulement alloué, selon les cas, une indemnité de transport réglée par arrêté du ministre de la guerre, en raison des distances parcourues.

Moyennant ces allocations, le matériel des greffes et le personnel auxiliaire, quand il y a lieu, demeurent à la charge des greffiers. Les droits de greffe et d'expédition sont perçus au profit du trésor.

La compétence et les attributions du juge

de paix de Blidah, ainsi que des juges de paix qui seront ultérieurement institués en dehors des lieux où siègent des tribunaux de première instance, peuvent être modifiées par arrêté du ministre de la guerre.

260. Les tribunaux de première instance se composent d'un président, de juges et de juges adjoints ayant voix délibérative, d'un greffier et de commis greffiers, d'un procureur du roi et d'un substitut.

La compétence en premier et dernier ressort des tribunaux de première instance, en matière civile et correctionnelle, est la même que celle des tribunaux de première instance en France. En matière civile et de simple police, ils connaissent de l'appel des jugements rendus en premier ressort par les tribunaux de paix. Ils ne peuvent juger qu'au nombre de trois juges.

Les tribunaux de première instance de Bone, Oran et Philippeville connaissent, en outre: 1° des crimes, *à charge d'appel*; 2° des affaires de commerce à l'égard desquelles leur compétence, en premier et dernier ressort, est la même qu'en matière civile. Dans tous les cas où le tribunal statue sur des faits qualifiés crimes, le juge qui a fait l'instruction ne peut siéger. Des arrêtés du ministre de la guerre déterminent les limites des territoires sur lesquels s'étend dans chaque province la juridiction des tribunaux de première instance.

261. La ville d'Alger possède seule un tribunal de commerce; il se compose de notables négociants nommés chaque année par ordonnance royale, sur la présentation du gouverneur général et sur le rapport du ministre de la guerre. Les membres de ce tribunal peuvent être indéfiniment réélus; leurs fonctions sont gratuites comme en France. Ils ne peuvent rendre jugement qu'au nombre de trois.

La compétence du tribunal de commerce d'Alger, à raison de la matière, est la même que celle des tribunaux de commerce en France; mais il juge en dernier ressort de la même manière que les tribunaux civils, c'est-à-dire sur toutes les demandes qui n'excèdent pas la valeur de 1500 fr. dans les termes de la loi du 11 avril 1838.

262. La cour royale siégeant à Alger se compose d'un président, de sept conseillers, de deux conseillers adjoints ayant voix délibérative, d'un greffier et de commis greffiers. Les fonctions du ministère public près la cour sont remplies par un procureur gé-

IV.                                                    30

néral, deux avocats généraux et un substitut du procureur général.

La juridiction de la cour royale s'étend sur toute l'Algérie.

Constituée en chambre civile, la cour connaît, en matière civile et commerciale, de l'appel des jugements rendus en premier ressort par les tribunaux de première instance et de commerce, et par les tribunaux musulmans.

Constituée en chambre criminelle, elle juge : 1° toutes les affaires de la compétence des cours d'assises, *directement*, pour la province d'Alger, et, *sur appel*, des jugements rendus par les tribunaux de Bone, Oran et Philippeville; 2° les appels en matière correctionnelle; 3° *directement*, les crimes et délits commis par les juges hors de leurs fonctions et dans l'exercice de leurs fonctions, tels qu'ils sont prévus par le chapitre 3 du titre 4, livre 2, du Code d'instruction criminelle, dans tous les cas où la connaissance en est déférée aux cours royales de France.

Toutefois, la juridiction criminelle de la cour royale ne s'étend que jusqu'aux limites qui auront été déterminées par arrêtés du ministre de la guerre dans les territoires occupés par l'administration française. Au delà de ces limites, la connaissance des crimes et délits commis appartient aux conseils de guerre.

En toute matière, soit civile ou commerciale, soit criminelle ou correctionnelle, la cour ne peut juger qu'au nombre de cinq conseillers au moins. La cour ne peut exercer d'autres attributions que celles énoncées ci-dessus; le droit d'évocation, les injonctions au procureur général, lui sont nommément interdits; elle ne peut se réunir en assemblée générale que sur la réquisition du procureur général, et seulement pour délibérer sur les objets qui lui sont communiqués par ce magistrat.

Indépendamment des attributions qui sont conférées en France aux procureurs généraux près les cours royales, le procureur général près la cour royale d'Alger exerce la surveillance et la direction de tout ce qui concerne l'administration de la justice dans l'Algérie. Il correspond, à cet effet, directement avec le ministre de la guerre.

263. Enfin, il existe, près de chaque tribunal français, des *assesseurs musulmans* pour les assister, avec voix consultative, dans tous les procès civils et de commerce où se trouve intéressé un musulman. Ces assesseurs sont nommés par le gouverneur général, qui détermine également le mode de leur rémunération.

Les tribunaux français dont nous venons de faire connaître l'organisation connaissent, entre toutes personnes, de toutes les affaires civiles et commerciales, à l'exception de celles dans lesquelles les musulmans sont seuls parties, lesquelles sont portées devant les *cadis*. Lorsque le procès s'agite entre un Français ou un étranger et un musulman, les tribunaux français s'adjoignent, soit en première instance, soit en appel, un assesseur musulman pris à tour de rôle parmi ceux nommés à cet effet par le gouverneur général. Cet assesseur n'a que voix consultative, et son avis sur le point de droit est toujours mentionné dans le jugement.

Les israélites, indigènes ou non, sont soumis dans tous les cas à la juridiction des tribunaux français; mais, lorsque des contestations entre israélites sont relatives à l'état civil, aux mariages et répudiations, les tribunaux français demandent aux rabbins, désignés pour chaque localité par le gouverneur général, leur avis écrit, et cet avis demeure annexé à la minute du jugement.

La loi française régit les conventions et contestations entre Français et étrangers. Mais les indigènes continuent toujours à être régis par la loi du pays, et ils sont présumés avoir contracté entre eux selon cette loi, à moins qu'il n'y ait convention contraire.

Dans les contestations entre Français ou étrangers et indigènes, la loi française ou celle du pays est appliquée selon la nature de l'objet en litige, la teneur de la convention, et, à défaut de convention, selon les circonstances ou l'intention présumée des parties.

Les tribunaux français connaissent seuls de tous crimes, délits ou contraventions, à quelque nation ou religion qu'appartienne l'inculpé; ils ne peuvent prononcer, même contre les indigènes, d'autres peines que celles établies par les lois pénales françaises. Toutefois, en matière criminelle et correctionnelle, les tribunaux français ne s'adjoignent pas d'assesseurs musulmans dans le cas où les poursuites ne concernent que des musulmans.

264. *Cultes.* — Le culte catholique, dans l'Algérie, est dirigé par un évêque résidant à Alger depuis le mois d'octobre 1838. Un palais a été assigné à ce prélat. Des travaux

considérables ont été exécutés pour l'appropriation et l'agrandissement de la cathédrale. Le nombre des prêtres rétribués s'accroît annuellement.

Le culte protestant a été organisé en 1839. Un consistoire et deux commissions sont institués à Alger.

Le ministère des cultes prépare en ce moment une ordonnance organique d'un consistoire israélite.

Le culte musulman a du reste été respecté en tout ce qui n'était point contraire à l'intérêt général de la colonie.

265. *Instruction publique.* — Une ordonnance du 13 août 1839 a fixé la position des fonctionnaires appartenant à l'université et employés en Algérie. Leurs services sont considérés, pour l'avancement et la retraite, comme s'ils avaient été rendus en France.

Quelques écoles primaires, privées d'abord, puis subventionnées, se sont ouvertes dans les principales villes. Peu à peu, ces écoles sont passées sous le régime de l'autorité administrative, et l'enseignement y est devenu gratuit. Il y a aujourd'hui des instituteurs payés par la colonie partout où il existe des enfants pour recevoir leurs leçons. Cette partie de l'instruction est assujettie aux mêmes règles qu'en France.

§ 2. — *Douanes.* — *Poids et mesures.*

266. *Douanes.* — Une ordonnance royale du 16 décembre 1843 modifie les droits de navigation et de douanes qui avaient été établis entre la France et l'Algérie par l'ordonnance royale du 11 nov. 1835.

L'art. 1er porte que les transports entre la France et l'Algérie ne pourront s'effectuer que par navires français, sauf le cas d'urgence et de nécessité absolue pour un service public.

Aux termes de l'art. 7, les produits du sol et de l'industrie du royaume, à l'exception des sucres, et les produits étrangers nationalisés en France par le paiement des droits, seront admis en Algérie en franchise des droits d'entrée, sur la présentation de l'expédition de douane délivrée à leur sortie de France, et constatant leur origine.

D'après l'art. 11, l'embarquement et le départ des productions coloniales françaises et des marchandises étrangères prises dans les ports de France devront être justifiés par des manifestes de sortie certifiés par la douane.

A l'exception des grains et farines dont la

sortie de l'Algérie demeure affranchie de tous droits, les marchandises expédiées de cette possession pour l'étranger sont soumises, par l'art. 14, au paiement des droits de sortie établis par le tarif général de France, ou à 15 p. 0/0 de la valeur, si, d'après ce tarif, elles sont frappées de prohibitions. Toutefois, l'article 13 accorde, dans tous les cas, l'immunité de ces droits pour les marchandises expédiées à destination d'un port de la métropole, sous les formalités prescrites en France pour le cabotage.

Tout transport entre la France et les possessions françaises du nord de l'Afrique ne pourra s'effectuer que par navires français. (Ord. du 11 nov. 1835, art. 1er.)

Les produits de France, à l'exception des sucres, et les produits étrangers nationalisés en France par le paiement des droits, seront admis en franchise dans les possessions françaises du nord de l'Afrique, sur la présentation de l'expédition de douane délivrée à la sortie de France. (Même ord., art. 7.)

L'embarquement et le départ des denrées coloniales françaises et des marchandises étrangères prises dans les ports de France, devront être justifiés par un manifeste de sortie certifié par la douane. (Art. 12.)

Les marchandises expédiées de l'Algérie, sous les formalités prescrites en France pour le cabotage, à destination d'un port de France, seront affranchies de tout droit de sortie. (Article 13.)

Les marchandises venant des possessions françaises du nord de l'Afrique, ainsi que celles qu'on y expédiera des ports de France, continueront d'être traitées comme venant de l'étranger ou y allant. (Circ. du 26 nov. 1835.)

267. *Poids et mesures.* — Une ordonnance du 26 déc. 1842 a introduit en Algérie le nouveau système des poids et mesures.

### SECT. 10. — ILES MARQUISES.

268. Le groupe des *îles Marquises*, qui fait partie de la Polynésie, dans l'océan Pacifique, appartient à la France depuis le 1er mai 1842, jour où l'amiral Dupetit-Thouars en a pris possession au nom du roi.

§ 1er. — *Gouvernement et administration.* — *Organisation judiciaire.*

269. Il a été pourvu à l'administration et à l'organisation judiciaire de cette colonie naissante par une ordonnance royale du 28 avril 1843.

Aux termes de cette ordonnance, les conseils de guerre connaîtront : 1° des délits et crimes commis par tous individus français et étrangers; 2° des délits et crimes commis par les habitants contre la sûreté de la colonie ou contre les personnes et les propriétés des Français et des étrangers. A l'égard des crimes et délits entre les habitants, ils continueront, jusqu'à nouvel ordre, d'être jugés d'après les usages locaux, sauf au gouverneur à intervenir, quand il le croira convenable, comme modérateur des peines prononcées.

Les peines prononcées par les conseils de guerre seront, à l'option du juge, soit celles qui résulteront du Code pénal militaire et du Code métropolitain de 1810, modifié par la loi du 28 avril 1832, soit celles qui seront établies par des arrêtés locaux. (Art. 2.)

En cas de condamnation, prononcée par les conseils de guerre, à une peine afflictive ou infamante, le gouverneur ordonnera l'exécution de l'arrêt, ou prononcera le sursis lorsqu'il y aura lieu de recourir à la clémence royale. (Art. 3.)

Pour le jugement des procès civils autres que ceux entre habitants, lesquels seront jugés d'après les usages locaux, il sera créé : 1° dans le chef-lieu de la colonie ainsi que dans l'établissement secondaire, deux tribunaux de première instance composés chacun du commandant particulier et de deux employés du gouvernement, à la nomination du gouverneur; 2° au chef-lieu, un conseil d'appel composé du gouverneur, président; du chef du service administratif, et du chirurgien en chef. Les tribunaux civils jugeront, en premier et dernier ressort, jusqu'à la valeur de 500 fr. Le recours en cassation sera ouvert contre les arrêts du conseil d'appel. (Art. 4.)

Les tribunaux de première instance et le conseil d'appel appliqueront les lois civiles françaises modifiées soit par des ordonnances royales, soit par des arrêtés locaux, soit par les usages du pays. (Art. 5.)

Le gouverneur est autorisé à faire tous règlements et arrêtés nécessaires à la marche du service administratif, comme à l'intérêt du bon ordre et de la sûreté de la colonie, et à déterminer, pour la sanction de ces arrêtés, les pénalités que réclameraient l'urgence et la gravité des circonstances. Il ne pourra toutefois, si ce n'est en cas de guerre, établir des peines afflictives ou infamantes. (Art. 7.)

Il sera établi ultérieurement un *conseil* d'*administration* dont le gouverneur devra, dans certains cas, prendre les avis, sans être tenu de s'y conformer.      A. Bost.

## COLONS DE SAINT-DOMINGUE (Indemnité des).

*Historique.*

§ 1er. — *Consistance et nature de l'indemnité.*
— *Personnes appelées par la loi à la recueillir.*

§ 2. — *Droits respectifs des créanciers, héritiers, légataires, donataires et cessionnaires.*

§ 3. — *Dispositions nouvelles de la loi du 18 mai 1840, et de l'ordonnance du 1er juin suivant, pour assurer la conservation de l'indemnité à tous les ayants-droit.*

*Historique.* 1. — L'île de Saint-Domingue ou Haïti appartenait autrefois en partie à la France et en partie à l'Espagne. En 1789, les noirs de la partie française se révoltèrent contre les blancs, les chassèrent de l'île et s'emparèrent de leurs propriétés. En 1798, Toussaint-Louverture avait été nommé par le gouvernement français chef des armées de Saint-Domingue pour combattre les Anglais qui, pendant les troubles, s'étaient emparés de certains points de ce pays; après avoir affranchi sa patrie de leur domination, il prépara une constitution républicaine, la fit adopter par l'assemblée générale des représentants des districts, et fit déclarer l'indépendance de l'île toute entière.

2. Par suite de ce nouvel état de choses qui semblait consacrer d'une manière irrévocable leur spoliation, les Français, anciens propriétaires à Saint-Domingue, se trouvèrent réduits à une position déplorable; le gouvernement vint à leur secours en ordonnant, par un arrêté du 19 fruct. an x, qu'il serait sursis envers eux et leurs cautions à toutes poursuites pour créances antérieures à 1792, causées pour vente d'habitations, de maisons et de nègres, et pour avances faites à la culture. Ce sursis fut prorogé par les lois des 2 déc. 1814, 21 fév. 1816, 15 avril 1818; il n'a cessé qu'à la fin de juillet 1820.

3. En 1803, la France avait essayé, mais inutilement, de ressaisir son ancienne colonie. Dans cette situation, le gouvernement de la restauration pensa qu'il serait beaucoup plus sage de traiter à l'amiable avec une colonie qui, après avoir conquis son indépendance, avait

su la conserver et en jouissait depuis long-temps.

« Une ordonnance royale, du 17 avril 1825, accorda l'indépendance pleine et entière aux habitants actuels de la partie française de l'île de Saint-Domingue, sous la condition d'avantages commerciaux pour la France, et de verser à la caisse des dépôts et consignations, en cinq termes égaux, d'année en année, la somme de 150 millions de francs, destinée à dédommager les anciens colons qui réclameraient une indemnité.

4. » Une seconde ordonnance, du 1er septembre 1825, créa une commission préparatoire qui fut chargée de rechercher les bases et les moyens de répartition de ces 150 millions. Le résultat de ce travail fit connaître que cette indemnité représentait la dixième partie seulement de la valeur, en 1789, des biens immeubles dont les colons avaient été dépouillés par suite de l'insurrection qui sépara la colonie de la métropole. Ce point reconnu, ainsi que la possibilité de faire une équitable répartition de l'indemnité, la loi du 30 avril 1826 vint consacrer l'affectation faite à l'indemnité des colons, des 150 millions imposés au gouvernement d'Haïti par l'ordonnance du 17 avril 1825. Elle régla les formes et le mode de la répartition, créa une commission qui fut chargée de la liquidation des immeubles à l'époque du désastre et d'après la valeur des propriétés dans la colonie en 1789. L'indemnité fixée au dixième de cette valeur devait être délivrée aux réclamants par cinquièmes et d'année en année, c'est-à-dire dans la proportion et aux mêmes époques des versements que devait faire le gouvernement d'Haïti.

5. » La sollicitude que témoignaient toutes ces dispositions pour les colons serait restée stérile pour le plus grand nombre, si la loi eût abandonné aux règles du droit commun l'exercice des actions de leurs nombreux créanciers. Les colons ne recouvrant que la dixième partie de la valeur de leurs propriétés, la même loi fixa au dixième du capital de leurs créances le droit qui appartenait aux créanciers dits de Saint-Domingue de former saisie-arrêt sur l'indemnité. Il était juste, en effet, que les victimes d'un désastre commun supportassent, dans la proportion respective de leurs droits, la perte qui en résultait pour tous.

6. » Sur le premier cinquième de l'indemnité, 29,300,000 fr. avaient été versés dès la fin de 1825 et au commencement de 1826, au moyen d'un emprunt fait en France et de marchandises expédiées en Europe.

7. » Douze années s'étaient écoulées depuis ce premier versement, et toutes les instances du gouvernement français pour obtenir les versements prescrits par l'ordonnance royale du 17 avril étaient restées infructueuses. Le gouvernement de Saint-Domingue était dans l'impuissance de les effectuer ; les revenus étaient insuffisants. D'un autre côté, les intérêts commerciaux des deux pays souffraient de la situation équivoque dans laquelle ils se trouvaient placés par suite de l'inexécution de l'ordonnance qui avait concédé l'indépendance de Saint-Domingue.

» Cet état de choses ne pouvait se prolonger. On ne pouvait raisonnablement songer à rentrer à main armée dans notre ancienne colonie ; l'intérêt des colons, celui de notre commerce, et les dépenses qu'eût entraînées une pareille expédition, tout s'y opposait. Il restait donc à traiter avec son gouvernement sur des bases équitables et en rapport avec les ressources du pays.

8. » C'est sous l'influence de ces considérations qu'un double traité a été conclu entre la France et Haïti, le 12 février 1838. Par le premier, la souveraineté et l'indépendance d'Haïti ont été consacrées de nouveau ; le second a réglé définitivement le solde de l'indemnité imposée par l'ordonnance du 17 avril, et l'a réduit de 120 millions à 60, payable par année et dans une période de trente ans, mais par paiements inégaux (1). »

9. Ces nouvelles dispositions ne se trouvaient plus en harmonie avec la loi du 30 avril 1826, sur la répartition de l'indemnité. La loi du 18 mai 1840 et l'ordonnance du 26 du même mois, sur le mode de répartition de l'indemnité, furent rendues pour obvier à cet inconvénient ; nous en ferons connaître les dispositions dans le cours de cet article.

§ 1er. — *Consistance et nature de l'indemnité.* — *Personnes appelées par la loi à la recueillir.*

10. *Consistance.* — Le premier cinquième de l'indemnité revenant aux colons ayant été acquitté et distribué entre eux, ainsi que nous

(1) Tout ce qui précède est extrait de l'exposé des motifs présenté à la chambre des pairs le 5 janvier 1839. V. *Moniteur* du 6.

l'avons dit, ils n'ont plus eu droit, à partir de 1838, qu'aux 60 millions formant le solde de l'indemnité dû par le gouvernement d'Haïti, aux termes du traité du 12 fév. 1838. — (V. ce traité et les art. 1er et 3 de la loi du 18 mai 1840.)

11. Aux termes de l'art. 1er dudit traité, cette somme de 60 millions était payable conformément au mode ci-après : Pour chacune des années 1838, 1839, 1840, 1841 et 1842, 1,500,000 fr. ; pour chacune des années 1843, 1844, 1845, 1846 et 1847, 1,600,000 fr. ; pour chacune des années 1848, 1849, 1850, 1851 et 1852, 1,700,000 fr. ; pour chacune des années 1853, 1854, 1855, 1856 et 1857, 1,800,000 fr. ; pour chacune des années 1858, 1859, 1860, 1861 et 1862, 2,400,000 fr., et pour chacune des années 1863, 1864, 1865, 1866 et 1867, 3,000,000 fr.

Ces sommes sont versées par le gouvernement d'Haïti à la caisse des dépôts et consignations, et ensuite réparties entre les divers intéressés, au marc le franc des liquidations faites en exécution de la loi du 30 avril 1826.

12. Au nombre de ces intéressés, il ne faut pas comprendre l'État ; par la loi précitée du 30 avril (art. 1er), il a renoncé à tous les droits qu'il aurait pu avoir à l'indemnité, soit pour les propriétés publiques qu'il avait abandonnées en renonçant à la souveraineté de Saint-Domingue, soit pour la valeur des propriétés qui lui étaient échues par deshérence.

13. *Nature de l'indemnité.* — « Ce n'est pas, disait M. le baron Mounier, rapporteur à la Chambre des pairs, ce n'est pas un secours donné par l'état ; ce n'est pas la réparation de malheurs irréparables ; c'est la représentation des droits que les anciens propriétaires auraient eu à exercer, si la force des armes avait replacé Saint-Domingue sous la domination de la France. »

14. Ce caractère distinctif de l'indemnité sert à expliquer et à justifier l'une des dispositions importantes de la loi du 30 avril 1826, celle de l'art. 2 qui ne reconnaît comme habiles à réclamer l'indemnité que les propriétaires de *biens fonds*, c'est-à-dire de biens immeubles, et qui exclut du bénéfice de la disposition les propriétaires d'objets mobiliers, et même d'établissements industriels non réputés immeubles. Des amendements avaient été proposés dans le but de comprendre ces objets au nombre de ceux donnant droit à l'indemnité ; mais ils furent repoussés

par plusieurs considérations, et notamment par celle-ci : « que les anciens propriétaires de ces objets mobiliers ne les auraient plus retrouvés à Saint-Domingue, si la France avait pu rentrer dans l'île, et qu'il n'était que trop certain qu'ils n'auraient point obtenu de dédommagement. »

15. Toutefois, par l'expression de *biens fonds*, il faut comprendre non-seulement les immeubles proprement dits, mais en outre tous les objets mobiliers servant à l'exploitation d'une propriété territoriale, et même les esclaves attachés à la culture du sol. C'est la conséquence du principe que les objets placés sur un fonds, pour le service et l'exploitation de ce fonds, sont immeubles par destination ; conséquence qui était reconnue comme incontestable, quant aux esclaves des colonies, ainsi que l'atteste Pothier dans son *Traité de la communauté,* n° 30.

Quant aux esclaves ne faisant point partie de l'exploitation d'un fonds, leur valeur n'a pu donner aucun droit à l'indemnité.

16. Ce que nous venons de dire suffit pour faire comprendre comment devrait être résolue la question de savoir à qui, du légataire des meubles ou du légataire des immeubles, devrait être attribuée l'indemnité. Évidemment, c'est au légataire des immeubles, l'indemnité devant aller à celui qui aurait eu l'immeuble.

17. Mais il ne faudrait pas conclure de là que l'indemnité est d'une nature immobilière ; le contraire a été formellement jugé par deux arrêts de la Cour de cassation des 1er août et 21 nov. 1831. (S.-V. 31. 1. 329, 31. 1. 426 ; D. P. 31. 1. 274, 31. 1. 359.) Dans l'espèce de ce second arrêt, le colon avait cédé ses droits à l'indemnité, et plus tard, avait voulu faire rescinder la vente pour cause de lésion de plus des sept douzièmes, par application de l'article 1674 du Code civil. Un arrêt de la cour de Bordeaux avait repoussé sa demande, et la Cour de cassation à laquelle cet arrêt fut déféré rejeta à son tour le pourvoi par les motifs suivants : « Attendu que la loi du 30 avril 1826 n'a eu pour objet qu'un simple dédommagement accordé aux anciens colons de Saint-Domingue, à cause de la perte des biens qu'ils avaient possédés dans cette colonie, et dont ils avaient été expropriés ; que ce dédommagement n'est que d'une très-faible partie de ladite perte ; que l'expropriation étant du fait du gouvernement d'Haïti, ce sont les

sommes que ce gouvernement s'est obligé de fournir qui ont été affectées au paiement de l'indemnité; que cette indemnité n'est point donnée à titre de restitution du prix des immeubles qui avaient appartenu aux colons; qu'elle se compose d'une somme mobilière à percevoir, qui ne peut, sous aucun rapport, être considérée comme la représentation des immeubles situés à Saint-Domingue; attendu que l'art. 1674 du Code civil, relatif à la rescision de la vente pour cause de lésion, ne concerne que les cas où il s'agit d'immeubles; qu'ainsi cette disposition n'est pas applicable à l'espèce, puisque la veuve Laurent, en cédant au sieur Langlade le droit qu'elle prétendait avoir à l'indemnité, lui a seulement transmis la créance éventuelle d'un objet mobilier; d'où il résulte qu'on ne peut reprocher à l'arrêt attaqué d'avoir violé la loi du 30 avril 1826, ni d'avoir violé ou faussement appliqué l'art. 1674 du Code civil, ainsi que les autres articles du même code qui se rattachent à cette disposition, etc. »

18. *Appelés.* — Les individus habiles à réclamer l'indemnité sont, aux termes de l'article 2 de la loi du 30 avril 1826, les anciens propriétaires de biens-fonds situés à Saint-Domingue, ainsi que leurs héritiers légataires, donataires ou ayants-cause.

19. On doit d'abord remarquer que la loi n'exige pas que la qualité de *Français* soit jointe à celle d'ancien propriétaire. On a voulu que l'égalité régnât entre toutes les victimes d'une même catastrophe, sans distinction de nationalité. D'abord, cela était juste à l'égard des colons qui étaient Français au moment du désastre, et qui, chassés de la colonie, n'avaient pu former des établissements en pays étranger sans s'y faire naturaliser. Cela était juste également à l'égard des étrangers qui, à l'ombre de la protection française, avaient acquis des biens dans la colonie, et qui ne les avaient perdus que par l'impossibilité où s'était trouvée la France d'arrêter l'insurrection et les funestes désordres qui en avaient été la suite.

20. L'indemnité doit être transmise aux héritiers légitimes ou volontaires du colon, selon les règles du droit commun, sans restriction. On avait proposé de limiter le droit de succession en ligne collatérale aux frères ou sœurs et à leurs descendants. Mais l'amendement fut rejeté par le motif que, « puisqu'au lieu de rentrer dans la propriété, c'était

dans une somme d'argent qu'on rentrait, il était juste que les colons eussent sur la somme donnée les mêmes droits qu'ils avaient sur la propriété même. »

21. La mort civile résultant des lois de l'émigration qui avaient frappé quelques-uns des anciens colons appelés naturellement à recueillir l'indemnité, n'a pu faire obstacle à l'exercice de ce droit. (L. 30 av. 1826, art. 1er.)

22. Aux termes du § 2 du même article, les répudiations d'hérédité n'ont pu être non plus opposées aux réclamants, si ce n'est par les héritiers qui avaient accepté. Cette disposition est fondée sur l'art. 790 du Code civ., qui permet à l'héritier renonçant d'accepter encore la succession, tant que la prescription du droit d'accepter n'est pas acquise contre lui et que la succession n'a pas été acceptée par d'autres héritiers. Seulement elle est plus étendue, puisque, d'après elle, la répudiation ne peut être opposée que par les héritiers qui ont accepté; tandis qu'aux termes de l'article 790 du Code civ., l'héritier qui accepte, après avoir renoncé, doit respecter les droits acquis aux tiers, soit par prescription, soit par des actes faits avec le curateur à la succession vacante.

23. La commission de la Chambre des députés avait proposé un amendement dont le but était d'ôter à l'héritier bénéficiaire le droit d'opposer la répudiation; on l'appuyait sur cette considération que l'héritier bénéficiaire ne s'exposait à aucune chance, puisqu'il n'était pas tenu *ultrà vires.* Mais cet amendement fut rejeté, par la raison que l'héritier bénéficiaire avait un droit acquis aussi respectable que celui de l'héritier pur et simple.

24. L'expression *ayants-cause* de l'art. 2 de la loi du 30 avril précitée s'applique aux acquéreurs et aux créanciers; ils ont pu exercer les droits du colon, savoir, les acquéreurs, en vertu de leur contrat, et les créanciers, en vertu de l'art. 1166 du Code civil.

25. Mais l'art. 3 de la même loi exclut formellement du bénéfice de l'indemnité, qu'elle soit demandée soit en leur propre nom, soit comme héritiers ou représentants de personnes qui auraient été habiles à réclamer, les individus ayant la faculté d'exercer le droit de propriété dans l'île de Saint-Domingue. Cela était juste. Les individus qui n'étaient point privés de la faculté de posséder ont pu, ont dû réclamer de rentrer dans leurs anciennes propriétés. L'indemnité n'appartient qu'à

ceux qui ont été contraints d'y renoncer à jamais : ce sont les anciens colons.

§ 2. — *Droits respectifs des créanciers, héritiers, légataires, donataires et cessionnaires.*

26. Le règlement des droits des créanciers des colons à l'indemnité donna lieu à une discussion très-longue dans les deux chambres, et à des amendements nombreux qui tous furent rejetés, à l'exception de ceux qui forment la matière des deux derniers paragraphes de l'art. 9 de la loi. Nous ne rapporterons donc pas ces amendements, et nous ne ferons connaître de la discussion que ce qui sera de nature à fixer le sens de l'article précité, lequel est ainsi conçu :

« Les créanciers des colons de Saint-Domingue ne pourront former saisie-arrêt sur l'indemnité que pour un dixième du capital de leurs créances. En cas de concurrence entre plusieurs, celui à qui est dû le prix ou une portion du prix du fonds qui donnera lieu à l'indemnité sera payé avant tous autres du capital de sa créance. Les créanciers seront payés aux mêmes termes que les colons recevront leur indemnité. »

A côté de cette disposition, nous devons mettre celle de l'art. 2 de la loi du 18 mai 1840, afin que l'on puisse saisir d'un seul coup toutes les dispositions concernant les créanciers des anciens colons de Saint-Domingue.

« Les créanciers des colons, y est-il dit, exerceront leurs droits fixés par l'art. 9 de la loi du 30 avril 1826, dans la même proportion et aux mêmes époques que les colons les exerceront eux-mêmes d'après le traité du 12 février 1838. »

27. Que doit-on entendre par l'expression de *créanciers* employée dans les deux articles ci-dessus ? Certains auteurs inclinaient à penser que cette expression ne devait désigner que les créanciers envers lesquels les colons avaient contracté antérieurement au désastre de Saint-Domingue, et appuyaient cette opinion sur ce qu'avait dit M. le rapporteur à la chambre des pairs, lors de la discussion de la loi du 30 avril 1826 : « qu'il ne s'agissait que de créances antérieures à 1792 ; et que toutes celles qui seraient plus récentes resteraient assujetties au droit commun. »

Mais la jurisprudence s'est généralement prononcée dans un sens contraire. — Voir notamment un arrêt de la Cour royale de Paris du 11 février 1834. (S.-V. 34. 2. 167. J. P. 3ᵉ édit. ; D. P. 34. 2. 135.) Le motif de ces décisions est que les intentions bienveillantes du législateur pour les colons auraient été la plupart du temps trompées, si l'indemnité avait pu être atteinte dans son intégralité par les créanciers auxquels ils avaient été obligés de recourir dans leur détresse.

28. Mais la réduction au dixième s'applique-t-elle non-seulement au créancier du colon personnellement, mais, en outre, au créancier personnel de l'héritier du colon ? Dans l'intérêt du créancier, et pour l'affranchir de la réduction des neuf dixièmes, on pourrait dire que le créancier qui avait traité avec le colon lui-même avait consenti jusqu'à un certain point à suivre sa mauvaise fortune, et qu'à son égard, la réduction était juste ; mais que ce serait exagérer la rigueur de la loi que de permettre à l'héritier du colon de se prévaloir du malheur de son auteur. A cela on peut répondre que le créancier qui a traité avec l'héritier du colon, n'a pu le faire en vue de l'indemnité survenue plus tard à son débiteur ; que cette indemnité ayant augmenté l'actif de ce débiteur, la loi a pu, sans nuire au créancier, mettre des limites à l'exercice de ses droits sur cette indemnité. C'est dans ce sens, en effet, que s'est prononcée la Cour royale de Paris par un arrêt du 20 janv. 1844, non inséré dans les recueils.

29. Nous avons dit ( n° 2 ) que l'arrêté du 19 fructidor an x a sursis à toutes poursuites contre les colons à raison des créances antérieures au 1ᵉʳ janvier 1792, causées pour vente d'habitations, de nègres, ou avances à la culture dans la colonie (art. 1ᵉʳ). La prescription de ces créances a donc été suspendue pendant toute la durée du sursis (art. 4). Mais l'art. 3 ajoute que « dans le cas ou les créanciers d'un colon, pour autres causes que celles exprimées en l'art. 1ᵉʳ, exerceraient des poursuites sur les biens situés en France, le sursis sera levé et tous les créanciers exerceront concurremment leurs droits sur les biens situés en France. » De là est née la question de savoir si le créancier colonial est tenu de prendre part à ces poursuites, et si le temps du sursis pendant lequel il pouvait agir sur les biens en France, doit être compté pour la prescription. Une jurisprudence constante a décidé que l'art. 4 de l'arrêté précité avait donné aux créanciers coloniaux le droit de poursuivre, sans leur en imposer l'obligation ; que le non-

usage de ce droit ne pouvait leur être opposé, et que, conséquemment, le temps de la durée du sursis ne pouvait compter pour la prescription. (Bordeaux, 7 mai 1832; J. P. 3ᵉ éd.; D. P. 32. 2. 150; — Cass. 3 juillet 1833; S.-V. 33. 1. 546; — 26 nov. 1839; S.-V. 40. 1. 73; J. P. 1840. 1. 20; D. P. 40. 1. 29.)

Il faut remarquer que le sursis ordonné par l'arrêté du 19 fructidor an x s'étendait encore à d'autres créances que celles énumérées dans l'art. 1ᵉʳ, et dont l'origine était purement coloniale. Pendant toute sa durée, il était interdit aux créanciers pour toutes autres causes de poursuivre le paiement de leurs créances sur les biens situés dans la colonie (art. 2). Ainsi, à l'égard des créances coloniales, le sursis protégeait la personne et les biens des colons; à l'égard des autres, il protégeait seulement les biens situés dans la colonie.

30. La cour de Rouen en admettant ces principes, quant au dixième des créances réclamées contre les anciens colons, les a rejetés à l'égard des neuf dixièmes. Par un arrêt en date du 14 nov. 1835, non inséré dans les recueils, elle a décidé en propres termes « qu'en supposant que l'indemnité fût la représentation des biens perdus par les colons, cette représentation ne pourrait produire d'effet en faveur des créanciers que dans la limite déterminée par l'art. 9 de la loi du 30 avril 1826, c'est-à-dire jusqu'à concurrence du dixième de leur créance, laquelle, *pour les neuf autres dixièmes, serait restée dans le droit commun, et conséquemment susceptible de prescription par défaut de poursuites pendant plus de trente ans*, etc. » Cette interprétation de l'arrêté du 19 fruct. an x nous paraît complétement erronée, et nous n'hésitons pas à penser que le sursis prononcé par cet arrêté s'applique à la somme totale des créances coloniales, et non pas seulement au dixième de ces créances. Cette réduction au dixième, prononcée par la loi du 30 av. 1826, n'a fait autre chose que restreindre le droit d'opposition des créanciers sur le montant de l'indemnité accordée.

31. Ce n'est que le dixième du *capital* de leurs créances que l'art. 9 de la loi de 1826 autorise les créanciers à toucher sur le montant de l'indemnité; on n'a pas voulu qu'à ce capital pussent être ajoutés les intérêts, parce que les intérêts représentent la jouissance du capital, et que les colons n'en avaient pas joui puisqu'ils avaient été dépouillés de propriétés à l'acquisition ou à l'amélioration desquelles ils avaient employé ce capital.

32. Le paiement de ce dixième ne libère point les colons ou leur succession du surplus de la dette, soit en capital, soit en intérêts; les créanciers peuvent donc poursuivre leur paiement sur les autres biens qui appartiennent à leur débiteur, et même sur les neuf dixièmes de l'indemnité à eux réservés, une fois que les fonds représentant ces neuf dixièmes sont retirés de la caisse des consignations. V. dans ce sens un arrêt de la Cour de cassation du 13 mai 1840. (S.-V. 40. 1. 697; J. P. 1840. 2. 431. D. P. 40. 1. 219.) Plusieurs orateurs des deux chambres avaient proposé des amendements dans un but contraire; mais ces amendements, après une longue discussion, furent tous rejetés.

33. Nous venons d'expliquer quels sont les droits généraux des créanciers à l'indemnité. Mais ces droits, quant à leur quotité ou étendue, peuvent éprouver des variations en raison de la qualité des personnes avec lesquelles lesdits créanciers se trouvent en concurrence.

34. Lorsque la succession du colon a été acceptée purement et simplement, point de doute que les droits des créanciers sur l'indemnité ne doivent être réduits au dixième du capital de leurs créances, comme dans le cas où ils se trouvent en concurrence avec le colon personnellement. L'intention du législateur manifestée par le texte aussi bien que par la discussion de la loi du 30 avril 1826, a été évidemment de mettre, dans tous les cas, sur la même ligne les anciens colons et les héritiers de cette espèce.

35. Mais, sous l'empire de cette loi, s'est élevée la question grave de savoir si, lorsque la succession d'un colon avait été acceptée sous bénéfice d'inventaire, les créanciers n'avaient également droit qu'au dixième de leurs créances sur l'indemnité, de manière que l'héritier bénéficiaire profitât comme l'héritier pur et simple des neuf autres dixièmes. Dans l'intérêt de l'héritier bénéficiaire, on disait : « Les dispositions de la loi du 30 avril 1826 consacrent le principe que les créanciers des colons ne pourront exercer leurs droits sur l'indemnité que jusqu'à concurrence du dixième de leurs créances : ce principe de réduction, qui avait pour motif de faire également supporter les pertes résultant des événements de Saint-Domingue par le propriétaire débiteur et les créanciers qui avaient vu disparaître le gage

de leurs créances, est établi d'une manière générale et sans distinction par les art. 2 et 9 de la loi précitée ; donc, il s'applique à l'héritier bénéficiaire aussi bien qu'à l'héritier pur et simple. » C'est dans ce sens que les trois chambres de la cour royale de Paris se sont prononcées par arrêts des 19 juillet 1828, (S.-V. 28. 2. 314); 7 av. 1832 (S.-V. 32. 2. 390 ; D. P. 32. 2. 184); 24 déc. 1833 (S.-V. 34. 2. 183); 10 fév. 1835 (S.-V. 35. 2. 79; D. P. 35. 2. 77). On peut ajouter que cette opinion se concilie parfaitement avec les principes consacrés par l'arrêt rendu par la Cour de cassation, le 12 déc. 1839, en matière d'indemnité d'émigrés. (J. P. 1840. 1. 36; D. P. 40. 1. 58.) Cet arrêt décide, en effet, que les règles ordinaires relatives aux comptes d'inventaire sont inapplicables au cas régi par la loi spéciale du 27 avr. 1825, et qu'une fois que les créanciers de l'émigré ont reçu ce que leur alloue cette loi, ils n'ont plus aucun recours à exercer, soit contre l'héritier pur et simple, soit contre l'héritier bénéficiaire. Or, disait-on, la loi du 30 avril 1826, qui est aussi une loi *spéciale* et qui a été rendue dans le même esprit que la loi de 1825, ne peut être interprétée différemment.

Dans l'intérêt des créanciers, on disait au contraire : l'héritier bénéficiaire doit compte de la totalité des sommes qu'il touche dans la succession ; il n'a point été dérogé à ce principe de droit commun par l'art. 9 de la loi de 1826. Cette loi n'a établi d'exception à la règle générale posée dans l'art. 807 du Code civil qu'en ce qui concerne le droit de former saisie-arrêt sur l'indemnité, lequel ne peut avoir pour objet que le dixième de leurs créances; mais cela n'empêche nullement les créanciers d'exercer sur les neuf autres dixièmes de l'indemnité tous leurs droits autres que celui de saisie-arrêt, et, par exemple, de demander et d'obtenir que l'héritier bénéficiaire ne puisse toucher ces neuf dixièmes qu'à la charge par lui de fournir bonne et valable caution d'en représenter le montant. La Cour de cassation a adopté ce dernier système auquel la cour de Paris elle-même a fini par se ranger. (Cass. 26 mai 1830, S.-V. 30. 1. 215; D. P. 30. 1. 254. — 23 mars 1831, 31. 1. 288; D. P. 31. 1. 87; — 13 mai 1840, S.-V. 40. 1. 697; D. P. 40. 1. 219; Paris, 20 mai 1835, J. P. 3ᵉ édit.)

36. En cas de concurrence entre plusieurs créanciers, celui à qui est dû le prix du fond qui donne lieu à l'indemnité doit être payé,

avant tout autre , du capital de sa créance, même sur le premier cinquième à délivrer. (L. 30 avril 1826 , art. 9.) Cet article n'est que la répétition du principe de droit commun consacré notamment par l'art. 2103 du Code civil. Ainsi jugé par la Cour de cassation le 25 nov. 1839. (S.-V. 40. 1. 73; J. P. 1840. 2. 20; D. P. 40. 1. 29.)

37. Ce n'est que dans l'intérêt des colons débiteurs et de leurs héritiers qu'a été ordonnée, par l'art. 9 de la loi du 30 avril 1826, la réduction au dixième du capital des créances pour lesquelles des oppositions sont formées sur l'indemnité. En conséquence, elle ne peut être demandée contre les créanciers opposants par le créancier sur la poursuite duquel l'indemnité a été liquidée. Les droits de chacun d'eux sont les mêmes que si la liquidation avait été faite au nom d'un héritier bénéficiaire. Ainsi jugé par la Cour de cassation le 18 juillet 1838. (S.-V. 38. 1. 603 ; J. P. 38. 2. 99; D. P. 1838. 1. 332.)

38. Le principe de la réduction des créances au dixième de leur capital peut recevoir des modifications et exceptions, à raison de certaines circonstances particulières et des conventions intervenues entre les parties. Ainsi il a été jugé, et avec raison, selon nous, que, lorsque par une transaction antérieure à la loi du 30 avril 1826 un colon avait abandonné à son créancier les biens de Saint-Domingue, avec pouvoir de les vendre, moyennant quoi le créancier avait renoncé à tous ses droits sur les biens possédés en France par le débiteur, il pouvait être décidé que le créancier avait par suite le droit d'exiger sur l'indemnité allouée au débiteur l'intégralité de sa créance, nonobstant l'art. 9 de la loi de 1826. (Cass. 7 août 1834; S.-V. 35. 1. 394; J. P. 3ᵉ édit.; D. P. 34. 1. 438.) Dans cette espèce, en effet, à la qualité de créancier était venue se joindre sur la même personne celle de cessionnaire ou acquéreur des biens de Saint-Domingue, ou des droits qui en représentaient la valeur; dès lors il était juste que l'indemnité, qui était l'équivalent de ces biens et de ces droits, fût recueillie par le cessionnaire et non par le cédant.

39. La réduction à laquelle ont été soumis les créanciers ordinaires par l'art. 9 de la loi du 30 avril 1826 est-elle également opposable aux légataires à titre particulier?

Pour la négative, on dit : L'art. 2 de la loi du 30 avril 1826 admet à réclamer l'indemnité des colons leurs héritiers, légataires, donataires ou ayants-cause. Cette disposition doit être exécutée par ceux qui sont appelés à en recueillir le bénéfice dans l'ordre établi entre eux par les lois sur les successions. L'article 9 s'occupe au contraire des créanciers des colons, et n'autorise spécialement ces créanciers à former des saisies-arrêts sur l'indemnité que pour un dixième du capital de leurs créances. Le sort des légataires particuliers doit être évidemment réglé par l'art. 2 de ladite loi, puisque ce n'est que par l'art. 9 que cette loi a modifié les droits des créanciers, précisément au profit des colons, des héritiers, donataires et légataires. La Cour de cassation (ch. civ.), par arrêt du 24 août 1830 (S.-V. 31. 1. 53 ; D. P. 30. 1. 334), s'est prononcée dans ce sens, ainsi que la cour royale de Paris, par arrêt du 14 juin 1834 (S.-V. 34. 2. 447 ; D. P. 35. 2. 37.). Par un autre arrêt du 29 janv. 1834 (S.-V. 34. 1. 100 ; D. P. 34. 1. 105), la cour suprême semble avoir voulu persister dans le même système, quoique cependant nous devions faire remarquer que, dans l'espèce de ce dernier arrêt, le légataire se trouvait en présence d'un simple héritier bénéficiaire, et sans qu'il y eût aucuns créanciers en cause. Mais, dès le 9 juin 1830, la chambre des requêtes avait manifesté une opinion contraire, qui fut adoptée plus tard par une autre chambre de la cour royale de Paris et par la cour de Toulouse. (Paris, 2 déc. 1331, J. P. 3e édit.; D. P. 32. 2. 51 ; — Toulouse, 18 juill. 1833, S.-V. 34. 2. 42 ; J. P. 3e édit.; D. P. 34. 2. 59.) La doctrine de ces deux arrêts, à laquelle nous n'hésitons pas à nous ranger, est fondée sur les motifs suivants : « La loi sur l'indemnité a établi un droit exceptionnel ; l'esprit général de cette loi a été, en accordant un dixième de la valeur des biens, de réduire les droits de tous à cette proportion ; les art. 2 et 9 de cette loi sont corrélatifs et doivent s'expliquer l'un par l'autre, toujours en partant du principe général posé par la loi ; le légataire particulier a bien, en règle générale et selon le droit commun, qualité pour recevoir la totalité de son legs ; mais le legs ayant été fait par le testateur d'après les forces de son hérédité, on ne saurait appliquer cette règle au cas où l'hérédité elle-même a disparu, et où il s'agit uniquement de recevoir une indemnité proportionnelle ; il résulterait du système contraire, que la volonté du défunt serait anéan-

tie et que le légataire deviendrait l'héritier. Aux termes de l'art. 1017 du Code civ., l'héritier est tenu d'acquitter personnellement le legs, et il en est constitué débiteur ; l'héritier représentant la succession, le légataire est un véritable créancier de la succession et de l'héritier ; dès lors il est, par l'esprit de la loi et par son titre, compris dans les dispositions de l'art. 9 de la loi sur l'*indemnité*, et il serait contre la volonté du législateur et contre tous les principes d'ordre et de droit public que le légataire fût traité plus favorablement que l'héritier.... »

40. Outre la réduction prononcée par l'article 9 de la loi du 30 avril 1826, en ce qui concerne le montant des saisies-arrêts autorisées, il en est une autre que les créanciers sont obligés de subir, ainsi que nous l'avons dit, en vertu des dispositions de l'art. 2 de la loi du 18 mai 1840 ; c'est-à-dire que l'indemnité n'étant plus, d'après le traité du 12 fév. 1838, que de trois cinquièmes de ce qu'elle était primitivement, le montant de la saisie-arrêt opérée se trouve nécessairement réduit aux trois cinquièmes de la quotité primitive. C'est ce qu'exprimait en termes très-clairs M. le baron Mounier, dans son rapport à la chambre des pairs. « Il est juste et naturel, disait-il, que les droits des créanciers, fixés et limités par cette disposition (celle de l'art. 9 de la loi du 30 avril 1826), ne s'exercent plus que d'après les modifications apportées au paiement de l'indemnité par le traité du 12 février. Il ne faudrait pas qu'un créancier pût dire : « Ma créance est de 100,000 fr., j'ai le droit d'exercer saisie-arrêt pour 10,000 fr. Les termes de paiement que la loi de 1826 avait en vue sont expirés depuis longtemps. Je viens faire valoir mon droit sur le premier ou les premiers paiements assignés à mon débiteur. » C'est pour écarter positivement cette prétention qu'il a paru nécessaire de déclarer que les droits des créanciers déterminés par l'article que nous avons rapporté, ne s'exercent qu'aux mêmes conditions que les colons les exercent eux-mêmes, c'est-à-dire selon la réduction adoptée en 1838 ; que les créanciers seront payés aux mêmes termes que les colons, ou en trente paiements, et qu'en outre la saisie-arrêt n'aura plus d'effet que pour une somme proportionnée à celle de la nouvelle indemnité. Cette indemnité n'est plus que de trois cinquièmes de ce qu'elle était primitivement, le montant de la saisie-arrêt sera donc réduit

aux trois cinquièmes de la quotité primitive. »

41. L'art. 2 de la loi du 18 mai 1840 précitée est-il également applicable à d'autres personnes que les créanciers, par exemple, aux légataires ou cessionnaires d'une quote-part de l'indemnité?

Pour résoudre cette question, il est bon de savoir que l'art. 2 de la loi contenait dans le premier projet du gouvernement une seconde disposition ainsi conçue : « Il en sera de même des légataires, donataires ou cessionnaires, soit de la totalité, soit d'une quote-part du bien demandé. » La commission de la chambre des pairs en proposa la suppression, qui fut prononcée; mais il résulte des paroles de M. le rapporteur que ce ne fut point parce qu'elle repoussait la pensée et l'esprit de cette disposition, mais uniquement parce qu'elle la trouvait superflue et de nature à compliquer les difficultés. « Il nous a paru, disait M. Mounier, qu'à l'égard des donataires et légataires, cette disposition était superflue. Il est évident que, lorsqu'un colon a légué ou donné l'indemnité qu'il attendait, le donataire ou légataire ne pourra revendiquer que la somme provenant des paiements effectués par Haïti. S'il a donné ou légué le tiers, le quart, le cinquième de cette indemnité, le légataire ou le donataire ne pourra prétendre qu'au tiers, au quart, au cinquième des sommes attribuées à titre d'indemnité : mais quant aux cessionnaires, la chose est différente. S'il est des cas où le principe s'applique aussi naturellement et aussi facilement, on en prévoit d'autres où son application générale rencontrerait des difficultés. Il est donc plus prudent que la loi n'intervienne pas dans les transactions privées, et la, commission propose en conséquence de supprimer ce paragraphe qu'elle regarde, d'un côté, comme inutile, et de l'autre, comme propre à augmenter la complication des difficultés. »

42. Ce passage suffit pour expliquer la position des légataires et donataires; mais il laisse dans l'ombre et le vague la solution de la question en ce qui concerne les cessionnaires. Dans le silence des auteurs de la loi sur cette difficulté, nous essayerons de la résoudre.

Deux hypothèses peuvent se présenter : ou un colon a cédé une somme déterminée à prendre sur l'indemnité que lui attribuait la loi du 30 av. 1826, et dans ce cas, la survenance de la loi nouvelle ne pourra, selon nous, porter aucune atteinte au droit du cessionnaire;

il pourra réclamer toute la somme cédée; ou il y a eu au contraire cession d'une quotepart de l'indemnité, et alors il nous semble que la réduction opérée par l'art. 2 de la loi de 1840 devra être supportée par le cessionnaire; car, par l'effet de la cession, il est devenu propriétaire d'une portion de l'indemnité : donc cette portion a été à ses risques et périls, et de même qu'il eût profité de son accroissement, il doit supporter la diminution. Telle est aussi l'opinion de M. Duvergier. (V. *Recueil des lois et décrets*, t. 40, p. 69.)

43. La loi du 18 mai 1840 a tranché les difficultés qui sans elle se seraient élevées à l'occasion des transports qui avaient été consentis par les colons d'un ou de plusieurs cinquièmes de l'indemnité, telle qu'elle avait été fixée par l'ordonnance du 17 avril 1825. En effet, on conçoit que ces sortes de transports pouvaient facilement recevoir leur exécution sous l'empire de cette ordonnance qui avait imposé une indemnité de cent cinquante millions, payables par cinquièmes d'année en année, et de la loi du 30 avril 1826 qui avait réglé la répartition dans les mêmes termes; mais il ne pouvait pas en être de même après le traité de 1838, fixant à soixante millions le solde de l'indemnité qui alors était encore de cent vingt millions, et qui a réduit ce solde à moitié et l'indemnité totale de deux cinquièmes, avec terme et délai de trente ans pour les paiements à effectuer chaque année et dans des proportions inégales, afin de lever toutes les difficultés auxquelles n'auraient pas manqué de donner lieu l'interprétation et l'application du traité de 1838 combiné avec la loi de 1826 et l'ordonnance d'émancipation de 1825. L'art. 3 de la loi du 18 mai 1840 a divisé les soixante millions dus par Haïti en quatre portions égales de quinze millions chacune, qui représentent les quatre cinquièmes de l'indemnité; de façon que les créanciers porteurs de transports de ceux des quatre cinquièmes restés dus sur l'indemnité, pourront exercer leurs droits de la même manière qu'ils les auraient exercés sous l'empire de la loi de 1826, et dans les termes des contrats passés entre eux et les colons.

§ 3. — *Dispositions nouvelles de la loi du 18 mai 1840 et de l'ordonnance du 1er juin suivant, afin d'assurer le recouvrement de l'indemnité à tous les ayants-droit.*

44. On comprend que nous n'avons pas à

tracer ici les formalités qui étaient prescrites, soit par la loi du 30 avril 1826, soit par l'ordonnance royale du 9 mai suivant destinée à en assurer l'exécution, soit enfin par la loi du 23 avril 1833, dont l'article 10 fixe l'époque de la dissolution de la commission de liquidation. En effet, l'accomplissement de ces diverses formalités n'avait d'autre but que d'arriver à la liquidation de l'indemnité ; et comme cette liquidation a été terminée depuis longtemps, et que même le premier cinquième de l'indemnité a été, ainsi que nous l'avons dit nos 6 et 10, payé presque en totalité, il est évident que sous ce rapport la loi et l'ordonnance en question n'ont plus aucune espèce d'intérêt, ni pour le présent ni pour l'avenir.

45. Notre tâche se bornera donc à l'explication de quelques-unes des dispositions de la loi du 18 mai 1840, qui, par suite des modifications apportées par le traité de 1838 à la loi de 1826 et à l'ordonnance de 1825, soit quant au chiffre de l'indemnité, soit quant au mode de paiement, ont prescrit des mesures nouvelles pour assurer à tous les intéressés la conservation et l'exercice de leurs droits.

46. Au nombre de ces mesures nous devons signaler, comme une des plus importantes, celle qui est prescrite par les art. 4 et 5 de la nouvelle loi.

Pour prévenir les difficultés résultant du morcellement ultérieur des titres, déjà fort divisés, les frais et les dérangements qu'occasionnaient les justifications imposées par la loi de 1826 aux divers ayants-droit, pour rendre la négociation de ces titres plus facile et la réalisation des sommes pour lesquelles ils font foi moins dispendieuse, la caisse des dépôts et consignations, dépositaire des états officiels de liquidation, a été autorisée par les articles précités à retirer des mains des indemnitaires les arrêtés de liquidation, et à les remplacer par des certificats qui constateront le chiffre de chaque liquidation et le droit de chaque intéressé, sans mentionner son nom, et serviront à tout porteur pour toucher le dividende lui revenant dans chacune des annuités, de même que pour céder son droit de la main à la main et sans frais.

La nécessité de l'adoption de ces nouvelles dispositions de la loi était justifiée en ces termes par M. le ministre des finances en présentant le projet à la chambre des députés: « Aujourd'hui, disait-il, chaque indemnitaire est porteur d'un arrêté de liquidation en son nom, constatant le montant de ses droits à l'indemnité. S'il veut les réaliser, les transporter à un tiers, il est obligé de le faire par un acte authentique, qui doit être signifié à la caisse des dépôts. S'il veut conserver ses droits, percevoir ses annuités, il lui faut justifier de son identité ou d'une procuration authentique. S'il décède, ses héritiers sont en outre tenus de justifier de leur qualité, et tout cela, à chaque paiement et pendant trente ans. Evidemment, pour un très-grand nombre de colons ou ayants-droit, les frais qu'entraîneraient ces diverses justifications, sans lesquelles cependant la caisse des dépôts ne peut rien payer, seraient supérieurs à leur quote-part dans l'indemnité, et rendraient ainsi leurs titres sans valeur dans leurs mains. »

47. Suivant l'art. 6 de la même loi de 1840, il était accordé six mois, à compter de sa promulgation, à tous les ayants-droit à l'indemnité, c'est-à-dire aux colons liquidés en vertu de la loi du 30 avril 1826, et à leurs héritiers, créanciers ou ayants-cause, pour produire leurs titres avec demande en délivrance d'un certificat de liquidation.

48. Pour obtenir la délivrance dudit certificat, les anciens colons, leurs héritiers ou ayants-cause, liquidés en exécution de la loi du 30 avril 1826, et tous ayants-droit aux quatre derniers cinquièmes, ont dû en adresser la demande au directeur général de la caisse des dépôts et consignations à Paris, avant le 25 nov. 1840, et accompagner cette demande des titres et pièces constatant leurs droits et qualités, si déjà ils n'avaient fait leur production. (Ord. du 26 mai 1840, art. 1er. )

49. Toutes les demandes devaient, au fur et à mesure de leur réception à la caisse, être inscrites sur un registre ouvert à cet effet, lequel a été clos le 24 nov. à minuit, époque à partir de laquelle aucune nouvelle demande ne devait être admise. (Ib. art. 2. )

50. Si la demande était faite par un ancien colon, ses héritiers ou ayants-cause nominativement désignés dans les états de liquidation, il suffirait qu'elle fût accompagnée de la lettre d'avis de la liquidation, qui avait été expédiée conformément à l'article 36 de l'ordonnance royale du 9 mai 1826; à défaut de ladite lettre d'avis, il suffirait que la demande contînt l'indication de l'article de liquidation et de celui du tableau de liquidation sur lequel ledit article était porté. Si la demande était formée

par tout autre ayant-droit non dénommé dans les états de liquidation, elle devait être accompagnée de contrats, jugements ou autres actes constitutifs de ses droits. (Ib. art. 3.)

51. Tous les ayants-droit à un ou plusieurs articles de liquidation pouvaient se réunir pour obtenir la délivrance d'un seul certificat de liquidation qui, dans ce cas, était remis à celui d'entre eux qu'ils désignaient. (Art. 4.)

52. Le directeur général de la caisse des dépôts devait faire procéder à l'examen des demandes dans l'ordre de leur inscription sur le registre prescrit par l'art. 2. (Ib. art. 5.)

53. Les certificats à délivrer étaient détachés d'un registre à souche, et conformes au modèle annexé à l'ordonnance royale du 26 mai 1840. (Art. 6.)

54. Enfin, d'après l'art. 7, la remise des certificats de liquidation par la caisse était effectuée sur la décharge qui en était donnée par chaque ayant-droit ou par son fondé de procuration.

55. Aussitôt qu'un versement est effectué par le gouvernement d'Haïti à la caisse des dépôts et consignations, les porteurs de certificats de liquidation en sont informés par un avis inséré au Moniteur, à la diligence du directeur général de la caisse. Cet avis indique le marc le franc dans la répartition à faire entre eux. A partir de l'insertion faite au Moniteur, tout porteur de certificat de liquidation peut réclamer à la caisse des dépôts à Paris ou à celle de ses préposés, les receveurs généraux et particuliers dans les départements, sa part afférente dans la somme qui a été versée par le gouvernement d'Haïti. Le paiement est effectué sur la quittance du porteur du certificat de liquidation, qui devra indiquer son domicile, et mention du paiement est faite au dos dudit certificat. (L. 18 mai 1840, art. 1er; Ordonn. du 26 mai 1840, art. 8.)

Dans le cas où les ayants-droit n'auraient pas produit leurs titres dans le délai ci-dessus fixé, avec demande en délivrance d'un certificat de liquidation, ou si lesdits titres ayant été produits sont reconnus insuffisants, ou si quelques-uns des réclamants pour la même liquidation prétendent à des droits de privilège ou préférence au préjudice d'autres ayant-droit, le certificat de liquidation sera expédié pour le montant de la partie litigieuse ou non réclamée de l'indemnité liquidée, et restera pendant dix ans, à partir de l'expi-

ration des six mois fixés par l'art. 6, en dépôt à la caisse, à la disposition des parties intéressées. (L. 18 mai 1840, art. 7.)

Ledit certificat forme dans ce cas un titre unique et indivisible, sauf aux ayants-droit à s'entendre entre eux comme ils aviseront.

56. Après le délai de dix ans fixé par l'article 7, les certificats de liquidation qui n'auraient pas été retirés de la caisse des dépôts seront annulés, et les sommes versées ou à verser par Haïti seront intégralement réparties, au marc le franc, entre tous les ayants-droit porteurs de certificats de liquidation, et accroîtront la première répartition qui en sera faite. Le montant des répartitions auxquelles auront été appelés ces certificats de liquidation non retirés et annulés sera indiqué dans l'avis inséré au Moniteur, conformément à l'art. 8. (L. 18 mai 1840, art. 7; ordonn. du 26 mai suivant, art. 9.)

57. Lors de la répartition du dernier paiement qui sera effectué par Haïti, la caisse des dépôts devra retenir et annuler les certificats de liquidation au fur et à mesure qu'ils lui seront produits. (Ordonn. du 26 mai 1840, art. 10.)

58. La substitution des certificats de liquidation, lesquels sont au porteur, ainsi que nous l'avons dit, aux anciens titres délivrés en vertu de la loi de 1826, était inconciliable avec le droit de former opposition par les tiers; c'est pourquoi l'art. 9 de la loi de 1840 veut qu'un mois après la promulgation, il ne puisse être reçu aucune opposition ni signification ou transport sur l'indemnité mise à la charge du gouvernement d'Haïti par le traité du 12 février 1838, non plus que sur le premier cinquième de l'indemnité versé ou à verser, en exécution de l'ordonnance royale du 17 avril 1825 et de l'engagement du gouvernement d'Haïti, du 12 févr. 1838 (1).

M. Mounier, dans son rapport, justifiait ainsi

(1) Voici en quoi consistait cet engagement dont il n'avait pas été fait mention dans le projet de loi présenté au mois de janvier 1839 : le premier terme de l'indemnité stipulée en 1835 était de 30 millions; sur ces 30 millions, 29,300,000 fr. seulement avaient été payés. Par conséquent, 700,000 fr. manquaient pour compléter l'exécution de cette partie des obligations d'Haïti. Un acte particulier, signé le même jour que le traité du 12 février et par les mêmes plénipotentiaires, a réglé le paiement de cette somme complémentaire de 700,000 fr. Le gouvernement d'Haïti s'était en-

cette disposition : « L'interdiction de recevoir de nouvelles oppositions, disait-il, ne saurait surprendre ; elle ne blessera aucun intérêt légitime. Assez de temps s'est écoulé depuis que l'indemnité a été promise, pour que tous les créanciers aient pu prendre les mesures conservatoires de leurs droits. Les oppositions porteront comme de raison sur la délivrance des certificats de paiement. Elles auront pour objet de participer à la répartition. Le créancier ou le cessionnaire recevra un certificat qui lui donnera droit à l'indemnité ; mais une fois ces certificats délivrés, il ne pourra plus être question d'opposition : on ne peut frapper d'opposition un titre au porteur, négociable et transmissible sans l'intermédiaire d'un acte de cession. »

59. Au surplus, la défense de l'art. 9 ne portait point sur les oppositions et significations qui avaient pu être faites en renouvellement de celles précédemment formées conformément aux art. 14 et 15 de la loi des finances du 9 juillet 1836, et 11 de celle du 8 juillet 1837.

60. Il est à remarquer que les dispositions de la loi de 1840 relatives à la délivrance de l'indemnité ne s'appliquent qu'aux quatre derniers cinquièmes. L'art. 11 dit formellement qu'il n'est rien changé par cette loi aux règles et au mode suivis jusqu'à cette époque pour la délivrance du premier cinquième.

61. L'art. 10 de la loi du 30 avril 1826 avait affranchi l'indemnité de tout droit de succession, et dispensait de l'enregistrement et du timbre les titres et actes de tout genre qui seraient produits par les réclamants ou leurs créanciers, soit devant la commission créée par cette loi, soit devant les tribunaux, pour justifier de leurs qualités et de leurs droits. L'art. 10 de la loi du 18 mai 1840 renouvelle le bénéfice de cette disposition pour les sommes versées ou à verser par Haïti à la caisse des dépôts et consignations, ainsi que pour les titres produits, soit devant les tribunaux, soit devant la caisse, pour l'exécution de ladite loi.

La loi de 1840 se termine par une disposition transitoire, que nous nous dispenserons de rapporter parce qu'elle n'a aucun caractère réel de généralité, et qu'elle ne concerne que l'intérêt de deux individus qui se trouvaient dans une situation toute particulière.

gagé à la payer à Paris, en monnaie de France, en trois termes, dont le dernier était fixé en 1841.

COLPORTAGE — COLPORTEUR. — V. Crieurs publics, Marchands ambulants, Pêche fluviale, Presse, Tabacs.

COMBAT JUDICIAIRE.— 1. Le combat ou duel judiciaire était une preuve en justice, usitée autrefois chez les Francs Ripuaires, les Allemands, les Bavarois, les Thuringiens, les Frisons, les Saxons, les Lombards et les Bourguignons. Il fait partie des diverses épreuves du serment, de l'eau et du feu, connues sous le terme générique d'*ordalies* ou de jugements de Dieu (1).

2. On a remarqué que l'usage des duels en général est particulier à l'Europe, qu'il se trouve complétement inconnu à l'Asie et aux autres parties du monde (2). L'institution du duel judiciaire n'a pas même cette étendue. A la différence de la loi salique, les lois ripuaires et les autres lois barbares permettaient à un accusé de se justifier en jurant qu'il n'était pas coupable, et en faisant jurer ses parents qu'il avait dit la vérité. Ce genre de preuves négatives amena des abus dont la loi du combat fut la suite et le remède. « Il fallait, suivant le langage des lois barbares, ôter le serment des mains d'un homme qui voulait en abuser. » (*Esprit des lois*, l. 28, ch. 15.)

Mais l'influence du clergé ayant étendu l'usage du serment sur les Évangiles ou dans les églises, il s'ensuivit de si nombreux parjures, que Charlemagne autorisa le combat dans les causes criminelles d'abord (*Capit.*, tit. 54), puis dans les causes civiles ( lib. 5, *Leg. Franc.*, tit. 4). Une loi de l'empereur Othon , en 998, obligea même les églises à combattre par champions. Depuis lors, cette preuve devint presque une institution régulière ; elle eut ses règles, sa jurisprudence. Son plus fâcheux effet fut de mettre en oubli les lois saliques, les lois romaines et même les capitulaires.

(1) Il est permis de croire, dit M. Klimrath (*Travaux sur l'Histoire du Droit français*, t. 1, p. 278), que les Germains pratiquaient le combat judiciaire comme jugement de Dieu pour découvrir la vérité d'un fait passé. Ils connaissaient en effet le duel comme jugement de Dieu pour établir la certitude d'un fait futur (Tacite, *Germ.*, chap. 10); ils croyaient que la divinité assistait les combattants (*Deum adesse bellantibus credunt.* Ibid. c. 7).

(2) M. Virey, *Histoire natur. du genre humain*, t. 1, p. 228.

Elle ne fut jamais admise dans le droit canonique, non plus que les preuves négatives ; c'est seulement parce que le serment judiciaire se faisait dans les églises, que le clergé l'avait soutenu.

Sans entrer dans des détails qu'on peut étudier dans Montesquieu ( *Esp. des lois*, l. 28, ch. 22, 23, 24), nous indiquerons les divers cas où il était nécessaire d'avoir recours au combat.

3. Les gages de bataille ou promesses de combat étaient reçus en affaires criminelles et civiles (1), surtout entre gentilshommes, et en matière de fief. L'Église même n'en était pas exempte ; mais le combat se faisait par champions, de même que pour les femmes, les infirmes et les mineurs. Si une guerre privée était engagée entre deux familles, il suffisait que l'un des membres offrît les gages de bataille pour la faire cesser. Les reproches des témoins se faisaient en les appelant au combat. Le témoin vaincu était considéré comme faux témoin, et la partie qui l'avait produit perdait son procès. Les recours contre les jugements consistaient encore à offrir le combat aux juges du seigneur, et si tous soutenaient le jugement bon, on était obligé de les combattre tous. L'appelant vaincu payait une amende de soixante livres, tant au seigneur qu'à chacun des juges qui l'avaient combattu, à moins que l'affaire ne fût capitale, auquel cas sa témérité était punie de mort : ce recours se nommait *appel de faux jugement*. Mais, par un privilège particulier, on ne pouvait point fausser les jugements rendus dans la cour du roi. Le combat était aussi en usage pour déni de justice, c'est-à-dire quand dans la cour d'un seigneur on différait, on évitait ou l'on refusait de rendre la justice aux parties. C'est ce qui était désigné par ces termes : Appel de *défaute de droit*. Les gages de bataille étaient reçus devant le tribunal suzerain, et les juges ou pairs du seigneur, les témoins de la partie adverse, suivant les circonstances, soute

(1) Le point de droit était ordinairement décidé en vertu de coutumes tenues et jugées notoires ; mais il est cependant arrivé que pour sortir d'embarras on ait eu recours au combat judiciaire. On connaît l'exemple fameux de la question de la représentation en ligne directe, décidée par champions en faveur des petits-fils contre leurs oncles, en l'année 41 (V. Michelet, *Origine du droit français*, p. 64.)

naient le combat, mais jamais le seigneur lui-même, car c'était un crime de félonie pour le vassal que d'appeler son seigneur au combat. — V. Appel de faux jugement.

4. A l'époque de l'avénement de saint Louis au trône, le combat judiciaire jouissait de la plus grande autorité ; il marchait de pair avec les guerres privées, auxquelles cependant il apportait quelquefois des entraves, comme il a été dit précédemment. Saint Louis résolut de les abolir. Il attaqua d'abord les guerres privées ; et plus tard, il les interdit absolument, du moins dans ses domaines (1257). Ce ne fut qu'en 1260 qu'il défendit, dans ses domaines seulement, « les batailles en justice, mettant en leur place preuves par témoins, sans ôter les autres bonnes et loyales preuves usitées en cour laïque jusqu'à ce temps. » (Ordonn. des rois de France, t. 1er, p. 93.)

5. Le droit romain commençait alors à être connu, par suite de la découverte des Pandectes dans le siècle précédent. Ses principes furent combinés avec ceux du droit canonique pour la déposition des témoins, qui fut reçue par écrit. La procédure orale et publique fut alors supplantée par la procédure écrite et secrète. Ce changement bouleversa de fond en comble les cours de justice, qui furent bientôt désertées par les hommes de guerre, lesquels n'avaient plus à apprécier le résultat d'un combat, et qui manquaient des connaissances nécessaires au nouvel ordre de choses ; les seigneurs furent alors obligés d'appeler à leur aide les légistes, qui s'emparèrent successivement de tous les emplois de justice, en éloignant les hommes du seigneur par la complication de la procédure. Saint Louis n'avait pu ordonner que dans ses domaines l'abolition du gage de bataille. Les légistes interprétèrent néanmoins autrement les dispositions de son ordonnance pour les appels et les cas royaux qu'ils attribuèrent à la juridiction royale dans toutes les parties du royaume.

6. A partir de saint Louis, les combats judiciaires devinrent donc de plus en plus rares. Après le quatorzième siècle, les historiens les remarquent comme des événements singuliers. Le dernier ordonné en France fut celui de Jarnac et de la Châteigneraie, en présence de Henri II. (Michelet, *Origine du droit français*, p. 351.) M. Taillandier ( *Lois pénales d'Angleterre et de France*) rapporte que ce ne fut qu'en 1829 que fut abrogée en Angleterre la vieille loi barbare du combat judi-

ciaire, à l'occasion d'un certain Thornton, qui offrit le combat au frère d'une jeune fille que celui-ci l'accusait d'avoir tuée.

**COMBAT DE FIEF.** C'est une contestation entre deux seigneurs qui prétendent la même mouvance, ou dont l'un prétend la seigneurie, l'autre la censive, ou tous deux la censive. Dans cette contestation, le vassal devait nécessairement rester neutre, car il s'exposait à désavouer celui que l'issue du procès pouvait lui donner pour seigneur, et à perdre son fief, suivant la maxime *qui fief nie, fief perd*. Mais aussi, pour se soustraire à la saisie féodale des fruits par chacun des compétiteurs prétendant foi et hommage, il devait se placer sous la protection immédiate du roi, en se faisant recevoir par *main souveraine*, c'est-à-dire en faisant hommage, pardevant un juge royal, au souverain seigneur de tous les vassaux et arrière-vassaux du royaume, et en offrant de renoùveler ultérieurement cet hommage à qui par justice sera ordonné. Cet hommage devait être rendu dans les quarante jours de la signification du jugement, sous peine de saisie féodale. Dans l'origine, le vassal n'obtenait le droit de conserver cette position neutre que par lettres royaux, appelées *Lettres de main souveraine*; mais il paraît que, plus tard, la réception par main souveraine devint le droit commun. (Art. 60 de la cout. de Paris et 87 de celle d'Orléans.) — V. Brodeau-Loysel et Ferrière sur ces coutumes.

**COMBLE.** On appelle *comble* le système de charpente qui s'appuie sur le pignon d'un bâtiment, et qui est destiné à en supporter la couverture.

Les réparations des combles, lorsqu'il s'agit d'une maison dont les différents étages appartiennent à divers propriétaires, sont à la charge de tous les propriétaires, chacun en proportion de la valeur de l'étage qui lui appartient. En cela, le Code civil (art. 664) a dérogé au droit coutumier; nous citerons la coutume d'Auxerre; les autres coutumes ont en général des dispositions analogues. L'art. 216 de la coutume d'Auxerre est ainsi conçu : « Si le bas d'une maison appartient à un particulier et le haut à un autre, celui à qui appartient le bas est tenu de construire et entretenir tous les murs de cette maison jusqu'à l'étage qui appartient à l'autre, fournir les poutres, solives et aires des planchers supérieurs, et le propriétaire du haut est tenu seulement du carreau au-

dessus dudit plancher et du restant du mur, ainsi que de la couverture de ladite maison. »

Lorsque sous les combles il se trouve des greniers en mansardes ou autres, s'ils appartiennent à un seul propriétaire, celui-là est seul tenu de la réparation des planchers; mais si au contraire tous les propriétaires en jouissent, ils doivent, aux termes de l'art. 664 du Code civil, contribuer tous à la réparation des planchers, chacun à proportion de la valeur de l'étage qui lui appartient.

**COMÉDIENS.** — V. Théâtre. — Un comédien est-il commerçant? — **V.** ce mot, ch. 1er, sect. 1re, § 2.

**COMESTIBLES.** — 1. La loi des 16-24 août 1790 (tit. 11, art. 3, § 4) a chargé l'autorité municipale de veiller à la salubrité des comestibles exposés en vente publique. C'est aux maires qu'il appartient, sous la surveillance de l'autorité supérieure, de prescrire par des arrêtés tout ce qu'ils jugeront nécessaire dans l'intérêt de la santé publique.

2. La mise en vente de comestibles gâtés, corrompus ou nuisibles, constitue une contravention punie d'une amende de six à dix francs inclusivement (Code pén., art. 475). Cette disposition, empruntée à la législation antérieure, a été ajoutée au Code pénal par la loi du 28 avril 1832. (V. loi des 19-22 juill. 1791, tit. 1er, art. 20; Code du 3 brum. an IV, art. 605.) L'art. 477 du Code pénal ordonne la confiscation des comestibles gâtés, corrompus ou nuisibles, et prescrit que ces comestibles seront détruits. Enfin, en cas de récidive, la peine de l'emprisonnement pendant cinq jours au plus sera toujours prononcée contre les contrevenants. (Code pén., art. 478.)

La loi frappe d'une égale prohibition les comestibles gâtés, corrompus ou nuisibles; ainsi le concours des trois qualités énoncées dans la loi n'est pas nécessaire pour constituer la contravention; une seule suffit pour que les tribunaux de simple police ne puissent s'abstenir d'infliger la peine prononcée par la loi, sans pouvoir admettre l'excuse de la bonne foi du contrevenant. (Cass. 2 juin 1810, S.-V. 11. 1. 216; J. P. 3e édit.)

Le fait seul de l'exposition en vente de comestibles dans la préparation desquels entrent certaines substances susceptibles de les rendre malsains et nuisibles, quelque faible que soit d'ailleurs la quantité de la mixtion nuisible, constitue la contravention prévue et

**IV.**                                                    31

punie par l'art. 475, n° 14 du Code pén. (Cass. 4 avril 1835, S.-V. 35. 1. 652 ; J. P. 3ᵉ édit. ; D. P. 35. 1. 290.)

3. Les farines sont reputées *comestibles* dans le sens de l'art. 475, n° 14, du Code pén., et le seul fait d'en avoir exposé en vente, alors qu'elles sont gâtées, corrompues ou nuisibles, est soumis aux dispositions de cet article. (Cass, 26 janv. 1838, J. P. 1838. 1. 609 ; D. P. 38. 1. 161.) La vente de pain confectionné avec des farines gâtées, ou dans la fabrication duquel il entre une substance nuisible à la santé, doit être punie des peines édictées par l'art. précité. (Cass. 21 mai 1829, S.-V. 29. 1. 249 ; J. P. 3ᵉ édit.)

Lorsque l'état de corruption de comestibles saisis a été constaté, non-seulement par le commissaire de police, mais encore par le rapport des gens de l'art, l'enfouissement de ces comestibles peut, avant le jugement et sans prendre les ordres du maire, être ordonné par mesure de simple police, (Cass. 14 déc. 1832, S.-V. 33. 1. 368; D. P. 33. 1. 175.)

COMITÉS (DIVERS). — 1. On entend par comité une réunion de personnes commises par une autorité quelconque, le plus souvent par une assemblée, pour examiner certaines affaires, certains objets, et en faire le rapport. Ce mot, usité surtout en style parlementaire, nous vient de l'Angleterre, cette terre classique du gouvernement représentatif, où, après la deuxième lecture d'un projet de loi dans le parlement, le bill est commis, c'est-à-dire renvoyé à un comité choisi par la chambre, lorsqu'il s'agit d'affaires peu considérables ; car, lorsqu'il s'agit d'un bill sur des affaires importantes, la chambre entière se forme en comité pour l'examiner. (Georges Custann, *Tableau de la constit. de l'Anglet.*, p. 104.) Nos anciennes assemblées d'états-généraux et de notables se divisaient en *bureaux*. Les états-généraux de 1789 n'abandonnèrent même cette division qu'au moment où ils se proclamèrent assemblée nationale (17 juin 1789). La fameuse division en *comités* lui fut alors substituée. Toutefois, dans le règlement de l'assemblée nationale du 29 juillet 1789, la division en bureaux fut encore conservée pour discuter et examiner préalablement, sans prendre de conclusions, les propositions de lois, ainsi qu'il se pratique encore actuellement dans les chambres, en vertu de l'art. 39 de la Charte de 1830.

2. On sait que les comités de la révolution s'attribuèrent tous les pouvoirs de la souveraineté nationale. Dès son apparition, le gouvernement consulaire réprima ces usurpations, et, dans l'intention sans doute d'en effacer jusqu'au souvenir, créa des *commissions* et non plus des comités. Le mot *commission* a continué d'être employé sous la restauration et le gouvernement actuel. Cependant le règlement intérieur de la Chambre des pairs, des 19 juin 1833 et 3 avril 1838, donne encore le titre de comité à la réunion des membres chargés de l'examen et du rapport des pétitions (art. 63).

3. Le Conseil d'état est divisé en six comités dénommés de la manière suivante : *Comité du contentieux; de législation (justice, cultes et affaires étrangères); de l'intérieur et de l'instruction publique; des finances; de la guerre et de la marine; du commerce, de l'agriculture et des travaux publics.* Lorsque quelques-uns de ces comités se réunissent, ils prennent le titre de comités réunis. — Pour les attributions de ces divers comités, V. Conseil d'état.

4. *Comités consultatifs des colonies.* — Ils sont établis spécialement dans les quatre colonies à législature, par l'ordonn. du 22 nov. 1819. — V. Colonies.

5. *Comités consultatifs des hospices.* — Créés par arrêté du 7 mess. an IX (27 juin 1801) pour l'examen des actions juridiques que les commissions administratives de ces établissements croient devoir intenter, ils se composent de trois jurisconsultes chargés gratuitement de donner leur avis. — V, Hospices.

Pour les communes, de semblables comités ont été institués, afin d'éclairer le Conseil d'état sur les recours qu'elles pourraient former contre le refus des conseils de préfecture de les autoriser à plaider. Les membres en étaient d'abord choisis par les communes elles-mêmes ; plus tard, ils furent désignés par le ministre de la justice. Aujourd'hui, le Conseil d'état se contente de communiquer la demande au ministre de l'intérieur, pour avoir son avis. (Cormenin, *Droit administ.*, vᵒ Communes, p. 405 et 406.) — V. Communes.

6. *Comités locaux et d'arrondissements.* — Ils ont été établis par la loi du 28 avril 1833, comme autorités préposées à l'Instruction primaire. — V. ce mot.

7. Il existe encore des comités pour *l'artillerie, le génie, les fortifications, les ponts*

*et chaussées.* — V. Duvergier, *Table de la collec. des lois,* v° Comités.

8. *Comité secret.* — Aux termes de l'art. 38 de la Charte de 1830, les chambres, sur la proposition de cinq membres, peuvent se former en comité secret, c'est-à-dire exclure le public de leur salle, pour délibérer en secret. Le règlement de la Chambre des députés du 25 juin 1814, révisé successivement jusqu'en 1832, exige en outre (art. 31) que cette proposition soit faite expressément à la tribune, et que les noms des cinq députés soient inscrits au procès-verbal de la séance. Il n'a pas encore été fait usage de cette prérogative depuis la nouvelle Charte. Toutefois, les chambres se forment toujours en comité secret pour voter leur budget particulier, en conformité de précédents parlementaires qui remontent jusqu'à l'assemblée constituante (1). Le rapport des pétitions peut aussi avoir lieu en comité général secret, sur la demande de cinq membres, aux termes de l'art. 71 du règlement précité. Dans tous les cas de délibération secrète, les ministres peuvent être présents, l'art. 46 de la Charte ne comportant pas de distinction pour l'exercice du droit qui leur est accordé d'être entendus quand ils le demandent. (Décision parlementaire du 26 janv. 1838.)

COMMAND (DÉCLARATION DE). — 1. La déclaration de command, ou élection d'ami, est l'exercice du droit réservé à l'acquéreur de désigner, dans un certain délai, une personne qui accepte les conditions du contrat et se met aux lieu et place de l'acquéreur.

2. On nomme *commandataire* ou *commandé* l'acquéreur ostensible, et *command*, c'est-à-dire *commettant*, celui au profit de qui la déclaration de command est faite.

3. Cette déclaration, quand elle réunit les conditions exigées par la loi, ne constitue pas

(1) Les manuscrits des archives du royaume et de la chambre des députés rapportent en effet, à la date du 1er septembre 1789, un arrêté de l'assemblée nationale, rendu en séance secrète et portant fixation de l'indemnité des députés. Ce document précieux, publié par M. Isambert, sert à déterminer depuis quelle époque les assemblées ont eu le vote et l'exécution de leurs frais de représentation ; car on sait que l'assemblée exigea que les fonds lui fussent remis par le ministre des finances, ne voulant pas demander la sanction de son décret au gouvernement.

une nouvelle mutation ; le command seul est considéré comme acquéreur.

Quant au commandataire, il demeure étranger au contrat, à moins qu'une clause expresse ne l'y retienne.

4. Il ne faut pas confondre la déclaration de command avec celle par laquelle l'avoué dernier enchérisseur, en exécution de l'article 707, C. de proc. civ., fait connaître, dans les trois jours de l'adjudication, le nom de l'adjudicataire pour lequel il a enchéri : l'avoué, en cette circonstance, n'est qu'un mandataire désigné par la loi pour servir d'intermédiaire aux amateurs qui ne peuvent enchérir eux-mêmes. (V. *infrà,* § 6, n° 64.)

§ 1er. — *Historique.*

§ 2. — *Quelle est la nature de la stipulation de command.*

§ 3. — *Dans quel cas il peut y avoir lieu à déclaration de command.*

§ 4. — *Conditions requises pour la validité des déclarations de command.* — *Réserve.* — *Forme.* — *Transmission gratuite.* — *Acceptation.* — *Notification.*

§ 5. — *Effets de la déclaration de command.* — *Enregistrement.*

§ 6. — *Des déclarations faites par l'avoué dernier enchérisseur, conformément à l'article* 707, *C. de procédure.*

—

§ 1er. — *Historique.*

5. En droit romain, la déclaration de command était inconnue. Celui qui achetait pour un tiers, sans être son mandataire, n'avait point d'action, puisque son intention n'avait pas été d'en obtenir ; et comme les principes s'opposaient à ce qu'on pût stipuler pour un tiers, celui au nom de qui l'acquisition avait été faite était sans droit pour en demander les effets. (V. l. 3. Cod. *si quis alteri vel sibi ;* l. 38. § 17, ff. *De verb. oblig. ;* l. 11. ff. *De oblig. et act.* )

6. Sous l'empire de l'ancien droit français, la stipulation au profit d'un tiers était permise ; aussi quelques coutumes avaient-elles admis les déclarations de command. (V. Cout. d'Amiens, de Péronne, de Cambrésis et de Flandre.) La jurisprudence avait aussi reconnu la validité de ces déclarations qui étaient usitées, soit que la personne qui voulait acheter fût éloignée du lieu de la vente, soit qu'elle eût intérêt à ne pas se faire connaître, soit

qu'il lui répugnât d'intervenir dans une vente judiciaire, dans la crainte d'être accusée de malveillance envers la partie décrétée. Dans la pratique, les déclarations de command servaient aussi à déguiser des reventes au préjudice des droits seigneuriaux, toujours vus avec défaveur. (V. Merlin, v° Vente; Championnière et Rigaud, t. 3, n° 1925.)

7. Les lois de la révolution de 1789 n'apportèrent pas de changement à ces usages favorables aux intérêts des particuliers. Le décret sur l'enregistrement des 5-19 déc. 1790, 3° classe d'actes, sect. 4, art. 1er, est ainsi conçu : « Les déclarations de command ou d'ami, faites dans les six mois qui suivront les ventes et adjudications, en vertu de réserves expressément stipulées par les contrats et jugements, et aux mêmes conditions que l'adjudication, seront sujettes au droit fixe de 20 sous.»

8. Le même délai de six mois pour déclarer un command fut maintenu par la loi des 13 sept.-16 octob. 1791, qui détermina les effets de la déclaration; elle porte : « Toute personne au profit de laquelle aura été faite, et qui aura accepté, dans les six mois d'une adjudication de biens nationaux en vertu des réserves et aux mêmes conditions qui y seront stipulées, une déclaration de command ou élection d'ami, portant sur les biens compris dans ladite adjudication, sera de plein droit subrogée à l'acquéreur qui aura fait cette déclaration ou élection d'ami, et ne pourra, en payant à la nation le prix desdits biens, être recherchée ni poursuivie, soit hypothécairement, soit autrement, par qui que ce soit, du chef dudit acquéreur. »

9. Le Code hypothécaire du 9 messidor an III, art. 138, voulait que la déclaration de command fût faite entre les mains du greffier rédacteur de l'acte, au bas de chacune des minutes du procès-verbal, et au plus tard avant la fin du jour de la vente. Mais la loi du 14 thermidor an IV, contenant une nouvelle fixation des droits d'enregistrement, portait à vingt-quatre heures, à partir du jour des ventes et adjudications, le délai dans lequel la déclaration de command pouvait être faite.

10. Une loi du 26 vend. an VII, relative seulement à l'aliénation des domaines nationaux, étendait à trois jours le délai des déclarations de command après adjudication de biens nationaux.

11. Enfin, les lois des 11 brum. et 22 frim.

an VII, et celle du 28 avril 1816, ont réglé définitivement les conditions de la déclaration de command. « Tout citoyen, porte la loi du 11 brum. an VII, art. 19, peut surenchérir par lui-même ou par autrui. Ceux qui enchériront pour un tiers ne peuvent être contraints de justifier de leurs pouvoirs; mais ils sont tenus de faire, au pied du procès-verbal d'adjudication, dans les vingt-quatre heures qui la suivront, leur déclaration en command; faute de quoi ils seront réputés adjudicataires directs, et tenus, comme tels, de satisfaire à toutes les charges et suites de l'adjudication. »

## § 2. — Quelle est la nature de la stipulation de command.

12. D'Argentré et Dumoulin (Des fiefs, § 33, gl. 2, n°s 21, 24) ont voulu voir un mandat dans la déclaration de command. Ils supposaient que cette déclaration acceptée avait été faite en vertu d'un mandat donné avant la vente, et cette fiction leur servait à expliquer plusieurs de ses effets. Mais il en résultait des conséquences fort graves, reconnues par Dumoulin lui-même. Ainsi, quand les circonstances de la vente rendaient inadmissible la supposition d'un mandat, la déclaration ne pouvait plus être qu'une seconde vente, passible d'un nouveau droit de mutation.

13. Ce système, inspiré par les principes du droit romain, ne pouvait se soutenir dans le nôtre, qui a toujours permis de stipuler pour autrui en se portant fort, c'est-à-dire sans mandat et en s'engageant soi-même; aussi a-t-elle été généralement abandonnée; elle est repoussée par Guyot, Merlin, Henrion de Pansey (Répert. v° Élect. d'ami) et Toullier (t. 8, n° 171). «On serait tenté de dire que le commandé n'a été qu'un simple mandataire; il en diffère cependant en ce que le mandataire ne comparaît que pour autrui, ne stipule jamais en son nom personnel, et doit produire sa procuration. Au contraire, le commandé ne doit pas justifier de son pouvoir; le plus souvent il n'en a pas....» (Troplong, Vente, n° 65.)

14. Mais quand il s'est agi de fixer le caractère de la déclaration de command, tous ces auteurs n'ont pas eu la même précision. Les uns ont dit que l'esprit des coutumes avait été de donner aux acquéreurs le temps de réfléchir sur des acquisitions légèrement faites (Guyot).C'était supposer l'acquisition faite pour le compte du commandataire, et par conséquent la mutation opérée. D'autres ont ensei-

gné plus exactement que la rétrocession est affranchie du droit, toutes les fois qu'il paraît que l'acquéreur n'a pas eu l'intention d'acheter pour lui-même. (H. de Pansey. *Répert.*, v° Élect. d'ami.) Mais il ne suffirait pas à l'acquéreur de prouver, au moment de payer le droit, qu'il n'a pas acquis pour lui-même ; il faut que dans l'acte même il ait annoncé cette intention, au moyen d'une réserve formelle. Ce principe, parfaitement juste, n'indique pas suffisamment la stipulation pour autrui. M. Toullier (t. 8, n° 170) donne avec raison l'art. 1120 pour base à la stipulation de command. Puis, un peu plus loin (n° 173), il semble s'écarter de cette doctrine en appuyant son raisonnement sur la fiction du mandat.

15. MM. Championnière et Rigaud, dont l'ouvrage contient un excellent traité sur la matière, tout en combattant la doctrine du mandat, n'en repoussent pas toute application d'une manière absolue. L'une et l'autre doctrine leur paraît conduire à des résultats à peu près identiques, et c'est presque pour mémoire qu'ils rappellent que celle du mandat supposé n'est pas la véritable.

16. Nous croyons que cette dernière doctrine doit être complétement écartée. Tous les effets qu'elle explique sont aussi bien justifiés par la stipulation pour autrui, et quelques-unes de ses applications, ainsi que le remarquent très-bien les auteurs déjà cités (n° 1922), peuvent conduire à des conséquences erronées. Il faut donc s'en tenir à l'article 1120 du Code civil. L'acquéreur n'a pas l'intention d'acheter pour lui-même ; il constate cette intention en déclarant qu'il stipule pour un tiers ; il se réserve de faire connaître ce tiers dans le délai fixé par la loi : jusque-là, et dans le cas où le tiers n'accepterait pas, il demeure obligé personnellement. Tels sont les faits dont l'ensemble constitue la déclaration de command ; en deux mots, l'acquéreur garantit le fait d'un tiers inconnu.

17. MM. Championnière et Rigaud (n° 1925) observent avec raison que « l'opération et les effets du command appartiennent au droit commun, auquel la loi fiscale n'a dérogé que pour restreindre la faculté qu'il comporte, dans la vue de prévenir la fraude que cette faculté pourrait faciliter. » Il suit de là que les juges peuvent et doivent même en faciliter les applications. Il en serait autrement si la fiction du mandat était admise. Cette fiction, comme toute législation exceptionnelle, de-

vrait être restreinte le plus possible, et ramenée au droit commun.

§ 3. — *Dans quel cas il peut y avoir lieu à déclaration de command.*

18. Les déclarations de command peuvent être faites à l'occasion de toutes sortes de ventes et adjudications de biens meubles et immeubles, et même à l'occasion de ventes sur licitation. (L. 13 sept. 1791 ; 22 frim. an VII, art. 68, § 1er, n° 24, et art. 69, § 5 et 7 ; Décis. minis. des fin. 18 brum. an XII.) Il a même été décidé qu'aucun motif ne s'opposait à ce qu'elles fussent faites pour transport ou cession d'obligations ou de rentes ; et elles ont été autorisées pour ces sortes d'actes. (Décision minis. des fin. et de la just. des 31 déc. 1808 et 18 janv. 1809.)

Mais dès à présent nous devons signaler une différence importante entre le cas où il s'agit d'une vente ou adjudication publique, et celui où il s'agit d'une vente privée. Dans le premier cas, le vendeur subit, malgré lui, l'exercice de la faculté de command, parce que ce n'est pas en considération de la personne de l'adjudicataire, mais bien du prix offert, qu'il se décide à vendre ; dans le second cas, au contraire, l'acquéreur étant du choix du vendeur ou ayant été agréé par lui, il est clair que l'on ne peut, contre la volonté de celui-ci, en substituer un autre à la place de celui qui s'est obligé par le contrat.

19. On a agité la question de savoir si la déclaration de command peut être admise, en fait de baux, de marchés ou d'entreprises de travaux, c'est-à-dire si cette déclaration doit jouir du bénéfice de la loi sur l'enregistrement qui n'exige que le droit fixe dans le cas où la déclaration est passée dans les vingt-quatre heures. Nous ne voyons pas plus de raison de la rejeter, dans ce cas, que dans les précédents ; puisque le n° 24 de l'article 68 de la loi du 22 frim. an VII autorise la déclaration de command pour les actes d'*adjudication*, expression générique qui peut s'appliquer aux baux, aux marchés, aux entreprises, qui souvent, en effet, ont lieu par voie d'adjudication.

20. Le command élu ne peut lui-même élire un autre command ; car étant réputé tenir l'immeuble directement du vendeur, c'est de lui que le tiendrait à son tour le second command, et, dès lors, il y aurait double mutation. (Cass. 22 août 1809, S.-V. 10. 1.

287; D. A. 7. 174. — Avis du Conseil d'état, 30 janv. 1809.) D'ailleurs le contractant a seul le droit d'opérer subrogation à ses droits, parce que seul il en a fait la réserve. Cela ne doit s'entendre néanmoins que du cas où les deux déclarations auraient été faites par deux actes séparés : si elles étaient faites dans le procès-verbal même d'adjudication, la première déclaration se trouvant immédiatement anéantie par la seconde, serait considérée comme n'ayant jamais existé. (Délibér. des 13 vent. an VI et 12 mai 1826.)

21. L'acquéreur ne peut faire sa déclaration de command en faveur des personnes pour lesquelles l'art. 713 du Code de procédure civile interdit aux avoués de se rendre adjudicataires, c'est-à-dire les membres du tribunal où se poursuit et se fait la vente, le saisi et les personnes notoirement insolvables. La déclaration au profit de ces personnes n'empêcherait pas l'adjudicataire d'être considéré comme acquéreur pour son propre compte, et d'être passible de toutes les obligations résultant de cette qualité. (Cass. 29 nov. 1837. J. P. 1837. 2. 563; D. P. 38. 1. 202.)

§ 4. — Conditions requises pour la validité des déclarations de command. — Réserve. — Forme. — Transmission gratuite. — Acceptation. — Notification.

22. Plusieurs conditions sont nécessaires pour faire produire à la déclaration de command les effets que lui assure la loi. Chacune de ces conditions donne lieu à des observations particulières. (L. 22 frim. an VII, art. 68, n° 24; L. des finances du 28 avril 1816, art. 44, n° 3.)

23. Réserve. — Il faut d'abord que la faculté d'élire command ait été expressément réservée dans le contrat, sauf les cas que nous signalerons. La réserve a toujours été exigée pour que l'acquéreur apparent pût jouir de la faculté de désigner ensuite un tiers comme acquéreur. (V. l. 5-19 déc. 1790, 3e classe d'actes, sect. 4, art. 1er, et l. 22 frim. an VII, art. 68, § 1er, n° 24.) En effet, celui qui stipule purement et simplement en son propre nom ne peut être censé acquérir que pour lui et les siens. La faculté de se substituer un autre acquéreur ne peut donc appartenir qu'à celui qui a annoncé vouloir agir pour un tiers ; car alors la déclaration de command n'est plus que le complément d'un acte antérieur, qui est la vente; elle est l'exécution de la clause de réserve.

24. Tous les auteurs sont d'accord sur ce point, qu'il n'y a point de termes sacramentels dans lesquels la réserve de déclaration de command doive être faite; qu'il suffit pour la validité de cette réserve qu'on ait exprimé l'intention de stipuler pour un autre. Un arrêt de la Cour de cassation du 27 janvier 1808 a même décidé qu'on devait considérer comme valable la réserve de command conçue en ces termes : « J'acquiers pour moi ou pour un ou plusieurs de mes amis. » (V. MM. Troplong, De la vente, n° 75 ; Toullier, t. 8, n° 170; Championnière et Rigaud, Droits d'enregistrement, t. 3, n° 1949, et Merlin, Répert. v° Vente, § 3.)

25. La règle générale, qui prescrit la nécessité d'une réserve, souffre cependant des exceptions.

Ainsi on décide généralement que lorsque l'acquéreur apparent et son command peuvent justifier, par la représentation d'une procuration authentique antérieure à l'acte de vente, du mandat donné par le command à un tiers d'acheter tel immeuble en son nom, il n'y a pas lieu, malgré le défaut de réserve dans l'acte d'acquisition, de supposer une double mutation de la propriété, et d'exiger le droit proportionnel. Ceci est fondé sur ce qu'il est de principe que le mandataire qui achète un bien qu'il a pouvoir d'acquérir pour un autre, acquiert pour celui-ci ; d'où il résulte que le mandant a une action en délaissement contre son mandataire, et qu'en conséquence la déclaration faite au profit du mandant n'est pas une transmission de propriété, mais simplement une restitution ou reconnaissance d'un droit préexistant. « Il y a, dans ce cas, de la part du mandataire, restitution et non vente; accomplissement d'un mandat et non déclaration mensongère pour frauder les droits du fisc. L'acquisition faite par le mandataire n'est pour lui qu'en apparence; en réalité elle a été faite pour le mandant; de sorte que, du vendeur au commettant, il ne s'est opéré réellement qu'une mutation. » (Championnière et Rigaud, t. 3, n° 1938; V. Dumoulin, § 33, gl. 2, n° 21; Guyot, Du Quint, ch. 4 n° 19.)

26. Il en serait autrement si le mandat était général à l'effet d'acheter des immeubles; car le mandataire, en acceptant un tel mandat, n'a pas renoncé à la faculté d'acquérir pour lui-même. S'il n'a pas fait de réserve en achetant, il doit donc être réputé avoir acheté pour lui, non pour son mandant. « Comme il était le

maître, dit Guyot (*loc. cit.*, n° 10), d'acquérir pour lui ou pour le mandant, en achetant purement et simplement, il a fait son option.» (V. Fonmaur, n° 269.)

27. L'existence d'un mandat pourrait-elle être établie par des présomptions? La régie avait admis l'affirmative par une délibération du 6 novemb. 1829, suivie de plusieurs solutions dans le même sens; depuis, elle est revenue à la doctrine opposée (Délibér. du 19 mai 1835, et décis. minist. du 10 juin suiv.). Nous pensons avec MM. Championnière et Rigaud (n° 1940) que le droit commun permettant aux tribunaux d'admettre comme preuve d'un mandat autre chose qu'un acte en forme, *aliàs per legitimam probationem* (Dumoulin), les parties peuvent présenter, et les tribunaux apprécier toute sorte de justification.

28. Si la réserve de command est insérée dans le cahier des charges, elle n'a pas besoin d'être exprimée dans le procès-verbal d'adjudication, car, ainsi que le reconnaît une décision du ministre des finances du 25 juin 1819, le cahier des charges fait partie intégrante de l'adjudication.

29. La réserve de command, dans l'acte d'adjudication, n'est même nécessaire que lorsque la déclaration doit être faite par un acte postérieur; cette nécessité ne se comprendrait pas si la déclaration était faite dans l'acte même d'adjudication, pas plus que la nécessité de la notification au receveur de l'enregistrement dans les vingt-quatre heures, puisque le procès-verbal même d'adjudication est soumis à la formalité de l'enregistrement dans un délai déterminé. (Décis. minis. des fin. des 11 avril 1821 et 6 fév. 1822; Délib. des 5 mai 1821 et 6 oct. 1826.)

30. La nécessité de la réserve de command est inutile pour les avoués qui se rendent adjudicataires; car, aux termes de l'art. 709 du Code de proc. civ., ils ont trois jours pour désigner la personne qui les a chargés d'acheter. Leur ministère étant forcé, on sait, quand ils se portent adjudicataires à la barre du tribunal, qu'ils n'agissent pas en leur nom, mais en qualité de mandataires. V. *infrà*, § 6.

31. L'adjudicataire peut perdre la faculté d'élire command qu'il s'était réservée; mais il faut pour cela qu'il ait formellement exprimé, dans l'intervalle de son acquisition à la déclaration qu'il s'était proposé de faire, la volonté de se porter lui-même comme pro-

priétaire, ou du moins qu'il ait fait des actes de propriétaire tels qu'on puisse en induire clairement la volonté d'une renonciation à la première qualité qu'il avait prise. Cette renonciation ne se présume pas facilement. Ainsi, le fait par l'adjudicataire avec réserve de command de payer le prix de l'adjudication, ne le prive pas de la faculté d'user ensuite de sa réserve d'élire command, car il est censé avoir payé en la même qualité qu'il avait traité. En stipulant pour un tiers, il s'était engagé lui-même à payer si le tiers ne payait pas. Il paie, mais pour ce tiers, qui devra le rembourser. Il n'a pas changé sa position. (V. Fonmaur, *Traité des lods et ventes*, n° 271; Merlin, *Répert.* v° Vente, § 3; Cass. 27 janv. 1808, S.-V. 7. 2. 830.)

32. L'acquéreur ne perd pas non plus la faculté réservée d'élire command par cela seul qu'il prend possession de l'objet vendu; car, dit encore Fonmaur (*loc. cit.*), on doit le réputer avoir joui en la même qualité qu'il a acquis, parce que sa possession peut se référer au titre antécédent.

Le fait d'avoir consenti une servitude sur le bien acquis ne prive pas davantage l'adjudicataire du droit de faire sa déclaration de command; car ce fait ne démontre pas suffisamment par lui-même que l'adjudicataire a agi en son propre nom.

33. Dans le cas où l'acquéreur a hypothéqué le bien acquis, si l'hypothèque a été consentie pour obtenir un emprunt à l'effet de payer le prix de la vente, il ne peut y avoir de difficulté; car, dans cette hypothèse, l'emprunt, qui n'est qu'une conséquence de l'acquisition, peut avoir été contracté aussi bien dans l'intérêt du command que du commandataire. Si au contraire l'emprunt pour lequel l'hypothèque a été consentie a une toute autre cause, s'il paraît avoir été contracté dans l'intérêt du commandataire et non dans l'intérêt du command, il entraîne le plus souvent la présomption de la renonciation de la part de l'acquéreur à la faculté d'élire command. Néanmoins, même dans ce cas, la présomption de renonciation pourra être combattue par des circonstances particulières, telles, par exemple, que la preuve du consentement du command à l'hypothèque pour faciliter l'emprunt du mandataire.

34. *Forme.* — La déclaration de command peut-elle être faite par acte sous seing privé, ou doit-elle être reçue par acte authentique?

Sur ce point le doute s'élève ; il naît du conflit de la loi civile et des lois fiscales.

La loi civile n'a point assigné de forme à la déclaration de command. L'acte qui la contient est donc sous l'empire du droit commun et peut, comme les actes ordinaires, être fait sous signatures privées ; et s'il a date certaine, il produit les mêmes effets qu'un acte authentique entre les parties et les tiers.

35. Mais les lois sur l'enregistrement, en déterminant les cas qui motivent la perception du droit fixe et ceux qui donnent ouverture au droit proportionnel, ont jeté sur ce principe quelque incertitude.

D'un côté, l'art. 69, § 5, n° 4, et § 7, n° 3, n'autorise la perception du droit proportionnel que dans deux cas : 1° quand la déclaration est faite après le délai fixé ; 2° quand la faculté d'élire command n'avait pas été réservée.

De l'autre, l'art. 68 de la même loi (§ 1er, n° 24) comprend, parmi les actes soumis au droit fixe, 1° la déclaration de command faite par *acte public* ; 2° celle qui est notifiée dans les vingt-quatre heures de l'adjudication ; d'où il suit que, pour payer le droit fixe, la déclaration de command doit nécessairement se présenter sous la forme d'un acte public. C'est ce que décide une instruction du ministre des finances du 15 mars 1808, § 1er.

On peut répondre d'abord, qu'en matière fiscale « l'interprétation doit se rapprocher du droit commun, et, s'attachant à la disposition exceptionnelle, n'appliquer le droit qu'elle prononce que dans les circonstances qu'elle prévoit expressément. » (Champ. et Rig., n° 1982.)

Or, ici le droit commun c'est la faculté de déclarer command par acte sous-seing privé, et de ne payer qu'un droit fixe, attendu qu'il n'y a pas mutation.

La disposition exceptionnelle, c'est l'art. 69 qui frappe la déclaration d'un droit proportionnel, quand elle paraît destinée à masquer une mutation. Cet article a précisé les deux circonstances qui caractérisent cette dissimulation ; il n'est pas au pouvoir des tribunaux d'en ajouter une troisième, et d'étendre l'application d'une loi fiscale à un cas qu'elle n'a point fixé.

36. Mais ce raisonnement est trop absolu peut-être, et accuse dans la loi une inconséquence qu'il ne faut point accueillir légèrement. Prenons garde que si cet argument est valable à l'égard de l'une des conditions exigées par l'art. 68, il vaudra également à l'é-

gard de l'autre, qui n'est pas plus que la première comprise dans l'art. 69 ; nous parlons de la notification dans les vingt-quatre heures. Or, on ne saurait soutenir que l'acquéreur peut se dispenser de notifier, dans les vingt-quatre heures, sa déclaration de command. (V. *infrà*, n° 48.) Il faut donc reconnaître que l'art. 68 et l'art. 69 se complètent l'un par l'autre, et déterminent l'ensemble des conditions que doit remplir la déclaration de command.

D'ailleurs, en remplissant la deuxième condition de l'art. 68, c'est-à-dire en faisant notifier la déclaration, on remplit véritablement la première ; car l'acte sous-seing privé, ainsi notifié par un officier ministériel et enregistré, devient un acte public. Ainsi s'affaiblit, si elle ne disparaît pas entièrement, l'antinomie entre les art. 68 et 69. (V. Dalloz, 7, 169, et *contrà*, Toullier, 8, 178.)

37. La Cour de cassation (chambre des req.) s'est prononcée dans ce sens par arrêt du 7 nov. 1843. Dans l'espèce, la faculté d'élire un command avait été réservée, la déclaration de command avait été faite et enregistrée dans les vingt-quatre heures ; mais elle était contenue dans un acte sous seing privé qui avait été déposé dans l'étude d'un notaire après l'enregistrement, mais avant l'expiration du délai de vingt-quatre heures. C'est en vain que la régie a soutenu qu'on ne lui avait pas notifié un acte public, la Cour suprême a vu dans les formalités accomplies une suffisante exécution de la loi. (S.-V. 43. 1. 872 ; **J. P.** 1843. 2. 811.)

38. Autrefois, lorsque le contrat ne contenait aucune réserve, on pouvait encore déclarer le command pourvu que ce fût dans le contrat même et avant la clôture (*incontinenti*), ou par acte authentique passé dans les vingt-quatre heures (*brevi intervallo*). (Dumoulin, *loc. cit.*, n° 21.)

Aujourd'hui que la loi exige à la fois la réserve et la déclaration dans les vingt-quatre heures, il est impossible d'accepter cette doctrine émanée des feudistes, au moins en ce qui concerne le *bref intervalle*.

Il en est autrement de la déclaration faite dans l'acte même avant sa clôture (*incontinenti*). V. *suprà*, n° 11.

En effet, lorsque des conventions diverses sont contenues dans un même contrat, il faut non pas les isoler les unes des autres, mais au contraire les apprécier dans leur ensemble et prendre l'acte dans son entier. (Art. 1161, C. civ.) On ne saurait donc rejeter la déclaration ainsi faite, sans annuler une règle fondamentale de l'interprétation des contrats.

39. Il résulte d'une délibération de la régie, en date du 21 nov. 1814, que la procuration donnée par l'acquéreur pour faire une déclaration de command au profit d'une personne désignée équivaut à la déclaration même, pourvu toutefois qu'elle réunisse les autres conditions imposées à la déclaration, c'est-à-dire qu'elle ait été notifiée ou enregistrée dans le délai de la loi. Lorsqu'il s'agit d'une adjudication publique, la déclaration de command peut être mise sur la même feuille de timbre que l'adjudication.

40. *Transmission gratuite.* — L'instruction déjà citée du ministre des finances du 15 mars 1808, porte : « Toute déclaration de command, pour être dispensée du droit porportionnel, doit, suivant la nature même de cet acte et l'esprit de la loi du 22 frim. an VII, ne contenir que la remise pure et simple au command des biens acquis pour son compte, *sans novation de clauses, de conditions ou de prix.* » Le moindre changement dans les conditions du prix ferait considérer l'adjudicataire comme ayant eu la propriété personnelle de la chose cédée. Il ne serait pas même admis à prouver que le changement apporté dans les conditions de prix a été le résultat d'une erreur. Ainsi jugé par arrêt de cassation, le 18 fév. 1839 (S.-V. 39. 1. 188.). V. Hervé, *Mat. féod.*, t. 3, p. 21; Fonmaur, n° 265; Toullier, t. 8, n° 172; Champ. et Rig., n° 1952.

41. Mais on ne devrait pas considérer comme contenant novation de clauses : 1° La déclaration par laquelle l'adjudicataire d'un ou de plusieurs immeubles moyennant un prix *in globo* répartirait entre les commands, soit les biens adjugés, soit le prix fixé en masse lors de l'adjudication, pourvu qu'il n'y eût aucun changement ou altération, soit dans les conditions, soit dans le prix. (Délib., 5 mai 1821.)

2° La déclaration que l'acquéreur d'un immeuble, libéré de son prix, ferait en faveur d'une personne qui s'obligerait à lui payer ledit prix à des époques convenues. On ne pourrait voir, dans cette stipulation, qu'un prêt sur lequel il y aurait seulement lieu de percevoir le droit de un pour cent pour obligation. (Délib. de la régie du 15 déc. 1826.)

3° La déclaration par laquelle l'acquéreur abandonnerait la nue-propriété à un tiers et se réserverait l'usufruit pour lui-même. Le droit de revente ne pourrait être exigé sur cette nue-propriété. (Délib. cons. d'adm. du 6 février 1827.) Si la déclaration de command avait lieu, sur une vente par licitation, au profit d'un des co-licitants, le droit proportionnel de la transmission résultant de l'adjudication et de la déclaration de command réunies, ne serait dû non plus que sur la partie du prix qui excéderait les droits du co-licitant. (Décis. minist. fin. du 18 brumaire an XII.)

4° La déclaration par laquelle un adjudicataire élirait deux ou plusieurs commands pour le même objet, et attribuerait à l'un le sol, à l'autre la superficie. On ne pourrait voir dans cette déclaration une revente passible du droit proportionnel. (Cass. 26 nov. 1834, S.-V. 35. 1. 65; — 11 août 1835, S.-V. 35. 1. 591; — 18 fév. 1839, S.-V. 39. 1. 190.)

42. La déclaration de command que fait un adjudicataire sur licitation au profit de son co-propriétaire n'a d'autre effet que de remettre les parties dans l'état où elles étaient avant l'adjudication. Il en résulte que si deux copropriétaires mettent des biens en adjudication, et que l'un se rende adjudicataire avec réserve de command et passe ensuite déclaration, dans le délai de la loi, pour la moitié indivise à son co-vendeur, il ne sera dû que deux droits fixes, l'un comme procès-verbal d'adjudication, l'autre comme déclaration de command. (Délib., 12 sept. 1818.)

43. Mais on devrait considérer comme contenant novation de clauses la déclaration faite dans l'acte même de vente, avec réserve de réméré au profit du déclarant, parce que la réserve de réméré suppose qu'on a eu la propriété de la chose et qu'on l'a vendue soi-même, puisqu'on s'est réservé le droit de la racheter; en conséquence, une telle déclaration serait passible du droit proportionnel. (Décis. minist. fin. du 30 mai 1826; instr. 30 sept. 1826, n° 1200.)

44. L'instruction du 7 juin 1808, n° 386, § 14, enjoint de percevoir le double droit sur toute déclaration de command qui contiendrait, de la part de l'adjudicataire, une obligation, notamment de garantie. Cette décision, bien que conforme à l'opinion des anciens feudistes, nous paraît, dans sa rigueur, dépasser les limites de la loi. Une obligation de garantie ne suppose pas nécessairement un acte translatif, puisqu'un tiers, étranger au

contrat, peut garantir le fait de l'acquéreur. De plus, dans la pratique, on exige presque toujours, et avec raison, que l'acquéreur en déclarant command sera engagé lui-même. Il y aurait donc toujours lieu au double droit.

Les parties et le notaire doivent préciser avec soin cet engagement, et constater qu'il n'est qu'une obligation accessoire.

45. *Acceptation.*—La nécessité d'une acceptation est évidente. En stipulant pour un tiers inconnu, l'acquéreur ne l'engage pas et ne saurait en effet l'engager. Le tiers demeure étranger au contrat tant qu'il n'a point accepté la déclaration faite à son profit. S'il n'accepte point, la déclaration est donc nulle et comme non avenue.

C'est là une des divergences les plus graves entre la doctrine du mandat et celle de la stipulation pour autrui. Si la déclaration de command était un mandat, en la faisant l'acquéreur aurait accompli son mandat et devrait, par conséquent, disparaître du contrat. Au contraire, en stipulant pour un tiers, l'acquéreur ne se délie pas des obligations du contrat ; il ne fait qu'en changer la nature.

46. L'acceptation a pour effet de saisir le command déclaré de tous les droits et actions résultant du contrat, d'opérer en un mot la subrogation. (Troplong, *Vente*, n° 65.)

Il en résulte clairement que jusqu'à l'acceptation, c'est-à-dire tant que la subrogation n'est point opérée, l'acquéreur est seul débiteur de toutes les obligations nées du contrat, et seul exposé aux poursuites des tiers, des créanciers hypothécaires et de la Régie.

Il en résulte encore que, tant qu'elle n'est point acceptée, la déclaration de command n'est point passible du droit proportionnel. Puisqu'il n'y a point de transmission, la Régie ne peut dire que la déclaration cache une transmission frauduleuse.

47. Après une première déclaration qui n'est point acceptée, l'acquéreur peut en faire une seconde, pourvu que ce soit dans les délais. Le droit de stipuler pour un tiers ne s'épuise pas par un seul acte, et peut s'exercer indéfiniment dans les délais de la loi ne sont pas dépassés. (Champ. et Rig., n° 1931.)

Quant à la question de savoir si l'acceptation elle-même doit être faite dans un délai déterminé, V. *infrà*, n° 56.

48. *Notification.* — La déclaration de command doit être notifiée dans les vingt-quatre heures de l'adjudication ou du contrat (l. 22

frim. an VII, art. 68 ; l. 28 avril 1816, art. 24). La loi n'indiquant pas à qui doit être faite cette notification, la question s'était élevée de savoir si elle devait être faite au command ou ami élu, ou à la régie de l'enregistrement ; mais il a été reconnu par une jurisprudence constante que la notification prescrite était nécessairement une notification à la régie de l'enregistrement, dans la personne de ses préposés, et ce, par le double motif que les lois de l'an VII et de 1816 n'avaient pas eu pour but de régler les rapports des citoyens entre eux, mais uniquement d'assurer la perception des droits de mutation, et que la notification dans les vingt-quatre heures aurait été impossible toutes les fois que le command aurait été à une distance un peu éloignée du lieu où le contrat aurait été passé. (V. Cass. 22 frim. an IX, S.-V. 1. 2. 282 ; J. P. 3ᵉ édit. ; — 3 therm. an IX, S.-V. 2. 1. 39 ; D. A. 7. 178.)

49. C'est le commandataire qui doit faire cette notification ; ainsi le veut la nature des choses, car il serait impossible au command qui demeurerait à une certaine distance du lieu où le contrat de vente a été passé, de la faire dans le délai prescrit par la loi.

50. La notification de la déclaration de command se fait au receveur de l'enregistrement, soit par acte extra-judiciaire, soit par la présentation du contrat de vente et de la déclaration à la formalité de l'enregistrement dans les vingt-quatre heures du contrat, ou de la déclaration de l'avoué adjudicataire. (Décis. du minist. des fin., 18 brum. an IX ; Cass. 3 ventôse an II, S.-V. 3. 2. 291 ; D. A. 7. 178 ; — 15 oct. 1806, S.-V. 7. 2. 849 ; D. A. 7. 178.)

51. Une décision du ministre des finances porte qu'il y a notification suffisante lorsque, dans les vingt-quatre heures, le notaire a présenté au visa du receveur son répertoire sur lequel est inscrite la déclaration de command qu'il vient de recevoir.

52. Un arrêt de la Cour de cassation, du 31 mai 1825 (S.-V. 25. 1. 409), a décidé : 1° qu'il suffit de faire enregistrer à la fois, dans le délai de vingt-quatre heures, l'acte de mutation et la déclaration de command ; 2° que le receveur de l'enregistrement à qui l'acte de mutation et la déclaration de command ont été présentées et laissées dans les vingt-quatre heures, doit garantir les parties du dommage qu'elles éprouvent pour n'avoir enregistré la mutation qu'après ledit délai de

vingt-quatre heures; 3° que le fait de la présentation ou notification au receveur est suffisamment prouvé par la circonstance que la déclaration de command a été enregistrée au droit fixe.

53. Le délai pour la déclaration de command à faire par l'acquéreur d'un domaine national est de trois jours. (Délibération de la régie, 29 avril 1831.)

54. S'il s'agit de ventes de coupes de bois de l'état, la déclaration doit être faite immédiatement après l'adjudication et séance tenante. (Code forest., art. 23.) Il en est de même pour les coupes de bois du domaine de la couronne, des communes et des établissements publics. (Ibid. 90.)

55. La loi n'exigeant que la notification de la déclaration de command dans les vingt-quatre heures, on peut en conclure que l'acceptation de l'ami élu, lorsqu'elle a lieu par acte séparé, n'a pas besoin d'être notifiée à l'enregistrement dans ledit délai; cette notification serait la plupart du temps impossible à cause de l'éloignement de l'ami élu du lieu où l'acte est passé.

56. M. Troplong pense au contraire que l'élection d'ami doit être acceptée dans le même délai que celui pendant lequel doit être notifiée la déclaration, c'est-à-dire dans les vingt-quatre heures, et il se fonde sur la loi des 13 sept.-16 oct. 1791. Mais nous avons vu que le délai fixé par cette loi était de trois mois, et on comprend qu'il s'appliquât à la déclaration de command et à son acceptation : il n'en peut être ainsi d'un délai de vingt-quatre heures, qui, aux termes des lois des 11 brum. et 22 frim. an VII, paraît ne concerner que la déclaration de command. (M. Troplong, De la vente, n° 70.)

D'ailleurs il ne faut pas perdre de vue le but de la loi fiscale, qui est uniquement d'empêcher toute mutation frauduleuse. Or, ce but est atteint par la déclaration faite dans les vingt-quatre heures; car, si le command déclaré n'accepte pas, la déclaration est nulle; il n'y a pas de transmission, et l'acquéreur acquitte le droit de mutation, non pour sa déclaration de command, mais pour son acquisition. (V. Champ. et Rig., n° 1989.)

57. Le délai de vingt-quatre heures pour faire la déclaration de command est tellement de rigueur que, si l'acte de vente était daté avant midi, la déclaration de command devrait être faite et notifiée le lendemain avant midi. Le délai court du jour du contrat, dans le cas de ventes ordinaires, et, dans le cas d'adjudication faite par le ministère d'avoué, du jour où l'avoué a fait connaître le nom de la personne pour laquelle il s'est rendu adjudicataire, ce qui doit avoir lieu dans les trois jours de l'adjudication. La déclaration de command faite après ce délai serait considérée comme tardive par rapport à la régie, et donnerait ouverture à un second droit de mutation, comme s'il y avait eu revente. (Cass. 29 nov. 1837, J. P. 1837. 2. 563.)

58. Mais la loi, en accordant un délai de vingt-quatre heures, a entendu nécessairement parler d'un délai dont tous les instants pussent être utilisés, soit pour opérer la déclaration de command, soit pour faire la notification; il faut donc appliquer au délai de vingt-quatre heures la disposition de l'art. 25 de la loi du 22 frim. an VII, qui est contenu dans le titre 3 de ladite loi, lequel, relatif au délai pour l'enregistrement des actes et déclarations, dispose que si le dernier jour d'un délai se trouve être un décadi ou un jour de fête nationale, ce jour-là ne sera pas compté, et dès lors il faut décider que, lorsqu'une adjudication a été faite le samedi, la déclaration de command peut être réalisée par acte public et notifiée à la régie de l'enregistrement seulement le lundi suivant, sans que pour cela il y ait lieu au droit de mutation. (Cass. 15 novembre 1837, S.-V. 38. 1. 37; J. P. 1837. 2. 436; D. P. 37. 1. 466; Championnière et Rigaud, t. 3, n° 1998.)

59. La notification doit être en général faite au bureau de l'enregistrement du lieu où réside le notaire. Cependant, lorsque le notaire qui reçoit la déclaration de command se trouve trop éloigné de son bureau d'enregistrement pour y présenter ou notifier l'acte dans les vingt-quatre heures, comme cela peut arriver à un notaire de première classe qui a le droit d'instrumenter dans tout le ressort de la cour royale, il peut régulièrement notifier la déclaration au receveur de l'enregistrement du bureau dans l'arrondissement duquel l'acte a été passé.

60. La déclaration de command ne forme qu'un seul et même acte avec celui de l'adjudication; de là il résulte : 1° que l'art. 41 de la loi du 22 frim. an VII, qui défend de faire aucun autre acte en conséquence d'un acte non enregistré, ne s'applique point aux élections de command, lesquelles peuvent en con-

séquence être faites et notifiées avant l'enregistrement de l'acte de vente (Cass. 13 brumaire an XIV, S.-V. 6. 2. 775 ; D. A. 7. 337 ); 2° que la quittance du prix de vente contenue dans la déclaration de command n'est soumise à aucun droit de libération, parce que la déclaration et la vente ne formant qu'un même contrat, la quittance du prix doit être considérée comme si elle était faite par l'acte de vente même (Décis. du minist. des fin. du 15 mars 1808 ; instruct. gén. du 29 juin 1808); 3° que si l'acquéreur avait payé le prix comptant, et que le command le lui remboursât purement et simplement par la déclaration de command, le droit de quittance ne serait pas dû.

61. Jusqu'à présent nous n'avons parlé de la nécessité de la notification de la déclaration de command que par rapport au fisc et dans le but d'échapper à l'obligation de payer le droit proportionnel de mutation ; mais, à côté de l'intérêt de la régie, il en existe deux autres : celui du vendeur, à qui il importe de savoir si l'acquéreur usera ou n'usera pas de la faculté qu'il s'est réservée d'élire un command, et celui du command, qui est intéressé à ce que l'acquéreur exécute le mandat qu'il lui a donné : il faut donc déterminer les obligations de l'acquéreur vis-à-vis de ces deux sortes de personnes.

62. En ce qui concerne le vendeur, point de difficulté ; si un délai a été fixé par le contrat de vente, l'acquéreur doit faire la déclaration et la notifier au vendeur dans le délai convenu, faute de quoi, il est réputé avoir voulu conserver l'acquisition pour son compte, et dès lors il est tenu de toutes les obligations résultant de la qualité d'acquéreur, comme l'aurait été le command lui-même. Si aucun délai n'a été fixé dans le contrat, les parties sont censées avoir adopté le délai prescrit par la loi, c'est-à-dire celui de vingt-quatre heures, à partir du contrat ou de la déclaration de l'avoué adjudicataire, suivant la distinction que nous avons établie. Mais il est à remarquer que cette notification devient inutile lorsque la déclaration est faite dans le délai de la loi ; car alors elle est consignée à la suite du contrat ou du jugement d'adjudication, de telle sorte que le notaire ou le greffier délivrant au vendeur une grosse contenant en même temps la vente et la déclaration, le vendeur ne peut ignorer l'existence de ce dernier acte.

63. Quant aux obligations de l'acquéreur vis-à-vis de son command, nous ferons remarquer qu'en l'absence de convention particulière, le défaut d'enregistrement, dans le délai de la loi, d'une déclaration de command ne pourrait être opposé par le déclarant ou ses héritiers au command comme opérant la nullité de la déclaration ; car l'enregistrement n'est pas de l'essence des contrats, il est une formalité extrinsèque à laquelle n'est pas attaché le sort de l'acte. Cette formalité peut bien servir à assurer son authenticité respectivement au tiers, mais à l'égard des parties entre elles, la convention ne change pas de nature. Ainsi jugé par arrêt de la cour d'appel de Paris, le 21 therm. an XII (Devillen. et Car. 1. 2. 212 ; J. P., 3ᵉ édit.).

§ 5. — *Effets de la déclaration de command.*
*— Enregistrement.*

64. Lorsque l'acquéreur a fait sa déclaration dans le délai et les formes prescrites, et qu'elle a été acceptée, il disparaît du contrat ; ce n'est plus lui, ainsi que nous l'avons dit, qui est censé avoir acheté, mais bien son command qui, dès lors, est subrogé à tous les droits et obligations résultant du contrat. Le command est censé tenir sa propriété directement du vendeur, et c'est précisément pour cela qu'il n'est dû qu'un seul droit de mutation.

Cet effet, dès lors, ne contrarie point la maxime fondamentale en cette matière, qu'il est dû un droit de mutation toutes les fois que la propriété change de mains ; il ne blesse non plus en aucune manière les principes du droit commun ; car de même qu'on peut laisser à l'arbitrage d'un tiers la fixation du prix d'une vente, de même rien ne s'oppose à ce qu'on laisse également à l'arbitrage d'un tiers le choix de l'acquéreur.

65. Cette substitution complète d'un acquéreur à un autre est fort grave pour le vendeur, en ce qu'au lieu d'un débiteur solvable elle peut lui en donner un qui ne le sera pas. Mais, quand il s'agit d'une vente ordinaire, « c'est au vendeur, dit Toullier, de voir s'il doit consentir à recevoir pour acquéreur une tierce personne qu'il ne connaît pas encore et que se réserve de nommer celui qui se présente pour contracter. » (t. 8, n° 170.) Et lorsqu'il s'agit d'une adjudication publique, les dangers de cette substitution peuvent être atténués par les précautions prises par les ven-

deurs dans le cahier des charges, et par les dispositions rigoureuses de la loi sur la folle enchère. Au reste, dans la pratique, on impose souvent à l'acquéreur l'obligation de garantir le command qu'ils se propose de déclarer.

66. La déclaration de command conduit à cette double conséquence : en faveur du command, qu'il ne peut être recherché ni poursuivi, soit hypothécairement, soit autrement, par qui que ce soit, du chef dudit acquéreur (l. 16 oct. 1790); en faveur de l'acquéreur, qu'il se trouve déchargé pour l'avenir par le fait de la déclaration de toutes les obligations qui restent encore à remplir, et qu'il ne peut être recherché, soit pour le prix, soit pour les droits de mutation. Cependant il est tenu à la garantie si le command était notoirement insolvable au moment de la vente, ou si une clause du cahier des charges le déclare responsable du paiement des frais, dans le cas où le command déclaré serait hors d'état de les acquitter. Mais, dans ces deux hypothèses même, il ne peut être obtenu *de plano* une condamnation solidaire de dépens contre l'adjudicataire et le command ; avant de poursuivre l'adjudicataire, il faut que le command ait été discuté dans ses biens et reconnu insolvable. (Paris, 13 flor. an XII, Devillen. et Car. 1. 2. 189; J. P. 3ᵉ édit.)

67. Du même principe que le command est censé tenir la chose vendue immédiatement du vendeur, il résulte encore : 1° que c'est contre le command lui-même que doit être poursuivie la folle enchère; 2° que la régie peut s'adresser à lui pour percevoir le droit de mutation (Cass. 29 nov. 1837, S.-V. 38. 1. 38; J. P. 1837. 2. 563); 3° qu'il est recevable à attaquer par voie de tierce-opposition le jugement qui, postérieurement à la déclaration faite à son profit, a prononcé la résolution de la vente pour dol et pour fraude contre celui qui lui a passé cette déclaration, quand il n'a pas été appelé à ce jugement. (Cass. 10 août 1807. S.-V. 7. 2. 262. D. A. 12. 652); 4° que l'acquéreur qui déclare command et remplit les formalités dans le délai de la loi, n'est pas responsable des droits d'enregistrement, même lorsque le command se trouve insolvable. (Décis. minist. desfin., 12 therm. an XII; Instruc. gén. du 3 fruct. an XIII.)

68. Puisque la déclaration de command et le contrat de vente ne font qu'un seul acte, les stipulations particulières qui sont insérées dans la déclaration ne peuvent modifier en rien les caractères de la vente. Ainsi il a été jugé que la déclaration de command qui, intervenant après une vente d'immeubles, mobilise une partie des objets qui y sont compris, ne peut avoir pour effet de faire considérer la vente comme vente de meubles, quant aux objets mobilisés ; en conséquence, une telle vente est passible pour le tout du droit proportionnel de 5 1/2 p. 100. (Cass. 6 nov. 1839. S.-V. 39. 1. 945.)

69. Les déclarations de command faites et notifiées conformément aux prescriptions de la loi n'étaient passibles, d'après la loi du 22 frim. an VII, art. 68, § 1ᵉʳ, n° 24, que du droit fixe de 1 fr.; mais ce droit a été porté à 3 fr. par le n° 3 de l'art. 44, § 1ᵉʳ du tit. 7 de la loi de finances du 28 avril 1816. Les déclarations qui manquent de l'une des conditions requises sont au contraire assujetties, ainsi que nous l'avons dit, au droit proportionnel de mutation comme les ventes réelles, c'est-à-dire, 2 fr. p. 100 s'il s'agit de biens meubles, et 4 p. 100 s'il s'agit de biens immeubles. V. *suprà*, nᵒˢ 35 et 36.

§ 6. — *Des déclarations faites par l'avoué dernier enchérisseur, conformément à l'art. 707 du C. de pr. civ.*

70. Nous avons dit qu'il ne fallait pas confondre les déclarations de command avec celles que les avoués sont tenus de faire pour les personnes au profit desquelles ils se portent adjudicataires dans les ventes judiciaires. Comme dans ces circonstances le ministère de ces officiers est indispensable, la déclaration ne peut être considérée que comme une de leurs fonctions qu'ils remplissent en vertu des dispositions de la loi, et sans nécessité d'une réserve préalable.

71. L'art. 707 du Code de procédure civile, qui accorde aux avoués cette faculté, ne parle que des ventes faites dans les tribunaux ; néanmoins, l'avantage de ses dispositions appartient aussi aux avoués qui se rendent adjudicataires dans les ventes judiciaires faites devant notaires commis par les tribunaux : car, dans l'un comme dans l'autre cas, les ventes ont lieu par autorité de justice. (Cass. 26 févr. 1827, S.-V. 27. 1. 260; M. Troplong, *De la vente*, t. 1, n° 76. )

72. L'avoué doit faire sa déclaration dans les trois jours de l'adjudication. Peu importe que le délai expire un jour de fête légale (Cass. 1ᵉʳ déc. 1830, S.-V. 31. 1. 136; D. P. 30.

1.398); car il peut, avec l'autorisation du juge, faire sa déclaration le jour même d'une fête légale. ( Code de proc., art. 1037. )

73. Mais l'avoué n'est pas tenu, comme le commandataire, de notifier sa déclaration dans les vingt-quatre heures. ( Cass. 3 sept. 1810, S.-V. 11. 1. 26 ; D. A. 7. 172. )

74. La déclaration se fait au greffe du tribunal, sur le cahier des charges, à la suite de l'adjudication lorsqu'il s'agit d'une adjudication prononcée par un tribunal ; et simplement sur le cahier des charges lorsqu'il s'agit d'une vente faite chez un notaire.

75. Lorsque la déclaration du nom de l'adjudicataire a été faite et acceptée, c'est à celui-ci, et non à l'avoué, à payer les droits d'enregistrement du jugement d'adjudication. (Déc. du minist. des fin. du 22 sept. 1807.)

76. L'avoué adjudicataire peut réserver déclaration de command, dans le cahier d'enchères ou dans l'adjudication, au profit de celui en faveur de qui il fait sa déclaration. Dans ce cas, l'adjudicataire déclare son command dans les formes et les délais que nous avons déterminés. A Paris, la réserve de nommer un command est de style dans tous les cahiers des charges.

77. L'avoué avec réserve de command qui laisse expirer les trois jours sans déclarer l'adjudicataire pour lequel il a enchéri peut, en se considérant comme adjudicataire personnel, dans les vingt-quatre heures de l'expiration des trois jours, déclarer command. Tel est l'usage au tribunal de Paris, attesté par Rolland de Villargues (*Répert. du not.* v° Déclaration de command, n° 78 ).

78. La déclaration de l'avoué adjudicataire, en exécution de l'art. 707 du Code de proc. civ., est assujettie au droit fixe d'un franc. (Instruc. rég. du 27 août 1811.)—V. Avoué, Enregistrement, Ventes.

**COMMANDANT DE LA FORCE PUBLIQUE.** L'outrage par gestes ou menaces dirigé contre un commandant de la force publique dans l'exercice ou à l'occasion de l'exercice de ses fonctions, est puni d'un emprisonnement de six jours à un mois, et d'une amende de 16 à 200 fr. (C. pén., art. 224, 225.).

La Cour de cassation a jugé qu'un brigadier de gendarmerie est un commandant de la force publique dans l'étendue du territoire assigné à sa brigade, lors même que dans le service il n'est accompagné que d'un seul homme.

( Cass. , 14 janv. 1826, S.-V. 26 1. 369; D. P. 26. 1. 214; J. P. 3e édit. )

MM. Faustin Hélie et Chauveau n'acceptent pas cette interprétation. « La décision de la Cour de cassation, disent ces auteurs, s'appuie sur quelques articles de l'ordonnance de 1820, relative à la gendarmerie, qui désignent ce sous-officier par le nom de commandant de brigade. Mais ce n'est pas au mot seul qu'il faut s'attacher, c'est à la valeur que la loi lui a donnée. Cet article n'existait point dans le projet du code pénal. Un membre du Conseil d'état objecta que la faible amende portée par l'art. 224 lui semblait une peine insuffisante lorsque l'outrage serait fait à un officier de la force armée, qui pourrait être d'un grade élevé. M. Berlier répondit qu'il semblait inutile de prévoir une hypothèse qui devait rester étrangère à l'article : Qu'est-ce que l'officier ministériel dont il parle? Ordinairement un huissier. Et quels sont les autres agents de la force publique? Le plus souvent des recors, plus souvent des gendarmes. Voilà les seuls militaires qui puissent se trouver dans les dispositions qu'on discute, et encore n'y sont-ils que comme auxiliaires de l'autorité civile. La chose ainsi entendue, quelque faveur que mérite un gendarme, l'outrage qui lui est fait ne paraît pas devoir être aussi grièvement puni que l'insulte faite à un magistrat en fonctions. On insista en alléguant qu'il était possible que le commandant du détachement fût un *officier de gendarmerie*, et M. Berlier accorda que, dans ce cas spécial, il pourrait être convenable d'infliger la peine d'emprisonnement, mais d'un degré moindre que dans le cas d'insulte faite à un magistrat. Cambacérès ajouta qu'il fallait faire une disposition particulière pour les officiers supérieurs. Voilà l'origine et les motifs de l'art. 225. Il en résulte que ce n'est qu'aux seuls officiers que le législateur a voulu prêter un appui plus efficace, et que sa protection ne s'est point étendue aux sous-officiers qui, alors même qu'ils se trouvent à la tête de quelques militaires, ne peuvent être réputés *commandants*, dans le sens hiérarchique que la loi militaire attache à ce mot. Si l'on veut une preuve qui soit puisée dans la loi pénale elle-même, il suffit de rapprocher de l'art 225 l'art. 234, qui énumère soigneusement les *commandants*, les *officiers* et les *sous-officiers* de la force publique. Il résulterait même de ce nouveau texte que les officiers eux-mêmes ne seraient pas indistinctement réputés commandants, ce qui est exact dans la hiérarchie militaire; mais, comme il suit de la discussion que le but du législateur a été de tracer une distinction entre les officiers et les sous-officiers, nous croyons que tous les officiers doivent jouir du bénéfice de l'art. 225 (t. 4, p. 373).

**COMMANDE.** Dans la pratique du commerce, ce mot exprime la proposition de vendre ou d'acheter. V. Commis, Vente.

**COMMANDE.** On appelait ainsi dans quelques coutumes une taille qui avait uniquement pour objet de constater le droit du seigneur sur les personnes de condition servile qui ne lui payaient pas la redevance ordinaire. — V. Ducange, *Gloss.* V° *Commenda.*

Dans la Bresse et les pays voisins, on appelait aussi commande le contrat de cheptel.

**COMMANDE** ( *droit de* ). Dans les anciennes coutumes de Meun-sur-Eure et de Châteauneuf, c'était le droit que le seigneur levait tous les ans sur les veuves de condition servile, durant leur viduité, en reconnaissance de leur servitude. Ce droit se levait aussi en quelques lieux sur les femmes qui s'étaient mariées à d'autres qu'à ceux de la condition et servitude du seigneur.

**COMMANDEMENT.** 1. On appelle ainsi un acte par lequel un huissier, en vertu de la loi, d'un jugement ou de tout autre titre exécutoire, enjoint à une personne de faire ou d'exécuter ce à quoi elle est obligée, lui déclarant que, sur son refus, elle y sera contrainte par toutes les voies de droit.

2. En général, toute exécution sur la personne ou sur les biens d'un débiteur doit être régulièrement précédée d'un commandement. Le créancier à qui l'accomplissement de cette formalité a été imposé dans le but d'assurer au débiteur un laps de temps pour se procurer des ressources et prévenir ou arrêter les poursuites en exécutant, ne peut en être dispensé par le juge, si ce n'est dans les cas formellement prévus par la loi. —V. Saisie-gagerie, Saisie foraine, etc.

3. Quel est le délai qui doit s'écouler entre le commandement et le fait de l'exécution? Par combien de temps le commandement est-il périmé? Quand y a-t-il lieu à le réitérer? Toutes ces questions et autres analogues sont résolues sous les divers articles qui traitent de chacune des voies d'exécution auxquelles elles se rattachent.—V. Saisie-exécution, Saisie-gagerie, Saisie-brandon, Saisie des rentes constituées sur particuliers, Saisie des navires, Saisie immobilière, Contrainte par corps.

4. Il n'est traité dans cet article, et tout à fait exclusivement, que de ce que doit contenir le commandement et de ses formes intrinsèques.

5. Aucun commandement ne peut être fait qu'en vertu d'une disposition de la loi qui l'autorise spécialement (art. 819 C. pr. civ.), ou en vertu d'un jugement ou acte en forme exécutoire. (Art. 545, C. pr. civ.). V. aussi Exécution forcée des jugements et actes.

Ces mots : *De par le roi, la loi et justice,* que les huissiers emploient ordinairement dans les commandements, ne sont pas sacramentels, et leur omission n'entraîne pas la nullité de l'exploit. (Bordeaux, 29 nov. 1829, S.-V. 30. 2. 101; D. P. 31. 2. 174. )

6. Tout commandement doit contenir les formalités ordinaires des exploits; l'omission de ces formalités rend nul le commandement, lorsqu'elles sont substantielles ou prescrites par la loi, à peine de nullité. — V. Exploit.

7. Le commandement doit mentionner d'une manière formelle et précise l'obligation que le débiteur doit accomplir. S'il s'agit de paiement de sommes, elles doivent être certaines et liquides.(Argum. de l'art. 551 C. de proc. civ.). Les énonciations du commandement doivent être telles enfin que le débiteur puisse, au vu de cet acte, éviter l'exécution dont il est menacé, soit en accomplissant l'obligation qui fait l'objet de la poursuite, soit en faisant des offres réelles à son créancier.

Ce principe posé dans l'art. 551 du Code de procédure civile s'applique rigoureusement à toute espèce de saisie. Ainsi, si le saisi oppose des répétitions qui compensent, et au delà, les causes de la saisie, il a le droit d'en faire prononcer l'annulation. En vain le saisissant allègue-t-il qu'il a d'autres moyens à présenter pour fonder son action, si ces nouvelles créances ne sont pas encore liquides et certaines, il n'est pas possible de les admettre; autrement on changerait en saisie-gagerie les causes d'une saisie-exécution (Orléans, 15 mai 1818, J. P. 3° édit.; D. A. 11. 648).

Comme la peine de la plus-pétition n'a pas lieu en France, le commandement qui a demandé plus qu'il n'était dû, n'est par pour cela entaché de nullité, à moins, bien entendu, qu'il ne fût fait pour une voie d'exécution spéciale, (comme, par exemple, en matière de contrainte par corps ), et que la somme réellement due ne fût inférieure à celle pour laquelle cette voie d'exécution est autorisée. (Colmar, 14 juin 1811, J. P. 3ᵉ éd.; D. A. 11. 686; — Bordeaux, 28 juin 1828, J. P. 3ᵉ édit.; D. P. 28. 2. 40; — Cass. 8 févr. 1832, S.-V. 32. 1. 396; J. P. 3ᵉ édit.; D. P. 32. 1. 99. )

8. La remise à l'huissier de l'acte ou du jugement dont on poursuit l'exécution est pour lui un mandat tacite suffisant pour recevoir paiement; il est juste que le débiteur puisse immédiatement arrêter les poursuites dirigées contre lui. (Toullier, t. 7, n° 20; Duranton, t. 12, n° 50.) Aussi le commandement laisse toujours au débiteur la faculté de se libérer entre les mains du créancier, ou entre celles de l'huissier chargé d'instrumenter. S'il est fait un paiement partiel, l'officier ministériel doit le mentionner dans cet acte. Il est même tenu d'y insérer, quelle qu'elle soit, la réponse de la personne à laquelle il le signifie, dans le cas où elle juge à propos de lui en faire une. (V. Merlin, *Rép.*, v° Commandement, § 3, 5; Pigeau, t. 2, p. 83.)

9. Outre ces formalités générales pour toute espèce de commandement, il y en a de spéciales, selon la nature de la voie d'exécution que le créancier veut exercer.

Ces formalités seront indiquées sous autant de paragraphes qu'il y a de voies d'exécution pour lesquelles la loi exige une nature spéciale de commandement.

§ 1ᵉʳ. — *Commandement tendant à saisie-exécution, saisie-brandon, saisie-gagerie, saisie de rentes constituées sur particuliers.*

§ 2. — *Commandement tendant à saisie de navires.*

§ 3. — *Commandement tendant à saisie immobilière.*

§ 4. — *Commandement tendant à contrainte par corps.*

§ 5. — *Des effets du commandement.*

§ 6. *Des nullités du commandement.*

—

§ 1ᵉʳ. — *Commandement tendant à saisie-exécution, saisie-brandon, saisie-gagerie, saisie de rentes constituées sur particuliers.*

10. Le commandement tendant à ces diverses voies d'exécution doit, outre les formalités ci-dessus exprimées, satisfaire à trois conditions: Il faut 1° qu'il soit fait à la personne ou au domicile du débiteur; 2° qu'il contienne notification du titre, si déjà il n'a été notifié; 3° qu'il contienne élection de domicile, jusqu'à la fin de la poursuite, dans la commune où doit se faire l'exécution, si le créancier n'y demeure pas, auquel domicile élu le débiteur pourra faire toutes significations, même d'offres réelles et d'appel ( C. de proc. civ. art. 583, 584. )

Nous dirons quelques mots de chacune de ces formalités.

11. « Le commandement doit être fait à la personne ou au domicile du débiteur. » Par ces mots, « au domicile du débiteur, » il faut entendre aussi bien le domicile élu pour l'exécution de l'obligation que le domicile réel: M. Thomine Desmazures ( t. 2, p. 92 ) pense au contraire que le commandement ne peut être valablement fait qu'au domicile réel; nous ne pensons pas que cette opinion puisse se soutenir en présence des termes si formels de l'art. 111 du Code civil. — V. Chauveau sur Carré (t. 4, *Quest.* 2,000 ). — V. aussi *infrà*, n° 22.

12. « Le commandement doit contenir la notification du titre *en vertu duquel on procède*, si déjà ce titre n'a été notifié. » C'est la copie tout entière du titre qui doit être signifiée; la signification par extrait serait insuffisante. — V. *Infrà*, n° 23.

Quand la notification du titre a précédé le commandement, il est inutile d'en donner de nouveau copie en tête de cet acte; mais l'huissier doit l'énoncer tant par sa date que par son contenu, en rappelant la nature et le *quantum* de la créance réclamée, et en faisant mention de la notification, qui a été précédemment faite. ( Orléans, 2 juin 1809, J. P. 3ᵉ édit., D. A. 11. 648. )

Lorsque le titre est un jugement par défaut contre avoué, la signification à avoué qui en a été faite dispense-t-elle d'en donner copie avec le commandement? La cour de Turin a décidé l'affirmative, en se fondant sur ce que l'art. 583 n'exigeant qu'une signification, sans désigner celle qui serait faite à partie plutôt qu'à tout autre, on doit se contenter de celle qui est propre au genre du titre en vertu duquel on procède. (Turin, 1ᵉʳ fév. 1811, S.-V. 11. 2. 289; J. P. 3ᵉ éd.; D. A. 9. 742. )

Mais M. Chauveau sur Carré (t. 4. *Quest.* 2000 *bis* ) fait observer avec beaucoup de raison que cette décision renferme une violation de l'art. 147 du Code de procédure civile, qui défend d'exécuter aucun jugement avant de l'avoir signifié à partie, ce qui s'applique même aux jugements par défaut contre avoué.

On comprend que lorsque le jugement est contradictoire, la signification à avoué ne dispense pas davantage de celle qui doit être faite à domicile, aux termes de l'article 147 précité.

13. Lorsqu'au lieu d'agir en vertu d'un titre, l'huissier agit en vertu d'une disposition de loi, comme, par exemple, de l'art. 819 du Code de procédure civile, il doit l'énoncer.

14. « Le commandement doit contenir élection de domicile jusqu'à la fin de la poursuite dans le lieu où doit se faire l'exécution, si le créancier n'y demeure. » L'omission de cette formalité n'entraîne pas nécessairement la nullité du commandement; aucune disposition légale n'autorise à la prononcer. C'est ainsi qu'il a été plusieurs fois décidé que ni le commandement ni la saisie ne peuvent être annulés à défaut d'élection de domicile dans le premier de ces actes. (Orléans, 10 mars 1810, *Journ. des Av.*, t. 19, p. 425; — Colmar, 4 juill. 1810, S.-V. 11. 2. 32; J. P. 3e édit.; D. A. 11. 650; — Turin, 1er fév. 1811, ci-dessus cité.)

Carré, sur l'art. 584, approuve ces décisions; « mais, ajoute-t-il, comme il est très-important pour le saisi que le saisissant fasse élection de domicile, c'est aux huissiers à se mettre en garde contre l'omission dont il s'agit, attendu que, si la nullité du commandement n'était pas prononcée, le tribunal pourrait du moins, usant de la faculté que lui donne la seconde disposition de l'art. 1030, condamner l'officier ministériel qui aurait signifié l'exploit à l'amende et même à des dommages-intérêts, s'il était démontré que l'omission eût porté préjudice au saisi. — V. Thomine-Desmazures, t. 2, p. 97.

Nous devons faire remarquer que la loi exige que l'élection de domicile soit faite *jusqu'à la fin de la poursuite*. Dans l'ancien droit, cette élection de domicile était aussi exigée dans toutes les saisies; mais dans l'usage on restreignait sa durée à vingt-quatre heures, parce qu'on avait éprouvé qu'il était fort difficile de trouver dans les villages des personnes auxquelles les saisissants pussent confier leurs intérêts; passé ce temps, l'élection était faite chez le procureur du saisissant. (Ord. de 1667, tit. 33, art. 1er.—V. Ro-

IV.

dier sur cet art. —V. aussi *Obs. de la cour de Colmar*, Prat. franç., art 584.) La cour royale de Colmar a décidé que cet usage était abusif même sous l'empire de l'ordonnance de 1667, et elle a, par deux arrêts, annulé des actes où cette élection n'avait été faite que pour vingt-quatre heures seulement. (Colmar, 18 brum. an XII, S.-V. 7. 2. 98; J. P. 3e édit.; D. A. 11. 643; — 16 fév. 1813, J. P. 3e édit; D. A. 11. 660.)

15. Pour tous les effets et les conséquences de l'élection de domicile dans le commandement, V. Domicile élu.

16. Il n'est pas nécessaire de constituer avoué dans un commandement tendant à saisie-exécution; encore bien que la loi n'en contienne aucune mention, la question a cependant été soulevée. On prétendait induire la nécessité d'une pareille formalité des dispositions de l'art. 586 du Code de proc. civ. qui soumet les procès-verbaux de saisie-exécution aux mêmes formalités que les exploits. Nous comprenons difficilement la conséquence qu'on pourrait tirer de cet argument en faveur de la proposition, et encore moins concevons-nous que la question ait pu être sérieusement soulevée; aussi la cour de Rennes a-t-elle fait bonne justice de la contestation, en validant le commandement attaqué par arrêt du 19 mai 1820 (D. A. 11. 1. 653).

17. L'huissier n'a pas besoin, pour faire le commandement, de se faire assister de recors ou témoins. L'art. 585 du Code de procédure civile n'exige cette assistance que pour la saisie seulement. (V. les art. 27 et 31 du tarif.)

### § 2. *Commandement tendant à la saisie et vente des navires.*

18. Toutes les formalités indiquées dans le paragraphe précédent sont exigées pour le commandement tendant à saisie et vente des navires.

Le commandement doit être fait à la personne du débiteur ou à son domicile, s'il s'agit d'une action générale à exercer contre lui.

Le commandement peut être fait au capitaine du navire, si la créance est du nombre de celles qui sont susceptibles de privilèges sur le navire, aux termes de l'art 191 du Code de commerce. (V. les art. 198, 199 C. comm.)

### § 3. *Commandement tendant à saisie immobilière.*

19. L'art. 673 du Code de procédure civile

s'exprime ainsi : « La saisie immobilière sera précédée d'un commandement à personne ou domicile ; en tête de cet acte, il sera donné copie entière du titre en vertu duquel elle est faite. Ce commandement contiendra élection de domicile dans le lieu où siége le tribunal qui devra connaître de la saisie, si le créancier n'y demeure pas ; il énoncera que, faute de paiement, il sera procédé à la saisie des immeubles du débiteur. L'huissier ne se fera point assister de témoins ; il fera, dans le jour, viser l'original par le maire du lieu où le commandement sera signifié. »

Nous allons reprendre et soumettre à un examen spécial chacune de ces formalités.

20. Le commandement doit être fait à la personne ou au domicile du débiteur. A cet égard, il nous paraît utile de rappeler que s'il y a plusieurs débiteurs et si les objets sur lesquels porte la saisie sont communs entre eux, une copie du commandement doit être laissée à chacun d'eux. ( Pothier, *Traité de la proc. civ.*, 4ᵉ part., ch. 2, art. 4; et par analogie, V. un arrêt de la Cour de cassation du 15 févr. 1815 , S.-V. 15. 1. 204; D. P. 15. 1. 237.)

21. Si ces débiteurs sont les héritiers de la personne qui s'était primitivement obligée, le titre est exécutoire contre eux, aux termes de l'art. 877 du Code civil, huit jours seulement après la signification qui leur en est faite. Mais le commandement peut-il leur être notifié dans ce même délai? La cour de cassation s'était prononcée pour l'affirmative, en se fondant sur ce que le commandement est plutôt un acte préparatoire qu'un acte d'exécution. ( V. cet arrêt à la date du 5 fév. 1811 [aff. de Chateaubourg ], S.-V. 11.1. 98; D. A. 11. 696. )

La cour de Bruxelles et la cour de Rennes l'ont considéré au contraire comme le premier acte de l'exécution, et elles ont jugé en conséquence que les poursuites en saisie immobilière, dirigées contre l'héritier du débiteur, sont nulles si le commandement n'a pas été précédé de la signification du titre, faite huit jours auparavant. (Bruxelles, 10 mai 1810, J. P. 3ᵉ édit. ; D. A. 11. 836, nᵒ 2 ; — Rennes, 5 juillet 1817 , J. P. 3ᵉ éd.; D. A. 11. 680, nᵒ 2.) Cette dernière opinion a fini par prévaloir devant la Cour de cassation elle-même, qui, revenant sur son premier système, a décidé, par argument des art. 877 C. civ. et 673 C. proc., qu'il doit y avoir, pour la régularité de la procédure en expropriation, une double notification du titre à l'héritier, savoir : 1ᵒ une notification faite huit jours avant le commandement; 2ᵒ une notification faite en tête du commandement. (Cass., 31 août 1825, S.-V. 25. 1. 357; D. P. 25. 1. 431. — V. encore Bastia, 12 fév. 1833, S.-V. 33. 2. 262; D. P. 33. 2. 140; — Colmar, 11 mars 1835, J. P. 3ᵉ édit.) La cour royale de Paris a même décidé que si la partie saisie vient à décéder pendant les poursuites, on ne peut les continuer contre ses héritiers avant de leur avoir notifié les titres de créance, aux termes de l'art. 877 du C. civ. (Paris, 19 avril 1839, J. P. 1839. 1. 607; D. P. 39. 2. 214).

La commission chargée par le gouvernement de préparer la nouvelle loi sur les ventes judiciaires des biens immeubles, adoptant la première opinion de la Cour de cassation sur l'inutilité de deux significations, avait cru devoir introduire une disposition spéciale pour dispenser de celle qui est prescrite par l'art. 877 du Code civil, et décider que la copie signifiée en tête du commandement en tiendrait lieu. Sur les observations de plusieurs cours royales, cette disposition a été effacée du projet, et elle n'a été reproduite ni dans le projet présenté aux chambres ni dans le cours des discussions.

De tout ceci on peut conclure que la question est définitivement résolue et tranchée dans le sens conforme au dernier système adopté par la Cour de cassation et les cours de Bastia, de Colmar et de Paris. (V. au surplus Chauveau sur Carré, t. 5, *Quest.* 2199; Chabot sur l'art. 877.)

Le commandement doit être signifié à la personne contre laquelle la poursuite de saisie immobilière doit être dirigée. Pour connaître quelle doit être cette personne dans toutes les circonstances qui peuvent se présenter, V. Saisie immobilière.

22. Le commandement tendant à saisie immobilière peut-il être signifié au domicile élu pour l'exécution de l'obligation ? Sous la jurisprudence antérieure à la loi du 2 juin 1841, cette question faisait l'objet de peu de doutes. Carré enseignait l'affirmative en s'appuyant des termes de l'art. 111 du Code civ. Cette opinion avait été consacrée par arrêt de la cour de Paris du 12 juin 1809 (J. P. 3ᵉ édit.; D. A. 11. 695.), de la cour de Bordeaux du 11 avril 1810 (Devillen. et Car. 3. 2. 253; J. P. 3ᵉ édit.) et de la Cour de cas-

sation du 5 fév. 1811 (S.-V. 11. 1. 98 ; D. A. 11. 696.). Sous l'empire de la législation actuelle, il y a moins de doute encore.

La commission de la chambre des pairs, qui n'approuvait pas la signification au domicile élu, proposait d'insérer le mot *réel* après le mot *domicile* ; quelques-uns des projets intermédiaires, et l'amendement d'un pair, voulurent au contraire qu'on ajoutât ces mots *soit réel, soit élu*. On a repoussé la première de ces propositions, en disant qu'il ne fallait pas priver le créancier de la faculté de signifier au domicile élu ; et la seconde, en faisant observer que la rédaction de l'ancien texte du Code de procédure suffisait pour autoriser la signification à l'un ou l'autre de ces domiciles. Les deux chambres se sont rendues à ces arguments.

« Il demeure donc bien démontré, dit M. Chauveau sur Carré, (*Quest.* 2199), qu'en se servant de ces mots, *à personne ou domicile*, le législateur a entendu coordonner les prescriptions de l'art. 673 du Code de procédure civile avec les principes posés dans l'art. 111 du Code civil. »

Le même auteur signale une preuve de plus de cette intention dans la modification apportée à la disposition finale de l'article. Le visa devait autrefois être donné par le maire du domicile du débiteur ; ce qui, rapproché des motifs pour lesquels ce visa paraît être exigé et du court espace accordé pour le requérir, pouvait donner lieu à penser que la signification au domicile réel était la seule admise. Aujourd'hui, c'est par le maire du lieu où le commandement est signifié que le visa doit être donné, ce qui concilie la nécessité d'obtenir le visa dans le jour et la faculté de faire la signification dans tout autre lieu que le domicile réel du débiteur.

23. La cour royale de Poitiers a déclaré nul un commandement tendant à saisie immobilière, dont la copie avait été laissée au procureur du roi, alors que le débiteur, dans le titre donnant lieu à la saisie, avait indiqué son domicile dans un lieu, et, de plus, élu domicile dans un autre pour l'exécution de l'acte. (Poitiers, 22 nov. 1833, J. P. 3° édit. 1833, p. 971.—V. aussi C. proc. civ., art. 69, § 8.)

24. Il doit être donné, en tête du commandement, copie entière du titre en vertu duquel la saisie immobilière doit être faite.

Il est bien entendu que si le titre en vertu duquel on procède avait déjà été notifié, cela n'empêcherait pas qu'il en dût être de nouveau donné copie en tête du commandement dont s'agit ici. L'article 673 est formel sur ce point, et sa disposition se distingue de celles des articles 583 et 636, § 2, du Code de procédure civile, qui n'exigent que cette notification accompagne le commandement, qu'autant qu'elle n'aurait pas été précédemment faite.

25. C'est la *copie entière* du titre qui doit être donnée en tête du commandement, et l'exploit serait nul si cette copie n'avait été donnée qu'en abrégé ou par extrait ; ainsi, par exemple, l'omission de la formule exécutoire qui termine le titre opérerait la nullité du commandement.

Notre opinion, fondée sur le texte littéral de la loi, est consacrée par une jurisprudence constante. (Besançon, 18 mars 1808, S.-V. 15. 2. 178 ; D. A. 11. 696 ;— Bruxelles, 16 fév. 1809, S.-V. 15. 2. 179 ; J. P. 3° édit ; D. A. 11. 697 ; — Riom, 25 mai 1813, J. P. 3° édit ; D. A. 11. 697.)

Lors des travaux préparatoires de la loi du 2 juin 1841, il avait été proposé de remplacer la *copie entière* du titre par une simple énonciation ; la commission du gouvernement a repoussé cette proposition, qui n'a pas reparu dans la discussion.

26. S'il existait, dans la copie, l'omission d'un ou de quelques mots qui pussent aisément se suppléer et n'altérassent pas la connaissance que le débiteur doit avoir de l'acte, on ne serait pas fondé à prétendre que cette copie n'est pas entière, dans le sens de la loi, et que le commandement doit être annulé. C'est ainsi que l'ont décidé les cours de Bordeaux et de Lyon en refusant de prononcer la nullité de commandement attaqué pour une pareille omission. (Bordeaux, 20 mai 1828, S.-V. 28. 2. 276 ; J. P. 3° édit.; D. P. 28. 2. 217 ;— Lyon, 4 juin 1833, J. P. 3° édit.; D. P. 34. 2. 88.)

Il a été aussi décidé que l'omission de la date du titre dans la copie, ou l'énonciation d'une date erronée, ne devait point être une cause de nullité, si la véritable date se trouvait relatée dans le commandement même, ou bien si cette erreur ou omission n'avait causé aucun préjudice au débiteur. (Cass. 31 janv. 1821, J. P. 3° édit.; D. A. 7. 618 ;— Paris, 17 mars 1813, J. P. 3° édit ; D. A. 11. 724 ; — 29 août 1815, J. P. 3° édit ; D. A.

11. 735; — Bordeaux, 8 déc. 1831, J. P. 3ᵉ édit.; D. P. 32. 2. 56.)

27. L'obligation de notifier en tête du commandement le titre en vertu duquel l'exécution a lieu, s'étend-elle jusqu'aux titres qui ont fait la base de celui en vertu duquel on procède ?

L'art. 673 prescrit de donner *copie entière du titre en vertu duquel la saisie est faite*; il est évident qu'il ne s'agit ici que de l'acte exécutoire par lui-même, et qu'en donnant seulement copie de ce titre on satisfait aux prescriptions de la loi : c'est ce qui résulte du rapport de M. Grenier au corps législatif.

Cette doctrine, enseignée par MM. Carré et Chauveau ( *Quest.* 2201 ) et par M. Lachaize (t. 2, p. 505), a été consacrée par la jurisprudence qui en a fait l'application aux espèces suivantes :

Lorsqu'on agit en vertu d'un jugement intervenu sur un acte contenant obligation, il suffit de donner seulement copie du jugement. (Paris, 28 therm. an XII, J. P. 3ᵉ édit.; D. A. 11. 697; — Rouen, 19 mars 1815, S.-V. 15. 2. 224; J. P. 3ᵉ édit.; D. A. 8. 188.)

Il n'est pas nécessaire, lorsqu'un contrat contient des règlements de créance et une fixation de sommes dues, de signifier dans le commandement les titres originaires de ces créances ( Bordeaux, 4 août 1829, S.-V. 30. 2. 86; J. P. 3ᵉ édit.; D. P. 30. 2. 3.), ni de signifier la procuration en vertu de laquelle l'obligation a été consentie. (Bourges, 11 janvier 1822, S. 22. 2. 222; J. P. 3ᵉ édit.; D. A. 11. 699.)

S'il s'agit d'un jugement par défaut auquel il a été acquiescé par acte séparé, l'huissier n'est pas obligé de signifier cet acte d'acquiescement en tête du commandement. (Toulouse, 28 avril 1826, S.-V. 26. 2. 234; J. P. 3ᵉ édit.; D. P. 26. 2. 204; — Bordeaux, 20 mai 1828, S.-V. 28. 2. 276; J. P. 3ᵉ édit.; D. P. 28. 2. 217.)

Lorsqu'on procède en vertu d'un jugement qui, faute par un tiers saisi d'avoir fait sa déclaration affirmative, le déclare débiteur pur et simple, il suffit de donner copie de ce jugement sans y joindre celle des titres de créances. ( Bordeaux, 20 mars 1835, J. P. 3ᵉ édit.)

Le créancier n'a pas besoin d'insérer au commandement la copie des pièces justificatives de sa qualité d'héritier, il suffit de justifier de cette qualité quand le débiteur réclame cette justification. Cette opinion de Carré a été consacrée par plusieurs décisions de cours royales. (Paris, 31 mars 1806, S.-V. 6. 2. 241; J. P. 3ᵉ édit. ; — Rouen, 31 janv. 1823, J. P. 3ᵉ édit.; D. A. 11. 700.; — Bordeaux, 25 mars 1829, S.-V. 29. 2. 344; D. P. 29. 2. 201; — Toulouse, 7 avril 1829, J. P. 3ᵉ édit.; D. P. 29. 2. 166.)

MM. Carré et Chauveau pensent aussi qu'il n'est pas nécessaire de donner copie du certificat de vie dans le commandement fait à la requête d'un créancier de rente viagère; il suffit d'en justifier dans le cours de l'instance. (Paris, 4 juin 1817, *Journ. des avoués*, t. 20, p. 105; — Cass. 17 juin 1817, *ibid.*, t. 20, p. 495.)

28. Le cessionnaire d'un titre exécutoire doit-il notifier son transport au débiteur avant de signifier le commandement ? Suffirait-il que le transport fût notifié dans l'exploit de commandement ? Si le transport avait été signifié auparavant, le commandement devrait-il contenir encore, en outre de la copie entière du titre originaire, celle de l'acte de cession et de la notification qui en aurait été faite ?

L'art. 2214 du Code civil dispose que le cessionnaire d'un titre exécutoire ne peut poursuivre l'expropriation qu'après que la signification de transport a été faite au débiteur. Il suit de là que cette notification doit précéder la poursuite. Doit-elle précéder le commandement tendant à saisie immobilière, en d'autres termes, ce commandement est-il un acte de poursuite d'expropriation ?

Il nous paraît difficile de ne pas considérer le commandement tendant à saisie immobilière comme un acte de poursuite ; il la commence réellement, il en est le premier acte, il fait partie intégrante de cette procédure toute spéciale à laquelle le Code de procédure civile consacre un titre tout entier, dans lequel le commandement est compris. Or, l'article 2214 Cod. civ., disposant formellement que le cessionnaire ne peut *poursuivre l'expropriation* qu'après que la signification du transport a été faite au débiteur, il faut en conclure que cette signification doit précéder le commandement qui commence la poursuite, et que celle qui aurait lieu postérieurement à cet acte, ou qui serait contenue dans l'exploit de commandement, ne satisferait point aux prescriptions de la loi. Notre opinion, contraire à celle de MM. Carré et Chauveau

*(Quest.* 2202), est conforme à celle de M. Persil fils *(Comm.,* t. 1, p. 62, n° 72).

Mais lorsque la signification de transport a précédé le commandement, est-il nécessaire de donner de nouveau, en tête de cet exploit, copie de l'acte de cession et de la notification qui en a été faite? M. Persil fils *(ibid.,* n°ˢ 70 et 71) exige la copie de la cession ; M. Tarrible *(Rép.* de Merlin, v° Saisie imm., § 6, art. 1ᵉʳ, 3°) ne se contente pas d'exiger la copie de l'acte de cession, il pense qu'on doit y ajouter celle de l'exploit de notification faite au débiteur. La cour de Metz et celle de Toulouse ont consacré l'opinion de M. Tarrible. (Metz, 12 fév. 1817, S.-V. 18. 2. 345; D. A. 11. 698; — Toulouse, 29 avril 1820, J. P. 3ᵉ édit.; D. A. 11. 699; — 21 déc. 1837, S.-V. 38. 2. 181 ; D. P. 38. 2. 9.)

Nous croyons que ces exigences outrepassent celles de la loi, qui ne prescrit rien autre chose que de donner en tête du commandement copie entière du titre *en vertu duquel* la saisie doit être faite. Or, ce titre, c'est l'acte exécutoire contenant l'obligation ; mais l'acte de cession n'est pas le titre *en vertu duquel* la saisie est faite. L'acte originaire d'obligation est le seul auquel on puisse reconnaître ce caractère. Quand le cessionnaire est une fois saisi, soit par la signification du transport, soit par l'acceptation du débiteur, il se trouve aux droits de son cédant et n'est plus assujetti qu'aux formalités auxquelles celui-ci aurait dû se soumettre. Telle est l'opinion de M. Chauveau sur Carré, *(Quest.* 2202), et elle est consacrée par la cour de Colmar et la cour de cassation. (Colmar, 12 mai 1809, Devillen. et Car. 3. 2. 71; J. P. 3ᵉ édit. ; — Cass. 16 avril 1821, S.-V. 21. 1. 414; J. P. 3ᵉ édit.)

On a élevé la question de savoir si le transport qu'on signifierait avec le commandement devrait être en forme exécutoire; dès que nous méconnaissons l'obligation de donner copie du transport en tête du commandement, cette question n'en saurait être une pour nous. Au surplus, même dans le système de ceux qui croient à la nécessité de donner copie de l'acte de cession en tête du commandement, nous ne pensons pas qu'il soit nécessaire que cet acte soit en forme exécutoire, par ce motif que ce n'est pas en vertu du transport qu'on agit, mais bien en vertu du titre originaire de la créance.

Au reste, le commandement fait par un cessionnaire, sans signification soit préalable soit simultanée de l'acte de cession, ne serait pas nul si le même poursuivant agissait aussi en vertu de titres personnels dont il aurait donné copie. Ces derniers titres protégeraient la validité de la poursuite. (Metz, 29 février 1820, J. P. 3ᵉ édit.; D. A. 11. 688; — V. aussi Chauveau sur Carré, *Quest.* 2202.)

29. L'art. 673 exige que le commandement contienne élection de domicile dans le lieu où siège le tribunal qui devra connaître de la saisie, si le créancier n'y demeure pas.

Nous avons exprimé l'opinion que l'omission de l'élection de domicile, prescrite pour le commandement tendant à saisie exécution, n'entraîne pas nécessairement la nullité de ce commandement. ( V. *suprà*, n° 14. ) Il en est autrement quant au commandement tendant à saisie immobilière ; l'omission de l'une des formalités prescrites par l'article 673 entraîne la nullité de l'acte, ainsi que nous le verrons ci-après, n° 37.

Quant aux effets de l'élection de domicile portée dans le commandement, ils sont exposés sous le mot saisie immobilière. — V. ce mot.

30. Le commandement doit énoncer que, faute de paiement, il sera procédé à la saisie des immeubles du débiteur.

On a élevé à ce sujet la question de savoir si le commandement devait contenir la désignation des immeubles dont le créancier entendait provoquer la vente.

Ce qui a donné lieu à cette question, c'est que, sous l'empire de la loi du 11 brum. an vii, relative aux expropriations forcées, cette formalité était prescrite. Mais l'art. 673 du Code proc. civ. n'ayant pas renouvelé cette disposition impérative et exigeant seulement qu'il soit déclaré dans le commandement que, faute de paiement, il sera procédé à la saisie des immeubles du débiteur, il suffit donc d'employer dans le commandement la seule expression dont se sert l'article. C'est l'opinion de MM. Carré et Chauveau ( *Quest.* 2206); c'est aussi celle de M. Pigeau (*Comm.,* t. 2, p. 277) et de M. Tarrible (*Rép.* de Merlin, v° Saisie immobilière). Cette doctrine a, en outre, été consacrée par la Cour de cassation (Cass. 6 fruct. an xi, S.-V. 4. 2. 22).

31. L'huissier ne se fera point assister de témoins dans le commandement; disposition négative qu'il est assez singulier de rencontrer dans la loi. On s'expliquera néanmoins le motif de cette disposition, si on se rappelle

que la législation antérieure prescrivait que l'huissier fût, pour cet acte, assisté de témoins ; en énonçant que cette assistance serait désormais inutile, le législateur a pensé qu'il rompait d'une manière plus sûre avec les traditions du passé, qu'on ne l'eût fait en passant cette formalité sous silence, et qu'il fermait par là toute voie à la contestation.

Il est bien entendu toutefois qu'un commandement où l'huissier se serait fait assister de témoins, ne serait point pour cela entaché de nullité.

32. La dernière formalité prescrite par l'art. 673 du Code de procédure civile pour le commandement tendant à saisie immobilière, c'est que l'huissier le fasse viser, dans le jour, par le maire du lieu où le commandement est signifié.

Si le maire est absent, le visa sera donné par l'adjoint ou celui des adjoints qui est le premier dans l'ordre du tableau ; à défaut, par ceux qui le suivent, et, à défaut d'adjoints, par les conseillers municipaux dans le même ordre. Aucun doute ne peut s'élever à cet égard.

La rédaction antérieure à la loi de 1841 désignait spécialement le maire ou l'adjoint, ce qui avait donné lieu à la question de savoir quel était le fonctionnaire qui devait viser l'original quand le maire et l'adjoint sont absents. Ce doute ne peut plus subsister en présence de la rédaction actuelle qui désigne le maire seul, et des règlements administratifs qui déterminent, d'une manière précise, la hiérarchie des fonctionnaires qui doivent le remplacer en cas d'empêchement. V. l'art. 5 de la loi du 21 mars 1831 ; l'art. 14 de la loi du 18 juill. 1837 ; l'*Exposé des motifs de la loi du* 2 juin 1841, et la discussion des deux chambres ; c'est aussi l'opinion des auteurs. (V. Chauveau, Persil fils, Rogron, etc.)

33. En cas d'empêchement ou de refus du maire, des adjoints et de tous les conseillers municipaux, l'huissier devrait faire viser son original par le procureur du roi près le tribunal de première instance du lieu où le commandement a été signifié. (Art. 1039, C. de pr. civ.) Nous ne pensons pas que l'huissier doive nécessairement constater l'absence ou l'empêchement du fonctionnaire hiérarchiquement supérieur à celui dont il obtient le visa. M. Favard de Langlade (t. 5, p. 49) et M. Lachaize (t. 1, p. 219) enseignent une doctrine contraire ; ils pensent qu'il est indis-

pensable de constater l'absence, ainsi que l'a jugé la cour de Rouen, le 20 déc. 1815. (*J. des avoués*, t. 20, p. 522.)

Pour le décider ainsi, il faudrait supposer, dit avec raison M. Chauveau, que l'huissier eût une connaissance parfaite de l'organisation de toutes les municipalités dans lesquelles il exploite ; qu'il fût complétement fixé sur le nom et la demeure de tous ceux qui en font partie, ainsi que sur le rang qu'ils occupent au tableau : or, c'est là une connaissance qu'on ne peut exiger de lui.

Au surplus, l'opinion que nous professons a été consacrée par plusieurs cours royales et par la Cour de cassation. (Paris, 24 juill. 1815, *J. des avoués*, t. 20, p. 440 ; — Metz, 11 nov. 1823, J. P. 3ᵉ édit.; — Lyon, 4 juin 1833, J. P. 3ᵉ édit. ; D. P. 34. 2. 88 ; — Cass. 23 nov. 1836, S.-V. 36. 1. 903 ; D. P. 38. 1. 446.)

Le commandement visé par l'adjoint ne serait pas nul parce que l'huissier aurait donné par hasard à ce fonctionnaire la qualité de maire. Peut-on en effet lui dénier cette qualité, quand il en exerce les fonctions ? Cette opinion a été au surplus consacrée par la cour de Bourges le 2 janv. 1837, (*J. des avoués*, t. 52. p. 236).

34. L'art. 673 prescrit à l'huissier de faire viser son commandement *dans le jour*. Il faut entendre par là que le visa doit être donné avant la fin du jour dans lequel le commandement est signifié. La loi de brum. an VII portait que l'exploit serait visé dans les *vingt-quatre heures*. Dans les observations qu'il avait fournies sur le projet, le tribunal de Toulon demandait qu'on mît « dans les vingt-quatre heures » au lieu de « dans le jour ; » la cour royale de Metz voulait qu'on ajoutât à ces derniers mots « ou le lendemain ; » ces modifications n'ayant pas eu lieu, il faut en conclure que c'est strictement dans cet espace de temps que le visa doit être donné. (Chauveau sur Carré, *Quest*. 2210.)

Il y a nullité si le commandement n'est visé que le lendemain. Mais si le visa contenait une erreur de date et que cette erreur pût être reconnue et rectifiée, la nullité ne serait point encourue. (Paris, 29 août 1815, J. P. 3ᵉ édit. ; D. A. 11. 735 ; — Douai, 9 août 1820, J. P. 3ᵉ édit. ; D. A. 11. 725.)

35. Le visa doit être donné sur l'original du commandement ; on avait agité, avant la loi de 1841, la question de savoir s'il devait être donné sur l'original et la copie. La jurispru-

dence avait décidé qu'on ne devait viser que l'original. Parmi tous les arrêts intervenus sur cette question, nous nous contenterons d'indiquer celui rendu par la Cour de cassation le 2 février 1830. (S.-V. 31. 1. 326; D. P. 30. 1. 110.)

Il nous semble que le doute n'était pas plus permis sous la législation ancienne que sous l'empire de la loi actuelle, si expresse dans ses prescriptions.

36. Le commandement serait-il valable si le visa était donné par le débiteur lui-même en sa qualité de maire, ou par un de ses parents remplissant la même fonction ?

La raison de douter vient de ce qu'en règle générale personne ne peut instrumenter dans sa propre cause (*esse auctor in rem suam*) ou dans celle de son parent. La raison de décider se tire, 1° de ce que la formalité du visa n'étant exigée que pour garantir la réalité du transport de l'huissier, on ne voit pas d'inconvénient à ce que ce visa soit donné par le débiteur lui-même ou par un parent, s'ils se trouvent, l'un ou l'autre, remplir les fonctions qui donnent le pouvoir d'accomplir cette formalité ; 2° de ce que la loi n'a, dans aucun texte, attaché la peine de nullité au visa qui serait ainsi donné. Aussi la jurisprudence s'est-elle prononcée dans le sens favorable à la validité du commandement. (Bourges, 1er juillet 1820, J. P. 3e édit. ; D. A. 11. 702 ; — Douai, 3 janv. 1825, J. P. 3e édit. ; — Nîmes, 6 fév. 1828, S.-V. 28. 2. 203 ; J. P. 3e édit. ; D. P. 28. 2. 178.)

La cour de Besançon s'est prononcée dans un sens contraire (18 juillet 1811, S.-V. 15. 2. 181 ; D. A. 11. 724) ; mais son arrêt, vivement critiqué par MM. Carré et Chauveau (Chauveau sur Carré, *Quest.* 2212), est demeuré isolé.

M. Lachaize pense que le visa peut être donné par le maire, parent du débiteur, mais non par le maire, débiteur lui-même ( t. 1, p. 220). Favard de Langlade (t. 5, p. 49), Persil fils (*Comm.*, t. 1, p. 102, n° 120) et M. Dalloz (t. 11, p. 120), vont jusqu'à penser que le visa donné par le maire, parent du débiteur, annullerait le commandement. Nous ne pouvons nous ranger à leur opinion.

37. Toutes les formalités prescrites par l'article 673 du Code de procédure civile, et qui viennent d'être analysées, sont prescrites à peine de nullité (art. 715, C. proc. civ.).

§ 4. — *Commandement tendant à la contrainte par corps.*

38. L'article 780 du Code de procédure civile est ainsi conçu : « Aucune contrainte par corps ne pourra être mise à exécution qu'un jour après la signification, avec commandement, du jugement qui l'a prononcée. Cette signification sera faite par un huissier commis par ledit jugement ou par le président du tribunal de première instance du lieu où se trouve le débiteur. La signification contiendra aussi élection de domicile dans la commune où siège le tribunal qui a rendu le jugement, si le créancier n'y demeure pas. »

Un assez grand nombre de questions se sont élevées sur les dispositions de cet article ; mais comme elles se lient presque toutes à la procédure spéciale de cette voie d'exécution, elles sont examinées et résolues sous le mot Contrainte par corps. — V. ce mot.

§ 5. — *Des effets du commandement.*

39. Le principal effet du commandement est d'informer le débiteur de la poursuite que cet acte commence contre lui, et d'autoriser le créancier, en cas de silence du débiteur pendant le délai fixé par la loi, à employer la voie d'exécution à laquelle tendait le commandement.

Le commandement produit encore d'autres effets qui ne peuvent être examinés que sous les matières spéciales auxquelles ces effets se rattachent.

Ainsi, pour connaître quels sont ces effets quant à la prescription, aux intérêts, aux fruits, loyers et fermages des biens saisis par les créanciers, etc., V. Prescription, Intérêts, Saisie immobilière, etc.

§ 6. — *Nullité des commandements.*

40. Tout commandement est nul s'il ne remplit pas les conditions substantielles prescrites pour tous les exploits. — V. ce mot.

Il est nul encore s'il manque, ou si l'huissier a manqué d'accomplir quelques-unes des formalités spéciales imposées par la loi à peine de nullité. — V. les divers paragraphes qui précèdent.

A quelle époque la nullité du commandement doit-elle être demandée ? Quel tribunal doit en connaître ? Quels sont les effets et les conséquences de cette nullité sur la poursuite ? Pour l'examen et la solution de ces diverses questions et de celles concernant la péremption du commandement, V. Saisie-exécution, Saisie-brandon, Saisie des rentes constituées sur particuliers, Saisie des navires, Saisie immobilière et Contrainte par corps.

L'huissier est-il responsable des nullités qu'il commet dans la signification du commandement? — V. Huissier.

**COMMANDERESSE** ou **COMMANDEURE.** On appelait ainsi l'une des trois espèces de prévôtés connues en Normandie.

**COMMANDITE** (SOCIÉTÉ EN). — V. Sociétés commerciales.

**COMMENCEMENT D'EXÉCUTION.** — V. Tentative.

**COMMENCEMENT DE PREUVE PAR ÉCRIT.**— On appelle ainsi tout acte par écrit qui est émané de celui contre lequel la demande est formée, ou de celui qu'il représente, et qui rend vraisemblable le fait allégué (art. 1347, C. civ.).

*Notions générales.*

ART. 1ᵉʳ. — *Caractères du commencement de preuve par écrit.*

ART. 2. — *Effets du commencement de preuve par écrit.*

ART. 3. — *Actes qui peuvent servir de commencement de preuve par écrit.*

§ 1ᵉʳ. — *Ecrits émanés de ceux auxquels on les oppose.*

§ 2. — *Ecrits émanés de ceux que le défendeur représente.*

§ 3. — *Ecrits qui ne sont émanés ni de celui auquel on les oppose, ni de ceux qu'il représente.*

—

*Notions générales.*

1. Si la preuve est, selon la définition de Domat, tout ce qui persuade l'esprit d'une vérité, *le commencement de preuve,* en général, est tout ce qui opère seulement une demi-persuasion, tout ce qui ébranle la croyance sans la subjuguer complétement, tout ce qui place l'esprit dans cet état d'indécision et de perplexité où il est flottant et comme suspendu entre les raisons opposées de croire et de ne pas croire.

C'est ce que les anciens auteurs appellent une *semi-preuve* (*semiplena probatio*).

2. Le commencement de preuve est formé quand il existe des présomptions ou indices qui résultent de faits constants, et qui sont assez graves pour rendre vraisemblable le fait allégué. (C. civ., art. 323 et 1347 combinés.)

Les commencements de preuve ne sont donc autre chose que ces présomptions de l'homme, que le juge ne doit admettre que lorsqu'elles sont graves, précises et concordantes, et dans les cas seulement où la preuve testimoniale est permise. (C. civ. 1353.)

Mais ces présomptions, lorsqu'elles se fondent sur un écrit, prennent plus de consistance et de stabilité. Elles ont alors une base fixe et certaine qui inspire plus de confiance, et motive l'admission de la preuve testimoniale, quelle que soit l'importance de la demande. Cette espèce de présomptions prend le nom de *commencement de preuve par écrit.*

3. Pour le constituer, deux conditions sont nécessaires : Il faut 1º que l'écrit rende vraisemblable le fait allégué; 2º qu'il soit émané de la partie à laquelle on l'oppose, ou de celui qu'elle représente.

Cette seconde condition n'était point exigée dans l'ancienne jurisprudence, et l'on conçoit qu'il en devait être ainsi sous l'empire d'une législation qui, comme le droit romain, permettait la preuve testimoniale de toutes les conventions, quelle qu'en fût l'importance. Plus tard, en prohibant la preuve par témoins des conventions verbales pour toute chose excédant la somme ou valeur de cent livres, l'ordonnance de Moulins laissa subsister cette preuve pour tous les cas où il y aurait des *écritures privées.* Sous cette expression générale, qui semblait s'étendre à toutes les écritures privées quelconques, *scriptura qualiscumque fuerit... nullâ specierum habitâ differentiâ* ( Boiceau, liv. 2, ch. 1ᵉʳ ), on put d'autant plus aisément comprendre les écritures émanées des tiers, que l'ordonnance était considérée comme exorbitante et était appliquée avec restriction. *Prohibita non est edicto regio probatio per testes in summâ quæ centum libras superat, si vel tantillum scripto, cui fides adhibeatur, de re controversâ constiterit, cùm summum illud jus invectum est in mores Gallicos ob testium facilitatem.* ( Mornac, *Ad leg. certi;* l. 9, § 3, ff. *De reb. cred.*) Vrevin (sur l'art. 54 de l'ordonnance de Moulins) cite un arrêt qui, conformément à cette doctrine, avait jugé qu'une reconnaissance émanée de la veuve était un commencement de preuve par écrit opposable aux héritiers du mari. Cette jurisprudence fut confirmée par l'ordonnance de 1667, dont l'art. 3, tit. 20, n'exigeait qu'une chose, c'était que le commencement de preuve fût *par écrit*. Cependant de graves auteurs repoussaient cette doctrine. Danty sur Boiceau, liv. 2, ch.1er, soutenait qu'il fallait au moins que l'écrit émanât d'une partie intéressée dans la contestation, et Pothier (*Oblig.* n° 808) allant plus loin, enseignait que *l'écrit d'un tiers ne peut pas faire un commencement de preuve par écrit*. Mais la jurisprudence était contraire, et la Cour de cassation la respectant, juge constamment que, dans les affaires dont les faits remontent à une époque antérieure au Code, on peut encore aujourd'hui considérer comme un commencement de preuve par écrit un acte émané d'un tiers étranger à la contestation. (Cass. 8 mai 1811, S.-V. 11. 1. 269; J. P. 3e édit.; — 16 août 1831, S.-V. 31. 1. 104; D. P. 31. 1. 283; — 17 nov. 1829, S.-V. 30. 1. 321; J. P. 3e édit.; — Rennes, 20 avril 1820, Devillen. et Car. 6. 2. 247; J. P. 3e édit.; — Poitiers, 24 déc. 1828, S.-V. 31. 2. 87; D. P. 31. 2. 93.) Le Code s'est écarté de cette jurisprudence et s'est rapproché de la doctrine de Danty et de Pothier.

**Art. 1er. — *Caractères du commencement de preuve par écrit.***

4. Nous avons vu que ces caractères sont au nombre de deux: il faut 1° que l'écrit soit émané de celui contre lequel la demande est formée, ou de celui qu'il représente; 2° qu'il rende vraisemblable le fait allégué.

5. Ces mots: « De celui contre lequel la demande est formée, » ne s'appliquent pas nécessairement à la demande principale; car si c'est le défendeur qui oppose le commencement de preuve par écrit, l'acte doit émaner du demandeur. En un mot, il faut que l'acte émane de celui auquel on l'oppose, ou de son auteur; autrement on retomberait dans la preuve testimoniale, ou, ce qui serait pire encore, dans l'allégation de la partie intéressée.

Ce principe reçoit toutefois quelques exceptions, que nous examinerons plus loin.

6. Il faut, en second lieu, que l'écrit rende vraisemblable le fait allégué, c'est-à-dire qu'il lui donne l'apparence de la vérité. Ce point de fait est entièrement abandonné à l'appréciation du juge, et sa décision en cette partie est souveraine (Cass. 30 avril 1807; S.-V. 7. 1. 401; D. A. 2. 635; J. P. 3e édit.).

Mais il n'en est pas de même de cette condition, que l'acte, en général, doit émaner de celui à qui on l'oppose: une mauvaise décision sur ce point n'échapperait pas à la censure de la Cour de cassation, puisque ce serait une violation formelle de l'art. 1337.

**Art. 2. — *Effets du commencement de preuve par écrit.***

7. Le commencement de preuve par écrit sert de base à la preuve testimoniale, et la rend admissible dans deux cas principaux:

1° En matière de filiation des enfants légitimes (C. civ. 323);

2° En matière conventionnelle, où le commencement de preuve par écrit forme une exception à la règle générale qui repousse la preuve testimoniale des choses excédant la somme ou valeur de 150 fr.

8. Le commencement de preuve par écrit rend aussi admissible la preuve résultant de présomptions graves, précises et concordantes; car, aux termes de l'art. 1353, ces présomptions peuvent être admises dans tous les cas où la preuve testimoniale est reçue, et par conséquent lorsqu'il y a un commencement de preuve par écrit.

9. Enfin il autorise le juge à ordonner d'office le serment supplétoire, puisque l'article 1367 permet de déférer ce serment lorsque la demande n'est pas totalement dénuée de preuves. (Cass. 29 prair. an XIII, S.-V. 5. 1. 166; D. A. 10. 734.)

**Art. 3. — *Actes qui peuvent servir de commencement de preuve par écrit.***

10. On comprend que le nombre des actes pouvant former commencement de preuve par écrit est indéfini; il serait même assez difficile d'en faire des catégories régulières et se distinguant par des traits bien caractérisés. Nous essayerons cependant de les classer de manière à mettre quelque ordre dans l'examen que nous allons en faire.

**§ 1er. — *Écrits émanés de ceux auxquels on les oppose.***

11. Parmi ces écrits, nous distinguerons: 1° Ceux qui renferment toutes les énonciations nécessaires pour la constatation du fait à prouver, mais qui, à raison de quelques circonstances particulières, ne peuvent être admis comme preuve régulière et complète: tels sont les actes nuls ou imparfaits, les énoncia-

tions étrangères à la disposition principale (C. civ. 1320), etc.; — V. Actes imparfaits.

2° Ceux qui, sans fournir la preuve directe et explicite du fait allégué, contiennent des énonciations dont on peut tirer des inductions qui le rendent vraisemblable : telles sont, par exemple, les lettres missives, les interrogatoires sur faits et articles, les procès-verbaux de non-conciliation, etc.;

3° Ceux qui sont seulement écrits et non signés par la partie à laquelle on les oppose.

12. Il s'élève, au sujet de ces trois classes d'écrits, de nombreuses questions que nous passerons rapidement en revue.

Et d'abord, on a demandé si le billet sous seing privé, souscrit mais non écrit de la main du débiteur, et qui ne porte pas le *bon* ou *approuvé* exigé par l'art. 1326, peut former un commencement de preuve par écrit ? Sur cette question, V. Bon pour ou approuvé, § 5, n° 31.

13. L'acte synallagmatique non fait double peut-il servir de commencement de preuve par écrit ? Les raisons de décider l'affirmative sont les mêmes que dans le cas du billet sous seing privé (V. Bon pour ou approuvé, n° 31). La loi ne prononce point la nullité d'un pareil acte, qui n'est qu'*irrégulier*; elle ne dénie pas non plus l'action en justice : cet acte peut donc valoir comme commencement de preuve par écrit. (Merlin, *Rép.* v° Double écrit, p. 210; Toullier, t. 9, n° 84; — Caen, 1er mai 1812, S.-V. 12. 2. 327; — Rennes, 18 fév. 1813, J. P. 3e édit.—*Contrà*, Duranton, p. 279 et suiv.)—V. Double écrit.

14. En général, l'acte sous-seing privé, resté imparfait, est considéré par la jurisprudence comme formant un commencement de preuve par écrit. (Lyon, 18 décem. 1828, S.-V. 29. 2. 230; D. P. 29. 2. 42; — Besançon, 12 juin 1828, S.-V. 28. 2. 274; D. P. 29. 2. 102. — V. *contrà*, Bordeaux, 31 juillet 1839, J. P. 1840. 1. 35; — Bourges, 29 mars 1831, S.-V. 32. 2. 82; D. P. 32. 2. 183; — Aix, 23 novembre 1813, S.-V. 14. 2. 209; J. P. 3e édit.; D. A. 2. 19.)

15. L'acte nul par défaut de forme, pour incompétence ou incapacité de l'officier public, peut-il faire un commencement de preuve par écrit? Non, évidemment, s'il n'est point signé des parties; car l'officier public n'est dans ce cas qu'une personne privée, et son acte n'est que l'attestation d'un témoin. (Pothier, n°774.) Mais si au contraire l'acte est signé des parties, il vaudra certainement, soit comme commencement de preuve par écrit, soit même comme preuve complète (1318), selon les circonstances. — V. Acte notarié, n°° 35 et suiv.

16. L'acte synallagmatique, signé seulement de l'une des parties, pourra également être admis comme commencement de preuve par écrit contre la partie qui l'a signé, s'il rend vraisemblable le fait allégué, (Toullier, n° 87; *contrà* M. Duranton, tome. 13, n° 352.)

Mais pourra-t-il aussi être admis au même titre contre la partie qui ne l'a pas signé? Toullier le pense ( t. 9, n° 90). Il s'appuie sur cette double raison, 1° que ce principe de l'article 1347, *l'écrit doit être émané de celui auquel on l'oppose*, n'est pas tellement absolu qu'il ne souffre des exceptions; 2° qu'il suffit que la partie qui n'a pas signé ait été présente à l'acte, et qu'elle ait consenti qu'il fût rédigé en son nom, pour qu'on puisse dire à la rigueur que cet acte est *émané d'elle*. Quelque puissantes que soient les raisons d'équité qui ont inspiré à Toullier le désir d'arriver à cette solution , nous ne saurions l'adopter ; elle nous paraît heurter trop ouvertement les principes. Si la règle générale de l'art. 1347 souffre des exceptions, ce sont uniquement celles que la loi a formellement établies, et dont le nombre ne peut être arbitrairement augmenté; et d'un autre côté, si élastique que soit le mot *émané*, dont on se sert dans l'art. 1347, il est impossible d'en étendre l'application jusqu'à l'acte qui n'a été ni écrit, ni signé, ni produit par la partie à laquelle on l'oppose. Quel moyen d'ailleurs aurait-on de prouver qu'elle a réellement assisté et consenti à cet acte, si elle le déniait? Des témoignages ? mais alors ce serait la preuve testimoniale servant de base à la preuve testimoniale ; ce serait un commencement de preuve par témoins, et non un commencement de preuve par écrit.

17. C'est par l'application des mêmes principes que nous résoudrons affirmativement la question, qui s'est élevée devant les tribunaux , de savoir si la clause qui n'est écrite que sur l'un des doubles d'un bail à ferme, fait sous seings privés , peut être un commencement de preuve par écrit. Cette clause émane des deux parties, puisqu'elles ont signé les deux doubles ; et il est très-vraisemblable qu'elle a été involontairement omise sur l'un des deux originaux. (Caen, 1er mai 1812, Devillen. et Car. 4. 2. 105; J. P.

3e édit. — Rennes, 18 fév. 1813, Devillen. et Car. 4. 2. 268 ; J. P. 3e édit.)

18. Les auteurs s'accordent à voir un commencement de preuve par écrit dans la simple promesse de vendre sans promesse réciproque d'acheter. « Vous m'assignez, dit Boiceau (liv. 2, ch. 10.), en délaissement d'un fonds dont je suis en possession ; j'excipe que vous me l'avez vendu et que je vous en ai payé le prix. Je n'en ai d'autre preuve qu'un écrit signé de vous, par lequel vous m'avez promis de me le vendre pour un certain prix. Cet acte ne prouve pas la vente, et encore moins le paiement du prix ; mais, joint à la possession en laquelle je me trouve de l'héritage, il forme un commencement de preuve suffisant pour me faire admettre à la preuve par témoins de la vente.»

Cette vente, en effet, a pu avoir eu lieu verbalement, puisque c'est un contrat purement consensuel ; mais il faut la prouver. Or, si la promesse produite ne la prouve pas, il est incontestable que, jointe à la mise en possession qui a suivi, elle rend cette vente très-vraisemblable, et forme dès lors un commencement de preuve par écrit, que des témoignages pourront compléter ?

Mais rend-elle vraisemblable aussi le paiement du prix, et forme-t-elle à cet égard un commencement de preuve par écrit ? Cela semble douteux au premier abord ; car un acte de vente authentique ou sous seing privé qui ne porte ni quittance du prix, ni terme pour le payer, n'en fait point présumer la numération ; il fait titre au contraire contre l'acheteur, qui, pour le paralyser, doit se munir d'une quittance. Comment donc la simple promesse de vendre aurait-elle à cet égard plus de vertu qu'un acte de vente régulier, et pourrait-elle faire présumer le paiement du prix ?

« C'est, dit Toullier (t. 9, n° 93), que celui qui a promis de vendre un héritage, et qui met ensuite ou qui laisse entrer en possession celui auquel il a fait la promesse, est naturellement censé par cela même exécuter sa promesse par une vente verbale ou tacite. C'est encore qu'une pareille vente fait présumer qu'il en a reçu le prix, puisqu'il a négligé d'exiger un acte pour en assurer le paiement. Si cette présomption n'est point assez forte pour former une preuve complète du paiement, elle suffit du moins pour le rendre vraisemblable et pour former un commencement de preuve par écrit, puisqu'elle a sa racine dans un acte écrit. La preuve testimoniale, tant de la vente que du paiement, peut donc être admise, sauf au vendeur à prouver le contraire. Cette opinion, professée par Danty, Loiseau et Pothier, est combattue par Duranton, t. 13, n° 345.

19. On a agité plusieurs questions sur le point de savoir si les reconnaissances de dettes insérées dans un testament nul ou révoqué, peuvent servir de commencement de preuve par écrit. Les auteurs se sont généralement arrêtés aux solutions suivantes : il faut distinguer entre le cas où le testament est nul et celui où il est révoqué.

Si le testament est nul, la reconnaissance de la dette vaut comme commencement de preuve par écrit, soit que le testament soit signé du testateur, soit qu'il ne porte pas sa signature, s'il est d'ailleurs revêtu des formalités nécessaires pour la validité des actes notariés ordinaires ; car, dans ce second cas, l'acte émane du testateur tout aussi bien que dans le premier. (Danty sur Boiceau, ch. 16, p. 355 ; Ricard, des Donations, 1re partie, n° 764 ; Duparc-Poullain, Principes du droit, t. 9, p. 307.) Toullier (t. 5, n° 637) va même jusqu'à dire que, si la personne au profit de laquelle est faite la reconnaissance de la dette est capable de recevoir, et que la quotité disponible ne soit pas dépassée, cette reconnaissance forme, non-seulement un commencement de preuves par écrit, mais une preuve complète.

20. Dans le cas où le testament a été révoqué, il faut faire une seconde distinction.

Si la personne au profit de laquelle a été faite la reconnaissance de dette est capable de recevoir du testateur, et que la quotité disponible n'ait point été excédée, la reconnaissance forme commencement de preuve par écrit, parce qu'on ne suppose pas qu'elle cache un acte de libéralité que rien n'empêchait de faire ouvertement, et qu'il est au contraire vraisemblable que la dette reconnue est réelle. (Danty, ibid., nos 11 et 16 ; Ricard, n° 114 ; Furgole, ch. 11, n° 48 ; Duparc-Poullain, ibid.)

Mais si la reconnaissance est faite au profit d'un incapable, ou si la quotité disponible a été dépassée, on présume que la reconnaissance est simulée et qu'elle couvre un legs que le testateur ne pouvait faire ; la date est réputée supposée, selon la maxime : Qui non *potest dare non potest confiteri* (Danty, *ibid.*), et, par conséquent, la reconnaissance qui en a été faite ne peut valoir même comme commencement de preuve par écrit, le testateur n'y ayant pas persisté et ayant révoqué son testament.

S'il ne l'a pas révoqué, la présomption de fraude est combattue par cette présomption contraire, que personne n'est présumé se reconnaître débiteur quand il ne l'est pas, et la reconnaissance de la dette redevient un commencement de preuve écrite.

21. Les actes nuls par l'incapacité des mineurs ou des femmes mariées ne peuvent jamais former un commencement de preuve par écrit de l'emploi utile des sommes prêtées. Ces actes, en effet, peuvent bien prouver le prêt, mais non rendre vraisemblable l'emploi des deniers, qui est un fait subséquent : « ce serait, dit Danty, donner facilité aux usuriers de prêter de l'argent aux mineurs et de le répéter en supposant de faux témoins qui déposeraient de l'emploi... »

22. M. Duranton (t. 10, nos 352 et suiv., et t. 13, n° 354) range au nombre des commencements de preuve par écrit l'acte dans lequel la cause de l'obligation n'est point exprimée. Nous pensons, avec Toullier (t. 9, n° 83) que c'est une erreur, et qu'un pareil acte fait preuve complète, s'il n'est pas prouvé que l'obligation qu'il contient est sans cause. Il n'est nullement nécessaire que la cause soit exprimée (art. 1132); c'est à celui qui prétend qu'elle n'existe pas à le prouver.

23. Il est bien évident qu'un titre prescrit, fût-il du nombre de ceux qu'il est d'usage de remettre au débiteur libéré, ne peut former un commencement de preuve écrite en faveur du créancier pour établir que le paiement n'a point été effectué. Si, en effet, l'existence du titre aux mains du créancier peut faire présumer qu'il n'a point été désintéressé, ce n'est là qu'une présomption de l'homme qui fléchit devant la présomption légale de libération, qui fait le fondement de la prescription.

24. Mais les auteurs s'accordent à voir dans les quittances données au débiteur et produites par lui un commencement de preuve par écrit, dont le créancier peut s'emparer pour démontrer que la prescription qu'on lui oppose a été interrompue par des paiements; par exemple, qu'une rente qu'on prétend prescrite ne l'est point, puisque les arrérages en ont été payés depuis l'époque à partir de laquelle on veut faire courir la prescription. (Duparc-Poullain, *Principes de droit*, t. 9, p. 109 et 310; Danty, l. 1, ch. 14, n° 17; Toullier, t. 9, n° 98.) Ces quittances, en effet, rendent vraisemblable l'existence de la rente, et l'on peut dire qu'elles sont *émanées* du débiteur, puisqu'elles sont produites par lui.

Toullier, n° 99, pense même que le créancier s'appuyant sur les art. 820 du Code civ. et 909 du C. pr. civ., peut requérir l'apposition des scellés sur les papiers de la succession de son débiteur pour s'assurer et se prévaloir de ces quittances, que le débiteur s'est appropriées en les recevant et en les gardant.

25. Au nombre des écrits formant commencement de preuve, nous avons rangé les énonciations étrangères à la disposition des actes (art. 1320). Mais comment les distinguer de celles qui ont un rapport direct à la disposition, et à quels traits les reconnaître? A ce caractère, que la partie à laquelle elles peuvent préjudicier n'y a pas donné ou n'est pas censée y avoir donné son consentement. C'est ce que Pothier (nos 702 et 703) développe par des exemples auxquels nous ne pouvons que renvoyer.

26. Parmi les écrits qui, sans parler précisément du fait allégué, contiennent des énonciations d'où l'on peut induire que ce fait est vraisemblable, nous citerons l'exemple suivant tiré de Chassanée :

« Un arrêt du parlement de Paris, rapporté par cet auteur et rendu sur sa plaidoirie, jugea qu'un billet ainsi conçu : *Je vous satisferai sur ce que vous savez*, était un commencement de preuve par écrit suffisant pour faire admettre la preuve testimoniale d'un dépôt nié par le défendeur. Quoique ce billet ne parlât pas de dépôt, on présuma qu'il n'avait été écrit en termes vagues et obscurs, qu'afin qu'il ne pût faire titre contre son auteur. Le fait du dépôt allégué était donc vraisemblable, et le billet formait, dit Danty, un véritable commencement de preuve par écrit.

27. Nous emprunterons un second exemple à Pothier (n° 768) : Vous m'avez adressé une lettre par laquelle vous me priez de compter une somme d'argent à la personne qui en est porteur. J'ai compté la somme, mais sans en tirer reçu. La lettre me servira de commencement de preuve par écrit. Elle en servirait de même à une autre personne qui, à mon

défaut, aurait donné l'argent à ma place. (Boiceau et Danty. liv. 2, ch. 2.)

Dans une espèce qui offre la plus grande analogie avec celles qui précèdent, la Cour de cassation a consacré une décision semblable par arrêt du 29 prairial an XIII. (Devillen. et Car. 2. 1. 125 ; D. A. 10. 734.)

28. Quant aux écrits qui, tout en constatant l'existence de la dette, sont, par omission ou autrement, muets sur la quotité, comme par exemple serait l'engagement de *payer à tel la somme de cent qu'il m'a prêtée*, ils peuvent aussi, selon les circonstances, servir de commencement de preuve par écrit. Pothier (n° 770) et Toullier (t. 9, n°ˢ 114 et 115) en donnent plusieurs exemples. V. Cass. 29 pr. an XIII, (S.-V. 5. 1. 166 ; J. P. 3ᵉ édit.; D. A. 10. 734.).

29. Les interrogatoires sur faits et articles sont encore une source féconde de commencements de preuve par écrit. « L'usage de ces sortes d'interrogatoires, dit Domat (*Lois civiles*, tit. *Des interrog. et confess. des parties*), n'est pas seulement d'avoir la preuve des faits dont celui qu'on interroge aura reconnu la vérité, mais, qu'il la nie ou la dissimule, ils peuvent servir à la faire connaître par les conséquences qu'on pourra tirer contre lui de toutes ses réponses : comme s'il nie des faits qui lui sont connus et qui sont certains ; s'il en allègue qu'on sache être faux ; s'il varie et chancèle dans ses réponses, ou s'il reconnaît des faits dont on puisse conclure la vérité de ceux qu'il a niés. » Il est évident que toutes ces circonstances peuvent rendre vraisemblable le fait litigieux, et comme elles sont consignées dans un acte authentique émané du défendeur, elles sont de véritables commencements de preuve par écrit. —V. Interrogatoire sur faits et articles.

Nous en dirons autant des réponses artificieuses ou évasives, des obscurités affectées, du silence ou du refus de répondre consigné dans l'interrogatoire ; mais nous ne croyons pas qu'on puisse y ajouter le défaut de se présenter à la justice pour répondre à l'interrogation, comme l'enseigne Toullier. Ce refus de comparaître peut bien, selon l'art. 330 du Code de procédure civile, être érigé en preuve contre le défaillant, mais nous ne voyons pas comment il pourrait jamais revêtir la forme d'*un écrit émané de lui*, et par conséquent former un commencement de preuve écrite.

30. Ces réponses et ces mentions auraient également le caractère de commencement de preuve par écrit, si, au lieu de se trouver dans un interrogatoire sur faits et articles, elles étaient consignées dans un procès-verbal de non-conciliation ; car cet acte, quoique non signé des parties, ne présente pas moins des documents évidemment émanés d'elles, et fait pleine foi de ses énonciations. — V. deux arrêts cités par Toullier (t. 9, p. 205 et n° 121, p. 212) ; le premier de la cour de Rennes, du 23 juin 1810, le second de la Cour de cassation, du 16 vendém. an x. Ce dernier arrêt a jugé que le refus de répondre au bureau de paix peut former un commencement de preuve par écrit.

31. Les écritures non signées ont, en certains cas, force de preuve complète (C. civ. 1332) ; à plus forte raison peuvent-elles valoir comme commencement de preuve par écrit. Aussi, l'art. 1347 n'exige-t-il pas que l'acte soit *signé*, mais seulement *émané* de celui auquel on l'oppose, expression qui comprend évidemment dans sa généralité les écritures non signées. (Cass. 3 déc. 1818, S.-V. 19. 1. 160 ; D. A. 5. 52.) Pothier (n° 771) et Toullier (n°ˢ 129 et 130) en donnent plusieurs exemples. Nous nous contenterons de citer les billets ou lettres missives que beaucoup de personnes sont dans l'usage de ne pas signer.

32. Toullier (n°ˢ 66 et 76) range parmi les écrits pouvant former commencement de preuve, les écritures qui ne sont ni reconnues ni vérifiées. Nous pensons, avec M. Bonnier (*Traité des preuves*, n° 108), que c'est une grave erreur. L'article 1347 veut que l'écrit émane du défendeur ; il faut donc que cette origine soit certaine ; jusque-là, l'écrit manque du premier caractère exigé par la loi.

§ 2. — *Écrits émanés de ceux que le défendeur représente.*

33. Puisqu'on peut opposer à une partie tous les actes opposables à ses auteurs, les écrits émanés de ceux-ci peuvent former commencement de preuve contre celle-là.

Par la même raison, les actes émanés du mandant servent de commencement de preuve par écrit contre le mandataire, et réciproquement. On peut en voir un exemple dans un arrêt de la cour de Riom, du 10 juin 1817 (S.-V. 18. 2. 135 ; D. A. 10. 728).

34. Les écritures produites devant les tribunaux par les avoués peuvent former des

commencements de preuve contre leurs parties, sauf l'action en désaveu contre l'avoué qui aurait fait des déclarations nuisibles à sa partie, sans y être spécialement autorisé.

35. Quant aux dires ou aveux faits verbalement à l'audience par l'avoué, ou par l'avocat assisté de l'avoué ou de sa partie, ils ne peuvent être opposés comme commencement de preuve par écrit que lorsqu'il en a été donné acte, sur la demande de la partie adverse.

§ 3. — *Écrits qui ne sont émanés ni de celui auquel on les oppose, ni de ceux qu'il représente.*

36. La règle générale, que l'écrit doit être émané de la partie à laquelle on l'oppose ou de ceux qu'elle représente, admet, avons-nous dit, quelques exceptions pour certains cas où des actes, quoique non émanés du défendeur, sont de nature à lui être opposés.

Ainsi, en matière de filiation, le commencement de preuve par écrit résulte des titres de famille, des registres et papiers domestiques du père ou de la mère, des actes publics et même privés émanés d'une partie engagée dans la contestation, ou qui y aurait intérêt, si elle était vivante (C. civ. 324).

37. Les art. 1335 et 1336 C. civ. ont aussi introduit de notables exceptions en ce qui concerne les copies et les transcriptions de titres.

Art. 1335. « Si elles (les copies) ont moins de trente ans, elles ne peuvent servir que de commencement de preuve par écrit :

» 1° Lorsque les copies tirées sur la minute d'un acte n'auront pas été par le notaire qui l'a reçu, ou par l'un de ses successeurs, ou par officiers publics qui, en cette qualité, sont dépositaires des minutes, elles ne pourront servir, quelle que soit leur ancienneté, que de commencement de preuve par écrit ;

» 2° Les copies de copies pourront, suivant les circonstances, être considérées comme simples renseignements. »

Art. 1336. « La transcription d'un acte sur les registres publics ne pourra servir que de commencement de preuve par écrit ; et il faudra même pour cela,

» 1° Qu'il soit constant que toutes les minutes du notaire, de l'année dans laquelle l'acte paraît avoir été fait, soient perdues, ou que l'on prouve que la perte de la minute de cet acte a été faite par un accident particulier ;

» 2° Qu'il existe un répertoire en règle du notaire, qui constate que l'acte a été fait à la même date.

» Lorsqu'au moyen du concours de ces deux circonstances la preuve par témoins sera admise, il sera nécessaire que ceux qui ont été témoins, s'ils existent encore, soient entendus. »

38. La transcription sur les registres publics, dont parle l'art. 1336, est la transcription littérale de l'acte sur les registres du conservateur des hypothèques dans l'arrondissement duquel les biens sont situés. Le simple enregistrement de l'acte, lequel n'en contiendrait qu'une énonciation sommaire, ne formerait point un commencement de preuve par écrit. (Toullier, t. 9, n° 72 ; *contrà,* Delvincourt, t. 2, p. 830, note 7, et M. Duranton, *Traité des cont. et oblig.,* t. 4, n° 1333.)

39. Toullier enseigne (n° 70) que, de la combinaison des art. 1329 et 1367, il résulte que les livres des marchands peuvent valoir comme commencement de preuve par écrit contre les personnes non marchandes. Cette conséquence nous semble un peu forcée. Les exceptions ne se créent point ainsi par voie d'inductions plus ou moins rigoureuses : il faut qu'elles soient écrites dans la loi.

40. Selon le même auteur (n° 73), l'acte de vente consenti *a non domino* peut former un commencement de preuve par écrit contre l'ancien propriétaire, par la raison que cet acte peut lui être opposé pour la prescription de dix ou vingt ans. Cette manière de raisonner n'est pas rigoureuse. L'une de ces dispositions n'est nullement comprise dans l'autre. Autre chose est un acte qui sert de base à la prescription, autre chose un acte qui forme commencement de preuve par écrit. La loi donne à l'acte de vente *a non domino* le premier de ces effets ; elle ne lui attribue point le second ; et comme cet écrit n'est point émané de l'ancien propriétaire à qui on l'oppose, il ne saurait faire un commencement de preuve par écrit, puisque la loi n'en fait point l'objet d'une exception.

41. Nous avons déjà dit, en effet, et nous pensons avec M. Duranton (t. 13, n° 351) et contrairement à l'opinion de Toullier (t. 9, n° 69), que l'art. 1347 est limitatif, et que le commencement de preuve par écrit ne peut, hors les cas expressément exceptés par la loi, résulter que d'un acte émané de celui auquel on l'oppose, ou de ceux qu'il représente. Pour

compléter tout ce qui se rapporte à Commencement de preuve par écrit, V. les mots Écritures privées, Preuve.

**COMMENDE.** Dans les anciens usages de l'Église, lorsqu'un bénéfice régulier venait à vaquer et qu'on ne pouvait pas facilement en pourvoir un sujet capable et qui eût la qualité de régulier requise, on le donnait en *commende*, c'est-à-dire que l'on commettait un économe séculier qui percevait les fruits du bénéfice vacant, et en rendait compte au titulaire qui en était plus tard pourvu.

Cette faculté, exercée dans les limites ci-dessus fixées, était utile à l'Église, puisqu'elle donnait le loisir de faire un choix éclairé parmi les divers candidats qui se présentaient pour occuper un poste vacant. Mais bientôt l'abus la rendit dangereuse; insensiblement les ecclésiastiques qui n'avaient reçu d'autre mission que celle de simples dépositaires, obtinrent par leur crédit la libre jouissance des fruits des bénéfices dont ils n'avaient eu jusque-là que la simple administration, et finirent par conserver cette jouissance pendant toute leur vie.

Alors on distingua la commende temporelle, *temporalis commissio*, qui n'était établie que pour l'utilité de l'Église, et la commende perpétuelle, qui était accordée au contraire pour l'utilité exclusive du commendataire. On peut voir dans Guyot (*Rép.*, v° Commende) en quoi ces deux provisions différaient l'une de l'autre.

Le droit de conférer les bénéfices en commende appartenait au pape, par la raison que lui seul pouvait déroger à la règle *secularia secularibus*, *regularia regularibus*, et accorder à un séculier la dispense de régularité. Mais pour les bénéfices réguliers qui étaient à la nomination du roi, la commende se réglait d'après les principes et les lois qui lui étaient propres.

Les bénéfices ecclésiastiques ayant été supprimés par la loi du 12 juillet-24 août 1790, les commissions par commende n'ont plus eu d'objet depuis cette époque.

**COMMENSAL.** Tout juge peut être récusé s'il est commensal de l'une des parties (article 378, n°7, C, proc. civ.).

Que doit-on entendre par l'expression de *commensal*? Ce motif de récusation est-il applicable aux magistrats de toutes les juridictions? — V. Récusation de juges.

Le fait de commensalité n'autorise pas à reprocher le témoin; mais il y a lieu à reproche, si celui-ci a bu ou mangé avec la partie, et à ses frais, depuis la prononciation du jugement qui a ordonné l'enquête. (Art. 283, C. proc. civ.) — V. Témoin.

**COMMENTAIRE.** Le commentaire d'un ouvrage peut-il constituer une propriété? en quel cas?

Peut-on poursuivre comme contrefacteur celui qui ayant commenté un ouvrage, le fait imprimer avec son commentaire? — V. Propriété littéraire.

**COMMERÇANT-COMMERCE (ACTES DE).**

1. Le mot *commerçant* est le terme qui comprend toutes les personnes qui se livrent habituellement à un trafic, à un négoce ou à une industrie. Souvent, dans la pratique, ces personnes sont désignées par des dénominations particulières. Par *négociant*, on entend celui dont les spéculations embrassent indistinctement l'achat et la vente en gros de tout genre de marchandises, selon que l'occasion s'en présente; qui spécule, achète et vend au dedans, au dehors, en première ou en seconde main. C'est ce qui s'induit d'un avis du conseil d'état du 3 sept. 1817. Par *marchand*, on entend le plus ordinairement celui qui ne vend qu'en détail. Par *banquier*, on entend celui qui fait le commerce d'argent et de papier. (V. ce mot.) Telle est l'acception restreinte des trois dénominations spéciales qui ont été quelquefois employées comme le synonyme de commerçant. (V. art. 1308 C. civ.; 632 C. com.)

2. A ces dénominations différentes, il convient d'en ajouter d'autres qui ont également dans la pratique leur signification propre. Ainsi, le *fabricant* est celui qui revend sous une forme nouvelle la matière qu'il a achetée; sont également fabricants, les *artisans* qui fabriquent eux-mêmes et pour leur propre compte. Sous la dénomination d'*armateur*, on comprend ceux qui entreprennent des expéditions maritimes, et sous celle d'*assureur*, tous ceux qui, moyennant une prime, garantissent les risques de ces expéditions, ou tous autres risques de terre qui sont l'objet d'un contrat d'assurance.

Ajoutons encore les dénominations sous lesquelles on désigne une classe de commerçants, qui sont de simples intermédiaires. Ainsi, les *agents de change*, intermédiaires chargés de vendre ou d'acheter pour le compte d'autrui les fonds publics ou les actions industrielles cotées à la bourse; les *courtiers*, intermédiaires dans les traités qui se font entre les acheteurs et vendeurs de marchandises, ou autres contractants; les *commissionnaires*, dont les fonctions consistent à remplacer, en qualité de mandataire, un commettant ordinairement absent et à agir pour lui dans une opération commerciale; enfin, les *agents d'affaires*, qui sont aussi des commissionnaires, quoique tous les actes auxquels ils prêtent leur assistance ne soient pas commerciaux relativement à leurs commettants. — V. Agents de change, Agents d'affaires, Commission-Commissionnaire, Courtiers.

Toutes ces dénominations sont comprises sous la qualification générale et légale de *commerçant*, et par conséquent toutes les personnes qui font leur profession habituelle des actes qui comportent ces dénominations, sont soumises à la loi commerciale.

3. Dans le langage des économistes, le mot *commerce* a une signification plus restreinte. Quelques-uns le font consister dans le transport des marchandises; d'autres n'y voient que l'échange, séparant à tort, selon nous, les deux éléments qui le constituent. Mais tous le distinguent de l'industrie proprement dite, à laquelle il sert d'intermédiaire dans ses rapports avec la consommation. (V. J.-B. Say, *Cours d'économie politique*, part. 2, ch. 14; *Encyclopédie nouvelle* de Leroux, v° Commerce.)

*Historique.*

———

*Historique.*

4. Le commerce a pris, de nos jours, une haute importance et d'immenses développements. Il n'est plus seulement une profession dans laquelle les particuliers peuvent faire de grandes fortunes; il est redevenu pour les états modernes ce qu'il a été quelquefois pour les peuples anciens, une source abondante de richesse et le principal élément de leur grandeur. Remonter au berceau de cette institution, en suivre les progrès à travers les âges, la montrer portant avec elle la prospérité et la civilisation, honorée et florissante chez quelques nations, partout ailleurs avilie et proscrite; se dégageant peu à peu, en France, des entraves de la barbarie, des préjugés nobiliaires et de l'esprit de fiscalité; s'affranchissant enfin dans notre temps, où elle est devenue l'objet de tant de sollicitude et de faveur, ce serait une étude non moins pleine d'utilité que d'intérêt; mais elle sort de notre cadre, et, pour nous y renfermer, nous devons nous borner à la partie législative de cette histoire du commerce. — V. au surplus le mot *Corporation*.

5. Il ne nous est presque rien parvenu des législations commerciales de l'antiquité. Les anciens royaumes d'Égypte, d'Assyrie, de Babylone, tirèrent du commerce leurs immenses richesses; mais leurs lois ne sont point arrivées jusqu'à nous, non plus que celles de Tyr et de Carthage, qui furent si puissantes par leur commerce et leur marine.

6. La Grèce hérita du commerce de la Phé-

nicie, Athènes, surtout, dont le port était si fréquenté. Mais il ne nous reste de ces lois que quelques fragments épars dans les plaidoyers et les discours de Démosthène.

7. Les lois maritimes les plus renommées dans toute l'antiquité furent celles des Rhodiens. Il en existe une compilation connue sous le nom de *Lois rhodiennes*; mais l'authenticité en est fort contestée.

8. La législation romaine paraît avoir fait de nombreux emprunts aux lois rhodiennes; mais le peu qui s'en est conservé dans le Digeste est insuffisant pour en donner une idée: on n'en trouve que de rares fragments sans importance et sans intérêt.

9. C'est au XIIe siècle que commence une ère nouvelle pour la législation commerciale. Des usages que le temps et le consentement général avaient érigés en lois, furent recueillis et rédigés par écrit. Les deux principaux monuments qui les ont conservés sont le *Consulat de la mer* et les *Jugements ou rôles d'Oleron*. Ensuite sont venus les *Règlements d'Amalfi* et de *Wisbuy*, les *Recueils de décisions et d'usages des villes anséatiques*, le *Guidon de la mer*, que Rouen revendique l'honneur d'avoir produit, et les *Édits* de nos anciens rois.

10. Philippe de Valois, en 1349, institua une juridiction spéciale pour régler les différends entre marchands. Charles VII, en 1419; Henri II, en 1549 et 1556; Charles IX, en 1563 et 1566, continuèrent l'œuvre commencée et donnèrent de l'extension à cette création nouvelle. On trouve dans ces divers édits les germes de la juridiction consulaire telle qu'elle existe aujourd'hui.

11. Mais, jusqu'au siècle de Louis XIV, il n'existait véritablement aucun code, soit sur le commerce de terre, soit sur le commerce de mer. C'est alors que parurent les belles ordonnances de 1673 et de 1681, qui élevèrent la législation commerciale à la hauteur de la législation civile, et en firent une partie essentielle de notre droit privé. La première de ces ordonnances réglementa le commerce de terre, et la seconde, le commerce maritime. Celle-ci obtint encore plus de célébrité que la première, et fut presque universellement adoptée en Europe.

12. La loi organique du 24 août 1790 n'apporta que quelques modifications à ces ordonnances, qui furent en vigueur jusqu'à la promulgation du Code de commerce.

IV.

13. Les rédacteurs de ce Code, pleins d'admiration pour les deux ordonnances de Louis XIV, les ont fondues dans leur travail, en retranchant de celle de 1681 ce qui était étranger au droit commercial maritime proprement dit. Du reste, ils y ont fait le moins de changements qu'ils ont pu, et ils se sont efforcés d'en conserver en général les dispositions et même les termes.

14. Ces ordonnances ne définissaient pas les commerçants. Le Code a dû les définir. Il les soumet, en effet, à une juridiction exceptionnelle, et, de plus, relativement à certains objets, tels que la tenue de leurs livres, les sociétés qu'ils forment, les effets de leurs conventions matrimoniales, il les assujettit à des règles particulières. Or, il n'existe plus aujourd'hui aucun moyen extérieur de les reconnaître. Sous l'empire de l'ordon. de 1673, dont le titre premier était consacré aux jurandes et aux maîtrises, rien n'était mieux déterminé que la qualité de commerçant. Il existait, en effet, dans chaque ville de maîtrise, un registre sur lequel tous leurs noms étaient inscrits. Avant d'obtenir un brevet de maître, l'aspirant était soumis à des examens sur les livres et registres à partie double et à partie simple, sur les lettres et billets de change, sur les règles d'arithmétique, sur la partie de l'aune, sur le livre et poids de marc, sur les mesures et les qualités des marchandises; puis, si l'aspirant sortait avec honneur de ces épreuves, son nom était inscrit à côté de celui des autres commerçants. (Ord. 1673, tit. 1, art. 3 et 4.) Mais ce système, compatible avec un ordre de choses restrictif de la liberté commerciale, ne pouvait plus subsister, on le conçoit bien, dès que la voie du commerce était ouverte à tous ceux qui voulaient s'y engager : il tomba donc avec les corporations dont il était un complément naturel. Il n'y eut plus, pour tout commerçant, que la nécessité de prendre patente; et ce n'était là qu'un signe très-incertain. Les patentes n'étaient, en effet, qu'un impôt payé par le commerce et par l'industrie, qui doivent, aussi bien que la propriété foncière, contribuer aux charges de l'état. Mais celui qui se soustrait à cet impôt et qui néanmoins exerce le commerce, n'en est pas moins commerçant, et, comme tel, justiciable des tribunaux consulaires et tenu des obligations imposées par la loi aux personnes de cette profession. La patente n'était donc pas susceptible de rem-

33

placer l'inscription sur les registres établis sous le règne des corporations, en sorte qu'à défaut de tout moyen extérieur de reconnaître le commerçant, il a bien fallu avoir recours à une définition légale de cette qualité.

15. C'est ce qu'a fait le législateur. L'art. 1er du Code de comm. définit en effet les commerçants : « ceux qui exercent des actes de commerce, et en font leur profession habituelle. » Mais cette définition du commerçant est essentiellement incomplète, en ce qu'elle en exigerait une autre, celle des actes de commerce; en outre, elle manque de méthode en ce que, avant de définir le commerçant, il aurait fallu définir les actes attributifs de cette qualité; et cela était d'une haute importance, puisque les faits de commerce changent la compétence des tribunaux et la sanction des contrats. Le législateur, il est vrai, semble avoir voulu suppléer au silence qu'il avait gardé en ce qui concerne la définition des actes de commerce, lorsqu'au tit. 2 du liv. 4 du C. de com., il a donné la nomenclature des actes réputés commerciaux. Mais la loi est imparfaite sous ce rapport, car un grand nombre d'actes réellement commerciaux n'y sont pas même mentionnés, et de plus, elle ne dit rien sur ce qui constituant la profession habituelle des actes qu'elle énonce, est susceptible par conséquent, aux termes de l'art. 1er, d'entraîner la qualité de commerçant; c'est là un point entièrement livré à l'arbitraire des tribunaux, et l'on prévoit par avance toutes les difficultés qu'il fait naître. S'il y a en effet certaines règles d'après lesquelles on peut, quoique difficilement, apprécier un fait, il n'en existe pas d'après lesquelles on puisse préciser le nombre de faits nécessaires dans un temps donné pour constituer une profession habituelle. De là, cette incertitude et cet embarras dans la doctrine et dans la jurisprudence, dont nous allons maintenant exposer les données.

16. Dans cette matière complexe, où nous aurons à traiter des commerçants et des actes de commerce, il nous a paru que nous ne devions pas nous astreindre à l'ordre qui a été suivi par le Code. Les raisons que nous venons d'exposer nous ont fait penser qu'il fallait, pour être logique et clair, se fixer d'abord sur ce que l'on entend par *actes de commerce*, et ensuite, 1° indiquer comment et dans quelle mesure l'exercice de ces actes attribue la qualité de commerçant; 2° préciser les règles d'après lesquelles est déterminée la capacité relativement à ces actes; 3° enfin, dire quelles sont les conditions imposées à ceux qui en font leur profession. Telle a été l'économie de cet article.

CHAP. 1er. — *Des actes de commerce en général et de leurs espèces diverses.*

17. Il eût été sans doute d'une haute importance de déterminer, d'une manière précise, les caractères susceptibles d'imprimer aux conventions la qualité d'actes de commerce. Mais les opérations commerciales touchent par tant de points aux transactions de la vie civile, elles offrent tant de nuances et sont si variées, qu'il eût été difficile, sinon impossible, de donner une définition générale qui s'appliquât à toutes les spécialités. Aussi le législateur ne s'en est pas occupé; et au lieu de donner une définition qui, dans tous les cas, n'eût que très-imparfaitement marqué la ligne séparative entre les transactions civiles et les opérations commerciales, il s'est attaché à faire une nomenclature aussi complète que possible, dans laquelle, embrassant des caractères généraux, il a signalé certains actes comme constituant des actes commerciaux.

18. On peut dire seulement, en prenant pour base la nomenclature de la loi, que tout acte qui, en raison soit de sa nature, soit de son importance relative, soit de la qualité des parties, soit de leur intention, est présumé avoir pour objet le commerce ou la spéculation, est un acte commercial. Ainsi, le caractère distinctif de cette classe de conventions, c'est la *spéculation*. Toute opération faite dans un but de trafic, avec l'intention d'en retirer un bénéfice, constitue l'acte de commerce. De là cette conséquence qu'un grand nombre de négociations, qui par leur nature appartiennent au droit civil, telles que la vente, le louage, etc., revêtent le caractère commercial par le but de trafic dans lequel on les a faites; de même que d'autres négociations inconnues au droit civil, telles que le change, les contrats de commerce maritime, supposant nécessairement une spéculation de la part de celui qui s'y livre, constituent toujours des actes commerciaux.

19. Les actes de commerce forment la base et l'objet de la législation commerciale, et, par les effets qui y sont attachés, ils exercent une influence si grande sur l'avenir et la li-

berté de ceux qui y prennent part, qu'on ne saurait trop soigneusement en déterminer la nature et la portée. Aux termes de l'art. 632 du C. de com., « la loi répute acte de commerce tout achat de denrées et marchandises pour les revendre, soit en nature, soit après les avoir travaillées et mises en œuvre, ou même pour en louer simplement l'usage ; toute entreprise de manufactures, de commission, de transport par terre ou par eau ; toute entreprise de fournitures, d'agences, bureaux d'affaires, établissements de ventes à l'encan, de spectacles publics ; toute opération de change, banque et courtage ; toutes les opérations des banques publiques ; toutes obligations entre négociants, marchands et banquiers ; et entre toutes personnes, les lettres de change ou remises d'argent faites de place en place. » Enfin, d'après l'art. 633, la loi répute pareillement acte de commerce toute entreprise de construction , et tous achats, ventes et reventes de bâtiments pour la navigation intérieure et extérieure ; toutes expéditions maritimes ; tout achat ou vente d'agrès, apparaux et avitaillement ; tout affrètement ou nolissement, emprunt ou prêt à la grosse ; toutes assurances et autres contrats concernant le commerce de mer ; tous accords et conventions pour salaires et loyers d'équipages ; tous engagements de gens de mer pour le service de bâtiments de commerce. »

20. Tels sont les actes de commerce déterminés par la loi. Nous examinerons plus tard si cette nomenclature doit être considérée comme limitative, ou si l'on doit y voir seulement des données premières propres à faire apprécier le caractère d'autres actes plus ou moins analogues. ( V. *infrà*, § 5.) Constatons seulement ici qu'un contrat peut être commercial de la part de l'une des parties et civil de la part de l'autre, si l'une d'elles seulement a eu en vue la réalisation d'un bénéfice. Ainsi , par exemple , j'achète à un libraire des livres pour en garnir ma bibliothèque, ou bien je lui en vends qui me sont devenus inutiles. Dans l'un et l'autre cas, je fais un acte civil, tandis que le libraire fait un acte commercial, l'achat et la vente des livres ayant pour objet, de sa part, la réalisation d'un bénéfice présent ou éventuel. La conséquence qui résulte de cette situation mixte, c'est que, si l'acte qui la produit donne ultérieurement lieu à une contestation, il sera indispensable,

pour déterminer la compétence, de considérer la nature de la convention dans ses rapports avec celui qui en poursuit l'exécution et avec celui contre lequel elle est poursuivie. Ainsi, la contestation devra être nécessairement portée devant le tribunal civil, si elle est élevée par le commerçant contre le simple particulier ; et, au contraire, elle pourra être déférée aux juges consulaires, si c'est le simple particulier qui poursuit l'exécution de la convention contre le commerçant.

21. Nous disons que , dans cette dernière hypothèse, la contestation *pourra* être déférée aux juges consulaires ; car ce n'est pas une nécessité pour le non commerçant, qui n'aura pas fait acte de commerce, de porter devant ces juges la demande qu'il forme contre le commerçant ; il peut indistinctement agir devant le tribunal de commerce ou devant la juridiction ordinaire. Il en était ainsi sous l'ordonnance de 1673, dont l'art. 10 du tit. 12 disposait que « les gens d'église, gentilshommes et bourgeois, laboureurs, vignerons et autres, pourront faire assigner pour ventes de blé, vins, bestiaux et autres denrées procédant de leur cru, ou par-devant les juges ordinaires, ou par-devant les juges et consuls, si les ventes ont été faites à des marchands ou artisans faisant profession de revendre. » Cette faculté laissée au non commerçant de choisir ses juges n'a rien que de parfaitement équitable. Soit en effet que le demandeur non commerçant agisse devant le tribunal de commerce, soit qu'il porte sa demande devant les juges civils, le défendeur commerçant serait mal venu à se plaindre ; car, d'un côté, il a dû s'attendre à être cité devant le juge consulaire, puisqu'il est naturellement soumis à la compétence commerciale ; et d'un autre côté, il n'a pas dû compter que celui avec qui il traitait entendît consentir à plaider devant le tribunal de commerce dont son engagement ne le rendait pas personnellement justiciable, et c'est ce qui arriverait s'il était obligé d'y traduire son adversaire. La Cour de cassation a expressément consacré ce système par deux arrêts, l'un du 12 déc. 1836 (S.-V. 37. 1. 412; D. P. 37. 1. 194), l'autre du 6 nov. 1843 (S.-V. 44. 1. 168 ; J. P. 1844. 1. 374). Le dernier de ces arrêts a nettement formulé les principes en ces termes : « Attendu que la juridiction commerciale est une juridiction d'exception qui doit être restreinte dans les limites expressément tracées par la loi ; attendu qu'il

n'est pas méconnu par l'arrêt attaqué que le demandeur en cassation n'était pas négociant, marchand ou banquier, et n'a pas fait personnellement acte de commerce; que, d'après l'art. 631, il n'était pas soumis à la juridiction commerciale; attendu que, si l'absence en sa personne de la qualité de commerçant et la nature de l'obligation, en ce qui le concerne, lui conféraient le droit de ne point subir la juridiction commerciale devant laquelle il aurait été assigné, il n'était point tenu davantage de subir cette juridiction lorsqu'il se constituait demandeur........ Casse. » Cette doctrine, qui s'appuie en outre sur les plus graves autorités ( V. MM. Pardessus, t. 5, nº 1347; Merlin, *Quest. de dr.* vº Commerce (actes de), § 9; Horson, Quest. 205; Dageville, t. 1, p. 17; Nouguier, *Des trib. de com.*, t. 1, p. 350), est néanmoins très-sérieusement contestée. ( V. Bastia, 10 août 1831; S.-V. 33. 2. 87; D. P. 32. 2. 198.—Orléans, 5 mars 1842; S.-V. 42. 2. 393; J. P. 1842. 1. 452. — V. aussi Locré, t. 8, p. 200; Favard de Langlade, vº Trib. de comm., sect. 2, § 1, nº 4; Carré, *Lois de la compét.*, art. 385, nº 487; Orillard, nºs 234 et 235.)

22. Au surplus, la profession des parties contractantes ne modifie pas le caractère des actes qui interviennent entre elles. Ainsi la vente, quoique faite par un commerçant, n'en est pas moins un acte civil si elle n'a pas lieu dans un but de trafic; et, réciproquement, l'achat fait par un simple particulier deviendrait commercial s'il avait pour objet une chose que l'acheteur se proposerait de revendre plus tard avec bénéfice. Il y a seulement cette différence entre les commerçants et les non commerçants, que les premiers sont, en principe et jusqu'à preuve contraire, réputés avoir agi dans l'intérêt de leur commerce, tandis que les seconds sont supposés, également jusqu'à preuve contraire, n'avoir pas voulu agir dans un but de trafic.

23. De ces notions générales qui trouveront naturellement leur complément dans la suite de cet article, il résulte que les actes commerciaux sont tels par leur nature, ou présumés tels à raison de la qualité des parties ou de l'une d'elles. Nous les examinerons en suivant cet ordre.

SECT. 1re. — *Des actes commerciaux entre toutes personnes.*

24. Si la qualité de la personne doit être prise en sérieuse considération lorsqu'il s'agit de déterminer la nature d'un acte, il est certain néanmoins qu'une opération peut être empreinte du caractère commercial, bien qu'elle n'émane pas d'un commerçant. La série des actes prévus dans les art. 632 et 633 ci-dessus transcrits en est une preuve : tous les actes qu'ils énoncent, sauf le cas dont il s'agit dans le § 6 du premier de ces articles, paragraphe qui fera l'objet de la section suivante, sont frappés d'une présomption de commercialité entre toutes personnes, sauf, bien entendu, la preuve contraire à l'aide de laquelle la présomption serait détruite et l'engagement restitué à sa véritable nature.

Nous parcourrons successivement, comme le moyen le plus sûr, les indications de la loi relativement à un acte, en suivant l'ordre qu'elle a elle-même déterminé, sauf à réunir quelquefois, dans un même article, ceux de ces actes qui participent entre eux de la même nature.

§ 1er. — *Achats de denrées et marchandises pour les revendre ou en louer simplement l'usage.*

25. « La loi, dit le nº 1er de l'art. 632 C. de com., répute acte de commerce tout achat de denrées et de marchandises pour les revendre, soit en nature, soit après les avoir travaillées et mises en œuvre, ou même pour en louer simplement l'usage. » Toutes les expressions employées par le législateur dans ce paragraphe ont leur importance, et il faut en peser avec soin la signification et la valeur pour déterminer les opérations qu'elles embrassent.

26. *Achats.* — On remarquera d'abord qu'en qualifiant les achats actes de commerce, le législateur garde le silence sur les ventes et les reventes. Cependant les mots *achats* et *ventes* sont nécessairement corrélatifs en ce sens qu'un achat implique une vente, et que l'on ne peut concevoir l'idée d'une personne qui achète, sans reporter son esprit sur une autre personne qui vend. Mais en considérant la vente en elle-même et abstraction faite de la qualité de la personne qui vend, on comprend que le législateur, par le silence qu'il a gardé à son égard, ne l'ait pas confondue avec l'achat. En effet, et en principe, le propriétaire, le cultivateur, l'héritier, le donataire, qui vendent les denrées ou marchandises qui leur appartiennent, ne font

point, en se livrant à ces opérations, des actes de commerce. Ainsi et spécialement le propriétaire qui vend des vins de son cru ne fait point un acte de commerce, et par conséquent ne peut être rangé dans la classe des marchands en gros ( Cass. 14 janv. 1820, S.-V. 20. 1. 190 ; D. A. 2. 727 ); celui qui vend un objet qu'il n'avait pas acheté avec une intention de spéculation, ne fait pas non plus un acte de commerce par cela seul que la vente a été consentie dans une foire au profit d'un marchand. ( Poitiers, 9 février 1838, S.-V. 38. 2. 250 ; D. P. 38. 2. 27. )

27. Cependant, de ce que la loi n'a pas dit spécialement de la vente ce qu'elle a dit de l'achat, à savoir que la vente sera un acte de commerce, en faut-il nécessairement conclure que la vente ne constituera jamais une opération commerciale ? M. Locré, dans son Commentaire sur l'art. 632 (t. 8, p. 62), s'est prononcé pour l'affirmative, et quelques auteurs ont suivi ce sentiment. « Tous les actes *du* commerce d'un négociant, dit en effet M. Coin-Delisle ( *Comment. de la contr. par corps,* *Appendice* sur l'art. 1, n° 7, p. 76 ), ne sont pas actes *de* commerce ; ils ne le deviennent indistinctement que lorsqu'ils ont lieu entre marchands, négociants et banquiers. Le sens des mots *actes de commerce* est donc plus restreint et comprend seulement les actes que la loi soumet par leur nature à la juridiction commerciale. Or un texte y soumet spécialement les achats, et nul n'y soumet les ventes et reventes. Est-ce un oubli ? Il n'est permis à personne de combler les lacunes d'une loi exceptionnelle ; et l'oubli serait difficile à concevoir en présence de l'art. 633 qui répute actes de commerce tous *achats, ventes et reventes* de bâtiments pour la navigation. Le rapprochement des textes prouve que l'omission est volontaire. Il importe peu que le marchand ait acheté pour revendre ; car la revente fait sortir du commerce, pour les faire entrer dans la consommation, les marchandises qu'il avait achetées. D'ailleurs, c'est dans l'intérêt du commerce qu'a été établie la juridiction commerciale : ce serait en intervertir l'usage que de l'accorder à de simples particuliers... » A l'appui de cette doctrine, on invoque un arrêt de la cour de Nîmes du 19 août 1809 (S.-V. 10. 2. 548 ; D. A. 2. 722 ) et un autre arrêt de la cour de Metz du 19 avril 1823 (S.-V. 23. 2. 312 ; D. A. 2. 723 ), qui l'ont expressément consacré.

Cette opinion, à notre avis, est loin d'être exacte. Il nous paraît évident qu'en comprenant les *achats* dans les actes de commerce, le législateur a eu moins en vue le *contrat* que le *but* que se sont proposé les parties ou l'une d'elles. Il a considéré l'intention de trafiquer, de faire un bénéfice, et ce qui le prouve incontestablement, c'est qu'en mentionnant l'achat, il a ajouté immédiatement ces mots caractéristiques de l'intention, *pour revendre*. Or, si l'achat ne constitue un acte de commerce que parce qu'il a lieu en vue de la revente, si conséquemment c'est la revente qui lui imprime un caractère commercial, comment serait-il possible qu'elle n'eût pas elle-même le caractère qu'elle est apte à communiquer ? Évidemment, lorsque celui qui a acheté des choses pour les revendre les revend en effet, il réalise le but qu'il s'était proposé en achetant, but qui avait déjà donné à son achat le caractère commercial, et la revente est également de sa part une opération commerciale. Il en sera, en un mot, de la vente ou de la revente comme de l'achat : de même qu'il peut y avoir achat sans acte de commerce, lorsque l'intention de trafic n'a pas présidé à la convention et que le fait n'a pas confirmé cette intention, de même aussi la simple vente ou la revente constituera l'opération commerciale, si l'intention et le fait du trafic y apparaissent. C'est là l'idée que présente tout acte de commerce, et voilà pourquoi le silence de l'art. 632 relativement à la vente ou à la revente ne peut être considéré que comme une lacune, « lacune si évidente, ainsi que le dit M. Vincens (*Expos. raisonn. de la législ. commerc.*, t. 1, p. 123), qu'on croirait que l'intelligence y supplée nécessairement. » ( V. dans ce sens, Toulouse, 24 déc. 1824, S.-V. 25. 2. 413 ; J. P. 3e édit. ; — Bruxelles, 21 oct. 1827 ; journ. de Bruxelles, 1827. 1. 71 ; — Aix, 28 avril 1837, J. P. 1837. 2. 144 ; D. P. 37. 2. 147. — V. aussi Pardessus, n° 20 ; Horson, t. 2, p. 455 ; Nouguier, *Des tribun. de comm.*, t. 1, p. 353 ; Goujet et Merger, *Dict. de dr. comm.*, v° Actes de commerce, n°s 88 et suiv. )

28. Pour que l'achat soit lui-même un acte de commerce, il faut qu'il ait été fait pour revendre ou pour louer. C'est l'intention de l'acquéreur au moment du contrat qui doit être consultée pour déterminer la commercialité de l'achat. La circonstance que l'achat n'aurait pas été suivi de vente ne saurait dé-

truire la commercialité dont se trouvait entachée la première opération. — V. Pardessus, n° 12.

29. L'intention, au moment de l'achat, de revendre ou de louer la chose achetée est tellement constitutive de la commercialité des opérations auxquelles on se livre, que revendre ce qu'on aurait acheté sans intention de revendre ne constituerait pas un acte de commerce. Ainsi, le consommateur qui a acheté, sans intention de spéculer, plus de denrées qu'il ne lui en fallait et qui les revend ensuite, soit à cause de la hausse du prix, soit dans la crainte qu'elles ne se corrompent, ne fait point un acte de commerce; car le fait n'ayant pas été commercial dès l'origine, les événements ultérieurs ne peuvent pas lui donner ce caractère. (Amiens, 8 avril 1823, Devillen. et Car. 7. 2. 190; D. A. 2. 726.)

Le simple particulier, dit M. Vincens (ch. 4, § 2, n° 7), ayant acheté ou loué pour son usage, ne fait qu'un acte civil et ne saurait être traduit au tribunal de commerce, quand même le hasard lui aurait fait revendre une fois ce qu'il aurait acheté dans une autre intention, ou ce qu'il trouverait excéder ses besoins.

30. On peut dès lors adopter en fait d'achats cette règle proposée par le tribunal de Pont-Audemer : Sont actes de commerce les achats qui font entrer les denrées et marchandises dans le commerce, comme lorsqu'un cultivateur vend de la laine à un fabricant, et non ceux qui les en font sortir, comme lorsqu'un marchand de drap vend à un bourgeois. (Locré, t. 8, p 273.)

31. Le fait d'avoir acheté avec l'intention de revendre ou de louer ne suffit même pas pour que l'achat constitue un acte de commerce. Il faut de plus, ainsi que nous l'avons dit, que l'achat ait lieu avec intention de réaliser des bénéfices. « Les fonctions du négociant, dit M. Persil (*Des achats et ventes*, sur l'art. 109, C. comm.), consistent à acheter pour revendre, et à se procurer un bénéfice par la seconde opération. » Il est vrai que cette intention résulte habituellement du fait d'avoir acheté pour revendre ou louer. Cependant, il peut arriver que la présomption de trafic et de spéculation soit détruite par la réalité d'une intention ou d'un but contraire.

32. Ainsi, on ne devrait point déclarer commerçant l'homme qui, dans un but d'humanité, achèterait et vendrait des denrées ou

marchandises sans le désir de spéculer. On ne devrait pas non plus, par la même raison, réputer agents d'affaires et, par conséquent, négociants, des directeurs de sociétés anonymes formées dans l'intérêt des classes pauvres, alors qu'ils consacreraient leur temps à cette œuvre de charité sans en retirer aucun lucre. (Pardessus, n° 44 ; Orillard, n° 341.)

33. Il en est de même lorsqu'un particulier achète les terrains et les matériaux nécessaires à des travaux de constructions qu'il entreprend, non dans un intérêt privé, mais dans un but d'utilité publique. C'est ce motif qui paraît avoir déterminé la cour royale de Paris à déclarer civile une société qui avait acheté des terrains pour y ouvrir une rue. (Paris, 28 août 1841, J. P. 1841. 2. 412.)

34. Il faut décider de même à l'égard de l'État quand, craignant une famine, il fait des approvisionnements de blé pour l'éviter. Ces denrées sont acquises dans une intention de bienfaisance et non dans un but de trafic; et s'il arrive que la revente procure du bénéfice, ce qui n'est pas sans exemple, c'est un accident qui ne modifie en rien la nature de l'intention dans laquelle l'achat a été effectué. Par le même motif, la décision serait applicable aux approvisionnements que ferait une commune.

35. Il en est de même des achats de toute sorte qui se font pour le compte de l'État ou des communes, pour les besoins d'une armée qui entre en campagne, ou pour l'entretien des hospices et des maisons de détention. De tels achats peuvent bien donner lieu à des opérations de commerce de la part des entrepreneurs de fournitures, mais non de la part de l'État, qui ne spécule pas, et qui d'ailleurs dans ce cas n'achète pas pour revendre.

36. Il est même des cas où l'État achète des matières premières pour les revendre manufacturées sans que pour cela il fasse acte de commerce, encore même que l'intention de réaliser des bénéfices sur la revente ne puisse pas être contestée. Il en est ainsi de l'achat du tabac brut pour le revendre manufacturé, et de l'achat de papiers pour les revendre avec l'empreinte du timbre. Ce sont là des monopoles confiés aux mains de la direction des contributions indirectes ou à celles de l'administration de l'enregistrement ; et l'État, en les exploitant exclusivement, agit dans un intérêt général, puisque les bénéfices qu'il réalise sont versés au trésor et destinés à sub-

venir aux dépenses publiques. Les opérations de l'État ne doivent pas, par ce motif, être confondues avec des opérations purement commerciales.

37. Mais les agents ou préposés qu'il emploie au débit des objets par lui vendus, doivent-ils être également réputés ne pas faire des actes de commerce lorsqu'ils achètent et revendent les objets de leur débit? On peut dire pour la négative que les débitants, soit qu'ils achètent des marchandises pour les revendre à leur compte et profit particulier, soit qu'ils les vendent comme préposés d'une administration, mais avec un intérêt ou droit de commission, doivent également être considérés comme commerçants, puisque, dans l'un comme dans l'autre cas, le débit est incontestablement pour eux un objet de spéculation et conséquemment un acte de commerce. C'est sur ce fondement que la cour royale de Metz a jugé par arrêt du 28 juin 1817 que les débitants de tabac doivent être réputés commerçants, et sont en conséquence justiciables des tribunaux de commerce pour les billets par eux souscrits. (Devillen. et Car. 5. 2. 229; J. P. 3ᵉ édit.)

Toutefois, cette solution ne doit pas être suivie. C'est plutôt comme délégués du gouvernement, ou comme employés de la régie, que comme commerçants, que les débitants de tabac vendent; ils tiennent des bureaux de débit et non des boutiques; il leur est défendu d'avoir chez eux des instruments propres à la manipulation du tabac; ils doivent avoir un registre dans la forme indiquée par la régie, et non les livres prescrits aux commerçants par le Code de commerce; il ne leur est permis de se livrer à aucune spéculation sur les marchandises qu'ils débitent; le prix de revente est réglé et ne peut être dépassé par eux sous aucun prétexte, ce qui donne à l'excédant du prix de revente sur celui d'achat le caractère d'une remise ou commission plutôt que celui d'un bénéfice : en sorte que, sous aucun rapport, un débitant de tabac ne saurait être rangé dans la classe des commerçants. V. en ce sens deux arrêts de Bruxelles, des 6 mars et 5 mai 1813 (S.-V. 14. 2. 190, 14. 2. 182; D. A. 2. 704, 2. 739).

38. La cour de Bruxelles, dans l'un des arrêts qui viennent d'être cités, celui du 6 mars 1813, a même décidé que le débitant de tabac n'est pas commerçant encore qu'il vende des pipes et des briquets; ce qui nous semble essentiellement contestable. Dans ce cas, en effet, le débitant cumule les fonctions de préposé de la régie avec la profession de commerçant; c'est une industrie qu'il joint à son débit, et comme cette industrie ne se trouve en aucune manière renfermée dans les limites assignées à la qualité de débitant; qu'elle n'est et ne peut être l'objet d'aucune des restrictions qui sont mises par la régie au débit; qu'elle peut être, en un mot, l'objet d'une spéculation de la part du débitant; nous ne voyons pas sous quel prétexte on pourrait enlever aux faits qui s'y rapportent le caractère d'actes de commerce.

39. Ce que nous avons dit des débitants de tabac s'applique de tous points aux débitants de poudre. Ces derniers sont, comme les débitants de tabac, les préposés de la régie des contributions indirectes : ils sont donc des agents de l'administration et non des commerçants. Mais presque toujours les débitants de poudre ajoutent à leur débit en vendant du plomb, des bourres, des briquets, des poires à poudre et autres articles de chasse; en sorte qu'à côté de leur qualité d'agents de la régie, se trouve presque toujours, comme chez les débitants de tabac, un trafic spécial qui, comme à ceux-ci, leur imprime le caractère de commerçants.

40. Quant aux salpêtriers, il faut faire une distinction. La fabrication du salpêtre, que la loi du 13 fruct. an VIII avait réservée exclusivement à l'État, a lieu aujourd'hui, d'après la loi du 10 mars 1819, soit par des agents de l'État, soit par des fabricants libres munis d'une licence (art. 3, 4 et 5 de la loi de 1819). Partout ailleurs que dans la circonscription des salpêtrières royales, le droit d'extraire du salpêtre des démolitions peut être concédé par l'État à des salpêtriers libres : ceux-ci doivent traiter de gré à gré avec le propriétaire des matériaux de démolition; ils ne peuvent les enlever sans son consentement. Tout individu peut ensuite, sans permission, fabriquer du salpêtre indigène par tous les procédés qui n'exigent point l'emploi de matériaux de démolition; les salpêtres ainsi fabriqués peuvent être librement versés dans le commerce. Mais les agents de l'État employés dans cette partie sont soumis à des obligations spéciales et n'ont pas d'autres droits que ceux que la loi a expressément déterminés. Ainsi, eux seuls, dans l'arrondissement des salpêtrières royales, peu-

vent fabriquer le salpêtre avec les matériaux de démolition réservés à l'État par la loi du 13 fruct. an v; ils sont tenus de livrer à la direction générale des poudres le produit brut et intégral de ladite fabrication, jusqu'à ce que chacun d'eux ait entièrement rempli les demandes qui auraient été faites par le gouvernement. Enfin, la commission royale délivrée à chaque salpêtrier détermine l'arrondissement où il pourra exercer le privilège de l'État, le temps de la concession, les limites dans lesquelles il devra tenir la fabrication, le prix du salpêtre, etc. (L. 1819, art. 5 et 6.)

D'après cela on pressent bien que, lorsqu'il s'agit de savoir si ces opérations des salpêtriers constituent des actes de commerce, il faut distinguer entre les salpêtriers libres et les salpêtriers commissionnés, et décider que les premiers seuls sont de véritables commerçants. Cette distinction a été nettement établie dans une consultation délibérée par MM. Mérilhou, Mauguin et Coffinières, et produite devant la cour royale d'Angers dans une affaire où la question se présentait. « Que l'on puisse soutenir, lit-on dans la consultation, que le fabricant libre, porteur d'une licence, est un véritable commerçant, c'est ce qui est concevable, puisqu'il achète des matières premières pour les revendre après les avoir converties en salpêtre ( C. comm. 632 ; l. 1819, art. 3 ). Mais le salpêtrier commissionné n'est pas un commerçant ; c'est le gouvernement qui fait le commerce par son intermédiaire. La combinaison des conditions de sa commission lui enlève la chance de tout profit ; c'est le gouvernement qui fait le profit et supporte la perte, puisque c'est lui seul qui détermine, dans la commission, le prix auquel le salpêtre devra être livré. Il est évident que recueillir pour l'État le salpêtre dans les démolitions que l'État a seul le droit d'exploiter, et remettre ensuite à l'État le salpêtre fabriqué, au prix fixé par l'État lui-même, c'est toute autre chose que d'acheter à un prix amiablement convenu, pour revendre à un prix convenu amiablement aussi. Le salpêtrier commissionné, qui recueille et manipule le salpêtre pour le livrer aux agents de l'Etat, n'est pas plus commerçant que l'agent de l'administration des poudres qui le reçoit, le convertit en poudre et le livre aux directeurs des arsenaux. » La cour royale d'Angers s'est d'ailleurs rangée à cette doctrine en décidant, par arrêt du 28 janv. 1824 (S.-V. 28.

2. 167 ; D. A. 2. 705 ), que les salpêtriers, porteurs de commission pour fabriquer au compte du gouvernement, doivent être plutôt réputés agents de l'administration que commerçants, et qu'il n'en est pas, à cet égard, comme du fabricant libre porteur d'une simple licence.

41. Quant aux cartes à jouer, l'émission et la fabrication en sont assujetties à certaines conditions, non-seulement dans un intérêt fiscal, mais encore pour empêcher les fraudes si fréquentes aux jeux de cartes : ainsi il faut que les cartes soient vérifiées par la régie et recouvertes de bandes apposées par ses agents ; etc. (V. Cartes, § 2.) Mais le droit de fabriquer des cartes appartient à tous (*ibid.*, n° 8); d'où la conséquence que ceux qui l'exercent font acte de commerce.

42. *Nature des objets achetés : denrées et marchandises.* — Aux termes de l'art. 632, n° 1, du C. de comm., les choses dont l'achat constituerait un acte de commerce sont les *denrées* et les *marchandises*, c'est-à-dire les choses purement mobilières, puisque par le mot de *denrées* on a toujours entendu les objets de consommation ( Cass. 19 avril 1834, J. P. 3e édit. ), et par celui de *marchandises*, les produits façonnés par l'industrie ou par les arts, destinés à des besoins moins impérieux que ceux de la nourriture, et qui, sans se consommer immédiatement, s'altèrent par l'usage.

43. Par cela même on comprend bien que les achats immobiliers ne présenteraient pas les caractères des obligations commerciales. C'est ce qui a été solidement établi par un arrêt de la cour royale de Metz du 18 juin 1812, ainsi conçu : « Attendu que si le commerce, dans une acception générale, comprend toutes les relations des hommes dans la vie civile, et s'il s'applique aux actes et conventions sur la matière des objets communicables et susceptibles de transactions, néanmoins, pris dans un sens restrictif pour signifier le négoce et le trafic entre des marchands ou négociants achetant pour revendre, il ne s'exerce que sur des objets qui, par la voie du trafic, par des échanges faciles et spontanés, sont susceptibles de passer rapidement, sans formes ni conventions régulières et solennelles, de main en main, sur des matières ou des objets fongibles de leur nature, fugitifs et mobiles, dont la simple tradition forme le titre et règle les droits des possesseurs ; que les immeubles

susceptibles d'hypothèques et dont la transmission ne peut avoir lieu que par des contrats qui se règlent d'après le principe du droit civil, ne furent jamais susceptibles d'être classés dans la catégorie des marchandises, des objets mobiliers et commerciaux, lesquels, dans la convention que fait naître leur tradition, sont au contraire réglés d'après les principes du droit des gens. » Ces principes ont été généralement consacrés par la jurisprudence ( V. Cassation, 14 décembre 1819, S.-V. 20. 1. 150; D. A. 2. 732; — Paris, 14 mai 1812, S.-V. 12. 2. 339; D. A. 10. 588; — 30 avril 1839, J. P. 1839. 1. 612; D. P. 39. 2. 213; — 28 août 1841, J. P. 1841. 2. 412; — Lyon, 26 févr. 1829, S.-V. 29. 2. 119; J. P. 3ᵉ édit.; — Bourges, 4 déc. 1829, S.-V. 30. 2. 84; D. P. 30. 2. 35; — 10 mai 1843, S.-V. 44. 2. 37; J. P. 1844. 1. 572; — Orléans, 16 mars 1839, J. P. 1839. 1. 648; D. P. 39. 2. 259 ), et les auteurs les ont presque unanimement adoptés. ( V. Pardessus, t. 1, n° 8; Vincens, t. 1, p. 123; Merlin, *Quest.* v° Commerce ( actes de ), § 4; Dageville, t. 1, p. 14; Carré, *Lois de la comp.*, t. 7, p. 119; Malpeyre et Jourdan, *Des sociétes*, p. 9; Delangle, *eod.* t. 1, n° 28; Despréaux, n° 342; Orillard, n° 285; Nouguier, *Des trib. de comm.* p. 359. )

44. Il faut le reconnaître cependant, si les immeubles ne sont pas et ne doivent pas être considérés comme *marchandises*, l'expérience de ces dernières années surtout a constaté qu'ils peuvent être l'objet d'une spéculation, et que pour certaines personnes ils ne sont, dans la réalité, qu'une marchandise soumise à un cours variable. Or, sous ce rapport, la loi paraîtrait insuffisante; car lorsqu'il est évident que les parties contractantes, en traitant sur un immeuble, n'ont eu d'autre but qu'un trafic, quelquefois même que l'agiotage, il paraît contraire à toutes les données reçues de déclarer qu'elles n'ont pas fait acte de commerce. Les tribunaux ont résisté parfois, en de semblables circonstances, à suivre la jurisprudence consacrée. Ainsi, deux arrêts de la cour royale de Paris des 11 fév. 1837 et 12 juil. 1842, cités par MM. Goujet et Merger (*Dict. de droit comm.*, v° Actes de commerce, n° 80), ont décidé, le premier, qu'une demande en paiement d'honoraires formée par un architecte pour construction d'une maison, devait être portée devant le tribunal de commerce, si le propriétaire achetait habituellement des terrains pour y élever des constructions et les revendre ensuite; le second, qu'un notaire fait acte de commerce lorsqu'il achète des immeubles pour les revendre plus tard par lots en détail. Les circonstances particulières qui ont déterminé ces solutions sont susceptibles, sans doute, d'appeler l'attention du législateur et de motiver peut-être une modification dans la loi. Mais dans quel sens cette modification devrait-elle être faite? C'est là que se présenterait la difficulté dans toute sa force. On ne peut, en effet, dans aucune hypothèse que ce soit, transformer en un acte de commerce l'acquisition d'un immeuble sans affronter les inconvénients sérieux et réels signalés dans l'arrêt ci-dessus rapporté de la cour de Metz. Créés pour juger, avec célérité et sans être astreints à suivre les formes ordinaires de la procédure, des questions simples et faciles qui peuvent être bien appréciées par celui qui possède la connaissance des usages du commerce, les juges consulaires se verraient appelés à statuer sur des questions de droit abstrait qui reposent sur les principes les plus ardus de notre loi civile : l'économie comme le but de leur institution se trouveraient manqués. Ainsi donc, si les circonstances particulières dont nous venons de parler motivaient une réforme dans la loi, cette réforme serait autre, sans doute, que celle à laquelle les décisions ci-dessus citées de la cour de Paris se sont arrêtées. Quoi qu'il en soit, et dans l'état actuel de la législation, ces décisions sont une extension évidente des termes de la loi.

45. Mais si l'achat de propriétés immobilières ne constitue pas par lui-même un acte de commerce, il n'en faut par moins ranger dans la classe des actes commerciaux plusieurs des faits qui en sont la suite habituelle. C'est ainsi que, malgré les termes si précis de l'art. 521 du C. civ., qui ne réputent les bois meubles qu'au fur et à mesure de leur abattage, la Cour de cassation a toujours considéré l'acquisition d'une coupe de bois comme mobilière ( Cass. 25 fév. 1812, S.-V. 15. 1. 180; J. P. 3ᵉ édit.; D. A. 2. 157; — 24 mai 1815, S.-V. 15. 1. 335; D. A. 12. 272); et les meilleurs auteurs se sont rangés à cette opinion. (V. MM. Troplong, *Vente*, t. 1, n° 552; Beaudrillart, sur le *Code forestier*, t. 2, p. 76; Pothier, t. 6, n° 70, *Traité de la communauté*; Hennequin, *Traité de législat.*, t. 1, p. 9; Merlin, *Répert.*, v° Vente, § 8,

art. 7.) Cette opinion se justifie par la destination qui est donnée à la chose achetée par les parties contractantes ; dans l'intention de toutes deux, le bois doit être abattu, et c'est comme abattu qu'il est réellement vendu et acheté ; l'avenir rétroagit sur le présent ; l'intention est réputée pour le fait ; l'immeuble change de nature par anticipation et devient marchandise : une acquisition ainsi faite présente donc tous les éléments constitutifs de l'acte de commerce.

46. Toutefois il faut restreindre la portée des décisions ci-dessus au cas spécial qui nous occupe, savoir, l'acquisition d'une coupe de bois pour la revendre. Celui qui achèterait une forêt couverte de ses produits, qui la ferait exploiter et en vendrait ensuite le bois, ne serait plus qu'un propriétaire faisant un acte civil ; car son acquisition primitive aurait été un achat immobilier, et les ventes partielles qu'il ferait plus tard ne seraient plus qu'une manière de tirer parti de sa propriété.

47. Ce que nous venons de dire de l'achat des coupes de bois doit s'appliquer, par les mêmes raisons, aux achats des maisons ou bâtiments pour les démolir et en revendre les matériaux. (Orillard, n° 288.)

48. Dans son acception restreinte, le mot *marchandises* dont se sert le législateur dans le n° 1 de l'art. 632, signifie, ainsi que nous l'avons dit (*suprà*, n° 42), les produits façonnés par l'industrie ou par les arts, et qui s'altèrent ou se consomment par l'usage. Mais dans le langage du droit et dans le langage ordinaire, cette expression a reçu souvent une acception beaucoup plus large, et dans ce cas, elle embrasse non-seulement les meubles corporels, *quæ tangi possunt*, mais encore certains droits incorporels, *quæ in jure consistunt*. De là est née une question qui a soulevé une controverse des plus vives : quelle est la portée du mot *marchandise* dans l'article 632 C. comm.? Doit-il être pris dans son acception restreinte, ou bien faut-il l'appliquer dans son sens le plus étendu? C'est là une question dont la solution a subi, devant les tribunaux, l'inévitable influence des mœurs et des usages.

49. Dans les premiers temps du Code de commerce, on inclinait à penser que le mot *marchandise* devait être pris dans son acception la plus vulgaire et la plus étroite. Cela s'induisait des termes mêmes de l'ordonnance de 1673, dont le n° 1 de l'article 632 pouvait ne paraître que la reproduction plus concise et plus claire. L'art. 4 du tit. 12 de cette ordonnance disait en effet : « Les juges consuls connaîtront des différends pour ventes faites par des marchands, artisans et gens de métiers, afin de revendre ou de travailler de leur profession : comme à tailleurs d'habits, pour étoffes, passements et autres fournitures ; boulangers et pâtissiers, pour blé et farine ; maçons, pour pierres, moellons et plâtre ; charpentiers, menuisiers, charrons, tonneliers et tourneurs, pour bois ; serruriers, maréchaux, taillandiers et armuriers, pour fer ; plombiers et fontainiers, pour plomb ; *et autres semblables*. » Il est clair que, sous l'empire d'une telle disposition, il n'était pas permis de soutenir que la loi eût porté ses regards plus loin que sur les meubles corporels ; et cette appréciation a dû exercer une influence décisive dans les premiers temps du Code de commerce, d'autant plus que pas un mot n'a été dit, dans la discussion de ce Code, d'où l'on puisse conclure que le législateur a voulu s'écarter du principe de l'ordonnance.

50. Mais à mesure que les opérations commerciales se sont étendues, que la spéculation s'est portée sur des objets restés longtemps étrangers au commerce, la jurisprudence a peu à peu modifié ses tendances pour obéir aux nouveaux besoins qui se sont manifestés, et, dans l'application qu'elle a faite de l'article 632, n° 1, nous la verrons même quelquefois aller au delà du but. Cependant, et en principe, la solution d'après laquelle le mot *marchandise* ne doit pas être restreinte aux meubles corporels, nous semble à l'abri de toute critique ; car, dans l'état actuel de notre industrie et de notre commerce où les valeurs incorporelles forment la base de spéculations peut-être les plus nombreuses et les plus importantes, ce serait incontestablement un anachronisme des plus choquants que de se placer au point de vue de l'ordonnance de 1673, et de ne considérer comme marchandises que les meubles corporels qui se vendent habituellement dans les magasins, foires et marchés. (Bordeaux, 10 nov. 1836, J. P. 3e édit.; D. P. 39. 2, 97; — Lyon, 26 juin 1839, J. P. 1840. 2. 458; D. P. 40. 2. 230; — Cass. 9 août 1839, S.-V. 39. 1. 721; D. P. 39. 1. 321.)

51. Ainsi, et d'après cela, il faudra considérer comme un acte de commerce la convention par laquelle un libraire achète d'un

auteur le droit de publier une édition de son ouvrage, bien que la cession consentie au profit du libraire ne porte sur aucun objet corporel. Il en est de même de l'achat d'un procédé réservé à son inventeur, et, comme l'a jugé la Cour de cassation par arrêt du 5 août 1806, de la vente entre commerçants d'un permis d'exportation de grains, puisque le titre tient lieu de la marchandise elle-même. (Devillen. et Car. 2. 1. 273.)

52. Ainsi encore, quoique les achats et ventes d'effets publics n'aient point été mis nommément par le législateur au nombre des actes de commerce, plusieurs auteurs (V. MM. Pardessus, nº 10, et Orillard, nº 284; Vincens, t. 1, p. 135; Mollot, *Bourse de comm.*, p. 350; Coin-Delisle, *Contr. par corps*) et un jugement du tribunal de commerce de Paris du 21 janvier 1837, infirmé par un arrêt de la cour royale de la même ville, du 7 avril 1835 (S.-V. 35. 2. 305; D. P. 35. 2. 76), ont décidé que, lorsque ces achats et ventes ont été faits en vue de spéculer, on peut les considérer comme constituant des opérations de banque, et, à ce titre, les faire rentrer dans l'énumération des actes qui ont été réputés commerciaux par la loi, et dont la répétition fréquente est attributive de la qualité commerciale. (C. comm. art. 1 et 632, 4º.) Plusieurs arrêts des Cours de cassation et de Paris, faiblement motivés, il est vrai, viennent à l'appui de cette doctrine. Ainsi, il a été jugé par la Cour de cassation que celui qui spécule habituellement sur les fonds publics peut être placé dans la classe des commerçants. (Cass. 18 fév. 1806, S.-V. 6. 1. 220; J. P. 3ᵉ édit.)

Par un autre arrêt du 29 juin 1808 (S.-V. 8. 1. 428; D. A. 2. 725), la même cour a décidé que ceux qui négocient habituellement à la Bourse des effets publics deviennent, par l'exercice de ces faits, justiciables des tribunaux consulaires. La cour de Paris a reconnu enfin que la négociation des effets publics constitue un fait de commerce qui soumet toutes personnes à la juridiction consulaire et à la contrainte par corps. (Paris, 29 déc. 1807, S.-V. 7. 2. 927; J. P. 3ᵉ édit.;—14 fév. 1810, Devillen. et Car. 3. 2. 207; J. P. 3º édit.) S'il en est ainsi lorsqu'il s'agit de vente et d'achats *sérieux* (V. cependant *contrà*, Paris, 13 fruct. an XIII, S.-V. 24. 2. 347; D. A. 1. 325; — 15 avril 1809, Devillen. et Car. 3, 2. 88; J. P. 3ᵉ édit.;—7 avril 1835, S.-V. 35. 2.

305; D. P. 35. 2. 76), à plus forte raison doit-il en être de même lorsqu'il s'agit de marchés à termes sur *différences*, qui ne sont dans la réalité qu'un véritable trafic. Bien que la loi ne donne pas d'action pour ces sortes de marchés, ils n'en ont pas moins le caractère commercial; et lorsque les parties n'excipent pas de la prohibition de la loi, la compétence commerciale ne pourrait pas être raisonnablement contestée.

53. Mais l'achat des fonds publics cesse d'être une opération de banque, et par conséquent un acte de commerce, lorsqu'il est réalisé, par exemple, par un propriétaire ou par un capitaliste comme placement de fonds, et non dans un but de spéculation. Cette doctrine, fondée sur la raison, semble pouvoir s'induire de deux arrêts de la cour de Paris, des 25 avril 1811 (S.-V. 11. 2. 370; D. A. 1. 324) et 27 août 1831 (S.-V. 32. 2. 41; D. P. 31. 2. 230; J. P, 3ᵉ édit.).

54. Cette distinction doit encore s'appliquer aux créances. Les créances ordinaires ne doivent pas habituellement être réputées marchandises, parce qu'à la différence de celles qui sont reconnues dans la forme commerciale, c'est-à-dire par factures, billets à ordre ou lettres de change, il est rare qu'elles soient l'objet d'un trafic. L'achat qui en serait fait ne constituerait donc pas par lui-même un acte de commerce. Mais les tribunaux pourraient y voir une opération de cette nature, si, par l'appréciation des circonstances, ils étaient amenés à voir dans le but de l'achat une spéculation que se serait proposée l'acheteur.

55. Il en sera de même de l'achat d'une action dans une société de commerce. L'acte sera commercial si l'achat a lieu en vue d'une revente; au contraire, il sera purement civil s'il est fait avec l'intention de conserver. (Rouen, 6 août 1841, S.-V. 41. 2. 636;—Paris, 28 fév. 1842, J. P. 1842. 1. 409.) Cependant la Cour de cassation a jugé tout récemment (28 fév. 1844, D. P. 44. 1. 145) que, même dans cette dernière hypothèse, le fait de souscrire une action, en qualité de commanditaires dans une société commerciale, constitue un acte de commerce qui soumet le souscripteur, même non commerçant, à la contrainte par corps pour l'exécution de son obligation. Une telle décision nous paraît opposée au développement des sociétés commerciales, en ce qu'elle peut éloigner de la commandite un

grand nombre de citoyens étrangers au commerce, sur l'esprit desquels la possibilité d'une exécution par corps exercera une décisive et fâcheuse influence : à ce titre seul, elle semblerait devoir être repoussée. Mais, en outre, nous la croyons essentiellement contraire à l'esprit de la loi. En effet, pour que la contrainte par corps puisse être prononcée, il faut ou que le débiteur condamné soit commerçant, ou que le fait d'où la dette résulte soit un fait commercial. Or, que la participation à la société en commandite n'imprime pas au commanditaire la qualité de commerçant, cela est assurément incontestable. A cet égard, la loi nouvelle n'a rien changé aux principes de l'ancienne législation. Sous le Code de commerce, comme autrefois, le commanditaire, en versant ses fonds dans la société, ne fait pas une opération commerciale, et celui-là seul est commerçant, aux termes de la loi, qui exerce des actes de commerce et en fait sa profession habituelle. Mais l'obligation contractée par le commanditaire est-elle du moins commerciale en ce que se rattachant à un acte essentiellement commercial, elle en revêt le caractère ? Pas davantage. La société en commandite est par elle-même commerciale, sans doute, puisqu'elle a précisément pour but de faire des actes de commerce. Cependant comment conclure de ce caractère particulier de la société en commandite, que l'engagement d'y verser une somme constitue un fait commercial ? Les art. 632 et 633 ont désigné les actes qui doivent être réputés commerciaux. Or, non-seulement aucun de ces articles ne met au nombre des actes de commerce le fait de prendre, à titre de commanditaire, un intérêt dans une société en commandite, mais encore il serait impossible de rattacher ce fait à aucun des cas que ces articles désignent. En définitive, la position de l'associé commanditaire ne diffère en aucune manière de celle du prêteur non négociant auquel un marchand emprunte des fonds pour son commerce. Le prêteur, dans ce cas, ne fait pas acte de commerce, car la destination des sommes qu'il a prêtées ne modifie pas, quant à lui, la nature de la convention. Il en est ainsi du commanditaire qui livre ses fonds au commerce, mais qui ne le fait pas personnellement. La solution de la cour suprême ne saurait donc être suivie ; aussi a-t-elle été généralement repoussée. — V. MM. Bioche et Merger, *Dict. de droit*

*comm.*, vᵒ Actes de comm., nᵒ 84; Nouguier, *Des tribun. de comm.*, p. 374 ; Pont, *Revue de légis. et de jurisp.*, t. 20, p. 364.

56. L'expression *marchandises*, dont se sert le législateur, a donné lieu encore à d'autres difficultés aussi sérieuses. Ainsi, et spécialement, on s'est demandé si un fonds de commerce est une *marchandise* dans le sens de l'art. 632 du Code de commerce, tellement que l'achat qui en serait fait constitue un acte de commerce ? La question a été fréquemment soumise aux tribunaux ; mais leurs décisions, qui du reste se partagent en nombre à peu près égal, sont peu susceptibles d'éclairer le débat ; car, en général, elles tranchent la question par la question. Ainsi, d'une part, on peut consulter, comme n'ayant vu qu'un acte purement civil dans l'achat d'un fonds de commerce, les arrêts suivants : Paris, 23 avril 1828 (S.-V. 28. 2. 188 ; D. P. 28. 2. 439); 13 mars 1829 (S.-V. 29. 2. 164 ; D. P. 29. 2. 196); 19 nov. 1830 (S.-V. 31. 2. 264 ; D. P. 31. 2. 78); 14 avril 1831 (S.-V. 31. 2. 160); 18 août 1834 (S.-V. 34. 2. 615); 2 mars 1839 (S.-V. 39. 2. 92); — Caen, 28 juin 1830 (S.-V. 31. 2. 176 ; D. P. 31. 2. 61). D'une autre part, des arrêts en aussi grand nombre ont déclaré au contraire acte de commerce un achat de cette nature. (V. Nimes, 27 mai 1829, S.-V. 30. 2. 212 ; D. P. 30. 2. 270; — Paris, 11 août 1829, S.-V. 29. 2. 329 ; D. P. 30. 2. 23; — 15 juillet 1831, S.-V. 31. 2. 319; D. P. 32. 2. 12; — 7 août 1832, S.-V. 33. 2. 52; D. P. 33. 2. 132; — 12 avril 1834, S.-V. 34. 2. 616; D. P. 34. 2. 156; — Toulouse, 17 juillet 1834, S.-V. 38. 1. 78; — Lyon, 4 janv. 1839, D. P. 39. 2. 221.) Quant à la Cour de cassation, elle semble avoir voulu éviter de rendre sur cette difficulté un arrêt de doctrine ; car lorsque la question s'est présentée devant elle, elle a posé ce principe, que les juges du fond pouvaient, d'après les circonstances de la cause, réputer ou non acte commercial l'achat d'un fonds de commerce, et en conséquence elle a rejeté le pourvoi dirigé contre un arrêt qui avait considéré un tel achat comme un acte de la compétence des tribunaux de commerce. (Cass. 7 juin 1837, S.-V. 37. 1. 593; D. P. 37. 1. 444.) Tel est l'ensemble de la jurisprudence sur la question.

57. Dans ce conflit de décisions qui répandent sur la question l'incertitude et le doute, nous inclinons, quant à nous, à penser que l'achat d'un fonds de commerce est réellement

un acte commercial. Cette solution ne peut pas faire difficulté, d'abord, lorsqu'il s'agit d'un achat fait pour revendre. Ainsi supposons qu'à la mort du propriétaire d'un fonds, il n'existe dans sa famille personne qui soit en mesure de soutenir le commerce, ou bien encore qu'un propriétaire ne puisse plus faire les avances nécessaires à l'exploitation de son fonds. Quelle que soit la valeur réelle du fonds, il est clair que s'il est vendu dans ces circonstances, la vente en sera faite à des conditions défavorables. Or, si un individu profitant de cette situation se rend acquéreur dans la pensée de revendre immédiatement et de réaliser un bénéfice, il est hors de doute qu'il y aura de sa part acte de commerce. Tous les caractères de l'art. 632 se trouvent réunis dans cette hypothèse : il y a achat pour revendre; il y a aussi spéculation et trafic. Comment donc l'opération pourrait-elle n'avoir que le caractère d'une convention purement civile ?... Au surplus, la question ainsi posée n'a jamais été l'objet d'un doute sérieux.

58. Elle n'a présenté de difficulté réelle que dans le cas d'une acquisition faite en vue d'une exploitation personnelle. Ici, en effet, ne se présentent plus, comme dans l'hypothèse précédente, les caractères de l'acte commercial que prévoit le n° 1ᵉʳ de l'art. 632, et c'est la considération qui a paru décisive aux partisans de la doctrine selon laquelle l'achat d'un fonds ne serait dans ce cas qu'un acte civil. Il n'y a acte de commerce, ont-ils dit, que lorsqu'il y a achat pour revendre : ce sont les termes de l'art. 632, n° 1 ; hors de là, on ne rencontre plus que les transactions du droit commun, et le fonds étant acheté non pour être *vendu*, mais pour être *exploité*, le caractère légal manque complétement. Mais ce système, outre qu'il repose sur une fausse base, met en avant une considération plus spécieuse que solide. D'abord, on ne peut pas dire, en principe, qu'il n'y a acte de commerce que lorsqu'il y a achat pour revendre; la loi elle-même a fourni une réponse péremptoire lorsqu'elle a placé au rang des actes de commerce les opérations de banque et de courtage, les entreprises de spectacles publics, et d'autres actes encore où l'on ne rencontre en aucune manière l'élément d'achat pour revendre. En second lieu, et en supposant que l'on pût prendre pour base celle que l'on donne au système que nous combattons, l'objection serait encore bien loin d'être fondée;

car, en définitive, qu'est-ce que l'exploitation d'un fonds de commerce, sinon la *vente* en détail de marchandises *achetées* en bloc et l'exécution par le cessionnaire des opérations commerciales commencées par le cédant? On ne peut donc pas raisonnablement soutenir que celui qui achète un fonds de commerce et acquiert, par cela même, pour les revendre les marchandises qui composent ce fonds, ne fait pas un acte commercial. S'il eût acheté en détail avec cette intention de revendre, l'acte commercial eût été incontestablement caractérisé. Or, il répugne à la raison d'admettre que l'achat ait changé de nature parce qu'il a été fait en bloc et porte sur une universalité. Telle est aussi l'opinion à peu près générale des auteurs.— V. Despréaux, n° 360; Horson, quest. 184; Dalloz, v° Faillite, t. 8, p. 241; Orillard, n° 261; Nouguier, t. 1ᵉʳ, p. 389 et suiv.

59. Il est vrai que la solution ci-dessus part de cette donnée, que les marchandises seraient comprises dans la vente du fonds. Or, il est des auteurs qui ont expressément réservé ce cas. La détermination de la nature civile ou commerciale de l'achat d'un fonds de commerce, ont-ils dit, se trouve subordonnée à la question de savoir si c'est le fonds lui-même, ou si ce sont au contraire les marchandises placées dans ce fonds que l'on doit considérer, d'après les circonstances, comme ayant fait l'objet principal de l'achat. Dans le premier cas, l'achat n'est point acte de commerce, car ce n'est pas pour le revendre que l'on a acquis le fonds. C'est le contraire dans la deuxième hypothèse.—V. M. Coin-Delisle, *De la contrainte par corps*, p. 78.—Telle paraît être aussi l'opinion de MM. Gouget et Merger, (*Dict. de droit comm.*, v° Actes de commerce, n° 83); et s'il est vrai que, parmi les arrêts que nous avons cités au n° 56, il en soit de nombreux qui ont considéré les marchandises comme un accessoire du fonds, et ont en conséquence considéré la vente comme purement civile, bien que les marchandises y eussent été expressément comprises, il en est d'autres aussi, il faut le reconnaître, qui n'ont attribué à la vente le caractère commercial que parce que les marchandises avaient été vendues avec le fonds. Quant à nous, nous n'admettons pas la distinction. Un fonds de commerce, nous le savons, est une chose complexe : l'achalandage, le droit au bail, des meubles, des marchandises, des dettes, des

créances, voilà les éléments qui le composent. Quel est le principal? quel est l'accessoire? c'est assurément là ce qu'on ne saurait décider d'une manière générale. Aussi n'est-ce point, ce nous semble, dans la valeur relative de telle ou telle partie du fonds qu'il faut chercher la solution; c'est le fonds lui-même qu'il faut considérer, dans son ensemble, comme formant un tout et comme l'élément essentiel du commerce. Ainsi, lorsqu'un fonds est vendu, il est rare qu'on laisse en dehors les marchandises qu'il renferme; mais si le fait se vérifie, si le vendeur retient les marchandises, ou bien s'il n'en existe pas en ses mains, il n'en est pas moins certain que le fonds, c'est-à-dire l'instrument même du commerce, a été mis dans les mains de l'acquéreur; et puisque un achat de cette nature ne peut avoir que le commerce pour objet, il serait étrange qu'il n'eût pas lui-même le caractère commercial. La doctrine que nous émettons a été portée à son plus haut degré d'évidence par M. Nouguier, *loc. cit.*, p. 392. « La loi, dit cet auteur, sans se préoccuper de l'objet qu'elles doivent exploiter, déclare commerciales de plein droit les sociétés en nom collectif et en commandite. Eh bien, à quelles conséquences n'arriverait-on pas si l'on prenait pour point de départ le principe que nous combattons en ce moment! Une société en nom collectif se forme dans le but d'acheter et d'exploiter une fabrique de draps; cette fabrique, elle l'achète, en effet, mais elle n'a pas encore commencé la mise en œuvre. Les associés ont-ils fait acte de commerce? qui a pu jamais en douter? et pourtant la société, qui n'a pas acheté pour revendre, n'a pas encore réalisé la condition textuelle de l'art. 632. Pourquoi donc l'achat du même fonds de commerce fait par un simple particulier, dans les mêmes intentions, ne présenterait-il pas le même caractère?... Qu'est-ce qu'exploiter un fonds de commerce? C'est d'abord acquérir ou créer l'être moral, le fonds, puis le garnir en bloc de marchandises, enfin vendre ces marchandises en détail. Ces diverses opérations sont autant d'actes dont l'ensemble attribue à l'exploitant la qualité de commerçant. L'achat du fonds est dès lors le premier acte de cette série non interrompue d'actes commerciaux, qui désormais donnent à l'acheteur, jusque-là étranger au commerce, la profession qu'entraîne leur exercice habituel. Acheter un fonds de com-

merce, c'est véritablement travailler à acheter et à revendre des marchandises, en ce sens que l'achat du fonds doit faciliter l'écoulement des marchandises que l'on doit y placer. » — V. encore dans ce sens, Pardessus, n° 9.

60. Cependant, et bien qu'en principe l'achat d'un fonds constitue un acte de commerce, nous pensons bien qu'une exception doit être admise dans certains cas particuliers. Ainsi, par exemple, l'achat d'une charge d'agent de change ou de courtier ne pourrait être réputé qu'un acte civil; car, en admettant que ces officiers ministériels puissent être considérés comme commerçants, toujours est-il que le droit d'exercer leurs fonctions émane de l'autorité royale; et cela même exclut toute assimilation entre leurs charges et un fonds de commerce. (Paris, 2 août 1832, S.-V. 33. 2. 50; D. P. 33. 2. 16.)

61. A plus forte raison en est-il ainsi de l'achat d'un pensionnat (Paris, 15 fév. 1843, J. P. 1843. 2. 137). Le maître de pension n'étant pas, en effet, réputé commerçant (Paris, 16 déc. 1837, J. P. 1838. 1. 132; — 13 juin 1843, J. P. 1843. 2. 137), l'acquisition du pensionnat ne peut pas, par cela même, être considérée comme un acte commercial.

62. C'est seulement pour ces cas, ou pour d'autres semblables, que nous ferions une exception à la règle que nous avons indiquée. Par conséquent, nous n'admettrions pas avec M. Nouguier (*loc. cit.*) que, s'il s'agissait de l'achat d'un fonds de commerce proprement dit, fait non pas dans l'intention de revendre ou d'exploiter, mais dans le but de détruire la concurrence en supprimant un établissement rival, une telle acquisition dût être considérée comme un acte purement civil. Dans ce cas, comme dans tous ceux que nous avons signalés *suprà*, n°ˢ 56 et suiv., l'acheteur a eu pour cause impulsive le désir de faire prospérer son commerce; et lorsque, pour rester maître de la position et maintenir ses tarifs, un marchand se détermine à acheter le fonds d'un autre marchand, qui offre au consommateur les mêmes produits que lui, mais à un prix inférieur, il est difficile de séparer de l'achat l'idée de spéculation, caractéristique, ainsi que nous l'avons dit, de l'acte de commerce, et cela, encore bien qu'après avoir acheté l'établissement rival, l'acquéreur se borne à le fermer. Dans tous les cas, il faudra bien reconnaître qu'il en sera ainsi, si l'acquéreur transporte dans son magasin les mar-

chandises qu'il a trouvées dans celui qu'il a acheté ; car alors et incontestablement l'achat ne sera pas exclusif de la pensée de revendre, ce qui donnerait à la convention tous les caractères de l'opération commerciale.

63. C'est encore une question controversée, et qui se lie jusqu'à un certain point à celle que nous venons d'examiner, que celle de savoir si les achats par les artisans et commerçants pour travailler de leur profession constituent des actes de commerce. Mais quelque rapport qu'elle ait avec l'acquisition d'un fonds de commerce, elle se lie d'une manière plus intime encore à la matière des actes réputés commerciaux à raison de la qualité de la personne. C'est donc à la section deuxième de ce chapitre qu'on la trouvera examinée.

64. Il nous reste à parler maintenant des achats et ventes de denrées ou marchandises qui sont la conséquence d'une profession libérale. En général, ces sortes d'achats ne sont pas considérés comme des actes de commerce ; mais le principe ne laisse pas que de souffrir quelques difficultés dans ses applications.

D'abord, on reconnaît unanimement que l'auteur qui fait imprimer à son compte et qui débite ses ouvrages, n'est pas présumé avoir fait un acte de commerce en achetant le papier et les autres matières qui ont servi à cette impression. (Paris, 4 nov. 1809, S.-V. 7. 2. 1152 ; — 23 oct. 1834, S.-V. 34. 2. 641 ; D. P. 35. 2. 22 ; — 3 fév. 1836, S.-V. 36. 2. 125 ; D. P. 36. 2. 145 ; — 23 déc. 1840 et 9 fév. 1841, S.-V. 41. 2. 323. — V. encore MM. Favard de Langlade, *Répert.*, v° Actes de comm. ; Vincens, *Législ. commerc.*, t. 1, p. 135 ; Merlin, *Répertoire*, v° Commerce (actes de), §. 3 ; Pardessus, n° 15 ; Locré, t. 8, 302 ; Carré, *Comp.*, t. 7, p. 141, édit. de Foucher ; Despréaux, n° 348 ; Orillard, n° 262 ; Nouguier, p. 372.) Les motifs de cette dérogation aux principes généraux se conçoivent d'ailleurs aisément ; c'est que l'auteur n'est point supposé avoir agi dans le but de spéculer sur les fournitures qu'il a achetées, mais bien dans celui de communiquer ses productions littéraires ou scientifiques au public. On ne considère l'acquisition des matières destinées à l'impression que comme un accessoire de l'objet principal, qui, dans ce cas, est la production d'une œuvre intellectuelle. C'est une exception du genre de celles que l'on fait en faveur de l'État lorsqu'il achète certains

produits pour les livrer ensuite manufacturés à la consommation ; l'écrivain est censé aussi n'avoir produit que dans un intérêt général.

65. Mais il n'en serait plus ainsi de la publication d'un livre qui ne contiendrait autre chose qu'une indication des rues, monuments et curiosités d'une ville. Cette publication ne devrait plus être considérée comme constituant une œuvre littéraire, mais bien une opération commerciale. (Paris, 9 fév. 1841, S.-V. 41. 2. 324.)

66. M. Pardessus pense (*loc. cit.*) que l'écrivain qui formerait une société avec des tiers, et apporterait comme mise sociale ses manuscrits, ferait, dans ce cas, une association commerciale. Nous ne saurions adopter cette opinion qui, d'ailleurs, est repoussée par la jurisprudence. (Paris, 14 juin 1842 ; J. P. 1842. 1. 758 ; — 10 mars 1843, S.-V. 43. 2. 139 ; J. P. 1843. 1. 485.) Le fait de l'association ne saurait changer le caractère des actes accomplis par l'auteur. Toutefois, la troisième chambre de la cour royale de Paris a récemment consacré la doctrine de M. Pardessus, en jugeant que la convention par laquelle un auteur et un imprimeur s'engagent à partager par moitié les bénéfices et les pertes résultant de la publication d'une édition d'un ouvrage dont la propriété est réservée à l'auteur, constitue une association *commerciale* en participation, parce que l'imprimeur fait en pareille circonstance une opération commerciale, et que l'auteur, en s'associant à cette opération, se livre nécessairement à un acte de même nature. (Paris, 16 fév. 1844, J. P. 1844. 1. 379.) Mais le motif invoqué par la cour royale de Paris est loin d'être concluant, car il est incontestable, ainsi que nous l'avons déjà vu, qu'un acte peut avoir le caractère commercial à l'égard de l'une des parties, et le caractère civil vis-à-vis de l'autre. D'où il suit que l'imprimeur, dans la circonstance donnée, peut faire un acte de commerce ; ce qui se conçoit très-bien, puisqu'il achète d'abord le manuscrit en vue d'une spéculation qui se réalise par la revente au public, sans qu'il en résulte nécessairement qu'il y ait aussi acte de commerce de la part de l'auteur qui, lui, vend une chose qu'il a créée et non pas une marchandise acquise par lui avec l'intention de revendre. En définitive, on admet sans difficulté que l'auteur qui édite son livre à ses frais ne fait pas acte de commerce ; et pareillement l'on admet encore que celui-là

demeure étranger à toute opération commerciale, qui se réserve une part déterminée dans le produit de la vente. Or, il serait au moins bizarre que celui qui emploierait ensemble ces deux modes de publication, en éditant pour moitié à ses frais et pour l'autre moitié avec stipulation d'une part dans les bénéfices, dût être considéré comme s'étant livré à une spéculation commerciale.

67. Quant à l'éditeur qui aurait acheté les œuvres d'un écrivain pour les publier, il ne saurait jouir, on le conçoit bien, de l'immunité accordée aux auteurs, bien que, quant à la publication, il ne fasse qu'exercer les mêmes actes que l'auteur eût accompli s'il eût publié lui-même ses ouvrages. La raison de différence provient de ce que l'éditeur ne peut être présumé, comme l'auteur, avoir eu pour but principal de répandre une œuvre utile à la société, quand il a cherché en même temps à réaliser des bénéfices en accomplissant des actes de commerce.

68. Mais en serait-il du journaliste comme de l'auteur d'un ouvrage scientifique? M. Pardessus (*loc. cit.*) se prononce pour la négative. Cet auteur, après avoir établi, ainsi que nous venons de le faire, que l'exception faite en faveur de l'auteur ne militerait pas en faveur du libraire, ajoute : « Encore moins serait-elle susceptible d'être invoquée par le journaliste qui ne rendant compte que d'événements ou d'objets en quelque sorte du domaine commun, ne peut pas être assimilé à celui qui compose un ouvrage vraiment littéraire. » Cette opinion, à notre avis, ne saurait être suivie : elle nous semble essentiellement contraire à l'esprit de la loi, et, en la poussant dans ses dernières conséquences, elle consacrerait, ainsi que le fait remarquer M. Carré (*loc. cit.*), une distinction des plus bizarres. « En effet, dit ce dernier auteur, les événements que nous apprend l'histoire appartiennent bien certainement au domaine commun; l'historien ferait donc un acte de commerce lorsqu'étant éditeur de ses propres ouvrages, il achèterait du papier pour servir à leur impression ; et, dans le même cas, l'auteur d'un roman ne ferait pas un acte de commerce. » Ajoutons, dans ce sens, que la chose importante dans un journal est assurément la composition, aujourd'hui qu'une publication de cette nature est un champ ouvert à la science aussi bien qu'à la littérature, et que les travaux des journalistes sont si éminemment sé-

rieux que, sous le rapport de l'intelligence et du talent, bien des ouvrages littéraires ou scientifiques n'ont évidemment ni la valeur ni la portée de certains journaux. Il n'y a donc, entre l'auteur d'un journal et celui d'une œuvre scientifique ou littéraire, aucune différence, si ce n'est que le premier donne jour par jour au public le produit d'un travail que l'autre lui livre en masse ; et, sous le rapport qui nous occupe, cette différence dans le mode de la publication ne saurait évidemment tirer à conséquence. Ainsi, soit que le rédacteur d'un journal agisse isolément, soit qu'il s'associe avec d'autres pour la publication, l'achat de papier qu'il fera ne sera pas plus à son égard un acte de commerce que ce même achat ne constituerait de la part d'un auteur, dans la même hypothèse, un acte de cette nature. C'est ce qui a été consacré par deux arrêts fortement motivés de la cour de Bruxelles du 13 déc. 1816 (Devillen. et Car. 5. 2. 214; J. P. 3e édit.; D. A. 2. 728), et 8 oct. 1818 (Devillen. et Car. 5. 2. 420; D. A. 2. 729; J. P. 3e édit.); et telle est aussi l'opinion des auteurs. — V. MM. Carré, *loc. cit*; Orillard, no 264 ; Goujet et Merger, vo Acte de commerce, no 43.

69. Mais, remarquons-le bien, cette solution doit être restreinte au seul cas où les rédacteurs du journal en sont propriétaires, où aucune insertion n'est faite sans que les manuscrits n'aient été revus et corrigés par eux, quand ils sortent d'une plume étrangère. Que si le propriétaire du journal est étranger à la rédaction, il est évident qu'il doit être assimilé à l'éditeur des œuvres d'autrui. Car, dit M. Orillard, no 264, quelle différence y a-t-il entre celui qui achète chaque jour des articles de littérature, de science ou de politique, pour les insérer dans ses feuilles, et l'éditeur qui achète un manuscrit? Aucune dans la spéculation. Dans ce cas, le propriétaire du journal sera donc justiciable des tribunaux consulaires pour les achats du papier destiné à l'impression de son journal. C'est ce qui arrivera toutes les fois qu'un journal sera la propriété d'une société en commandite ou en nom collectif.

70. Ainsi, et en définitive, la publication d'un journal devient commerciale, quelles que soient les matières dont ce journal traite, qu'il soit politique, littéraire, scientifique ou judiciaire, alors seulement qu'elle n'est pas faite par les rédacteurs, et cela réduit la diffi-

culté à une minime importance dans la pratique, puisqu'il n'arrive presque jamais qu'un journal soit publié par des rédacteurs propriétaires.

Quant au gérant, sa position et son rôle, susceptibles de modifications variées, méritent un examen à part. — V. Gérant, Journaux, Presse périodique.

71. Dans la classe des professions libérales, il faut placer incontestablement la peinture et la statuaire. Ainsi, le peintre qui achète des couleurs et des toiles, et le sculpteur qui achète un bloc de marbre, ne font pas en cela des actes de commerce. Ces acquisitions ne peuvent évidemment être réputées faites dans un but commercial et de spéculation. La toile pour le peintre, le marbre pour le sculpteur, sont des objets utiles aux productions de leur génie, mais accessoires infiniment petits à côté d'une production intellectuelle ou artistique. Ces objets ne sauraient sous aucun rapport être considérés comme la matière d'un trafic, d'une spéculation de la part de l'artiste. Au contraire, le peintre en bâtiments et le marbrier feraient, en achetant les mêmes objets que le sculpteur et le peintre, des actes de commerce; car, à la différence de ceux-ci, le peintre en bâtiments et le marbrier sont considérés comme de simples artisans.

72. Mais que décidera-t-on à l'égard des instituteurs et des directeurs des maisons d'éducation? Sous l'empire de l'ordonnance de 1673, la question était controversée. D'une part, Rogue (t. 1, n° 26) disait : « Les juges consuls connaissent des marchandises vendues à un maître de pension, soit pain, vin, bois, charbon; il revend ces denrées à ses pensionnaires. » D'une autre part, Denizart soutenait au contraire (v° Consul, t. 1, p. 680) « que la jurisprudence ne permettait pas de traduire aux consuls les maîtres de pension qui sont maîtres ès-arts, pour raison des fournitures de bouche faites à leur pension, parce que ce qui a rapport à l'éducation des enfants n'est pas regardé comme un commerce. » C'est cette dernière solution qui a prévalu sous l'empire de la législation nouvelle. On trouve bien un arrêt de la cour de Paris, du 26 nov. 1807 (S.-V. 8. 2. 55), qui a consacré la doctrine de Rogue; mais la jurisprudence n'a pas accepté cette solution. La cour de Paris elle-même avait pris le soin de la combattre dans les observations qu'elle présenta sur le projet du Code de commerce.

IV.

« Le principe que celui-là seul est commerçant, disait-elle, qui achète pour revendre ou pour louer, admet une exception en faveur des sciences et des arts libéraux. Ceux qui les professent, comme sont les instituteurs et maîtres de pensionnat, s'occupent essentiellement de l'instruction, quoique leur état comporte des fournitures qui nécessitent des achats. Les fournitures ne sont qu'un accessoire; le principal, ce qui caractérise l'état, c'est l'instruction, qu'on ne peut en aucun sens qualifier de *marchandise*. » (Observ. des trib., t. 1, p. 414.) C'est en partant de cette donnée que la jurisprudence n'a jamais vu dans l'instituteur que l'homme qui a pour but l'éducation des élèves qui sont confiés à sa surveillance; et en conséquence, elle a déclaré qu'en achetant les marchandises nécessaires à leur entretien ou à leur nourriture, il ne se livre point à une spéculation; mais il contracte une obligation accessoire à ses occupations principales. (Paris, 19 mars 1814, S.-V. 16. 2. 85; — 11 juill. 1829, S.-V. 29. 2. 219; — 19 mars 1831, S.-V. 31. 2. 306; D. P. 31. 2. 142; — 16 janv. 1835, S.-V. 35. 2. 199; D. P. 35. 2. 88; — 16 déc. 1837, J. P. 1838. 1. 132; — Douai, 14 fév. 1827, S.-V. 28. 2. 79; — Cass. 23 nov. 1827, S.-V. 28. 1. 188. — V. aussi Pardessus, t. 1, n° 15; Malepeyre et Jourdain, p. 7; Despréaux, n° 350; Carré, t. 7, Quest. 490; Nouguier, t. 1, p. 373; Orillard, n° 266.)

73. Toutefois, et comme l'enseigne ce dernier auteur, il ne faut pas trop généraliser cette solution. En conséquence, nous admettrions comme bien fondée cette distinction que l'on retrouve en germe dans l'opinion ci-dessus transcrite de Denizart, que si l'on doit considérer comme non commerçant le chef d'institution pourvu d'un diplôme de l'Université, il n'y a pas la même raison de considérer ainsi celui qui, sans brevet de capacité, se met à la tête d'un établissement dans lequel il fait donner des leçons par des professeurs brevetés qu'il paie. Dans cette situation, le chef d'institution ne peut plus être considéré que comme un spéculateur, et cette doctrine est implicitement confirmée par Denizart, qui, en enlevant à la juridiction consulaire les maîtres de pension, parlait expressément de ceux qui étaient maîtres ès-arts.

74. La cour royale de Paris, par une dérogation marquée à sa jurisprudence, est allée

34

même jusqu'à dire que l'instituteur qui constitue et publie un acte de société pour l'exploitation de son institution, se rend par là commerçant, et devient, pour l'exécution de ses obligations, justiciable du tribunal de commerce. ( Paris, 24 fév. 1841, J. P. 1841. 1. 407.) En principe, cette solution ne devrait pas être suivie; car on ne comprend pas comment le seul fait de la création d'une société changerait la nature de l'entreprise. Que l'institution soit la propriété d'un seul ou de plusieurs, la chose est peu importante, le rôle de l'instituteur n'en reste pas moins le même, le but qu'il se propose n'est pas différent, et, dès lors, les opérations ou plutôt les engagements qu'il contracte ne peuvent pas revêtir le caractère commercial.

La solution de la cour royale de Paris ne nous paraîtrait acceptable que si, dans l'espèce qu'elle a eu à juger, elle a entendu dire qu'en raison des circonstances, le fait de l'association avait eu pour résultat de faire perdre à l'instituteur le bénéfice de sa première qualité pour lui en faire acquérir une autre, celle de chef ou directeur d'une société en nom collectif ou en commandite. En effet, dans ce cas, l'instruction, loin d'être le but principal de l'instituteur, ne serait pour lui qu'un objet secondaire, et, sous ce rapport, sa position présenterait une analogie parfaite avec celle du chef d'institution non muni de diplôme, et employant dans son institution des professeurs brevetés. — V. suprà, n° 73. Ainsi entendu, l'arrêt du 24 fév. 1841 nous semblerait bien rendu.

75. Nous irons même plus loin dans ce sens, et nous pensons que le principe de la non commercialité des instituteurs non associés qui prennent des pensionnaires et pourvoient à leurs besoins, n'est point tellement absolu que les tribunaux, juges souverains de tous les faits, ne puissent déclarer, dans quelques circonstances déterminées, que l'élément commercial dominant sous une spéculation de cette sorte, dont l'éducation n'est plus qu'un accessoire, les chefs en doivent être réputés commerçants. En effet, on doit veiller à ce qu'on ne puisse cacher sous une qualité supposée ou apparente une qualité réelle.

76. Enfin, la même difficulté s'est présentée quant aux pharmaciens, médecins, officiers de santé, sages-femmes, etc. On s'est demandé si, comme les auteurs, artistes et maîtres de pension, ceux qui se livrent à ces professions doivent aussi être exceptés de la classe des commerçants. Les lois relatives ces matières, ainsi que les discussions auxquelles elles ont donné lieu, sont muettes à cet égard; en sorte que l'on en est réduit aux intducions.

77. En ce qui concerne les pharmaciens d'abord, les traditions de l'ancienne législation seraient décisives, car les apothicaires étaient compris dans le second corps des anciens marchands, dans le corps de l'épicerie. On a tiré de ce fait la conséquence que le Code de commerce n'ayant pas innové sur ce point, la même règle devrait encore être suivie. C'est ce qu'a décidé la cour royale de Nîmes par son arrêt du 27 mai 1829 (S.-V. 30. 2. 212; D. P. 30. 2. 270 ); la cour de Rouen a ensuite abondé dans le même sens en adoptant les motifs d'un jugement du tribunal de Bernay, qui a motivé son opinion en ces termes : « Attendu que s'il est vrai que, pour les préparations chimiques et pharmaceutiques, l'art et la science du pharmacien ajoutent une grande valeur à la matière première à laquelle ils ont fait subir ces préparations, et que, sous ce rapport et d'après cette considération, ils doivent être assimilés plutôt à d'habiles et savants artistes qu'à des marchands, il est vrai aussi qu'ils achètent divers objets et plusieurs substances qu'ils revendent sans aucune de ces préparations ni élaborations qui demandent des connaissances spéciales, et que, sous ce rapport, ils ne font que des actes de commerce; qu'ainsi, en plusieurs endroits, les pharmaciens sont portés sur la liste des notables commerçants, et, en cette qualité, appelés à siéger comme juges des tribunaux de commerce. (Rouen, 30 mai 1840, J. P. 1840. 2. 264. )

Mais la cour de Montpellier s'est prononcée en sens contraire par les motifs suivants : « Attendu que si l'art. 1er du C. de comm. déclare commerçants ceux qui exercent des actes de commerce et en font leur profession habituelle, et si l'art. 632 du même code répute actes de commerce tous achats de denrées et marchandises pour les revendre, soit en nature, soit après les avoir travaillées et mises en œuvre, cela ne doit s'entendre que d'un travail qui a pour objet le perfectionnement de la marchandise sans en dénaturer la substance, et par lequel la marchandise ne cesse pas d'être l'objet principal, dont la mise en œuvre n'est que l'accessoire ; attendu que si, dans certains cas, les pharmaciens revendent des objets qu'ils ont achetés sans même les avoir manipulés, ces actes, purement accidentels, ne sont pas constitutifs de l'exercice de leur profession ; attendu que les pharmaciens sont soumis par la loi à des conditions de capacité ; qu'ils subissent des épreuves et des examens scientifiques et qu'ils ont été institués dans un intérêt public pour préparer et vendre des compositions chimiques et des médicaments, sous la garantie de leur savoir et de leur expérience ; qu'ainsi on ne peut pas dire qu'ils revendent des matières premières, mais qu'en réalité ils vendent des produits nouveaux qu'ils ont fabriqués ; que dès lors ils ne doivent pas être classés parmi les commerçants. » ( Montpellier, 19 février 1836 , S.-V. 36 2. 366 ; J. P. 3e édit ; D. P. 37. 2. 64. )

A laquelle de ces opinions convient-il de se ranger ? Nous croyons plus juridique celle des cours de Nîmes et de Rouen. L'arrêt de la cour de Montpellier est, en effet, fondé sur cette assertion erronée que la vente des denrées ou marchandises auxquelles les pharmaciens ne font point subir de préparations est chez eux un fait purement accidentel ; or, il est certain au contraire que c'est au moyen de l'exercice de ces actes, qui sont d'une nature essentiellement commerciale, que prospère surtout leur industrie. En effet, comme les herboristes, ils achètent et vendent une grande quantité de denrées qui ne nécessitent aucune manipulation scientifique ; comme les droguistes, ils achètent et vendent des matières déjà manufacturées par les fabricants de produits chimiques, et les mettent en circulation sans préparation aucune. Enfin, ils reçoivent en dépôt un grand nombre d'objets qu'ils livrent au public en prélevant un bénéfice sur la vente.

D'ailleurs, en supposant vrai le fait articulé par la cour, la conséquence de droit qu'elle en tire ne serait pas logique ; car le premier alinéa de l'art. 632 du Code de commerce réputant indistinctement actes de commerce les achats de denrées ou marchandises pour les revendre, soit en nature, soit après les avoir travaillées et mises en œuvre, il importe peu que le marchand dénature ou ne dénature pas la substance des matières qu'il met en vente.

Selon nous, il est indifférent aussi que ces industriels soient ou ne soient pas munis de brevets de capacité. Ce fait ne saurait exercer aucune influence sur la nature des opérations auxquelles ils se livrent, puisque la plus grande partie des actes qu'ils exercent ne nécessite point l'emploi de cette capacité, et que ce n'est qu'exceptionnellement qu'ils sont appelés à en faire usage. Enfin, l'emploi de leur capacité, quand il y a lieu pour eux de l'exercer, ne peut faire considérer l'industrie du pharmacien comme une profession libérale ; car cette capacité se réduit presque toujours à un mélange de substances dont le *Codex* ou l'ordonnance du médecin donnent la formule ; de sorte qu'il reste vrai de dire que le pharmacien est bien plutôt un homme qui exécute la pensée d'un autre qu'un homme qui crée lui-même ; un homme qui agit dans le but de bénéficier sur la vente de ses marchandises, en d'autres termes, un marchand, plutôt qu'un savant qui essaye de faire faire des progrès à la science... Telle est, au surplus, l'opinion de M. Pardessus, n° 16 ; la doctrine contraire est cependant soutenue par MM. Orillard, n° 278, et Nouguier, t. 1, p. 380.

78. Les raisons qui nous ont fait soutenir la commercialité des pharmaciens doivent, à plus forte raison, nous décider pour celle des herboristes, bien qu'aux termes de l'article 39 de la loi du 21 germ. an XI, ils soient tenus aussi de subir des examens ; car ici l'intervention de la capacité est moins nécessaire et d'un usage moins fréquent que chez les pharmaciens.

79. Pour le médecin, il en est autrement en principe. Bien que la médecine ne puisse s'exercer sans le secours d'une patente, les médecins ne sont point des commerçants. Ils ne sont appelés par leur profession, en général et sauf deux exceptions que nous allons faire connaître, à l'exercice d'aucun acte de commerce. C'est ce que la loi semble avoir décidé elle-même en faisant des professions distinctes de celle de médecin et de celle de pharmacien, et en donnant exclusivement à ce dernier le droit de vendre des médicaments. La vente des médicaments ne rentrant donc plus dans les attributions des médecins et ne pouvant être considérée comme un accessoire de leur profession, puisque au contraire elle leur est défendue, il s'ensuit que lorsqu'un médecin cessant d'agir dans un but d'humanité, se livre à la vente des médicaments avec l'intention de réaliser des bénéfices et em-

piète ainsi sur les attributions des pharmaciens, il exerce comme ceux-ci des actes de commerce qui doivent le faire réputer commerçant quand il y a continuité d'exercice.

80. Ce que nous venons de dire du médecin doit s'appliquer par analogie aux chirurgiens, officiers de santé et sages-femmes.

81. Il existe cependant quelques situations où l'exercice des actes que nous venons de considérer comme commerciaux devient réellement un accessoire de la profession de médecin, chirurgien, officier de santé, et où par conséquent ces actes, comme accessoires, ne doivent pas être attributifs de la qualité de commerçant. C'est, par exemple, lorsqu'en vertu de l'art. 27 de la loi du 21 germ. an XI, les officiers de santé établis dans des bourgs ou villages où il n'existe point de pharmacie, sont autorisés à fournir des médicaments aux personnes qu'ils sont appelés à soigner. Cela a été expressément jugé pour les officiers de santé et les médecins. (Limoges, 6 janv. 1827, S.-V. 28. 2. 27 ; D. P. 28, 2. 25.) La même décision serait raisonnablement appliquée par analogie aux docteurs en chirurgie et aux sages-femmes.

82. La seconde exception que nous avons annoncée est relative au cas où, à l'instar des maîtres de pension, les médecins, chirurgiens, officiers de santé et sages-femmes, prennent des pensionnaires, non pour les instruire, mais pour leur donner leurs soins. Comme il y a, dans ce cas, similitude parfaite entre la position des médecins et des instituteurs, nous ne pouvons que nous référer à ce que nous avons dit à l'occasion de ces derniers. — V. suprà, nos 72 et suiv.

83. Nous ferons remarquer enfin que la question ne changerait pas de face si les médecins, chirurgiens, officiers de santé ou sages-femmes, au lieu de prendre quelques pensionnaires, fondaient des maisons de santé.

84. Disons seulement que, dans ces matières, les tribunaux sont juges de la situation, et qu'ils peuvent déclarer ou ne pas déclarer la commercialité des personnes dont nous venons de parler, suivant les circonstances de la cause. C'est ce qui a été jugé par la cour royale de Paris par arrêt du 15 av. 1837 (J. P. 1837. 1. 303 ; D. P. 38. 2. 190).

85. *Revente de denrées et marchandises, soit en nature, soit après les avoir travaillées et mises en œuvre.* — La loi répute actes de commerce tout achat fait avec l'intention de revendre, soit que la chose achetée doive être revendue en nature, soit qu'elle doive être revendue après avoir été travaillée ou mise en œuvre.

86. Revendre en *nature*, c'est le fait du *commerçant* proprement dit, qui achète et revend en gros les denrées ; du *négociant,* qui achète et revend en gros, non-seulement les denrées, mais encore les produits manufacturés ; du *marchand,* qui vend en détail les denrées et marchandises achetées par lui, soit en gros, soit en détail. A ce point de vue, on a considéré comme justiciables des tribunaux consulaires : 1° les libraires pour les achats de livres par eux faits (Cass. 25 fév. 1836, J. P. 3e édit. ; — Colmar, 10 juill. 1837, S.-V. 38. 2. 241 ; D. P. 38. 2. 20) ; 2° les bouquinistes, pour les mêmes causes ; car, en jurisprudence comme en doctrine, on tend à assimiler cette profession à celle des libraires (Cass. 8 déc. 1826, Devillen. et Car. 8. 1. 479 ; J. P. 3e édit. ; V. aussi MM. de Grattier, *L. de la presse,* t. 1, n° 16 ; Parant, *eod.,* p. 36, n° 4 ; Celliez, *C. de la presse,* p. 21 ; Chassan, *Dél. de la presse,* t. 1, p. 456) ; 3° les colporteurs de livres (Cass. 10 nov. 1826, S.-V. 27. 1. 373 ; D. P. 27. 1. 330 ; — Colmar, 4 mai 1829, S.-V. 30. 2. 83 ; D. P. 30. 2. 1.).

87. Mais c'est une question assez délicate que celle de savoir si le propriétaire ou le fermier qui achètent des bestiaux maigres, tels que, par exemple, des bœufs, des moutons, des porcs, pour les engraisser et les revendre en cet état, font en cela des actes commerciaux. Il faudrait écarter tout d'abord la qualité commerciale, si ces agriculteurs n'avaient acheté ces animaux que pour le service de leur exploitation agricole ou pour leur propre consommation, ou si encore c'était là le seul mode d'utiliser les produits d'un immeuble. (Bourges, 22 nov. 1836, J. P. 3e édit. ; D. P. 40. 2. 173, et 14 fév. 1840, S.-V. 41. 2. 99 ; D. P. 41. 2. 77.) Mais la question serait d'une solution plus difficile si le bétail n'avait été acquis que dans l'intention de le revendre après l'avoir engraissé ; car la situation est d'une nature mixte : civile, si l'on part du point de vue de l'agriculteur faisant par ce moyen valoir ses terres et utilisant ses produits ; commerciale, si l'on ne veut voir que l'homme achetant pour revendre et faisant, par l'exercice de ces faits, des actes de commerce aux termes de l'art. 632 de ce code. Pour se prononcer dans un sens ou dans l'au-

tre, il faut, selon nous, chercher avec soin quelle est la profession principale et réelle de celui qui se livre à ces sortes de spéculations; voir si les achats et ventes d'animaux ne sont qu'un accessoire de l'exploitation agricole, ou si au contraire l'agriculture n'est qu'un accessoire du commerce de bestiaux; et, selon l'un ou l'autre cas, déclarer non commerçant ou commerçant celui qui se livre à l'exercice habituel des actes dont nous nous occupons. (Rouen, 14 janv. 1840, S.-V. 40. 2. 201; D. P. 40. 2. 158.) L'étendue de ces sortes de spéculations, la fréquence des achats et des ventes peuvent seules aider à la solution du problème.

MM. Pardessus (n° 14), Despréaux (*Comp. des tribunaux de comm.*, n° 354), Goujet et Merger (*Dict. de droit comm.*, v° Actes de commerce, n° 47), ont professé une opinion semblable à celle que nous énonçons; mais Dalloz (*Rec. alph.*, v° Commerce [actes de]), appliquant la loi d'une manière plus absolue, veut sans distinction que celui qui achète habituellement des animaux pour les revendre acquière la qualité commerciale. On peut consulter aussi sur ce point un arrêt de la Cour de cassation du 3 floréal an VI, où l'on trouve l'état de la législation sous la république française. (S.-V. 1. 1. 142; D. A. 11. 146.)

88. Revendre après avoir mis en œuvre, c'est le fait du manufacturier, du fabricant et de l'artisan. A ce point de vue, on considère comme rentrant dans la prévision de la loi les opérations des aubergistes, hôteliers, restaurateurs. (Cass. 23 av. 1813, S.-V. 16.1.165; D. A. 2. 698; —Liège, 17 av. 1812, Devillen. et Car. 4. 2. 85; J. P. 3ᵉ édit.; — Paris, 21 nov. 1812, Devillen. et Car. 4. 2. 200; J. P. 3ᵉ édit.; — Rouen, 4 déc. 1818, S.-V. 19. 2. 328; D. A. 2.703. — Bruxelles, 23 avril 1832; J. P. 3ᵉ édit.) La même décision devrait être suivie à l'égard du maître d'une pension bourgeoise. (Rouen, 30 mai 1820, J. P. 3ᵉ édit.; D. P. 26. 2. 147.) La cour royale de Limoges a cependant décidé, par arrêt du 16 fév. 1833 (S.-V. 33. 2. 277; D. P. 33. 2. 207), qu'on ne saurait considérer comme commerçant celui qui se borne à recevoir à sa table quelques personnes de son choix. Mais la solution nous semble fort contestable. Sans doute, recevoir quelques personnes à sa table sans rémunération ne constitue raisonnablement pas un acte de commerce; mais faire consommer chez soi, moyennant un prix, les

denrées que l'on aurait achetées dans cette intention deviendrait certainement un fait commercial dans le sens de l'art. 632 du Code de commerce.

89. Sont encore commerçants et justiciables des tribunaux de commerce, à raison des achats qu'ils font des denrées et marchandises nécessaires à l'exercice de leur profession: 1° Les cafetiers (Rouen, 4. déc. 1818, S.-V. 19. 2. 328; D. A. 2. 703); 2° les charrons (Amiens, 4 avril 1826, S.-V. 27. 2. 169; D. P. 27. 2. 103); 3° les débitants de boissons (Cass. 23 avril 1813, S.-V. 16. 1. 165; D. A. 2. 698, et 14 janv. 1820, S.-V. 20. 1. 190; D. A. 2. 727); 4° les serruriers (Cass. 5 mars 1812, S.-V. 13. 1. 187); 5° les bouchers (Aix, 15 janv. 1825, Devillen. et Car. 8. 2. 9.; D. P. 25. 2. 223). Ce sont là des industries dans lesquelles la revente des denrées achetées a lieu après transformation ou mise en œuvre, et qui par conséquent rentrent dans la prévision de l'art. 632, n° 1.

90. Le même principe paraîtrait applicable aux charpentiers, aux boulangers, aux cordonniers. Cependant la jurisprudence s'est prononcée en sens contraire. Il a été décidé en effet que les charpentiers ne sont pas commerçants (Rouen, 14 mai 1825, S.-V. 26. 2. 135; D. P. 26. 2. 17); non plus que les boulangers (Cass. 28 fév. 1811, S.-V. 11. 1. 234; D. A. 2. 702) et les cordonniers (Colmar, 22 novembre 1811, S.-V. 14. 2. 148). Nous n'apercevons, quant à nous, aucune raison de distinguer entre ces professions et celles dont il est question au numéro précédent. Les charpentiers achètent des bois; après les avoir transformés, ils les vendent; il en est de même des boulangers, qui achètent des farines pour les revendre après les avoir transformées en pain, et des cordonniers, qui achètent des cuirs pour les revendre après en avoir fait des chaussures. Dans toutes ces professions, on retrouve donc la pensée de spéculer, qui est le caractère distinctif de l'acte commercial; et dès lors, il n'y a pas de motif raisonnable pour considérer les opérations auxquelles elles donnent lieu autrement que celles auxquelles se livrent les charrons, serruriers et boulangers.

91. Nous reconnaîtrons cependant que si ces artisans doivent être réputés commerçants, c'est seulement lorsqu'ils fabriquent pour leur propre compte. Ils sont alors réellement des marchands. V. Artisans.—Mais cette qualité

cesse de leur être propre lorsqu'ils ne font que confectionner les matières qui leur sont confiées par des tiers pour les travailler; car il n'y a là qu'un louage d'industrie qui est un contrat du droit civil. La distinction a été généralement adoptée. (V. MM. Carré, t. 2, p. 542 ; Orillard, n°s 148 et 149, et Coin-Delisle, *Cont. par corps*, p. 75.) — M. Vincens (*Législ. comm.*, ch. 4, § 3, n° 27), s'est ainsi exprimé à cet égard : « L'artisan, a-t-il dit, travaillant de ses mains et ayant pour but principal de louer aux particuliers son travail journalier, plutôt que de revendre la matière sur laquelle il l'exerce, n'est pas un commerçant. » M. Locré, sur l'art. 1er du Code de comm., complétant la pensée de ce dernier auteur, a dit : « Dans la classe des fabricants, il faut comprendre non-seulement ceux qui font fabriquer par des ouvriers, mais encore les artisans qui fabriquent eux-mêmes et pour leur propre compte ; » et il ajoute, sur les articles 632 et suiv. du Code de comm. : « Revendre après que la chose a été dénaturée ou a pris une autre forme, constitue le marchand-fabricant, autrement les artisans et les manufacturiers. » (4e part., 1re div., § 1er, n° 2.) C'est aussi conformément à cette distinction qu'il a été décidé par la Cour de cassation qu'un tailleur de pierres pouvait être déclaré commerçant ou non-commerçant, selon qu'il se bornait à tailler des pierres qui lui étaient confiées, ou selon qu'il achetait ces pierres lui-même et les revendait taillées. (Cass. 15 déc. 1830 ; J. P. 3e édit.)

92. Quant au meunier, par le seul fait de sa profession, il ne doit pas être réputé commerçant ; il travaille pour le compte d'autrui, il moud les grains qu'on lui apporte et ne spécule pas. (Colmar, 23 mars 1814, S.-V. 16. 2. 92 ; D. A. 6. 562 ) Mais si à sa profession il en joint une autre, s'il achète des grains pour les revendre en farine, il devient commerçant ; il fait des actes de commerce dans le sens de l'art. 632, n° 1. (Angers, 11 déc. 1823, S.-V. 24. 2. 86 ; D. A. 2. 703 ; — Paris, 18 mars 1836, D. P. 36. 2. 54 ; J. P. 3e éd.)

93. Il en est ainsi du pépiniériste : en vendant les arbres provenant de sa pépinière, moyennant un prix convenu, il exploite son fonds comme le fait le cultivateur qui vend les produits de son champ ou de son jardin ; ces ventes ne le rendent conséquemment pas justiciable du tribunal de commerce. (Colmar, 17 juin 1809, S.-V. 14. 2. 370 ; D. A.

2. 708.) Mais il prendrait la qualité de commerçant s'il joignait une autre industrie à la sienne, par exemple, la vente d'arbres pris dans d'autres fonds que le sien.

94. Il en serait autrement des achats que ferait le pépiniériste de certains objets nécessaires pour arriver à la vente de ses produits, par exemple, des toiles et des pailles d'emballage. Sous ce rapport encore, il serait assimilé au cultivateur qui, en vendant les produits de sa terre, n'est pas réputé faire un acte de commerce par l'acquisition de choses accessoires à la vente. Ainsi, l'achat par un vigneron de tonneaux pour contenir son vin ne constitue pas un acte de commerce ; il en serait conséquemment de même de l'achat par le pépiniériste des toiles et des pailles.

95. *Location.* — L'art. 632 du Code de commerce, dans son premier alinéa, range encore parmi les actes de commerce les achats de denrées et marchandises pour en louer simplement l'usage. Il faut donc donner le titre de commerçant à tous ceux dont l'industrie consiste à spéculer sur la location des objets mobiliers.

Mais, pour que la commercialité résulte de l'achat des objets mobiliers en vue de les louer, il est nécessaire qu'au moment du contrat ils aient été acquis avec l'intention d'en louer l'usage. Il faut appliquer le même principe qu'au cas d'achat avec destination de vente. ( V. *supra*, n°s 28 et suiv.) Autrement, le caractère de commercialité disparaîtrait.

96. Ce caractère s'effacerait encore si l'achat mobilier n'était que l'accessoire d'un achat immobilier, si, par exemple, on achetait un hôtel ou une maison pour les louer avec les meubles qui les garnissent ; l'achat mobilier n'est commercial qu'alors qu'il est l'objet principal du contrat. (V. Orillard, *Compét. des trib. de comm.*, n° 291.)

97. Le caractère de commercialité disparaîtrait également si un objet mobilier, acheté avec l'intention de le louer, devenait immeuble par destination.

98. Mais il renaîtrait si, par exemple, un propriétaire ou un locataire achetait des meubles pour garnir un établissement commercial et pour les louer aux personnes qui le fréquenteraient, car l'achat du mobilier ne pourrait être considéré comme un accessoire de la propriété immobilière, mais bien comme un accessoire du commerce. (V. dans ce sens Orillard, n° 292. )

99. Ce que nous venons de dire du louage des choses mobilières peut faire conférer la qualité de commerçant à un grand nombre d'industriels. Aussi a-t-on réputés tels des individus qui tiennent un cabinet de lecture ( Cass. , 30 déc. 1826, J. P. 3e éd. ; D. P. 27. 1. 368, et 25 févr. 1836, S.-V. 36. 1. 791; J. P. 3e éd.); ceux qui louent des chambres garnies et tiennent hôtel (Paris, 21 nov. 1812, S.-V. 13. 2.269; J. P. 3e édit.; D. A. 2. 702. — V. aussi Auberge, n° 33.); des loueurs de chevaux et de voitures (V. Locré, sur les art. 632 et suiv. du C. de comm., 3e part. , 2e div., n° 2); un entrepreneur de pompes funèbres (Cass. 9 janv. 1810, S.-V. 10. 1. 128; J. P. 3e éd.; D. A. 2. 706); enfin, des aubergistes, restaurateurs et cafetiers; car on peut attribuer à ces dernières personnes, à double titre, la qualité commerciale : et pour avoir loué le mobilier nécessaire à leur exploitation, et pour avoir vendu au public les objets de consommation qui leur étaient demandés. (Bordeaux, 13 juillet 1841, J. P. 1841. 2. 641. — V. suprà, n° 89.)

100. On a remarqué que l'art 632, n° 1, a qualifié d'acte de commerce l'achat seulement de denrées ou marchandises pour en louer l'usage. De là est née la question de savoir si la simple location, dans le but de sous-louer, ne constituerait pas également une opération commerciale. Nous examinerons in extenso cette question, qui n'est si controversée peut-être que parce que certains auteurs se sont trop arrêtés à la lettre de la loi, laissant tout à fait de côté son esprit et son économie, en traitant des actes commerciaux non expressément désignés par le législateur. ( V. infrà, § 5, n° 192.

§ 2. —Entreprises de manufactures, de commission et autres énumérées dans les §§ 2 et 3 de l'art. 632.

101. L'art. 632, C. de comm., répute actes de commerce les entreprises de manufactures, de commission, de transport, de fournitures, d'agences, bureaux d'affaires, établissements de ventes à l'encan, de spectacles publics. Ici et à la différence du § 1er du même article, qui s'applique aux actes qui s'accomplissent en quelque sorte par la spéculation d'un seul individu, la loi prévoit plus spécialement des actes qui, en général, imposent à l'agent principal la nécessité du concours d'autres personnes. Ces actes ont reçu de la loi la dénomi-

nation d'entreprises. Les entreprises peuvent avoir des objets très-divers ; mais celles-là seules sont commerciales dans lesquelles l'entrepreneur spécule sur les bénéfices que lui procureront des actes de commerce. C'est aussi à celles-là seulement que s'appliquent les paragr. 2 et 3 du C. de comm.; encore même est-il bon de remarquer que tout n'est pas nécessairement commercial dans une entreprise de commerce. Il s'y rencontre ou peut s'y rencontrer quelquefois en effet des opérations purement civiles au sujet desquelles la juridiction consulaire ne saurait jamais être en mouvement. Il en est à cet égard de l'entrepreneur comme du commerçant ordinaire, qui peut s'engager pour des causes étrangères au commerce ou à sa profession. Toute la difficulté consiste à bien démêler la nature des actes, en les rapprochant des définitions légales, pour faire ensuite à chacun d'eux ou à chacune de leurs parties l'application du principe qui en doit régir les effets. La vérité de cette règle, commune aux diverses entreprises prévues par le législateur, ressortira de l'examen spécial que nous allons faire séparément de chacune d'elles.

102. Entreprises de manufactures. — On appelle entrepreneur de manufactures un individu faisant travailler à bras ou avec le secours des machines, qui met en œuvre les matières premières, et ensuite, soit que ces matières premières consistent en produits bruts de la terre, soit qu'elles consistent en produits déjà façonnés, les convertit en marchandises ou les dénature pour en faire d'autres produits façonnés. D'après cette définition, que l'étymologie du mot manufacture donne déjà d'une manière exacte et assez complète ( manu facere, fabriquer avec la main ), on comprend combien la disposition législative qui range ces sortes d'entreprises au nombre des actes de commerce se justifie d'elle-même ; car presque toujours ceux qui les dirigent sont commerçants à double titre. En premier lieu, ils achètent assez ordinairement des denrées ou marchandises pour les revendre après les avoir manufacturées, ce qui déjà, aux termes des art. 1er et 632 du C. de comm. , constitue la profession commerciale. Ensuite, ces sortes de spéculations, par les mille faits qu'elles embrassent à la fois , révèlent de suite un établissement commercial dont les chefs ne peuvent être que des commerçants.

103. Mais il peut arriver qu'on soit manufacturier sans se livrer à aucun achat ni vente. Par exemple, qu'on reçoive des matières premières de tiers qui vous les ont confiées pour les mettre en œuvre, et qu'on ne fasse alors que spéculer sur l'industrie de ceux qu'on emploie à la fabrication; dans ce cas, l'opération est-elle commerciale? Le dernier texte que nous avons cité n'ayant pas établi de distinction, et ayant classé d'une manière absolue toutes les entreprises de manufactures au nombre des actes de commerce, on doit se prononcer pour l'affirmative et décider, en général, que, quoique le louage de l'industrie soit de sa nature un contrat du droit civil, néanmoins il acquiert quelquefois un caractère commercial, lorsque, par exemple, il devient l'objet d'une spéculation qui a pour but de trafiquer sur le travail des ouvriers dont on loue les services.

104. Mais à cet égard se présentera une difficulté d'appréciation qui consistera à distinguer le manufacturier réel de celui qui ne serait qu'un simple artisan; car l'artisan ne se borne pas toujours et nécessairement à louer son seul travail; il s'adjoint quelquefois, lorsque son habileté reconnue a agrandi le nombre de ses affaires et le cercle de ses relations, des apprentis ou des compagnons dont il loue l'industrie. L'artisan dans ce cas se rapproche du manufacturier; mais il ne se confond pas avec lui. La différence entre eux consiste dans le plus ou le moins; et si le point de séparation n'est pas toujours aisé à saisir, il n'en est pas moins important de le déterminer, puisque c'est d'après cette distinction que le louage d'industrie pourra seulement être caractérisé, et revêtira le caractère d'acte commercial ou sera maintenu dans sa nature d'acte civil, suivant que le locataire devra être qualifié de manufacturier ou de simple artisan. C'est là une question de fait dont la solution est laissée à la sagesse des tribunaux qui, en général, prendront pour base de leur appréciation la multiplicité des affaires, l'importance de l'établissement, la nature et la quantité des commandes, et le nombre des ouvriers employés.

105. Ainsi, et par application de cette règle, il a été décidé qu'un foulonnier qui employait journellement douze ou quinze ouvriers était un manufacturier, vu l'importance de son usine et le nombre d'ouvriers qui travaillaient journellement à cet établissement. (Rouen, 2

déc. 1825, D. P. 26. 2. 148; J. P. 3ᵉ édit.) Il en est de même d'un établissement de blanchisserie, dont l'exploitation occuperait un grand nombre d'ouvriers. (Cass. 15 avr. 1829, D. P. 29. 1. 221.) Il en serait de même des imprimeries, où les entrepreneurs spéculent en louant l'usage de leurs presses et l'industrie de nombreux ouvriers. (V. Orillard, *Comp. com.*, n° 304.)

106. Mais que faudra-t-il décider à l'égard de l'entreprise d'un propriétaire de biens ruraux qui, dans l'espoir de tirer meilleur parti de ses produits agricoles, établirait sur son fonds une manufacture destinée à changer la nature de ces produits? Ce propriétaire-manufacturier doit-il être réputé commerçant, ou faut-il au contraire ne voir en lui qu'un membre de la société civile qui, usant de l'exception qui résulte de l'art. 638 du C. de comm., ne fait point des actes commerciaux ⸗ vendant manufacturées les denrées provena ⸗ son cru?

Sur cette question, qui n'est pas sans difficulté, nous reproduirons d'abord la distinction que nous avons faite en parlant des personnes qui se livrent à l'engraissement des bestiaux (V. *Suprà*, n° 87.); c'est-à-dire qu'ici encore il faudra chercher en premier lieu si l'agriculture est vraiment la profession réelle et principale de celui qui se présente comme un propriétaire tirant parti des produits de ses terres, ou si au contraire cette dernière qualité n'a été acquise qu'accessoirement à une entreprise commerciale.

Cette distinction a été consacrée par deux arrêts de la cour de Douai, lesquels ont déclaré commerçants ou non commerçants des propriétaires-manufacturiers, selon qu'ils se trouvaient dans l'une ou l'autre de ces situations. Voici les termes de la première de ces décisions : « Considérant que la fabrication des sucres indigènes n'a été de la part de Valery-Lemaire qu'un accessoire de son exploitation rurale et un moyen de tirer parti des fruits de ses propres terres; qu'il n'a donc pas fait une entreprise de manufactures, dans le sens de l'art. 632 du C. de comm; qu'il n'est pas devenu commerçant, et que dès lors Pourchaix n'avait contre lui qu'une action civile à raison des livraisons par lui faites; etc., etc. Par ces motifs, met le jugement au néant. — Déclare que le tribunal de commerce était incompétent. (Douai, 21 juillet 1830, S.-V. 31. 2. 172; D. P. 31. 2. 61.)

L'autre arrêt, rendu sur une question d'*association* pour l'exploitation d'une sucrerie, s'exprime ainsi : « Attendu qu'en s'associant, au mois de novembre 1839, Wuis et Pierrache, jusque-là étrangers à toute culture, ont eu pour but principal la fabrication et la vente du sucre de betteraves ; que c'est pour atteindre ce but et non pour former un établissement agricole ordinaire qu'a eu lieu l'acquisition du domaine d'Esparsy, faite par Wuis, et la rétrocession par lui à Pierrache ; que, dans leur intention, la culture de la betterave ne devait être, comme dans le fait elle n'a été, qu'un moyen de pourvoir la fabrique de la matière première nécessaire à son alimentation ; qu'un établissement de cette espèce est commercial, et que son exploitation ne rentre pas dans les principes relatifs aux propriétaires, cultivateurs ou vignerons qui vendent les denrées provenant de leur cru, etc. La cour met le jugement au néant ; déclare Pierrache en état de faillite. » (*Gazette des Tribunaux* des 6 et 7 mars 1843.)

107. La distinction sur laquelle ces solutions sont fondées ne saurait qu'être approuvée. Disons seulement que d'autres éléments pourraient encore être consultés et servir de base aux décisions qu'on aurait à prononcer dans des cas analogues.

A notre sens, on devrait aussi rejeter ou admettre la commercialité de ces sortes d'entreprises, selon que les productions du sol ou la main-d'œuvre et les achats nécessaires à la transformation des matières premières, formeraient ou ne formeraient pas l'objet principal de la spéculation.

Nous croyons même que, lorsque ces sortes de spéculations seraient montées sur une grande échelle, exigeraient l'émission de capitaux considérables, nécessiteraient des achats fréquents et l'emploi d'un grand nombre d'ouvriers, les chefs de ces entreprises pourraient être déclarés commerçants par les tribunaux, quelle que fût la valeur des terrains dépendants de l'établissement ; car, dans ce cas, les chefs exerceraient des actes de commerce trop fréquents et d'une trop grande importance pour qu'il fût possible de les laisser dans la vie civile.

Adopter une doctrine contraire, et décider que l'homme qui, dans le but de réaliser de grands bénéfices, expose sa fortune à tous les risques qu'entraînent les spéculations commerciales, n'est pas commerçant, serait exagé-rer la portée de l'art. 638 du C. de comm., et abroger les sages dispositions de l'art. 632 du même code.

108. Dans une entreprise de manufactures, ainsi que nous l'avons fait remarquer en parlant, au commencement de cet article, des entreprises de commerce en général, tout n'est pas nécessairement acte de commerce. Ainsi, il a été jugé que le propriétaire d'une usine n'est pas justiciable des tribunaux de commerce à raison des réparations qu'il a fait faire à son usine par un ouvrier, encore que l'exploitation de cette usine soit d'ailleurs susceptible de le faire considérer comme commerçant. (Aix, 9 mars 1827, S.-V. 28. 2. 15.)

Il faut pour que l'acte revête le caractère commercial qu'il se rattache d'une manière intime à l'exploitation même de la manufacture, comme, par exemple, l'achat des matières premières, la revente des matières fabriquées, le louage des machines ou de l'industrie des ouvriers, ou enfin la souscription d'un engagement qui soumettrait tout autre commerçant, à raison de sa qualité personnelle ou de la matière, à la juridiction consulaire.

109. On est allé même jusqu'à décider que la convention entre un fabricant et un particulier non négociant, par laquelle ce dernier s'engage à donner ses soins pendant plusieurs années à la manufacture du premier, et à la perfectionner à l'aide de procédés de physique, est un acte de commerce dont la connaissance appartient aux juges de commerce. (Liége, 27 déc. 1811, S.-V. 13. 2. 142.) Quelque rigoureuse qu'elle puisse paraître, la doctrine de cet arrêt qui, du reste, a été contredite par Carré dans ses *Lois de la compétence*, p. 505, ne peut qu'être approuvée. La convention passée par le fabricant a été consentie pour le besoin de sa manufacture ; par sa nature même, elle se rattachait à l'exploitation de la fabrique, et, à ce titre, elle était essentiellement commerciale, d'après le principe que nous venons d'indiquer.

110. Aujourd'hui, et sous l'influence des progrès de l'industrie, en présence de ces forces puissantes que lui ont livrées la vapeur et les machines, un horizon sans bornes s'est ouvert devant les entreprises de manufactures. Aussi couvrent-elles la France par milliers, et c'est une difficulté nouvelle que de reconnaître les établissements qui doivent être rangés dans cette classe. A cet égard, la défini-

tion que nous avons donnée et les exemples que nous avons puisés dans les applications qui ont été faites par la jurisprudence pourront servir de règle, et nous nous y référons, au lieu de présenter ici une classification qui serait d'ailleurs nécessairement incomplète.

**111.** Mais il est une classe particulière d'opérations qui, sous le rapport du caractère qu'elles revêtent et de la qualification qu'il convient de leur attribuer, ont fait naître les plus sérieuses difficultés en doctrine et en jurisprudence. Nous voulons parler des opérations auxquelles donnent lieu les masses de substances minérales ou fossiles renfermées dans le sein de la terre ou existant à sa surface, et qui, relativement aux règles de l'exploitation de chacune d'elles, sont classées sous les trois dénominations de *mines*, *minières* et *carrières*. De telles exploitations doivent-elles ou non être rangées dans la classe des entreprises de manufactures, et partant doivent-elles être déclarées commerciales?

**112.** Pour les mines, d'abord, il est certain qu'au premier aperçu l'exploitation qui en est faite présente tous les caractères d'une entreprise de manufactures; car elle est une spéculation en grand sur le travail d'autrui; et quelquefois elle semble une entreprise commerciale à un autre titre, par exemple, lorsque l'exploitation a lieu par un autre que le concessionnaire, cas dans lequel elle renferme un achat pour revendre. C'est en partant de ces caractères généraux que plusieurs arrêts ont jugé que l'exploitation d'une mine, quand elle a lieu au moyen d'une réunion d'actionnaires, doit être réputée acte de commerce; et que, par suite, les difficultés qui y sont relatives sont de la compétence des tribunaux consulaires. ( Cass. 30 avril 1828 ; D. P. 28. 1. 233 ; — Bordeaux, 22 juillet 1833, S.-V. 33. 2. 547 ; D. P. 34. 2. 48 ; — Paris, 19 août 1840, S.-V. 41. 2. 483 ;— 8 déc. 1842 et 9 fév. 1843, J. P. 1843. 1. 293 ; — Dijon, 26 avril 1841, S.-V. 41. 2. 481 ; D. P. 41. 2. 216.)

Toutefois, la solution contraire a prévalu, et elle nous semble plus conforme à l'esprit de la loi. En effet, la loi spéciale du 21 avril 1810 ayant consacré par son art. 7, en faveur des concessionnaires de mines, la pleine et entière propriété du tréfonds des lieux qui leur ont été concédés, il s'ensuit qu'il n'y a pas lieu de les distinguer, lorsqu'ils vendent les produits qu'ils ont fait extraire de la terre, des propriétaires qui vendent les produits de leur sol;

et partant il faut leur accorder, comme à ceux-ci, le bénéfice de l'art. 638, § 1, du C. de comm., qui ne considère pas comme commerciales les ventes faites par les propriétaires des denrées provenant de leur cru. (V. *suprà*, n° 106.) Et c'est d'ailleurs ce qui a été formellement consacré par la loi spéciale déjà citée, dont l'art. 32 a déclaré en effet, d'une manière expresse, que « l'exploitation des mines n'est pas considérée comme un commerce et n'est pas sujette à patente. » Vainement en rapprochant cet article de l'art. suiv., qui impose une redevance fixe et une redevance proportionnelle aux propriétaires de mines en faveur de l'État, on a dit que la disposition de l'art. 32 était purement bursale, qu'elle avait eu pour objet de déclarer non pas que l'exploitation d'une mine *n'est pas commerciale*, mais seulement qu'elle ne doit pas être *considérée comme un commerce*, c'est-à-dire que c'est une industrie trop importante pour n'être soumise qu'aux droits ordinaires des patentes. ( V. Orillard, n° 315. ) La disposition de la loi est précise, et il y a plus de subtilité que de raison dans cette appréciation des termes dont elle s'est servie. En définitive, elle ne considère pas l'exploitation d'une mine *comme un commerce*, et cela devait être, puisqu'elle considérait le concessionnaire de la mine comme le propriétaire du tréfonds. Or, encore une fois, ainsi que nous l'avons établi, celui-là n'est pas commerçant, qui, après avoir cultivé le sol qui lui appartient, en vend les produits. C'est en se fondant sur ces considérations et par suite du principe que l'association ne change pas le caractère des actes que l'on accomplit, que la jurisprudence a consacré, par une série nombreuse d'arrêts, la non-commercialité des sociétés qui s'étaient formées dans le but de se livrer à l'exploitation des mines. ( Cass. 7 fév. 1826, D. P. 26. 1. 157 ; — 15 avril 1834, S.-V. 34. 1. 650; D. P. 34. 1. 195; — 10 mars 1841, S.-V. 41. 1. 357; — Rouen, 13 juin 1833, S.-V. 34. 2. 122; — Paris, 11 janv. 1841, J. P. 1841. 1. 262; D. P. 41. 2. 114; — Aix, 12 mai 1841, S.-V. 41. 2. 481; J. P. 1843. 1. 575; D. P. 41. 2. 153; — Riom, 21 janv. 1842, S.-V. 42. 2. 260; J. P. 1842. 2. 641 ; — Douai, 17 déc. 1842, S.-V. 43. 2. 81.) Telle est aussi l'opinion émise par MM. Troplong et Duvergier dans leur Traité récent *Des sociétés*. V. Troplong, t. 1, n°ˢ 326 et suiv., et Duvergier, n° 485.

**113.** Mais remarquons-le bien avec ces deux auteurs, si en principe l'exploitation d'une mine est un acte purement civil, soit qu'elle ait lieu par les concessionnaires eux-mêmes et en leur nom, soit qu'elle ait été mise en société, il n'en est pas moins vrai qu'elle peut revêtir le caractère commercial par suite de circonstances et de spéculations auxiliaires qui l'accompagneraient. Ainsi, il n'y aurait plus aucun motif raisonnable d'invoquer l'art. 32 de la loi du 21 avril 1810, et l'art. 638 du C. de comm., si les concessionnaires, cessant de livrer au public les produits bruts de leur exploitation, s'occupaient de les fabriquer, les transformaient en métaux, par exemple, en ayant recours soit à la fusion, soit à des procédés chimiques. Evidemment alors les concessionnaires deviendraient des entrepreneurs de manufactures dans le sens du deuxième alinéa de l'article 632; ils ne seraient plus de simples propriétaires vendant les produits de leur sol, mais bien aussi des commerçants manufacturiers exerçant leur industrie au moyen d'objets mobiliers, l'art. 9 de la loi de 1810 précitée ayant déclaré meubles les matières extraites des mines. — V. Mines.

Il est vrai que l'art. 32 de cette dernière loi s'est prononcé d'une manière générale pour la non-commercialité de l'exploitation des mines, et n'a point reconnu la distinction que nous établissons; mais on ne doit l'interpréter que dans un sens raisonnable; c'est-à-dire, en le combinant avec les principes généraux qui régissent notre droit commercial et qui ont été établis avec sagesse par l'art. 632 du C. de comm. C'est en embrassant la question sous ce point de vue que la cour supérieure de Liége a jugé, et avec raison, que le concessionnaire d'une mine de fer devient commerçant lorsqu'il joint à l'exploitation de cette mine un établissement de forges et fourneaux. (15 mars 1827, J. P. 3e édit.)

**114.** Il est certain encore que l'art. 32 de la loi de 1810 serait sans application possible à celui qui extrairait des matières minérales sur un terrain dont il ne serait pas propriétaire, pour les employer et les convertir en des objets qu'il revendrait. (Cass. 15 déc. 1835, S.-V. 36. 1. 333; J. P. 3e édit.; D. P. 36. 1. 67.) Dans ce cas, en effet, la commercialité serait évidente, alors même que les matières seraient revendues sans aucune transforma-

tion : ce ne serait qu'une application du principe d'après lequel nous avons trouvé le caractère commercial dans le fait des personnes qui achètent habituellement des coupes de bois ou des bâtiments pour les abattre ou les démolir. — V. Suprà, nos 46, 47.

**115.** Quant aux minières et aux carrières, il est vrai de dire qu'on ne peut invoquer aucune règle semblable à celle que l'art. 32 de la loi du 21 avril 1810 a consacrée relativement aux mines. Cependant les mêmes raisons sont applicables, et il convient de ne pas réputer commerçant le propriétaire de minières ou carrières qui en extrait ou fait extraire des matières qu'il vend. Il peut invoquer, comme le concessionnaire d'une mine, le bénéfice du premier alinéa de l'art. 638 du C. de com. C'est, au reste, ce qui a été jugé par la cour royale de Metz, qui a décidé, en outre, que la préparation que recevaient des ardoises avant d'être vendues ne changeait pas la nature des actes accomplis par le propriétaire vendeur, pas plus que la transformation du raisin en vin par le vigneron ne rendait celui-ci justiciable des tribunaux consulaires. (Metz, 24 nov. 1840, J. P. 1841. 2. 512.)

On trouve cependant un arrêt de la même cour, du 26 mai 1842 (J. P. 1842. 2. 718), qui semble méconnaître ce principe. Cet arrêt considère comme négociant un maître carrier associé pour l'exploitation de diverses carrières ; mais la contradiction peut n'être qu'apparente, et ce dernier arrêt peut avoir été bien rendu si, comme nous l'avons vu en parlant des mines à la fin du numéro précédent, les lieux exploités dans l'espèce actuelle n'étaient pas la propriété des associés.

**116.** Par tous les motifs que nous avons déduits ( nos 112 et suiv.), nous ne pouvons qu'improuver un arrêt de la cour de Bordeaux qui tend à établir que le propriétaire qui donne sa carrière à exploiter à un tiers avec qui il doit partager les bénéfices, devient par cette convention membre d'une société commerciale. (Bordeaux, 29 fév. 1832, J. P. 3e édit.; D. P. 32. 2. 95.)

**117.** Pour les entreprises de manufactures comme à l'égard des achats pour revendre, il convient, d'ailleurs, de faire une distinction entre les arts *mécaniques*, c'est-à-dire ceux où l'on travaille plus des mains que de l'esprit, et les arts *libéraux*, c'est-à-dire ceux qui ont pour objet principal les travaux de l'esprit. Ce sont les premiers qui peuvent être l'objet d'entreprises de manufactures; il en est autrement des seconds. Ainsi, un peintre, un sculpteur, ne sauraient être réputés avoir fait acte de commerce parce qu'ils auraient employé un ou plusieurs aides pour préparer les couleurs ou dégrossir les blocs de marbre. Ils ne spéculent pas, en effet, sur les salaires de leurs aides, et l'on ne peut pas dire qu'ils aient l'intention de sous-louer leur industrie, à l'instar du fabricant qui sous-loue celle de ses ouvriers.

118. Pareillement on ne pourrait considérer comme manufacturier l'artiste ou l'artisan qui, s'occupant d'essais pour parvenir à la découverte d'un procédé, se livrerait à la fabrication de certains objets, ferait travailler des ouvriers, achèterait des instruments ou des mécaniques dans ce but (Pardessus, n° 35).

119. Mais la qualification de manufacturier conviendrait au régisseur d'une forge qui se serait chargé, moyennant un prix convenu, de la faire valoir en prenant pour son compte les marchandises qui s'y trouvaient au moment du traité. (Bourges, 4 mars, 1825, S.-V. 25. 2. 359; D. P. 25. 2. 205.)

120. *Entreprise de commission.* — Le commissionnaire est un mandataire d'une nature particulière, qui, traitant avec les tiers en son nom personnel, se charge d'accomplir une opération déterminée pour le compte d'une autre personne qui l'investit de sa confiance. Nous verrons au mot *Commission-commissionnaire*, n° 10, en quoi le contrat de commission diffère du mandat. Mais il est, entre le commissionnaire et le mandataire, une différence que nous devons signaler ici, c'est que le seul but que se propose le premier en prêtant ses services, est d'en retirer un bénéfice, et c'est naturellement ce qui a fait ranger ses opérations parmi les actes de commerce. Au contraire, le mandat est gratuit de sa nature; et c'est pour cela qu'il constitue un acte purement civil. Cependant, il revêtirait le caractère commercial si, comme le permet la loi, un salaire était stipulé en faveur du mandataire, et que d'ailleurs le mandat se rattachât à des opérations commerciales (Montpellier, 21 mars 1831, S.-V. 31. 2. 328; D. P. 32. 2. 21); car l'acte demeurerait civil, nonobstant la stipulation d'un salaire, s'il ne se rattachait qu'à des transactions civiles.

121. Le contrat de commission ne prend lui-même le caractère commercial, ou plutôt, il n'existe que lorsqu'il a pour objet la négociation d'affaires de commerce. La discussion de la loi ne permet pas le moindre doute à cet égard. En effet, M. Merlin avait attaqué la rédaction de l'art. 632, en ce que ces mots *entreprise de commission* présentaient une idée trop vague et susceptible d'être étendue trop loin. On pourrait prétendre, par exemple, disait-il, que ces mots autorisent à traduire devant le tribunal de commerce le particulier, tel qu'il en a toujours existé beaucoup à Paris, qui fait profession et métier de recevoir les rentes et pensions des créanciers de l'État, domiciliés dans le département. M. Regnault de Saint-Jean-d'Angely répondit que la section de l'intérieur n'entendait parler que de celui qui était chargé de commission pour marchandises, et fit observer, au surplus, que le titre de commissionnaire développait bien la pensée du rédacteur; et M. Beugnot ajouta que le mot *commission* était suffisamment expliqué par la nature de la loi; que dans un code de commerce il ne pouvait signifier que les commissions relatives à des objets de commerce. C'est sur cette discussion que la rédaction proposée par la section de l'intérieur fut adoptée. (V. Locré, t. 8, p. 286 et 287.) Au surplus, sur la valeur du mot Entreprise de commission, V. Commission-commissionnaire, n° 20.

122. Les entreprises de commission embrassent toutes les branches de commerce, et leur action peut s'étendre à tous les objets susceptibles de devenir des opérations commerciales. Ainsi le commissionnaire peut acheter, vendre et louer toutes marchandises pour le compte de ses commettants. La cour de Rouen a jugé même qu'on devait réputer commissionnaire celui qui, moyennant salaire, se chargeait de recevoir des chaînes de coton, s'engageait à les faire confectionner et à les réexpédier aux commerçants qui les lui avaient adressées. (Rouen, 22 mai 1829, J. P. 3e édit.; D. P. 30. 2. 290.)

123. Il a été également décidé, par arrêt de la cour royale de Paris du 9 avril 1825 (Devillen. et Car. 8. 2. 60; J. P. 3e édit.; D. P. 25. 2. 174), qu'un facteur à la Halle aux charbons, patenté en cette qualité, devait être nécessairement rangé dans la classe des commerçants; et, par une conséquence de ce principe, qu'il fallait considérer comme commercial le crédit qui avait été ouvert à un

facteur de la Halle de Paris pour les besoins de son commerce. (Paris, 20 juin 1840, J. P. 1840. 2. 173; D. P. 41. 2. 10.) En effet, ainsi que le fait remarquer M. Orillard, le facteur à la Halle est, par la nature de ses fonctions, chargé spécialement de représenter les marchands et de leur faire des avances. C'est un véritable commissionnaire privilégié pour un genre de commerce sur le carreau de la Halle. Et par identité de raison, les décisions ci-dessus, relatives à un facteur à la Halle aux charbons, devraient être suivies si la question se présentait à l'occasion d'un facteur à la Halle aux farines ou à la marée.

Nous nous sommes bornés, en ce qui concerne les entreprises de commission, aux règles qui se rattachent au caractère commercial de ces entreprises. Pour les autres détails que comporte cette grave matière, détails si nombreux qu'ils sont l'objet d'un titre spécial dans le Code de commerce, nous renvoyons à l'article *Commission-Commissionnaire.*

124. *Entreprise de transport.* — Tout engagement ayant pour objet le transport d'un lieu dans un autre de personnes, de marchandises ou d'autres objets mobiliers, constitue une entreprise de transport, quel que soit d'ailleurs le mode usité et le moteur employé à effectuer le transport : ainsi, que le déplacement s'opère par terre ou par eau, qu'il ait lieu à l'aide de bêtes de somme ou par le secours de la vapeur ou du vent, il y a toujours entreprise de transport. (V. Commission-commissionnaire, § 3, n° 317.)

125. Mais pour que cette entreprise ait le caractère commercial, il faut qu'elle ait été faite dans un but de spéculation ; par conséquent elle ne constituerait pas un acte de commerce de la part de celui qui s'engagerait à effectuer un transport gratuitement. Disons même que la spéculation ici implique l'idée d'un établissement formé, et que la rétribution attachée à un fait isolé et accidentel de transport ne suffirait pas pour donner à ce fait le caractère commercial. A l'égard du *transport* comme à l'égard de la *commission,* c'est la profession habituelle qui constitue la spéculation commerciale, et qui est prévue et qualifiée d'acte de commerce sous la dénomination d'*entreprise* par l'art. 632. Ainsi donc, celui-là ne ferait pas un acte de commerce, qui, se trouvant dans un lieu avec des chevaux et une voiture, en ra-

mènerait des marchandises moyennant une rétribution convenue, ni celui qui, habitué à employer ses chevaux et ses voitures à son usage personnel, les louerait occasionnellement en se chargeant de quelque transport. (V. M. Pardessus, n° 39.)

126. Mais dès que le caractère de spéculation est constant, la commercialité est incontestable, soit que les entrepreneurs agissent avec des voitures ou des bateaux à eux appartenant, soit qu'ils exploitent leurs entreprises avec des véhicules qu'ils auraient loués. Ainsi on a considéré comme constituant un acte de commerce l'entreprise d'un chemin de fer ayant pour objet le transport des voyageurs et des marchandises (Cass. 28 juin 1843, S.-V. 43. 1. 574; J.P. 1843. 2. 153).

127. Pareillement encore, il a été décidé qu'une association de mariniers qui se charge de hâler les bateaux dans un passage difficile avait pu être considérée comme commerciale (Cass. 24 février 1841, S.-V. 41. 1. 427; D. P. 41. 1. 121.). Mais, il faut le dire, la circonstance que les bateliers, dans l'espèce, avaient mis leur industrie en commun pour faire plus que tirer les bateaux, c'est-à-dire les diriger dans un passage difficile, a dû exercer une grande influence sur la solution. Car la commercialité n'eût été rien moins qu'admissible, si l'association des mariniers n'avait eu pour objet que de faire usage de leurs forces physiques.

128. Au surplus, l'entreprise de transport est commerciale, non pas seulement lorsqu'elle a pour objet des transports civils, mais aussi lorsqu'elle s'applique à des transports militaires. En conséquence, l'entrepreneur est justiciable des tribunaux de commerce à raison des contestations qui s'élèvent entre lui et des sous-traitants ( Lyon, 30 juin 1827, S.-V. 28. 2. 123; D. P. 28. 2. 73. ). Cette solution, contredite par M. Carré (*Lois de la comp.,* n° 510), est défendue au contraire par M. Orillard (n° 395), qui dit très-bien que tout commerçant est soumis à la juridiction consulaire pour les obligations par lui contractées à l'occasion de son commerce, et que l'entrepreneur de transports militaires est un commerçant dont les marchés passés avec des particuliers, relativement au transport qu'il a entrepris, sont évidemment des actes de commerce. — V. Dans le même sens M. Nouguier, *Des trib. de comm.,* t. 1., p. 413, et Troplong, *Des sociétés,* t. 1, n° 353.

**129.** Mais que faut-il décider à l'égard des maîtres de poste? Sont-ils des entrepreneurs de transports dans le sens de la loi commerciale, et rentrent-ils par suite sous l'application de l'art. 632? A notre avis l'affirmative n'est pas susceptible de doute. La vie de tous les jours des maîtres de poste est évidemment remplie par des occupations commerciales, et il ne semble pas qu'il y ait aucune raison de les soustraire à l'empire de la loi spéciale qui régit les commerçants. Cependant il existe plusieurs décisions qui, sous le prétexte que les maîtres de poste ne sont en définitive que les agents ou les délégués du gouvernement, les ont déclarés non commerçants. (Bruxelles, 11 janv. 1808, S.-V. 8. 2. 95; D. A. 6. 617; — 30 avril 1812, Devillen. et Car. 4. 2. 104; D. A. 3. 344; — Orléans, 23 avril 1812, Devillen. et Car. 4. 2. 96; J. P. 3ᵉ édit. ; — Limoges, 1ᵉʳ juin 1821, Devillen. et Car. 6. 2. 425; D. A. 2. 705; - Caen, 28 juin 1830, S.-V. 31. 2. 176; D. P. 31. 2. 61.)

Toutefois, cette jurisprudence nous paraît en opposition avec la nature et le but des opérations auxquelles se livrent les maîtres de poste; il est bien vrai qu'ils sont commissionnés par l'État; que la loi du 19 frim. an VII, art. 6, a qualifié d'*exercice public* le service dont ils sont chargés; que le même article les a dispensés de prendre patente; que l'article 12 de la même loi leur a alloué des gages; que la rétribution de leur louage a été tarifée (Loi du 6 niv. an IV, art. 3); enfin, que l'art. 12 de l'arrêté du 1ᵉʳ prairial an VII leur a défendu d'exercer, en dehors de leurs fonctions, la profession de loueurs de chevaux, même en prenant patente. Mais, selon nous, ces raisons ne suffisent point pour écarter de leur emploi le caractère de commercialité qui s'y vient attacher forcément.

En effet, d'abord l'art. 68 de la loi du 24 juillet 1793 les a déclarés entrepreneurs des relais établis dans toute la France, tant pour la conduite des malles que pour le service des particuliers qui veulent voyager en poste; et l'art. 632 du C. de comm, deuxième alinéa, a mis au nombre des actes commerciaux toutes les entreprises de transports par terre. Ensuite, aux termes du même article, premier alinéa, ils exercent d'autres actes de commerce qui doivent les faire réputer commerçants, puisqu'ils achètent habituellement des marchandises pour en louer l'usage.

Enfin, on cherche vainement quelle est la partie de la puissance publique qui aurait été confiée au maître de poste, et qui devrait lui faire attribuer le titre d'agent du gouvernement. On voit bien que, dans un intérêt public, un monopole a été créé en sa faveur; que cette considération lui a fait octroyer quelques priviléges et imposer certaines charges; mais on ne trouve pas en lui l'homme investi d'un caractère public, l'homme chargé par l'État d'exercer une partie de son autorité, signes caractéristiques de toute fonction publique. (Paris, 31 mars 1843, J. P. 1843. 1. 601.)

Il en serait autrement si le matériel des postes aux chevaux appartenait à l'État, et si le maître de poste n'était qu'un surveillant préposé au service par l'administration; il y aurait lieu alors de l'assimiler aux directeurs des postes aux lettres; mais comme il n'en est point ainsi, on ne doit voir dans les maîtres de poste que des personnes qui exercent le commerce dans leur intérêt privé et à leurs risques et périls.

Un arrêt de la cour d'Orléans fort bien motivé a reconnu en partie ces principes, qui ont été admis par la généralité des auteurs.— V. Orléans, 21 fév. 1837. (J. P. 1837. 2. 529.) V. aussi MM. Despréaux, *Compét. des tribunaux de comm.*, n° 353; Carré, t. 7, p. 147, § 5 (édit. Foucher); Pardessus, n° 16; Locré, t. 8, p. 260; Orillard, n° 295; Nouguier, *loc. cit.*, p. 383.

Au surplus, la commercialité des maîtres de poste ne fait pas question lorsqu'ils sont en même temps entrepreneurs ou relayeurs de diligences. (Bordeaux, 28 août 1835, S.-V. 36. 2. 190; J. P. 3ᵉ édit. ;—Cass. 6 juil. 1836, S.-V. 36. 1. 694; D. P. 36. 1. 407; — Paris, 22 fév. 1841, J. P. 1841. 1. 313; D. P. 41. 2. 144.)

**130.** Il faudrait encore placer dans la catégorie des entreprises de transport l'adjudication d'un bac, car le fermier de ce bac transporte les personnes et les choses d'une rive à l'autre et loue journellement ses services pour ce transport. Cependant la cour de Montpellier s'est prononcée en sens contraire par arrêt du 20 déc. 1834 (J. P. 3ᵉ édit. ; D. P. 36. 2. 14); et peut-être on pourrait invoquer, à l'appui de cette décision, cette circonstance que les droits à percevoir pour prix du passage d'un bac sont déterminés par un tarif, et que le fermier ne pouvant le débattre, ne doit pas être réputé commerçant. Mais l'objection ne serait pas décisive : le maître de poste est aussi soumis à un tarif, et nous venons de voir qu'il est commerçant dans le sens de la loi ; il en est ainsi des boulangers et des bouchers qui vendent leurs marchandises au taux fixé par l'autorité municipale ; pourquoi donc en serait-il autrement du fermier d'un bac? Le tarif, en ce qui le concerne, est une conséquence du monopole établi en sa faveur ; et s'il protége les particuliers contre les abus de celui qui jouit du monopole, il ne saurait en aucune manière changer la nature de l'industrie privilégiée. *Sic* M. Orillard, n° 332.

131. Mais celui-là ne ferait pas acte de commerce, qui se rendrait adjudicataire de la perception d'un péage établi sur un pont ou un canal ; car, à la différence de l'adjudicataire du bac même, l'adjudicataire du péage n'effectuerait le transport ni des personnes ni des choses ; il serait un simple collecteur de deniers. C'est par cette considération qu'un arrêt de rejet du 23 août 1820 a jugé que la société formée par actions au porteur pour la perception et la répartition du péage d'un pont déjà construit, n'est pas une société ayant pour objet une entreprise commerciale. (Cass. 23 août 1820, S.-V. 21. 1. 372 ; D. A. 12. 88.)

132. La compétence des tribunaux de commerce n'est pas douteuse lorsque l'action est dirigée contre les entrepreneurs de transport par des commerçants. Mais si l'action est formée par un simple particulier, les tribunaux consulaires sont-ils également compétents? L'affirmative ne saurait être contestée. L'entrepreneur de transports faisant un acte de commerce par son entreprise, il est sans importance, pour déterminer la compétence des tribunaux, que celui qui a des répétitions à exercer contre lui à l'occasion de cette entreprise soit lui-même ou ne soit pas commerçant, qu'il ait fait ou non un acte de commerce. (Bourges, 23 nov. 1835, S.-V. 37. 2. 466 ; D. P. 37. 2. 92.) Ce principe a été également appliqué dans une espèce où il a été décidé que lorsqu'un entrepreneur de transport a remis les effets qu'il s'était chargé de transporter à une autre personne que le destinataire, celui-ci peut porter sa demande en dommages-intérêts devant la juridiction commerciale ( Cass. 11 nov. 1835, S.-V. 36. 1. 197 ; D. P. 36. 1. 20.)

133. La question s'était aussi élevée de savoir si les tribunaux de commerce étaient **compétents pour connaître des demandes en** paiement du prix d'effets confiés à une entreprise de messageries, et qui auraient été perdus. Un arrêt de la Cour de cassation du 20 mars 1811 (Devillen. et Car. 3. 1. 311 ; D. A. 3. 329) s'était prononcé pour la négative, et avait admis la compétence des tribunaux civils. Cet arrêt se justifiait sous un rapport : la juridiction civile avait été saisie par un voyageur qui, en sa qualité de non commerçant et d'après les principes que nous avons déjà exposés, avait pu s'adresser indistinctement à cette juridiction ou à la juridiction commerciale, qui était celle du défendeur et devant laquelle le demandeur non commerçant n'aurait pas pu être entraîné malgré lui. (V. *suprà*, n° 21.) L'arrêt de 1811 aurait donc pu reconnaître en principe que la connaissance du fait appartenait à la juridiction civile, et cela n'eût pas été contestable en droit ; mais il allait plus loin en ce qu'il attribuait exclusivement à cette juridiction la connaissance de ce fait, sous le prétexte que ce dépôt d'effets, c'est-à-dire leur réception par les entrepreneurs d'une messagerie, n'était pas un acte de commerce. Or, c'est en cela que l'erreur consistait. Le dépôt, ou plutôt la réception des effets, constitue un acte de commerce de la part des entrepreneurs dont l'industrie et le commerce consistent précisément à transporter les objets de toute nature qui leur sont confiés. Aussi, ni la jurisprudence ni la doctrine n'avaient-elles suivi le principe consacré par l'arrêt de 1811. — (V. l'arrêt déjà cité de la cour de Bourges, du 23 nov. 1835 ; — *adde* Colmar, 22 nov. 1814, S.-V. 15. 2. 135 ; D. A. 2. 793 ; — Cass. 12 déc. 1836, S. V. 37. 1. 412 ; D. P. 37. 1. 194 ; V. aussi Carré, *loc. cit.*, t. 2, p. 576 ; Vincens, t. 1, p. 131 ; Orillard, n° 328.) Toutefois, et depuis la loi du 25 mai 1838, l'arrêt de 1811, qui a été généralement critiqué, devrait servir de règle dans l'hypothèse prévue par l'art. 2 de cette loi, qui dispose qu'en cas de perte ou d'avarie des effets accompagnant les voyageurs, la contestation doit être portée devant le juge de paix du lieu d'arrivée, jusqu'à la valeur de 100 fr., et, à la charge d'appel, jusqu'à 1500 fr.

134. Dans les entreprises de transport organisées sur une grande échelle on exige en général un cautionnement de la part des préposés. De là est née la question de savoir si la juridiction consulaire est compétente pour statuer sur l'action en restitution de caution-

nement. L'affirmative a été consacrée avec raison par la cour royale de Bordeaux dans un arrêt du 19 avril 1833 (S.-V. 34. 2. 318 ; D. P. 34. 2. 22), car c'est à l'occasion de leur commerce que les entrepreneurs de transport ont reçu ce cautionnement et pris l'engagement de le restituer.

135. *Entreprise de fournitures.* — L'entreprise de fournitures est celle au moyen de laquelle un individu fait profession de livrer des fournitures dont il vend la propriété ou dont il loue l'usage. Cette entreprise ayant en vue des bénéfices à réaliser par la vente, la préparation, la location ou le transport des marchandises, renferme implicitement l'idée de l'achat pour revendre ; et, à ce titre, elle devait naturellement être rangée au nombre des actes de commerce.

136. Les entreprises de fournitures peuvent embrasser toute espèce d'objets, et s'exercer au moyen de l'achat, de la vente ou du louage de toutes les denrées ou marchandises. Leur nombre n'est pas susceptible de limitation. On en trouve qui ont été formées dans le but de louer les ameublements nécessaires à la décoration des fêtes privées ou publiques, à la célébration des pompes funèbres, à l'inauguration de cultes religieux. (Paris, 15 avril 1834, S.-V. 34. 2. 414 ; D. P. 34. 2. 113.) Plusieurs d'entre elles se sont chargées de pourvoir à l'éclairage au gaz de villes entières, et à la subsistance des armées.

137. En leur qualité d'entreprises commerciales, elles rendent leurs chefs, en général, justiciables des tribunaux consulaires, et susceptibles d'être, par ce motif, déclarés en faillite. (V. C. comm., art. 632, 3ᵉ alinéa, et l'arrêt cité *suprà*.) Nous disons en général, car ceux qui se chargent des entreprises de fournitures relatives aux besoins de l'état, au service des différents ministères, à celui des domaines ou de la liste civile, se soumettent ordinairement, par leur acte d'adjudication, à la juridiction administrative. Le décret du 11 juin 1806, dans son art. 14, dit en effet : « Le conseil d'état connaîtra de toutes les contestations ou demandes relatives, soit aux marchés passés avec nos ministres, avec l'intendant de notre maison, ou en leur nom, soit aux travaux ou fournitures faits pour le service de leurs départements respectifs, pour notre service personnel ou celui de nos maisons. »

138. Mais cette loi, en dérogeant dans ce cas aux règles de la compétence et en soumettant les entrepreneurs de fournitures à une juridiction exceptionnelle, lorsqu'il s'agit de résoudre les contestations que l'exécution des contrats passés avec l'administration peut faire naître, n'a pas eu pour effet de régler leur commercialité, laquelle n'a jamais paru douteuse lorsqu'elle a été agitée par des tiers ou sous-traitants ; car les fournisseurs, exerçant habituellement des actes de commerce en achetant des marchandises ou denrées pour les revendre ou les louer, avec l'intention de réaliser des bénéfices, n'ont jamais pu être considérés que comme des commerçants. Plusieurs arrêts de la Cour de cassation les ont réputés tels (Cass. 13 mess. an XII, S.-V. 4. 2. 505 ; D. A. 3. 179 ; — 16 juillet 1806, S.-V. 6. 2. 726 ; D. A. 3. 180 ;—6 sept. 1808, S.-V. 8. 1. 527 ; D. A. 2. 735 ;—10 fév. 1836, S.-V. 37. 1. 158 ; D. P. 36. 1. 174) ; d'où il suit que toute contestation mue entre les fournisseurs et les tiers, par exemple, les sous-traitants, est du domaine de la juridiction consulaire. C'est ce que les arrêts cités consacrent en principe ; et cette doctrine, expressément formulée au conseil d'état par M. Bérenger ( V. Locré, *Esp. du Code de comm.* sur les art. 632 et suiv., t. 8, 4ᵉ part., 1ʳᵉ div., § 1ᵉʳ, nᵒ 3), a été, suivant M. Vincens, admise par un avis du conseil d'état, approuvé le 18 août 1817, qui se serait prononcé dans le même sens. ( *Législation comm.*, chap. 4, nᵒ 11.)

139. La loi ayant réputé actes de commerce toutes les entreprises de fournitures, il s'ensuit que l'on devra considérer comme commerçants ceux qui, dans les lieux publics, les promenades, les jardins, les halles, les églises, louent des chaises, des bancs, des échoppes, des boutiques, après avoir acheté ce droit des propriétaires des lieux concédés.

140. Mais pour que cette doctrine soit juste, il faut que, dans ce cas, le mobilier destiné à être loué appartienne aux entrepreneurs de fournitures et ait été acquis par eux dans ce but. Autrement, ceux-ci ne seraient que des simples commis ou préposés des propriétaires immobiliers qui, en louant les meubles qui garniraient leurs propriétés, ne feraient eux-mêmes que des actes civils, si les meubles destinés à la location n'étaient qu'un accessoire en quelque sorte indispensable d'un établissement non commercial. Il en serait autrement cependant, même dans le cas où les

meubles n'auraient pas été achetés par ceux qui les louent, s'ils les avaient reçus à titre de location, et qu'ils les eussent sous-loués pour leur compte personnel en vue de réaliser un bénéfice.

D'après cela, on ne saurait admettre la doctrine émise dans un arrêt de la cour de Grenoble qui a refusé d'attribuer la qualité de commerçant à l'entrepreneur d'un cercle, qui fournissait aux sociétaires tous les objets qui leur étaient nécessaires. (Grenoble, 12 décembre 1829, S.-V. 33. 2. 19; D. P. 32. 2. 153.) Une telle industrie renferme évidemment une entreprise de fournitures dans le sens de la loi, et celui qui l'exercerait devrait être compris par suite dans la classe des commerçants.

141. *Entreprise de travaux et constructions.* — A côté des entreprises de fournitures viennent se placer les entreprises de travaux et de constructions, qui ont avec les premières certains points d'affinité. En effet, les entreprises de travaux et de constructions sont celles dans lesquelles un individu se chargeant à forfait, et moyennant un prix convenu, de constructions ou réparations de quelque importance, est obligé de s'assurer le concours d'ouvriers et, en général, de fournir les matériaux. Ainsi qu'on le voit, ces entreprises ne participent pas seulement de la nature des entreprises de fournitures, mais encore de celle des entreprises de manufacture. Comme dans celles-ci, les entrepreneurs spéculent sur le travail d'un grand nombre d'ouvriers, avec cette seule différence qu'au lieu d'opérer sur des meubles, ils opèrent sur des immeubles.

142. D'après cela, on serait porté à croire que les entreprises de travaux et de constructions sont essentiellement commerciales; il n'en est pas ainsi cependant, du moins d'une manière générale. Le législateur a bien dit, dans le § 1er de l'art. 633, que l'on réputerait acte de commerce *toute entreprise de construction;* mais la place qu'occupe cette disposition dans la loi dit assez que le législateur n'a entendu parler que des entreprises de construction de bâtiments pour la navigation extérieure et intérieure. D'ailleurs la discussion de la loi ne laisse aucun doute à cet égard; il suffit de se reporter à l'historique qu'en a fait M. Locré : « Le projet présenté par la commission, dit-il, portait : *Sont réputés faits de commerce toute entreprise de construction.* Cette disposition parut louche à plusieurs cours et tribunaux.

Ils demandèrent que la commission expliquât si le mot *construction* s'appliquait aux constructions de tout genre, ou seulement aux constructions navales. Le tribunal de commerce de Châtillon disait : « Si l'article entend constructions navales, il n'y a point en cela de nouvelle attribution. Il y en a une, s'il entend entreprises de construction indistinctement; mais on ne voit point d'inconvénients dans ce cas-là même, seulement on croirait utile de s'expliquer. » Les cours d'appel d'Angers et d'Orléans s'élevèrent, au contraire, contre cette innovation, supposé qu'on voulût l'introduire. « Ne serait-il pas à craindre, disait la cour d'appel d'Angers, qu'en laissant le mot on ne voulût l'étendre à toutes les constructions, par exemple, à celle d'un édifice pour un simple particulier, contre lequel l'architecte n'a que l'action ordinaire ? Interprétation fausse qu'on doit prévenir. » La cour d'appel d'Orléans s'exprimait ainsi : « On a compris dans le § 2, au nombre des faits de commerce, *toutes les entreprises de construction.* C'est une nouveauté qui ne paraît pas admissible. Ces entreprises sont de simples locations ou louages d'ouvrages; elles n'ont aucune analogie avec les faits de commerce, et ne sauraient être réglées par les lois qui lui sont propres; elles lui sont trop étrangères, si ce n'est peut-être les constructions de navires marchands, à raison de leur destination pour le commerce. Quant aux entrepreneurs de bâtiments, s'ils peuvent être considérés comme commerçants, ce n'est que relativement à l'achat des matériaux qu'ils emploient et fournissent dans leurs entreprises; et, sous ce même point de vue, tous, artisans, manufacturiers et gens de métier, font effectivement le commerce des choses qu'ils achètent brutes pour les revendre ouvragées et fabriquées; ce qu'il semble nécessaire d'expliquer dans cet article. » D'après ces dernières observations, les commissaires rédacteurs changèrent leur article, et aux mots, *toutes entreprises de constructions,* substituèrent ceux-ci : *toutes entreprises de constructions maritimes.* (Locré, t. 8, p. 292 et suiv.) Aujourd'hui le mot *maritime* ne se trouve pas, dans l'art. 633, placé à côté du mot *construction.* Mais cela s'explique par cette circonstance que cet article de loi est exclusivement consacré aux actes du commerce maritime et à régler la compétence des tribunaux consulaires relativement à ces actes; en sorte que

**IV.**                                          35

le mot *maritime* pouvait ne pas accompagner le mot *construction*; il s'y trouve naturellement suppléé.

143. On ne peut donc se dissimuler, en présence des observations auxquelles la rédaction de la loi a donné lieu, que les entreprises de construction n'aient été en principe dans la pensée du législateur des actes purement civils. Mais si la pensée de la loi est claire, elle n'est pas également juste. C'est seulement parce que l'entreprise de construction n'est qu'une simple location d'ouvrages, qu'on n'a pas voulu qu'elle fût considérée comme un acte de commerce. Mais l'entreprise de manufactures, qu'est-elle autre chose qu'un louage d'ouvrages, dans l'hypothèse où le manufacturier se borne à transformer les denrées ou les marchandises qu'on lui a confiées ? Et cependant, le manufacturier, dans cette hypothèse même, est commerçant, ainsi qu'on l'a vu *suprà*, n° 103 ; du moins le législateur ne s'est-il pas arrêté à cette circonstance particulière. que le manufacturier, dans ce cas, ne fait qu'une simple location d'ouvrages, pour le soustraire à l'empire de la loi commerciale à laquelle il soumettait les entrepreneurs de manufacture d'une manière toute générale. Il n'y aurait donc eu rien que de logique à établir entre ces deux positions, celle du manufacturier et celle de l'entrepreneur de constructions, qui ont entre elles, dans le fait, une si grande analogie, une similitude complète dans le droit. Ajoutons même que dans les débats susceptibles de s'élever entre un propriétaire et un entrepreneur de constructions, la juridiction consulaire serait un avantage pour tous, car ces débats se résument presque toujours en une question de fait, pour la solution de laquelle il ne serait pas indifférent aux parties de rencontrer souvent parmi leurs juges des hommes experts dans l'art des constructions, et par conséquent meilleurs appréciateurs de la difficulté. D'un autre côté, l'entrepreneur aurait l'avantage d'être jugé par ses pairs, et le propriétaire, d'obtenir contre l'entrepreneur une condamnation par corps pour le contraindre à l'exécution de ses engagements. Nous comprenons donc très-bien que quelques auteurs, et notamment M. Merlin (*Quest. de droit.*, v° Comm. [actes de], § 6, n° 3), aient considéré comme commerçants les entrepreneurs de constructions, alors même qu'ils se chargent seulement de la main-d'œuvre. Mais, quelque raisonnable

au fond que cette opinion puisse paraître, il est certain que la volonté du législateur s'est clairement exprimée en sens contraire, et qu'ainsi les entrepreneurs de constructions, dans l'état actuel de la législation, ne doivent pas, en thèse générale du moins, être rangés au nombre des commerçants.

144. Nous disons en thèse générale, parce qu'il est telle situation, et c'est même la plus ordinaire dans ces sortes d'affaires, où l'entreprise devient essentiellement commerciale. Par exemple, lorsque l'entrepreneur, au lieu de s'en tenir exclusivement à la main-d'œuvre, se charge de la fourniture des matériaux nécessaires à l'exécution de l'entreprise, et qu'il les fournit en les achetant, il est clair qu'alors l'entreprise est un acte de commerce dans toute l'énergie du terme. En effet, comme le dit M. Merlin (*loc. cit.*), dans le droit, l'art. 632 répute tel « tout achat de denrées et marchandises pour les revendre, soit en nature, soit après les avoir travaillées et mises en œuvre, ou même pour en louer simplement l'usage ; » et dans le fait, l'entrepreneur n'achète les matériaux dont il s'agit que pour les livrer tout travaillés et mis en œuvre, moyennant un prix déterminé, au propriétaire du fonds sur lequel il doit élever la construction qu'il entreprend, c'est-à-dire pour les lui revendre. L'acte de commerce est donc manifeste : l'entrepreneur de construction devient réellement, dans ce cas, un entrepreneur de fournitures, et il ne pourrait pas raisonnablement invoquer le bénéfice de la position particulière qui a été faite à celui qui se borne à fournir la main-d'œuvre. D'ailleurs, les observations que nous venons de reproduire, et qui ont précédé et préparé la rédaction de la loi, s'élèveraient contre une semblable prétention. La cour d'Orléans, on l'a vu en effet, en réclamant contre l'extension qui serait donnée aux mots *entreprises de construction* dont se servait l'art. 633, à supposer qu'on dût les appliquer aux constructions de tous genres et non pas seulement aux constructions navales, posait elle-même les limites de son observation, et ne considérait l'entreprise de construction comme un acte purement civil que lorsqu'elle n'impliquait qu'une simple location ou louage d'ouvrage. Elle ajoutait aussitôt que, *relativement à l'achat des matériaux qu'ils emploient et fournissent dans leurs entreprises*, les entrepreneurs de bâtiments doivent être consi-

dérés comme marchands. Tel est donc l'esprit dans lequel la loi a été conçue et rédigée. Purement civile lorsqu'elle se résume en un louage d'ouvrages, l'entreprise de construction devient commerciale s'il s'y joint l'habitude d'acheter des matériaux et de les revendre en les employant dans les constructions faites par l'entrepreneur.

145. Au moyen de cette distinction, on parvient à comprendre et à concilier les décisions fort nombreuses et assez divergentes en apparence qui ont été rendues sur la matière. Ainsi, supposons que la spéculation de l'entrepreneur n'ait eu d'autre objet que de prélever un bénéfice sur la main-d'œuvre de ses ouvriers, il faudra considérer comme bien rendues les décisions d'après lesquelles ne sont point justiciables des tribunaux de commerce :

Un charpentier pour avoir, par suite d'un marché, construit et placé une roue hydraulique pour une filature (Rouen, 14 mai 1825, S.-V. 26. 2. 135; D. P. 26. 2. 17.);

L'entrepreneur de travaux qui ne s'engage qu'à fournir son travail et à procurer les échafaudages et autres objets nécessaires pour la construction de ces ouvrages, dont on lui fournit les matériaux (Bruxelles, 12 sept. 1825, J. P. 3e édit.; — Merlin, *Quest.* vo Commerce [actes de ] § 6, no 3);

Les entreprises des travaux à faire à un port (Bruxelles, 22 mai 1819, D. A. 2. 737; — Merlin, *loc. cit.*, no 2);

Les entreprises relatives à la construction d'un canal (Nancy, 15 mars 1842, S.-V. 42. 2. 480, et 6 avril 1843, S.-V. 43. 2. 491), aux travaux de terrassement nécessaires à l'établissement d'un chemin de fer ( Lyon, 5 mars 1832, D. P. 32. 2. 77; — Cass., 26 mars 1838, S.-V. 38. 1. 377; D. P. 38. 1. 163), à l'établissement de fortifications ( Bruxelles, 5 nov. 1818, J. P. 3e édit.; D. A. 2. 737);

La société formée pour acheter un terrain et y construire un marché (Paris, 11 déc.1830, S.-V. 31. 2. 282; D. P. 31. 2. 140 );

L'entreprise d'édification d'une église, mise en adjudication par une commune ( Pau, 31 janv. 1834, D. P. 34. 2. 191;—Caen, 8 mai 1838, D. P. 40. 2. 12), d'un palais de justice (Poitiers, 21 déc. 1837, S.-V. 38. 2. 297; D. P. 38. 2. 34 ; — Colmar, 14 août 1839, J. P. 1840. 1. 286; D. P. 40. 2. 114 ); etc., etc.

146. Supposons au contraire que l'entrepreneur de constructions ait spéculé non-seulement sur la main-d'œuvre, mais encore sur les matériaux qu'il aurait vendus et livrés en les employant dans sa construction, et l'on reconnaîtra également que c'est conformément aux principes ci-dessus exposés que les cours de Turin, de Caen, de Limoges et de Bastia, ont déclaré commerciales des entreprises de construction de grandes routes ou chemins, et commerçants les entrepreneurs ( Turin, 17 janvier 1807, S.-V. 8. 2. 52; D. A. 3. 376 ; — Caen, 27 mai 1818, S.-V. 18. 2. 350 ; D. A. 2. 736; — Limoges, 21 nov. 1835, S.-V. 37. 2. 191 ; D. P. 38. 2. 103 ; — Bastia, 12 avril 1842, J. P. 1842. 2. 683); que la cour de Bruxelles a réputé commercial l'achat de bois fait par des entrepreneurs de fortifications, pour les employer à l'exécution de leurs travaux (Bruxelles, 23 juillet 1819, J. P. 3e édit.; D. A. 2. 738); que les cours de Riom et de Bastia ont considéré comme commerciales les associations formées dans le but de construire un bâtiment et un pont (Riom, 17 août 1822, Devillen. et Car., 7. 2. 115; J. P. 3e édit.; — Bastia, 8 avril 1834, S.-V. 34. 2. 684; D. P. 34. 2. 182 ); que la cour de Poitiers a jugé les tribunaux consulaires compétents pour connaître de l'action intentée par un propriétaire contre un entrepreneur de constructions, qui s'était chargé d'édifier sa maison en en fournissant les matériaux ( Poitiers, 23 mars 1841, S.-V. 41. 2. 633; D. P. 41. 2. 151).

C'est encore par application des mêmes principes que la cour de Lyon a considéré comme commerciale l'entreprise de construction d'une forge ou haut-fourneau, soit que l'entrepreneur l'ait fait construire pour l'exploiter lui-même, soit qu'il l'ait fait construire pour le revendre (Lyon, 14 août 1827, S.-V. 27. 2. 254 );

Que la cour de Bruxelles a vu un acte de commerce dans une association ayant pour objet d'obtenir l'adjudication d'un bâtiment à construire et la fourniture des matériaux nécessaires à cette construction ( 6 janvier 1830, cité par Goujet et Merger, vo Actes de commerce, no 113.).

147. Remarquons au surplus qu'il est sans importance qu'il s'agisse d'entreprises de construction pour les particuliers ou d'entreprises de travaux publics pour l'État ou les communes. Il est vrai cependant que les entrepreneurs de travaux publics font plus habituellement des actes de commerce en ce qu'ils fournissent en général les matériaux

( V. Poitiers, 17 mars 1840, S.-V. 41. 2. 37; — Rouen, 26 déc. 1840, S.-V. 41. 2. 151; — Cass., 29 nov. 1842, S.-V. 43. 1. 85.); mais au fond, les principes demeurent les mêmes. L'entreprise est purement civile de la part de l'entrepreneur s'il se borne à fournir son industrie et celle de ses ouvriers, les matériaux étant livrés par le propriétaire ; et commerciale, si l'entrepreneur fournit en outre les matériaux. Nous mentionnerons seulement qu'aux termes de la loi du 28 pluviôse an VIII, le contentieux en matière de travaux publics appartient aux conseils de préfecture ; mais nous rappellerons en même temps que l'attribution de juridiction donnée à l'administration n'a pas, pour effet, comme nous l'avons vu nos 138 et suiv., de régler la commercialité des entrepreneurs, lorsqu'elle vient à être agitée par des tiers ou sous-traitants. — V. Conseils de préfecture, Contentieux.

148. Il convient de remarquer toutefois qu'aux entrepreneurs seuls qui construisent sur le sol d'autrui ou sur un sol qu'ils ont acheté pour y élever des constructions et les revendre, s'appliquent les doctrines que nous venons d'énoncer. (Paris, 11 fév. 1837, J. P. 1841. 2. 412.) Le propriétaire qui achèterait des matériaux pour bâtir sur son propre terrain, sans intention de le revendre avec ses constructions, ne serait point censé, comme les entrepreneurs, exercer des actes de commerce, car il n'y aurait de sa part ni achats pour revendre, ni intention de spéculer, commercialement du moins, mais simplement réalisation d'un projet utile ou agréable ; ce qui serait accomplir un acte du droit civil et empêcherait qu'on ne pût réputer commerçant celui qui l'accomplit.

149. Disons-le même, l'entrepreneur de constructions qui édifie sur le sol d'autrui peut aussi ne pas faire acte de commerce, encore qu'il fournisse lui-même certains matériaux ; mais c'est dans le cas tout spécial où il n'achète pas ces matériaux, et où il les tire de son propre fonds ; comme si, par exemple, un couvreur propriétaire d'une tuilerie prenait envers moi l'engagement d'employer une partie des tuiles qu'il y fabrique ou fait fabriquer à la couverture de ma maison et de faire lui-même tout l'ouvrage. Alors, en effet, comme le dit M. Merlin (Quest., vo Commerce [actes de], § 6, no 2), il ne ferait pas acte de commerce par cela seul qu'il louerait son tra-

vail ; et d'une autre part, ainsi que nous l'avons déjà expliqué, il ne le ferait pas davantage, par cela seul qu'il vendrait des tuiles provenant de son propre terrain : en sorte que tout prétexte manquerait pour qualifier son entreprise d'acte de commerce.

150. Au surplus, pour les entreprises de constructions comme pour toutes celles dont nous avons parlé jusqu'ici, c'est l'habitude seule qui est susceptible d'attribuer à l'opération le caractère de commercialité. La cour de Besançon a donc pu très-raisonnablement décider qu'une entreprise isolée de réparation de grands chemins ne suffisait pas pour faire réputer l'entrepreneur commerçant (6 janvier 1818, J. P. 3e édit.).

151. Lorsque l'entreprise de construction est commerciale, c'est-à-dire lorsqu'elle se complique d'une entreprise de fournitures, elle ne présente le caractère de commercialité, on le comprend bien, qu'à l'égard de l'entrepreneur. Quant au propriétaire sur le fonds duquel la construction a été faite, il est évident que la convention n'a eu et n'a pu avoir rien qui l'ait fait sortir de la catégorie des conventions civiles. Ainsi les tribunaux de commerce seraient essentiellement incompétents pour connaître des demandes que les entrepreneurs formeraient contre le propriétaire pour l'exécution des marchés qu'ils auraient faits avec lui.

Cependant, la cour royale de Toulouse a jugé, le 15 juillet 1825, que des entrepreneurs de constructions et de chaudières pour une usine appartenant à une société commerciale, s'ils ne sont pas payés par les associés propriétaires, peuvent les traduire devant la juridiction commerciale. « Attendu... porte l'arrêt, que la construction de ces chaudières devait être faite par les sieurs Brunet frères à l'entreprise ; que cette entreprise est une véritable spéculation, avec chance de gain et de perte, qui constitue un acte de commerce ; que d'un autre côté, les sieurs Houlès frères ont traité et se sont engagés pour un fait relatif à leur commerce, puisqu'il paraît certain que les cuves et chaudières ont été construites pour leur fabrique de teinture ; que dès lors l'action en paiement de la somme due à cause de cette entreprise, a pu et dû être portée devant le tribunal de commerce ; par ces motifs, etc. » (Toulouse, 15 juillet 1825, S.-V. 26. 2. 131 ; D. P. 26. 2. 21.)

La circonstance que la société s'était engagée pour un fait relatif au commerce a dû, dans l'espèce, exercer une influence décisive sur la solution. Mais si cette circonstance ne s'était pas produite, l'arrêt de la cour de Toulouse ne pourrait pas supporter l'examen. En effet, il eût été bien indifférent que l'entreprise des frères Brunet fût de leur part un acte de commerce; il résultait sans doute de là que si la société Houlès eût actionné les frères Brunet devant le tribunal de commerce pour les contraindre à exécuter leur entreprise ou pour les faire condamner à des dommages-intérêts, ils n'auraient pas été fondés à décliner la compétence de ce tribunal; mais il n'en résultait en aucune manière qu'assignée elle-même par les frères Brunet devant le tribunal de commerce, elle ne pût pas demander son renvoi devant les juges civils; car rien n'empêche, comme nous l'avons déjà expliqué, que le même acte ne soit réputé commercial à l'égard de l'une des parties, et non-commercial à l'égard de l'autre.

152. Quant à l'État, aux villes et aux communes, il est également évident qu'en donnant des édifices publics à construire ou à réparer, des chemins ou des voies nouvelles à ouvrir, ils ne font pas non plus acte de commerce. A leur égard même, la présomption qu'ils agissent dans une vue d'intérêt public serait une raison de plus de le décider ainsi. A plus forte raison, en serait-il de même si les travaux étaient exécutés par des ouvriers que loueraient les communes ou l'Etat. ( Rouen, 7 janv. 1839, J. P. 1843. 1. 238; D. P. 40. 2. 66.)

153. *Entreprises d'agences et de bureaux d'affaires.* — On appelle agences et bureaux d'affaires des établissements où l'on se charge d'achats et ventes de créances, liquidations et recouvrements, poursuites d'affaires contentieuses, gestion d'immeubles, traductions d'actes écrits en langue française ou étrangère, en un mot de la gestion de tout mandat, de quelque nature qu'il soit, de tous ceux qui ne peuvent ou ne veulent pas faire leurs propres affaires. Cette industrie, utile sans doute dans les cités populeuses où aboutissent des intérêts si nombreux et si variés, a aussi ses dangers qui naissent de l'inexpérience ou de l'ignorance de ceux qui y ont recours; les abus y sont toujours faciles de la part des agents, s'ils ne sont pas d'une délicatesse éprouvée. Aussi est-ce à cause de ces abus possibles et dans le but d'accroître et d'assurer la con-

fiance qu'obtiennent des hommes qui sont, pour ainsi dire, dépositaires nécessaires, et de mieux distinguer la profession d'avocat du métier d'agents d'affaires, que les opérations de ces derniers sont rangées au nombre des actes de commerce par l'art. 632 C. com.

154. Comme pour les entreprises de manufactures, de transport, de commission, de fournitures, une opération isolée ne suffirait pas ici pour attribuer la qualité de commerçant à celui qui s'occuperait accidentellement d'une gestion d'affaires, ou même qui exercerait souvent des actes semblables sans que rien l'annonçât au public; c'est l'ouverture d'un bureau, l'établissement d'une agence par les moyens usités en semblable circonstance, c'est-à-dire en s'annonçant, par des affiches ou tout autre mode de publication, comme se chargeant d'une spécialité d'affaires ou de toute sorte d'affaires, qui seule aux yeux de la loi constitue l'entreprise commerciale. C'est ainsi qu'il a été décidé qu'on ne peut considérer comme agent d'affaires, dans le sens de l'art. 632, C. comm., et par suite comme justiciable des tribunaux de commerce, celui dont les occupations habituelles consistent seulement à représenter les parties, comme fondé de pouvoir, devant le juge de paix, et à donner des conseils pour la conduite de ces affaires, lorsque, d'ailleurs, il ne tient ni bureau ni cabinet d'affaires. (Amiens, 10 juin 1823, S.-V. 26. 2. 245; D. A. 9. 959.)

155. Au contraire, la jurisprudence a établi que celui-là est commerçant, qui a créé un établissement et l'a fait connaître en distribuant des prospectus (Cass. 9 juin 1832, S.-V. 33. 1. 110; D. P. 32. 1. 401); et par suite, il a été décidé que, s'il exerçait journellement les actes de sa profession, il pouvait être réputé banqueroutier frauduleux (Cass. 18 nov. 1813, S.-V. 16. 1. 51; D. A. 2. 707); que les billets faits par lui sont censés faits pour son agence, s'ils n'énoncent pas une autre cause, et le rendent justiciable des tribunaux de commerce et contraignable par corps (Paris, 6 déc. 1814, S.-V. 16. 2. 54; — 18 août 1836, D. P. 37. 2. 77; — Montpellier, 26 janv. 1832, S.-V. 33. 2. 491); que les tribunaux de commerce sont compétents pour statuer sur l'action en paiement de frais intentés par un huissier contre un agent d'affaires (Cass. 31 janv. 1837, S.-V. 37. 1. 320; D. P. 37. 1. 60.)

156. Remarquons d'ailleurs que, quelle que soit la nature des affaires dont s'occupe l'agent,

et encore qu'elles n'aient aucun caractère commercial, le fait de l'entremise des agents est réputé acte de commerce. On a bien dit dans la discussion de la loi que « les entreprises d'agence et de bureaux d'affaires ne sont de la compétence commerciale que lorsqu'elles concernent des affaires de commerce ; » et de là M. Locré (t. 8, p. 290) semble conclure que c'est dans ce sens restreint que la loi doit être entendue. C'est aussi ce qui a été décidé par arrêt de la cour de Bruxelles, le 8 nov. 1823 (J. P. 3e édit.), où on lit : « Que l'art. 632 du C. de comm. doit être entendu *pro subjectâ materiâ*, et que cet article est uniquement relatif aux entreprises d'agences et bureaux d'affaires qui concernent le commerce, sans qu'on puisse en faire l'application à des entreprises de cette nature qui sont entièrement et exclusivement relatives à des affaires civiles... » Mais cette interprétation restrictive a été généralement repoussée et avec raison. L'art. 632 ne distingue pas en effet ; et une opinion émise, en passant, dans la discussion ne saurait faire autorité contre le texte même de la loi, alors d'ailleurs que cette opinion n'a pas eu d'écho et n'a pas été partagée par la majorité de l'assemblée. C'est ce qui a fait dire à M. Pardessus (t. 1, n° 42) : « Quelles que soient en elles-mêmes les affaires auxquelles se livrent ces agents, lors même qu'elles n'auraient aucun caractère commercial, le fait de leur entremise est réputé, à leur égard, industrie commerciale. » — V. encore, en ce sens, MM. Vincens, t. 2, ch. 4, § 3, n° 12 ; Orillard n° 339 ; Nouguier, *Des trib. de comm.*, t. 1, p. 429, n° 4 ; Goujet et Merger, *Dict. de dr. com.*, t. 1, v° Actes de comm., n° 128.

157. Les agents d'affaires, ainsi qu'on l'a vu par le résumé de jurisprudence présenté au n° 155, sont justiciables des tribunaux de commerce pour l'exécution de tous les engagements qui prennent leur source dans la gestion d'affaires. Mais ces agents peuvent-ils également porter devant ce tribunal la demande en paiement de leurs déboursés et honoraires ? Évidemment non, d'après les principes que nous avons exposés, si la demande est dirigée contre un non-commerçant ; mais l'opinion contraire doit prévaloir, si c'est contre un commerçant que l'agent d'affaires a formé sa demande. Alors, en effet, il s'agit d'une contestation entre deux commerçants obligés tous les deux à l'occasion de leur commerce, et dès lors il n'y a pas de motif d'en-

lever le litige à la connaissance du tribunal consulaire (Paris, 14 nov. 1840, J. P. 1840. 2. 666). On trouve cependant, en sens contraire, un arrêt de Limoges qui a considéré comme purement civile l'obligation contractée par un négociant envers un agent d'affaires, et qui avait pour cause une promesse de rémunération au cas que la vente du fonds appartenant au commerçant vint à se réaliser par les soins de l'agent d'affaires (30 juillet 1839, D. P. 39. 2. 144.). — V. au surplus, sur cette matière, le mot Agents d'affaires.

158. On doit assimiler à des agents d'affaires les directeurs de certains établissements qui ne sont pas cependant agents d'affaires de leur nature : nous voulons parler des tontines et des caisses d'épargne, dans lesquelles les intéressés déposent des sommes qu'ils ont la chance de retirer accrues par l'accumulation des intérêts, ou par certains gains de survie. Une tontine n'est pas assurément un établissement commercial ; cela a été démontré par M. d'Hauterive, dans son rapport au Conseil d'état, en nov. 1803. « Une tontine, disait-il, ne présente ni produits, ni travail, ni concurrence : c'est une simple convention par laquelle les sociétaires s'engagent à fournir, au détriment de leurs héritiers naturels, le partage de leur intérêt dans l'association entre ceux de leurs co-associés qui sont destinés à leur survivre ; et ce partage est en même temps la seule opération des personnes qui sont chargées d'administrer l'association. Il est difficile de comprendre comment l'existence de cette société pourrait être rapportée à la législation commerciale, qui a pour objet de soumettre l'industrie à des lois particulières, de favoriser ses accroissements, de déterminer ses droits et de régler ses concurrents. »

Mais si, comme être moral, ces associations ne doivent pas être rangées au nombre des sociétés commerciales, on peut cependant considérer comme agence d'affaires l'entreprise de ceux qui administrent, dirigent ou gèrent ces établissements, ainsi que les caisses d'épargne ou de prévoyance et autres sociétés de secours. C'est ainsi qu'il a été décidé qu'une société formée par actions au porteur pour la répartition entre les actionnaires des bénéfices éventuels d'une tontine, dite d'amortissement, pouvait être considérée, sinon comme une société commerciale, du moins comme une entreprise d'agence et de bureau d'affaires soumise par conséquent à la juridiction commerciale. (Cass. 15 déc. 1824, S.-V. 25. 1. 205; D. P. 25. 1. 15; — V. aussi Paris, 4 mars 1825, Devillen. et Car. 8. 2. 45 ; D. P. 26. 2. 208.)

159. Toutefois, ainsi que l'enseigne M. Pardessus (t. 1, n° 44), « Cette règle peut recevoir quelques modifications, lorsqu'au lieu d'être laissée dans le domaine des spéculations particulières, la direction de ces établissements est confiée par le gouvernement à des administrateurs qu'il nomme ou qu'il fait nommer par ses délégués. Ainsi les tontines originairement fondées sous les noms de *Caisse Lafarge, Caisse des employés et artisans, Tontine du pacte social*, dont les actes des 1er avril 1809, 9 fév., 22 oct. et 18 nov. 1810, ont retiré l'administration à ceux qui les avaient fondées, étant actuellement confiées, par une ordonnance du 7 oct. 1818, à trois membres du conseil municipal de Paris désignés par le préfet de la Seine, qui prennent le titre d'*administrateurs des tontines*, il est évident que ces administrateurs ne peuvent être considérés comme faisant un acte de commerce. »

160. *Sociétés d'assurances terrestres.* — Les assurances maritimes ont été expressément mises, ainsi que nous le verrons bientôt, au nombre des opérations commerciales par l'art. 633 du C. de comm. Mais les assurances terrestres n'ont pas été l'objet de la même précision de la part du législateur. Le silence de la loi s'explique par le retard qu'a éprouvé en France l'application du système des assurances. Ce système, que l'Angleterre et la Hollande appliquaient déjà avec succès, était à peine connu en France lors de la promulgation du Code de commerce; et le législateur ne dut pas s'y arrêter.

Toutefois, depuis cette époque, le système des assurances a pris un développement immense, et il tend à s'accroître chaque jour. De là est née, dans la pratique, la question de savoir si les assurances terrestres constituent, de même que les assurances maritimes, des opérations de commerce, et si les compagnies qui se livrent à ces opérations sont ou non commerciales.

La jurisprudence présente sur ce point une variété dont il est d'ailleurs facile de se rendre compte. D'une part, elle a posé en principe que les compagnies d'assurances mutuelles contre l'incendie ne sont pas des sociétés commerciales; qu'en conséquence, le directeur d'une compagnie de ce genre n'est pas justiciable des tribunaux de commerce à raison des billets par lui souscrits ( Rouen, 9 oct. 1820, S.-V. 22. 2. 225); que les arbitres nommés pour décider des contestations élevées entre les membres d'une telle société n'ont pas le caractère d'arbitres forcés (Cass. 15 juillet 1829, S.-V. 29. 1. 315); que ces compagnies sont justiciables des tribunaux ordinaires, non des tribunaux de commerce. ( Douai, 4 déc. 1820, S.-V. 21. 2. 250. )

Mais, d'une autre part, la jurisprudence a établi que l'assurance à prime contre l'incendie est réputée acte de commerce comme l'assurance maritime ( Colmar, 25 fév. 1839, D. P. 39. 2. 176 ); et, en conséquence, que les entrepreneurs d'une telle assurance, s'ils cessent leurs paiements, peuvent être déclarés en état de faillite ( Cass. 8 avril 1828, S.-V. 29. 1. 28 ) ou poursuivis comme banqueroutiers ( Cass. 1er avril 1830, S.-V. 30. 1. 380 ). — V. encore, comme confirmant le principe, Rouen, 24 mai 1825 (D. P. 28. 2. 9); Paris. 23 janv. 1825 (S.-V. 25. 2. 252).

Cette différence et cette variété que l'on remarque dans l'état de la jurisprudence ne sont cependant qu'apparentes, et la conciliation de ces divers arrêts a été très-bien faite par M. le conseiller Faure dans le rapport qui précéda l'arrêt rendu par la Cour de cassation le 15 juillet 1829 (S.-V. 29. 1. 315; D. P. 29. 1. 407 ). « Une société d'assurance *mutuelle*, disait le rapporteur, n'a pas pour objet un profit quelconque, mais uniquement une communauté de risques, dans laquelle chacun des associés consent à faire un sacrifice pour diminuer, autant que possible, en cas d'incendie, le dommage qu'il éprouverait, tandis que la société d'assurances *à prime* contre l'incendie a pour objet, comme les sociétés d'assurances maritimes, un profit plus ou moins chanceux. »

Ainsi le nœud de la question réside dans la nature même de la société. Est-ce une société *mutuelle*, elle n'a de commercial que la forme; l'idée de spéculation ne s'y rencontre pas, car la société ne stipule pas avec les tiers, elle n'assure que les choses appartenant à ses membres, et ce n'est pas en vue de réaliser un bénéfice qu'elle opère, mais seulement pour éviter une perte à celui des associés sur lequel le sinistre est tombé. *Sic*, Troplong, *Des sociétés*, n° 843; Delangle, *eod.*, n° 33; Alauzet, *Tr. des assur.*, t. 2, n° 576; Grün et

Joliat, *eod.*, n° 345 ; Nouguier, *Des trib. de comm.*, t. 1, p. 433. — Au contraire, la société est-elle constituée *à prime*, la spéculation est évidente et l'on ne peut s'empêcher d'y reconnaître, à ce grand nombre d'agents qui font, comme mandataires, partie de l'association, qui se répandent dans les villes et les campagnes, tous les caractères de l'agence d'affaires. — V. dans ce sens tous les auteurs cités.

Cette distinction généralement accueillie, en doctrine, explique très-bien et concilie la jurisprudence qui, en effet, n'a consacré le caractère de commercialité que dans les hypothèses où il s'agissait d'une société à prime, et a laissé dans la nature des conventions civiles toute association mutuelle dont elle a eu à déterminer le caractère. — V. Contrat d'assurance.

161. *Remplacement militaire.* — Les sociétés d'assurances pour le remplacement militaire, c'est-à-dire celles qui se chargent de faire remplacer au service militaire les personnes désignées par leur numéro pour faire partie de l'armée, constituent de véritables agences d'affaires et leurs opérations sont commerciales. En conséquence, les tribunaux de commerce sont compétents pour connaître des actions formées contre de telles sociétés. (Grenoble, 19 juillet 1830, S.-V. 31. 2. 89 ; — Rennes, 26 avril 1841, S.-V. 41. 2. 554 ; — *Sic* MM. Troplong, *Des sociétés*, n° 346, et Nouguier, *loc. cit.*, p. 435, n° 9.)

162. *Entreprises de ventes à l'encan.* — Les établissements de ventes à l'encan ont été mis au nombre des actes de commerce. On peut en distinguer de deux sortes : l'établissement que forme une personne pour y vendre des marchandises qu'elle achète, et l'établissement qui n'est monté que dans le but de fournir un local où l'on fait vendre les marchandises qui appartiennent à des tiers.

Point de doute que les chefs des entreprises de la première espèce ne fassent des actes de commerce, puisqu'ils achètent des marchandises pour les revendre, et que le mode de vente ne peut exercer aucune influence sur la nature de ces actes. Mais la question est plus difficile lorsqu'il s'agit de déterminer la qualité de celui qui, sans rien acheter ni vendre, ne fait que louer l'établissement où doivent s'effectuer les ventes de marchandises qui appartiennent à des tiers ; car les louages immobiliers sont des actes du droit civil. Toutefois

encore, dans ce cas, la commercialité de ces entrepreneurs nous semble évidente. En effet, le troisième alinéa de l'art. 632 du Code de comm. a, d'une manière absolue et sans établir de distinction, rangé toutes les entreprises d'établissements de ventes à l'encan au nombre des actes de commerce ; ensuite, les chefs des entreprises dont nous parlons ne se bornent point d'ordinaire à louer leurs immeubles ; ils sont aussi le plus souvent, comme les courtiers et les commissionnaires, les mandataires des vendeurs qui les emploient, mandataires dont le mandat est en général commercial ; enfin on peut, en quelque sorte, les assimiler à des agents d'affaires s'occupant exclusivement d'affaires commerciales.

163. Disons en terminant sur ce point, que la loi des 25 juin et 1ᵉʳ juill. 1841, qui a interdit, dans l'intérêt des marchands sédentaires, la vente en détail des marchandises neuves à cri public, a dû avoir pour effet de restreindre le nombre et l'importance des établissements de ventes à l'encan ; mais cette loi, en déférant toutes les contestations qui ont trait à ces sortes de ventes à la juridiction commerciale, nous semble avoir par là confirmé la doctrine que nous avons adoptée.

164. *Entreprise de spectacles publics.* — Sous l'empire de l'ordonnance de 1673, les directeurs des théâtres n'étaient pas ce qu'ils sont aujourd'hui. Membre lui-même d'une association d'artistes qui se réunissaient pour exercer leur profession en commun, et choisi par eux, le directeur faisait les affaires de tous et non les siennes propres. A ce point de vue, on le comprend bien, l'exploitation d'un théâtre ne pouvait être considérée que comme l'exercice d'une profession et non comme une opération commerciale. Tel était en effet le principe admis, et les rédacteurs du Code de comm. n'y avaient rien changé dans leur projet. Mais quelques cours, vivement préoccupées des changements qui s'étaient opérés dans la pratique, les signalèrent au législateur. La cour d'appel de Paris notamment, dans les observations qu'elle présenta sur le projet du Code, disait : « On avait cru précédemment devoir excepter les entrepreneurs de spectacles de la classe des négocians ; et c'était la jurisprudence des tribunaux avant la révolution. Elle pouvait avoir un fondement lorsque les auteurs étaient en même temps comédiens et entrepreneurs de leur propre théâtre. Que Molière, par exemple, après avoir

composé une pièce la récitât devant une assemblée choisie, ou que, voulant réunir un plus grand nombre de spectateurs, il s'associât à une troupe, distribuât les rôles, joignît à la déclamation les costumes et l'appareil d'un spectacle, le résultat, au fond, était le même; c'était toujours Molière ou l'homme de génie faisant part au public de ses productions, vendant, si l'on veut, les fruits de son propre sol; et à ce titre, il ne pouvait être considéré comme marchand. — Mais depuis que des individus, mettant à profit pour leur propre compte les travaux d'autrui, se sont érigés en entrepreneurs de théâtres, depuis surtout que les théâtres se sont si étrangement multipliés, ils sont devenus des objets de spéculation, qui occupent plus d'ouvriers, appellent plus de fournisseurs, exigent plus de capitaux que beaucoup d'entreprises de commerce très-importantes; de ce moment les principes ont dû changer et ils ont changé en effet. » ( *Observ. des trib.*, t. 1, p. 414; Locré, t. 8, p. 290 et 291.) — Ces observations étaient décisives, et en effet, l'art. 632, § 3, a placé au rang des opérations réputées actes de commerce toute entreprise de spectacles publics.

165. Disons-le cependant, il y a des limites au delà desquelles l'application de la loi serait une erreur évidente. Ainsi, pour ces théâtres qui existent encore dans certaines villes de département et où le directeur est un artiste qui participe aux travaux de la troupe avec laquelle il partage équitablement les produits de l'industrie commune, il faudrait revenir aux anciens principes. Ainsi encore, l'artiste qui déploie devant le public réuni les seules ressources de son talent ne tomberait pas davantage sous la disposition de la loi commerciale. « Paganini, comme le dit M. Orillard, n° 346, parcourant le monde et donnant des concerts, n'est pas un entrepreneur de spectacles publics. Ce n'est pas l'industriel qui met à profit pour son compte les travaux d'autrui; » l'art 632 ne lui serait donc pas raisonnablement applicable.

166. A celui-là seul appartient le titre de commerçant, qui fait profession habituelle d'ouvrir des spectacles publics et de s'aider du concours de personnes dont il loue et paie les services. C'est en cela que consiste l'entreprise de spectacles prévue par la loi; et dans cette expression il faut comprendre toutes les entreprises qui ont pour but le divertissement du public au moyen de représentations qu'on lui fait payer. Il n'y a pas lieu de distinguer entre les différentes sortes de théâtres et les différents genres qu'ils ont adoptés. Il y a entreprise de spectacles dès que, aux conditions que nous avons exposées ci-dessus, on offre pour appât à la curiosité du public des tragédies ou des drames, des comédies ou des vaudevilles, des opéras ou des ballets, de la fantasmagorie ou de la prestidigitation, des tours de force ou d'adresse, des danses ou des exercices d'équitation ou des ménageries d'animaux. Il semble même résulter d'un arrêt de la cour de Paris, que celui-là pourrait être déclaré entrepreneur de spectacles, qui, moyennant salaire, ferait métier d'offrir au public des ascensions en ballon, exécutées par un artiste à ses gages. ( Paris, 1er mai 1832, J. P. 3e édit.; D. P. 34. 2. 50. )

167. L'objet d'une entreprise de spectacles est de donner des représentations. Tous les engagements pris pour atteindre ce but constituent donc l'opération commerciale de la part de l'entrepreneur. Tels sont les locations de loges et de places aux spectateurs, soit au jour le jour, soit par abonnement, les achats de pièces de théâtres, des partitions d'opéras, des décors, des costumes, des machines nécessaires à la mise en scène; tels sont encore les engagements souscrits par un directeur envers un architecte pour la construction d'un théâtre sur lequel il se proposerait de donner des représentations publiques. C'est du moins ce qu'a décidé la cour royale de Paris, par arrêt du 10 juillet 1837 ( *Gaz. des trib.* du 28 sept. 1837 ); et bien qu'en principe on puisse dire que les opérations sur les immeubles ne sont point en général des opérations commerciales (V. *suprà*, n°s 43 et suiv.), cette décision doit cependant être approuvée lorsqu'on réfléchit que la construction du théâtre n'est en définitive que le premier acte de l'entreprise de spectacles publics, spécialement prévu par l'art. 632 C. de comm. *Sic* Nouguier, *Des trib. de comm.*, p. 445, n° 5. — *Contrà*, Orillard, *Comp. comm.*, n° 349.

168. Les entrepreneurs de spectacles publics spéculent sur le talent d'individus vulgairement désignés sous la dénomination d'*acteurs*, dont ils louent et paient les services. Quelle est la position de ces acteurs dans les entreprises de théâtres? Font-ils aussi, par les contrats qu'ils signent, des actes de commerce qui les rendent justiciables des tribunaux consulaires pour tout ce qui concerne l'exécution de leur engagement? La

question n'offre pas de difficulté lorsqu'il ne s'agit que de déterminer la nature des engagements pris par les acteurs vis-à-vis des tiers; leurs opérations ne sont alors nullement commerciales. Ainsi, lorsqu'ils achètent les costumes qui leur sont nécessaires, ils ne sortent pas du cercle des conventions civiles, car ils ne font que ce que font les ouvriers dans les manufactures; ils se mettent en mesure d'utiliser les talents qu'ils ont acquis, d'exercer leur profession. C'est ainsi que la cour royale de Paris a jugé avec raison, par arrêt du 28 nov. 1834 (S.-V. 35. 2. 12 ; D. P. 34. 2. 34), qu'une actrice n'est pas soumise à la juridiction commerciale pour les actions intentées contre elle en paiement d'un billet à ordre, causé pour achat d'un châle. Sous ce point de vue, on peut dire en principe que l'acteur n'est pas commerçant, et telle est, en effet, l'opinion générale. — V. MM. Pardessus, t. 1, n° 19; Vincens, t. 2, p. 135 ; Orillard, n° 350 et la note; Nouguier, t. 1, p. 442, n° 3.

169. Mais vis-à-vis du directeur auquel ils ont engagé leurs services, les acteurs prennent une position particulière qui les rend justiciables du tribunal de commerce. L'art. 634, C. comm., dont la disposition leur devient applicable, dit, en effet, que « les tribunaux de commerce connaîtront également des actions contre les facteurs, commis de marchands ou leurs serviteurs, pour le fait seulement du trafic du marchand auquel ils sont attachés. » Or, les acteurs ne peuvent raisonnablement être considérés que comme les facteurs ou les commis du directeur concourant avec lui à l'exploitation de l'entreprise commerciale; en sorte que, pour tout ce qui se rapporte au fait du trafic du commerçant qui loue leurs services, c'est-à-dire pour tout ce qui concerne les représentations théâtrales, ils sont nécessairement compris dans la disposition générale de l'art. 634 et justiciables par conséquent du tribunal de commerce. Et cette doctrine dont l'application est faite journellement par le tribunal de commerce de la Seine, sans qu'elle y soulève aucune objection, a été expressément consacrée par la jurisprudence. (Paris, 5 mai 1808, S.-V. 8. 2. 256; J. P. 3ᵉ édit.; — 11 juill. 1825, S.-V. 26. 2. 96; D. P. 25. 2. 218; — Amiens, 7 mai 1839, D. P. 40. 2. 117.)

170. A plus forte raison, la juridiction consulaire sera-t-elle compétente pour statuer sur **toute action** dirigée contre l'entrepreneur de spectacles publics par les acteurs ou toutes autres personnes attachées à son établissement. A cet égard, il n'y a pas de doute possible; l'entrepreneur est commerçant; il est traduit en justice pour raison des obligations contractées relativement à son commerce : les juges consulaires sont donc ses juges naturels, et, sous aucun prétexte, ils n'en pourraient décliner la compétence.

§ 3. — *Opérations de change, banque et courtage, banques publiques.*

171. *Change.* On distingue deux natures d'opérations de change. L'une consiste à échanger des monnaies d'une espèce contre d'autres monnaies, par exemple, de l'or contre de l'argent, des pièces de monnaies françaises contre des pièces étrangères. On la désigne sous le nom de change *manuel ou local.* L'autre, beaucoup plus importante, a pour but une remise de place en place. Ces deux opérations ont été placées sur la même ligne par l'article 632, C. comm., § 4, qui les répute l'une et l'autre acte de commerce.

172. Remarquons toutefois, en ce qui concerne le change de la première espèce, qu'on ne saurait, malgré la généralité des termes de l'art. 632 du C. de comm., considérer comme faisant un acte commercial le simple particulier qui échange pour son usage personnel des monnaies d'une espèce contre des monnaies d'une autre espèce. (Paris, 11 mars 1833, S.-V. 33. 2. 227; D. P. 33. 2. 140.) En effet, celui qui, dans ce cas, échange des monnaies pour son usage, ne fait pas plus une opération commerciale que celui qui achète des denrées ou des marchandises pour ses besoins personnels. Il n'y a aucune spéculation de sa part, et partant l'opération manque, à son égard, de ce caractère qui constitue l'acte commercial.

173. La seconde espèce de change, c'est-à-dire la remise de l'argent de place en place, est au contraire toujours, et entre toutes personnes, un acte de commerce. Cette seconde espèce constitue le contrat de change proprement dit, par lequel une personne qui reçoit dans un lieu une somme d'argent, s'oblige à faire payer cette somme dans un autre lieu à la personne qui la lui remet ou à son ordre. Cette négociation se réalise, soit directement au moyen d'un billet que souscrit celui qui s'engage à payer la somme convenue, ou moyennant l'acquisition d'un titre de créance payable au lieu où l'on désire retrouver les fonds qu'on a

déboursés pour cette acquisition : c'est ce qu'on .nomme change personnel ; soit par l'entremise d'un tiers, à qui celui qui s'est obligé à faire trouver une somme dans un certain lieu mande de la payer à la personne qu'il lui indique : le titre qui contient ce mandat s'appelle *lettre de change*. — V. Contrat et Lettre de change.

174. Au surplus, comme le contrat de change lui-même, la lettre de change est un acte de commerce entre toutes personnes. (Art. 632, § 7.) La raison qu'en donne Pothier (*Du contrat de change*, n° 124), c'est que tous ceux qui s'immiscent à sa négociation font par cela même un acte de trafic ou négoce. Donc, tous ceux qui ont apposé leur signature à une lettre de change, soit comme tireurs, endosseurs, donneurs d'aval, accepteurs directs ou par intervention, doivent être réputés avoir fait un acte de commerce qui les rend justiciables des tribunaux consulaires. Nous nous bornons, quant à présent, à indiquer le principe, sauf à faire connaître plus tard, lorsque nous traiterons de la *lettre de change*, l'influence que peuvent exercer sur la détermination de la compétence quelques circonstances particulières, telles que l'incapacité des personnes qui ont pris part à la confection d'une lettre de change, ou l'omission de quelqu'une des formalités dont elle doit être revêtue.

175. Disons au surplus que la lettre de change n'est pas le seul titre qui mette en action le contrat de change. Ce contrat peut avoir pour agent les autres effets de commerce ; sur quoi l'on doit remarquer que la conjonctive dont se sert l'art. 632, § 7, lorsqu'il dit : « La lettre de change, ou remise de place en place, » ne doit pas être prise dans un sens restrictif. Prise littéralement, cette disposition amènerait à dire qu'il n'y a que les lettres de change qui peuvent constituer la remise de place en place ; mais ce serait une erreur, car le billet à domicile peut, dans certaines circonstances, produire le même résultat. (V. ce mot, n°ˢ 9 et suiv.) Il faut donc lire l'article comme s'il y avait : les lettres de change *et autres* remises de place en place.

176. A la différence de la lettre de change, le billet à ordre n'est pas de sa nature un contrat essentiellement commercial ; il ne revêt ce caractère que quand il a pour cause un acte de commerce, ou quand il est souscrit par un commerçant. (V. Locré, t. 8, sur l'art. 632 ; C. comm., art. 638, § 2.)

177. Il en est de même du billet au porteur sur lequel le Code de comm. garde le silence, mais qui n'en est pas moins autorisé par la loi nouvelle. — V. au surplus ce mot et les mots : Billet à ordre, Billet à domicile.

178. *Banque. — Banques publiques.* — On distingue les opérations de banque proprement dites et les opérations de banques publiques. En général, on désigne sous la qualification d'opération de banque les négociations relatives au trafic de l'argent ou des billets de commerce. Ainsi, les opérations de banque comprennent la négociation des effets de commerce, ou remise d'argent de place en place, les crédits ouverts aux commerçants ou à d'autres personnes, etc., etc. ; et enfin, par extension, les spéculations sur les fonds publics. Quant aux opérations des *banques publiques*, elles ont pour but de remédier à l'inconvénient que présente la valeur incertaine des monnaies, et de faciliter les paiements en évitant les frais de transport. Ces diverses opérations n'étant faites que dans un but évident de spéculation, sont essentiellement commerciales.

179. Toutefois, une société formée entre des particuliers pour entreprise de paiement des contributions de guerre imposées à un état, au moyen d'abandon et vente de certains immeubles à réméré, ne saurait être réputée comme une société commerciale ayant pour objet des opérations de banque, encore que ces opérations rendissent habituellement nécessaires des actes de commerce. En conséquence, les contestations relatives à une pareille association ne seraient pas de la compétence des juges de commerce. (Cass. 14 déc. 1819, S.-V. 20, 1. 150 ; D. A. 2. 732.)

Au surplus, pour plus de développements sur ce point, V. Banque.

180. *Courtage.* — Les opérations de courtage consistent à servir d'intermédiaire entre deux personnes qui désirent faire une négociation opposée, et à les mettre en rapport lorsque les clauses du marché sont arrêtées. Le courtage diffère de la commission principalement en ce que le courtier se borne à mettre les parties en présence sans contracter aucune obligation personnelle, tandis que le commissionnaire ne fait pas connaître le nom de ceux pour lesquels il agit et engage sa propre responsabilité vis-à-vis du tiers. Mais

le courtier, comme le commissionnaire, spécule sur son industrie, et par ce motif, il est
réputé par la loi faire acte de commerce. (Article 632, § 4.)—Pour plus de détails sur cette
matière, V. Commission, nº 80, et Courtier.

§ 4. — *Actes relatifs au commerce
maritime.*

181. L'art. 633 du C. de comm., exclusivement relatif au commerce de mer, est ainsi
conçu : « La loi répute pareillement actes de
commerce toute entreprise de construction
et tous achats, ventes et reventes de bâtiments pour la navigation intérieure et extérieure ;
» Toute expédition maritime ;
» Tout achat ou vente d'agrès, apparaux et
avitaillement ;
» Tout affrètement ou nolissement, emprunt ou prêt à la grosse ; toutes assurances
et autres contrats concernant le commerce
de mer ;
» Tous accords et conventions pour salaires
et loyers d'équipage ;
» Tous engagements de gens de mer, pour
le service des bâtiments de mer. »
C'est à cause de la nature commerciale de
ces divers actes que la connaissance de toute
contestation y relative est attribuée aux juges
consulaires, qui en cela ont succédé aux amirautés, que l'ordonnance de la marine de
1681, conforme d'ailleurs à deux arrêts du
conseil des 28 juin 1673 et 13 avr. 1679, avait,
par ses art. 1 et 2, investis d'une juridiction
privative à cet égard.

182. L'art. 633 du Code de comm., qui
pose le principe, a été d'ailleurs considéré
comme le plus parfait de tout le titre dans lequel il est contenu. — (V. MM. Orillard,
nº 461, et Nouguier, *Des trib. de comm.*, t. 2,
p. 42.) En effet, le petit nombre de difficultés
que cet article a soulevées dans son application, atteste la clarté de ses dipositions. Nous
les parcourrons successivement, et nous en
préciserons l'économie.

183. En premier lieu, ce sont tous les actes
qui auront pour but de construire des bâtiments pour la navigation intérieure et extérieure, de les conserver ou d'en transmettre
la propriété, qui sont réputés opérations commerciales. (Art. 633, § 1 et 3.) Ainsi, la
disposition s'applique non-seulement à l'entrepreneur lui-même, mais encore au sous-
entrepreneur, l'art. 633 ne distinguant pas la

construction totale du bâtiment et la construction partielle. Mais elle ne s'appli-que-
rait pas aux ouvriers travaillant à la journée,
qui, ne pouvant être compris dans le paragraphe de la loi relatif au louage des matelots, demeureraient sous l'empire de la loi
ordinaire. *Sic* M. Orillard, nº 462.

184. Remarquons en outre que les ventes
de bâtiments ne constituent des actes de commerce que dans le cas de vente volontaire de
ces bâtiments. Il en est autrement de la
vente des navires saisis et de la distribution
du prix entre les créanciers ; les tribunaux
civils sont seuls compétents pour en connaître. Deux avis du Conseil d'état de 1807
et du 17 mai 1809 établissent cette doctrine
en l'appuyant de deux considérations décisives ; l'une, que les tribunaux de commerce
ne connaissent pas de l'exécution de leurs
jugements ; l'autre, que l'art. 204 C. comm.
exige que le nom de l'avoué poursuivant la
vente d'un navire saisi soit indiqué dans les
affiches et placards.

185. En second lieu, toute expédition maritime est aussi réputée acte de commerce.
(Art. 633, 2º alin.) Ainsi, que l'expédition ait
pour objet le transport des personnes ou des
choses, qu'elle se rapporte à la pêche ou à
l'armement en course, elle constitue l'opération commerciale ; car la loi dispose dans les
termes les plus généraux ; il a donc été jugé
avec raison que les expéditions faites quoti-
diennement en mer par un patron pêcheur
devaient être réputées actes de commerce, et,
par conséquent, que les tribunaux consulaires
étaient compétents pour connaître d'une action en dommages-intérêts intentée contre
un patron pêcheur auquel les fermiers des
madragues imputaient de s'être, en pêchant,
approché de trop près de leurs établissements. (Aix, 23 nov. 1840, J. P. 1841. 1.
253.) Ainsi encore, les contestations relatives
au paiement du prix d'une pacotille maritime
confiée à un capitaine de navire pour la revendre au lieu de sa destination et en partager le prix à son retour, est de la compétence
de la juridiction commerciale. (Rouen, 6 mai
1828, J. P. 3ᵉ édit. ; D. P. 30. 2. 232.)

186. Il a été jugé que les frais dus à une
commission sanitaire, à raison de la quaran-
taine d'un navire, sont une suite de l'expédition, et, en conséquence, que la demande en
paiement est de la compétence des tribunaux de commerce. (Cass. 22 avril 1835, S.-V.

35. 1. 435 ; D. P. 38. 1. 94. — *Contrà* Douai, 19 novembre 1833, J. P. 3e édit.; D. P. 34. 2. 80.) « Les frais sanitaires faits à bord d'un navire durant l'expédition, a dit la Cour de cassation, étant une suite et une conséquence de cette expédition font nécessairement partie des frais qu'elle occasionne ; et, dès lors, les contestations qui s'élèvent à l'occasion desdits frais sanitaires sont des contestations relatives aux frais d'une expédition maritime, et rentrent, par leur nature, dans la compétence des tribunaux de commerce. »

187. Il en est ainsi des contestations relatives aux bris, naufrages et échouements, au jet et à la contribution, aux avaries. (V. Carré, t. 2, n° 515 ; Locré, sur l'art. 633, C. com., et Orillard, n° 463.)

188. Mais de ce que toutes expéditions maritimes sont rangées au nombre des actes de commerce, peut-on en conclure que le passager fait un acte qui le rende justiciable du tribunal de commerce en réglant les conditions de sa traversée ? L'affirmative est enseignée par M. Locré, sur l'art. 633, qui s'appuie sur les observations présentées à cet égard par la cour royale de Paris à l'occasion du projet du Code de commerce : « Il y a des contrats maritimes, disait en effet cette cour, qui n'appartiennent pas au commerce, au moins du côté de l'une des parties ; tel est le contrat que fait un passager avec un maître de navire pour qu'il le mène à Saint-Domingue. Néanmoins les voyages de mer exigent tant de rapidité et de ponctualité, les moindres retards peuvent être si préjudiciables, qu'il est visiblement impossible d'astreindre ces sortes d'actions aux besoins et aux formalités de la justice ordinaire. » Malgré ces observations, dont le silence de l'art. 633 semble d'ailleurs indiquer qu'il n'a pas été tenu compte, la doctrine contraire doit prévaloir. Dans le silence de l'art. 633, il faut en effet, ainsi que l'enseigne M. Carré, recourir à l'art. précédent. Or l'art. 632 répute acte de commerce l'entreprise de transports de la part de l'entrepreneur ; mais il ne donne pas ce caractère à l'engagement du voyageur. *Sic* M. Orillard, n° 464.

189. En troisième lieu, l'art. 633 étend sa prévision aux conventions particulières qui ont pour objet, de la part du propriétaire du navire, de mettre ce navire en état de tenir la mer au moyen de préposés qui veillent sur sa propriété et la dirigent. Ces conventions sont également des actes de commerce que la loi désigne sous la dénomination d'accords pour salaires et loyers d'équipages et d'engagements de gens de mer pour le service des bâtiments de commerce. (Art. 633, §§ 5 et 6.) De là résulte cette conséquence que l'expéditeur et le matelot qui louent leurs services font l'un et l'autre un acte de commerce, quoique ce soit une règle de droit commun que le louage d'industrie est un acte civil. Mais il convient de remarquer que l'engagement des gens de mer n'est commercial qu'autant qu'il est relatif au service sur un bâtiment de commerce. L'engagement sur un bâtiment de l'État ne rentrerait plus dans les attributions des tribunaux consulaires.

190. Enfin la loi embrasse également ces circonstances fréquentes où le propriétaire, arrêté par l'importance de ses dépenses, est obligé de recourir aux magasins ou à la caisse d'autrui, et celles où des spéculateurs garantissent le négociant qui livre sa marchandise à la mer contre les pertes auxquelles le caprice des éléments l'expose. C'est là ce que la loi désigne sous le nom d'affrètements et nolissements, d'emprunts à la grosse, d'assurances et autres contrats concernant le commerce de mer, toutes conventions qu'elle répute actes de commerce. (Art. 633, § 4.) Le 2e liv. du C. de comm. est consacré au développement des principes qui régissent ces divers contrats. Nous en expliquerons les règles en leur lieu. — V. Capitaine, Contrat à la grosse, Contrat d'assurances, Délaissement, Navire.

§ 5. — *Actes non expressément désignés par la loi.*

191. Les opérations commerciales offrent tant de nuances, elles se compliquent de tant de difficultés et touchent si souvent et par tant de liens aux transactions de la vie civile, qu'il est bien difficile de leur assigner une limite exacte en les appuyant sur des principes absolus. Il faudrait donc se garder de considérer les art. 632 et 633 du Code de comm. comme contenant une nomenclature complète des faits qui doivent être réputés des faits commerciaux. On a bien soutenu que tous les faits non compris dans cet article sont étrangers au commerce et ne peuvent être regardés comme des actes de commerce proprement dits, ou en d'autres termes, que ces articles sont limitatifs et non purement

énonciatifs. C'est notamment l'opinion de M. Orillard. n° 243. Mais cette doctrine que la jurisprudence a si fréquemment contredite et à laquelle M. Orillard lui-même n'est pas resté fidèle dans des cas assez nombreux, et particulièrement à l'occasion des assurances terrestres à prime (V. n° 472), où il a reconnu le caractère commercial à des opérations que le législateur a cependant passé complétement sous silence, cette doctrine ne saurait prévaloir. Le législateur n'a pu avoir la pensée de prévoir toutes les hypothèses ; et l'on ne peut raisonnablement considérer les règles posées dans les art. 632 et 633 que comme des données premières susceptibles d'aider dans la recherche d'actes analogues à ceux qui sont prévus. Lors donc que des opérations présentent un caractère analogue à l'une de celles que le législateur a déterminées, il y a nécessité de les placer sur la même ligne. La jurisprudence en a toujours agi ainsi et l'on en rencontre des exemples fréquents dans tout ce qui précède. Les hypothèses que nous allons parcourir compléteront la démonstration.

192. Ainsi, l'achat de denrées et marchandises pour les revendre, ou même pour en louer l'usage, est expressément réputé acte de commerce par l'art. 632, § 1 du Code de commerce. De là on a conclu que la location pour sous-louer n'étant pas comprise dans la loi qui ne parle que de l'achat, ne constituerait pas l'opération commerciale. (V. Carré, *Lois de la comp.*, t. 7, quest. 499; Orillard, n° 297.) Mais cette conclusion ne saurait être admise. Pour que la nature commerciale apparaisse dans une convention, il faut qu'elle ait pour but, ainsi que nous l'avons dit, de procurer un bénéfice par le trafic : or celui qui loue avec la pensée de sous-louer, fait une spéculation de cette nature, et n'y eût-il que cela, la location devrait être placée sur la même ligne que l'achat. Mais il y a mieux : dans ce cas particulier, la solution s'appuie sur le texte même de la loi. Le louage d'une chose, en effet, n'est en soi que l'*achat* de l'usage auquel cette chose est propre. « Le contrat de louage, dit Pothier (*Traité du louage*, n° 4), s'analyse en une espèce de vente ; car le contrat de louage renferme, en quelque façon, non la vente de la chose même qui est louée, mais la vente de la jouissance et de l'usage de cette chose pour le temps que doit durer le bail, et la somme convenue pour le loyer en est le prix. Par exemple, le bail à ferme d'une terre

s'analyse en une vente que le bailleur fait au fermier des fruits qui y seront à recueillir pendant le temps du bail, et la ferme de chaque année du bail est le prix des fruits que le fermier recueillera pendant ladite année. C'est pourquoi les Romains se servaient quelquefois du terme de vente et d'achat pour signifier le contrat de louage. » Cela posé, et puisque celui qui loue ne fait rien en réalité qu'*acheter* l'usage pendant un temps déterminé, il est évident que s'il loue avec l'intention de spéculer en sous-louant, il tombe sous l'application directe et littérale de la loi qui, en parlant de l'achat, ne dit rien d'où l'on puisse conclure que c'est seulement de l'achat de la propriété qu'elle a entendu parler. Du reste, la loi a elle-même reconnu cette vérité en déclarant en termes formels que l'achat pour *louer* est commercial de même que l'achat pour *revendre*. Aussi la doctrine qui assimile la location pour sous-louer à l'achat pour revendre a-t-elle été plus généralement adoptée. (V. Merlin, *Quest.*, v° Commerce [actes de], § 6, n° 3 ; Pardessus, t. 1, n° 32 ; Nouguier, *Trib. de com.*, t. 1, p. 368 ; Goujet et Merger, *Dict. de dr. com.*, v° Actes de commerce, n° 152.)

193. Nous avons déjà expliqué comment c'est par application de cette règle que la loi a rangé au nombre des opérations commerciales les entreprises de travaux et de manufactures dans lesquelles l'entrepreneur spécule sur le travail de ses ouvriers. Toutefois il faut dire ici que le commerçant fait acte de commerce en louant les services de ses commis ou de ses ouvriers, ceux-ci, au contraire, demeurent sous l'empire du droit commun, parce qu'ils ne louent pas pour sous-louer, qu'ils ne se livrent à aucun trafic, et qu'ils se bornent seulement à exercer leur industrie moyennant un salaire. L'attribution de juridiction faite par l'art. 634 aux juges consulaires des actions dirigées contre eux pour le fait du trafic du marchand auquel ils sont attachés, ne contredit en aucune manière cette solution, parce que cette attribution toute exceptionnelle de compétence est fondée sur des considérations particulières et nullement sur la nature de l'engagement contracté par les commis. On a pris en considération la position du commis dans la maison du patron et posé une règle qui permît, dans l'intérêt du commerce, que raison fût faite vite et à peu de frais d'erreurs ou d'infidélités préjudiciables.

194. Les conventions d'apprentissage ne rentrent dans aucune des catégories d'actes de commerce prévues par la loi. Cependant, les rapports immédiats de ces conventions avec le commerce, lorsqu'elles ont pour objet l'exercice de professions commerciales, doivent naturellement les faire considérer comme actes de commerce de la part de celui qui s'oblige à instruire un apprenti. (V. Apprenti. V. aussi Pardessus, n° 34.) Disons toutefois que, relativement à l'apprenti, la convention d'apprentissage ne peut avoir qu'un caractère purement civil.

195. Bien qu'en général le cautionnement soit un contrat de bienfaisance, ou à titre purement gratuit, et par conséquent étranger à toute espèce de spéculation (Angers, 8 fév. 1830, S.-V. 30. 2. 139; D. P. 33. 2. 166), il peut cependant, comme le mandat, devenir quelquefois commercial (Cass. 26 mai 1829, S.-V. 29. 1. 218; D. P. 29. 1. 252; — Paris, 18 fév. 1830; S.-V. 30. 2. 170; D. P. 30. 2. 220). Lorsqu'il se rapporte à un engagement commercial et qu'il est fourni par le même acte que cet engagement, il peut aussi, quoique constituant un acte civil, rendre celui qui l'a consenti justiciable des tribunaux de commerce. — V. Cautionnement.

196. A ces divers cas, la pratique en ajoutera nécessairement d'autres à l'égard desquels la loi n'est pas plus explicite, et que l'on ne saurait soumettre à des règles précises. Le soin des tribunaux consistera à discerner le point où finissent les transactions civiles et où commencent les actes de commerce, et cette tâche sera souvent difficile. Mais les articles 632 et 633 seront toujours utilement consultés, en ce qu'ils ont énoncé les principales espèces des actes de commerce, et qu'en tout état de cause on peut dire que si leur nomenclature n'est pas limitative, du moins elle comprend les caractères essentiels qui constituent, en général, les opérations commerciales.

SECT. 2. — *Des actes réputés commerciaux à raison de la qualité de la personne.*

197. Dans la pratique, le nombre des actes de commerce entre toutes personnes, même celles qui sont étrangères au commerce, sera nécessairement limité. Evidemment, l'idée de spéculation ne se rencontrera pas dans toute transaction émanée de personnes qui ne font pas de la spéculation leur affaire constante.

Au contraire, la pensée constante du commerçant, le but qu'il se propose incessamment, c'est la spéculation. De là cette présomption qui rattache toutes ses opérations aux nécessités du commerce, présomption que le législateur a formulée dans les art. 631 et 632 en réputant opérations commerciales « toutes obligations entre négociants, marchands et banquiers, » et en attribuant aux tribunaux de commerce toutes les contestations relatives à ces obligations.

198. Cependant, il ne faut pas l'oublier, dans tout homme adonné au commerce, ainsi que nous l'avons fait remarquer, se rencontrent deux qualités distinctes : celle de commerçant et celle de simple particulier. Ainsi, quoique l'on soit commerçant, les obligations du citoyen, du père de famille, restent des actes purement civils. Aussi l'art. 638 du C. de com. déclare-t-il que les actions intentées contre un commerçant pour paiement de denrées ou marchandises achetées pour son usage particulier, ne sont point de la compétence des tribunaux de commerce. ( Metz, 9 juill. 1813, S.-V. 14. 2. 174; D. A. 2. 716; — Lyon, 16 janv. 1838, S.-V. 39. 2. 92; J. P. 1838. 2. 633; D. P. 39. 2. 16.) L'art. 632 du C. de com. se fût donc exprimé avec plus d'exactitude, comme le fait observer M. Orillard, n° 185, s'il eût dit : Sont réputées actes de commerce toutes obligations entre commerçants pour faits de leur commerce.

199. Ces principes posés, nous allons emprunter à la jurisprudence et à la doctrine des exemples qui indiqueront quels actes doivent être réputés commerciaux entre commerçants, et qui pourront servir de guide en cette matière. Et d'abord, occupons-nous des engagements qui dérivent des contrats; nous parlerons ensuite de ceux qui se forment sans convention.

200. *Engagements qui dérivent des contrats.* — Le mandat est de sa nature un acte purement civil; il est gratuit (Code civ., article 1986). Néanmoins, lorsqu'il a lieu entre négociants, et qu'il est salarié, il devient un acte de commerce. (Montpellier, 21 mars 1831, S.-V. 31. 2. 328; D. P. 32. 2. 21; — Colmar, 30 août 1831, S.-V. 32. 2. 8; D. P. 31. 2. 250; — Lyon, 17 fév. 1833, S.-V. 33. 2. 366; D. P. 33. 2. 221; — Bordeaux, 14 avril 1840, S.-V. 40. 2. 440; J. P. 1840. 2. 152; D. P. 41. 2. 9.) Toutefois on trouve des arrêts contraires (Limoges, 8 déc. 1836, S.-V. 37. 2. 88;

D. P. 37. 2. 75; — Bordeaux, 28 nov. 1838, S.-V. 39. 2. 180; D. P. 39. 2. 109); mais les auteurs se rangent généralement à la première opinion. (V. Bioche et Goujet, *Dict. de proc.* vᵒ Actes de commerce, nᵒ 126; Pardessus, t. 1, nᵒ 40, et t. 2, nᵒˢ 563 et suiv. et 582, 583; Orillard, *Comp. com.*, nᵒ 191.) V. Commission-commissionnaire, nᵒ 7.

201. Mais que faut-il décider à l'égard du mandat donné par un commerçant à une personne pour le représenter dans les affaires contentieuses commerciales? ce mandat est-il commercial de la part du premier? M. Orillard (nᵒ 237) se range à l'affirmative par la raison que toute obligation d'un commerçant, contractée pour les besoins de son commerce, est un acte de commerce. Il lui paraît évident que le commerçant qui donne à un agréé, à un huissier ou à toute autre personne, un pouvoir afin d'opérer des recouvrements de créances commerciales, et de poursuivre ses débiteurs devant le tribunal de commerce, agit en qualité de commerçant et fait un acte utile à son commerce. Il conclut de là que l'action en paiement de l'agréé contre son mandant commercial doit être portée devant le tribunal consulaire. Cette opinion a été consacrée par arrêt de la Cour de cassation du 31 janv. 1837 (S.-V. 37. 1. 320; J. P. 1837. 1. 320; D. P. 37. 1. 60) et par arrêt de la cour royale de Paris du 14 juin 1833 (S.-V. 33. 2. 336; D. P. 33. 2. 207).

202. Le prêt à usage est essentiellement gratuit (art. 1876 C. civ.); c'est un acte de pure libéralité. La stipulation d'un intérêt, quelque minime qu'il fût, changerait sa nature et le transformerait en un contrat de louage ou en un contrat innommé; entre commerçants, le prêt à usage ne cesse pas d'être un office d'amis, et par conséquent une convention de pur droit civil.

203. Au contraire, le prêt de consommation, soit d'argent, soit de denrées ou autres choses mobilières, pour lequel il est permis de stipuler des intérêts, est toujours, entre commerçants, présumé avoir une cause commerciale. (Orillard, *Compét. comm.*, nᵒ 188.) Cette opinion a été confirmée par la jurisprudence. (Paris, 9 avril 1825, J. P. 3ᵉ édit.; D. P. 25. 2. 174.)

204. Le prêt consenti même par un non commerçant à un commerçant est de la part de celui-ci un acte de commerce; c'est ce qui a été jugé plusieurs fois. (Cass. 11 fév. 1834,

J. P. 3ᵉ édit.; D. P. 34. 1. 216; — 12 décembre 1838, S.-V. 39. 1. 527; J. P. 1839. 1. 495; D. P. 39. 1. 124; — Rouen, 23 juillet 1842, J. P. 1842, 2. 370.)

205. Il l'est encore, bien que l'obligation du commerçant soit notariée et contienne constitution d'hypothèque. (Paris, 6 août 1829, S.-V. 29. 2. 316; D. P. 29. 2. 269; — Cass. 6 juillet 1836, S.-V. 36. 1. 694; D. P. 36. 1. 407.)

206. Il a été jugé enfin que les tribunaux consulaires étaient compétents pour connaître des prêts faits, même verbalement, à des commerçants. (Douai, 11 juill. 1821, S.-V. 26. 2. 150; D. A. 3. 336; — Bourges, 29 mai 1824, S.-V. 25. 2. 147; D. A. 3. 337. — V. cependant Poitiers, 22 mai 1829, S.-V. 29. 2. 194; D. P. 29. 2. 247; — Amiens, 4 avril 1826, S. V. 27. 2. 169; D. P. 27. 2. 193.)

207. Mais la compétence consulaire ne s'étend pas au prêteur qui n'a pas fait personnellement un acte de commerce, même lors que la convention formée entre lui et le commerçant avait pour objet le trafic auquel se livrait ce dernier. (Cass. 12 déc. 1836, S.-V. 37. 1. 326; J. P. 1837. 1. 620; D. P. 37. 1. 194.) C'est par la même raison que la cour de Metz a décidé que les tribunaux de commerce n'étaient pas compétents pour connaître des contestations élevées à l'occasion d'une vente faite par un marchand de marchandises de son commerce à un individu non négociant. (Metz, 19 avril 1823, S.-V. 23. 2. 312; D. A. 2. 723.)

208. Le dépôt n'est acte de commerce entre commerçants que lorsqu'il est salarié; lorsqu'il est officieux et purement gratuit, eût-il pour objet des marchandises, il ne saurait constituer un engagement commercial. (Pardessus, *Cours de droit commer.*, t. 2, nᵒ 491.) Il en est de même du nantissement. (Cass. 4 prair. an xi, S.-V. 3. 2. 329; D. A. 3. 360.)

209. Les crédits ouverts entre commerçants sont toujours, au contraire, commerciaux, alors même qu'il existe dans les comptes courants des sommes provenant de créances civiles, touchées par l'un des commerçants en vertu du mandat donné par son correspondant. Ces sommes en entrant dans un compte courant pour solder des dettes commerciales ou servir à des spéculations de trafic, banque ou courtage, changent de nature et constituent des obligations commerciales. (Orillard,

*Compét. comm.*, n° 191.) — V. Compte courant.

210. Le manufacturier ou commerçant qui achète les instruments, fournitures ou mécaniques nécessaires à l'exploitation de sa fabrique ou de son commerce, fait-il un acte commercial? Non, répond Locré (sur les articles 631 et 632 du C. de comm.), parce qu'il n'achète ni pour revendre ni pour louer, mais pour son usage. M. Dalloz est d'un avis contraire (D. G. t. 2, p. 713), par la raison que l'art. 632 C. de comm. réputant toute entreprise de manufactures acte de commerce, l'achat des instruments ou fournitures nécessaires à mettre en activité la manufacture ou l'établissement commercial fait partie de l'entreprise, et participe de la nature commerciale de la spéculation. Ce dernier avis nous semble devoir être adopté. On peut dire, en outre, que le manufacturier étant commerçant, tous les actes relatifs à son commerce sont des actes de commerce, à raison de la qualité de la personne qui les accomplit.

211. Ces principes posés, on ne peut qu'approuver un arrêt de la cour royale de Nancy, décidant qu'un maréchal-ferrant fait un acte de commerce lorsqu'il achète des matières nécessaires à l'exercice de son état, et que, conséquemment, il est justiciable des tribunaux de commerce pour le paiement d'un billet causé pour valeur reçue en charbon (4 décemb. 1827, J. P. 3e édit.); et une décision de la cour de Bordeaux du 27 août 1835 (J. P. 3e édit.), qui a jugé que le limonadier qui achetait l'huile nécessaire à l'éclairage de son café faisait un acte de commerce qui le rendait justiciable des tribunaux consulaires.

212. Par cela même, nous considérons comme fort contestable le principe posé dans deux arrêts de la cour de Rouen qui décident, l'un, que l'achat de lampes et quinquets pour l'éclairage des ateliers d'un manufacturier ne constituait pas de la part de celui-ci un acte de commerce, décision qui eût été fondée s'il se fût agi non de l'éclairage des usines du commerçant, mais de l'éclairage de sa maison en tant que simple particulier; l'autre, que le fait par un maître d'hôtel de faire blanchir son linge ne constitue pas de sa part un acte de commerce. (Rouen, 6 août 1822, J. P. 3e édit.; D. P. 26. 2. 247; — 5 avril 1838, S.-V. 39. 2. 300; D. P. 39. 2. 204.)

213. Les actions intentées contre un commerçant pour paiement de denrées et marchandises achetées pour son usage particulier ne sont point de la compétence des tribunaux de commerce. (C. comm., art. 638.) C'est là une conséquence du principe que nous avons énoncé n° 198, principe d'après lequel on doit reconnaître dans le commerçant deux qualités bien distinctes, celle de commerçant et celle de simple particulier, et dont la première le soumet à la juridiction commerciale, tandis que la seconde le laisse sous l'empire de la juridiction ordinaire. — V. Compétence commerciale.

214. La cour de Rennes a donc bien jugé en décidant que la fourniture de pain faite à la maison de deux associés ne pouvait pas être considérée comme une opération commerciale. (Rennes, 18 janv. 1831, J. P. 3e éd.) Mais il en serait autrement si les fournitures avaient été faites non-seulement pour le commerçant et pour sa famille, mais, en outre, pour les ouvriers et les chevaux destinés à l'exploitation de son commerce; car, dans ce cas, les fournitures seraient faites pour et à l'occasion de l'industrie du commerçant. Cette distinction a été sagement faite par plusieurs cours royales (Lyon, 16 janvier 1838, S.-V. 39. 2. 92; D. P. 39. 2. 16; — Grenoble, 4 fév. 1826, J. P. 3e édit.; — Toulouse, 8 mai 1835, S.-V. 36. 1. 558; D. P. 35. 2. 131; — Limoges, 21 nov. 1835, S.-V. 37. 2. 191; D. P. 38. 2. 103); mais elle a été à tort méconnue par un arrêt de la cour de Limoges du 2 mars 1837 (S.-V. 39. 2. 141; J. P. 1839. 1. 210; D. P. 39. 2. 16) et par un autre de la cour de Bourges du 18 janv. 1840 (S.-V. 40. 2. 182; J. P. 1841. 1. 592; D. P. 41. 2. 118), qui ont déclaré qu'il n'y avait point eu actes de commerce dans deux espèces où les fournitures, au lieu d'avoir été faites seulement pour la personne du commerçant, avaient été faites aussi pour ses ouvriers et pour ses chevaux.

215. Signalons, en terminant sur les obligations dérivant d'un contrat, un arrêt de la cour de Colmar, qui ayant à statuer sur la nature et la force d'une convention très-commune dans quelques contrées, celles de l'Amérique du nord, par exemple, mais fort rare en France, où il n'en existe peut-être pas d'autre exemple, par laquelle des libraires s'étaient engagés, sous peine de dommages-intérêts, à ne pas vendre les dimanches et jours de fêtes, déclara qu'une telle convention était commerciale, et au fond la reconnut

IV.                                                                36

valable. (Colmar , 10 juillet 1837 , S.-V. 38.
9. 241; D. P. 38. 2. 20.) Bien qu'on puisse
dire qu'une convention de cette nature soulève
autant, et plus peut-être, une question de liberté d'industrie qu'une question de droit
commercial, on ne peut s'empêcher de reconnaître qu'elle est relative au commerce, et partant, que la décision qui a consacré la compétence consulaire est conforme aux principes.
(V. en ce sens M. Orillard, n° 193.)

216. *Engagements qui se forment sans
convention.* — Non-seulement les engagements se forment par la convention des parties, mais il existe encore certaines obligations
qui se forment sans conventions. ( V. C. civ.,
art. 1370 et suiv.) Ces dernières obligations
entre commerçants constituent-elles entre
eux des actes de commerce qui les rendent justiciables des tribunaux consulaires? Il faut
distinguer : parmi les engagements qui se forment sans conventions, il en est qui résultent
de l'autorité seule de la loi ; il en est d'autres
au contraire qui résultent d'un fait personnel
à celui qui se trouve obligé. ( V. Code civ.,
art. 1370.) Les premiers sont toujours étrangers au commerce ; il suffit pour s'en convaincre de lire le troisième paragraphe de
l'art. 1370 du Code civ. , qui cite quelques
exemples. Les seconds, s'ils ne le sont pas
toujours , n'admettent que peu d'exceptions.
( V. M. Orillard , n° 195. )

Les engagements qui se forment sans conventions, et qui naissent à l'occasion d'un fait
personnel à celui qui se trouve obligé ou à celui envers qui l'autre est obligé, résultent
ou des quasi-contrats, ou des délits ou quasi-
délits.

217. Déjà nous avons vu, n° 205, que le mandat était susceptible de devenir acte de commerce entre commerçants. En est-il de même
du quasi-contrat, de la gestion d'affaires sans
mandat ? M. Orillard, n° 199, tient l'affirmative pour certaine. En effet, dit-il , si le gérant d'affaires sans mandat est soumis à toutes
les obligations d'un mandataire exprès, il
est justiciable des tribunaux consulaires dans
tous les cas où le mandataire exprès le serait
lui-même. D'un autre côté , ajoute-t-il, le
commerçant dont l'affaire commerciale a été
gérée sans mandat comme en vertu d'un mandat, est engagé à l'occasion de son négoce. De
sa part l'obligation est donc aussi commerciale : cette doctrine nous paraît devoir être
adoptée.

L'auteur cité conclut donc avec raison de
ces principes que l'acceptation d'une lettre de
change ou le paiement par intervention d'une
lettre de change ou d'un billet à ordre par
des commerçants , sont des quasi-contrats
de gestion d'affaires, qui soumettent ceux
qui se sont obligés ou qui ont été obligés de
cette sorte à la juridiction consulaire.

218. Au nombre des quasi-contrats a été
placée la restitution de ce qui a été indûment
perçu. (C. civ. , 1376.) En thèse générale, la
demande d'une pareille restitution n'est pas,
même entre négociants , un fait commercial,
parce qu'elle prend sa source dans une règle
d'équité sanctionnée par le droit civil : *nemo
potest fieri locupletior detrimento alterius ;*
elle ne peut donc donner lieu qu'à une action
civile. (Cass., 11 nov. 1835, S.-V. 36. 1.
197; J. P. 3ᵉ édit.; D. P. 36. 1. 20. —
V. cependant Bordeaux, 20 mai 1829, S.-V.
29. 2. 255 ; J. P. 3ᵉ éd. ; D. P. 33. 2. 107.)

219. Il peut cependant arriver que , par
voie de conséquence , les tribunaux de commerce soient appelés à statuer sur une pareille restitution. Par exemple , lorsque deux
commerçants auront arrêté un compte courant, et que l'un d'eux viendra à prétendre
qu'une erreur a été commise à son préjudice,
et actionnera son adversaire devant les tribunaux consulaires pour la faire rectifier, le tribunal de commerce, seul compétent pour statuer sur l'action en apurement ou en reddition
de compte entre commerçants, le sera aussi
pour statuer sur la restitution demandée. (V.
M. Orillard, n° 198. )

220. Il faut placer encore au nombre des engagements formés sans conventions, les obligations prises, pour le commerçant et en son
nom, par le commis qu'il a préposé à son commerce ou à une entreprise. L'engagement pris
par le commis, dans ce cas, constitue un fait
commercial de la part du committant. L'action qui serait dirigée contre celui-ci à l'occasion de cet engagement, action dite *institoire*
(l. 1. ff. *De inst. act.*), essentiellement commerciale , serait donc de la compétence des
tribunaux de commerce.

221. Il en est ainsi des engagements pris
pour l'armateur et en son nom par l'entremise
de celui qu'il a préposé à son navire. Dans ce
cas, l'action *exercitoire* était donnée contre
l'armateur par la loi romaine ( ff. *De exer-
citoriâ actione,* lib. 1, tit. 4 ), dans laquelle
ont été puisées les dispositons des art. 216 et

suiv. du C. de comm. Le fait qui sert de base à une telle action étant commercial de sa nature, la compétence commerciale s'en induit tout naturellement, comme à l'égard de l'action institoire.

222. Après nous être expliqué sur les quasi-contrats, il nous reste à parler des quasi-délits. Les quasi-délits sont des faits nuisibles qui donnent lieu à des dommages-intérêts. Le fait illicite qui donne naissance au quasi-délit ne présente donc à l'idée rien qui soit commercial. Aussi, en principe, l'action résultant du quasi-délit est-elle purement civile. C'est seulement par exception, et dans quelques cas déterminés, qu'elle peut être déférée à la juridiction consulaire; car ici encore l'action en réparation d'un préjudice causé prend en général sa source dans une règle du droit civil (C. civ., 1382 et 1383).

223. Une de ces exceptions a été reconnue par la cour royale de Grenoble, dans une espèce où le tribunal de commerce s'était déclaré compétent pour connaître de l'action en dommages-intérêts, à laquelle avait donné lieu l'abordage de deux radeaux. Voici les motifs de cette décision : « Attendu en fait que toutes les parties ont la qualité de commerçants, et que soit Roche, soit Lepelley, faisaient actes de leur commerce au moment où le radeau de Roche a été submergé par sa rencontre avec le radeau de Depelley, qui se trouvait amarré par suite de son commerce; que tout fait quelconque de l'homme qui cause un dommage constitue un quasi-délit qui, d'après l'art. 1370 du C. civ., forme un engagement légal ; Attendu que l'art. 631 du C. de comm. attribue aux tribunaux de commerce toutes les contestations relatives aux engagements entre négociants, et que le législateur n'a fait ni dû faire aucune distinction entre l'engagement purement volontaire et celui qui résulte des dispositions de la loi; que, s'il est vrai que Depelley a occasionné par sa faute la perte du radeau de Roche, il résulterait de là le quasi-délit dont il vient d'être parlé, qui, provenant d'un acte de commerce, produit un engagement qui le rend justiciable des tribunaux de commerce; attendu d'ailleurs que le législateur, par la disposition de l'art. 407 du C. de comm., a consacré le principe que le négociant qui est soumis à des dommages-intérêts envers un autre négociant, par suite d'un quasi-délit se rattachant à leur commerce, est justiciable de la juridiction

commerciale ; que, dans la cause, il y a lieu de faire l'application de ce principe; confirme. (Grenoble, 5 janv. 1834, J. P. 3e édit; D. P. 34. 2. 203 — V. aussi M. Pardessus, n° 35.)

224. Pareillement et encore par exception, une décision de la cour de Montpellier a jugé que l'expéditeur qui charge un voiturier d'objets prohibés ou soumis à des droits, sans l'en prévenir, est tenu de l'indemniser des condamnations corporelles et pécuniaires qu'il a encourues par suite de cette fraude, et que, dans ce cas, le tribunal de commerce est compétent pour connaître de la demande en dommages-intérêts, formée par le voiturier contre l'expéditeur commerçant. (Montpellier, 12 juillet 1828, S.-V. 28. 2. 240 ; J. P. 3e édit. ; D. P. 28. 2. 199 ; — Bioche et Goujet, Dict. de proc. vo Trib. de comm. , n° 62.)

225. Ainsi encore, la cour de Paris, par arrêt du 26 déc. 1838 (J. P. 1839. 1. 58; D. P. 39. 2. 32), a reconnu la compétence des tribunaux de commerce pour statuer sur une action en responsabilité formée par un voyageur contre un aubergiste, dans les termes de l'article 1952 du Code civil.

226. Enfin , il est constant que la juridiction consulaire est compétente pour juger des usurpations d'enseignes, de titres de journaux et de dessins et marques empreintes sur les différents produits des fabriques. (Orillard, n° 204.)

CHAP. 2 — De la qualité de commerçant résultant de l'exercice des actes commerciaux ou d'autres circonstances.

227. La qualité de commerçant n'appartient, aux termes de l'art. 1er du C. de com., qu'à celui qui exerce des actes de commerce et en fait sa profession habituelle. L'habitude des actes de commerce est donc une circonstance décisive d'où dérive la qualité de commerçant. Mais quelquefois on a tenté de faire dériver cette qualité d'autres circonstances, telle que la qualification de commerçant prise ou donnée dans des actes , des transactions ou des jugements.

Nous allons examiner ces deux faits successivement.

SECT 1re. — De l'habitude ou de la profession habituelle des actes de commerce.

228. Si, en principe, un seul acte de commerce fait par un individu même non commerçant le rend justiciable du tribunal consulaire à raison de cet acte, il en est autre-

ment lorsqu'il s'agit d'imprimer à cet individu la qualité de commerçant. Autre chose est, en effet, de pouvoir être traduit devant le tribunal de commerce, autre chose d'être commerçant. La compétence consulaire, cela résulte de tout ce que nous avons dit, n'est pas exclusivement inhérente à ceux qui sont revêtus de cette dernière qualité. Un seul acte de commerce ou même quelques actes isolés ne suffiraient donc pas pour attribuer le caractère de commerçant. C'est ce que la cour de Paris a très-nettement exprimé dans un arrêt du 21 mars 1810 (S.-V. 7. 2. 974 ; D. A. 2. 688) où on lit : « Attendu que lorsqu'il s'agit de déterminer l'état d'un individu par rapport au commerce, et d'établir sur ce fondement une question générale qui embrasse toute sa fortune et même intéresse des tiers, les tribunaux doivent procéder avec une grande circonspection ; qu'en principe, des faits isolés de négoce ne constituent point le négociant, surtout à une époque telle que l'an III et années suivantes, où la gêne des circonstances obligeait chacun de s'industrier pour se procurer des valeurs réelles, et où tant de personnes se mêlaient en effet de commerce, sans prétendre être négociants; qu'il faut, pour imprimer à quelqu'un cette qualité, qu'il apparaisse une continuité d'actes de laquelle il résulte que l'individu s'est livré constamment au commerce et en a fait sa profession habituelle. » Et par suite de ces principes, la cour de Paris a refusé de reconnaître la qualité de commerçant dans une personne qui avait fait quelques ventes de marchandises, avait souscrit des lettres de change et avait pris patente, mais qui, dans la réalité, ne faisait pas son état d'acheter et de revendre : doctrine incontestable et fondée sur les termes précis de l'art. 1er du Code de commerce qui, ainsi que nous l'avons déjà fait remarquer, ne repute commerçant que celui qui fait des actes de commerce *sa profession habituelle.*

229. Mais combien faudrait-il d'actes successifs pour caractériser une habitude ? Le Code ne le dit pas et ne devait pas le dire. Il ne pouvait évidemment que s'en rapporter sur ce point aux lumières et à la conscience des magistrats. A eux seuls appartient le droit souverain de chercher dans les faits de la cause les éléments de leur décision. Leur appréciation à cet égard échappe à la censure de la cour suprême. C'est ce qui a été

reconnu plusieurs fois par la jurisprudence. (Cass. 13 janv. 1829, S.-V. 30. 1. 160 ; D. P. 29. 1. 103 ; — 15 déc. 1830, J. P. 3e édit; D. P. 31. 1. 360; — 2 fév. 1837, J. P. 1840. 1. 501 ; D. P. 37. 1. 358 ; — 27 avril 1841, S.-V. 41.1. 385; J. P. 1841.2.144; D. P. 41.1. 219.) C'est également aux juges du fait qu'il appartient de décider, lorsque deux époux s'occupent du même commerce, lequel des deux doit être réputé commerçant.

230. Disons seulement avec M. Pardessus (n° 78), que faire du commerce sa profession habituelle, c'est exercer des actes de commerce d'une manière assez fréquente et assez suivie pour que cet exercice constitue en quelque sorte une existence sociale. On est dès lors obligé de reconnaître au temps une influence sur la détermination de la qualité ; et l'on pourrait, par exemple, déclarer, sans crainte d'errer, le même homme commerçant ou ne lui point reconnaître ce titre, selon qu'il aurait fait le même nombre d'actes de commerce dans le cours d'une longue existence, ou dans l'espace de quelques années seulement ; car, dans le premier cas, la discontinuité même des actes de commerce aurait fait cesser l'habitude, tandis que, dans le second, la fréquente répétition de ces actes l'aurait fait naître.

231. D'ailleurs, l'expression *profession habituelle,* dont se sert la loi, révèle, dans la pensée du législateur, une intention qu'il importe de signaler. Le commerçant n'est pas seulement soumis à la juridiction consulaire et contraignable par corps, il est encore tenu à des obligations spéciales que nous signalerons ultérieurement, telles que celles qui concernent la tenue des livres, les faillites, etc. On peut bien faire, ainsi qu'on l'a vu, des actes de commerce et être soumis pour ces actes à la juridiction consulaire sans être commerçant ; mais c'est seulement quand on est commerçant que l'on est tenu aux obligations spéciales dont nous venons de parler. Or, la profession habituelle des actes de commerce, qui constitue le commerçant, peut se rencontrer dans une personne dont la profession apparente est étrangère au commerce ; et la loi eût manqué son but si la disposition n'eût pas été assez générale pour atteindre même ce fait. De là vient que les mots *profession habituelle* ont remplacé, dans le texte définitif, ceux-ci *profession principale,* qui se trouvaient dans ce projet. Le tribunat fit remarquer que « cette dernière expression pour-

rait engager des individus qui concilieraient l'habitude de faits de commerce avec une profession quelconque, à représenter celle-ci comme leur profession principale, afin de se soustraire aux diverses lois particulières qui régissent les négociants ; » et le texte de la loi fut modifié dans le sens que nous avons indiqué. (V. Locré, *Esprit du C. de comm.*, sur l'art. 1, n° 2.)

232. Et cela explique très-bien l'application qui a été faite de l'art. 1er du C. de com., par la jurisprudence, à divers fonctionnaires publics qui, s'étant fréquemment adonnés à des actes de commerce, ont été déclarés en faillite, nonobstant la profession apparente dont ils étaient revêtus, et nonobstant aussi les dispositions de lois qui créent des incompatibilités entre les fonctions publiques et le négoce. (V. au chap. suiv.) Ces lois, en effet, si elles créent un empêchement prohibitif dont la violation autorise contre le fonctionnaire l'emploi de mesures disciplinaires, ne sauraient empêcher l'effet légal de l'art. 1er du Code de com., lorsque les conditions fixées par cet article viennent à se réaliser. C'est donc à bon droit qu'on a déclaré en faillite : 1° un notaire qui se livrait ordinairement à des opérations de banque et de courtage (Cass. 28 mai 1828, S.-V. 28. 1. 269; D. P. 28. 1. 302); 2° un receveur de l'enregistrement et conservateur des hypothèques, qui avait fait des actes de commerce (Bruxelles, 25 janv. 1809, S.-V. 9. 2. 296 ; D. A. 8. 26.) ; 3° un receveur particulier des finances, qui s'était habituellement livré à des opérations de commerce et de banque étrangères à ses fonctions (Cass. 5 juillet 1837, S.-V. 37. 1. 923 ; D. P. 37. 1. 394). Quelques arrêts se sont bien prononcés en sens contraire (V. notamment Bordeaux, 30 avril 1840, S.-V. 40. 2. 429; D. P. 40. 2. 165 ; et 1er mars 1841, S.-V. 41. 2. 635 ; J. P. 1841. 1. 702.), mais ils ne sont pas en opposition avec les précédents ; ils statuent seulement dans une hypothèse différente, celle où les actes de commerce reprochés au fonctionnaire n'étaient ni assez nombreux ni assez importants pour lui faire attribuer la qualité de commerçant, appréciation de fait souveraine et qui pouvait être exacte, dans l'espèce, sans néanmoins infirmer le principe de droit.

233. Bien que, comme nous l'avons vu, l'art. 1er du C. de com. ne reconnaisse comme signes caractéristiques de la profession com-merciale que l'exercice et la fréquente répétition des actes de commerce, il existe cependant certaines situations et certains faits qui font présumer la commercialité. Au premier rang de ces présomptions, il faut placer *l'établissement*. En effet, celui qui prend enseigne et boutique, qui annonce par la voie de la publicité son achalandage et la mise en vente de ses marchandises, fait en quelque sorte une déclaration publique de commercialité, qui doit avoir une grande influence sur la détermination de sa qualité lorsqu'elle vient à être mise en question. Il en est de même de ceux qui montent certaines entreprises commerciales, telles que fabriques et manufactures. (Pardessus, n° 78, et Orillard, n° 143.)

234. La prise d'une patente peut aussi quelquefois être considérée comme un indice de commercialité, lorsque, par exemple, les juges trouvent dans l'accomplissement de ce fait une manifestation de l'intention de se livrer au commerce. Mais, en général, on ne saurait décider de la qualité commerciale d'un individu d'après cette circonstance seule qu'il est pourvu d'une patente (V. *suprà*, n° 228, l'arrêt de la cour de Paris du 21 mars 1810); car les lois qui ont imposé cette charge sont des lois fiscales qui n'ont pas eu pour but de régler, aux yeux de la justice, la commercialité des patentables, mais seulement de frapper d'un impôt les personnes qui exercent telle ou telle industrie ou profession.

C'est ce qu'a reconnu la jurisprudence en déclarant qu'on peut être commerçant sans avoir jamais eu de patente (Bruxelles, 6 avril 1829, J. P. 3e édit.), et réciproquement, qu'on peut être muni d'une patente sans pour cela avoir jamais été commerçant. (Metz, 24 nov. 1840, J. P. 1841. 2. 512.)

235. Nous avons signalé *suprà*, n° 232, certains fonctionnaires qui, par la nature de leurs fonctions, sont tout à fait étrangers au commerce, et qui ne deviennent commerçants, par application de l'art. 1er du C. de com., que, lorsque cessant de se borner à l'exercice de leurs fonctions, ils accomplissent habituellement des opérations commerciales. Nous avons à parler maintenant d'une autre classe de fonctionnaires qui, tout en se maintenant dans la nature de leurs fonctions, n'en doivent pas moins être réputés commerçants. Il en est ainsi notamment des courtiers et des agents de change. Leurs fonctions sont déterminées

par les art. 74 et suiv. du C. de com., et leur commercialité résulte manifestement de plusieurs textes de lois. D'abord, de l'art. 89 du Code de 1808, énonçant qu'en cas de faillite les agents de change ou courtiers doivent être poursuivis comme banqueroutiers ; de l'article 632, quatrième alinéa, qui répute actes de commerce toute opération de change et de courtage. On objecterait en vain que l'art. 85 du même code a interdit aux courtiers et agents de change de faire des opérations de commerce pour leur compte ; ils n'en devraient pas moins être déclarés négociants ; car, quelle que soit la nature des actes qu'ils sont appelés à accomplir, la loi a placé ces actes au nombre des actes commerciaux. Déjà, au reste, nous avons cité, nos 37 et suiv., des professions qui ont été réputées commerciales, bien que ceux qui les exercent ne fassent point le commerce pour leur compte personnel.

Les cours de Bordeaux et de Rennes faisant l'application des principes que nous venons d'énoncer aux agents de change et aux courtiers de commerce, les ont réputés les uns et les autres commerçants. (Bordeaux, 19 avril 1836, S.-V. 36. 2. 421 ; J. P. 1837. 1. 359 ; D. P. 37. 2. 43 ; — Rennes, 29 janv. 1839, J. P. 1841. 1. 401 ; D. P. 39. 2. 120.) Ce dernier arrêt a déclaré commerciale l'association qui avait été contractée par deux courtiers pour l'exploitation d'un office. — (V. contrà, Cass. 31 mai 1831 (S.-V. 31. 1. 249 ; J. P. 3e édit. ; D. P. 31. 1. 206) ; MM. Locré (Esp. du Cod. de comm., sur l'art. 632), Frémery (dans un article publié dans le journal le Droit, du 23 février 1838) et Orillard (Comp. des trib. de com., n° 362), se sont aussi prononcés pour leur commercialité, qui a été également admise par les cours de Paris et de Bruxelles (Paris, 2 août 1832, S.-V. 33. 2. 50 ; J. P. 3e édit. ; D. P. 33. 2. 16 ; — Bruxelles, 12 novembre 1832, J. P. 3e édit.) ; mais on trouve dans le sens contraire une décision de la cour d'Aix du 5 mai 1840 (S.-V. 40. 2. 348 ; J. P. 1840. 2. 348 ; D. P. 40. 2. 178). — V. Agent de change, nos 30 et suiv., Courtier.

236. Il y a aussi des fonctionnaires pour lesquels l'habitude des actes de commerce est un devoir de leurs fonctions. Il en est ainsi des comptables des deniers publics, qui ne peuvent effectuer leurs paiements qu'au moyen de remises de place en place. A leur égard, la loi a créé une position particulière en ce qu'elle les a rendus justiciables des tribunaux de commerce, non-seulement à l'occasion des lettres de change qu'ils tirent ou dans lesquelles ils figurent, ce qui est le droit commun (art. 632), mais encore à l'occasion de leurs billets à ordre (art. 634), lorsque, ajoute l'art. 638, ces billets sont censés faits par les comptables pour leur gestion, et qu'une autre cause n'y est point exprimée.

237. Mais s'ensuit-il de ces textes que les comptables de deniers publics deviennent commerçants en émettant habituellement des billets pour faits ou besoin de leur charge? La jurisprudence et la doctrine ont repoussé cette interprétation de la loi. Les receveurs, payeurs, percepteurs ou autres comptables des deniers publics, termes qui comprennent dans leur généralité tous ceux à qui l'État ou les communes ont confié le dépôt ou le maniement de leurs fonds, ne sont point des commerçants, mais des agents ou fonctionnaires publics.

On ne peut donc considérer que comme une dérogation aux lois de la compétence, qui ne soumettent habituellement à la juridiction consulaire que ceux qui font des actes de commerce et les commerçants, les dispositions par lesquelles les comptables, quoique non commerçants, sont soumis à cette juridiction ; et cette exception, d'après M. Pardessus, n° 54, a été consacrée comme un moyen d'assurer l'exécution des engagements des comptables d'une manière plus prompte et plus exacte que s'ils étaient restés dans la classe des conventions ordinaires, et d'augmenter le crédit de ces agents.

238. Quoi qu'il en soit, et comme complément de la dérogation, les comptables de deniers publics sont contraignables par corps. M. Beugnot, lors du projet de rédaction du Code de commerce au Conseil d'état, disait, en effet, que le trésor impérial avait intérêt à ce que la contrainte par corps fût attachée aux billets qu'il pouvait recevoir (V. Procès-verbaux du Conseil d'état, 4e séance, n° 72 ; Locré, 3e part., 2e div., 2e subdiv., n° 1) ; ce qui du reste n'a été qu'un emprunt fait à l'ancienne législation ; car la déclaration du 26 fév. 1692, se référant à l'art. 1er du titre 7 de l'ordonnance de 1673, prononçait la contrainte par corps contre tous les agents chargés du recouvrement des deniers royaux, et tous autres comptables.

239. Le Code de commerce a reconnu quatre sortes de sociétés commerciales (art. 19 et 47):

les sociétés en nom collectif, les sociétés en commandite, les sociétés anonymes, les sociétés en participation. Leurs formes, les droits et les devoirs des divers associés, ont été réglés par les art. 20, 22, 23 et suiv., 29 et suiv., 48 et suiv.

240. Mais, à l'exception des sociétés en nom collectif, le code n'a point déterminé les signes caractéristiques qui devaient servir à distinguer les sociétés civiles des sociétés commerciales. Dans le silence de la loi à cet égard, nous croyons que la règle, tracée par le Code pour les premières (art. 20), et d'après laquelle les sociétés en nom collectif sont celles qui ont pour objet le commerce, doit s'appliquer à toutes les autres. Il est dès lors vrai de dire que la commercialité des sociétés en général, comme celle des commerçants, résultera toujours de l'exercice habituel des actes de commerce. (V. M. Eugène Persil, *Des assurances terrestres*, p. 21.)

241. Mais dans ces différentes sociétés, quels sont les membres qu'il faudra réputer commerçants ? Ce sont, dans les sociétés en nom collectif, tous les associés ; car tous ils exercent le commerce sous une raison sociale, et font habituellement des actes de commerce. Le fait de l'association ne peut avoir pour effet de changer la nature commerciale des actes qu'ils accomplissent. (Douai, 9 fév. 1843, *Gazette des Tribun.*, des 6 et 7 mars 1843.)

242. Dans les sociétés en commandite, les associés en nom collectif doivent être considérés comme commerçants, et par la même raison, puisqu'ils exercent le commerce sous une raison sociale. Quant aux commanditaires, il en est autrement, puisqu'ils ne sont que de simples bailleurs de fonds. (C. comm., art. 23.) V. cependant *infrà*, n° 245.

243. Les agents, administrateurs et directeurs des sociétés anonymes doivent également être réputés commerçants, car ils agissent continuellement en vertu d'un mandat commercial et peuvent être assimilés à des agents d'affaires. (Cass. 8 avril 1828, S.-V. 29. 1. 28 ; D. P. 28. 1. 204 ; — 1er avril 1830, S.-V. 30. 1. 380 ; J. P. 3e édit. ; D. P. 30. 1. 191 ; — Colmar, 25 fév. 1839, J. P. 1839. 1. 526 ; D. P. 39. 2. 176 ; — 2 mai 1842, J. P. 1842. 2. 80. — V. cependant en sens contraire, Cass. 23 mai 1826, S.-V. 26. 1. 400 ; D. P. 26. 1. 281).

244. Enfin, les sociétaires en participation, lorsqu'ils se livrent à des opérations de commerce assez fréquentes, peuvent aussi, aux termes de l'art. 1er du Code de commerce, être réputés commerçants.

245. L'associé commanditaire qui s'immisce dans la gestion des affaires d'une société en commandite, devient par là obligé solidairement envers les tiers avec les associés en nom collectif, et, comme eux, responsable. ( C. de comm., art. 27 et 28.) Mais la réalisation de ce fait doit-il lui faire acquérir la qualité de commerçant?

Une sage interprétation de la loi s'oppose à admettre cette doctrine. Déjà, dans le cas dont nous nous occupons, la loi a été très-rigoureuse à l'égard du commanditaire, et ce serait encore augmenter sa sévérité que de permettre que quelques faits accidentels de gestion pussent faire déclarer commerçant et mettre en état de faillite celui qui les aurait exercés. Selon nous, il ne faudrait accorder ce titre qu'au commanditaire qui aurait géré habituellement la société, et qui, de cette sorte, serait devenu pour ainsi dire un associé en nom collectif. V. dans ce sens, M. Eugène Persil (*Des sociétés commer.*, p. 119, n° 3).

SECT. 2. — *De la qualification de commerçant prise ou donnée dans les actes, transactions ou jugements.*

246. Dans les principes de l'ancienne jurisprudence, c'était une question controversée que celle de savoir si celui qui, en contractant, avait pris la qualité de commerçant, pouvait ensuite décliner cette qualité pour se soustraire à la juridiction consulaire et éviter l'application des mesures rigoureuses d'exécution.

L'opinion la plus généralement suivie résolvait la question par la négative. Bouvot, en ses arrêts (t. 2, v° Juge-consul), cite un arrêt du 8 août 1616, qui décide que les juges-consuls peuvent connaître des causes dès qu'un homme a pris la qualité de marchand, quoiqu'il ne le soit pas, et que son dol ne lui permet pas de décliner la juridiction consulaire. Jousse approuve cette décision ( *Comm. sur l'art.* 1er, tit. 12, de l'ordonn. de 1673, p. 296); il en est ainsi de Toubeau (*Instit. du droit consulaire*, ch. 274) et de Rogue (t. 1, p. 13, n° 15). Enfin, on invoquait à l'appui la déclaration du 28 fév. 1558 et l'arrêt du conseil du 23 décemb. suiv., d'après lesquels «ceux qui, dans leurs cédules, obligations ou contrats, prenaient la qualité de marchands et promettaient de payèr aux foires de Lyon, ne pouvaient s'aider de leur *committimus* pour se soustraire à la juridiction du conservateur de ces foires, à laquelle ils étaient soumis. »

Cette doctrine était cependant contredite par Guyot qui, dans *son Répertoire*, v° Consul des marchands, en faisait la critique, et repoussait péremptoirement, ce nous semble, l'autorité qui semblait s'induire des déclaration et arrêt du conseil de 1558 : « comme les citoyens, disait-il, ne peuvent directement ni indirectement intervertir l'ordre des juridictions, nous ne pensons pas qu'ils soient les maîtres de le faire directement par les qualités qu'ils prennent. On ne peut se prévaloir de ce qui vient d'être dit pour la conservation des foires de Lyon, parce que les priviléges et la juridiction des conservateurs sont bien plus étendus que ceux des consuls ; d'ailleurs, ce n'est pas seulement la qualité prise de marchand , c'est la stipulation de paiement en temps de foire qui soumet à la conservation. »

247. Entre ces deux opinions , quelle est celle qui doit être suivie aujourd'hui ? Des auteurs recommandables, déterminés par cette double considération qu'il ne pouvait jamais être permis d'intervertir l'ordre des juridictions, et qu'il n'était pas possible d'appliquer la contrainte par corps hors des cas déterminés par la loi (C. civ., 2063), se sont prononcés d'une manière absolue pour la dernière. (V. Merlin, *Répert.* v° Consul des marchands ; Dalloz, *Rec. alph.*, t. 2, p. 710, à la note ; Despréaux, n° 524 *bis* ; Orillard, n°s 154 et suiv.) Quant à nous, il nous semble que, tout en respectant les deux principes que nous venons de rappeler, on peut s'arrêter à d'autres règles, surtout à des règles moins absolues.

Et d'abord, nous diviserions la question : en premier lieu, il faudrait examiner quelle est l'influence de la qualification de commerçant, prise ou donnée, sur la détermination de la compétence ; et en second lieu, quelle peut être l'influence de ce même fait pour l'application de la contrainte par corps.

248. En ce qui concerne la détermination de la compétence, il nous paraît difficile d'admettre que celui qui a pris la qualité de commerçant, en contractant, ne doive pas être traduit devant le tribunal de commerce. Comment, en effet, n'assimilerait-on pas à un commerçant réel, du moins vis-à-vis des tiers avec lesquels il a contracté, celui qui, dans le contrat, a pris la qualité de commerçant ? Et comment ces tiers pourraient-ils ne pas lui faire la position du commerçant même ? Ils ont traité avec lui sous la foi de la qualité qu'il a prise ; peut-être même n'ont-ils traité qu'en considération de cette qualité et des garanties spéciales que la loi y a attachées. Pourquoi donc ne saisiraient-ils pas la juridiction consulaire, qui est l'une de ces garanties ? C'est, dit-on, qu'il ne peut être donné à une déclaration mensongère d'intervertir l'ordre des juridictions. D'accord ; mais en quoi l'ordre des juridictions sera-t-il interverti dans l'espèce ? Qu'il le soit dans le cas où l'on attribue à la juridiction exceptionnelle des tribunaux de commerce la connaissance de questions ou de difficultés se rattachant au droit commun, nous en convenons : il y a là, en effet, une incompétence à raison de la matière, qui non-seulement pourrait être proposée en tout état de cause, mais encore qui devrait être suppléée d'office par le juge. Et, disons-le, cette incompétence n'existerait pas moins à l'égard d'un commerçant véritable que vis-à-vis de celui qui s'en serait faussement attribué la qualité. Ainsi, le tribunal de commerce ne pourrait pas, même entre commerçants, statuer sur une question d'état, ou sur toute autre question de pur droit civil. Mais est-ce de cela qu'il s'agit dans l'espèce ? En aucune façon. Nous supposons un engagement qui, par sa nature, pourrait très-bien être de la compétence des tribunaux de commerce, et qui leur serait nécessairement soumis, s'il eût été contracté entre négociants. C'est donc seulement parce que la qualité de commerçant aurait été faussement prise par l'un des contractants que la compétence du tribunal de commerce pourrait être contestée ; et, dès lors, il ne s'agit plus que d'une incompétence à raison de la personne, c'est-à-dire d'une incompétence qui n'a été établie que dans l'intérêt des particuliers, à laquelle ils peuvent par conséquent renoncer, qu'ils doivent nécessairement proposer, qu'en aucun cas les juges ne peuvent suppléer d'office, et qui ne touche en aucune manière à l'ordre des juridictions, puisqu'elle n'a rien d'absolu. Sous ce rapport déjà, on l'aperçoit, l'objection que nous combattons perd beaucoup de sa force. Ajoutons maintenant, pour en compléter la réfutation, que notre opinion ne va pas jusqu'à dire que le tribunal de commerce devra, nécessairement et en toute hypothèse,

juger le différend qu'on lui aura soumis. L'individu qui aura pris faussement la qualité de commerçant ne sera pas, sans doute, et par cela seul, un commerçant; mais il s'élèvera contre lui, à l'occasion de l'engagement où il se sera faussement qualifié, une présomption de commercialité dont le résultat sera de l'assimiler à un commerçant véritable. Comme celui-ci, il sera présumé avoir pris un engagement commercial, et il aura perdu, par sa fausse allégation, le bénéfice de sa position réelle dans laquelle il aurait été présumé avoir pris des engagements civils; et momentanément appelé commerçant en vertu de sa propre déclaration, s'il veut ensuite la démentir lui-même devant le tribunal de commerce dont il décline la compétence, il faudra que, comme le commerçant véritable, il prouve que son engagement n'a rien de commercial. Ainsi, comme le dit M. Nouguier (*Des trib. de comm.*, t. 1, p. 311), au lieu de mettre la preuve à la charge de son adversaire, elle incombera à lui-même qui a créé à son préjudice une légitime présomption. S'il démontre que l'acte n'est pas commercial, la présomption cessera, et le tribunal accueillera l'exception, sous peine de commettre un excès de pouvoir. Si, au contraire, il ne fait pas cette preuve, le tribunal statuera légalement; car ayant devant lui un commerçant et un individu assimilé aux commerçants, la contestation sera revêtue d'une présomption de commercialité. C'est en ce sens que la doctrine de MM. Merlin, Dalloz et Orillard nous semble devoir être modifiée; et la cour royale de Paris s'est exactement conformée à ces principes, en jugeant que le souscripteur d'un billet à ordre, qui s'y qualifie *marchand*, ne peut prétexter ensuite qu'il n'est pas marchand pour se soustraire à la juridiction commerciale. (Paris, 28 juin 1813, S.-V. 14. 2. 188; D. A. 2. 709; — Aix, 11 janv. 1842, J. P. 1843. 1. 513. — V. cependant Turin, 20 mai 1807, S.-V. 7. 2. 672; — Colmar, 16 fév. 1841, J. P. 1841. 1. 733.)

249. Supposons maintenant qu'au lieu d'être prise personnellement, la qualité de commerçant ait été donnée par des actes extrajudiciaires; ainsi, par exemple, qu'un huissier qui, agissant en vertu du mandat qu'il a reçu du requérant, attribue à celui-ci, dans un exploit où il devait, à peine de nullité, mentionner la profession, la qualité de commerçant, la solution de la question ne saurait

souffrir de difficulté. L'énonciation ainsi faite émane d'un officier public ayant qualité pour la faire; dès lors la déclaration ferait foi jusqu'à désaveu ou jusqu'à preuve qu'elle est le résultat de l'erreur; et le silence serait un aveu, une ratification tacite; l'attribution de qualité aurait tous les effets de la prise même de qualité, surtout si cette attribution avait été formellement connue. Le système opposé, dit M. Nouguier, *loc. cit.*, éterniserait les procès, en permettant aux plaideurs de mauvaise foi de revenir sur des faits accomplis par eux ou en leur nom.

250. Il en serait autrement si la fausse qualification était donnée par un autre qu'un mandataire légal. Ainsi, la qualité de négociant donnée au mari par la femme elle-même dans une instance en séparation de biens, ne serait point suffisante pour que des tiers pussent opposer à la femme l'article 551 du Code de comm., qui restreint l'hypothèque légale de celle-ci aux biens possédés par le mari commerçant à l'époque de la célébration du mariage. (Orléans, 16 mars 1839, J. P. 1839, 1. 648; D. P. 39. 2. 259.)

251. Enfin, voici une dernière hypothèse dans laquelle la question peut se présenter. Un individu, qui, dans un acte, a pris la qualité de commerçant, est assigné en cette qualité par son adversaire et ne propose pas l'incompétence; il est condamné et laisse acquérir au jugement l'autorité de la chose jugée, ou bien, en interjetant appel, il ne soumet pas la question aux juges du deuxième degré, et la sentence est confirmée. Il est évident qu'il n'y a pas, dans ce cas, de doute possible; la qualité est définitivement fixée entre les parties. C'est en ce sens qu'il a été décidé par la Cour de cassation que celui qui, aux termes d'un arrêt, s'était dit négociant, et qui, dans des qualités auxquelles il n'avait pas formé opposition, avait été qualifié de marchand de bois, ne pouvait proposer, comme moyen de cassation, l'incompétence de la juridiction commerciale fondée sur la qualité de non négociant (Cass. 7 mars 1821, S.-V. 22. 1. 272; D. A. 2. 710); et encore, que la partie renvoyée devant la juridiction commerciale par arrêt, passé en force de chose jugée, qui lui attribue expressément la qualité de commerçant, ne peut se faire, contre un arrêt postérieur qui le condamne au fond et par corps, un moyen de cassation tiré de ce que les définitions de la loi ne permettent pas de le ré-

puter commerçant. (Cass. 7 août 1827, S.-V. 28. 1. 140; D. P. 27. 1. 455. — V. encore Paris, 11 germ. an XI, S.-V. 3. 2. 381 ; — Bourges, 23 déc. 1831, J. P. 3ᵉ édit; D. P. 32. 2. 180.)

252. Mais, remarquons-le bien, c'est seulement entre les parties que, dans cette hypothèse, la position est souverainement fixée; quant aux tiers, ils demeurent étrangers à la solution, et si elle devient pour eux un préjugé favorable dont ils ont le droit de s'emparer, du moins elle ne forme pas, à leur égard, une règle inattaquable. Ainsi, quel que soit le nombre de jugements qui auraient attribué à une personne la qualité de commerçant, cette qualité pourrait encore être contestée par lui en dehors du procès où la question aurait été résolue. Deux arrêts de la Cour de cassation ont fait l'application de ces principes : l'un, du 15 mai 1815 (S.-V. 15. 1. 356), en jugeant qu'il ne suffisait pas qu'il ressortît de trente-huit jugements que la qualité de négociant avait été prise ou reçue autant de fois, pour que cette qualité pût être légalement attribuée à un individu; l'autre, du 4 mai 1842 (S.-V. 42. 1. 546; J. P. 1842. 2. 364), en décidant que le jugement prononçant la contrainte par corps contre un débiteur auquel il attribue la qualité de commerçant, n'imprime pas à ce débiteur, d'une manière indélébile, cette qualité de commerçant qu'il peut contester plus tard dans le but d'échapper à la déclaration de faillite poursuivie contre lui.

253. Au surplus, de même qu'on ne peut pas admettre facilement celui qui s'est faussement attribué la qualité de commerçant à revenir sur cette déclaration, dans le but de se soustraire aux dangers ou aux rigueurs qui sont la conséquence de la qualité faussement prise, de même on ne doit pas permettre que celui qui l'a prise s'en fasse un titre profitable, contre lequel les tiers ne seraient pas admis à réclamer. Ainsi, qu'un individu non commerçant en prenne le titre, et, profitant du privilége accordé à ceux qui font le négoce, qu'il veuille échapper par la faillite à la contrainte par corps, il est évident que les tiers intéressés pourront contester la fausse qualité qu'il a prise pour lui en enlever le bénéfice. (Montpellier, 26 janv. 1832, S.-V. 33. 2. 491; D. P. 32. 2. 181.) Il en serait ainsi même dans le cas où le demandeur aurait lui-même donné au défendeur la qualité de commer-çant dans son exploit introductif d'instance. (Rouen, 22 mai 1829, J. P. 3ᵉ édit.; D. P. 30. 2. 290.)

254. En ce qui concerne l'influence de la qualité de commerçant faussement prise sur l'application de la contrainte par corps, les principes posés par MM. Merlin, Dalloz et Orillard nous paraissent incontestables. L'article 2063 du C. civ. fournit, à cet égard, un argument décisif, en disposant que « hors les cas déterminés, ou qui pourraient l'être à l'avenir par une loi formelle, il est défendu à tous juges de prononcer la contrainte par corps, à tous notaires et greffiers de recevoir des actes dans lesquels elle serait stipulée, et à tous Français de consentir pareils actes, encore qu'ils eussent été passés en pays étrangers; le tout à peine de nullité, dépens, dommages et intérêts. » Or, la qualification faussement prise, si elle aboutissait à faire prononcer la contrainte par corps, irait en sens contraire de cette disposition, puisqu'il en résulterait que ce mode d'exécution serait appliqué dans un cas non prévu par la loi; et par ce seul motif, cet effet ne doit pas être produit par la fausse qualification prise par le non-commerçant. Telle est aussi l'opinion de M. Nouguier (Des trib. de comm., t. 1, p. 314, nᵒ 6), et elle a été expressément consacrée par la cour de Liége, qui a jugé, le 28 août 1811 (Devillen. et Car. 3. 2. 562; D. A. 2. 709), que le souscripteur d'un billet à ordre n'est pas soumis à la contrainte par corps, encore que dans le billet il ait pris la qualité de commerçant, si d'ailleurs il n'avait pas réellement cette qualité.

CHAP. 3. — De la capacité requise pour faire des actes de commerce.

255. En général, tout individu est apte à faire des actes de commerce, et par conséquent à devenir commerçant.

Toutefois, à côté de cette règle sont placées des exceptions fondées sur l'intérêt particulier de certains individus, ou sur l'intérêt du commerce lui-même. L'intérêt particulier de quelques individus a fait admettre en effet quelques restrictions au principe général qui consacre la liberté pour tous; ces restrictions concernent les mineurs et les femmes mariées. L'intérêt du commerce a fait introduire des exceptions absolues qui établissent l'incompatabilité de certaines professions avec le commerce, et sont fondées soit sur des raisons de convenances, soit sur le danger que présenteraient certaines positions qui auraient un immense avantage sous le rapport des renseignements, si le commerce ne leur était pas interdit.

Nous expliquerons dans trois sections distinctes ces prohibitions et ces restrictions.

SECT. 1re. — *Du mineur commerçant.*

256. Dans l'ancien droit où la majorité avait été fixée à vingt-cinq ans (Domat, *Lois civ.*, liv. 1, tit. 2, sect. 2, n° 9), on n'avait point voulu priver le mineur, pendant ce long espace de temps, de la faculté de faire le commerce. (*Ordonn.* de Henri III, de 1581, art. 17, et de Louis XIV, de 1673, tit. 1, art. 6.) L'âge où il pouvait l'exercer variait selon les lieux : dans les villes où il y avait des maîtrises, le mineur ne pouvait être reçu marchand qu'à l'âge de vingt ans accomplis (*Ordonn.* de 1581, art. 18, et de 1673, tit. 1, art. 3); mais, dans tous les autres lieux du royaume où il n'avait point été établi de corporations, il pouvait exercer le commerce qu'il voulait s'y livrer. (Jousse et Bornier, sur l'art. 6, tit. 1, de *l'Ordonn.* de 1673.) Et même, dans les villes à maîtrises, les mineurs pouvaient, sans condition d'âge, exercer les professions qui, comme celles de banquiers, de manufacturiers et d'armateurs, n'étaient point constituées en corps de marchands. (*Procès-verbal du Conseil d'état*, du 4 nov. 1806, n° 31.) Denizart (*Collect. nouvelle*, v° *Age*, n° 4) observe cependant qu'en général les dispositions de ces ordonnances n'étaient pas exactement suivies.

257. Les effets de cette législation avaient été : 1° De donner au mineur qui voulait faire le commerce une émancipation légale et forcée dès l'instant où il lui était permis de l'exercer (V. Ferrière, *Dict. de droit*, v° Mineur marchand; Locré, *Esp. du C. de comm.*, sur l'art. 2.); 2° de le faire réputer majeur pour ce qui concernait son négoce (*Ordonn.* de 1673, art. 6, titre 1; Bornier, sur l'art. 6 de cette ordonnance.); 3° de l'autoriser à contracter valablement pour fait de marchandises, sans le consentement des personnes sous la puissance desquelles il se trouvait (Bornier, *ibid*; Ferrière, *loc. cit. suprà*, et arrêt du 2 juillet 1683, recueilli par Tronçon, sur l'article 224 de la coutume de Paris.); 4° de l'empêcher de se faire restituer contre les engagements qu'il avait pris pour faits de son commerce. (Ferrière et Denizart, *loc. cit.*)

258. Mais dès que le mineur marchand réputé majeur contractait pour faits étrangers à son négoce, il était assimilé aux autres mineurs et pouvait, comme eux, être restitué contre ses engagements en établissant qu'ils lui avaient été préjudiciables. (V. un arrêt rapporté par Bouvot, v° Fidéjusseur, t. 1, 3° quest.; Bornier et Ferrière, *loc. cit.*)

259. Nos lois modernes ayant fixé à vingt et un ans, au lieu de vingt-cinq, l'âge de la majorité (C. civ., art. 388 et 488), on s'est demandé, lors de la discussion du projet de l'art. 2 du C. de comm. au Conseil d'état, s'il convenait encore de laisser aux mineurs la faculté d'exercer le commerce, et si ce n'était point compromettre leur avenir que de leur permettre de se livrer aux spéculations les plus difficiles et les plus hasardeuses avant qu'ils fussent parvenus à leur majorité. (*Procès-verbal* du Conseil d'état, du 4 novembre 1806, n° 28, et Locré, *Esprit du C. de comm.* sur l'art. 2, § 1, n° 1.)

Des considérations puisées dans l'intérêt des mineurs leur firent conserver ce droit. On reconnut que ce serait souvent leur porter un grave préjudice que de leur refuser l'exercice du commerce : par exemple, lorsqu'ils seraient appelés à succéder à leur auteur et à continuer les spéculations par lui commencées; lorsqu'ils viendraient à épouser une femme qui leur apporterait en mariage un établissement commercial; lorsque, enfin, leur père ou des tiers leur offriraient une association qui pourrait leur être avantageuse. (*Procès-verbal* du Conseil d'état, du 4 novembre 1806, n°s 28, 33 et 34; Locré, *loc. cit.*) Mais, tout en sanctionnant ce principe qui, au reste, avait été posé déjà par l'art. 487 du C. civ., le législateur, afin de sauvegarder les intérêts du mineur et le protéger contre des dangers qui pourraient résulter pour lui d'une capacité trop étendue, imposa de sages conditions à l'exercice des pouvoirs qu'il concédait.

260. L'art. 2 du Code de commerce porte : « Tout mineur émancipé de l'un ou de l'autre sexe, âgé de dix-huit ans accomplis, qui voudra profiter de la faculté que lui accorde l'art. 487 du C. civ. de faire le commerce, ne pourra en commencer les opérations, ni être réputé majeur, quant aux engagements par lui contractés pour faits de commerce, 1° s'il n'a été préalablement autorisé par son père, ou par sa mère, en cas de décès, interdiction ou absence du père, ou, à défaut du père et de

la mère, par une délibération du conseil de famille, homologuée par le tribunal civil ; 2° si, en outre, l'acte d'autorisation n'a été enregistré et affiché au tribunal de commerce du lieu où le mineur veut établir son domicile. »

261. Ainsi, quatre conditions sont nécessaires pour que les mineurs puissent exercer le commerce. Il faut : 1° qu'ils soient émancipés ; 2° que leur dix-huitième année soit accomplie ; 3° qu'ils soient autorisés par leur père ou mère, ou, à leur défaut, par une délibération du conseil de famille homologuée par le tribunal civil ; 4° enfin que l'acte d'autorisation soit enregistré et affiché au tribunal de commerce du lieu ou le mineur veut établir son domicile.

Nous examinerons successivement ces quatre conditions.

262. *Nécessité de l'émancipation.* — On aurait pu accorder au mineur la faculté de faire le commerce sans lui donner l'exercice des droits que confère l'émancipation ; mais il parut au législateur qu'il était convenable d'émanciper celui à qui l'on donnait l'autorisation de commercer, puisque cette autorisation lui procurait des pouvoirs plus étendus que ceux qui résultent de l'émancipation, comme nous le verrons bientôt. A ce sujet, on disait au Conseil d'état : « Qu'il eût été extraordinaire d'admettre une émancipation partielle, qui eût relevé le mineur de son incapacité sous un rapport, et l'y eût laissé sous tous les autres. » (*Procès-verbal* du Conseil d'état, du 4 nov. 1806, n°ˢ 39 et 43.)

263. Le mineur capable de commercer aura donc, quant à l'administration de ses biens et pour l'exercice de tous les actes étrangers à son commerce, des pouvoirs semblables à ceux de l'émancipé ; il pourra, comme lui, faire tous les actes de pure administration (art. 481 et suiv., C. civ.).

264. L'émancipation doit être donnée selon les formes tracées par le Code civil (art. 477 et 478) ; mais il importe peu qu'elle ait été accordée avant ou en même temps que l'autorisation d'exercer le commerce ; il importe peu aussi que le mineur ait été émancipé par le mariage (C. civ. art. 476), ou que l'émancipation lui ait été accordée à quinze ans par la seule volonté de ses père ou mère (C. civ., art. 477), ou enfin à dix-huit ans seulement par délibération du conseil de famille (C. civ., art. 478). L'âge auquel l'émancipation a été

obtenue n'est d'aucune influence quant à l'étendue de sa capacité commerciale : il suffit que l'émancipation existe en fait au moment où le mineur commence ses opérations commerciales.

265. *De l'âge requis pour que le mineur puisse faire le commerce.* — A quelque âge que l'émancipation ait été obtenue, le mineur doit avoir atteint sa dix-huitième année pour faire le commerce. La loi nouvelle, à la différence de l'ordonnance de 1673, n'a point voulu laisser d'incertitude sur l'âge auquel la faculté de faire le commerce serait accordée aux mineurs ; elle n'a point voulu que, comme dans l'ancien droit, des mineurs de seize ans pussent être exposés à subir des condamnations en qualité de commerçants. (*Procès-verbal* du Conseil d'état, du 4 nov. 1806, n° 29.) Les corporations des marchands ayant été supprimées partout, il n'y avait pas lieu non plus de distinguer, quant à l'âge auquel les mineurs pourraient commercer, entre les différentes localités. Le législateur a donc posé une règle générale et uniforme, et a fixé à dix-huit ans accomplis l'époque à laquelle il serait permis dorénavant aux individus des deux sexes de se livrer à l'exercice du commerce. On avait d'abord proposé d'exiger l'âge de vingt ans, et si on accordait la faculté de commercer à dix-huit, d'exiger du moins du mineur qu'il fit un apprentissage. (*Procès-verbal* du Cons. d'état, du 4 nov. 1806, n° 30.) Mais ces propositions furent rejetées : la première, parce que, ainsi que nous l'avons dit, les intérêts du mineur pouvaient faire désirer qu'il se livrât plus tôt au commerce ; et qu'au reste la majorité se trouvant désormais fixée à vingt et un ans, c'était une très-faible concession que de lui accorder l'exercice du commerce à vingt ans seulement (*Ibid.*, n°ˢ 33 et 35). On repoussait la seconde proposition, en disant que la garantie résultant d'un apprentissage se trouvait suppléée par la nécessité imposée au mineur d'obtenir l'autorisation de la famille, qui n'était point nécessaire autrefois (*Ibid.*, n° 33).

266. *Nécessité d'une autorisation spéciale.* — Cette autorisation, qui ne confère en définitive qu'une émancipation spéciale, pourrait d'abord être considérée comme faisant double emploi avec l'émancipation générale dont doit être pourvu le mineur commerçant. L'émancipation générale étant exigée, et cette émancipation étant une attestation de la **capacité**

du mineur de la part de ceux sous l'autorité desquels il vit, on pourrait ne pas voir la nécessité de soumettre le mineur à un nouvel examen lorsqu'il veut faire le commerce. Cette nécessité existe toutefois, si l'on réfléchit que l'autorisation de faire le négoce confère au mineur une capacité autrement étendue que celle qu'il reçoit de l'émancipation; et d'une autre part, que les fautes que le mineur peut faire dans l'administration de ses biens que lui donne l'émancipation ordinaire, ne sont pas susceptibles de compromettre sa fortune aussi gravement que les imprudences qu'il pourrait commettre dans la profession de commerçant. L'autorisation spéciale est donc une garantie spéciale, et le législateur l'a consacrée dans la pensée qu'elle ne serait jamais détournée de son but, c'est-à-dire que la famille n'accorderait pas cette autorisation légèrement, qu'elle se déterminerait avant tout par l'intérêt du mineur, par son avantage apprécié non point d'après des règles générales, mais d'après un examen particulier de sa position personnelle; enfin, que la famille serait toujours contenue par la crainte des désastres dans lesquels une autorisation légèrement accordée pourrait entraîner le mineur (*Procès-verbal* du Cons. d'état du 4 nov. 1806, nos 29, 35 et 36).

267. L'importance que le législateur a attachée à cette mesure et le texte de l'art. 2 du Code de commerce doivent donc faire décider, avec M. Pardessus *(Cours de dr. com.*, no 58), qu'un mineur ne pourrait point être condamné commercialement, sous prétexte d'une autorisation tacite résultant du fait que le mineur exerçait le commerce au vu et au su de ses père ou mère.

C'est ainsi qu'il a été jugé que l'autorisation n'est pas remplacée par une délibération du conseil de famille, autorisant la vente des immeubles du mineur pour faire honneur à ses engagements commerciaux et pour donner de l'extension à son commerce (Bourges, 26 janv. 1828. J. P. 3e édit.; D. P. 28. 2. 52 ).

Mais la cour de Caen a jugé avec raison qu'il n'était pas nécessaire que l'autorisation, pour être valable, exprimât le genre de commerce auquel le mineur devait se livrer (Caen, 11 août 1828, S.-V. 30. 2. 323; J. P. 5e édit.).

268. Malgré le silence de la loi sur ce point, on ne peut qu'approuver une décision de la cour de Douai, qui a déclaré que le père qui voulait former avec son fils une association commerciale, ne pouvait l'autoriser valablement, comme étant intéressé dans la spéculation, et qu'il y avait lieu alors de demander l'autorisation du conseil de famille, ( Douai, 21 juin 1827, S.-V. 28. 2. 39; J. P. 3e édit.; D. P. 28. 2. 68.)

269. L'autorisation des père ou mère doit être donnée par acte authentique, rien dans un acte sous seing privé ne garantissant la sincérité de l'écriture et de la signature; mais M. Pardessus (no 57) pense que l'authenticité peut résulter indifféremment d'un procès-verbal dressé par un juge de paix, ou des actes reçus par un notaire ou par le greffier d'un tribunal de commerce.

Quant à l'autorisation à accorder par le conseil de famille, elle ne peut être donnée que dans la forme ordinaire des délibérations de cette assemblée, c'est-à-dire qu'elle doit être reçue par le juge de paix et son greffier. ( C. civ. art. 406 et suiv. )

270. *Publicité de l'autorisation.* — Il ne suffisait point de mettre le mineur à l'abri des dangers que sa situation commerciale pouvait lui faire courir, il fallait mettre aussi les tiers à même de contracter valablement avec lui et de s'assurer de sa capacité; c'est ce qu'a fait le Code de commerce dans son article 12, en exigeant que l'autorisation qui est accordée au mineur soit enregistrée et affichée au tribunal de commerce du lieu où il veut établir son domicile.

On pense généralement, par analogie tirée des art. 67 du C. de comm. et 872 du Code de procédure, que l'affiche doit y rester apposée pendant un an.

271. Telles sont les conditions sous lesquelles le mineur peut faire le commerce. L'inaccomplissement de l'une d'elles aurait pour effet nécessaire de faire considérer comme non commerçant le mineur qui aurait fait les actes mêmes les plus évidents de commerce. C'est pourquoi nous ne saurions admettre la doctrine de M. Pardessus (t. 1, no 58) qui, sur la question de savoir si le mineur qui a obtenu l'autorisation de faire le commerce et qui l'a publiée conformément à la loi, est valablement engagé lorsque n'étant pas émancipé, il a pourtant faussement énoncé dans l'acte d'autorisation que l'émancipation avait eu lieu, se prononce pour l'affirmative, « parce que, dit-il, comme c'est l'autorisation seule qui doit être affichée, il y aurait un véritable dol, ou du

moins un quasi-délit de la part du mineur. »
Nous admettons bien le dol ou le quasi-délit
de la part du mineur, mais la question n'est
pas là. Le mineur, en principe, ne peut contracter; si la loi a fait une exception à ce principe, c'est seulement en entourant cette exception de conditions déterminées et hors
desquelles la règle générale reprend son empire. Or, l'art. 487 du Code civil dit que « le
mineur *émancipé* qui fait un commerce, est
réputé majeur pour les faits de ce commerce;»
donc, celui qui *n'est pas émancipé* ne saurait être réputé majeur. D'une autre part,
l'art. 2 du Code de commerce ajoute : « Tout
mineur *émancipé* de l'un et de l'autre sexe, âgé
de dix-huit ans accomplis, qui voudra profiter
de la faculté que lui accorde l'art. 487 du Code
civ., etc. » N'est-ce pas dire que celui-là ne
pourra pas profiter de la faculté accordée par
l'art. 437 C. civ., qui ne sera pas émancipé?
« Maintenant, dirons-nous avec M. Nouguier
(*Trib. de comm.* t. 1, p. 255), qu'importe que
la mention faite par le mineur qu'il est émancipé soit fausse, qu'elle ait été conçue dans
une pensée de dol et de tromperie? cette énonciation mensongère ne lui donne pas la capacité que la loi lui refusait. Et qu'on le remarque, sur quoi donc est fondé ce refus de la
loi? Sur un motif qui touche à l'intérêt, à la
tranquillité des familles, sur la jeunesse du
mineur, sur son défaut de discernement. Ne
pourrait-on répondre au tiers qui se plain-
drait de la fraude dont il fut victime : Ce jeune
homme avec lequel vous avez traité est sans
doute coupable, mais il n'a pu apprécier les
conséquences de la déclaration qu'il faisait ;
c'était à vous de vous enquérir, et de savoir si
toutes les formalités avaient été remplies? Sans
doute, il est fâcheux que l'acte d'émancipation ne soit pas public, que la loi n'exige pas
cette formalité, que les tiers ne soient pas
avertis; mais cette imperfection de la loi ne
saurait, encore une fois, investir le mineur
d'une condition rigoureusement exigée par
le législateur. »

272. Au surplus, cette doctrine trouve un
puissant appui dans une décision par laquelle
la Cour de cassation a jugé que le mineur qui
exerce le commerce sans y avoir été autorisé
conformément à l'art. 2 du Code de commerce,
et sans que son autorisation ait été enregistrée
et affichée, ne pouvait être condamné par
ce motif comme banqueroutier frauduleux
(Cass. 2 déc. 1826, S.-V. 27. 1. 206; D. P.

27. 1. 77). Le principe de la solution était ici
que le crime de banqueroute simple ou frauduleuse suppose la qualité de commerçant, et
que cette qualité n'existe pas dans le mineur
qui n'a pas accompli toutes les conditions résultant de l'art. 2 du Code de commerce.

273. Mais ces conditions étant accomplies,
les effets généraux qui en résultent sont : 1° de
donner au mineur tous les droits que lui confère le liv. 1, tit. 10, ch. 3 du Code civil; 2° de
le réputer majeur quant aux engagements par
lui contractés pour faits de son commerce (C.
civ., art. 487, et Code de comm., art. 2); 3° de
le rendre justiciable des tribunaux consulaires et contraignable par corps pour l'exécution des obligations commerciales qu'il a pu
contracter. (M. Duranton, *Cours de dr. fr.*,
t. 3, n° 701; art. 604 du Code civ., et art. 1
et 8 de la loi du 17 avril 1832.)

274. Le mineur qui a reçu l'autorisation
de commercer peut donc, comme émancipé et
conformément aux art. 481 et 484 du Code
civil, gérer ses biens et faire tous les actes qui
ne sont que de pure administration; contracter par voie d'achats ou autrement pour objets même étrangers à son commerce, sauf la
réductibilité en cas d'excès; il peut, sans autorisation nouvelle et spéciale de ses père et
mère ou du conseil de famille, comme autorisé à faire le commerce, s'obliger seul valablement pour faits de son négoce, sans qu'il
ait la possibilité de se faire restituer contre
l'engagement qu'il aura pris, acheter et vendre des marchandises, emprunter, souscrire
des billets de commerce, tirer des lettres de
change (art. 2, 113, 114 et 639 du Code de
com.), engager et hypothéquer ses immeubles, transiger et plaider sur tous les objets
qui auront trait à ses spéculations commerciales. (V. MM. Pardessus, n° 59 ; Orillard,
*Compét. com.*, n° 160.) Il peut même aliéner
ses immeubles, en suivant les formalités prescrites par les art. 457 et suiv. du Code civil,
et en obtenant, à cet effet, du conseil de famille une autorisation homologuée par le tribunal civil. (MM. Locré, *Esp. du C. de com.*,
édit. 1807, p. 48 ; Duranton, t. 3, n° 699, et
*Procès-verbal du Cons. d'état*, du 25 nov.
1806, n° 1.)

275. Les créanciers commerciaux du mineur auront donc le droit de faire vendre ses
immeubles comme ils feraient de ceux d'un
majeur (V. M. Pardessus, n° 60) ; mais, en ce
cas, ces créanciers devront aussi prouver que

les immeubles hypothéqués l'ont été pour faits de commerce.(V. *Procès-verb. du Cons. d'état*, du 25 nov. 1806, n° 45 ; et Locré, *loc. cit.*, p. 4.) Car, selon nous, l'engagement ne doit être réputé commercial qu'autant qu'il a une forme essentiellement commerciale. (M. Pardessus, n° 62.)

276. Si le mineur cesse de contracter pour faits de son commerce et s'il excède les pouvoirs dérivant de l'émancipation, il rentre aussitôt dans la classe générale des mineurs et redevient, comme eux, restituable contre toutes sortes de conventions, ainsi que cela avait lieu déjà dans l'ancienne jurisprudence. (C. civ., art. 1305; *Arg.* des art. 484 et 1308 du C. civ. et 2 du C. de com.; *Procès-verbal du Cons. d'état* du 15 nov. 1806, n° 45.) En effet, il n'est plus réputé majeur pour les actes qui ne concernent pas son négoce, comme, par exemple, lorsqu'il transige sur des contestations purement civiles, ou qu'il cautionne un tiers dans une affaire qui n'intéresse pas son commerce. (V. MM. Duranton, t. 3, n° 701, et Locré, *Esp. du C. de com.*, sur l'art. 2, § 3.)

277. De même encore, le mineur commerçant qui achète une maison, une manufacture ou tout autre immeuble, alors même que cet immeuble est destiné à devenir le siége d'un établissement commercial, reste soumis au droit commun. Les achats, même mobiliers, qu'il fait, s'ils sont en dehors de son négoce, peuvent aussi être réduits s'il a éprouvé une perte déclarée excessive par les tribunaux. (C. civ., art. 484, et M. Pardessus, n° 62.)

278. Toutes les formalités que nous venons de parcourir, et qui doivent être accomplies pour que les mineurs de l'un ou de l'autre sexe puissent devenir commerçants, sont également indispensables pour qu'ils puissent faire valablement quelques-uns des actes de commerce énumérés par les art. 632 et 633 du Code de commerce. Telle est la disposition formelle de l'art. 3 du même code. Le défaut d'autorisation aurait donc pour conséquence de faire dégénérer leurs engagements commerciaux en obligations civiles qui, comme celles des mineurs ordinaires, seraient réductibles en cas d'excès ou de simple lésion. (C. civ., art. 484 et 1305.)

Les mineurs réputés majeurs pour faits de leur commerce, ou dûment autorisés à exercer des actes de commerce, sont contraignables pas corps pour l'exécution de leurs enga-

gements. (L. 17 avril 1832, art. 1er, 1er alin., § 2, combinés.) — V. Contrainte par corps.

279. L'autorisation qui a été donnée au mineur de faire le commerce peut lui être retirée avec l'émancipation, en suivant les mêmes formalités d'après lesquelles elles lui ont été octroyées. (V. MM. Pardessus, n° 58, et Orillard, n° 165.) On devra donc à cet égard se reporter à ce que nous avons dit dans le cours de cet article, sous les n°s 269 et 270.

SECT. 2. — *De la femme mariée commerçante.*

280. Dans les pays de droit écrit, la femme avait la faculté de contracter sans le consentement ou l'autorisation de son mari. (Denizart, *Coll. nouv.*, v° Autorisation, n°s 2, 4 et suiv.) Au contraire, dans presque tous les pays régis par le droit coutumier, les obligations que la femme contractait sans ce consentement ou cette autorisation étaient en général considérées comme radicalement nulles. (Ferrière, *Dict. de droit*, v° Autorisation du mari.)

281. Cependant les coutumes avaient relevé la femme de son incapacité dans certaines circonstances. Il lui avait été permis, entre autres, lorsqu'elle était *marchande publique*, de s'obliger valablement pour objets de son négoce sans autorisation spéciale; mais elle ne pouvait user de ce droit pour ce qui était étranger à son commerce. (Ferrière, *loc. cit.*, et Denisart, *loc. cit.*, n° 22 ; *Procès-verbal du Cons. d'état* du 6 janv. 1807, n° 10.)

Suivant Bornier, sur l'ordonnance de 1667, tit. 34, art. 8, l'on décidait toutefois que l'autorisation expresse du mari n'était pas indispensable pour que les femmes mariées pussent exercer le commerce, et qu'il suffisait qu'elles vendissent ou trafiquassent publiquement à leur su et vu.

282. Un des effets du consentement donné par le mari était de l'obliger, personnellement et même par corps, au paiement des dettes contractées par la femme, bien qu'il n'eût pas comparu dans l'obligation. (Valin, sur l'article 23 de la coutume de la Rochelle, n°s 118 et 120; Coquille, sur l'art. 2 du chap. 29 de la coutume du Nivernais; Brodeau sur Louet, *Lettre F*, somm. 2; Bourjon, *Droit comm. de la France*, t. 2, p. 708; Renusson, *Traité de la commun.*, art. 1, ch. 7, n° 44; Pothier, *Traité de la puissance du mari*, n° 22.)

On ne pouvait cependant exécuter contre

le mari le titre qu'on avait obtenu contre sa femme, sans l'avoir auparavant fait déclarer exécutoire contre lui. (Ferrière, *loc. cit.*)

283. La réciprocité contre la femme n'était point admise, et il était de principe que celle qui ne faisait que gérer le commerce de son mari n'était point tenue des dettes commerciales, à moins qu'elle ne se fût obligée personnellement. (*Loc. cit. suprà.*)

284. La femme, marchande publique, pouvait renoncer à la communauté des biens délaissés par son mari ; mais elle n'était point déchargée par là des dettes contractées à raison de son commerce. Pour ces dettes, elle continuait de rester obligée ainsi que son mari. (Ferrière, *loc. cit.* ; Coquille, *Quest.* 103, et Denisart, vº Renonciation à la communauté, nº 25.)

285. On reconnaissait que le mari pouvait révoquer publiquement la faculté qu'il avait donnée à sa femme de devenir marchande publique. (*Cout. de Rheims*, art. 13 ; *de Châlons*, art. 25 ; *de Laon*, art. 19, et Denisart, vº Marchandes publiques, nº 6.)

A cette ancienne législation, les lois modernes n'ont apporté que de légères modifications que nous allons faire connaître.

286. Le Code civil a érigé en principe la disposition des coutumes d'après laquelle la femme mariée ne pouvait contracter valablement avec des tiers sans le consentement du mari. (C. civ., art. 217 et 1538.) Tous les engagements souscrits par elle sans le consentement exprès ou tacite de son mari et en dehors des pouvoirs que son émancipation ou son contrat de mariage lui confèrent, sont frappés de nullité. (C. civ., art. 217; MM. Favard de Langlade, *Rép. de jurisp.*, vº Autorisation de femme mariée, nº 1, et Duranton, t. 2, nºˢ 445 et 446.) Cette nullité peut être invoquée soit par elle, soit par son mari, soit même par leurs héritiers. (C. civ., art. 225.) Elle est tellement absolue que l'autorisation donnée postérieurement à l'acte consenti par la femme ne pourrait, par un effet rétroactif, valider l'obligation. (Rouen, 18 nov. 1825, S.-V. 26. 2. 271; D. P. 26. 2. 98; — Toulouse, 18 août 1827, S.-V. 29. 2. 237 ; D. P. 29. 2. 207; — Cass. 12 fév. 1828, S.-V. 28. 1. 356; D. P. 28. 1. 127; — Grenoble, 26 juill. 1828, S.-V. 29. 2. 28 ; D. P. 29. 2. 73; — Cass. 26 juin 1839, S.-V. 39. 1. 878; D.P. 39. 1. 249; J. P. 1839, 2. 12.—MM. Toullier, *Droit civ.*, t. 2, nº 648; Duranton,

*Droit fr.*, t. 2, nº 512; Merlin, *Rép.*, vº Autorisation de femme, sect. 6, § 3; — *Contrà*, Delvincourt, t. 1, p. 185, et Vazeille, t. 2, nº 379.)

Enfin cette nullité, rangée par la loi au nombre de celles qui intéressent l'ordre public (Cod. civ., 1538), a été prononcée d'une manière tellement impérative que les tiers ne sont pas admis, comme lorsqu'il s'agit de mineurs, à prouver, pour faire valider les négociations qu'ils ont faites avec la femme, que ces négociations lui ont été avantageuses. (Colmar, 31 janv. 1826, S.-V. 26. 2. 212; D. P. 26. 2. 189 ; — Grenoble, 17 fév. 1826, S.-V. 26. 2. 250 ; D. P. 26. 2. 137 ; —Toulouse, 24 janv. 1825, J. P. 3ᵉ édit. ; D. P. 25. 2. 250; — Cass., 15 déc. 1832, S.-V. 33. 1. 687; J. P. 3ᵉ édit.; D. P. 33. 1. 131.—Pardessus, nº 63.)

287. La loi a expliqué clairement ce qu'on devait entendre par une femme *marchande publique.*

Outre la règle générale tracée par l'art. 1ᵉʳ du Code de commerce, lequel déclare commerçant ceux qui exercent des actes de commerce et en font leur profession habituelle, l'art. 5 du même code porte : « Elle (la femme) n'est pas réputée marchande publique, si elle ne fait que détailler les marchandises du commerce de son mari ; elle n'est réputée telle que lorsqu'elle fait un commerce séparé. » (V. aussi C. civ., art. 220.)

288. De la combinaison de ces deux articles, il résulte que quatre conditions sont indispensables pour que la femme puisse être réputée commerçante. Il faut : 1º qu'elle ait obtenu le consentement de son mari ; 2º qu'elle exerce des actes de commerce ; 3º qu'elle fasse de cet exercice sa profession habituelle ; 4º que son commerce soit séparé de celui de son mari.

Nous avons déjà expliqué les deuxième et troisième conditions dans le cours de cet article. — V. nºˢ 15, 17 et suiv.

Il ne nous reste plus qu'à parler de la première et de la quatrième.

289. *Nécessité du consentement du mari.* — Le Code de commerce n'a point dérogé aux prescriptions du droit civil relatives à l'exercice de la puissance maritale ; il a maintenu le principe de la nécessité de l'autorisation du mari pour que la femme pût faire le commerce. L'art. 4 de ce code porte en effet, en termes formels, que la femme ne peut être marchande publique sans le consentement de son mari.

290. Plusieurs auteurs décident même qu'à

défaut de consentement marital, la justice ne pourrait l'accorder en son lieu et place. (Pardessus, n° 63, et Dalloz, *Rec. alph.*, 10. 153.) Le motif de cette dérogation à la règle générale posée dans l'art. 221 du C. civ., est puisé dans cette considération, que l'autorisation accordée aurait pour effet de soustraire presque entièrement la femme à la puissance du mari. ( V. *contra*, Locré, *Espr. du C. de comm.* sur l'art. 4.)

291. Mais, à la différence du cas où il s'agit de mineurs, le consentement donné à la femme par le mari peut n'être que tacite, et résulter suffisamment d'une appréciation de faits. Selon M. Locré (*loc. cit.*), le Conseil d'état s'est borné à exprimer le principe général de la nécessité du consentement, sans avoir voulu lier les tribunaux par aucune règle sur la forme et la nature des preuves de ce consentement. La doctrine est unanime sur ce point. (Merlin, v° *Autoris. marit.*, sect. 7, n° 16; Delvincourt, *Cours de Code civ.*, t. 1, p. 166; Vazeille, *Anal. du Code civ.*, t. 2, n° 329; Duranton, t. 2, n° 475; et Pardessus, n° 63.)

292. La jurisprudence a aussi sanctionné cette interprétation de la loi. Il a été jugé par la Cour de cassation qu'une autorisation expresse du mari n'était pas indispensable; qu'il suffisait d'un simple consentement de sa part, et que ce consentement pouvait s'induire de ce fait, que la femme exerçait un commerce public au su de son mari et sans opposition de sa part. (Cass., 14 nov. 1820, S.-V. 21. 1. 312; J. P. 3ᵉ édit.; D. A. 10. 153; — 27 mars 1832, S.-V. 32. 1. 365; D. P. 32. 1. 168.)

La cour de Paris a déclaré que la validité de l'autorisation tacite du mari pouvait résulter de ce que le mari absent avait laissé à sa femme la procuration la plus générale et la plus étendue de gérer ses biens et affaires, et l'avait autorisée, par le même acte, à prendre à bail les lieux qu'ils occupaient et à s'obliger au paiement des loyers. ( Paris, 5 mars 1835, S.-V. 35. 2. 137; J. P. 3ᵉ édit.; D. P. 35. 2. 68.)

Enfin la Cour de cassation a admis que le consentement tacite pourrait résulter notamment de ce que la femme étant commerçante avant son mariage, elle avait continué depuis son commerce au su et vu de son mari, sans opposition de sa part. (Cass. 27 avril 1841, S.-V. 41. 1. 385; J. P. 1841. 2. 143.)

293. Le mari qui a donné à sa femme l'au-

IV.

torisation de faire le commerce peut la révoquer. (Locré, sur l'art. 4 du C. de comm., et M. Pardessus, n° 84. )

Il pourrait exercer cette faculté alors même que la femme aurait été commerçante avant le mariage, et que l'autorisation aurait été donnée par le contrat de mariage, bien qu'il soit de principe que les conventions matrimoniales ne peuvent recevoir aucun changement après la célébration ( Code civil, art. 1395 ); car l'autorisation générale donnée par contrat de mariage n'est valable que quant à l'administration des biens de la femme (C. civ., 223), ce qui ne comprend pas le droit de faire le commerce (V. M. Pardessus, n° 84). D'ailleurs, les dispositions qui prescrivent l'autorisation maritale sont d'ordre public, et l'on ne peut y déroger. (C. civ., art. 1388.)

294. On s'est demandé si, le mari retirant son consentement, la femme pouvait s'adresser à la justice pour en obtenir l'autorisation de faire le commerce.

M. Pardessus (*loc. cit.*) s'est rangé à la négative, et cette solution est consacrée par un jugement du tribunal de commerce de la Seine du 3 nov. 1842, que nous rapportons *infrà*, n° 296. Toutefois M. Pardessus reconnaît une seule exception à la règle générale, c'est lorsque la femme est séparée judiciairement, et que le mari révoque son autorisation sans motifs valables. Selon lui, il y a lieu, dans ce cas, à recourir à l'autorisation de la justice, parce que la prononciation de la séparation peut rendre le changement de volonté du mari suspect.

M. Locré (*loc. cit.*) est d'un avis contraire; il croit que le droit de révocation n'est point indéfini dans la main du mari, et qu'il ne doit pas lui être permis de l'exercer brusquement ni arbitrairement. Cet auteur pense donc que la femme a toujours le droit de recourir aux tribunaux, et il invoque à l'appui de son opinion la discussion qui a eu lieu au Conseil d'état lors de la rédaction du Code de commerce. ( *Proc.-verb. du Cons. d'état*, du 3 janv. 1807, nᵒˢ 11, 13, 16 et 20. )

Cette dernière opinion nous semble plus raisonnable que l'autre. Nous sommes peu touchés de cette considération tirée du respect dû à l'autorité maritale, car, en permettant à la femme de recourir aux tribunaux en cas de refus du mari, on n'empiète guère plus sur l'autorité de ce dernier qu'en permettant à la femme de s'adresser à la justice pour lui demander l'autorisation de passer un acte ou

37

de plaider, lorsque le mari le refuse. (C. civ., art. 218 et 219. )

Nous reconnaîtrons cependant volontiers que les tribunaux ne devront admettre la demande de la femme qu'avec une grande circonspection; que la justice ne doit pas lui permettre trop facilement de se créer une position et une existence à part de celle de son mari; que les juges ne doivent donner l'autorisation que lorsqu'il y a nécessité absolue, et alors seulement que le mari n'a pas de motifs plausibles pour la refuser. ( M. Orillard, *Compét. des trib. de comm.*, n° 170. )

295. Ni le Code de commerce ni le Code civil n'ont déterminé comment on peut faire connaître aux tiers la révocation du consentement du mari. On ne peut que conseiller, ainsi que nous l'avons déjà dit à l'égard des mineurs, de la faire connaître par la voie de la publicité et par l'apposition d'une affiche au tribunal de commerce. (M. Pardessus, n° 64.)

296. La femme, quoique autorisée par son mari à faire le commerce, ne saurait s'associer avec un tiers sans une autorisation spéciale à cet effet. « La puissance maritale, dit M. Pardessus (n° 66), peut interdire à la femme autorisée à faire le commerce des opérations qu'un mineur dûment autorisé aurait évidemment le droit de faire. Il peut, par exemple, trouver mauvais qu'elle s'associe.» On ne saurait, selon nous, qu'approuver cette doctrine, qui repose sur des raisons de convenance faciles à apprécier, et que le tribunal de commerce de la Seine a récemment consacrée en ces termes :

« Attendu que Vero demande l'annulation de la société contractée par sa femme avec les sieur et dame Delamarre; attendu qu'il résulte des pièces produites ainsi que des explications fournies, que le 27 juillet 1839 Vero a cédé à sa femme l'établissement qu'il exploitait alors, et lui a donné l'autorisation de faire le commerce de charcuterie et de comestibles; attendu que, le 24 août de la même année, la dame Vero a obtenu sa séparation de biens d'avec son mari; attendu que, suivant acte enregistré le 23 juillet 1843, elle a formé avec les sieur et dame Delamarre une société pour l'exploitation du fonds de commerce sus-énoncé, et en outre pour l'exploitation en hôtel garni des localités non employées au service dudit fonds de commerce ou de tous autres lieux; attendu qu'elle a cédé auxdits sieur et dame Delamarre la moi-

tié indivise avec elle dans ce susdit fonds de commerce et ses dépendances; attendu que, suivant l'art. 4 du Code de comm., la femme ne peut être marchande publique sans l'autorisation de son mari; attendu que, suivant l'art. 5 dudit Code, si la femme est marchande publique, elle peut, sans l'autorisation de son mari, s'obliger pour ce qui concerne son négoce; qu'au dit cas elle oblige son mari s'il y a communauté entre eux; attendu que, pour faire une application exacte de la loi précitée, il y a lieu de se reporter à la discussion qui a précédé son adoption; attendu qu'il a été reconnu qu'il fallait maintenir le principe de la puissance maritale, principe qui avait toujours été admis par les anciennes lois, et qui était consacré dans le chap. 6, liv. 1er du C. civ. ; attendu que le législateur n'a pas voulu admettre de distinction en ce qui touche l'autorisation entre la femme commune et la femme séparée de biens; que si la condition du mari est différente dans l'un et l'autre cas, la condition de la femme est la même quant à la nécessité des consentements; attendu qu'il a été légalement examiné si le consentement du mari pourrait être révoqué; qu'il a été reconnu que si ce droit ne devait pas être brusquement exercé à raison des engagements pris vis-à-vis des tiers, le mari était cependant toujours le chef, le maître de la famille, et ayant le pouvoir d'agir comme tel; que c'est pour ce motif que l'art. 4 ne dit pas que la femme ne peut *devenir* marchande publique, mais bien *qu'elle ne peut être*, ce qui réserve toujours au mari le droit de révoquer son autorisation ; attendu que Vero ne s'oppose pas à ce que sa femme continue le commerce, mais à ce qu'elle forme une société avec les sieur et dame Delamarre; attendu que le fait de s'associer n'est pas un des actes qui se trouvent définis dans les art. 632 et 633 du Code de comm.; que c'est un contrat par lequel on met quelque chose en commun, dans la vue de partager le bénéfice qui pourra en résulter; attendu qu'en contractant la société dont s'agit, la dame Vero a commencé par aliéner, sans le concours de son mari, partie de son fonds de commerce; qu'elle a de plus donné l'autorisation à un tiers de l'obliger comme si elle s'engageait personnellement; qu'elle a encore ainsi aliéné partie de ses droits; qu'elle a, en outre, pris l'engagement d'exploiter un hôtel garni, tandis que le consentement donné par le mari est limité à l'exploitation d'un fonds de

charcuterie et comestibles ; par ces motifs, etc.»
( Trib. de comm. de la Seine, 3 nov. 1843 ;
Journal le *Droit* du 18 nov. 1843. )

297. Remarquons toutefois qu'il en est de
la faculté qu'aurait la femme de s'associer avec
un tiers, en ce qui concerne l'autorisation
du mari, comme de la faculté de faire le commerce ; c'est-à-dire, que l'autorisation du mari
pourrait être tacite et résulter de ce fait, que la
femme s'était associée au vu et su de son mari.
C'est ce qui a été résolu implicitement par un
arrêt de la cour de Cassation du 27 avril 1841
(S.-V. 41. 1. 385; J. P. 1841. 2. 143).

298. La minorité, dans ses rapports avec la
femme mariée qui veut faire le commerce, a
des conséquences qu'il est important de signaler. Ainsi, en premier lieu, on s'est demandé
si, lorsque la femme est mineure, le consentement du mari suffit pour l'autoriser à faire
le commerce ; ou bien s'il faut encore qu'elle
recoure à l'autorisation des parents, exigée
par l'art. 2 du C. de comm. pour les mineurs
qui se livrent aux opérations commerciales.
On peut dire, dans le premier sens, que l'autorité du mari absorbe celle de la famille ; que
la femme n'a à répondre de sa conduite que
devant son mari qu'elle engage, et non devant ses parents qui, en la mariant, ont perdu
l'autorité qu'ils avaient sur elle, et qui ne sont
plus responsables de ses actions. Cette doctrine, soutenue par MM. Devilleneuve et Massé
(*Dict. du cont. commercial.*, v° Femme, n° 3),
a été consacrée par un arrêt de la cour de Grenoble, du 17 février 1826. (S.-V. 26. 2. 250;
D. P. 26. 2. 137.)

Toutefois l'opinion contraire a prévalu, et,
à notre avis, cela devait être. La femme mariée mineure est habilitée par l'autorisation
de son mari pour contracter en sa *qualité de
femme mariée*; mais il n'en peut plus être ainsi
lorsqu'il s'agit pour elle de contracter en *qualité de marchande publique, de commerçante*.
A cet égard, la femme est sous le coup d'une
double incapacité : comme femme mariée, elle
est incapable, d'après les art. 215 et suiv. du
C. civ.; comme mineure, elle est empêchée par
l'art. 2 du C. de com., sauf l'accomplissement
des conditions prescrites par cet article d'une
manière générale et sans exception. Le concours
de deux circonstances lui sera donc nécessaire
pour faire le commerce : d'une part, le consentement du mari qui la relèvera de l'incapacité résultant du mariage ; d'une autre part,
l'autorisation de la famille qui fera cesser

l'incapacité produite par la minorité. Telle
est la doctrine généralement admise par les
auteurs ( V. Delvincourt, *Inst. dr. comm.*,
t. 2, p. 5; Duranton, t. 2, n° 476, et t. 3,
n° 700; Vazeille, *Du mariage*, t. 2, n° 330 ;
Pardessus, t. 1, n° 63; Nouguier, *Des trib. de
comm.*, t. 1, p. 261 ); et la jurisprudence s'est
prononcée en ce sens. (Toulouse, 26 mai 1821,
S.-V. 22. 2. 36; D. A. 10. 154;—Paris, 15 février 1838, J. P. 1838. 1. 519.)

299. La cour d'appel de l'île Maurice en
adoptant cette même doctrine, par arrêt du
1er juin 1819 (J. P. 3e édit.), en a déduit cette
conséquence toute naturelle que la femme mineure, quoique autorisée de son mari à l'occasion d'emprunts pour faits de commerce, peut
se faire relever pour cause de minorité, lorsque
l'acte de commerce n'a pas été précédé de l'autorisation du père ou de la mère, parce qu'à
cet égard l'émancipation résultant du mariage
ne confère pas au mineur plus de capacité que
celle qui s'opère par la volonté déclarée du
père ou de la mère. C'est l'application d'une
doctrine qui avait été anciennement émise,
qui n'a pas cessé d'être vraie, et que Pothier a
énoncée en ces termes : « A l'égard des actes
que les mineurs ne peuvent faire valablement,
même avec un curateur, un mari, quoique majeur, ne peut les rendre valables en autorisant
sa femme mineure pour les faire. Par exemple,
l'aliénation volontaire que la femme mineure
aurait faite de quelqu'un de ses immeubles
ne laisserait pas d'être nulle, quoiqu'elle eût
été autorisée par son mari majeur. L'autorisation du mari n'est pas néanmoins en ce cas
tout à fait inutile ; car l'incapacité qui résulte
de la minorité de la femme pour les aliénations
volontaires de ses immeubles n'étant qu'une
incapacité relative, qui n'est établie qu'en faveur de la mineure, la nullité des aliénations
volontaires de ses immeubles, que la femme
mineure a faite avec l'autorisation de son mari,
n'est qu'une nullité relative qui donne seulement à la femme le droit de se pourvoir contre, et qui cesse par l'approbation que la femme
devenue majeure donne à ces actes, soit expressément, soit tacitement, en laissant passer
le temps dans lequel elle doit se pourvoir contre. Au contraire, l'incapacité en laquelle est
une femme mariée de rien faire sans autorisation étant une incapacité absolue, la nullité
des actes qu'elle fait sans autorisation est une
nullité absolue ; ces actes ne peuvent jamais
devenir valables, et il n'est pas besoin de se

pourvoir contre. » ( *Tr. de la puissance du mari*, n° 32. )

300. Dans l'hypothèse inverse, c'est-à-dire lorsque la femme étant majeure, c'est le mari qui est mineur, on s'est demandé si celui-ci pourrait valablement autoriser sa femme à faire le commerce? La négative est évidente; car, incapable lui-même de faire le commerce sans l'autorisation des personnes sous la puissance desquelles il se trouve placé, le mari ne saurait incontestablement conférer à sa femme l'exercice de droits dont il n'a pas, lui personnellement, la jouissance. Il y a sur ce point un arrêt conforme rendu sous l'ancienne législation. (Arr. du parlement du 19 avril 1717. V. *Praticien des consuls*, p. 21.) Dans cette position, la femme pourra-t-elle s'adresser aux parents de son mari pour obtenir d'eux un consentement que ce dernier est incapable de lui donner? ou bien devra-t-elle demander l'autorisation de la justice? Quant aux parents, il semble qu'ils seraient sans pouvoir à cet égard; la puissance qu'ils ont reçue de la loi est limitée à leur propre famille; et l'autorisation qu'ils peuvent donner, rien, dans la loi, n'indique qu'ils sont investis de la faculté d'habiliter le mineur à la donner. Quelques auteurs estiment cependant que la femme dont le mari est mineur peut avoir indifféremment recours à ce moyen ou à la justice, qui, en général, est chargée de venir en aide à la femme, lorsque son mari ne peut ou ne veut manifester sa volonté. (V. MM. Duranton, t. 2, n° 478; Pardessus, t. 1, n° 63.) Pour nous, nous considérons comme plus sûre la doctrine enseignée par MM. Delamarre et Lepoitvin ( *Du contrat de commiss.*, t. 1, ch. 3, n° 53, p. 92) et par M. Nouguier (*Des trib. de comm.*, t. 1, p. 262), selon laquelle le silence de la loi équivaut, pour la femme, à une négation du droit de faire le commerce dans cette hypothèse. En effet, comme le dit ce dernier auteur : « Les incapacités ne peuvent cesser qu'en présence d'une disposition légale. Or, la législation n'a autorisé ni le mari mineur, ni les parents du mari, ni la justice, à donner à la femme le consentement nécessaire à l'exercice du négoce. L'incapacité doit donc être maintenue jusqu'à la majorité du mari. »

301. Si les deux époux étaient mineurs, il faudrait appliquer à chacun d'eux les règles qui viennent d'être exposées.

302. *Condition que le commerce de la femme soit séparé de celui de son mari.* — Pour que la femme soit réputée marchande publique, il faut, ainsi que nous l'avons dit, qu'elle fasse un commerce séparé de celui de son mari; que les époux aient des maisons de commerce distinctes et que la femme agisse en son propre et privé nom et non en celui de son mari comme son mandataire ( V. Code de comm., art. 5 ); mais la loi n'exige pas, comme l'observe M. Pardessus (n° 65), que leur commerce soit différent; de sorte que les époux peuvent être tous deux commerçants en exerçant séparément la même industrie, pourvu que la raison sociale de leurs maisons soit différente, et que le mari ne puisse avoir le droit de diriger les actes de la femme et de les modifier suivant son intérêt personnel. Les mêmes principes étaient d'ailleurs suivis sous l'ordonnance de 1673. « Une femme est marchande publique, dit Rogue (t. 1, p. 226), lorsqu'elle fait un commerce distinct et séparé de celui de son mari. Le commerce de la femme doit être incompatible avec celui de son mari ou avec son état. »

303. La femme qui ne fait que détailler les marchandises du commerce de son mari et qui n'exerce pas un commerce séparé du sien, n'est pas marchande publique. ( C. comm., art. 5; — Bruxelles, 4 fév. 1809, J. P. 3ᵉ éd.; D. A. 10. 156, n° 2; — Cass. 25 janv. 1821, S.-V. 21. 1. 177; D. A. 6. 693.)

Par ce motif, la femme ne peut point, dans ce cas, être déclarée en faillite avec son mari, quand même elle aurait figuré au bilan de ce dernier et l'aurait signé avec lui. ( Cass. 24 août 1825, Devillen. et Car. 8. 2. 133; D. P. 26. 2. 76; — Paris, 7 fév. 1835, S.-V. 35. 2. 512; J. P. 3ᵉ édit.; D. P. 35. 2. 76.)

304. *Effets de l'autorisation accordée à la femme et de l'accomplissement des autres conditions nécessaires pour faire le commerce.* — Un des effets que produit le pouvoir général donné à la femme par le mari de faire le commerce, est de permettre à celle-ci de s'obliger personnellement pour faits de son négoce, sans consentement spécial pour l'exercice particulier de tous les actes commerciaux dont la répétition doit la faire réputer marchande, et qui sont déclarés tels par les art. 632 et 633 du Code de commerce.

Les art. 220 du Code civil et 5 du Code de commerce ne laissent aucun doute sur ce point: « La femme, y est-il dit, si elle est marchande publique, peut, sans l'autorisation de son mari, s'obliger pour ce qui concerne son négoce. »

305. Non-seulement la femme mariée autorisée à faire le commerce s'oblige personnellement, mais encore elle peut obliger son mari, sinon à cause du consentement donné par celui-ci, du moins à raison des conventions matrimoniales qui existeraient entre eux. Ainsi, s'il y a communauté, le mari sera nécessairement obligé par les obligations de la femme, car étant appelé à profiter des bénéfices, il est juste qu'il soit tenu des dettes ( C. comm. , art. 5 ). Pareillement, si les époux sont mariés sous le régime dotal, sans communauté d'acquêts, le même principe doit être admis, et par suite la même conséquence. Mais s'il y a séparation de biens, la femme conservant l'administration des siens, et le mari ne devant point profiter des bénéfices du commerce, il s'ensuit qu'il ne peut être tenu des engagements qu'elle a contractés.

306. La femme habile à faire le commerce et à s'obliger personnellement est, en sa qualité de marchande, contraignable par corps.

Mais son mari doit-il être tenu aussi par cette voie de l'exécution de ses engagements commerciaux? Plusieurs auteurs, s'appuyant sur la jurisprudence ancienne, ont pensé que les époux mariés sous le régime de la communauté étaient des associés, et que dès lors le mari devait être tenu par corps des engagements commerciaux contractés par sa femme. (Pothier, *Puissance marit.*, n° 22 ; Fournel, *Contrainte par corps*, p. 112.)

Mais cette opinion a été rejetée avec raison. Il n'y a pas réellement association générale entre les deux époux, il y a seulement association civile et universelle de gains (Code civ., art. 1836 et suiv. ) ; association dans laquelle un seul des époux est véritablement commerçant, et, comme tel, contraignable par corps ; plusieurs raisons viennent appuyer cette solution :

En effet, 1° les associés en nom collectif s'obligent mutuellement en souscrivant des obligations commerciales sous la raison sociale ; au contraire, le mari ne peut jamais obliger sa femme commercialement, à moins qu'il n'agisse en qualité de mandataire ; 2° il y a solidarité entre les associés en nom collectif ; or, elle n'existe pas entre les époux. Les immeubles qu'ils possèdent demeurent leur propriété particulière. La femme peut renoncer à la communauté (Code civ., art. 1404 et

1453) et s'affranchir ainsi des dettes contractées par le mari ; 3° enfin la contrainte par corps est une mesure rigoureuse qui ne peut être appliquée que dans les cas expressément prévus par la loi : or, il résulte de la loi que le mari peut être tenu des dettes contractées par sa femme autorisée à faire le commerce ; mais la loi ne dit pas qu'il sera tenu corporellement. La cour de Lyon s'est rangée à cette opinion dans un arrêt du 26 juin 1822 (S.-V. 23. 2. 288; J. P. 3ᵉ édit.; D. A. 3. 759). Telle est aussi celle qui a été admise par MM. Malleville, *Anal. du C. civ.*, art. 220, t. 1, p. 231; Toullier, t. 2, n° 639 ; Vazeille, *Du mariage*, t. 2, p. 105; Duranton, *Droit civil*, t. 2, n° 482, et Dalloz, *Dict. de jurisp.*, v° Commerçant, n° 106; Duranton, *Traité des contrats*, n° 236. — V., au surplus, Contrainte par corps.

307. La femme marchande a une capacité plus étendue que celle du mineur ; elle peut, en vertu des droits que lui confère l'autorisation de commercer, engager et hypothéquer ses immeubles pour faits de son négoce sans le consentement spécial de son mari ; elle peut même les aliéner. (C. comm., art. 7 ; Duranton, t. 3, n° 700; Orillard, n° 171; Pardessus, n° 66, et Locré sur l'art. 4 du Code de comm. ). C'est là une dérogation aux articles 217, 223 et 1538 du C. civ., lesquels ne permettent pas au mari de donner à la femme, même par contrat de mariage, une autorisation générale d'aliéner ses immeubles.

Cette règle ne souffre que deux exceptions : la première, lorsque les biens de la femme ont été stipulés dotaux; elle ne peut alors les hypothéquer ni les aliéner que dans les cas déterminés et avec les formes réglées par le Code civil (Cass. 19 déc. 1810, Devillen. et Car. 3. 1. 275 ; J. P. 3ᵉ édit. ; D. A. 10. 357. — V. aussi Merlin, *Répert.*, v° Dot, § 8, et Puiss. marit., sect. 2, § 2, art. 2 ; Duranton, t. 3, n° 700. — Code comm., art. 7 ; Code civ., art. 1558) ; la seconde, lorsque la femme est mineure. Elle peut alors aliéner ses biens qu'en suivant les formalités prescrites par les art. 457 et suiv. du Code civil. ( C. comm., art. 6, et Duranton, t. 3, n° 700.)

308. Toutefois, M. Vazeille (*Du mariage*, t. 2, n° 333) fait une distinction : il pense que la femme autorisée à faire le commerce est bien par cela seul dispensée d'autorisation spéciale pour les opérations directes de son commerce, à cause de leur multiplicité et de

la rapidité de leur mouvement; mais qu'elle y reste soumise pour les actes qui ne sont pas purement du négoce, et qui peuvent être préparés par le temps et mûris par les conseils du mari. Cette disposition nous semble en opposition avec les termes précis et absolus des art. 5 et 7 du Code de commerce précités; elle a été, au surplus, repoussée par la jurisprudence.

Ainsi, la cour suprême a décidé que la femme qui, en l'absence de son mari, avait obtenu de la justice une autorisation pour faire le commerce, après avoir fait prononcer sa séparation de biens, pouvait vendre sans autorisation spéciale la maison qu'elle avait acquise et soldée avec les bénéfices de son commerce. (Cass. 8 sept. 1814, Devillen. et Car. 4. 1. 610; J. P. 3ᵉ édit.) Il a été jugé également que la femme marchande pouvait former un établissement industriel sur un immeuble à elle appartenant, et qu'elle pouvait l'apporter dans une association en commandite, lorsqu'au reste ces faits étaient parvenus à la connaissance du mari qui ne s'y était point opposé. (Cass., 27 avril 1841, S.-V. 41. 1. 385; J. P. 1841. 2. 143; D. P. 41. 1. 219.)

309. La femme mariée, même marchande publique, et bien qu'il s'agisse des affaires de son négoce, ne peut jamais comparaître en justice sans l'assistance ou l'autorisation de son mari, et, à son défaut, sans celle du juge. (C. civ., art. 215 et 219; Duranton, t. 2, nº 455, et Pardessus, nº 70.) Cette disposition ne paraît pas en harmonie avec nos lois qui permettent à la femme marchande de s'obliger et au mineur marchand d'ester en justice. (C. comm., art. 5 et 7; C. civ., art. 220.) La seule raison qui puisse motiver l'art. 215 est la nécessité de n'affaiblir que le moins possible l'autorité du mari.

310. S'il faut une autorisation à la femme marchande pour ester en jugement, néanmoins elle peut faire des actes extra-judiciaires, préparatoires et conservatoires. Elle peut, par exemple, faire des protêts et des saisies foraines. (Pardessus, nº 70.)

Selon cet auteur, elle peut même assigner, sauf à obtenir, avant de comparaître devant le juge, l'autorisation du mari, ou, à son refus, celle du tribunal.

311. La femme qui, sans procuration spéciale, ne se borne pas seulement à détailler les marchandises de son mari, mais encore gère et administre notoirement son com-

merce, n'est pas pour cela engagée par les actes qu'elle souscrit. Dans ce cas, elle est considérée comme le mandataire, le fondé de pouvoir ou le facteur du mari; elle est « *quasi ejus institrix*. » (Cass. 25 janv. 1821, S.-V. 21. 1. 177; J. P. 3ᵉ édit.; D. A. 10. 157, nº 21, et 1ᵉʳ mars 1826, S.-V. 26. 1. 323; D. P. 26. 1. 171. — MM. Duranton, t. 2, nº 484, et Pardessus, nº 65.)

312. Lorsque les deux époux s'occupent du même négoce, c'est aux tribunaux qu'il appartient de décider celui du mari ou de la femme qui doit être réputé commerçant. Ils ont à peser les faits et les circonstances d'où peuvent résulter la commercialité de l'un ou de l'autre. La nature du commerce, la profession du mari, peuvent aider à leur décision. Il a été jugé qu'un commerce de modes devait déclarer marchande publique la femme dont le mari était huissier, et cela alors surtout qu'elle avait pris la qualité de commerçante en instance. (Rennes, 26 nov. 1834, J. P. 3ᵉ édit.; D. P. 35. 2. 52.)

313. L'autorisation donnée à la femme par le mari de détailler ses marchandises, de gérer et administrer son commerce, peut aussi être expresse ou tacite. Elle n'a pas besoin d'être constatée par écrit; elle peut résulter 1º de l'habitude que la femme a contractée de cette gérance (Angers, 27 fév. 1819, S.-V. 20. 2. 148; J. P. 3ᵉ édit; D. A. 9. 971, nº 2; —Cass. 25 janv. 1821, S.-V. 21. 1. 177; D. A. 10. 693;—Rennes, 17 mars 1823, Devillen. et Car. 7. 2. 183; J. P. 3ᵉ édit.; — Poitiers, 14 mai 1823, Devillen. et Car. 7. 2. 211; J. P. 3ᵉ édit.); 2º de l'aveu du mari (Douai, 2 décembre 1813, J. P. 3ᵉ édit.); 3º d'une procuration laissée à la femme par le mari commerçant qui s'absente, donnant à cette dernière le droit de gérer leurs biens et affaires (Douai, 15 fév. 1814, J. P. 3ᵉ édit.); 4º de la notoriété publique (Cass. 25 janv. 1821, S.-V. 21. 1. 177; J. P. 3ᵉ édit.; — 2 avril 1822, S.-V. 22. 1. 369; J. P. 3ᵉ édit.). La tolérance du mari dans ces différents cas équivaut à une autorisation expresse (Cass. 1ᵉʳ mars 1826, S.-V. 26. 1. 323; D. P. 26. 1. 171).

314. La femme qui administre le commerce de son mari, de son consentement, l'oblige valablement, *propter bonam fidem*, en achetant et vendant pour son compte des marchandises, en contractant pour son commerce des obligations commerciales, en signant des factures pour lui (M. Duranton,

t. 2, n° 484), en souscrivant et endossant des effets de commerce relatifs à son négoce, et cela surtout lorsque le mari a l'habitude de les acquitter. (Douai, 2 décem. 1813, J. P. 3ᵉ édit.; — 15 fév. 1814, J. P. 3ᵉ édit.; — Angers, 27 fév. 1819, S.-V. 20. 2. 148; J. P. 3ᵉ édit.; — Rennes, 17 mars 1823, Devillen. et Car. 7. 2. 183; J. P. 3ᵉ édit.; — MM. Duranton, *loc. cit.*; Delvincourt, t. 1, p. 167; Toullier, t. 2, n° 640; Vazeille, n° 334.)

315. Selon nous, on doit même décider qu'en cas de non-présence ou d'empêchement du mari commerçant, sa femme pourrait l'obliger commercialement en vertu du quasi-contrat de gestion d'affaires, comme elle le fait en matière civile quand elle achète et acquitte les provisions et fournitures nécessaires à l'entretien du ménage.

316. La femme qui gère le commerce au nom de son mari et de son consentement, ne s'oblige en son nom personnel ni civilement ni commercialement à l'exécution des engagements qu'elle consent dans l'intérêt du négoce de celui-ci. (Poitiers, 14 mai 1823, Devillen. et Car. 7. 2. 211; J. P. 3ᵉ édit.;—Paris, 23 août 1828, J. P. 3ᵉ édit.; D. P. 29. 2. 81; — Pothier, *Des obligat.*, n° 448; Duranton, *Droit civil*, n° 485, et Pardessus, *Esp. du C. de comm.*, n° 66.)

Ce principe est également certain en droit civil lorsque la femme agit pour son mari en qualité de fondé de pouvoirs, encore bien qu'elle ait déclaré contracter tant en son nom qu'au nom de celui-ci. (Cass. 8 therm. an x, S.-V. 7. 2. 967; J. P. 3ᵉ édit.; — 1ᵉʳ brum. an XIII, Devillen. et Car. 2. 1. 9; J. P. 3ᵉ édit.)

317. Il en serait autrement si la femme s'était obligée personnellement dans le cours de l'acte avec le consentement du mari. (Pardessus, n° 66; Dalloz, *Rec. Alph.* 10. 158, n° 17.) Dans ce cas, selon les termes de la procuration ou la nature de l'obligation, la femme devrait être considérée comme la caution du mari, ou comme ayant fait un acte de commerce isolé. (Pardessus, n° 66.)

318. S'il n'était pas prouvé que la femme eût été instituée ou commise par son mari marchand pour recevoir ses engagements commerciaux, celui-ci pourrait invoquer la nullité des obligations qu'elle aurait consenties pour faits de son commerce. (Bruxelles, 12 vent. an XII, S.-V. 7. 2. 969; D. A. 10, 156.)

319. Le mari aurait le même droit s'il n'était point établi que les billets à ordre ou les lettres de change souscrits par la femme ayant l'habitude de gérer le commerce de son mari, eussent une cause commerciale relative au négoce de ce dernier. (Bruxelles, 27 fév. 1809, S.-V. 9. 2. 209; D. A. 10. 156; — Paris, 23 août 1828, J. P. 3ᵉ édit.; D. P. 29. 2. 81; — Cass. 7 août 1843, S.-V. 44. 1. 33; J. P. 1843. 2. 724.)

320. Toutes les observations qui précèdent ne s'appliquent qu'à la femme marchande publique. Mais la femme mariée peut faire des actes de commerce isolés sans être marchande publique. (Code comm., art. 1ᵉʳ; Locré, sur l'art. 4 du C. de comm.) La loi ne lui en a point défendu l'exercice; mais, à cet égard, comme pour qu'elle puisse accomplir valablement des actes du droit civil, il faut le consentement du mari, consentement qui peut être exprès ou tacite.

Le consentement qui lui aurait été donné d'exercer quelques actes de commerce ne lui conférerait pas le droit d'engager, hypothéquer ou aliéner ses immeubles; car ce droit n'appartient qu'à la femme marchande publique (C. de comm., art. 7); et la femme qui n'a exercé que quelques actes de commerce n'est pas commerçante. (C. comm., art. 1ᵉʳ.) La femme dans ce cas resterait sous l'empire du droit commun, et il lui faudrait, pour contracter, l'autorisation du mari ou de justice. (C. civ., art. 217, 219 et 1538.)

321. L'effet de cette autorisation serait d'accorder à la femme le pouvoir d'obliger la communauté et de lui permettre de donner contre elle-même à ses créanciers une action directe en remboursement dont elle ne saurait s'affranchir en renonçant à la communauté, si elle était mariée sous ce régime. (C. com., art. 5.)

322. La femme qui, même avec autorisation du mari, n'aurait exercé que des actes de commerce isolés, ne serait point contraignable par corps, puisque cette voie d'exécution n'est prononcée que contre les femmes marchandes publiques, et celle dont nous parlons ne serait point telle. (V. Code com., article 1ᵉʳ, et loi du 19 avril 1832, article 1ᵉʳ, 2ᵉ alinéa.)

323. Des actes de commerce isolés, exercés par la femme sans l'autorisation du mari, perdraient leur caractère commercial pour dégénérer en actes civils, qui seraient eux-mêmes nuls aux yeux de la loi (V. n°ˢ 289 et suiv.), ainsi qu'il arrive à l'égard des mineurs

lorsqu'ils se sont obligés pour faits de commerce sans autorisation. (V. nᵒˢ 266 et suiv.)

SECT. 3. — *De l'incompatibilité entre la profession de commerçant et l'exercice de certaines fonctions.*

324. Aujourd'hui comme autrefois, l'intérêt public a fait établir une incompatibilité radicale entre l'exercice de certaines fonctions et la profession de commerçant. Nous allons parcourir ces dérogations au droit commun en examinant quelles sont les lois anciennes qui ont survécu dans les dispositions législatives nouvelles qui ont été rendues sur la matière.

325. Après les troubles révolutionnaires, la liberté des cultes rendit à la religion catholique son existence légale. Plus tard, le concordat du 18 germ. an IX régla les rapports de l'Église avec la puissance temporelle; mais il ne contient aucune disposition relative à l'immixtion du clergé dans les transactions commerciales. Faut-il en induire avec Merlin (*Rép.*, vᵒ Commerce) que le commerce est aujourd'hui permis aux ecclésiastiques? Nous ne le pensons pas. Si le concordat n'a point expressément remis en vigueur les lois civiles qui avaient sanctionné les prescriptions du droit canon, on ne peut s'empêcher de reconnaître que, par le seul fait de sa réorganisation, le clergé ne se soit de nouveau trouvé soumis aux lois qui lui étaient propres et qui régissaient son organisation intérieure. (V. loi du 26 messidor an IX, tit. 1ᵉʳ, art. 6.) La défense qui lui était faite d'exercer le commerce a donc dû renaître avec ces lois. Les raisons de cette prohibition, que le Christ semble avoir enseignée lui-même en chassant les marchands du temple, existent encore actuellement dans toute leur force. « L'édification publique, comme le dit un auteur, la pureté du caractère sacerdotal, ne permettent pas que les hommes voués au culte puissent tour à tour s'agenouiller au pied des autels et s'asseoir dans un comptoir de commerçant. Cette règle du droit canon repose sur des considérations qui doivent encore aujourd'hui éloigner les membres du clergé de toute espèce de trafic ou négoce. » (Orillard, *De la compét. des trib. de com.*, nᵒ 133.)

326. Autrefois, la noblesse ne pouvait, sans déroger, faire le commerce; une ordonnance de Charles IX, du mois de janvier 1560, le lui interdit, sous peine de déchoir de ses priviléges, charges et dignités. Louis XIII, en

1629, confirma cette interdiction, en exceptant toutefois le *négoce de mer*. Plus tard, Louis XIV et Louis XV, dans la vue d'activer le commerce en y attirant les capitaux de la noblesse, permirent aux nobles, par les édits de 1669, 1701 et 1728, de « faire toute sorte de commerce *en gros*, tant au dedans qu'au dehors du royaume, pour leur compte ou par commission, sans déroger à leur noblesse » (Édit de 1701, art. 1ᵉʳ).

Ces lois sont évidemment aujourd'hui sans application; s'il existe des nobles, il n'y a plus de noblesse : les différentes chartes qui l'ont reconstituée ne lui ont point rendu ses priviléges d'autrefois, et les nobles ne peuvent faire aujourd'hui un plus digne emploi de leur intelligence et de leurs capitaux qu'en prenant une part active au mouvement industriel.

327. A l'égard de la magistrature, Merlin pense qu'elle peut aussi faire le commerce. Bien que nos lois nouvelles ne contiennent, sur ce point, aucunes dispositions, et sans rechercher si la loi des 2-17 mars 1791 a abrogé les anciens édits qui interdisaient l'exercice du commerce à tous les officiers de judicature, nous croyons que les raisons d'incompatibilité qui existaient autrefois entre la qualité de magistrat et l'exercice du commerce, existent encore aujourd'hui avec la même force. Comment, en effet, le magistrat pourrait-il concilier la liberté d'esprit et la sérénité d'âme, qui sont nécessaires pour bien rendre la justice, avec les préoccupations et les soucis du commerce? Que deviendrait son indépendance, s'il se trouvait en butte aux poursuites corporelles de ses créanciers?

328. Toutefois, cette règle comporte une exception naturelle en faveur des juges consulaires. (C. com., art. 620.) En créant cette juridiction exceptionnelle pour le contentieux commercial, le législateur a voulu que le commerçant fût jugé par ses pairs; ce but eût été manqué, si le marchand n'avait pu prendre place sur le siége du magistrat.

329. Une maxime de droit public s'opposait autrefois et s'oppose encore aujourd'hui à ce que le gouvernement puisse faire le commerce. (Montesquieu, *Esp. des lois*, liv. 20, ch. 19.) On comprend, en effet, que, entre ses mains, l'exercice du commerce deviendrait bientôt un monopole qui détruirait en peu de temps la liberté dont l'industrie a tant besoin pour prospérer.

**330.** Le même motif d'intérêt public doit faire étendre ce principe à tous les agents, administrateurs, officiers et fonctionnaires qui sont employés par l'état. Des raisons puissantes viennent encore s'ajouter pour en faire l'application à ces derniers. En effet, le commerce distrairait de ses occupations celui à qui le souverain aurait confié une partie de sa puissance ; les risques de fortune inséparables des opérations commerciales pourraient porter atteinte aux garanties que doivent présenter les dépositaires de la fortune publique et privée ; enfin, la considération dont les représentants du pouvoir ont besoin d'être entourés, pourrait se perdre dans les débats que nécessitent presque toujours les transactions commerciales.

**331.** L'art. 176 du Code pénal contient une disposition qui a trait à cet objet ; il prononce une pénalité contre les commandants des divisions militaires, des départements ou des places et villes, les préfets ou sous-préfets qui, dans l'étendue des lieux où ils ont le droit d'exercer leur autorité, feraient le commerce des substances les plus nécessaires à l'existence de l'homme ; mais il ne faudrait pas pour cela induire de cet article que ces fonctionnaires ont la libre faculté de faire le commerce en tout autre lieu, et que tous les autres agents du gouvernement puissent l'exercer librement. On doit, au contraire, comme nous venons de le voir, tenir pour constant le principe opposé. L'article que nous avons cité, destiné seulement à créer une pénalité pour la répression de certains faits qui peuvent entraîner des conséquences désastreuses, doit strictement être restreint à son objet, sans qu'on puisse en conclure qu'il entrave en rien l'action du pouvoir exécutif qui conserve partout et toujours le droit de réprimer dans ses agents tous les actes qui peuvent nuire à l'intérêt général.

**332.** On trouvera une preuve de ce que nous avançons dans plusieurs ordonnances dont nous allons parcourir quelques dispositions ; et l'on ne peut douter qu'au besoin le gouvernement n'eût la faculté d'étendre le nombre des incompatibilités qui jusqu'alors ont été reconnues.

**333.** L'acte du gouvernement du 22 mai 1803 a rappelé les dispositions des ordonnances de 1781 et 1784, qui interdisaient le commerce aux consuls en pays étrangers et aux officiers de la marine.

Les art. 18 du décret du 14 déc. 1810, et 42 de l'ordonnance du 20 nov. 1822, ont étendu cette prohibition aux avocats.

**334.** La même interdiction vient de frapper les notaires. L'art. 12 de l'ordonn. du 4 janvier 1843, porte : « Il est interdit aux notaires, soit par eux-mêmes, soit par personnes interposées, soit directement, soit indirectement :

» 1° De se livrer à aucune spéculation de bourse ou opération de commerce, banque, escompte et courtage ; 2° de s'immiscer dans l'administration d'aucune société, entreprise ou compagnie de finances, de commerce ou d'industrie ; 3° de faire des spéculations relatives à l'acquisition et à la revente des immeubles, à la cession des créances, droits successifs, actions industrielles et autres droits incorporels ; 4° de s'intéresser dans aucune affaire pour laquelle ils prêtent leur ministère ; 5° de placer en leur nom personnel des fonds qu'ils auraient reçus, même à la condition d'en servir l'intérêt ; 6° de se constituer garants ou cautions, à quelque titre que ce soit, des prêts qui auraient été faits par leur intermédiaire ou qu'ils auraient été chargés de constater par acte public ou privé ; 7° de se servir de prête-noms en aucune circonstance, même pour des actes autres que ceux désignés ci-dessus. »

**335.** Dès longtemps déjà, l'intérêt même du commerce en avait fait interdire l'exercice aux courtiers et aux agents de change ( V. ordonn. de 1673, tit. 2, art. 1 et 2 ; décret du 27 prairial an x, art. 10 ; C. comm. art. 85 et 86 ). La crainte que ces personnes, intermédiaires obligés des transactions commerciales, ne vinssent à créer un monopole préjudiciable au commerce, avait fait porter cette disposition.

**336.** Toutefois, en terminant, disons avec M. Pardessus (*Cours de droit commercial*, n° 76 ) que c'est plutôt l'exercice de la profession de commerçant qui se trouve interdit à ces personnes que celui de quelques actes de commerce isolés ; qu'elles peuvent en général, sans encourir de pénalité, faire quelques-uns de ces actes, par exemple, tirer et endosser des lettres de change pour leurs affaires particulières ; ajoutons aussi avec lui et la jurisprudence, que les engagements commerciaux pris par les personnes à qui le commerce est défendu n'en restent pas moins valables aux yeux de la loi, et ne sont point frappés de nullité. (Cass. 15 nov. 1810, S.-V.

10. 1. 240; D. A. 4. 526; — 18 déc. 1828, S.-V. 29. 1. 62; D. P. 29. 1. 375.) Reconnaissons enfin, avec M. Orillard (*Compét. des trib. de comm.*, nº 137), qu'aujourd'hui, quel que soit d'ailleurs le titre, le rang, la dignité ou la profession de celui qui a fait un acte de commerce, il devient, par ce seul fait, justiciable des tribunaux consulaires, et commerçant, quand les actes de commerce qu'il a exercés ont été assez multipliés pour qu'on puisse dire qu'il fait du commerce sa profession habituelle.

CHAP. 4. — *Des obligations imposées aux commerçants.*

337. Les obligations imposées aux commerçants se divisent en deux classes : les unes frappent l'universalité des personnes qui se livrent au commerce, quelle que soit d'ailleurs la nature de leur négoce; les autres n'atteignent que certaines industries qui ne peuvent être exercées que sous des conditions particulières spécifiées par la loi.

SECT. 1re. — *Obligations générales imposées à tout commerçant.*

338. L'exercice du commerce se lie d'une manière si intime à la fortune publique, que celui qui s'y livre doit plus que tout autre citoyen être soumis à des obligations rigoureuses. Parmi ces obligations, il faut placer celle de prendre patente. (V. les lois des 2-17 mars 1791, 1er brum. an VII, 25 mars 1817, 15 mai 1818, 17 juillet 1819, et la loi toute récente du 25 avril 1844.) Remarquons cependant que les simples gérants d'une maison de commerce, même lorsqu'ils reçoivent un intérêt dans les bénéfices de la maison, n'en doivent être considérés que comme les mandataires et non comme les associés. En conséquence, ils ne sont pas soumis à la patente. (Ord. Cons. d'état, 20 janv. 1819, S.-V. 19. 2. 300.)

339. La tenue des livres rentre encore dans les obligations imposées à tout commerçant, et c'est même l'une des plus importantes que le commerçant ait à remplir. « La conscience du commerçant, disait la commission chargée de rédiger le projet du Code, est écrite dans ses livres; c'est là qu'il consigne toutes ses actions. Ils sont pour lui-même une sorte de garantie; c'est par ses livres qu'il se rend compte du résultat de ses travaux. Lorsqu'il a recours à l'autorité du magistrat, c'est à sa conscience qu'il en appelle, c'est à ses livres qu'il s'en remet. Si la loi admet ce titre en sa faveur, il faut qu'elle en assure la légitimité; les précautions qu'elle prend pour lui donner toute l'authenticité qu'il peut avoir, sont à l'avantage du commerçant. Les transactions du commerce se succèdent et se multiplient avec une si grande rapidité, qu'elles ne laissent souvent aucune trace qui puisse les caractériser. Lorsqu'il s'élève des contestations, il faut que la conscience du juge soit éclairée; c'est alors que les livres sont nécessaires, puisqu'ils sont les seuls confidents des actions du commerçant... » Tel est le but de la tenue des livres. Ceux dont la représentation est impérativement ordonnée par la loi sont au nombre de trois, ce sont : *le livre-journal, le livre des inventaires, le livre de copie de lettres*; mais il n'est pas de commerçant qui n'ait le soin d'en tenir d'autres pour s'aider dans ses recherches, et qui ont reçu dans la pratique la dénomination d'*auxiliaires* ou *livres de raison*. Les plus utiles sont le livre de caisse, le livre des entrées et sorties de marchandises, le grand livre, le carnet des effets à recevoir, celui des traites et billets, le livre des achats et ventes, et le brouillard.

340. A côté de la tenue des livres, se place l'obligation pour tout commerçant de faire des inventaires. Une fois au moins tous les ans, le commerçant est tenu de faire, sous seing-privé, un inventaire de ses effets mobiliers et immobiliers et de ses dettes actives et passives. Cet inventaire doit être copié, année par année, sur un registre spécial à ce destiné, et qui est l'un des trois dont la représentation, ainsi que nous l'avons dit au numéro précédent, est impérativement ordonnée. Sous ce rapport, les dispositions de la loi nouvelle sont plus utiles et plus sages que l'ordonnance de 1673, qui n'exigeait d'inventaire que tous les deux ans, et n'en prescrivait pas la transcription sur un registre spécial.

341. La publication des conventions matrimoniales est encore l'une des obligations imposées à tout commerçant. Il en est de même des changements survenus dans ces conventions, par suite de séparation de biens ou de corps. A cet égard, il faut consulter les art. 65, 66, 67, 68, 69 et 70 du Code de commerce.

342. Telles sont les obligations imposées à tout commerçant. Nous n'avons pas eu la pensée de les rappeler toutes; il suffisait à notre matière d'indiquer les principales. Nous

n'avons pas non plus songé à approfondir celles dont nous avons parlé; nous nous sommes bornés à les indiquer d'une manière sommaire, sauf à en présenter les développements dans les divers articles de l'Encyclopédie, qui, à leur ordre alphabétique, traitent de toutes ces matières.

Sect. 2. — *Obligations spéciales à certaines professions.*

343. Le principe d'égalité consacré par la loi de 1791 a été limité par certaines restrictions imposées à l'exercice ou au développement de certaines professions. Ainsi les maîtres de poste, l'administration des postes, les agents de change, les pharmaciens, les hôteliers, aubergistes et logeurs, les serruriers, l'inspection de la qualité des denrées, la taxe du pain, le commerce du poisson de mer, l'exercice de la profession de boucher, les entrepôts de vins, l'extraction, la fabrication et la vente des salpêtres et poudres, la culture et la vente des tabacs, l'établissement des maisons de commerce dans les échelles du Levant, la vente des substances médicales, celle des armes à feu, les établissements insalubres, les matières d'or et d'argent, les maisons de prêt, le commerce des soies, l'établissement des grandes manufactures ou entrepôts dans un certain rayon des frontières, les constructions près des murs d'enceinte de Paris, la presse, la librairie, l'imprimerie, les théâtres, les sociétés anonymes, les entrepreneurs de voitures publiques, les commissionnaires de transports, etc., sont soumis à des obligations particulières qui ont pour but l'intérêt public, l'intérêt privé ou celui du trésor. Ici encore nous nous bornons à une simple énumération.

344. On devra, pour prendre connaissance de la législation qui régit les différents objets que nous venons d'énoncer, se reporter aux articles spéciaux qui traitent de toutes ces matières.

COMMETTANT. — V. Commission-Commissionnaire.

COMMINATOIRE ( CLAUSE, PEINE ). — 1. Le terme *comminatoire* vient du verbe *comminari*, menacer, et s'applique à une disposition dont le but est d'amener, par voie d'intimidation, à l'accomplissement d'un devoir ou d'une obligation, et dont l'effet peut être modifié et même entièrement anéanti par le juge.

2. Les dispositions, peines ou clauses comminatoires se rencontrent dans la loi, dans les jugements, ou dans des conventions privées.

3. Autrefois, et par suite de la confusion existant entre le pouvoir judiciaire et le pouvoir législatif, les magistrats jouissaient d'une grande latitude pour l'application des peines; ils pouvaient en modérer, sinon en augmenter la sévérité. « Si est-ce que selon notre usage, dit Bornier, sur l'art. 13 de l'ordonn. de 1770, il est au pouvoir des juges d'arbitrer les peines, plutôt que de les accroître, autant que la justice et la sévérité des lois le leur peut permettre. » On lit également dans Ferrière (*Dict. de droit*, v° Comminatoire) « Quand le roi impose simplement quelque peine pécuniaire, et qu'il ne s'agit que d'un léger délit, la peine est souvent comminatoire.»

En matière civile, bien qu'il fût défendu aux tribunaux (Ordonn. de Blois, art. 208; ord. de 1667, art. 2) de modérer les dispositions des ordonnances, édits, déclarations et lettres patentes, la magistrature s'était, en vertu d'un long usage, attribué le droit de ne considérer que comme comminatoires les nullités, amendes, déchéances prononcées par la loi : on disait, d'après un ancien axiome du Palais, que *nullité sans griefs n'opérait rien.* (V. Rozier, *Quest. sur l'ord. de 1667*, tit. 1, art. 1, *Quest. 2.*)

4. La législation moderne repose sur des principes tout différents.

En matière criminelle, il est de règle que les peines dérivent de l'autorité de la loi et non de la volonté du juge : *pœnæ persecutio non judicis voluntati mandatur sed legis auctoritati reservatur.* (l. 1, § 4, ff. *Ad senat.*) Si les juges peuvent quelquefois les modérer dans l'application, ce n'est que parce qu'ils y ont été formellement autorisés par la loi pour certains cas prévus, et à raison de certaines circonstances du fait qu'elle a déterminées et dont eux seuls peuvent être appréciateurs; comme, par exemple, dans les cas spécifiés par l'art. 463 du Code pénal; en telle sorte qu'à vrai dire, même dans ces cas particuliers, c'est encore la loi et non le juge qui règle et détermine la pénalité.

5. On comprend qu'en matière civile une règle si rigoureuse était moins nécessaire. Cependant, le principe que, *Optima lex quæ minimum judicis arbitrio permittit*, a sans cesse

prévalu; on le retrouve dans l'art. 1029 du C. de procéd. civ., portant « qu'aucune des nullités, amendes et déchéances prononcées par ledit Code n'est comminatoire. » Sans doute, dans certains cas, il est laissé au pouvoir discrétionnaire du juge de prononcer ou de ne point prononcer une amende, une déchéance (V. art. 263, 1030, 1033); mais cette latitude ne prouve pas que la disposition soit comminatoire, puisque la loi n'en ordonne l'application qu'autant que les circonstances de fait, que le juge peut seul apprécier, sont de nature à la déterminer.

6. Lorsqu'un jugement ordonne que l'une des parties remplira une certaine obligation, dans un certain délai, cette partie peut-elle encore l'accomplir après l'échéance du terme? Il faut distinguer entre les différentes hypothèses qui peuvent se présenter: dans celle prévue par l'art. 1244 du Code civil, aucun doute n'est possible; lorsque les juges ont accordé à un débiteur malheureux un délai de grâce, il est évident que le créancier rentre, à l'expiration de ce temps, dans la plénitude de ses droits, et que le tribunal ne pourrait, sans méconnaître l'autorité de la chose jugée, arrêter plus longtemps les poursuites. (Chauveau, *Lois de la procédure*, Quest. 523.) — V. Jugement.

7. Mais la question s'est souvent présentée sous une autre forme : un jugement ordonne à une personne de faire une communication de pièces, une reddition de compte, une option dans un certain délai, à peine de déchéance ou de dommages-intérêts; cette justification, cette reddition de compte, cette option, etc., peuvent-elles être encore valablement effectuées après l'époque déterminée?

A ne consulter que les principes, il nous semble que l'on devrait répondre négativement. A quoi bon renfermer l'exercice d'un droit dans de certaines limites, si les parties peuvent ne pas tenir compte de cette fixation? N'est-ce pas autoriser les plaideurs à remettre en question ce qui a été jugé, et donner aux tribunaux, sous le nom de droit d'interprétation, la faculté de modifier leurs premières sentences? Il serait à désirer, selon nous, que toutes les dispositions d'un jugement fussent exécutées strictement, et que les peines prononcées pour le cas d'infraction fussent rigoureusement encourues, toutes les fois que l'obéissance est possible.

Cependant l'ancienne et la nouvelle juris-prudence ont consacré une théorie différente.

8. On admet généralement que de semblables délais sont comminatoires, si les jugements qui les accordent n'ont pas dit le contraire.

Ainsi, le 30 août 1810, le tribunal de la Seine avait condamné un sieur Cally à effectuer, dans la huitaine de la signification, la remise de certaines pièces. Ce jugement étant resté sans effet, les parties en faveur desquelles il avait été rendu, les sieurs et dame Vincent, en obtinrent un second qui ordonna que le premier serait exécuté selon sa forme et teneur, et condamna le sieur Cally à leur payer une somme de 15,000 fr. à titre de dommages-intérêts, pour leur tenir lieu des pièces non représentées. Longtemps après, ces titres furent offerts par Cally; la cour royale de Paris, par arrêt du 6 mai 1840 (J. P. 1842. 1. 323.), a validé ces offres et déchargé Cally des condamnations prononcées contre lui, par les motifs suivants: « En principe général, les dommages ne doivent être que la représentation du préjudice éprouvé; qu'il suit de là que les condamnations qui ont été prononcées, à défaut par la partie condamnée d'avoir accompli un fait quelconque dans un délai déterminé, et qui ne sont ainsi qu'un moyen de contrainte pour forcer à l'accomplissement du fait dans ce délai, ne peuvent, après qu'il est expiré, être considérées comme définitives qu'autant que le retard aurait lui-même causé un préjudice, etc. »

Ces considérants sont sans doute parfaitement équitables; mais la cour ne modifiait-elle pas un jugement antérieur, n'était-ce pas méconnaître l'autorité de la chose jugée? La Cour de cassation a été saisie de ces questions par un pourvoi formé contre l'arrêt de la cour royale de Paris; mais ce pourvoi a été rejeté par arrêt du 22 nov. 1841 (J. P. 1842. 1. 322). «Considérant, dit cet arrêt, qu'il faut distinguer, en droit, entre *ordinatoria* et *decisoria judicia*; considérant que le jugement de 1810 avait mis à la charge des défendeurs éventuels la représentation, dans un délai déterminé, des pièces inventoriées sous le n° 12; considérant que la principale disposition de celui de 1811, confirmé par arrêt, ordonnait que le jugement de 1810 continuerait d'être exécuté suivant sa forme et teneur, et prononçait des dommages-intérêts pour tenir lieu de la remise des titres, comme voie de contrainte; que, sur les offres réelles de la repré-

sentation et remise des pièces, la cour a été
saisie de la question de validité ; que, dans
cet état de choses, et d'après les principes du
droit, les défendeurs, s'ils remettent intégralement les pièces, pouvaient être déchargés
des condamnations prononcées par voie de
contrainte, et que la cour, en exigeant la remise intégrale, et en déclarant qu'elle avait eu
lieu, a pu déclarer les offres satisfactoires sans
violer l'autorité de la chose jugée. » Par application du même principe, la cour royale de
Paris a jugé que les délais accordés par justice
aux héritiers bénéficiaires pour rendre leurs
comptes n'étaient que comminatoires. (10 juin
1820, Devillen. et Car. 6. 2. 271 ; J. P. 3ᵉ éd.)
Plusieurs arrêts ont décidé dans le même
sens. (V. Turin, 12 mars 1808, Devillen. et
Car. 2. 2. 361 ; J. P. 3ᵉ édit. ; D. A. 9. 645. —
Cass. 28 déc. 1824, Devillen. et Car. 7. 1. 604 ;
J. P. 3ᵉ éd. ; D. P. 25. 1. 41 ; — 7 août 1826,
Devillen. et Car. 8. 1. 408 ; J. P. 3ᵉ édit. ; D.
P. 26. 1. 441 ; — 16 juill. 1832, S.-V. 32. 1.
699 ; J. P. 3ᵉ édit. ; D. P. 32. 1. 315 ; — 11
mars, 1834, S.-V. 34. 1. 189 ; J. P. 3ᵉ éd. ;
D. P. 34. 1. 148.¹)

Pour motiver de semblables décisions, on
invoque la maxime : *favores ampliandi*, dont
l'abus est bien fréquent. (Carré, *Lois de la
procéd. civ.* Quest. 523.) On ajoute que nul
ne se forclot soi-même. C'est mal à propos
qu'on cite la première maxime, car ici la rigueur qu'on veut affaiblir est le fait du tribunal. Quant au second brocard, nous comprendrions qu'on pût s'en prévaloir si le délai
avait été fixé par une loi ; mais, dans l'espèce,
c'est le juge qui l'a imposé ; la forclusion, en
cas de désobéissance, ne résulte-t-elle pas implicitement de sa volonté ?

9. Si le jugement avait fixé un terme « pour
tout délai, » ou bien s'il y était dit « que le
délai fixé serait de rigueur » ou que la partie
« serait tenue de s'y renfermer à peine de déchéance (1), » ou enfin si l'on y avait employé
toute autre expression équivalente ; dans ces
divers cas, on ne pourrait considérer le délai
comme comminatoire, et la sanction pénale
devrait être strictement appliquée.

Cette distinction empruntée à l'ancien droit

(1) Remarquons même que ces derniers mots ne
sont pas toujours interprétés semblablement. V.
l'arrêt du 10 juin 1820 cité ci-dessus, et l'arrêt du
9 février 1825 cité *infrà*.

paraît définitivement consacrée par la juris-
prudence nouvelle. (Rennes, 18 mars 1826,
S.-V. 28. 2. 64 ; D. P. 28. 2. 9 ; — Cass.
1ᵉʳ avril 1812, S.-V. 14. 1. 110 ; J. P. 3ᵉ éd. ;
D. A. 9. 645 ; — 9 fév. 1825, Devillen. et
Car. 8. 1. 42 ; J. P. 3ᵉ édit. ; D. P. 25. 1. 134.)

10. Dans les conventions, la clause purement comminatoire se rencontre bien rarement. « Les conventions légalement formées
tiennent lieu de loi à ceux qui les ont faites »
(art. 1134). L'inexécution des obligations
contractées donne lieu presque toujours, soit
à la résolution du contrat (V. Clause résolutoire), soit à l'application d'une peine déterminée d'avance (V. Clause pénale), soit à des
dommages-intérêts dont le juge fixe le montant en raison du préjudice causé par le défaut
d'exécution de l'obligation. — V. Obligations.

11. Cependant les clauses relatives aux délais dans lesquels certaines obligations doivent être accomplies, ne sont souvent que
comminatoires. Une partie s'est obligée de
faire ou de livrer telle chose dans tel délai,
elle ne l'a pas fait ; on présume que c'est par
oubli, ou qu'un contre-temps imprévu l'en a
empêchée ; on lui laisse encore la faculté d'accomplir son obligation, si cette faveur ne nuit
point aux intérêts de l'autre partie. On peut
voir dans les art. 1655 et 1656, du C. civ.
un exemple remarquable de ces sortes de clauses. Nous ne pouvons les indiquer toutes ici ;
on les trouvera traitées sous les différents
mots auxquels elles se rattachent.

**COMMINATOIRE** (JUGEMENT). — Dans
l'ancienne jurisprudence, et notamment dans
le ressort du parlement de Bretagne, on disait
qu'un jugement était *comminatoire*, ou rendu
en la *forme comminatoire*, lorsque les juges
en condamnant ou en déboutant, énonçaient
qu'ils statuaient *en l'état, faute par les parties d'avoir prouvé, faute d'avoir produit
telle pièce quant à présent*, etc.

On concluait d'une pareille énonciation,
que si la partie condamnée recouvrait plus
tard le titre ou la pièce qui lui avait manqué,
elle pouvait, dans les trente ans requis pour
faire concourir la péremption avec la prescription, revenir devant les mêmes juges par
une action qu'on appelait en *lief de comminatoire*. Le premier jugement était alors réputé
non avenu, les parties étaient remises dans la
même position, et l'affaire soumise de nouveau
à la décision du même tribunal.

Cette jurisprudence avait été avec raison blâmée par d'Aguesseau (t. 12, p. 32, édition de M. Pardessus); elle était dangereuse (*Sub specie novorum instrumentorum postea repertorum, res judicatas restaurari exemplo grave est. L. 4, Cod. De re judicata*), contraire aux règles de la procédure ( V. Ord. de 1667, titre 35, article 34 ). Aujourd'hui, comme anciennement, un jugement rendu faute de preuves suffisantes est définitif, et ne peut être attaqué que par les voies ordinaires, s'il est en premier ressort, et par les voies extraordinaires, au cas contraire.

La découverte de nouvelles pièces donne ouverture à requête civile ( art. 480, C. pr.; ord. de 1667, art. précité); mais il faut pour cela que ces pièces soient décisives et qu'elles aient été retenues par le fait de la partie. — V. Requête civile.

La cour de Rennes avait admis pendant quelque temps les actions en *lief de comminatoire* ( Rennes, 22 nov. 1811, Devillen. et Car. 3. 2. 580; J. P. 3ᵉ édit.; — 5 février 1812, Devillen. et Carr. 4. 2. 33; J. P. 3ᵉ éd.); depuis elle est revenue sur cette jurisprudence, qui vraisemblablement ne se reproduira plus. (Rennes, 2 mars 1818, Devillen. et Car. 5. 2. 360; D. A. 11. 193; — 22 janvier 1821, J. P. 3ᵉ édit. )

**COMMIS. — COMMIS-INTÉRESSÉ. — COMMISVOYAGEUR.** — 1. On désigne sous le nom de commis, en général, les personnes qui sont préposées par d'autres pour faire quelque chose pour le compte de celles-ci et en leur nom.

Les négociants qui ne peuvent suffire personnellement à toutes les opérations de leur commerce, s'en déchargent en partie sur des préposés dont les noms varient quelquefois suivant l'usage des lieux. Ce qui distingue ces préposés des commissionnaires et des courtiers, c'est que les premiers sont exclusivement aux gages de ceux qui les emploient, tandis que les derniers conservent une indépendance qui leur permet d'accepter au même instant la confiance de plusieurs personnes, sans être tenus de consacrer exclusivement leur temps et leurs soins au service d'aucune d'elles. — V. Commission-commissionnaire, nᵒˢ 20, 21.

§ 1ᵉʳ.—*Nature, durée et résiliation des engagements des commis.*
§ 2.—*Droits et devoirs des commis.—Res-*

ponsabilité.— *Appointements. — Indemnités et garantie.*

§ 3. — *Etendue et durée des pouvoirs des commis.*

§ 4. — *Commis intéressé.*

§ 5. — *Commis-voyageur.*

§ 1ᵉʳ. — *Nature, durée et résiliation des engagements des commis.*

2. Le contrat qui lie le commettant et le commis est principalement un louage de services (Pardessus, *Droit comm.*, t. 2, nᵒ 531; — Troplong, *Sociétés*, t. 2, nᵒ 651), auquel se mêle souvent le mandat. Ce n'est qu'en s'attachant à reconnaître et à distinguer ces deux contrats, qu'on peut avec exactitude déterminer la nature et les effets des obligations contractées, et résoudre les difficultés qu'elles font naître.

3. La convention par laquelle une personne loue ses services à une autre est purement civile : aussi le commis n'est-il pas un commerçant. Seulement, comme cette prestation de services est faite à une entreprise commerciale, le législateur a cru devoir, pour plus de célérité, attribuer à la juridiction consulaire le jugement des contestations qu'elle fait naître. (C. comm., 634.) Mais la convention ne perd point pour cela son caractère de contrat civil, et le tribunal de commerce ne peut prononcer la contrainte par corps. (Cass. 15 avril 1829, S.-V. 29. 1. 187; J. P. 3ᵉ édit.; D. P. 29. 1. 221.)

4. Le louage de services a lieu, soit pour un temps indéfini, soit pour un temps déterminé. (C. civ. 1780.)

Dans le premier cas, chacune des parties peut résilier l'engagement à sa volonté, en se conformant toutefois aux règlements ou usages locaux sur les formes et les délais d'avertissement préalable.

Dans le second cas, l'engagement ne peut être rompu avant le terme fixé, que pour quelqu'une des causes générales de résolution des obligations. Cependant les tribunaux doivent prendre en grande considération l'usage et les circonstances.

§ 2. — *Droits et devoirs des commis. — Responsabilité. — Appointements. — Indemnités et garantie.*

5. Outre leur qualité de locateur de services, les commis sont souvent mandataires de leurs

committants; dans ce cas, les principes sur les obligations respectives des mandataires et des mandants se combinent avec ceux du louage. Ainsi, quoique en général le mandataire ait la faculté de se substituer quelqu'un, si elle ne lui a pas été interdite, un pareil droit, incompatible avec le louage de services, ne saurait exister pour le commis. D'ailleurs, l'obligation de faire ne peut être acquittée par un tiers, lorsque le créancier a intérêt qu'elle soit remplie par le débiteur lui-même. (C. civ., 1237.)

6. En louant ses services, le commis s'est engagé à les consacrer exclusivement à son committant. Il ne peut donc, sans l'aveu de celui-ci, se livrer à un commerce ou à un travail particulier; et il lui doit compte de tous les profits, quand même quelque considération personnelle aurait décidé l'opération conclue.

7. De ces principes il résulte, d'une part, que les commis sont responsables envers leurs committants du préjudice causé par leur faute; et, d'autre part, qu'ils ont droit à un salaire désigné sous le nom d'appointements. A défaut de stipulation, la fixation en serait faite par les tribunaux; et, en cas de contestations, soit sur la quotité, soit sur les paiements faits, on s'en rapporte aux livres du committant. Mais si l'on ne trouvait dans les livres de celui-ci que des indications inexactes ou en opposition avec ses prétentions, comme il aurait manqué à l'une de ses obligations (Code com., 8), et que ses livres fourniraient un commencement de preuve contre lui, le serment pourrait être déféré au commis. (Code comm., 1347 et 1367 comb.)

Lorsque ce dernier est dans l'impossibilité de faire la prestation des services promis, le committant est déchargé de l'obligation de payer les appointements. Cependant, si cette impossibilité n'était que momentanée et fondée sur une cause légitime, le committant ne pourrait s'en prévaloir pour faire subir aux appointements une réduction proportionnelle, à moins que le louage n'eût été fait à la journée : il a dû s'attendre, en effet, à de pareils événements. Mais, si l'empêchement du commis provenait de sa faute, si, par exemple, il était malade par suite de rixe ou de débauche, il y aurait lieu de lui faire supporter une réduction. (Arg. de l'art. 264, C. com.)

8. Indépendamment des appointements, le commis a le droit de se faire rembourser toutes les avances qu'il a faites pour son service, et qui ne sont point à sa charge comme comprises dans ses appointements. Il doit être également indemnisé de ses pertes; cependant, comme il est moins encore un mandataire qu'un locateur de services, la règle doit être appliquée avec moins de rigueur que de mandataire à mandant : il ne doit être indemnisé que des pertes dont son service a été la cause, et non de celles dont il n'aurait été que l'occasion. Du reste, il doit être garanti de toutes les conséquences que peuvent entraîner contre lui les actes qu'il a faits en exécution des ordres qu'il a reçus et en s'y renfermant.

9. Les actions des commis contre leurs committants, en paiement de leurs appointements, se prescrivent par six mois, s'ils sont payables par mois (C. civ., 2271), et par un an, s'ils sont payables par année (C. civ., 2272.)

Les appointements sont-ils privilégiés sur la généralité des meubles et des immeubles? (V. C. civ., 2101 et 2104; Troplong, *Priv. et hyp.*, t. 1er, n° 142; — Montpellier, 12 juin 1827, S.-V. 29. 2. 205; D. P. 29. 2. 230.) — V. Privilèges.

### § 3. — *Étendue et durée des pouvoirs des commis.*

10. Les commis, avons-nous dit, sont souvent investis d'un véritable mandat. L'étendue et la durée de leurs pouvoirs sont déterminées, soit d'après la nature de leurs fonctions et ce qui est réglé par l'usage, soit d'après les précédents et ce qu'ils ont déjà fait de l'aveu de leurs committants. Ainsi, ceux qui sont préposés au débit dans les boutiques ou magasins sont réputés avoir le droit d'y vendre des marchandises, d'en recevoir le prix et d'en donner quittance. Mais il ne peut, en général, leur être fait ailleurs de paiements valables, à moins qu'ils ne soient porteurs de marchandises, titres ou factures dont l'existence entre leurs mains, jointe à leur qualité de préposés, suffit pour leur donner le droit de recevoir et de quittancer valablement. (Pardessus, *Droit com.*, t. 2, n° 561, 4e édit.)

11. Les commis aux écritures et à la tenue des livres sont réputés aussi les mandataires de leur committant pour tout ce qu'ils écrivent sur ses livres et registres, lesquels sont censés écrits par le committant, quoiqu'ils ne portent pas sa signature. Mais ces commis ne

peuvent engager leurs commettants en signant des actes de correspondance, même
avec la formule, *par procuration*, que lorsqu'un pouvoir spécial, une circulaire ou une
constante approbation les y ont autorisés.
(Cass. 22 vent. an XII, S.-V. 4. 1. 257; J. P.
3ᵉ édit.) A plus forte raison ne pourraient-ils,
sans un pouvoir exprès, signer des effets de
commerce ou des virements en banque.

12. Ni la faillite ni la mort du commettant ne
révoquent de plein droit les pouvoirs des commis. Une révocation expresse n'invaliderait
même pas les actes postérieurs, si elle était
ignorée des tiers qui ont traité de bonne foi.
(C. civ., 2008.)

13. Le commettant est tenu d'exécuter tous
les engagements pris par son commis dans
les limites de ses pouvoirs. (C. civ., 1998.)
Cette responsabilité s'étend même jusqu'aux
délits et quasi-délits (C. civ., 1384), et il ne
pourrait s'en dégager en abandonnant les
choses qui ont occasionné le dommage ou le
délit. Il n'y a d'exception à cette règle
qu'en faveur du commerce maritime. (Code
com., 216.)

14. Peu importe que le commis ne soit pas
capable de s'obliger personnellement; il n'engage pas moins par ses actes le commettant
qui l'emploie. (C. civ., 1990.)

Du reste, en agissant pour son commettant,
le commis, lors même qu'il excède ses pouvoirs, ne s'oblige pas personnellement envers
les tiers avec lesquels il traite et auxquels il
fait connaître sa qualité. (C. civ. 1997.)

15. Le commis peut-il être admis à entrer
dans le commerce de son commettant en qualité de simple commanditaire?

Pardessus (t. 4, n° 1030) pense qu'il ne le
peut en aucun cas. La règle de l'art. 27 du Code
de comm. lui paraît absolue et sans exception;
il professe que la qualité de commis ne peut,
quelles qu'en soient les fonctions, être jointe
à celle de commanditaire sans qu'il y ait nécessairement immixtion. Malpeyre et Jourdain (n° 251), ainsi que M. Dalloz (t. 12, p. 132,
n° 6), se rangent à cette opinion.

Toutefois elle est combattue par M. Troplong (*Sociétés*, t. 2, n° 436), qui lui reproche,
et avec raison, selon nous, d'être trop générale,
et partant, fausse en beaucoup de cas. « Sans
aucun doute, dit cet auteur, il y aurait immixtion de la part du commanditaire qui,
dans une société d'assurances, exercerait les
fonctions d'agent dans un port; il y aurait

immixtion de la part du commanditaire qui,
dans une société de messageries, serait le préposé, le représentant de cette société dans une
ville. Ceux-là, en effet, font acte de gestion,
ils remplacent le gérant, ils traitent avec les
tiers, ils s'emploient à augmenter le crédit de
la société par leurs actes, par leurs recommandations, par leur travail extérieur. Mais
le commis inconnu qui tient les écritures;
mais l'agent occupé loin des tiers d'une manière quelconque; mais l'auxiliaire préposé à
des fonctions qui ne sont pas et ne peuvent
pas être celles du gérant; tous ceux-là ne
s'immiscent pas; on ne peut pas dire qu'ils
soient employés à ces affaires de la société
dont le maniement constitue la gestion sociale. Toute cette seconde partie de l'art. 27
se réduit donc à ceci : c'est que pour qu'un
associé commanditaire soit censé avoir participé à la gestion comme mandataire ou locateur d'ouvrages, il faut qu'il ait agi comme
représentant de la société et qu'il se soit mis
en relation avec les tiers par une délégation
de fonctions attribuées au gérant; sinon la
loi ne s'inquiète pas de ses actes et elle ne lui
défend pas de prêter à la société une industrie qu'il pourrait aussi bien utiliser auprès
d'autres entreprises : les tiers ne peuvent qu'y
gagner. La société sera mieux servie quand
elle trouvera ses auxiliaires parmi des personnes intéressées à ses progrès. »

Cette interprétation nous paraît tout à fait
conforme à la raison et à la pensée de la loi.

### § 4. — *Commis intéressé.*

16. Le commis intéressé est celui qui, au lieu
d'appointements fixes, a droit à une part des
bénéfices annuels.

Est-il un associé?

Quelque analogie qu'il puisse y avoir entre
sa condition et celle de l'associé dont la mise
consiste dans son industrie, il existe entre ces
deux positions des différences fondamentales
qui ne permettent pas de les assimiler. En
effet, à la différence de l'associé qui apporte
son industrie, le commis intéressé n'a pas un
droit qui soit de même nature et produise les
mêmes effets que celui d'un associé ordinaire;
il n'a rien à prétendre sur le fonds social, il
ne supporte point les pertes, il n'est point
engagé envers les créanciers, il n'a point voix
dans les délibérations, il peut, en général, être
renvoyé au gré du commettant, toutes choses
incompatibles avec la qualité d'associé. Il

n'est donc, comme son nom l'indique, qu'un véritable commis, c'est-à-dire un locateur de services sous condition aléatoire. (Pardessus, t. 2, n° 969, 4ᵉ édit. ; Malpeyre, *Sociétés commerc.*, p. 10; Duvergier, nᵒˢ 48 et 53 ; Delangle, t. 1, n° 5. — Rouen, 6 av. 1811, S.-V. 12. 2. 83; D. A. 12. 114; 28 fév. 1818, S.-V. 18. 2. 132; D. A. 12. 105; — Cass., 31 mai 1831, S.-V. 31. 1. 249; D. P. 31. 1. 206 ; — Paris, 7 mars 1835, S.-V. 35. 2. 235; D. P. 35. 2. 95; — *contrà*, Lyon, 27 août 1835, S.-V. 37. 2. 112; D. P. 36. 2. 184.)

### § 5. — *Commis-voyageur.*

17. Le commis-voyageur est celui qui est préposé par son commettant pour aller faire au dehors des offres de service, des ventes ou des achats.

Les règles tracées au mot *commis* lui sont généralement applicables.

18. Lorsque les commis-voyageurs sont porteurs d'une procuration de la maison de commerce pour laquelle ils voyagent, la nature et l'étendue de leurs pouvoirs étant déterminées par cet acte, il est clair que ce qui serait par eux fait en dehors des limites fixées ne saurait lier cette maison.

En l'absence d'un mandat écrit et régulier, il y a lieu, pour savoir quels sont les pouvoirs d'un commis-voyageur et jusqu'à quel point il peut engager son commettant, de consulter les instructions écrites qui lui ont été données, les termes dans lesquels sont conçues les lettres d'avis ou de recommandation adressées aux correspondants, enfin toutes les circonstances antérieures dans lesquelles le commis-voyageur a agi en cette qualité, et propres à faire connaître le caractère et l'étendue de ses fonctions habituelles.

19. Mais si tous ces documents viennent à manquer, s'il n'existe d'autre élément d'appréciation que la seule qualité de commis-voyageur donnée à son agent par une maison de commerce, les opérations d'achats et de ventes qui auront été faites par cet agent lieront-elles irrévocablement la maison de commerce, ou au contraire, ces opérations ne deviendront-elles valables et définitives que sauf ratification ultérieure de la part de celle-ci ?

C'est là une question aussi difficile qu'importante, et dont la solution a divisé les auteurs et les tribunaux, si bien que le nombre des autorités et des arrêts est à peu près le même pour chaque opinion.

**IV.**

Ainsi, à l'appui du système d'après lequel la maison de commerce ne peut être définitivement engagée qu'au moyen d'un mandat exprès ou suffisamment constaté, on peut citer un arrêt de la cour royale de Montpellier du 29 avril 1820, rapporté dans l'arrêt de Cass. du 19 déc. 1821, qui a rejeté le pourvoi contre cet arrêt; un autre de la même cour, du 21 déc. 1826 (S.-V. 27. 2. 213; J. P. 3ᵉ édit.; D. P. 27. 2. 198). La doctrine de ces deux arrêts est la plus absolue, car elle suppose la nécessité d'un pouvoir spécial.

20. La Cour de cassation s'est montrée moins exigeante en décidant que le mandat donné au commis-voyageur de vendre pour une maison de commerce, pouvait résulter suffisamment des circonstances de la cause et notamment de celle-ci, que la maison en question avait exécuté des opérations de ventes antérieurement faites par le même commis-voyageur.

L'arrêt de rejet dans lequel est développé cette doctrine a été rendu sur le pourvoi formé contre l'un des deux arrêts précités de la cour royale de Montpellier (celui du 29 avril 1820). « Attendu, y est-il dit, que l'arrêt de la cour de Montpellier a pour base de sa décision que c'est d'après les pouvoirs exprès ou présumés dans un commis-voyageur, et d'après les circonstances, qu'on peut reconnaître si ce commis a contracté, au nom de la maison qui l'emploie, des ventes ou achats, ou s'il a simplement reçu des ordres en commission pour les transmettre à cette maison. » (19 déc. 1821, S.-V. 22. 1. 306; D. P. 22. 1. 195.)

21. Nous croyons que la Cour de cassation a interprété d'une manière beaucoup trop large la doctrine de l'arrêt de Montpellier; car cet arrêt ne dit pas que le mandat peut se présumer d'après les circonstances; il dit, au contraire, formellement et uniquement que **la** procuration doit être spéciale : « Attendu qu'à défaut de pouvoir et de procuration spéciale qui les autorise à conclure définitivement tout marché pour le compte de la maison pour laquelle ils agissent, les commis-voyageurs n'ont d'autre mandat que de recevoir des ordres qui, par eux transmis à leurs commettants, ne forment un véritable contrat que par l'acceptation que ceux-ci en font... etc. » Mais la doctrine de la Cour suprême, malgré cette erreur d'interprétation, n'en est pas moins manifeste, et l'on voit qu'elle est moins res-

trictive que celle de l'arrêt de Montpellier.

La doctrine contraire, qui fait résulter l'engagement définitif, irrévocable, pour une maison de commerce, de la seule qualité de commis-voyageur appartenant à son agent, a été consacrée également par plusieurs arrêts, notamment par un arrêt de la cour royale de Paris du 2 janv. 1828 (S.-V. 28. 2. 120 ; J. P. 3ᵉ édit. ; D. P. 28. 2. 1), par un arrêt de la cour royale de Toulouse du 2 avril 1824 (S.-V. 26. 2. 128 ; J. P. 3ᵉ édit.).

22. En présence de ces décisions contradictoires, il devient plus nécessaire que jamais, pour pouvoir prendre un parti, de peser mûrement les raisons qui militent en faveur de l'une et de l'autre opinion.

23. Les partisans du premier système argumentent ainsi :

« Les commis-voyageurs, disent-ils, ne sont envoyés que pour faire des offres et recueillir des commissions ; ils ne peuvent rien conclure définitivement sans un mandat exprès et formel, mandat qui ne se suppose pas dans la simple qualité de commis-voyageur ; sans cela, les maisons de commerce qui les envoient pourraient se trouver compromises et ruinées, à leur insu, par la légèreté, l'imprudence ou l'infidélité de ces agents auxquels il n'a jamais été d'usage de confier le pouvoir de vendre sans le contrôle du commettant ; ils ne sont chargés que de provoquer et de réunir les demandes ou les ordres, et de les transmettre aux maisons de commerce pour lesquelles ils exercent, et qui jugent, d'après les propositions faites, si elles doivent les accepter ou les refuser. Ces propositions étant subordonnées à l'acceptation du commettant, il faut reconnaître que ce n'est que du jour et au moment où il les agrée que le contrat se forme, puisque ce n'est qu'alors qu'intervient le contrat par le concours réel et effectif des deux volontés. »

24. A l'appui du second système, on peut, ce nous semble, présenter des raisons plus puissantes et plus décisives.

En premier lieu, dit-on, dans les usages du commerce, le commis-voyageur en tournée n'est jamais muni d'une procuration ostensible. Les commettants se contentent de lui remettre une lettre signée d'eux, dans laquelle ils déclarent que celui qui en est porteur est le commis-voyageur de leur maison ; encore est-il à remarquer qu'ils ne remettent des lettres que dans le cas où l'a-

gent envoyé est encore inconnu des commerçants chez lesquels il doit faire des offres de marchandises.

D'autre part, les commerçants qui traitent avec le commis-voyageur d'une maison de commerce n'ont point l'habitude de lui faire exhiber une procuration expresse. S'il n'est point connu d'eux, la seule présentation d'une lettre qui le déclare commis-voyageur de telle maison leur suffit ; et il n'est aucun négociant qui suppose le traité qu'il conclut avec un commis-voyageur subordonné à la ratification de la maison pour laquelle il voyage. Dans les usages constants du commerce, la qualité de commis-voyageur implique la qualité de mandataire, et les traités faits entre un commis-voyageur et un commerçant sont considérés comme définitifs ; et c'est avec raison : car la célérité est l'âme du commerce ; les achats et les ventes doivent se terminer promptement. Si les ventes faites par un commis-voyageur demeuraient en suspens jusqu'à la ratification de ses commettants, si même ces derniers pouvaient se refuser à les exécuter, si elles n'étaient pas immédiatement définitives, on conçoit facilement quelles entraves une pareille incertitude apporterait à la célérité des opérations commerciales, et combien elle serait nuisible à cette confiance sans laquelle le commerce ne pourrait que languir.

Quant à la considération fondée sur les dangers dans lesquels les maisons de commerce pourraient, dit-on, être entraînées par suite de la légèreté, de l'imprudence ou de l'infidélité des commis qu'elles emploient, elle ne nous touche en aucune façon ; car on pourrait s'en prévaloir avec autant de fondement dans toutes les circonstances qui supposent un mandat donné ; c'est aux commettants à choisir pour commis-voyageurs des hommes intelligents et sûrs, qui, par leurs antécédents, aient justifié la confiance dont ils ont besoin d'être investis pour remplir utilement les fonctions qu'ils sollicitent.

25. Les commis-voyageurs qui sont envoyés dans les marchés ou foires pour faire des opérations d'achats ou de vente, n'obligent leurs préposants que pour les opérations de cette nature, et ne peuvent, sans un pouvoir écrit ou spécial, valablement contracter des emprunts, tirer, accepter, endosser, signer des lettres de change, effets de commerce ou virements de banque pour le compte de la maison

pour laquelle ils voyagent. (Pardessus, t. 4, n° 561.)

26. Les opérations des commis-voyageurs soulèvent fréquemment des questions de compétence. Il s'agit en effet, pour déterminer le choix du tribunal, de savoir notamment si le marché ou la promesse doit être réputé fait au lieu dans lequel a traité le commis-voyageur, ou bien au siége de la maison qu'il représente. Cette question, et quelques autres analogues, pouvant être soulevée à l'occasion non-seulement des commis-voyageurs, mais de toute espèce de mandataire ou de commissionnaire, sera plus convenablement traitée sous le mot Compétence commerciale. — V. ce mot.

COMMISE. — 1. Dans son acception primitive, ce mot désignait une sorte de confiscation. D'après les lois romaines, les biens dévolus au fisc par suite d'un délit étaient réputés *in commissum cadere... in causam commissi intercidere* (l. 16, § 10 et 12, *De publican. et vectigal.*). Notre ancienne jurisprudence distingua de la *confiscation* proprement dite, prononcée par les lois pénales, la *commise* ou confiscation spéciale qui avait lieu, en faveur du créancier d'une redevance foncière, par suite de l'inexécution des conditions imposées à la concession du fonds.

Toutefois, la confiscation et la commise furent quelquefois confondues par les praticiens, et Dumoulin fait observer que le mot *confisquer*, appliqué par l'art. 43 de la coutume de Paris à un délit féodal, est impropre : «d'expression dont se sont servi les rédacteurs de la coutume, dit-il, *ad jus commissi refertur.*» (V. Nouveau Denizart, v° Confiscation, n° 44.)

2. On distinguait autrefois en France deux commises : la commise *féodale* ou *usuelle*, et la commise *emphytéotique*.

3. La commise féodale avait lieu en cas de *désaveu* mal fondé et en cas de *félonie*.

Il y avait désaveu lorsque le vassal soutenait en justice que le fief ne relevait pas de son seigneur.

La commise ou déchéance du fief, encourue par le vassal en cas de rejet du désaveu, constituait une pénalité que la jurisprudence tendit toujours à adoucir. Ainsi, il était de principe, que le désaveu pouvant entraîner une aliénation indirecte, ceux-là seuls pouvaient *commettre* leur fief, qui avaient capacité

d'aliéner; que la commise étant assimilée à une action d'injure, s'éteignait par le pardon du seigneur, ou par sa mort survenue avant que l'action eût été intentée. On décida même, contre l'opinion de Dumoulin, que le désaveu judiciaire donnerait seul ouverture à la commise.

4. La commise pour désaveu avait lieu au préjudice des créanciers chirographaires et de tous les engagements personnels contractés par le vassal : la question de savoir si les hypothèques et autres charges réelles, consenties sur le fief avant le désaveu, devaient s'éteindre, était fort controversée. La jurisprudence consacra l'opinion de Dumoulin, qui avait soutenu, contre d'Argentré, que toutes les charges réelles devaient être maintenues, nonobstant la maxime : *soluto jure dantis, solvitur jus accipientis*.

5. La commise pour félonie, qui avait lieu lorsque le vassal s'était rendu coupable d'injures graves envers son seigneur, avait une grande analogie avec les révocations de donations pour cause d'ingratitude.

Quoiqu'il fût reconnu dans la jurisprudence féodale que la gratitude due par le donataire au donateur n'était pas fondée sur les mêmes motifs que celle du vassal envers son seigneur, on appliquait à la commise pour félonie presque toutes les règles du droit romain relatives à la révocation des donations. Ainsi, on décidait, par exemple, que les cas d'ingratitude spécifiés dans la loi 10 (Cod. *De revocand. donat.*) pour les donations entre-vifs, donnerait ouverture à la commise, et que celle-ci n'entraînerait pas la résolution des aliénations et des charges réelles consenties par le vassal.

6. Les injures graves du seigneur envers son vassal constituaient une *déloyauté* qui était en quelque sorte la contre-partie de la *félonie*, et qui privait le seigneur de son droit de dominance : les principes qui régissaient la commise s'appliquaient à cette espèce de déchéance fondée sur le devoir de protection imposé au seigneur à l'égard du vassal.

7. Les commises n'avaient pas lieu de droit : elles devaient être prononcées en justice. Au roi seul appartenait le droit de saisir les fiefs qu'il prétendait sujets à la commise; les autres seigneurs n'avaient que la voie d'action. Cette action, résultant d'un délit, était personnelle; Dumoulin toutefois la classait parmi celles que les docteurs désignent sous le nom d'actions personnelles *in rem scriptœ*,

et décidait, en conséquence, qu'elle pouvait être intentée contre les tiers détenteurs qui avaient acquis le fief postérieurement au délit. (V. Pothier, *Tr. des fiefs*, 1ʳᵉ part., chap. 3; *Intr. à la cout. d'Orléans*, t. 1, ch. 3.)

8. La commise féodale a été formellement abrogée par l'art. 7, tit. 1, du décret des 15-28 mars 1790 (Duvergier, t. 1, p. 136).

9. La commise emphytéotique avait lieu, à Rome, dans deux cas : 1° Lorsque l'emphytéote avait cessé, pendant trois années, de payer sa redevance, connue sous le nom de *vectigal* ou *canon* (l. 2, Cod. *De jure emphyt.*); 2° lorsqu'il avait transporté son droit à un tiers sans en avoir averti le bailleur (l. 3, Cod., *eod.*).

Les principes qui régissent la commise encourue à défaut de paiement du canon ont été exposés au mot *Bail emphytéotique*, nᵒˢ 36 et 37. — V. ce mot.

10. Le second cas de commise a été établi par une constitution de Justinien (l. 3. Cod., *De jure emphyt.*), dans laquelle cet empereur, après avoir résolu affirmativement la question, jusque-là controversée, de savoir si l'emphytéote pouvait transférer son droit à un tiers, exige que la vente soit dénoncée au bailleur. Celui-ci en offrant, dans les deux mois qui suivent la dénonciation, de payer le prix de cession, est préféré à tout autre acquéreur. Le défaut de dénonciation de la vente était puni par la commise ou déchéance du droit de l'emphytéote.

11. Le bailleur qui n'usait pas de son droit de préférence devait accorder au nouvel emphytéote une sorte d'investiture, à l'occasion de laquelle il percevait un cinquantième du prix de l'aliénation, *quinquagesimam partem prætii venditionis*. Cette prestation due au bailleur, suivant l'expression de Guy Coquille, *pour l'approbation du nouvel homme qui se présentait à lui*, a été désignée par les interprètes sous le nom de *laudimium* ou *laudemium*, et a donné lieu à d'assez graves difficultés. (V. Woët, *ad Pandect.*, liv. 6, tit. 3, nᵒˢ 26 à 35; Perezius, *ad Cod.* liv. 4, tit. 66, nᵒˢ 7 et 8.) Il s'y rattache encore aujourd'hui un intérêt historique, en ce qu'elle contient le germe des prestations connues sous le nom de *droits de mutation*. Les agents des chancelleries seigneuriales s'emparèrent de la constitution de Justinien et créèrent la taxe dite *des lods et ventes*, due au seigneur par l'acheteur qui voulait obtenir la saisine d'un héritage

tenu en censive. Une source aussi féconde ne pouvait être négligée par la fiscalité moderne, et le droit du *cinquantième*, perçu par le bailleur d'un fonds emphytéotique, après avoir reçu de larges développements dans la jurisprudence féodale a produit en France les droits de mutation, réglés par la loi du 22 frim. an vii. (V. Troplong, *Louage*, art. 1709, nᵒˢ 31 à 44; *Revue de législation*, 1839, t. 10, p. 277.) — V. Enregistrement, Mutation.

12. La question de savoir si la commise encourue pour défaut de dénonciation de la vente avait lieu dans notre ancien droit, a été controversée. Merlin a soutenu l'affirmative (V. *Quest. de droit*, vᵒ Locatairie perpétuelle, §. 1, p. 275); mais son opinion nous paraît mal fondée. L'emphytéose ayant été assimilée au bail à cens, qui n'admettait pas la commise, la constitution de Justinien a dû être abandonnée dans la pratique. Merlin lui-même enseigne (*Répert.* vᵒ Commise, nᵒ 1) que les emphytéoses des pays de droit écrit se rapprochant beaucoup plus des censives ou tenures féodales des pays de coutume que des emphythéoses du droit romain, la commise emphytéotique suivait plutôt les principes de la commise censuelle que ceux de la commise romaine. Dumoulin semble avoir varié sur ce point; mais, comme l'a fait observer M. Troplong, Dumoulin décidait que la commise était applicable d'après le texte de la loi romaine, mais qu'elle ne l'était pas d'après les modifications que l'usage avait fait subir à cette loi. (V. Troplong, *Louage*, art. 1709, nᵒ 44; Duvergier, *Louage*, nᵒ 164.)

Cette commise, qui ne s'appliquait pas en Hollande, ainsi que l'atteste Woët (*Pandect.* liv. 6, tit. 3, nᵒ 22), a été formellement proscrite par l'art. 771 du Code hollandais.

13. La question de savoir si l'emphytéose avait droit, en cas de commise, au remboursement des impenses utiles qu'il avait faites sur le fonds, a été fort controversée. La jurisprudence avait consacré l'opinion de Dumoulin, qui n'accordait aucun recours à l'emphytéote. Cette doctrine, repoussée par l'art. 772 du Code hollandais, et par l'article 1703 du Code des Deux-Siciles, ne serait plus admissible aujourd'hui. (V. Troplong, *loc. cit.*, nᵒ 48; Duvergier, *loc. cit.*, nᵒ 174.) — V. Bail emphytéotique, nᵒ 32.

14. La commise n'existe plus : sous l'empire du Code civil, l'emphytéote qui cède son

droit n'est tenu à aucune dénonciation envers son bailleur, et la déchéance prononcée par la loi romaine ne serait encourue aujourd'hui qu'autant qu'elle aurait été stipulée en termes formels. Dans le cas où une clause de cette nature serait insérée au contrat, il serait d'une extrême importance de spécifier quelles seraient les aliénations que l'emphytéote devrait dénoncer, car l'application de la loi 3 (Cod., *De jure emphyt.*) avait fait naître de graves difficultés à ce sujet dans l'ancien droit. Quelques jurisconsultes n'appliquaient la commise qu'au seul cas de vente, tandis que d'autres exigeaient que toute espèce d'aliénation, telle, par exemple, que là donation, l'échange, la constitution de dot et le legs, fût dénoncée au bailleur. (V. Woët, *loc. cit.*, nᵒˢ 22, 24, 25; Perezius, *loc. cit.*, nᵒˢ 9, 10; Troplong, nᵒ 45.)

**COMMISSAIRE.** C'est, en général, celui qui est préposé par le souverain ou par quelque autre autorité légitime pour exercer un acte de juridiction, ou remplir certaines fonctions, soit de justice, soit de police, soit administrative, soit militaire.

Il y a deux classes de commissaires : ceux qui, établis par le roi pour certaines fonctions, sont en titre d'office ou de commission permanente ; et ceux qui n'ont qu'une simple commission pour un temps limité et pour une affaire particulière, soit que la commission émane du roi ou seulement de quelque juge.

Quelques-uns s'appellent simplement *commissaires* ; d'autres ajoutent à ce titre quelque dénomination particulière relative à leurs fonctions. Ce n'est que des premiers qu'il est question dans cet article.

On distinguait autrefois en France les commissaires nommés par le roi, et les commissaires nommés par les juges et les cours. La commission des premiers était générale et se conférait par des lettres de chancellerie; celle des seconds était particulière et se donnait par jugement ou par ordonnance sur requête. Les cours de justice commettaient ainsi un de leurs membres pour procéder à une enquête, à une descente et vue de lieux, etc. ; elles pouvaient même, dans les affaires qu'elles jugeaient souverainement, nommer des commissaires non-seulement pour informer, mais encore pour juger en matière civile et criminelle.

Les commissaires nommés par le roi, soit pour juger, soit pour informer, soit pour faire tout autre acte ou expédition de justice, étaient pris indifféremment parmi les magistrats ou parmi les simples particuliers. Ils étaient tenus de se conformer, comme les juges ordinaires, aux lois et ordonnances du royaume. Leurs jugements étaient sans appel, à moins qu'ils n'eussent excédé les bornes de leurs commissions. — V. Commission attributive de juridiction.

Aujourd'hui, la justice ne peut plus se rendre par commissaires. Suivant l'art. 17, tit. 2 de la loi du 24 août 1790, « l'ordre constitutionnel des juridictions ne peut être troublé, ni les justiciables distraits de leurs juges naturels par aucunes commissions. » Ce principe a été écrit de nouveau dans les art. 53 et 54 de la Charte constitutionnelle.

Quant aux cours de justice, elles ne peuvent plus déléguer à quelques-uns de leurs membres le pouvoir de juger les affaires dont elles sont saisies. Les procès doivent être rapportés et jugés à l'audience. (Art. 13 de la loi du 27 nov. 1790, et 111 du C. proc. civ.)

Mais les tribunaux ont conservé le droit de commettre un de leurs membres en matière de vérification d'écritures (C. proc. 196), de faux incident civil (C. proc. 218), d'enquête (C. proc. 255), de descente sur les lieux (Code proc. 296), d'interrogatoire sur faits et articles (C. proc. 325), d'ordre (C. pr. 750), et de faillite (C. comm. 454). — V. ces différents mots.

**COMMISSAIRE DE MARINE.** — On appelait ainsi autrefois des officiers chargés de toutes les opérations relatives au classement des matelots, aux avitaillements des vaisseaux de l'état et à l'équipement des flottes.

Aujourd'hui ils sont remplacés dans leurs principales attributions par les préfets maritimes et les chefs d'administration; cependant il y a encore des commissaires et des sous-commissaires de marine; ils font partie des agents de l'administration de la marine. (V. les arrêtés des 7 thermidor, 7 floréal et 7 fructidor an VIII.) — V. Consuls, Gens de mer, Inscription maritime, Marine.

**COMMISSAIRE DE POLICE.** — Officier de la police administrative et de la police judiciaire, chargé de surveiller l'exécution des lois et règlements municipaux et de maintenir la police.

§ 1ᵉʳ. — *Historique.*

§ 2. — *Institution et nomination des commissaires de police. — Villes où ils sont établis. — Circonscription. — Compétence. — Empêchement. — Costume. — Traitement.*

§ 3. — *Fonctions des commissaires de police. — Leur caractère.*

§ 4. — *Commissaires généraux de police. — Commissaires spéciaux. — Commissaires centraux.*

————

### § 1ᵉʳ. — *Historique.*

1. L'institution des commissaires de police remonte à 1699, époque à laquelle un édit du mois de novembre établit des commissaires de police dans les principales villes du royaume en titre *d'offices héréditaires.* Leurs fonctions consistaient à faire exécuter les ordres et mandements des lieutenants généraux de police, à dresser le rapport de tout ce qui concerne la police, et, en général, à remplir, en matière de police, toutes les fonctions des commissaires du Châtelet de Paris.

2. Le décret du 4 août-21 sept. 1789, art. 7, en supprimant la vénalité des offices, supprima nécessairement les commissaires de police; mais ils furent bientôt rétablis par le décret du 21-29 sept. 1791. La nomination en fut conférée au pouvoir législatif, qui, aux termes de l'article 1ᵉʳ de ce décret, dut établir des commissaires de police dans toutes les villes où il le jugerait nécessaire, *d'après l'avis de l'administration du département.* Le décret du 8 juin 1792 abolit ce mode de nomination; les commissaires de police, comme tous les fonctionnaires publics, furent soumis à l'élection des citoyens. Ils devaient être nommés pour deux années, et pouvaient être réélus à chaque nouvelle élection. Leur nomination avait lieu au scrutin individuel et à la pluralité absolue des suffrages.

3. Leurs fonctions, déterminées par le décret du 21-29 sept. 1791, consistaient à veiller au maintien et à l'exécution des lois de police municipale et correctionnelle, et à dresser les procès-verbaux en matière criminelle; mais ils ne pouvaient procéder aux informations. Les municipalités étaient chargées de déterminer, selon les localités et avec l'autorisation de l'administration du département, sur l'avis de celle du district, le détail des fonctions qui pouvaient leur être attribuées

dans l'ordre des pouvoirs propres ou délégués aux corps municipaux.

4. La loi du 19 vendémiaire an IV, art. 10, statua qu'il y aurait des commissaires de police dans les communes au-dessus de cinq mille habitants; que les communes au-dessous de dix mille habitants n'auraient qu'un commissaire de police, et que, dans les communes au-dessus de dix mille habitants il en serait établi un par section. Aux termes de l'article 11 de la même loi, dans les cantons de Bordeaux, Lyon, Marseille et Paris, les commissaires de police étaient nommés et révocables par le bureau central, qui les nommait sur une liste triple des places à remplir, présentée par la municipalité de l'arrondissement où ils devaient exercer leurs fonctions. Dans les autres municipalités au-dessus de cinq mille habitants, la nomination et la révocation des commissaires de police appartenaient à l'administration municipale.

5. En reproduisant ces dispositions, le Code du 3 brumaire an IV en ajouta d'autres qui sont encore en vigueur aujourd'hui (articles 25, 28 et suiv.).

6. Enfin, l'arrêté du gouvernement, du 19 nivôse an VIII, disposa que les commissaires de police seraient nommés par le premier consul, sur la présentation du ministre de la police générale.

### § 2. — *Institution et nomination des commissaires de police. — Villes où ils sont établis. — Circonscription. — Compétence. — Empêchement. — Costume. — Traitement.*

7. *Institution et nomination des commissaires de police.* — Les commissaires de police sont nommés par le roi sur la présentation du ministre de l'intérieur, depuis la suppression du ministère de la police générale. (Arrêté du 19 nivôse an VIII; — Charte constitutionnelle, art. 13.)

8. *Villes où ils sont établis.* — Dans les villes de cinq à dix mille habitants, il y a un commissaire de police. Dans les villes dont la population excède dix mille habitants, il y a en outre un commissaire de police par dix mille habitants d'excédant. (L. 19 vendém. an IV, art. 10; Code du 3 brum. an IV, art. 25; L. 28 pluviôse an 8, art. 12.) Dans les communes au-dessous de cinq mille habitants, les fonctions de commissaire de police sont remplies par le maire, et, à son défaut,

par son adjoint ( L. 3 brum. an IV, art. 25;
C. d'inst. crim. art. 11).

9. Toutefois, il ne résulte point de ces lois
que le gouvernement n'ait pas le droit d'établir des commissaires de police dans des communes dont le nombre des habitants est
inférieur à cinq mille, mais seulement que le
traitement et les frais de bureau mis à la
charge des communes par les lois, ainsi que
nous le verrons plus tard, ne deviennent obligatoires pour elles qu'autant qu'elles ont cinq
mille habitants au moins ; c'est ce qui ressort
de la discussion de la loi sur l'organisation
municipale du 18 juillet 1837 et d'un arrêt
du Conseil d'état du 27 mai 1842. » ( Journal
*le Droit*, du 5 juin 1842.)

10. A Paris, les commissaires de police sont
placés sous les ordres du préfet de police.
(L. 28 pluv. an VIII, art. 16; arrêté du 12 mess.
an VIII, art. 35.) Chaque arrondissement ou
mairie est divisé en quatre quartiers, à chacun
desquels un commissaire de police est attaché.
Indépendamment de ces quarante-huit commissaires de police de quartiers, il y a, 1° un
commissaire adjoint au quartier des Champs-
Elysées et chargé particulièrement de la section de Chaillot; 2° un commissaire de police,
chef de la police municipale ; 3° trois commissaires de police affectés aux délégations judiciaires, et dont le nombre varie selon les besoins du service ; 4° un commissaire de police
spécialement chargé de la surveillance de la
Bourse ; 5° un commissaire remplissant les
fonctions du ministère public près le tribunal de police municipale ; 6° deux commissaires interrogateurs; 7° un commissaire de police vérificateur en chef des poids et mesures,
et sept commissaires inspecteurs de la même
partie.

11. Les quarante-huit commissariats de
police établis pour les divers quartiers de Paris sont divisés en vingt-huit commissariats
de première classe et vingt de seconde classe.
(Ordonnance royale du 31 août-17 sept. 1830,
art. 1er.) Cette division est faite sur la désignation du préfet de police, et cette désignation peut être renouvelée, s'il y a lieu, de
cinq ans en cinq ans. ( *Ibid.* art. 2.) Nul ne
peut être nommé à un commissariat de police
de première classe, s'il n'a exercé, pendant
deux ans au moins, dans un ou plusieurs
commissariats de seconde classe. (*Ibid.* art. 4.)

12. Chaque commissaire de police de quartier a sous ses ordres un secrétaire, un inspec-

teur de police et un sonneur, tous rétribués
par la préfecture et nommés par le préfet de
police. Les secrétaires des commissaires de
police ne peuvent signer aucun acte ni expédition ; en cas d'absence du commissaire de
police, ils peuvent rédiger les actes et les faire
signer par le commissaire qui le remplace.
( Décision du préfet de police, du 2 flor. an XII.)

13. *Circonscription.* — Les commissaires
de police exercent leurs fonctions dans toute
l'étendue de leurs communes respectives. (L.
3 brum. an IV, art. 30. ) Dans les communes
divisées en plusieurs arrondissements, ils
remplissent leurs fonctions dans toute l'étendue de la commune où ils sont établis, sans
pouvoir alléguer que les contraventions ont
été commises hors de l'arrondissement particulier auquel ils sont préposés. Ces arrondissements ne limitent ni ne circonscrivent
leurs pouvoirs respectifs, mais indiquent seulement les termes dans lesquels chacun d'eux
est plus spécialement astreint à un exercice
constant et régulier de ses fonctions. ( L.
3 brum. an IV, art. 32 ; C. inst. crim., article 12. ) C'est en exécution de cette disposition
qu'une décision du préfet de police, du 13 pr.
an VIII, porte qu'un commissaire de police ne
doit pas renvoyer à un de ses collègues l'exécution d'un ordre du préfet de police, sous le
prétexte que le lieu où il doit être exécuté
n'est pas situé dans son quartier.

14. *Compétence.* — L'autorité des commissaires de police ne s'étend point au delà de
leurs communes respectives ; les actes de leurs
fonctions qu'ils voudraient exercer hors de
leurs circonscriptions seraient entachés d'illégalité. C'est ce qui ressort des termes de la loi
du 28 pluv. an VIII, de l'arrêté du 3 brumaire
an IX, du Code d'inst. crim., et de toutes les
dispositions législatives et réglementaires concernant l'institution des commissaires de police.

15. C'est le commissaire de police du lieu
où siége le tribunal qui est chargé des fonctions du ministère public. S'ils sont plusieurs,
le procureur général près la cour royale
nomme celui ou ceux d'entre eux qui doivent
faire le service. (C. instr. crim., art. 144.)

16. *Empêchement.* — Lorsque l'un des commissaires de police d'une même commune
se trouve légitimement empêché, celui de
l'arrondissement voisin est tenu de le suppléer,
sans qu'il puisse retarder le service pour lequel
il est requis, sous prétexte qu'il n'est pas le

plus voisin du commissaire empêché, ou que l'empêchement n'est pas légitime, ou n'est pas prouvé. (Code inst. crim., art. 13.) Dans les communes où il n'y a qu'un commissaire de police, s'il se trouve légitimement empêché, le maire, ou au défaut de celui-ci, l'adjoint du maire, le remplace tant que dure l'empêchement (*Ibid.* art. 15 et 144.)

17. Les termes de l'art. 144 du Code d'inst. crim. portant : «En cas d'empêchement du commissaire de police, il sera remplacé par le maire, etc., » ont fait naître la question de savoir si, dans le cas prévu par cet article, le commissaire de police désigné par le procureur général peut, lorsqu'il est empêché, être remplacé par un autre commissaire de police, ou s'il doit nécessairement l'être, soit par le maire, soit par l'adjoint. MM. Carnot (t. 1er, p. 598), Legraverend (t. 3, p. 321, n° 293), et Mangin (*De l'action publique,* n° 101), pensent tous trois que le commissaire de police empêché peut être remplacé par un de ses collègues. M. Mangin en donne pour raison, que la désignation faite par le procureur général du commissaire de police qui doit siéger, n'a pas pour objet de communiquer à celui qu'il désigne un caractère qu'il n'a pas, mais de déterminer, dans le concours de plusieurs qui tiennent de la loi l'aptitude d'exercer l'action publique, celui qui l'exerce en effet. C'est une mesure d'ordre que prend le procureur général, et rien de plus.

18. Quant au maire et aux adjoints, ils ne doivent remplir les fonctions du ministère public que quand tous les commissaires de police sont empêchés; et cet empêchement est légalement présumé quand ils les ont remplies en effet. (M. Mangin, *ibid.)*

19. Les membres du conseil municipal peuvent aussi, à défaut des commissaires de police, des maires et des adjoints, exercer le ministère public devant les tribunaux de police tenus par les maires (C. inst. crim. art. 167), mais non devant ceux tenus par les juges de paix; car la disposition exceptionnelle de cet article ne peut être étendue au delà de ses limites. (Carnot, t. 1er, p. 599; Mangin, n° 101; Cass., 10 sept. 1835, S.-V. 35.1.919; J. P. 3e éd.; — *contrà,* Legraverend, t. 2, p. 343.)

20. *Costume.* — Le costume des commissaires de police est l'habit noir complet et le chapeau uni à la française. Leur insigne est une ceinture tricolore à franges noires. (Arrêté du 17 floréal an VIII, art. 4 et 5.)

21. Des circulaires du préfet de police, des 18 mai 1818 et 29 avril 1819, enjoignent aux commissaires de police d'être toujours en habit noir complet et revêtus de leurs écharpes, lorsqu'ils sont en fonctions.

22. Il convient, en effet, que les commissaires de police soient revêtus de leur costume lorsqu'ils sont dans l'exercice de leurs fonctions, et surtout lorsqu'ils dressent des procèsverbaux. Cependant il a été jugé par la Cour de cassation qu'il n'est pas nécessaire, à peine de nullité, que les commissaires de police soient revêtus de leur costume lorsqu'ils constatent une contravention. (Cass. 6 juin 1807, S.-V. 7. 2. 123; — 9 niv. an XI, S.-V. 3. 2. 398; — 10 mars 1815, S.-V. 15. 1. 218; — Merlin, *Rép.,* v° Costume, n° 3; Legraverend, t. 1er, ch. 5, p. 213.) Nous dirons même qu'il arrive le plus souvent que les commissaires de police ne sont pas revêtus de leur costume; mais ils doivent toujours être décorés de leur écharpe. Un citoyen aurait le droit de se refuser aux injonctions d'un commissaire de police qui ne justifierait point par cet insigne de sa qualité de fonctionnaire public. Il est surtout indispensable que le commissaire de police soit revêtu de son écharpe pour faire les sommations prescrites par la loi du 10 avril 1831, et la Cour de cassation a déclaré irrégulières des arrestations faites dans un attroupement, parce qu'au moment des sommations, l'officier qui les a faites n'était pas revêtu de son écharpe. V. cet arrêt cité v° Attroupement, n° 12.

23. Cependant les outrages envers un commissaire de police dans l'exercice de ses fonctions, sont considérés et punis comme faits à un fonctionnaire public et non à un simple particulier, quoiqu'il ne fût revêtu ni de son costume, ni de son écharpe, au moment où il les a reçus, si celui qui l'a outragé connaissait sa qualité. (Cass., 9 fév. 1809, J. P. 3e éd.; D. A. 8. 681; — 5 sept. 1812, S.-V. 13. 1. 155; J. P. 3e éd.; — 26 mars 1813, J. P. 3e éd.; — Merlin, *Quest.,* v° Injure, § 9; Legraverend, t. 2, ch. 3, p. 344; Carnot, sur l'article 209 C. pén., t. 1er, p. 609, n° 8.) Mais il en serait autrement si le commissaire de police n'avait pas été connu du prévenu et n'avait pas décliné sa qualité. (Cass. 23 frim. an XIV, S.-V. 6. 2. 720; J.P. 3e éd.; D. A. 11. 95; — Carnot, *loc. cit.* )

24. *Traitement.* — Le traitement des commissaires de police est fixé comme il suit : à Paris, pour les commissaires de police de première classe, 6,000 fr. et 1500 fr. de frais de bureau; pour ceux de seconde classe, 5,400 fr. et 1,200 fr. de frais de bureau (Ordonn. roy. du 31 août-17 sept. 1830 ); à Bordeaux, Lyon et Marseille, 2,400 fr. et 800 fr. de frais de bureau, dans les villes de cent mille âmes; dans les villes de quarante mille âmes et au-dessus, 1,800 fr. et 600 fr. de frais de bureau; dans celles de vingt-cinq mille âmes jusqu'à quarante mille, 1,500 fr. et 450 fr. de frais de bureau; dans celles de quinze mille âmes jusqu'à vingt-cinq mille, 1,200 fr. et 350 de frais de bureau; dans celles de dix milles âmes jusqu'à quinze mille, 1,000 fr. et 250 f. de frais de bureau ( Arrêté du 23 fruct. an ix; Déc. du 22 mars 1813); enfin, dans les villes de moins de dix mille âmes, 800 fr. et 200 fr. de frais de bureau (Arrêté du 17 germinal an xi, art. 4; Décret du 22 mars 1813 ).

25. Ces traitements et frais de bureau sont pris sur les fonds municipaux et portés au budget des communes, qui ne peuvent se dispenser de les payer. (Décis. du C. d'état, du 27 mai 1842; V. Journ. *le Droit,* du 5 juin 1842.)

26. Quant aux communes qui ont moins de cinq mille habitants et dans lesquelles il y a un commissaire de police, le traitement de ce fonctionnaire n'est à leur charge que si elles ont demandé elles-mêmes l'établissement d'un commissariat; au cas contraire, le traitement est payé par l'état.

§ 3. — *Fonctions des commissaires de police.*
*— Leur caractère.*

27. Les fonctions de commissaires de police se divisent en fonctions de police administrative et fonctions de police judiciaire. Ils sont en outre officiers du ministère public près des tribunaux de simple police.

Comme officiers de police administrative, les commissaires de police sont chargés de surveiller et d'assurer l'exécution des lois et règlements, en ce qui concerne les objets confiés à la vigilance de l'autorité municipale.

Aux termes de l'art. 3 de la loi du 16 août 1790, les objets de police confiés à la vigilance et à l'autorité des municipalités (aujourd'hui les maires et leurs adjoints) sont ·

1° Tout ce qui intéresse la sûreté et la commodité du passage dans les rues, quais, places et voies publiques, ce qui comprend le nettoiement, l'éclairage, l'enlèvement des encombrements, la démolition ou la réparation des bâtiments menaçant ruine, l'interdiction de rien exposer aux fenêtres ou autres parties des maisons qui puisse blesser, incommoder les passants, ou causer des exhalaisons nuisibles;

2° Le soin de prévenir les délits contre la tranquillité publique, tels que rixes et disputes accompagnées d'ameutement dans les rues; le tumulte excité dans les lieux d'assemblée publique, les bruits et attroupements nocturnes qui troublent le repos des citoyens;

3° Le maintien du bon ordre dans les endroits où il se fait de grands rassemblements d'hommes, tels que les foires, marchés, réjouissances et cérémonies publiques, spectacles, jeux, cafés, églises et autres lieux publics;

4° Le soin d'inspecter la fidélité du débit des denrées qui se vendent au poids, au mètre ou à la mesure de capacité, ainsi que la salubrité des comestibles exposés en vente;

5° Le soin de prévenir par les précautions convenables, et celui de faire cesser par la distribution des secours nécessaires, les accidents et fléaux calamiteux, tels que les incendies, épidémies, épizooties, etc. ;

6° Le soin d'obvier ou de remédier aux événements fâcheux qui pourraient être occasionnés par les insensés ou les furieux laissés en liberté, et par la divagation des animaux malfaisants ou féroces.

28. Les commissaires de police sont encore chargés d'inspecter la vente du pain et de la viande, et d'en faire observer les taxes légalement fixées; de faire exécuter les règlements relatifs aux matières d'or et d'argent, à la vente des substances vénéneuses, et à la tenue des registres que doivent avoir les aubergistes, les maîtres d'hôtels garnis et logeurs, les pharmaciens, les brocanteurs, les orfèvres, les armuriers et autres; d'inspecter les ateliers ou fabriques qui peuvent nuire à la sûreté ou à la salubrité publique.

Sur toutes ces matières, les commissaires de police ont les mêmes droits d'inspection et de surveillance que la loi du 16 août 1790 accorde aux municipalités; mais ils n'ont pas, comme les maires, le droit de prendre des arrêtés ou de faire des proclamations pour rappeler l'exécution des lois et règlements de police.

Ils sont en outre chargés, par l'art. 8 de la loi du 30 juin 1838 sur les aliénés, de donner acte de la demande d'admission d'un aliéné dans un hospice, dans le cas où celui qui formerait cette demande ne saurait pas écrire.

29. Telles sont les fonctions administratives des commissaires de police. Ils les exercent sous l'autorité immédiate des maires, et à Paris, sous la direction immédiate et exclusive du préfet de police. ( Arrêté du 12 messidor an VIII, art. 35; loi du 27 pluviôse an VIII, art. 16. ) ·

30. Comme officiers de police judiciaire, les commissaires de police sont les auxiliaires du procureur du roi, et peuvent conséquemment, soit à son défaut, soit par délégation de lui, constater les crimes et délits dans tous les cas où il est compétent lui-même. (V. Mangin, *Des procès-verbaux*, p. 140.)

C'est ce qui résulte des art. 2, 5, 6, 7 et suivants de la loi des 21-29 sept. 1791, et notamment des art. 8, 9, 10, 29, 48, 49, 50 et suivants du Code d'instruction criminelle.

« La police judiciaire recherche les crimes, les délits et les contraventions, en rassemble les preuves et en livre les auteurs aux tribunaux, » dit l'art. 8 du Code d'instruction criminelle ; et l'art. suivant comprend nominativement, au nombre des officiers chargés d'exercer la police judiciaire, les commissaires de police.

31. L'art. 5 de la loi des 21-29 sept. 1791 déterminait ainsi leurs pouvoirs en matière criminelle : « Les commissaires de police, lors qu'ils en seront requis, ou même d'office, seront tenus de dresser des procès-verbaux tendant à constater le flagrant délit ou le corps du délit, encore qu'il n'y ait point eu de plainte rendue. »

Des dispositions analogues se trouvent dans les art. 48 et suivants du Code d'instruction criminelle. Aux termes de ces articles, les juges de paix, les officiers de gendarmerie, les commissaires de police généraux, les maires et les commissaires de police, recevront les dénonciations de crimes ou délits commis dans les lieux où ils exercent leurs fonctions habituelles. ( Art. 48. )

32. Dans le cas de flagrant délit ou dans le cas de réquisition de la part d'un chef de maison, ils doivent dresser des procès-verbaux, recevoir les déclarations des témoins, faire les visites et autres actes de la compétence du procureur du roi. (Art. 49.)

33. L'art. 8 de la loi du 21 sept. 1791 fixe l'étendue de leurs pouvoirs à cet égard ; il décide que « tous les commissaires de police pourront dresser des procès-verbaux hors de l'étendue de leur territoire, pourvu que ce soit dans le territoire de la municipalité. » Le Code d'instruction criminelle contient, à l'égard des contraventions de police, des dispositions analogues.

34. « Ils doivent envoyer sans délai leurs procès-verbaux au procureur du roi. Dans les cas de crimes ou délits autres que ceux qu'ils sont chargés de constater, les commissaires de police doivent transmettre aussi sans délai au procureur du roi les dénonciations qui leur auront été faites. » (Art. 53, 54 C. d'inst. cr.)

35. Outre ces attributions générales, les commissaires de police en ont encore d'autres plus spéciales en quelque sorte, et qui résultent de l'art. 11 du Code d'instruction criminelle : c'est de constater les contraventions de police.

« Les commissaires de police, dit cet article, et, dans les communes où il n'y en a point, les maires, au défaut de ceux-ci, les adjoints de maire, rechercheront les contraventions de police, même celles qui sont sous la surveillance spéciale des gardes forestiers et champêtres, à l'égard desquels ils auront concurrence, et même prévention.

» Ils recevront les rapports, dénonciations et plaintes qui seront relatifs aux contraventions de police.

» Ils consigneront, dans les procès-verbaux qu'ils rédigeront à cet effet, la nature et les circonstances des contraventions, le temps et le lieu où elles auront été commises, les preuves ou indices à la charge de ceux qui en seront présumés coupables. »

36. Ainsi, les commissaires de police sont chargés de rechercher les contraventions, et leur compétence s'étend à cet égard à toute espèce de contraventions, même aux contraventions forestières : on ne peut en excepter que celles dont la recherche est spécialement attribuée à d'autres fonctionnaires. ( Art. 11 du Code d'instr. crim. )

37. Puisque la loi n'accorde aux commissaires de police que le droit de constater les contraventions forestières, en concurrence avec les gardes forestiers, il faut en conclure qu'ils ne sont pas compétents pour constater des délits forestiers; cependant M. Mangin pense qu'il n'en devrait pas être de même

dans le cas de flagrant délit, et qu'alors les commissaires de police seraient compétents pour dresser des procès-verbaux. (V. Mangin, *Des procès-verbaux*, p. 72.)

38. Les commissaires de police sont également chargés de constater les contraventions en matière de pêche et de chasse ; en matière de grande voirie, telles qu'anticipations, dépôt, encombrement, etc. (V. la loi du 29 floréal an X), et en général toutes les contraventions aux lois et règlements dont ils sont tenus de surveiller l'exécution.

39. C'est ainsi qu'ils doivent constater les ventes illicites, le colportage non autorisé, l'emploi de faux poids et de fausses mesures, la circulation illégale du tabac ne provenant point des bureaux de la régie, et les contraventions aux lois et règlements sur l'imprimerie et la librairie, etc.

40. Dans tous ces cas, et chaque fois qu'ils ont à constater une contravention, les commissaires de police doivent en dresser des procès-verbaux. Ces procès-verbaux mentionnent la nature et les circonstances des contraventions, le temps et le lieu où elles ont été commises, les preuves et indices à la charge de ceux qui sont présumés coupables.

Ces énonciations sont tout ce que la loi exige pour ces procès-verbaux. Ainsi ils ne sont soumis à aucune forme spéciale, ils sont même affranchis de la formalité de l'affirmation. (Cass. 9 février 1821 , J. P. 3ᵉ édit. ; D. A. 2. 172; — 12 juillet 1822, S.-V. 23. 1. 110; D. A. 11. 225; — 12 fév. 1829, J. P. 3ᵉ édit.; D. P. 29. 1. 147.)

41. Ces procès-verbaux font foi en justice jusqu'à la preuve contraire, mais seulement de la matérialité du fait, et non de son appréciation ; jugé, en ce sens, que la déclaration faite par un commissaire de police dans un procès-verbal, que des sacs de grain exposés en vente ne contiennent pas la quantité prescrite par les règlements, ne fait pas foi de cette contravention si *le mesurage* n'a pas eu lieu. (Cass. 29 janv. 1825, D. P. 25. 1. 164.) Il en est de même de la qualification d'*insalubres* donnée par un procès-verbal de commissaire de police à des eaux qui s'écoulent sur la voie publique. (Cass. 27 août 1825, Devillen. et Car. 8. 1. 187. — V. Mangin, nᵒ 79.)

42. Aux termes de la loi du 22 juill. 1791, les commissaires de police étaient tenus de faire signer leurs procès-verbaux par deux témoins pris dans le plus prochain voisinage des dé-

linquants; mais cette disposition a été abrogée par l'art. 594 du Code des délits et des peines du 3 brum. an IV, qui a abrogé toutes les lois antérieures sur la forme de procéder et de juger en matière criminelle, correctionnelle et de police. Ainsi jugé par deux arrêts de Cass. des 6 juin et 28 août 1807. (S.-V. 7. 2. 123, 7. 2. 1141 ; D. A. 2. 148, 11. 397.)

43. L'omission de quelques-unes des circonstances énoncées dans le § 3 de l'art. 11 du Code d'inst. crim. n'entraîne pas la nullité des procès-verbaux dressés par les commissaires de police. (Cass. 9 fév. 1821, cité *suprà*, nᵒ 42.)

44. Un arrêt de Cass. du 4 nov. 1808 a jugé que le procès-verbal n'est pas nul par cela seul que le commissaire de police est parent du délinquant. (S.-V. 17. 1. 322 ; — Mangin, *Des procès-verbaux*, nᵒ 16.)

45. Les prévenus d'une contravention sont sans droit pour exiger que le commissaire de police justifie de sa prestation de serment en cette qualité. (Cass. 21 mai 1840, S.-V. 40. 1. 548; D. P. 40. 1. 416.)

46. L'arrêté du 2 germ. an IV charge encore les commissaires de police, comme officiers de police judiciaire, de veiller à ce que nul étranger, non domicilié dans le canton, ne puisse s'y introduire sans passe-port, et dans ce cas, il leur prescrit d'arrêter sur-le-champ tout individu voyageant et trouvé hors de son canton, sans passe-port, jusqu'à ce qu'il ait justifié être inscrit sur le tableau de la commune de son domicile.

47. Le même arrêté (art. 9) prescrit aux commissaires de police de tenir la main à la sévère exécution de l'art. 5 de la loi des 19-22 juillet 1791, relatif au registre à tenir dans les villes et dans les campagnes par les aubergistes, maîtres de maisons garnies et logeurs, pour l'inscription des noms, prénoms, professions et domiciles habituels, dates d'entrée et de sortie de tous ceux qui coucheraient chez eux, même une seule nuit. Ils doivent se faire représenter ce registre tous les quinze jours au moins, et plus souvent s'ils le jugent convenable. Ils doivent dénoncer au procureur du roi toutes les infractions faites à l'article 475, C. pén., § 2.

48. Les commissaires de police n'ont pas le droit d'entrer dans les maisons des citoyens, si ce n'est pour la confection des états de recensement ordonnés par les art. 1ᵉʳ, 2 et 3 de la loi des 19-22 juillet 1791, la vérification du

registre des logeurs, l'exécution des lois sur les contributions directes, ou en vertu des ordonnances, contraintes et jugements dont ils seront porteurs, et enfin en cas d'incendie, d'inondation, ou sur le cri des citoyens invoquant de l'intérieur d'une maison le secours de la force publique. Dans tous les autres cas, ils outrepasseraient leur pouvoir.

49. Mais il n'en est pas de même des lieux publics, tels que café, cabaret, boutique, etc.; les commissaires de police peuvent toujours y entrer pour prendre connaissance des désordres ou contraventions aux règlements, pour vérifier les poids et mesures, le titre des matières d'or et d'argent, la salubrité des comestibles et celle des médicaments. (Art. 9 de la loi des 19-22 juillet 1791.)

50. Ils peuvent aussi entrer en tout temps, mais seulement sur l'indication qui leur en aurait été donnée par deux citoyens domiciliés, dans les lieux où l'on donne habituellement à jouer des jeux de hasard. (Art. 10 *ibid.*) Cette disposition, qui n'avait d'abord en vue que les maisons de jeux clandestines, dont l'établissement est un délit, est toujours en vigueur. Avant la loi du 10 juillet 1836, qui a supprimé les jeux publics, les commissaires de police avaient le droit de pénétrer dans les maisons de jeu, même la nuit, pourvu que ce fût à l'heure des jeux, puisque autrement ils n'auraient pas pu constater le délit.

51. L'art. 10 de la loi du 19-22 juillet 1791 autorise également les commissaires de police à pénétrer dans les lieux notoirement livrés à la débauche. Les commissaires de police qui, hors les cas prévus par la loi, et sans les formalités qu'elle prescrit, pénétreraient dans la maison d'un citoyen pour y faire une visite domiciliaire ou une perquisition, commettraient un abus d'autorité, et s'exposeraient non-seulement à des dommages-intérêts, mais encore aux peines prononcées par l'art. 184 du Code pénal, sans préjudice des peines plus fortes en cas de violence, voies de fait et autres délits. (Art. 184 du Code pénal.)

52. Dans les émeutes et les attroupements, les commissaires de police agissent avec leur double caractère : comme officiers de police administrative, ils préviennent le délit en mettant les citoyens en demeure d'obéir à la loi; comme officiers de police judiciaire, ils requièrent la force publique, ordonnent l'arrestation des délinquants et font les actes

d'instruction pour lesquels ils sont délégués. — V. Attroupement, § 2 et 3.

53. Les commissaires de police remplissent en outre les fonctions du ministère public près les tribunaux de simple police (C. inst. cr., art. 144.). Ils ont, en cette qualité, tous les droits du procureur du roi, dans les limites de leur spécialité. Ils peuvent faire citer les prévenus et les témoins, conclure, requérir et faire exécuter les jugements de police (C. inst. crim., art. 145, 153 et 165). Ils sont tout à fait indépendants des tribunaux près desquels ils siègent : ils ne relèvent que du procureur général.

54. Enfin, les commissaires de police remplacent les prudhommes dans les villes où ces conseils ne sont point établis : ils ont les mêmes attributions.

55. Les commissaires de police de Paris, auxquels toutes ces fonctions sont communes avec leurs collègues des autres villes, ont de plus qu'eux le droit de décerner des mandats d'amener. (Arrêté du 12 messidor an VIII, article 37.)

56. De tout ce qui précède, il résulte que les commissaires de police ne sont pas de simples agents dépositaires de la force publique, mais des magistrats de l'ordre administratif et judiciaire, car ils exercent par délégation directe de la loi une partie de l'autorité publique, soit dans la police administrative et municipale, soit dans la police judiciaire, comme officiers de police auxiliaires du procureur du roi, et comme officiers du ministère public ; de plus, ils ont le droit de requérir la force publique, ce qui distingue encore plus nettement leur caractère de celui de la force publique qu'ils requièrent. (Cass., 30 juillet 1812, S.-V. 13. 1. 73 ; J. P. 3e éd. ; — 4 juill. 1833, J. P. 3e édit. ; D. P. 33. 1. 320; — 2 mars 1838, S.-V. 38. 1. 359; J. P. 1838. 1. 333; D. P. 38. 1. 129; — Parant, *Lois de la presse*, p. 142 ; Chassan, *Traité des délits de la parole*, p. 393; Chauveau et Hélie, *Théorie du Code pénal*, t. 4, p. 355 ; Legraverend, t. 2, ch. 4, p. 368, note 11; Carnot, sur l'art. 224 du Code pén., t. 1er, p. 648, nos 6 et 7.)

57. Il suit de là que, si un commissaire de police a été outragé par gestes ou par paroles dans l'exercice de ses fonctions, ce ne seront point les art. 209 et 224 du Code pénal qui seront applicables à celui ou ceux qui auront commis l'outrage, mais les art. 222, 223 et 228 du même Code. (Mêmes autorités.)

58. Il a cependant été jugé par la cour de cassation , le 7 août 1818 (Devillen. et Car. 5. 1. 516; J. P. 3e éd. ; D. A. 11. 96), que le commissaire de police ne peut être considéré comme magistrat que lorsqu'il exerce les fonctions du ministère public , et que les outrages par paroles qui lui sont adressés dans toutes autres circonstances, ne sont punissables que comme outrages à un fonctionnaire public dans l'exercice de ses fonctions.

59. L'autorisation du Conseil d'état , exigée par l'art.75 de la constitution de l'an VIII, est-elle nécessaire pour poursuivre les commissaires de police ?

Pour résoudre cette question , il faut distinguer entre leurs fonctions : s'ils ont agi comme officiers de la police administrative , ils sont des agents de l'administration , et l'autorisation est évidemment indispensable. ( Mangin, *Action publique,* n° 251. ) Mais s'ils ont agi comme officiers de police judiciaire, ils ne peuvent réclamer que les garanties établies par les art. 483 et 484 du Code d'instruct. crim. , et 10 de la loi du 20 avril 1810. (Décis. du C. d'état du 25 nov. 1831; — Mangin, *ibid.*, n° 252.)

§ 4. — *Commissaires généraux de police. — Commissaires spéciaux. — Commissaires centraux.*

60. *Commissaires généraux.* — Les lois des 28 pluv. an VIII et 9 floréal an XI, et le décret du 23 fructidor an XIII avaient établi dans les villes de cent mille âmes et au-dessus, et dans les principaux ports, des commissaires généraux de police auxquels les commissaires de police étaient subordonnés , et qui pouvaient correspondre directement avec le ministre, quoiqu'ils fussent subordonnés au préfet; mais les conflits fâcheux qui s'élevaient entre les préfets et ces fonctionnaires sur les limites de leurs pouvoirs et de leurs droits respectifs, les ont fait supprimer par un décret du 6 avril 1815. Plus tard, on a essayé de les rétablir; les mêmes inconvénients s'étant représentés, ils ont été supprimés de nouveau.

61. *Commissaires spéciaux.* — Il avait été créé aussi, par le décret du 25 mars 1811, des commissaires spéciaux de police , qui formaient la troisième classe des fonctionnaires dépendant du ministère de la police, et dont les fonctions et attributions étaient déterminées par ce décret. Ils ont été supprimés,

avec les commissaires généraux de police, par le décret précité des 28 mars-6 avril 1815.

62. *Commissaires centraux.* — Aujourd'hui, il existe dans les grandes villes, telles que Rouen, Lyon, Bordeaux, Marseille, des commissaires de police centraux qui n'ont pas, à beaucoup près, l'autorité des anciens commissaires de police généraux. Ils sont subordonnés au préfet, auquel seul ils peuvent faire des rapports. Ils n'ont, à vrai dire, aucune autorité immédiate sur les commissaires de police de leur commune ; ils ne sont institués que pour centraliser l'action de la police , ainsi que leur dénomination l'indique, et pour exercer une certaine surveillance sur les commissaires de police, dont ils ne sont pas les chefs, mais les premiers, *primi inter pares.* Leurs pouvoirs et leurs attributions ne sont pas plus étendus que ceux des commissaires de police ordinaires.

## COMMISSAIRES-PRISEURS.

Les commissaires-priseurs sont des officiers ministériels auxquels la loi confère, soit exclusivement dans certaines circonscriptions territoriales, soit concurremment avec les notaires, greffiers, huissiers et courtiers de commerce dans certaines ventes, le droit de faire la prisée des biens meubles, et d'en opérer la vente publique aux enchères.

ART. 1er. — *Historique.*

ART. 2. — *Organisation des commissaires-priseurs.— Nomination, compétence, limites territoriales d'exercice; âge, incompatibilité, costume, etc. — Cautionnement. — Chambre de discipline. — Bourse commune.*

ART. 3. — *Attributions et droits pécuniaires des commissaires-priseurs.*

ART. 4. — *Obligations particulières des commissaires-priseurs.*

ART. 1er. — *Historique.*

1. L'institution des commissaires-priseurs, qui a son origine dans la création des priseurs-vendeurs de meubles, ne remonte qu'à la dernière moitié du seizième siècle. Au mois de février 1556, Henri II institua « des maîtres-priseurs-vendeurs de meubles en chacune ville et bourgade du royaume.» Par cet édit, le droit de faire les prisées et ventes de biens meubles fut retiré, en principe, aux notaires, greffiers, huissiers et sergents des juridictions

royales, et attribué, moyennant finance, à des officiers spéciaux.

2. Mais ces charges nouvelles ne trouvant point d'acquéreurs, elles furent réunies, par un autre édit de mars 1576, aux offices des sergents royaux, dont les titulaires furent placés dans l'alternative d'abdiquer leurs fonctions premières ou d'acheter, par un supplément de finance, le privilége additionnel qu'on leur conférait. Ce privilége leur fut repris par un troisième édit du mois d'octobre 1696, et fut transféré de nouveau aux *jurés-priseurs-vendeurs de meubles*, que cet édit rétablit et dont il régla les émoluments par un tarif.

3. Cet état de choses dura jusqu'en 1771, époque à laquelle un édit du mois de février prononça la suppression des offices de jurés-priseurs, et ordonna la liquidation et le remboursement des finances dues aux titulaires. Aux termes de l'art. 2 de cet édit, de nouveaux offices de jurés-priseurs devaient être créés dans toutes les villes et bourgs où il y avait justice royale, Paris excepté.

4. On revint un peu plus tard sur cette opération; et par lettres patentes du 7 juillet 1771, il fut sursis jusqu'à nouvel ordre à la levée des offices de jurés-priseurs. Leurs fonctions furent confiées, par *intérim*, aux notaires, greffiers, huissiers et sergents royaux.

5. Le tarif de 1696 fut modifié par lettres-patentes du 3 janvier 1782, qui rendirent les salaires uniformes.

6. Des lettres patentes du 26 juillet 1790, données en conséquence des décrets de l'assemblée nationale des 9 et 21 du même mois, supprimèrent encore une fois les offices de jurés-priseurs. Elles statuent, art. 6, que « les notaires, greffiers, huissiers et sergents sont autorisés à faire les ventes de meubles dans tous les lieux où elles étaient ci-devant faites par les jurés-priseurs. » Toutefois, à Paris, et jusqu'au décret de la convention nationale du 17 sept. 1793, les prisées et ventes de meubles continuèrent d'avoir lieu par le ministère des huissiers-priseurs et des huissiers dits *de l'hôtel*.

7. La convention nationale, par son décret du 17 sept. 1793, confirma les notaires, greffiers et huissiers dans le droit de faire les ventes de meubles dans toute l'étendue du territoire français. La rémunération de ces officiers publics fut fixée, par les art. 3 et 4 du même décret, savoir,

| A PARIS : | liv. | s. |
|---|---|---|
| Ventes, par vacation de 3 heures., ,.. | 3 | » |
| Oppositions, pour enreg. de chacune. | » | 5 |
| Procès-verbaux, pour expédition du procès-verbal de chaque séance, les 2/3 du prix des vacations, ou | 2 | « |

| DANS LES DÉPARTEMENTS : | | |
|---|---|---|
| Ventes et prisées, par vacation de 3 heures | 1 | 10 |
| Oppositions, pour enreg. de chacune. | » | 5 |
| Procès-verbaux, pour expédition du procès-verbal de chaque séance, les 2/3 du prix des vacations, ou | 1 | » |

Le droit de 2 sous 6 deniers par rôle de grosse, demeura supprimé tant à Paris que dans les départements.

8. Mais les notaires, greffiers et huissiers ne devaient pas conserver longtemps le privilége, qu'ils avaient reconquis par la révolution de 1789, de procéder exclusivement aux prisées et ventes de biens meubles.

Il y fut d'abord porté atteinte par la loi du 27 ventôse an IX (18 mars 1801), qui ressuscita l'institution des jurés-priseurs à Paris, en attribuant leurs fonctions à des officiers spéciaux qu'elle créa au nombre de quatre-vingts, sous le titre de *commissaires-priseurs-vendeurs de meubles*. (V. l'exposé des motifs.)

9. En outre, par des considérations d'une frappante analogie avec celles qui déterminèrent Henri II à établir les fonctions spéciales dont on vient de retracer l'histoire, la loi de finance du 28 avril 1816 investit le gouvernement, par son art. 89, du droit d'instituer, dans toutes les villes où il le jugerait convenable, des commissaires-priseurs dont les attributions seraient les mêmes que celles des officiers publics créés par la loi du 27 ventôse an IX. On pourvut sans délai à la nomination de quatre cent cinquante-huit titulaires, répartis dans trois cent quinze villes; sur ce nombre, cent dix-huit refusèrent le titre, d'autres abandonnèrent leur emploi après avoir été installés, et le nombre est réduit aujourd'hui à trois cent trente-sept offices. (V. au *Moniteur* du 23 avril 1843, le rapport fait à la chambre des députés concernant la *loi sur le tarif des commissaires-priseurs*, du 18 juin de la même année.)

Art. 2. — *Organisation des commissaires-priseurs.* — *Nomination, compétence, limites territoriales d'exercice; âge, incompatibilité, costume, etc.* — *Cautionnement.*

— *Chambre de discipline.* — *Bourse commune.*

10. L'organisation des commissaires-priseurs, qui a sa base dans les anciens édits, a été réglée définitivement par les lois combinées des 27 ventôse an IX et 28 avril 1816. L'article 8 de la première fixe à quatre-vingts le nombre de ces officiers publics pour Paris, et l'art. 89 de la seconde dispose qu'il pourra en être établi dans toutes les villes et lieux où la loi le jugera convenable.

11. La loi de ventôse statuait qu'ils seraient nommés par le premier consul, sur une liste de candidats dressée par le tribunal de première instance du département de la Seine. Cette prescription ne fut pas éludée sous l'empire; mais une ordonnance royale du 26 juin 1816, rendue pour l'exécution de la loi du mois d'avril précédent, n'impose plus au choix du chef de l'état, tant pour Paris que pour les départements, d'autre formalité que la présentation du ministre de la justice, subordonnée toutefois, en vertu de l'art. 91 de la loi de finance du 28 avril 1816, rappelée plus haut, à la présentation première du candidat au ministre par le titulaire en fonction.

12. Cette même ordonnance dispose que chaque ville, chef-lieu d'arrondissement ou siège d'un tribunal de première instance, ou comptant une population d'au moins cinq mille âmes, devra être pourvue d'un nombre de commissaires-priseurs égal à celui des justices de paix qui existent dans la ville. Les justices de paix des faubourgs et celles désignées sous le nom d'*extra muros*, sont considérées comme faisant partie de celles des villes dont elles dépendent (art. 1er).

13. Les commissaires-priseurs ont le droit exclusif de faire les prisées et les ventes qui ont lieu à Paris. Ils ont la concurrence des autres officiers ministériels pour les opérations de même nature qui se font dans le département de la Seine (loi du 27 vent. an IX, art. 1er; ordonnance du 26 juin 1816, art. 2). Dans les autres localités, les commissaires-priseurs ont, pour les opérations que la loi leur confie, droit exclusif au chef-lieu de leur établissement, mais ils subissent la concurrence des autres officiers ministériels en dehors des limites de ce chef-lieu, qui détermine la circonscription territoriale dans laquelle ils peuvent instrumenter. Cette circonscription a l'arrondissement pour étendue, si le chef-lieu d'établissement est aussi chef-lieu d'arrondissement; et elle se borne au canton, s'il ne l'est pas (art. 3).

Le droit qu'a le commissaire-priseur d'un chef-lieu d'arrondissement d'exercer dans toute l'étendue de cet arrondissement, cesse pour les villes où se rencontreraient d'autres commissaires-priseurs (ibid.).

14. Les commissaires-priseurs peuvent faire des prisées hors de leur arrondissement; mais alors ils n'agissent que comme experts et à charge de serment.

15. Leur privilége ne s'étend pas aux communes limitrophes du chef-lieu, bien qu'elles en soient considérées comme les faubourgs. (Angers, 28 janvier 1841, S,-V. 41. 2. 163; D. P. 41. 2. 7o.)

Il est défendu à tous particuliers, à tous autres officiers publics, de s'immiscer dans les opérations confiées aux commissaires-priseurs, à peine d'une amende qui ne peut excéder le quart du prix des objets prisés ou vendus (l. du 27 vent. an IX, art. 2).

16. La même ordonnance fixe à vingt-cinq ans, sauf dispense spéciale accordée par la loi, l'âge auquel on peut être admis à exercer les fonctions de commissaire-priseur (art. 10).

17. Elle déclare ces fonctions compatibles, partout ailleurs qu'à Paris, avec celles de notaire, de greffier de justice de paix ou de tribunal de police, et d'huissier (art. 11). Mais elles ont cessé de l'être avec les fonctions de notaire, en vertu d'une autre ordonnance royale du 31 juillet 1822. Elles ne le sont pas non plus avec la profession de marchand de meubles, de marchand fripier ou tapissier, et même d'associé à aucun commerce de cette nature. La peine de la destitution est prononcée, pour ce cas, par ladite ordonnance (art. 12).

18. La nomination des commissaires-priseurs est précédée d'un examen et de renseignements confiés à la chambre de discipline.

19. Les candidats sont tenus, depuis leur admission jusqu'à leur nomination, de travailler chez un commissaire-priseur, et de suivre les ventes confiées à la chambre. (Délibération de la chambre des commissaires-priseurs de Paris, du 20 août 1833.)

20. Les commissaires-priseurs peuvent porter, dans l'exercice de leurs fonctions, une toge de laine noire, fermée par devant, à manches larges; toque noire, cravate tombante de batiste blanche plissée, cheveux longs ou ronds (ibid., art. 8).

21. Ils sont placés sous la surveillance des procureurs près les tribunaux de première instance (*ibid.*, art. 14; l. du 27 vent. art. 10).

22. Ils ne peuvent être installés dans l'exercice de leurs fonctions qu'après avoir prêté serment devant le tribunal de première instance de leur ressort (l. du 27 vent. an IX, art. 9; du 28 avril 1816, art. 96; — ordonn. du 26 juin 1816, art. 3).

23. La loi du 27 ventôse an IX astreignait les commissaires-priseurs de Paris à fournir un cautionnement de la somme de 10,000 fr.; ce cautionnement a été porté à 20,000 fr. par la loi de finance du 2 ventôse an XIII (21 février 1805). Celle du 28 avril 1816 n'a pas changé ce chiffre, et a fixé pour les autres villes des bases dont la population est l'élément, ainsi qu'il résulte du tableau annexé à ladite loi. Les sommes de 4,000 et de 15,000 francs sont les deux degrés extrêmes de cette échelle financière.

24. Les cautionnements des commissaires-priseurs sont affectés, par premier privilége, à la garantie des condamnations qui pourraient être prononcées contre eux, par suite de l'exercice de leurs fonctions; par second privilége, au remboursement des fonds qui leur auraient été prêtés pour tout ou partie de leur cautionnement, et subsidiairement, au paiement, dans l'ordre ordinaire, des créances particulières qui seraient exigibles sur eux (l. du 25 nivôse an XI, art. 1er).

25. Conformément à l'art. 10 de la loi du 27 ventôse, la chambre de discipline des commissaires-priseurs de Paris fut organisée par l'arrêté du 29 germinal an IX (19 avril 1801), qui déclara, sauf plusieurs modifications importantes, le règlement du 13 frimaire an IX (4 déc. 1800), relatif aux avoués, commun aux commissaires-priseurs.

Aux termes de cet arrêté, et du règlement spécial homologué par le tribunal de première instance de la Seine, le 21 frim. an X, la chambre de discipline est composée d'un président, d'un syndic, d'un rapporteur, d'un trésorier, d'un secrétaire et de dix autres membres. Elle tient ses séances ordinaires tous les dix jours. Les membres de la chambre sont nommés par l'assemblée générale des commissaires-priseurs, à la majorité absolue, et ils sont renouvelés tous les ans par tiers. La chambre peut prononcer : 1° le rappel à l'ordre; 2° la censure simple; 3° la censure avec réprimande; 4° une amende de dix francs

pour défaut de comparution du membre inculpé à la deuxième invitation; 5° l'interdiction de l'entrée de la chambre (Réglem. du 21 frimaire, tit. 4, art. 1er). Elle peut encore, en cas de faute grave, délibérer sur la suspension du commissaire-priseur qui s'en est rendu coupable; mais elle doit alors se constituer en chambre de *grande discipline*, et appeler dans son sein seize autres membres de la compagnie. Si l'avis est pour la suspension, il doit être déposé au greffe du tribunal de première instance, et l'expédition en être transmise au procureur du roi (*ibid.*, art. 2 et 3). Tout avis de la chambre, sauf en matière de police et de discipline, est sujet à l'homologation du même tribunal.

26. Cet état de choses a été confirmé par la loi du 18 juin 1843, dont l'art. 9 porte : « Les commissaires-priseurs de Paris continueront à être régis par les dispositions de l'arrêté du 29 germ. an IX relativement à leur chambre de discipline. Les dispositions de cet arrêté pourront être étendues, par ordonnance royale rendue dans la forme des règlements d'administration publique, aux chambres de discipline qui seraient instituées dans d'autres localités. »

27. Dans les villes où il existe des monts-de-piété, des commissaires-priseurs choisis parmi ceux résidants dans ces villes sont exclusivement chargés de toutes les opérations de prisées et de vente, ainsi que cela est établi pour les commissaires-priseurs de Paris par le règlement du 27 juillet 1805. La désignation des commissaires-priseurs près des monts-de-piété est faite par les administrateurs de ces établissements, qui fixent le nombre de ces officiers nécessaire pour le service. (Ordon. du 26 juin 1816, art. 5.) — V. Mont-de-Piété.

28. Les commissaires-priseurs ont une bourse commune dont les fonds se composent : 1° du produit des déclarations de ventes; 2° du montant des peines pécuniaires encourues par les commissaires-priseurs; 3° des deux cinquièmes des droits provenant des ventes. Ces fonds sont affectés, comme garantie spéciale, au paiement des deniers produits par les ventes, et sont saisissables. (Arrêté du 29 germ. an IX, art. 19; — Règlement, tit. 8, art. 1er.) Par ordonnance royale du 18 février 1815, la quotité des versements à faire sur les remises proportionnelles a été élevée à la moitié, au lieu des deux cinquièmes, et cette

disposition se trouve maintenue par l'art. 5 de la loi du 18 juin 1843.

29. Le rapport à la bourse commune a lieu de deux en deux mois. La répartition des émoluments se fait également tous les deux mois, et par portion égale entre tous les membres. (Arr. de germ., art. 12 ; — Règlement, tit. 8, art. 2 et 7.)

30. Un arrêt de la Cour de cassation, du 24 juin 1833 (S.-V. 33. 1 692 : D. P. 33. 1. 258), a décidé que les commissaires-priseurs des départements, à la différence de ceux de Paris, ne sont pas tenus de verser à la bourse commune, outre la moitié de leurs droits fixes de vacation, la moitié des honoraires ou des droits proportionnels qui leur sont alloués par les traités faits avec les parties. La doctrine de cet arrêt, qui faisait une application peut-être un peu judaïque de la législation antérieure, ne saurait se maintenir en présence de la loi du 18 juin 1843, qui a établi un tarif de droits fixes et proportionnels, tant pour les commissaires-priseurs des départements que pour ceux de Paris.

31. L'arrêté du 29 germ. an ix, après avoir déterminé la portion des droits de vente que chacun doit verser dans la bourse commune, admet (art. 11) une exception en faveur des commissaires-priseurs spécialement attachés aux monts-de-piété. Cet article est ainsi conçu : « Les commissaires-priseurs spécialement attachés à l'établissement du mont-de-piété étant soumis personnellement à une garantie sur les prêts, pourront, par un traité particulier passé entre eux et les autres commissaires, régler la somme que les premiers verseront dans la bourse commune par voie d'abonnement. Ce traité sera soumis à l'homologation du tribunal de première instance, sur les conclusions du commissaire du gouvernement. »

C'est encore aujourd'hui en vertu du traité passé par suite de cette disposition, le 10 germ. an x, que les commissaires-priseurs attachés au mont-de-piété de Paris versent à la bourse commune trois huitièmes seulement de leurs droits sur les ventes, au lieu de la moitié formant la part contributive de leurs confrères.

32. Lorsque le décret du 8 therm. an xiii sur l'organisation des monts-de-piété, vint rendre la compagnie tout entière garante des suites de l'estimation des objets sur lesquels s'effectuent les prêts, elle tenta de modifier le traité et d'augmenter la part contri-

butive de ceux de ses membres qui étaient spécialement attachés à cette administration ; mais deux jugements motivés du tribunal de première instance établirent que la responsabilité qu'imposaient à ceux-ci les règlements et leur traité lui-même, suffisait à la garantie de leurs opérations, et ne laissait en réalité peser aucun risque sur la compagnie. La délibération prise à ce sujet par la compagnie ne fut pas homologuée, et, depuis lors, quoique les opérations du mont-de-piété aient pris une grande extension, l'état des choses est resté le même, et la loi du 18 juin 1843 l'a de nouveau sanctionné en ces termes : « Les commissaires priseurs attachés aux monts-de-piété et les commissaires-priseurs du domaine feront leurs versements à la bourse commune, conformément aux traités passés entre eux et les autres commissaires. Ces traités seront soumis à l'homologation du tribunal de première instance, sur les conclusions du procureur du roi. » (Art. 5, § 2.)

« Toute convention entre les commissaires-priseurs qui aurait pour objet de modifier directement ou indirectement le taux fixé par l'article précédent, est nulle de plein droit, et les officiers qui auraient concouru à cette convention encourront les peines prononcées par l'art. 4. » (Art. 6.) Ces peines sont une suspension de quinze jours à six mois, la destitution pouvant être prononcée en cas de récidive.

33. Les veuves et enfants des commissaires-priseurs décédés ont droit à la part de ces derniers dans la répartition de la bourse commune, jusqu'au jour de la prestation de serment par les successeurs. Ce droit ne peut s'étendre néanmoins au delà de la troisième répartition bimestrielle, et le bénéfice en est insaisissable et incessible. (Règlement, tit. 8, art. 9.)

34. Il y a des commissaires-priseurs honoraires. Deux décisions de la chambre de discipline, des 12 mai 1820 et 17 avril 1823, ont fixé, pour Paris, les conditions de cette distinction.

Art. 3. *Attributions et droits pécuniaires de commissaires-priseurs.*

35. C'est encore à la loi du 27 vent. an ix qu'il faut se reporter pour déterminer les attributions des commissaires-priseurs.

L'art. 1er leur attribue les prisées des meu-

IV.                                            39

bles et les ventes publiques, aux enchères, d'effets mobiliers.

36. Mais le sens de cette expression, *effets mobiliers*, a besoin d'être précisé.

Les auteurs et la jurisprudence s'accordent à reconnaître que cette expression n'a pas ici le sens général que lui donne l'art. 535 C. civ., et ne s'entend que des meubles *corporels* proprement dits. En effet, la loi de l'an IX est antérieure de près de trois années à la promulgation du titre du Code civil qui contient l'art. 535. Ce n'est donc pas à la définition donnée par cet article qu'elle a pu se référer, mais bien aux dispositions antérieures. Or, les monuments de la législation et de la jurisprudence ancienne attestent que les huissiers-priseurs, qu'ont remplacé les commissaires-priseurs, n'avaient le droit de vendre que les meubles susceptibles d'une tradition manuelle et non les meubles *incorporels*, tels qu'un achalandage, une clientèle. ( V. une déclaration du roi du 18 juin 1758, et un arrêt du parlement de Paris du 17 juin 1777.) Tel est le sens restreint que doivent avoir les expressions de la loi de l'an IX.

La Cour de cassation a formellement consacré cette doctrine dans un arrêt fortement motivé du 23 mars 1836. (S.-V. 36. 1. 161 ; J. P. 3e édit. ; D. P. 36. 1. 159.) — V. encore un arrêt de Paris du 15 juin 1833 (S.-V. 33. 2. 339 ; J. P. 3e édit. ; D. P. 33. 2. 233 .).—V. aussi le rapport de M. Breton, député, sur la loi du 15 mars 1817;—Merlin, *Rép.*, vo Vente, § 8, art. 3, no 5 ; Roll. de Vill., *Rép. du not.*, vo Vente de meubles, no 15 ; Bioche et Goujet, vo Huissiers, no 52.

37. Cette interprétation se confirme par d'autres motifs non moins graves, et tirés presque tous de la nature même des attributions conférées aux commissaires-priseurs.

Il faut remarquer d'abord que la législation qui règle ces attributions est toute spéciale et d'exception ; d'où il suit qu'au lieu d'en étendre les termes, il conviendrait au contraire d'en restreindre et modérer l'application.

C'est ce qui devient plus évident encore, lorsqu'on remonte au besoin qui l'a fait naître et à la pensée qui l'a dictée. On a voulu mettre un terme aux encans scandaleux ouverts par la mauvaise foi et où les objets volés trouvaient un recelé facile, assurer au fisc la perception complète de ses droits, et préserver le commerce en boutique du tort journalier que ces encans lui causaient.

Ce motif de leur institution et l'usage généralement suivi par les commissaires-priseurs de faire leurs ventes au comptant, font bien voir que les effets mobiliers qu'ils sont autorisés à vendre sont des meubles dans toute l'acception du mot, c'est-à-dire des objets mobiles pouvant être livrés et emportés à l'instant même contre le paiement du prix.

En outre, les commissaires-priseurs ne peuvent, sans empiéter sur les attributions des notaires, recevoir les conventions des parties. (L. 25 vent. an XI, art. 1.) Or, la vente des meubles incorporels, tels qu'une clientèle, un achalandage, amène presque toujours des conventions accessoires, des garanties personnelles ou hypothécaires, des transports de droits, des cessions de baux. De telles conventions ne peuvent être reçues que par les notaires, et par conséquent les ventes auxquelles elles se rattachent doivent échapper aux commissaires-priseurs. V. *suprà*, no 36, l'arrêt de Cass. du 23 mars 1836.

38. On a décidé, par application de ce principe, qu'aux notaires seuls et non aux commissaires-priseurs, appartient le droit de procéder à la vente d'un fonds de commerce, du droit au bail des lieux où ce fonds s'exploite, d'un brevet d'invention, encore que la vente comprenne des métiers, ustensiles et autres objets mobiliers dépendant du fonds de commerce ; ces objets n'en devront être considérés que comme l'accessoire. (Paris, 4 déc. 1823, S.-V. 24. 2. 77 ; J. P. 3e édit. ; — 15 juin 1833, S.-V. 33. 2. 339 ; J. P. 3e édit. ; D. P. 33. 2. 233 ; — Colmar, 30 janv. 1827, S. V. 27. 2. 151 ; D. P. 27. 2. 131;—Cass. 15 fév. 1826, S.-V. 26. 1. 271 ; J. P. 3e édit. ; D. P. 26. 1. 140 ; — 23 mars 1836, *suprà*, no 36;— Bioche et Goujet, vo Huissier, no 53 ; Rolland de Villargue, vo Vente de fonds de commerce, no 4, et vo Vente de meubles, nos 17 et 31.) — V. Vente de fonds de commerce.—Mais il importe de remarquer que les objets mobiliers ainsi vendus par les notaires comme accessoires d'un fonds de commerce, ne peuvent l'être qu'en masse, et non en détail. — V. Notaire, Vente de meubles.

39. C'est encore en restreignant ainsi le sens du mot *effets mobiliers* que de nombreux arrêts, et presque tous les auteurs, ont décidé que les ventes publiques de récoltes sur pied et de fruits non coupés appartiennent aux notaires, à l'exclusion des commissaires-priseurs. Les récoltes et les fruits non coupés sont en

effet immeubles, et bien que la vente qui en est faite puisse être mobilisée, parce qu'ils sont vendus pour être coupés, les commissaires-priseurs n'ont pas le droit de se prévaloir de cette circonstance, et l'art. 520 du C. civ. s'applique à leur égard dans toute sa rigueur.

La Cour de cassation avait d'abord jugé que l'application de cet article devait être restreinte au cas où il s'agissait de régler les droits des propriétaires, des usufruitiers ou des héritiers entre eux, et, par un arrêt du 8 mars 1820, elle avait proclamé le droit des commissaires-priseurs à faire ces sortes de ventes. (S.-V. 20. 1. 277; J. P. 3ᵉ édit.; D. A. 12. 936.) Plusieurs cours, et notamment celle de Paris, ont suivi cette doctrine. (Paris, 16 mai 1829, S.-V. 29. 2. 155; J. P. 3ᵉ édit.; D. P. 33. 2. 107; — 29 fév. 1832, J. P. 3ᵉ éd.; D. P. 33. 2. 75; — 6 août 1835, J. P. 3ᵉ éd.; — Orléans, 8 mars 1833, S.-V. 33. 2. 470; D. P. 33. 2. 162.)

Mais la Cour de cassation est revenue sur cette décision, et la cour de Paris l'a suivie dans ce retour aux vrais principes. ( Cass. 18 juill. 1826, S.-V. 27. 1. 93 ; J. P. 3ᵉ édit.; D. P. 26. 1. 419; — 8 juin 1831, S.-V. 31. 1. 225; J. P. 3ᵉ édit.; D. P. 31. 1. 212; — 11 mai 1837, S.-V. 37. 1. 709; J. P. 1837. 1. 417; D. P. 37. 1. 312; — 28 avril 1838, J. P. 1838. 2. 208; — Paris, 1ᵉʳ juin 1840, J. P. 1840. 2. 148; D. P. 40. 2. 237; — 25 juin 1840, J. P. 1840. 2. 149 ; D. P. 40. 2. 238.)

40. C'est encore par application du principe général énoncé nᵒ 37, qu'on décide que les commissaires-priseurs ne peuvent, dans leurs procès-verbaux de ventes, stipuler des termes pour le paiement. Ce point, toutefois, a été et est encore entre eux et les notaires un sujet de vives controverses. Les commissaires-priseurs soutiennent que la loi leur ayant attribué le droit de faire des ventes, elle leur a par là même conféré le droit de recevoir toutes les stipulations accessoires qui peuvent s'y rattacher; qu'il faudrait pour qu'il en fût autrement, qu'il y eût à cet égard une prohibition formelle; qu'au contraire, la loi de l'an ix (art. 3) leur permet de recevoir *toutes déclarations relatives aux ventes* ; qu'enfin l'art. 624 du Code de proc., qui, pour le cas particulier des ventes sur saisie-exécution, exige que le prix soit payé comptant, fait assez comprendre que dans tout autre cas il n'est pas nécessaire qu'il en soit ainsi, puis-

qu'alors cette disposition serait complétement oiseuse. Mais on leur répond, et victorieusement selon nous, que le droit conféré par la loi aux commissaires-priseurs n'est pas de recevoir des actes de vente, mais seulement de procéder à des ventes d'objets mobiliers, et de les constater par des procès-verbaux ; qu'aux notaires seuls appartient le droit de recevoir les conventions des parties (l. du 25 vent. an xi, art. 1); que les anciens monuments législatifs qui ont déterminé les attributions des commissaires-priseurs, notamment l'édit de 1556 et l'acte de notoriété du Châtelet, du 25 mai 1703, ne leur attribuent que les ventes au comptant; que la loi du 27 vent. an xi n'a eu pour but que de rétablir, sous le nom de commissaires-priseurs, les anciens huissiers-priseurs, et nullement de modifier leurs fonctions, déterminées par la législation antérieure; que l'expression *toutes déclarations relatives aux ventes*, employée par cette loi, ne peut s'entendre que du fait même de la vente, puisque autrement il faudrait aller jusqu'à dire qu'elle s'applique à toute espèce de conventions, même aux concessions d'hypothèques, ce que personne n'oserait soutenir; enfin, que l'art. 624 du C. de proc. n'est que l'application à un cas particulier et important du principe général, application qu'il n'était pas inutile de faire expressément, le principe n'étant point écrit textuellement dans nos lois modernes. ( V. conf. Colmar, 30 janvier 1827, S.-V. 27. 2. 151 ; J. P. 3ᵉ édit.; D. P. 27. 2. 131 ; — 27 mai 1837, S.-V. 37. 2. 372; J. P. 1837. 2. 48; D. P. 37. 2. 138 ; — Paris, 26 avril 1830, S.-V. 30. 2. 235 ; J. P. 3ᵉ éd.; D. P. 30. 2. 187; — 15 juin 1833, S.-V. 33. 2. 339; J. P. 3ᵉ édit.; D. P. 33. 2. 233 ; — 1ᵉʳ et 25 juin 1840, J. P. 1840. 2. 148; D. P. 40. 2. 237, 40. 2. 238. )

41. Cependant, lorsqu'à raison de ces sortes de stipulations, que les commissaires-priseurs n'ont pas qualité pour recevoir, l'intervention d'un notaire dans la vente devient nécessaire, son concours ne doit avoir lieu qu'en le conciliant avec l'exercice du droit du commissaire-priseur, auquel appartient toujours l'opération matérielle de la vente, et les droits qui en résultent. (Nancy, 20 déc.1833, J. P. 1837. 1. 229; — Cass. 8 mars 1837, S.-V. 37.1.181; J. P. 1837. 1. 229; D. P. 37. 1. 168.)

42. Si donc un commissaire-priseur recevait dans un procès-verbal de vente les conventions spéciales que les parties voudraient former,

ces conventions seraient radicalement nulles ; elles ne vaudraient même pas comme acte sous seing-privé, puisque les procès-verbaux des commissaires-priseurs ne sont point signés des parties. Toutefois, la vente consommée des objets mobiliers n'en serait pas moins valable. Nous devons même ajouter que, quoique les commissaires-priseurs n'aient pas le droit de consigner dans leurs procès-verbaux des stipulations sur le terme, rien ne s'oppose à ce qu'en fait ils accordent crédit aux acheteurs, sous leur responsabilité personnelle. La cour de cassation l'a reconnu dans son arrêt du 8 mars 1837, déjà cité, n° 41.

MM. Bioche et Goujet ( v° Commissaire-priseur, n° 7 ), se fondant sur l'arrêt déjà cité, n° 40, de la cour royale de Paris, du 26 avril 1830, prétendent que si un commissaire-priseur avait procédé à une vente, en stipulant un terme ou des conditions accessoires, les parties seules seraient recevables à s'en plaindre, et que ce droit n'appartiendrait point au notaire de la même résidence, sur les attributions duquel cet empiétement aurait eu lieu. Nous ne pouvons admettre cette décision, qui nous paraît contraire aux principes. La Cour de cassation a reconnu plusieurs fois, et notamment le 23 mars 1836 ( J. P. 3° édit. ; D. P. 36 1. 159 ), le droit qu'ont les notaires de se plaindre des ventes à terme consommées par le ministère des commissaires-priseurs. La cour royale de Paris elle-même est revenue sur la jurisprudence de son arrêt du 26 avril 1830 par deux autres décisions du 26 mai 1832 (J. P. 3° édit. ; D. P. 33. 2. 233) et du 15 juin 1833 ( S.-V. 33. 2. 339 ; J. P. 3° édit. ; — V. encore Paris, 10 juin 1826, Devillen. et Car. 8. 2. 243 ; J. P. 3° édit. )

43. Le privilége des commissaires-priseurs ne s'étend pas à la vente du *mobilier de l'état*. La loi du 2 nivôse an IV, art. 2, autorise le gouvernement à faire procéder à la vente de ce mobilier de la manière qu'il trouvera la plus prompte et la plus avantageuse ; et en exécution de cette loi, un arrêté du Directoire exécutif, du 23 nivôse an 6, a ordonné, art. 3, que ces ventes seront faites exclusivement par les receveurs ou autres préposés de la régie de l'enregistrement et des domaines. La cour royale de Paris avait jugé, par arrêt du 6 févr. 1830 ( S -V. 30. 2. 174 ; J. P. 3° édit. ), que cet arrêté avait été abrogé par les lois des 22 pluv. an VII et 27 vent. an IX,

de telle façon que, depuis la première de ces lois, les notaires, huissiers ou greffiers, et depuis la seconde, les commissaires-priseurs, avaient le privilége exclusif de vendre le mobilier de l'état : mais cette décision a été cassée le 7 mai 1832. (S.-V. 32. 1. 325 ; J. P. 3° éd.) La Cour de cassation a jugé par cet arrêt que la loi du 2 nivôse an IV et l'arrêté du 23 nivôse an VI forment une législation spéciale qui n'a pu être abrogée que par une loi expressément contraire, et qu'elle ne l'a été ni par les arrêtés des 12 fruct. an IV et 25 nivôse an V, ni par les lois des 22 pluv. an VII et 27 ventôse an IX ; qu'elle a été au contraire confirmée et maintenue par l'arrêté des consuls du 9 floréal an IX. ( V. conf. Orléans, 20 juin 1833, S.-V. 33. 2. 445 ; J. P. 3° éd. ; — Bioche et Goujet, v° Huissier, n° 55. )

44. Toute opposition, toute saisie-arrêt formées entre les mains des commissaires-priseurs, relatives à leurs fonctions ; toute signification de jugement prononçant la validité desdites opposition ou saisie-arrêt, seront sans effet, à moins que l'original desdites opposition, saisie-arrêt ou signification de jugement, n'ait été visé par le commissaire-priseur, ou, en cas d'absence ou de refus, par le syndic desdits commissaires, ou bien encore qu'il n'ait été dressé procès-verbal par l'huissier, qui sera tenu de le faire viser par le maire de la commune. ( L. du 27 vent. an IX, art. 4 ; ordonn. du 26 juin 1816, art. 7. )

45. Les commissaires-priseurs peuvent recevoir toute déclaration concernant les ventes, recevoir et viser toutes les oppositions qui y seront formées, introduire devant les autorités compétentes tous référés auxquels leurs opérations pourront donner lieu, et citer à cet effet les parties intéressées devant lesdites autorités. ( L. 27 vent. an IX, art. 3. )

46. C'est aux commissaires-priseurs que la loi confie la police dans les ventes. Ils ont le droit de faire toute réquisition pour y maintenir l'ordre. ( *Ibid.*, art. 5. )

47. Le décret impérial du 22 nov. 1811 est ainsi conçu : « Les ventes publiques de marchandises à la Bourse et aux enchères, que l'art. 492 du Code de comm. autorise les courtiers de commerce à faire en cas de faillite, pourront être faites par eux, *dans tous les cas,* même à Paris, avec l'autorisation du tribunal de comm., donnée sur requête. (Art. unique.) Il résulta de ce décret des difficultés et des réclamations qui en provoquèrent un nouveau,

en date du 17 avril 1812. Par suite de celui-ci, les courtiers de commerce de Paris n'eurent plus, hors le cas de faillite, que le droit de vendre à la Bourse, après autorisation du tribunal consulaire, certaines marchandises comprises dans un tableau annexé au décret, et il en fut de même dans les autres villes de France, sauf en un point, la rédaction de l'état des marchandises, que le législateur confia aux tribunaux et chambres de commerce, à la charge de l'approbation du ministre du commerce et des manufactures. Une ordonnance du 23 avril 1819 vint encore modifier et compliquer cette législation, sur laquelle les commissaires-priseurs et les courtiers de commerce fondèrent des prétentions rivales, et engagèrent ces longues contestations auxquelles les lois du 28 avril 1838, sur les faillites, et du 25 juin 1841, sur les ventes aux enchères de marchandises neuves, ont enfin mis un terme. —V. Courtiers.

48. Depuis la loi du 25 juin 1841, les ventes en détail et aux enchères de marchandises neuves, ne sont permises que lorsqu'elles sont prescrites par la loi ou faites par autorité de justice, ou lorsqu'elles ont lieu après décès, faillite ou cessation de commerce, et dans les autres cas de nécessité dont l'appréciation est soumise au tribunal consulaire. Ne sont pas comprises non plus dans la prohibition les ventes à cri public de comestibles et objets de peu de valeur, connus dans le commerce sous le nom de menue mercerie. (L. 25 juin 1841, art. 2.)

Les ventes publiques et en détail de marchandises neuves, qui ont lieu après décès ou par autorité de justice, sont faites selon les formes prescrites par les officiers ministériels préposés pour la vente forcée du mobilier, conformément aux art. 625 et 945 du C. de proc. civ. (*Ibid.*, art. 3. V. le rapport de M. Hébert).

49. Quant aux ventes publiques aux enchères de marchandises neuves en gros, elles sont faites par le ministère des courtiers de commerce (l. 25 juin 1841), et dans les lieux où il n'y a point de courtiers de commerce, par les commissaires-priseurs, les notaires, les huissiers et greffiers de justice de paix, selon les droits qui leur sont respectivement attribués par les lois et règlements. Ces officiers ministériels sont, pour ces ventes, soumis aux formes, conditions et tarifs imposés aux courtiers. (*Ibid.*, art. 10.)

50. Les ventes publiques et par enchères, après cessation de commerce et dans les autres cas de nécessité prévus par l'art. 2 de la loi du 25 juin 1841, et énoncés plus haut, ne peuvent avoir lieu qu'autant qu'elles ont été préalablement autorisées par le tribunal de commerce, sur la requête du commerçant-propriétaire, à laquelle doit être joint un état détaillé des marchandises. Le tribunal constate par son jugement le fait qui donne lieu à la vente; il indique le lieu de son arrondissement où elle se fera; il peut même ordonner que les adjudications n'auront lieu que par lots dont il fixe l'importance. Il décide, d'après les lois et règlements d'attribution, qui, des courtiers ou des commissaires-priseurs et autres officiers publics, sera chargé de la réception des enchères. Des affiches apposées à la porte du lieu où se fait la vente énoncent le jugement qui l'a autorisée (*Ibid.*, art. 5).

51. Toute contravention aux dispositions qui précèdent est punie de la confiscation des marchandises mises en vente, et, en outre, d'une amende de cinquante à trois mille francs, prononcée solidairement par le tribunal de police correctionnelle, tant contre le vendeur que contre l'officier qui l'a assisté, sans préjudice des dommages-intérêts, s'il y a lieu. (art. 7.)

52. Les ventes de marchandises après faillite sont faites par un officier public de la classe que le juge-commissaire détermine. (C. comm., art. 486; l. 25 juin 1841, art. 4, § 1er.) Le juge-commissaire décide si la vente doit être faite par un commissaire-priseur, par un courtier de commerce ou par un autre officier, et une fois la classe désignée, le syndic y choisit l'officier qui doit procéder.

53. Quant au *mobilier* du failli, il ne peut être vendu aux enchères que par le ministère des commissaires-priseurs, notaires, huissiers ou greffiers de justice de paix, conformément aux lois et règlements qui déterminent les attributions de ces différents officiers. (*Ibid.*, art. 4, § 2.)

54. En étendant le principe de l'institution à toute la France, l'art. 89 de la loi du 28 avril 1816 avait disposé, d'une manière formelle, que, jusqu'à ce qu'il eût été statué par une loi générale sur les vacations et frais desdits officiers, les commissaires-priseurs des départements ne pourraient percevoir autres et plus forts droits que ceux fixés par la loi du 17 sept. 1793. Or, ces droits n'étant que de *une livre dix sous* pour chaque vacation de prisée ou vente; de *cinq sous* par enregistrement de

chaque opposition, et de *une livre* pour expédition du procès-verbal de chaque séance (l. du 25 juillet 1790, art. 8; du 17 septembre 1793, art. 3 et 4 ), leur insuffisance, généralement admise, ne tarda pas à faire naître une foule de réclamations et d'abus qui motivèrent plusieurs projets de lois, demeurés sans résultat dans les sessions de 1817, 1818 et 1840. Mais cet état de choses a été changé par la loi récente du 18 juin 1843, dont l'article 1er contient, tant pour les commissaires-priseurs de Paris que pour ceux des départements, le nouveau tarif ci-après :

|  | fr. | c. |
|---|---|---|
| 1° *Droits de prisée.* — Pour chaque vacation de trois heures, à Paris, Lyon, Bordeaux, Rouen, Toulouse et Marseille... | 6 | » |
| Partout ailleurs................ | 5 | » |
| 2° *Assistance aux référés.* — Pour chaque vacation, à Paris et les autres villes désignées plus haut.......... | 5 | » |
| Partout ailleurs.................. | 4 | » |

3° *Droits de vente.* — Non compris les déboursés pour y parvenir et en acquitter les droits, non plus que la rédaction des placards, 6 p. % sur le produit, *sans distinction de résidence.*

Il pourra en outre être alloué une ou plusieurs vacations, sur la réquisition des parties constatée par procès-verbal du commissaire-priseur, à l'effet de préparer les objets mis en vente. Ces vacations extraordinaires ne seront passées en taxe qu'autant que le produit de la vente s'élèvera à 3,000 f. Chacune de ces vacations de trois heures donnera droit aux émoluments fixés par le n° 1 du présent article.

| 4° *Expédition ou extraits de procès-verbaux de vente, s'ils sont requis.*—Outre le timbre, et pour chaque rôle de vingt-cinq lignes à la page et de quinze syllabes à la ligne.................. | 1 | 50 |
|---|---|---|
| *Consignation à la caisse, s'il y a lieu.* — Pour Paris, Lyon, Bordeaux, Rouen, Toulouse et Marseille............... | 6 | » |
| Partout ailleurs.................. | 5 | » |

*Assistance à l'essai ou au poinçonnage des matières d'or et d'argent.* —
| Pour Paris et les autres villes désignées plus haut.......................... | 6 | » |
|---|---|---|
| Partout ailleurs.................. | 5 | » |

*Paiement des contributions*, conformément aux dispositions des lois des 5-18 août 1791 et 12 novembre 1808. —

| Pour Paris et les autres villes désignées plus haut........................ | 4 | » |
|---|---|---|
| Partout ailleurs................. | 3 | » |

Toutes perceptions directes ou indirectes, autres que celles ci-dessus, à quelque titre et sous quelque dénomination qu'elles aient lieu, sont formellement interdites par l'art. 3 de la même loi. En cas de contravention, le commissaire-priseur peut être suspendu ou destitué, sans préjudice de l'action en répétition de la partie lésée et des peines prononcées par la loi contre la concussion.

Il est également interdit aux commissaires-priseurs, par l'art. 4, de faire aucun abonnement ou modification à raison des droits ci-dessus fixés, si ce n'est avec l'État et les établissements publics. Toute contravention à cet égard est punissable d'une suspension de quinze jours à six mois, et la destitution peut même être prononcée en cas de récidive.

55. Les droits des commissaires-priseurs attachés aux monts-de-piété sont, pour vacations et frais de ventes, réglés par *quotité* sur le produit desdites ventes (décr. du 8 therm. an XIII, art. 80). Ils sont fixés par le conseil d'administration de ces établissements au commencement de chaque année, pour toute l'année, sauf la confirmation du ministre, sur l'avis du préfet. Ces droits sont à la charge des acquéreurs (*ibid.*, art. 81 et 82).

56. De même que les avocats à la Cour de cassation, notaires, avoués, greffiers, huissiers, agents de change et courtiers, les commissaires-priseurs sont investis, par l'art. 91 de la loi de finance du 28 avril 1816, du droit de présenter leur successeur à la nomination du chef de l'État. Le cas de destitution met obstacle à l'exercice de cette faculté qui n'entrave pas le droit qu'a le gouvernement de réduire le nombre de ces divers officiers publics, s'il le juge convenable.

Art. 4. — *Obligations particulières des commissaires-priseurs.*

57. Comme tous les autres officiers publics ayant qualité pour procéder à des ventes de meubles aux enchères, les commissaires-priseurs sont tenus de faire préalablement la déclaration de ces ventes au bureau de l'enregistrement dans l'arrondissement duquel elles doivent avoir lieu. Cette déclaration est inscrite sur un registre tenu à cet effet. Elle est datée; elle contient les nom, qualité et domicile de l'officier, ceux du requérant, ceux

de la personne dont le mobilier est mis en vente, et l'indication de l'endroit où doit se faire la vente et du jour de son ouverture; elle est signée par l'officier public, et il lui en est fourni une copie, sans autres frais que le prix du papier timbré sur lequel cette copie est délivrée; elle ne peut servir que pour le mobilier de celui qui y est dénommé. Le registre est en papier non timbré; il est coté et paraphé, sans frais, par le juge de paix dans l'arrondissement duquel est le bureau d'enregistrement. (l. 22 pluv. an vii, art. 2, 8 et 4.)

58. Les commissaires-priseurs sont tenus, en outre, de faire, au secrétariat de leur chambre, la déclaration de toutes les ventes dont ils sont chargés, vingt-quatre heures au moins avant le commencement de la vente, et d'indiquer les jour, lieu et heure où elles doivent se faire, ainsi que le nom des requérants, sous peine de payer trois francs pour la première fois, dix francs pour la seconde, et vingt-cinq francs pour la troisième. Ces déclarations sont reçues moyennant un franc, et sont portées, jour par jour, sur un registre ouvert à cet effet, signé et paraphé par le président. (Arrêté du 29 germ. an ix, art. 8.)

59. Les commissaires-priseurs doivent transcrire, en tête de leurs procès-verbaux de vente, les copies de leurs déclarations. Chaque objet adjugé doit être porté de suite au procès-verbal; le prix doit y être inscrit en toutes lettres et tiré hors ligne en chiffres. Chaque séance est close et signée par le commissaire-priseur et deux témoins domiciliés. Lorsqu'une vente a lieu par suite d'inventaire, il en est fait mention au procès-verbal, avec indication de la date de l'inventaire, du nom du notaire qui y a procédé, et de la quittance de l'enregistrement.

60. Les procès-verbaux ne peuvent être enregistrés qu'aux bureaux où les déclarations ont été faites. Le droit d'enregistrement est perçu sur le montant des sommes que contient cumulativement le procès-verbal des séances à enregistrer dans le délai prescrit par la loi sur l'enregistrement.

61. Les contraventions aux dispositions qui précèdent sont punies des amendes ci-après, savoir : De cent francs, contre tout commissaire-priseur qui procède à une vente sans en avoir fait la déclaration au bureau de l'enregistrement; de vingt-cinq francs, pour défaut de transcription, en tête du procès-verbal, de

ladite déclaration; de cent francs, pour chaque article adjugé et non porté au procès-verbal de vente, outre la restitution du droit; de cent francs, pour chaque altération de prix des articles adjugés faite dans le procès-verbal, indépendamment de la restitution du droit et des peines de faux; de quinze francs, pour chaque article dont le prix ne serait pas écrit en toutes lettres au procès-verbal. Les autres contraventions que les commissaires-priseurs pourraient commettre contre les dispositions de la loi sur l'enregistrement, sont punies par les amendes et restitutions qu'elle prononce. (l. 22 pluv. an vii, art. 5, 6 et 7.)

62. Les officiers publics qui ont à procéder aux ventes du mobilier de l'état et à celles des effets du mont-de-piété, sont dispensés d'en faire la déclaration au bureau de l'enregistrement. (l. 22 pluv. an vii, art. 9.)

63. Les commissaires-priseurs doivent être munis d'un répertoire sur lequel ils inscrivent, jour par jour, leurs procès-verbaux. Ce répertoire est visé au commencement, coté et paraphé à chaque page par le président du tribunal de leur arrondissement. Il est arrêté tous les trois mois par le receveur de l'enregistrement, et une expédition en est déposée chaque année, avant le 1er mars, au greffe du même tribunal. (Ordonn. du 26 juin 1816, art. 13.)

64. Une ordonnance royale, du 1er mai 1816, a remis en vigueur la disposition de l'arrêt du Conseil d'état du 13 novemb. 1778, qui oblige les notaires, greffiers, huissiers et tous autres officiers publics ayant droit de procéder aux ventes mobilières, de comprendre dans leurs procès-verbaux tous les articles exposés en vente, tant ceux par eux adjugés en totalité ou sur simple échantillon, que ceux *retirés* ou *livrés* par les propriétaires ou les héritiers pour le prix de l'enchère et de la prisée, sous peine de cent francs d'amende.

65. L'ordonnance royale du 3 juillet 1816, qui règle les attributions de la caisse des dépôts et consignations, créée par la loi du 28 avril précédent, soumet encore les commissaires-priseurs aux obligations ci-après : 1° ils sont tenus, en présentant leurs procès-verbaux de vente à l'enregistrement, de déclarer au pied de la minute, et de certifier par leur signature, qu'il a été ou n'a pas été fait d'oppositions, et qu'ils ont ou n'ont pas connaissance d'oppositions aux scellés ou autres opérations qui ont précédé la vente (sect. 2, art. 7); 2° en

cas d'oppositions prévues par les art. 656 et 657 du Code de procédure civile, de verser à la caisse des dépôts et consignations les deniers provenant de la vente, dans la huitaine suivant l'expiration du mois accordé aux créanciers par l'art. 657 du même code pour procéder à une distribution amiable; et en cas d'oppositions ordinaires, dans la huitaine du mois couru depuis la dernière séance du procès-verbal de vente (sect. 2, art. 8).

66. Un autre devoir, commun ainsi que les précédents aux commissaires-priseurs et aux autres officiers publics dont le ministère peut être requis pour opérer des ventes de meubles, est celui qui résulte des lois relatives aux contributions personnelle et mobilière et des patentes. Ils ne peuvent, sous leur responsabilité propre, se dessaisir des fonds de la vente avant de s'être assurés que celui à qui ils appartiennent ne doit rien au trésor.

67. Il y a des objets que les commissaires-priseurs ne peuvent mettre en vente qu'après avoir prévenu l'autorité; tels sont les presses, caractères et ustensiles d'imprimerie, les laminoirs, voitures de place, produits de pharmacie, etc. (Besson, *Manuel du commissaire-priseur*, p. 329 et suiv.)

68. Il en est d'autres qu'ils ne peuvent nullement mettre en vente; par exemple, les livres, dessins, tableaux immoraux ou condamnés, les armes de l'état, les vases sacrés, etc. (*Idem*, p. 335.)

69. Les commissaires-priseurs qui comprendraient sciemment dans les ventes faites par autorité de justice, sur saisie, après décès, faillite, cessation de commerce, ou dans les autres cas de nécessité prévus par l'art. 2 de la loi du 25 juin 1841, des marchandises neuves ne faisant pas partie du fonds ou mobilier mis en vente, sont passibles d'une amende de cinquante à trois mille francs, sans préjudice des dommages intérêts, s'il y a lieu. (l. 25 juin 1841, art. 7 et 8.)

COMMISSAIRE VOYER. — V. Voirie.

COMMISSION. Ce mot a plusieurs acceptions, que nous allons indiquer.

Autrefois il désignait les provisions de quelques officiers amovibles, ou dont les charges n'étaient point en titre d'office. — V. Offices.

On appelait également ainsi des lettres de chancellerie qui autorisaient les huissiers à donner des assignations, ou à mettre à exécution des contrats ou des jugements. L'usage en a été aboli par la loi du 7 sept. 1790. — V. Huissiers.

En Bretagne et dans les domaines congéables, on entendait par commission le prix que le colon ou preneur donnait au foncier pour l'obtention d'une baillée d'assurance ou de congément. — V. Domaine congéable.

Aujourd'hui, le mot *commission* s'emploie d'abord pour indiquer qu'un individu en charge un autre de faire, dans son intérêt, quelque chose qu'il ne veut pas ou ne peut pas faire lui-même. Alors, il est l'équivalent de mandat. — V. ce mot.

Dans le commerce, il indique l'ordre qu'un négociant donne à un correspondant d'acheter ou de vendre des marchandises, ou de négocier des lettres de change pour son compte. Il s'emploie aussi pour exprimer le droit alloué aux agents de change, commissionnaires et courtiers. — V. ces mots.

En matière criminelle, il se dit de la délégation qui est faite d'un juge pour procéder à un ou plusieurs actes d'instruction. — V. Commission rogatoire.

C'est également par ce mot que l'on désigne, 1° les réunions de personnages chargés, par ordonnance royale ou ministérielle, de préparer des projets qui, plus tard, sont convertis par les autorités compétentes en lois ou en règlements d'administration publique; comme, par exemple, celles qui furent chargées de rédiger le Code forestier, le projet de loi sur les brevets d'invention (V. Loi, Règlement); 2° celles qui sont nommées par l'une ou l'autre des chambres législatives pour examiner chacun des projets de loi présentés, et en faire un rapport (V. Chambre des députés et Chambre des pairs); 3° celles qui sont nommées, tantôt par le pouvoir exécutif, tantôt par l'une des chambres, pour vérifier certains faits, quelquefois même pour prononcer sur des difficultés d'une nature particulière, comme la commission d'enquête électorale qui fut nommée par la chambre des députés en 1842, la commission d'indemnité des émigrés, des colons de Saint-Domingue ( V. Chambre des députés, Colons de Saint-Domingue, Émigrés); 4° enfin, celles qui sont chargées de surveiller l'administration de quelques établissements publics de bienfaisance, comme la commission des hospices civils de la ville de Paris. — V. Hospices.

COMMISSIONS ATTRIBUTIVES DE JU-RIDICTION. C'étaient des juridictions qui étaient attribuées extraordinairement à quelques personnes sur certaines matières désignées. Autrefois il y en avait un très-grand nombre, telles que les commissions extraordinaires à la suite du conseil, les commissions pour la répression de la contrebande, les commissions des grands jours, les chambres de justice, les chambres royales, les chambres ardentes, les attributions données aux intendants dans les provinces et au lieutenant général de police à Paris, la commission des dettes du comté de Bourgogne, les commissions militaires, les commissions spéciales des colonies, la commission de la comptabilité nationale, etc.

Un des premiers actes de la révolution avait été de faire disparaître toutes ces juridictions exceptionnelles. (V. notamment la loi du 24 août 1790.) Mais plus tard, les commissions militaires furent rétablies à l'effet de juger certains crimes spéciaux, tels que ceux d'émigration, d'embauchage, d'espionnage. (V. l. des 28 mars et 16 juin 1793; 25 brum et 9 prair. an III; 19 fruct. an V; 18 pluv. an IX; décrets des 17 messidor an XII et 17 frimaire an XIV.)

L'aversion pour ces voies arbitraires avait toujours été telle en France, et surtout après l'attentat commis sur le dernier rejeton de la maison de Condé, que l'auteur de la charte de 1814 voulut se donner le mérite d'en supprimer l'usage par l'art. 62. En effet, il déclara que nul à l'avenir ne pourrait être distrait de ses juges naturels. Malheureusement cette disposition généreuse était suivie d'une autre (celle de l'art. 63) destinée à en paralyser tous les bons effets : « Ne sont pas comprises sous cette dénomination, portait cet article, les juridictions prévôtales, si leur rétablissement est jugé nécessaire. » Or, on sait que cette nécessité ne fut que trop souvent invoquée.

Les auteurs de la charte de 1830 comprenant que toute autorité judiciaire doit réunir les deux caractères essentiels de généralité et de perpétuité, déclarèrent par l'art. 54, d'une manière absolue et sans aucune restriction, « qu'il ne pourrait être créé de commissions ni tribunaux extraordinaires, à quelque titre et sous quelque dénomination que ce pût être. » (V. Commissaire, Conseil de guerre, Organisation judiciaire, Tribunaux.)

**COMMISSION-COMMISSIONNAIRE (1).**

1. La commission est un contrat commercial par lequel l'un des contractants, commerçant ou non, qui reçoit en droit la qualification de *commettant*, donne le pouvoir de faire pour lui une ou plusieurs opérations de commerce spécialement désignées, à l'autre contractant, commerçant ou non, qualifié *commissionnaire*, qui, sans ou moyennant salaire, s'engage à les conclure soit en son nom personnel soit sous un nom social, soit au nom du commettant, à la charge de lui en rendre compte.

2. Nous avons divisé ce que nous avons à dire sur ce contrat en deux parties principales.

Les règles générales énoncées dans la première partie s'appliquent sans distinction à toutes les opérations commerciales. Ces règles peuvent servir à résoudre les difficultés élevées à raison d'un contrat de commission considéré à un point de vue abstrait et général.

Les règles énoncées dans la seconde partie sont plus particulièrement applicables à quelques spécialités de ce contrat. Toutefois, ces règles ne sont pas inutiles pour la solution des difficultés qui peuvent surgir à l'occasion d'opérations différentes faisant l'objet d'un contrat de commission.

CHAP. 1er. — *Du contrat de commission en général.*

SECT. 1re. — *Origine, essence, nature, formation, preuve, objet et cessation du contrat.*

SECT. 2. — *Obligations du commissionnaire envers le commettant et envers le tiers avec lequel il a traité, et obligations du tiers envers le commissionnaire.*

§ 1er. — *Obligations du commissionnaire envers le commettant.*

§ 2. — *Obligations réciproques entre le commissionnaire et le tiers.*

SECT. 3. — *Obligations du commettant envers le commissionnaire et le tiers avec lequel ce dernier a traité.*

§ 1er. — *Obligations du commettant envers le commissionnaire.*

§ 2. — *Obligations du commettant envers le tiers.*

SECT. 4. — *Droit de rétention et privilége du commissionnaire en cas de faillite.*

SECT. 5. — *Droit de revendication en cas*

(1) Article de M. Chassan, premier avocat général près la cour royale de Rouen.

de faillite du commissionnaire ou du commettant.

§ 1er. — Revendication de la part du commissionnaire dans la faillite du commettant.

§ 2. — Revendication de la part du commettant dans la faillite du commissionnaire.

   I. — Revendication sur la marchandise.

   II. — Revendication sur le prix ou les effets qui le représentent.

   III. — Revendication sur les remises adressées au commissionnaire.

§ 3. — Revendication de la part du vendeur à l'encontre du commissionnaire, en cas de faillite du commettant et du commissionnaire.

Sect. 6. — Juridictions compétentes pour connaître des contestations nées à l'occasion du contrat de commission en général. — Questions de procédure.

§ 1er. — Compétence juridictionnelle à raison de la nature de l'acte.

§ 2. — Compétence territoriale à raison du lieu.

§ 3. — Compétence et procédure en cas d'autorisation de vendre demandée à la justice par le commissionnaire.

Chap. 2. — Des contrats particuliers de commission.

Sect. 1re. — Commission pour vendre.

Sect. 2. — Commission pour acheter.

Sect. 3. — Commission pour l'expédition ou le transport.

Sect. 4. — Commission pour opérations de change.

§ 1er. — Commission pour tirer une lettre de change.

§ 2. — Commission pour accepter ou faire accepter une lettre de change.

§ 3. — Commission pour recouvrer une lettre de change.

§ 4. — Commission pour négocier une lettre de change.

§ 5. — Commission pour prendre ou acheter une lettre de change.

Sect. 5. — Commission à l'assurance.

———

Chap. 1er. — Du contrat de commission en général.

Sect. 1ère. — Origine, essence, nature, formation, preuve, objet et cessation du contrat.

3. Étranger au vocabulaire du droit ro-main, le mot commission paraît avoir été emprunté au droit canonique, où il est employé pour signifier la délégation donnée à des juges constitués pour statuer sur une ou plusieurs causes spécialement déterminées : Commissio est quâ causa ad judices delegatur, ad certam nempe causam constitutos, qui et commissarii appellantur. (Vicat, vocab. juris utriusque; Decret., I, 3, De rescriptis.)

4. Ignoré des Romains, qui ne connaissaient que l'institor et le præpositus avec lesquels le commissionnaire a quelque analogie, le contrat de commission, tel que nous le pratiquons aujourd'hui, se rattache plus spécialement, en ce qui concerne son origine et ses conséquences, à l'époque du moyen âge. Comme instrument de la puissance du crédit, ce contrat a ouvert au commerce une carrière plus vaste que celle que le mandat avait jusqu'alors parcourue, et a imprimé aux opérations commerciales un mouvement plus fécond et plus énergique.

5. Le texte français où se rencontre pour la première fois la trace du commissionnaire, est une ordonnance de 1350, origine du vendeur obligé en titre d'office, imposé jadis aux marchands forains, étrangers ou regnicoles. Ce vendeur obligé produisit une nouvelle industrie, celle du commissionnaire, commissionnaire à la vente, mais non à l'achat, l'achat demeurant libre, de même que le transport par terre et par eau, l'assurance et la banque, malgré l'institution des changeurs en titre d'office, qu'on trouve dans nos anciens monuments judiciaires.

6. Ce commissionnaire obligé est devenu l'occasion et le type de notre contrat de commission, qui, sous la protection de la liberté industrielle proclamée par l'Assemblée constituante, affranchi désormais du statut local sous lequel il étouffait, a pu se généraliser en recevant tous les développements que comporte sa nature, et a pris une place importante dans le domaine du droit moderne.

7. Le contrat de commission, on le voit, est, par son origine, un contrat commercial de sa nature. (V. nos 30 et 34.) Cette circonstance contribue à le différencier du mandat civil, lequel n'a pour objet qu'un agissement étranger aux choses commerciales. (Aix, 29 oct. 1813, S.-V. 16. 2. 66; J. P. 3e édit.; D. A. 11. 308.) C'est ainsi que le mandat donné par un commerçant à un autre commerçant d'opérer le recouvrement d'une créance com-

merciale, moyennant un droit de commission, alors même que le mandataire aurait eu à suivre un procès, a été considéré comme un mandat commercial. La circonstance du procès à suivre, purement civile, il est vrai, mais accessoire au mandat de recouvrement, n'a pas été jugée propre à changer la nature du mandat et à lui donner le caractère de mandat civil. (Bordeaux, 8 mars 1841, J. P. 1841. 2. 60.) — V. infrà, n° 236.

8. Le contrat de commission s'accorde avec la nature du mandat, en ce qu'il consiste à agir pour un autre que soi-même. Sous ce rapport, il est soumis à toutes les conditions du mandat, en ce qui concerne sa formation, les obligations qui en dérivent et la manière dont il prend fin.

9. Il suit de là que le commissionnaire, qui a agi pour le compte et dans l'intérêt du commettant, a action contre ce dernier pour le remboursement de ce qu'il lui en a coûté à l'effet de remplir son mandat. Il acquiert, en outre, d'après M. Pardessus (t. 2, n° 563), contre le commettant, la subrogation légale aux droits des tiers. — V. sur ce dernier point les sect. 4 et 5.

10. Mais, quoique appartenant au genre du mandat, la commission diffère du mandat commercial, en ce que 1° la commission, comme l'indique son étymologie (V. n°s 1 et 3), ne peut être donnée que pour une ou plusieurs affaires déterminées, individualisées, tandis que le mandat peut avoir lieu pour une généralité d'affaires; 2° le commissionnaire peut agir et agit ordinairement sous son propre nom, individuel ou social, tandis que dans le mandat commercial ou civil, si l'on excepte le contrat de command, c'est toujours au nom du commettant que l'affaire est traitée et la convention conclue.

11. Quel que soit le nom sous lequel l'affaire est traitée et conclue, qu'elle le soit au nom du commettant ou au nom du commissionnaire, le contrat n'en reste pas moins un contrat de commission. La circonstance de l'agissement au nom du commettant ne fait perdre à l'acte ni sa qualification, ni sa nature de contrat de commission ; et la circonstance de l'agissement au nom du commissionnaire n'est pas celle qui caractérise exclusivement la commission. Le mandat est ostensible dans un cas, secret dans l'autre ; mais, par rapport au commettant, il n'y a aucune différence entre les deux espèces de commissionnaires. Ce n'est que relativement aux tiers, et sans altérer la nature abstraite du contrat ni les rapports commerciaux du commettant à l'égard du commissionnaire, qu'il y a une différence entre les deux sortes de commissionnaires dont parlent les art. 91 et 92 du Code de commerce. (Delamarre et Lepoitvin, Contrat de commission, t. 1, n°s 22, 23, 24 ; t. 2, n°s 254 et suiv.; Duranton, t. 18, n° 198.)

12. Mais le commissionnaire qui contracte en son propre nom ne stipule pas pour autrui, comme l'enseigne M. Vincens ( t. 2, p. 119, n° 3). Il stipule, au contraire, et s'engage pour lui-même ; car c'est lui qui est obligé, et l'individu avec lequel il contracte n'a aucune action contre le commettant, lors même que ce dernier serait connu et qu'il aurait été nommé. (Delamarre et Lepoitvin, t. 1, n° 25; Pardessus, t. 2, n° 563; — Rouen, 12 avril 1826, S.-V. 26. 2. 314; J. P. 3e édit.; D. P. 26. 2. 188.) — V. infrà, n°s 121 et 122.

13. La commission est donc, dans tous les cas, un mandat, mais un mandat commercial sui generis.

14. Il suit de là que le commissionnaire est tenu envers son commettant des obligations du mandataire, comme le commettant est tenu envers lui des obligations du mandant, et que l'un ne peut bénéficier aux dépens de l'autre dans l'opération dont il s'agit, en ce sens que le commissionnaire, par exemple, doit tenir compte à son commettant de l'opération, aux mêmes prix et conditions pour lesquels il a traité, sans pouvoir jamais, quel que soit l'usage local, exiger rien au delà de ce qui lui revient légitimement pour le droit et les frais de commission. « Car, dit Savary ( Parfait négociant, part. 2, liv. 3, ch. 3, t. 1, p. 247, 248, in-4°, 1757), les judicieux et honnêtes commissionnaires doivent se contenter de ce qui leur est accordé pour commission, sans profiter encore par des voies indirectes au préjudice des commettants qui leur confient leur bien sur leur bonne foi, de laquelle ils ne doivent jamais abuser. » (V. Code civil, art. 1992; — Lyon, 23 août 1831, J. P. 3e édit.; D. P. 33. 2. 69.)

15. De la nature générale de ce mandat, il suit encore que le commissionnaire, quoiqu'il ait agi sous son propre nom, n'est pas plus propriétaire de la chose qu'il a vendue que de celle qu'il a achetée, puisqu'il n'a agi que pour le compte et dans l'intérêt d'autrui, alors même qu'il a pris à sa charge la solvabilité de

ceux avec lesquels il a traité. Au commettant seul le profit ; à lui seul la perte. (Delamarre et Lepoitvin, t. 1, nos 26, 27 ; Persil et Croissant, *Des commissionnaires*, p. 49, n° 40.) — V. *infrà*, nos 205, 213 et 282 ; V. aussi le n° 16 qui suit.

16. On a jugé le contraire à l'égard du fisc, qui n'envisage pas cette convention comme un mandat lorsqu'il s'agit d'un achat ou d'une vente, et qui, lorsque la marchandise est dans les magasins de la douane sous le nom du commissionnaire, a le droit de poursuivre sur cette marchandise ce qui lui est dû personnellement par le commissionnaire, malgré la revendication du propriétaire. Mais cette interprétation est une exception admise pour protéger les droits de la régie contre l'esprit de fraude ; elle ne détruit pas le principe. (Rouen, 7 juin 1817, S.-V. 17. 2. 235 ; D. A. 9. 74.)

17. Il suit enfin de la nature générale de ce mandat, que si le commissionnaire a traité au nom du commettant, ou si celui-ci s'est constitué débiteur direct du tiers avec lequel le commissionnaire a traité, c'est le commettant qui est tenu envers le tiers et qui est son débiteur direct en vertu des règles du mandat. (Pardessus, t. 2, n° 563 ; — Cass. 18 nov. 1829, rej., J. P. 3e édit. ; D. P. 29. 1. 413.)

18. Comme mandat *sui generis*, la commission ne diffère pas seulement du mandat en général, elle diffère plus spécialement encore de quelques mandats particuliers, tels que celui du courtier, de l'agent de change, du préposé, du commis-voyageur, de l'agent d'affaires, et notamment de la gestion d'affaires.

19. Le courtier, en ce qui concerne la marchandise, et l'agent de change, pour le papier de négociation, ne contractent jamais en leur nom. Ils ne sont l'un et l'autre qu'un instrument de médiation, de rapprochement entre leurs clients. Ce sont des officiers publics institués par l'autorité pour constater les conventions commerciales, et justement qualifiés par la loi du nom d'*agents intermédiaires*. (Code de comm., art. 74.) Les commissionnaires ne sont, au contraire, que de simples particuliers, n'étant pas revêtus d'un caractère public et n'ayant aucune qualité pour constater les opérations des parties.

20. Le préposé ou facteur, avec lequel le commis-voyageur se confond toujours et l'agent d'affaires quelquefois, le préposé, dont le nom (*præpositus*) nous est fourni par le

Digeste (xiv, 3), est un commis, une sorte d'*alter ego* du commerçant, chargé spécialement de ses affaires en général ou de telle branche particulière de son commerce. C'est là ce qui le différencie essentiellement du commissionnaire, dont le mandat est toujours borné à une ou à quelques affaires distinctes. Le préposé a un maître ; le commissionnaire, un correspondant, un commettant. A l'un, on doit des gages ; à l'autre, un salaire, un droit de commission.

C'est d'après ces principes que la cour de Rouen a jugé, le 22 mai 1829, que certains habitants du département de la Somme qui se chargent de faire tisser et confectionner les chaînes de coton à eux envoyées par les fabricants de Rouen, avec lesquels ils sont dans l'usage de venir traiter dans cette dernière ville, sont des entrepreneurs de commission et non de simples commis et contre-maîtres, quoique les fabricants leur donnent ce dernier titre.

21. Le commis-voyageur n'est, dans la réalité, qu'un commis ambulant, au lieu d'être un préposé sédentaire comme le facteur ou le commis. — V. Commis, Commis-voyageur.

22. L'agent d'affaires se rapproche quelquefois du commissionnaire lorsqu'il n'est chargé que d'une opération déterminée. Mais il s'en éloigne et semble se confondre avec le préposé, plutôt qu'avec le commissionnaire, lorsqu'il se charge d'une généralité d'affaires commerciales ou civiles.

23. Quant à la gestion d'affaires, elle s'éloigne de la commission sur plusieurs points, et notamment en ce qu'on y stipule pour autrui, à l'insu de celui dont l'affaire est ainsi gérée.

24. On comprend très-bien, au surplus, que les juges ont plein pouvoir pour apprécier les faits qui servent à déterminer les caractères du mandat. Il leur appartient de déclarer souverainement qu'un individu a agi pour le compte d'un autre, en qualité de commissionnaire et non de simple mandataire, sans être tenus d'admettre l'offre de preuves qui tendraient à déterminer le contraire. (Cass. 20 mars 1843, S.-V. 43. 1. 464 ; J. P. 1843. 1. 520.) — V. *infrà*, sur l'effet de la preuve, les nos 37 et 38.

25. Le salaire est dans la nature de la commission ; mais il n'est pas de son essence, pas plus que la gratuité n'est aujourd'hui de l'essence du mandat. Une commission sans salaire

est toujours un contrat de commission, si d'ailleurs les autres conditions nécessaires à l'existence de ce mandat se rencontrent dans la convention. (**V.** Delamarre et Lepoitvin, t. 1, n°s 32, 33, 104, 105.) MM. Persil et Croissant sont dans l'erreur lorsqu'ils enseignent que la commission n'est jamais gratuite. (*Des commiss.*, p. 7, n° 6, et p. 9, n° 12.) Il n'y a rien dans notre droit moderne qui autorise une pareille proposition.

A la différence du mandat civil où le salaire, pour être dû, a besoin d'être stipulé, le salaire, dans la commission, n'a pas besoin d'être stipulé, c'est la gratuité qui doit l'être ; car le salaire est dû de plein droit. Si la convention n'en a pas réglé le taux et les conditions, on consulte les circonstances et l'usage du lieu où le contrat s'exécute. (Delamarre et Lepoitvin, t. 1, n° 105. V. *infrà*, sect. 3, § 1er, n°s 100 et suiv.)

26. La base adoptée par les parties pour le règlement de l'indemnité ne change point la nature du contrat, qui demeure toujours un contrat de commission, alors même que le commissionnaire a stipulé pour son salaire une partie aliquote des bénéfices dans l'opération dont il s'est chargé pour le compte d'autrui. Une pareille base ne peut, par elle seule, le faire considérer comme un associé en participation. (Rennes, 28 avril 1828, J. P. 3e édit ;—Delamarre et Lepoitvin, t. 2, n° 283, p. 535 ; Cf. n° 281, p. 531, et t. 1, n° 39, p. 61-64 ; V. aussi, comme analogue ce qui concerne le commis-intéressé, Rouen, 28 fév. 1818, S.-V. 18. 2. 132 ; J. P. 3e édit. ; D. A. 12. 105.) —V. Commis, § 4, n° 16.

La convention sur le salaire, en effet, est susceptible d'un grand nombre de modifications ; et s'il est vrai que le salaire consiste ordinairement en une somme calculée d'avance à tant pour cent sur l'affaire conclue, il est vrai aussi qu'il consiste quelquefois dans la différence entre le taux fixé pour la vente ou pour l'achat et le chiffre réel obtenu par le commissionnaire. (V. Delamarre et Lepoitvin, *loc. cit.*) C'est ce qui se pratique assez généralement à Elbœuf entre les fabricants de draps de cette ville et les commissionnaires qui y résident. Le commissionnaire à la vente des draps n'a souvent pour tout salaire que ce qu'il peut obtenir en sus du prix fixé par le fabricant. Le commerce d'Elbœuf se trompe, lorsqu'il semble disposé à croire que cette sorte d'opération ne constitue pas un contrat

de commission. Une pareille convention, quoique donnant lieu, dans la pratique, à de grands abus, n'en est pas moins très-légitime par elle-même : on ne peut lui donner d'autre qualification que celle de commission.

27. Le salaire est dû de plein droit non-seulement entre deux commerçants de profession, mais encore entre deux non-commerçants, dont l'un fait pour le compte de l'autre une affaire commerciale. (Delamarre et Lepoitvin, t. 1, n° 105.) — V. *infrà*, n° 30.

28. Ce qui est d'usage dans le lieu de l'exécution tient à la nature du contrat, et les parties sont toujours présumées s'y être soumises : *in conventionibus tacitè veniunt ea quæ sunt moris et consuetudinis.*

29. Quant aux clauses accidentelles, qui se diversifient à l'infini, elles n'obligent qu'autant qu'elles sont exprimées.

30. Si la nature de l'opération doit être commerciale pour caractériser le contrat de commission (V. n°s 7 et 34), il n'est cependant point de son essence que les parties soient commerçantes. L'une d'elles, aucune même, peut ne pas avoir cette qualité, sans que la commission cesse pour cela d'être un contrat de commission ; car les actes isolés de commerce ne sont pas interdits aux non-commerçants, et la nature de l'opération dépend du caractère de l'acte plutôt que du caractère de ceux qui l'exécutent. (Persil et Croissant, *Des commissionnaires*, p. 16, n° 21 ; Delamarre et Lepoitvin, t. 1, n°s 30, 42, 43, 44.) Le mot *entreprise*, dont se sert l'art. 632 du Code de commerce, s'applique aussi bien à une commission accidentelle, solitaire, exécutée par un non-commerçant, qu'à une suite d'actes de commission dont on fait sa profession habituelle. Il en est de l'*entreprise de commission*, comme de l'achat de denrées ou de marchandises pour les revendre, qui, seul et isolé, constitue un acte de commerce. (Cass. 23 avril 1816 ; S.-V. 16. 1. 275 ; J. P. 3e édit.; D. A. 2. 759.) — V. *Suprà*, n° 27 et *infrà*, n° 232.

31. Il n'est pas nécessaire non plus, pour constituer le contrat et le rendre valide, que le commettant et le commissionnaire résident dans des lieux différents. Les auteurs de la *Jurisprudence générale*, publiée par M. Dalloz (v° *Commissionnaire*), en enseignant le contraire, confondent les effets du contrat, quant au privilége à l'égard des tiers, avec l'essence de la convention, qui peut très-bien

exister sans donner lieu à un privilége. (Arg. de l'art. 95 du Code de comm.; Delamarre et Lepoitvin, t. 1, n° 30; t. 2, n°s 402-405; Persil et Croissant sur l'art. 93, p. 68, n° 6.) — Sur le privilége, V. *infrà*, sect. 4, n° 157.

32. La commission est un contrat du droit des gens, consensuel et synallagmatique, dont la formation, pour être parfaite, n'exige que le consentement mutuel des parties sur une même chose.

33. Ce consentement, pour être valable, doit émaner de personnes capables de contracter. La commission peut donc être donnée et reçue par toutes personnes, excepté par les incapables.

34. La commission étant un acte de commerce (V. *suprà*, n°s 7 et 30), il en résulte que l'agent de change et le courtier auxquels la loi interdit tout acte de commerce, hors celui de leur entremise, et auxquels il est même défendu de recevoir et de payer pour le compte de leurs commettants, doivent s'abstenir du contrat de commission. (Code du commerce, art. 85.)

Mais cette prohibition de la loi a-t-elle pour effet d'autoriser le courtier, qui s'est immiscé dans de pareils actes, à se prévaloir de sa qualité et de l'interdiction légale pour s'affranchir de ses engagements ? La négative a été jugée, avec raison, par deux cours royales. (Bordeaux, 23 nov. 1832, S.-V. 32. 2. 490; D. P. 32. 2. 161;—Rouen, 5 déc. 1830. Cet arrêt n'est pas rapporté dans les recueils.)

L'art. 85, en effet, prononce une interdiction dont l'art. 87 édicte la peine en cas de contravention ; mais aucun de ces articles ne crée une incapacité. Telle est aussi, à cet égard, l'opinion de MM. Delamarre et Lepoitvin (t. 1, n°s 58, 59). — V. Commerçant, n°s 335, 336.)

35. Le consentement dans le contrat de commission se forme et se manifeste d'une manière expresse ou tacite, verbalement ou par écrit, par acte public ou sous seing privé, le plus ordinairement par lettres-missives. Ce qui tient au consentement se rattache à la matière des *contrats* et des *conventions*. V. ces mots.

36. Quant à la preuve du contrat, il n'y a pas de différence entre la commission et la vente ; car ce sont deux contrats consensuels, du droit des gens, intéressés de part et d'autre. Ce qui est admis comme preuve en fait de vente commerciale, l'est aussi en fait de commission.

37. Il suit de là que la commission, comme la vente, se constate, conformément à l'art. 109 du Code de commerce et aux art. 1353, 1354 et 1357 du Code civil :

1° Par actes publics ;

2° Par acte sous signature privée ;

3° Par le bordereau ou arrêté d'un agent de change ou courtier dûment signé par les parties ;

4° Par une facture acceptée ;

5° Par la correspondance ;

6° Par les livres des parties ;

7° Par la preuve testimoniale dans les cas où le tribunal croit devoir l'admettre ;

8° Par des présomptions graves, précises et concordantes ;

9° Par l'aveu ou la confession des parties ;

10° Par le serment.

38. La preuve testimoniale, en cette matière, comme en général dans les matières commerciales, est autorisée, mais elle n'est pas prescrite, alors même que l'objet du contrat est inférieur à 150 fr. M. Duranton (t. 13, n° 341), en enseignant le contraire pour les matières commerciales en général, méconnaît le texte de l'art. 109 qui n'autorise la preuve par témoins qu'autant que le tribunal *croira devoir l'admettre* ; il oublie en même temps que le législateur a expressément déclaré qu'il entendait laisser « aux tribunaux la *faculté* d'admettre la preuve testimoniale. » (Rapp. au nom du tribunat, séance du 11 sept. 1807.) Le rejet ou l'admission de la preuve par témoins peut donc constituer un mal jugé, mais ne saurait jamais être une violation de la loi donnant ouverture à cassation. (Cass. 20 mars 1843, déjà cité au n° 24.)

39. La commission peut avoir pour objet tous les actes de commerce en général, de quelque nature qu'ils soient. Ce contrat s'applique aux achats, aux ventes, aux opérations de change, telles que fourniture ou acceptation de lettres de change, à la négociation de tous effets de commerce, au recouvrement et à l'encaissement d'effets, à la consignation, à l'entrepôt, au transport, à la conservation, à la réception, au chargement de marchandises, à l'assurance pour compte d'autrui, à toute affaire de commerce, en un mot, sans exception. (Jousse, sur l'ordonn. de 1673, tit. 12, art. 5 ; Persil et Croissant, p. 26, n° 32 ; Delamarre et Lepoitvin, *Introduct.*, p. 25, et t. 2, p. 733 ; — Cass. 16 déc. 1835, S.-V. 36. 1. 50 ; D. P. 38. 1. 90.)

40. Les définitions de ce contrat données par les auteurs, quelque vicieuses qu'elles soient d'ailleurs pour la plupart, se réunissent et s'accordent toutes néanmoins pour reconnaître que le caractère et l'objet essentiels de la commission consistent à *agir* et à *faire*.

41. La commission à l'entrepôt et la consignation pure et simple, quoique le caractère de ces deux sortes de mandat soit passif en apparence, sont toutefois de véritables agissements, et consistent réellement à agir et à faire; car ces opérations impliquent ordinairement une réception et sont d'ailleurs toujours inévitablement suivies soit de l'expédition, soit de la remise à un tiers, ce qui constitue bien la condition d'agir et de faire.

42. Il suit de là que la convention par laquelle deux commerçants, résidant ou non dans la même ville, stipulent que l'un remet à l'autre des marchandises pour les recevoir et les garder à titre de couverture et de garantie, à raison des avances faites sur cette marchandise, constitue non un contrat de commission, mais un prêt sur nantissement qui, pour pouvoir engendrer un privilége au profit du prêteur à l'égard d'une masse de créanciers, doit être revêtu des formalités prescrites par les art. 2074 et 2075 du Code civil. (Rouen, 10 janv. 1844, conformément à nos conclusions.) (1). Il n'y a là, en effet, aucun *agissement* commercial. Le rôle de créancier est purement passif; il consiste à recevoir, mais pour garder, et pour garder pour son propre compte : on ne peut voir dans une pareille convention que le caractère du nantissement. — V. *infrà*, nos 158, 159, 161.

Il importe peu évidemment que la remise de la marchandise ait été précédée par l'endossement régulier d'un connaissement, en vertu duquel cette remise a eu lieu. Cette circonstance n'est pas propre à changer la nature du contrat. (Rouen, arrêt cité.)

43. Les tribunaux ont le droit d'apprécier les faits pour leur attribuer la qualification légale qui leur appartient; et, alors même que les parties auraient donné à un contrat le nom de commission, qu'elles en auraient stipulé le salaire, que la résidence de chacune d'elles serait différente, et qu'il y aurait des marchandises expédiées, comme objet ostensible de l'opération, de l'une de ces résidences à

l'autre, les juges peuvent décider que cette opération n'a pas pour objet un agissement de commission, et n'a servi en réalité qu'à déguiser, sous cette apparence, un contrat de nantissement qui, faute d'être revêtu des formalités légales, n'a pas la puissance de créer au créancier un privilége sur la chose engagée. (Poitiers, 21 juillet 1842, J. P. 1842, 2. 642). — V. *infrà*, n° 162.

44. Le contrat de commission prend fin par la volonté du commettant ou du commissionnaire, par la mort naturelle ou civile de l'une des parties, par l'interdiction de l'une d'elles, ou par son incapacité survenue après la formation du contrat, par la faillite ou la déconfiture, soit du commettant, soit du commissionnaire, par le cas fortuit, qui met obstacle à l'exécution du mandat, par l'accomplissement de l'affaire commise.

45. La cessation de la convention par l'effet de la volonté du commettant ou du commissionnaire donne lieu à des difficultés qui rentrent dans les obligations de l'un et de l'autre, et dont l'examen aura lieu ultérieurement.— V. ci-après sect. 2, § 1er, et sect. 3, § 1er.

46. L'opération terminée, le commissionnaire doit rendre compte de son mandat : *eum qui aliena negotia, sive ex tutelâ, sive ex quocumque alio titulo, administravit, ubi hæc gessit, rationem opportet edere.* (l. 1, Cod., *De ratiocin.*)

Sect. 2. — *Obligations du commissionnaire envers le commettant et envers le tiers avec lequel il a traité, et obligations du tiers envers le commissionnaire.*

§ 1er. — *Obligations du commissionnaire envers le commettant.*

47. Indépendamment de quelques-unes des obligations du commissionnaire dont nous avons été amené à parler dans la section précédente (V. nos 14, 15, 46), il en est d'autres, en assez grand nombre, qui dépendent de l'objet spécial ou des termes particuliers du mandat, qu'il n'est pas possible de prévoir, et dont par conséquent on ne doit point s'occuper ici. Mais il est des règles générales qui sont communes à toute espèce de commission. Ce sont ces règles qui font la matière de cette section. Celles qui sont plus spécialement relatives à quelques commissions particulières seront indiquées dans les diverses sections du chap. 2.

---

(1) Cet arrêt n'est cité dans aucun recueil.

**48.** Le commerçant qui reçoit une commission qu'il ne peut ou ne veut pas accepter, est tenu de donner immédiatement, par le plus prochain courrier, avis au commettant de son refus d'acceptation : *mandatarius si non potest explere mandatum*, dit Casaregis, *tenetur id nuntiare mandanti, ut, si velit, alterius operâ utatur* (*Disc.* 54, n° 31.). Son silence peut l'exposer à des dommages-intérêts.

**49.** Il est même tenu, selon les circonstances, de donner des soins à l'opération qu'il a refusé d'exécuter, s'il y a péril pour le négociant qui s'était adressé à lui. Ainsi, il ne doit pas laisser à l'abandon les marchandises qui lui auront été envoyées; il doit, en un mot, prendre les mesures conservatoires dans l'intérêt de son correspondant, pourvu toutefois que ces mesures ne soient pas de nature à compromettre sérieusement sa responsabilité ou sa fortune. (Pardessus, t. 2, n° 558; Delamarre et Lepoitvin, t. 2, n° 27.)—V. *infrà*, n° 251.

**50.** Dans le cas où il ne croit pas devoir prendre ces mesures lui-même, il doit s'adresser au magistrat du lieu pour qu'il soit ordonné ce qui est nécessaire dans l'intérêt du commerçant absent. (Pardessus, *loc. cit.*)—V. *infrà*, n° 251.

**51.** Il fut un temps, en Italie surtout, terre classique du commerce pendant le moyen âge, où un commerçant était obligé d'accepter une commission qui lui était adressée. A l'époque où écrivait Casaregis, cette doctrine de la plupart des jurisconsultes des âges antérieurs avait déjà été limitée dans quelques cas: 1° lorsqu'on avait un juste motif de refus; 2° lorsque le retard n'emportant aucun préjudice, le commettant pouvait être avisé en temps utile. Mais le refus était l'exception ; l'obligation d'accepter, le principe.

Comment cette doctrine, si contraire au droit civil, s'était-elle établie? Les docteurs qui l'enseignaient étaient loin d'ignorer que le droit civil n'autorisait pas une pareille contrainte; mais, à une époque où les moyens de communication étaient si lents, si difficiles, ils avaient compris que, pour obvier à cet inconvénient, les commerçants devaient être tenus de s'entr'aider mutuellement, et c'est ainsi qu'ils avaient été conduits à formuler ce principe, que l'équité était la loi des commerçants, à moins d'une disposition particulière du droit civil spécialement écrite pour le commerce. Or, l'intérêt général du commerce, d'accord avec l'équité, leur paraissait devoir faire taire, en pareille circonstance, toutes les règles du droit civil.

**52.** Aujourd'hui l'état des choses est changé, ainsi que la règle.

L'obligation d'accepter une commission n'est qu'une exception, même entre commerçants. Mais, quoique restreinte à des cas spéciaux, cette obligation n'en est pas moins réelle lorsque, malgré les principes du droit civil, l'équité et l'intérêt du commerce, réunis aux circonstances particulières du fait, révèlent qu'il n'y a dans le refus du commerçant qu'un mauvais vouloir fondé sur une sorte de dol, plutôt que sur de sérieuses raisons : car c'est le droit civil lui-même, le droit Romain (*jus civile*) qui proclame cette règle : *malitiis non est indulgendum*.

**53.** C'est pour avoir négligé ces notions de l'histoire du droit commercial, pour ne s'être pas assez pénétré des idées qui ont fécondé cette partie du droit moderne, que MM. Persil et Croissant s'en tenant à la rigueur du droit civil, estiment qu'un commerçant ne peut être tenu de remplir malgré lui une commission. (V. p. 23 et suiv., n° 29.) Mais MM. Delamarre et Lepoitvin (t. 2, n° 28) semblent être bien plus fidèles à l'esprit historique du droit commercial, à la pensée économique qui doit l'animer, en enseignant qu'il y a obligation de se charger de la commission lorsque le mandat n'exposant le commissionnaire à aucun risque sérieux ni à aucun inconvénient grave, il y aurait pour le commettant un préjudice manifeste dans le retard ou dans un refus absolu.

**54.** Toutefois il est bien évident que cette obligation doit cesser lorsque le commettant, par l'avis qu'il a reçu, ayant été mis à même de faire remplacer le commissionnaire, n'y a pas pourvu. Celui-ci n'est, dès lors, plus tenu de suivre l'exécution d'une commission dont il ne s'était chargé que par des motifs d'urgence qui ont cessé.

**55.** Quant au mandat, lorsqu'il est accepté, il doit être exécuté tel qu'il a été donné, s'il est impératif, ou d'après l'intérêt du commettant, si le mandat est facultatif, comme, par exemple, au mieux des intérêts du mandant.

**56.** Mais l'exécution du mandat facultatif d'après les usages de la localité, alors même que le commissionnaire aurait eu la possibilité de faire une exécution plus avantageuse pour son commettant, n'engage pas la responsabilité du mandataire; car il ne peut être tenu à faire plus que les autres commerçants : *Mandatarius non tenetur extraordinario modo mandatum exequi, nec plus agere quàm quod ab aliis mercatoribus in loco ubi exequitur observatum est.* (Casaregis, *Disc.* 76, nᵒˢ 44, 45.—V. *infrà*, chap. 2, sect. 4, § 3, et sect. 5, nᵒ 442.)

57. Règle générale : en ce qui concerne l'exécution, elle doit avoir lieu conformément aux prescriptions du mandat, sans que le commissionnaire puisse rester en deçà, ni aller au delà.—V. *infrà*, chap. 2, sect. 5, nᵒ 441.

58. Lorsqu'il est impératif, le mandat comprend toujours la prohibition de faire autre chose.

Le commissionnaire qui a fait plus que ce qui lui a été commandé est responsable; mais cette responsabilité varie suivant le genre d'excès dans le mandat.

59. L'opération peut rester pour son compte en totalité ou en partie, ou donner lieu seulement à une indemnité, selon qu'il n'a pas exécuté son mandat, ou qu'il l'a dépassé dans une circonstance particulière, par exemple, pour le prix. — V. *infrà*, chap. 2, nᵒˢ 257, 258, 259 et suiv.

60. Lorsque le commissionnaire, au lieu de faire plus que ce qui lui a été prescrit, n'a fait qu'en partie la chose commandée, il est encore responsable, mais il ne l'est point dans tous les cas. (Delamarre et Lepoitvin, t. 2, nᵒˢ 92, 93.)

61. L'objet du mandat ne peut être remplacé par un équivalent; mais il n'en est pas de même des moyens de l'exécuter. Le commettant n'est pas admis à se plaindre qu'on n'ait pas suivi la voie qu'il avait prescrite, si d'ailleurs l'exécution ne lui a porté aucun préjudice. (Delamarre et Lepoitvin, t. 2, nᵒ 106.)

62. Quant au temps dans lequel le mandat doit être exécuté, s'il n'a pas été déterminé, c'est au commissionnaire à choisir un moment opportun dans l'intérêt du commettant. Si, par négligence ou par dol, il avait laissé passer ce moment, il serait responsable.

63. Si l'époque de l'exécution est fixée, il doit s'y conformer; faute de le faire, il engage sa responsabilité.

64. L'ordre donné *au cours de la réception de la lettre* exige une exécution immédiate, sous peine de responsabilité en cas de retard. (Rennes, 18 janvier 1815, Devillen. et Car., 5. 2. 10; J. P. 3ᵉ édit.)

IV.

Il en est de même de l'ordre d'expédier *de suite*. Mais, toutefois, l'exécution immédiate s'entend selon les circonstances et selon la possibilité d'exécution. (Bruxelles, 20 juin 1819, Devillen. et Car. 6. 2. 92; D. A. 2. 751.)

65. Le mandat doit être exécuté ponctuellement. (V. nᵒ 66. V. aussi *infrà*, chap. 2, sect. 2, nᵒ 286, et sect. 5, nᵒˢ 433 à 441.) Mais le commissionnaire peut être empêché de l'exécuter ainsi :

1ᵒ Par le fait même du commettant; et dans ce cas, il n'est pas responsable de sa non-exécution;

2ᵒ Par le fait du commissionnaire lui-même; et dans ce cas, il répond du préjudice;

3ᵒ Par un événement quelconque de force majeure, ou par cas fortuit, non imputable au commissionnaire.

66. Si le mandat, même impératif, ne peut être exécuté ponctuellement par suite d'un événement imprévu, et s'il y a urgence, le commissionnaire, dans l'intérêt de son commettant, est-il libre d'agir autrement que ce qui lui avait été prescrit? On décide ordinairement qu'il n'y a aucun reproche à lui faire, lorsqu'il est probable que le mandant aurait recommandé de faire ce qui a été fait, s'il avait eu le temps de connaître les circonstances et de manifester sa volonté : *mandatum extenditur ad eum casum in quo mandans ipse, si fuisset interrogatus, idem verosimiliter respondisset.* (Casaregis, *Disc.* 33, nᵒ 16. V. le même, *Disc.* 119, nᵒ 55; *Disc.* 36, nᵒˢ 6, 10 et 11; Trib. de com. de Marseille, 28 février 1821, *Recueil* de Girod et Clariond, t. 2, p. 75; V. aussi Delamarre et Lepoitvin, t. 2, nᵒˢ 58-60; Persil et Croissant, p. 38, nᵒ 19.)

Mais on a fait observer, avec raison, que, dans cette hypothèse, il n'y a plus de contrat de commission. Le commissionnaire agit en vertu d'un autre mandat fondé sur la nécessité et sur l'équité naturelle. (Delamarre et Lepoitvin, t. 2, p. 140, note.)

67. Quoique le contrat soit déjà en cours d'exécution, le commissionnaire a le droit d'y renoncer dans les circonstances suivantes :

1ᵒ Si le commettant ne lui fournit pas les sûretés promises ou déterminées par l'usage;

2ᵒ Si le commettant, tombant en faillite ou en déconfiture, lui donne juste sujet de craindre de n'être pas remboursé (Pardessus, t. 2, nᵒ 558; Persil et Croissant, p. 30, nᵒˢ 39, 40; Delamarre et Lepoitvin, t. 2, nᵒ 47);

3ᵒ Si le commettant ne fournit pas les fonds

40

nécessaires à l'exécution du mandat lorsque la commission étant de nature à exiger une provision ou un débourse considérable, le commissionnaire ne s'est pas chargé de les fournir (Delamarre et Lepoitvin, t. 2, nos 81, 82);

4° Si le commissionnaire le juge convenable et par le seul effet de sa volonté. (C. civ., article 2007.)

68. Dans les trois premiers cas, la renonciation dépend du fait du commettant; elle est relative. Dans le quatrième, elle est absolue, et ne dépend plus que du commissionnaire.

69. Dans chacune de ces hypothèses, le commissionnaire qui renonce doit donner avis de sa renonciation à son commettant. (C. civ., art. 2007; Delamarre et Lepoitvin, t. 2. n° 84.)

70. Mais lorsqu'il renonce au mandat sans autre motif que sa volonté, *les choses étant encore entières*, c'est-à-dire sans qu'il y ait préjudice pour le mandant, le commissionnaire ne doit aucune indemnité à son commettant, à qui il a notifié la renonciation en temps utile. (Arg. de l'art. 2007. — V. Delamarre et Lepoitvin, t. 2, nos 45, 47.)

71. Si la renonciation, purement volontaire ou fondée sur des motifs légers, est faite *les choses n'étant plus entières*, c'est-à-dire préjudicie au mandant, elle est aux risques et périls du commissionnaire, ainsi que l'enseignent la plupart des auteurs modernes. (Persil et Croissant, p. 29 et 30, n° 38; Delamarre et Lepoitvin, t. 2, nos 45, 46; Pardessus, t. 2, n° 558.)

72. Aux termes de l'art. 2007 du Code civil, le mandataire qui renonce au mandat, après en avoir donné notification au mandant, n'est pas tenu d'indemniser ce dernier du préjudice que cette renonciation peut lui faire éprouver, s'il y avait pour lui, commissionnaire, impossibilité de continuer le mandat sans en éprouver lui-même un préjudice considérable; car il est de principe que *nemini suum officium debet esse damnosum*. MM. Persil et Croissant (p. 30, n° 38) n'hésitent pas à appliquer au contrat de commission cette disposition du Code civil, que le législateur portugais s'est approprié en la transportant dans l'art. 61 de son Code de commerce. Mais le législateur espagnol a gardé le silence à cet égard. MM. Delamarre et Lepoitvin ne pensent pas que le préjudice, même *considérable*, qui serait occasionné au commissionnaire par la continuation du mandat, dût l'autoriser à y renoncer sans indemnité. Ils se fondent sur la nature du contrat de commission, qui est un acte de commerce, et qui dès lors ne peut autoriser le commerçant, lésé par l'exécution du mandat, à s'affranchir impunément sans indemnité de son obligation, tant qu'elle peut être exécutée (t. 2, n° 46).

73. Quoi qu'il en soit à cet égard, en supposant que la théorie de MM. Delamarre et Lepoitvin ne soit pas juridique, et que l'article 2007 du Code civil soit applicable à la commission, le commissionnaire, pour pouvoir être affranchi de toute responsabilité par suite de sa renonciation, fondée sur le préjudice que l'exécution du mandat lui ferait éprouver, doit justifier de ce préjudice, et démontrer que ce préjudice serait *considérable*; car si la continuation du mandat n'avait à lui faire éprouver qu'une perte légère ou médiocre, il ne pourrait être exempt de responsabilité.

74. Pendant le cours de la commission, le commissionnaire doit communiquer à son commettant les renseignements qui peuvent l'intéresser, touchant les négociations dont il est chargé. (Savary, part. 2, liv. 3, chap. 3, p. 249, in-4°, édit. de 1657.)

75. Le commissionnaire enfin, quel que soit l'objet de la commission, est tenu de veiller à la conservation des droits de son commettant et à la garde de sa chose. (V. *infrà*, n° 283.)

Ainsi, il serait responsable, à l'égard du commettant, du vol commis sans effraction ni violence, parce que, dans ce cas, c'est à sa négligence que le vol doit être imputé. Dans une espèce bien favorable cependant pour le commissionnaire, V. un arrêt de la cour d'Aix du 28 fév. 1840 (J. P. 1840. 2.694); — Delamarre et Lepoitvin, t. 2, n° 221; — V. comme analogue, Cass., 4 décembre 1837 (J.P. 1838. 1. 284; D. P. 38. 1. 15).—V. *infrà*, chap. 2, sect. 1re, n° 251.)

76. Quelle que soit la nature de l'agissement du commissionnaire, il peut être tenu, à l'égard du commettant, de la solvabilité du tiers avec lequel il a traité. Mais cette obligation est le résultat d'une convention particulière, soit expresse, soit tacite, connue dans le commerce sous le nom ordinaire de *Du croire*. Tout ce qui concerne le *Du croire* sera l'objet d'une explication plus développée dans la section suivante, à l'occasion du salaire du commissionnaire dont le commettant est tenu.

77. Lorsque le mandat est accompli, il est du devoir du commissionnaire d'informer sur-

le-champ son commettant de la conclusion de l'affaire, avec toutes ses conditions, au moins essentielles, sous peine de voir l'affaire rester pour son propre compte : *aliàs tenetur ad interesse*, dit Casaregis (*Disc.* 27, n° 4). Telle est aussi l'opinion de **MM.** Delamarre et Lepoitvin (t. 2, n° 112).

78. Toutes les règles qui viennent d'être énoncées s'appliquent aussi bien au commissionnaire qui agit en son propre nom, qu'à celui qui agit sous le nom de son commettant. Les obligations du commissionnaire envers ce dernier sont les mêmes dans l'une et dans l'autre hypothèse. — V. *suprà*, n°s 10, 11, 12.

79. Toutes les obligations du commissionnaire envers le commettant sont loin d'avoir été énumérées d'une manière complète. Nous avons dû nous borner à énoncer les principales ou les plus fréquentes. On en trouvera d'autres exemples, à mesure que le développement de la matière les présentera à notre examen.

### § 2. — *Obligations réciproques entre le commissionnaire et le tiers.*

80. Le commissionnaire qui traite en son nom s'oblige envers le tiers; celui qui traite au nom de son commettant n'oblige envers le tiers que le commettant lui-même. C'est pour cette raison que l'art. 92 du Code de commerce renvoie au Code civil pour les devoirs du commissionnaire qui traite au nom du commettant. Cet article n'a pour objet que de marquer cette différence. Il ne dit pas et n'a pas voulu dire autre chose.

81. Le commissionnaire est toujours considéré, à l'égard du tiers, comme agissant en son propre nom. (Pardessus, t. 2, n° 563.) A moins d'un ordre contraire, il doit même en général, d'après l'usage le plus ancien fondé sur des motifs de discrétion et de prudence nécessités par l'intérêt du commerce, agir en son propre nom. (Delamarre et Lepoitvin, t. 2, n°s 264, 265, 266.)

82. En traitant en son nom, il devient l'obligé personnel et unique du tiers, alors même que celui-ci connaîtrait le nom du commettant et que le commissionnaire l'aurait révélé; car il n'y a eu contrat qu'entre le tiers et le commissionnaire. Le commettant est étranger à la convention. — V. *suprà*, n° 12, et *infrà*, n° 121.

83. Il suit de là que le tiers ne peut contraindre que le commissionnaire seul à l'exécution du contrat. — V. *infrà*, sect. 3.

84. Du principe que le commettant est en dehors du contrat et n'est compté pour rien dans le marché, il suit, d'après MM. Delamarre et Lepoitvin, que le commissionnaire peut compenser ce qu'il doit personnellement au tiers avec ce que le tiers lui doit pour le compte du commettant, et que, réciproquement, le tiers peut compenser ce que le commissionnaire lui doit avec ce qu'il doit lui-même au commissionnaire, quoique cette dernière dette soit en réalité une créance du commettant (t. 2, n°s 106, 272, 273 et suiv.). Ces auteurs invoquent l'autorité de Casaregis, dont la doctrine est formelle à cet égard, et qui déclare, en effet, que tels sont les usages et l'intérêt du commerce, en citant de nombreux documents qui attestent cet usage. Une pareille compensation, il faut le dire, est contraire au Droit romain : *Ejus quod non ei debetur qui convenitur, sed alii, compensatio fieri non potest.* (L. 9, Cod. *De compens.*) Pothier dit aussi « qu'il faut que la dette soit due à la personne même qui en oppose la compensation. » (*Oblig.* n° 594.) Casaregis est loin d'ignorer ces principes; il reconnaît que, dans le droit commun, il n'est pas permis de compenser sa propre dette avec la créance d'autrui : *De jure communi non permittitur cum credito alieno proprii debiti compensatio.* (*Disc.* 135, n° 1.) Mais il enseigne que la compensation entre commerçants est souvent admise dans des cas où elle est repoussée par la rigueur du droit civil : *Compensatio inter mercatores admittitur in iis etiam casibus in quibus regulariter, attento juris rigore, non procedit.* (*Disc.* 76, n°s 9 et 15.)

85. **MM.** Delamarre et Lepoitvin, qui adhèrent à cette doctrine et à cet usage, sont obligés de reconnaître que cette compensation n'est pas celle qui s'opère de plein droit à l'insu des parties elles-mêmes, *inter dormientes*. C'est, selon eux, une compensation facultative, résultat d'une convention soit expresse, soit tacite, compensation dans laquelle le fait de l'homme est nécessaire, et qui ne s'accomplit que par une volonté mutuelle, ou par un fait qui l'implique et qui en tient lieu : elle ne peut plus s'opérer, contrairement à l'opinion de Casaregis (*Disc.* 135), lorsque la faillite ou la déconfiture du commissionnaire est arrivée. (t. 2, n°s 275, 276, 277.)

86. Si le commissionnaire qui traite au nom

de son commettant a excédé son mandat, le tiers auquel il s'est borné à l'énoncer, sans le lui exhiber, a un recours contre lui ; car il a négocié sur la foi de cette affirmation. Ce commissionnaire est son obligé, à moins qu'il ne justifie d'une ratification.

87. Mais dans la même hypothèse, si le commissionnaire qui traite au nom de son commettant a exhibé ses pouvoirs, la transgression est autant et plus le fait du tiers que celui du commissionnaire : faute de ratification de la part du commettant, le tiers n'a aucun recours contre le commissionnaire.

88. On trouvera dans la section suivante, où l'explication en sera mieux placée, quelques autres obligations du commissionnaire envers le tiers. —V. sect. 3, § 2.

Sect. 3. — *Obligations du commettant envers le commissionnaire et le tiers avec lequel ce dernier a traité.*

§ 1er. — *Obligations du commettant envers le commissionnaire.*

89. Les obligations du commettant envers le commissionnaire sont régies par les principes qui règlent les rapports du mandant et du mandataire.

90. Si le commissionnaire est tenu de répondre exactement et avec célérité aux communications que lui fait son commettant, celui-ci, à son tour, ne doit mettre aucun retard dans ses réponses aux communications du commissionnaire.

Le silence d'une partie sur une communication relative à un agissement quelconque, est une approbation de l'affaire traitée par un commissionnaire quel qu'il soit. *Litteras qui recipit,* dit Godefroy, *conjunctionis favore, præsumitur probare ea omnia, quæ in litteris comprehensa sunt, nisi continuó seu illicò contradicat.* (*Ad leg.* 16, ff. *Mandati.*) — V. *infrà*, chap. 2, sect. 5, n° 433.

91. Il peut même arriver que le retard du commettant à répondre couvre la négligence du commissionnaire. Ainsi, lorsque le commissionnaire exécute tardivement la commission d'acheter qui lui a été donnée, si le commettant, sur l'avis de l'achat, garde le silence, et si le commissionnaire charge et expédie la marchandise, en donnant avis de ces deux faits au commettant qui continue à garder le silence, ce dernier ne peut, en se fondant sur le retard du commissionnaire, laisser l'opéra-

tion pour son compte. Le silence du commettant équivaut à un consentement formel : *Præsumitur probare ea omnia quæ in litteris comprehensa sunt.* (Liége, 16 mars 1812, Devillen. et Car. 4. 2. 64 ; D. A. 2. 743.) V. dans un sens inverse, à l'égard du commissionnaire, Rennes, 2 juillet 1811 (S.-V. 13. 2. 103 ; D. A. 2. 769).

92. Le commettant doit rembourser au commissionnaire les avances et frais que ce dernier a faits pour l'exécution du mandat. (C. civ., art. 1999.)

Ces avances et frais sont, entre autres, les frais de transport, de douane, d'entrepôt, de magasinage, de pesage, etc., et les dépenses qu'il a faites pour la conservation, l'entretien ou l'amélioration de la marchandise.

Un arrêt de la cour de Lyon l'a ainsi jugé en ce qui concerne le magasinage. Dans l'espèce de cette affaire, le commissionnaire ne s'était d'abord rien fait allouer pour magasinage dans des comptes précédents. Cette circonstance était invoquée contre la demande du commissionnaire, qui fut néanmoins accueillie. Le magasinage a été fixé à 20 centimes par quintal, indépendamment du droit de commission. (Lyon, 23 juillet 1839, J. P. 1840. 2. 444.)

93. Le commettant doit aussi rembourser au commissionnaire les paiements que celui-ci a faits, ou auxquels il s'est engagé par anticipation.

94. Tout cela (n°s 92, 93) est dû au commissionnaire, alors même que le mandat n'a pas été heureux, ou qu'il n'a pu être entièrement exécuté, si cette inexécution partielle est le résultat d'un cas fortuit ou de force majeure : *Sumptus bonâ fide necessario factos, etsi negotio finem adhibere non potuit, judicio mandati restitui necesse est* (L. 56, § 4, ff. *Mandati*) ; *etsi effectum non habuit negotium.* (L. 10, ff. *Negot. gest.*) — V. C. civ., art. 1999 ; Delamarre et Lepoitvin, t. 2, n° 291, p. 542, et n° 313 ; Persil et Croissant, n° 59, p. 57. — V. *infrà*, n° 108, en ce qui concerne le droit de commission.

Le remboursement de ses dépenses et avances est dû au commissionnaire avec intérêts de plein droit, à compter du jour où il les a faites. (C. civ., art. 2001 ; l. 1, Cod. *Mandati* ; *Pauli sentent.* 2, 15, 2 ; Delamarre et Lepoitvin, t. 2, p. 315 ; Persil et Croissant, p. 10, n° 13. — Bordeaux, 17 janv. 1839, J. P. 1839, 1. 364 ; D. P. 39. 2. 114.)

95. Cet intérêt, qui est de six pour cent lorsque le commissionnaire est commerçant, peut être alloué à ce taux par le tribunal civil devant lequel le commissionnaire a appelé son commettant, qui n'est pas commerçant. (Bordeaux, arrêt cité n° 94. )

96. Lorsque les avances dues au commissionnaire sont liquides et exigibles, le commettant, à qui le remboursement en est demandé, ne peut opposer en compensation les dommages-intérêts qu'il réclame contre le commissionnaire pour mauvaise exécution de son mandat, et notamment pour altération des marchandises dont il lui a confié la vente. (Cass., 31 janvier 1828, J. P. 3e édit.; D. P. 28. 1. 115; — Bordeaux, 11 août 1829, S.-V. 30. 2. 135; J. P. 3e édit.; D. P. 30. 2. 41.— V. dans une espèce analogue, Aix, 3 juin 1829, S.-V. 29. 2. 303; D. P. 29. 2. 181.)

97. Le courtage payé à des courtiers-marrons par le commissionnaire à un taux légal et modéré est dû par le commettant, indépendamment du droit de commission, alors surtout que le commettant, loin de demander la nullité de l'opération qui ne pouvait être faite que par le concours de courtiers, a accepté, au contraire, la marchandise achetée et en a tiré profit. (Cass., 27 mars 1843, S.-V. 43. 1. 516; J. P. 1844. 1. 49. )

98. Indépendamment du remboursement des frais et avances, le commettant doit encore indemniser le commissionnaire des pertes que celui-ci a éprouvées, sans aucune faute imputable de sa part, à l'occasion de sa gestion : *Ex mandato, apud eum qui mandatum suscepit, nihil remanere oportet : sicuti nec damnum pati debet.* (L. 20, ff. *Mandati.* —V. C. civ., art. 2000; Persil et Croissant, p. 59, n° 62; Delamarre et Lepoitvin, t. 2, n° 316.)

99. Mais *quid*, si au lieu d'avoir été souffert à l'occasion de la gestion, le préjudice l'a été à l'occasion du mandat lui-même? On ne peut faire à cette question une réponse précise. La solution dépend des circonstances. (Domat, liv. 1, tit. 15, sect. 2, n° 6; Delamarre et Lepoitvin, t. 2, n° 318.)

100. Le commettant doit encore au commissionnaire, en sus de ce qui vient d'être dit, le salaire de sa commission, lequel pour être dû n'a pas besoin d'avoir été stipulé. (Persil et Croissant, p. 10, n° 12; Delamarre Lepoitvin, t. 2, n°s 280, 282, p. 534.)

Ce salaire est de deux sortes, *simple* ou *double*.

101. Le *simple* droit de commission est la récompense du travail, de la vigilance et des soins du commissionnaire. Il est dû de plein droit, *de plano*, et son taux se règle par la convention, par l'usage du lieu où le contrat s'exécute, ou par celui du lieu le plus voisin; à défaut, *arbitrio boni viri.*

La convention sur le taux et le mode du salaire se modifie d'ailleurs à l'infini par les accords des parties. On en a vu des exemples dans la sect. 1re, n° 26. —V. Delamarre et Lepoitvin, t. 2, n° 283.

102. D'après MM. Persil et Croissant, le simple droit de commission est d'un demi ou d'un pour cent, suivant qu'il a été convenu (p. 10, n° 12). Il est ordinairement, dit M. Vincens, de deux pour cent sur la valeur des achats ou des ventes de marchandises (t. 2, p. 142). Dans une espèce jugée par la cour de Lyon, le droit de simple commission à la vente, dû au commissionnaire de Lyon, était de deux pour cent, plus un pour cent pour *du croire.* (Lyon, 23 juillet 1839, J. P. 1840. 2. 444.)

MM. Delamarre et Lepoitvin fixent à deux pour cent la commission pour la vente d'une cargaison et le recouvrement de son produit, et, en général, pour les recouvrements et la plupart des autres négociations (t. 2, n°s 293, 294).

103. Ces derniers auteurs ajoutent qu'il est d'usage et de jurisprudence que la commission se prenne sur le montant *brut* des négociations. (*Loc. cit.*; trib. comm. de Bordeaux, 20 novemb. 1826.)

Dans le montant *brut* de la vente, ces auteurs comprennent le montant des frais qui, étant antérieurs à la vente, ont servi à en déterminer le prix; mais le montant *brut* de l'achat ne peut comprendre les frais déboursés postérieurement par le commissionnaire, et à raison desquels, dans ce cas, nul droit de commission doit être également calculé.

104. Si la commission donne lieu à des procès nés sans la faute du commissionnaire chargé de les suivre, la commission, en matière litigieuse, est établie, suivant MM. Delamarre et Lepoitvin, d'après les usages du commerce, à cinq pour cent sur toutes les valeurs contentieuses qui rentrent ou doivent rentrer dans les mains du commissionnaire.

105. Le salaire est gagné lorsque l'opération est accomplie, alors même que le commettant ordonne de nouvelles dispositions. Dans ce cas, il y a un mandat nouveau qui,

sauf convention contraire, doit être également rétribué, mais qui, dans l'usage et en équité, l'est moins que s'il était isolé.

106. Si l'affaire n'a été accomplie que partiellement, il n'est dû un salaire qu'autant que l'inaccomplissement ne provient pas de la faute ou du dol du commissionnaire; mais l'accomplissement partiel, sans la faute ou le dol du commissionnaire, ne donne lieu néanmoins qu'à une rémunération proportionnelle, en tant toutefois que la commission pouvait être divisée.

107. En cas de révocation de la part du commettant, ou de renonciation légitime et fondée de la part du commissionnaire, le commettant doit, non la commission entière, mais une indemnité *pro modo laboris.*

108. « *Si l'affaire n'a pas réussi,* disent MM. Persil et Croissant (p. 57, n° 60), le commettant devra-t-il être tenu de payer au commissionnaire le droit de commission convenu? Nous ne le pensons pas, et nous croyons que l'opinion contraire consacrerait une injustice souveraine. » A prendre cette doctrine à la lettre, et en s'abstenant de consulter les développements donnés par ces auteurs, il semble qu'ils ont voulu dire que le salaire n'est dû par le commettant que si l'opération a été heureuse, a eu du succès. Cette opinion, dans ce cas, serait en opposition avec celle de deux autres auteurs, qui font justement autorité en pareille matière, et qui enseignent, avec raison, que si, quel que soit le succès de l'opération, le commissionnaire irréprochable a droit à ses avances et à ses débours (V. *supra*, n° 94), la même faveur ne saurait être refusée, sans injustice, au prix du travail, qui est aussi une avance lorsqu'il est accompli. —V. Delamarre et Lepoitvin, t. 2, n° 285.

Mais MM. Persil et Croissant expliquent plus loin leur pensée, en disant que « si l'opération *ne se fait pas,* il n'est pas juste que le salaire en soit dû (p. 58). » Si le commissionnaire « est chargé de vendre, *et si la vente n'a pu se faire,* devra-t-il réclamer ce qu'on lui avait promis pour le cas où elle se ferait? Bien certainement non, car il y aurait une grande injustice s'il en était autrement. » Renfermée dans ces limites, cette opinion se trouve d'accord avec celle de MM. Delamarre et Lepoitvin; elle est équitable et juridique, en ce sens toutefois que, conformément à l'explication ultérieure de MM. Croissant et Persil, le salaire convenu n'est pas dû en entier, mais

qu'on doit « tenir compte au commissionnaire des démarches qu'il a faites, et lui allouer un salaire proportionné à sa peine. » — V. sur ce dernier point, comme analogue, le sentiment de MM. Delamarre et Lepoitvin (t. 2, n°s 289, 292).

Dans une espèce où il s'agissait de marchandises qui n'avaient pas été vendues, une cour a alloué au commissionnaire un demi-droit de simple commission. (Lyon, 23 juillet 1839, J. P. 1840, 2, 444.)

109. La commission *double*, nommée *du croire* (de l'italien *del credere*), n'est pas, comme la commission *simple*, le prix du travail; elle est le prix du risque, une prime pour laquelle le commissionnaire se charge de la solvabilité du débiteur.

MM. Delamarre et Lepoitvin enseignent que le *du croire* est une assurance dont il renferme tous les éléments, et qui ne change pas les rapports du commettant et du commissionnaire (t. 2, n°s 297, 298, 301, 302, 304).

110. La stipulation de la double commission sur le *du croire* n'est soumise à aucune formule.

111. Mais on tient généralement que, lorsque le mandat s'exécute en France, le *du croire* doit être convenu. Il n'existe pas *ipso jure.* Les commissionnaires, dit Savary, doivent « convenir, avec les commettants, s'ils demeureront *du croire* ou non, c'est-à-dire s'ils seront garants de la solvabilité des débiteurs et s'ils feront les deniers bons. » (*Parf. nég.*, part. 2, liv. 3, ch. 3, p. 246.) C'est ce qui résulte aussi, quant à l'ancienne jurisprudence, d'un arrêt du parlement de Toulouse, du 30 avril 1742, rapporté par Denisart, v° *Commissionnaire*, n° 3.—V. dans ce sens, pour le droit moderne, Delamarre et Lepoitvin (t. 2, n° 308, p. 572; n° 309, p. 574).

Après s'être exprimés de manière à faire penser que, dans leur opinion, le *du croire* n'est jamais dû de plein droit en France, MM. Delamarre et Lepoitvin disent ailleurs, d'une manière générale et sans faire aucune distinction entre la France et les pays étrangers, qu'il est des localités où le commissionnaire reste *du croire*, sans aucune stipulation, en vertu de l'usage local (t. 2, n° 280, p. 531). Cette opinion est peut-être plus exacte, pour ce qui concerne l'usage et par conséquent le droit moderne, que celle qui refuserait chez nous, d'une manière absolue et nonobstant tout usage local, tout droit de commission pour *du croire*, s'il n'y avait pas une stipulation expresse à cet égard.

112. Quoiqu'il en soit sur ce point, en admettant même que le *du croire* ne soit jamais dû en France de plein droit, en vertu du seul usage local, on peut dire de la commission *double* qu'elle peut résulter d'une convention tacite; car c'est là une de ces conditions pour lesquelles le droit romain lui-même aurait aisément exclu la solennité de la stipulation : *Labeo ait convenire posse, vel per epistolam, vel per nuntium : inter absentes quoque posse; sed etiam tacito consensu convenire intelligitur.* (L. 2, ff. *De pactis.*)

113. En pays étranger, il est des lieux où le commissionnaire demeure *du croire* de plein droit, en vertu de l'usage local. C'est ainsi qu'à l'île de Guernesey, par exemple, la commission *du croire* est une conséquence naturelle de la commission de vendre. (Delamarre et Lepoitvin, t. 1, n° 109 ; t. 2, p. 571, 574.)

114. En l'absence d'une stipulation expresse sur le mode de commission, et à défaut d'un usage local qui puisse servir de règle, il faut, en cas de désaccord entre les parties, consulter le taux de la commission pour savoir si elle est *simple* ou *double*. (Pardessus, t. 2, n° 564, p. 489; Delamarre et Lepoitvin, t. 2, n° 309;—Bruxelles, 7 oct. 1818, J. P. 3e édit.; D. A. 2. 748.)

Les habitudes antérieures des parties, la manière dont elles réglaient auparavant leurs rapports, servent aussi à apprécier le mode de commission. (V. Delamarre et Lepoitvin, *loc. cit.*)

La correspondance, surtout lorsqu'elle vient se joindre au taux de la commission, détermine aussi s'il y a ou non garantie. (V. Bruxelles, 7 octobre 1818, précité; Persil et Croissant, n° 30, p. 42.)

L'usage des lieux enfin doit être consulté à cet égard ; mais M. Pardessus s'exprime d'une manière peu juridique lorsqu'il dit que *seul* il peut déterminer quelle est la responsabilité que le commissionnaire doit supporter (t. 2, n° 564, p. 490). Cet auteur avait été plus juridiquement exact lorsqu'il avait dit, à la page précédente, que la stipulation de garantie se déduit de la manière dont les droits de commission ont été réglés. MM. Croissant et Persil, trompés par la formule inexacte que nous venons de signaler, enseignent aussi, sur la foi de M. Pardessus, que « la *seule* règle à suivre en pareil cas est celle tracée par

l'usage des lieux (n° 18, p. 11). » L'usage des lieux est un élément de solution, mais il n'est pas le seul qui serve à déterminer le mode de commission que les parties ont entendu adopter.

115. MM. Persil et Croissant disent (n° 19) que, malgré l'usage des lieux, s'il y a faute ou dol du commissionnaire, il est responsable de la solvabilité du tiers, alors même qu'il ne l'a pas garantie, ce qui est vrai. Mais ces auteurs ne font pas attention que, dans ce cas, la responsabilité procède de toute autre obligation que de la convention nommée *du croire*. (V. *infrà*, n° 119.)

116. Le *du croire* peut être convenu, alors même que la vente est faite au nom du commettant lui-même ; car le *du croire* n'est pas un cautionnement. Il a sa raison particulière, son objet propre, indépendamment du contrat de commission dont il n'est point un pacte accessoire. (Delamarre et Lepoitvin, t. 2, nos 303, 306.)

117. Aussi le commissionnaire qui se porte *du croire* n'a t-il point la propriété de la chose dont il a garanti le recouvrement. (Delamarre et Lepoitvin, t. 2, n° 306, p. 566; n° 307, p. 569.—Lyon,14 juin 1824, Devillen. et Car., 7. 2. 379; J. P. 3e édit.)— V. *suprà*, nos 15 et 16, et *infrà*, nos 213, 282.

Il est tellement vrai que le *du croire* ne confère pas la propriété de la chose dont il sert à garantir le recouvrement, qu'il y a des exemples de cette garantie donnée par tout autre que le commissionnaire. On cite notamment un cas semblable, tiré de la *Gazette du Commerce*, des 30 juill. et 24 août 1765. (Delamarre et Lepoitvin, t. 2, n° 307, p. 570.)

118. Le *du croire*, au reste, peut être convenu, non-seulement dans la commission pour vendre, mais encore dans les commissions qui ont pour objet des assurances, des remises de fonds, ou toutes autres négociations à crédit, et en général dans toutes opérations par suite desquelles quelque chose peut être dû au commettant. (V. les diverses sections du chap. 2, et notamment la sect. 4, n° 348, et la sect. 5.)

119. Il ne faut pas confondre, au surplus, comme semblent l'avoir fait MM. Persil et Croissant (V. *suprà*, n° 115), le *du croire* avec la garantie encourue par un commissionnaire par suite de l'exécution de son mandat. Dans une espèce jugée par la cour de Paris, un commettant s'adressant à un commission-

naire qui avait fait pour lui un recouvrement de fonds, lui avait écrit : « Vous nous ferez remise sur Paris, ou à défaut, par la diligence, en écus. » Le commissionnaire, au lieu de prendre cette dernière voie qui lui était ouverte, transmit les fonds au moyen d'une traite qu'il passa à l'ordre de son commettant. La cour a jugé que le commissionnaire était garant du paiement de cette traite, quoique le droit de commission fût fort modique. De la teneur de l'ordre donné par le commettant, on a conclu que la voie de la traite n'était pas prescrite, ou ne l'était qu'avec garantie si le commissionnaire jugeait à propos de la prendre, à moins qu'il n'eût expressément stipulé que l'endossement serait sans garantie, ce qu'il n'avait point fait. (Paris, 31 janv. 1812, S.-V. 12. 2. 393 ; J. P. 3ᵉ édit. ; D. A. 6. 657.) —V. comme analogue, un arrêt du parlement de Paris, du 14 août 1766 ; Denisart, vᵒ *Commission*, nᵒ 5.

La garantie du commissionnaire, on le voit, est ici un cas de responsabilité encourue par suite de l'exécution du mandat. Le *du croire* y est absolument étranger.

120. Aux termes de l'art. 2002 du Code civil, lorsqu'il y a plusieurs commettants, ils sont tous solidairement tenus envers le mandataire des effets du mandat. Cette solidarité a lieu de plein droit, sans être exprimée, à la différence de ce qui se passe à l'égard des mandataires (art. 1995). La solidarité de l'art. 2002 s'applique au commettant dans le contrat de commission, quoique ce contrat ne soit pas gratuit ; elle s'y applique, car tous les commettants profitent de la gestion que tous ont ordonnée ; tous, dès lors, doivent répondre envers le commissionnaire, et un seul pour tous, à son choix, parce qu'il a suivi non-seulement la foi de tous, mais encore celle de chacun d'eux en particulier. (l. 59, § 3, ff. *Mand.*)

### § 2. — *Obligations du commettant envers le tiers.*

121. Tant que le commissionnaire traite en son nom, le commettant ne saurait être l'obligé du tiers, alors même que le nom du commettant serait connu de celui-ci. — V. *suprà*, nᵒˢ 12 et 82.

122. Mais le commissionnaire qui traite au nom du commettant, avec autorisation de traiter ainsi, n'est qu'un instrument. Dans ce cas,

l'obligé du tiers n'est autre que le commettant lui-même.

MM. Delamarre et Lepoitvin, tout en enseignant cette doctrine, proposent cependant une distinction. Il en est ainsi, selon eux, lorsque le commissionnaire contracte *au nom* du commettant. Dans ce cas, ce dernier est l'obligé du tiers, parce qu'alors, et alors seulement, le commissionnaire agit *nomine procuratorio*, ce qu'il ne fait point quand il traite *pour compte*. (t. 2, nᵒ 339. V. aussi nᵒ 267.) Toutefois ces mêmes auteurs, sans apercevoir la contradiction dans laquelle ils tombent, approuvent ailleurs une décision du tribunal de commerce de Marseille, qui a jugé que le commettant est lié envers le tiers lorsque le commissionnaire a déclaré agir *d'ordre et pour compte* du commettant, alors même que le commissionnaire fait abusivement un usage multiple de son mandat. (*Ibid.* nᵒ 354.)

Il faut entendre la doctrine de MM. Delamare et Lepoitvin en ce sens que, lorsque le commissionnaire s'est borné à dire qu'il agissait *pour compte*, sans nommer le commettant, celui-ci n'est pas obligé envers le tiers. Mais il en doit être autrement lorsque le commissionnaire déclare agir *d'ordre et pour compte* du commettant qu'il nomme, parce que, dans ce dernier cas, il agit véritablement *nomine procuratorio*. Telle paraît avoir été l'espèce jugée par le tribunal de commerce de Marseille, dont le jugement, à ce point de vue, est juridique.

123. D'autres fois, le commissionnaire, traitant provisoirement en son nom, se réserve de faire connaître plus tard le commettant. Si le mandat est produit ou notifié au tiers avant l'époque stipulée, le commissionnaire s'efface et le commettant est réputé avoir contracté en personne. Mais si la nomination n'a pas lieu à l'époque convenue, le commissionnaire est personnellement engagé.

124. Lorsque le commettant a donné à son commissionnaire des instructions secrètes, dont celui-ci s'écarte, le commettant, au nom duquel le commissionnaire a traité, n'en est pas moins engagé envers le tiers, sauf son action en dommages-intérêts contre le commissionnaire : car le mandat ostensible est seul opposable au tiers ; à l'égard duquel ce mandat suffit ; le reste est *res inter alios acta*.

125. Mais lorsque le commissionnaire à qui il a été donné l'ordre de traiter en son nom personnel, agit néanmoins au nom de son

commettant, celui-ci n'est pas lié envers le tiers, qui doit s'imputer de n'avoir pas pris connaissance du mandat, ou de l'avoir enfreint, s'il lui a été communiqué.

### Sect. 4. — *Droit de rétention et privilége du commissionnaire en cas de faillite.*

126. L'art.1999 du Code civil oblige le mandant à rembourser au mandataire les avances et frais qu'il a faits pour l'exécution du mandat, et à lui payer les salaires convenus. Ce principe est applicable à la commission aussi bien qu'à tout autre mandat. (V. n°s 92, 93, 97, 100 et suiv.) Mais, indépendamment de son action personnelle contre le commettant, le commissionnaire, s'il n'est pas payé, a une action réelle sur la chose dont il est détenteur. Le principe de cette action réelle est écrit, quant au mandat ordinaire, commercial ou civil, dans le § 3 de l'art. 2102 du Code civil, qui accorde un privilége à raison des frais faits pour la conservation de la chose du mandant. Il est écrit, quant à la commission, dans les art. 93 et 94 du Code de commerce, qui accordent au commissionnaire un privilége pour le remboursement de ses avances, intérêts et frais, sur la valeur ou le prix des marchandises qu'il détient pour en faire la vente. Ce ne sont là, dans nos Codes, que des applications spéciales du principe qui, pour être reconnu pour donner au commissionnaire en général une action réelle sur la chose qu'il détient, n'aurait pas besoin d'être autorisé par des textes précis, pourvu qu'il ne fût pas expressément repoussé par la loi écrite : car ce principe a son origine dans le droit naturel, et l'action réelle, qui en est la conséquence, existerait, du moins entre le commissionnaire et le commettant, alors même que la loi commerciale serait entièrement muette, ou que la convention des parties n'en ferait pas mention, si d'ailleurs l'esprit de la loi civile avait admis le principe du droit de rétention, et si l'exercice de ce droit n'avait rien de contraire à l'ordre public ou aux bonnes mœurs. Entre le commettant et le commissionnaire, c'est mal à propos qu'on donnerait à ce droit le nom de privilége (*privilegium, privata lex*), nom qui implique un rapport avec des tiers et la nécessité d'une reconnaissance de par la loi. La seule, la vraie dénomination qui lui convient est celle de droit de rétention. Reconnu par le législateur moderne dans plusieurs dispositions particulières de nos codes, modifié quelquefois par les textes, mais jamais défini, le droit de rétention dérive moins de la convention que de l'équité ; il descend de la loi naturelle bien plutôt que de la loi civile. A ce titre, il n'a sa source ni dans les art. 93 et 94 du Code de commerce, ni dans le § 3 de l'art. 2102 du Code civil, qui n'en sont que la reconnaissance et la consécration particulières, dans des cas spéciaux, sans en être la création et l'origine.

Il suit de là que, à l'égard du commettant et en dehors des conditions énumérées par les art. 93 et 95 du Code de commerce, le commissionnaire peut exercer son droit de rétention sur la marchandise en vertu d'une convention intervenue entre eux. (V. les n°s 129, 130, 131.) Car ces articles, dont le sens d'ailleurs sera expliqué ultérieurement à l'égard des tiers (V. n°s 133 et suiv.), sont relatifs au privilége à l'encontre des créanciers du commettant, plutôt qu'aux rapports entre ce dernier et le commissionnaire. (Paris, 31 août 1836 ; J. P. 3e édit. ; D. P. 37. 2. 7.)

127. Il a même été jugé par cet arrêt que l'héritier bénéficiaire du commettant n'est point le représentant des créanciers de la succession, et ne peut, à ce titre, invoquer les dispositions desdits art. 93 et 95 pour détruire l'effet de cette convention.

128. La convention elle-même n'est pas nécessaire, pas plus d'ailleurs que la disposition de la loi, pour l'exercice d'un droit pareil qui, entre le commettant et le commissionnaire, est une suite naturelle de la détention de la marchandise.

129. On va plus loin encore, trop loin même, il faut le déclarer, lorsqu'on dit que le droit de rétention ne peut naître que d'une manière tacite, et que s'il existait une convention de ce genre, elle constituerait un contrat de nantissement. (Delamarre et Lepoitvin, t. 2, n° 389, p. 705.) La convention qui ne fait que constater un droit, dont l'existence n'a pas besoin de son secours, ne peut, en effet, détruire ce droit.

130. Mais la doctrine de MM. Delamarre et Lepoitevin, exagérée et fausse au respect du commissionnaire et du commettant, est juridique en ce qui concerne les tiers, alors que les parties et les marchandises ne sont pas dans les conditions de résidence édictées par l'art. 93 du Code de commerce. Dans ce cas, en effet, une pareille convention, à l'égard des

tiers, n'a que le caractère d'un nantissement dont elle doit revêtir les formalités pour pouvoir leur être opposée. — V. *infrà*, nos 157, 158, 162.

131. Il en serait autrement si cette convention était intervenue dans les conditions prévues par l'art. 93. En la supposant nulle comme nantissement, par exemple, faute d'avoir été enregistrée, le privilége n'en existerait pas moins en faveur du commissionnaire à l'encontre des tiers, non pas seulement en vertu de la convention, mais encore et surtout en vertu de la loi. Car on suppose que les parties auraient voulu faire et auraient fait non un contrat de nantissement, mais un véritable contrat de commission avec les effets privilégiés résultant de ce contrat.

132. C'est une conséquence du droit de rétention de donner au commissionnaire le droit de faire vendre la marchandise consignée pour se payer ou se couvrir de ses frais et avances, si le commettant diffère ou refuse de le satisfaire, alors qu'il lui est impossible de se défaire de la marchandise au prix fixé par ce dernier. Car ce droit de rétention ne s'exerce pas sur la chose d'une manière purement platonique; il a un but réel, il tend à un résultat utile qui ne peut s'effectuer que par la vente. Mais la vente doit être ordonnée par la justice. Le commissionnaire ne pourrait y procéder lui-même sans autorisation. (Paris, 13 mars 1815, S.-V. 16. 2. 57; J. P. 3e édit; D. A. 2. 748; — Colmar, 29 novembre 1816, S. V. 17. 2. 414; J. P. 3e édit.; D. A. 2. 749; — Bruxelles, 15 juin 1822, J. P. 3e édit.; D. A. 2. 761;—Pardessus, t. 2, 571; l. 9, ff. *De pign. act.*; C. civ. art. 2078.)

L'exercice de ce droit peut donner lieu à quelques difficultés de compétence et de procédure, dont il sera parlé ultérieurement. (V. *infrà*, sect. 6, nos 243 et suiv.)

133. Revenons à présent plus spécialement au droit de rétention dans ses rapports avec les tiers, surtout avec la faillite du commettant.

134. En cas de faillite ou de déconfiture du commettant, le droit du commissionnaire continue-t-il à conserver et l'effet et le nom de droit de rétention? Ne prend-il pas, au contraire, le nom de privilége et ses effets?

M. Troplong ne considère le droit de rétention qu'à l'égard du débiteur. Lorsque ce droit s'exerce à l'encontre des tiers qui réclament des priviléges sur la chose, le droit de rétention voit ces priviléges tantôt le primer et tantôt venir en concours avec lui. (*Hypoth.*, t. 1, nos 74, 169, 256.) Telle est, en résumé, la doctrine de cet auteur, qui a soin de faire observer que cette doctrine, restreinte par lui au seul droit civil, n'a pas en vue le privilége du commissionnaire. (t. 1, n° 41.)

A ne consulter que la lettre des art. 93 et 94 du Code de commerce, le droit dont il s'agit, dans ses rapports avec les tiers, prend le nom de privilége ainsi que ses effets. Mais, tout en reconnaissant que les effets de ce droit sont ceux d'un privilége de premier ordre (t. 2, n° 387, p. 702), MM. Delamarre et Lepoitvin enseignent que l'art. 93 qualifie de privilége ce qui, en vérité, n'est autre chose qu'un droit de rétention. Ce droit, opposable au débiteur, ne l'est pas moins aux créanciers eux-mêmes, à quelque titre qu'ils agissent. (*Ibid.*, t. 2, n° 390, p. 708.)

Ce point de doctrine a son importance; car si le droit du commissionnaire n'est qu'un privilége, il devra être restreint; si c'est un droit de rétention, qui, confirmé par la loi écrite, n'a néanmoins sa source et son point de départ que dans la loi naturelle, l'exercice de ce droit pourra avoir lieu dans d'autres cas que ceux dont la loi écrite fait mention. Cette mention ne sera que démonstrative, à titre d'exemple *de eo quod plerumque fit.* L'application, loin d'être faite dans un sens restrictif, devra avoir lieu d'une manière large et étendue. Aussi les mêmes auteurs enseignent-ils que l'exercice de ce droit ne se renferme pas dans le cas prévu par l'art. 93, et que, même dans ce cas, il reçoit une application plus extensive que celle que paraît indiquer la lettre de cet article. (t. 2, n° 390, 391.)

Cette théorie s'appuie sur l'autorité de la jurisprudence, aussi bien que sur l'opinion des auteurs.

Ainsi, comme on l'a déjà fait observer (n° 126), le droit de rétention, ou si l'on veut le privilége reconnu par l'art. 93, semble ne devoir s'appliquer, d'après la lettre de cet article, qu'au commissionnaire à la vente. Mais les tribunaux se sont demandé pourquoi ce droit ne serait pas applicable au commissionnaire à l'achat, à l'expédition, à l'acceptation d'une lettre de change, à l'assurance? Comment refuser à ces commissionnaires le droit de retenir la marchandise que celui-ci est chargé d'expédier, la somme que celui-là a entre les mains, pour se payer, celui-ci, de ses avances, celui-là, du montant de la traite qu'il a acceptée ou payée? Comment contester au commissionnaire à l'assurance le droit de retenir la police d'assurance pour sûreté des billets de prime qu'il a payés pour compte de son commettant? C'est ce qui a été jugé par plusieurs cours royales: en faveur du commissionnaire à l'assurance, par la cour royale de Rouen, le 5 mai 1823 (Devillen. et Car. 7. 2. 207; J. P. 3e édit.; en faveur du commissionnaire à l'expédition, par la cour royale de Toulouse, le 21 février 1824 (J. P. 3e édit.; D. A. 3. 405) et par la Cour de cassation, les 7 juin 1825 (S.-V. 25. 1. 365; D. P. 25. 1. 336), 7 déc. 1826 (S.-V. 27. 1. 292; D. P. 27. 1. 84) et 16 déc. 1835 (S.-V. 36. 1. 50; J. P. 3e édit.); en faveur du commissionnaire à la réception de la marchandise, par la cour d'Aix, le 25 août 1831 (S.-V. 33. 2. 162; D. P. 32. 2. 218); par la cour de Rouen le 29 nov. 1838 (S.-V. 39. 2. 33; D. P. 39. 2. 65) et par la Cour de cassation, le 16 déc. 1835 (S.-V. 36. 1. 50; J. P. 3e édit.); en faveur du commissionnaire à la conservation de la marchandise, par la Cour de cassation, dans l'arrêt précité du 16 déc. 1835. (V. infrà, no 165.)

Les auteurs sont loin de contredire cette jurisprudence. Valin, en effet, donne au droit du commissionnaire sur la marchandise qu'il est chargé de vendre, et dans tous les autres cas où le négociant se trouve nanti, le nom de privilége de nantissement, dont il explique immédiatement le sens lui-même en disant que ce privilége est une saisie naturelle. Il avoue que c'est la faveur du commerce qui l'a fait introduire, et il s'étonne qu'un droit si naturel et si juste ait pu quelquefois être contredit (liv. 2, tit. 10, art. 3). Il est évident que Valin attache à ce mot privilége non le sens restrictif qu'il a aujourd'hui, mais une signification étendue s'appliquant à tous autres cas où le négociant se trouve nanti. MM. Croissant et Persil, tout en conservant le nom de privilége dont se sert l'art. 93, reconnaissent néanmoins que la position du commissionnaire est toujours jugée favorablement par les tribunaux, et que, dans les cas douteux, les difficultés ont toujours été résolues en sa faveur (no 12, p. 76, sur l'art. 93). MM. Delamarre et Lepoitvin disent que les avantages du contrat de commission, qui est l'âme et qui fait le mouvement du commerce, s'évanouiraient du moment où le commissionnaire ne

se croirait plus certain du paiement de ses débours et de la rentrée de ses avances, qui lui sont garantis par la faculté de retenir la marchandise ou les valeurs qui existent entre ses mains (t. 2, no 385). Ils ajoutent que la doctrine d'après laquelle l'art. 93 doit être pris à la lettre, « serait une grave erreur qui, mise en pratique, rendrait le commerce en quelque sorte impossible » (ibid., no 390, p. 708).

On peut donc tenir pour constant que le droit reconnu par l'art. 93, quelle que soit la dénomination qu'on lui donne, est un droit introduit au profit du commerce en général, qui doit être appliqué avec toute la faveur que méritent les intérêts du commerce, ce qui ne veut pas dire toutefois que la lettre dudit article 93 doive être mise de côté, mais ce qui signifie seulement qu'il ne faut pas en faire une application judaïque, haineuse, restrictive, et qu'on doit en étendre le bénéfice, mais aussi les conditions, à des cas analogues à celui que prévoit cet article. — V. infrà, no 165.

135. On a vu précédemment (no 30) que le contrat de commission peut être accepté par un non commerçant. Le commissionnaire non-commerçant, qui a fait des avances au commettant, jouit-il du bénéfice des articles 93 et 94? Le bénéfice de ces dispositions tient à la nature du fait, au genre de service que le commissionnaire rend au commerce. Il importe donc peu que le commissionnaire soit ou non commerçant. Pour qu'il ait tous les droits du commissionnaire, il suffit qu'il ait accepté et fait une commission. L'article 93, d'ailleurs, ne distingue pas. Il accorde le privilége, non à tel ou tel commissionnaire, mais à tout commissionnaire. — V. Locré, sur l'art. 93; Delamarre et Lepoitvin, t. 1, no 45.

La question s'est présentée et a été plaidée devant la Cour de Paris, qui l'a résolue implicitement en faveur du commissionnaire non commerçant, mais sans donner aucun motif. Sur le pourvoi devant la cour suprême, le moyen, plaidé de nouveau, a été jugé de la même manière. (Cass., 23 avril 1816, S.-V. 16. 1. 275; J. P. 3e édit.; D. A. 2. 759.)

136. Déterminons maintenant les caractères essentiels du droit de rétention, quelle que soit l'hypothèse à laquelle il s'applique.

137. Il est de l'essence du droit de rétention de ne pouvoir être exercé qu'autant que celui qui en excipe détient la chose. Avec la déten-

tion, le droit existe ; sans la détention, le droit s'évanouit. Point de détention, point de rétention : *Nul ne retient qui ne détient.*

138. Mais ce principe a besoin d'être sainement entendu ; car le bénéfice de la rétention peut appartenir au commissionnaire, quoiqu'il ne détienne pas réellement lui-même. C'est ce qui se présente dans plusieurs hypothèses.

139. *Première hypothèse de rétention sans détention personnelle.* — La détention peut être le fait d'un tiers, et elle profite au commissionnaire, à l'exclusion même du vendeur, si elle a lieu pour le compte du commissionnaire ; car on détient pour autrui aussi bien que pour soi-même (C. civ. art. 2228) : *Possidet cujus nomine possidetur. Procurator alienæ possessioni præstat ministerium* (l. 11, ff. *De acq. vel amit. poss.*). — V. Gênes, 12 juillet 1813 (S.-V. 14. 2. 150 ; J. P. 3e édit. ; D. A. 2. 763) ; — Cass. 1er déc. 1840 (S.-V. 41. 1. 161 ; J. P. 1841. 1. 402 ; D. P. 41. 1. 50).

140. Il suffit que la marchandise soit à la disposition du commissionnaire et se trouve en sa possession de quelque manière que ce soit, dans un navire, sur un quai, une place publique, etc.

141. MM. Delamarre et Lepoitvin vont même jusqu'à soutenir que les magasins du commettant lui-même sont compris dans cette énumération, s'il a été convenu que la marchandise restera dans ses magasins pour y être à la disposition du commissionnaire. Mais dans ce cas, il faut toujours qu'il y ait expédition virtuelle de place en place (t. 2, n° 408).

142. Le privilége du commissionnaire subsiste pendant le temps que les marchandises sont possédées par des employés intermédiaires de son choix, tels que l'entrepreneur de transport à qui il les a remises pour être expédiées au destinataire, alors qu'elles sont encore dans les magasins de l'entrepreneur, et si d'ailleurs la correspondance ne prouve pas que le commissionnaire a renoncé à son droit. (Cass. 7 juin 1825, S.-V. 25. 1. 365 ; J. P. 3e édit. ; D. P. 25. 1. 336.)

143. Le privilége du commissionnaire qui a reçu les marchandises, non dans ses magasins, mais dans ceux d'un tiers qui a opéré en son nom et pour son compte, est dû au commissionnaire à l'encontre du vendeur, alors même qu'au lieu de lui être expédiées directement par l'acheteur, les marchandises lui ont été expédiées par le vendeur sur l'ordre de ce dernier, et ont été reçues par l'agent du commissionnaire sur la consignation de l'acheteur. (Cass. 1er déc. 1840, V. au n° 139.)

144. La Cour de cassation a considéré comme étant à la disposition du commissionnaire les marchandises qui, sans être entrées dans ses magasins, avaient été placées dans un navire lui appartenant, sous la conduite et le commandement d'un capitaine, son mandataire, lequel avait mission de ne les remettre que moyennant le remboursement des avances, quoique ce navire eût été affrété par le commissionnaire à celui à qui les avances avaient été faites. (Cass. 16 déc. 1835, S.-V. 36. 1. 50 ; J. P. 3e édit.)

145. *Deuxième hypothèse de rétention sans détention personnelle.* — Il est un deuxième cas où le bénéfice de la rétention appartient au commissionnaire qui a cessé de détenir, c'est lorsqu'il a vendu et livré la marchandise dont le prix n'est pas encore payé. Il se rembourse alors, par préférence à tous autres, sur le produit de la vente, lequel représente symboliquement la marchandise elle-même. (Code com., art. 94.)

146. *Troisième hypothèse de rétention sans détention personnelle.* — Le troisième cas a lieu lorsque le commissionnaire a expédié la marchandise qui n'est pas encore entrée dans les magasins du commettant ou du tiers chargé de la vendre pour son compte. L'art. 576 du Code de commerce qualifie ce droit du nom de *revendication*. Mais on a reproché à cette qualification de manquer d'exactitude. Nous reviendrons plus tard sur ce point.—V. n°189.

Cette hypothèse, au surplus, rentre, à certains égards, dans la première , avec laquelle elle a la plus grande analogie.

147. *Quatrième hypothèse de rétention sans détention personnelle.* — Il est enfin une quatrième et dernière hypothèse où le bénéfice du droit de rétention appartient au commissionnaire qui ne détient pas ; c'est celle où , sans détenir les marchandises , il détient le connaissement ou la lettre de voiture qui les représente. La détention est alors virtuelle et symbolique ; car la marchandise est fictivement là où est le connaissement. (Code com., art. 93.) Cette hypothèse rentre jusqu'à un certain point dans la seconde.

La fiction symbolique sur laquelle repose cette quatrième hypothèse, c'est-à-dire la vertu donnée au connaissement ou à la lettre de voiture de représenter la marchandise pour l'établissement du privilége du commissionnaire, est une création toute moderne ; car, avant le Code de commerce, la possession du connaissement n'équivalait pas à la détention de la marchandise. On exigeait, pour l'exercice du privilége, une possession matérielle de la marchandise elle-même. (Cass. 3 brum. an 12, S.-V. 16. 1. 214 ; J. P. 3e édit. ; D. A. 2. 754.)

148. **MM.** Delamarre et Lepoitvin enseignent même, sous la garantie d'un arrêt de la cour de Rennes du 12 juin 1840, que la promesse du connaissement, faite avant que le commissionnaire se soit mis à découvert, suffit pour lui faire acquérir le privilége de l'art. 93, au préjudice du vendeur et à l'exclusion des autres créanciers, si d'ailleurs le connaissement lui est adressé et lui parvient, même après une saisie pratiquée par le tiers sur la marchandise qui doit lui être envoyée. Car le commissionnaire a suivi la foi du connaissement qui lui était expédié, tandis que le vendeur et le tiers n'avaient suivi que la foi de la personne à laquelle l'un avait vendu et l'autre prêté (t. 2, no 410).

Dans l'hypothèse réglée par l'article 93 du Code de commerce, la tradition symbolique ne peut-elle s'effectuer que par les seuls actes indiqués par cet article, c'est-à-dire par un connaissement ou une lettre de voiture?

**MM.** Delamarre et Lepoitvin disent qu'il n'est pas douteux que le connaissement et la lettre de voiture ne soient les seuls actes capables de constater juridiquement une pareille tradition. Dans ce cas, enfreindre le vœu de la loi, c'est s'interdire le droit d'en réclamer la protection (t. 2, no 411). Un arrêt de la cour de Lyon a jugé dans ce sens en décidant que, pour l'établissement du privilége autorisé par l'art. 93, on ne peut suppléer au connaissement ou à la lettre de voiture par des analogues, tels que de simples bordereaux d'expédition embrassant une plus ou moins grande quantité de marchandises pour diverses personnes, et contenant des désignations incertaines ou équivoques. Ces actes ne sauraient tenir lieu de ceux déterminés par la loi, alors surtout qu'ils sont adressés non au commissionnaire, mais à un entrepreneur de transport intermédiaire. (Lyon, 26 juillet 1837, J. P. 1838. 1. 187 ; D. P. 39. 2. 276.)

Le privilége, en effet, d'après l'art. 93, la rétention, d'après l'essence de ce droit, n'existe qu'autant qu'il y a détention. La loi a bien pu assimiler la détention du connaissement ou de la lettre de voiture à la détention de la marchandise. Mais si les fictions ont les mêmes effets que la réalité dans le cas prévu par la fiction, *in casu ficto*, il n'en est plus de même lorsqu'on sort de l'hypothèse autorisée par la loi ; car les fictions ne s'étendent point d'un cas à un autre. Aussi la cour de Bruxelles a-t-elle jugé que, pour l'établissement du privilége de l'art. 93, une lettre missive ne peut suppléer à la lettre de voiture ou au connaissement ; et que, quant à cette dernière pièce, elle doit même être passée à l'ordre du commissionnaire, la remise entre ses mains ne suffisant point pour assurer son privilége si le connaissement n'est pas en son nom. (Bruxelles, 15 mars 1821, Devillen. et Car. 6. 2. 383 ; J. P. 3e édit. ; D. A. 2. 758.) — Sur ce dernier point, V. *infrà*, nos 151 et suiv.

149. Mais *quid*, disent MM. Delamarre et Lepoitvin, s'il n'y a pas pour le commettant possibilité d'envoyer le connaissement ou la lettre de voiture, comme lorsqu'un négociant charge son correspondant de vendre une marchandise qui ne voyage pas, qui est dans une place différente où elle doit rester à la disposition du commissionnaire? Si, par exemple, la marchandise est au Havre dans les magasins de la douane, et si le commettant, qui réside à Paris, charge un négociant de Rouen de la vendre, il est bien évident que des connaissements ou une lettre de voiture ne peuvent lui être transmis, puisque la marchandise ne voyage pas. Dans ce cas, le pouvoir donné au commissionnaire de retirer la marchandise et de la vendre suffit pour créer en sa faveur le privilége de l'art. 93, à raison des avances qu'il a faites. Telle est la solution donnée à cette question par MM. Delamarre et Lepoitvin (t. 2, no 411, p. 739 et suiv.), solution toute juridique, non pas précisément parce qu'il y a impossibilité d'envoyer le connaissement ou la lettre de voiture, car la solution serait toute aussi juridique, dans l'espèce, si cette possibilité existait, mais parce que le magasin de la douane, celui en un mot où est renfermée la marchandise, où elle est tenue à la disposition du commissionnaire, devient le magasin du commissionnaire lui-même, par le pouvoir qui lui est donné de la retirer. Cette hypothèse, on le voit, n'est pas même une nuance de celle qui précède ; elle rentre dans l'hypothèse des nos 139 à 145.

150. Que s'il s'agit, non plus de l'établissement du privilége ou simplement même du

droit de rétention, mais de la preuve de l'expédition, le commissionnaire pourra faire cette preuve autrement que par un connaissement ou une lettre de voiture. C'est ce qui a été jugé par la cour de Douai dans une espèce où un commissionnaire avait actionné en dommages-intérêts un entrepreneur de transport, pour avoir changé la destination de la marchandise sur la demande de l'expéditeur, alors que, sur la foi de cette destination acceptée par l'entrepreneur de transport qui s'était engagé à faire parvenir les marchandises au commissionnaire, celui-ci avait fait des avances à l'expéditeur. (Douai, 17 mai 1820, Devillen. et Car. 6. 2. 261; **J. P.** 3e édit.; **D. A.** 2. 770.)

151. Le connaissement ou la lettre de voiture, pour avoir effet par eux-mêmes sans la détention de la marchandise, doivent être faits ou passés au nom du commissionnaire. La simple détention de cette pièce, quand même elle serait à ordre ou au porteur, ne suffit pas pour assurer le privilège, ni pour créer le droit de rétention au profit de celui qui en fait les avances. Le connaissement ne donne, dans ce cas, que le droit de recevoir la marchandise, et ne constitue qu'un simple mandat. (Pardessus, t. 2, n° 490; — Bruxelles, 15 mars 1821, cité au n° 148; — Rouen, 15 juin 1825, **S.-V.** 27. 2. 99; **J. P.** 3e édit.; **D. P.** 27. 2. 22; — Cass. 1er mars 1843, **S.-V.** 43. 1. 185; **J. P.** 1843. 1. 367.)

152. La transmission, lorsqu'elle n'est pas directe, doit, pour être régulière et pour pouvoir produire les effets édictés par l'art. 93, être faite en vertu d'un endossement revêtu des formalités exigées par les art. 137 et 138 du Code de commerce; car ces articles posent, en matière d'endossement, des règles générales applicables à tous les actes susceptibles de transmission par cette voie. — **V. Cass.** et **Rouen**, arrêts cités n° 151. — **V. infrà**, n° 224.

153. Il n'est pas nécessaire sans doute, pour l'établissement du privilège reconnu par l'article 93, que la marchandise soit adressée nominativement et directement par l'expéditeur à celui qui a fait les avances. Elle peut ne lui être transmise qu'en vertu d'un ordre donné par le destinataire primitif. (Delamarre et Lepoitvin, t. 2, n°s 401, 404; — Rouen, 18 juillet 1827, **S.-V.** 28. 2. 72; **J. P.** 3e édit.; **D. P.** 27. 2. 190; — Cass. 8 juin 1829, **S.-V.** 30. 1. 330; **J. P.** 3e édit.; **D. P.** 29. 1. 263; — Paris, 31 juillet 1835, **S.-V.** 35. 2. 519;

**J. P.** 3e édit.; **D. P.** 36. 2. 83; — Rouen, 29 nov. 1838, **S.-V.** 39. 2. 33; **J P.** 1838. 2. 577; **D. P.** 39. 2. 65.)

En pareille occurrence, c'est-à-dire quand la marchandise n'est pas adressée directement et nominativement à celui qui a fait les avances, pour pouvoir user du droit de rétention, il est indispensable que celui qui excipe de ce droit détienne soit la marchandise, soit surtout le connaissement qui la représente, non à titre de simple mandataire chargé de recevoir et de décharger le capitaine, mais à titre de commissionnaire ayant pouvoir de disposer de la marchandise. Dans un cas, en effet, lorsqu'on est simplement détenteur du connaissement sans en être porteur en vertu d'un endossement, la marchandise est en dépôt, en transit entre les mains du consignataire; dans l'autre, elle est à la disposition du porteur du connaissement dûment endossé. Cette dernière hypothèse est celle que prévoient MM. Delamarre et Lepoitvin (t. 2, n° 404), car on trouve dans leur espèce une transmission régulière du connaissement par la voie de l'endossement; c'est aussi l'espèce de l'affaire Luce, jugée par la cour d'Aix, le 25 août 1831 (**S.-V.** 33. 2. 162; **J. P.** 3e édit.; **D. P.** 32. 2. 218). Les faits de ce procès indiquent que le consignataire était porteur du connaissement en vertu d'un ordre. Toutefois le mode de constatation de ce point important, dans ce jugement même, laisse quelque chose à désirer. — **V. infrà**, n° 224.

La circonstance de la transmission par la voie de l'endossement est nettement constatée dans l'espèce d'un arrêt de la cour de Paris du 31 juillet 1835, déjà cité, qui a reconnu le privilège du commissionnaire, à l'exclusion de celui du vendeur, quoique le commissionnaire ne fût pas le destinataire primitif et ne fût pas dès lors désigné nominativement dans le connaissement. C'est aussi ce qui se rencontre dans l'arrêt de Rouen du 29 nov. 1838, déjà cité. — **V. infrà**, n° 224.

154. L'affaire Brindeau, jugée par arrêt de la cour de Rouen du 25 mars 1826, confirmé par arrêt de rejet de la cour suprême du 28 juin 1826, semble contraire à la doctrine et à la jurisprudence énoncées dans les n°s 151, 152, 153. En effet, quoiqu'il fût porteur du connaissement, en vertu d'une transmission régulière, la prétention du sieur Brindeau fut repoussée parce que la marchandise ne lui avait pas été adressée directement. Mais **M.** le

conseiller Borel de Bretizel, rapporteur d'une affaire jugée le 8 juin 1829 par la Cour de cassation, faisait observer que Brindeau était créancier non pour avances sur la marchandise, mais pour négociation de traites, et ce magistrat ajoutait que Brindeau ne se prétendait pas consignataire pour opérer la vente. La qualité de consignataire et le fait des avances sur la marchandise étaient méconnus. Ces circonstances ont pu influer sur la décision qui, il faut bien le dire, n'est pas en harmonie avec la jurisprudence postérieure de la Cour de cassation. (Cass. 28 juin 1826, S.-V. 27. 1. 208 ; J. P. 3e édit. ; D. P. 26. 1. 344.) — V. infrà, n° 224.

155. Il ne faut pas mettre dans la même catégorie un autre arrêt de la cour de Rouen, déjà cité (n° 151), rendu le 15 juin 1825 entre les sieurs Mousset et Cie de Marseille et le sieur Gallois. Car, dans cette affaire, le connaissement paraît avoir été seulement remis et non endossé à celui qui se prétendait commissionnaire, mais qui variait dans la qualité qu'il s'attribuait lui-même. Aussi, en présence d'une pareille variation de la part du sieur Gallois, la cour a-t-elle dit que cette remise du connaissement ne constituait qu'un simple mandat et n'établissait point la commission. — V. infrà, n° 224.

156. La cour de Bruxelles a cependant reconnu la qualité et les droits du commissionnaire à un individu qui avait reçu la marchandise et les connaissements de la part d'un tiers mandataire de l'expéditeur, et non de l'expéditeur lui-même. Mais, dans cette affaire, le consignataire avait cru, et avait dû croire, que ce tiers était propriétaire, car il s'était donné et avait agi comme tel. En fait, d'ailleurs, la marchandise avait été directement expédiée au commissionnaire par le propriétaire lui-même. Les avances ainsi faites au tiers sur la double foi et de la marchandise et de la qualité de propriétaire qu'il s'était donnée et avait pu prendre au respect du consignataire, devaient être exécutées sur la marchandise consignée, à l'exclusion de la réclamation du véritable propriétaire, qui avait à s'imputer d'avoir suivi la foi du tiers, son acheteur ou son mandataire, peu importe. Bruxelles, 25 avril 1821 ( Devillen. et Car. 6. 2. 408 ; J. P. 3e édit. ; D. A. 2. 760). Telle est aussi, à cet égard, l'opinion de MM. Persil et Croissant (sur l'art. 93, n° 10, p. 75). — V. infrà, sect. 5, § 3, n° 223.

Indépendamment de la détention effective ou symbolique de la marchandise, le commissionnaire, pour pouvoir user du droit de rétention ou de privilége, doit justifier que la marchandise a été expédiée d'une place sur une autre (art. 93). Telle est la condition que la loi impose pour la reconnaissance du privilége du commissionnaire.

157. Il importe peu que le commissionnaire et le commettant résident dans le même lieu ; ce qui importe, c'est l'expédition de place en place. ( V. suprà, sect. 1re, n° 31.) Toutefois, M. Pardessus enseigne qu'indépendamment de l'expédition de place en place, les deux parties doivent aussi résider dans des lieux différents, parce que, dans le cas où elles ont la même résidence, elles ont pu sans inconvénient se conformer aux règles sur le nantissement (t. 2, n° 490, p. 369 et 399). Cet auteur invoque, comme ayant jugé dans ce sens, deux arrêts de la Cour de cassation, l'un du 28 juin 1826 (S.-V. 27. 1. 208 ; D. P. 26. 1. 344), qui n'a pas eu à statuer sur cette difficulté ; et l'autre du 9 avril 1829 (S.-V. 29. 1. 188 ; D. P. 29. 1. 217), relatif à une espèce où l'expédition de place en place manquait. Le privilége était réclamé par un entrepreneur de transport, et l'art. 93 n'est pas même visé dans l'arrêt de la cour suprême. C'est donc par erreur que M. Pardessus a invoqué ces deux arrêts à l'appui de son opinion. Mais sa doctrine a été formellement rejetée par plusieurs arrêts de la Cour de cassation. (Cass. 7 déc. 1826, S.-V. 27. 1. 292 ; J. P. 3e édit. ; D. P. 27. 1. 84 ; — 16 déc. 1835, S.-V. 36. 1. 50 ; J. P. 3e édit. ; D. P. 38. 1. 90 ; — 1er juillet 1841, S.-V. 41. 1. 625 ; J. P. 1841. 2. 319 ; D. P. 41. 1. 286.)

Cette jurisprudence est juridique ; car, lorsque la marchandise est située dans une place autre que celle où elle est expédiée, il peut arriver que le contrat de commission se forme avant son arrivée dans le lieu de la résidence commune des parties, qui alors ne peuvent faire un contrat de nantissement, puisqu'il est de l'essence de ce contrat qu'il y ait remise effective et détention de la chose engagée ; d'autre part, si la marchandise expédiée en contemplation du contrat de commission est déjà arrivée lorsque le contrat se consomme entre deux parties ayant la même résidence, ce contrat emporte par lui-même le privilége du commissionnaire, sans qu'il soit nécessaire d'observer les formalités du nantissement.

Cet effet lui est acquis par suite de la faveur attachée au contrat de commission dans l'intérêt de la libre circulation du commerce. Le cas prévu et régi par l'art. 95 du Code de commerce ne rentre dans aucune de ces deux hypothèses, protégées l'une et l'autre par la circonstance d'une expédition de place en place faite par suite ou en vue d'un contrat de commission, tandis que, dans l'hypothèse de l'art. 95, les parties et la marchandise sont ensemble dans la même localité, sans que la marchandise ait été expédiée d'une autre place en vue du contrat de commission. Il faut bien alors que les formalités du nantissement soient observées si l'on veut créer un privilége; car la condition du privilége de l'art. 93 ne se rencontre point, puisqu'il n'y a pas expédition de place en place. C'est cette condition, on le voit, et non celle de la résidence, qui est essentielle, dans l'hypothèse de l'art. 93, pour l'établissement du privilége. (V. l'arrêt du 7 décembre 1826, cité ci-dessus; V. aussi nos 130 et 131.)

158. Lorsque les parties et la marchandise sont dans la même localité et qu'il n'y a pas eu expédition en vue du contrat de commission, rien ne s'oppose à la formation de ce contrat; mais pour qu'il produise un résultat privilégié en faveur du commissionnaire, il est nécessaire d'observer les formalités prescrites par le Code civil pour le nantissement. C'est à ces formalités que le privilége est attaché. Telle est la véritable hypothèse de l'article 95 du Code de commerce, qui se sert avec une sorte d'affectation des mots *consignation* et *commissionnaire* pour indiquer que le contrat n'en reste pas moins un contrat de commission. (V. Aix, 4 juillet 1810, S.-V. 12. 2. 31; J. P. 3e édit.; D. A. 2. 755).—V. *infrà*, nos 159, 161.

159. Mais dans l'hypothèse prévue par ledit art. 95, si les parties ont fait un contrat de commission, et non un acte de dépôt, le privilége établi en vertu des formalités du nantissement n'existe pas moins, alors même que le commissionnaire a reçu pouvoir de vendre et qu'il a vendu la marchandise. Ce que l'article 95 a entendu prescrire, exiger, ce sont les formalités extrinsèques du nantissement; mais il n'a pas entendu que les parties fussent soumises à faire un véritable nantissement, lorsqu'elles voulaient faire un contrat de commission. En conservant à l'acte le nom de *consignation*, à l'une des parties celui de

*commissionnaire*, et en ayant soin de distinguer ces deux dénominations de celles de *dépôt* et de *dépositaire*, cet article a suffisamment manifesté son intention de laisser subsister le contrat de commission, malgré les formes du nantissement exigées pour assurer le privilége; il a autorisé dès lors le *commissionnaire* à vendre, autorisation d'ailleurs sans inconvénient, puisqu'il s'agit de marchandises dont la valeur peut toujours être aisément déterminée au cours de la place et du jour. Rouen, 4 juillet 1842, conformément à nos conclusions. (J. P. 1842. 2. 117.) V. *infrà*, les nos 160, 161.

160. L'hypothèse prévue par l'art. 95 suppose, comme cela se rencontrait d'ailleurs dans les espèces dont il vient d'être parlé, que la marchandise et les parties sont dans là même localité, et implique que la marchandise doit y rester. Mais si la marchandise est destinée à être expédiée sur une autre place pour y être à la disposition des agents du commissionnaire, la Cour de cassation juge que le privilége de l'art. 93 doit être reconnu, sans qu'on soit soumis aux formalités prescrites par l'art. 95, alors même que le commissionnaire n'aurait aucune maison dans la place sur laquelle la marchandise est dirigée. Il suffit qu'il y ait envoi des marchandises d'un lieu sur un autre pour y être vendues par l'entremise des agents du commissionnaire, qui est censé détenir et posséder par les mains de ses agents. (Cass., 16 décemb. 1835, S.-V. 36. 1. 50; D. P. 38. 1. 90; — 1er juillet 1841, S.-V. 41. 1. 625; J. P. 1841. 2. 319; D. P. 41. 1. 286.)

161. Mais *quid*, si le créancier ne réside pas dans le lieu où est la marchandise, qui reste dans la même localité sans être transportée dans une autre place, alors même qu'on a stipulé la faculté de la vendre? Les avances faites en pareille circonstance ne peuvent créer en faveur du créancier le privilége de l'art. 93. Il ne peut invoquer non plus le bénéfice de l'art. 95 pour obtenir un privilége, s'il n'a pas rempli les formalités extrinsèques prescrites par cet article. On a donc pu juger que la négociation ne constitue qu'un prêt sur nantissement, dont l'efficacité, quant au privilége, est subordonnée aux conditions prescrites par le Code civil. (Paris, 12 mai 1842, J. P. 1842. 1. 693.) — V. *suprà*, nos 41, 42 et 158, 159.

162. Il peut même arriver, selon les circon-

stances, que la convention intervenue entre deux négociants résidant dans des lieux divers, relativement à des marchandises expédiées d'une place sur une autre, et reçues dans les magasins du créancier, soit considérée non comme un contrat de commission, mais comme un contrat de prêt sur gage déguisé. Dans ce cas, la convention n'engendre de privilége au profit du prêteur qu'autant qu'elle a été consignée dans un acte enregistré conformément aux art. 2074 et 2075 du C. civ. (Poitiers, 21 juillet 1842 ; J. P. 1842, 2. 642.) — V. *suprà*, n° 43.

163. Toutefois, il a été jugé par la cour suprême que le privilége du commissionnaire existe alors que la marchandise adressée au commissionnaire a été extraite d'un dépôt situé dans la même ville où celui-ci résidait, mais sur l'ordre du propriétaire-fabricant, résidant dans une autre place. (Cass., 23 avril 1816, S.-V. 16. 1. 275 ; J. P. 3° édit. ; D. A. 2. 759.) La juridicité de cette décision peut être contestée.

164. Mais on peut considérer comme juridique l'arrêt par lequel on a accordé le privilége de l'art. 93 au commissionnaire qui, sans fraude et sur la foi d'une lettre de voiture portant que les marchandises lui sont expédiées d'une autre place où le commettant a effectivement une maison de commerce, a fait des avances à ce dernier, encore que, plus tard, il soit établi que la lettre de voiture et le lieu d'expédition ont été simulés par le commettant. Dans l'espèce, il est bien vrai que les marchandises avaient été tirées des magasins de la maison que le commettant avait à Paris, lieu du domicile du commissionnaire, mais elles avaient été expédiées auparavant à Paris par la maison de Soissons, dirigée par le même commettant. On pouvait dire dès lors, indépendamment de la bonne foi du commissionnaire, qu'à son respect il y avait eu, jusqu'à un certain point, expédition de Soissons à Paris. (Paris, 25 juillet 1843, J. P. 1843. 2. 310.)

165. Pour l'exercice du privilége de l'article 93 à l'égard des tiers, le commissionnaire doit-il avoir reçu mandat de vendre ? En d'autres termes, la disposition de l'art. 93 qui, en spécifiant le privilége du commissionnaire, parle de marchandises expédiées d'une autre place *pour être vendues* pour le compte du commettant, est-il limitatif ou seulement démonstratif ? C'est, sous une forme différente,

la question qui a déjà été examinée sous le n° 134. Le caractère limitatif de l'art. 93 ne saurait être douteux si l'on s'en tient judaïquement à la lettre de la loi, sans en sonder l'esprit. Mais les cours d'Aix et de Rouen ont formellement déclaré que cet article n'est pas limité à la *commission pour vendre*. (Aix, 25 août 1831, S.-V. 33. 2. 162 ; D. P. 32. 2. 218. — Rouen, 29 nov. 1838, S.-V. 39. 2. 33 ; J. P. 1838. 2. 577 ; D. P. 39. 2. 65.)

Ces arrêts sont intervenus dans des espèces où, en reconnaissant la qualité de commissionnaire, qui, pour le dire en passant, aurait très-bien pu être contestée, on ne pouvait voir dans la partie qu'un commissionnaire à la réception ou à l'expédition de la marchandise. D'autres arrêts déjà cités ont consacré cette doctrine dans des espèces différentes (V. n° 134) ; et la Cour de cassation a saisi l'occasion de s'en expliquer avec une grande netteté dans une affaire toute particulière, où, il faut le dire, la qualité de commissionnaire à la vente aurait dû ne pas faire difficulté, et où l'on conçoit difficilement, à cet égard, l'hésitation de la cour royale et celle de la cour de cassation elle-même. Mais, en présence de la contestation élevée à ce sujet, la cour suprême a dit que l'art. 93 est démonstratif et non limitatif ; que le cas qu'il prévoit est le plus ordinaire, mais qu'il arrive souvent qu'un commissionnaire est chargé de *recevoir* et de *réexpédier* des marchandises jusqu'à de nouveaux ordres ; que l'*expédition* d'une place sur une autre, la *consignation*, la *conservation*, sont les causes et la base du privilége, qui dure tant que les marchandises restent à la disposition du commissionnaire. (Cass., 16 déc. 1835, S.-V. 36. 1. 50 ; J. P. 3° édit. ; D. P. 38. 1. 90.)

Toutes les fois que la question s'est élevée, elle a presque toujours été résolue en faveur du commissionnaire, quels que fussent la nature et l'objet de sa commission. MM. Delamarre et Lepoitvin (t. 2, p. 733) n'hésitent pas à approuver cette jurisprudence, qui se justifie très-bien par la raison que le commissionnaire a un droit de rétention plutôt qu'un privilége proprement dit, droit fondé sur l'équité, dérivant de la nature des choses et qui, sous ce rapport, doit être étendu plutôt que restreint. — V. *suprà*, n°ˢ 126, 134, et *infrà*, chap. 2, sect. 2, n° 316 ; sect. 3, n°ˢ 341, 342 ; sect. 4, n° 348 ; sect. 5, n° 461.

166. Maintenant il faut examiner à quoi

s'applique le droit de rétention ou le privilége du commissionnaire.

Ce droit a lieu pour le remboursement de ses avances, intérêts et frais (art. 93).

167. Le texte de l'art. 93, pharisaïquement interprété, ne désigne, pour l'exercice de ce droit, que les avances et frais à raison de la marchandise même qui a été l'objet de la consignation; mais l'usage et la jurisprudence, approuvés par les auteurs les plus accrédités, ont étendu le droit de rétention à toutes sortes d'avances faites, soit pour les marchandises consignées, soit pour toute autre cause, mais toutefois sous la garantie et en contemplation des marchandises consignées. (Cass., 22 juillet 1817, S.-V. 18. 1. 46; J. P. 3e édit.; D. A. 2. 757 et 758; — 23 juin 1830, S.-V. 30. 1. 254; J. P. 3e édit.; D. P. 30.1. 287; — 29 avril 1833, S.-V. 33. 1. 431; J. P. 3e édit.; D. P. 33. 1. 204. — Rouen, 29 nov. 1838, S.-V. 39. 2. 33; J. P. 1838. 2. 577; D. P. 39. 2. 65.) — V. Delamarre et Lepoitvin, t. 2, n° 181, p. 351; n° 392, p. 711, 712; et Paley, jurisconsulte anglais, qui a écrit sur la matière, cité par ces auteurs. — V., dans le même sens, Pardessus, t. 2, n° 490, p. 397.

168. Sur la foi d'un arrêt de la Cour de cassation, du 23 avril 1816 (S.-V. 16. 1. 275; D. A. 2. 759), qui rejette le pourvoi contre un arrêt de la cour de Paris, du 8 avril 1812, MM. Persil et Croissant enseignent que le privilége existe, soit que les avances aient précédé, soit qu'elles aient suivi l'expédition des marchandises. Les termes de l'art. 93 ne leur paraissent pas, sur ce point, limitatifs, et il est plus ordinaire, selon eux, de voir les avances précéder l'expédition (p. 78, n° 14); mais ces auteurs n'ont pas fait attention que l'arrêt de 1816 est un arrêt d'espèce, ne devant pas tirer à conséquence, car la consignation postérieure aux premières avances avait été la condition d'une nouvelle avance, qui avait déterminé la remise des marchandises pour garantie de l'une et de l'autre créance. Il y avait là, on le voit, une convention particulière qui a dû influer sur la décision, et qui a pu déterminer la Cour de cassation à rejeter le pourvoi. Mais en droit pur et en thèse générale, la doctrine de MM. Persil et Croissant n'est pas juridique. Le texte de l'art. 93 la repousse, et son esprit la repousse plus énergiquement encore; car, si l'avance a eu lieu avant la détention effective ou symbolique de la chose, l'avance n'a pas été déterminée par

la foi de la marchandise; l'avance a été faite non en contemplation de la chose, mais par considération pour la personne. On ne peut donc avoir, à raison d'une pareille créance, le droit de retenir la chose au préjudice des autres créanciers. C'est ce que la Cour de cassation a énoncé, avec une intention évidente, dans un arrêt du 23 juin 1830, et dans un autre du 29 avril 1833, déjà cités (n° 167), arrêts qui, sous ce rapport, contrastent avec celui de 1816, invoqué par MM. Persil et Croissant, et c'est en outre ce qui a été nettement et formellement jugé dans ce sens par plusieurs arrêts de cours royales. (Bruxelles, 15 mars 1821, J. P. 3e édit.; D. A. 2. 758; — Aix, 11 janvier 1831, S.-V. 31. 2. 206; J. P. 3e édit.; D. P. 31. 2. 417; — Rouen, 29 nov. 1838, S.-V. 39. 2. 33; J. P. 1838. 2. 577; D. P. 39. 2. 65; — Nismes, 7 juin 1843, J. P. 1843. 2. 182.)

169. La cour de Rouen, dans l'arrêt précité (n° 168), a même jugé, non-seulement que les avances doivent avoir été faites en contemplation des marchandises attendues, et sous la foi du connaissement qui les représente, mais encore qu'on ne peut substituer aux connaissements déjà reçus d'autres connaissements relatifs à une expédition différente, sans s'exposer à perdre le privilége du commissionnaire sur les marchandises représentées par les connaissements reçus en échange. Cette décision, bien rigoureuse, il faut le dire, et dont la juridicité, à cet égard, est au moins fort contestable, est en opposition avec la doctrine de MM. Delamarre et Lepoitvin, qui enseignent que le commissionnaire qui a fait des avances sur une marchandise, s'il échange cette marchandise contre une autre, a le droit de retenir cette dernière comme il aurait eu le droit de retenir la première (t. 2, n° 420, p. 757).

170. On doit considérer comme avances, dans le sens du privilége de l'art. 93, les sommes que le commissionnaire a été obligé de restituer par suite de l'annulation de la vente consentie par lui à un tiers qui, avant la réception de la marchandise, avait donné des à-comptes sur ce prix. (Cass., 8 juin 1829, S.-V. 30. 1. 330; J. P. 3e édit.; D. P. 29. 1. 263.)

171. Le droit de rétention ou le privilége du commissionnaire s'étend et profite au droit de commission. S'il s'applique aux avances et aux frais, il n'y a pas de raison pour ne pas l'appliquer au salaire, car le salaire fait partie des frais de la marchandise, aussi bien que le

magasinago, le frêt, la voiture; il en augmente aussi la valeur vénale. (V. Delamarre et Lepoitvin, t. 2, n° 422; Pardessus, t. 2, n° 571, p. 496 *in fine*.) —V. dans ce sens le Code de commerce espagnol (art. 169), qui comprend nominativement le droit de commission. — V., en sens contraire, Bruxelles, 23 février 1828 (J. P. 3e édit.).

172. Le privilége du commissionnaire pour les avances a lieu même à l'égard du porteur de traites acceptées par le commissionnaire, alors que, au moment de l'acceptation, la valeur des marchandises était déjà absorbée par les avances. Le porteur n'a pas de privilége sur la provision; il n'a qu'une action personnelle contre l'accepteur. (Toulouse, 20 mars 1830; S.-V. 30. 2. 348; J. P. 3e édit.; D. P. 31. 2. 28.)

173. Le concordat consenti par la majorité des créanciers du commettant ne saurait porter atteinte aux droits du commissionnaire, qui n'est pas tenu de délivrer à la masse des créanciers les marchandises dont il est détenteur, sans avoir été préalablement remboursé de ses avances. La marchandise est son gage qu'il a le droit de retenir, quels que soient les événements ultérieurs. Il a été décidé, dans une espèce particulière, qu'il en doit être ainsi alors même que le commissionnaire a signé le concordat. Cette signature ne restreint son droit qu'à l'égard des marchandises déjà expédiées, et qu'il a cessé de détenir. (V. Persil et Croissant, p. 77, n° 13; — Bruxelles, 13 juin 1810, S.-V. 11. 2 117; D. A. 2. 761.)

174. La vente faite par le commissionnaire d'une partie des marchandises de son commettant au-dessous du prix fixé, ne le prive pas du droit de réclamer le privilége du commissionnaire, s'il n'a commis ni faute ni négligence dans l'exécution de la commission. (Bruxelles, 15 juin 1822, J.P. 3e édit.; D. A. 2. 761.)

La faute même du commissionnaire n'est pas une cause de privation de son privilége. Elle peut donner lieu à une action en complément du prix ou en dommages-intérêts, s'il y a lieu, mais le privilége du commissionnaire n'en existe pas moins, s'il demeure créancier du commettant. (V. Pardessus, t. 2, n° 566; V. aussi *infrà*, chap. 2, sect. 1re, n° 263.)

175. Lorsque le commissionnaire, après avoir vendu sans garantie envers son commettant, a reçu en paiement, de la part de l'acheteur, des billets passés à son ordre et en a avancé le montant à son commettant, il peut, en cas de faillite de l'acheteur et du commettant, se porter à la fois créancier dans les deux masses. Le fait d'avoir porté le montant de ces effets au débit de ce dernier n'emporte pas de sa part renonciation à la propriété de ces billets. On ne peut dire qu'il ait voulu suivre seulement la foi de son commettant. (Rouen, 28 juin 1828, S.-V. 29. 2. 210; J. P. 3e édit.; D. P. 29. 2. 245.)

176. En cas de faillite du commettant, le privilége de l'art. 93 peut appartenir à un sous-commissionnaire auquel le commissionnaire primitif a consigné la marchandise *nomine proprio*, à raison des avances faites par le sous-commissionnaire à son déléguant, et dont le commettant-propriétaire n'a pas profité. Dans cette hypothèse, le délégué est un véritable commissionnaire par rapport au déléguant, qui est lui-même à son égard un véritable commettant. Les avances faites par le délégué au déléguant doivent être payées, nonobstant la faillite du commettant-propriétaire, sur la marchandise de ce dernier, non-seulement par préférence aux créanciers du propriétaire, mais encore par préférence sur le privilége du déléguant. En effet, le délégué ou sous-commissionnaire a suivi la foi de la chose. Il n'avait pas à s'informer si celui qui la détenait était ou non propriétaire. Il l'a cru, et a dû le croire tel. C'est tant pis pour le véritable propriétaire qui a suivi la foi de son commissionnaire, et qui a été trompé par lui. La bonne foi du délégué et l'intérêt de la circulation du commerce doivent faire fléchir la rigueur du droit sous la raison d'équité. (V. Delamarre et Lepoitvin, t. 2, n° 415.)

177. Mais il est à peine besoin de dire qu'une pareille délégation, pour conférer le privilége aux avances du délégué, doit avoir lieu dans les conditions prescrites par l'art. 93, c'est-à-dire que le délégué doit avoir fait les avances sur les marchandises expédiées d'une autre place, ou sur la lettre de voiture ou connaissement qui lui en a été transmis par la voie régulière de l'endossement.

178. Les solutions données ci-dessus (n°s 176, 177) ne sont fondées que sur l'ignorance et la bonne foi du délégué. Si la consignation ne lui a été faite que *nomine procuratorio*, ou bien s'il sait ou s'il a lieu de croire que celui qui lui adresse la marchandise n'en est pas propriétaire, il n'a plus le droit de la retenir

au préjudice du véritable commettant. Il ne pouvait pas espérer de se payer de sa créance envers le déléguant sur une chose qu'il savait ne pas appartenir à celui qui lui en faisait la remise. (Delamarre et Lepoitvin, t. 2, n° 416, p. 753.) — V. cependant le n° 179 qui suit.

179. Le délégué, quoique averti de la qualité du déléguant qui lui a sous-consigné la marchandise *nomine procuratorio*, peut même la retenir à l'encontre du commettant-propriétaire ou de sa faillite, pour les avances qu'il a faites au déléguant personnellement, si le déléguant, solvable et *in bonis*, est créancier privilégié du commettant pour une pareille somme à raison des avances qu'il a faites à ce dernier sur ces mêmes marchandises, et si une partie des avances du délégué a contribué à payer cette créance privilégiée du déléguant. Dans ce cas, le commissionnaire-délégué doit être considéré comme subrogé aux droits du déléguant; car le déléguant était créancier privilégié sur la marchandise, et son privilège était préférable à celui du commissionnaire-délégué puisqu'il lui était antérieur. Celui-ci, en payant un créancier qui lui était préférable, se trouve être subrogé légalement à ses droits, conformément au § 1er de l'art. 1251. Quant à la faillite du commettant-propriétaire, elle n'a aucun intérêt à contester cette subrogation; car, pourvu qu'elle soit libérée, il lui importe peu de payer entre les mains de l'un ou de l'autre créancier privilégié. Telle était l'espèce d'un arrêt rendu par la Cour de cassation, le 7 décemb. 1826 (S.-V. 27. 1. 292; J. P. 3e édit.; D P. 27. 1. 84).

La question principale du procès était bien celle-là en effet; car une partie des avances du second commissionnaire avait servi à payer le premier de celles que celui-ci avait faites lui-même sur la marchandise. En cet état, la faillite du commettant-propriétaire était mal venue à contester le privilège du second commissionnaire, car celui-ci était légalement subrogé aux droits du premier. (V. dans ce sens Delamarre et Lepoitvin, t. 2, p. 753, 754.)

180. Mais si le déléguant est lui-même en faillite, MM. Delamarre et Lepoitvin pensent que les créanciers du déléguant auront le droit de ne pas reconnaître une pareille subrogation qui, selon ces auteurs, n'est pas conventionnelle, et qui, dans l'hypothèse qu'ils établissent, n'est pas non plus une subrogation légale; car, dans leur hypothèse, le déléguant ne serait pas préférable au délégué, et ce dernier ne serait tenu, ni avec le propriétaire commettant, ni pour lui, de faire au déléguant une pareille avance. Il a donc suivi la foi du déléguant dans les avances qu'il lui a faites personnellement, sachant qu'il n'était pas propriétaire de la marchandise; il n'est dès lors qu'un simple créancier dans la faillite du déléguant. (*Ibid.*, p. 754, 755.)

Tout cela est vrai, s'il s'agit d'une créance du déléguant n'emportant pas privilège sur la marchandise; mais si le déléguant, créancier pour ses avances sur la marchandise, est payé de cette créance par le délégué, en contemplation de la marchandise que ce dernier détient, et sur laquelle il a déjà fait d'autres avances pour les frais de transport et de magasinage, par exemple, le délégué, dans ce cas, a suivi la foi de la marchandise, tant à l'égard du propriétaire-commettant qu'à l'égard de la faillite du commissionnaire déléguant. Il est créancier privilégié, comme MM. Delamarre et Lepoitvin eux-mêmes le reconnaissent (V. *infrà*, n° 182); mais son privilège était primé par celui du déléguant qu'il avait intérêt à payer. Il y a donc là une véritable subrogation légale conformément au § 1er de l'art. 1251, comme l'a dit avec raison l'arrêt précité de la cour suprême, dans l'espèce duquel, il est vrai, le déléguant n'était pas en faillite; mais cette circonstance est indifférente si la subrogation légale existe.

La théorie de MM. Delamarre et Lepoitvin ne serait juridique qu'autant qu'on l'appliquerait à une espèce où le délégué n'étant pas lui-même créancier privilégié, se serait borné à payer au déléguant la créance, même privilégiée, que ce dernier avait sur la marchandise, ou si le délégué étant privilégié avait payé la créance non privilégiée du déléguant: dans ces deux cas, il serait vrai de dire que le délégué n'aurait en sa faveur aucune subrogation légale, et dès lors il n'aurait, à raison des paiements faits au déléguant, qu'une créance personnelle contre celui-ci.

181. Si le délégué *nomine procuratorio* a fait directement des avances au propriétaire, il jouit, à raison de ce, du droit de rétention au préjudice de la masse du propriétaire et de celle du déléguant.

182. Si le commissionnaire-délégué, même *nomine procuratorio*, a fait des frais et des débours pour la conservation de la marchandise, s'il a payé le fret, les droits de douane, etc., il a également un droit de rétention par pré-

férence à la masse des créanciers du déléguant. (Delamarre et Lepoitvin, t. 2, p. 755; — Cass., 13 août 1822, Devillen. et Car. 7. 1. 124; J. P. 3° dit.; — Rouen, 10 janv. 1844, conformément à nos conclusions.)

183. En cas de faillite du commettant, le privilége du commissionnaire ne peut-il s'acquérir que dans un certain délai ?

La question doit être examinée sous l'empire de l'ancienne loi sur les faillites, avant de chercher à la résoudre d'après les dispositions de la loi nouvelle.

L'ancien art. 443 du Code de commerce était ainsi conçu : « Nul ne peut acquérir privilége ni hypothèque sur les biens du failli dans les dix jours qui précèdent l'ouverture de la faillite. » Sous l'influence de cette disposition, le privilége de l'art. 93 pouvait être exercé alors même que l'opération avait eu lieu, et que ce privilége avait pris naissance dans les dix jours qui précédaient la faillite. Ce privilége, en effet, est légal et non conventionnel : il résulte de la loi; il n'est pas acquis. L'ancien article 443 n'avait en vue que les priviléges acquis par convention. Ce point de droit est disertement expliqué dans une consultation délibérée par M. Pardessus, à l'occasion d'une affaire jugée, le 13 juin 1818 (S.-V. 18. 2. 278; J. P. 3° édit.), par la cour de Rennes, qui en a adopté la doctrine, à laquelle MM. Croissant et Persil donnent pleinement leur adhésion (p. 84, n° 18). Mais, tout en adoptant cette doctrine, nous devons dire que l'affaire n'en comportait pas l'application.

184. Le même arrêt juge avec raison que, dans cette hypothèse, les agents de la faillite qui ont arrêté la marchandise ont commis une voie de fait, par suite de laquelle ils sont passibles de dommages-intérêts en faveur du commissionnaire.

185. Aujourd'hui la disposition de l'ancien art. 443 a disparu du Code de commerce, réformé par la loi du 28 mai 1838. Cet article est remplacé maintenant par l'art. 446, d'après lequel le privilége du commissionnaire est incontestable lorsque, sur la remise effective ou véritable des marchandises consignées dans les dix jours de la faillite, le commissionnaire a fait des avances. Il n'y a en effet aucun préjudice pour la faillite qui, ayant reçu du commissionnaire l'argent donné en contemplation de la marchandise à lui adressée, ne peut sans injustice garder l'argent et réclamer la marchandise. L'art. 446 n'annule

que les opérations à titre gratuit. Il n'a pas pour objet d'annuler les opérations commerciales, lorsqu'elles n'ont pas pour but de couvrir une dette antérieure.

Sect. 5. — *Droit de revendication en cas de faillite du commissionnaire ou du commettant.*

186. Nous devons à présent nous occuper de la revendication en cas de faillite. La revendication peut émaner : 1° de la part du commissionnaire dans la faillite du commettant; 2° de la part du commettant dans la faillite du commissionnaire; 3° de la part du vendeur à l'encontre du commissionnaire en cas de faillite du commettant.

§ 1er.—*Revendication de la part du commissionnaire dans la faillite du commettant.*

187. Le commissionnaire n'a pas seulement en sa faveur le droit de rétention, il possède encore un droit de revendication sur la chose à l'égard de laquelle il est constitué créancier. Le droit de rétention suppose la détention effective ou virtuelle de la chose. Il en a été question dans la section précédente. Le droit de revendication suppose, au contraire, que le commissionnaire s'est dessaisi. Dans cette hypothèse, il poursuit la chose qu'il a cessé de détenir, et sa prétention se trouve en conflit avec les créanciers du commettant autres que le vendeur. (V. le § 3 de la sect. 5 pour la revendication du vendeur.) Il s'agit donc de déterminer les conditions dans lesquelles il peut revendiquer la marchandise à l'encontre de la faillite de son commettant.

188. Lorsque le commissionnaire, après avoir vendu et livré la marchandise de son commettant, n'est pas payé de ses frais, droits et avances, il se rembourse sur le produit de la vente par préférence à tous autres créanciers, soit en se payant lui-même si le prix est encore dans ses mains, soit en se le faisant attribuer s'il est encore dans les mains de l'acheteur ( C. de comm. art. 94); mais ce n'est là que le droit de rétention étendu sur le produit de la chose. Ce n'est pas le droit de recherche de la chose elle-même, lorsqu'elle est sortie des mains du commissionnaire qui l'a expédiée à sa destination. C'est ce droit de recherche dont il s'agit de donner ici la qualification et de déterminer les effets juridiques.

189. La jurisprudence et les auteurs, d'accord avec les usages du commerce, reconnais-

sent au commissionnaire le droit de revendiquer la marchandise qu'il a expédiée à son commettant ou à quelqu'un qui le représente, après l'avoir achetée et payée pour le compte de son commettant, ou après s'être personnellement obligé envers le vendeur. La seule condition exigée pour que cette revendication ait son plein et entier effet, c'est que la marchandise ne soit pas encore entrée dans les magasins du commettant ou de son représentant, ou qu'elle n'ait pas encore été vendue sur facture, connaissement, lettre de voiture, signés de l'expéditeur. (Arg. de l'art. 576 du Code de commerce réformé, et des art. 577, 578 de l'ancien Code.)

La jurisprudence considère le commissionnaire qui a payé le vendeur, soit comme assimilé au vendeur à l'égard du commettant, soit comme subrogé aux droits du vendeur pour l'exercice de la revendication établie en faveur de ce dernier par les articles précités du Code de commerce. (Cass., 14 nov. 1810, S.-V. 11. 1. 37; J. P. 3e édit.; D. A. 2. 746; — Rouen, 4 janv. 1825, S.-V. 25. 2. 179; J. P. 3e édit.; D. P. 25. 2. 132; — Aix, 4 fév. 1834; J. P. 3e édit.; — Cass., 18 avril 1843, S.-V. 43. 1. 526; J. P. 1843. 2. 85. — *Sic* Pardessus, dans le système de la subrogation légale, t. 2, n° 563, *in fine*.)

MM. Delamarre et Lepoitvin admettent aussi la revendication en faveur du commissionnaire. Mais, d'une part, ils contestent l'exactitude de la qualification donnée à ce droit, qu'ils considèrent comme une extension du droit de rétention, plutôt que comme une revendication proprement dite; et, d'autre part, alors même qu'ils concèdent la qualification de revendication, au lieu de lui donner pour fondement l'art. 1251 du Code civil, ils repoussent toute subrogation légale et n'invoquent d'autre texte de loi que l'art. 2102 n° 4 du même Code. Cet article déclare, en effet, *qu'il n'est rien innové aux lois et usages du commerce sur la revendication*, et sanctionne dès lors, à cet égard, le droit du commissionnaire reconnu par un usage antique, constant, universel, que la jurisprudence a eu raison de consacrer (t. 2, n° 395).

Ce dernier système a cet avantage, qu'il s'applique à tous les cas de revendication, ou, si l'on veut, d'extension du droit de rétention de la part du commissionnaire, comme, par exemple, dans l'hypothèse d'un commissionnaire à l'expédition qui a envoyé la marchandise, après avoir fait des avances et des frais à son occasion, et qui la réclame en route avant qu'elle n'ait atteint les magasins du commettant qui a failli dans l'intervalle. Dans le système admis par la jurisprudence, ce commissionnaire ne pourrait être assimilé au vendeur ni subrogé à ses droits. Mais il est néanmoins bien évident que ce commissionnaire, aussi bien que le commissionnaire à l'achat, doit jouir du droit de rechercher la marchandise et de l'arrêter avant qu'elle ne soit entrée dans les magasins du commettant. Ce droit de recherche, s'il n'est pas la revendication proprement dite, a quelque assimilation avec elle; il a aussi son origine dans l'usage, sanctionné par l'art. 2102 n° 4 du Code civil.

190. Lorsque le commissionnaire, qui a acheté et payé de ses propres deniers la marchandise qu'il a expédiée à son commettant, a eu soin de rédiger les connaissements en son nom et à son ordre, il est censé ne s'être pas dessaisi de la marchandise. Ce n'est pas alors en vertu du droit de revendication qu'il agit. Il n'a pas besoin d'être considéré comme subrogé aux droits du vendeur, ni comme étant le vendeur lui-même. N'ayant pas cessé de détenir la marchandise par ses propres agents, car on détient par autrui aussi bien que par soi-même, c'est à proprement parler un véritable droit de rétention et non une revendication qu'il exerce. Tel est le sens et telle est la teneur d'un arrêt de la Cour de cassation du 18 avril 1843, indiqué mal à propos par la notice d'un recueil, trompé d'ailleurs par la doctrine du conseiller – rapporteur non sanctionnée par la cour suprême, comme fondé sur le motif de la subrogation légale en vertu de l'art. 1251 du Code civil. (V. J. P. 1843. 2. 85.)

191. Le commissionnaire qui, pour se rembourser de ses avances, a fait traite sur son commettant et a négocié la traite dûment acceptée par ce dernier, n'est pas déchu de l'exercice du droit de revendication sur la marchandise, si les traites ont été ensuite protestées faute de paiement. On ne peut dire qu'il soit définitivement payé par l'acceptation, il n'est remboursé qu'éventuellement, et ce remboursement éventuel n'opère pas novation dans la créance. (Rouen, 4 janv. 1825, S.-V. 25. 2. 179; J. P. 3e édit.; D. P. 25. 2. 132.)

192. On a demandé si le dépôt de la marchandise au lazaret doit être considéré comme une réception dans les magasins du

failli. La jurisprudence a répondu négativement. (Aix, 4 février 1834 , J. P. 3ᵉ édit.)

193. Cet arrêt d'Aix a de plus décidé que les opérations qu'on fait subir à la marchandise dans un pareil établissement, ne détruisent pas l'identité exigée par la loi pour que la revendication puisse être admise. (V. Code de comm., art. 575.)

§ 2. — *Revendication de la part du commettant dans la faillite du commissionnaire.* — I. *Revendication sur la marchandise.* — II. *Revendication sur le prix.* — III. *Revendication sur les remises adressées au commissionnaire.*

194. Ici, la qualification du droit est bien celle de revendication. Il ne peut y en avoir d'autre.

195. La revendication du commettant peut s'exercer de trois manières : 1° sur la marchandise même ; 2° sur le prix ou la partie du prix de la marchandise vendue et déjà livrée ; 3° sur les remises par lui adressées au commissionnaire.

I. — *Revendication sur la marchandise.*

196. En ce qui concerne la marchandise, il faut distinguer : 1° entre la marchandise envoyée par le commettant au commissionnaire, pour être vendue ou expédiée par ce dernier pour le compte du commettant, 2° et la marchandise achetée par le commissionnaire sur l'ordre du commettant.

197. *Marchandise envoyée par le commettant.* — Le droit de revendication de la part du commettant ne peut s'exercer que lorsque la marchandise existe encore en nature, en tout ou en partie, c'est-à-dire lorsque la chose peut encore être distinguée de toute autre, et peut être reconnue comme celle du commettant.

198. Le droit de revendication en faveur du commettant, quoique restreint dans ces limites, est néanmoins plus large, on le voit, que celui du vendeur. Ce n'est que par dérogation aux principes du droit, *contra rationem juris*, que la revendication du vendeur est autorisée, puisqu'il a transféré la propriété, et que n'étant plus propriétaire, il devrait ne pas pouvoir revendiquer. Le commettant, au contraire, n'a pas entendu se dessaisir de la propriété de la chose, dont le commissionnaire n'est que dépositaire ou détenteur. De là la faveur due au commettant et l'extension

qu'il faut donner à l'art. 575, qui doit s'appliquer à tous les cas analogues à ceux du dépôt ou de la consignation.

199. Ainsi, quoique entrée dans les magasins du commissionnaire failli, la marchandise peut être revendiquée par le commettant si elle existe *en nature*. Mais quel est le sens légal de ces derniers mots, *en nature*, qu'on lit dans l'art. 575 du nouveau Code de commerce, et qu'on lisait aussi dans l'art. 581 de l'ancien Code ?

Leur sens, quel qu'il soit, est différent de celui qu'on trouve dans l'art. 2102 n° 4 du Code civil, qui ne permet au vendeur la revendication qu'autant que les effets mobiliers sont *dans le même état* dans lequel ils étaient au moment de la livraison. L'ancien art. 580 du C. de comm. exigeait aussi, au respect du vendeur, avec l'identité, l'absence de tout *changement* ou *altération* des marchandises en *nature et en quantité*, ce qui rentrait dans la disposition de l'art. 2102 n° 4 précité du C. civ. Mais les mots, *en nature*, du nouvel art. 575 du C. de comm. et de l'art. 581 de l'ancien Code, relatifs au commettant, doivent avoir et ont en effet une plus large signification. Cela se comprend fort bien d'après les observations que nous avons faites précédemment sur la faveur due au commettant, et que ne comporte pas la revendication du vendeur. Or, les articles 2102 n° 4 du C. civ. et l'art. 580 de l'ancien C. de comm. ne concernent que la revendication du vendeur. L'art. 575 du nouveau Code régit la revendication du commettant ; il suit de là que le sens des dispositions des deux premiers articles ne saurait être le même que celui de la disposition de l'art. 575.

200. Précisons mieux à présent le sens des mots, *en nature*, de l'art. 575. Ces mots n'indiquent pas, comme condition de la revendication de la part du commettant, l'identité absolue de la chose ; ils n'indiquent pas non plus une identité complète. S'il en était ainsi, le sens serait le même que celui de l'ancien art. 580 du Code de commerce, relatif à la revendication du vendeur, et l'on vient de voir qu'il y a une différence dans les deux revendications. L'art. 575 a eu soin d'ailleurs de marquer cette différence et d'indiquer que l'identité n'a pas besoin d'être complète, puisqu'il a ajouté, *en tout ou en partie*, ce qui suppose une altération dans la quantité, dans la forme, peut-être même dans la qualité, mais non dans la substance.

Si des draps consignés ont été convertis en effets d'habillement, si un bloc de marbre a été sculpté, il y a changement dans la nature, dans l'espèce. La revendication du commettant n'est pas possible; mais elle est admissible, si un ouvrage consigné en feuilles a été broché, si un ouvrage consigné broché a été relié. Quoique n'étant plus dans le *même état*, c'est toujours le même ouvrage. La *nature* et l'espèce n'ont pas changé.

**201.** Mais la revendication du commettant cesse à l'égard du tiers de bonne foi, auquel le commissionnaire, par abus de son mandat ou contre les ordres qu'il a reçus, vend, engage, affecte à ses propres affaires la marchandise qu'on lui a consignée. Cette proposition est sans doute une dérogation à la rigueur des principes du droit; mais elle est commandée par l'équité, par l'usage, par l'intérêt de la libre circulation du commerce. Le commettant doit s'imputer d'avoir suivi la foi du commissionnaire qui l'a trompé. La possession de la chose, de la part de ce dernier, était aux yeux du tiers de bonne foi un titre valable de propriété, qui autorisait l'aliénation de la part du détenteur. (V. Delamarre et Lepoitvin, t. 2, n° 371.) La question souffre plus de difficultés et peut présenter des nuances pour sa solution en toute autre circonstance, et surtout en matière civile, où l'équité cède souvent le pas aux principes du droit.

**202.** Que si le tiers a su que le commissionnaire n'avait pas la disposition de la chose, il cesse d'être de bonne foi, et la revendication du commettant est admise.

**203.** *Marchandise achetée par le commissionnaire sur l'ordre du commettant.* — Le commettant, pour le compte duquel le commissionnaire a acheté des marchandises, a-t-il le droit de les revendiquer dans la faillite du commissionnaire et dans celle du vendeur?

Le Code de commerce garde le silence à cet égard. Mais les difficultés qui peuvent se présenter trouvent leur solution dans les principes du droit civil, combinés avec les règles de l'équité.

Et d'abord, le droit de revendication du commettant est incontestable, soit dans la faillite du commissionnaire, soit dans celle du vendeur, si le commissionnaire a acheté au nom du commettant.

**204.** Il en est de même lorsque le commissionnaire a acheté en son propre nom, à condition néanmoins que le commettant prouvera

qu'il a donné l'ordre d'acheter pour son compte, que cet ordre a été accepté, et que la marchandise achetée est celle qui avait été commissionnée. Le commissionnaire est censé, dans ce cas, avoir acquis pour son commettant, et la propriété passe immédiatement sur la tête de celui-ci, *omisso medio*, aussitôt qu'elle ne réside plus sur celle du vendeur: *Procurator vel mandatarius, quando constat de præcedenti mandato, censetur emere pro mandante, licet contrahat nomine proprio.* Casaregis, *Disc.* 161, n° 21. V. Delamarre et Lepoitvin, qui citent, dans ce sens, un arrêt sans date de la cour de Rennes (tom. 2, n° 363).

**205.** Il suit de là que, sauf convention contraire, la marchandise est aux risques et périls du commettant; car celui-ci en est le propriétaire, que le commissionnaire ait agi *nomine proprio*, ou *nomine procuratorio*. (*Sic*, Rennes déjà cité.) — V. Delamarre et Lepoitvin, t. 1<sup>er</sup>, n<sup>os</sup> 26, 27; Persil et Croissant, p. 49, n° 40; V. aussi *suprà*, sect. 1<sup>re</sup>, n° 15, et *infrà*, n° 282.

**206.** Toutefois, s'il est démontré que le commissionnaire, contre l'ordre de son mandant, a frauduleusement acheté pour son propre compte à lui commissionnaire, l'acquisition n'est plus pour le commettant, qui ne peut revendiquer dans aucune faillite, pas plus dans celle du commissionnaire que dans celle du vendeur, puisqu'il n'est pas propriétaire. Il n'a qu'une action en dommages-intérêts contre le commissionnaire ou sa faillite: *Si verò constaret quod voluerit contrahere nomine proprio* (pour son propre compte), *dominium et possessio acquiritur procuratori.* (Casaregis, *Disc.* 56, n° 24; Delamarre et Lepoitvin, *loc. cit.*)

**207.** La revendication du commettant peut être faite dans les magasins du commissionnaire comme dans ceux d'un tiers, et, à plus forte raison, dans un dépôt public, en route, si déjà elle a été expédiée au commettant.

**II. —** *Revendication sur le prix ou les effets qui le représentent.*

**208.** Il faut expliquer maintenant la revendication du commettant sur le prix de sa marchandise ou sur les effets qui représentent ce prix.

**209.** Si le prix en numéraire a été compté par l'acheteur au commissionnaire, alors que ce dernier était *in bonis*, toute revendication du commettant est impossible; car l'argent n'a pas de marque, et le prix s'est confondu dans la caisse du commissionnaire. Le commettant n'a donc qu'un droit de créance dans la faillite de ce dernier. (C. comm., art. 575.) Il n'en a aucun contre l'acheteur qui s'est légalement libéré.

210. *Quid*, du règlement en valeur?—V. *infrà*, n° 215.

211. Mais, lorsque le prix est encore dû par l'acheteur au moment de la faillite du commissionnaire, l'art. 575 autorise le commettant à le *revendiquer*, expression qui n'est juste qu'autant qu'elle est entendue dans un sens figuré, et que le prix est regardé comme le symbole de la marchandise qu'il remplace.

212. Un arrêt a admis la revendication du prix, quoique les marchandises envoyées par le commettant fussent encore, après la vente, dans les magasins du commissionnaire. (Bruxelles, 27 mars 1816, J. P. 3e édit.; D. A. 8. 278.)

213. Pour la revendication du commettant sur le prix, il importe peu que le commissionnaire ait garanti la solvabilité de l'acheteur et qu'il se soit porté *du croire*; car cette garantie, qui d'ailleurs est rétribuée, ne change pas, comme on l'a déjà dit, les rapports du commissionnaire et du commettant, et ne peut avoir pour effet de conférer au commissionnaire la propriété de la marchandise qu'il est chargé de vendre. Cette garantie n'est donc pas un obstacle à ce que le commettant exerce son droit de revendication sur le prix de la chose vendue. (Lyon, 14 juin 1824, J. P. 3e édit.;—Toulouse, 7 février 1825, S.-V. 25. 2. 354; J. P. 3e édit.; D. P. 25. 2. 176.—V. *suprà*, sect. 1re, nos 15 et 16; sect. 3, § 1er, nos 116, 117, et *infrà*, n° 282.)

214. Mais la circonstance que le commissionnaire s'est porté *du croire* est importante, lorsque le commissionnaire et l'acheteur sont en même temps en faillite. Dans ce cas, le commettant qui ne reçoit qu'un dividende dans la faillite de l'acheteur sur lequel il a revendiqué le prix, peut se porter ensuite créancier dans la faillite du commissionnaire pour le surplus, parce que ce dernier, en vertu du *del credere*, l'a assuré contre les risques du recouvrement.

MM. Delamarre et Lepoitvin pensent qu'il n'est pas facultatif au commettant de revendiquer le prix entre les mains de l'acheteur, ou de se porter créancier dans la faillite du commissionnaire. Ils estiment, avec raison, qu'il est tenu de s'adresser à l'acheteur sans pouvoir venir à la faillite du commissionnaire, à moins que celui-ci ne soit *du croire*; car le commissionnaire ou sa masse n'aurait dû au commettant que ce qui aurait pu être recouvré de l'acheteur. Si donc il se présente dans la faillite du commissionnaire, il ne peut y prendre que le dividende auquel celui-ci a droit dans la faillite de l'acheteur (t. 2, n° 374).

215. Sous l'empire de l'art. 581 de l'ancien Code de commerce, il avait été jugé que les effets donnés en règlement par l'acheteur au commissionnaire pouvaient être revendiqués par le commettant lorsque l'échéance n'en était pas encore arrivée, que le failli n'en avait point encore encaissé la valeur et qu'ils se retrouvaient dans son portefeuille. (Paris, 23 août 1828, S.-V. 29. 2. 81; J. P. 3e édit.; D. P. 29. 2. 40.)

Dans cette hypothèse, on suppose que l'identité et l'origine des effets sont incontestables, et se rapportent à la vente opérée par le commissionnaire pour le compte du commettant. Mais l'art. 575 du Code réformé semble prohiber la revendication lorsque le prix a été *réglé en valeur*. Ces derniers mots, insérés dans la disposition de cet article, paraissent être une dérogation à la jurisprudence antérieure. Aussi le rédacteur de la troisième édition du *Journal du Palais*, en rapportant cette décision, pense-t-il que la solution de cet arrêt ne serait pas admissible sous la nouvelle loi des faillites. Toutefois MM. Delamarre et Lepoitvin, nonobstant la nouvelle lettre de la loi, dont rien, il est vrai, ni dans l'exposé des motifs ni dans la discussion, ne révèle à cet égard la pensée, estiment que la revendication est encore autorisée; car la nouvelle disposition, entendue dans un sens différent de celui que la jurisprudence donnait à l'ancien art. 581, serait contraire au droit et à l'équité: au droit, parce que les effets, dont l'identité et l'origine sont bien constatées, n'ont jamais été la propriété du commissionnaire ou de la faillite, n'ayant été reçus qu'afin d'en opérer le recouvrement pour le compte du commettant; à l'équité, parce que nul ne peut s'enrichir aux dépens d'autrui (t. 2, n° 377).

216. La revendication n'a pas lieu lorsque le paiement a été fait par compensation en compte courant entre le commissionnaire et l'acheteur; car la compensation équivaut à

paiement : *vice solutionis fungitur*. ( Code de comm., art. 575. )

217. Mais si le prix n'est pas entré en compte courant, s'il est passé seulement dans un compte où le commissionnaire n'est que créditeur, sans avoir d'article à son débit, ce n'est point là un compte courant par suite duquel une compensation ait pu s'établir entre le commissionnaire et l'acheteur. C'est ce qui a été juridiquement jugé sous l'empire de l'ancien art. 581 du Code de commerce, dont la disposition était la même, à cet égard, que celle de l'art. 575 du Code réformé. (Toulouse, 7 fév. 1825, arrêt cité au n° 213. —V. comme analogue seulement sur les effets et le caractère du compte-courant, Toulouse, 5 mars 1825, J. P. 3e édit.; D. P. 25. 2. 152).

218. MM. Delamarre et Lepoitvin enseignent au surplus que la compensation, de quelque manière qu'elle se fasse, par compte-courant, par compte de marchandises, par convention ou en justice, pourvu qu'elle se soit opérée, libère l'acheteur et met obstacle à la revendication du commettant sur le prix (t. 2, n° 378.) Mais il a été jugé que l'acheteur ne peut opposer à la revendication exercée par le commettant, qu'il s'est libéré au moyen de la compensation avec un prêt d'actions sur les fonds publics fait personnellement au commissionnaire. (Bruxelles, 27 mars 1816, Devillen. et Car. 5. 2. 120; J. P. 3e édit.; D. A. 8. 278 ). Cette décision, si on veut bien la regarder de près, ne contrarie pas précisément la doctrine de MM. Delamarre et Lepoitvin, qui, en thèse, est très-juridique.

### III. — *Revendication sur les remises adressées au commissionnaire.*

219. Le commettant qui a fait des remises à son commissionnaire en effets de commerce ou autres titres non encore payés, peut les revendiquer dans la faillite de ce dernier, s'ils se trouvent en nature dans son portefeuille, alors que ces remises ont été faites pour que la valeur fût tenue à la disposition du commettant, ou avec une affectation à des paiements déterminés (Code comm., art. 574). Dans ce cas, l'action est véritablement une action en revendication ; car le commettant, quelle que soit la manière dont il a transmis ces objets, n'en a pas abdiqué la propriété et n'a fait en réalité qu'un dépôt entre les mains du commissionnaire.

220. Le sort de cette revendication dépend, on le voit, de deux conditions : 1° de la destination de la remise, élément tout intellectuel et d'appréciation morale ; 2° de l'existence matérielle des objets dans le portefeuille du commissionnaire.

221. L'art. 574 n'est plus applicable lorsque les effets ont été convertis en d'autres titres. Cette disposition a été introduite pour obvier aux nombreuses contestations auxquelles la disposition contraire donnerait lieu.

§ 3. — *Revendication de la part du vendeur à l'encontre du commissionnaire, en cas de faillite du commettant et du commissionnaire.*

222. Le droit de rétention du commissionnaire, ou soit son privilège, peut se trouver en conflit avec le vendeur de la marchandise, lequel n'étant pas encore payé au moment où éclate la faillite de son acheteur qui a adressé la marchandise au commissionnaire, la réclame à l'encontre de ce dernier.

223. La revendication du vendeur doit-elle primer le droit du commissionnaire pour les avances que celui-ci a faites dans les conditions prescrites par la loi ? Le privilège du commissionnaire n'étant pas contesté, il ne s'agit, entre lui et le vendeur, que d'une question de préférence.

La doctrine et la jurisprudence se réunissent pour mettre le privilège du commissionnaire à l'abri de la revendication du vendeur. Celui-ci a suivi la foi de l'acheteur, tandis que le commissionnaire a suivi celle de la marchandise. La prétention du vendeur n'est qu'un privilège admis contre les principes du droit, et qui n'a pas la même faveur que le droit de rétention du commissionnaire, droit qui dérive de l'équité ainsi que de la nature des choses. La revendication implique une résolution consensuelle, et jamais une pareille résolution n'a porté atteinte aux droits acquis par les tiers dans le temps intermédiaire. Enfin, l'acheteur qui aurait pu valablement vendre la marchandise à un tiers de bonne foi, lequel eût été, par cela seul, à l'abri de la revendication du vendeur, l'acheteur a pu, à plus forte raison, affecter cette même marchandise au privilège du commissionnaire. (Gênes, 12 juill. 1813, S.-V. 14. 2. 150; J. P. 3e édit. ; D. A. 2. 763;— Cour de cass. Belge, 13 nov. 1818, Devillen. et Car. 5. 2. 422; J. P. 3e édit.; D. A. 2. 765;—Rouen, 18 juill.1827,

S.-V. 28, 2. 72; J. P. 3e édit.; D. P. 27. 2. 190; — Cass., 8 juin 1829, S.-V. 30. 1. 330; D. P. 29. 1. 263; — Bordeaux, 4 mars 1834, J. P. 3e édit.; D. P. 34. 2. 175; — Cass., 1er déc. 1840, S.-V. 41. 1. 161; J. P. 1841. 1. 402; D. P. 41. 1. 50; — Merlin, *Quest.* v° Revendication, § 7; Persil et Croissant, p. 80, n° 17; Delamarre et Lepoitvin, t. 2, n° 412.)

224. Ce privilége du commissionnaire a lieu dans ce cas, alors même que les marchandises ne lui ont pas été expédiées directement par le commettant, et qu'il ne les a reçues qu'en vertu de l'endossement régulier du connaissement que lui en a fait le destinataire primitif. (Cass., 8 juin 1829, Bordeaux, 4 mars 1834, cités au n° 223 qui précède;—Rouen, 29 nov. 1838, S.-V. 39. 2. 33; J. P. 1838. 2. 577; D. P. 39. 2. 65;—Cass., 1er déc. 1840, cité au n° précédent. — V. *suprà*, n°s 152, 153 à 155.)

225. Mais le vendeur peut se trouver en conflit, non-seulement avec le commettant qui a failli, mais encore avec le commissionnaire auquel la vente a été faite, et qui a fait aussi faillite sans en avoir payé le prix.

226. Si la vente a été faite au commissionnaire *nomine proprio*, la revendication du vendeur ne peut, dans aucun cas, avoir lieu dans la faillite du commettant, parce que ce dernier n'a pas eu affaire avec le vendeur. V. *infrà*, n°s 228, 229.

227. Mais la revendication du vendeur doit être admise dans la faillite du commissionnaire, pourvu que la marchandise ne soit pas encore entrée dans ses magasins.

228. Si la marchandise vendue au commissionnaire *nomine proprio* a été expédiée au commettant, la revendication du vendeur ne peut être dirigée, comme on l'a vu (n° 226), contre le commettant; elle ne peut l'être non plus contre la faillite du commissionnaire; car, d'un côté, elle est entrée dans ses magasins, et d'autre part, elle en est sortie; de telle sorte qu'il n'y a plus aucun lien entre la marchandise et le vendeur, qui n'a qu'une créance à exercer dans la faillite du commissionnaire.

229. Si le commissionnaire, acheteur en son propre nom, a payé une partie de la marchandise qu'il a ensuite expédiée au commettant, et si elle est saisie en route par le commissionnaire et en même temps par le vendeur, la revendication de ce dernier doit être écartée, tant à l'égard du commettant, qui ne le connaît point, par les raisons déjà déduites (n°s 226 à 228), qu'à l'égard du commissionnaire, failli ou non, qui, dans ces deux hypothèses, est préféré au vendeur, soit pour la partie du prix dont il a fait l'avance, soit pour celle qui reste due et dont il est tenu envers le vendeur. Celui-ci ayant laissé entrer la marcharchandise dans les magasins du commissionnaire, n'a plus qu'un droit de créance dans la faillite de ce dernier. (Delamarre et Lepoitvin, t. 2, n° 413.)

230. Mais dans le cas où le commissionnaire est *in bonis*, le vendeur, pour la partie du prix qui lui est encore due, peut, si la dette est échue, exercer les droits du commissionnaire revendiquant dans la saisie pratiquée par ce dernier, en restant exposé aux exceptions qui atteignent le commissionnaire; car le vendeur n'a par lui-même aucun droit de revendication, il ne peut qu'exercer les droits du commissionnaire, son débiteur personnel. (*Ibid.*)

Sect. 6. — *Juridictions compétentes pour connaître des contestations nées à l'occasion du contrat de commission en général.*

§ 1er. — *Compétence juridictionnelle à raison de la nature de l'acte.*

231. Le contrat de commission étant un contrat commercial de sa nature, il s'ensuit que le commissionnaire, soit qu'il ait agi en son nom, soit qu'il ait agi au nom de son commettant, doit être assigné devant le tribunal de commerce, soit par le commettant, soit par le tiers; car si l'agissement n'est pas commercial, il n'y a pas de contrat de commission. (V. *suprà*, n° 7, et *infrà*, n° 233; V. aussi Fenigan-Carré, *Lois d'organis. et de comp.*, 2e partie, liv. 3, tit. 4, chap. 2, § 2, t. 7, p. 185, de l'édit. in-8° de 1834; Persil et Croissant, p. 16, n° 21.)

232. Il importe peu que le commissionnaire soit ou non commerçant, qu'il ait fait un ou plusieurs actes de commission. Le mot *entreprise*, dont se sert l'art. 632 du Code de commerce, ne désigne pas une habitude, une série d'opérations de commission. Pour établir la compétence de la juridiction commerciale, il suffit que l'agissement, quel que soit le contrat dont il émane, ait un caractère commercial; car, d'après l'art. 631, tout acte de commerce, quoique fait par un non-commerçant, est justiciable de cette juridiction. ( V. Persil et

Croissant, *loc. cit.* et Delamarre et Lepoitvin;
— *secùs*, Fenigan-Carré, p. 186, 187.) V.
*suprà*, n° 29.

238. M. Fenigan dit que le commissionnaire qui a agi en son nom doit être assigné
par les tiers devant le tribunal de commerce,
s'il a acheté d'eux pour revendre; mais si ce
sont eux qui ont acheté de lui, même dans
l'intention de revendre, ils devront l'assigner
devant les tribunaux ordinaires. (*loc. cit.*,
p. 190, 191, n° 508.) Cette distinction n'est
pas juridique; elle repose sur une appréciation
inexacte, incomplète ou fausse du contrat de
commission; car le commissionnaire, quel que
soit l'objet de la commission, fait un acte de
commerce, et doit être par conséquent assigné,
dans tous les cas, devant la juridiction commerciale. Il fait un acte de commerce, puisqu'il a fait un contrat de commission. Si l'acte
n'était pas commercial, il y aurait un mandataire et non un commissionnaire, il y aurait un mandat et non une commission; et le
mandat étant civil, les tribunaux civils seraient seuls compétents.

234. En ce qui concerne le commettant,
l'art. 5, tit. 12 de l'ordonn. de 1673, attribuait
aux juges-consuls la connaissance des *gages,
salaires et pensions des commissionnaires
pour fait de trafic seulement.* Il en est de
même aujourd'hui, à cet égard, lorsque le commettant est commerçant, quel que soit l'objet
de la commission (et telle est l'espèce d'un
arrêt de la cour d'Aix, du 29 oct. 1813, mal
indiqué ou mal compris par plusieurs ouvrages; S.-V. 16. 2. 66; D. A. 11. 308), ou lorsque la commission a pour objet un *fait de
trafic.* Mais on peut dire que, dans ce dernier
cas, la juridiction commerciale est compétente
pour toutes les contestations entre le commissionnaire et le commettant.

235. Si le commettant n'est pas commerçant, et si la commission n'a pas été de sa part
*un fait de trafic*, si, par exemple, il a chargé
un commissionnaire du recouvrement d'une
créance même commerciale, d'expédier ou de
recevoir les produits de la propriété du commettant, le tribunal de commerce n'est pas
compétent à l'égard de l'action dirigée contre
le commettant, car l'acte émané de lui n'est
pas commercial, quoique, au respect du commissionnaire, le contrat ait un caractère mer-
cantile. (V. Fenigan-Carré, *loc. cit.*, n° 507;
V. aussi Bordeaux, 17 janv. 1839, J. P. 1839.
1. 364.) V. *suprà*, n° 7.

236. Le mandat donné par un commerçant
à un autre commerçant d'opérer le recouvrement d'une créance commerciale, moyennant
un salaire, alors même que le mandataire aurait eu à suivre un procès, en supposant que
ce ne soit pas un contrat de commission, est
néanmoins un mandat commercial, et c'est
devant le tribunal de commerce que doit être
portée la demande du mandataire contre le
commettant pour le remboursement de ses
droits et avances. (Bordeaux, 8 mars 1841,
S.-V. 42. 2. 107; J. P. 1841. 2. 60.) V. *suprà*,
n° 7.

La cour de Lyon a jugé dans le même sens,
dans une espèce où il s'agissait uniquement
du recouvrement d'une créance commerciale,
dont un commerçant avait chargé un autre
commerçant. (Lyon, 17 fév. 1833, S.-V. 33.
2. 365; J. P. 3e édit.; D. P. 33. 2. 221.)

Mais la même cour de Bordeaux, avant
l'arrêt de 1841, avait jugé le contraire, en
décidant qu'un pareil contrat n'est ni une
commission, ni même un simple mandat commercial. (Bordeaux, 28 nov. 1838, S.-V. 39.
2. 180; J. P. 1839. 1. 197; D. P. 39. 2. 109.)

237. C'est devant le tribunal de commerce,
et non devant des arbitres forcés, que doit
être assigné le négociant chargé, en qualité
de commissionnaire, du dépôt et de la vente
des produits d'une société dont il fait partie;
car, quoique sa qualité de sociétaire ait pu influer sur le choix de ses commettants, cette
qualité est en dehors de celle de commissionnaire, laquelle donne lieu à un acte propre,
à une opération personnelle, qui ne se confond pas avec les opérations de la société.
(Cass., 3 avril 1838, S.-V. 38. 1. 414; J. P.
1838. 2. 87; D. P. 38. 1. 159.—V. dans ce
sens, comme analogue, Metz, 29 avril 1817,
Devillen. et Car. 5. 2. 270; D. A. 1. 645.—
Bordeaux, 31 août 1831, S.-V. 32. 2. 19;
J. P. 3e édit.; D. P. 32. 2. 20.)

### § 2. — *Compétence territoriale à raison du lieu.*

238. Après avoir indiqué la nature de la
juridiction à laquelle doivent être soumises
les contestations nées à l'occasion du contrat
de commission, il faut déterminer quel est,
parmi les tribunaux appartenant au même
ordre, à la même nature de juridiction, celui
qui doit en connaître.

239. *Action contre le commissionnaire.*—
Le lieu où le compte doit être rendu sert à

déterminer le tribunal devant lequel le commissionnaire doit être assigné; c'est là un principe qui domine toute la matière du contrat de commission en fait de compétence territoriale. Or, comme c'est à son domicile que le commissionnaire doit rendre compte, c'est devant le tribunal de ce domicile que la demande du commettant doit être portée. Dans ce cas, il y a lieu à l'application de l'article 527 du Code de procédure, et non à celle de l'article 420. (Montpellier, 22 janvier 1811, S.-V. 14. 2. 364; J. P. 3e édit.; D. A. 3. 402; — Riom, 6 fév. 1818, Devillen. et Car. 5. 2. 349; J. P. 3e édit.; — Limoges, 3 juillet 1823, Devillen. et Car. 7. 2. 237; J. P. 3e édit.; — Toulouse, 17 déc. 1825, Devillen. et Car. 8. 2. 159; J. P. 3e édit.; D. P. 26. 2. 131; — Colmar, 30 août 1831, S.-V. 32, 2. 8; J. P. 3e édit.; D. P. 31. 2. 250.)

La Cour de cassation et quelques autres cours, tout en jugeant de la même manière, donnent à la compétence du tribunal du domicile du commissionnaire un autre motif, en déterminant cette compétence par le lieu où se forme le mandat. Dans ce système, c'est l'art. 420 du Code de procédure qu'on applique. (Cass., 19 juillet 1819, S.-V. 20. 1. 58; J. P. 3e édit.; D. A. 9. 965.)

Le système de la Cour de cassation a pour résultat de déplacer la compétence, selon que l'initiative des offres a été prise par le commettant ou par le commissionnaire. Il s'en suit, en effet, que si les offres ont été faites par le commissionnaire, c'est devant le tribunal du domicile du commettant lui-même que celui-ci aurait le droit d'actionner le commissionnaire; car l'acceptation du commettant a formé le contrat au lieu de sa résidence. Mais le principe adopté par les arrêts de Montpellier, Riom, Toulouse et Colmar ci-dessus cités, tout en ayant l'avantage d'avoir pour point d'appui un texte de loi parfaitement clair, l'art. 527 du Code de procédure, qualité qu'on ne rencontre pas au même degré dans l'art. 420, présente en outre l'avantage de désigner une juridiction fixe et permanente dans toutes les hypothèses du même genre.

240. La cour de Toulouse a jugé que l'action intentée contre un commissionnaire-entrepreneur de transport, à raison de la remise ou paiement de marchandises refusées pour cause d'avaries, doit être introduite devant le tribunal du domicile de ce commissionnaire. Étranger à la vente, le commissionnaire-en-trepreneur n'est tenu, en pareil cas, que par l'action personnelle. (Toulouse, 6 juin 1826, J. P. 3e édit.; D. P. 26. 2. 245.)

La cour de Montpellier avait jugé de la même manière, pour le cas de simple retard dans l'arrivée de la marchandise, contre un commissionnaire-entrepreneur de transport également étranger à la vente, par le motif que, quoique garant et responsable de l'arrivée de la marchandise et, par suite, du retard, le commissionnaire-entrepreneur ne se trouve dans aucune des exceptions portées en l'art. 420 du Code de procédure, pour pouvoir être distrait d'une manière directe de ses juges naturels. (Montpellier, 22 janv. 1811, S.-V. 14. 2. 364; D. A. 3. 402.)

Quoique les commissionnaires-entrepreneurs de transport soient étrangers à la matière concernant le contrat de commission (V. Entrepreneur de transports et Voiturier), nous avons dû rapporter ces décisions, parce que leur solution s'applique, à plus forte raison, au cas où la difficulté s'agite, non à l'encontre d'un commissionnaire-entrepreneur de transport, mais à l'égard d'un commissionnaire à l'expédition, qui n'est pas garant, comme on le verra, des faits du voiturier qu'il a choisi. V. *infrà*, chap. 2, sect. 3, nos 324 et suiv., et n° 343.

241. *Action contre le commettant.* — Le commissionnaire n'a pas seulement le droit d'être actionné devant le tribunal de son domicile, il a aussi celui d'y traduire son commettant : c'est ce qui est jugé par un très-grand nombre d'arrêts. (Metz, 29 nov. 1811, J. P. 3e édit.; — Toulouse, 21 fév. 1824, J. P. 3e édit.; D. A. 3. 405; — Paris, 4 mars 1825, J. P. 3e édit.; D. P. 25. 2. 254; — Rouen, 22 mai 1829, J. P. 3e édit.; D. P. 30. 2. 290; — Aix, 7 fév. 1832, J. P. 3e édit.; D. P. 32. 2. 204; — Rennes, 8 juillet 1839, J. P. 1839. 2. 589; D. P. 40. 2. 66; — Aix, 6 avril 1840, J. P. 1841. 1. 620; D. P. 41. 2. 150; — Cass. 20 mars 1843, S.-V. 43. 1. 464; J. P. 1843. 1. 520. — *Secùs*, Bruxelles, 13 juin 1839.)

Cette jurisprudence, à peu près uniforme, ne repose pas sur des motifs identiques. La cour de Rouen se détermine par cette considération, que le tribunal du domicile du commissionnaire est, soit celui où l'engagement s'est formé par l'acceptation de la commission, soit celui où le commissionnaire devait être payé; et la Cour de cassation dit que, en appréciant ainsi les faits du procès, cette cour n'a pas violé l'art. 59 du Code de procédure, et a fait une juste appréciation de l'art. 420 du même Code. La cour de Metz adopte la même doctrine en l'appliquant à la fourniture d'une lettre de change, qu'elle assimile à une marchandise. La cour de Toulouse décide par le motif tiré de la formation du contrat. Mais à ce motif, la cour de Lyon ajoute que la livraison est censée devoir être faite au domicile du commissionnaire, alors même qu'il ne fait qu'exécuter la commission donnée à son commis-voyageur dans une autre ville. La cour de Paris se borne à dire qu'en matière de consignation, la juridiction est fixée par l'art. 420 du Code de procédure, et que la faillite du commettant ne change rien à cet état de choses, sans donner d'ailleurs aucune raison à l'appui de sa décision. L'arrêt de la cour de Rennes est dicté par ce double motif, que le paiement et la livraison doivent avoir lieu au domicile du commissionnaire; et la cour d'Aix, après avoir dit dans son premier arrêt que l'assignation en règlement de compte doit être donnée au commettant devant le tribunal du domicile du commissionnaire, alors que les parties sont dans l'usage de régler leurs comptes ce lieu, se décide, dans le second arrêt, par un motif plus général, tiré de ce qu'il est dans les usages du commerce que le commissionnaire soit remboursé de ses avances à son propre domicile, où le commettant doit être actionné, bien que l'ordre ait été pris par le voyageur du commissionnaire au domicile du commettant. Ce dernier point de vue, qui repose sur un usage constant, est peut-être le plus juridique de tous.

242. Quant à la cour de Bruxelles, elle se sépare de la jurisprudence qui vient d'être rappelée, mais seulement en ce qui concerne le paiement de la commission et le remboursement des frais faits à raison du chargement. Elle veut qu'on suive, à cet égard, la règle *actor sequitur forum rei*, parce qu'on ne se trouve dans aucun des cas prévus par l'art. 420 du Code de procédure; mais elle reconnaît que cet article est applicable au cas où le différend aurait pour objet le paiement du prix d'achat de la marchandise, ou la livraison même de cette marchandise. On a de la peine à comprendre la distinction proposée par cette cour.

Le commettant peut, en outre, se trouver actionné par d'autres que par le commissionnaire. Dans ce cas, on suit les règles ordinaires

du droit. Ainsi, en matière de commission pour tirer une lettre de change, le porteur qui exerce contre le donneur d'ordre l'action du mandat par subrogation au commissionnaire, action qui est la seule qu'il puisse exercer, car il n'a pas l'action directe, alors même que le commissionnaire a traité au nom de son commettant, le porteur doit introduire sa demande devant le juge du domicile du donneur d'ordre ou commettant, car son action est purement personnelle. (Cass., 19 déc. 1821, S.-V. 22. 1. 306; J. P. 3e édit.; D. P. 22. 1. 195). V. *infrà*, chap. 2, sect. 4, n° 366.

§ 3. — *Compétence et procédure en cas d'autorisation de vendre demandée à la justice par le commissionnaire.*

243. Lorsque la marchandise ne peut être vendue au prix fixé par le commettant, et lorsque ce dernier ne fait pas les fonds nécessaires pour le remboursement des avances du commissionnaire ou pour le couvrir des engagements qu'il a contractés pour le compte du commettant, le commissionnaire peut, selon les circonstances, se faire autoriser par justice à vendre la marchandise. (V. *suprà*, n° 132.) Dans ce cas et dans tout autre cas analogue, le commettant, s'il ne réside pas dans un lieu trop éloigné et s'il n'y a pas péril en la demeure, doit être mis en cause pour entendre statuer sur l'autorisation de vendre. C'est devant le tribunal du lieu du domicile du commissionnaire que le commettant doit être cité. (V. Delamarre et Lepoitvin, t. 2, n° 188; V. aussi les arrêts cités au n° 244; et Bruxelles, 15 juin 1822, J. P. 3e éd.; D. A. 2. 761.)

244. Mais il n'est pas nécessaire de mettre en cause le commettant, lorsque les retards que son assignation entraînerait seraient préjudiciables. Ce mode de procéder sans la mise en cause du commettant est autorisé par l'usage et par l'art. 106 du Code de commerce, qui permet d'ordonner, sur simple requête, la vente des effets transportés jusqu'à concurrence du prix de la voiture. La disposition de cet article peut, par analogie, s'appliquer au cas dont il s'agit. Le jugement qui ordonne la vente ne peut être attaqué sous le seul prétexte qu'il n'est pas contradictoire. (V. Delamarre et Lepoitvin, *loc. cit.*;—Paris, 13 mars 1815, S.-V. 16. 2. 57; J. P. 3e édit.; D. A. 2. 748;—Colmar, 29 nov. 1816, S.-V. 17. 2. 414; J. P. 3e édit.; D. A. 2. 749.)

Mais le jugement peut être attaqué à la

charge de prouver que la religion du juge a été surprise, ou que la vente a eu lieu en fraude des droits du commettant, qu'elle a été faite à vil prix, etc. (V. Delamarre et Lepoitvin, *loc. cit.* V. aussi chap. 2, sect. 1re, n° 262.)

245. Dans l'hypothèse prévue dans le n° 244, le commettant serait peu fondé à attaquer l'autorisation s'il avait été prévenu qu'on se ferait autoriser à vendre, ou s'il avait eu connaissance du jugement ordonnant la vente assez à temps pour faire les fonds. Ces deux circonstances se rencontrent dans l'espèce des deux arrêts cités au n° 244. L'une d'elles est même relevée par l'arrêt de la cour de Paris; mais la cour de Colmar n'a pas pris ce fait comme élément de solution; elle a jugé en principe.

246. Quant au tribunal compétent, c'est, comme dans l'hypothèse du n° 243, le tribunal de commerce du lieu du domicile du commissionnaire. (V. les arrêts cités au n° 244.)

Chap. 2. — *Des contrats particuliers de commission.*

247. Il n'est pas possible, dans cette seconde partie du sujet que nous avons à traiter, de nous livrer à l'examen de chaque espèce de commissions; car ce contrat, comme on l'a déjà dit, peut s'appliquer à tous les actes, à toutes les opérations qui ont lieu dans le commerce. Il faut donc nous borner à parler des commissions dont l'usage est le plus fréquent. Ce qui sera dit à cet égard servira à résoudre les difficultés qui pourront s'élever à l'occasion d'autres espèces de commissions.

248. Dans plusieurs des sections du chapitre précédent, il a été parlé plus d'une fois de quelques-unes de ces diverses espèces de commissions, dans leurs rapports avec les principes généraux de ce contrat. Nous devons donc renvoyer, sur ce point, à ce qui a déjà été précédemment expliqué. Nous indiquerons spécialement ces renvois dans une note placée sous le titre de chacune des sections suivantes, consacrées aux règles spéciales qui s'appliquent à quelques espèces du contrat de commisssion.

Sect. 1re. — *Commission pour vendre* (1).

249. Les règles spéciales concernant les obligations particulières du commissionnaire à la vente, sont relatives soit à la réception et à la conservation des objets qui lui sont confiés, soit à la vente de ces mêmes objets.

250. Le commissionnaire est présumé avoir reçu les marchandises telles qu'elles lui étaient annoncées, par cela seul qu'il n'a pas fait constater le contraire. Il répond des pertes ou avaries qu'il ne prouverait pas être antérieures à la remise qui lui a été faite, ou qui ne seraient pas l'effet d'une force majeure survenue depuis. Les art. 105 et suivants du Code de commerce déterminent les règles à suivre pour la constatation de l'état des marchandises. — V. Voiturier.

251. Si la marchandise se détériore par son vice propre ou par l'effet de tout autre accident qui ne provient pas de la faute du commissionnaire, et s'il y a péril en la demeure, le commissionnaire peut vendre surle-champ au-dessous même du prix qui lui a été fixé, sans attendre à cet égard les ordres de son commettant. Il agit, dans ce cas, pour la plus grande utilité du commettant, et ce qu'il fait est, en réalité, dans l'intérêt et pour la conservation de la marchandise. On a vu précédemment ( chap. 1er, n°s 50, 243 et suiv. ) les précautions que le commissionnaire doit prendre pour mettre à l'abri sa responsabilité personnelle.

252. Mais le commissionnaire qui, pouvant aviser son correspondant, a négligé de le faire, répond de la différence, comme ayant excédé les bornes de son mandat, si la marchandise vendue vient à prendre faveur. L'urgence ne peut plus le mettre à couvert.

253. Si la marchandise périt par la faute du commissionnaire, il doit en tenir compte au commettant au cours le plus élevé de l'époque à laquelle la vente devait avoir lieu, lorsque le mandat ne fixait pas de prix.

254. Mais si le commettant avait déterminé le prix auquel il avait donné mandat de vendre, le commissionnaire par la faute duquel la marchandise a péri, doit la payer au commettant, non au prix que celui-ci avait déterminé, mais au plus haut prix qu'avaient, lors de l'événement, les marchandises de même espèce et qualité. Telle est, à cet égard, la règle proposée par M. Pardessus (t. 2, n° 565), règle qui peut bien, il est vrai, présenter plus

---

(1) Il a été parlé de cette espèce de commission notamment dans les n°s 26, 174, 175, 243 et suiv.; plusieurs autres numéros précédents où il est question de commission pour vendre, sont indiqués dans le cours de cette section 1re.

d'un inconvénient, mais qui, par sa simplicité et par son caractère équitable, est de nature à être bien accueillie auprès des tribunaux.

255. On peut considérer comme ayant agi pour la conservation de la marchandise le commissionnaire qui, informé d'une baisse imminente, vend au-dessous du prix porté au mandat, pourvu qu'il n'ait pas pu avertir son correspondant en temps utile.

256. Le commissionnaire qui a reçu mandat de vendre à un prix déterminé, transgresse ses devoirs s'il opère cette vente au prix fixé sans avoir préalablement donné avis au commettant d'une nouvelle qui peut influer sur la détermination de ce dernier, lorsque la distance permet d'obtenir promptement une réponse; car cette nouvelle peut engager le commettant à suspendre son ordre, dans le but de profiter du renchérissement qu'elle doit faire naître.

257. En dehors des hypothèses qui viennent d'être prévues (nos 251, 252, 254, 255, 256), la fixation du prix doit être exécutée par le commissionnaire (V. cependant *infrà*, nos 262, 263, 263, 264, 265); car le prix est une stipulation de rigueur : *pretium est de formâ mandati*. (Casaregis, *Disc.* 179, n° 67.)

258. Mais ce n'est pas à dire pour cela que le commissionnaire qui trouve à vendre et qui vend au-dessus du prix limité puisse, sans une convention spéciale, s'attribuer cet excédant. Le commissionnaire, en vendant plus cher, ne fait qu'exécuter son mandat *secundum mentem mandantis ;* il ne l'excède point. (V. un exemple d'une convention de ce genre, chap.1er, n° 26.)

259. La limite du prix ne contient donc pas autre chose qu'une défense explicite de vendre à un chiffre inférieur à celui fixé par le mandat. La violation de cette prohibition, sans un motif impérieux, *in majorem mandantis utilitatem*, d'après la règle de Casaregis, entraîne la responsabilité du commissionnaire.

260. Cette responsabilité consiste, en général, à être chargé de la perte. (V. Delamarre et Lepoitvin, t. 2, n° 166.)

261. Quant à la perte, elle consiste, pour le commissionnaire, à désintéresser le commettant par le complément du prix. Celui-ci ne peut exiger que les marchandises lui soient rendues. (V. Pardessus, t. 2, n° 566.)

262. Mais lorsque le commissionnaire qui a fait des avances dont il n'est pas remboursé,

ne trouve pas à vendre au prix limité, on a vu qu'il peut vendre au-dessous du taux fixé, mais en ayant soin de se faire autoriser par la justice. (V. *suprà*, nos 243 et suiv.)

263. S'il vend, sans formalités, au-dessous de la limite fixée, il encourt sans doute la responsabilité dont il vient d'être parlé (nos 260, 261); mais il n'est pas privé du droit de réclamer le privilége de l'art. 93 du Code de commerce, et de requérir la vente par autorité de justice du restant des marchandises pour être remboursé de ses frais et avances. (V. *suprà*, chap. 1er, n° 174; — Bruxelles, 15 juin 1822, J. P. 3e édit.; D. A. 2. 761.)

264. C'est au commissionnaire qui s'est écarté de la limite à lui fixée pour le prix, à justifier de l'obstacle qui l'a empêché d'exécuter cette partie de son mandat, et il lui incombe de prouver que, d'après les circonstances dans lesquelles il s'est trouvé, il a agi au mieux des intérêts de son commettant. Il y a de sa part violation du mandat; c'est donc à lui, s'il veut se racheter de cette transgression, à prouver qu'elle a été faite au plus grand avantage du mandant : *Toccando al mandatario*, dit Casaregis, *affine di esimersi d'all' eccesso e transgressione dal mandato di provare di averlo eseguito in maggior vantaggio del mandante. (Disc. 174, n° 11.)*

265. MM. Delamarre et Lepoitvin (t. 2, n° 170) font observer qu'un commissionnaire prudent qui fait des avances ne doit accepter la limite du prix que pour un temps déterminé, au delà duquel il se réserve de vendre au mieux des intérêts, stipulation qui n'a rien d'illicite et qu'il ne faut pas confondre avec le prêt sur gages, comme ils le font observer avec raison, ainsi que M. Vincens (t. 2, p. 134).

266. Ce n'est pas seulement la limite dans le prix que le commissionnaire à la vente doit rigoureusement exécuter, c'est encore l'objet même du mandat, auquel il ne lui est pas permis de substituer un autre objet. Ainsi le mandat de vendre ne l'autorise pas à échanger. Il n'a pas le droit, en un mot, de disposer de la marchandise autrement qu'il n'en a reçu l'ordre, et d'en vendre la totalité s'il n'a reçu commission que pour en vendre une partie.

267. Ce que le commissionnaire a fait, dans les divers cas qui viennent d'être prévus, est nul et non avenu, mais seulement à l'égard du commettant, et en ce sens, que le commissionnaire est responsable envers ce dernier.

268. Le commissionnaire ne doit pas *s'appliquer*, pour nous servir d'une expression usitée, c'est-à-dire acheter pour son propre compte, ni directement, ni par personne interposée, sans le consentement du commettant, la marchandise qu'il est chargé de vendre; car la qualité d'acheteur et de vendeur est incompatible avec la confiance qu'on lui a accordée. Telle était autrefois la doctrine de Baldus, attestée par le cardinal Tuschi : *Ad vendendum cui voluerit pro pretio bene viso, non potest sibi ipsi vendere, neque sibi per interpositam personam, quia intelligitur arbitrio boni viri et bonâ fide* ( t. 5, p. 308). Telle était aussi celle de Scaccia, d'après la Rote de Gênes : *Procurator constitutus ad vendendum non potest sibimetipsi vendere, quia non potest esse emptor et venditor* (décis. 4). Cette doctrine n'est autre que celle du droit romain : *Non licet ex officio, quod administrat, quis emere quid vel per se, vel per aliam personam* ( L. 46, ff. *De contrat. empt.* ); et Lauterbach, dans son cours des Pandectes, dit expressément que la disposition de cette loi était appliquée par la plupart des auteurs aux mandataires : *Hoc pluribus explicant, simulque de procuratoribus, negotiorum gestoribus, testamentorum executoribus et de aliis administratoribus agunt.* (Collegium pand., lib. 18, tit. 1, t. 1, p. 951.)

Mais il paraît que cette doctrine n'était pas admise, en matière de mandat commercial, du temps de Casaregis, qui enseigne positivement le contraire, *ex stylo universali* (*Disc.* 120, nos 24 et 35). L'abus qu'on a fait et que l'on continue à faire de cet usage, l'a fait proscrire et a fait revenir au principe du droit romain, dont l'art. 1596 de notre Code civil n'est, à cet égard, que la fidèle reproduction. Les Espagnols et les Portugais l'ont érigé en loi dans leur Code de commerce, et nos auteurs modernes les plus accrédités ont raison d'enseigner formellement la doctrine du droit romain et de ses interprètes dans son application au contrat de commission. (V. Pardessus, t. 2, n° 569; Delamarre et Lepoitvin, t. 2, n° 109, p. 243, 244.)

269. La peine consiste, d'après l'art. 1596 précité, dans la nullité d'une pareille opération. Le droit romain était plus sévère : *Non tantùm rem amittit, sed in quadruplum convenitur secundùm constitutionem Severi et Antonini* (*leg. cit.*).

270. Mais la prohibition de la loi n'est pas absolue, et le commettant, dûment averti, n'a pas à se plaindre d'une pareille opération. (Pardessus, Delamarre et Lepoitvin, *loc. cit.*) C'était aussi la disposition de la loi romaine déjà rappelée : *Sed hoc ità se habet nisi specialiter hoc consensum est.*

271. MM. Delamarre et Lepoitvin estiment même, non sans raison, que le commissionnaire restera dans l'exception à la prohibition dont il s'agit, si l'urgence a été telle qu'elle ne lui eût pas permis d'en avertir son commettant.

272. Le commissionnaire chargé de vendre une marchandise de la part d'un commettant, et recevant d'un autre la mission d'acheter une semblable marchandise, peut-il réunir et exécuter ces deux commissions? Il serait rigoureux sans doute de considérer ces deux commissions comme absolument incompatibles. Mais il y aurait ouverture à de grands abus si on admettait, sans restriction, le droit du commissionnaire d'exécuter les deux commissions; car il lui est évidemment bien difficile de remplir convenablement, avec équité, la mission donnée par deux commettants, opposés d'intérêts, de faire ce qu'il croira le plus utile à chacun d'eux. Il doit donc les informer de ce qui se passe, et leur demander des instructions précises. ( V. Pardessus, t. 2, n° 570.)

273. Lorsque les deux commettants l'autorisent à remplir les deux mandats, l'usage seul, dit M. Pardessus, ou, à son défaut, l'équité sert à décider s'il peut recevoir une rétribution entière de l'un et de l'autre.

274. L'intention qu'on doit supposer au commettant, à défaut de manifestation contraire, est qu'il sera payé, en cas de vente de sa marchandise, d'après les usages du lieu et d'après la nature de la chose vendue.

275. Le commissionnaire à qui il a été ordonné de vendre comptant, ne peut vendre à crédit, et s'il vend ainsi, il n'en doit pas moins le prix comptant à son commettant, sans égard aux termes qu'il a pu accorder, sauf, s'il a vendu au delà du prix fixé pour la vente au comptant, à retenir l'excédant qui est, dans ce cas, l'indemnité du risque couru par le commissionnaire en vendant à crédit, et l'équivalent des intérêts de la somme payée par lui comptant à son commettant; car cette somme ne doit lui rentrer que dans un temps plus ou moins éloigné. L'équité de cette décision n'a pas besoin d'être justifiée. (V. Pardessus, t. 2, n° 567.)

IV.

42

276. Le commissionnaire autorisé à vendre à crédit, et qui ne s'est pas porté *du croire*, doit prendre l'intérêt de son commettant pour les délais qu'il accorde et pour la solvabilité des personnes auxquelles il vend, sans se laisser influencer par le désir de gagner un droit de commission plus considérable et d'autant plus fort que, dans l'usage, il est proportionné au prix de la vente.

277. Dans le cas où le commissionnaire a été autorisé à vendre à crédit, il peut, qu'il soit ou non *du croire*, escompter le prix de la vente à son commettant qui désire être payé avant le terme. C'est là une opération en dehors de la vente, qui est régie par la convention des parties, ou, à défaut, par les règles propres au contrat d'escompte.

278. Dans le droit commercial, la commission de vendre renferme implicitement le droit et le devoir de se faire payer le prix de la vente. (V. Delamarre et Lepoitvin, t. 1, n° 107 ; t. 2, n° 110 ; Pardessus, t. 2, n° 569.)

Cela est vrai non-seulement pour le commissionnaire qui agit en son propre nom, mais encore pour celui qui agit au nom d'autrui. L'art. 94 du Code de commerce dispose précisément pour ce dernier cas, en statuant que le commissionnaire qui a vendu et livré pour le compte du commettant se rembourse de ses frais et avances sur le produit de la vente. (V. Delamarre et Lepoitvin, t. 1, n° 107.)

279. Quant aux fonds provenant de ces recouvrements, le commissionnaire doit les employer suivant les instructions qu'il a reçues. Les conventions, ou, à défaut, l'usage, dit M. Pardessus (*loc. cit.*), peuvent seuls servir à déterminer quand il doit payer l'intérêt des fonds dont il se sert, en attendant qu'il les envoie à son commettant, ou, pour suivre le sens et l'idée de cet auteur, en attendant qu'il puisse leur donner l'application qui lui est prescrite. Le devoir du commissionnaire est, dans tous les cas, de donner promptement avis du recouvrement à son commettant afin que celui-ci puisse se prévaloir sur lui.

280. Mais, en attendant la réponse du commettant, le commissionnaire ne doit-il l'intérêt des fonds dont il se sert qu'autant que la convention ou l'usage le lui prescrivent? S'il s'est réellement servi des fonds du commettant, la bonne foi et l'équité qui, à défaut

de loi, sont la règle du commerce, l'obligent à tenir compte de l'intérêt à son commettant, et cela, quel que soit l'usage local, à moins que ce ne soit un usage universel, *ex stylo universali*, pour emprunter à Casaregis une de ses expressions favorites. Dans le silence de la loi commerciale, un pareil usage a toute la force et l'autorité de la loi. « La sixième chose, dit Savary, que les commissionnaires doivent se proposer, est, au fur et à mesure qu'ils recevront des débiteurs les sommes de deniers qu'ils devront, d'en donner incontinent avis aux commettants, afin qu'ils s'en puissent prévaloir sur eux, n'étant point permis en conscience aux commissionnaires de se servir, en leurs affaires particulières, de l'argent des commettants, à moins qu'ils n'y consentent, en leur payant l'intérêt, de même qu'ils le leur font payer quand ils leur font quelques avances. » ( Part. 2, liv. 3, chap. 3, t. 1, p. 248, édit de 1757.)

SECT. 2. — *Commission pour acheter* (1).

281. Le commissionnaire qui contracte l'achat en son nom, contracte, par cela seul, l'obligation de payer la marchandise au vendeur qui n'a aucune action directe contre le commettant.

282. Mais l'achat étant fait pour le compte de ce dernier, c'est à ses risques qu'il a lieu, après que la livraison a été faite au commissionnaire. (V. *suprà*, n°s 15 et 205.)

283. Le commissionnaire est d'ailleurs tenu, sous sa responsabilité, de veiller à la conservation des marchandises achetées. (V. *suprà*, n° 75.) Cette responsabilité ne cesse que lorsqu'il a expédié les marchandises et qu'elles sont sorties bien conditionnées de ses magasins, à moins qu'il ne soit en même temps commissionnaire de transport. ( V. *infrà*, n°s 296, 297 et n° 322.

284. Le pouvoir d'acheter donné au commissionnaire fait présumer celui de payer, lorsque le commettant n'a pas eu soin d'exclure du mandat le pouvoir de payer. Telle est la règle en pareille matière, règle différente de celle du mandat civil, mais que les besoins et les usages du commerce ont fait admettre. Si le commettant éprouve quelque

---

(1) Il est parlé de cette commission notamment dans les n°s 15, 126, 133, 134, 203, 204, 205 c suiv., 243 et suiv.

préjudice par suite de ce paiement, il ne peut s'en prendre qu'à son imprévoyance.

285. Toutefois le pouvoir de payer n'est pas obligatoire pour le commissionnaire. Il n'en est point de ce cas comme du pouvoir d'encaisser dans la commission pour vendre : c'est une pure faculté. Mais, soit qu'il en use, soit qu'il n'en use point, il est du devoir du commissionnaire de donner à son commettant avis de ce qu'il a fait ou de ce qu'il ne veut pas faire.

286. La commission doit être exécutée ponctuellement par les commissionnaires qui doivent « ne la pas surpasser, dit Savary ; car ce serait pour leur compte, suivant l'ancien proverbe : *Qui passe commission perd.* » (2e partie, liv. 3, ch. 2, t. 1, p. 238, édit. de 1757.)

287. Le commissionnaire acheteur peut s'écarter du mandat de plusieurs manières : 1° en achetant des marchandises d'un autre genre, espèce ou qualité que ce qui a été indiqué par le commettant ; 2° en en achetant en plus grande quantité ; 3° en ne les remettant pas à l'expédition dans le délai fixé ; 4° en les achetant à un prix plus élevé.

288. *Inobservation du mandat quant au genre, à l'espèce ou à la qualité de la marchandise.* — Lorsque le commissionnaire achète des marchandises d'un autre genre ou d'une autre espèce que ce qui lui a été commandé, le commettant a le droit de les refuser. Ainsi, l'ordre d'acheter du vin rouge ne peut être arbitrairement converti par le commissionnaire en un achat d'eau-de-vie ; car ce ne serait pas le *genre* demandé, ni même en un achat de vin blanc, dont l'*espèce* serait différente. Ce droit se justifie assez de lui-même.

Le commettant a le même droit lorsque la *qualité*, quoique bonne en elle-même, n'est pas celle qu'il avait prescrit d'acheter. Si, par exemple, ayant reçu l'ordre d'acheter des vins de la récolte de 1834, j'ai acheté des vins de la récolte de 1830 ou 1840 ; si, au lieu de draps de tel fabricant, j'achète ceux d'un autre manufacturier, il est évident que la commission ainsi exécutée n'est pas conforme à la *qualité* demandée. Le commettant n'est pas tenu de recevoir la marchandise, et le commissionnaire est forcé de la garder pour son compte. (V. *infrà*, n° 289, le passage de Casaregis ; V. aussi Bordeaux, 3 fructidor an VIII, Devillen. et Car. 1. 2. 5 ; J. P. 3e édit. ; D. A.

2.780 ; — Lyon, 9 avril 1823, Devillen. et Car. 7. 2.191 ; D. A. 2.750 ; — Paris, 1er mars 1834, S.-V. 34. 2. 393 ; D. P. 36. 2. 101.)

289. Si la marchandise est de la qualité convenue, mais inférieure à celle qui a été commandée (deuxième, troisième qualité au lieu de la première), si elle est vicieuse dans la qualité ordonnée ou vile, *minùs bona, vitiosa, vilior qualitas*, le mandat n'en est pas moins inexécuté et la marchandise peut être laissée pour le compte du commissionnaire. *Actio ad interesse* (*datur*), dit Casaregis, *contrà mandatarium qui emit merces vitiosas, aut minùs bonas, vel vilioris qualitatis contrà ordinem et mentem mandantis, ut damnum per mandatarium reficiatur... Quæ qualitas, seu bonitas aut perfectio juxtà respectiva rerum aut mercium genera, considerari etiam debet quoad saporem, odorem, sonum, colorem, novitatem, raritatem et hujus modi.* (*Disc.* 176, nos 4 et 7 ; — Cass. 24 juill. 1821, S.-V. 22. 1. 341 ; D. P. 22. 1. 284.)

290. Dans tous les cas dont il vient d'être parlé (nos 288, 289) et dans d'autres semblables, le commissionnaire ne peut s'excuser sur sa bonne foi, ni même sur ce que la marchandise substituée est supérieure à celle qui lui a été commise, ou sur ce que la substitution est indifférente et ne saurait être nuisible au commettant. Celui-ci, lorsque la contestation n'est relative qu'au refus de la marchandise et ne porte ni sur les dommages-intérêts ni sur l'existence même du contrat, ne peut être obligé d'accepter une pareille discussion qui aurait l'inconvénient grave, pour le commerce en général et pour lui en particulier, de l'obliger à révéler le secret des opérations commerciales : *Nemini licet*, dit Casaregis, *mercatorum secreta vel arcana penetrare.* (*Disc.* 76, n° 6. — V. Delamarre et Lepoitvin, t. 2, n° 100.)

291. Le commissionnaire qui, placé dans des cas semblables à ceux dont il a été question (nos 288 à 290), a enfreint son mandat, n'est pas seulement exposé au refus de la marchandise, il peut être encore tenu des dommages-intérêts du commettant : *actio ad interesse datur*, dit Casaregis (*loc. cit.*) ; mais en pareille occurrence, celui-ci, pour prouver le dommage, doit justifier, 1° qu'il avait besoin d'une marchandise complétement identique à celle dont il avait commis l'achat ; 2° que l'inexécution lui a été préjudiciable. De là, pour lui, la nécessité de faire des justifications, qui

ne sont pas exigées s'il ne s'agit que du refus de la marchandise.

292. Lorsque, pour l'un des motifs qui sont l'objet des nos 288 à 290, ou pour tous autres motifs analogues, le commettant refuse la marchandise, son action est recevable, quoiqu'il ait reçu la marchandise et payé les frais de transport sans protestation et sans avoir fait dresser procès-verbal de l'état de la marchandise au moment de la réception. L'art.106 du Code de commerce n'est applicable qu'en cas de contestation avec le voiturier pour avaries survenues pendant le voyage, et pouvant être indiquées par l'état extérieur et matériel des colis. Mais cet article ne l'est point lorsqu'il s'agit d'un reproche qui s'adresse soit à la marchandise elle-même, soit à la commission. Il y a alors nécessité de déballer, opération sans laquelle le vice ne pourrait être reconnu. ( Pardessus, t. 2, n° 572 ; — Cass., 24 juillet 1821, S.-V. 22. 1. 341.; J. P. 3e éd. ; — Lyon, 9 avril 1823 ; — Devillen. et Car. 7. 2. 191 ; J. P. 3e édit. ; — Paris, 1er mars 1834, S.-V. 34. 2. 393; J. P. 3e édit. )

293. Le commettant qui refuse la marchandise doit en donner immédiatement avis au commissionnaire, sous peine de voir repousser son action.

294. *Inobservation du mandat en ce qui touche la quantité de la marchandise.* — Le commissionnaire est garant de la quantité qui lui a été commandée. Il doit exécuter le mandat dans les limites qui lui ont été assignées à cet égard.

La quantité comprend le nombre, le poids, la dimension des denrées et marchandises ou autres objets dont l'achat est commis. Si le commissionnaire achète plus, ou s'il achète moins, alors que la chose ne peut pas être divisée, l'opération reste pour son compte. Si elle peut être divisée, l'achat ne reste pour le compte du commissionnaire qu'autant qu'il a acheté plus que ce qui lui a été commandé, et quant à l'excédant seulement; mais l'achat est entièrement à sa charge s'il a acheté moins ; par exemple, dix balles de coton au lieu de trente qui avaient été commandées. La présomption, à moins de preuve contraire, est que le succès de l'opération, dont le commettant n'est pas tenu de divulguer le secret, tenait à ce qu'elle fût entièrement exécutée. (Delamarre et Lepoitvin, t. 2, n° 93.)

295. Dans ces divers cas, le commissionnaire, indépendamment du *pour compte* qui

reste à sa charge, doit réparer le préjudice souffert par le commettant, qui alors est obligé de faire des justifications auxquelles il n'est pas tenu lorsqu'il se borne à répudier l'acceptation de la marchandise. ( V. Delamarre et Lepoitvin, t. 2, p. 216, *in pr.* — V. *suprà*, nos 290, 291. )

296. *Inobservation du mandat quant au délai dans la remise à l'expéditeur.* — Après avoir fait l'achat qui lui a été commis, le devoir du commissionnaire est de tenir la marchandise à la disposition du commettant pour la remettre à qui il lui sera ordonné, et notamment à l'expéditeur chargé d'en faire le transport. Il doit faire l'une et l'autre remise dans le délai qui lui a été imparti, ou dans le plus bref délai, selon les circonstances et l'usage des lieux, s'il ne lui a rien été fixé à cet égard. Jusque-là, sa responsabilité est engagée. (V. *suprà*, n° 283.)

297. Si, par sa profession ou par la nature de ses pouvoirs, l'expédition est à sa charge, il a, comme expéditeur, à remplir des devoirs distincts de ses obligations comme commissionnaire à l'achat. ( V. *suprà*, n° 283, et *infrà*, n° 322. )

298. *Inobservation du mandat quant au prix.* — Ce qui a été dit précédemment touchant la limite du prix en ce qui concerne la vente, s'applique sur plusieurs points à ce qui concerne l'achat.

299. Ainsi le commissionnaire peut, il doit même, acheter moins cher que le prix limité. Telle est l'espèce prévue par la loi romaine : *Si quum tibi mandassem ut Stichum decem emeres, tu eum minoris emeris, vel tantidem, et ut aliud quicquam servo accederet; utroque enim casu, aut non ultrà pretium aut intrà pretium fecisti.* (L. 5, § 5. ff. *Mandati.* — V. Delamarre et Lepoitvin, t. 2, n° 156, p. 316. )

300. Le commissionnaire qui ne trouvant pas la marchandise au prix limité par le mandat, l'a achetée à un prix supérieur, est tenu de la garder sans dommages-intérêts envers le commettant qui refuse de s'en livrer à ce prix. (V. *infrà*, n° 302. )

301. Si, dans ce cas, le marché a été fait au nom du commettant, le tiers n'a pas d'action contre lui, parce qu'il doit s'imputer de n'avoir pas pris connaissance du mandat.

302. Mais le commettant est tenu de se livrer de la marchandise, si elle lui est offerte au prix fixé. (V. Delamarre et Lepoitvin, t. 2,

n°ˢ 161,162.) Telle est l'espèce de la célèbre loi romaine qui divisa jadis les Proculéiens et les Sabiniens, et dont on peut voir la discussion dans les livres des anciens docteurs. D'après cette loi, le mandant peut être contraint à prendre la chose au prix qu'il avait fixé, si le mandataire se charge du surplus. Mais le mandant ne peut exiger la chose qu'en la payant tout ce qu'elle a coûté, si le mandataire refuse de faire aucune remise, décision dictée à Justinien moins par les principes du droit rigoureux que par l'équité : *Si ego pretium statui, tuque pluris emisti, quidam negaverunt te mandati habere actionem, etiamsi paratus esses id quod excedit remittere ; namque iniquum est non esse mihi cum illo actionem, si nolit, illi verò, si velit mecum esse. Sed Proculus rectè eum, usque ad pretium statutum, acturum existimat ; quæ sententia sane benignior est.* ( L. 3, § ult., et l. 4. ff. *Mandati.*) On suppose dans cette loi que l'achat n'a pas pu être fait au prix fixé ou à un prix moindre. (V. n° 300, et *infrà*, n°ˢ 303, 304.)

303. Mais lorsque pouvant acheter au prix limité ou à un prix inférieur, le commissionnaire a dépassé le chiffre prescrit, il doit la chose à ce prix, ou même à un prix moindre, s'il est démontré qu'il pouvait traiter à un prix inférieur ; car, dans ce dernier cas, il y a négligence, impéritie ou dol, qui autorise la prétention du commettant.

304. Mais ici, comme dans l'espèce prévue au n° 302, le commettant est tenu de se livrer de la marchandise lorsque le commissionnaire la lui offre au prix auquel il aurait dû acheter. Dans ce cas, le mandat est exécuté, et le commettant n'éprouvant aucun préjudice, il serait contraire à l'équité de laisser la marchandise pour le compte du commissionnaire.

305. Dans ces diverses hypothèses, lorsque la marchandise est laissée pour le compte du commissionaire qui a acheté plus cher qu'il ne lui était prescrit, les avances qu'il a pu faire sont compromises si le commettant tombe en faillite. C'est un danger, une perte peut-être, qu'il ne peut imputer qu'à lui-même.

306. L'excès dans la limite du prix se justifie, en matière d'achat comme en matière de vente, lorsque c'est dans l'intérêt évident du commettant que le commissionnaire a agi. Mais dans ce cas, c'est dans la mesure de l'utilité du commettant, que celui-ci est tenu des engagements du commissionnaire, qui

devient alors un véritable *negotiorum gestor*. ( V. les n°ˢ 251 à 265. )

307. La marchandise achetée plus cher que le prix déterminé et qui vient à périr par cas fortuit, périt pour le compte du commettant si, achetée dans les circonstances prévues au n° 306, l'éloignement et l'urgence n'ont pas permis de consulter le commettant ; car si la gestion est obligatoire pour ce dernier, les suites de cette gestion sont pour son compte.

308. Il en est autrement lorsque le commettant pouvait être consulté. En agissant de lui-même, le commissionnaire a pris sur lui les risques de l'opération. Il ne peut faire supporter la perte à son mandant jusqu'à concurrence du prix fixé ; car la marchandise n'existant plus, ne peut être reçue par ce dernier ni offerte par le commissionnaire.

309. Le commissionnaire chargé d'acheter une marchandise dont il est détenteur, n'importe à quel titre, ne doit pas la passer au compte de son commettant, alors même qu'aucun prix ne lui aurait été fixé, sans avertir ce dernier de cette circonstance. ( V. *suprà*, n°ˢ 268 à 273. )

310. Mais, en cas d'urgence, l'achat est valable, si l'urgence a été telle qu'il ne lui ait pas été possible d'avertir son commettant. Tel est le cas où le commissionnaire est l'unique détenteur, au lieu du départ, d'une partie de marchandise qu'il reçoit l'ordre d'acheter et de livrer au capitaine d'un navire qui va lever l'ancre.

311. On a vu (n° 273) que le commissionnaire, chargé à la fois par deux personnes différentes de deux commissions, de celle de vendre et de celle d'acheter, et qui est autorisé par les deux commettants à remplir les deux commissions, peut avoir droit à une rétribution que l'usage ou l'équité fixent. Mais si, chargé d'acheter, il achète de lui-même en vendant sa propre chose, a-t-il droit à une commission lorsque l'achat est considéré comme valable, et peut-il cumuler le salaire du commissionnaire avec les profits du vendeur ? Un jugement du tribunal de commerce de Morlaix, du 16 déc. 1826, a jugé que le commissionnaire était devenu vendeur direct, et ne pouvait dès lors exiger aucun droit de commission. Cette décision est hautement approuvée comme pleinement juridique par MM. Delamarre et Lepoitvin, qui s'élèvent avec raison contre l'usage contraire existant dans quelques localités (t. 1, n° 363, p. 649 ).

312. Le commissionnaire qui a reçu de son commettant des fonds pour faire des achats, et qui les garde longtemps sans exécuter ses ordres, doit-il lui tenir compte des intérêts? M. Pardessus répond que la solution dépend des circonstances, des usages, et des règles de la bonne foi. Il s'en réfère à ce qu'il a enseigné à l'égard du commissionnaire à la vente ( t. 2, n° 573.) — V. ce qui a été dit sur ce dernier point dans les n°s 279 et 280.

313. Le commettant doit rembourser les avances au commissionnaire, d'après la convention ou l'usage du lieu où le mandat s'exécute, et à défaut de stipulations ou d'usage, il est tenu de lui faire des envois de fonds effectifs ou des remises pour le couvrir de ce qui a été avancé.

314. Si le commissionnaire se trouve obligé de tirer sur son commettant, les pertes de change, frais de négociations, etc., sont à la charge de ce dernier, à moins de convention contraire. ( V. Pardessus, t. 2, n° 573. )

315. De même que le commissionnaire à la vente, le commissionnaire à l'achat a le droit de faire vendre la marchandise achetée pour se rembourser de ses avances. (V. suprà, chap. 1er, n°s 243 et suiv.; chap. 2, n°s 262, 263.)

316. Il jouit pour ses avances du privilége de l'art. 93 du Code de comm. , comme on l'a déjà expliqué. (V. suprà, chap.1er, n°134.)

Sect. 3. — *Commission pour l'expédition ou le transport* (1).

317. On confond assez ordinairement les commissionnaires à l'expédition avec les commissionnaires au transport, dont parlent les art. 96 et suiv. du Code de comm. On donne même très-fréquemment aux uns et aux autres la même qualification de commissionnaires de transport, ce qui ne contribue pas peu à cette confusion. La loi elle-même mérite d'ailleurs ce reproche; car elle comprend dans le même titre, quoique dans des sections différentes, les commissionnaires en général et les commissionnaires de transport en particulier, ce qui induit à penser que les commissionnaires de transport, dont elle s'occupe, sont de véritables commissionnaires. Mais, quand on exa-

mine attentivement les dispositions des art. 96 à 102, il est aisé de voir que les commissionnaires dont il y est question n'ont que le nom de commissionnaires, et ne sont en réalité que des entrepreneurs de transport, dont les droits, et surtout les devoirs et les obligations, diffèrent de ceux qui concernent les véritables commissionnaires de transport, que nous appellerons commissionnaires à l'expédition, comme on le fait souvent dans les usages du commerce, afin d'éviter une confusion qui a déjà eu de fâcheuses conséquences.

318. Le véritable commissionnaire de transport, ou soit le commissionnaire à l'expédition, est celui qui, en son nom ou au nom d'un tiers, fait pour le compte d'autrui des marchés de transport, soit avec des voituriers, soit avec des commissionnaires de roulage ou entrepreneurs de transport, soit avec un capitaine ou armateur de navire. ( V. Pardessus, t. 2, n° 574.)

319. Le commissionnaire-entrepreneur de roulage ou de transport expédie au contraire les marchandises par des individus qui souvent sont à ses gages, avec lesquels il convient de prix particuliers qui ne sont pas nécessairement ceux qu'il se fait payer à lui-même. ( V. Pardessus, *loc. cit.* et Delamarre et Lepoitvin, t. 2, n°s 60, 63, 64. )

320. Le bénéfice du commissionnaire entrepreneur de transport consiste dans les prix de transport qu'il stipule avec le chargeur ou son représentant. Celui du véritable commissionnaire de transport est tout dans la commission. Le prix du transport, tel qu'il a été réglé entre lui et l'entrepreneur, doit être avec fidélité passé en compte à son commettant.

321. On voit, par ce qui vient d'être dit, que les commissionnaires de transport ou à l'expédition, dont il sera traité dans cette section, ne sont pas ceux dont s'occupe la section 2 du titre 6, liv. 1er du C. de comm. Notre tâche est même de faire remarquer en quoi diffère la position des uns et des autres. — V. Entrepreneur de transport et voiturier.

322. Mais il est nécessaire de remarquer, dès à présent, qu'il n'y a pas une incompatibilité absolue entre la profession de commissionnaire-entrepreneur et celle de commissionnaire véritable, chargé soit de l'expédition, soit de toute autre espèce de commission. Mais les agissements du commissionnaire et ceux de l'entrepreneur, quoique réunis dans

_____

(1) Il est encore parlé de cette commission notamment dans les n°s 126, 133, 134, 139, 142 et suiv., 240, 297.

les mêmes mains, sont néanmoins distincts les uns des autres, ainsi que les obligations respectives de chacune de ces professions. Toutefois, lorsque l'exercice des deux professions par la même personne est notoire, l'usage, à défaut de convention expresse, sert à déterminer les obligations et les droits qui dérivent de cette condition complexe. (V. *suprà*, nos 283, 297.)

323. Il est aisé d'apercevoir dès ce moment en quoi le courtier de transport ou de nolissement diffère, non-seulement du commissionnaire à l'expédition, mais encore du commissionnaire entrepreneur de transport.

324. Les rapports entre le commettant et le commissionnaire à l'expédition finissent dès que ce dernier a choisi celui qui est chargé du transport. Lorsqu'il a traité avec un voiturier ou avec une maison de transport et qu'il leur a fait la remise de la marchandise, son mandat est exécuté; car le voiturier ou l'entrepreneur de transport ne sont ni ses délégués ni ses substitués. « C'est là, disent MM. Delamarre et Lepoitvin, bien moins une substitution qu'un marché passé pour compte du maître (du commettant) avec le voiturier ou le commissionnaire de transport. Ceux-ci sont seuls désormais en contact avec le commettant. C'est à eux seuls de lui répondre et de leurs agents et de la marchandise. » ( t. 2, n° 64. )

325. En disant que le mandat du commissionnaire à l'expédition est rempli après qu'il a choisi les personnes qui doivent faire le transport, et après qu'il leur a livré la marchandise, nous entendons dire seulement que toute responsabilité cesse dès lors pour lui. La garantie des faits du voiturier ne le concerne en aucune manière. Le voiturier, avec lequel il ne fait aucun bénéfice, n'est ni son agent ni son délégué. Le voiturier est l'agent ou le délégué du commissionnaire-entrepreneur, lequel trafique du choix qu'il fait à cet égard, et doit dès lors supporter les conséquences et les suites de son trafic. La doctrine qui résulte des dispositions des art. 97, 98, 99 du Code de comm. est étrangère au commissionnaire à l'expédition, et ne s'applique qu'au commissionnaire entrepreneur de transport. ( V. Delamarre et Lepoitvin, t. 2, n° 63, et p. 155, note. V. *infrà*, nos 327, 328, 329, 330, 331 à 334.)

326. M. Pardessus, qui a très-bien su signaler la distinction entre le véritable commissionnaire à l'expédition et le commissionnaire entrepreneur de transports n'a pu se garantir toujours complétement contre l'influence de la confusion que nous avons signalée, et qui a si souvent égaré les tribunaux.

C'est ainsi que cet auteur semble mettre à la charge du commissionnaire à l'expédition la perte, le vol, les avaries imputables au voiturier, comme aussi la responsabilité de l'agent intermédiaire, tandis que ces divers cas de responsabilité ne peuvent concerner et atteindre que l'entrepreneur de transport, sans regarder jamais, à moins d'une stipulation expresse, le simple, le véritable commissionnaire au transport ou à l'expédition.

327. C'est ainsi encore que, tout en distinguant l'entrepreneur du commissionnaire, M. Pardessus (t. 2, n° 576) semble croire, et enseigne même implicitement, que le véritable commissionnaire à l'expédition serait responsable des faits du voiturier qu'il aurait choisi pour opérer le transport, s'il n'avait eu soin de stipuler le contraire dans la lettre de voiture, opinion qui met en oubli la distinction fondamentale entre les deux professions, et doctrine peu juridique, même dans le sens de M. Pardessus : car, en admettant que la responsabilité des faits du voiturier incombe au commissionnaire à l'expédition, la stipulation que celui-ci fait unilatéralement dans la lettre de voiture, ne peut, dans aucun cas, équivaloir à un contrat synallagmatique entre le commissionnaire et le commettant, et ne peut dès lors avoir pour effet d'affranchir le commissionnaire au détriment du commettant, qui n'a pas été partie dans la stipulation.

La responsabilité de celui qui est commissionnaire à l'expédition n'existe jamais, en effet, à l'égard des actes du voiturier ou du patron chargé du transport, à moins qu'elle n'ait été stipulée synallagmatiquement. Dans ce dernier cas, cette responsabilité est le résultat d'un marché particulier, qui est un véritable traité aléatoire. La nature du contrat ne soumet à une pareille responsabilité que l'entrepreneur de transport, parce que le voiturier est son agent. Mais le voiturier n'est pas l'agent du commissionnaire à l'expédition, alors même qu'il a été choisi par ce dernier; car, de deux choses l'une, ou le voiturier a été choisi par l'entrepreneur de transport avec lequel le commissionnaire a traité, et dans ce cas, le voiturier est l'agent de l'entrepreneur; ou c'est avec le voiturier seul et directement que le commissionnaire chargé de l'expédition a traité, et alors le voiturier est lui-même un entrepreneur de transport agissant pour lui, pour son propre compte, et non pas pour le compte d'autrui. — V. *suprà*, n° 325, et *infrà*, n°ˢ 330 à 334.

328. En ce qui concerne l'entrepreneur de transport, M. Pardessus enseigne, avec la Cour de cassation, que, nonobstant la clause de non-responsabililité, insérée seulement dans la lettre de voiture, l'entrepreneur est responsable des faits du voiturier, opinion tout à fait juridique dans ce cas, parce que la lettre de voiture, fût-elle même corroborée par les prospectus de la maison, n'établit point un contrat synallagmatique entre le chargeur et l'entrepreneur de transport. Mais cette doctrine et cette jurisprudence n'intéressent en aucune manière le véritable commissionnaire, dont l'irresponsabilité, à l'égard des faits du voiturier, est absolue, sauf convention contraire. (V. Pardessus, t. 2, n° 76 ; — Cass., 21 janv. 1807, S.-V. 7. 1. 138 ; J. P. 3ᵉ édit. ; D. A. 2. 774.)

329 On voit, par ce qui vient d'être dit, qu'il n'est pas nécessaire d'examiner en détail si le commissionnaire à l'expédition répond du commissionnaire intermédiaire ; car le mandat du commissionnaire à l'expédition finit entièrement lorsqu'il a remis la marchandise, soit au voiturier, soit au commissionnaire-entrepreneur. ( V. *suprà* les n°ˢ 324 et 325.)

330. Toutefois, si le commissionnaire à l'expédition a reçu mandat de diriger la marchandise sur des points intermédiaires pour être ensuite de là dirigée vers sa destination définitive, ou si, sans qu'on lui ait indiqué un point ni un commissionnaire intermédiaire, la nature du voyage nécessite des points d'arrêt dans l'expédition et une substitution de commissionnaire, à l'effet de suivre l'expédition, le simple commissionnaire chargé de cette mission répondra-t-il du commissionnaire intermédiaire qu'il aura choisi? Oui, d'après M. Pardessus ( *loc. cit.* ) et d'après le sommaire inséré en tête de quelques arrêts. Mais les arrêtistes n'ont pas vu que ces décisions sont presque toutes rendues dans des espèces où c'était un commissionnaire entrepreneur de transport qui était en cause. Telle est notamment l'espèce d'un arrêt de Bordeaux, du 3 fructid. an VIII (Devillen. et Car. 1. 2. 5 ; D. A. 2. 780 ) ; d'un arrêt de Paris, du 12 ventôse an XI (Devillen. et Car. 1. 2. 117 ;

J. P. 3ᵉ édit.); d'un autre arrêt de Paris, du 5 mars 1812 (S.-V. 13. 2. 17 ; D. A. 2. 781.); d'un arrêt de la Cour de cassation, du 26 août 1812 (Devillen et Car. 4. 1. 179 ; J. P. 3ᵉ éd.); d'un autre arrêt de la même Cour, du 1ᵉʳ août 1820 (S.-V. 21. 1. 301 ; D. A. 2. 781) et d'un arrêt de Lyon, du 5 avril 1824 ( Devillen. et Car. 7. 2. 344 ; D. A. 1. 783).

Dans l'espèce de deux autres arrêts, l'un de Limoges, du 22 mars 1811 (J. P. 3ᵉ édit.), l'autre de Pau, du 3 mars 1837 (J. P. 1837, 1. 506), la qualité de l'expéditeur n'est pas suffisamment indiquée, et, quoiqu'il puisse être permis de conjecturer que le commissionnaire qui était en cause était aussi un commissionnaire-entrepreneur, on concédera, si on le veut, qu'il s'agissait dans ces deux arrêts d'un commissionnaire à l'expédition, et non d'un commissionnaire-entrepreneur. Voilà donc à quoi se réduit sur ce point la jurisprudence des cours : deux arrêts, dont l'espèce est au moins douteuse. Or, la doctrine que nous supposons consacrée par ces deux arrêts, en l'appliquant aux simples et vrais commissionnaires à l'expédition, est-elle juridique ? Nous ne le pensons pas. En effet, le commissionnaire à l'expédition n'a, en pareille occurrence, que deux choses à faire pour exécuter son mandat : 1° choisir au point du départ un voiturier ou un entrepreneur connu ; 2° choisir dans le point intermédiaire un entrepreneur ou un voiturier bien accrédité, ou, s'il n'en connaît pas, un sous-commissionnaire à l'expédition, jouissant d'une bonne renommée et chargé de choisir un voiturier ou un entrepreneur de transport. Cela fait, il ne répond pas plus des actes du voiturier que des faits de l'entrepreneur, ou du sous-commissionnaire substitué, pas plus que ce dernier ne répond des faits du voiturier ou de l'entrepreneur qu'il a choisi, s'ils sont l'un et l'autre connus et bien accrédités. Qu'il en soit autrement à l'égard du commissionnaire-entrepreneur qui choisit un entrepreneur intermédiaire, on le comprend, parce que le commissionnaire-entrepreneur passe un marché pour faire arriver la marchandise à sa destination. Les voituriers qu'il charge, les entrepreneurs intermédiaires qu'il désigne sont ses représentants. Ils agissent pour lui ; il a un intérêt et fait un bénéfice dans leurs opérations. Son engagement à l'égard du chargeur constitue dès lors « moins un contrat de mandat qu'un marché aléatoire par lequel l'un des contractants s'engage envers l'autre, moyennant tel prix, à lui rendre et faire avoir la marchandise de tel endroit ou de tel autre endroit, et de fait, c'est ce qui résulte des récépissés que les commissionnaires de transport délivrent aux chargeurs. » (Delamarre et Lepoitvin, t. 2, n° 63, p. 155.) Mais tel n'est point l'engagement du commissionnaire à l'expédition. Il ne s'engage qu'à expédier, qu'à choisir un voiturier, un entrepreneur de transport à lui remettre la marchandise : voilà la première partie de son mandat. Il ne s'engage ensuite qu'à choisir un commissionnaire ou correspondant intermédiaire, pour donner des soins à l'expédition intermédiaire : telle est la seconde partie du mandat. Mais il ne s'engage pas à faire parvenir la marchandise d'un point à un autre. Il n'a aucun bénéfice à espérer du fait du transport, rien à prélever sur les salaires du commissionnaire intermédiaire. Le contrat sur le transport regarde ou le voiturier ou l'entrepreneur, si le commissionnaire ne traite pas directement avec un voiturier ; et le fait du transport regarde l'entrepreneur ou le voiturier, quel que soit celui avec lequel le commissionnaire a traité : ce n'est jamais là le fait du commissionnaire à l'expédition.

En général, la substitution dans le mandat, lorsqu'elle est autorisée par le commettant ou commandée par la nature même de la commission, n'emporte pas pour le substituant l'obligation de répondre des fautes du substitué, pourvu qu'il se soit adressé à un correspondant bien famé. (V. Delamarre et Lepoitvin, loc. cit., et n° 62.)

Lorsque, dans la discussion du Code de commerce, on demandait que les commissionnaires-entrepreneurs de transport fussent garants des faits du commissionnaire intermédiaire, ceux qui repoussaient cette garantie faisaient observer que le commissionnaire-entrepreneur avait rempli son mandat lorsqu'il avait choisi un voiturier avantageusement connu. On disait qu'il fallait les mettre sur la même ligne que les marchands auxquels on demande d'expédier des marchandises, et qui ne répondent plus de rien lorsqu'ils ont choisi un voiturier. Si, nonobstant ces raisons, la disposition de l'art. 99 a été votée, on ne peut, on ne doit appliquer cette disposition qu'à ceux pour lesquels elle a été faite, aux commissionnaires-entrepreneurs, qui ne sauraient être dans la même catégorie que le mar-

chand non entrepreneur de transports à qui on demande d'expédier des marchandises. Celui-là, comme on le reconnaissait au Conseil d'état, ne répond plus de rien lorsqu'il a choisi un voiturier accrédité; il reste dans le droit commun du commerce, qui ne veut pas qu'on réponde des fautes du substitué lorsque la substitution a été autorisée expressément par le mandant, ou virtuellement par la nature de la commission. Telle est la position du simple, du véritable commissionnaire à l'expédition dans l'hypothèse qui a été prévue. (V. Delamarre et Lepoitvin, t. 2, n° 63.)

331. Voici donc en résumé les obligations du commissionnaire à l'expédition en ce qui concerne le départ des marchandises.

1° Il doit choisir pour faire l'expédition un voiturier connu (integræ fidei), ou une maison de transport accréditée (communi opinione idoneam).

332. 2° Il doit se substituer, si la nature de l'expédition l'exige, un commissionnaire intermédiaire avantageusement connu : il ne répond de ses choix que sous ce rapport.

333. 3° Il est tenu d'effectuer entre les mains du voiturier ou de l'entrepreneur de transport la remise des marchandises dans le délai imparti, ou dans le plus bref délai, selon la nature de l'opération, et il doit donner avis du choix, de la remise et du départ à son commettant. Sous ce rapport, ses obligations sont les mêmes que celles du commissionnaire-entrepreneur. (Paris, 5 mars 1812, S.-V. 13. 2. 17; D. A. 2. 781.)

334. 4° Il doit en outre ne pas chercher à connaître sans nécessité les marchandises renfermées dans une malle, une caisse, un ballot ou sous une enveloppe. (V. Persil et Croissant, p. 34, n° 5.)

335. Il ne faut pas confondre avec le commissionnaire à l'expédition le vendeur qui s'est obligé à faire rendre les marchandises au lieu de leur destination : celui-là n'est autre chose qu'un vendeur. La livraison n'est faite de sa part que lorsque la marchandise est rendue à sa destination; jusque-là, elle est à ses risques. (V. le n° 336 qui suit, et Cf. les n°s 339, 340.)

336. Expliquons à présent la position du vendeur qui, sans s'obliger, comme condition de la vente, à faire rendre la marchandise à sa destination, est invité par l'acheteur à la lui expédier. Dans ce cas, à la différence du précédent, la marchandise voyage aux risques

de l'acheteur. Au contrat de vente se joint un mandat, mais un simple mandat, qui peut très-bien n'être pas celui de commission ; et dès lors il est incontestable que le vendeur est tenu seulement de justifier qu'il a fait l'envoi de la manière prescrite. Il répond de sa faute ou de sa négligence, mais dans le choix du voiturier ou de l'entrepreneur. Il répond aussi de sa faute, s'il n'a pas exécuté l'envoi comme on le lui avait prescrit, ou s'il n'a pas donné au voiturier ou à l'agent intermédiaire les indications nécessaires pour faire parvenir la marchandise à sa destination. (V. Pardessus, t. 2, n° 577 ; — Cass., 8 mars 1827 ; S.-V. 27. 1. 165 ; D. P. 27. 1. 164.)

Dans tous ces cas, au surplus, le vendeur n'a que la qualité de simple mandataire ; mais si on veut lui donner celle de commissionnaire à l'expédition, cumulée avec celle de vendeur, et lors même que pour ce mandat il reçoit une rétribution, la marchandise ne voyage pas moins pour le compte de l'acheteur, et la responsabilité des faits de l'entrepreneur de transport ou du voiturier ne lui est imputable qu'autant qu'il aura commis une faute dans le choix de ce voiturier ou de l'entrepreneur, comme on l'a déjà précédemment expliqué. (V. les n°ˢ 339 et 340.)

337. Le mandataire, quel que soit le titre de son mandat, à plus forte raison le mandataire salarié, tel qu'un commissionnaire à l'expédition, doit apporter la plus grande exactitude dans l'exécution des expéditions qui lui sont commises, et il ne peut, à moins d'y être autorisé, rien changer à ce qui lui est prescrit, sans s'exposer à répondre de toutes les suites. (V. suprà, chap. 1ᵉʳ, n°ˢ 55, 57, 58 et suiv.)

338. A ces obligations relatives à la réception et au départ des marchandises, il faut ajouter qu'il doit observer et suivre la limite des prix qui lui ont été indiqués. Les règles données à ce sujet sur la commission pour vendre peuvent, dans bien des cas, s'appliquer par analogie aux difficultés nées à l'occasion du prix du transport.

Le commissionnaire à l'expédition est tenu de supporter personnellement l'excédant de la limite du prix déterminé pour le transport, mais le contrat de commission n'en existe pas moins. (V. suprà, n°ˢ 298 et suiv. ; — Bruxelles, 20 juin 1819 ; — Devillen. et Car. 6. 2. 92 ; D. A. 2. 751.)

339. Si la même personne a reçu commission pour acheter une marchandise et pour l'expédier, l'excès dans les limites du prix du transport, lorsque l'achat a eu lieu d'ailleurs au prix déterminé, ne produit pas d'autre effet que de rendre le commissionnaire passible de l'excédant du prix, en laissant subsister les deux commissions. (Bruxelles, arrêt cité, n° 338. — V. suprà, n° 335 et 336.)

340. L'arrêt de la cour de Bruxelles est même allé plus loin en jugeant que si, dans l'hypothèse de ces deux commissions, l'achat a été fait à un prix plus bas que celui fixé, le commissionnaire n'en est pas moins passible de l'excédant du prix du transport, sans pouvoir établir une compensation entre les deux opérations qui étaient distinctes. Le bénéfice sur l'achat étant acquis au commettant et n'entrant pas dans le patrimoine du commissionnaire, ne peut se compenser avec la somme dont celui-ci est débiteur envers le commettant pour excès dans la limite du prix. Cette décision est strictement conforme aux principes du droit.

341. Le droit de rétention de la marchandise qu'il est chargé d'expédier appartient au commissionnaire à l'expédition au même titre, avec la même étendue qui, d'après l'art. 93 du Code de commerce, compète au commissionnaire à la vente. C'est ce qui a été déjà expliqué et ce qui est nettement décidé dans ce sens par la jurisprudence. — V. suprà, n°ˢ 133, 134.

342. L'arrêt de la Cour de cassation du 7 juin 1825 (S.-V. 25. 1. 365 ; D. P. 25. 1. 336), qui fait partie de cette jurisprudence, juge même que ce privilège continue à exister pendant que les marchandises sont possédées par les employés intermédiaires du choix du commissionnaire à l'expédition, tel que l'entrepreneur de transport à qui il les a remises pour être envoyées au destinataire, alors qu'elles sont encore dans les magasins de l'entrepreneur ; décision fondée sur le principe : *possidet cujus nomine possidetur.* (L. 18, ff. *De acq. vel amit. poss.*) — V. suprà, n°ˢ 139, 142 et suiv.

343. On a demandé si le simple commissionnaire à l'expédition qui, étranger à la vente, s'est chargé de faire parvenir les marchandises à un acheteur, peut, en cas de contestation au sujet de l'exécution de son mandat, être assigné devant le tribunal du lieu où les marchandises devaient être rendues ? Nous avons déjà fait connaître la solution don-

née à cette question par la jurisprudence. — V. *suprà*, n° 240.

SECT. 4. — *Commission pour opérations de change.*

344. Les principes du contrat de change et les divers modes par lesquels ce contrat peut se manifester sont étrangers à cette section. (V. Lettre de change, Billet à ordre, Effet de commerce.) Les explications dans lesquelles nous allons entrer supposent connues les règles relatives au contrat et à la lettre de change. Ces explications ont seulement pour objet les opérations de change qui sont ou doivent être faites par commission.

345. On peut donner ou recevoir commission, 1° de tirer, 2° d'accepter ou faire accepter, 3° de recouvrer, 4° de négocier, 5° de prendre ou acheter une lettre de change.

346. Mais, en règle générale, toutes les opérations auxquelles le contrat de change donne lieu peuvent être faites par commission. Le Code de commerce, il est vrai, n'est pas entré dans le détail de ces sortes de commission ; mais il a reconnu l'existence du contrat de commission pour tirer une lettre de change. (C. com., art. 115, et loi du 19 mars 1817, art. 1.) C'est la jurisprudence, et ce sont les usages du commerce, combinés quelquefois avec certains principes du droit civil, qui ont réglé le droit relatif à la commission pour les opérations de change.

347. Il est encore une règle générale applicable aux divers cas où une opération de change peut être traitée par les soins d'un commissionnaire ; cette règle est que le commissionnaire pour une opération de change quelconque se soldant par de l'argent ou par des valeurs qui le représentent, a le droit de se rembourser, par ses propres mains et par préférence à tous créanciers du commettant, de ses avances, intérêts, frais et salaires, sur le produit de l'opération. (V. *suprà*, n°s 133, 134, et *infrà*, § 2, n°s 374 et 375.)

348. On peut établir enfin, comme règle générale, applicable à tous les paragraphes suivants, que toutes les opérations de ce genre, à la suite desquelles un risque peut être encouru par le commettant, peuvent donner lieu au *ducroire*. — V. *suprà*, n° 118.

349. Précisons maintenant les règles particulières à chacune des opérations de change traitées par l'intermédiaire d'un commissionnaire.

§ 1er. — *Commission de tirer une lettre de change* (1).

350. Une personne peut, dans plusieurs cas, avoir intérêt à en charger une autre de tirer pour son compte une lettre de change : ainsi, celui qui est créancier d'un individu habitant la même ville veut avoir une lettre de change sur son débiteur ; il charge un habitant d'une autre ville de tirer sur ce débiteur, soit au profit du commissionnaire qui endosse en faveur du commettant, soit au profit d'un preneur que le commettant désigne et par lequel ce dernier se fera payer le montant de la traite.

351. D'autres fois, la lettre de change, au lieu d'être tirée sur un débiteur du commettant ou une personne désignée par lui, est tirée par le commissionnaire sur le commettant lui-même, comme, par exemple, pour rembourser le commissionnaire de ses avances ou pour servir à produire les fonds nécessaires à l'opération dont ce dernier est chargé. Dans ce cas, il porte la lettre dans son compte courant au crédit de son commettant.

352. La commission pour tirer une lettre de change produit des droits et des obligations à l'égard 1° du commissionnaire ou tireur ; 2° du commettant ou donneur d'ordre ; 3° des preneur, porteur et endosseur ; 4° du tiré.

353. Les droits et obligations du commissionnaire chargé de tirer une lettre de change s'exercent vis-à-vis du commettant, du preneur, du porteur, des endosseurs et du tiré.

354. En ce qui concerne les obligations du commissionnaire envers le commettant, celui qui est chargé de la commission de tirer une lettre de change doit se hâter de donner avis au commettant de son refus ou de son acceptation.

355. Mais s'il n'a pas la possibilité de donner avis de son refus en temps utile pour qu'un autre que lui puisse être chargé du mandat, il n'est pas obligé de l'exécuter ; car on verra que le tireur pour compte peut être obligé personnellement envers le preneur, les endosseurs et le porteur au paiement de la traite. Le commettant ne peut imputer qu'à lui-même de n'avoir pas songé à un refus. (Delamarre et Lepoitvin, t. 2, n° 28, p. 67,

(1) Il est encore parlé de cette commission notamment dans les n°s 118, 126, 133, 134, 242.

68; —V. *suprà*, nos 49 à 54, et *infrà*, nos 364 et 365.)

356. Si le commettant ou donneur d'ordre avait pris la précaution d'envoyer de bonnes couvertures, transmissibles sans l'endossement du commissionnaire, ce dernier ne serait pas pour cela obligé d'accepter le mandat, alors même qu'il lui serait impossible d'annoncer son refus en temps utile. Mais MM Delamarre et Lepoitvin pensent qu'il devrait, dans ce cas, reporter la proposition et les garanties aux négociants les mieux famés de la place. L'inaction, en pareil cas, l'exposerait à des dommages-intérêts, car tout, en cette occurrence, atteste l'importance que le commettant attache à ce que sa commission soit exécutée. « Or, ajoutent ces auteurs, entre commerçants qui ont tous plus ou moins besoin les uns des autres, c'est être injuste et commettre un quasi délit commercial que de ne pas épargner une perte à un autre commerçant par un bon office qui ne coûte rien et n'engage dans aucune responsabilité.» (t. 2, n° 28, p. 69.) Cette obligation, il est vrai, n'est insérée dans aucune loi écrite, mais elle prend sa source dans l'équité naturelle et dans l'intérêt du commerce : car, dit Scaccia, *quod tibi vis fieri, mihi fac ; quod non tibi, noli.* (Gloss. 5, n° 14.)

357. Lorsqu'il a consenti à exécuter la commission, le commissionnaire doit suivre exactement les instructions qu'il a reçues, en ce qui concerne la somme, l'époque du paiement, le lieu où la lettre doit être payée.

358. Il a le droit d'agir contre son commettant pour se faire indemniser de l'obligation qu'il a prise en consentant à tirer la lettre de change. Le commettant ne pourrait le repousser en prouvant qu'il avait fait provision entre les mains du tiré, si ce n'est dans les mêmes cas où il pourrait opposer cette exception au porteur. (V. Pardessus, t. 2, n° 580.)

359. Il suit de là que si le commissionnaire, après avoir remboursé, découvre que celui sur lequel la traite a été tirée était débiteur de son commettant, il peut exercer les droits de ce dernier, sauf les exceptions que le tiré pourrait opposer au commettant. (*Ibid.*)

360. M. Pardessus pense même que le seul fait de l'acceptation, sans provision, rend le tiré obligé au paiement de la lettre à l'égard du commissionnaire; car l'acceptant a fait de la lettre de change sa dette propre; obligé

envers le porteur, il l'est envers le tireur pour compte qui l'a remboursé et qui devient dès lors un véritable porteur. L'accepteur n'a d'ailleurs aucune action contre le commissionnaire tireur qui n'est pas soumis à la provision et qui, porteur de la traite, ne peut, comme tout porteur, être repoussé par l'exception puisée dans le défaut de provision. (*Ibid.*)

361. Il n'en est pas de même à l'égard du tireur direct, parce que celui-ci étant tenu de faire provision, n'a d'action contre l'accepteur qu'autant qu'il la lui a faite. (*Ibid.*)

362. L'action du commissionnaire tireur contre son commettant pour le remboursement de ses avances et frais, vient en concours avec celle du commissionnaire accepteur de la même lettre de change, qui, pour le même motif, a une action semblable contre le donneur d'ordre. Les deux actions dérivant de la même source donnent lieu à des droits égaux, sans conférer à l'un ou à l'autre, dans la faillite du commettant, un droit d'exclusion ou de préférence à l'égard de l'autre. (Cass. 23 déc. 1834, S.-V. 35. 1. 198 ; J. P. 3e édit. ; D. P. 35. 1. 77.)

363. Mais l'obligation du commettant ou de sa faillite de rembourser le commissionnaire qui a tiré une lettre de change pour son compte, ne peut s'élever au delà de la somme portée dans la lettre de change et de ses accessoires légaux. La faillite du donneur d'ordre ou commettant ne doit au commissionnaire tireur et à l'accepteur, ou à chacune de leur masse, que la moitié du montant de la traite; et chacune de ces masses, quoique ayant payé au porteur un dividende sur la totalité de la lettre, ne peut être admise à la faillite du commettant, donneur d'ordre, pour le montant intégral de la traite. (Cass. 1er déc. 1824, S.-V. 25. 1. 136 ; J. P. 3e édit. ; D. A. 8. 202 ; — 25 mars 1839, S.-V. 39. 1. 369; J. P. 1839. 2. 473 ; D. P. 39. 1. 271.)

364. Le commissionnaire tireur est personnellement tenu de la provision et obligé envers le preneur, le porteur et les endosseurs de la lettre de change, soit qu'il ait indiqué sur la traite le nom de son commettant et qu'il ait fait connaître au preneur qu'il n'agissait qu'en qualité de commissionnaire, soit que, d'après l'usage général, le commettant ne soit indiqué sur la traite que par des lettres initiales, soit, à plus forte raison, qu'il n'y ait aucune indication quelconque. (V. loi

du 19 mars 1817, art. 1er; C. de com., art. 115; Pardessus, t. 2, n° 580; Persil et Croissant, p. 64, n° 74; Delamarre et Lepoitvin, t. 2, n° 28, p. 68, et n° 267, p. 505, 506.) — V. *infrà*, n°s 369, 370.

365. Il ne peut s'affranchir de cette obligation envers le porteur, bien qu'il n'ait pas reçu de valeurs et que la traite déclare que les valeurs ont été fournies au donneur d'ordre lui-même. (Cass. 4 mai 1831, S.-V. 31. 1. 199; J. P. 3e édit.; D. P. 31. 1. 188.)

366. Mais le porteur n'a, dans aucun cas, l'action directe contre le donneur d'ordre, car il est de principe que le commettant n'est pas engagé envers le tiers avec lequel le commissionnaire a traité, et cela, quand même le commissionnaire aurait traité au nom de son commettant. Aucun article du Code de commerce ne le soumet à la garantie, et il est dans les usages commerciaux qu'en matière de commission pour tirer une lettre de change, le commettant n'est point engagé envers le porteur. Celui-ci n'a contre le donneur d'ordre ou commettant que l'action du mandat par subrogation au commissionnaire-tireur, son garant, sauf à subir les exceptions que le donneur d'ordre aurait à faire valoir contre ce dernier. (Pardessus, t. 2, n° 580; — Cass. 19 décembre 1821, S.-V. 22. 1. 40; J. P. 3e édit.; D. A. 6. 607; — Rouen, 1er mai 1822, S.-V. 22. 2. 212; J. P. 3e édit.; D. A. 6. 610; — Paris, 15 juillet 1822, Devillen. et Car. 7. 2. 97; D. A. 6. 610; — Pau, 8 juillet 1826, Devillen. et Car. 8. 2. 257; J. P. 3e édit.; D. P. 28. 2. 191; — Paris, 9 mars 1832, S.-V. 32. 2. 538; D. P. 32. 2. 125; — Cass. 27 août 1832, S.-V. 32. 1. 562; D. P. 33. 1. 19; — 23 déc. 1834, S.-V. 35. 1. 198; J. P. 3e édit.; D. P. 35. 1. 77.)

367. Cette action du porteur contre le donneur d'ordre ou commettant étant purement personnelle, doit dès lors être portée devant le juge du domicile du donneur d'ordre. (Cass. 19 déc. 1821, S.-V. 22. 1. 40; J. P. 3e édit.; D. A. 6. 607.) — V. *suprà*, n° 242.

368. Mais le donneur d'ordre est tenu envers le tiré qui a accepté et payé à découvert, alors même que ce dernier n'a reçu avis que du commissionnaire tireur, d'après le mandat donné à celui-ci. Pour que le donneur d'ordre se trouve lié envers le tiré, il suffit que le commissionnaire tireur ait reçu mandat de tirer la lettre de change, et que le mandat n'ait pas été révoqué par un avertissement donné au tiré. Il importe même peu, dans ce cas, que le donneur d'ordre n'ait pas profité des fonds. (Pardessus, t. 2, n° 580; — Cass. 14 août 1817, S.-V. 19. 1. 29; J. P. 3e édit; D. A. 6. 605.)

369. Avant la loi du 19 mars 1817, on jugeait généralement que le commissionnaire tireur était garant de la provision envers le tiré qui avait accepté purement et simplement. (Cass. 27 avril 1812, S.-V. 13. 1. 290; J. P. 3e édit.; D. A. 6. 600; — 23 juin 1812, S.-V. 13. 1. 277; J. P. 3e édit.; D. A. 6. 601; — 25 mai 1814, S.-V. 14. 1. 282; J. P. 3e édit.; D. A. 6. 602.) La question était controversée; car, sur le renvoi devant la cour de Rouen, celle-ci avait jugé que le commissionnaire tireur n'était point garant de la provision (Rouen, 8 août 1815, S.-V. 15. 2. 273; J. P. 3e édit.). C'est ce qu'avait aussi jugé la cour de Colmar, le 7 déc. 1815 (J. P. 3e édit.; D. A. 6. 604). Cette dernière jurisprudence était conforme aux anciens usages et à la doctrine des anciens auteurs, comme on peut le voir par ce que Pothier enseigne dans son traité du *Contrat de change*, n° 105. La loi du 19 mars 1817 est revenue au fait commercial en mettant la provision à la charge de celui pour le compte de qui la lettre est tirée, sans que le tireur pour compte en soit garant envers le tiré, n'étant pas obligé envers d'autres que les endosseurs et le porteur. (V. Pardessus, t. 2, n° 580, p. 512; Cf. *infrà*, n° 370.)

Il suit de là que le tiré qui a payé ou accepté à découvert n'a aucun recours contre le commissionaire tireur, lorsque celui-ci lui a donné avis que la lettre était tirée pour le compte d'un commettant qu'il doit lui désigner. Car le commissionnaire ayant fait connaître sa qualité, le tiré ne peut acquérir de droits que contre celui qui a donné la commission. (V. Pardessus, t. 2, n° 580; Persil et Croissant, n° 75, p. 65.)

370. M Pardessus enseigne que le tiré, pour se réserver un recours contre le commisionnaire tireur, ne serait pas même fondé à déclarer qu'il accepte seulement pour le compte de ce dernier, parce qu'il doit ou refuser ou accepter le mandat tel qu'il est transmis. Pour pouvoir être à même d'obtenir ce recours, il doit, après avoir refusé et laissé protester, payer par intervention, car, dans ce cas, il acquiert les droits du porteur envers le commissionnaire, qui est tenu de la provision

à l'égard du porteur et des endosseurs. ( *loc. cit.* )

Le même auteur cite en note la date d'un arrêt de la Cour de cassation du 22 décembre 1835 ( S.-V. 36. 1. 300; D. P. 35. 1. 78 ); ce qui semble indiquer que cet arrêt aurait jugé la question conformément à son opinion. Mais cet arrêt peut plutôt être invoqué comme ayant jugé précisément tout le contraire dans une espèce où le tiré avait écrit au commissionnaire tireur que, n'ayant reçu aucun avis du donneur d'ordre, il n'acceptait que pour l'honneur de la signature du commissionnaire tireur. La cour, sur les conclusions conformes de M. Nicod, a décidé que cette déclaration qui, dans l'espèce, avait été suivie de l'acceptation du tiré et du silence du commissionnaire tireur pendant plus d'un mois, avait formé entre le tiré et le commissionnaire tireur une convention qu'aucune loi ne prohibe, obligatoire par conséquent, et que l'arrêt de la cour royale, en se conformant à ces principes, n'avait pas violé les art. 119, 121, 122, 124, 126 et 127 du Code de comm. Cet arrêt, quoique influencé par quelques circonstances particulières, semble néanmoins plutôt contrarier que consacrer l'opinion de M. Pardessus, et peut être considéré comme ayant reconnu que le tiré acquiert contre le commissionnaire tireur un recours pour le remboursement de la lettre de change, par le seul fait de son acceptation restreinte à l'honneur de la signature du commissionnaire. Ce qui, malgré les faits propres à l'espèce, peut donner à cette décision un caractère juridique, c'est qu'elle est fondée sur un usage que le tribunal de commerce avait déclaré n'être pas général, mais qui a été déclaré tel par un *parère* revêtu de la signature des notabilités commerciales de Paris.—V. Merlin, *Répert.*, v° Lettres de change, § 4; Locré, *C. de com.* liv. 1, tit. 8, p. 364 et suiv.

§ 2. — *Commission pour accepter ou faire accepter une lettre de change* (1).

371. *Commission pour accepter une lettre de change.* — La commission pour accepter une lettre de change diffère beaucoup de celle qui consiste seulement à soigner l'acceptation d'une traite.

---

(1) Il est encore question de cette commission notamment dans les n° 126, 132, 133, 134, 302, 370.

372. Par la première, le commissionnaire-accepteur s'oblige envers le preneur, le porteur, les endosseurs, et quelquefois même envers le commissionnaire-tireur. On en a vu des exemples dans le § précédent (n° 362, 369, 370). — V. en outre ce qui sera dit à ce sujet au mot *lettre de change.* — V. aussi *infrà*, n° 376.

373. Le commissionnaire-accepteur a un recours contre le tireur direct ou le donneur d'ordre, si la traite est tirée pour compte d'autrui. On a vu dans le § précédent (n° 361, 362) un exemple de l'effet de cette action lorsqu'elle se trouve en concours avec le commissionnaire-tireur.

374. Si l'accepteur-commissionnaire se trouve avoir entre les mains une somme appartenant au tireur, ce dernier, sauf convention contraire, expresse ou présumée, ne peut l'exiger de lui sans le décharger de l'obligation contractée par l'acceptation, en lui laissant une provision suffisante pour payer la traite, si elle n'est pas encore échue, ou en lui en remboursant le montant, si l'accepteur l'a payée; car le commissionnaire-accepteur a sur cette somme, qui est le gage naturel de l'obligation à laquelle il s'est soumis, un droit évident de rétention : *dolo petis quod statim es restiturus.* —V. Pardessus, t. 2, n° 379; Delamarre et Lepoitvin, t. 2, n° 390, p. 708. — V. aussi *suprà*, n° 347, et n° 126, 132, 133, 134 et suiv.

375. Si, au lieu d'une somme d'argent, le tireur avait entre les mains de l'accepteur des marchandises ou d'autres effets dont le prix ou le montant seraient destinés expressément ou tacitement par les parties à l'acquittement de la lettre de change, M. Pardessus pense que le droit de l'accepteur ou de sa faillite serait le même, car le propriétaire tireur ne peut revendiquer la marchandise consignée qu'à la charge de rendre le consignataire indemne des frais, droits et avances par lui faits. L'acceptation équivaut au paiement, puisqu'elle oblige l'accepteur à payer. (V. *suprà*, n° 372; V. aussi Pardessus, t. 2, n° 379; — Cass. 4 juillet 1826 [rej. de Rouen, 22 mars 1825] S.-V. 27. 1. 96; D. P. 26. 1. 401.)

376. *Commission pour faire accepter une lettre de change.* — Dans la commission pour faire accepter une lettre de change, le commissionnaire ne s'oblige qu'envers le commettant. (V. *suprà*, n° 372.)

377. Comme la commission ne l'expose à

aucun risque, à l'exception du paiement des frais de protêt, lorsqu'il n'y a aucune amende à payer, si l'urgence ne permet pas d'aviser à temps le commettant de son refus, le commissionnaire doit assumer le mandat et faire ses diligences pour obtenir l'acceptation de la traite. Son inaction pouvant faire encourir une déchéance, une prescription, l'exposerait à des dommages-intérêts, car ce serait par sa faute que le commettant aurait éprouvé un préjudice. Il n'en est point de cette hypothèse comme de la commission de tirer pour compte, qui expose le commissionnaire à l'action du porteur et des endosseurs. La considération des débours du protêt entre négociants n'est pas admissible.

378. Cependant, si, par suite d'amendes encourues ou par tout autre motif, le découvert pouvait être considérable, le commissionnaire ne serait pas tenu, même en cas d'urgence, d'exécuter le mandat, quand même il ne pourrait pas annoncer son refus en temps utile, parce que le risque qu'il courrait étant sérieux, son excuse serait légitime. Mais MM. Delamarre et Lepoitvin pensent que, même dans ce cas, il doit faire ses efforts pour parvenir à faire exécuter le mandat, soit amiablement par un huissier ou un notaire, soit en demandant à la justice de commettre un officier ministériel ou toute autre personne pour faire opérer l'acceptation de la traite (t. 2, n° 28).

379. La commission pour faire accepter une traite, lorsque le mandat est consenti, oblige non-seulement à accuser réception à l'envoyeur et à présenter la traite à l'acceptation, mais elle emporte en outre implicitement le mandat de la faire protester faute d'acceptation; car le protêt est une conséquence nécessaire dont il s'est chargé en prenant le mandat de faire accepter la traite : *Procuratorem non tantùm pro his quæ gessit, sed etiam pro his quæ gerenda suscepit... præstare necesse est.* (L. 11, Cod. *Mand.* — Aix, 23 avril 1813, S.-V. 13. 2 277 ; J. P. 3e éd. D. A. 9. 966.)

380. Si le commissionnaire néglige de présenter la traite à l'acceptation dans le délai prescrit par la loi, il est responsable des suites de cette négligence à l'égard du tireur. (C. civ. art. 1991; Duranton, t. 18, n° 239; Pardessus, t. 2, n° 583 ; — Aix, arr. cité au n° 379.)

381. Il encourt la même responsabilité si, après avoir présenté la traite, il néglige de la faire protester, en cas de non-acceptation ; car l'inexécution partielle du mandat, lorsqu'elle est dommageable pour le commettant, a le même effet que l'inexécution totale. (L. 11, Cod., *Mandati;* — Duranton, t. 18, n° 241; — Aix, arr. cité, n°s 379, 380.)

382. Dans les autres cas prévus aux trois numéros qui précèdent, la faute du commissionnaire commerçant est inexcusable, alors même que son mandat ne serait point salarié. (Aix, arr. cité, n°s 379, 380, 381.)

383. Si, lors de la présentation à l'acceptation, le tiré déclare n'accepter que moyennant réserve, le commissionnaire doit en rendre compte au tireur.

384. Lorsqu'il a fait ce qui est nécessaire pour éviter les déchéances, et qu'il a donné au commettant avis de la présentation et du protêt ou de l'acceptation en lui renvoyant les pièces, le devoir du commissionnaire est accompli.

385. Toutefois, M. Pardessus estime que le mandat pour faire accepter implique l'obligation de se présenter à l'échéance pour requérir le paiement. Cette doctrine est trop absolue. Elle aurait pour effet de confondre la commission pour faire accepter une lettre de change avec celle pour en recouvrer le montant, mandats qui ont chacun leur existence propre et leurs caractères spéciaux (V. le § suiv.) Dans la commission pour faire accepter une traite, l'obligation de la faire payer peut se trouver comprise, selon les conventions des parties; et, à défaut de convention expresse, cette obligation dépend des circonstances, comme si, par exemple, la traite est payable dans les vingt-quatre heures de l'acceptation, et si la distance entre le domicile du commissionnaire et celui du tireur ne permet pas de renvoyer sans péril la traite au commettant. Il y a alors convention implicite sur le mandat de recouvrement. Dans le cas contraire, cette convention n'existe point, et la traite acceptée doit être envoyée sans délai au commettant, qui, ce fait accompli, n'a plus rien à exiger du commissionnaire.

### § 3. — *Commission pour recouvrer une lettre de change.*

386. Le propriétaire d'une lettre de change, payable dans un lieu autre que celui de la résidence, la transmet à un habitant de la place où la traite doit être payée, au moyen d'un endossement régulier, ou à l'aide d'un

endossement irrégulier causé quelquefois *valeur en recouvrement*.

387. Le mandat pour recouvrer le montant de la traite ne donne pas le droit au commissionnaire de la négocier. Mais la négociation est valable au respect des tiers, si l'endossement au nom du commissionnaire n'est pas conçu en termes limitatifs.

388. Il est du devoir du commettant de transmettre la traite au commissionnaire avant l'échéance, de manière à laisser à ce dernier un délai convenable pour s'acquitter de la commission. Le commettant doit aussi transmettre séparément les divers exemplaires de la lettre, afin que l'un puisse parvenir à destination si l'autre vient à s'égarer.

389. Quant au commissionnaire qui se renferme rigoureusement dans les termes de son mandat, ses obligations n'existent qu'entre lui et son commettant. Il n'en a aucune envers nul autre.

390. Son devoir se borne à présenter la lettre à l'acceptation, à la recouvrer, et sous ce rapport, cette commission se confond avec celle dont parle le paragraphe précédent. La conséquence de son mandat est d'envoyer le montant de la traite au commettant, lorsqu'elle a été payée, ou, à défaut de paiement, de faire les protêts et autres actes conservatoires, s'il y a lieu. Il transmet ensuite les pièces à son mandant. Mais en règle générale, et sauf convention expresse ou quelques circonstances particulières équivalant à convention, il n'est pas tenu de la dénonciation du protêt, et encore moins de l'assignation. Car il n'y a pas de contrat de change entre lui et son commettant, et il n'est, au respect de ce dernier, qu'un simple mandataire pour le fait du recouvrement. (V. Delamarre et Lepoitvin, t. 2, n° 110 et *passim*; Persil et Croissant, p. 63, n° 72.)

391. En ce qui concerne l'acceptation du mandat, le commissionnaire au recouvrement est dans la même position, il a les mêmes droits et les mêmes devoirs que le commissionnaire chargé de faire accepter une lettre de change. — V. le paragraphe précédent.

392. Le commissionnaire au recouvrement doit recevoir le paiement de la manière indiquée dans la lettre ou d'après l'usage de la localité, sans être responsable, dans ce dernier cas, s'il lui a été possible d'obtenir un mode de paiement plus avantageux; si, par exemple, il reçoit en paiement des billets de banque

qui, selon l'usage de la place, y sont reçus habituellement au même titre que les espèces métalliques. (Delamarre et Lepoitvin, t. 2, n° 214. — V. aussi *suprà*, n° 56.)

393. Il n'est pas besoin de dire que toutes les règles qui viennent d'être établies s'appliquent à toute commission ayant pour objet le recouvrement d'un effet de commerce autre qu'une lettre de change.

### § 4. — *Commission pour négocier une lettre de change.*

394. Le commettant qui veut charger quelqu'un de la négociation d'une lettre de change, doit prendre, pour la transmettre, les précautions indiquées dans le § précédent. (V. n° 386, 388.)

395. Si l'un des exemplaires a été envoyé à l'acceptation, le commettant doit prévenir le commissionnaire du lieu où cet exemplaire pourra être réclamé.

396. La position de ce commissionnaire et ses obligations sont les mêmes que celles du commissionnaire pour tirer une lettre de change, en ce sens qu'il n'est pas tenu d'accepter le mandat, et qu'il doit faire seulement ce que l'équité et l'intérêt du commerce imposent au commissionnaire chargé de tirer une lettre de change, qui n'accepte point le mandat. — V. le § 1er.

397. Le commissionnaire qui a négocié une lettre de change est garant envers le porteur, comme s'il l'avait endossée pour son propre compte. (Pardessus, t. 2, n° 583; Persil et Croissant, p. 63, n° 71.)

398. Mais, loin d'être garant envers son commettant, ce dernier, à moins d'une cause particulière, n'a pas le droit de le poursuivre en remboursement, et doit même le garantir des effets de la poursuite, ou du paiement qu'il a fait pour l'éviter. Ce paiement lui assure la subrogation légale, sans qu'il soit nécessaire de remplir à cet effet la moindre formalité. (Pardessus, *loc. cit.*) — V. *suprà*, n°s 358 et suiv.

399. La commission pour négocier n'implique pas l'obligation de recouvrer le montant de la traite à l'échéance. Ainsi, le banquier chargé par son correspondant de négocier un effet de commerce, et qui reçoit l'ordre de ce correspondant de suspendre la négociation, n'est tenu que de garder la traite, sans être obligé de l'envoyer au recouvrement à l'époque de l'échéance. **Le commettant ne doit**

imputer qu'à lui-même de n'avoir donné aucune instruction à cet égard, et le commissionnaire n'est pas responsable des faits arrivés depuis l'ordre de suspension, et qui occasionnent la perte de cet effet ou la diminution de sa valeur. (Paris, 10 juillet 1812, J. P. 3ᵉ édit.)

400. Toutes le règles ci-dessus sont applicables à la commission pour négocier un effet de commerce, quelle que soit sa forme.

### § 5. — *Commission pour prendre ou acheter une lettre de change.*

401. Le commissionnaire qui reçoit l'ordre d'acheter ou de prendre une lettre de change, a la faculté, soit de la faire tirer ou endosser directement au nom de son commettant, et, dans ce cas, il n'est tenu qu'à lui envoyer la traite; soit de la faire tirer ou endosser à son profit, et, dans ce cas, il doit l'endosser à son tour au profit de son commettant.

402. Obligé envers celui qui lui a vendu la lettre comme s'il avait acheté une marchandise, le commissionnaire qui s'est borné à envoyer la lettre sans l'endosser, ne répond vis-à-vis du commettant que de l'insolvabilité notoire du tireur ou de l'endosseur de qui il prend la lettre au moment du marché. (V. Pardessus, t. 2, nᵒ 581; Persil et Croissant, p. 61, nᵒ 68. — V. aussi *infrà*, nᵒˢ 406, 407.)

403. Si l'insolvabilité du vendeur n'était pas évidente et notoire, le commissionnaire n'en répond qu'autant qu'il s'en est rendu garant. Les circonstances, à défaut de convention expresse, et le chiffre du droit de commission servent de guide pour statuer à cet égard. (*Ibid.* — V. *infrà*, nᵒ 404).

404. M. Pardessus va évidemment trop loin lorsqu'il semble dire que le seul fait d'un endossement pur et simple, sans réserve, par correspondance ou de toute autre manière, peut souvent prouver que le commissionnaire s'est rendu *du croire*, en ce qui concerne la solvabilité de la personne de laquelle il a pris la lettre. Lorsqu'il est constant qu'il n'a agi qu'en cette qualité, qu'il n'a aucune faute à se reprocher et que son droit de commission est un droit simple, le défaut de réserve est insignifiant, puisque la qualité de commissionnaire est incontestable.

405. Mais le commissionnaire est obligé à l'égard du porteur et des endosseurs postérieurs à son endossement comme s'il avait agi pour son compte, sauf son recours envers son

IV.

commettant. (C. de comm., art. 140; Pardessus, t. 2, nᵒˢ 581 et 583, p. 516; Persil et Croissant, p. 62, nᵒ 69.)

406. Si le tiré est devenu insolvable et ne paie pas, le commissionnaire qui a endossé la traite peut-il être poursuivi en remboursement par son commettant? Est-il garant envers lui de cette insolvabilité survenue après coup? Non, sans doute, car en endossant la traite il n'a agi qu'en qualité de commissionnaire; il n'a fait que faciliter au commettant la transmission d'une chose qui est la propriété de ce dernier, et ne lui a ni cédé ni garanti une chose qui ait appartenu à lui commissionnaire. Le contrat est plutôt un mandat qu'un contrat de change, et dès lors, soit sous l'empire de l'ordonn. de 1673 (tit. 5, art. 13), soit sous l'empire de l'art. 140 du Code de comm., le commissionnaire n'est pas tenu à la garantie de la solvabilité du tiré, notoirement solvable lorsqu'il a pris la lettre. (Cass. 12 fruct. an x, S.-V. 2. 2. 431; J. P. 3ᵉ édit.; D. A. 2. 753;—Merlin, *Répert.*, vᵒ Endossement, nᵒ 2; *Quest.*, vᵒ Endossement, § 4; Pardessus, t. 2, nᵒˢ 581, 583; Persil et Croissant, p. 62, nᵒ 70.) — V. *suprà*, nᵒ 402, et *infrà*, nᵒ 407.

407. Mais la responsabilité du commissionnaire serait engagée s'il résultait des circonstances qu'il s'est soumis à la garantie, alors même que le droit de commission est modique et ne constitue que le droit simple. Telle est l'espèce d'un arrêt de la cour de Paris, du 31 janv. 1812 (S.-V. 12. 2. 393; D. A. 6. 657), lequel n'a pas jugé, comme le disent certains recueils, que le commissionnaire chargé par son correspondant de prendre une lettre de change, en représentation des fonds qu'il a reçus pour lui, et qui la lui transmet par un endossement, est garant du paiement de la traite par le tiré. Dans l'espèce, le commettant avait indiqué deux voies au commissionnaire pour lui faire passer les fonds dont ce dernier était détenteur : l'une, au moyen d'une lettre de change; l'autre, par la diligence et en écus. Le commissionnaire avait pris le premier moyen, et l'arrêt juge que, n'ayant pas voulu s'affranchir de toute garantie en envoyant les fonds par la diligence, le commissionnaire, qui avait préféré prendre la voie d'une traite par lui endossée, s'était soumis à la garantie de ce mode d'exécution du mandat. On peut trouver l'arrêt rigoureux et critiquer même l'appréciation qu'il a faite des circonstances du procès; mais l'arrêt n'a pas jugé, en

43

droit et en droit absolu, la question de garantie à la charge du commissionnaire qui endosse la traite qu'il a mission de prendre pour son correspondant. Ce n'est qu'un arrêt d'espèce.

### Sect. 5. — *Commission à l'assurance.*

408. Notre droit écrit n'a pas pourvu aux règles relatives à la commission pour faire une assurance maritime. Mais l'existence de ces sortes de commissions et la validité même des contrats de ce genre sont sanctionnées par l'article 332 du C. de comm., copié, quant à ce, sur l'art. 3 ( t. 6, liv. 3 ) de l'ordonnance de la marine. L'art. 332 exige que la police d'assurance exprime, avec le nom et le domicile de celui qui fait assurer, sa qualité de propriétaire ou de commissionnaire. Il en est de ce contrat de commission comme du mandat pour tirer une lettre de change, dont le législateur, dans l'art. 115 du Code de commerce et dans la loi du 19 mars 1817, a formellement reconnu l'existence, sans en régler les effets ni les conditions, s'en référant à cet égard sur l'un et sur l'autre contrat aux usages du commerce, consacrés par la jurisprudence ou par la doctrine des anciens auteurs. — V. *suprà*, n° 346.

409. De même qu'il y a deux sortes d'assurances, l'assurance passive de la part de l'assuré, et l'assurance active de la part de l'assureur, il y a aussi deux sortes de commissionnaires à l'assurance : le commissionnaire qui fait assurer, et le commissionnaire assureur.

410. En général, tout individu ayant la capacité de contracter, a capacité pour s'engager, comme assureur ou assuré, dans une police d'assurance maritime, en qualité de commissionnaire.

411. Toutefois l'individu chargé de faire assurer pour compte d'autrui, ne peut souscrire lui-même la police d'assurance en qualité d'assureur, qualité incompatible avec celle de commissionnaire assuré. ( V. Emerigon, *Assurances*, t. 1, ch. 5, sect. 9, p. 149, 150 ; Locré, *Esp. du C. de comm.*, sur l'art. 332, t. 2, p. 19, 20 ; Boulay-Paty, *Droit comm. marit.*, t. 3, p. 301 ; Alauzet, *Traité gén. des assur.*, t. 1, p. 190, 191, 192. )

Mais cette incapacité est purement relative à l'intérêt du commettant, ou, pour mieux dire, ce n'est pas une de ces incapacités qui rendent le contrat nul d'une manière absolue, c'est seulement une prohibition, dont l'infrac-

tion expose le contrevenant à voir annuler le contrat, mais qui le laisse subsister tant que l'annulation n'est pas prononcée. Il suit de là que, si le commettant ratifie le contrat, soit expressément, soit tacitement, le contrat est valable. (V. Boulay-Paty, t. 3, p. 302 ; Locré, *loc. cit.*; Alauzet, p. 191. )

412. En cas de désaveu de la part du commettant, MM. Boulay-Paty et Locré pensent non-seulement que le contrat est nul, mais que le commettant peut actionner utilement le commissionnaire en dommages-intérêts. Mais si les intentions du commettant ont été remplies, si la prime est au cours de la place et si le commissionnaire est solvable pour supporter la perte ou l'avarie, où sera le préjudice pour le commettant ? Son action ne serait rationnelle, que tout autant que le commissionnaire qui aurait pris le risque pour son compte, ne serait pas en état de le payer. Dans cette dernière hypothèse, le préjudice existe ainsi que le droit d'en poursuivre la réparation, mais l'exercice utile de ce droit est douteux.

413. La qualité de commissionnaire peut ne pas être exprimée dans la police. Dans ce cas, on juge, selon les circonstances, si l'assuré a traité pour son compte ou pour celui d'un commettant. Mais cette contestation est étrangère à l'assureur, dont l'intérêt est toujours à couvert, soit que la police nomme le commettant, soit qu'elle ne le nomme point. — V. *infrà*, n°ˢ 421, 422, 424, 428. )

414. Lorsque la qualité de commissionnaire est exprimée, elle peut l'être de deux manières, soit en déclarant que l'assurance est faite pour le compte de telle personne dénommée, soit en disant génériquement qu'elle est faite *pour compte, pour compte de qui il appartiendra, pour compte de l'assuré ou de tout autre, pour compte d'une personne à nommer*, etc. Ces formules ne sont point d'ailleurs sacramentelles.

415. Au moment de la signature de la police, le commissionnaire n'est pas tenu de nommer son commettant. Il en est à cet égard de cette commission comme de toute autre. — V. *infrà*, n° 432.

416. Mais il doit, sans le nommer, faire connaître la qualité du commettant, lorsqu'elle est de nature à influer sur l'opinion du risque, lorsque, par exemple, le commettant appartient à une nation en guerre avec une autre. L'assureur, averti dès lors de la

possibilité que les choses assurées appartiennent à un sujet de puissance belligérante, peut ne pas prendre l'assurance, ou, s'il le fait, n'y consentir qu'à une prime plus élevée. (V. Pardessus, t. 3, n° 802.)

417. Mais lorsque l'assureur est poursuivi en paiement par le commissionnaire, celui-ci peut toujours être obligé de nommer son commettant. C'est ce qui différencie ce contrat de commission des autres contrats du même genre, dans lesquels le commissionnaire n'est jamais tenu de faire connaître son commettant. On donnera un peu plus loin la raison de cette différence.—V. infrà, n°s 427,428 et 457.

418. Tant qu'il n'a pas nommé son commettant, le commissionnaire est, à l'égard de l'assureur, seul et unique obligé. Ce qui est vrai pour le commissionnaire de l'assuré l'est également pour le commissionnaire de l'assureur.

419. Lorsqu'il a nommé son commettant, celui-ci devient l'obligé de l'assureur, à moins que le commissionnaire ne soit et ne puisse être désavoué.

420. La nomination faite postérieurement à la signature du contrat a le même effet, lorsque le commissionnaire n'est pas ou ne peut pas être désavoué, que si elle avait été faite par la police même d'assurance. (V. Locré, t. 4, p. 25 ; Boulay-Paty, t. 3, p. 307.)

421. Quoiqu'il ait nommé son commettant et quoique celui-ci devienne par là l'obligé de l'assureur, le commissionnaire, contrairement aux règles du mandat, reste encore obligé envers l'assureur, conjointement et solidairement avec le commettant. C'était aussi anciennement l'opinion d'Ansaldi ( Disc. 12), et celle de Casaregis, qui s'exprime ainsi (Disc. 5, n° 26) : Factà nominatione, stipulator non exit è contractu qui erat in eo radicatus ab initio... sed persona nominata accumulatur ipsi contractui. (V., dans ce sens, Pothier, Assurance, n° 98 ; Locré, t. 4, p. 29 ; Alauzet, t.1, p. 410 ; Boulay-Paty, t. 3, p. 307, 308. — V. infrà, n° 424.)

Ainsi, soit qu'il nomme ou ne nomme pas son commettant, le commissionnaire est toujours considéré, à l'égard des assureurs, comme vrai assuré. Il est personnellement engagé envers eux. Tel était l'usage au temps de Valin, qui en parle dans son commentaire sur l'ordonnance de 1681 (liv. 3, t. 6, art. 3). (V. Boulay-Paty, t. 3, p. 307; — Aix, 17 juillet 1829, S.-V. 29. 2. 346; J. P. 3e édit.; D. P.

29. 2. 221 ; — Bordeaux, 6 avril 1830, S.-V. 30. 2. 211 ; J. P. 3e édit.; D. P. 31. 2. 63 ; — 7 juin 1836, J. P. 3e édit.; D. P. 37. 2. 96;
—V. aussi infrà, n° 424, un arrêt d'Aix du 5 juil.1833, S.-V. 34. 2. 143; D. P. 34. 2. 79.) Ce n'est qu'à l'égard de son commettant que le commissionnaire conserve la qualité de mandataire.

422. Toutefois, le commissionnaire peut s'affranchir de toute obligation envers les assureurs en stipulant qu'il entend n'être obligé qu'en qualité de procureur fondé, en annonçant, par les termes de l'acte, qu'il entend n'obliger que son commettant. (Arg. de l'article 1997 du C. civ.; — V. Boulay-Paty, t. 3. p. 309 ; Locré, t. 4, p. 30 ; Alauzet, t. 1er, p. 410.)

423. Mais doit-il faire cette déclaration dans la police même? N'est-il pas à temps de la faire après la signature de la police? M. Locré n'hésite pas à reconnaître que la déclaration doit être insérée dans la police, lorsque le commettant s'y trouve dénommé, parce que, par l'effet de cette nomination, la qualité et les droits des parties sont irrévocablement fixés (t. 4, p. 31, 32).

424. L'engagement du commissionnaire, son obligation envers l'assureur lorsqu'il n'a pas fait spécialement dans la police la déclaration qu'il entend n'être obligé qu'en qualité de procureur fondé, cette obligation existe alors même qu'il a nommé son commettant dans la police même d'assurance. Il n'y a pas de distinction à faire à cet égard ; le principe qu'il est vrai assuré à l'égard des assureurs doit être maintenu, soit qu'il ait fait cette nomination après la signature ou dans la police d'assurance. C'est aussi ce qu'enseigne M. Boulay-Paty ( t. 3, 309 ). M. Alauzet paraît être de la même opinion, car il dit que les principes restent les mêmes, en quelque temps que soit nommée la personne pour laquelle l'assurance a été prise ( t. 1, 410 ). Cependant, le même auteur rapporte immédiatement et sans le contredire le texte d'un arrêt où il est déclaré que « lorsque le propriétaire est nommé dans la police, il est seul obligé vis-à-vis du signataire (l'assureur) ; tandis qu'il (l'assureur) a deux obligés, le mandataire et le propriétaire, quand celui-ci n'est nommé qu'après la signature de la police et dans les actes d'exécution. » (Aix, 5 juillet 1833, S.-V. 34. 2. 143; D. P. 34. 2. 79.)

Mais il faut remarquer que telle n'était pas

la question que la cour d'Aix avait à juger. Dans l'espèce, l'assurance avait été faite *pour compte de qui il appartiendra*, et le propriétaire n'avait pas été nommé. La théorie du rédacteur de l'arrêt sur les effets de la nomination du commettant dans la police était donc entièrement étrangère au litige. Le fait n'était pas le même dans une espèce jugée par une autre cour. Là, en effet, le propriétaire était dénommé dans l'une des polices d'assurances, et cette cour disait, à cette occasion, avec à propos et avec raison, que « c'est un principe généralement reconnu que l'assuré commissionnaire, stipulant pour des personnes dénommées ou pour compte de qui il appartiendra, est personnellement obligé. » (Bordeaux, 7 juin 1836, J. P. 3ᵉ édit.; D. P. 37. 2. 96.) La Cour d'Aix elle-même a formellement jugé le contraire, ce que l'arrêt de 1833 ne fait qu'énoncer, dans une espèce où le commissionnaire avait stipulé en son nom, mais d'ordre et pour compte du commettant dénommé dans la police. Cette cour a jugé que le commissionnaire s'était rendu le contrat personnel. (Aix, 17 juillet 1829, S.-V. 29. 2. 346; J. P. 3ᵉ édit.; D. P. 29. 2. 221.)

425. De ce que le commissionnaire est considéré à l'égard de l'assureur comme s'il était lui-même assuré, il s'ensuit qu'il a droit et qualité pour faire le délaissement et pour réclamer le paiement de la perte, sans qu'on puisse lui opposer qu'on ne plaide point par procureur. Telle était anciennement la jurisprudence de l'amirauté de Marseille. (V. Emerigon, ch. 5, sect. 4, § 2; Valin, liv. 3, tit. 6, art. 3, ord. de 1681; Locré, t. 4, p. 33; — Bordeaux, 6 avril 1830 et 7 juin 1836, arrêts cités au n° 421.)

Le commettant a le même droit lorsqu'il a été désigné. (Aix, 5 juillet 1833, cité au n° 424.)

426. Si le commissionnaire demande la perte, il doit rendre compte des effets sauvés. (Emerigon, ch. 5, sect. 4, § 3; Locré, t. 4, p. 33; — Bordeaux, 6 avril 1830, cité au n° 421.)

427. Mais de ce qu'il a *droit* et *qualité* pour faire le délaissement et réclamer la perte, s'en suit-il qu'il soit *tenu* de le faire et de travailler au recouvrement des effets naufragés ? En est-il *tenu* à l'égard du commettant comme une conséquence nécessaire de l'acceptation du mandat de faire assurer ? (V. *infrà*, n°ˢ 453, 454.)

428. Les actions de l'assureur, notamment celles en nullité de l'assurance, peuvent être dirigées contre le commissionnaire pour compte, alors même que le commettant est dénommé dans la police; car l'assureur a deux obligés, et la foi qu'il a suivie est ordinairement plutôt celle du commissionnaire que celle du commettant. (Aix, 17 juill. 1829, cité au n° 424.)

429. La même cour a jugé que le commissionnaire ne forme avec le propriétaire assuré qu'une seule et même personne dans les actes antérieurs ou postérieurs à l'assurance. Le fait du propriétaire assuré lui est applicable et réciproquement. Les exceptions opposables à l'assuré, notamment celle tirée de ce que l'assuré a soustrait les choses assurées et a rompu par là l'assurance aux termes des art. 348 et 357 du Code de commerce, sont opposables au commissionnaire. S'il en était autrement, la mauvaise foi du commettant assuré serait impunément favorisée. Car, d'un côté, on ne pourrait opposer au commissionnaire le fait de l'assuré, et d'autre part, l'action qui pourrait être intentée dans son intérêt par le commissionnaire ne cesserait pas de profiter à l'assuré commettant, danger qui n'est point à craindre alors que le fait de l'un est applicable à l'autre. (Aix, 7 janv. 1823, S.-V. 23. 2. 258; J. P. 3ᵉ édit.; D. A. 2. 83.)

430. La question de propriété ne peut être élevée par l'assureur contre l'assuré, car si l'élément du risque est réel et si le connaissement concorde avec la police, il importe peu que l'assuré soit commissionnaire ou propriétaire, sauf toutefois le cas de fraude, tel que celui de la simulation du *pour compte*, en faisant assurer sous le nom d'un autre des marchandises appartenant à quelqu'un qui est en guerre avec une puissance maritime. Les assureurs ne répondent point de la prise en cas de simulation de ce genre.

431. La responsabilité du commissionnaire ne peut exister que par son propre fait. Le fait du courtier ne peut l'engager. Si celui-ci n'a pas eu d'ordre, il est seul responsable de la prime. Mais s'il a fait l'assurance sur la représentation d'un ordre signé du propriétaire et non du commissionnaire au nom duquel la police est faite, le propriétaire est seul tenu de la prime vis-à-vis de l'assureur, qui n'a pas d'action contre le commissionnaire, à l'égard duquel l'assureur doit s'imputer de ne pas s'être fait représenter par le

courtier le mandat que le commissionnaire lui aurait donné. (Bordeaux, 7 juin 1836, cité au n° 421 ; *sic* Alauzet, t. 1er, p. 413, 414.)

432. Mais le commissionnaire qui agit en personne et qui stipule l'assurance *pour compte*, avec *ou sans ordre*, n'est pas tenu de faire connaître à l'assureur, au moment de la signature, l'ordre qu'il a reçu. (V. *suprà*, n° 415.)

433. La commission pour faire une assurance soumet celui qui reçoit l'ordre aux mêmes obligations qui incombent à tous les commissionnaires en général, en ce qui concerne l'acceptation du mandat, l'omission de l'exécuter, son exécution partielle ou conforme à l'ordre du commettant, les avis à donner à ce dernier, etc.

434. Si le commissionnaire excède ou ne remplit point son mandat, il se rend les événements propres et met le risque à sa charge.

435. Mais le commissionnaire n'est pas tenu de réparer le préjudice résultant du défaut d'assurances, lorsqu'il n'a pu trouver des assureurs ou lorsqu'il en a trouvé qui n'ont pas voulu traiter aux conditions qui lui étaient prescrites.

436. En ce qui concerne le commissionnaire de l'assureur qui a laissé échapper l'occasion de prendre une assurance, en cas d'heureuse arrivée, doit la prime que sa négligence a fait perdre à son commettant, s'il a été chargé de faire une assurance déterminée. Mais il est difficile de le soumettre à une responsabilité s'il a été chargé, d'une manière générale, de faire une ou quelques assurances, sans autres indications ; car, libre de traiter comme il lui plaît, il peut toujours exécuter le mandat, sans qu'on puisse lui reprocher un défaut d'exécution.

437. Quant au directeur d'une compagnie d'assurances, ce n'est pas un commissionnaire, mais un administrateur ou un employé dont les obligations sont régies par des principes particuliers.

438. La responsabilité du commissionnaire qui a omis de faire assurer la marchandise ou le navire du commettant, n'est pas engagée lorsque le navire arrive à bon port, puisque son commettant, loin d'éprouver un préjudice, a par là gagné la prime.

439. Il en est de même, en sens inverse, à l'égard du commissionnaire chargé de prendre une assurance, si le navire périt.

440. Lorsque l'assurance commise pour la totalité d'un chargement n'est exécutée que pour une partie, par exemple, les deux tiers, le contrat de commission est valable jusqu'à cette concurrence. En cas de faillite des assureurs et de sinistre, le commettant ne peut pas actionner le commissionnaire en paiement de la totalité du chargement : il ne peut lui demander qu'un tiers, car, en prenant à sa charge le tiers qu'il n'a pas fait assurer, le commissionnaire ne rend pas pire la condition du commettant, il la rend meilleure au contraire; et d'ailleurs, le risque qui pouvait être divisé à l'égard des assureurs, pouvait l'être également à l'égard de l'assuré. (V. Delamarre et Lepoitvin, t. 2, n° 93.)

441. Le commissionnaire doit se conformer, dans la commission d'assurances comme dans les autres commissions, aux ordres qui lui sont donnés pour l'exécution du mandat. Chargé de faire assurer sur la place de Rouen, s'il commet l'assurance sur celle du Havre, il supporte la perte, en cas de faillite des assureurs qu'il a choisis. ( V. Delamarre et Lepoitvin, t. 2, n° 155, p. 310 ; — V. *suprà*, n°s 55, 57, 58, 65.)

442. Si son mandat est facultatif, il n'est pas responsable en l'exécutant suivant les usages de la place où il est exécuté. Si dans ce cas le commissionnaire, au lieu de faire assurer à tout événement, a laissé insérer dans la police la clause *franc d'avarie*, usitée sur la place, il n'encourt pour cela aucune responsabilité. (V. Emerigon, ch. 5, sect. 6, §1er, t. 1er, p. 166; Boulay-Paty, t. 3, 314 ; Locré, t. 4, p. 42; Alauzet, t. 1er, p. 419; Delamarre et Lepoitvin, t. 2, n° 393.) Sur le mandat facultatif en général, V. *suprà*, n°s 55, 56.

Lorsque le taux de la prime a été fixé par le commettant, le commissionnaire ne doit pas en stipuler une plus élevée. S'il le fait, il est tenu de l'excédant. (Valin, liv. 3, tit. 6, art. 3 de l'ordonn. de 1681, t. 2, p. 30; Alauzet, t. 1, p. 418. —V. *suprà*, n°s 58, 59, 65, et n°s 254 et suiv., 298 et suiv.)

443. La commission pour faire assurer est quelquefois donnée tacitement.

444. Ainsi, le consignataire d'un navire, inquiet par le retard que ce navire met à arriver, le fait assurer sans ordre et en avise son correspondant, qui ne répond point et qui n'a lui-même fait souscrire aucune assurance. Après l'heureuse arrivée du navire, le propriétaire refuse de payer la prime. Sa pré-

tention doit être rejetée, parce que son silence est une adhésion tacite aux agissements qu'il a connus, comme nous avons eu déjà l'occasion de l'expliquer. ( V. Emerigon, chap. 5, sect. 6 ; Delamarre et Lepoitvin, t. 2, n° 314, p. 584.) C'est ce qui a été jugé dans les mêmes circonstances par les tribunaux anglais. (Delamarre et Lepoitvin, *loc. cit.*) — V. *supra*, n° 90.

445. Ainsi celui qui ayant déjà fait assurer plusieurs fois un navire, qui lui appartient en commun avec un autre commerçant, a négligé de faire faire l'assurance pour un dernier voyage dans lequel le navire s'est perdu, est responsable de cette omission et ne peut alléguer qu'il n'avait pas d'ordre, parce que son copropriétaire a dû penser qu'il ferait pour ce voyage ce qu'il a fait pour les autres. (Rennes, 9 juillet 1834, cité par MM. Delamarre et Lepoitvin, t. 1, n° 80, p. 130, 131.)

446. Dans les mêmes circonstances, si l'assurance a été faite et si le navire arrive à bon port, le copropriétaire du commissionnaire lui doit la prime, outre les droits de commission, ainsi que la commission *du croire*, s'il était dans les habitudes précédentes que le commissionnaire fît assurer de cette manière. (V. Delamarre et Lepoitvin, *loc. cit.*, et t. 2, n° 309, p. 573 ; — V. aussi *infrà*, n° 448.)

447. Ainsi encore, il a été jugé que le commissionnaire acheteur d'une marchandise, qui, l'expédiant à son commettant par un bateau à vapeur, la fait assurer sans ordre, agit en qualité de commissionnaire à l'assurance et remplit un devoir envers son commettant, lorsque celui-ci n'aurait pu être prévenu à temps pour faire lui-même l'assurance, par suite de la rapidité du voyage des navires à vapeur, rapidité telle dans l'espèce que le commettant n'aurait pu être informé de l'expédition que longtemps après la perte ou l'arrivée au port. Dans ces circonstances, le commissionnaire à l'achat a été tacitement autorisé à faire assurer, et l'assurance qu'il a faite est valable, du moins à l'égard des assureurs, alors que le commettant déclare ratifier. C'est ce qui a été jugé par le tribunal de commerce de la Seine, le 25 sept. 1843. (*Gaz. des trib.* des 25 et 26.)

448. La commission *du croire* peut être convenue dans toute espèce de commission, ainsi que nous avons eu déjà l'occasion de l'expliquer ; car, dans l'assurance comme dans la vente, le commettant court un risque, celui du recouvrement du montant de l'assurance ou de la prime, dont le comissionnaire peut se charger moyennant la commission *du croire*. ( Delamarre et Lepoitvin, t, 2, n°s 306, 309, p. 568, 569, 573 ; Boulay-Paty, t. 3, p. 315 ; — V. *supra*, n° 118, et n° 446.)

449. Le commissionnaire est-il tenu de garantir la solvabilité de l'assureur ? Il doit sans doute choisir des assureurs solvables ; mais s'ils étaient en plein crédit au moment de l'assurance, il ne serait pas responsable de la perte advenue à son commettant par suite de la faillite arrivée après la signature de la police. ( Valin, liv. 3, tit. 6, n° 3, p. 31 ; Emerigon, ch. 5, sect. 7 ; Boulay-Paty, t. 3, p. 314, 315 ; Locré, t. 4, p. 39 ; Alauzet, t. 1er, p. 417.)

450. En cas de faillite de l'assureur, le commissionnaire a des obligations à remplir. Il doit d'abord avertir son commettant, faire résilier la police si les choses sont encore entières, c'est-à-dire si les risques durent ou sont censés durer encore. (V. Valin, *loc. cit.*, p. 31 ; Locré, *loc. cit.*)

451. D'autres vont plus loin et enseignent qu'il doit contracter une nouvelle assurance. Mais Valin estime qu'un nouvel ordre est nécessaire, et n'admet d'exception que par équité et qu'autant que la première assurance aurait été promptement annulée et que la seconde serait au même prix. M. Alauzet pense que tout dépend des termes dans lesquels la commission était conçue. Ces termes peuvent être tels que le mandat se soit trouvé entièrement accompli par l'assureur. ( t. 1. p. 417, 418. )

452. Mais si le commissionnaire a été chargé spécialement de suivre l'exécution du mandat, il n'est pas douteux qu'il doive réassurer, car il est tenu de prendre les mesures nécessaires pour que les intérêts de son commettant soient pleinement garantis. (Alauzet, t. 1er, p. 418.)

453. Quand l'insolvabilité de l'assureur est arrivée après que la perte s'est trouvée ouverte et connue du commissionnaire, celui-ci est-il tenu de payer cette perte s'il n'a pas fait les diligences en temps convenable pour la recouvrer avant la survenance de l'insolvabilité des assureurs ? Emerigon ( ch. 5, sect. 7 ) et M. Boulay-Paty ( t. 3, p. 315 ) enseignent l'affirmative, par le motif unique tiré, d'après ce dernier auteur, de ce qu'il y a négligence et faute caractérisée de la part du commissionnaire qui, après l'échéance de la police, n'a pas fait les diligences nécessaires pour obtenir le paiement de la perte. Mais M. Locré ( t. 4,

p. 39, 40) fait observer qu'il ne peut en être ainsi qu'autant que le commissionnaire est chargé de suivre l'exécution du mandat et de se faire payer la perte; car, dans ce cas, il est responsable pour n'avoir pas rempli son mandat. Il n'est passible d'aucune responsabilité s'il n'est chargé que de faire assurer, son mandat finissant dès que la police est signée. La distinction de M. Locré est juridique, mais l'application qu'il en fait ne l'est pas au même degré : une explication est nécessaire. —V. le n° 454 qui suit.

454. La commission de faire assurer implique-t-elle nécessairement et de plein droit le mandat de recouvrer la perte? Pour que la commission soit bornée uniquement à la signature de la police d'assurance ne faut-il pas, au contraire, une limitation expresse de la part du commettant? Tels sont, en réalité, les termes de la question posée dans les n°s 453 et 427.

Émérigon, comme on l'a vu (n° 453), pense que le mandat de se faire payer la perte est compris dans le mandat de faire assurer, et M. Boulay-Paty l'enseigne positivement, puisqu'il considère comme une faute caractérisée le défaut de diligence pour obtenir le recouvrement de l'assurance (V. le n° 453). Les autres auteurs qui ont écrit sur le droit maritime ne voient pas la question ou ne la touchent que d'une manière très-indirecte et fort éloignée; la jurisprudence se réduit à un seul arrêt, à deux peut-être, où la question est vue de profil plutôt que dans tout son jour. (V. l'arrêt d'Aix, *infrà*, et le n° 456;—V. aussi dans un sens contraire, mais implicitement, Bordeaux, 5 août 1840, arrêt cité *infrà*, n° 455).

Quant à la difficulté en elle-même, il faut écarter tout d'abord l'une des faces de la question, relative au cas où la police est souscrite purement et simplement au nom du commissionnaire, sans indication de qualité. L'assureur ne connaît que lui, lui seul peut agir; il est donc tenu de le faire.

Mais en est-il autrement lorsque la police est souscrite *pour compte?* Un arrêt de la cour d'Aix juge que le commissionnaire qui a reçu le mandat de faire assurer pour compte d'autrui, et qui a stipulé en cette qualité dans la police, est tenu de l'exécution du contrat, mais seulement vis-à-vis de l'assureur et uniquement pour les exceptions de réticences et de fausses déclarations. La mission du commissionnaire ne s'étend point au delà. S'il obtient le paiement de l'assurance, ce n'est plus, dit l'arrêt, en qualité de commissionnaire, puisque ce mandat est terminé, mais en vertu d'un autre mandat tacite. Cette cour a tiré de là cette conséquence, qui lui a paru nécessitée par l'espèce dans laquelle l'arrêt est intervenu, que, lorsqu'il a reçu le paiement, le commissionnaire de bonne foi qui s'est dessaisi entre les mains de son commettant ne peut, pas plus que le simple mandataire, être personnellement soumis à l'action en répétition. (Aix, 10 juin 1842, S.-V. 42. 2. 534; J. P. 1842. 2. 214.) V., dans un sens contraire à cette solution sur la répétition, Bordeaux, 5 août 1840, cité au n° 455.

Cette conséquence, on le voit, en la supposant juridique, n'a du moins aucune autorité logique, car elle n'est pas, comme la cour l'a cru et l'a dit, une suite nécessaire, invincible, de la théorie enseignée par l'arrêt sur le contrat de commission, dont l'objet serait accompli quand la police est signée et quand le commissionnaire a répondu aux exceptions sur les réticences et les fausses déclarations. La difficulté du procès était de savoir si l'action en répétition était admise contre le commissionnaire de bonne foi qui, après avoir recouvré la perte, en avait compté le montant à son commettant. Or, la solution de cette question ne dépendait pas nécessairement du point de savoir si le commissionnaire avait le devoir, l'obligation de recouvrer la perte, ou s'il en avait seulement le droit. Qu'il eût fait ce recouvrement en une qualité ou en l'autre, il nous semble que la question sur la répétition restait immuablement la même. La cour d'Aix a donc imaginé, pour la solution de la difficulté, une théorie que les termes du procès ne commandaient pas, et dès lors on comprend qu'un pareil arrêt, évidemment inspiré d'ailleurs par un sentiment d'équité que les faits particuliers pouvaient suggérer, est sans autorité pour la solution de la question agitée en ce moment et peut, s'il lui est soumis, échapper à la censure de la cour de cassation, sans que la question posée dans les n°s 427, 453 et 454 puisse être touchée par une pareille décision.

La théorie de la cour d'Aix, il faut le dire, contrarie les usages et même l'intérêt bien entendu du commerce. Il est d'usage, en effet, d'un usage ancien et constant, que le commissionnaire chargé de faire une assurance poursuive le recouvrement de la perte en son nom, sans avoir besoin de recevoir un nouveau mandat. Qu'il ait qualité pour cela, en vertu de la police d'assurance, c'est ce qui est incontestable ; et l'assureur qui voudrait faire repousser l'action du commissionnaire, parce que ce dernier ne représenterait pas un mandat spécial et nouveau à cet égard, échouerait inévitablement dans une pareille prétention. Le mandat du commissionnaire pour recouvrer la perte dérive de la police d'assurance elle-même, de la police seule et non d'un autre contrat. (V. les autorités citées sur ce point au n° 425.) Valin en donne une remarquable raison juridique. Le commissionnaire est tenu, à l'égard de l'assureur, du paiement de la prime ; et réciproquement, l'assureur doit être tenu du paiement de la perte à l'égard du commissionnaire, qui a le droit de n'avoir à craindre aucun refus.

S'il en est ainsi, si le commissionnaire a le droit de demander la perte, si l'assureur ne peut refuser de la payer entre ses mains, si les pouvoirs du commissionnaire résident dans la police même, et ils ne peuvent être ailleurs, il n'y a pas loin, on le voit, du *droit* de recouvrer à l'*obligation* de le faire. Ces deux agissements, ces deux conséquences de la commission se touchent et se confondent, car elles émanent toutes deux d'un seul et même acte, d'un seul et même contrat, la commission. Tout droit, en effet, suppose un devoir ; or, s'il a le droit de se faire payer, ce qui est incontestable, le commissionnaire a le devoir de le faire, car le mandant a dû compter de la part du commissionnaire sur l'exécution de tous ses pouvoirs. Celui qui ayant le droit de faire un acte dans l'intérêt de son mandant, néglige d'accomplir cet acte et cause par là un préjudice à son commettant, commet une faute, une faute caractérisée qui engage sa responsabilité. Pour qu'il en soit autrement, pour qu'il n'y ait pas à l'encontre du commissionnaire l'obligation de recouvrer, il faut une limitation expresse, textuelle, du mandat à la simple opération de la signature de la police. Quand cette limitation n'est point dans le mandat primitif, ce mandat doit s'entendre selon les usages du commerce ; il emporte le *droit* et comprend dès lors virtuellement l'*obligation* d'encaisser.

L'intérêt du commerce exige qu'il en soit ainsi. L'assurance se fait très-souvent à une grande distance du domicile du commettant. La nécessité d'une correspondance entre le commettant et le commissionnaire serait de nature à porter préjudice aux commerçants, dont les opérations ont besoin de tant de célérité. De là l'obligation de suivre l'exécution du mandat, de le mener à fin lorsqu'il est accepté. Or, il est évident qu'en thèse générale et sauf convention particulière, le mandat n'est pas accompli par la signature de la police.

On doit donc tenir pour vrai, en droit, que, sauf convention contraire, expresse ou tacite, le commissionnaire à l'assurance, en vertu de la commission pour faire assurer et d'après la seule police, a le *droit* comme le *devoir* de recouvrer le montant de l'assurance.

455. Mais si les assureurs, après avoir payé entre les mains du commissionnaire, actionnent celui-ci en répétition, cette action contre le commissionnaire assuré qui a transmis de bonne foi les fonds à son commettant, ne peut jamais avoir une durée de plus de cinq ans. La disposition de l'art. 432 du Code de commerce établit cette prescription à l'égard de toute action qui dérive du contrat d'assurance, encore bien que cette action contre le commissionnaire repose sur le dol et la fraude de l'assuré-commettant. La fiction d'après laquelle l'assuré pour compte est considéré comme un véritable assuré, ne doit pas avoir une durée excédant cinq années. L'intérêt du commerce exige que le commissionnaire ne soit pas plus longtemps confondu avec son commettant. ( Bordeaux, 5 août 1840, S.-V. 41. 2. 824 ; J. P. 1840. 2. 722. )

Le pourvoi contre cet arrêt a été rejeté par la section civile de la Cour de cassation, le 8 mai 1844. (*Gaz. des trib.* du 10. )

456. Lorsque le commissionnaire est tenu expressément par les termes de sa commission d'exiger le paiement des sommes assurées et de faire le délaissement aux assureurs, si, après le délaissement, il a laissé passer le délai pour introduire l'action en paiement, il est responsable envers son commettant, à moins que celui-ci n'ait négligé de mettre à la disposition du commissionnaire, qui les lui demandait, les pièces justificatives du chargement et de la perte qui, d'après l'art. 383 du Code de commerce, doivent être signifiées avant l'action en paiement. Dans tous les cas, l'arrêt qui le juge ainsi, par appréciation des faits, n'encourt pas la censure de la cour suprême. Cass. 26 mars 1823 [rej. de Rennes, 26 juillet 1819] (S.-V. 24. 1. 53; J. P. 3° edit.; D. A. 2. 49. )

457. L'assureur poursuivi en paiement par le commissionnaire a le droit d'exiger le nom du commettant, afin de pouvoir se procurer la preuve qu'il y a eu des choses réellement mises en risque. — V. *suprà*, n° 417.

458. Lorsque l'assurance pour compte a été faite *avec ou sans ordre*, l'assuré-commissionnaire peut bien n'être pas obligé de faire connaître à l'assureur l'ordre d'assurer. Mais si le commissionnaire se prévaut en justice des lettres d'ordre qu'il a reçues, il ne peut se dispenser de les communiquer à l'assureur ou à son conseil. La communication de la partie de la lettre qui concerne l'assurance est suffisante, et le commissionnaire assuré ne peut être tenu au delà. (Aix, 16 avril 1839, J. P. 1839. 1. 608; D. P. 39. 2. 213.)

459. Mais, au surplus, qu'il nomme ou non son commettant, le commissionnaire qui réclame le paiement de l'assurance est obligé de produire la preuve du chargement.

460. Le commissionnaire n'est pas le seul à avoir une action contre l'assureur. Le propriétaire des objets assurés et, en général, tout individu dénommé dans un connaissement dont les désignations se rapportent exactement à celles de la police d'assurance, ou son cessionnaire, est fondé à réclamer le bénéfice de l'assurance pour compte et à agir contre l'assureur, tant que ce dernier n'a pas payé celui avec lequel il a contracté. (V. Pardessus, t. 3, n° 826; Alauzet, t. 1er, p. 414, n° 213.)

461. Le commissionnaire qui a fait l'avance de la prime a le droit de s'en faire payer sur les sommes dues par l'assureur à l'encontre des tiers, et par préférence à leur égard, lorsqu'il est resté nanti de la police et de l'acte de reconnaissance du paiement de la prime. (Rouen, 5 mai 1823, Devillen. et Car. 7. 2. 207; J. P. 3e édit.; D. A. 2. 58.)

Ces actes représentent pour lui la somme due par les assureurs, et, réciproquement, la somme payée par ceux-ci entre ses mains représente les actes dont il s'agit, sur lesquels il a un droit naturel de rétention qui constitue à son profit un privilége participant de la même nature que celui qui est consacré par l'art. 93 du Code de commerce. M. Locré (t. 4, p. 45) a raison de repousser l'application de cet art. 93, et c'est très-juridiquement que M. Alauzet, tout en approuvant l'arrêt de la cour de Rouen, fait remarquer qu'il est fort douteux que le principe de cet arrêt puisse s'appuyer sur la lettre de cet article (t. 1, p. 419). Mais M. Locré est dans l'erreur s'il pense que le commissionnaire n'a aucun droit de rétention sur le billet de prime ou sur la somme qui le représente. Car, quoique la lettre de l'article 93 ne soit pas précisément applicable à l'espèce, l'arrêt de la cour de Rouen n'en est pas moins juridique comme consacrant le droit de rétention du commissionnaire, droit dont les art. 93 et 94 offrent une sanction spéciale, sans que leurs dispositions aient rien d'exclusif pour les autres hypothèses qui rentrent dans l'esprit de ces dispositions, quoiqu'elles ne soient pas expressément prévues par la lettre judaïque du texte. Telle est aussi à cet égard et sur ce point particulier l'opinion de MM. Delamarre et Lepoitvin (t. 1, n° 108; t. 2, n° 390, p. 709). — V. *suprà*, n°s 126, 133, 134.

CHASSAN.

COMMISSION ROGATOIRE. — 1. C'est la délégation que les juges saisis d'un litige font de leurs pouvoirs, pour quelque acte d'instruction, à des juges plus voisins des parties ou des lieux contentieux, ou des éléments nécessaires à l'instruction. Ainsi, entre autres hypothèses que l'on pourrait faire, dans une cause pendante devant le tribunal civil de la Seine, il y a nécessité de recourir à une voie particulière d'instruction, à une enquête, par exemple, et les témoins se trouvent domiciliés dans le ressort du tribunal de Bordeaux; au lieu d'appeler ces témoins devant eux, comme à la rigueur on eût pu le prescrire malgré le grave inconvénient et les dommages considérables qui en seraient résultés pour les parties, les juges de Paris pourront ordonner, dans ce cas, que le tribunal de Bordeaux commettra un de ses juges pour procéder à l'enquête; ou même ils pourront nommer directement eux-mêmes celui des juges de Bordeaux qui y devra procéder. C'est ce mandat donné par un tribunal à un autre, c'est cette délégation, qui était connue autrefois sous le nom de *commission rogatoire*, et qui conserve encore aujourd'hui la même dénomination.

2. Il faut le dire cependant, la commission rogatoire n'est pas passée dans nos institutions modernes avec toute l'étendue qu'elle avait dans les anciens principes. Elle faisait autrefois partie, en quelque sorte, des commissions attributives de juridiction, lesquelles avaient

été empruntées, dans les anciens principes, à l'organisation romaine.

3. A Rome, tout magistrat ayant une juridiction qui lui était propre, pouvait la déléguer à un autre : *Quæcumque jure magistratus competunt, mandari possunt.* (l. 1, ff. *De eo cui mand.* — V. aussi l. 5, ff. *De jurisd.*) On pouvait même déléguer les fonctions de la justice, bien qu'elles fussent d'une importance plus grande et qu'elles fussent sujettes à plus de formalités que les autres (l. 16 et 17, ff. *De jurisd.*); ces fonctions pouvaient même être déléguées à des personnes privées. Quant à la simple juridiction, il n'y a pas de doute non plus qu'elle ne pût être déléguée : tout magistrat qui avait une juridiction et le pouvoir de l'exercer, pouvait nommer une personne pour le suppléer dans ses fonctions. Il faut même remarquer que la personne à qui cette juridiction était commise d'une manière générale et entière, pouvait subdéléguer et commettre quelqu'un en particulier pour juger les procès, parce que le principal effet de la juridiction consistait dans le pouvoir de donner un juge, ainsi que cela est établi par la l. 3 *in fine*, ff. *De jurisd.*

4. Ainsi, il y avait une différence considérable entre celui à qui la juridiction était déléguée et le juge donné. Le premier était le commis général du magistrat, au lieu que le second n'était qu'un délégué particulier, et souvent même le subdélégué du commis général. Par suite, celui auquel la juridiction était commise ou déléguée, avait l'autorité entière dans l'exercice de la justice, prononçait lui-même la sentence et pouvait même infliger une légère punition pour le maintien de la juridiction, suivant la loi 5, ff. *De off. ejus cui mand. est jurisd.*; au lieu que le simple juge délégué n'avait ni la juridiction ni l'autorité de faire droit, mais seulement celle de juger. Sa sentence n'avait pas l'autorité publique et n'était qu'un simple avis tant que le magistrat ne l'avait pas approuvée, soit en la prononçant lui-même dans son tribunal, soit en décernant commission pour l'exécuter, ce que le simple juge délégué n'avait pas droit de faire par lui-même. — V. Loyseau, *Des offices*, liv. 1, ch. 5, n° 37.

5. Au surplus, il y avait des choses qui étaient transférées de droit par la délégation de la juridiction générale ou entière, et d'autres qui ne pouvaient pas même être déléguées par une délégation spéciale. Par exemple, les choses qui étaient dans le domaine du magistrat par le droit de sa charge, passaient à celui auquel la juridiction était déléguée; mais celui-ci ne pouvait lui-même déléguer cette juridiction à un autre, parce qu'il ne la tenait point en vertu de son office, et cependant il recevait, dans une certaine mesure, le pouvoir de contraindre, sans lequel il n'aurait pu exercer la juridiction qui lui était déléguée. En un mot, tout ce qui était *mixti imperii* était transféré par la délégation de juridiction ; mais le *merum imperium* ou le *jus gladii* n'était aucunement transmis, parce que cette autorité n'appartenait pas au magistrat qui faisait la délégation, en vertu d'un droit qui lui fût propre et inhérent à son office, qu'elle lui était déférée uniquement par une commission spéciale et particulière, et qu'à cet égard, il était plutôt commissaire qu'officier. Disons aussi que, même dans les choses du *mixti imperii*, il y en avait qui ne pouvaient être déléguées par le magistrat : comme les décrets de justice, les restitutions en entier, les adoptions, les émancipations, les mises en possession, et autres actes semblables dans lesquels, ainsi que le dit Loyseau (*loc. cit.*, n° 45), « reluit et paroist l'authorité et puissance du magistrat, qui partant sont dits *esse magis imperii quam jurisdictionis.* »

6. Tel était en substance le droit du Digeste relativement aux délégations et commissions des officiers, « en quoi néantmoins à bien entendre, dit Loyseau (*loc. cit.*, n° 48) signalant l'origine et la cause de ce droit en même temps que ses abus, il ne laissoit pas d'y avoir de l'abus, ce me semble en tant qu'on permettoit que les officiers transférassent aux personnes privées leur charge personnelle pour laquelle leur industrie avoit été spécialement choisie, et la puissance publique, qui ne leur étoit particulièrement déférée, et qui en bonne justice ne peut être transmise par autre que par le prince souverain, auquel elle réside parfaitement. Mais il faut considérer que cette pratique commença en l'état populaire, lorsqu'il falloit de nécessité que les magistrats, étant en petit nombre, substituassent des personnes pour exercer sous eux les petites fonctions dépendantes de leur charge, ne pouvant le peuple se trouver en assemblée générale si souvent qu'il eût été besoin pour élire tant de petits officiers né-

cessaires en l'Etat. De sorte que non-seulement ils permettoient aux officiers de commettre ce qui étoit de leur charge, mais ils donnoient pouvoir aux grands officiers d'en faire de petits; et ainsi, ils tenoient que la fonction et puissance étoit propre à l'officier, combien que le contraire soit véritable en bonne jurisprudence... »

7. Au surplus, ces abus et ce déplacement de la puissance que signale Loyseau, ne demeurèrent pas inaperçus à Rome. En effet, on vit, sous les empereurs, disparaître peu à peu l'usage des commissions. D'après le droit du code, l'entière juridiction ne peut être déléguée à d'autres qu'aux lieutenants en titre d'office, puisqu'une loi, la loi 2 (Cod. *Depedan. judic.*), défend aux magistrats de commettre particulièrement les procès à juger, excepté ceux de peu d'importance, ou dans le cas où ils seraient extrêmement occupés. Encore même Justinien voulut-il, par sa novelle 6, que, hors les causes légères, les magistrats donnassent eux-mêmes l'appointement de contestation et la sentence définitive de tous les procès, leur permettant seulement de déléguer à leurs conseillers et assesseurs les autres appointements de peu d'importance. Ainsi, il ne resta plus aux juges commis ou délégués que la connaissance des causes légères; et, par conséquent, ne pouvant plus être dits mandataires de juridiction, ils furent appelés *juges pédanés*, « nom, dit Loyseau, (n° 53), qui auparavant étoit commun à tous ceux qui n'étoient point magistrats, et par conséquent n'avoient point de tribunal ou prétoire, qui estoit l'une des marques et enseignes du magistrat, mais rendoient la justice *de plano, seu pede atque in subselliis,* d'où ils étoient appelés χαμαιδικασται, *id est, humi judicantes.* »

8. En France, et dans les anciens usages, on suivit d'assez près, mais par d'autres causes, ces pratiques de la législation romaine. « Lorsque les ducs et les comtes, dit encore Loyseau (*loc. cit.*), n° 56, étoient les gouverneurs des provinces, ayant tout ainsi que les présidents et les proconsuls romains l'administration de la justice, combien qu'ils fussent plus gens d'épée que de lettres; et partant il falloit qu'ils commissent, ainsi qu'eux, l'exercice de la justice aux gens de lettres qui le faisoient sous leur nom et auctorité, de sorte que ces gouverneurs retenant la seule propriété du commandement et juridiction comme

inhérent inséparablement à leur charge, et ayant enfin délaissé tout l'exercice de la justice à leurs lieutenants selon le droit du Digeste, et, par après, ayant trouvé moyen de rendre leur charge héréditaire et de la convertir en seigneurie, leur justice est enfin devenue patrimoniale tout à fait : et c'est l'inconvénient qui est survenu en France d'avoir toléré d'exercer la justice par commission. » Puis, à mesure que les villes des ducs et des comtes étaient réunies à la couronne, les baillis et les sénéchaux, qui succédèrent aux ducs et aux comtes, eurent, comme ceux-ci et par le même motif, à savoir, qu'ils étaient plus hommes d'épée que de lettres, le pouvoir de commettre des lieutenants de longue robe pour exercer la justice sous eux, ainsi que cela est attesté par les ordonnances de Charles VII, Charles VIII et Louis XII, rapportées par Guénois. Cependant, bien qu'ils pussent commettre des lieutenants, les baillis et sénéchaux ne pouvaient leur laisser l'exercice entier de leur charge. Les ordonnances leur enjoignaient expressément, au contraire, de résider en leurs offices et d'en faire l'exercice en propre personne.

9. C'est pour avoir contrevenu à ces injonctions, ainsi que le dit Loyseau, et avoir laissé à leurs lieutenants l'exercice entier de la justice, qu'on l'a ôté totalement aux baillis par l'ordonnance d'Orléans, en sorte, ajoute cet auteur (*loc. cit.,* n° 59), « qu'il ne reste plus qu'un seul cas auquel les juges de France puissent commettre des délégués, non pas généraux, mais particuliers : à savoir, quand ès procez pendant devant eux, il échet à faire quelque expédition hors leur ressort, alors, pour le soulagement des parties, non-seulement on a trouvé bon, mais aussi on leur a enjoint de la commettre au juge du lieu et non à autres, comme à des advocats ou à des juges d'autre territoire. Car nous observons à présent, en France, qu'autre que le prince ne peut commettre la puissance publique à celuy qui ne l'a point. Mêmement encore, un juge ne peut pas commettre le jugement d'un procez, mais quelque acte de l'instruction seulement, si ce n'est une cour souveraine qui fait parler le roi en ses arrests et use de son authorité en fait de justice : encore la cour souveraine ne connoîtroit-elle guère que la seule instruction du procès, se réservant d'ordinaire la définitive; que si quelquefois leur commission s'étend jusqu'à sentence dé-

finitive inclusivement, c'est plutost un renvoi en un autre siége, pour le soupçon de l'ordinaire, qu'une commission. »

10. Ainsi, en principe, on distinguait, en France, les commissions générales et les commissions particulières. Les premières, dont nous n'avons pas à nous occuper ici, qui se donnaient par des lettres de chancellerie, et il n'y avait que le roi qui pût les donner; les secondes, qu'une cour de justice donnait à ses membres, soit pour faire une enquête, soit pour procéder à une descente et vue de lieux, etc., et qui se donnaient ou par un jugement ou par une ordonnance sur requête. Que si l'enquête, ou toute autre d'instruction, devait être faite hors de l'étendue de la juridiction du juge qui l'avait permise, il devait donner une commission au juge des lieux afin d'entendre les témoins ou de faire l'acte, et il paraît même que ce devait être le plus prochain juge royal des lieux. (V. le procès-verbal de l'ord. de 1667, p. 286.) C'est ce qu'on appelait la *commission rogatoire.*

11. Remarquons-le toutefois, cette dénomination n'était pas toujours employée et ne pouvait pas l'être. Toute commission de cette nature n'était pas essentiellement rogatoire; elle ne prenait ce nom et n'avait le caractère de rogatoire que lorsqu'elle était donnée par un juge à un autre juge sur lequel il n'avait pas de pouvoir. Dans ce cas, le juge qui donnait la commission *priait* celui auquel cette commission était donnée de mettre à exécution quelque mandement, décret ou appointement de justice, dans l'étendue de sa juridiction, ou d'informer de quelque fait, ou d'enregistrer quelques actes, ou de faire quelque autre chose. C'est à cette classe de commission qu'était appropriée la forme de la requête. Ainsi, par exemple, s'agissait-il de faire interroger sur faits et articles un absent, on présentait une requête au juge par-devant lequel l'instance était pendante, et on concluait à ce qu'il lui plût délivrer une commission rogatoire et adressante au juge du domicile de la partie absente qu'il convenait de faire interroger. Puis, sur cette requête, au bas de laquelle le juge de l'instance pendante mettait son ordonnance, était expédiée une commission conforme aux conclusions de la partie : c'était la commission rogatoire proprement dite.

12. Mais à côté de cette commission, il s'en plaçait une autre qui participait de la même nature, qui avait le même objet, et qui différait cependant quant à la forme : c'est celle que donnait un juge qui était souverain. Le juge ordonnait alors, il ne priait pas; la commission n'était pas rogatoire, elle était expédiée en forme d'arrêt; et par opposition à celle dont nous venons de parler, ces commissions étaient appelées *lettres en commandement.*

13. C'est en cet état que les choses ont été trouvées par les rédacteurs du Code de procédure; l'intérêt même des parties et les besoins de la justice ne permettaient pas qu'on n'en tînt aucun compte; aussi les rédacteurs du Code ont-ils, sauf quelques modifications, consacré les anciens principes. En effet, après plusieurs articles du Code de procédure qui permettent aux juges saisis d'un litige de déléguer leur pouvoir, pour quelque acte d'instruction, à des juges plus voisins des parties ou des lieux contentieux, l'art. 1035 a généralisé le principe en ces termes : « Quand il s'agira de recevoir un serment, une caution, de procéder à une enquête, à un interrogatoire sur faits et articles, de nommer des experts et généralement de faire une opération quelconque en vertu d'un jugement, et que les parties ou les lieux contentieux seront éloignés, les juges pourront commettre un tribunal voisin, un juge, ou même un juge de paix, suivant l'exigence des cas. Ils pourront même autoriser un tribunal à nommer, soit un de ses membres, soit un juge de paix, pour procéder aux opérations ordonnées. »

14. On voit par cet article, qui d'ailleurs ne fait, comme nous l'avons dit, que généraliser le principe déjà posé par plusieurs autres (V. notamment art. 121, 156, 255, 305 et 306), que la loi nouvelle diffère, sous quelques rapports, des anciennes règles. — Ainsi, en premier lieu, les juges ne sont pas tenus, comme autrefois, d'accorder la commission rogatoire sur la demande de l'une des parties, ou même de toutes deux. En principe, ils sont libres de la refuser, car la disposition de l'art. 1035 est purement facultative. D'un autre côté, les juges ne peuvent être gênés par les parties dans l'exercice de ce pouvoir, quand ils croient devoir en faire usage, soit dans leur propre intérêt pour éviter un déplacement à quelqu'un des membres de leur tribunal, soit dans l'intérêt des témoins d'une enquête ou des experts.

15. En second lieu, la commission rogatoire

doit aujourd'hui être donnée par jugement, et, sous ce rapport encore, la loi nouvelle a modifié les anciens principes d'après lesquels la commission était délivrée par une ordonnance du juge sur la requête des parties. M. Carré (*Lois de la proc. civ.*, quest. 3418) enseigne cependant que cette dernière forme paraît avoir été conservée entre les tribunaux de commerce par l'art. 16 du Code de comm. A notre sens, la disposition de cet article ne justifie en rien cette appréciation. « En cas que les livres dont la représentation est offerte, requise ou ordonnée, y lit-on en effet, soient dans des lieux éloignés du tribunal saisi de l'affaire, les juges peuvent adresser une commission rogatoire au tribunal de commerce du lieu, ou déléguer un juge de paix pour en prendre connaissance, dresser un procès-verbal du contenu, et l'envoyer au tribunal saisi de l'affaire. » Or, cet article ne fait rien autre chose qu'ajouter, pour les matières commerciales, un cas spécial à tous ceux que prévoit l'art. 1035 du Code de procédure, applicable d'ailleurs en principe aux matières commerciales comme aux matières civiles. (V. Pardessus, t. 6, 5e édit.) Mais il ne dit en aucune façon que, pour ce cas spécial, la forme dans laquelle la commission rogatoire devra être donnée pourra différer de celle à laquelle les juges sont tenus de s'astreindre dans tous les autres cas. Au contraire, les expressions dont il se sert ne sont que l'équivalent de celles que l'on trouve dans l'art 1035 ; et dès lors, puisque celui-ci a été interprété sans difficulté, en ce sens que la commission rogatoire doit être donnée par jugement, il est sensible qu'une interprétation différente ne saurait être admise par l'art. 16 du Code de commerce.

16. Il n'y a d'exception à cette règle que pour les affaires criminelles. (V. C. inst. crim., 83, 84, 90, 103, 431.) Les juges d'instruction peuvent en effet faire toutes délégations afin d'entendre les témoins, interroger le prévenu ou procéder à des perquisitions. Mais, hors cette exception, qui tient à la nature même des fonctions des juges d'instruction et se justifie par la nécessité de réunir rapidement tous les éléments d'une instruction criminelle ( V. Juge d'instruction ), la règle invariable et constante, c'est que la commission doit être donnée par jugement.

17. On est allé jusqu'à dire que la commission doit être décernée par le jugement même qui ordonne l'opération. (*Sic* M. Carré, *Lois de la proc. civ.*, quest. 3418.) Nous admettons bien que ce serait la forme la plus convenable ; mais à notre avis, ce serait ajouter à la loi que de la considérer comme étant de rigueur. Disons même, avec l'annotateur de Carré, M. Chauveau ( *loc cit.* ), « qu'il est des cas où il deviendrait impossible de suivre cette forme, si, par exemple, la partie présente lors du jugement s'éloignait ensuite, et qu'elle se trouvât retenue à une certaine distance par une maladie ou toute autre cause impliquant nécessité de commettre un juge étranger. Peu importe donc, ce nous semble, que la décision judiciaire contenant cette commission soit celle même qui ordonne l'acte, ou qu'elle n'intervienne qu'après ; il suffit qu'elle émane des magistrats compétents, et qu'elle soit rendue dans les formes légales, pour que l'exécution ne puisse en être entravée. »

18. Au surplus, la nécessité de donner la commission rogatoire par jugement prête à ces commissions quelque chose du caractère qu'avaient autrefois celles qu'on appelait *Lettres en commandement*, et qui, ainsi que nous l'avons dit, étaient expédiées en forme d'arrêt. Elles ressemblent encore à ces dernières sous un autre rapport : la commission rogatoire constitue, à vrai dire, un mandat pour le tribunal auquel elle est donnée ; et bien qu'en thèse générale nul ne soit contraint d'accepter un mandat, la commission rogatoire n'en est pas moins obligatoire. Il est vrai que l'art. 1035 autorise implicitement le tribunal désigné à commettre, à son tour, un de ses membres, ou même un juge de paix, pour procéder à l'acte requis. Il est encore vrai que le président qui serait nommé peut se faire remplacer par un juge ; et même, si le juge désigné avait des raisons légitimes pour s'abstenir, l'opération pourrait être faite par un autre, désigné par le tribunal ou volontairement accepté. ( *Sic* Pigeau, *Comm.*, t. 2, p. 745 ; Thomine-Desmasures, t. 2, p. 699 ; Chauveau sur Carré, *Quest.* 3419 *bis*.) Mais rien de cela ne fait que le tribunal auquel la commission est adressée ne soit pas obligé de remplir le mandat ou de le faire remplir ; il a seulement quelque latitude en ce qui concerne le mode dont l'opération sera remplie et la personne qui y devra procéder. Quant à l'opération en elle-même, il faut nécessairement qu'elle soit accomplie : c'est, comme le disent les auteurs cités, un devoir indispen-

sable mis à la charge des magistrats, qui, un jour, pourront réclamer d'autres tribunaux l'accomplissement d'un devoir semblable, dans l'intérêt de leurs justiciables.

19. La règle a même été appliquée par la Cour de cassation au cas d'une commission rogatoire donnée à un juge pour procéder hors de son ressort. En effet, dans un arrêt de rejet du 27 mai 1823, rendu sur le pourvoi formé contre un arrêt de la cour d'Amiens, du 8 févr. 1822, qui avait consacré la même doctrine, on lit : « Attendu qu'en vertu de la délégation faite par la cour d'Amiens au juge de paix de Saint-Just, délégation fondée sur le motif exprimé dans l'arrêt, le juge de paix *a pu et a dû*, s'il l'a jugé nécessaire, se transporter sur les lieux contentieux compris dans le ressort du juge de paix du canton d'Assainvillers pour procéder aux enquêtes en question. » (Cass., 27 mai 1823, Devillen. et Car. 7. 1. 251 ; J. P. 3ᵉ édit. ) Il faut le dire toutefois, cet arrêt, qui d'ailleurs résout la question par la question, a soulevé des objections très-sérieuses. Il est constant en principe, a-t-on dit, que tout tribunal a son territoire circonscrit, au delà duquel il est incompétent. Par suite, un jugement émané d'un juge qui est sorti de son arrondissement territorial tombera de plein droit, si la preuve de ce fait résulte des énonciations du jugement; il n'aura aucune force obligatoire, attendu que les juges hors de leur territoire ne sont que de *simples particuliers*, d'où il suit que le jugement ne sera pas, dans ce cas, un acte de juridiction, et que, par conséquent, on ne pourra lui accorder l'autorité de la chose jugée. Or, ces règles sont essentiellement applicables à tous les cas, même à ceux où le juge ne se livre qu'à un acte d'instruction ; car, *simple particulier*, il ne peut jamais remplir même l'office de juge-commissaire. D'ailleurs, ajoute-t-on, l'opération du juge-commissaire agissant hors de son ressort serait purement impossible. Par quel greffier, par quel huissier se ferait-il assister ? Hors de son territoire, il est incontestable qu'il n'a aucun ordre à donner aux officiers ministériels du tribunal dans le territoire duquel il se trouve; et quant au greffier et à l'huissier dont il se ferait accompagner, il est également certain qu'ils sont sans aucun caractère hors de l'arrondissement auquel ils sont attachés : en sorte que, privé à la fois des huissiers et des greffiers de l'un et de l'autre territoire, le juge-com-

missaire devrait en cumuler les fonctions avec les siennes, ce qui ne serait ni digne ni convenable. ( *Sic* Chauveau sur Carré, *Lois de la pr. civ.*, t. 2. quest. 988 *bis.* )

20. Malgré ces observations, l'arrêt du 27 mai 1823 nous semble bien rendu. Nous admettons bien le principe d'après lequel tout juge, tout tribunal a son territoire circonscrit, au delà duquel il est incompétent. Bien qu'il ne soit formulé par aucun texte de nos lois actuelles, ce principe n'en doit pas moins être considéré comme constant et comme découlant nécessairement des dispositions de la loi du 27 ventôse an VIII, qui, en organisant les tribunaux, détermina pour chacun d'eux un établissement que l'on appelle ressort. Partant, nous admettons également qu'un jugement émané d'un juge qui est sorti de son arrondissement territorial tombera de plein droit, et n'aura aucune force obligatoire (V. Compétence); mais le principe nous paraît devoir être restreint aux actes de juridiction proprement dite. En ce qui concerne les actes d'instruction prescrits par un tribunal dans une affaire qui est essentiellement de sa compétence, et qui a besoin de s'éclairer, il n'y a rien d'exorbitant, ce nous semble, ni qui constitue un empiétement sur la circonscription territoriale des tribunaux, à permettre à ce tribunal de prendre par lui-même ou par un de ses délégués ses éléments de conviction partout où il les trouve. Remarquons-le d'ailleurs, le texte de l'art. 1035 ne résiste pas à cette solution, au contraire; cet article suppose, en effet, que le juge pourra se transporter partout, même hors de son ressort, pour y procéder à une enquête ou à un autre acte d'instruction ; car la faculté de désigner un juge étranger est basée sur l'éloignement du lieu où l'opération doit être faite, et non sur la position de ce lieu hors du ressort; d'où la conséquence, que le motif de la loi ne paraîtrait plus applicable si, quoique placé hors du ressort, le lieu était cependant assez rapproché du tribunal ; et même, l'art. 1035 consacrant pour le juge une simple faculté et ne lui imposant pas un devoir, il en résulte que, quelque éloigné que soit le lieu où l'opération devra être faite, le juge pourra, s'il ne répugne pas au déplacement, s'y transporter lui-même, au lieu de s'y faire remplacer par un juge du tribunal voisin. La loi ne s'arrête donc pas à cette considération, que le juge est essentiellement incompétent hors de

son ressort, considération qui n'est vraie, encore une fois, qu'à l'égard du juge *rendant la justice*, mais qui perd évidemment toute sa force alors qu'il s'agit de l'appliquer à un juge qui, au lieu de juger, va recueillir les éléments d'une instruction nécessaire à la solution d'un procès pendant devant un tribunal compétent. Et cela étant, on conçoit que les impossibilités prétendues que le juge-commissaire rencontrerait dans sa mission s'évanouissent d'elles-mêmes. En effet, en vertu du jugement qui l'aura commis, et dont il lui suffira d'établir l'existence, le juge-commissaire aura nécessairement action sur les officiers ministériels du lieu où il sera commis; et, en cas de résistance, les tribunaux du lieu ne manqueraient pas de lui donner leur appui, sans quoi la loi qui, encore une fois, présuppose notre solution, eût voulu la fin sans vouloir les moyens.

21. Mais c'est une question encore plus controversée que celle de savoir si les tribunaux peuvent donner une commission rogatoire à un juge étranger. Sur ce point, la cour supérieure de Bruxelles, frappée de l'idée que, dans ce cas, le juge étranger pourrait refuser le mandat, s'est prononcée pour la négative par arrêt du 18 octobre 1826, dans une espèce où l'une des parties demandait qu'il fût donné commission rogatoire au tribunal de Paris, à l'effet d'entendre des témoins domiciliés dans cette ville. « Attendu, dit l'arrêt, que ces sortes de lettres ou commissions rogatoires ne sont point en usage à l'égard d'un juge étranger, mais seulement à l'égard d'une autorité judiciaire établie dans le même royaume et exerçant sa juridiction dans un autre ressort; qu'en effet les différentes autorités judiciaires dans le même royaume rendant la justice au nom du souverain dans les ressorts qu'il leur a respectivement assignés, le juge auquel les lettres rogatoires sont adressées par un juge d'un autre ressort, avec prière de mettre à exécution quelque ordonnance de justice, ou d'informer de quelque fait, ne peut se dispenser de faire droit à une demande semblable qui, quoique sous la forme d'une invitation, doit cependant être censée faite au nom du souverain commun, et pour le plus grand bien de l'administration de la justice dans le royaume en général, tandis que, à moins de conventions diplomatiques ou de traités particuliers de nation à nation à cet égard, un juge étranger et rendant la justice au nom

de son souverain n'est aucunement tenu de déférer à une pareille réquisition et pourrait s'y refuser, si elle lui était adressée...» (Journ. de la cour de Bruxelles, t. 1 de 1827, p. 18.)

22. Comme on le voit, cet arrêt réserve expressément le cas où la commission rogatoire serait déférée en exécution de conventions diplomatiques ou de traités particuliers de nation à nation. Et en effet, dans cette hypothèse, il n'existe aucun motif raisonnable de penser que le mandat résultant de la commission rogatoire ne dût pas être accompli par le juge étranger. Mais de ce que, dans tous les cas où il n'existe ni conventions diplomatiques ni traités de nation à nation, le juge étranger pourrait refuser la commission rogatoire, s'ensuit-il nécessairement que cette commission ne devra pas être donnée par le tribunal français? Nous ne saurions l'admettre, et, à cet égard, la cour de Bruxelles nous semble avoir établi à tort une liaison trop intime entre deux idées qui se divisent très-naturellement. Le juge français, qui a besoin du témoignage de personnes qui sont à l'étranger pour s'éclairer, a devant lui une voie ouverte pour arriver à la découverte de la vérité; n'est-il pas de son devoir de la tenter, sans se préoccuper de la pensée qu'il y pourra rencontrer des obstacles? Sans cela, et s'il suffisait, pour créer une fin de non recevoir absolue, que des lieux où, par exemple, des faits jugés pertinents et admissibles se seraient accomplis fussent situés à l'étranger, on consacrerait cette injustice extrême, que toute affaire qui rendrait indispensable la preuve par témoins de faits passés en pays étranger ne pourrait pas recevoir une décision éclairée. Sans doute, cette injustice peut se produire par le fait de la résistance qu'un tribunal étranger opposerait à la commission rogatoire donnée par le tribunal français; mais c'est une chose bien différente qu'une injustice qui résulterait ainsi d'un fait contre lequel les tribunaux français seraient impuissants, et celle qui serait consacrée en principe par la loi. D'ailleurs, les tribunaux étrangers ne pourraient-ils pas, au lieu de résister à l'action des tribunaux français, la seconder au contraire, soit par bienveillance, soit en vue de procédés semblables dont ils pourraient avoir besoin à leur tour? Or cette possibilité seule suffit à la solution de la question. Ajoutons cependant qu'à défaut d'un texte précis que, sur ce point, nous ne rencontrons pas, il est vrai, dans la loi, on peut

invoquer les anciens principes qui étaient constants sur la question. Jousse a posé, en effet, comme une règle qui n'a été contredite par personne, dans son *Traité de l'administration de la justice* (part. 1, tit. 1, n° 83), « qu'on peut peut même déléguer hors du royaume pour entendre des témoins ; » et développant cette pensée dans son *Traité de la just. crim.* (part. 3, liv. 2, tit. 7,), il s'est exprimé ainsi : « Raviot, sur la coutume de Bourgogne (quest. 256, n^os 16, 17 et 18), dit qu'un Français peut être assigné à comparaître hors du royaume à l'effet d'y compulser des pièces, ainsi qu'il a été jugé par le parlement de Dijon, le 2 déc. 1698. Par la même raison, un témoin étranger peut être entendu hors du royaume, dans une information ou enquête ; si on ne peut l'y faire venir, le juge de France peut, à cet effet, donner au juge du domicile du témoin hors du royaume une commission rogatoire, et il n'y a rien en cela qui soit contraire au droit du souverain. L'éclaircissement de la vérité étant du droit des gens, c'est toujours d'autorité du juge délégué que se fait l'instruction. » Ces considérations nous semblent décisives encore aujourd'hui, et si l'on opposait l'art. 1041 du C. pr. qui a abrogé, par voie de disposition générale, toutes les lois, coutumes, usages et règlements anciens relatifs à la procédure, nous répondrions avec Carré, que cette abrogation ne peut recevoir son application dans un cas particulier, régi, comme le dit Jousse, par les principes du droit des gens. Au surplus, V., dans le sens de cette solution, Carré et son annotateur Chauveau (*Lois de la proc. civ.*, t. 2, quest. 988 *ter*).

23. Aux termes de l'art. 1035 du C. de pr., la commission rogatoire peut être donnée non-seulement à un tribunal voisin, mais encore à un juge, ou même à un juge de paix, suivant l'exigence des cas. Plusieurs difficultés sont nées de cette disposition. En premier lieu, on s'est demandé si, lorsqu'un tribunal a commis un juge étranger pour procéder à une enquête, des témoins qui se trouveraient au lieu où siége le tribunal peuvent lui demander à être entendus par un commissaire pris dans son sein, et non par le juge étranger devant lequel ils auraient été assignés. M. Carré reproduit dans ses *Lois de la procédure* (quest. 988) une ordonnance de l'un des présidents de la cour royale de Rennes, comme juge de référé, qui résout, avec raison, la question par

l'affirmative et décide que deux témoins retenus à Reims seront dispensés de comparaître devant le juge commis dans un département voisin, et seront entendus par lui, attendu que le juge étranger n'avait été commis pour faire l'enquête que comme délégué de la cour, et que cette délégation n'avait pu avoir pour objet des témoins domiciliés au chef-lieu du ressort de cette cour. Seulement, en semblable circonstance, les témoins, ainsi que le dit Carré (*loc. cit.*), devront prendre la précaution de signifier l'ordonnance qui fixe le jour de leur audition d'abord à la partie, pour qu'elle puisse être présente, et ensuite au juge étranger dans la personne du greffier, afin d'éviter la condamnation à l'amende que la loi prononce contre le témoin défaillant. — V. Enquête.

24. En second lieu, on a demandé si, lorsque c'est un juge de paix qui a été commis par un tribunal supérieur, il peut être remplacé, en cas d'absence, par son suppléant, sans commission nouvelle. Deux arrêts, l'un de la cour de Nancy du 18 juillet 1817 (cet arrêt est rapporté dans l'arrêt de rejet du 17 mars 1819, Devillen. et Car. 6. 1. 44), l'autre de la cour de Nîmes du 28 avril 1828 (S.-V. 29. 2. 16 ; J. P. 3^e édit. ; D. P. 29. 2. 66), se sont prononcés pour la négative, par le motif que le suppléant ne peut remplacer le juge que dans les fonctions que celui-ci tient de la loi, et non pas dans celles qui lui sont déférées par d'autres juges, et que d'ailleurs il est de principe qu'un magistrat délégué ne peut en déléguer un autre à sa place. Telle est aussi la doctrine que l'on trouve exprimée dans l'*Encycl. des juges de paix*, v° Délégation de juridiction. Cette solution ne nous semble pas cependant devoir être adoptée. La cour de Poitiers a jugé, en effet, le 10 juin 1831 (S. V. 31. 2. 242 ; D. P. 33. 2. 37), que la délégation adressée par une cour ou un tribunal au juge de paix d'un canton pour procéder à un acte d'instruction, par exemple, à une enquête, doit être réputée adressée à la *justice de paix*, et non à la personne même du juge de paix ; et ce principe, d'où la cour de Poitiers a tiré la conséquence que le suppléant du juge de paix a qualité pour procéder à la mesure déléguée, en cas d'empêchement du juge, répond parfaitement à l'idée émise, dans la doctrine contraire, qu'un magistrat délégué n'en peut subdéléguer un autre, puisque la délégation étant faite *à la justice de paix*, et non

au juge, elle est directement faite, lorsque celui-ci est empêché, au suppléant. D'ailleurs, et en partant même du principe qui a servi de base aux arrêts précités de la cour de Nancy et de Nîmes, à savoir que le suppléant ne peut remplacer le juge que dans les fonctions que celui-ci tient de la loi, on arrive à une solution diamétralement opposée à celle de ces arrêts; car c'est précisément en vertu de la loi, et spécialement en vertu de l'art. 1035 du Code de procédure, qu'un tribunal supérieur investit le juge de paix qu'il délègue pour un acte d'instruction, tellement qu'à défaut de ce texte ou de ceux qui consacrent la même règle, il ne pourrait pas l'investir. D'où il suit que procéder à un acte d'instruction, en vertu d'une délégation, n'est en définitive, pour le juge de paix, qu'une attribution légale; et par une conséquence ultérieure, le suppléant peut remplacer ce juge s'il est empêché, et cela, en vertu même des principes dont les cours de Nîmes et de Nancy se sont inspirées. Au surplus, V. en ce sens, Caron (*Jurisp. des juges de paix*, n° 7) et Chauveau sur Carré (t. 2, *Quest.* 984 *bis*.)

25. Mais le juge délégué est-il soumis aux mêmes formalités que le déléguant, quoiqu'elles ne soient pas exigées dans sa propre juridiction; et spécialement, un juge de paix ou son suppléant procédant à une enquête, par exemple, en vertu d'une délégation, devra-t-il observer les mêmes formalités que si l'enquête était faite devant le tribunal d'arrondissement? On cite quelques décisions qui ont résolu la question négativement, par le motif qu'on ne peut pas obliger les juges de paix à mettre en pratique une loi qui leur est étrangère. Mais la doctrine contraire a été consacrée par la jurisprudence. La Cour de cassation l'a expressément formulée par un arrêt du 22 juillet 1828 (S.-V. 28. 1. 282; D. P. 28. 1. 342); et elle avait préjugé le principe en déclarant, le 17 déc. 1811, que, même pour une enquête faite devant un juge de paix commis, l'art. 261 du Code de procédure devait être observé en ce sens, que l'assignation pour y être présent devait être donnée au domicile de l'avoué et non à celui de la partie. Enfin, la question a été résolue, *in terminis*, dans le même sens par les cours de Limoges (arrêts des 6 août 1822, Devillen. et Car. 7. 2. 110; J. P. 3ᵉ édit. et 4 juillet 1827, S.-V. 28. 2. 261; D. P. 28. 2. 201) et d'Orléans (arrêt du 17 août 1839, S.-V. 40. 2. 11; D. P. 40. 2.

90). Ces décisions sont généralement fondées sur ce que la délégation au juge de paix ne change pas la nature de l'affaire, et qu'ainsi il ne doit pas être permis de la dépouiller des garanties dont la loi en a voulu entourer l'instruction: principe assurément incontestable, et qui a été accueilli par la généralité des auteurs. M. Boncenne (t. 4, p. 234) s'étonne même que semblable question ait pu être soulevée; autant vaudrait demander, dit-il, si la délégation peut changer la nature de l'affaire; et il cite, à l'appui de son opinion, la loi 1, § 1, Cod. (*De officio ejus cui mand. est jurid.*), où on lit: *Qui mandatam juridictionem suscepit, proprium nihil habet, sed ejus qui mandavit juridictione utitur. Sic* Demiau-Crouzilhac, p. 206; Thomine-Desmasures, n° 59; Favard, vᵒ Enquête, sect. 2, § 3; Dalloz, t. 6, p. 845, n° 11; Chauveau sur Carré, *Quest.* 985, à la note; Rodière, *Expl. rais. des lois de la comp. et de la proc.*, t. 2, p. 224.

26. La commission rogatoire, avons-nous dit, est un mandat : à ce titre, elle peut être révoquée comme tout autre mandat. C'est un des moyens par lesquels finit la commission rogatoire, et il est expressément consacré par un arrêt de la cour de Rennes du 2 avril 1810. (Devillen. et Car. 3. 2. 244; J. P. 3ᵉ édit.)

27. Autrefois elle finissait encore par la démission du délégué, lorsqu'il ne dépendait pas du déléguant ou qu'il avait des raisons valables pour se démettre. (V. Jousse, *Traité de l'adminis. de la just.*, t. 1, p. 61.) Les considérations que nous avons exposées *suprà*, n° 18, établissent suffisamment que ce moyen n'existe plus aujourd'hui.

28. Mais on admettait autrefois un troisième moyen, qui était la consommation de l'affaire commise (V. Jousse, *loc. cit.*); et ce moyen, qui résulte de la force même des choses, doit évidemment être admis encore aujourd'hui. Il s'éleva alors une difficulté, celle de savoir si, lorsque le mandat a pris fin par la consommation de la chose commise, le greffier du tribunal commis doit envoyer la minute ou seulement une expédition au tribunal commettant. A cet égard, M. Pigeau (*Comm.*, t. 2, p. 745) enseigne que « le greffier doit envoyer la minute, s'il s'agit d'une enquête, d'un interrogatoire, d'un rapport d'experts, ou de toute autre opération où la vue de la minute peut jeter plus de jour sur l'affaire; et qu'au contraire, il doit envoyer une expédition seule-

IV.

ment, s'il s'agit d'un serment, d'une réception de caution, d'une nomination d'experts, etc., où la vue de la minute est indifférente à la décision du juge. » Cette distinction a été repoussée, avec raison, ce nous semble, par M. Chauveau sur Carré (t. 6, *Quest.* 3419 *ter*), d'après lequel le tribunal commis ne remplissant pas son propre office, la minute doit être, dans tous les cas, envoyée au tribunal commettant, qui est censé avoir fait lui-même l'acte en question.

**COMMISSIONNAIRE DE TRANSPORT ET DE ROULAGE.** — V. Commission-commissionnaire, chap. 2, sect. 3.

**COMMISSOIRE (Pacte).** — 1. Les jurisconsultes donnent ce nom à une clause qui, appliquée à certains contrats dans la prévoyance de leur inexécution, produit des effets plus rigoureux que ceux qui résulteraient du droit commun. Les Romains l'appelaient *lex commissoria.*

*Lex* désignait souvent à Rome une *clause* ajoutée à une convention (V. Instit. *De locat.* § 57), et le verbe *committere*, employé au passif, exprimait la réalisation d'un cas prévu; de là cette locution *committitur stipulatio* (Inst. *De verb. oblig.*, § 4; l. 115, § 1 et 2, ff. *eod.*), *committitur pœna* (l. 3, § 1, l. 4, § 1, l. 5, § 4, ff. *eod.*), que l'on rencontre si fréquemment dans les textes et qui indique qu'une stipulation doit produire son effet, ou qu'une clause pénale est encourue.

2. La doctrine distingue deux pactes commissoires: l'un s'applique au nantissement, et l'autre à la vente. Nous ne reviendrons pas sur ce qui a rapport à l'antichrèse (V. ce mot, n<sup>os</sup> 23, 24, 25, 36).

§ 1<sup>er</sup>. — *Du pacte commissoire appliqué au nantissement.*

§ 2. — *Du pacte commissoire appliqué à la vente.*

—

§ 1<sup>er</sup>. — *Du pacte commissoire appliqué au nantissement.*

3. Ce pacte est une clause par laquelle le créancier qui reçoit un objet en gage, stipule que la propriété de cet objet lui sera acquise, si la dette n'est pas acquittée dans un délai déterminé.

4. Dans l'ancien droit romain, à l'époque où la *fiducie* était en usage, le pacte commis-

soire n'eût été d'aucune utilité. La propriété du gage était transférée au créancier, qui s'obligeait à la transférer de nouveau au débiteur dès que la dette aurait été payée (V. Caius, *Inst.*, liv. 2, § 59, 60; Paul, *Sentent.*, liv. 2, tit. 13). Dans la suite, et lorsque le gage ne fut plus qu'un simple dépôt entre les mains du créancier, le pacte commissoire dut promptement s'introduire; mais selon quelques interprètes, les lois romaines l'auraient plutôt toléré que permis (Voet, *Pandect.*, liv. 20, tit. 1, n° 25.— *Répert.*, v° Pacte commissoire, n° 2).

Ce pacte, qui favorise si ouvertement l'usure lorsque la valeur du gage surpasse le montant de la dette, offre toujours, ainsi que l'a fait observer Perezius (Cod. liv. 8, tit. 35, n° 4), la chance fâcheuse de dépouiller le débiteur de sa propriété par suite du plus léger retard.

Aussi, une constitution de Constantin, portée l'an de J. C. 354, proscrivit le pacte commissoire et annula toutes les clauses de ce genre qui auraient pu être antérieurement consenties : *cum præteritis præsentia quoque repellit, et futura prohibet* (l. 3, Cod. *De pact. pign.*) (1).

5. Les docteurs sont divisés sur la question de savoir si la constitution de Constantin était applicable au pacte établi *ex intervallo*, comme à celui qui avait été consenti en même temps que le gage. Quelques-uns, invoquant la loi 34 (ff. *De pign. act.*) qui prévoit plutôt le cas d'une vente conditionnelle que celui d'un pacte commissoire, soutenaient que le gage établi *ex intervallo* était valable, au moins *ad excipiendum*. Cette opinion, justement proscrite par la doctrine, paraît avoir été suivie dans la pratique (V. Perezius, *eod.* n° 8; Voet, liv. 20, tit. 1, n° 25; *Répert.* v° Pacte commissoire, n° 3).

6. La question de savoir si le pacte commissoire peut être stipulé en faveur de la caution a été également controversée. L'affirmative, soutenue par quelques interprètes d'après la loi 81 (ff. *De contrah. empt.*) a été rejetée par ce motif, que la caution qui acquitte la dette devenant créancière du débiteur principal, ne peut avoir contre celui-ci plus de droit que le créancier primitif dont

(1) Dans son *Discours au Corps législatif*, M. Gary, orateur du tribunat, a, par inadvertance, attribué à Justinien la constitution de Constantin qui a proscrit le pacte commissoire.

elle prend la place (Voet, *Pandect.*, liv. 20, tit. 1, n° 25; *Répert.*, v° Pacte commiss., n° 4).

7. La nullité du pacte commissoire était regardée comme tellement rigoureuse qu'elle ne pouvait être couverte par aucun acte confirmatif, pas même par le serment du débiteur (Perezius, Cod. liv. 8, tit. 35, n° 5).

8. La loi 16 (§ 9, ff. *De pign.*) permet de convenir, lors de la constitution du gage, d'une sorte de vente conditionnelle qui se réalisera si le débiteur ne remplit pas son engagement : la même loi accorde au débiteur l'action *pignoratitia* pour se faire tenir compte par le créancier de la portion de prix de la vente qui excéderait le montant de la créance,

Les interprètes pensaient généralement que cette loi devait être suivie (Perezius, Cod. liv. 8, tit. 35, n° 6), mais ils rejetaient certaines conventions qui n'étaient en réalité qu'un pacte commissoire déguisé. Voet (liv. 20, tit. 1, n° 26) déclare notamment inadmissible la clause qui attribuerait au créancier la totalité du prix que l'on pourrait tirer du gage, et celle par laquelle le débiteur s'engagerait à transférer purement et simplement au créancier la propriété du gage, à défaut de paiement dans un délai déterminé.

9. Le pacte commissoire était également proscrit dans notre ancienne jurisprudence qui avait « adopté la Constitution de Constantin, dit Pothier (*Nantissement*, n° 18), pour empêcher les fraudes des usuriers. »

On pouvait toutefois convenir qu'à défaut de paiement dans un délai déterminé, le gage serait acquis au créancier, non pas *simpliciter*, dit Pothier, comme dans le pacte commissoire, mais suivant l'estimation qui en serait faite par experts, et sauf aux parties à se faire respectivement raison de la différence qui pourrait exister entre le montant de la dette et celui de l'estimation du gage. (V. Pothier, *Nantissement*, n° 19; Merlin, *Répert.*, v° Gage, n°s 4 et 7).

10. L'art. 2078 du Code civil déclare que « le créancier ne peut, à défaut de paiement, disposer du gage, » et prononce la nullité de toute clause qui autoriserait le créancier, non-seulement à *s'approprier* le gage, mais même à *en disposer* sans les formalités prescrites. « Le gage, considéré comme moyen d'assurer l'exécution des engagements, est un contrat favorable sans doute, disait M. Berlier au corps législatif; mais il deviendrait odieux et contraire à l'ordre public, si son résultat était d'enrichir le créancier en ruinant le débiteur. »

11. En proscrivant le pacte commissoire, le législateur n'a pu interdire le contrat de vente permis à toute personne capable de contracter (C. civ. 1594). Il a été formellement reconnu au conseil d'état que la vente faite par le débiteur au créancier, avant ou depuis l'échéance de la dette, est valable. Sans doute une pareille vente peut donner lieu à de graves abus. Il est évident, par exemple, que la vente à réméré (C. civ. 1659) pourra souvent déguiser un véritable prêt sur gage; il en est de même de la dation en paiement, permise par les rois romains (l. 44 ff. *De solut.*; l. 73 Cod., *De pign.*) et par l'art. 1243 du Code civ. Cependant le législateur n'a pas cru devoir admettre une prohibition que la mauvaise foi serait presque toujours parvenue à éluder; mais il a laissé aux tribunaux le soin d'apprécier les caractères de simulation dont la vente du gage pourrait être entachée, et de prononcer la nullité du contrat, s'il leur paraissait n'être, dans la réalité, que l'exécution d'un pacte commissoire. (Delvincourt, t. 2, p. 281, note 4; Duranton, t. 18, n°s 537, 538, 568.)

12. La clause que « si la dette n'est pas payée dans un délai déterminé, la chose engagée sera acquise au créancier (*jure emptoris possideat rem, justo pretio tunc æstimandam.* l. 16, § 9, ff. *De pign.*), » dans laquelle les Romains voyaient une vente conditionnelle, ne nous paraît pas admissible aujourd'hui. En effet, l'article 2078 du Code civil déclare nulle toute clause qui autoriserait le créancier à s'approprier le gage ou à en disposer sans les formalités qu'il prescrit; or, la première de ces formalités est l'autorisation de justice. (V. Pothier, *Vente*, n° 25; Delvincourt, t. 3, p. 219, note 6; Duranton, t. 16, n°s 112 et suiv.; Troplong, *Vente*, n° 157.) L'opinion contraire est professée par M. Rolland de Villargues (*Rép. du not.*, v° Gage, n° 33).

13. La nullité du pacte commissoire prononcée par l'article 2078 peut être invoquée pendant trente ans (C. civ., 2262) : il ne s'agit pas, dans ce cas, d'une action en rescision prescriptible par dix ans, d'après l'art. 1304. (V. Toulouse, 5 mars 1831, S.–V. 34. 2. 111; J. P. 3e édit.; D. P. 34. 2. 59.)

Cette nullité, qui n'entraîne pas celle du contrat de gage (C. civ., 1227), ne peut être couverte par aucun acte confirmatif : on ne pourrait voir non plus, dans la tradition que le débiteur ferait du gage, une exécution volontaire emportant ratification du pacte. L'article 1338 du Code civil n'est pas applicable dans ce cas.

14. Il existait à Rome une sorte de contre-partie du pacte commissoire : c'était la clause *ne pignus distraheretur*, par laquelle on convenait que le créancier n'aurait pas le droit de vendre le gage (l. 4, ff. *De pign. act.*). Cette clause n'enlevait pas au créancier le droit d'aliéner le gage, elle lui imposait seulement l'obligation de mettre le débiteur en demeure par trois avertissements. Sous l'empire du Code civil, toute clause par laquelle le créancier renoncerait au droit de faire vendre le gage serait nulle. (V. Delvincourt, t. 2, p. 281, note 4.) On peut toutefois convenir que le créancier sera tenu, avant de poursuivre l'aliénation du gage, d'avertir le débiteur un certain temps d'avance, ou de remplir certaines formalités.

### § 2. — *Du pacte commissoire appliqué à la vente.*

15. C'est une clause par laquelle les parties conviennent que la vente sera considérée comme non avenue si l'acheteur ne paie pas le prix dans un délai déterminé.

La vente faite sous cette condition portait, à Rome, le nom de *venditio commissoria* (l. 4, Cod. *De pact. int. empt.*); dénomination qui vient, selon quelques commentateurs, de ce que l'acheteur qui ne payait pas le prix *committebat in venditionem*, et, selon d'autres, de ce que la chose vendue était restituée au vendeur, *venditori committebatur*.

16. Les termes dans lesquels le pacte commissoire était ordinairement conçu nous ont été transmis par les jurisconsultes romains. On déclarait : *ut, si ad diem (emptor) pecuniam non solvisset, res inempta fieret* (l. 10, ff. *De rescind. vend.*); *ut si ad diem pecunia soluta non sit, fundus inemptus sit* (l. 2, ff. *De leg. commiss.*); ou bien encore, lorsqu'une partie du prix avait été payée, on ajoutait, *ut nisi reliquum pretium intrà certum tempus restitutum esset, (prædium) ad se reverteretur* (l. 3. Cod. *De pact. int. empt.*).

17. On ne voit pas, au premier coup d'œil, l'utilité de la *lex commissoria*, puisque, d'après les principes de la législation romaine, le vendeur pouvait refuser de livrer la chose lorsque l'acheteur ne lui offrait pas le prix (l. 13, § 8, ff. *De act. empt.*), et que, d'un autre côté, la tradition ne transférant pas la propriété à l'acheteur tant qu'il restait débiteur du prix (*Inst.*, liv. 2, tit. 1er, § 41), le vendeur conservait, même à l'égard des tiers, la propriété de l'objet vendu et le droit de le revendiquer. Mais le contrat de vente subsistant toujours, le vendeur restait tenu de tous ses engagements envers l'acheteur, qui, en faisant l'offre du prix, aurait pu, à une époque quelconque, exiger la tradition. Pour dégager le vendeur d'une obligation à laquelle il aurait pu rester perpétuellement soumis, il fallait donc convenir qu'à défaut de paiement dans un délai déterminé, le contrat serait considéré comme non avenu : tel est le but de la *lex commissoria*. (V. Ducaurroy, *Instit.*, n° 1046.)

18. Cette clause s'appliquait avec la plus grande rigueur : la vente était résolue de droit et sans qu'il fût nécessaire de mettre l'acheteur en demeure. Ce point, qui paraît avoir fait naître quelques doutes dans l'esprit des anciens jurisconsultes, est formellement établi par les lois 4, § 4, ff. *De leg. commiss.*; 23, ff. *De oblig. act.*; 12, Cod. *De contrah. stip.* (V. Voet, liv. 22, tit. 1er, n° 31, *Répert.*, v° Clause résolutoire, n° 1.)

19. Le pacte commissoire, admis dans notre ancienne jurisprudence, ne résolvait pas le contrat, comme à Rome, de droit et par la seule échéance du terme fixé pour le paiement du prix. Il donnait seulement lieu à une action en résolution, dont l'acheteur pouvait, jusqu'à la sentence, éviter les effets en offrant de payer le prix. (Pothier, *Vente*, n° 459; Duranton, t. 16, n° 376.)

20. Le pacte commissoire est consacré par l'art. 1655 du C. civ. D'après le droit commun, le défaut de paiement du prix donne lieu à la résolution de la vente (1184-1654), mais le juge peut accorder un délai à l'acheteur (1655); tandis que, lorsque le pacte commissoire a été stipulé, nul terme de grâce ne peut être accordé, et le jugement qui contreviendrait au pacte serait susceptible de cassation pour violation de l'art. 1656. (Duranton, t. 16, n° 375.)

21. La vente dans laquelle ce pacte a été stipulé est réputée pure et simple, c'est la résolution du contrat qui est conditionnelle : *Magis est, ut sub conditione resolvi emptio, quam sub conditione contrahi videatur*, dit Ulpien (l. 1, ff. *De leg. commiss.*), et cette décision a été admise par les jurisconsultes français. (*Répert.* v° Pacte commiss., n° 1; Duranton, t. 16, n° 74.)

22. Le pacte commissoire n'est ordinairement stipulé que dans l'intérêt du vendeur et pour le cas seulement de défaut de paiement du prix : on pourrait toutefois l'établir dans l'intérêt réciproque des contractants, pour le cas où l'un ou l'autre contreviendrait à l'une des clauses du contrat ( C. civ. 1584). Ainsi, par exemple, on pourrait convenir que le vendeur serait tenu de reprendre l'immeuble vendu s'il se trouvait grevé de servitudes non déclarées dans l'acte de vente. ( *Répert.*, v° Clause résolutoire, n° 3 ; Domat, *Lois civiles*, liv. 1. tit. 2, sect. 12, n° 11. )

23. Il est évident que celui des contractants qui n'a pas rempli ses engagements ne peut se prévaloir du pacte et demander la résolution de la vente. Le vendeur peut, à défaut de paiement dans le délai convenu, poursuivre l'exécution du pacte ou le paiement du prix : les lois 2 et 3 (ff. *De leg. commiss.*) le décident textuellement, et cette décision a été adoptée par tous les jurisconsultes. ( Pothier, *Vente*, n° 160 ; *Répert.*, v° Clause résolutoire, n° 2.)

24. La faculté accordée au vendeur de poursuivre, à son gré, la résolution ou l'exécution du contrat a fait naître la question de savoir si, après avoir conclu à la résolution de la vente, le vendeur est encore recevable à demander le paiement du prix, et, réciproquement, s'il peut invoquer le pacte après avoir réclamé le paiement du prix.

Il n'existait, à Rome, aucun doute sur ce point : le vendeur qui avait fait son choix ne pouvait plus varier. (L. 4, § 2 ; 6, § 2 ; 7, ff. *De leg. commiss.*) Cette décision s'appliquait avec une telle rigueur qu'il suffisait que le vendeur eût demandé le paiement des intérêts du prix pour être déchu du droit d'invoquer le pacte. (l. 4, Cod. *De pact. int. empt.*) Cette solution était fondée sur ce que la vente étant résolue *de droit* par l'effet du pacte, le vendeur qui invoquait ce pacte ne pouvait plus réclamer l'exécution d'une obligation dont la résolution du contrat aurait affranchi l'acheteur.

Quoique la résolution de la vente n'eût pas lieu de droit dans notre ancienne jurisprudence, et qu'une sentence fût nécessaire, Pothier, adoptant la décision des lois romaines, enseignait que le vendeur qui a formé sa demande ne peut plus varier. (*Vente*, n°* 461, 462. )

Cette doctrine a été combattue par les jurisconsultes modernes : ils décident généra-

lement qu'après avoir poursuivi l'acheteur en paiement du prix, le vendeur peut encore demander la résolution de la vente. ( V. Merlin, *Répert.*, v° Résolution, § 4 ; *Questions de droit*, v° Option, n°s 1-10, § 1 ; Duvergier, *Vente*, n°s 446, 447 ; Duranton, t. 16, n° 379; Troplong, *Vente*, n°s 655, 656.) — V. Condition , Condition résolutoire.

25. Pothier enseigne que l'action qui résulte du pacte commissoire est *personnelle-réelle*, qualification qui peut paraître étrange, mais que Pothier explique en disant que l'action dont il s'agit est *personnelle*, en ce sens qu'elle naît du contrat de vente, et tend à obtenir de l'acheteur l'exécution de l'obligation qu'il s'est imposée ( l. 3, Cod. *De pact. int. empt.* ), mais qu'elle est *réelle*, en ce sens qu'elle suit l'objet vendu dans les mains des tiers détenteurs. Cet objet, ajoute Pothier, est affecté à l'exécution de l'obligation imposée à l'acheteur par le pacte ; et cette charge, comme celle qui résulte du pacte de rachat, le suit en quelques mains qu'il passe. (Pothier, *Vente*, n°s 395, 463, 464; Duranton, t. 16, n° 378. )

Faut-il conclure de cette explication que l'action qui nous occupe doit être rangée parmi les actions *mixtes*? (C. de procéd. art. 59. )

Bien qu'il y ait quelque incertitude, dans les diverses interprétations proposées jusqu'à ce jour, sur le sens dans lequel le mot *mixte* doit être entendu dans le Code de procédure, ( V. Pothier, *Introduction aux coutumes*, n° 122 ; Boitard, t. 1, p. 214; Troplong, *Vente*, n°s 624 à 630) il paraît hors de doute que l'action résultant du pacte commissoire devra, si elle est dirigée contre l'acheteur, être portée au tribunal de son domicile, et, si elle est dirigée contre un tiers détenteur, être portée au tribunal de la situation de l'immeuble vendu. — V. Action, n° 53.

26. La loi 5, ff. *De leg. commiss.*, soumet l'acheteur, en cas de résolution de la vente, à la restitution des fruits : il serait injuste en effet, dit Pothier, que l'acheteur profitât à la fois de la chose et du prix. Toutefois, ces fruits devraient être compensés avec les intérêts des sommes qui auraient pu être payées (Pothier, *Vente*, n°s 465, 466; Duranton, t. 16, n° 378), et cette restitution ne doit pas s'étendre aux fruits que l'acheteur aurait négligé de percevoir : *quos percipere potuisset.*

27. S'il avait été convenu que le vendeur, en reprenant la chose, garderait, à titre de

dommages-intérêts, la portion du prix déjà payée par l'acheteur, celui-ci ne restituerait pas les fruits : dans ce cas, en effet, le vendeur se trouve indemnisé du défaut de jouissance par la portion du prix qui reste entre ses mains. (l. 4, § 1, ff. *eod.*; Pothier, *eod.*)

28. L'acheteur doit tenir compte au vendeur de toutes les détériorations survenues par sa faute; et, de son côté, le vendeur doit rembourser les impenses nécessaires et même les impenses utiles, *quatenùs res pretiosior facta est :* il peut toutefois se dispenser du remboursement de ces dernières, en permettant à l'acheteur d'enlever les améliorations. Le vendeur est tenu en outre, sauf stipulation contraire, de restituer à l'acheteur ce qu'il a pu recevoir comme à-compte sur le prix. ( Pothier, *Vente,* n° 469.)

29. Les frais et loyaux coûts ne sont pas remboursés à l'acheteur, qui doit s'imputer la résolution de la vente : ils le sont au contraire dans le cas du pacte de réméré (C. civ. 1673), qui n'est établi que dans l'intérêt du vendeur. ( Pothier, n° 470. )

Ainsi, l'acheteur supporte sans répétition, outre les dépens de l'instance en résolution, les frais d'acte, les droits de mutation et le nouveau droit auquel le jugement donne lieu. Ce nouveau droit est *proportionnel* lorsque l'acheteur a été mis en possession de l'objet vendu, et *simple* lorsqu'il n'est pas entré en jouissance. (L. du 22 frim. an VII, art. 60; Duvergier, t. 11, p. 117; loi du 27 vent. an XII, art. 12 ; Duvergier, t. 12, p. 419; Duranton, t. 16, n°ˢ 67-178; Troplong , *Vente*, n° 654.)

30. Lorsque le prix est payable par parties et à plusieurs termes, le pacte est applicable à défaut de paiement d'un seul terme, fût-ce même du dernier. Dans ce cas, le vendeur, en reprenant la chose, devrait restituer ce qu'il aurait reçu , déduction faite de ce qui pourrait lui être alloué à titre de dommages-intérêts. ( L. 3, Cod. *De pact. int. empt.*; — Duranton, t. 16, n° 377.) Il serait difficile d'appliquer cette décision au défaut de paiement des intérêts ou d'une partie des intérêts du prix, à moins que le pacte ne contînt une disposition expresse à ce sujet.

31. La disposition de l'art. 1656 qui, nonobstant le pacte commissoire, permet à l'acheteur de payer, même après l'expiration du délai, *tant qu'il n'a pas été mis en demeure par une sommation*, a fait naître la question de savoir si les parties peuvent convenir que la vente sera résolue de droit et *sans sommation.*

Plusieurs jurisconsultes enseignent que l'addition des mots, *sans qu'il soit besoin de sommation*, n'ajoute rien aux effets attribués au pacte commissoire par l'art. 1656, et que nonobstant cette clause, l'acheteur peut payer après l'expiration du délai, tant qu'il n'a pas été mis en demeure par la sommation. Il n'a pu entrer dans l'esprit du législateur, disent-ils, de faire produire à des expressions additionnelles, qui deviendraient facilement de style, un effet aussi absolu et aussi rigoureux que celui de la résolution. Cette doctrine est professée notamment par M. Duranton (t. 16, n°ˢ 375, 376 ).

Cette décision ne nous paraît pas admissible ; et, sans développer ici, sur l'effet plus ou moins rigoureux des conditions résolutoires *expresses* et *tacites*, une théorie qui trouvera sa place au mot *Condition* (V. ce mot), nous nous contenterons de faire observer que l'art. 1656, en exigeant que l'acheteur soit mis en demeure *par une sommation*, s'écarte du droit commun dans lequel les parties ne font que rentrer en déclarant que la sommation ne sera pas nécessaire.

Le simple rapprochement des art. 1139, 1183, 1184 et 1656, suffit pour justifier cette assertion.

A la différence du droit romain, qui annulait la vente de droit et sans sommation, notre ancienne jurisprudence adoptant les principes du droit canonique, regardait la plupart des clauses résolutoires comme comminatoires, et n'attribuait au pacte commissoire d'autre effet que de donner lieu à une demande en résolution. Aujourd'hui, la condition résolutoire *expresse* opère de droit, d'après l'article 1183, la résolution du contrat, et la mise en demeure résulte de la seule échéance du terme, lorsque les parties l'ont expressément déclaré (1139). Ce n'est que pour la condition résolutoire *tacite* que l'art. 1184 a exigé une sommation et un jugement. En subordonnant l'effet du pacte commissoire *à une sommation*, l'art. 1656 a donc dérogé à la règle générale posée dans les art. 1139 et 1183, et en déclarant que la sommation ne sera pas nécessaire, l'acheteur ne fait que renoncer à un bénéfice qui n'est certes pas d'ordre public. Cette doctrine est soutenue par Toullier (t. 6, n°ˢ 567, 568, 569 ), Troplong ( *Vente,* n°ˢ 60, 61, 668) et Duvergier ( *Vente,* n° 462 ).

Remarquons toutefois avec M. Duvergier (*Vente*, n° 462) que, lorsque le paiement doit se faire au domicile de l'acheteur, il est indispensable que le vendeur se présente à ce domicile, et constate qu'il s'y est présenté inutilement; ce sera le plus ordinairement par une sommation que ce fait sera constaté; mais il pourrait être prouvé de toute autre manière et même par témoins.

32. La question de savoir si, après la sommation et jusqu'au jugement qui prononce la résolution de la vente, l'acheteur peut purger la demeure par des offres, est vivement controversée.

On a signalé, dans l'intérêt de l'acheteur, la différence de rédaction qui existe entre l'article 1655 et l'art. 1656. L'art. 1655 ordonne au juge de *prononcer la résolution de la vente*, lorsque l'acheteur n'a pas payé dans le délai de grâce qui lui a été accordé, tandis que l'art. 1656 défend seulement au juge d'*accorder un délai* après la sommation, prohibition qui serait, dit-on, complétement inutile si la résolution de la vente devait être prononcée. Le véritable effet du pacte commissoire, ajoute-t-on, est d'enlever aux tribunaux le pouvoir que le droit commun leur confère (C. civ., 1184, 1244, 1655), d'accorder un délai de grâce à l'acheteur. Or, dans le cas qui nous occupe, l'acheteur ne demande pas un délai; il prétend seulement par ses offres purger la demeure. En décidant que, nonobstant ces offres, la vente doit être résolue, on arrive à ce résultat d'une rigueur extrême, que l'acheteur, absent au moment où la sommation serait notifiée à son domicile, se trouverait dépossédé de l'objet vendu : on rendrait par là au pacte commissoire le caractère odieux qu'il avait dans le droit romain. A l'appui de ce système développé par M. Duranton (t. 16, n° 377), on invoque un arrêt de la cour de Bruxelles, du 7 août 1811. (S.-V. 12. 2. 22; J. P. 3° édit.; — Troplong, n° 669, note.)

Nous n'hésitons pas à rejeter cette solution dont le résultat serait d'annuler le pacte commissoire, en le reléguant parmi ces clauses comminatoires autrefois si fréquentes, que le Code civil a proscrites sans retour. L'art. 1656 s'est montré assez favorable à l'acheteur, en lui permettant de payer après l'expiration du délai, *tant qu'il n'a pas été mis en demeure par une sommation*. Lorsque la sommation a été faite, la déchéance est acquise, comme elle l'était à Rome, par la seule expiration du dé-

lai : si l'acheteur peut payer après l'expiration du délai, il ne le peut que *tant qu'il n'a pas été mis en demeure par une sommation :* les termes de l'art. 1656 sont formels.

Il est facile d'ailleurs, en comparant le texte de l'art. 1656 avec ce qu'enseignaient autrefois Pothier et Domat, de reconnaître l'intention du législateur. D'après Pothier (*Vente*, n° 460) « l'acheteur pouvait payer jusqu'à ce que la sentence fût intervenue » et empêcher, par des offres, la résolution du contrat. Domat allait plus loin et décidait (l. 1, tit. 2, sect. 12, n° 12) que non-seulement le défaut de paiement n'entraînait pas la nullité du contrat, mais « qu'on pouvait accorder un délai pour ce qui avait été promis. » Appelés à opter entre la rigueur des lois romaines et une doctrine qui rendait le pacte commissoire à peu près inutile, les rédacteurs du Code civil ont pris un moyen terme : ils ont permis à l'acheteur de payer après l'expiration du délai; mais, rejetant l'opinion de Pothier, dans la première partie de l'art. 1656, et celle de Domat, dans la seconde, ils n'ont pas plus permis à l'acheteur de *faire des offres* après la sommation, qu'ils n'ont permis au juge de lui *accorder un délai*. Pour se convaincre que l'art. 1656 a été rédigé dans ce sens, il suffit de jeter les yeux sur l'*exposé des motifs* : « On demande, disait M. Portalis, si l'acquéreur peut utilement, après le délai, satisfaire à ses obligations? L'affirmative est incontestable *tant que cet acquéreur n'a pas été mis en demeure par une sommation.* » « L'acquéreur, disait M. Grenier, pourra bien payer, même après l'expiration du délai, *tant qu'il n'aura pas été mis en demeure par une sommation.* »

La doctrine et la jurisprudence se réunissent pour consacrer cette interprétation. (V. Troplong, *Vente*, n°s 669-672; Duvergier, *Vente*, n° 463; Merlin, *Questions de droit*, v° Emphytéose, § 3;—Cass.,16 juin 1818, S.-V. 19. 1. 188; J. P. 3° édit.; D. P. 19. 1. 88;— 19 août 1824, S.-V. 25. 1. 49; J. P. 3° édit.; D. A. 10. 516.)

33. Lorsque le pacte commissoire s'applique à la vente d'objets mobiliers, son effet est plus rigoureux qu'à l'égard des immeubles, en ce sens, qu'à l'expiration du délai convenu, la vente est immédiatement résolue sans que le vendeur soit tenu de faire sommation, et sans que l'acheteur puisse empêcher la résolution en payant après l'expiration des termes

stipulés. (Cod. civ. 1667; Duvergier, *Vente*, nᵒˢ 445, 461; Troplong, *Vente*, nᵒ 667.) Le législateur n'a pas voulu, dit M. Troplong (nᵒ 677), que le vendeur fût empêché, par le fait de l'acheteur, de profiter des variations de prix si promptes et si fréquentes dans le commerce des choses mobilières, tandis qu'il a cherché à éviter, pour les ventes d'immeubles, une résolution dont les conséquences sont si fâcheuses surtout à l'égard des tiers.

34. On peut ajouter au pacte commissoire des clauses destinées à en augmenter l'efficacité : on peut convenir, par exemple, que si, après la résolution du contrat, le vendeur fait une seconde aliénation à un prix inférieur, l'acheteur sera tenu de la différence. Cette clause, prévue par la loi 4, § 3, ff. *De leg. commiss.*, et par Pothier, nᵒ 472, ne serait en réalité qu'une fixation faite d'avance par les parties des dommages-intérêts résultant de l'inexécution du contrat; elle aurait une grande analogie avec les dispositions du Code de procédure relatives à la folle enchère. (V. art. 737, 743, 744.)

35. On peut également convenir qu'outre les sommes payées à titre d'arrhes (V. nᵒ 27), le vendeur gardera, par forme de dommages-intérêts, la partie du prix payée à compte par l'acheteur. Pothier enseigne (*Vente*, nᵒˢ 467, 473) que cette clause est illicite lorsque la somme payée à compte excède « ce à quoi les dommages-intérêts dus au vendeur pourraient être estimés au plus cher. » Cette doctrine ne nous semble pas admissible aujourd'hui. (Cod. civ. 1134, 1152.)

36. Il ne faut pas conclure du texte de l'art. 1656 que, dans la rédaction du pacte commissoire, il soit indispensable de stipuler que la résolution aura lieu *de plein droit;* l'absence de ces expressions, traduction inexacte de l'*ipso jure* des lois romaines, ne donnerait pas au juge le pouvoir de vérifier les causes du retard apporté au paiement, et d'accorder un délai à l'acheteur. (Troplong, *Vente*, nᵒ 666.) *De plein droit* ( Cod. civ. 956, 960, 1117, 1251, 1290, 1656, 1657) et *de droit* (Cod. civ. 502, 1299, 1583) sont deux locutions dont les rédacteurs du Code civil ont quelquefois fait usage sans se rendre exactement compte du sens qu'ils prétendaient y attacher.

37. Le défaut de fixation du terme dans lequel le prix est payable n'a jamais paru aux interprètes devoir entraîner la nullité du pacte commissoire. (L. 3, ff. *De cont. empt.*; Perezius, *Cod.*, l. 4, tit. 54, nᵒ 9.) Voet enseigne, d'après la loi 31, § 22, ff. *De œdilit. edict.*, qu'il faut, en ce cas, accorder à l'acheteur un délai de soixante jours. (*Pand.*, l. 18, tit. 3, nᵒ 4); nous pensons avec Pothier (*Vente*, nᵒ 474), et d'après les art. 1900, 1901 du Code civil, que la résolution devra être prononcée, faute par l'acheteur de payer « dans le délai qui sera arbitré et lui sera imparti par le juge. »

38. L'action qui résulte du pacte commissoire se prescrit :

1ᵒ Entre le vendeur et l'acheteur, par trente années (Cod. civ. 2262) qui courent du jour où le prix a été exigible (2257);

2ᵒ Entre le vendeur et le tiers qui possède de bonne foi et avec juste titre, par dix et vingt ans (2265).

La bonne foi existe lors même que le tiers détenteur sait que le prix n'a pas été payé; si cependant ce tiers avait été chargé par son contrat de payer le vendeur, il ne pourrait invoquer que la prescription de trente ans. (Troplong, *Vente*, nᵒ 662; — Limoges, 19 janvier 1824, S.-V. 26. 2. 183; J. P. 3ᵉ édit.)

**COMMITTIMUS.** C'était un terme de chancellerie, qui exprimait le droit ou privilége que le roi accordait à certaines personnes de plaider en première instance, tant en demandant qu'en défendant, par-devant certains juges, et d'y faire évoquer des causes où elles avaient un intérêt. Le privilége de Committimus a été aboli par l'art. 13 de la loi du 7 septembre 1790.

**COMMITTITUR.** On appelait ainsi l'ordonnance que le président d'un tribunal mettait au bas d'une requête par laquelle il commettait un conseiller, soit pour l'instruction d'une affaire, soit pour faire une enquête et entendre des témoins, pour reconnaissance de promesse, ou pour autres causes semblables.

**COMMIXTION** ou Mélange. C'est une des trois espèces particulières d'accession artificielle. — V. Accession, nᵒ 45.

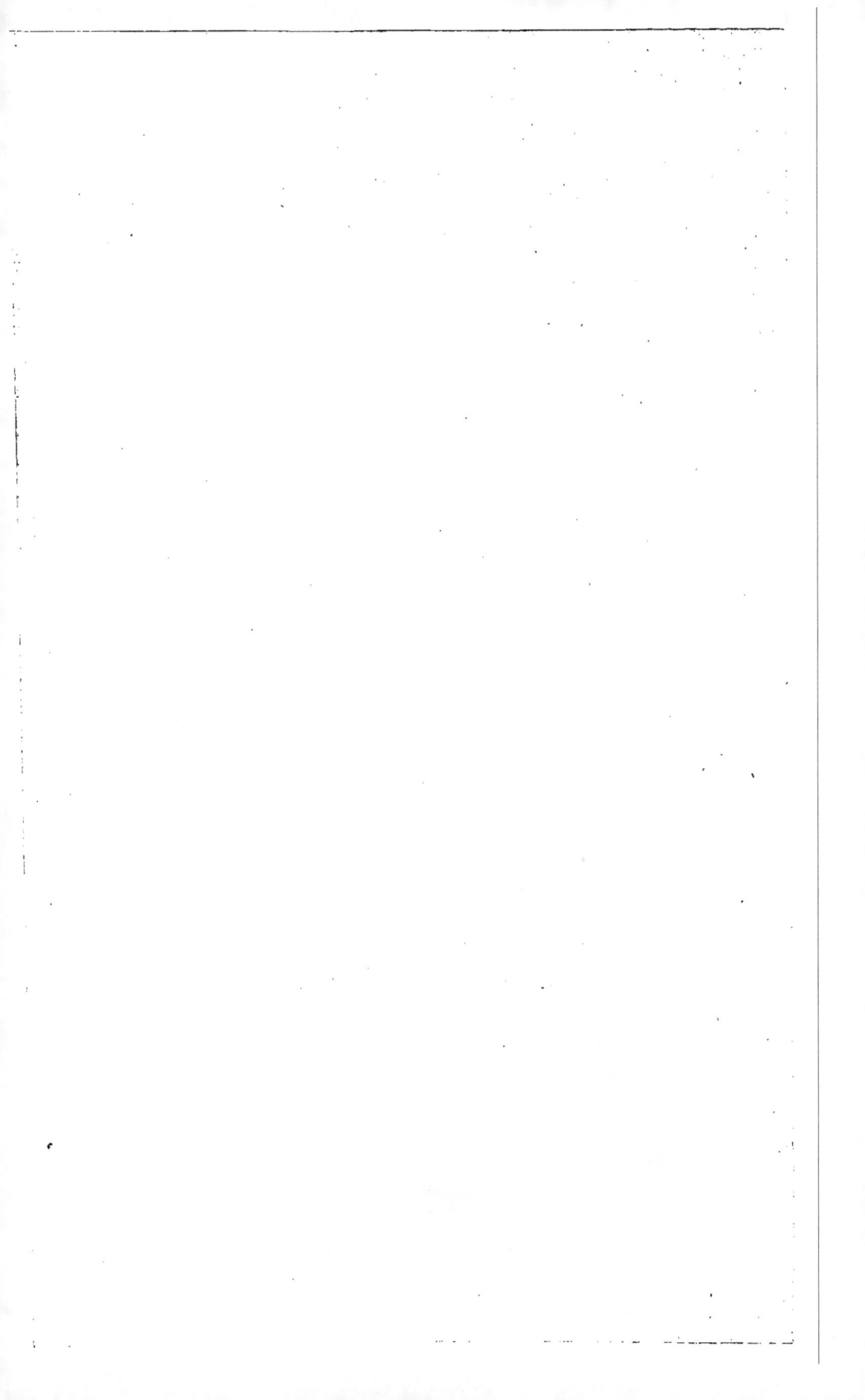

www.ingramcontent.com/pod-product-compliance
Lightning Source LLC
Chambersburg PA
CBHW031439210326
41599CB00016B/2055

* 9 7 8 2 0 1 3 7 0 1 3 0 3 *